八閩文庫

文獻集成

362

福建文獻集成

吴格 主編

續編 集部 三八

海峽出版發行集團
THE STRAITS PUBLISHING & DISTRIBUTING GROUP
福建人民出版社

本册目次

烏衣集四卷

［明］閩縣王宇撰

日本内閣文庫藏明天啓間刻本

烏衣集四卷，明王宇撰。宇字永啓，號支提，閩縣人。生於萬曆二年（一五七四）。萬曆三十八年（一六一〇）進士，官南京刑部主事。擢兵部武選司員外郎，以上書請免南京武官赴京襲職，咸感其德，爲建生祠於雨花臺側。遷山東布政司提學僉事，改參議，分司提督學道，解歸。後起爲户部員外郎，未赴而卒。好遊覽，善詩文，深於易。與屠隆、鍾惺、譚元春、李維楨、焦竑等時相唱和，又與謝肇淛、曹學佺共結詩社。撰有霧市選言四卷等。

是集卷首有天啓四年（一六二四）李維楨序。各卷皆分體編次，先目録，次正文。卷一論、疏、頌、表、箋、説、解、辯、論、記、序，凡三十三篇；卷二序、策，凡三十六篇；卷三議、神道碑、墓誌銘、墓表、傳、行狀、祭文、論贊、引、跋、銘、啓、書、題辭、像贊，凡五十一篇；卷四詩，各體凡百三十餘首。集中文類雖繁，然每類下篇目無多，論、頌、説、解、辯等類下皆僅一篇，蓋亦經揀選。惟記、序二體，篇目頗多，文字亦佳。如南京雨花臺新建威遠廟記述萬曆癸丑丙辰間倡修遺廟以祀關帝事，謂南京漢前將軍壽亭侯廟於嘉靖十年（一五三一）改稱威遠廟，後湫隘荒蕪，鞠爲茂草，時以病郊居，閒步雨花臺，覩之惻然，乃捐貲倡修，於前去一里許別易廢宅一區，芟薙而闢爲新址云云。按此即明初定都後所建十四廟之一，今已無存，據此可補史乘之闕文。又如游南庵記述遊天界三十六庵之南庵事，由庵及人，精巧工致。其詩多與閩省、江南等地文士唱酬之作，如中秋屠緯真招集西湖、謝在杭招宴焦園、李本寧招集甘露閣因病不赴等；詠古寫景之作，亦多耐人尋思。

按千頃堂書目、明史皆著録烏衣集四卷，當即其門人羅斑仕校訂之天啓間刻本。其流傳頗罕，國内未見藏本。此日本内閣文庫藏本，前三卷皆署「閩中王宇著、尉氏阮漢聞選、澧陽羅斑仕訂」，惟卷四題爲「閩中王宇著、景陵譚元春選、澧陽羅斑仕訂」，則文、詩曾經羅氏、譚氏分别選定。書中鈐有「秘閣圖書之章」印，知爲江户幕府官庫紅葉山文庫舊藏，日本明治間輾轉歸入内閣文庫。（王潤英）

烏衣集

元

烏衣集序

王永啓閩人也其先世出自瑯琊按丹陽記烏衣之起吳時烏衣營處所江左初立瑯琊諸王所居永啓筮仕留京居烏衣巷舊址已遷

督學使者以執法左遷隨洊起爲民部郎體小不佳復就醫留京而上書請仍得南曹久之有起色輯其所爲詩文若干卷總而名之烏衣集其門下生羅珽仕兄弟屬余

序之蓋龍馬渡江後王氏始盛或云其子弟好著烏衣巷以此得名皁皁不足道而自矜門望謂王與馬共天下即太原之王鄙爲鈒鏤亦流俗偏見耳獨王筠與兒書述

沈約言七葉之中爵位相繼人人有集如吾門者號爲盛事然考晉書南史六朝儒林文苑列傳王氏無人而集亦不盡傳或雜見昭明文選鍾嶸詩品及各傳中纔十之

一二才難不其然乎永啓崛起于
載之下升作者堂奥其文則右軍
蘭亭禊序可方金谷也元琳經史
明徹大筆如椽也僧虔文情鴻麗
學解淩拔也仲寶手筆典裁當時

所重也其詩則徵君征虜之於張
華可託後車度驊騮前也元長倉
卒屬綴詞美英淨也元禮指物陳
形圓美流轉如彈丸也文海慕謝
惠連合無媿色也烏衣諸子弟優

者龍鳳龍文五采鳳文九苞在斯
集矣余聞王氏盛衰與淮水消長
相應淮水竭而靈氣散百世卿族
一朝而墮要亦人事不善所致烏
衣子弟謂過江用尚書郎爲第二

人不屑就別枝居烏衣者至薄憲臺而試爲之嬰情爵位若此安能游思竹素寄身翰墨以圖不朽哉永啓直道事人不以進退示喜慍之色求之王氏名德所謂風韻遒

上神峰標映千里絕迹百尺無枝
度越諸子遠甚宜其撰著斐然有
意大雅不羣也夫以永啓才且用
儒林文苑繼往開來甯獨有光王
氏余第就烏衣二一言道其本事云

俞

天啓四年六月

大泌山人李維楨本寧父

烏衣集卷一目錄

諭

疏

頌

聖德光裕頌

表

擬上留北直隸諸處本年應解内帑稅銀以二分充軍餉一分賑飢民廷臣謝表

擬唐房玄齡魏徵論帝王創業守成之難上各嘉納仍諭玄齡等以守成當謹謝表

箋

擬講讀官請皇太子暑月宫中視學箋

記

序

烏衣集卷一目錄畢

烏衣集卷一

閩中王　宇著

尉氏阮漢聞選

澧陽羅珽仕訂

擬　上令經筵進講春秋諭

皇帝諭經筵講官朕聞皇世帝代陶以禮樂淑以詩書風之所被罔不翔洽而六合内外咸獲治安靡有闕遺斯豈無脩而臻此乎稽之乎書能自得師者王

於詩則云學有緝熙於光明在漢亦且入太學承師問道至有甲夜讀書丙夜講經者皆能以播大猷藻洪業聲稱浹乎於茲功烈耀而不泯然則治道升隆之效較可覩已其所關於經學非眇然也朕獲奉宗廟蚤夜典於學毋敢卽安邇歲以來湛心玄默志豈有怠焉而思慮遺於耳目績用漸以不彰朕甚愍之茲嘉與海内更始進龠諸臣講學論道以明習政紀弘施教化令績茂於黃唐而規廣於炎漢何行而可

以揚先帝之大業朕惟治法備在六經詩書博矣亟其切於政者緊惟孔子作春秋言高而旨遠辭約而義微公好惡則發詩之情酌古今則貫書之事與常典則體禮之經本忠恕則導樂之和著權制則盡易之變刑政具矣法戒嚴矣於以惇典庸禮命德討罪靡不咸協信其爲天子之事與夫發揮聖經以恢張王迹此朕志也至於剖析疑義闡繹奥旨寔爾諸臣是賴陳先聖之道以啓沃爾后可不務乎漢世崇尚

儒術如公孫弘董仲舒主父偃疏廣鄭玄之徒皆以講解春秋揚芳當世而化亦有助焉爾諸臣說經鏗能無賛一辭夫隆孔光之几豐桓榮之錫朕之所不靳也爾諸臣其思稱朕意毋忽

請免留都窮弁赴京襲替疏

竊惟留都每年春秋二季遇各衛指揮千百戶年老病故其弟男子姪具告襲替通狀到部送司行衛拘集親管保官鄰族審明又行該府查勘果無違礙本

司仍詣小教場比試弓馬得中者取具官吏人等保
結案呈本部具奏又將原來情節分别類另咨文連
人起送兵部查對先年貼黄功次相同類送中軍都
督府候欽差内官同五府錦衣衛給事中等官比試
開列等第送回兵部方行具本連人引奏欽准選授
祖職給憑咨回南部通行各官到任支俸此從來舊
例近有南京和陽衛舍人褚維藩父故三年貧難赴
襲每起送屆期即稱往返多費揭借無由屢告案候

催至今春始得起送又查有興武衛舍人劉汝存龍江右衛舍人張國相江淮衛舍人李文元金吾右衛舍人戴至德等俱在京貧苦身故府軍左衛舍人周時縉孝陵衛舍人劉世文飛熊衛舍人湯執中興武衛舍人王存仁等俱選回在途貧苦身故爲照南京各衛軍官俸薄差繁日損月瘠食無半飽身無完衣每值赴北襲替盤費無措或指俸米而揭借或向親友而哀求或賣房屋以充費或鬻兒女以營貲苦

千辛痛心酸鼻至於在北聽選守候動經數月多因資斧罄乏飢寒莫救而隕命異鄉者歲歲有之亦或分文難辦稱貸無門甘棄祖廕終世不得襲者衛衛有之此輩始祖皆　高皇帝與　文皇帝開國靖難之功臣也以汗血勳勞無罪而一朝絕之深可憫也且使留都武臣漸就凋落而衛所空虛亦可虞也再照南都各衛軍官俱從國初陞授官職世系貼黃版載南部較在外省直衛所及都司所屬者不同且本

部每春秋二季保勘其稽查功次至詳且慎若照北部事例會同各衙門官比試具由類奏即移咨北部查選候命下准襲不惟可蘇武弁之困窮而且可全功臣之世爵此亦皇朝之至仁厚澤也查得國初南京總小旗補替至北京併鎗正統二年兵部左侍郎鄺埜題請改於南兵部會官監併南京各文職官往時考滿俱赴北京萬曆四十一年吏部尚書趙煥題請改於南吏部類咨考滿夫旗役之勞費可恤何獨

重疲乎軍官文臣之間關當念何難曲體乎武弁伏
乞勅下兵部覆議以後南京襲替舍人具告通狀到
部聽本司審明仍覆勘與貼黄功次相同照依北部
事例本部會同内守備五府錦衣衛給事中等官比
試備由具奏仍將取具衛所官吏人等保結各舍供
圖及各祖父原領號紙移咨兵部查選候命下該部
移咨給憑前來行令各舍授職望闕謝恩但免赴京
其中若有應查應駁者聽兵部照例查駁若在外省

直衛所照舊赴京聽選不得援南都爲請庶五十一衛之窮官共載百千萬年之厚澤所以上廣 聖祖酬功之仁下激武臣効忠之義者匪淺鮮矣

請改復船廠疏 代

參贊機務南京兵部尚書臣某等題爲復船廠恤軍困以裨漕務事職方司案呈奉本部送據水軍左等衛指揮楊廷棟等呈稱南京有運之衛三十有三洪武初起運漕船皆造於南京龍江關提舉司永樂年

間省直粮米有司民運至淮派撥軍船始建清江廠于淮安總造船隻宣德間各省粮俱改本地交兑船亦撤回本地團造惟南京軍船例不過江止寄泊瓜儀二埧江南粮米仍有司民船裝至埧下交卸故其船仍在淮上成造至萬曆元年改瓜州埧爲通江閘南京軍船逕自過江直抵江南水次領兑萬曆十三年經漕運都御史王廷瞻巡漕御史陳功題請將南京各衛運船仍歸龍江廠修造合用工料俱于南京

戶兵工三部支取一向遵行至萬曆二十八年淮廠
匠作鑽謀運總妄議仍歸清江廠成造而京衛甲軍
遇有修造船隻起文送廠節因大木乏缺兼以匠作
留難往往守候經年不得如期完報以致乏缺數多
運官往往賃覓民船裝載沿途損失苦累不堪竊思
江西湖廣浙江蘇松等處俱係本衛領造何南京獨
異今查大木產自荆襄採買必由龍江始達淮安京
衛運軍居住在京且有龍江舊廠見存而合用木料

又在南京三部若仍歸舊廠團造不惟木省擗挽軍便赴工而各衛亦得不時催督等因到部奉批該司議報送司奉此該本司看得運務之藉鉄船爲最先年題准開廠龍江至二十八年而歸淮廠夫材料由南而淮增幾許擗挽之費工價由南而解多兩番出納之煩且工匠留難船不易成板料脆薄成亦易敗當其守候之日則野處風飡曾不得以寧家及夫運回之後則寄頓浮沈復不便於護守於是賠墊物料

僱募民船中途有飄失之虞回塢多折賣之弊此各官所爲蒿木仰控也查前漕撫疏請奉有　明旨所稱五便確然石畫後歸淮廠人情不便南京吏科給事中祝世祿極疏其苦當時部議以改淮未久未經議覆十餘年來丁甲疲累已極衆論咸謂宜更竊謂舉事貴順人情未有人人稱爲不便而膠守不更者矧有利于甲無妨于漕固不得避更張之名而徒苦此貧甲爲也伏乞俯順輿情查先後疏內事理具題

仍于龍江成造一則鳩巨材於上流價值較省一則資錢粮於留署支放似便印運之官可以兼督撞捽之卒無待裹糧出水不必迂途回塢尤便看守庶疲甲可蘇運務有裨等因具揭稟堂奉批該司會同四司再議停妥謀貴僉同寧慎毋忽送司奉此該本司遵依會同四司會議得南船之造于清江厰也爲有民船至淮也已各省船皆歸造而南京獨留者爲南船不過江以瓜儀爲泊也今民運既久不行而京艘

已周水次乃龍江改造一策旣舉而復閣衆皆以爲便而不予之便所未解也夫龍江之有廠　祖制也萬曆十三年之改造　明旨也江西湖廣浙江蘇松等處之領造見例也而目前運甲賠累彫耗離散之情形隱憂也仰體國法俯察民情以淮造之不便若彼以改造之便若此孰去孰從更無兩可誠有如各衛所控該司所係者原係舊制不得托紛更之嫌總利漕輸何必分南北之很輿論一口謀已僉同専候

具題施行等因到部看得留都漕船造於龍江　祖
制良美及改造淮安而乃滋不便夫軍住南京費出
南部木由南關抽分支解之有煩簡也木料之有貴
賤也製造之有堅脆也守候之有遠近也監護之有
難易也此其利一恒人辨之矣乃議數十年而始復
復不十餘年而旋改以院科之屢疏不能與運總匠
作爭此其故何也謂變更之難而今復故也非更新
也龍江之舊廠見存也此任其勞而彼居其逸非強

以弗堪也何難於聽從且淮廠造船若如期給衛船俱堅固雖于軍稍有不便亦難議改而今且物料常乏成造愆期令軍旗僱募民船以充之是下脅旗甲而上悞公家也此事更張失宜由來已久今淮上當事者固皆留心船政體恤貧軍然物料缺乏不能令商人必如期而至釘版稀薄不能使匠作必如式而造一片苦心終歸於積斁之難移曷若歸之龍江廠俾南中自爲市料自督匠作使各軍不得以無船及

不堪藉口也救敝補偏臣等以爲宜復歸龍江爲便

伏乞勅下工部覆議上請咨行臣等遵奉施行

擬請補言官疏

竊惟言臣之權不可使偏而其氣不可使不厚乃有厚其氣而因以分其權者此聖主駕馭之妙用不可不思也夫國家設立六科給事中至五六十人十三道御史至百餘人使其如今之寥寥數人而可無害于事祖宗亦何須設此多人然而不然也言官備則

言路之氣厚而其權反輕言官缺則言路之氣薄而其權反重何以明之今言官不必私而疑其或私本無權而疑其有權者何也自應得有言及本等職務外所得與事者考察也考選也會議也會推也今以寥寥數人而共此數事如有人焉欲起而庇一人行一事聯數人而使之吾聽其耳目易相襲也其聲援易相倚也其情款易相昵也雖有善者固不能聯百數十人而從我庇一人行一事也至其人其事爲百

數十人所共以爲可者則數人𠋫莫之能奪矣又有人焉欲起而擠一人阻一事聯數人而使之吾聽其耳目易相襲也其聲援易相倚也其情款易相昵也雖有善者固不能聯百數十人而從我擠一人阻一事也至其人其事爲百數十人所共以爲不可者則數人𠋫莫之能奪矣出于一人與數人者而不能強百數十人之我聽則言官之權不期輕而自輕出於百數十人者而數人不能奪則言官之氣不期厚而

自厚夫數人易與爲私而百數十人易與爲公　皇
上以言官爲私耶胡爲處之數人以遂其私以言官
爲不必公耶胡不置之百數十人以使之不得不公
不得不公而國家始收言官之用夫一舉而可以厚
言路之氣分其權收其用何疑何憚而久不爲此也

聖德光裕頌代

臣聞大孝隆于姚帝必名而必壽至德篤于姬王丕
顯而丕承天降靈符則景貺洊集皇眷懿媺斯福祚

攸長疇弗淑而能昌昺有美而弗揚恭惟我　皇上
治起二南恩覃九有聲名翔乎海國威靈播于鬼區
夫固膺百祥斂五福輝煌中甸赫奕外域者矣歲躔
乙巳月軌應鍾　皇帝御天下之三十有三載也維
時　皇太后春秋鼎盛適際六袠之期壽考維祺政
當一周之數加以　皇太子龍樓薦祉震一索而得
男麟趾兆禎復幾望而啓裔坤厚離明仰後先之有
慶豐亨震豫占光裕之無疆是惟我　皇上止孝止

慈善述善作所以重玄垂佑奕葉增輝諸今日之繁禧總嘗年之積累詩云昭事上帝聿懷多福又云宜民宜人受祿于天我　皇有焉於是乘天人之協休申尊養之上儀　詔以明年春二月恭上　皇太后徽號禮也因之大赦天下嘉與更始凡新政之妨民者一切罷之喜氣雲蒸淸秋旹爲韶景懽聲雷動涼颸蕩爲太和斯所爲萃八方樂利延壽考於千齡普萬季德澤衍本支於百丗誠哉邁遂古其肩出綿洪

休其靡竟矣夫多壽祝於華封罔推聖母百男紀于周雅弗及神孫然巳侈諸簡編揚之歌咏矧茲四代會其嘉徽一人備其純嘏德福兼盛謨烈重光可使律呂不傳金石未布者哉臣秩叨載筆職司紀事思欲以宣景鑠告來裔敬撰頌言用昭史冊所謂誦美有章陳詞無愧者與頌曰維天祚德顯懿是馮於鑠我

后有赫中興我

后維仁元氣春敷晞陽徹谷膏澤回枯我

后維明光照四表飛鏡秋懸繁星夜

皎我　后維武赫聲濯靈役使雷電鞭撻風霆至精潛洽玄化湧流東西食福南北禔休賁納鮫室朔班狼望百神效靈六宮發祥維孟之冬玄冥司令　聖母維祺初度叶慶祝獻岡陵數周甲子利觴無算能顏有喜賭茲元良載毓賢胤明兩作離雷洊出震幼海衍流皇澤疏源爲君爲父有子有孫四葉承懽九廟載榮既光且裕啓我皇情匪情之啓惟德之致其德維新其福滋至月虞其盈日防其中正位于鼎

保大於豐毋怠毋荒一日二日惟時惟幾不邇不殖
旰食宵衣前疑後丞湯盤禹鐸舜業堯矜茂烈弗替
大命孔固億萬斯秊受天之祐受天之祐匪夷所思
小臣稽首頌不忘規

擬 上留北直隸諸處本年應解内帑稅銀以二分充軍餉一分賑饑民廷臣謝表 萬曆三十七年

伏以日月從星省歲慮周裔夏風雷解澤漁居惠洽
兵農信王者不急私藏惟聖人時弘大賚敢謂屯膏

之久鬱則難開是爲祝綱之端施將盡究臣等誠懽
誠忭稽首頓首竊惟地水名師際華夷而益凛耕桑
利衆當豐豫以猶咨怪井伍之旣分無兩民而有兩
食嗟天人之未協或極備而且極無戎索民碞可令
有家如洗外訌內嬰奚繇錯國無傾故廼倉于橐之
年常居則餽而行則衛縱常平封樁之制亦豫爲計
而廣爲儲歌玉瓊呼庚癸兵氣何揚嘆星罶㗪雁鴻
民命其瘁若卒荒之居圍潰比樓苴卽旣㓉之泉刀

散誰守府是以輓輸靡竭民不匱兵始不枵正錯有經上能損下纔能益洵如神之在御豈阿堵而多營要以回祿爲將作之憂遂至孔方假寺豎之柄丱人暫屏脉未復乎山川稅使猶張慾難饜其谿壑吏饕帥債司農幾停出入之籌地喟天呻造物肯循陰陽之紀兵也逍遥河上眞敵飽而我飢氓乎跼蹐樊中詎屋低而穀簸庭犁已邈血揷蹛林室磬方懸嘯深萑野同袍同澤泣夜月之戈矛靡室靡家咽秋風之

婦子使貫誼而及見痛哭若何卽劉晏之更生變通
安出王鐵可恃豈吒旅而竟草菅帝澤難逢倘涓埃
已成丘海茲葢伏遇　皇帝陛下晶飛天鏡稜据河
魁止孝止慈一敬已詣於極大智大勇羣情莫測其
涯拉朽靖諸兇不數玉關銅柱贅旒救萬國直踰堯
柳舜梧三十七載以來玉鼎寄平陂之脉億萬千年
伊始金甌懸泰否之機鐘鼓怡神九塞恍聞鞭撻黃
羲證性雙瞳如覩流移補助責有司漢詔恐仍挂壁

帑標積無用周圜何取流泉卽未算周於生孳厚亾
乃忽軫及於荷鋤執戟爰減譏征之解額少佐餉賑
之燃眉多寡酌以三分歡躍騰於七省兜鍪襏襫舉
無轉輸之虞旱魃陽侯具失薦瘥之柄民敢曰固吾
之財也取而旋予便非鄭俠圖內之人士豈云何我
無粻乎缺而能周寧作李陵臺下之鬼昔秋荼于封
蘊或奉行信任之非倏春煦於顛連信懵懞亭毒之
大炎緩炎鼓夫復何辭如日如雲轉增勿諼臣等銜

略謝虓羆虎粟芻失牧牛羊巧至無炊空借尚方之
箸孚雖盈缶惟餘漆室之吟非社稷之翼霧昌啓聰
明覃被若方隅之獲又殊慰班遴微恍但均屬民貲
萬鏹乃一錙之積業煩宸惻諸道正七道之推何似
悉蠲左藏朱提以充邊餉工需大寬閭閻有限之力
并且盡撤中璫白望無仍歲供月進用彰廟廊惟正
之供庶幾樂利以祈天永命五風十雨長紀順于蓂
階赫濯而係頸空庭東矢西璆永效誠于榆塞

擬唐房玄齡魏徵論帝王創業守成之難上

嘉納仍諭玄齡等以守成當謹謝表貞觀十年

帝治日升懷艱難於啓運皇衷時惕凛兢業于持盈
洛葑菲以旁收屢芭桑而遠慮情聯一德祚衍千秋
臣等誠惶誠恐稽首頓首竊惟五德運世無常廢興
原視乎淑慝百王傳心有法創守罔間乎艱危苟先
天下而憂必宜日中而照虞廷致儆熙百志無怠無
荒周室陳謨慶萬年肯堂肯搆何意綢繆良苦終寄

慨于瞻烏皆由典則空垂頓總歌于馭馬不殖不邇之規具在匪彝自蹈風愆敬勝怠勝之訓孔彰慆德竟淪版蕩廼移鍾簴室如燬而成墟誰恃弓裘京所眎而鞠草廹秦漢窮黷互起歷魏晉繼述希聞驚甫定而大業荒志已滿而雄心息鹿入函谷銷殿前三尺霜鋒羊引宮車冷江底千尋鐵鎖勸長星以夜飲沈湎奚堪識猛獸之朝飢顛連莫告總承平是狃抑婦寺爲昏前佑啓而後丕承命脈寔關孫子君防微

而臣憂盛精神全屬巖廊可忽于今願登之古茲蓋
恭遇　皇帝陛下玄都調玉紫洞流膏斧鉞氷懸拉
羣兇於朽木宸旒極拱綴萬國於繁星締造允兼乎
七德九功焦勞尤徵於二喜一思念治亂相尋者數
詎容委之天行而盛衰所係惟心爲特壓諸廟算猥
承清問用展愚誠臣玄齡久在師中習艸昧閒闗之
苦臣徵乍服闕下慮宴安鴆毒之懷遂乃各效其芻
蕘豈期並荷乎茹納匪海嶽崇深尚取塵流之細以

聖賢聞見不如牛馬之專輒較量於兩難廣包容於一得苐刱者已過將無忌櫛風沐雨之勞而守者方新可無重執玉捧盈之恐宜勤睿情之眞切尤煩溫旨之叮嚀業已定九有以溫凊二人更欲攝一念以扶持萬世積薪厝火無勞草疏之陳庭燎向晨不俟新詩之奏思國家光裕之圖正當今日豈臣子贊襄之力可後古人敢望調岩下之梅願少借席前之箸竊謂覆轍不遠殷鑒靡他試尋迹于開皇爰問遺于

大業驕效郵則當途典午淫召亂則破老傾城錦帆揺曳邗溝明月滿雷塘之路鎖甲煇煌淇水黑雲藏肅愼之山萬幾悉謝於迷樓光姓罔逃於狂國爲鸇爲獺驅除幸戴聖明如淵如冰觀省能忘戒懼伏願功毋半乎九十德罔參以二三黜虛想而勵實圖敦戎功而省浮議紀綱不無遜飭振刷孰持其衡風俗業巳讓淳漸摩誰操之柄儲神穆穆葆天和以釀九寓之和涖政明明凜帝命而迓百靈之命作述之烈

弗替覲揚式引於千齡饗保之福無窮顯懿遁傳於

百代

擬講讀官請　皇太子暑月宫中視學箋代

湯風愆禹典則鴻謨用儆乎燕游春絃誦冬詩書鶴

禁罔虚乎駒隙丈席可疎蒼震分陰須惜黄離顧乗

銅扉銀牓之間時探錦軸牙籤之奥恭惟　皇太子

殿下猗蘭薦祉仙李凝葩和叶吹銅佳氣氤氳乎雞

戟教深藴瑟徽音掩映乎鳳笙姿則齊賢理尤窮聖

九丘能讀遥哉僕隸漢莊一德相承遜矣弟兄夏啓
安親樂信厥脩乃來恭敬温文其成也懌自正名東
序逾遜志前編少徵揚采于謙光幼海澄波于蒙正
比者坤維流火暫爾兌講輟筵雖日新又新亦時止
則止但歲乎不再幸丁年方富春秋而心也易怠忍
甲觀虛躭歲月况凉生蘭殿洵有益乎抽藏而畫永
桂宫喜無庸於繼晷倘非勤搜二酉或以姑待三冬
心怠四方艱難目遺千古善敗將聲技色貨之巧緣

簡編少間勝一暴以十寒而宦官宮妾之私乘儒碩
乍違雜衆咻於一傳是必朝經而暮史庶其日就而
月將蓋 殿下守宗廟社稷之祧當繹賈生置器之
止而微臣叨疑丞疏附之責敢忘姬公抗法之忠伏
願毋怠毋荒惟精惟一薰風來旃厦披奇馥於琅函
麗日映眾不遐挹祥光於芝檢道綜君臣父子匪徒過
廟趨闕之儀理晰禮義孝仁詎止監國撫軍之制臣
等幸甚

金礪鹽梅說 代

葢聞商高宗夢帝賚良弼旁求在野舉說于傅巖而相之用作金礪而申以惟鹽梅和羹也其說何居夫物聚方類質辨儕偶昭其體也殊品交利反味合趣通其用也叛離之則壞互資之則臧困苦變易之以要於成貴乃相濟也語曰以水濟水誰能食之琴瑟之專一誰能聽之獨於此而金礪鹽梅烏可岐哉夫金出於礦冶則化焉磨淬未施輕售之斷割不鈌則

折他山之石用以作礪砥礪至而苡銛鍔利光乃陸離牛斗間以剸犀兕斷蛟龍罔不如意金其主乎左右弼之以耀其鋒者礪乎金庸可廢礪乎廢礪而金頑猶復任斷割乎若夫火燃水沸滋味雜陳假令宰夫戒先嘗而或掣之肘且尸祝者參進焉雖有易牙煎熬燔炙而薦之人誰曰和惟水火既濟鹽梅互用烹於則鹹則酸之戒目察之而舌辨之而手調之則五味均矣衆美具矣於以羞王公享上帝無不可者

故實鼎用享緊調和是賴而酌施之洵不可亂巳夫金若礪異類也其在砥礪金薄而石銷不相入不相得也卒擅鋒利之美惟金而礪以稱焉鹽梅自效胥捐其軀忘其故吾而羮擅滋味以快主人之口而厭其腹礪何負于金鹽梅何妨于羮哉向使礪抱完質以匿巖藪間而鹽韜海味梅閟木滋則斷割調和豈有賴焉嗚呼金緣損而得益石雖賤而佐貴鼎羮體虛乃能受鹽梅味雋故善入物有攸濟盍何不然彼

明良相遇臣主一德迹吁咈而相迕味浹洽而俱化相與有成道不逾此若乃情睽于斷金遇艱乎投石忌雉膏之虧悔厭良藥之苦口其於金礪鹽梅之義何如也

大法小廉解 代

葢觀書訓靖共爾位詩紀職思其憂而周官六計弊羣吏靡不惟廉之先劉子政有言守公奉法正臣也安官貪祿具臣也法與廉兩爲臣箴何論三孤六卿

與百執事哉乃稽諸禮運大法小廉若岐爲二夫亦
就所重言之也夫臣道自鈞臣位自别崇卑分等煩
簡殊務弼一人裏庶職統則懸矣憲萬邦寄一方柄
則絶矣仲尼不云乎官盛任使以敬大臣爲貞度也
忠信重禄以勸羣臣爲養廉也夫執政者位逼主易
驕令如意易侈寵震世易縱驕縱賡侈生於心視天
下惟所欲爲而何法之爲方且作威福方且亂典章
方且樹黨而速禍禍之生也由無法也區區布被澣

衣敝車羸馬將馬賴之有如末僚散秩雖材之長而格于勢壞法亂紀豈有虞焉獨是甫離疏釋蹻每耽耽于可欲或逐逐而思逞夫此曹親民者也民幾何矣而我取富焉其下必貧民貧則危鄉危鄉則輕家輕家則犯禁治無日也苟能嚼蘗自甘飲泉知勵亦足逃于官謗而衆食有福矣攜職絜分豈可同年語哉是以吾祿入既厚飽澹泊其何難毋亦正色以當朝執繩而御物心如鑑不爲人作妍媸躬如衡不爲

人作輕重皇后之家客必案也太子之傳令必鞭也天子之弄臣必檄也望之屹如撼之兀如斯真可壯巖石之瞻而寢淮南之圖矣彼局曹州郡諸職待命監司束首功令何敢望此抑惟不貪爲寶不利爲義魚之縣而鹿之瘞也犢之還而瓜之完也牀之留而絲之封也守氷壺之潔甘塵甑之苦弗與畊販爭銖弗與孤寡爭粒節既貞矣利既溥矣執彼度此雖施有衆寡風有遠近要以守官稱職康世庇民一也況

卿相之尊憲度誠肅揚金必不入于室部鼎必不登于門諸司亦毋敢濬諸民以爲媚小臣既已潔身遺羨矣夫且凜四維若刑書守三尺如神明大臣見其如此亦必凜凜於上戒愳而不敢易紀律法耶廉耶固相須而相成也禮誠舉重以垂訓豈其偏於立論哉抑余聞之上無道揆下無法守王曰利國大夫曰利家若草於風其從之也若響於谷其應之也假令廟堂之上縱敗禮欲敗度作法於涼政以賄成欲臣

無僭令肆奪也勢必不能夫庭堅抗三宥而不回靈均嘆貞廉之誰知豈非以君哉則未聞侮常怠正之朝多法官瓊林大盈之國多廉吏也

正直忠厚辯 代

葢自士大夫立朝非有貞心壯節則罔以杜隙銷萌也而正直重非有慈襟洪度則罔以藏疾納汚也而忠厚重然而是非殊軌眞似爭塗於是正直忠厚不可以無辯何則兩者寔難副而名易襲也寔難副則

未易躬宅其中名易襲則不難貌托于外夫托之念浚而托之術廣所急在名高射隼無忌于乘墉亦或以突梯納譽所急在厚利百鍊旋化爲繞指亦或以鷹鷙攫金意有匿則兩相鬬也躁競戕於心胸淟涊騰於眉目也境有變則兩相易也乍寬大以結懽忽嚴厲以賈畏也情有狥則兩相迎也遇端方則飾礪操値僉壬則工和光也甚而借老聃之術以托忠厚則爲錞不爲刃爲舌不爲齒然觸其錞而刃有力焉

捫其舌而齒有助焉借谷永之術以托正直則爲刃不爲錞爲齒不爲舌然刃時試而錞乃完焉齒時嚙而舌乃存焉此其爲慮甚密爲計甚巧即明主覺而欲驅之正人惡而思攻之然彼方竊號于孤高驟而擊焉天下爲所愚反起逐方正之嘆彼方盜列于愷悌卒而屏焉天下怨其僞反生棄長厚之議夫至攻且驅之難也聲譽集于臣而禍害移於國矣辨乎此而正直豈在壯頰觸藩忠厚豈在斲廉破矩哉秉道

於權不張權以樹威亦不弛權以養慝原情於法不挾法以修郤亦不骫法以市恩君有明暗顏燭強諫宋玉微辭法殊異要之乎悟主世有清濁鮑永抗節太丘濡跡危孫異要之乎弭纍俗有慢殘諸葛治蜀平陽遵何寬猛異要之乎救時至若梁公曲意于事周解孤匿怨于舉雠晏嬰頌食鳧之德曼倩諫煞鹿之非則又假忠厚以成正直者也田叔抗命于焚詞國僑布惠于刑書叔向忘祁奚之德裴諝發汾陽之

過則又假正直以成忠厚者也觀于其分若裘葛隨宜舟車各適觀於其合若甘苦互調宮商叶奏斯真正直忠厚矣乎夫破柱之膺埋輪之綱正也而激借劍之雲斷靷之憲直也而厲漁辭之屈鵬賦之賈忠也而傷還金之賜休因之焦厚也而愚彼皆任性焉而過於純德猶病況其托焉者哉蓋觀虞廷論行直斬溫剛斬塞所爲正直可思也寬斬栗柔斬立所爲忠厚可思也易稱包荒馮河詩稱不吐不茹斯非其

至與而安所托也托之弊也則忠厚爲甚夫托正直者得顯名時亦得顯禍托忠厚者無赫赫之名乃有容容之福士大夫立品難惜身易則托正直寡托忠厚多孰知夫爲圓者其樸必方能爲正直者能爲忠厚者也此豫章所以取長孺也

聖王以其欲從天下之心論

夫天下託人主者也人主亦託天下至於人主託天下而天下之託人主者其責始鉅而負之不可即欲

負之不能何也託于天下者乃所爲託以天下而以天下託者正所以自託也自託而悲愉欣戚何不隱焉愛憎取棄何不暏焉遐邇衆寡何不券焉夫隱者自隱而已暏者自暏而已券者自券而已惟自故眞惟眞故周圜之澤不滲而亘古之業如新此所以不希至人之無欲惟以天下絜毋以天下縱而已陸敬輿曰聖王必以其欲從天下之心此非敬輿之言而虞廷君臣之言也舜不曰俾予從欲以治乎益不曰

罔咈百姓以從己之欲乎夫等欲耳從治之欲舜若以自忻而從己之欲益猛于致戒無亦從治者公而從己者私與雖然聖人之公不必撤民之私也夫民欲飽欲煖欲安欲富欲貴欲壽皆私也而平康正直之世建極錫福之君舉八政阜兆民必食貨先焉則以合而見其公也聖王曰世所謂公者吾知之矣世所謂公而專則私私則忿忿則攫者吾又知之矣故飲啖一也食而玉則贅被服一也衣而衮則贅居處

一也宇而臒則贅經費一也用而據泉府則贅蓋藏一也儲而召紅朽則贅然而無此數贅者不可以為君也必爭此數贅者不可以為民也有此數贅而猶駢拇以益之君之欲所時有也不爭此數贅而苐涯分以循之民之心至此足矣然則君之欲必浮于民民之心必不敢求多于君不既明乎而柰何其無從也乾坤有從天氣降地氣升是已日月有從箕好風畢好雨是已五行有從承相生制相化是已獨君民

之際而無從與論者曰天下無魚飛鳥馳是以聖王必從物天下無手步足握是以聖王必從人而不知天下無死灰槁木是以聖王必從已從已不又咈民乎而非也聖王之已非七尺之幹而聖王之欲非一膜之封也一念勃發于焦腑而窮詹幽蔀之情景忽已入其靈惺萬念展轉于滏埬而懸旒塞黈之密嚴忽遂徹於視聽故有六府焉爲前材用有三事焉爲奏乂安有九土焉爲辨肥瘠有百畝焉爲長子孫有

九式焉爲輕掊斂有十二政焉爲備沴膜而又有一游一豫焉爲補鈌略有四岳十二牧焉爲致拊循有五長六師焉爲嚴捍衛而且東西南北五載有必巡之方春夏秋冬四時有必舉之令猶未也祁寒暑雨切其咨怨汝詈汝靡含怒泣罪蔭睊出眞誠風動時雍歷猶病則是聖王之於民也如撫𠍴子然惟恐哺之不至而羸瘠不可生也又如養哮虎然惟恐飼之不時而跳擲不可制也凡以專欲難成不可懷也衆

怒難犯不可開也有其從之於是用舍生殺一聽之國人而已不與朝廷因以無私人府庫廩庾一藏之民間而已不專朝廷因以無私財嗔呵嚬咲一付之直道而已不任朝廷因以無私喜怒無私人而叨憤不得斲天下之脉無私財而撡括不得吸天下之髓無私喜怒而偏拗不得疑天下之心天下謳吟父母徯應元后愓讋神明夫然何求而不獲何望而不遂是聖人從天下之心者正以天下之心從其欲者也

若然而宮室玉帛何不爲揚燄浮華而聲色狗馬何
不爲戈矛陷穽也若然而臺笠襏襫何不爲明神大
賓而謳吟讃誦何不爲鈞天廣樂也若然而布帛粟
米何不爲擢筋剜肉而雁鴻雲漢何不爲剝膚宿疾
也故曰隱者自隱也瞖者自瞖也券者自券也彼咈
民從欲之主彼我心太明故神不貫貴賤心太明故
情不親愛憎心太明故機不轉夫衆志成城衆憤滔
天若之何薄而玩之其以天下薄乎墻薄則亟崩酒

薄則亟壞，繒薄則亟裂，器薄則亟毀，薄而可曠日持久者未之前聞。其以天下玩乎？固有觸瑟獻圖起于華轂之下，斬木揭竿奮乎隴陌之上者。夫以吾欲賈傷心之怒，未有得志者矣。至於高臺曲池，徒隕雍門之涕；壞宮遺址，空傷彼黍之歌。危我者與佚我者偕來，戚我者與娛我者雙伏，則獨與衆孰暢也？德與勢孰崇也？身與名孰華也？目前與身後孰永也？故有予奇而勝者，聖王之公其欲也，則兩得之者也。食兩而窮者昏主之私其欲也則兩失之者也察于二者而從違之勢決矣若德宗亦剛明主史稱其好聚斂多猜忌夫平藩鎮而尋干戈急儲胥而講泉府良非獲已要以安民之故至於剝民豈非飢者自啖其肉至馭臣之法無論語言末惟將搶攘之朝委心披懷亦惟爲元元計而柰何一二乘之且外與士大夫猜則必內與貂璫輩習卒之廢立在手鼎祚終搖誰階厲乎故人主欲從天下之心當先從賢士大夫之心然

未有多欲而可語仁義者嗚呼知人安民之本孰有外於無欲者矣

膏粱子弟宜加勤論

唐柳瀘州家世從元和來禮法相傳爲士大夫所宗今讀其誡子弟書深言門地可畏諄諄教之勤學勵行世祿而勸由禮有大而務撝謙超然遠識度越今古哉夫炎炎者滅隆隆者絕物之理也日中則昃月盈則食天之道也石室一局滄桑頓更邯鄲一枕榮

枯忽易世態不常大抵若斯矣故一晝一夜花開者謝一冬〻一春物故者新語云滿盛之國不可以仕任滿盛之家不可以嫁子滿盛之人不可以交游蓋盛者驕之府也忌者禍之門也世家子弟百行俱美善稱未集一節不慎惡聲旋至衆口交領終疑其屓一夫造讒交信其眞碑之陰德星在天若見若隱彗孛一出卽光茲亘空矣誰謂門地不足恃而勤學修行顧可以已耶夫蠒之不繰則素絲蠹于筐籠學之不

修則才智腐于心胸况性資原無甚遠而華膴進修尤易故董仲舒終身不問生産景君明經年不出庭戸富佚若彼勤勵若此乃足術也多見世族華冑以學行爲桎梏徒竊祖父之蔭驕視閭里中載籍若仇惟飽食以終日倫常何物任蕩檢而踰閑相知代其入地好事傳爲談柄斯亦空蝗粱黍枉沒歲華何殊僕隷而冠服馬牛而襟　矣既羞門第而玷祖先矣且不寧是梁士大夫家皆尚褒衣博帶高車廣輿節

郭之内無乘馬者迄侯景之亂膚脆骨柔不任馳驅體羸氣弱不耐寒暑立死倉卒者皆是斯亦驕逸之鑑也夫鼎盛之時離宫別館嬌姬孌童鐘鳴鼎食羽衣霓裳僕御如雲出入若仙叱咤皆成風雷威福咸供指顧抑何快也時改勢遷衆叛親離銓衡無舊日之知當路少昔時之黨學不能顯其身行無所容於世乞憐而呼者莫應告急而親者亦疎遂至夕擁燕趙旦侶行乞朔歡卓鄭晦泣顏原又何辱也當爾之

時方知父兄不可常恃閥閱不可常保威勢不可常倚鷹犬不可常藉曾不若甕牖繩樞之子力學反足致身砥行猶能立名耳膏粱子弟興念及此學誠加勤行誠加勵心共戶敵性與情競夜覺曉非今悔昨失新新不已如長日加益既明且哲以保其身顯親亢宗罔不由之又何憂盛衰之數矣嗟夫人無智愚皆欲教子乃馬伏波顔黄門柳瀘州訓誡特著千古大都不越勤學勵行北齊士大夫乃有訓其子學鮮

卑語及琵琶以趨事公卿取榮利者異哉若人之教子也亦可笑也亦可悲也

重修都城記代

稽古王者攸居築城焉昭守也都城之壯與郡國異固之也守之固重閉以防躝出重拒以防躝入譏察晝儆而刁斗夜嚴也慎之也清風戒寒艸木節解于是修城郭夫修以致慎慎以成固固以戒不虞先王之制也我　太祖高皇帝驅彼北狄定鼎於燕我

成祖文皇帝寔始承之用守兼剏而燕是都廹我
世宗肅皇帝重毖庚戌之役從少司馬言築外城凡
以壯　皇居制夷夏扼吭拊背維萬世之安也今
皇帝三十三年夏恒雨城有圮秋七月朔有司以三
百丈上聞又旬日雨益甚更以千二百丈有奇上聞
而睥睨亭舍不與于是工部尚書臣某數以灾疏若
曰二百年來豈其無甚雨而城頓圮若是竊恐變不
虛生災祲有兆是宜乘陰雨之候為綢繆之防是時

上方念民廬舍發帑金葺理疏入不即報于是臣某
再疏曰都城天下根本即使三旬成之不愆於素尚
慮意外豈其不秋防是虞而需寞迺哉則龍見日至
之謂何況所司憊未有備若猶是桃篆緩帶弗以請
其若掌固何於是　天子下其議先停一切小修以
亟保障若曰上天示儆毋怠毋玩乃命所司度遠近
相後先定賦役酌程限由是京兆授徒司徒計賦司
馬獻旅司空鳩役督以繕司察以臺省與夫百司庶

職罔不祗嚴遂乃畫地分工授規作則以某月經始而告成事于明年之某月　天子嘉其成陞賞勞人有差詔臣某爲之記臣謹頓首言曰城以爲守也我肅皇帝議建外郭謂輔臣階曰城不難難守夫朝廷之收天下守者民力也心聯則力備今宇內民力竭矣惟是累朝之德在人心寔式靈之而我　皇上拯災恤患不遺餘力庶幾其少固結之然天下之可防者每伏於所不防而自謂防之周者或有所不及防

昝唐文皇弗修長城而曰方將掃清沙漠安用勞民爲此其志甚大乃其臣徵曰人欲靜徭役毒之並方潄衰刻窮之此其詞甚危夫慮其危以圖其大則惟民心是防我　皇上東西之役夷裔讋服方且上媲我　二祖掃漠犁庭之烈率土以爲城壞海以爲池豈其界在藩垣然物極而變臣竊有憂也傳曰哲夫成城又曰衆心爲城我　祖宗之法度已盡經緯德澤已盡浸灌惟是謹守其法時潤之以澤用哲夫之

言結衆庶之心勿俾城壞則居重以馭輕而天險不拔保世滋大意在斯乎而何金湯之云臣謹記

詹事府堂上題名記 代

粤稽先王教世子其輔導之職見於后夔教胄子及文王世子之篇與夫漢臣賈誼所稱述略可覩已秦始置太子詹事漢因之丞屬諸官皆隸焉沿魏晉以迨唐宋損益雖殊未之有革也法不啻善已乃所職惟是車駕儀從以及慶賀奏啓云爾審諭之實闕如

也夫熙載亮工宅揆補袞恢當日太平者執政也表率官僚克咸震器基異日太平者端尹也中書政本儲闈國本兩者寔相表裏則所爲進善納忠潛移默奪以無負厥職者豈異人任洪惟我　皇祖淵識遠慮州昳甫定首建詹事院壽更名府分僚列局領以大臣愼簡諸儒碩分次入直授經引義以黼藻睿姿培翼令德嘗言東宮官非勲望老成不可洋洋聖墓跨軼今古矣二百年來　聖聖相繼令問令望丕顯

丕承寧惟天縱神知毋亦輔導諸臣恪共厥職用能
羽翼休明篤元良以衍有道之長則詹事所關顧不
重與應劭曰詹者省也省其事而正之也書云先格
王正厥事其斯之謂乎在昔成王緝熙宥密日靖四
方其光於守文也周召保傅之功亦永有嘉聞詩云
文王孫子本支百世凡周之士不顯亦世臣主俱榮
猗歟休哉厥惟艱哉王恭之讓詹事亦云王儲四方
是式總司崇替所由宜妙選賢才盡一時之勝見稱

職之難也故漢廷選雋鄭莊韋賢揚其聲晉代簡賢
謝琰卞壼著其名餘不數數稱焉夫豐芑燕貽之圖
疏附後先之彥顒昂圭璋之粹馮翼孝德之英兩相
成也卜世卜年始兆之矣嗚呼入侍起居出陪燕游
明君臣父子之道弼詩書絃誦之教下廟趨闕嫺其
禮撫軍監國習其制剪桐折柳防其微毓明德於少
陽與元宰而媲勳誰寔尸之徒取優游旃厦玩愒清
華能勝其任而無曠乎用是采　國朝任斯職者若

而人勒厥姓氏爵里於石令觀者省焉美而法之恒在茲鑒而戒之恒在茲

重修邵武府學記代

原夫頖宮瞽宗三代剏其洪摹辟水環林兩京恢其茂業禮樂文章之敎炳蔚古今家塾黨庠之勛橫塞天地若乃巡廣固而敷典則狩大越而納詩書則知布德展義觀風之大猶設教育才省方之上務矣閩在職方舊稱荒服郡于秦僅革草衣木食之陋徙於

漢徒存嵓棲野處之遺吳大帝初賦租庸常觀察宏典文敎令之啓茲後秀歐陽振彼前芳宋儒出而仁義道德之旨揚理學明而君臣父子之倫著迄我
皇祖定九州而播九德撫五辰而貞五敎廣飭學宮大收儒効洋洋絃誦之國煒煒冠蓋之都矣維是邵陽僻在西鄙文物州昧黌序簡率遞廢遞遷而靡常茍有苟完而未美邇者閎伯降禍甯封揚威殿宇煽爲灰燼臺榭化爲焦土豈非運值變通之會天示更

新之機哉於是執政茲土者相與審量日力捐助工費陳圭以揆趾鳩師而度材規天矩地經八戶與三堦剸陰劃陽營千楹與百拱既嘽嵬而峨嶫尤鴻熿以豊敞而且瑩以玉琇飾以金英皓璧皜乎月照彤墻爍矣電熌綠藻高生于飛棟紅蕖倒吐於巍甍妥神講學之所光明熠爚藏經習禮之地文綵璘瑸加以金鼇石鼓疊嶂迥遭白渚紫雲曲水映帶遐而望之巋然魯靈光逼而仰之熀然魏景福其諸單曠古

以希有邈超世而特出者乎屬在茲歲乃臻厥成將勒龜趺用徵鴻藻夫魯頌聿興史克宣其懿晉雍式啓王廙陳其詞余也何人顧辱斯請葢以修廢舉墜則有司存章敎作人予與有責嘗試興思闕里遠邈中原當文武成康之隆民淳俗厚故聖哲肩摩西北迄秦漢唐宋之季醇澆樸散斯豪傑遜武東南今邵陽之居甌越猶閩都之視鄒魯風氣之開最後智故之萌獨晚素以爲絢人堪受采受和學以致道家可

聞詩聞禮彼天聖始建之學在宋元輒著其人黃簡
肅之隆望李忠定之鴻烈皆足羽儀來裔鴛軼前英
況夫七十子之恍服瞻之在前五百年之名世攷之
則可所願士希賢而賢希聖文會友而友輔仁覲革
故規模洗百年相沿之陋覲鼎新制作起一變至道
之思期富有以日新全尚賓而觀國庶茲耽耽堂堂
之美寔兆師師濟濟之休豈惟高驤七閩抑亦軒翥
百代學於古人爾多士毋敢戲豫惕于

天子余一人寔有榮施矣

南京雨花臺新建威遠廟記

漢前將軍壽亭侯廟在京師者祭以仲夏其在南京者以四孟歲除而又有仲夏太常之祭祭以少牢並稱

皇帝遣官禋祀毖矣廟初稱漢前將軍壽亭侯嘉靖十年南太常卿黄芳奏改今稱云名號正矣迺其忠義之氣坲鬱瀵涌不盡洩於當年者綿結千秋赫靈昭代自開國以至翊運咸有助焉萬曆甲寅

皇上荷神之休遣官致祭有綣綄玉帶之錫有伏魔威遠之號葢自侯而王王而帝代增歲益當日尊崇未盡者至今極隆矣神雖死猶生矣夫世所難者死耳使神遂彌成帝業功僅良平埒而獨赫然至今非惟一死之故與凡人精氣盈宇宙其猶火也縱之上炎立盡耳苟覆壓焉必且鬱勃不散觸之輒狂奔而大呼忠臣義士憤死一時千古尚爲裂眥抑如是也故人無百年不死而有千萬年不死夫精魂旁礴居幽

益顯在遠彌光獨著于國家然哉先是歲癸丑余以病郊居閒步雨花臺麓覩遺廟湫隘荒蕪鞠爲茂草惻然傷之解銀帶爲之倡而里人輩任其事前去一里許別易廢宅一區芟薙而開闢之前有眢井議重甃焉疏鑿之頃出朱提一鋌色純黑上勒存助起蓋關廟六字夫新址去舊廟頗遠而且呈現不後期夫誰曰偶繇是衆緣輻輳如雲斯興矣句容有徐生者詣廟獻香柟一株修五丈云得之秦淮中不知所從

來泊其河房之右夜夢神告云是木迺雨花臺威遠廟物也寤遂以獻因斵三義像云庀材飭工日無停晷踰年乃有　皇上之錫號時與典會霽爽昭然兼前二事豈非至昪哉神之被綣絻始此廟之稱威遠亦始此夫祀典之興肇自　高皇沿于　列聖而極隆於今日兩京三建一歲七擧美稱崇報曷以尚諸然而奉常之秩啓閉有時國典之隆圜觀難褻薦紳士庶之虔肅終有鬱焉是廟立而知所奉矣睹新貌

耳新號其益揚神休也廟凡三層層各三楹中爲殿以奉神後倚山麓爲閣列三義像閣之左右有廡十楹爲庖湢燕息之處是役也始事於癸丑仲冬落成于丙辰夏五南京兵部武選郎閩人王宇爲之記

邵武縣新建城隍廟記

郡邑之祠城隍始於唐或以非古欲廢之然諸侯有五祀其一曰國門國門者非城之門與聖人之制祭祀也能禦大災則祀之能捍大患則祀之百雉之城

環以湯池雖有數萬之衆無能爲患功豈讓山林川谷哉祀以報功誰能廢之是以自唐迄今虔奉惟謹今之祀典蒞任者必齋宿朔望必謁禱於是禳於是祈報由彌於是神絫重矣郡邑故未有廟而廟于府廟之門湫隘卑陋不足以奉牲帛萬曆間今大中丞商公宰是邑以故事入謁心頗念之前而告曰令奉制書爲神民主典教化課農桑勞來百姓敬恭明神令之職也風雨時五穀登災眚不降非令所能而聽

于神神無負祀典之殷勤以修神職令亦何愛土木
以妥神雱公既賑事尚德而緩刑正身以率物居有
頃政行訟簡治化翔洽不朞年而邑大治神廼勞於
愷悌錫之嘉祥邦無鞠訩民無癘疫天無淒風苦雨
愆陽伏陰倉庾充盈庶彙蕃殖公謂神享其恍方謀
建廟以荅神休會有黄閹之命不果後十六年公以
大中丞節鎮全閩康濟四遐百廢畢舉巳乃捐月俸
百金并發郡帑羨二百金下令袁令君荒度前舉爲

民報賽議既定令君以入覲北上而郡司理劉君攝邑事遂鼎建于舊五豐寺之址爲座者五正殿之間如其座數左爲齋堂右爲三王堂殿後爲寢堂殿前爲洋洋臺臺之兩傍廊廡各九間東西相向臺前爲儀門又前爲譙門經始于辛酉年冬月落成于壬戌季秋日凡費金錢三百八十緡有奇而中丞公再捐月俸足之憶昔不佞嘗讀書邵陽中丞公鳴琴堂上其心如水其治如冬日之日而官無停務吏不得容

其姦民愛令如父母而欽之如神明夫神亦監於有德耳太公之令灌壇也風不鳴條子產治鄭蒺藜不生緊豈獨神之靈哉感而遂通所繇來矣余旣與邵人荷公覆載又冀公之不忘邵邑者異日不忘全閩也因記其事以告來世

中州會館記 代

羣遠方之卿大夫士雲集于京師則必有所托處之處而會館設焉行者之萃止恒于斯居者之讌集恒

于斯禮也義也吾鄉爲文獻淵藪襲冠帶而趨闕庭者視他郡國爲多有其會之所由來久遠乃宏制局於狹址故規壞于長年寧惟宦京邑者宴會無所諸入覲偕計以及成均之雋曾靡所税駕焉於是謀更新之擴地庀材鳩工剏制易湫隘爲爽塏飭朽蠹爲綢繆繚之以周垣甃之以修碕葢昔難旋馬今可容車矣其爲大會館一別復爲小會館一所增置房舍六十有三所補葺房舍三十有四諸縻費金錢千四

百緡有奇則薦紳先生曁孝廉明經國學諸君捐俸解珮而佐之者也多助之至不日成之以庚子孟夏經始而落成于甲辰之端月余不佞實董是役役竣屬余紀之余惟中州古帝王都會明聖賢豪之所兆跡遡許由伊尹以追韓琦富弼之徒樹偉伐垂令聞者朝野相望我都人士於今有光　皇祖定鼎幽燕中都去此壓千里而遥凡才技彥聖之倫咸自奮于功名輻輳奔走歸命京師歲時修好于斯館道鄉曲

敘親故相忘其為羈旅斯亦吾儕向者之亳鎬郟鄏也且以　聖政維新海内嚮風吾黨幸際其盛共事於熙朝毋亦同心以共職協慮以匡時揚勳名于故都與古先而媲烈此則閭里之榮邦國之光也若猶是昆弟其蹤而胡越其德斯館猶蘧廬也亦何取冠裳之環聚宴會之具陳哉夫君子居於國而稱桑梓罔敢忘鄉也羣于鄉而憂魏闕亦罔敢忘國也不忘鄉以成厚不忘國以成忠修此兩者故全也願諸公

之懋之也是爲記

福州勞郡侯生祠記

漢世良吏稱盛然二百餘年班氏獨傳其六而黄次公乃坐乏軍興豈非通才鮮耶當今守職治民者弁典兵禁是以前人不能兼者責之郡侯職非易稱也吾郡自國初迄今守之著遺愛者僅十有一人而折衝之略罕稱焉善牧馬者不遑及犢其勢然也郡俗故醇謹然海濱之都會其中具五民不無好議論易

於動搖且當此時羽檄交馳徵發旁午急之則閭閻彫敝緩之則牢廩逋懸於是銓曹選能治者以檇李勞公至公治郡以拊循爲行務保息其民明察有方略公且廉不可干以私震以謗讟凡公所施設一切發於苦心久之吏民莫不信向且帑有蓄積足給軍需以時振廩胥亾敢爲政軍吏亾敢侵牟及兼攝郡司馬愛護三衛七營數問麾下所疾苦具爲區處簡稽繇戍輒均其勞逸不令金少者得惡處會遣左徵

兵議者欲料七營教卒以應公上書幕府不宜自撤藩籬於是乃别募良家子三千人爲辦裝練甲以行而閩營之部伍得如故緩急有所恃公在郡滿三載以令甲當奏績吏民諸生及諸將士聞之咸謂今天子方東急遼西急黔蜀求賢如饑渴兹且朝上計簿夕登瑣闈矣吾儕恐不能留乃相與立祠于西郊生而俎豆之以比欒公之社其諸虎賁則羣向余乞言記其功德余嘗遍謁西郊生祠其爲郡矦者獨有

唐公珣江公鐸唐公官至都御史江公官至大司馬世爵其子孫祠之者虎賁之士不與也則以時值太平於黄籍親於尺籍疎耳若勞公者身際倥偬文武爲憲兼前人所不能兼豈非昭代一人哉嘉庸徽烈有太史在安所須不佞雖然闡事亦其一斑矣庶幾觀風者采焉公諱永嘉萬曆辛丑科進士浙江崇德縣人

蔡遊擊去思碑記

曩余爲留都司馬郎識蔡將軍於旗鼓間或言將軍長厚工詩詞非兵家所尚余聞黄石公之論良將也恕人治已士力日新斯非長厚之效乎夫不學者不可與談詩而多謀生于博覽失算由于寡聞賦詩退虜之誚嘗穴見耳蓋余於是益重將軍將軍亦因是有重名進閩水標遊擊軍定海領左右翼一寨二遊東抵浙西至廣海洋數千里與諸軍爲犄角勢任至重將軍既至正營部明伍候厲兵器修戰艦振鐸申

警號令嚴肅須給士卒資糧未嘗私其菽粒寒暑勞苦身與共之以故士卒莫不願爲將軍用命無二心巨寇有號大銃老者出没海上東鹵西剽濱海之民咸罹其禍將軍親率舟師夜渡彭湖與賊鏖戰於崩波駭浪之中擒之上功督撫大中丞大中丞薦之
朝明年黔苗煽亂粤西有其隣之震遂以將軍參將潯梧軍兵符至水標諸軍皆色沮留之不能得則謀勒其勲于貞珉以識去思夫文武並用國之制也承

平久而武臣日詘縫掖之士遂以司馬法不足學幸
而有一命之寄聞刁斗而讋不幸而勢窮則計無復
之吾閩惟漳泉士子有志者試制義不售則舍而修
將帥之業其最著者則大將軍俞公大猷起家諸生
襲千戶侯至都督敘伐盟府將軍亦溫陵書生也初
以儒術干有司不用更以武經干之乃舉進士余嘗
從大司馬校閱金陵諸將其起徒步不知書者皆褊
陋跌蕩不恤士卒惟牢禀是漁無怪乎文臣詘之士

卒怨之矣若將軍者搦管雲生橫矛電掣居則視卒若愛子戰則驅之若貔貅即號豪舉文臣焉敢傲之所以不能而部曲戎旅又焉忍恝然于去後哉將軍行矣潯梧介在兩廣夷獠雜居又有鬼方之警故大司馬以非將軍不能守毋使　聖主遠思頗牧而將軍亦不復思用趙人也將軍勉之矣將軍名光宗癸丑科武進士泉州府晉江縣人

游南庵記

余養痾長干蓋數游天界云天界山形如鳳而三十六庵碁置其中如半峰之巉巖竹居之幽靜功德之清敞月山之軒豁萬松之雄麗叢桂之深邃古拙之樸雅西庵之透迤其松篁花石屋宇徑路位置皆可人余每嘯咏其間輒竟日忘返而最後乃得南庵在三十六庵之最深處茅屋三間竹逕陰森數里幽勝乃甲於諸庵而清泉一道飛注幽壑小橋跨澗雨後潺潺有聲倚杖聽之足當鼓吹凡天界諸勝無不可

觀所恨乏水耳而南庵有之游天界者未必知也以其僻遠自藏不挂人目不邀人步非探幽選勝幾失之矣而張彥先讀書其中余向慕之不得見焉乃今而識彥先也彥先文詞爾雅名久在世間自南庵閉戶枯髯嘔心入之愈沈出之愈超與余坐談終日神情澹遠所得山水之助非尠蓋人與地合文與人合其文先于余耳而人若地乃後於余目即此可知南庵可知彥先也因援筆記之

朱緝鶴廉訪入賀萬壽序

在今日爲國家患虜之外無逾倭倭所出没常在東南而閩其甚也閩鎮南服襟帶九江梯航百粵而興泉漳濱海爲都城股肱實扼要地其間絕島巨浸倭雲稽天高牙大檣縱横境上倭奴眈眈虎視嘯聚往來變幻叵測而奸宄因之竊發走風濤如鶩緩則利海以爲府急則匿海以爲藪守茲地者禦龍蛇于外而輯鴻雁于内用以羽翼都會而保障東南誠鉅任

也彼拘學者難與應猝操觚而談者不足規域外之略而或踔厲矜激勇猛操切則毋能拊循元元以宣綏和枚寧之治厥惟艱哉前歲漳南缺守臣 神祖謂修文德以飭武功非禮臣不可特簡儀部郎稺鶴朱公以大參出守清漳公既拜命竆朝夕爲謀決算幄中而制勝水上風伯海若罔蕩我樓櫓而倭奴搖手相戒無敢揚片帆窺伺于藩籬之側則公之固圉周矣而未也公爲政有本源不吐不茹要以保釐煦

育爲務凡苛急炫燿足與立威而近聲華者悉屏不事惟是薄征弛力勸農止訟搜奸剔蠹警頑禁惰之條罔不具舉葢閩民力竭矣賴公平定安集之而後海曲得晏然於以昭我國家赫濯之盛廟堂知公大有造於閩也晉秩廉訪使仍使駐守莆中謂海上不可一日無公也會　新皇帝萬壽萬國衣冠鱗集入賀閩兩臺推久于閩熟海上利病者往備臨軒顧問于是以公齎捧行而公之屬郡邑諸長吏相與邀鄙

言使所部鼓吹而誦之乎惟　高皇帝既平宇宙威靈遐暢海外諸夷請朔貢琛絡繹于道路獨倭奴跋扈絕不與通度非方寸之印尺一之詔所得長羈縻也飭兵修備要害之爲防實云長策在漢守邊如魏尚李廣廉范諸君子皆得賜黃金頒璽書入爲公卿國家邊防惟塞與海挈南北而衡之其在閩海亦雲中北平之重地也矧茲奴酋跳梁當事實虞倭奴生心南北交掣所需防海尤亟而公折衝樽俎使廟堂

釋南顧憂因得專意于遼左厥功偉哉　上采用漢法選邊材入侍簡召之命舍公其誰矣

閔曾泉方伯入覲序

黄帝立四監以治萬國而唐有九州牧虞有十二州高皇帝制爲行省倘亦行古之道閩郎褊小方於九州則差僥八郡一州之黎元司命于方伯其所係顧不重歟邇者建酋竊發大司農調兵食于天下閩當加賦十餘萬有奇法宜倍征大方伯吴興閔公喟然

嘆曰二三之令王政所不出民有常賦又過籍焉不忍也而軍之糗糧不敢不供廼自校簿得郡縣他積以充其數是役也海内莫不騷然而閩之百姓若罔聞吏舍失火延及公朝古者諸侯食其土毛役其民呧義也公曰閭閻罷矣不宜重擾乃減省經費以之慮材鳩傭又予以平價肩負之役則士卒飽食牢稟未有所徵發也蓋不數月巋然如故商不知其官市傭不知爲廨署百姓一不覺有畢方之災往時郡邑輸

賦省藏吏輒洗易往來牒書輸多受少無從質對公設數簿鈐以印章一留之省餘予郡縣交紀互證輸受多寡往來相校而其姦遂無所容曩之洗易者畢露張敞趙廣漢神于發伏視公之害網預防其微者有間矣公之赤心任事未易數此其章章者而未也公悉心求民瘼與之休息郡縣莫不仰承德意偃拊其民譬若璽之印塗印者千百無印非璽而公之德施乃愈普已夫爲治寧不貴渾然無事寂然無聲顯

非有眞心遠識重之以修才徒欲以淸淨寧一辦王事於孔棘杜侵牟於譎觚未之前聞如公實心實政翔洽四遠治閩其一班已行且鼎彝勒之余言何能重公雖然彼執簡者採輿論于編氓閩固公之一振土也余則何敢辭

沈何山右伯轉關中左轄序

諸方岳俊乂布列而國家所倚爲屏翰者惟是實心敢任之臣實心敢任者仕不問遲速地不問遐邇皆

思亟自效故能無負其官且不孤　聖天子簡任至意有如密于周旋疎于建樹袖手處錞計資冀代此亦退可保身進足梯榮若乃經綸草昧措据艱大排衆疑以獨肩燭千秋而永耀則講遜之學識豪傑骨力英雄矣余嘗聞先輩每受此官即檢點此官職業安心爲久遠之圖即不久而吾心亦快足無憾今也不然左右古風俯仰隨局捷趨未見之利巧避未形之害置身於有得無喪之地以自爲謀則智矣其若

職業何所由學識骨力不逮耳學廣自見此官不足際識遠自見此身有當盡骨勁自見斯世無不能爲不敢爲兼斯三者出之實心以任天下何天下不治則何山沈公其人已公起家曹郎歷陟藩臬宦跡遍兩都三晉閩南江右所至勤於其官而恥素飽前歲擢閩右轄精心振刷尤加虔每退食披閱不停諸典故制度法律條例靡不熟覽深考事至應之如響車轍所遍周諮其地有賢者輒折節禮焉其生平有一

善行一善政必膺服而紳書之所司淸軍事有勾解至者未嘗費一緡門内外肅如也遼事亟加餉四方閩民貧尤苦供億公爲設法它處所省民強半往者金錢出入吏胥或輕重其手公卽以所解爲收所收爲發封識宛然吏無所染指司帑災事出倉卒公指撝救護若有成畫奸兒無能取一物火熄淸諸帑金餘四千緡卽以爲新堂之費而閭左得免于加賦葢公居閩藩者僅浹歲而長筭遠規大都皆千百年之

計茲且晉關中左伯矣所屬索余言送之行余惟天下無易爲之官苐課職業不課聲名則滲漏滋多天下亦無難爲之事苐計是非不計利害則規恢自茂故任者苦日之短不任者恨日之長夫彼之坐嘯畫諾傳舍此官不過謂不數時離茲地耳遑爲身後計顧使身任其地曾無有沾其恩澤覩其建樹者移秩未久併無有識其姓名者此雖一歲九遷如雨花風露亦復奚益如公熱腸營職冷心營進在在表建充

滿人心目口耳中功烈溥矣且心篆尸碑新新不磨
流傳又永矣於以視不事事者名實孰多噫此非學
識閎遠心骨超絕固難向世俗仕宦語也

譚凡同學使晉登萊兵憲序

國家用人最亟無逾督學及備邊顧往往爲人擇官
不爲官擇人督學不必執法也備邊不必有雄才也
夫令圓通者司文衡和柔者握兵柄豈不暢于請之
情快惰窳之習然使紀綱法度日以凌夷馴至極重

而不可返則用人者之過也故用人難用人于兩者尤難若乃以文武之全材兼造士飭戎之重任此尤難乎其難如吾閩文宗新擢登萊兵憲凡同譚公弗可尚已閩數十年來督學使者大都依違于情法之間浮沉取容獨思誠熊公玄嶽鄭公以公明嚴執著士風賴之　神宗末季政尚調停余與屺瞻葛公以嚴獲罪一二通賢皆內轉柄文者用輒以執法相戒公也不然入閩以來專以憐才杜請托爲務試士高

下一惟其文絕無他竇進而且闒於文罔不爲犀燃
恕于搜羅不爲溪刻用是雖有祈望無能怨尤夫此
一官實畏途得喜得怒皆不免得怒則壞官得喜則
壞人有如寬嚴並用通執兩化使喜者忘其喜而怒
者無所施其怒淵淵其識匪夷所思矣廟堂采輿論
欲不次擢公會奴酋匪茹東海戒嚴登萊督撫陶公
疏請公共事於是　詔以公備兵海上東海故多樵
石賊船未易嚮邇雖有揚帆無敢越沙門島而東所

慮成山一路直通維揚然得重兵守之可無他虞惟
是國初沿海置墩堡密如星羅且設水城以屯精兵
法制實嚴且備今墩堡皆壞不修兵缺者不補當事
入其餉于豪瀨行則取賣菜傭充之故今登州兵雖
有數千優伶厮隸居其什三餘皆疲弱萎薾聞金鼓
而股栗者也自非文事兼有武備者修廢缺汰老弱
精訓練嚴防守一一設誠致行之徒張虛聲恐喝虜
耳公故敭歷南北兵曹其於戎索虜情不必至金城

上方略持此威明敏練與海上將吏從事坐令樓櫓氣動營壘色變者公矦干城豈異人任矣夫國家開闢之勳劉誠意翊之土木之難于忠肅靖之宸濠之亂王文成戡之之三公者當未肩大任遇大故人亦曰經生耳及臨難運籌妙應無方相機制勝神易不測而真儒之大用始著是皆公之鄉先正也續述大猷是在今日願毋讓焉故知文武爲憲世未嘗無人知而善任使則責在操柄者矣

昌平右伯王壺嶺公考績序

泰壺嶺王公以晉右轄監營平兵事既六稔報滿天部趣拜不次矣將吏氓旅咸慮公舍我以去於是中丞劉公疏請加列一等留治兵如初令夫就熟則有餘能饗利則爲有德治人與治于人不能無所習而安焉一也上不習其下將要領不得而罷錯見下不習其上將臂指不貫而跌蹷見夫上下安而習之而後弛奮競緑惟意之適吏事戎索寧有兩焉公于營

平業已畢智竭諝控揣無餘營平人實父母師保若不可一日無公是奚必他擢而後示酬昔陝以西名公主之陝以東周公主之曾聞僕僕數載一遷乎抑營平今何時也策邊者曰遠單矣奴酋月無遠矣不知金尊不當漢一大縣而前跋後疐豈遂閒其無人薊匪茹宣敗盟不剝淋耶寢園虜吻前是未有黃華海冶片垣爲阻庚戌之虜且入東山口防守紅門師猶失律直賴　祖宗之靈使無罙入而頊燀焞赫濯

聲實並啣即已見其影未見其形安知不猛虎公而
藜藿爲之不採耍以護　神宮屏天邑塞居庸捍東
薊惟營平所據爲然亦惟公長有此營平而腹果氣
張爲然嗟乎國家取天下于胡元之手武節飆厲遠
婉濡涿無論犁庭之役積威燕後土木之難謀國有
人即庚戌虜騎内訌稱孔棘已義師星犇虎旅麇集
犄角批擣庶幾無城下盟而一狃款市遂多媮志介
冑恇㛹何問纓紳文武憲萬　上能不拊髀公耶公

故觀察遠嘗慨然宣達所以失援之故虜情軍策不必聚米而籌以是營平六載撫民安堵恤士投醪遠利蝟與夙弊蠹剔持廉靜大體與將吏從事刁斗綏鼓之間靡不色飛而肉奮公盍于樽俎屹長城哉兵志曰無恃其不來恃吾有以待之公有待矣有待者屈突之謀賢于焦爛一戰之庸百世之伐不並昂也朝廷且念公功高勞苦詎終留此有衮衣兮聊從將吏垠旅之願而已

宣鎮大叅陳靜臺公考績序

今諸邊撫制兩臺多即藩臬之使行邊者而其先或部署或二千石或從腹裏移鎮焉此所謂邊才也有邊才之目而士大夫務挽強策怒抵掌封狼居胥其意氣期籠罩人示揮霍可大用不知經武之事用頗不犄壘藏寄微機捷周應必非負跅弛之客所能精入以辨況原非澹于榮利之衷則孰如端靜恬一者之根不撥而用有餘也蓋古今談以才品甚夥而惟武

穆文官不愛錢武官不怕死兩語盡之以跅弛翹足于終南烏知無所中因之算疎又烏知無所奪因之氣索端靜恬一者不然止水其操木雞其神安堵吾民超距吾士綢繆我戎索而股掌彼虜情長城大櫓身荷隱然一切夸叱馳騁不必無之以爲勢亦不必有之以爲豪所稱式于政不式于勇折衝尊俎實維伊人則大名靜臺陳公非乎公初爲比部出守太粱再叅晉轄所至精明愷悌互資迭運而一介四知嚴

自天性比分蒞神宣實當虜穴若拊循節嚴覘諜繕除鉅細畢威惠彰而馭將吏之得體乃前此未有蓋居平不假一嚬而軼法必循三尺無泛通之賓客何論陽鱎無及門之筐篚何論捆橐昔者懸魚留特侈爲美談庸知公故無魚無特也耶弤夷將卒彼實有口所道誦郵傳寧直雲瀉之區而因以結士心因以寒虜膽使跅弛者相與程功而絜勤有不匍匐反走乎頃公政成三載報最銓曹崇褒超拜且旦晚奉

簡書而不佞掀髯色飛則又先社稷而後公夫兜鍪
之于文墨其習爲窺覘久矣一授以隙無能不波而
以我爲易與則朘削怯縮彌縫之弊沓見公循循儒
者非能卒置一條伍置一喙惟是固澹漠之隅塞僥
倖之竇其不自策躬而扞罔者孰敢語云廉生公公
生明公也以之繩直枉木斲準夷高科削公之將吏
以之而紈袴皆干城庚癸盡醪纊則武穆之言兩得
而疆埸之氣自張也且今雲中上谷之間亦孔棘矣

說者謂虜款既巳數世而五路不無生心香火之盟誰任不敢解之者曰有虜婦在彼嘗德中國而年未甚憊也受封之後勢仍聚麈統轄裘毳尚有餘力嗟夫吾圉之輩戟恃虜婦之存亾乎若不佞所恃直有公在耳夫公深心密算無日忘備則無日忘戰况孰綏援鼓願爲公效死力不尠薄伐之烈繼媺周宣公其憲萬之南仲乎哉不佞守在史官敢謂非張仲也而不受策勳之後

薊餉部朝邑王公考績序

公之筮仕也即拜司農郎即榷崇文稅稅額既夥弊竇亦叢主者慮不及額往往于掫闌入以爲奇而苛罰取羨公謂苛何利焉上愈苛則下愈避下愈避則政愈擾而課愈逋于是壹以廉平衡之縱闌入亦第責所應入而錙銖無外索羣賈用是謳寬政而樂輸貲曰無徒以阿堵憂我使君額顧以不爽矣大司徒聞而賢之俾督薊餉餉難于課什九薊餉難于他鎮

亦什九何也薊燕京屏翰而薊兵護屏翰之爪牙也兜鍪幾許餉僅五十萬有奇耳餉不能以時至難一遏閏及邊警不撤防無益餉難二屯田多豪猾逋占難三公至悉心竭諝爲調劑詘盈爲通融正閏爲稽核畝實士是無以枵腹軍是無以羸勢虜是以奪先聲荷戈之子式歌且舞思一當虜以報公養士之效旅伍之間蓋色飛而肉奮矣會三年課最　天子下璽書旌公伐諸同官於薊者屬余揚言之余惟洪範

八政一曰貨一曰師貨供財賦師衛邦國皆以仰佐
主上建極之猷作威福之用而公務無掊商使出于
途務無餒士使安于伍政舉而勢尊勢尊而國奠斯
真在廷廷重在邊邊重已蕭鄭侯給饟餽不絕漢祖
掃除海内功居第一爲三傑冣區區綸綍猶初命耳
何足爲公課餉報抑有三錫之寵在

章名世司理考績序

班孟堅傳漢循吏而首文翁顧獨稱其好敎化以文

雅飾厲學官弟子耳夫文翁非右敎化左術循也葢
仲尼之言曰旣富矣敎之郡邑大夫非化俗咸熈綏
猷多暇安能潤飾文章於鹵莽之政哉余向授業西
湖得讀章名世先生文謝已拔啓未秀葢已鍾呂奉
之未幾先生以名進士司理吾郡都人士僉慶得師
願問字門下顧慮先生拮据未遑也乃先生理郡政
簿書旁午不足當其一瞬察吏明刑建利祛害無越
宿焉會郡守暨閩矦邑長以覲行以請養歸先生數

攝之方員雙晝織鉅畢振仍以其餘力進諸生而誅之藝朝夕提撕不倦闢文徒脂粉耳至是始知有清眞一脈窮力洗濯色澤更新卽不能具體先生然衛霍之偏俾受甲而下中原皆足雄長一時如予友張能因實先生所賞識比入闈領雋仍出先生之門時稱得人云先生三載報政能因輩徵余言爲頌予聞之董子績者積也夫布惠以和民一時之積也知人以安民千百世之積也舜相堯舉八元使主后土舉

八愷使布五教用賛平成之治榮華至今先生分試閩闈所舉士八人彬彬才雋庶幾元愷同符異肖者樹勳垂聲照耀來禩其誰非先生之功也倘所稱干百世之積耶此何有吾郡即理天下可也泰之拔茅彙征以輔相天地左右民是在先生矣

送高懋明上春官序

予友高懋明前高州司馬維石先生仲子也先生爲先子莫逆先子沒藐諸孤貧弗克樹諸售游無復問

者先生獨拊之哺之教且督之見孺子如見而父然嗟嗟盛德有後則先生其人矣先生二嗣皆予研席交伯氏懋正既先領賢書懋明與予談藝最久予爲文甲之以奇耳懋明務爲驚人語使予吮毫竟日未能肖隻字而獨心好之乃懋明得名甚早領薦甚艱於是誇者詫者相半即先生亦搖搖慮之慮者以奇爲懋明病予謂文病不奇耳有奇文何患無奇遇先生顧謂予奇誠貴誰遽識之而誰遽收之予笑曰然

奇與亾奇孰衆其爲亾奇也者抑盡人識而人收之耶先生斯然是予言而懋明亦彌自勵也丙午之役予與懋明分道而攻君南我北期以必克乃予幸先入闈懋明猶然數奇也然予終不爲懋明慮懋明亦終以予爲子期而信其獨是時出所爲藝相質有所欣賞弗曰諛我有所彈射弗曰何知也玆歲邑大夫問誰當奪前矛予首以懋明對已而果冠多士在昔先生領薦實以壬子歲復以今壬子觀懋明之捷懋

明文譽飛照有年矣留至今日始得稱重光以娛九十老翁非亐所謂奇文奇遇耶嗟嗟阨窮忘故忮懻易交今昔同歎先生不以亐落魄而替前誼懋明亦不因亐廢業而捐舊盟其洪度曠覽超超乎世表哉茲役也發攄閎邃鼓暢休明將莫窺其際者噫是司命之厚先生以為盛德券也

送余元遇謁選序

壬戌之秋七月既望蘇子泛舟而遊赤壁余君驅車

而入長安雖潛見轍姝勞逸趣異要以風景清涼寘
朋休暢夫亦各適所懷與時偕往者矣蓋自 神宗
静攝御蹕稀聞長樂宵鐘蠅聲與雞人共寂明光曉
仗雉尾暨鵷序仝虛情既闕于九閽門遂懸于萬里
天啓 聖君日新皇極戴星升帝座千行劍珮迎花
把露齋朝班百隊旌旗拂栁衣冠萬國方知天子之
尊閶闔九霄共仰宸居之壯式金式玉人思近日月
清光從虎從龍士競奮風雲嘉會君也巳事遄往利

見大人藏器而動惟此時矣顧今奴酋奔突畿甸震驚黔蜀之醜類生心鄒魯之奸氓逞志廟堂嚌勝算徒爲全軀保妻子之謀風鶴懾遊魂盡作裹足出都門之想馬頭共語如何避地以南遷驛路相逢誰是傾心而北嚮國家二百年養士痛今日闃其無人朝宁幾千輩彈冠嘆當事未其有賴况乃司儀典客之侍臣靡有運籌秉鉞之重寄未食其祿僉思避其難少畏其及庸肯致其身孰知君者輕裝赴遥遠道趨

朝蹇蹇匪躬拯溺捄焚之恐後皇皇靡及纓冠被髮以爭先諒非覬升斗希沾寵榮倘亦尊朝廷願依君父板橋茅店動遊子之悽其鐵馬金戈增征夫之慷慨蕭蕭然行役道路感而興嗟壯矣王程賓客顧而起舞斯亦足愧偷生之逃臣鼓勤王之猛士矣乎四始均成一言爲引

送周章甫入大學序

夫以司馬子長之才弱冠浮江淮涉汶泗足歷齊魯

梁楚燕趙之墟日從其賢豪長者游乃能奇于文詞空二京而卓千古今世文士自號者足不踰一區目不越千里問以方内之山川都邑不知其名問以先朝之宮廟陵寢不知其代問以往哲之遺踪故跡不知出何地問以當世之方家作者不知爲何人斤斤然手陳編于圭竇甘屈首而吾伊安在能閎中而肆外乎才遜龍門語謝西京抑有由也予友周章甫少負才名夙抱遠想雖業博士家乎意常欲得宇宙之

壯觀以自廣乃茲承恩薦北學於辟雍茲行也於越則富春之釣灘武林之西湖於吳則姑蘇之虎丘京口之金焦於齊則武定之岱宗曲阜之孔林皆所游也而未也我文皇帝定鼎幽燕庭嵩屏衡左右泰華三關捍其北萬國覲其南宮闕之嵬峩府庫之充羨苑囿之弘侈城郭之鉅麗煌煌乎盛哉加以夔龍在朝卿雲在幄頗牧在邊諸郡國長材異能羣聚於成均夫寧無節如符融直如陳東也者章甫進而望見

萬乘之尊百官之富郊廟朝會之偉山河臺殿之雄則志意日益恢退而接名公之議論友天下之善士則才思日益進富有日新吾未見其止矣且今聖天子鋭意更始錄舊臣布新政宇内喁喁向風觀光利賓此一時也章甫行且應拔茅彙征泰階揚石渠虎觀之烈至是始知文章之取助多也茲行基之矣

烏衣集卷一終

烏衣集

亨

烏衣集卷二目錄

序

策

烏衣集卷二目錄終

烏衣集卷之二

閩中王　宇著
尉氏阮漢聞選
澧陽羅珽仕訂

大中丞中陽舒公七十序

在昔江漢之雅命召虎以告成錫祉對揚天休則天保采薇之治也顧虎之疆理止於南海及黍苗之肅肅也而曰原隰平矣曰泉流清矣又繼之曰王心寧

矣而且釐圭瓚秬鬯及山川土田爲作考若彼其覩
今日之河則功不綦難哉葢前代治河第以避害而
國家治河以避害而兼收利也利害相犄卒鮮全畫
且中外異勢南北異心大小異責議任異見故自都
燕以來無歲不防河磂楗畚鍤從事水濵竭宇內之
力而迄無永績卽負薪沈璧不啻費巳向河决而南
浸及泗上寢園之外莽爲水鄉徐沛黃流涓涓如布
天子上憂陵下憂漕宵旰焦勞咨求長策　詔桂陽

舒公以大司空往綜其事公浮淮涉泗達於徐沛躬視通塞所宜而督臨之如韓莊溝張福口金家灣蓲稽河所決排甚著先是韓莊之役曾婁議而婁止謂費繁而成功不易卒之費僅五萬不數月而告成事者公也於是黃流遵道運艘無梗　祖陵晏然無衝齧憂二百年未有之業創于今茲斯足奇矣　天子嘉公功晉宫保予金幣所賞賚甚厚因主開腰鋪支河洩水與同事周橋入河之議左爲所中傷顧

天子無成心也已而省臣河臣先後疏公勞苦功高不可泯没隨蒙賜環遍諸同列且日請還公於朝宅揆秉鈞此亦其壯猷茂德素所輸服也公生粤西而源吴會兹值七襄之辰吴中士大夫之仕于朝者徵祝辭于余余惟洚水儆堯四岳十二牧罔任俾乂乃以敷治屬舜舜歷試諸艱不免羽山之殛至皋陶益稷典謨所具克艱之命獨謨於禹而禹復以責作書蓋詳之乎水矣夫且九載弗底績加以八年之勞乃

功訖於四海僅千載而屢徙公拮据纔七年其功業可百千稔克艱克勤功孰尚焉史氏有辭續禹貢而紀玄圭江漢云乎哉　天子篤念元功錄用老臣簡在其舍諸瞻彼洛矣惟水泱泱君子萬年保其邦家斯則有道之長而大臣之所爲壽也

林晴沙翁七十序代

吾家自太保文安公生司李伯父暨吾家文僖公凡九人司李公是生晴沙兄則與吾稱從兄弟者也吾

與兄蚤以學業相砥礪則又所稱兄弟而朋友者也吾幸而先鳴兄顧而曰我祖樹德遠矣微特忠于王家足爲立朝矜式而長厚居鄉子孫世世法程在焉僉承先人之武方戮力於外雖鞭之長不及馬腹飭吾躬以善吾鄉則吾事也吾每見少年澆淳散朴務華絕根竊爲吾黨憂之昭明祖宗之家法可不務乎于是乃退居於鄉以孝弟力田爲事日討諸子弟而訓之以躬行則萬石君之教也持已正直而不阿里

閈有競端輒質成于兄毋敢二則陳太丘之義也葢兄在而鄉之子弟稍知自好者旣有所感而不偷間有染於末俗者亦赧然自愧而化其澆漓之習兄誠不借吾家重而祖功宗德遠而彌光者兄多功力焉夫在國言國在家言家乃家人之心難於國矣吾屢受國恩不能樹尺寸以光前人即今待罪牧圉惟是素飽之不免兄以丘園之身顧能作法於家修君陳之政以無隕祖宗之訓吾則愧兄甚矣且吾之生晚

于兄乃令顛毛種種老倦相親而兄方瞳黄髪伉儷
恊休軼於鹿門而過其厤吾宜強而衰兄宜衰而強
其故何哉毋亦身閒則意適意適則神王責重則心
驚心驚則神困以余望兄不啻天際之鴻海外之隺
矣兹歲陽月兄偕嫂氏陳孺人並躋七袠族黨襟脊
稱觴屬余致詞于酌者余惟我祖父若伯叔父並邁
種德迄於兄益蓑藨而菑畬之視履考祥則壽之根
死也詩曰嗟嗟烈祖有秩斯佑綏我眉壽黄耇無疆

吾祖而誠祐也今日之眉壽惟兄其黃耇亦惟兄兄有子世都賓于鄉而諸子諸孫諸曾孫輩翩翩競爽未有艾也曩華封之祝多男止矣况聞孫乎斯不惟壽于其身且壽於其後其誰如兄之取數多也則天所以酧孝子慈孫爲世勸也

張若波翁七十序

張生有質之翁若母以兹歲並躋七袠客羣而觴焉陶陶如也翁若母罔艱于履罔眊于視罔重于聽罔

憒憒于志罔顛越于話言而且子若孫皆以經術著稱名士翁若毋其無憂乎客共侈之莫窺所繇人耶天耶予乃曰予旣巳知之矣予請爲言之矣夫是非人也天也夫天實握嘉祉其閉以自封乎亦將衆之錫焉其錫也或恡也何故視其取也其弗恡而錫也末之稽乃違厥初俾受者不錫是德而懟弗竟何故視其載也取薄而予浮載輕而任溢鮮不仆矣芝草亡之根醴泉寡源非不異也難以長世大椿之春八千

析若之光不夜其所托者遠也有以取而載之也翁若毋有物有恒其儀不忒捆内外宜之羣與象而則之斯足以壽于家非有長吏之柄匹夫匹婦有卻不得其平輒質成焉輒以微言解焉羣與户而祝之斯足以壽于邦其服勤茹辛若不足也至急人之困若有餘然羣與口而碑之斯足以壽于來世其廸而吉錫而竟也將在兹其若大椿析若也其所取而能載也故曰天也非人也而或以紱冕詘之夫今紱冕矣

而不必黃髪或黃髪矣而不必令名其將謂壽乎而況顯其親以膺　帝之寵則翁之後人在也張生稽首言曰先生歸吾親以令名而開不肖以大孝自吾父母以及後世子孫受賜多矣敢不拜賜

倪靜衷翁八十序

葢聞養生家言神靜毋動形乃長生上古靜而忩動壽者什九中古動而返靜壽者什三下古紛紛逐逐上壽百二十中壽四三之下壽四二之夫有所剝也

故論壽于今日得之市朝少得之山林多夫在朝營
朝在市營市得則有人道之患不得將有陰陽之患
馬力竭矣而不以善息東野畢所以敗也乃賁于丘
園者一切才祟名鬼利機欲阱不以鑠其天元故能
各正性命保合太和超然長存而不壞非惟寧靜致
遠耶如玉融倪君其人巳玉融食指百倍他郡國民
率以賈代耕下之瀕拾仰取赴爭地而競刀錐上之
窮聲伎極紛靡以明得意兩者動與害逢均非壽道

倪君無買才兼無市心故原田每每惟勤諸原而力是食且居而面海背山而耕而釣而樵陶陶然樂也生平僅兩入郭門以省妹病與送妹終故而且友于兄弟孤而立之窮而撫之先人遺宫數畝捐以築宗祠而甘四壁立飲于族客有遺金去者君拾得竟覓還之客不知德君亦不任德聞者德之矣與里中父老説桑麻狎鹿豕彼且爲嬰兒鄉鄰有驚者非意相加雖閉戸可也葢君之自號曰靜東靜以養精故常

滿靜以凝神故常王靜以御氣故常強彼其行年八十而色澤不衰夫有足乎已而符于天者矣說天莫辨乎易乾天也大生者也顧在先天則居南在後天則居西北何也乾雖居南用事實由靜專而動直故鼓萬物而不憂及一索得男震居東代乾始物乾遂退居西北而不言美利是靜以君動動而歸于靜乾之所以不毀也君靜于其身而震于其子而君益從容於靜攝以迓天和吾見天之申命君者正乾乾而

不息矣

蕭太夫人七十序 代

少宰玄圃蕭公以名世舊學積閱詞林鼎鉉之望海内足企而心儀之領庚戌南宮試後爲羊太夫人七袠門下士將從公舞斑稱百歲觴而以蝦詞屬不佞蓋不佞嘗言之閨閣之盛熾不遜弧矢而不獲施于有政則融顯負殊何也彼鋪棻揚藻非其夫則其子耳且其子也幟碩覛所抱庳峻視所暨亨否視所遭

薄收于子而厚集于親前是未有以不佞所聞太夫人百行具舉九族仝聲其大者如事阿迷公處爲醇儒而攻苦報雜佩者惟太夫人出爲循吏而食貧勗素絲者惟太夫人而且和丸畫荻姆訓凛然正内維艱裕後匪易迄今珈翟如新七箸甚健蓋公以壽國之烈壽母其駢綏單厚夫固天所特鍾也何也六幕之内陶融傳注惟一氣耳人壽國壽皆氣之疏不至鬱和不至鏊爲之故兆姓之氣散在坰壤而挈其元

者京師百官之氣散在曹局而提其紀者銓部邇諸司叢脞衆口喧呶既鬱且盭邦國實憂殄瘁而公佐銓之效務在開醳　主上以無可疑而衡準班遷以無可倖黜陟隨功能因以爲轉移否臧隨論議因以爲甄導精殫九流目營四海蓋陰奪其憤驕誕肆之風而嘿寓以清明寧一之象偏枯銷底滯洩譬之脉活疢除元氣自復松喬旗翼何難希焉元精灝氣其鼓盪無方其凝注有自太夫人固氣母也考之五行

母生子滋蕃息萬彙與天終始今天下受公旋轉之賜罔不歸德太夫人羣祝翹跂太和翔涌太夫人遐齡綿算疇能媲之故曰公以壽國之烈壽母其駢綏單厚是天所特鍾也諸士請以是侑太夫人一觴

蔡孺人七十序

予曩從子瞻雲夫結社始識玉融之有林乙巳游都下因盡交諸林客長安者丙午偕太歲同年領賢書予益與林稱世好矣諸所覯記大抵愛賢而好禮隆

于誼而篤于情彬彬望族也如次峰公仲子若夫子初識之意其豪宕倜儻布衣之俠耶徐詧其治身治家逡逡程度罔敢錯尺寸問而曰吾無違母氏之訓也葢余於是知蔡孺人賢也會兹歲躋七袠客謀壽孺人而告於予予惟世治行有枝葉世亂言有枝葉今日者言幾觳矣其爲章劄奏疏之言冗愷可爲檮杌其爲頌祝銘讚之言蹻蹠可爲曾史也葢意之所忌則毁爲政情之所嚮則譽爲政毁譽騰而直道蝕

枝葉蔓而本根撥識者慮之予故極戒枝言爲人壽
然枝而言無當也言而當庸能無言且容以言委予
抑以予言之無枝也則予顧客竟言之也客曰林母
生邑華冑笄而歸次峰公躬機杼以共尊章敬戒毋
敢懈姑何御家嚴母虔奉惟謹當際島夷之變闔室
伏跡于莽岌岌殆哉母猶與公手拮据薪米以進何
沒而廉繼以子婦長不自安欲出分母曲意親就卒
安之㤝其非已出也公志四方資斧弗具輒罄簪珥

佐之用以封殖起家公卽世母仔肩家務時教誡子若孫以儉勤毋令逐奢靡卽遊惰隕厥成業而和於妯娌範我臧獲家之人宜之里中咸欽而則之夫是其章章者也予喟然嘆曰夫是其爲壽之槖籥也婦道也妻道也母道也女德修此三者故全也在家人之二无攸遂在中饋孺人之孝其先以之在恒之五婦人貞吉從一而終孺人之敬其外以之在蒙之二包蒙吉納婦吉子克家孺人之慈其後以之夫孝善

之基也敬德之聚也慈道之安也善積餘慶德厚載
物安貞之吉應地無疆孺人持三大美受茲介福於
其王母壽之晉也弗可量巳抑予顧有祝也命以衷
之愉戚分修短毋以子之淑慝生鬱暢則孝養寧第
甘旨是圖毋亦新而德大而業拆薪而克負荷所以
養志承歡延年永命于是乎在其爲將毋奚啻桃源
之飯瑤池之漿也聞之焦延壽禮樂所豐可以安處
保我淑女其在若夫矣夫世之祝者則托賦青鳥借

咏玄鶴乎顧遡本源于毋德而祈後嗣以亢宗夫亦惟是爲不枝之言也其可以復客之請否

周碩人七十序

語有之曰仁者壽仁天德也一歲中陽行而薰育幾何日陰行而清漂幾何日九月物成出漂下霜十月以還而雪始降則天之仁可知也而天之厚仁者又可知也顧天之專仁必於其根也然後勻萌而甲拆甲拆而條達易曰乾元資始坤元資生此之謂也其

在聖人之仁亦曰如保赤子蓋赤子爲人之靈根易生而易拆不失其心則可爲大人勿戕其命乃可爲成人故仁莫大於保赤子而保民爲小所由完天地之大德而邀之大年者也君子其猶病諸矧出於婦人乎自天祐之可勝道哉以予所聞張母周碩人者蚤事繼山君精咸陽之技試于閩中所活嬰兒如干人晚誨厚泉鏡泉君世其父之業所活嬰兒又如干人二君鈞學儒厚泉尤郡博士碩人謂經生無權不

能宏濟人乃勸令注精此道故繼山數十年所活則碩人相之也厚泉鏡泉數十年所活則碩人督之也古有救一命者猶可永延況千百於此者乎天爲千百人而謝碩人應物之緣住世之數庸可歲月計哉諸女紅壼範有彤管紀之非壽考所繫也故不書

大明律集解附例序代

結繩之理邈已虞書稱典刑而律肇周官懸象魏而律彰漢約三章叔孫通益之而十八唐制十二章長

孫無忌益之而五百時遞遷而律遞詳也非以情僞
滋煩故禁防漸密哉昔在勝國法斁民亂幾無律矣
聖祖龍飛稍以重典糾之而慮罔以訓　詔羣臣更
定已勅尚書劉惟謙彙諸家而參訂之西廡之揭不
啻慎矣爲條四百有六不啻詳矣今中外臣工歲時
講讀不者以次行罰不啻嚴矣　聖祖若曰是足防
民淫而克由禮矣顧律嚴于此而犯或出于彼夫寧
作者有遺慮毋亦留其有餘以俟後人之變通而已

于是闡微折奥而有解如瑣言管見諸編是也起于鄭玄之章句者也于是乎援引比附而有例如白昻舒化諸集是也起于陳忠之决事比者也說者謂民知有辟實長爭心解徒支離例多牽合律滋晦也豈其然乎釋之之罰金不疑之引經直以情理斷之議法者或謂未協厥中麟經筆削精嚴稱孔氏刑書而左胡公穀之文儒者誦習不廢非以其互爲發明足相羽翼耶夫解與例亦律之羽翼也且醫者斟酌古

方以詔來世為病者防非利其病藥之也書不云乎刑期無刑辟以止辟解與例雖纚纚其何傷解出而律中之隱悉例出而律外之變周況乎嚴為制恕以用之且有大誥減等之例在乎大抵刑律猶兵律也兵不按律則殘刑不如律則凶赤渭之慘焉而夷蒼鷹之鷙焉而死此其較著者噫吏業受事不稟法家言辟者任臆而輕重其典私者徇情而上下其手懦者惕威而出入其詞漏網長奸覆盆滋枉害且焉窮

夫律豈聖人之得已哉而解與例可知已

擬庚戌會試武錄序

今上庚戌秋羽林材官暨諸郡國良家子復屆武試集闕下　上俞司馬請如格試騎射已又進不失正鵠之耦若而人命臣某等發策視所置對甲乙之旣籍百二十人以獻醮當在臣夫今尉注君子所牢騷不能平者非惟文法之寄與文吏之尊耶攷之兵家言將自知信仁勇廉以至卒伍車騎攻圍進退其因

天用地莫不有法是法者將所自出也當草昧初英雄羣起其不安於粗耰志寧可知耶一旦頫首受事稱爪牙授軍旅倘不提以三尺則何道以屈羣力迨武功定文敎興吹簫屠狗輩咸用銷謝而後世振與玩皆不可知振虞過黷則無經玩虞過薾則坐削而紈袴世胄夫且為括而蹶為陵而潰則何若設衡懸度牙錯鈎連一付諸文墨之吏繩其步趨使奇不至竊銜庸有所赴的以長得震疊敉寧之用則文法文

吏何負將哉且姬呂二公皆開周元老也以彼周禮郁郁丹書炳麟而鷹揚斧秩武節爛然其後吉甫歸鎬張仲爲賓樊矦城齊吉甫爲誦此以知文種武植原無軒輊登壇秉障者無亦實有所缺失以歆法中軼法外而補苴彌掩之不暇文吏因而持之則過有所分矣偏輕重之極無不返者今障鄙多虞兜鍪吐氣比者遠左賢弱　天子注意武功諸士適丁其際政使奉國家所立法爲準廟堂所立監爲師無事投

膠有事援鼓戎索無偷軍實必討卽一切摯曲無所用其誰敢苟焉以速官謗則奉法有狀而自暨不瑕也且虜騎薄都城鳴鏑幾及甘泉宮非世廟時庚戌耶建夷之跋扈也賴首之鴟張也卜虜之首鼠也虜運卽不盛而且萌矣朝鮮之役大創未復琉球見吞閩海震隣要以釋外懼毖內修是敵國外患所爲有益人國家諸士豈無抱不必然之慮思奮發爲天下雄且今兵空于伍餉空于儲非殫力圖新勢必不振

而或謂天聽彌高邀旨實難不知古有收合二邑復七十餘城借往三十六人下五十餘國或出獵焚積因敵人糧或約衆勝敵以家貲賞者皆何人哉夫逢時籍貲以立功樹績猶順風呼也惟至牽掣枝梧之際收批擣保聚之奇是文法之不能縶而文吏所不及縛者熊羆之士不二心之臣其或計及此矣

擬山東戊午武錄序

歳戊午山以東旣試士亦試良家子及材官蹶張侍

御某公三校之得若干人於是錄其姓名以達大司
馬而醮之不佞當序末簡夫士錄以武則亦醮以武
矣雖然非止戈之義苗民之頑舞干格之烏在乎武
搏額七旬烏在乎不武後世鑿門授鉞不必悉數要
之扛鼎飲羽亦烏在乎武輕裘緩帶亦烏在乎不武
也太公鷹揚哉胡有丹書素王龍潜乎胡有夾谷我
高皇帝功高千古然問學淵邁言爲典則誰曰不文
劉青田學綜九流而謀謨奇邃至預程雲物以決進

止又誰曰不武此諸士今日所賤士而食毛欽風而
㬌代者也且夫種植表裏非尉繚氏之言歟然不若
單襄公之論曰勇文之帥信哉武非鉤戟之武文亦
非鞶帨之文爾諸士而自命鉤戟奚甚乎人跗注之
卽跗注纓緌初非一成不轉之物　高皇帝時纛前
戲下悉假王通侯也爾時韓魏皆命相而劉宋諸君
子高不過九列夫豈鉤戟之夫能婾快勝任乎頃三
韓告警　天子拊髀而召宿將羅羣英纓緌不得不

以批擣遜蹈注將無諸士德色于人事而私幸夫天時是將之十一德苐有勇而足也夫未功而有以僇功旣功而有以居功左右咸宜出處有據上非爲憲下非兼資曷克稱之諸士寧讀孫吳家言而忽暴虎馮河之訓且敬勝怠勝何踰不可詔萬世營丘錫土庸知非臧丈人之浮雲乎諸士庶幾以人事乘天時無負直指公簡拔之意波及不佞諗已

山東戊午齒錄序

雅首鹿鳴而郎伐木繼之明乎友誼之重云山以東戊午之役所賓士八十人既燕鹿鳴矣而齒錄告成諸士徵予言序末簡予惟人之比肩而親愛莫兄弟若也雍雍然秩秩然自相後先者天實序之乃東西南北之士非有生平歡一旦應弓旌之典意氣相期締盟千古而申之以世次聯之以年齒不啻譜牒然亦且雍雍秩秩式相好毋相尤也與子仝袍永矢勿諼古之道乎雖毛裏之義何以逾茲抑予有感于雍

雍秩秩之終忽變而觭忽變而軋忽變而傾也甫列賢書炎涼未薰於心忮慎未柵於慮亾何赴公車矣亾何署名南宮矣亾何解褐謁選上之讀中秘書次之拜諸曹郎亦或司李郡國寄百里命矣層累勞勩躋陟華膴一浮一沉一濃一淡一耀一闇一敏一鈍觭角之勢就而岐懸之軌絕于是盱衡扼腕嘆曰何發軔之埒而中路殊也積陰而鬼車托焉積猜而弓影成焉積胸腹憤懣而介鱗生焉朝而王貢夕而蕭

朱面而生毛羽背而生瘡痏同利則攖全害則遜利害半則巧割其半利害遷則譎逐其遷笑不必和也涕不必戚也風雨急而音輟霜雪零而色渝漸靡然矣迨于甲乙部水火射罥陵詬誶隙末而凶終幾有言之汗顏者睎譜牒之臚列夫且敝帚置之胡始齒讓相先肩隨趾接者後率攘臂以奔也嗟嗟優孟之貌叔敖昌黎之誌子厚杜甫興歌于雲雨李白寄咏于箜篌誠有慨乎世變之哀爾然則爾多士亦惟是

澹泊相麗寧靜相摩不矜其浮者濃者耀者斂者不厭其洸者淡者闇者鈍者要以蹄屩勿遺蓍簪弗棄一如雍雍秩秩之初以共明志而致遠破藩籬而逕景運夫非國家之休美與而薪槱盛心寔無負巳伐木之詩曰神之聽之終和且平不佞願爾多士亦於嚶鳴求友之什始終三復焉

鄭氏族譜序

譜之法無善歐蘇二家乃眉山獨詳所親疑于用心

弗廣而廬陵稱其族來自唐不顯及予過萬安見有梁國公墓碑尚巋然寔沙溪之祖與宋祖爲布衣交梁國其追封也而文忠遺弗錄抑何考據不周也孔子有言聞闕疑史闕文家之有譜猶國之有史疑而不闕所亂寔多孔子少孤失父墓夫鄹大夫世祿也喪則君使人蒞之尚有失墓之疑矧世遠易湮者哉則知歐蘇非疎且漏也葢其闕也葢其愼也近世譜牒推厥始封以迄百餘代其父祖繼承孫子分聚鑿

鑿也至隥之他書若風馬牛然夫務光許由不必族類顓頊淵原憲不必官邑著禹之於鯀惠之於蹠雖父子兄弟不相掩乃欲附于不可知者而竊以自重哉定山鄭君之治譜也異是其言曰吾生也晚吾之族也遠吾考其可知者以徵于後求爲可信而已故所稱述起自晉刺史昭公入閩歷唐大府露公家於莆至刺史肇公遷于桃源迄宋善祁公始徙玉融之定山其間提以世系而昭穆明叙以族次而親疎别

表其時世而廢興之故昭傳其出處正事而流風餘韻之可想志其塋祠里居而水本木原之可尋顧皆闕其所不知而傳其所知要以不盭覩記足為後世稽夫鄭自桓公著封代有顯者鄭君遠無所托近無所飾獨存其寔以貽子孫其可法矣其可傳矣昔司馬遷作史記所紀堯舜禹序累數十世甚晳較其世次踈戚或有牴牾葢闕疑之難也雖良史不免予故觀斯譜知鄭君有史才矣斯善得歐蘇之意者也

海嶽山房别稿序

昭代經史淹貫無逾用修元瑞觀丹鉛總録經籍會通史書佔嗶亦既博雅絶倫而爭名者羣起駁之洗垢吹毛擿摭無已夫匿其全美攻其纖訛才人多忌文苑有戈矛矣吾郡郭建初先生文章一代意氣千秋所著海嶽集燕史薊略永平志盧龍塞畧玉融古史皆足旗鼓詞場又有山房别稿則讀經讀史隨筆而成其學識之深廣議論之高奇眞當遠匹用修近

軼元瑞立言能不朽則先生一人矣然而先生在當年竟以遊老以布衣終其書多不傳傳者又不廣厥嗣汝承始輯而行于世其得無擊排者幸也夫朝家設中秘以待文學才如先生廼不與選且國初不廢徵辟吾郡如王安中高參恢林子羽王孟敭皆以薦舉蔚爲詞臣先生胸富石倉且羅安攘壯猶衆目眈眈曾無有疏而召之者徒拓落于岩石間忌才多而憐才少世界固如是矣嗟嗟如此才流落不偶彼婞

猶憐何况丈夫惟婦人知憐才故雖死尚有丈夫氣惟丈夫不憐才而好忌才故不免冠裳而妾婦溫陵之取武曌武進之傳女俠意誠有感未可盡非也抗遜機雲没而扶輿清淑不鍾于盋悲郭先生之遇而三歎息乎斯言

吳氏清紀序

近日清話如娑羅園一帙語多感憤人共快談吳生清紀撰述類是顧隱居放言知罪任之緯真尚可吳

生猶將用世而驚衆高談是可異也客曰君子出表
清節居著清言如子之云濁而可乎王生曰是非爾
所知也洗耳牽犢相對數語言清行奇幸際中天故
能容耳代辭三五皎皎易汚虞夏寄慨終餓西山醉
醒興嗟竟沈汨羅水清而魚不安矣林清而鳥不安
矣言清而身不安矣故昔之不肖者飾清言以自文
後之賢者反匿清言以自免士生季世善不可為而
清復可紀乎漢之清議晉之清談徒自及也且禍而

國吳生不云乎處世至此時笑啼俱不敢論文于我輩玄白總堪嘲予恐此書出而嘲者正多也抑予嘗喜眉公寄貞父之句世皆欲殺成才子我見猶憐是美人亡已請以斯言爲吳生解嘲

嚴滄浪集序

閩自漢列職方唐興學校文物於焉漸蔚風雅因之式揚薛令之啓神龍之芳歐陽詹振貞元之秀皆足縱横當代超軼往朝宋季右理學而左詞章閩都先

經術而後比興雅音絕調麗藻綴采武陽嚴羽儀鄉者生當六義之衰力扶四聲之弱好學稱詩借禪立論其著爲詩辯詩體詩法詩評詩證諸篇揚搉惟精决别不爽夫義足括乎千古則功掩前哲語自成乎一家則光垂后祀是固美而可傳可令遠而易湮哉新寧高漫士引之唐詩品彙以爲三尺甬東屠田叔合之鍾仲偉詩品王元美巵言皇甫子循新語徐昌穀談藝以爲五至吾郡鄧汝高復收厥全帙特剞劂善

本斯固騷壇之長城詞林之鴻寶矣顧高屠揉其槩而掛漏有憾汝高栞之楚而甌粵無葺邵陽謝兆申將取斯集與同郡元人黃元鎮黃子肅集彙爲三絕刻成一函雖抱桑梓之思竟乏梨棗之助越十餘載吳布衣兆聖者抗心希古誦詩論世乃取儀鄉集爲之校其訛而補其闕新其鐫而拓其傳遂使九泉詞客重輿身後千秋一代風人洞識目中百世可謂有功藝圃同夫作者矣不佞妄意大業欣逢勝事聊敘

勳勞用紀歲月亦欲依白壁以自光附青雲而不朽云爾

黎賢之詩序

葢夫天地風氣八方攸分而正始之音亦隨陵谷變易大江以北若青齊燕趙若關中太原土厚而氣渾故其民博大而深沈古振世豪傑往往而在卽如文章家稱不朽率多其產焉至東南都會則閩粵爲勝夫閩故無諸封國粵則任囂趙佗之覇墟也予居閩

川嘗卧遊飄浮而息心於羊城山則有越秀靈洲白雲西樵映帶前後其勢甚壯水則琵琶珊瑚荔枝諸洲擁珠江而注於海其區甚奧而且若安期生浮丘丈人六祖師得道成佛恒於斯其跡甚靈而且大風之所震蕩長波之所激射其氣甚烈謂宜有奇英異傑命令當代照耀來玆者肩摩踵接與青齊燕趙關中太原相後先乃閱千百歲無之即有之非其至者豈河嶽英靈先北而後南耶近代風氣漸開人文稍

稍出焉其在今日立德立功勿論卽文章之雋風雅之彥飛照宇內不啻家火齊戶木難也而述雅道者輒推東南握柄矣若黎賢之者則固羊城一人也賢之於書無不窺於古文詞無不習而尤好結社言詩夫賢之之詩非必宇禘晋而語宗唐也出于情性不出于雕鏤苞天眞以爲根敷逸色以代藻遠者沐浴漢魏近者揖讓元白鑄百氏而成一家辟如韓王孫用兵孤軍遠鬬所向無前而師心獨剏卽木罌沙囊

用之無不如意此可虊弧以登號召十二諸侯與中原諸君子駭鹿而逐之行令五嶺增而高百越增而大郭景純謂南海有文物氣其在今日乎予故喜而序之

雙鶴館詩序

余嘗縱遊西湖尋宋室故墟多在鳳山之麓歲久湮沒無復存凡今荒蓁斷莽鬼哭狐啼皆昔桂殿椒房妖歌艷舞地也顧望孤山豐碑巋然行人下馬遊客

停舟憑而吊者接踵問之則和靖先生墓也墓前有亭即當年放鶴處吁嗟浮華一旦高節千秋固知南面百城不如西泠獨隺矣吾鄉林純卿少有遠想慕和靖高風陸沈下吏棄家不歸卜築孤山之傍日羣海內詞人遊所留詠甚富題曰雙鶴館詩屬予序予惟和靖先生非枯隱爲高者當眞宗朝國事未大壞也惟奸人任妖言與矯誣相蒙舉國若狂先生度祥符必不爲景德而蚤見遠舉故足奇也國家世運休

明寧，類宋季丈夫方矢志劻勷，敢言嘉遯哉？乃年來國是稍稍淆亂，遠識者咸感憤思去，且日疏之，不得去。吾儕際此，不能退，不能遂，其觸藩之羝乎！勿論媿和靖，清遠即視純卿，眞若雲鶴翱翔于寥廓矣。雖然，和靖之先，不聞有孤山也，有和靖而孤山著，和靖重孤山耳。孤山何能重吾黨？家海上，山川奇特，波濤渤湃，變態萬狀，頫眺西湖，直海市中破巒剩波耳。此尼父所欲乘桴，其志更遠矣，何必孤山！純卿年且老，將

歸休乎君無寧玆其無遠羡湖上之鶴而近忘海上之鷗也

禮記同門稿序 代

績文之士如騄馬而學馳逵衢陿塞盡罄控之技而後蟻蛭羊腸無契需昔人簡練以爲揣摩此也比入闈則惟聽功力之所詣而神韻之所流轅直輈和鸞登馬力馬力竭而輈猶一取焉主者進而眡之亟以國馬收矣同門稿鍥木寔比懸門以劵績者眡者具

非取捷時有弋獲詭馳要駕則余不置一盼于千金之題彼素所簡練非乎而重弫以釐裁胡必扞也余嘗謂槧嗶家諸子二氏其雕俎之淳毋而六籍其土硎之疏秝如三禮之記月令緇衣奚不苞舉諸子而進之檀弓一則奇變而法殘牘以勾明允一則神聖極思與義說者欲補亡于冬官淳而瀆之三纁五緅傳孔孟胾髓以出斯豈不足以豪主者目眈舌橋何擯剌焉諸士深于曲臺大較所湛溢于服習者華實

近是顧文于試牘之外方鉅未艾劉彦和日執而後顯採掇生言莫非寶也黼黻之猷金石之頌寧以博爲帴而或有所吐于旣輭之芻則余未敢以儒行一篇爲瑱祝轅伊始弓旌翹翹獨不希儒者之效乎是編也木仲訂十七而今河山邈矣諸士無忘以禮起家而文行有所底是爲不忘王先生其以餘波及者余日幾幾望之

金粟山社草序

夫文衡于古而古代自爲文可衡也代不一自爲文其何以衡之退之永叔鳴于流砥而前乎退之永叔者可知也後乎退之永叔者于退之永叔奚若乎退之永叔知有先何知後知先不知後不足以疵與于後而不知先之仍者亦不足以疵是人可爲退之永叔也人人而退之永叔而文之道已化而不菀斯眞文乎非時耗之所能方時耗寔權輿于兹吾烏知其化之幾也三十年十許年五六年三年焉極陳相因

新相禪因者汰禪者摹摹勞事也鮮不得志于摹亦鮮得志于摹鮮得志于摹而吾歲與摹遷亦禪于何止矣波文慼也後不摹前霞文蹷也後不摹前猶禪也不禪之摹波一水霞一氣是乃其所以質絪緼天地勃窣聖賢區萌性地非乎惟質不化惟質日化而不入于化不亦人人而退之永叔歟不佞故受教于社中諸君子諸君子鮮不得志于斯道而茲廼不佞糠粃導之諸君子益以自講其質而自摹如波朋與

如霞駢蔚不化而化于是乎在則的焉以聽人之摹矣郵書不佞謂予將後乎退之永叔者爲定以傳噫嘻不佞之汨也而始無濡尾葢吾社有元愷伯全在焉其能謝巳披啟未振輿後而不摩前者也諸君子而後之鶱弧先矣請庚進而詮古

銷夏集序

癸丑之夏予以抱痾乞假寄居長干里中一室斗大且西嚮炎威逼人畏焉而輒犯乃復逃之安隱寺水

木映帶幽賞泠然常穎士之語韓持國無以逾也始知乾坤大矣別自有淸京地待我顧山靜日長熟歷還醒無能銷此餘閒偶兒子禮檢四方君子所郵寄文字强予評選予此道何知幾悞身可更悞人惟是靑氊爲我舊物終可能遂此興之所至意輒成契闊幾八千首拔其機趣尤異者二百六十有奇夫文多而選寡能無掛漏兒也魯少則易成誦耳間且僭有修飾亦令之可解截鶴脛添蛇足削員方杖予罪乎

予罪乎家人笑予困頻宫者十三載筆耨而舌織經歲爲疲一行作吏謂可盡廢猶復汗其目與手於壯夫所不爲豈命與文章有宿業耶何長紆纏乃爾噫嘻造物於人無所不與所靳者閒耳孟郊有云青山碾作塵白日無閒人予幸而病因有閒身非役之于此世或得宅役之勞勞風塵習中散之不堪病毋乃更甚乎則休其神於研楮間倘亦造物所以全不材也

亦園問業序

往余癸丑養痾西湖會黃貞父居湖北葛水鑑居湖南時皆閒身簡事及門問字虛往實歸者屨相錯也有向余言二公胡不自逸而好勞若是余應之曰凡人身雖閒心不能無寄桑者閒矣十畆其寄心也碧山閒矣桃花流水其寄心也吾儕謝事閒居心旣耻爲不善矣而或寄之詞賦寄之山水寄之碁酒寄之花木禽魚要于自娛必欲耽空習懶滅其心於不用

將昏昏沈沈飽食終日已乎是尼父所難也夫經生業一途童而習之白首不覺入梦則時取所熟而拈弄之總之磨耗神情消除日月此亦其山水棋酒詞賦花木禽魚也人人各有適更何相病爲已而二公與余同出衡文且朝夕惟此道相親豈此物與吾黨有宿緣一時不能解脱耶比余歸來因貧得閒頗爲病魔所忌醫者戒謝賓客謝書籍謝筆研然而枯坐林廗間反覺閒心茲然無託偶檢友生問業燦然盈几

因强起批閱去取任意非能與世趣合也山静日長亦借之自度而已或有嗤余病甚事此無乃名祟未除乎噫嘻余老且病名將安用即余且急名奚擇于壯夫之所不為人自以其心度應不識閒人心中事吾師有言從吾所好則可謂云爾已矣

兩浙觀風錄序

夫由虞夏以迄唐宋煥乎其有文章雖隨時屢遷而一代之體自在也今所為文大都取古人芻狗而陳

之而寔未有文也其别于古者僅僅經義一端而又淺陋亡法竟不可爲文也夫經義以代聖賢之言其敷陳事理與論説詞序法同其告語上下與詔命章奏法同其宣暢性情與賦頌歌吟法同其抒寫敬思與哀誄箴祝法同其揚搉古今與紀傳銘檄法同今士皆匠意以結撰當自中規中矩稱一代鴻裁與古先並垂不朽抑惟分今文與古文爲兩而苟且掇拾以取世資得則敝帚棄之安在能成一家言此亦弗

尊經之過也夫天無經星則躔度忒地無經界則疆域亂人無經絡則營衛爭世無經術則文章隱故論說序辭易之枝也詔命章奏書之裔也賦頌歌吟詩之流也哀誄箴祝禮之緒也紀傳銘檄春秋之閏也經之爲文大矣哉國家化民成俗必先明經取士乃士寔厭薄經生而耻爲之其所習以應有司之求者類皆誦其詞而溺其旨習其疏註而遺其神理然則其所讀者特糟魄爾其所爲經義者特筌蹄爾安望

有奧衍宏深如古論說辭序者安望有重厚端簡如古詔命章奏者安望有麗則悠揚如古賦頌歌吟者安望有慨慷激切如古哀誄箴祝者安望有明決謹嚴如古紀傳銘檄者言之無章傳之不遠遂令識者嗤昭代無文人經義無文法也則此道敝矣余受書中秘惟經術是務即受命觀風兩浙亦惟是尊經以校士所錄文務取法於古人取材于六籍於以發揮理學闡繹聖真雖箋註訓詁之詞可接虞夏商周之

統而曰文不在茲吾不信也夫反經而經正經正而民興予且藉手諸士之文以無負國家考風正俗之意矣

徐子卿行卷序

余愛陶徵士林園無俗情左太冲山水有清音之句常取爲儷語謂可爲文章家助益凡湖光野色花氣鳥音情往似贈興來如荅皆足鼓暢襟懷濬發胸趣今人耳而入之口而出之心靈弗開也故語盈紙上

而見亦局管中輒令翻出加邃後發加闊日新日故夫寧有紀若先民之登峰造極者大抵根抵於性地而發舒於興趣每以一毫端吞吐萬品故神奇者不化而規儗者不前此以知口耳易故心性常新余於今日而得子卿也子卿之爲制義其意獨剏其格獨裁而大言玄玄小言超超能扶其意之所尊而副其格之所夐蓋奇則象外而正仍理中何子卿胸中新新乃爾吾知之矣子卿家信安讀書多在西湖静觀

流覽葢日有會心焉而且南北兩高以爲骨錢塘萬頃以爲魄巉巖渟湧之姿疎淡潺湲之致盡憑不律收之斯寧惟有湖之眉目清冷耶子卿笑謂湖在宋季運道藉之蓄洩以時灌漑且延數千頃子贍守杭葑田爲湖害力請取葑築堤而湖乃深且遠余也不慧敢言儌靈湖山惟是窮年淘汏乃僅無葑嗟乎今業制義者而僥葑也子卿所以深且遠也

林道燕行卷序

全子棲爲文必三易草數年後覺其淺近輒火之葢凡數焚其集也何文人苦心爾爾抑爲文自不易耳知不易乃可與言文昔人謂文如海以不易窮也見爲易窮未覩于海聽而說者爾制義無當于不朽顧其貌聖賢之神抑亦難言而世人若易然予竊疑之予鼓勇于斯再而衰三而竭矣憶昔每成一藝輒自醜且自恨聞人稱吾文未嘗不面赤而汗浹也子建有云佳惡自知之雖今幸而售終無以慊乎予衷予

視此道綦難矣往嘗誦子瞻之言平生無快意事惟作文章與之所到筆力曲折無不盡意世間樂事無逾此乃予作文章如有宿毒在腸胃竭力嘔之不能出至形幾枯而神經日弗怡豈智愚巧拙眞不可强乎予友林道燕亦困志此道者往歲手一刻示余人皆曰工而弗自奇也茲復成一帙則復盡更其向之技葢不見易故日窮其難庶幾古人三焚草之意予甚異其苦心與予似也顧予窶人子耳窮無復之藉

筆舌以貿命不得不攻苦爲之然且不免幾麼道燕前罔所蹷後罔所迫獨能棄家讀書山中服勤茹瘁嘗人所不能茸而下人所不肯問其用心抑有不易矣愚公移山山神亦畏之道燕而不自易乎其于世之事業何難也

王二南行卷序

制義之於文章家小技耳極其至非沈思不得也然吾觀夫思之沈者其人多英鋭少年其起家多出于

寒素世祿之裔非無超然者然大槩徂先蔭而遺後慮殷賑驕其志靡麗蕩其秉其視斯道浮沈者半若迺閱世日長則尚平之累興而俯仰之情殷慮將阻於不可知計且奪于無可奈何即或雞肋之戀而累之寒之傳之咻之心庸能一乎夫惟睿年天植靈性雖有身計家計曾不足溺其襟期而且生長蓬華中前無所恃後有所覺諸侈心濫志之不作所注精併力惟是一途耳故入之靡不究而出之有餘于味蓋

齡沖則累寡累寡則心閒處素則欲澹欲澹則心清心清閒而思洸遠卽欲語不驚人不得丙午諸金籍先薦南宮者則王君二南二南之爲年弱冠也而家徒四壁立然身貧而蘊則富齒茂而才則老今讀其行卷逴逴胸中有識筆下無塵豈非心清閒而思洸遠之致與夫以二南英爽之氣澹泊之衷於以當大任何施不可庸苐以制舉義鳴余固因制舉義序而出之以勵夫世之少而荒心貧而骫志者

唐宜之制義序

其心超于塵之外隨所得而寫之自有異人者也非直制義爲爾而制義莫不爾方後生靈根獨秀捉管輒奇涉世久而天機自索矣澹泊寡營者語多眞玅之致乃幾務纒胸雖旁及此道外而不内矣夫非其心精麤濃淡不相入與而昔人論文常取山川之助亦謂蒼淵之色高深之觀目徃還而神吐納可洗彼塵氣濬厥文心耳予賞心白下諸勝無逾靈谷意幽

邃英靈當爲異人窟宅山僧進語余竹木深處有少年居此方之內亦方之外乍披髮而嘯乍跣足而行乍踞怪石卧古樹作伊吾聲莫識其何許人予扣扉問之知爲唐宜之讀書處也宜之爲茗奇士予舊聞之董崇相沈千秋鍾伯敬之三君均少可者也而所可可知也既與語韶雅隱秀飄飄乎玄風禪月齋中岕茗一瓶文字幾帙服貧茹淡於世味恬如也而獨自愉而且息影兹地鄰山友澗松韻水聲爲臭味不

借人境親而人迄無至者此豈復有塵之心哉塵之淄人人不知也入于心而出之靡不受變也宜之惟不塵于心故落落襟期獨往自知世不合宜之宜之亦不期合之其於當代大小之往來乾坤之否泰胸若有憂焉酒後耳熱忽露其感憤醒卽沈默不道時爲傅士業謝人爭拾懸巳獨賞正如游于靈谷非有飛雲捲雨之華艷而萬頃鳴濤一川淨練令人形神若喪坐久不能去淸矣遠矣世外之言塵外之品蓋

得心而應焉者也噫吾烏能名宜之之文矣顧謂其人似之而不知宜之之人則亦觀乎其文

治亂策

今天下泄沓相蒙可曰非安非治而猶得苟且無事微獨　祖宗德澤長也直賴法制之相錯周而文網之相扞畚耳而尾大有不掉之虞鞭長無及腹之用且跳盪馳突于一切之外曰雖有法制文網其如台然則我所守者不亦空券乎哉愚嘗按治亂之林矣

夫漢不亂于黃巾而亂于甘陵之分部唐不亂于白馬而亂于牛李之交攻宋亦不亂于金狄而亂于洛蜀之互黨則時事如列眉矣而天災地譴不頻仍乎人妖物恠不奇駭乎民瘼吏氛不殿屎而紛熾乎昔人謂不患瓦解患土崩愚恐自今以往將無瓦解之日是可慮也而揆厥大勢則猶在姤復之交何也姤五陰之盛而復一陽之萌也玄黃之戰方酣晛雪之光互奪是爲治而思亂之候奈何不如姤清寧之象

雖微明達之氣終在是又爲亂而思治之候奈何不如復嗟乎姤可復也至于剝則無及矣剝亦未嘗不復也至于剝而復則復之權不知其爲誰操矣今夫旣治而效塗槩之能旣亂而騁栢撥之略此事後也非幾先也人則及溺而濡衣履以爲功火已燎原而薙萊莽以殺勢此用勞也非用逸也然則誰爲我國家鼎旣討者而不乘斯可治可亂之候收人心使無潰也蘇子由曰天下之民惟無怨于其心怨而得以

快其怨其爲毒猶可少解惟鬱鬱無所洩則其爲志
也遠而其毒深此豈非預爲今日人心言耶夫欲靖
人心莫若清主心欲銷民毒心莫若與上悔心邇時
聖心寧非姤復交哉斯治亂一大原也葢昔者輪臺
之詔君子僅取能悔而又謂于漢脉已大半耗不知
武惟封禪神仙可罷其塞匏子伐匈奴勢則烏可已
也其拓張掖空幕南取三韓收六詔功又烏可誣也
而以平準泉用于四方較以礦稅積財于一室將孰

愈也是漢武之封富民猶可緩也七日來復即見天地之心三年蓄艾足起尩羸之病而　皇上曾不一翻然憬然者眞必奉天而悔乎雖然文之蹶厥生而必曰疏附後先修和有夏而必曰散宜生南宮适以皇上之英斷是無論夔契竊意漢唐宋諸臣之能者亦或有道以處此而今直付之無可奈何徒謂　皇上直用乾之上九耶　皇上不過以一耳目視且聽而我以衆耳目程功效寔以證發之　皇上不過以

一心思猜且藐而我以衆心思積誠竭請以開諮之則大臣于權不必任亦不必避矣小臣于權不必附亦不必撓矣城府開扃鑰解機械銷營窟毀則何言說不得于　皇上又何恩澤不洽于蒼黎是要不必握而上烏不必瞻而止也爲泰爲豐夫豈虞剝故曰此姤復之際決治亂之候而修政以收人心荃宰宜惴惴圖也不則上焉者日沈于幽翳而不可揣摩下焉者日趣于鬼蜮而釀成陰險斯誠黍谷鄉乎非鄒

生之律可爰而　祖宗之德澤與法制文綱俱不足恃也

氣節策

夫人之函氣也渺乎窅乎非有可呈搦控摶而子輿氏稱爲浩然至塞天地噫嘻此非我之氣而天地之氣也天地之氣合爲冲和播爲靈異人非合靈而賅存者耶是故從稟受處名曰元氣而陰銷漸仆者餒從發洩處名曰正氣而傷借曲傳者戾餒旣志弱而

難持戾亦邪餧而終蹶則豈天地之初哉今夫人所運注挺拔于世者才與節耳而未有不禀于氣者也困憊馳驟非氣鼓之幾何不中疲廉隅維幹非氣凝之幾何不内潰才倘中疲天下事非一人可了也不無起而任之者而節果内潰吾之操檢隳坊表裂而吾之營魄洫面目靦矣則氣之貴者彼其靜專動直之體分苞絡于天地效美懿于人寰不但裕夫才而寔挺夫節也不但使天下受揮霍斡旋之才之利溥

而且使天下受堅貞剛大之節之風長也則謂節生于氣可也然所以無内潰者何也今夫以虎豹之猛也而人有𦚇𩫖之其力未必加而其氣固已勝也人涉世大槩富貴貧賤兩端吾氣勝富貴則不爲富貴攝而恬曠之節著矣何有薫心之鴆毒吾氣勝貧賤則不爲貧賤攝而峻潔之節彰矣何有怵目之焦原以至死生患難莫不如是則氣之爲用其萎薾耶其堅貞耶氣節之相爲用其附麗耶其分背耶雖然勝

亦難言請以天地明之蓋天地之受命于氣母而亭毒乎百昌也出震見離亦旣揚詡無餘而天地曰吾雖有相禪之氣萬刼不菀而終不可屑越用之故乾戰而坤役何盛盈之必蚠息而吳落之反握固也圓顱方趾爲氣幾何二尺之捶胡不日取半焉而乃強陽逞乎用壯用罔何低昻也故論氣于今日不患其不張而深患其不歛不患其不伸而深患其不屈夫吾所謂歛者非不張也不欲課爲張也吾所謂屈者

非不伸也不欲妄求伸也昔談氣者曰一家之氣勝一國則吉一國之氣勝天下則吉今宇宙閒惟一片浮游之氣耳浮游不已變而虛憍虛憍不已變而囂競囂競不已變而忿戾忿戾若然則無所以爲節地者矣浮游之必靡于銳精也虛憍之必奪于肫慤也囂競忿戾之必銷于恬壹與寬和也勢也而況乎其可投而中也其可怖而揺也其可陰陽而易所向也順風而俯逆風而仰波頹茅靡節將安屬直僞爲名矣則

皆客氣累之也古大臣有入告嘉謀出稱乃后者矣有上殿相爭如虎下堂不失和氣者矣彼惟不尸名不斁利威福還之朝廷公議還之天下專一于無事如伏卵之雌奮發于有事如搏鳥之鷙客氣無自而乘而天下迄亨和平之福今之君子何獨不然且夫名利者所必爭之物議論者所必駕之詞而沸羮者所必耗之氣也唐之季小人相攻而索莫于亂賊宋之季君子相攻而銷沮于夷狄是氣逆而節與俱淪

也皐夔稷契相讓無背公之嫌禮樂工虞相守無擅

柄之忌是氣平而節與俱茂也奈何士大夫有氣而

肩越用也今卽不敢望太和之氣如成周宇宙又亡

論浩然之塞天地姑求無日以客氣刄劘而自嫪終

以厲氣鬱勃而禍國則有不出位之言在葢氣有所

專注則旁及之不遑而積氣以熙亮又何節不可

樹譬治曆者然一節一候之無爽也至凡候皆然而

氣序不相凌矣譬治身者然一脉一部之無爽也至

諸部皆然而神氣不虞弱矣吾出位而鬬無常勝之
氣不如無氣吾任氣而豎無關繫之節不如無節是
所以救氣之詘而標節之準也道義集而正氣生天
地塞而大節顯此固斂于局之內非張于局之外屈
于分以內非伸于分以外也故曰不患其不張患其
不歛不患其不伸患其不屈也若夫旌醇德以鎮之
表宏議以鵠之使激者知恬者之爲美矯者知純者
之爲眞邪氣不得緣衆正之凌兢而竊逞僞節不得

乘羣言之淆亂而苟容則風厲之權廟堂之上操之矣

詩禮策

夫九歌勿壞五禮有庸則詩禮昉唐虞之際哉聖人曰此横目之民一厚生正德而已治矣故颺以颺自鳴之籟而范以范自物之彝使欣然誘其眞心以出而截然閑其妄心以止天下民歌焉舞焉服焉習焉不覺作息之爲勞而拜跽之爲苦而堯舜已陶而鑄

之矣聖人又曰此詩禮之捷于刑威也夫是以朝廟而下閭井而上歌咢宴饗而儀節降登其後太史採風宗伯議禮蓋至周大備卽降而春秋賦見志事衷禮猶古遺也雖然纓紳簪笏之徒端拱委蛇而貌不若襏襫錢鎛之輩佷傖草野而眞而況一尊爲經而反口吻文字爲也鯉庭授受外如興觀羣怨詔小子視聽言動告顏回不一而足要以詩歸無邪禮嚴克已世有無邪克已之人而不足持身不足涉世者乎

將持身涉世有兩而邪與已皆與稟俱而不可劃焉者乎此尼父不過以人人自有之詩禮雅言之而後世門之顓分學之偏正皆非尼父意也尼父曰信而好古則詩廢小序而思賢學校之詠皆詘爲淫是子夏不足師也尼父曰吾學周禮則禮廢周禮儀禮而不韋尼子之語皆懸爲訓是文武不足憲也儒者必曰禮經亦出孔門而漢儒記之彼子夏非尼父所親許言詩者耶又必曰詩序雖出子夏而衛宏等妄增

之夫宏等淆序不愈于不韋等淆經者耶此不可一口一舌爭也至說詩推毛鄭豈無牽滯之失說禮推王鄭亦豈無支陋之疵而後世取其長亦拾其短矣摘其瑕亦棄其瑜矣吾于陳澔又何譏焉訓詁本文疏通大義傳註之體如是而巳而留不盡之微言開自悟之來緒或師說之守一成不移門弟之傳數葉無改漢儒去古未遠故足述也騁臆以決疑據理以遺事橫氣以求勝宋儒謂之何哉此非漢儒之不能

而漢儒之不敢也出于不敢故優也無論其疏匿如
王輔嗣之誕言易而支離如秦延君之冗言書也然
吾于說詩禮者取二人焉一曰韓嬰蓋觀外傳而內
傳不存者可知畧詞斷義孔門商賜之儕歟一曰荀
悅敷剖邃精所至祭酒太史公禮書實嘗採之此二
人者豈句櫛而字沐之哉意而已矣意得則天地間
鳥嚶林籟入聽皆詩高原窪壑入視皆禮而後得詩
禮爲用使呫嗶者挾鉛槧而走十舍則　執事所稱

屈左徒董江都正其人也愚又謂屈之怨誹憤悲董之被服禮教不過詩禮之用而有所以用詩禮之原則忠君愛國之念正誼明道之心爲之夫忠愛道誼非誦詩讀禮者所不儲之衷而不舍之種也則人人自有之詩禮也奈何徒太息胡繩揭車而猶致憾竹林玉杯哉總之詩禮一也古初用而不輕被其上下相詔直視爲布帛菽粟之味啓處嚬笑之眞經者常也是乃經也經而不用說鈴談肆巳耳將百家何擯

二氏何排蓋授政不達專對不能尼父既無取誦詩而漢人亦云臣不知王所行者三百五篇何等若新莽元魏安石之周禮嘻姬公其愀矣科名之臘也藻繢之飾而容悅之資也臚傳而發冢禮鼠而拱立又何宋儒之姍也今之君子其自爲地而併以救詩禮之窮乎

性習策

蓋天命謂性子思受之孔子而孔子論性與習寔本

于湯伊至曰性近習遠則得天人所繇通幷得天人所繇鑿鑿者明通者自著孟氏據爲性善者此也而情寔始紛焉則益以發明習之用大蓋相遠者至舜跖而極而舜之情之才則順性而出跖之情之才則逆性而行是情才可舜也亦可跖也可舜者習證性可跖者習悖性也若是則人惟一習習惟一性孔子性近一語盡之而有天命之性又有氣質之性何也曰此宋儒泥孔子之近而支焉者也性近之云原不

借資氣質借資氣質則清與濁厚與薄之遠也久矣
庸得近崟張子有天地氣質之說而紫陽氏亦曰人
生而靜以上不容說纔說性巳襍形氣夫不容說者
是也卽形氣亦是而襍非也夫天以生爲德者也使
上浮者惟清虛空洞而無飛潛動植洪纖高下之屬
點綴六合充牣兩間亦醯甕之天而巳有天不可無
物有物尤不可無人有人不能無形氣而有形氣卽
不能無性然則性者形氣之眞君形氣者吾性之廓

合也性無所乘形氣無所載將鳥獸無竅木石無章而況人乎必無形氣則屬之天者本爲命而不落于人者竟以何稱性哉胡言襍也惟既落于人矣卽云襍矣而靈惺一點任人接搆牿亡剝蝕戕賊而終無虧理無翳時及妄銷眞現一撥可轉譬日在霧表月在水中雖烟嵐層繞波濤疊翻而晶合體定了無干涉則形氣縱欲襍性而不可得故性本自近自明添一氣質卽牽合强傳而嘵嘵多言矣是以孔子秖言

性言習孟子秖言性善言情才而兼言氣氣亦豈駢枝哉惟孟子所言之氣益不足以襍性何也夜氣旦氣與浩然之氣無差別好惡相近之氣與配道義之氣無彼此而之數氣者與形氣之氣有精觕亦無異同大都人發揮性靈酧應理事無不俔于情展於才而鼓於氣非氣吾烏知情必鬯而才必舒第所貴者初氣耳故可還以助性而橐鑰于性之府可還以害性而管轄于習之門習不謀則性有恒縱湯伊意如

是止矣而何鑿性者之益戾也嗟夫金藏深礦火宿洪爐性有眞芟種山圮鍾鳴絲弭絃絕性有眞感通槐橘兄弟苗危主賓性有眞調合宋臣解閉楚兒辨日性有眞融會籩不問豆豆不荅籩性有眞位域雨不及陰陽陰陽不及和性有眞機趣而適者不無性隱而氣張元氣正氣隱而客氣邪氣張舉其情懿才美不用于平旦之清明恬雅而盡用于日晝之囂競忿乖此豈性之辜正孔子所遠之習也習惟上智下

愚不移今蠢自性者豈庸愚哉性謬以淸而無如習貪何性悠以恬而無如習躁何性迫以平而無如習競何性樸以慤而無如習詐何如曰此形氣襍之形氣不受也故論性者去形氣而後其說始亘截而明繕性者去習染而後其眞始透脫而復彼三品者無容置喙爲矣

謚法策

夫堯累土舜濃華桀喬木紂繹絲旨哉無謚之先不

必訓矣用公旦太公望開嗣王業建功于牧野乃制謚後即幽厲乎君莫之或非而暴秦則曰奈何子議父臣議君夫秦不難焚書難去謚乎而後世所難似又不在議君父反在議臣子今夫謚之公也至南郊稱天臨之極矣賈克武許敬宗恭夏竦文莊秦檜忠獻斯時豈無天耶而黔婁楊厚王通孟郊蓋私謚焉誰爲于郊而天固昭昭若斯矣以是知謚也者衰盛則隨世公私則隨人逆節遇篤念者何慮不武媚後

遇昏惑者何慮不恭姦邪遇怯戰喜和者何慮不文
莊忠獻夫逆媚姦邪厥罪毋赦篤念而昏惑怯戰而
喜和其可責枯骨乎而謚必以美也駁不敢竟也或
且無駁則必賞逆賞媚賞姦者十人而九也不則羽
翼之所比同而子孫之所憑籍也尊名壹惠典莫鉅
焉宵人攄榮遇于生前猶竊美名于身後鬚眉其側
者聽遷就回護將置世道人心于亡何有之鄉是奚
必太息晉唐宋之末路哉故論謚之用以勸懲大論

謚所以用在源本端源本之端也必世道清夷人心公直學識軌于一無偏頗之議論賢姦稽于衆無撓借之事權而後稱天而天不私詢人而人不枉不則周公謚法具在無能必其無徇而謂沈約賀琛扈蒙蘇洵之書能辨此耶我朝臣下之謚大約昔似歨而今稍寬昔似慳而今稍溢故執事欲美惡兩行之而不知仁廟時有惡謚不如無謚之諭大哉王言謚者嫚而不謚者可知矣愚生也晚不及逢祖宗正直忠

厚之盛乃猶及聞隆萬初禩也大臣物故循例贈䘏
尤卓犖者部疏特予得之曰榮傳之曰當而其後子
孫陳乞紛紛矣夫使公道嘗懸倖竇不啟彼知必不
可得何紛紛為我有必不可許又何憚紛紛為而惟
不可得竟得不可許或許宜得者不請不得宜許者
請亦不許此其故葢難言之夫功過大小易程也人
品真贗易覈也恩仇憎愛易剖也故誤疑似易原也
傳聞流布易正也即說者曰庾詵可謚貞節林逋可

諡和靖而胡必三品爲然陳獻章諡以文恭胡居仁諡以文敬而胡獨館閣爲然伍文定而下予者二十九人而胡不推之靖難大禮諸臣亦然要之此直須皇上俞以片綸耳惟是太史公曰諡者行之跡也號者功之表也愚亦曰存者埸之券也存而是非之者埸而予奪之之衡也世益有幽芳不闡然終埋沒者幾亦有大慝未懲然終揜蔽者幾非此之倫尤具可案也今一言耳忠佞兩存而不別久則糅而佞可借

貧矣一事耳功罪兩存而不別久則混而罪可飾狀矣一人耳賢不肖兩存而不別久則淆而不肖匿影矣以耳目肝膽儼然無恙之身而薰蕕涇渭若是去留賞罰若是及無祿即世而屬之黨比不可知之人前後不相聞之士覈而議之即無爽錙銖亦鬼之董狐耳豈不挈衮之柄授奸回之羽翼開瀆之門延憸壬之子孫哉真者佹失又不直僞者佹得而止則謚典奚時公且死也嗟乎示衮斧于黄壚揭月旦于白

曰重天縡于蓋棺翳神鑒于式序知人則哲將孰急焉而使天之尊有時褻諸之用有時窮吾恐晉唐宋之太常博士笑人于地下也

積賢策

昔秦之敗也豪傑爭取金玉任氏獨窖粟楚漢距滎陽民不得耕金玉盡歸任氏人謂任氏巧取金玉吾笑其愚于積也任之金玉今安在乎夫使任氏藏極物溢必讓積于鹿臺西園瓊林大盈而帝王氣力不

冉世守然則投金淵瀨抵璧峿巘者豈寶在而目不
能辨心不能貪哉易曰聖人之大寶曰位書曰所寶
惟賢則邇人安古帝王旣以寶位心寶賢自不得以
寶賢心寶寶而賢之實在一時則靳有以用之賢之
寶在萬世則靳有以積之故董子曰身以積精爲寶
國以積賢爲寶嗚呼非江都烏知積乎盎玄黄未剖
之初天下安于黟黷而欲闢其洪荒則突生數聖君
焉又突生數聖輔焉羲黄而下四佐六相五臣十亂

居可迹也運寖朗而氣寖微天若謂宇宙間至茫眛之理至艱鉅之事至睢盱之人至紛龎之物已有所鍾毓挺誕而開剏爬疏之矣無亦扶輿清淑難太洩山川精英當少儲乎聖人日通明懿鑠之方開而敦慤忠樸之方茂則目視耳聽手持足行之人誰非庶載亮工若時惠疇之彥而復有準于此陶冶驅駕惟意所適于是故者謝新者承往者消來者壯長者衰少者盛目前不見其多日後不見其少吾身不見其

多子孫不見其少無事不見其多有事不見其少是之謂積才夫積則無逾周矣侈哉穆滿至與河宗論寶金膏水碧燭銀之屬盡羅筐篚而車轍馬跡恩遍天下猶享國百年無他虞是非穆滿之算長而文武之澤永也世篤忠貞有如君牙永弼彝憲有如伯冏即呂侯雅言鍰贖而棐彝作配存欽卹之遺謂非文武積而遺之以拯其末路者哉故當日所爲積者閭師黨正三物六行則莫端于此歲升時舉論秀人官

則莫公于此灼知克見罔知罔兼則莫專于此敦宗
將禮書常銘考則莫隆于此而棫樸菁莪有造有德
亦莫熾于此是以詩丁其盛曰濟濟多士文王以寧
即丁其衰亦曰國雖靡止有聖有否斯積之效已我
國家薪槱栽培功令意指不遜成周而　皇上靜攝
以來寔未有神仙土木諸費即將作竭蹷三殿夫豈
獲已惟是節嗇所積舉往代泥沙糞土用者重如其
球瑚鼎彝忽所積舉古聖禎楹圭璧用者棄如緜泉

朽瀕將奚卹焉語曰十年樹家百年樹人豈非樹則爲積而愚以爲用方爲積何也錢取泉流布取布散皆用義也有買于此惟鬭盈篋筒不運筴奇贏必坐耗而窮無問積巳惟才亦然才之爲物宜軒翥不宜銷鎩宜激發不宜幽沈宜公共不宜藏閉則六卿長貳可半虛否台諫耳目可以需否黜逐山林可終錮否必使兢爽齊駕伸眉驤首而後一才庸百才奮百才庸千萬才爽克庭有鷺空谷無駒蓋腐不于流水

朽不于戶樞積與用相須如此不然者忽不知其瘦薾銷剝而頓歸于盡此非才盡于淪亡而氣盡于摧折也士大夫氣一盡而國氣隨之鞭策弗及施爵祿弗及餌蔑不足杖而用窮矣艾無從蓄而積窮矣嗟嗟楚列兩壇齊照千里伯主而知寶若是徒以積財爲寶愚恐其兢持而易任氏粟也

閹宦策

閹寺之爲生民患至烈也彼非有名檢之愛徒知驕

縱以窮欲非有子孫之慮無懼恣横以賈怨故先王之制以供應使令掃除掖庭而止不得臣民人干有司事誠謂其立于朝則狐鼠也居于國則鷹鸇也行于天下則餓豺狼也漢唐宋之季民窮而亂起皆以此屬騷擾致然我　太祖創國立法中人弗令與政列聖益章明之用致兆姓于安以故二百年來閹人鮮夭阿盜符虔劉我氓隸者間有振瑾之異志亦輒隨動而隨覺隨發而隨收其權不足以遂私而勢不

足以逞奸也邇自榷稅之使者出半御民而議賦半御民而議稅而使者與有司爭民自使者藉口國計漂禍於富室始而傾貲旣而蕩業民有搶地而蒲伏從耳而有司不得與使者爭民自使者單語聳聽坐罪阻撓以銅墨之長望獄吏而誇尊南冠受縶琴堂闃然而民無有司自守令含冤叩閽無路彼蹶危之氣益張此挫折之懷彌索誰爲赤子虛稱樂只而有司無民使者與有司爭民而民何以安有司不得與

使者爭民而民何以安民無有司而民何以安有司無民而民何以安民不安矣而豪喜事者惑之強有力者鼓之木之兵竿之旗能保無紛起耶試觀近日民聞恩詔踴躍如更生夫人情非鬱抑之甚則徯望不深徯望不深則慶忭不亟以此質民心而中之鬱而未舒抑而願伸者可虞已語云爲之其未兆也兆而謀難十倍而今清源吳會不嘗麂之杖石乎荆郢不嘗洸之江流乎滇南不嘗灼之烽熖乎亂既章章

兆矣奈何猶鼓駭馬鎮絕絲無變計也皇上聖神慮非臣下能測或有待而罷耳顧如民生日蹙何即大工未竣此役難遽撤業已付有司統之矣留此輩安用居此輩于故處彼素橫行者能遂晏然乎如近湖口稅使且敢於干上令奪有司之柄意欲何為而害豈有艾也上誠哀民窮重慮國本則請亟返諸稅使姑以稅聽有司之收俟役完而議罷焉庶乎其猶有支也不然駭而啚之嗟何及已

擬南京戊午武錄策

問禦虜戰守和並稱策孰爲得守和而稱禦義將焉孰厥守伊何不和無戰昔遂古帝皇何稷愼是輸輸予終王胡猾夏在士喪婷二佾得國七十肜設涕女而柳棘交壁窒墐玉門班超詎西胡越一家安史詎携晉遹羌羯來亂於林宋俶獻納舟徂海深掃境以戰虛中以和所喪孰多敵則輸幣臣則賞市所損孰厲平無不陂薪突安知徽殺雖襄終焉黍離我守其

一厥惟法祖日月垂訓孰爲靡盬爾榷定保誓將庸
汝遼震匪鄰爾無諱予
天子無外東亘甌竹至於日下西行蒲菖至於西王
母南傾丹穴北極禺彊靡不葢之如天函之如地凡
有血氣莫不尊親誰敢哉以其蛙黽之旅井幹之區
振臂昂首以招昊蒼曰惟若與我和𠛬有螳蜋之斧
敢摶大輿乃至窮窿之宇欲煩圍帶乎亡巳請苐三
策之用如執事所稱不戰無和而無不守上策也戰

以定守守以待戰是日中策戰守偏曰下策和無策矣戰者以士馬予敵而固其圍守者以圍予敵而固其居和者以居予敵也虛帑殫兵割地以至盡已耳和者降之飾也納者獻之緼也唯之與阿去幾何矣是故喧戰而言守者弱之倪託守而事和者亡之媒斯皆全軀保妻子之徒以國家僥倖旦夕寵其名膴幾而免焉以貽後人豈眞爲天子策者歟何謂上策禹其善用此矣苗民不即工三年舞干羽於帝階七

句而苗從北禹之和不以歲幣其戰不以肝腦天子有道守在四夷此所謂上策也何謂中策有熊氏戰烈山於阪泉禽蚩尤於涿鹿巳乃則天垂冕而天下胥靡帝偃武數百年居無城郭以師爲營衛今所傳九宮之法是矣於是成湯則之七十征而九圍式敍伊尹之令東暨於穢人周武王則之伐奄驅飛廉滅國五十而六服諧故周公之蔂幣至於稷愼穢人稷愼故女直四部之墟也無戰何以臻此彼謂不能戰

而可守者譌言哉此夫偏取閉關謝西域一語而貎執之世祖之初天下定而輒叛彭寵割漁陽盧芳闖五原不遑外略故西域請都護不出而强紆其辭曰諸國力不從心東西南北自在也未幾墩煌四郡中虜而竇固耿秉有凉州之役班超有疏勒之戰矣即世祖時西域日通玉關終何嘗閉乎大率標枝既遠止戈其德此謂戰以定守其次則如李牧居鴈門虜至清野收保故示以怯數年而攻其驕遂以斥塞魏

尚居雲中軍租私養盡以饗賓客軍吏虜間一入跡騎車擊敗之虜不敢近趙充國阻辛武賢之兵而屯金城卒以殲罕开殄先零此能以守待戰者也然我不能無事矣故命之中策也何謂戰守偏昔者秦作巨防踰河而城中假以爲金城千里之固銷鋒鑄鐻而錢鏄亡之阪泉蚩尤并兼無親誅戰不休窮後射烏而酗小子侯亡之進者狠疾退者燕棲而恒伍於小騰不亡何待故曰下策至于和則無策矣漢高神

武項羽韓信所不敵一困平城委聽婁敬貴主變禮
太后盻謾無何右賢襲新秦王庭直上谷歲入至燒
回中徼武帝漢其左衽矣典午竊魏假戎翟以捍吳
蜀宅五胡於腹心遂使腥膻蒸於嵩岱膏血流于河
洛唐先若突厥既臣之乃處之六州而安史相繼僭
京師燕雲之藩貢賦永絕宋輸契丹以亡魏輸完顏
以制遼而亡中原輸奇渥温以制金而亡天下始稽
爭一獻納既而以神器俾之豈知元成受賕要感于

絕幕之勳胡越一家式靈于頡利之滅刀筆之士譽偏辭以惑人主委疆場以媚蠶食媮保酺醱以寧妻孥六王鬼餒而儀衍不與其燼也悲哉曷不思漢埽境以戰而海內耗宋虛中以和而海內亡獻納二百年鏹六十萬賞市四十年歲出且五百萬亡與耗孰多百與十孰厲以爲易稱陂復而犇口曲徙詩載黍離而噤謀薄伐此夫以盜賊遺君父以社稷遺仇虜者也皇祖有訓四夷阻隔山海無煩用兵惟胡戎累

世戰爭必選將練兵時謹備之以故二祖之時不與之詬言不賴其使獻斥其塞壘以時張其撻伐今日繫頸交臂大酋僅一諸矦王位將領下豈非魏鄂宋凉之餘威三犂百戰之巳福乎夫何必千古挈今日之得失而衡之亦足以知矣茸凉日戰虜和以遁而我兵日威遠或能戰虜和以竊而我兵半存晉塞不戰虜何以偪而我無兵矣和戎之一言昉於晉絳獲利于秦而中骫于漢晉唐宋以至無窮曾不思彼和

而利者蓋有所用之也晉和戎晉所亡鄭國之甌脫而實有諸姬之三晉秦和戎秦亡女樂二八而寔有西戎之七十國奈何割燕雲以當駒支𥫔歲幣以當女樂汲彈而綆絕巵漏而海罄何況有數之物力有盡之生民有限之土疆乎夫存亡不兩齊我恒不亡則亡者在彼常使虜備漢其罷當不減漢夫無謂今日之奴爲震遼而已昔者秦有慕容晉有石虎齊有高歡遼有完顏皆一匹夫之力耳縱之王杲已族而

縱哈赤何以異茲金之糜遼今年取開州明年取保州又明年取泰州日交月攻一日而顯乾懿豪徽成川惠畢陷而遼亡矣何也其力不殘而舉可再敵漸潰而可裂也其無謂尅撫順權清河而頓委之以奴爲失計也此其故智矣今日之事令居之塞分道勿暹都賴之城急擊勿失意者策之正乎若和與守愚雖叵怯非所忍言

擬山東戊午武録策

問魯兗齊青皆跨有九州之一營之域北首夫餘南暨梁房者其疆也聖制遼故隸在山東士賔官省咸附青營遂爲一而又益之兗也海内之州千里者十二齊集有其三又泗上十二諸侯皆大國復取八焉乃父老相傳倭以一艇登而並海皆殘柞浦之役四旅殲焉劉綖所經連城拉朽且夫仲父伐北山戎至于歸失其途何異南望招搖矣遼之役君子三千方舟惆愒惡在稱齊强也季氏之履畝管氏之田作賁

海内政不殊一逢旱魃千里僵藉以國量乎澤若蕉
汎舟之役猶望遥拯北遠而不能西移濟汶惡在稱
齊富也足食足兵好謀而成魯論訓之矣食未嘗不
生而不得食兵未嘗不具而不得兵何故將無信不
足歟士留心經世可眞謂軍旅未學耶其悉所聞以
對
周公既留師保與召公分陝而治于雍濟河惟兖州
元子宅焉海岱惟青州尚父宅焉魯有少昊之墟龜

蒙臯繹逹於汶陽齊之授履始自無棣東漸於海然魯至隱桓大巳埒齊宋莊閔之後公私漸匱馴至昭定公賦什二公事無耦魯之削也不見於四境而見于長府丘甲之間矣齊至桓景十倍晉三倍楚至於宣王舉燕衂魏猶掇之也一傳而薊丘之植植於汶篁松耶栢耶公不粒食哉何齊魯之富强以蓽路藍縷之日而其貧弱乃在定伯取威之後也我明定鼎爰割二州東壍澠淄濰海之流南包滕薛鄫郲之壤

西絡弇陶箕歷之山北枕罘㖊成羽之巘雖虛附營
丘而全撐澥㴔自古帝王之圻無有過千里者今已
三之矣鷄鳴狗吠四境相聞北盡海南盡淮阡陌交
午九軌城逹車轂擊人肩摩舉袂成幕連袵成帷不
特一臨淄之遂然也數春秋之諸侯合大國者二幷
小國者八以此治賦何敵之能勍以此任土何歲之
能饑增以國家重熙累洽之餘重以百辟庶尹翕受
敷施之久六修九敘葢運諸掌也然而百年以來倉

廩漸虛蓋藏漸殫有司無以佐民則請帑于國無以佐國復鐫膏于民一二呼庚癸則仰屋竊歎束手相顧而巳此之爲貧豈獨齊魯哉府兵衰於戍運礦騎罷於朘削藩鎮之家丁人不滿千主軍皆人奴籍影無一控弦之臂客兵久又以糧厚爲巨室官人之寄民快弓機食官爲兵虎冠而追呼位齊民之上率以荷戟爲耻邊糧既薄又以供賞市贍交際餽遺作代驛遽之費掛虛扣實客亦漸化爲主小警則調援於

鄰帥中警則徵兵於天下一隅之騷動經數年而不解千里出戍巷哭徧城二千里之戰股慄相語未見賊而齒擊欲墮一夫奮鋋舞干而入郎萬人走矣此之爲弱亦何必齊魯矣夫連州跨郡委積常平莫不中程以受考于大農湯歲再逢則父子相食臨德之儲貳發若掃而道殣相枕藉白骨如丘雖齊魯之衰貧曷嘗爾耶州郡之兵自會省達于魏衛楚徐之壖龍虎之偏明威之裨昭信之校碁布星列游徼之卒

南起東縉連九仙絡不其放于崑崙旗幟相望水軍礮發震於日出之國鼇而呼海欲沸也乃倭艓闖沂瑯琊悉奔劉燧東躪曾無堅城幸而西者志在直浙東者志在中原非然山東之境不又千里無鷄鳴乎雖齊魯之弱庸至是耶嗟夫富莫富于開麗麗莫廣于屯田强莫强于蓄衆衆莫饒于府兵周公尚父之所經營雖亡其藉而昭代之制布在方策猶較若列眉也高皇帝奄有萬邦分土建牧以鈴轄天下之民

形視諸要害大者作衛四百九十有一小者所三百一十有一尺籍之士三百一十萬有奇屯八十九萬九千頃有奇屯者受田有差而戶食其穡以半入於其官河以北則倍輸之今天下所存軍財八十四萬屯可七十萬餘耳在齊魯可指計矣承平日久民多遊食遊閑山人厮隸皆儕于冠裳託饔飧於汗澷戍餉既苦相率去不爲軍軍之食巨室官人之奴僕寔食之軍亡又不能以尺籍伍符致而餘其屯則使民

佃之佃與鄰佃又皆牟據其腴壤遷亟于淤登畦於椒轉而歸之衛所以授無告之軍轉徙相授軍吏莫知所在而屯以盡亡今其所存莫不下者沮洳上者熯燥所不存者屯官正之以策分屬償之逋缺恒半耳戊巳之尉受成方冊黨試諏之軍吏交舌而不下也所謂食常在土而我不得食何能不貧乎府兵久既喪其實客兵久又踵其冐六郡大豪嘯聚于山出沒于海而有司不問礦徒鹽販暮出晨歸洸於阻深

閭昧而無能耀之光明並海縣子弟亡賴少年吹笙鼓瑟鬭雞走狗六博𦨔鞠以相招搖終莫肯救公工作奸亡命採丸扞罔委質邪教結納死黨振臂一呼

捷於烽火超距而前勢如風雨搏秘若椑蛸盤鋒若積環吾望青營之盜儼然其成軍也而莫肯勇于公戰所謂兵常在民而我不得兵弱何足怪乎夫士田兵制不殊古人而其壞亂迺至是是安尤哉以仲尼之訓推明閎之指毋亦信不足巳信者易通以孰易

寬以嚴賞罰必決兵食必核諸紀綱法度一一設誠
振刷之此于人情不利也而于國法則利夫人情習
於寬縱通融久矣曰欺曰蔽害有極乎竊覩國家粃
政表裏不具名寔相舛上之綜覈爲迂緩調停爲便
宜下之蔽虧爲才能淸理爲苛切天下旣然齊魯安
得不然矣萑蒲之警羽書徵戍交馳于道懸賞一級
至于通侯迨事平論賞則中稽於查核外稽于勘報
刀筆之吏徐起而議之喪敗者未嘗誅瘡痍者未嘗

恤通侯之賞幾不喪元而已蒿艾之征軍無見糧急則增派又急則預徵事定功成而以予者嬰其累此夫罔其民而唆之髓者也每一治粟婁議之婁非之佹開之佹棍之粟吏不敢以自主持籌張皇求之則如救焚後事而議其汰更不可問也每一治兵或以爲在衆或以爲在精或調之見伍或募之死力或少費以爲節或厚費以致士充國未至金城而庭已聚訟矣小勝若驚小敗若劇喪地數州若以爲常擣巢

斥塞反以爲罪機栝請事命定于呼吸而後之至累月按上方略謀之千慮而失之於一詰千變萬應百死一生以綦成功執一失而誅之更不可對也晏安偷幸所罵在債帥而所晉有恒賕緩急用人比十數大帥而佀馬馳之夫項以賞薄而蹙遠以罰輕而滅晉以三公而喪宋以煩議而亡今朝廷無三日之功令四方無經年之法守元戎大將未出而懐讒僨薄佻佚調笑而處優此以嗁俠烈之志傷忠義之心致

身者解體竭慮者銜悲雖周公爲相尚父爲帥安望陳紅如孝文神武若漢武乎執事誠憂之則莫若以信信立而法始行法行而兵始振總之治世用輕法亂世用重法聖明在上不敢以重法之說進獨兵事似不可用輕法且久玩而氣索久索而法亡當今之勢如人從醉夢而呼之醒非沃以凉水不覺也非震以大聲不應也非持其臂而搖之恐驚亂而狂走也況乎賞罰不必兵食不核紀綱法度不振夷狄橫行

于外蟊賊或動于中以夷狄侵中國不必勝也以中國侵中國患從心腹生未必不勝也以中國侵中國不必勝也以夷狄中國相爲難腹背受敵未必不勝也噫事至今日孔棘矣當事不立信飭法銳然大奮徒日患貧與弱吾恐齊魯之憂不在海外而在眉睫之間矣

擬登州諸生對策

問奴酋匪茹蹂我三堡廟堂至動色相戒議兵議餉

迄今未見勝筭若登萊金復一航可通東國將無震隣歟或謂彼無大志然歟顧先事之防聖哲不廢籌東國者固不于奴酋也諸談兵家悉鶩奇而駢枝耳乃齊之富强獨稱管子管子信天下才乎我　高皇帝混一華夷功高千古其所制衛設屯豈不足垂裕千載而二百年來便嗟無米之炊將　聖祖舊制不可復歟抑雖復之而富强不管子若歟昔人有持空名三十招致五十餘騎而鼎澧安有立屯將十八招

致舊縣農戶而兵食裕況非太平之世也其人不足
奇歟大司馬需士若渴倘進諸士而詢東國之兵食
計將安出或又曰何以生縛致奴酋獻之闕下諸士
何以應之願各抒所見以對
女直兵滿萬則不可敵此恇內而怵外之語也完顏
亮百萬臨江其中遂無數萬生女直哉而其後蒙古
氏又何以覆而墟之也即云其初起寔銳不知初起
之銳乃天假以殪遼苦宋而殘裔小腆乃足與聖明

全盛抗哉故今日奴酋之役其始曰狃其旣曰慴狃則玩慴則怯矣玩則有撫順之慘怯則尚無槖街之期矣竊料奴雖鷙也其衆不過五萬今集兵治餉如山壓卵而有不生縛致闕下者乎則執事胡爲卻慮于震鄰也夫遼于登信航海可通乃虜習騎不習舟或曰蒙古感宋履江海如平地非舟耶曰其師久而習于華及之閩浙則華人皆虜奴酋無是也況其目眈眈在遼使果批擣得策彼豈遽能下咽特所以桑

土我山以東者不容後耳葢東秦之號十二之稱今猶侈談之而求所謂長城鉅防穆陵無棣之要隘而已夷爲甸邑烏有也連袵成帷揮汗成雨今猶侈談之而求所謂臨淄一邑帶甲至二十餘萬而已化爲異物烏有也獨區區吊敬仲之餘烈曰安得富强如爾時嗟乎必起敬仲而後用齊是秩宗必伯夷典樂必夔明刑必皐司徒必契也考其内政固簡練周制寔原本太公李靖能知之矣所繇稱富亦惟是金生

境内粟死境外，重農養海爲制用大經而他如詭徵
譎取當出後人詭附至徵貧女閭則豈直羞稱于孔
門哉夫一時之才固足以恢張覇業一代之制自足
以垂裕後昆三代而下獨得兵農合一之遺意者非
我　太祖高皇帝耶混一幅員分設屯衛天下置衛
四百九十一所三百一十一約軍三百一十萬有奇
守城者三屯田者七天下屯田八十九萬九千餘頃
毎田一分除本卒正糧納餘糧六石而北地倍之則

海岱之間額軍額屯可知也今軍之存者八十四萬有奇爲四之一糧之存者三百七十七萬有奇爲七之一則海岱之間額軍額屯之虧可知也且所稱四之一又必不如昔之精七之一又必不如昔之覈何恠乎一夫作難輒苦無兵三軍未集先愁無餉哉無兵卽議援調遇彼此俱急援調可爲恒否再議召募驅市人而戰召募可爲恒否無餉卽議那借恐償補無期那借可爲恒否再請內帑雖厚積有限內帑可

爲恒否語有之乞火不若取燧寄汲不若鑿井奈何當事者徒歎無米之炊不爲畜艾之計而于祖制舊章竟置不問也如曰何以遽復額軍則青濟礦徒鹽場私販皆軍也而閭閻之義勇市井之豪猾咸可以登赤籍何以遽復額屯則隱占清理湮沒買補皆屯也而鹽筴之出入海濱之斥鹵亦可以佐軍需是在上下協心斷然行之無徒以文法相冒踵積弊而已昔宋鍾蜚英之激張惟孝也持空名帖三十逾旬與

三十騎俱擁甲士五千旗幟光明部伍嚴肅上至公
安下至壘山游踏相繼卒解鼎澧五州之危而物色
姓名之終不可得唐張全義之尹河南也居民不滿
百戶麾下纔百餘人迺選十八屯將人給一旗一榜
于舊十八縣中招農耕種五年之後桑麻蔚然勝兵
大集遂成富庶夫宋唐季葉襄鄧河南燹墟而惟孝
全義巳出奇若斯矣以　祖宗之王鈇而不能力返
其舊以海岱之晏安而不能漸扶其衰眞愚所不解

也且東省之要害不減于春秋時也臨淸南北之咽喉也武定燕薊之門庭也曹濮魯衛之藩蔽也沂州徐淮之鎖鑰也登萊海東之保障也兵卒有餘勇食足有餘蓄無論居常可無隱憂卽有事亦能四應誠講此于十年以前而値奴酋跳梁也吾興兵轉餉由登萊直抵金復不過七日航海之勞進而海蓋遼陽協以三韓士馬卽可制酋死命何至張皇驛騷徵調半天下也易曰窮則變變則通今非窮也蠱也蠱而

不幹誰之咎也請即以遼事明之夫家丁立而額軍空非　祖宗法也舊遼陽棄而膏腴失非　祖宗意也顧及今尚可爲也是不獨吾山以東然也若執事更欲越海而策酋生敢稍言其概夫酋兵不過五萬而以皮幣子女西而與迤西諸部落分兵以擾我則吾腹背不堪再受敵也我諭以威力彼已素覘遼之戎索而結以貨賄彼又陽與我市而陰與酋合也若借虜攻虜又必不得之數而前代有烱鑒也則酋何

時擒兵何時罷也竊謂兵餉未集問罪之師固未舉
也兵餉半集而使信臣精卒袖手聚于一方亦非計
也何不云某將某將結營整隊禦酋子來所必經之
路姑以遏其深入而某將某將且分處瀋鐵錦義寧
前爲奇兵也夫瀋鐵錦義寧前之無時不聳我邊鄙
也若遭我一大創駝馬輜重非一年不堪再舉乃又
以昔邀功生事之搗巢而用于大創之後慮無不徙
募者誠畏我而徙募誠畏我而無不徙募酋即招之

夫自顧且不暇也然後酋勢孤力薄我可一意聲討而所分處諸將抽添援伏九天九地惟吾用之益兵未有不正出而奇合者直聽其徑進徑出如履無人之域而毫無扼抗離合之法勞逸主客之分徒恃兩軍相對角力爲勝此孫吳抱桴鼓而太息者也至如三堡已破而彼不知取請以破殘之廓廓聊當山林之障蔽可乎久之則不繕亦繕也大兵已集而騎爲更費請以吳越川貴之慓悍專當埋伏之部隊可乎

人之則不騎亦騎也彼招致華人吾即因而縱華人之有心力者于其中或乘天亡之會機有可圖不則悉其情形智算以輸我而我得施鈐布算以扼彼亦一策也況吾所謂有心力者非市井無賴之徒而江湖大俠也爵賞所懸忠義所激心腹所披誰謂秦無人哉其他紙上之兵無庸勦說故曰女直兵滿萬則不可敵此恇內怵外之言也先臣有欲復朶顏三衛而著樵牧野談者矣倘採其議而更以意消息之三

衛之復併在一舉遼稱雄鎮豈直百年無事彼奴曾

者釜魚哉

烏衣集

利

烏衣集卷三目錄

議

神道碑

墓誌銘

墓表

書

題辭

烏衣集卷三目錄終

烏衣集卷三

閬中王　宇著
尉氏阮漢聞選
灃陽羅珽仕訂

禁販海議

通番之法非　先帝朝所行也開之自近代始與互市等欵耳互市以我之金繒易彼之款段損有用以博無益利在虜通番以我方物土產貿彼之銀錢民

獲其贏而官收其稅利在中國此所以下奔而赴之上亦娛而安之不聞立議而縣之禁者間嘗揣情酌勢以爲不可有三夫此販海輩非皆有身家畏法知義理者也市井亾賴之倫領資本於富人輕生死一擲官又給牒以壯之夫恣睢橫行固其常性況揚半帆於天外保無易名姓爲所不可爲以生事於夷乎曩者　朝廷過聽攫金之謀輕探鮫人之室啓一釁而垂百涎令夷惴惴不安以至虔劉我商人而我弗

能問既示貪且示弱矣而行之不止非所以安外夷之心張中國之氣也不可一且夷之金銀亦少竭矣此屬所辦方物土產未必盡中其欲也非能盡滿載而歸也折閱者有之垂槖者有之彼所利多得財覬富人之賞茲無以望其腹也能甘心乎能不乘間刦掠取償於海上乎方今南日銅山小埕諸寨樓船相望矣而就沿海視之則各寨分就一寨視之則各汛地又分分分則似堅而寔瑕間有不逞未必遽就擒也

即或就擒送之官府彼藉口於官府之給牒諸富室
爲夤緣請命旋復釋去彼且安所懲乎是誨之盜也
非所以靖沿海之防肅戸牖之勢也不可二嘉靖間
倭突入都城如行無人之境豈彼能熟我地利哉大
抵泉漳人爲向導耳玆且羣都城之衆趨之人益衆
則奸益多所幸當事之備嚴未敢即動萬一稍弛此
屬不潛誘諸夷入而內訌乎邇紅夷既見告矣彼其
甘辭以啗我頓兵以恐我時時誘吾叛人以嘗我意

欲何爲卽暫懾於守圉之固弭尾而逝乃其利我財物又未遭重創眈眈者未有已也矧乎之奸民爲應援借之商船爲轉輸也非所以杜窺伺之情而安民人之命也不可三有三不可而民猶走之如騖官亦習焉而莫之禁者何也毋亦曰天地之銀脉自南而北今歲輸而之邊往而不返者幾十萬矣歲輸而之大內入而不出者又幾十萬矣非有通番之船歲收呂宋數十萬緡民不愈貧國不愈虛乎此知其利未

見其害也嘉靖之變男女劘於鋒刃貨寶葬於波濤倉廩化爲煨燼廬舍鞠爲丘墟以彼方此利害孰多況敬此販海之人出而商賈於四方豈遂不能收子母之利補官府之稅乎彼吳越齊楚諸富商大賈豈必盡販海起家也故爲今日思患預防計莫如嚴私販之誅塞闌出之途寧密張其三面毋疎漏其一目庶乎奸萌不生而亂可預弭也若徒貪小利而遺大害翫目前而忽日後恐識者謂肉食爲闇慮不遠而

桑土之算有所失也

勻派運船議

留都運務廢壞極矣船甲兩空僉造萬難如廣洋江陰横海龍虎龍虎左水軍右豹韜左龍江左右皆然而水軍左其甚者也議急救於今日無逾勻派一節葢留都有運之衛三十有四而船隻不齊有多至百六十以上者有少至二十以下者向原酌丁力均派迺今人户消長衛事既澌更矣以零竹憔悴之夫承

四百餘石之糧二百餘金之舟安得不致虧欠損失是使職運者甘心受累雖日易官而叅降苦死終無救于運務故昔簡而今繁者雖少增不病其厲昔般而今乏者非少減未甦其困窮則變變則通惟此時乎且其增者不過數隻其減則有十數隻所謂衆擎易舉不專累一衛誠補偏救弊第一義今日所宜亟謀者也

查通番船議

夫販海通倭之患未有甚于今日也在吾閩則興漳泉爲甚在吾郡則長福爲甚在省會則東路爲甚彼輩趨利如鶩即死生輕若鴻毛即父母妻孥棄若敝屣即王章國法藐若弁髦將緝之内地不勝竊鈇之疑也將捕之外洋而不免重賄以脱也上益嚴其科條下愈長其奸僞然則終無術處此乎凡海船往來止于一省之内今私通日本者大都駕言往浙夫往浙之舟至沙埕則互换而歸固難以踰省也故往返

之期速則旬日遲則一月甚遲則兩月止矣其期可限而覈也夫欲朝朝而覈之則商不稱便而弊且滋起無已其夏秋二季乎何則通倭者必以夏至小暑往以秋分寒露回而集貨鳩衆常在立夏之後誠嚴諭各澳鎮舊船若干新造船若干令各籍姓名于有司起立夏迄小暑雙桅船載某貨往某地以某日出港各報于澳長保長每朔望白之巡司巡司白之縣令責其里隣結証回之日申白亦如之大約以兩月

爲限卽大暑往者亦宜白露歸倘有夏至出港秋分後方回者其爲通倭無疑也甚易察也若大暑以後則往者不必報謂此時已非風汛也寒露以後回者不必報謂去船姓名有籍可稽延及此時回者必通倭也至春冬之際又無論矣此亦省民間申報之擾也往返之禁旣嚴其或有藉口呂宋者呂宋之通仲春往季夏歸難以混指也又或有藉口被風失水者顧夏至解舟何歷秋分後始報失水必通夷而自棄

其船者也俱宜以私通論也又或有窩賂澚長匿船號與日月者許居民首告察其非誣則重罪之併坐澚長保長彼將安逃也夫杜之未下海之先而且嚴之夏秋之季此其防甚早其術較逸且令民不觸禁而陰全其命不然徒終歲張皇而緝之于海外將網疎而易犯迫其獲而盡付之重辟恐德法不免兩妨也

繳李中丞批送納穀修聖廟議

竊見納銀納穀而衣巾從昔未有有之自去歲東省始耳惟偶遇二百年未遇之荒故暫破二百年未破之例然而非得已也似此徑竇塞惟恐遲可復開耶且修理　聖宫　朝家重典與禪宫道院需募化者不同即請發帑請加賦固自名正言順縱使物力不足當亦設處有方何可輕借助工之名頻啓僥倖之路驕金夫錢虜之心短才人文士之氣使馬牛而皆襟裾青青子衿復奚貴乎况夫子之墻入者或寡有

如負塗運木輸磚採石之輩比比列宗廟而班百官富則富矣美耶否耶仰祈註銷前詞以杜横議斯文幸甚

工部左侍郎聊城王公神道碑銘

萬曆庚戌五月二十三日少司空泓陽王公卒于官母曾太夫人年八袠開二哭子董其喪而公故子兄子國楷訃至始匍匐來京師也哀哉　天子既憫念勞臣又惻其所遭荼苦祭葬贈廕咸有加內批與謚

無俟廷僉天下以是知　主上不終薄大臣而大用不竟之感則滋深矣公昔撫浙坐事免官時葢有董范之獄　天子逮直指御史暨烏程令下司寇公乃以不得與御史同罪爲愧顧公抑何罪乎久之事益白巳亥　詔復公官戊申起南少司寇旋轉北少司空甚哉司空之難也第令物力豐以不詘事勢徑以無撓天聽甲以無亢亦必拮据調劑以處于此而後鳩僝之績見三者今不得一焉　宮殿告災徵斂靡

出摧稅入者文斯泉流而水衡錢方糜耗未巳是物力不得豐也閹尹胥商盤結日久反隼例索不一而足稍問侵牟則舉羣手以障隻目而不齟齬之不休是事勢不得徑也陳便宜清耗蠹亦既累牘而不得俞俯不得報近倖在中釜鬵徒槩是天聽不得畢也公率薑桂之性寧賈怨而塞漏巵物則工楛精觕値則絲粟錙銖𪇆𪇆乎無虛之不覈而無冗之不裁至巨工盛典先摧成數之所不可溢而後劑細目之所

不可蒙以是山林橋梁費十餘萬汰十五福邸費六十餘萬汰十三瑞邸費二十餘萬汰十二殿門費數百萬汰十一而公猶感憤于所汰之不盡如吾意故公每一會計寢食俱廢徬徨拊心積羸柴骨會正陽門樓火力疾估算歸即抱病以逝嗚呼痛哉公弱冠登第起家元城令下車輒捕不法席大席二輩旌孝弟力田郭某輩又開渠釃陂水梁之樹之迄今民不病涉自武選歷遷光祿少卿時吏科都給事中陳與

郊恣而穢公慷慨論劾忤當事意調南然隙用是自
免去天下直之丞南大理魏府有滕王傭殺嫡讞者
內賄坐傭公攝滕庭訊卒服辜卿太僕值西夏之亂
上檻車徵總督大司馬魏公將罪以逗遛人莫敢爭
公毅然疏勝負之數難易之辨謂功過宜相準　上
感動僅削大司馬籍為庶人癸巳討典公以僉都御
史協理稷蜂窟兎不獲免而蜚語謗簉不得行今談
者摯為式云鎮撫兩浙單舸至姑蘇會東征歸卒憤

諸帥倰牟以課公手檄諭卒亟械繫萬戶焦國賢巴
金榜等衆始帖而廉首事數十人殛磔城旦有差非
公遏亂略者壬午故轍在肴睫間矣鹽官西陵故有
堤而嚙于潮公荒度下磁捷堤用屹然東甿人健好
鬬槜李吳興多閒右爲政善漁無告而持有司公一
切示與更始令出惟行後公以董范之獄去吳越人
號呼奔送舟軹不得發今西湖上猶伏臘公祠也公
考文林公豪于貲而干掫暴客無虚夜公從武選謝

病歸則盡斥田廬金帛牛馬緩急人殆盡乃大喜曰莫予毒也已迨以開府里居家益落華門無鐍盜入室啓藏衣粟匜櫛外無長物怪嘆羅拜去公亦不言諸人而跡之嗟夫此公生平梗概倘其廉而忠剛而直言不避難事不避怨而勞不避死者耶公諱汝訓字師古别號泓陽先世山西洪洞人祖榮遷聊城縈生敬敬生興興生釗釗生奎奎生四子伯曰藩者生公實封文林郎母劉生母曾娶田繼蕭公生嘉靖辛

亥得年五十有九嗣子國楷奉司空劉公狀乞銘公
墓碑公生平懿懺狀詳矣故但撮其服官效節之大
者表于左而系以銘
銘曰師師濟濟維彼盛時茅連莧夬以升泰階竟埜
之綱闕茀克開耇成數輩竭蹷扶支哲謀肅乂畀公
匪虧侃直靡二出處半之腸結環賜悉忠酧知賚秉
時詘用輙蠹孳爰塞穴竇蕒留髓脂澄清肅穆乃公
胷懷劼毖瑣雜精諝淹該一柱斯挺傾朝所儀徇以

坳身曾何究施誕鍾有會榮陧有基既鍾乃奪其隍
奚楷我銘公隧豈平生私貞臣振蠱千載爲著

陳伯全太史墓誌銘 代

余以庚戌成進士實出太史陳亂虞先生之門越明年而先生殁越十年余以儀制郎出參閩藩先生尚稾葬西郊宿草蔓矣而馬鬣未封余不覺拊棺長號已稍捐俸爲襄窀穸其孤子雲屬余誌而銘之斯同情所難已抑誼弗能辭也先生名五昌字伯全亂虞

其別號云先世出江右有祖北山公官于閩因家福清之江陰高祖居巖公龍德而隱生卓峰公文行爲儒者師卓峰公生仰卓公博學有遠志嘉靖末年迫倭患徙郡城居馬生翠濤公工舉子業餼學宮舉丈夫子十人先生其冢嗣也自居巖公至先生凡五世皆文章名家故翠濤公命先生以今名蓋神告之云先生生七歲失母大母鄭實撫育之時家徒壁立翠濤公日舌耕于外先生自從師讀書十餘歲下筆輒

有奇氣琴濤公館穀沙陽因攜以從而學業日新矣
沙陽歸年甫十四試郡邑周顯初邑侯王豐輿郡公
耿叔臺學憲交器之以辛卯春列學宮郡公知先生
貧未委禽乃捐資為聘巨室女士類傳為美談而方
伯郭青螺公大參沈太素公尤賞識先生丁酉遂
以禮經舉于鄉實出劉雲嶠太史特簡戊戌上春官
太史楊石閭公取冠本房主者以語多驚人抑置乙
榜迄甲辰始成進士出趙嶼陽孫淇澳兩太史房主

考朱金庭唐抑所二公亟加奬借是歲考庶吉士先生遂與選屬楊荊巖黃穀菴二宗伯教習每館課成擊節嘆服值翁靑陽顧開雍二太史分閱拔先生館元丁未散館因留授翰林院檢討誦讀之暇時留心經濟加意人物爲國家無窮之慮考滿封徵仕郎庚戌分校禮闈所取包君鴻逵徐君日久輩二十人海內稱得士時朝端門戶角立比周成風稍不附擊排繼之先生挺然中立無所詭隨頗犯時忌慮從此多

事多方請告五月出都已或諸之中堂謂其去徒炫名自智耳先生鞅鞅不堪過會登嶧山歸染暑疾行至徐州遂不起殁之日槖止數金不能成殮徐淮兵憲徐公成位者捐俸為治喪予同年王君宇者時為南比部乞假為扶櫬還里皆稱高誼云先生平生為人淸真澹遠絕不習世套逢知己則肝膽畢吐意有未合每對坐終日不出一語雖酒人奕客韵友歌流人皆可親不設崖岸比臨大節則屹然堅持卽大力

人莫能奪嘗過淮值淮撫某公慕先生名深意結納因有大賈以千金求先生居間爲免罪者先生厲聲叱出之自爲諸生至居官淡蕩自適不問家人產迨捐館歸蕭然一棺而已諸弟多雋才教之婚之惟先生力族有孝廉以上書言兵事忤當路意戍山海關先生泣白于蕭大司馬釋之還併釋仝事數人急人之阨多此類平日嗜左馬其文詞古雅亦似之多軼不傳嗚呼先生之可知而可言者如此至其素心直

節似和而介似寬而嚴似弱而强貞有勢利不能移威武不能屈者先生自知之不欲使人言之大志未遂齎恨以殁非人之所能爲也先生卒于辛亥歲五月二十三日亥時距其生萬曆丁丑歲八月二十二日丑時享年三十有五父翠濤公封檢討辭未就母黄氏繼母林氏各贈封孺人娶李氏封孺人子雲聘廣州守林公文熊女女二長許字南京侍御史曾公熙丙子庭駒次許字山東學憲王公宇子禝以萬曆

己未歲十二月二十四日亥時葬于澗田山之陽墓坐丁向癸銘曰

天乎不可知行或使之天乎可知止或尼之不可知者物極而勢移其可知者德貞而名隨嗟夫炎炎寂寂百齡巳而影徂者埒心在者誰斯知不可知者之可知噫

貴陽守朱蓬萊公墓誌銘

余既謝齊魯學政歸次金陵自惟校士以狀負上任

使又竊念疇昔知己所推轂余者自京國逮禮闈歷歷不去心憶游北雍時博士朱公最先拔識每校文輒首余多士今公已矣山崩溟竭不勝魚鳥之悲昔當乙卯余在金陵司馬署中而公旅櫬在黔渺渺天末余有南望揮涕而已迄今己未歲凡五易而其家嗣維藩手所爲狀走數千里請誌墓余安敢辭按狀公諱萬年字尊生別號蓬萊楚黃岡人其先在周爲邾子楚滅其國後去卩存朱云有諱景者仕宋爲名

臣宋史有傳孫文彬仕元爲都統制以兵屬　高皇
帝爲助順功臣自統制公至公凡十世公以禮經魁
楚闈年才弱冠耳乃太安人熊督教嚴甚謝絶外事
一意佔俾嘗竊畫棋盤爲太安人所窺投之以研中
肩閒昏仆幾絶及貴每捫肩輒流涕久之性豪俠好
客不甚治産家用彫落庚寅遊南雍大司成吉水劉
公器之試輒異等日與江東名士交聲稱籍甚尋以
太安人喪歸益落魄無生計思贈公春秋高需祿養

乙未服闋仕爲學博得河間之滄州有以百金屬公中傷諸生者公矢不納故大司馬某公嘗折青衿齒後其子貴賂當道屬祀鄉賢青衿皆不與而天津觀察某公左右之且馮其勢凌鑠公公不爲動滄人士至今思公祀名宦云庚子奉贈公喪歸甲辰上公車趙太史取公卷實第三爲忌者斥去是時太冢宰鄭公方爲廷尉助公白其事故相山陰朱公命擢公國子博士而免忌者人爲稱快前後大司成數輩皆以

公知人屬公校藝所甄拔次第登兩榜即不慧如宇亦公首取士也然負公多矣尋遷監丞掌繩愆事釐正學弊兩廂胥吏悉斂手焉陞比部郎歷五載訊讞平允抗疏請熱審所全活甚衆會大司寇印久懸公屢疏乃得　俞旨所叅處巨璫權畹如河南南陽者六七輩皆忤　旨正法都門錯愕以爲朱雲復出矣已而出守貴陽貴陽越在黔中延袤千里以一線路通滇而盜賊充斥苗夷縱橫大爲行旅患公嚴斥堠

簡卒伍以計獲巨魁數人有于酋者最負嵎不可控制公竭誠信招之俾爲登埤守而安莊一路遂爲坦途酋亦信公願竭前懕効死力及公捐賓客而酋遂掉臂去矣先是議勦苗者多不得其要領賊聞勦輒遯去而武弁倖功索空谷中遇老弱輒逮繫之用以塞責公察其枉輒遣還民有貧而棄妻者公以義諭之爲定日使婚皐民當贖百鍰以貧控即蠲之逮公坳此輩咸來哭黔中荒服其文藝遜京國遠甚公加

意學校庠以經史士風丕變逮撤棘而公所鑒賞者多得雋如京國云乙卯試生儒公已被疾猶忍死校藝唯恐失人而疾遂以不起嗚呼公憐才好士之心至死猶不替耶所著自經書訓詁至歷宦奏議掌故凡十餘種藏於家公生嘉靖辛亥年某月日時卒萬曆乙卯歲某月日時得年六十有五配封安人何氏子男二維藩荃宰孫男二宗熹宗禹以　年　月日葬於　山其窆也宦橐蕭然而故人鳳阜張公爲

黔撫資以舟車乃得歸歸而滇撫曹公遣吊私謚端恪勒之銘旌生死哀榮兩中丞力也因系之銘銘曰江漢之間是生偉人行金玉文斒璘意氣直上干星辰驅走豪傑爲嘉賓刑章既以練吏治胡其淳夷風丕變苗性亦已馴允惟　天子守臣一死於黔了歸葬楚江之濆疇其謚之若文中及貞曜之倫易名端恪垂于今

亡友鄭承武墓誌銘

吾先大夫雲門公日從惠州司理鄭公爲筆硯交久且厚吾又與司理之子承武世厥好稱奕世通家承武家去吾舍不數武幼同塾長同社故承武深知吾而知承武亦無逾吾也承武先世出光州固始有遠祖總管福州因家藤山歷曾祖萬鍾祖演代有隱德司理以易學魁嘉靖甲子榜配張孺人實生承武與無功翩然競爽蓋其世裔如此承武少從司理受經即奇于文每一搦管不驚人不休暨與吾共建旗鼓

所向無堅壘仝儕輒退三舍避之蓋其文秀如此承武雖經生乎居嘗留心世務聞當代得失髮輒上指冠慷慨談天下事嬉笑怒罵意常少可議論必依名節孝弟雍穆綽有父風或聞義與有所不平肝腸沸熱投袂欲往蓋其意氣如此弱冠從司理官海寧學博歸而娶遂補郡諸生司理擢惠州不能從訃至奔哭數千里目瘇足繭持喪與空囊歸既葬奉母張孺人居婚一弟嫁三妹拮据甚苦與弟無功友愛特至

張孺人安其養無一日不愉既刻司理文集成乃走東阿謁相國于公乞序因與縱談學術文章及經世之務于公大喜曰吾師有子國士也蓋于公身受經司理誼若骨肉凡冠蓋輶軒南而行過東阿者公必爲言吾師大賢窮死其子鄭生才可念于是諸公多知承武骯髒數奇浮沉庠中二十年數試數罷終無所遇中更母喪悲傷勞瘁又苦婚嫁家益貧間出遊父客亦鮮有能厚爲裝者行觀山川覽古人蹟自廣

而已丙午落第後日大眚少間嘆曰我安能鬱鬱居此無已時吾聞辟雍聚天下士士負奇多售者乃治裝游太學道聞東阿入相觸暑舟行眚益甚至都而于公卒張張無所之瘵眚愈復游吳陳泰始爲吳令稍資之入雍試然竟罷歸矣是時承武過我維揚再會金陵最後別江浦游已久豪垂矣然意氣文章傑然不少衰吾意其必售爲詩壯之顧其遇乃如此踰年吾告歸里承武迎謂曰吾疴憊歸矣子何爲者吾

應曰吾病且懶歸從子尋昔日山間游不亦可乎一日共午餐語依依且勉我早出山明日重陽無疾逝矣吾哭之不成聲而神傷時時曰承武承武即不遇止耳何死也承武廓落有大度而我細謹承武有所不快意能以杯觴奕博散其磊阿無聊之懷而我不能酒與棊承武明敏善料事有幹濟才而我痴拙其不相及遠甚然其相與意氣神情不言而喻至吾爲文一當承武氣勢輒鬱浡飛動不知其所以然平生

交如此者一人而已承武之游爲三吳粤之羅浮鄉之武夷九鯉齊之岱宗中及宛洛其後入京師瞻宫闕行燕代之間所至必交其奇人所著述遊艸文集族譜諸篇承武嘗過故人官舍有求居間者察其有寃力解免之而郤所餽金歿後其家得一編若年譜然日所行小碎必錄葢其志行如此人徒言承武豪士耳悲夫士操筆爲文輒云不朽世閱文士無數矣朽者故不少第能修身立乎其大者落落磊磊爲一

丈夫胷中有所欲言次而存之如承武亦足自快朽
不朽自有數未可論也承武諱元烈曆阿其別號婴
陳孺人爲憲副海洲公孫女丈夫子二長待旌邑庠
生娶山東學憲王公宇女次待旂娶瑞州郡丞康公
日章孫女二子皆能讀父書且續集其文詞是當不
朽承武者女三長適吾兒維城次適潘太學子彥次
適吾弟然之子維均孫男三長鈇待旌出餘待旂出
孫女一待旌出卒於萬曆庚戌九月九日戌時距其

生嘉靖辛酉十二月十二日卯時享年凡五十蓋承
武沒而友人司徒大夫陳勲元愷爲之傳如此稿垂
成而即世旋逸四之一承武之孤待旌等將以天啓
元年正月十日申時葬之候官馬鞍山之麓慮先德
不章且不忍名文之湮沒也迺復請父執王宇取元
愷逸稿足成承武墓誌爲其與二人同心耳嗟嗟以
元愷言承武以王生代元愷言地下有知或亦相視
而笑曰似我似我乎因系以銘銘曰

黯然銷魂者而之佳城乎而斐然成章者而之令名乎而潛然淚垂者而之交情乎而

劉鶴亭鴻臚墓志銘

墓之有志古也古人恥諛人而亦恥人諛其志人也惟其大者甚至瑕瑜兩存不廢要期信而可傳故雖止一善言一善行皆足不朽而近世好諛必欲人賅衆美不惟其寔遂使言者貽譏當者蒙愧觀者比比笑置之嗟嗟是安用志爲予夙不習爲諛而劉氏元

城燦若兩生顧以先鴻臚公墓志爲請豈欲得不誄之言以徵信耶若然予敢以不佞辭公諱九皐字以清別號鶴亭其先中山人唐長慶中大宗伯禹錫其遠祖也從宋南渡家山陰歷傳至翔翔子純徙居錦塘純生昊昊生綱綱生邦達達生珵珵生應奎配張孺人則公所自出也公八歲失怙少有四方之志從師讀貨殖傳慨然慕范少伯之爲思有以自立者年十二即挾貲賈齊魯燕趙間徵貴賤從事不隨俗設

機變利市倍之所與侶有負義遁入虜中公走險躡之誠感諸虜人盡反諸逋歸仍與仝事者共利毫不自取羸家用是起其治生有如此者比復思丈夫自立不寧是會度遼謁戚大將軍願受事麾下戚謂君骨法當貴然非行伍中人勸令遊成均歷仕儀部受知於宗伯溫陵李先生歲庚子奉使訃楚藩諸王孫折節下之雖其重士亦有所自致也初謁選授泉州郡幕時承平久法紀弛于積寬卒多驕習稍給餉後

時輒脫巾羣譟郡守莫何公挺身諭之無敢貳者當
路從是器公旋檄攝添設府事添設府職專戢盜公
多方窮治盡殲諸黨類仍單騎獲厥渠魁付三尺境
内安堵兩臺奏上考擢南鴻臚偶經紀枌榆公會會
計井然大爲大司空丁公所稱賞比報滿貧格限之
僅轉廣濟邑簿廣濟當楚孔道又下流歲苦水患民
以隄爲命蔽于版畚公櫛沐修治隄完百姓安之其
用世有如此者緣性耿直不能俛仰人失令君歡不

自安遂棄官歸歸而訪弟入閩炎暑侵之兼殤及幼兒拂鬱成病抵家遂不起豈非命乎公歿後武林父老時稱述其生平剛介獨持未嘗不襲人以和居家甘節嗇而周人之急乃如不及至視弟如己視姪如子分槖給產無吝色則尤古人所難其居鄉有如此者觀于其治生知其才智而好義也觀於其用世知其忠誠有方略也觀于其居鄉知其惇厚而篤于倫也而且公之後人世其德而光大之正未艾也生榮

而歿無憾孰與公多公卒于萬曆戊午歲九月初七日距其生嘉靖乙卯歲九月初十日得年六十有四以某年　月　日葬于某山之陽元配潘孺人蚤世妹潘繼之子四長太學生懌娶唐氏次士錡娶陸氏次士鐗娶陶氏次士鎮聘相氏女一歸指揮使黃希憲孫男五大生篤生克生華生定生皆懌出懌字元城士鐗字燦若先後受舉子業于余爲余門人余無敢以誄辭掩公要其可傳者亦不得以不誄掩

之也因系以銘銘曰

卯金秀拔中山裔待時乘勢周智慧力餘經生仍經

世前表安海後廣濟功成身退舟不繫創業垂統爲

可繼玉樹森森映庭砌一代芳名三尺碣

亢孺人墓誌銘

夫水木雖遠根源不殊是以漢重睦親記稱合族顧

爨仝百口楊逌少雙財共三宗樊宏無兩豈孔懷之

性獨賦于曩時既翕之良無望于季世哉蓋鶺原伯

仲誰無荊樹之情而烏合閫闈難叶棣華之誼以故
塤篪之徽音多改于鼓簧之長舌家衰葛藟世薄角
弓其由是乎惟我閩中文儒陳氏自博羅公榮迄合
浦公應龍相承五葉羣聚一廛屬籍漸繁庖廚不二
雖世敦友悌以賁家聲而內助章明亦由婦德茲者
茂才君一信輩出所爲亢孺人行狀求銘其墓不佞
才謝孫文敢勒丹書于幽窀心儀顔訓寧辭彤管于
高門按狀亢孺人者其先山西之臨汾人也父曰逢

臣從其兄某入閩居久之兄子思謙以四川左方伯歸臨汾而逢臣留居閩中故孺人爲閩人生鍾靈粹性本幽閒精女紅於穉歲遵姆教於弱笄既歸合浦公内貞外順儀婉體慈淑範日新芳徽風邁及公起家孝廉試政合浦孺人貴配邦君禮卑里婦苞苴不腆于外屬秩奉無染于私囊羣從同衣閤門會食殁存胥庇婚嫁咸資巢烏罔移射牛弗告夫陳平之嫂譏叔以食糠劉伯之妻拒客以轑釜彼糲粱微惠猶

形各色于小郎況祿俸積鏹孰肯分甘于族黨且縣宰爲吏民之主而孺人之藜藿自如珠官乃珍寶之區而孺人之荊布不改由斯以談則孺人者豈不德侔班女蹤比樊姬爲肥家之哲婦正內之碩媛也歟孺人生以嘉靖某年卒以萬曆某年享年若干子男四長一俊先孺人卒娶鄭司理日休女次一信邑廩生娶吳縣丞瑧女次一善郡庠生娶庠生羅拱極女次一儒娶太學生林世勤女女一適鄭如林孫二一

俊之子某娶某一信之子某娶某信輩將以某月日

奉孺人合葬于合浦公之兆銘曰

視而家而德孔彰視而天而賢載揚鸞骨不朽視履

考祥天錫之嘏奕世其昌

陝西叅政本陽李公墓表

玉龍之山蜿秀甲岢嵐其巔有阡過者或涕且喟則

藩叅本陽李公墓在焉公先拜元城令徵入歷春卿

諸曹既而奉命分領關内以疾乞歸而遽奪之年用

勿究也朝野盡傷曰夫殿邦禎國者安之乎而猷節炳麟不與營魄俱往則有墓門之石在余故不辭厥嗣在遴之請而據太原司成傳公狀表之狀稱公少失父母持兩喪哀而衷禮如成人稍長試有司輒高等廩學宮四方負笈者門常滿乙酉舉鄉書上南宮宿逆旅主人主人先夢綠衣郎乘黑龍自天而下比公至服如之因告龍祥公曰其壬辰徵乎壬方黑辰位龍也卒戍壬辰進士令元城元城者畿南劇邑也

魏博之遺俗尚武健其民嚚悍剽兢四出牟利而怠
本富天災流行守土者支拄救過不暇公謂非先以
禮讓柔士民之心彼蠭氣猝不得下于是飭黌宮申
士誡立社師造請賢士大夫招致才俊與說經義更
賙衞招移墾荒課植賑饑農贍孝子樹坊表宅不一
而足而又令罪鍰無入金悉輸粟待水暵元城民式
歌且舞田疇子弟胥寄命公矣漳水漲嚙民田取積
粟以堤為丈八千三百有五不牟民一錢邑故孔道

無郵里召二富民領之產立鬻公取原額之緡市馬以供印里馬亦蠲富民用活歲解冏寺馬有正副而解者夤緣爲奸利則躬相肥幹籍以入不用副冏卿駁罰亦不及元城他如禱旱霖飛驅蝗喙滅胏石不寇萑莽無伏不可縷數則牟窓詎足多也薦剡騰沓凡一擢天官郎再候臺省選不果始補祠部大宗伯交河余公江夏郭公獨倚重焉轉膳部俄轉客部膳部署郎事所隸光祿族庖夙緣請托官者一以年勞

爲衡客部職柔遠故事貢夷歸賚以寶鈔久之夷蒙
名商饗利公奏易以錢歲省不貲而遠人實沾恩郎
祠部則司曆曆費有裁司藥藥祿有卻而于謚卹不
敢私于災異不敢疏疏冊立疏雷震　皇陵碑疏
公主殤別卜吉城侃侃不顧忌諱卒亦無忤卜建
乾清宮之役公以蒞職精勤拜　上茶藥賜水衡題
加俸一級隨調儀部郎推神木榆林大名臨清洮岷
湖廣備兵使陝西督學使俱不報乃請使上黨治喪

德平邸而司銓謂不宜久賢勞公再推陝西叅政治
關內疏報可會　皇太孫生贈封兩尊人而公歸岢
嵐矣秦直指中丞數遣使趣公入關公疾巳劇固請
懸車得告予病痊特起東山之杭甫安而北卭之薤
巳露則萬曆丁未嘉平月也距其生嘉靖辛亥一陽
月年僅五十有七哀哉大都公明練有膽智慈仁好
施予居鄉居官若出一轍而廉潔孝友則彼蒼似純
畀之往在元城掌鑰者夜代人入五百金鑰匱中公

杖徙遠方積羨千金有奇主計吏嘿白公公黜之盡獨爲河工助閏月賦他邑例入私囊公免正賦若干因抵所輸居春曹時持節冊封寧化王誓卻金帛四夷藩鎮入貢必私覿客部公曰若知覿爲汝例獨不知卻爲吾例乎于祠部有行千金圖任子者公不顧笑謂吾敢以朝廷鴻典市耶皭然不淄如此今釋褐領邑者曰躬簿書疲迎謁鞭笞之不遑而凌褋之是問我其俗吏也耶坐是不肖者恣其集訴之習而賢

者亦行以傲忽之心其或以部署徵懟矣曹局散吏何能爲在昔虞廷殳斨朱虎不以工虞儼然與二十二人方烈耶使必銓諫而後僝功人擇官官更先擇人矣公不鄙夷魏博之墟與之利相集疢相殫德禮相先而徊翔春曹隨職自竪直哉惟清夔難專熾斯不亦國家隆卹所杖而祚以不永惜哉若公家世子姓婚姻并撰著悉狀中不具載

郭建初先生傳

郭建初先生者起諸生升大學以績文樹義交驩海内鉅公長者所著有詩文若干卷燕史薊略臨汀上杭永平志忠烈祠略玉融古史大都沉鬱古博名諜海内不虚巳而且敦節義遠羶薌人今行古余多恨不能起九原與遊無何伯子孝廉應寵謁余請傳余乃更悉其媺也先生名造卿字建初福清之化南里人曾大父處士定大父茂才世治父比部郎萬程母盧安人比部有母曰何以節稱比部公志顯揚未竟

卒於官先生扶襯歸纔七歲途遇閩學使者貴溪江
公請曰先人所不瞑地下惟我大母節莫之表也大
夫憫焉江公諾太息孺子非常兒既歸僑居海口治
博士業屢試冠諸生兼善聲詩古文詞又以餘力習
韜鈐秘笈因嫻兵事好籌畫閩中倭遊越客胡少保
李襄敏所兩公咸以身下而新安汪伯玉先生素奇
其文曰此良史才不意得之縫掖戚大將軍元敬盪
閩寇伯玉適開府閩交禮重先生司馬龍潭葉公時

爲邑令館先生招提請教惟謹司馬從父曰化甫令
惠安迎先生訂其政書吳與徐子與先生攝督學辟
先生於南宮因卒業成均戚大將軍復鎮薊門虛左
固迎會予與入覲且遷豫章請偕往先生曰我不可
先戚而後徐夫先大母之獲旌而先比部之從祀也
非徐先生持之力我無以見大妣若考地下竟從徐
徐場先生爲董喪爲立後爲傳遺文又爲請祀于其
鄉乃始馳之薊門元敬館之漢庄草燕史史雖名燕

而旁羅縷附者廣上下數千年磅礴幾萬里體例負
絕明定鼎析木之次召故封也考芳鏡懸援事徵故
苟留意軍國誰能廢之故元敬移他鎮去先生獨卻
餼廩謝造請仍留漢莊竣史事顧益卿中丞治具就
館勞之後中丞畫海漕活遼人十餘萬策實出先生
而幹略可知也扁舟南下徜徉五湖既歸戒廬兒下
楗毋通諸貴人牘日卧麟巖中望遠海灝爽之氣自
娛登樓偶癧遂以不起年止六十有二可勝悼哉

史氏曰郭先生一橋門弟子耳豐才阨數卽不得奮迹漢大抒所抱而三寸之管炳麟當世皆安攘匡阜偉略此豈徒文章士耶要以先生義甚高江公卽世二十載家困大徭先生爲白觀察陳公解免之而且脫公子汝蘭于難卽江公詎意郭生能報德也曩太息非常兒徵矣

程隱君傳

竊異好名之夫譚意氣譚肝膽觴行半酣輒以身許

人明日有緩急仰半金相援卽戀戀弗能捨有如剜膚然閒或豪俠自喜一擲千金然覗其徵取之際多所闕然左右手而抽刃相割者蓋有之矣語曰與其多與不如寡取此言有味也以余所聞程隱君恂恂長者篤於內行三世仝居食指千百雍雍如也身擔家政拓業什前人而毫不入私槖恩施其族而推逮於閭里時周急解紛未嘗祈報若君者可謂不能取而更能與者矣凡人之生卽有耳目口鼻與俱來其

所以攻伐其身日趨于死亾者其道無所不備而皆以財爲之累要之人不能御財財則御人有如入而無悖生而能散於以和親睦族急難振乏積功行以啓後人則生榮而沒不枯長潤澤而大豐美由此財也何遂能爲累也且凡任天下者必揮霍雄毅不拘曲謹不避謗議究也功成而禍中其身任家者亦然君獨任事而莫忌任勞而無怨孫子振振聲施罔窮非惟素重義輕財爲德於陰而受償于後耶積善餘

慶天道邇矣

職方氏曰程於汉川爲世家肇基晉唐並有譽望公廢書學陶猗事往往合道人皆異之聞公好形家言曉天文能知吉凶善敗豈有道者之所托歟燈市受識於頭陀然頭陀無所求其故微矣

玉融鄭長溪公偕配何孺人行狀

公諱璘字伯全別號長溪其先爲唐太府卿露公處于莆倡明道學稱南湖先生數傳阜公爲兵曹郎阜

公弟兄五俱名臣其最著者天官尚書肇公又數傳善初公始從南湖徙居于玉融鄭山傳至懋公補邑諸生懋生綝綝娶陳生公兄弟長璿次玖次郎公又次理公生也頴習經生言旣失怙一弟二妹煢煢耳太孺人陳方恤緯公亦耻墮折薪廼徙業視産曰吾幸逮余母存爲歡母志可令冲人無息業哉然勉爲之非其好也公性孝友事陳色養備至拮据弟妹婚嫁幾畢念先人蒐裘淚輒涔淫下融俗重形家求地

最艱公日夜畫之至爲里人所搆陷繫公于理當道廉得其情重笞里人而寬釋公方公之釋于繫也倭躪郡縣以其勁搗融城融城陷公以先十日釋去得不死倭猖甚公里中爲焚剽無數里人各逃山谷公適病亟蓐臥幾死不能徙何孺人以娠彌月陳太孺人老俱不當徙又弗忍舍公獨徙於是相抱泣室中刀兵戛擊之聲震戶外而孺人方產仲念無何乃仰天祝曰天乎毋使孺子以呱呱隕而宗而仲竟無呱

也寇尋解去公弟兄三人皆早世各遺孤一其一差
長其二甫襁褓公視若已出聘娶廬墓之類僉悉心
代之有從兄耄以私忿若將不利于公公弗問也傷
其未有子且予之金爲置妾嘗客于沙時時焚券爲
逋人市義人習而德之至稱爲鄭菩薩嗚呼此足以
觀公矣公生平稱說大都長者言庭訓諄諄惟是無
惰肆以潰家聲旣已拓舊物大之猶務服勤茹素族
建祠祀則公爲政嘗積萬卷書置書田設塾于家爲

延名師地故家人多嫺詩禮口未嘗言人過而排難解紛則侃侃無諱邑歲舉鄉飲後先三賓公公輒三謝之曰我何敢以布衣抗禮長吏溷盛典爲也又嘗從容爲人語曰余生平幾死于倭者二幸不死得徼今日足矣敢復求多故終顧年以產事屬伯若仲日惟展卷樹陰觀山聽泉怡然滿志其篤行聞道類如此孺人諱一桂化南何君國泰女也孺人生素封歸公時家未大拓人謂孺人當不厭爲新婦而孺人則

悉去紈綺椎布操作而前矣事無不自手指出軋軋機杼聲徹丙夜其事陳孺人甚孝陳九十六疾篤孺人不解髻而左右者月餘陳孺人且絕手孺人曰吾願而年若余而婦之事而若而之事余也性尤慈愛寬厚妯娌指衆孺人飲以和未嘗有詬誶聲女媵不勤績則終日督過弗少寬假而孺人且身先之也尺寸絲枲以至浣滌細事弗以委諸婢巹八十五年于茲又常以間案行諸孫書室嘖曰兒之爲書洗洗者

眞吾子孫矣其勤勞有丈夫氣大類敬姜陶母語云
樹穀者享秋實而長君蔚然詞林次君宦蹟炳炳諸
孫且聯翩競爽微公與孺人之德當不及此是以論
其世也公生嘉靖丁亥年十一月十九日卒于萬曆
戊戌歲正月十九日距其生七十有二孺人生嘉靖
壬午歲十二月十五日卒于萬曆丙午歲七月十八
日得年八十有五子二長維周郡諸生次時樂南康
郡幕孫六邦均邦定騰雲舉孝廉俱維周出邦棟騰

彥邦敎俱時樂出女孫二曾孫六廷訓廷諍廷諭廷謹廷試廷謙墓在蘇田里蔡陽下社山坐艮向坤余之知公也得之先大夫先大夫與公從子蘄州公爲同年友而余又與公之孫孝廉君爲筆研好故余之知公最詳會茲將歸窀穸若孫衛尊人命謀所以不朽公與孺人介余言爲糠粃余誼何敢辭遂就所聞于先大夫與若孫者而詮次之其大闡幽光則有名公之如椽在

先大人行狀

不肖孤宇等違先大人養兩易朔矣日月不居音容永隔魂招無地恨抱終天傷哉痛哉茲涓以是歲季冬奉大人柩歸窆北山之陽惟是玄石敬丐一言爲先人光謹撫家乘所志及耳目所睹記者次第于左備採錄焉先大人諱夢麟字維振別號亦泉先世祖沛唐光裕中爲河南節度使生祖逢唐天福中爲閩觀察使殿中侍御史賜緋衣金魚袋遂家閩高蓋山

北麓北山之有王自祖逢始也歷晉漢周宋代多聞人二十傳至祖儼官頳州江口驛宰是爲高祖生曾大父詔曾叔大父誥誥領嘉靖戊子賢書官湖廣武昌江西信豐令曾大父生大父子聰領嘉靖甲午賢書官浙江於潛景寧令大父妣林氏生先大人及叔父夢羆夢熊夢龍夢能夢豸凡五人先大人天性孝友志行端方平居重然諾遇事敢爲而慕義尤篤少頴異讀書千言立就稍長從大父宦遊博聞多才識嘉靖

戊子大父以來安司教應湖廣聘典文衡大人總丱從行得入棘闈觀都人士所爲羔雉竊謂大父曰若輩烏能奇歸益力學自勗癸卯大父尹於潛甲辰丁外艱家居大人日趨庭講誦肆力文詞間下筆皆驚人語大父心奇焉弱冠試郡邑皆第一督學茂西張公大器之取應試未第充閩庠弟子員庚戌大父從景寧歸田囊羞澀諸子未成立大母日爲憂大父曰有長兒在胡慮也常對人有兒郎必做語辛亥疾革

執大父手曰吾平生清苦無以遺汝汝其自樹以成吾志弟妹惟汝任之大人泣拜受命大父既歿家四壁立大人不辭拮据孝事大母誨育諸叔痛大父未葬罄先安人簪珥卜地本山桐林堪輿家謂此地東缺大不利長男大人曰誠利諸弟先人有後矣吾奚憾焉竟葬之辛酉大母㱡仍合葬焉先後婚三叔嫁一姑奉大父命惟謹歲出舌耕從者屨滿戶外所得資悉充叔氏薪水弗留一錢即先安人不免饑寒弗

顧也從前刻志苦學至是文行聲大噪督學諸公籍
籍稱賞乙丑鳳阿姜公首拔餼黌宮受特知郵甚時
有諸奸僧結菴羣子女禪誦其中媟褻無忌大人上
言竄黨之淫風以息隆慶戊辰見麓蔡公遴應恩詔貢
成均庚午遂薦順天爲吳郡申相公門人萬曆甲戌
拜官吉安府判司糧科吉糧故多逋負大人力除諸
弊剏法徵收無敢逋者兩督漕赴淮約束嚴密交納
無後期爲諸省最丙子理棘院衆務立辦簾外內井

楚有條署廬陵署萬安邑事𧏙午剖之如流而繩武
斷殖柔良諸豪右累息聞左德之當道交疏褒獎徒
以正直迕權要致擠巳卯調東粵理問中丞劉公廉
大人非辜下車甫三日委攝新會篆故事新會獄多
滯淹亭鋪城樓胥爲圜土人有拘繫五六年未决者
大人一訊盡釋之朔望廟謁與諸生談文竟日舊學
舍四十餘所風雨久敝壞捐俸悉新之他若寬逋稅
裁冗役禁侵漁勤訓練周煢獨恤囹圄善政稷稷邑

起春日秋霜高山大川之謠又在藩司兩輸貢上方皆以清慎練達著兩臺交薦癸未復陞桂林別駕桂林當省會大人職兼糧鹽兩者皆粵西劇賦務年來弊孔百出大人潔已奉公搜瑕抉蠹與之更始立議精密載在浮踪紀中大略糧期便民雖老婦幼童升斗之米隨到隨收不多費升合亦不少稽時刻鹽禁夾帶鹺豪宗大姓銖兩之私輒犯輒捕無敢越關津亦無敢代關說一時院司傾信鍥榜頒行歷三載省

小民米十五萬石有奇且積耗餘米七千石兩佐府
江軍輿荷　欽賞者再鹽倍賣至二十萬包積餉利
六萬餘兩國計用饒三院會薦有才清百弊守絕纖
塵刃遊盤錯玉立風塵等語丙戌大計迺中江右餘
蠹以不及謫時論寃之去任後侍御思川蔡公復申
大人議表爲令丙迄今遵行焉歲丁亥補潁州同知
諸親知咸謂直道婁躓宜稍貶降從時徒峻潔自苦
何爲大人奮然曰丈夫承一命當求不負朝廷顧自

矢奚若厄窮何論哉既涖任厲操勤務猶在吉安桂林時要以鋤積弊蘇民困爲念如革富戶牢頭富戶斗級捕兵騷擾數十事皆百年夙蠹一朝刷之及署賴上歲大侵大人畫策賑救所存活甚衆流民踵屬又修莞子墓淸士子稅多爲教化助時申相公當國聞大人材方期重用戊子大人竟以廛瘁罹風痺疾再三疏歸矣歸時書數卷花數本行李蕭然父老遮留有泣下者既還卜宅傍九仙山金粟臺宅畔鋤荒

園爲池館畜魚種花結社賦詩逍遥棋觴泉石間自稱金粟十仙不爲塵俗累抵今八年初歸時猶艱步履邇來日伉健守等方籍天幸謂可蕭散百年庸期一息安坐而化傷哉痛哉大人生平伉直聞人寸善稱揚弗置遇有過嫉憤不能容居恒痛大父母清苦祿不及養每每哽咽泣下自承遺留一囑不忍頃刻忘同胞歷官累俸薄置產業盡分諸叔無所私叔夢龍夢豸蚤世覩爲營窀子育其孤而二叔存者每誕

辰節旦置燕盡歡至老不倦凡叔氏婚嫁居食皆大人力毫不自德弟曰庶幾異日見父母地下免罪譴足矣嘗有只爲牀前一紙書顛毛白盡齒牙踈之句孝友其性生也且好爲隱德多所拯拔扶植未嘗使知又最急人之困有叔大父爲人陷以死律大人破產救焉乃得免族若戚死而露者悉棺之瘗之不少恡下至一力亾于道或勸大人曷火諸大人曰生用其力死而棄之吾弗忍也竟携歸葬之墓左居官務

任事拯民不爲强禦屈所至擿伏發奸吏胥搖手戒勿犯而鄆長於訊决𨽻新會時有九人入鄉二人謀亂一婦不從因殺焉罪連九人大人當結案察二奸色異特罪之遂各驚服餘得釋前後理冤獄出死刑二十餘命明决皆此類遇士子雅喜誘進賢而貧者亟賑之在桂林每歲夕給貧士米至數百斛邅邅從困阨中得佳士有易生孔燦者婚娶書籍皆大人爲措乙酉郎擢巍科時稱知人云天資警敏從少誦讀

極博迄老一字不怠凡爲文詞咏歌務關世教不爲孟浪語晚歲始得宇等敎之甚嚴每過庭必敎以孝友勤愼正直忠厚大節不及私守大父家法冰蘗自持仕宦十五載笥無餘帛囊無存金家居甘澹素無片楮抵公門非故人罕見其面常謂宇等曰吾非不能效世俗積財遺汝弟念多財益過吾父清白吏歸來室如懸磬吾今且有布衣糲飯老餘年可復他求汝曹期自砥礪若盱餘蔭志不遠矣嗟嗟敎言方在

耳而大人遽棄代傷哉痛哉大人生嘉靖丁亥五月念六日亥時卒萬曆丙申閏八月十六日申時春秋七十先安人陳氏中允節之公姪女萬曆甲戌年卒生母太安人吳氏僉官名家女庶母夏氏金氏子男四長宇娶張氏知縣炳女次宙娶林氏尚寶卿應訓女次寅聘林氏庠生東榮女俱吳安人出次賓聘林氏通判懋道女庶夏出女三長順適林懋官次景適陳有和俱庠生陳安人出次淑金出孫男禮聘鄭氏

庠生濬祥女孫女三長貞許字庠生鄭元烈男待旌次嫕次婉尚幼墓在石室山桐林坐壬向丙凡四壙中大父母右陳安人左大人壽藏以萬曆丙申涂月念日寅時窆焉所著有讀易記紺珠錄浮蹤漫紀金粟園文集金粟園詩稿凡如干卷卒後猶時時附鸞降筆訓子賦詩神形雖脫化而英英靈爽如生傷哉痛哉思昔先大人自少至老無一妄語今往矣宇不肖敢飾詞貽先人羞凡茲稱述靡匪實行所藉金石

之重用垂不朽宇實忍死以俟

請文壽母狀

鄙人有母吳其姓郡之侯官人也歲在辛未繼陳母事于先子先子猶困春官母拮据家政弗以相勞令得顓心公車業已而仕宦于江右兩粵之區督漕輸貢齋章赴覲出之日停于入母居邸署嚴扃鑰飭諸僕從毋敢干外事藉是釋于官謗先子雅意素絲耻以賄隕家聲母善成厥志雖錢囊極羞澀無怨言先

子遂初之賦意在山水間不喜問家人產母身仔肩之用遺先子以安時問字投句者滿座上母輒作筍蕨供麥飯非必出先子命也有所好載籍花木意一至母已脫簪珥致之矣先子篤于諸叔父厚推予罔所惔母實從臾之故德丘嫂者無間然陳母遺二娣于母長適林而寡母爲之養少適陳者母爲之嫁人不知爲前氏子也叔父蚤世晚舉丈夫子一寄命於母撫之俾已出人不知爲姒氏子也慮先子嗣未蕃

爲置側室不見妒所生季撫之踰已出人不知爲媵
氏子也泣先子毀形絕粒以諸孤在乃不㘸其生居
恒效畫荻和丸故事誨之勿忘父志稍墜于訓未嘗
以督責易姑息也躬滫瀡爲諸婦勸筋力衰而不倦
目布素自先引浮靡以相戒唯恐異日嗟不節焉治
家人不輕言笑門以內肅如也而甘苦與臧獲共故
人畏而愛之性惻怛急人之戹族若戚婚無資葬無
具者不靳典鬻相助獨于福田利益事凜凜弗以惑

也夫吾母纖行嬬德不可不律悉而其尤葢如此憶宇知書日母業預待之謂它時當何如顯我而今尚爾也茲歲仲商會當五褒欲以蔵本稱觴愧無可懽吾母者抑惟令懿美掛于椽筆或者其有以慰也宇將藉之爲報矣望勿靳華袞焉幸甚

祭管仲父墓文

慨昔周轍既東王綱弗張強藩跋扈醜虜跳梁于是龍戰野而虎爭邛長蛇封豕競薦食于疆場公也感

知鮑叔委質桓公撫營丘之故鼎續尚父之元功用南剪平荆楚而北討乎山戎箠胡兒而驅之遠遁俾萬國歛衽輯瑞于王宮嘗思歷秦漢而抵晉去公未五百年君臣悉淪戎狄衣冠舉穢腥羶迨唐宋之末造暨金元之蔓延玄黃改色蒼赤倒懸禮樂文物之區日與犬羊狐貉踦躅而蹁躚使得如公一人秉國鈞而握天紘則何數乎係單于之頸掃邊廷之烟吾知懷愍必不俘于羌虜徽欽必不陷于北征契丹必

不敢割盧龍之鎮兀朮必不敢揚眞儀之旌元伯顏
張弘範之厮豎又安能長驅闖廣殲滅趙孤使中原
化爲左袵天柱折而地維傾嗚呼公眞天下才也豈
特一國之重輕某獲拜公墓喜託夙緣乃傾圮于鋤
犂而湮沒于原田因爲覆土崇封樹石表阡想公之
精神耿耿宇宙者不専于頳水之偏而衣冠弓劍之
所藏其能已于瞻慕而悲憐旣拜而奠以酒漬地因
爲之詞曰歸然崇岡神物之藏死旣不朽遠而彌光

勛高六合澤流一匡誰如其仁名與天長

祭郭司徒文

惟公才追王佐學優帝師二八媲德五百應期曠衷襟宇炳蔚文章望高山斗道裕津梁南宫筮仕績茂花封詔書褒勵繡服乘驄司憲南臺爲名御史蹇蹇風標稜稜綱紀歷陟留都在著鴻謀兩翊京兆克壯其猷既忠且艮惟文克武建牙江漢式靈鐘鼓明明天子嘉厥才誠召晉樞府鎖鑰重臣比在居廬朝端

具瞻爲霖爲楫爲礪爲鹽司徒錫命方殷倚毗昊天不愸渭南星墜耆曾相夢楹商輔騎箕壓邦之柱隕國之儀某托桑梓誼屬通家典刑湮謝云何不嗟已而念公哀榮終始汾陽既沒如公者幾忠徹當宁勳銘鼎彝望隆方寓威信蠻夷公澤則遠公亂則豐弛而必張天道若弓公亾不亾我慟奚益老成是懷親知是德束芻寄奠聊致予衷山河雖邈監此懸悰

祭鄭孺人文

怨動秋風孫子荆之傷逝哀深冬月陶元亮之悼亡
矧茲名公之儷瞻曜而方娥淑女之姿披星而媲婺
徽音洽于詩禮彥度秀于閨闈出懋蘋蘩入麗絺綌
宜家人而正位相君子以綏猷躡坡仙杭惠之踪嗣
太叔寬猛之政埋輪破柱法執如山塵鹿縣魚心淸
似水南國之甘棠蔽畝河陽之桃李盈門雨露其零
雁鴻相失操堅漆室辨勁草於疾風義重栢舟識精
金于大冶熊丸詒教蟬鬟延賓齊儉勤之戴巳蒸昧

福謙匹婉嬺之少君沉湮助順嗟聊城之出趙嘆照乘之辭梁嗚呼玉律頻催皓髩誰過百歲火坑同盡黃爐漫灑千行悵蕙質之沈兮難扳往駕感蘭儀之謝矣可沒來芳絜酒薦觴知罔嘗于地府些詞申悃冀來格于泉臺

祭沈母文

夫困而不夫所享卽丈夫艱之刻爲人母者乎有如子母偕隱安貧賤而樂之之推而外何多得也余讀

沈從先寒食詩貧與介子埒矣乃其母之介特且不異之推之母之賢也方其相君子事于尊章母猶不爲政雖淡泊易甘耳及夫子見背母與從先拮据孤苦以寄餘生從先蚤厭公車業日攻詩若文不售之技以游于世母不聞詫其迂也世俗談風雅大都借爲羔雉曳裾當路之門以五字當雒陽二頃從先獨磊落不與俗接達官貴人欲引見之輒鑿坏遁去母不聞詫其拙也從先客歲越千里哭亾友于閩旋爲

山川所留數閱月不得返母服窮茹若未聞役書郵而促之不欲以兒女情奪高曠之意也若母者蕭然世味之外而愛子以令名意不落一世而仝夫作者庶幾達人之流矣方從先歸吳時猶索余言爲母壽詎意從先未抵家而母已即世令吾儕寘靈之賦且轉爲薤露之歌也噫從先性極孝母若子相依爲命乃今病不及嘗其藥死不及視其歛予知從先難爲生矣雖然其子不從先即肉母之骨而更生之猶無

益也其子而從先母雖先朝露而目已瞑矣且吾徒所以知從先之母非以從先哉是從先得母以成志從先之母得從先以成名斯固已長耀千秋矣而浮齡之修短又烏足欷嘘涕泗也

郡志論贊

遷史於魯齊燕趙諸國別名世家冠諸列傳蓋以建邦啓宇既南面稱孤矣義何當與臣隣伍也無諸審知帶礪海邦傳祚奕世在閩其最著乎如孫亮孔坦

者倫亦皆賜履于朝統有兹土其遞君遞長夫亦治亂廢興之林也用是首列兩世家而諸分封附之若宋季雖行都在焉事關帝紀非郡乘所得載也故不書

右封爵論

子長儒林不列三代以申公始吾郡在宋理學名儒彬彬稱盛云至今日闕而不紀抑有由也宋禁道學故道學愈熾士大夫不得志于朝則退而講經授徒傳述來禩而儒之名著矣國家道化休明經明行修

者咸升爲時用天既列名臣儒效章章已奚必儒其名哉嗟嗟尼父不生衰周且與説尹旦奭輩並稱王佐不曰魯國之儒一人矣

右儒林論

詩兼美刺故可以興楚史檮杌以志戒也令春秋用褒廢貶則亂賊亾懼矣史不隱惡子長所以傳酷吏傳佞幸也舊志章美而不黜回使小賢與大不肖槩沒不稱何以别乎是于中人薄王人厚也夫生前炎隆彼專擅之身後斧鉞仍巧逃焉誰謂惡不可爲乎

史又安足畏也予故別其附權誤國奸佞較著者傳爲殷鑑大都採正史實錄諸裨官所紀弗陳也以傳信也以存厚也　國朝主無闕德國事未大壞其竊國命而戕善類不敢爲前人誣至或乞墦媚竈身名俱辱時得于朝野所僉載要之是非久日始定闕以俟之嗟嗟百齡景徂千古心在後之論今寧異往昔哉

布邪佞論

祭者教之本也吾郡通祀大抵諸鄉所同餘則生斯

名斯宦斯澤斯其典刑功德久而不磨者焉顧以余所聞亦或砥節礪行竭忠宣猷而子孫貧窶輒湮上聞彼魚魚鹿鹿者反緣後裔熾昌儼然尸祝也蓋賢者不必祀祀者不必賢遂令有識者恥之風教謂何汰其舊而慎其新非握柄者孰任哉

右祀典論

國家設武臣防海衛所寨游非乏員也顧用不必才才不必用精神技術什七用于逢迎什三用于封殖其能以簡練爲事百無一焉而上下相蒙也因循極

不得不廢弛廢弛極不得不單弱單弱極不得不怯懾衛署誠傳舍哉噫爲官擇人爲人擇官其孰握之柄也　右衛署論

寨與遊非可分峙也稽設官之始寨必用世冑及勲陞者令有以御舟帥威遠人游弟用材官及良家子以便吾鞭弭可使飛伏應援耳故寨爲正兵遊爲奇兵寨可疆域言遊難汛地執也今槩請欽依一遊一寨相間以居庶分疆不淆而汛地各守此徒欺觀聽

耳幸無事也倘變起倉卒而指臂不聯豈有捄乎與先臣請設立之意異矣

右寨遊論

易稱除戎器戒不虞敵愾禦侮恃此具耳吾郡歲有造顧器一而直十工之家四胥之家六甲胄苦惡器械朽鈍所從來矣遇汛將卒領之出完固不敢動汛撤繳而藏之且需例錢久之併苦惡朽鈍者漸成烏有也徒歲糜金錢不虞詎有頼乎噫嘻塵飯土羹弊也久矣余亦杞之人哉

右戎器論

高邑侯壽詩引

原夫詩紀宜人而申命乃佑頌稱敷政而百祿是遒故知福朋德升天從民聽九如布詠豈禱張之枝辭三祝陳言匪阿私之鈴說已邑侯兩目高公於越勝流餘杭雅望慈恩春早飛栁絮於綠袍太掖恩新寄花封于墨綬孕商家箕氣迹暫托乎載星熏漢代昴精光先舒乎列宿魚兮生釜冰心瀠媲范丹水也投書岳節屹方孔翊拔薙震西門之霹靂坐棠濵南國

之陽和武城絃裏調傳幾曲幽蘭彭澤尊前餞設一杯玄水銅鍉歌韻遠兒童播山簡風聲函道屐聲長參佐醉庾公月色宓子之治單父掣肘何人呂公之令灌壇鳴條過響若乃擷鱻葩於經苑綷麗蕚于文園錦發仙機思奪黃姑之巧文移天象才分青帝之權加以搴榻延賢于旄講士陶甄儒雋鳳麟附驥足以雲蒸汲引幽人衡泌款龍門而霧會斯固才高無敵一洗而凡馬空政妙有神四顧而全牛解衆樂競

樂今晨何晨雲開天朗爛孤南之一星綠戰紅酣邁斗東之三月日彩遙臨於弧矢花光掩映乎松芝賀客爭獻九霞之觴野史僭述千秋之績偉矣五百年名世巋然八千歲爲春葢善積斯慶而德厚則載富九年之菽粟奚需度索之桃洽兩地之風謠寧問霓羽之曲矣

周易占林引

筮以通志定業古天子公卿士庶人皆用之胡今率

以臆代易也彼知揲筴罕知攷占故本與之混貞與悔混外與内混彖與爻混動與靜混巳而吉與凶悔吝混也於是遂幻罔棄之而畫之人少夜之入多也噫往詁訓例昭然百姓自不知耳余嘗倣焦易而著占林廣六十四卦爲四千九十六卦隨卦紀厥所用之辭觀變玩占若指諸掌凡令愚夫愚婦皆得定吉凶而成亹亹云爾有如神明君子雖占無所用之安所需林也至于襞裂經文余也無敢逃罪矣

分田冊引

古有數世同居食者分之非古也其在余家今日則有不得不分者非余自爲計抑爲諸弟計也夫諸弟或未有子或纔有女而余之子女七矣衣食之費視諸弟不啻倍矣諸弟跡不出里閭余交游遍四方且先人所與遊者慶吊往來責備于余實多以余涉世久也酬應之費視諸弟不啻倍矣故分則一子貧合則四子困余敢以一人累諸弟乎分之非得已也閩

俗分產者輒倍長子于衆子爲拮据守成以有今日惟長之力余母將卒此義厚余余謝不敢蓋使余終拓落雖罄先業以屬余將困窮不免余若稍能自樹方將光大前業以培及諸弟而何多取爲世人詘庶于嫡至庶子之產不敵嫡子之什三此先母而後父胡虜俗耳余之分季氏與仲叔等無增減也余從丙戌理家至今二十載租賦所入悉吾母司之余特紀出入無分毫染指每見世有全堂而爨背公營私以

自取羸辟之病痿痺者血脉壅閼不通以至爪其手而不知椎其足而不覺徒窮饕餮以饜口腹雖甚豐肥與棄屍何異況不旋踵而斃乎凡余視諸弟休戚眞如疾痛疴癢相關寧忍損彼益此卽今日分田高下腴瘠斟酌適均天地祖宗實鑒臨之諸弟既分之後尚期惕勵以興朝勤儉以克家相和相睦相收相卹以無有餘不足之患則雖分猶弗分也其或間于僕婦之言搖于市井之見爭于錐刀之末手足而胡

越妯娌而冰炭有如所謂德色誶語也者則今日之分將爲途人之漸是余所大恐而先人所深恫矣諸弟其勉哉時萬曆乙巳秋日

金剛經證果跋

佛言聞佛名號即生安養國是經亦言爲人說四句偈其福甚多丹岩居士使人臚既往果種將來因寧止四句偈乎然經又云法尚應捨何况非法何也夫頓漸分權實顯而佛之語意圓矣衆生捨法則未有

捨非法者佛詎指是爲法耶如魚飲水冷煖自知久矣夫頓之敢捨法而狂也證果而後撥果乃名眞果

夏閨詩跋

緑秀紅芳思婦臨風而結想碧彫翠謝情娥對月以纏愁是以春秋冬之景每供賦比興之需易綴幽懷因繁麗句惟是夏閨向稀鴻藻自稚圭搆茲十詠而生甫合成雙美才華爛熳驚看榴火照堤氣味清芬欣賞荷香入座白雪飛而炎敲散不須問銷夏之灣

青雲遏而餘音遶無事聽採菱之引蕊金筌之集溫卿奪豔而玉臺之咏徐氏掩葩矣夫四時足其景光千秋衍其風韻譜雅歌于北里叶宮體于南朝美哉幼婦之新詞誰云壯夫之小技乎

陳汝翔生壙銘

壙其自志余系以銘

無溢美無隱惡質有其文言也不作人之道我其誰我若神游詞林魄藏大壑千秋而後見斯文九原之下如可作

書几銘

直以方安無傾剛徤而文明利幽人之貞

印匣銘

坎不盈祇既平含章可貞吾以藏吾名

請祀商侍郎名宦啓

側聞國垂崇報之典法勵臣忠廟著追祀之規道通民志羣心攸屬姝享馬辭前巡按福建監察御史商公爲正者浙江會稽人也識理融明器局端重望素

高于白簡名夙重乎皁囊獻替則直也如弦糾彈而心焉匪石蒼佩已威東魯繡衣旋按南閩當商公持斧之年正麗公握符之日遇其配主軫彼民艱念賦壞于均徭致民疲于奔命貧者下貸上供而不足富者詭寄巧避而有餘官無足證之簿書里有難平之力役文移星火不勝胥吏之徵求牒訴丘山總爲催科之繁重皮毛幾盡心肉堪憐用通編戶之勞勻佐公家之急倣顧役而輸稅俾歸業以寧居法號條鞭

功垂令甲強者抑而弱者撫老者安而少者懷政苟恬夷寧有駭輿之馬吏無侵枉誰爲游釜之魚浹地口碑籲天尸祝此雖撫臺之敘議實則憲府之衷猷八郡傳龐父商母之謠四境屹合祠並祭之宇雖私爵乎酧報未顯效其褒崇澤歷世以滋深論沒身而始定憶龐公先年夢奠已邀血食于學宮痛商公此日騎箕尚阻神陪于名宦道途抆淚庠序愧心刿其勸相農桑疇咨風俗立談定驕卒之變片語釋釁囚

之寃赦習妖而反側自安請改戍而補勾無苦等辥

宣之明習文法邁張綱之震肅權豪惠浹洽以無疆

績於昭而可久非隆享祀曷慰哀思敬稽首以陳詞

全抒情而請命伏望博詢物議俯順人情列之宫墻

引忠魂升堂入室隆以俎豆表遺烈咸聖登賢

辭修志啓

物溢於容則器貽之敗載逾其量斯御速于顛衷内

省而難欺力强索而靡副恭惟台臺改弦更化肆筆

成文恢舉閎摹網在綱而具振旁求懿德臂使指以咸從覃敷無外之猷維新不朽之烈緬千秋型範揭九邑精華是宜望重鳳麟加以學富山海標南董之直道核左丘之奇文乃能是非不謬于聖人抑且文獻足徵于奕世何期後學僭與斯文宇堂下之身隙中之日智既疎于千慮才更謝乎三長至賤至愚原未更事非賢非德無足服人名法猶疎刻可侵吏臣之業王程孔亟且將去父母之邦雖典刑是依第因

人以成事然珠玉在側益顧影以增慙在洪度罔遺農馬之專揣摩識恐滋帝虎之誤錫鞶負乘適重其愆尤毀瓦畫墁敢糜乎既廩懇收寵命別簡高賢庶光載筆之庸弗致吹竽之濫辭激切而匪僞意惶悚以彌驚

壽李相國啓 代

五百年而名世有開合德之符八千歲以爲春共獻長年之頌紛賀僚於仙府錫備物于天朝萬國傾心

一詞賛喜恭惟閣下望般霖雨運際風雲兩儀間氣孕岱嶽以生申一代偉人交地天而啓泰奮庸而宅百揆輔三十七載之隆平寅亮而弼一人培百千萬年之熙皡期月可也致治庶幾成康股肱良哉耻君不及堯舜罄忠勤而許國百官萬姓仰扶持社稷之心懋勲業以格天九夷八蠻服整頓乾坤之手長庚彩耀拱宸極以常尊大海籌添鎮坤輿而永固慶傳袞舃封誓山河方國家卜世以無疆宜福祿自天之

未艾福陳嚮五式符箕子之言歲俾有千當繼禧公之頌敬東戔戔于驛騎少攄款款于堂皇意瞻望以彌殷詞鄙訥而不展

餞陳伯全啓

陳子看花心壯指杏苑以鳴鞭王郎伐木情深開菊籬而命酌時逢九日景屬三秋飆吟桐末疑奏離絃露滴庭間驚催別淚況復望帝城之遐邈話燕市之凄其馬頭北向動岐路之悲烏影東飛起逝川之嘆

青雲可附敘傾蓋于筵前白髮相欺想乘車於日後明朝萬里有同琴上之星此夜一樽共聽簾間之雨

答阮堅之民部書

玄黃血戰餘濺及人師門一脉剗除幾盡國法大逆不道罪止九族其禍及朋友者方正學一人耳吾師何罪必欲盡門下士而屠之也不肖去冬乞差還山自甘終老舌耕西湖者一載喪子喪妻僅以身免苟全性命敢求聞達爲堂容屢迫勉出考滿擬徼一恩

綸以報老親便圖掛冠不意同舍人乏日求去不得微官累人乃信是物爲韁鎖也敝署既繁有務鄙性又不善調停與推諉徒身爲罪府相知多以剛直觸忌爲規竊意吾人行事論是非不論利害但願生前不愧衾影不愧君父沒後得談笑見閻羅君不至囚首乞哀足矣彼神弓鬼矢原不足入胸中丈夫窮則窮死則死耳終不能低眉俛首以求生活昔人云有斫頭將軍無降將軍亦各行其意耳臺下其以爲然

否

與山東府州縣書

不佞濫竽文衡自慚非據夙夜惟寅執以企公慎以企明勤以企敏庶幾不辱明教惟是苗莠穮植則志士耻故章癉不辭刻白黑倒置則修士怠故剖别不辭嚴乃往者士行雖有開報有司玩不經意舉罕及闇修而或私陽橋摘僅止細過而偏漏吞舟致使賞不足勸反長奔兢之習罰不足懲更張跋扈之膽傳

之可笑聞之足羞行政如此不無勿行則督學誤士而有司誤督學也不佞亦知德可市矣而心不敢亦知怨宜避矣而性不能茲與門下約舉不必正貢不必巨族摘不必曠學不必逋糧要求實賢實不肖者賞一人衆人競奮罰一人衆人競戒揚清激濁在此舉也不佞實拜嘉賜其或循故事以悖慢應不佞不難輕一官以重簡書且一言爲知抑亦門下品望所關也

題座右詞

交不可太深交深則望深望深則怨深古人所以幷絶交乎情不可太多情多則事多事多則累多道家所以重忘情也

題許士衡印藪

丙午歲余與士衡客長安貧苦相憐余去冬病居西湖士衡亦從燕歸兩人貧益甚士衡精篆刻時售其技自活余計無復之亦復借靑氊糊口一日集種石

軒余戲謂士衡余舌畊子腕耕腕與舌幾腐未能杲
其腹徒爲此潎潎一則刀鈍一則硯穿等之種石者
耶諸客閧然一笑

題行樂小景

亦爾其色笑亦爾其鬚眉而或以信而或以疑一屬
目居可徵尚是非乎多岐矧中情之所懷豈伊人兮
能窺彼以浪蕩嘲抑以溪刻訾等未見肺肝而徒相
其皮東皐不言天下大抵可見矣季鷹亦云人生貴

得適意耳斯所爲埋憂于椰下放志乎水滑身將隱矣焉用于人之識之

徐永寧像贊

才美而含政節而甘煦乎曉日升若木皎然秋月映澄潭厭折腰而賦歸寄容與于筍籃忽桑間兮幽賞乍椰下兮高談於時調若背對古人何懇而且家有男兒紙筆是湛翩翩文采詞場司南則陶令之五又何如徐令之三

曹价人像贊

向服而千秋之業今對而七尺之軀踪跡今五嶽聲名今八區率澹蕩之性行轗軻之途方且龍蛇任運牛馬任呼何問乎張弧與說弧意子當科頭箕踞類古狂俠之徒胡褒衣博帶而傚今之腐儒有是哉子之迂

尤時純像贊

熱腸快口豐頤廣額炯月似炬剛鬚若戟才薄蟲雕

志雄馬華思姓名而鼎彝耻鬚眉而巾幗長嘯忽膽落世人放言每氣奪坐客師孤憤之韓非侶猖狂之阮籍衆或笑其妄而怒其慢吾獨相視而莫逆

歐陽平林像贊

簪組者相丘壑者心在宦若拙于道爲深吏隱自昔民稱到今愛時進趣花荒墨淫歸去來兮鳴鶴在陰

沈從先像贊

而貌翩然而衷曠然而奚人斯而若狀甘犯時俗之

笑耻受世情之憐苟大人之是依雖名成而必捐筆足以代其耕何需乎桑海之田其油乎偕也彷彿不恭之惠其陶然放也庶幾南宫之顛而其野人乎哉吾以知而之爲從先

徐逸人像贊

有斐彼姝旣美且都秀方乎洗馬頡頏于童烏慕古豪俠之狂客鄙令章句之腐儒當其淸飆起疎栁凉露墜高梧兎臨秋水雁宿寒蘆據胡牀以吟咏對淸

光而徐于飄若五雲之鶴矯如千里之駒斯其爲南州高士而不愧徐卿之二雛

廉公子像賛

木石之與居詩書以結鄰不羈者世法不淄者風塵龍之性兮矯矯麟之趾兮振振廉吏不可爲耶彼何甘衣葛而負薪其志嘐嘐然曰古之人古之人

烏衣集卷三終

烏衣集

貞

烏衣集卷四目錄

詩

醉茶居
送在杭還朝
别塔影園
賦得灞上柳枝黄送陳汝翔之張秋
保叔嶺
斷橋仝洸子雲閒步
烟霞嶺
望西溪

秋夜送林夷侯曾用晦

贈張煉師

病起

宿董崇相山居

生第四子柬鄭孟麐

贈壺江丈人

冬日閒居

夜雨

壬戌除夕陪伯敬署中守歲

烏衣集卷四

閩中王　宇著
景陵譚元春選
澧陽羅珽仕訂

子陵釣臺

將星爭似客星明草沒雲臺瀨有聲七里危峰高士志一溪流水故人情

中秋屠緯眞招集西湖

湖月出何皎游人此獨宜虹橋穿錦帶甲帳遍游帷
桂落招提夕荷疎澤國時山河眞有影因起故園思

賦得丹霞夾明月

丹霞亘清漢明月掛中天孤輪輾麗彩五色護嬋娟
素輝隨綺結朱塵拂鏡圓西園淸讌夕疑在赤城邊

八月十八日錢塘江觀潮

長江界斷東西越江水𣶒𣶒尾閭洩忽逢巨浪拍天
流正是中秋潮應月秋潮澎湃如轟雷雪山萬疊騰

空來波神震怒氣鬱勃海若吽嘯聲喧豗月輪山下西陵口白馬羣犇羅刹走巨鰲足折不敢伸天吳膽落那能吼伍相鴟夷浮水上千秋萬歲猶靈爽忠魂來往不忘吳變作江心暮潮響

和虞長孺先生

圓照淨湖月閒情澹水烟皈依纔越絕契濶又閩天演若狂猶在阿難志可憐他時縣夢寐汎汎六橋船

斗齋

小築眞如斗才多不厭貧高纔五六尺窄受兩三賓
花好供盆景書宜貯袖珍莫嫌圭竇小常見月窺人

三月晦日集塔影園送春有伎

有客翩翩載酒過綠陰穿破白雲多懽遊莫惜韶華
盡還有春光在綺羅

林天廸招東園社集

林園勝據芳郊最茂樹清泉相映帶邀懽共作美遨
游結社廣開良宴會衆簪微紅收夕曛羣峰疊翠澄

秋靄臨池花影墜空香隔水松濤響幽籟選伎歌翻金縷衣擊鮮盤縷銀絲膾千秋詞客結中原一笑佳人迷下蔡古今雅集玆風流俯仰沉淪增感慨遥將白眼看秋旻孤鶴高飛海雲外

阮堅之招宴烏石山

夏火改桑柘秋灰散葭莩游人會阿閣浚葩集彼姝高飈翔廣漢初月垂坐隅檻外頫危岑澗底摩高梧地極望自邈灝景明飛盧飲暢志其劇卜夜以爲娱

縱跡嘆風馬流光差隙駒秉燭游未央對坐高言敷
闡國連吳越齊盟徂魯邾洋洋飛文雅彥會揚八區

癸卯下第擬同谷七歌

有客有客號狂奴放志高談驚世儒胸中氣吐吞天
吳傲睨宇内非吾徒酒酣長嘯擊唾壺三十無名羞
壯夫嗚呼一歌兮歌已豪長松激風風怒號
不律從我結綢繆執手論心經幾秋著書空自甘窮
愁文章竟乏干時謀春風得意多貴游錦衣繡幔擁

驊騮嗚呼二歌兮歌始烈中宵起舞昆吾折
有母有母病且貧朝艱夕苦愁呻吟望子心勞白髮
新何堪於邑重傷神有恨悠悠難具陳吞聲飲淚呼
高旻嗚呼三歌兮歌銷魂四壁凄其白晝昏
有妹有妹未結褵有弟總似陶家兒荏苒忽已長大
期尚平之累誰爲支汝兄猶然嗟數奇他時骨肉憂
仳離嗚呼四歌兮歌悲哀孤鴻數聲天外來
荆妻掩袂投空牀少婦牽裾訴君傍兒女相看泣斷

腸短衣露骭秋風涼我心輾轉不能忘徘徊中庭夜未央嗚呼五歌兮歌哽咽紙窗雨濕燈欲滅

生來骯髒無執交誰憐拓落收窮茅舊游道中潛相拋至親亦復輕譏嘲人情趨熱如投醪轉眼疎戚成同胞嗚呼六歌兮歌慘傷空山鬼火吹寒光

君不見北邙纍纍如夏屋生前豪華艷金谷一朝零落荒山麓不朽何如潘與陸景光西逝無迴軸身後千秋君自卜嗚呼七歌兮憂思憧霜林夜月鳴疎鐘

送徐輿公之海澄曹能始之長泰

十日看山巒並聯漳南城外各雲天客知廷尉羅休設人重徐卿榻不懸瘴壓山城頻市酒寒消海日少裝綿堤頭剩有衰楊在雙折殘枝贈馬鞭

海濱即事

一葉風帆挂夕陽青青海氣入微茫山城忽送腥風至釣艇新歸淡水洋

送沈從先還姑蘇

尊酒邀君塔影中離情况復值東風池頭柳散千條綠水面花飛一片紅

野外散行

試望遥峰合殘山入海低芙蓉開斷嶼蘿薜障迴溪暮鳥歸能認春花醉欲迷清幽非一處選石盡堪題

送吳非熊歸白下

迢迢歸騎及春陽風煖征途碧艸香白袍幾廻還送客青樓何處更迎郎曉登鐘阜雲陰濕夜泊秦淮月

影涼莫謂羈魂從此慰舊都猶自是他方

仁王寺送能始還大理

留署誰云冷相傳吏是儒雞鳴後湖月鶯喚故宫烟刑法閒中志山川静裏緣同居無住界何必悵雲天

飲友人新居

朱欄十二繞房櫳新築南山五畝宫池上錦鴛浮淺緑簾前黄蝶戀輕紅粉墻斜映梨花月翠袖低翻柳葉風銀燭高燒絃管沸不妨長夜醉新豐

送林茂之之金陵

故鄉辭去淚沾衣二月津亭柳絮飛身入家園翻似寄夢懸京國却如歸片帆夜渡龍江水雙屐晴登燕子磯欲慰北堂懷士意好攜霜橘獻慈闈

徐與公招李庭堅諸子過塔影園分賦

幽居自效鹿門龐客子如雲訪北窗萍梗浮蹤逢瘴海蓴羹歸興動吳江人堅談壘誰爲敵酒破愁兵不受降南浦風光催去棹還同覓句續銀釭

跨虹樓

風氣蕭蕭正值秋那堪爲客更登樓青袍拂落憐仝病翠袖翩蹮舞莫愁百丈長虹雲裏度一鈎新魄浪中浮酒闌人散乘舟去幾曲歌聲逐水流

題美人畫裙

誰將淡墨染春雲乍覺幽香珮底聞惟恐輕風吹欲舉花枝暗繫越羅裙

送友人北上

三十知名客鳴鞭問帝城才高題詠徧游勝別離輕
禁柳雲邊色宮鐘月下聲貧交何以贈爲賦少年行

題景姬小影

紅愁綠慘月黄昏惆悵臨風裛淚痕何事含毫空佇
立欲題幽怨寄王孫

吳因之先生使閩見訪

軒車陋草澤枉駕絕荆扉伊余分棄置甘息園中機
明德靡不篤窮巷儼驂騑感嘆徒徬徨敢忘國士知

賦得金竈新和藥壽莊太宜人

清都縹緲瓊瑤宅重樓十二紅塵隔爐開土釜浴金丹鼎爇黃芽調玉液採將烏髓割蟾肪玄珠一顆生光芒風雷洞裏扶眞訣龍虎壇前護秘方露娥服此長生藥上天下天跨鸞鶴童顏鯢齒色嫣然雪質氷肌形沃若仙郎年少登天府身近蓬萊才尺五分得金莖獻壽觴不羨還丹覔玄圃

新秋西湖社集

秋色浸湖湄秋敲衆木知高峰雙菡萏大地一琉璃
歌逐荷香度舟尋柳影移蟾蜍方美水烏鵲自棲枝
滿瀉青尊酒齊徵白雪辭遠鐘催暮景天末起涼颸

謝在杭招飲焦園

三逕逶迤夏木蒼招携仝入藕花庄尋歡北澗元爲
謝侍讌西園舊有王樂府新辭傳絹婦醉鄉高會倩
桑郎相從竟夕驪歌動悵望伊人水一方

和阮太冲草色

野景芳春媚蘼蕪入望平蒨蒽隨地遠沓靄比烟清著雨淺含翠迎風乍向榮祇憑汀際滿不礙馬蹄輕黯黯西池夢菲菲南浦程王孫歸未得徙倚自關情

流民圖

安上門前景蕭索鵠形憔悴鶉衣惡老幼顛連大道旁逢人血淚雙雙落丞相丞相法欲新其奈流離我輩人監門涕泣疏丹陛君王覽奏罷傷神俄傳恩詔趣路哭甘霖千里亦何速明燭高燒錦繡筵幾能光

照迷亾屋

塞寒吟

膠河氷合蔥嶺雪胡笳鳴咽風凛冽雞聲月冷向長城黄沙一望鳥飛絶征衣紙脆征淚血龜手誰堪夜持鐵中軍宴飲歡呼盧肯念帳前膚寸裂

無題

綠窗瓊樹一枝横十二樓頭月正明飛絮忍看楊柳色吹簫空想鳳凰聲花迷玉洞津難覓露冷瑶臺夢

易驚散盡彩雲天似水不逢搖落也關情

欲尋青雀問仙蹤知在蓬山第幾峰銀漢波深明月冷王京路杳碧烟重萋迷芳草愁中色憀澹梨花夢裏容何處教人最惆悵客窗風雨五更鐘

上苑聽新鶯和陳伯全

禁籞芳菲旭日晴遥聞柳外語嚶嚶間關似惜春花落睍睆如憐曉露清月傍虛簷傳鳳吹風搖高樹襍鸞笙無情亦自呼春色喚徹長門是此聲

早朝接奏

禁城佳氣曉氤氳承旨螭頭近聖君柳外聽鶯啼綠霧花邊繫馬踏紅雲鳴珂侍直寒光動待漏趨朝曙色分誰道龍顏違尺五朝朝天語半空聞

分水關

行窮高嶺插天齊鳥道層層古木低一片白雲無路出但隨流水下幽溪

武夷山中

遥遥遡九曲中路鬱蒼烟入林越危岡奇石閒寒泉數家巧編籬竂竹斜圍川激澗響雲碓叠圳澆畬田割穫互為勞餽餉自相憐種茶墾荒畦掘筍佐時鮮曠望怡心神淳風追古先幔亭已云邈曾孫猶重遷仙源信匪遠擾擾徒茫然

永陽溪行

行窮峭壁方尋逕偶入幽溪又幾重烟暗竹園驚雉起沉沉隔塢響疎鐘

賦得塗山送高景倩之睢陽

襄陵滔天鴻水流湯湯浩浩羣黎憂帝命司空績用酬車船橇輂開九州四隩既宅六府修東廵輯瑞覲諸矦詩亾迹熄餘烈收燔柴玉帛土一丘皇祖龍飛繩大猷中都帝業光千秋君過此地低回留明德遠矣居可求

太姥山行

閩天遥控古温麻太姥雲山接永嘉麐嶺僧歸松際

月裹帷人出海東霞蒞蒞遠與防秋堡黯黯疎籬賣酒家三十六峰青縹緲香風吹送木樨花

秦嶼

跨海孤城令衝潮兩嶼連編籬通淤澤掘井避鹹泉網曬初歸澚燈懸各認船村人誇地勝碧水湧青蓮

白龍潭

霍林洞天稱第一太姥奇峰逈難匹憑高四望心慈然淼溟直是淩蒼烟山中玄靈最叵測陰陰龍潭杳

無極三天門隱雲自扃一線天迷路轉冥鴻荒呂來到者誰仙源浤昧問誰知余也下山如夢起夢中恍見容城子

送練克孝赴闕爲其先中丞請卹

金川鼎沸國運厄朝紳奔竄東西陌孤忠誓死殉故君舌斷身亾志不易目前留取寸心丹身後那辭九族赤月昏舊廞泣精魂雨漬荒臺腥血跡先帝深憐祀若赦特赦環孃承父澤寧期一綫寄吳航蒼穹不

斬忠臣脉此時籲天天亦愁八代沉冤一朝白

法雲别業

幾盤蘿磴綠陰迷徑轉山門草樹齊雲氣全收城内外鐘聲難辨寺東西風生古桂微香遠月照疎松倒影低最喜墻東居止近相過時聽曉鶯啼

上巳俞正之郡公招飲桑溪

睠此暮春候幽賞山之阿長林餘淸陰和風遡迴波因之澹俗慮兼以解微疴歡情未云歇物感悽已多

賢王留勝跡芃芃空黍禾時代傸以移滄桑竟如何

送陳惟泰游東粤

閩天盡處是潮陽送客還傷道路長三伏不堪驅瘴嶺孤身況自入蠻鄉山城暮雨芭蕉綠野店秋風蔞葉黄翠羽啼花聲不歇夜深凄斷旅人腸

薛老庄

卜地幽棲廻臨城遠眺新石橋懸翠巘棧道浥紅塵谷静傳清籟松陰散近隣坐遲涼月上花氣㵎衣巾

中秋集在杭泊臺分賦栢梁體七言排律

歲臨辛亥月仲商斗杓西指鴈南翔素娥頻彩清波揚虛臺經始泊河陽登高騁望攬入荒上才紛集宵筵張縱横文雅飛羽觴酒酣起舞歌慨康明河爛兮夜未央疎松墜落生微涼漸看孤魄辭屋梁歡極悲來心煩傷

層臺出水涯月色此先知霜鏡懸澄徹波金漾陸離遶潮乘魄滿寒兎搗香遲氣引渠荷入光催岸柳移

明年自南北徙爾照離思

醉茶居

睡起空齋茗椀香孤鐺影裏夢魂涼不須別問中山酒心入閒鄉是醉鄉

送在杭還朝

愛君宦味澹悠悠乞假尋山兩度秋昔來楊柳呈新色今去芙蓉結遠愁余亦還家歲已隔過從不厭朝仍夕把袂應銷送別魂一尊漫憶趨朝客征途難逐

使旌行君往燕都我舊京他月江南望江北天連西
塞白雲橫

別塔影園

王程頻促簡書新猶戀家園寄一身池上花光更變
態樓前山色見淸眞卧歌光愛中宵月遊賞情憐二
月春從此寸心懸塔影馬頭日日羨閒人

賦得灞上柳枝黃送陳汝翔之張秋

離人腸斷綠楊溪極目寒烟幾處迷此日裊條不堪

折分携愁過渭橋西

保叔嶺

出郭不數里層巒第一重危亭懸峭壁古刹掛高峰

雲氣蒸幽谷風聲撼亂松江湖回望合身出秀芙蓉

斷橋仝沈子雲間步

幾家茆屋野橋邊竹影疎籬小澗泉却羨村翁來市

酒坐依紅樹醉秋烟

烟霞嶺

層峰簇簇繞湖邊磴道盤旋遠接天薄霧過林初曉日殘虹挂辟蚕秋烟晦冥不辨岩前路寂歷惟聽澗底泉最是好山行恐盡白雲猶戀一宵眠

望西溪

身出千峰鳥絕飛探梅愁對月斜暉潺湲不耐西溪水流盡寒花出翠微

雙峰庵

歷徧湖山無定蹤朝過三笠暮雙峰雲生絕巘松千

頃路入幽岩路幾重樓外落花侵淨几澗邊啼鳥亂
疎鐘烹泉題石饒清事日晚登高意未慵

月輪山

塔院莽蕭蕭殘山束海潮陂寬開堰舊村斷引堤遙
客去度孤杖僧行挂一瓢不須問強弩霸業總烟銷

十八澗

松色暗蒼薜溪廻曲逕旋鐘聲沉客樹旛影澹寒烟
猿佐厨中爨龍歸澗底泉江湖最幽處賴是少游船

龍井

縹緲幢旛綠樹低山門斜路夕陽西古壇危跨千層嶂細水遙通九曲溪松際谷虛清磬合竹間雲氣小樓迷禪心已與塵緣斷不礙孤猿午夜啼

徐魏公別墅

樹色鬱芳園高人及籍言清尊傾竹葉𥨺曲豔桃根鶴舞花間影魚吞水上痕他年留勝跡名比謝公墩

獻花道中

薄暮度孤村岩泉曲繞門桑麻深晚圃雞犬散荒原野意青帘隱秋聲黃葉繁人烟籬外斷淸夜只聞猿

棲霞寺

大磴白雲封蘿陰澗水濃洞巖開半嶺江水遶前峰暝色下幽鳥寒聲響亂松傷心諸佛像古壁失眞容

和胡彭舉

白覺他鄉獨客閒不禁幽事更相關朝來踏遍林中寺夢去還尋畫裏山

遊平山同通上人

乘風登傑閣終古俯潺湲玉浦歸潮月金陵隔岸山秋聲迎客至遠思帶僧還莫道游難再長江一水閒

彭舉掘地得石

六代隱奇石千秋出壅沙玄靈一造化形勢幾橫斜深壑藏三洲層巒幻九華摩挲閒有思晤對靜無譁惟足蘇公供奇應米老誇風雷莫驚掀正合野人家

紅葉

誰言秋葉別春滋霜後殷紅露晚姿瑪瑙叢中飄錦帯珊瑚枝上拂彤旗千林絳焰欺榴火十月丹房妬荔枝惆悵朱顏難久駐西風瑟瑟使人悲

江上別友人兼訂西湖之約

世路方如此行行安所之孤衷雖自許獨往亦何為江北雪中約湖南月下期孤山梅幾樹幽賞正相宜

平山看雪夜過王中甫家

六花半夜散人間匝地新梅月一彎村舍鱗鱗凝素

浪江烟漠漠失青山空林炫色鋪瓊滿飛鳥驚寒帶
絮還誰似子猷容易返更乘餘興訪柴關

和譚友夏

一枝余不定君此亦浮家相視無能别孤帆天外斜

李本寧招集甘露閣因病不赴

白露清曠野紅樓出疎樹縹緲江上烟蕭散林中趣
多病怯登臺窹歌有餘慕近隔一重山如迷三里霧

和王二固

朔風肅以烈吹沙迷川原艸木旣摧萎雪霜夜且繁
行行者獨客感此辭白門陽春忽改律壯士唱高言
能使大寒後萬物被和暄颯彼枝與葉保此荄與根
慷慨向空天我心長自存

癸丑白門别孫子畵王弱生諸子

分携何事不堪憐況值斜風斜雨天隔岸黑雲千樹
失翻空白浪片帆懸驚危祗覺乾坤礙飄泊聊隨山
水緣回首舊遊倍惆悵秦淮花月後湖烟

蔡伯達出訪南郊

欲去慙未得還勞日出尋身全游野寺夢自返家林對酒暫時事探幽盡日心别來猶不倦木末聽鐘音

霧中望太湖

蒼莽五湖水遥波天際開霧市沉丘山眺望心徘徊苧羅去何適鴟夷無重廻感此悟遠託翻思歸去來

僦居西湖

山川何地匪吾廬習懶經旬髮未梳藝罷龍涎閒閲

藏烹殘蟹眼靜臨書不從方外稱司馬聊向湖邊學釣魚生計漫嗤無負郭老農原有舌爲鋤

汎霜月

放鶴亭邊畫舫移一天霜月浸琉璃素娥影向冰壺漾青女粧臨玉鏡窺漁火梵鐘雙塔外板橋茅店五更時尊前不覺烏啼急烟火微茫返棹遲

錢塘大雨感懷

昨夜腥風忽滿樓蛟龍血戰大江頭怒翻海上幾千

島鶩散山前數萬觴望去綠殘遊子恨夢回紅落美
人愁錢塘新漲胥濤沸疑是孤臣添淚流

湖中思歸

朝朝堤柳伴行吟忽動涼颸減綠陰山寺曉登霜磴
滑湖船夜宿水雲侵猿啼鶴唳三山夢鱸膾蓴羹九
月心最是故園春氣早梅花千樹待相尋

癸丑除夕

虛度流光四十年思鄉感事總堪憐蛾眉閒鎖長門

冷雞肋空羈遠地懸債急難將詩退虜硯穿漫倚石
爲田旅中猶喜無迎送羸得明朝自在眠

烟雨樓望雪

飛素映空碧水鏡影瑤丘帆重欹粘浪翼垂低拂流
瑩瑩月留照黯黯水含愁披玉寒江釣何疑鷺白鷗

長干看春

不歸成底事六度秣陵春每感物華謝翻驚世局新
青山如待客白髮漸欺人意懶徒思睡非因病欲貧

遊尾官寺和黃貞父韻

地僻鶩人靜林迴覺逕深荒臺鄰古跡叢竹換新陰遠近通村色東西和磬音猶餘高閣在白浪已無尋

同林熙工陳伯孺宿牛首山庄

輞川何處問谷口此相從望際池光滿坐餘山色濃懸空青薜宿匝地紫芙蓉樹暗若無路徑旋還有重桃然經宿雨松度隔林鐘月冷思逾澹燭殘遊未慵清齋葵作供閒課筆爲農不定明朝跡南山第幾峰

游天闕

青蓮梵宇掛崔嵬飛閣遥啣翠壁開幡起四天懸日月欄憑萬壑走風雷閉關塔影翻空落齋衆厨烟湧地來自是此中忘世念頻看山鳥獻花回

燕子磯

郊路忽以轉亭臺逼水灣危磯雖近壁高浪欲沈山鴉集帆檣噪魚隨網罟還飛舟空外度一葉自閒閒

南庵

淨室窮幽境盤旋似逺村逶迤新竹逕盤錯古松根雲氣浴籬合泉聲出澗繁入林塵慮息清磬度黄昏

萬竹園

翠辟迴遭路不通琅玕千頃碧烟籠除將晴鳥寒猿過幾有閒人到此中

石頭庵訪高原不遇

小逕度橋入清幽閉竹關白雲千片合碧澗幾重灣香氣出籬散禪衣挂辟閒林深猶有寺不待老僧還

宿唐宜之靈谷山房

半畝林亭小逕通暗泉分澗入花藂煮茶濤沸嵐烟外洗硯雲浮水氣中粉堞週遭牽翠蘚朱闌廻繞映丹楓曲房借得經宵宿纖月微霜叫斷鴻

雨花臺春望

裳茸草色繡層原六代風流四望存雨後泛舟桃葉渡雪中騎馬杏花村紅飛地地香游屐綠覆家家韻夢魂落照晚烟爭采罷滿林鐘磬遞黃昏

陳元愷病告感寄

臥病非關足多因行路難峒蛇憑九折山鬼踞千盤披棘心肝碎憂天骨髓乾無如閉戶也翻覺世途寬

送客遊楚中

十年蹤跡總天涯塞北江南不問家楚澤春深向芳草秦淮雪後别梅花

丁巳白門別焦弱侯蘇弘家諸相知

歷盡風波日遊窮山水身鄉心幾重老柳色七回新

頻感曾經事多逢堪戀人此時花鳥意倍使别愁真

山東懷友

懷人千里隔況復寒氣侵悲秋全在昔銷魂廼自今登岱望不極觀海遠且深層雲喚孤鴈天上寄愁心

登泰山

封禪侈前代荒丘餘感慨不如沒字碑巋然千古在

送齊魯諸孝廉

秋風此相送去去上林人鳴鴈遠聯影離駒方出塵

歌成傳和雪花發際開春剩有歲寒意爲君持贈真

蓬萊閣觀海市

東風五月掀天吳蜃氣吹波作畫圖城郭樓臺成頃刻旌旗車馬變須臾偶然島合三爲一忽爾山沉有若無因悟區中多幻化浮踪從此托乘桴

戊午重遊雨花臺次辟閒韻

又來家此地祇爲稱閒身不厭山光舊偏憐遊事新材童知喜客寺犬亦依人幾度思投老而今漸向真

汎赤石磯

不識仙人樂止應如我閒空磯隨日至曲水趂心還始覺風波外仍餘丘壑間輕舟殊未巳寂寂自春山

鍾伯敬招修禊事

青鳥司開後故物交取新尋勝日又日修禊及兹辰無能挽落花有可承芳茵曠懷屬塵外幽意寄水濱天地不覺大聊與木石親

秦淮五日賦得投詩贈汨羅

四野玉能戰九江金鑠掣豐蔀日月昬堅氷天地閉
蹇蹇挺忠規夬夬屹武節陪臣執國命讒黨兆妖孽
地喪敵釁開師覆主威褻孤直闕衆忌一簧駕兩舌
吟澤形骸枯懷沙肝膽裂恥飼豺虎吻甘化蛟螭血
滄浪任清濁纓足自皎潔故都生所懷歷相死匪屑
楚傳語空哀騷人腸逾烈秦淮王氣鑿殽函覇灰滅
借此五月寒消彼千古熱殷勤屬流波瀠洄餘哽咽

被光閣

高閣俯江城春光澹復明綠條新設色碧艸遠含情塔影雲端現山容雨後清凭欄看不厭還待月初生

己未白門別鍾伯敬文太青諸子

病深幾死訣病起復生離如此魂將絕那堪淚自垂相看無限念重到莫爲期回首長千寺鐘鳴月落時

曹塵客席上別徐昭質胡元振

相聚不覺歡乍別忽若失感爾雲水踪益我霜露疾夜月色悽悽秋風氣瑟瑟傷心館嬌亭離歌聽六一

夢遊

亦在山之巔深奇別一天樹多秦代植碑半漢人鐫路沒石交壓巖空水亂川峰尖安廣坐屋末灑飛泉入洞虛堂敞捫蘿隔澗牽縣崖欹閣掛斷嵲倒枝連窅寂和猿嘯盤廻效蟻旋生來有幽僻於此願終焉

和王女冠

偶逢還似夢夢裏憶當年苔繡穿雲屧荷香載月船髮僧方出世毛女忽依禪寒水餘清影雙峰靜悄然

別徐玄仗太僕

相逢能幾日此別豈知秋世界已如是交情祇自愁談邊仝嘔血說鬼更添憂灑淚登舟去白雲從我游

仝葛水鑑譚友夏宿法相寺

入林數里轉縈紆遠隔人烟近隔湖蔥蒨繞籬藏小犳掌茸當路窠封狐雪中掘笋燒爐火雨後收茶試焙爐不用閉關尋入定一潭寒水月明孤

湖上送友夏

相離復相聚全儕每同遊去住兩堤柳朝昏一葉舟心閒寧計日裝薄不宜秋各問還山路江寒客夢幽

初歸家園

兒童驚長大我老亦何如竹木總非故容顏能似初新隣多改換舊友半消除猶喜殘書在相親未肯疎

紗峰庵

合沓回青嶂烟銷古院荒薜蘿蒙斷碎狐兎竄空梁廢洞出寒溜空潭留夕陽名僧誰卓錫重復舊禪房

秋夜送林夷侯曾用晦

病中聞別去神魂忽飛越露泣芙蓉江風戰芭蕉月
悲秋情自深送遠愁轉發空山後夜心縣知堪白髮

贈張煉師

誤從仙闕降鸞車南北峰頭樹樹霞八十七春餐白
石百千萬刼長黃芽爐中養就陰陽火鼎裏收來日
月華羞說韓康曾賣藥活人頻施紫金砂

病起

生死亦隨時炎涼安問之捲簾迎雀訪篆杖赴花期靜趣閒中得交情病後知柴關長日閉乍啟為延醫

宿董崇相山居

聞說長安事已非甘投海曲被蘿衣村烟繚繞山城隱海色蒼茫島嶼微百洞風生馴虎至半空雲起老龍歸雖然倭舶時驚夢猶喜門庭寇盜稀

生第四子柬鄭孟麐

生子皆嫌少勞人獨厭多此時先已累後日更如何

有數或難減無謀且任他但祈休似我半世浪經過

贈壺江丈人

遠心棲海曲幽跡隱壺中別自爲天地不須愁雨風
亭臺浮蜃市樓櫓擁鮫宮靈樹升初月波光萬里紅

冬日閒居

風寒懶出戶獨坐又無聊病久兒童遠囊空意氣消
攤書心轉厭求友路偏遙倚檻看山色霜林倍寂寥

夜雨

滯雨滴寒更心孤夢不成殘燈添悶色落葉助愁聲濕鳥依簷噪妻蛩遶砌鳴閨中幽思婦聽此若為情

問鍾伯敬病

日苦病相親聞卿亦病身如何四君子偏疾兩閒人缺陷當今世艱難悟宿因清曹堪煉藥吾自采吾尊

和茂之寄懷

日日惟山水樵巾薜荔衣每於遊得趣自喜世相違累少任游遨時豈省患饑登臨心未老獨念故交稀

庚申除夕

經年抱疾卧山阿臘盡依然守病魔春往春來牀上度花開花謝夢中過壯心已矣爐灰冷塵累紛如霜葉多去歲今宵寥落似未知後夜復如何

辛酉元日

泰昌頒朔幾何日天啟今朝又改元世態玄黄惟轉眼物情新舊總銷魂漫傷時事添愁病且喜春風散淚痕山館數枝寒色在自携筇杖踏荒園

哀殤兒

休嗟逝太速還似未生時消息皆如是彭殤安所疑

夜來兒弄弟早起母埋兒貧病仍多難天乎亦厭之

約林正則往薛園

春雨幾經旬風花蕩此辰誰能深閉戶招伴訪山鄰

睡鴨

息影疑沙鳫忘機似海鷗沉沉花底宿汎汎水中浮

波靜眠偏穩莎清夢亦幽忽驚風雨急翻覺醒來愁

秋色

涼風起天末秋色澹湖山濃葉紛辭翠繁花乍向殷悲添閨婦思愁換旅人顔多病方寥落能堪往又還

輓謝耳伯

自厭爲斯世還尋古人語一棺韞萬卷賢聖相爾汝麻源聽松風長疑讀書所纍纍馬鬣封繁華在何許

陳季琳仝顧世卿還朝賦贈

遼陽西望夕烽殘鴳序聯翩集漢官禮典春曹修俎

豆膳逢旰食減盤飧鄉心正值鱸魚白客夢應懸荔子丹遠道騑騑馳四牡疎星淡月玉鞭寒

送在杭之粤西

山勢嶙峋秀獨鍾巖懸水月洞蟠龍使君剩有幽探僻作宦偏於勝地逢樓訪逍遙顏字古潭尋鈷鉧柳文封干旄西拮心隨往挂海難忘舊日蹤

新息聲名標駱越戈船勳業壯灘江而今邊海危方子如爾干城信少雙威震豺狼爭膽落恩孚徭獞盡

心降佇言萬死投荒地會蕳勞臣入殿邦

壽鄭吉甫

角巾野服日逍遥五斗歸來懶折腰座列羣真紛跨鶴胄承七相盡垂貂棋從洞口樵夫看詩向泥中侍婢敲勾漏丹砂成九轉誰知仙令即松喬

衰柳

菡萏枝枯梧葉落青青柳色漠然收月中疎影湖南夜笛裡殘聲塞北秋京兆淡描還遠黛病楚宫纖舞不

勝愁誰將殘綠疑新綠誤引凝粧上翠樓

越山庵

名山開自古曲徑入偏幽止有閒供課全無俗應酬
荔陰來屋角松影落林頭貧病僧如我相憐各欲留

贈潘郎

年少弗尋樂浮生知幾何祇緣塵累淺得以古人多
絲竹消長日棋書送逝波笑余忘老大逐隊每相過

壬戌初秋望夜泛舟出石倉次日登江心塔

天人遞新故壬戌重經秋江山不隨往風月為我留
乃謀五六人入夜命扁舟河灣三十六不棹任夷猶
返顧城內山疑是雲際浮絲竹發清籟餘音入高樓
大江漸以遠歌聲逐舲流鳳岡富嘉荔濃綠繞芳洲
轉見人烟近石倉在其幽別自成世界山川恣搜求
高柳水中央亭臺四望周一葉臥湖心梵聲如獻酬
平明步林磴荷香泉響悠野人時對語坐處皆丹丘
自笑衰病侵三年纔兩游信宿復為別行行滄江頭

孤塔峙危石迴環沸龍湫登眺萬山列屹若金焦儔曠覽娛心情烟波散人愁篙師報潮落吾生且歸休行樂隨緣耳浪跡比浮漚試問眉山翁佳會如我不

壬戌除夕陪伯敬署中守歲

麻衣相對守殘燈半世空過患難仍貧鬼交深偏見戀病魔情熟不生憎累心翻厭多男子憂亂徒思託友朋漏盡鐘鳴歸去急祗愁夜路已春冰

烏衣集卷四終

八閩文庫

福建文獻集成

續編 集部 三九

吴格 主编

八閩文庫

文獻集成

363

海峽出版發行集團
THE STRAITS PUBLISHING & DISTRIBUTING GROUP
福建人民出版社

本册目次

亦園文略不分卷詩略一卷

［明］閩縣王宇撰

日本内閣文庫藏明天啓間刻本

亦園文略不分卷卷詩略一卷，明王宇撰。宇字永啓，號支提，閩縣人。生於萬曆二年（一五七四）。萬曆三十八年（一六一〇）進士，官南京刑部主事。擢兵部武選司員外郎，以上書請免南京武官赴京襲職，咸感其德，爲建生祠於雨花臺側。遷山東布政司提學僉事，改參議，分司提督學道，解歸。後起爲户部員外郎，未赴而卒。好遊覽，善詩文，深于易。與屠隆、鍾惺、譚元春、李維楨、焦竑等時相唱和，又與謝肇淛、曹學佺共結詩社。撰有霧市選言四卷、烏衣集四卷等。

王氏之烏衣集四卷，收各體文百二十篇、各體詩百三十餘首。此亦園文略不分卷詩略一卷，前有西湖門人劉士鏻所撰小引，次文略目録，次文略，次詩略目録，次詩略。文略正文卷端題「亦園文略」，署「閩中王宇著，尉氏阮漢聞選，虎林門人劉憚、鍾源長、王道焜、高鼎熺訂」。書口上方刻「亦園」二字，下方刻葉次，卷端書口下方有「古歙黄一彬刻」刊語。檢該卷所收文章，皆見於烏衣集前三卷，且編排順序一致。詩略正文卷端題「亦園詩略」，署「閩中王宇著，竟陵譚元春選，虎林門人劉士鏻、黄樞、朱養純、江浩訂」。書口上方刻「亦園」二字，下方刻葉次。檢該卷内所收詩作，皆見於烏衣集卷四，且編排順序一致，惟烏衣集卷四賦得丹霞夾明月、阮堅之招宴烏石山、賦得金灶新和藥壽莊太宜人、雙峰庵、煙雨樓望雪、長干看春、送齊魯諸孝廉等七首未入此卷。

兩書所收詩文大致相同，然毫非簡單之同書異名。其一，烏衣集正文以方體刻，亦園文略詩略正文以軟體刻。其二，兩集目録及正文之篇題略有出入，如重修都城記在亦園文略標題下注「代」；擬上留北直隸諸處本年應解内帑税銀以二分充軍餉一分賑饑民廷臣謝表，在亦園文略標題下注「萬曆三十七年」等。其三，據劉士鏻小引：「先生獨不敢自多也，從奚囊中芟之汰之，十存其三，爲亦園集；從集中芟之汰之，十存其二，爲亦園略。」則烏衣集四卷顯然非亦園集，劉氏等人校刻亦園文略詩略時，並非以烏衣集四卷爲底本。蓋王宇自編稿本所存文已經阮漢聞選定，詩經譚元春選定，分别署「尉氏阮漢聞選」、「竟陵譚元春選」。又頗疑虎林門人劉士鏻等與澧陽門人羅斑仕皆從乃師處抄録，分别刊行，且劉氏等校訂本付梓時間當略早，故比羅氏校訂本少詩七首。

此書中鈐有「佐伯侯毛利高標字培松藏書畫之印」、「昌平阪學問所」、「淺草文庫」、「日本政府圖書」等印，可知其原爲九州佐伯藩第八代藩主毛利高標舊藏，日本文政十一年（一八二八）由其孫毛利高翰獻呈幕府，分儲於幕府官學昌平阪學問所，明治初曾一度庋藏淺草文庫，後歸入内閣文庫收藏，爲僅見之孤本。（王潤英）

小引

天地之精靈或鍾為名人或鍾為名文廼于吾師支提先生則無之先生之品月白風清先生之文雲蒸霞蔚海内獲先生片語欣為拱壁先生獨不敢自多也從奚囊中

芟之汰之十存其三爲亦園集從集中芟之汰之十存其二爲亦園略夫先生之文固不盡于先生之畧也先生烏庸以畧傳而不以集傳先生曰集非吾心也略亦非吾心也無已子姑以略先其使欲見

吾略者以吾畧應而後欲竟吾集者則以吾集應也鏻因與二三游先生之門者閱梓而以略行

西湖門人劉士鏻謹識

亦園文略

亦園文略

閩中王　宇著

虎林門人　劉　懌　鍾源長

尉氏阮漢聞選

王道焜　高鼎熺　訂

擬上令經筵進講春秋諭代

皇帝諭經筵講官朕聞皇世帝代陶以禮樂淋以詩書風之所被罔不翔洽而六合内外咸獲治安靡有闕遺斯豈無脩而臻此乎稽之乎書能自得師者王於詩則云學有緝凞於光明在漢亦且入太學承師

古歙黄一彬刻

問道至有甲夜讀書丙夜講經者皆能以播大猷藻
洪業聲稱浹乎於茲功烈燿而不泯然則治道升隆
之效較可覩已其所關於經學非渺然也朕獲奉宗
廟蚤夜典于學毋敢即安邇歲以来湛心玄默志豈
有怠焉而思慮遺于耳目績用漸以不彰朕甚懼之
茲嘉與海內更始進爾諸臣講學論道以明習政紀
弘施教化令績茂于黄唐而規廣于炎漢何行而可
以揚先帝之大業朕惟治法備在六經詩書博矣亟

其切於政者緊惟孔子作春秋言高而指遠辭約而義微公好惡則發詩之情酌古今則貫書之事興常典則體禮之經本忠恕則導樂之和著權制則盡易之變刑政具矣法戒嚴矣於以惇典庸禮命德討罪靡不咸協信其為天子之事與夫發揮聖經以恢張王迹此朕志也至於剖析疑義闡繹奧旨寔爾諸臣是賴陳先聖之道以啟沃爾后可不務乎漢世崇尚儒術如公孫弘董仲舒主父偃踈廣鄭玄之徒皆以

講解春秋揚芳當世而化亦有助焉爾諸臣説經鑾
鑾能無賛一辭夫隆孔光之几豐桓榮之錫朕之所
不靳也爾諸臣其思稱朕意毋忽

請免留都窮弁赴北襲替疏

竊惟留都每年春秋二季遇有各衛指揮千百戶年
老病故其弟男子姪具告襲替通狀到部送司行衛
拘集告舍親管保官隣族人等研審明白又行該府
查勘果無違碍本司仍詣小教塲比試各舍弓馬得

中者取具官吏人等保結前來備由案呈本部具奏
又將原來情節分別類另咨文連人起送兵部查對
先年貼黃功次來歷相同類送中軍都督府候欽差
內官仝五府錦衣衛給事中等官比試開列等第送
回兵部方行具本連人引奏欽准選授祖職給憑咨
回南部通行各官到任支俸此從來舊例近有南京
和陽衛舍人褚維藩父故業已三年因貧不能赴襲
每起送屆期即稱往返多費揭借無由屢告案候催

至今春始得起送又查有興武衛舍人劉汝存龍江右衛舍人張國相江淮衛舍人李文元金吾右衛舍人戴志德等俱在京貧苦身故府軍左衛舍人周時縉孝陵衛舍人劉世文飛熊衛舍人湯執中興武衛舍人王存仁等俱選回在途貧苦身故爲照南京各衛軍官俸薄差繁日損月削食無半飽身無完衣每值赴北譈替盤費無措或指俸米而揭借或尚親友而哀求或賣房屋以充費或鬻兒女以營資萬苦千

辛痛心酸鼻至于在北聽選守候動經數月多日資
斧鬵之餼寒莫救而隕命異鄉者歲歲有之亦或分
文難辦稱貸無門甘棄祖蔭終世不得襲者衛衛有
之此輩始祖皆高皇帝與文皇帝開國靖難之功臣
也以汗血之勳勞無罪而一朝絕之深可憫也且使
留都武臣漸就凋落而衛所空虛亦可虞也再照南
都各衛軍官俱從國初陞授官職世系貼黃版載南
部較與在外省直衛所及都司所屬者不同且本部

每春秋二季保勘其稽查功次至詳且慎若照北部事例會同各衙門官比試具由類奏即移咨北部查選候命下准襲不惟可藉武弁之困窮而且可全功臣之世爵此亦皇朝之至仁厚澤也查得國初南京總小旗補替至北京併鎗正統二年兵部左侍郎鄺埜題請改于南兵部會官監併南京各文職官往時考滿俱赴北京萬曆四十一年吏部尚書趙煥題請改于南吏部類咨考滿夫旗役之勞費可恤何獨

疲乎軍官文臣之間關當念何難曲體乎武弁伏乞
勅下兵部覆議以後南京襲替舍人具告通狀到部
聽本司研審明白仍覆查勘考與貼黄功次来歷相
同果無違碍本部照依北部事例會同内守備五府
錦衣衛給事中等官比試備將對比過緣由及應否
承襲情節照例具奏仍將取具衛所官吏人等保結
各舍供圖及各祖父原領號紙移咨兵部查選候命
下之日該部移咨給憑前来導照選過員數行令各

舍授職望闕謝恩免其赴京其中若有應查應駁者聽兵部照例查駁著為定例其在外省宜衛所務照舊例赴京聽選不得援南都為請庶五十一衛之窮官共戴百千萬年之厚澤所以上廣聖祖酧功之仁下激武臣效忠之義者匪淺鮮矣

擬上留北直隸諸處本年應解內帑稅銀以二分充軍餉一分賑饑民廷臣謝表 萬曆三十七年

日月從星省歲慮周商夏風雷解澤渙居惠洽兵農

信王者不急私藏惟聖人時弘大賚敢謂屯膏之久鬱則難開是為祝網之端施將盡究臣等竊惟地水名師際華夷而益凜耕桑阜衆當豐豫以猶咨恠井伍之既分無兩民而有兩食嗟天人之未協或極備而且極無戒索民嚚可令有家如洗外訌內鬨奚繇錯國無傾故迺倉于稾之年常居則饒而行則衛縱常平封樁之制亦預為計而廣為儲歌玉瓊呼庚癸兵氣何揚嘆星罶蹴雁鴻民命其瘁若卒荒之居圍

潰比棲苴即既物之泉刀散誰守府是以輓輸靡竭民不匱兵始不枵正錯有經上能損下繞能益洵如神之在御豈阿堵而多營要以田祿為將作之憂遂至孔方假寺監之柄卝人輴屏脉未復乎山川稅使猶張慾難饜其溪壑吏饕師債司農幾停出入之籌地喟天呻造物肯循陰陽之紀兵也逍遥河上真敵飽而我饑氓乎跼蹐樊中誰屋仳而轂籔庭犂已遐血揮蹛林室罄方懸嘯深萑野同袍同澤泣夜月之

戈矛靡室靡家咀秋風之婦子使賈誼而及見痛哭若何即劉晏之吏生變通安出王鉄可恃豈毗旅而竟草管帝澤難逢倘消埃已成丘海兹蓋伏遇　皇帝陛下晶飛天鏡稜据河魁止孝止慈一敬已諧于極大智大勇群情莫測其涯拉朽靖諸兇不數玉關銅柱贅旒救萬國直踰堯柳舜梧三十七載以来玉鼎寄平陂之脉億萬千年伊始金甌懸泰否之機鐘鼓怡神九塞恍聞鞭撻黄羲證性雙瞳如覩流移補

助責有司漢詔恐仍挂壁帑標積無用周圜何取流泉即未箕周于生孳厚巳乃忽軫及于荷鋤執戟爰減譏征之解額少佐餉賑之燃眉多寡酌以三分歡躍騰於七省兠鍪襏襫舉無轉壑之虞旱魃陽候具失薦瘥之柄民敢曰固吾之財也取而旋予便非鄭俠圖内之人士豈云何我無粻乎缺而能周寧作李陵臺下之鬼昔秋荼于封殖或奉行信任之非倏春煦于顛連信帲幪亭毒之大死綏死鼓夫復何詞如

日如雲轉增匆諼臣等鈴略謝虓羆虎粟芻失牧牛羊巧至無炊空借尚方之箸孚雖盈缶惟餘漆室之吟非社稷之翼靈昌啟聰明覃被若方隅之獲又殊慰班簉微忱但均屬民貲萬鍰乃一鏹之積業煩宸惻諸道正七道之推何似悉蠲左藏朱提以充邊餉工需大寬閭閻有限之力并且盡撤中璫白望無仍歲供月進用彰廟廊惟正之供庶幾樂利以祈天永命五風十雨長紀順于箕階赫濯而係頸空庭東矢

西璆永效誠于榆塞

擬唐房玄齡魏徵論帝王創業守成之難上各嘉納仍諭玄齡等以守成當謹謝表貞觀十一年

帝治日升懷艱難于啟運皇衷時惕凛兢業于持盈咨蒭菲以旁收屋苞桑而遠慮情聯一德祚衍千秋臣等竊惟五德運世無常廢興原視乎淵慝百王傳心有法創守罔閒乎艱危苟先天下而憂必宜日中而照虞廷致儆熙百志無怠無荒周室陳謨慶萬年

肯堂肯搆何意綢繆良苦終寄慨于瞻烏皆由典則空垂頓忘歌于馭馬不殖不邇之規具在匪嬰自蹈風慫敬勝怠勝之訓孔彰慆德竟淪板蕩乃移鍾簴室如燬而成墟誰恃弓裘京所視而鞠草迨秦漢窮黷互起歷魏晉繼述希聞驚甫定而大業荒志已滿而雄心息康入函谷銷殿前三尺霜鋒羊引宮車泠江底千尋鐵鎖勸長星以夜飲沉湎奚堪識猛獸之朝饑顛連莫告揔承平是狃抑婦寺為昏前偌啟而

後玉承命脉寔關孫子君防微而臣憂盛精神全屬
岩廊可忽于今願登之古茲盖恭遇　○○○○玄
都調玉鼎洞流膏斧鉞氷懸拉群兇于朽木宸旒極
拱綴萬國於繁星締造允兼乎七德九功焦勞尤徵
於二喜一懼念治亂相尋者數詎容委之天行而盛
衰所係惟心為特屢諸廟筭猥承清問用展愚誠臣
玄齡久在師中習草昧間關之苦臣徵作朕闕下慮
宴安鴆毒之懷遂乃各效其芻蕘豈期並荷乎茹納

匪海嶽崇深尚取塵流之細以聖賢聞見不如牛馬之專輙較量於兩難廣包容於一得第叙者已過將無忘櫛風沐雨之勞而守者方新可無重執玉捧盈之恐宜勤賡情之諄切尤煩温旨之叮嚀業已定九有以温凊二人更欲攝一念以扶持萬世積薪厝火無勞草疏之陳庭燎向晨不俟新詩之奏思國家光裕之圖正當今日豈臣子賛襄之力可後古人敢望調岩下之梅頗少借席前之箸竊謂覆轍不遠殷鑒

靡他試尋迹於開皇爰問遺于大業驕效鄙則當途典午滛召亂則破老傾城錦帆搖曳邗溝明月滿雷塘之路鎖甲輝煌淇水黑雲蔵肅慎之山萬幾恙謝于迷樓兆姓罔逃於狂國為鸇為獺驅除幸戴聖明如淵如冰觀省能忘戒懼伏覩功毋半乎九十德罔參以二三黜虚想而勵寔圖敦成功而省浮議紀綱不無遜飭振刷孰持其衡風俗業已讓淳漸摩誰操之柄儲神穆穆葆天和以釀九寓之和蒞政明明凜

帝命而卷百靈之命作述之烈弗替覲揚式引于千齡饗保之福無窮顯懿遞傳于百代

聖王以其欲從天下之心論

夫天下託人主者也人主亦託天下至於人主託天下而天下之托人主者其責始鉅而負之不可即欲負之不能何也託于天下者乃所爲托以天下而以天下托者正所以自托也自託而悲愉欣戚何不隱焉愛憎取棄何不曙焉遐邇衆寡何不券焉夫隱者

自隱而已曙者自曙而已劵者自劵而已惟自故真惟真故周圓之澤不漆而亘古之業如新此所以不必希至人之無欲惟以天下絜毋以天下縱而已陸敬輿曰聖王必以其欲從天下之心此非敬輿之言而虞廷君臣之言也舜不曰俾予從欲以治乎益不曰罔咈百姓以從己之欲乎夫等欲耳從治之欲舜若以自忻而從己之欲益猶於致戒無亦從治者公而從己者私與雖然聖人之公不必撤民之私也夫

民欲飽欲暖欲安欲富欲貴欲壽皆私也而平康正直之世建極錫福之君舉八政阜兆民必食貨先焉則以合而見其公也聖王曰世所謂公者吾知之矣世所謂公而專則私私則忿忿則攫者吾又知之矣故飲噉一也食而玉則贅被服一也衣而衮則贅居處一也宇而臒則贅經費一也用而據泉府則贅蓋藏一也儲而召紅朽則贅然而無此數贅者不可以為君也必爭此數贅者不可以為民也有此數贅而

猶騈脢以益之君之欲所時有也不爭此數贅而第
涯分以循之民之心至此是矣然則君之欲必浮于
民〻之心必不敢求多于君不既明爭而柰何其無
從也乾坤有從天氣降地氣升是已日月有從箕好
風畢好雨是已五行有從承相生制相化是已獨君
民之制而無從與論者曰天下無魚飛鳥馳是以聖
王必從物天〻下無手步是握是以聖王必從人而不
知天下無死灰槁木是以聖王必從己從己不又咈

民乎而非也聖王之已非七尺之幹而聖王之欲非一膜之封也一念勃發于焦腑而窮簷幽鄙之情景忽已入其靈惺萬念展轉于溘埾而懸旅塞鞋之容嚴忽遂徵於視聽故有六府焉為前材用有三事焉為奏乂安有九土焉為辨肥瘠有百畝焉為長子孫有九式焉為輕掊斂有十二政焉為備沴瞙而又有一遊一豫焉為補缺略有四岳十二牧焉為致拊循有五長六師焉為嚴捍衛而且東西南北五載有必

巡之方春夏秋冬四時有必舉之令猶未也祁寒暑雨切其咨怨汝詈汝靡含怒泣罪蔭暍出真誠風動時雍屢猶病則是聖王之于民也如撫赤子然唯恐哺之不至而羸瘠不可生也又如養哮虎然唯恐飼之不時而跳攖不可制也凡以專欲難成不可懷也衆怒難犯不可開也有其從之於是用舍生殺一聽之國人而已不與朝廷因以無私人府庫廩庾一藏之民間而已不專朝廷因以無私財嗔呵嚬咲一付

之直道而已不任朝廷曰以無私喜怒無私人而叨憒不得斲天下之脉無私財而摎括不得吸天下之髓無私喜怒而偏拗不得䟦天下之心天下嘔吟父毋傒應元后惕讋神明夫然何求而不獲何望而不遂是聖人從天下之心者正以天下之心從其欲者也若然而宮室玉帛何不為揚厲浮華而聲色狗馬何不為戈矛陷阱也若然而臺笠襏襫何不為明神大賓而謳吟讚誦何不為鈞天廣樂也若然而布帛

粟米何不爲擢筋剜肉而鴈鴻雲漢何不爲剥膚宿疾也故曰隱者自隱也曙者自曙也券者自券也彼咈民從欲之主彼我心太明故神不貫貴賤心太明故情不親愛憎心太眇故機不轉夫衆志成城衆憤滔天若之何薄而玩之其以天下薄乎墻薄則亟崩酒薄則亟壞繒薄則亟裂器薄則亟毁薄而可曠日持久者未之前聞其以天下玩乎固有觸瑟獻畚起于輦轂之下斬木揭竿奮于隴陌之上者夫以吾欲

賈傷心之怒未有得志者矣至于高臺曲池徒隕羅門之涕壞宮遺址空傷彼黍之歌危我者與佚我者偕來戚我者與娛我者雙伏則獨與衆孰暢也德與勢孰崇也身與名孰華也目前與身後孰永也故有予奇而勝者聖王之公其欲也則兩得之者也食兩而窮者昏主之私其欲也則兩失之者也察於二者而從違之勢決矣若德宗亦剛明主史稱其好聚斂多猜忌夫平藩鎮而尋干戈急儲胥而講泉府良非

獲已要以安民之故至于剥民豈非饑者自啖其肉至馭臣之法無論話言末惟將搶攘之朝委心披愫亦惟為元元計而柰何一二乘之且外與士大夫猜則必内與貂璫輦習卒之廢立在手鼎祚終搖誰階厲乎故人主欲從天下之心當先從賢士大夫之心然未有多欲而可語仁義者嗚呼知人安民之本孰有外於無欲者矣

重修都城記 代

稽古王者攸居築城焉昭守也都城之壯與郡國異固之也守之固重閉以防躪出重拒以防躪入譏察晝儆而刁斗夜嚴也慎之也清風戒寒草木節解于是脩城郭大修以致慎之以成固之以戒不虞先王之制也我太祖高皇帝驅彼北狄定鼎于燕我成祖文皇帝實始承之用守無斁而燕是都迨我世宗肅皇帝重煐庚戌之役從少司馬言築外城凡以壯皇居制夷夏扼吭拊背維萬世之安也今皇帝三十三

年夏恒雨城有圮秋七月朔有司以三百丈上聞又
旬日雨益甚更以千二百丈有奇上聞而睥睨亭舍
不與於是工部尚書臣某數以灾踈若曰二百年来
豈其無甚雨而城頓圮若是竊恐變不虚生災發有
兆是宜乘陰雨之候為綢繆之防是時上方念民廬
舍發帑金背理踈入不即報于是臣某再踈曰都城
天下根本即使三旬成之不慼於素尚慮意外豈其
不秋防是虞而需寒冱哉則龍見日至之謂何況所

司僡未有備若猶是桃篆綫帶黻以請其若掌固何於是天子下其議先停一切小脩以亟保障若曰上天示儆毋怠毋玩乃命所司度遠近相先後定賦役酌程限由是京兆授徒司徒計賦司馬獻旅司空鳩役督以繕司寮以臺省與夫百司庶職罔不祗嚴遂乃畫地分工授規作則以某月經始而告成事于明年之某月天子嘉其成陛賞勞人有差詔臣某為之記臣謹頓首言曰城以為守也我肅皇帝議建外郭

謂輔臣階曰城不難〻守夫朝廷之收天下守者民力也心聯則力備今宇内民力竭矣惟是累朝之德在人心寔式靈之而我皇上拯災邮患不遺餘力庶幾其少固結之然天下之可防者每伏于所不防而自謂防之周者或有所不及防昔唐文皇弗脩長城而曰方將掃清沙漠安用勞民為此其志甚大乃其臣徵曰人欲靜徭役毒之世方歉衰刻覈之此其詞甚危夫慮其危以圖其大則惟民心是防我皇上東

西之役夷裔讋服方且上媲我二祖掃漠犁庭之烈率土以為城環海以為池豈其衆在藩垣然物極而變臣竊有憂也傳曰哲夫成城又曰衆心為城我祖宗之法度已盡經緯德澤已盡浸灌唯是謹守其法時潤之以澤用哲夫之言結衆庶之心勿俾城壞則居重以馭輕而天險不扶保世滋大意在斯乎而何金湯之云臣謹記

朱穉鶴廉訪入賀萬壽序

在今日為國家患虞之外無逾倭〻所出没常在東南而閩其甚也閩鎮南服襟帶九江梯航百粤而興泉漳濵海為都城股肱寔扼要地其間絶島巨浸侵雲稽天髙牙大檣縱横境上倭奴眈〻虎視嘯聚往来變幻叵測而奸究叵之竊發走風濤如鶩緩則利海以為府急則匿海以為藪守兹地者禦龍蛇于外而輯鴻雁于内用以羽翼都會而保障東南誠鉅任也彼拘攣者雖與應倅操觚而談者不足規域外之

略而或踔厲矜激勇猛操切則毋能拊循元元以宣綏和敉寧之治厥惟艱哉前歲漳南缺守臣神祖謂修文德以餙武功非禮臣不可特簡儀部郎穉鶴朱公以大參出守清漳公既拜命窮朝夕為謀決筭握中而制勝水上風伯海若罔蕩哉樓櫓而倭奴揺手相戒無敢揚片帆窺伺於籓籬之側則公之固圉周矣而未也公為政有本源不吐不茹要以保釐煦育為務凡苛急炫燿足與立威而近聲華者悉屏不事

惟是薄徭弛力勸農止訟搜奸剔蠹警頑禁惰之條罔不具舉蓋閩民力竭矣賴公平定安集之而後海曲得晏然於以昭我國家赫濯之盛廟堂知公大有造于閩也晉秩廉訪使仍使駐守莆中謂海上不可一日無公也會新皇帝萬壽萬國衣冠鱗集入賀閩兩臺推久于閩熟海上利病者徃備臨軒顧問於是以公賫捧行而公之屬郡邑諸長吏相與邀鄙言使所部鼓吹而誦之予惟高皇帝既平宇宙威靈遐暢

海外諸夷請朔貢琛絡繹於道路獨倭奴跋扈絕不與通度非方寸之印尺一之詔所得長羈縻也飭兵脩備要害之為防實云長策在漢守邊如魏尚李廣廉范諸君子皆得賜黃金須璽書入為公卿國家邊防惟塞與海挈南北而衡之其在閩海亦雲中北平之重地也矧茲奴酋跳梁當事寔虞倭奴生心南北交掣所需防海尤亟而公折衝樽俎使廟堂釋南顧憂㠯得專意于遼左厥功偉哉上采用漢法選邊材

入侍簡召之命舍公其誰矣

譚允同學使晉登萊兵憲序

國家用人最亟無逾督學及備邊顧往〻為人擇官不為官擇人督學不必執法也備邊不必有雄才也夫令圓通者司文衡和柔者握兵柄豈不暢乎請之情快惰窳之習然使紀綱法度日以淩夷馴至極重而不可返則用人者之過也顧用人難用人于兩者尤難若乃以文武之全材兼造士飭戎之重任此尤

難乎其難如吾閩文宗新擢登萊兵憲凢同譚公弗可尚已閩數十年來督學使者大都依違于情法之間浮沉取容獨思誠熊公玄嶽鄭公以公明嚴執著士風賴之神宗末季政尚調停余與屺瞻葛公以嚴獲罪一二通賢皆内轉柄文者用輙以執法相戒公也不然入閩以来專以憐才杜請托為務試士高下一惟其文絕無他竇進而且潤於文罔不為犀燃恕於搜羅不為溪刻用是雖有祈望無能怨尤夫此一

官宦畏途得喜得怒皆不免得怒則壞官得喜則壞人有如寬嚴並用通執兩化使喜者忘其喜而怒者無所施其怒淵淵其識匪夷所思矣廟堂采輿論欲不次擢公會奴酋匪茹東海戒嚴登萊督撫陶公跡請公共事於是詔以公備兵海上東海故多燋石賊船未易嚮邇雖有揚帆無敢越沙門島而東所慮成山一路直通維揚之廟謨然得重兵守之可無他虞惟是國初沿海置墩堡寨如星羅且設水城以屯精

兵法制寔嚴且備今墩堡皆壞不脩兵缺者不補當事入其餉于槖瀕行則取賣菜傭充之故今登州兵雖有數千優伶廝隸居其什三餘皆疲弱萎薾聞金鼓而股栗者也自非文事兼有武備者脩廢缺汰老弱精訓練嚴防守一一設誠致行之徒張虛聲恐喝虜耳公故敭歷南北兵曹其於戎索虜情不必至金城上方略持此威明敏練與海上將吏從事坐令樓櫓氣動營壘色變者公侯干城豈異人任矣夫國家

開闢之勳劉誠意𠛬之土木之難于忠肅靖之宸濠之亂王文成戡之三公者當未肩大任遇大故人亦曰經生耳及臨難運籌妙應無方相機制勝神易不測而真儒之大用始著是皆公之鄉先正也纘述大猷是在今日願毋讓焉故知文武爲憲世未嘗無人知而善任使則責在操柄者矣

昌平右伯王壺嶺公考績序

秦壺嶺王公以晉右轄監營平兵事既六稔報滿天

部超拜不次矣將吏詎旅咸慮公舍我以去於是中
丞劉公疏請加列一等留治兵如初今夫就熟則有
餘能饗利則爲有德治人與治于人不能無所習而
安焉一也上不習其下將要領不得而罷錯見下不
習其上將臂指不貫而跋盭見夫上下安而習之而
後弛奮競絿惟意之適吏事戎索寧有兩焉公于營
平業已畢智竭譸控揣無餘營平人寔父母師保若
不可一日無公是奚必他擢而後示酬昔陝以西呂

公主之陜以東周公主之曾閒僕々數載一遷予抑
嘗平今何時也策邉者曰遼單矣奴酋目無遼矣不
知金孼不當漢一大縣而前跋後疐豈遂閴其無人
薊匪茹宣敗盟不剝床耶寢園虜吻前是未有黃華
海冶片垣為阻庚戌之虜且入東山口防守紅門師
猶失律直賴祖宗之靈使無深入而頃燀焞赫濯聲
實並咆即已見其影未見其形安知不猛虎必而藜
藿為之不採要以護神宮屏天邑塞居庸捍東薊惟

營平所據為然亦惟公長有此營平而腹果氣張為然嗟乎國家取天下于胡元之手武節飈厲遠媲漢涿無論犁庭之役積威燕後土木之難謀國有人即庚戌虜騎内訌稱孔棘已義師星犇虎旅麇集犄角抵擣虜幾無城下盟而一狃欵市遂多媮志介冑懊媆何問纓紳文武憲萬上能不拊髀公耶公故觀察遼嘗慨然宣遼所以失援之故虜情軍筴不必聚米而籌以是營平六載撫民安堵恤士授醪遠利蠲興

夙弊蠹剔持廉靜大體與將吏從事刁斗綏鼓之間靡不色飛而肉奮公蓋于樽俎屹長城哉兵志曰無恃其不來恃吾有以待之公有待矣有待者屈突之謀贊于焦爛一戰之庸百世之伐不並昂也朝廷且念公功高勞苦詎終畱此有袞衣兮聊從將吏泯旅之願而已

宣鎮大參陳靜臺公考績序

今諸邊撫制兩臺多即藩臬之使行邊者而其先或

部署或二千石或從腹裡移鎮焉此所謂邊才也有
邊才之目而士大夫務挽強策怒抵掌封狼居胥其
意氣期籠罩人示揮霍可大用不知經武之事用頗
不捅壘藏窑微機捷周應必非負跅弛之容所能精
入以辨況原非溺於榮利之衷則孰如端靜恬一者
之根不撥而用有餘也蓋古今談才品甚夥而惟武
穆文官不愛錢武官不怕死兩語盡之以跅弛翹足
于終南烏知無所中國之筴踈又烏知無所奪國之

氣索端靜恬一者不然止水其操木鷄其神安堵吾民超距吾士綢繆戎索而股掌彼虜情長城大櫓身荷隐然一切夸毗馳騁不必無之以為勢亦不必有之以為豪所稱式於政不式于勇折衝尊俎寔維伊人則大名静臺陳公非乎公初為比部出守太梁再叅晉轄所至精明愷悌五資迭運而一介四知嚴自天性比尒蒞神宣寔當虜穴若拊〻節竅覘諜繕除鉅細舉威惠彰而馭將吏之得體乃前此未　蓋

居平不假一嚬而軼法必循三尺無泛通之賓客何論陽鱎無及門之筐篚何論捆稾昔者懸魚留特傷為羨談庸知公故無魚無特也耶泯夷將卒彼寔有口所道誦鄭傳寧直雲潙之區而曰以結士心曰以寒虜膽使跅弛者相與程功而挈勩有不匍匐人走乎頃公政成三載報最銓曹崇褒超拜且旦晚奉簡書而不佞掀髯色飛則又先社稷而後公夫兜鍪之于文墨其習為窺瞯久矣一援以隙無能不波而以

戎為易與則朘削怯縮彌縫之弊沓見公循之儒者非能卒置一條伍置一喙惟是固潞漠之隅塞僥倖之實其不自策躬而扞罔者孰敢語云廉生公公生明公也以之繩直枉木斲準夷高科削公之將吏以之而糾繚皆干城庚癸盡醪纊則武穆之言兩得而疆埸之氣自張也且今雲中上谷之間亦孔棘矣說者謂虜款既已數世而五路不無生心香火之盟誰任不敢解之者曰有虜婦在彼嘗德中國而年未甚

僾也受封之後勢仍聚麾統轄裘氈尚有餘力嗟夫吾圉之罩軏恃虜婦之存亡乎若不佞所恃直有公在耳夫公深心密筭無日忘備則無日忘戰況執綏援鼓頤為公效死力不尠薄伐之烈繼𡟰周宣公其憲萬之南仲乎我不佞守在史官敢謂非張仲也而不受策勳之役

大中丞中陽舒公七十序

在昔江漢之雅命召父以告成錫祉對揚天休則天

保采薇之治也顧虎之疆理止於南海及黍苗之肅

肅也而曰原隰平矣曰泉流清矣又繼之曰王心寧

矣而且釐圭瓚秬鬯及山川土田為作考若彼其視

今日之河則功不甚難哉蓋前代治河第以避害而

國家治河以避害而兼收利也利害相犄卒鮮全畫

且中外異勢南北異心大小異責議任異見故自都

燕以來無歲不防河磁楗畚鍤從事水濱竭宇內之

力而迄無永績即負薪沉璧不啻費已向河決而南

浸及泗上寢園之外莽爲水鄉徐邳黄流消〻如布

天子上憂陵下憂漕宵旰焦勞咨求長策詔桂陽舒

公以大司空往綜其事公浮淮涉泗達于徐沛躬視

通塞所宜而嘗臨之如韓庄溝張福口金家灣芒稻

河所決排甚著先是韓庄之役曾婁議而婁止謂費

繁而成功不易卒之費僅五萬不數月而告成事者

公也於是黄流遵道運艘無梗祖陵晏然無衝齧憂

二百年未有之業創於今茲斯足奇矣天子嘉公功

晉宮保予金幣所賞賚甚厚曰主開腰舖支河洩水與同事周橋入河之議左為所中傷頗天子無成心也已而省臣河臣先後疏公勞苦功髙不可泯沒隨蒙賜環邇諸仝列且日請還公于朝宅揆秉鈞此亦其壯猷茂德素所輸服也公生粤西而源吴會玆值七襄之辰吴中士大夫之仕于朝者徵祝辭于余余惟洚水儆堯四岳十二牧罔任俾乂乃以敷治屬舜舜歷試諸艱不免羽山之殛至皋陶益稷典謨所具

克艱之命獨謨於禹而禹復以貢作書蓋詳之乎水矣夫且九載弗底績加以八年之勞乃功訖于四海僅千載而屢徙公詰据纔七年其功業可百千稔克艱克勤功孰尚焉史氏有辭續禹貢而紀玄圭江漢云乎哉天子篤念元功錄用老臣簡在其舍諸瞻彼洛矣惟水洪洪君子萬年保其邦家斯則有道之長而大臣之所為壽也

蕭太夫人七十序 代

少宰玄圃蕭公以名世舊學積閱詞林鼎鉉之望海内足企而心儀之領庚戌南宮試後為羊太夫人七褎門下士將從公彝斑稱百歲觴而以嘏詞屬不佞蓋不佞嘗言之閨閣之盛媺不遜弧矢而不獲施于有政則融顯燮殊何也彼鋪棻揚藻非其夫則其子耳且其子也幟碩視所抱庳峻視所監亨否視所遭薄收于子而厚集于親前是未有以不佞所聞太夫人百行具舉九族仝聲其大者如事阿迷公處為醇

儒而攻苦報襍珮者惟太夫人出為循吏而食貧最素絲者惟太夫人而且和丸畫荻姆訓凜然正內維艱裕後匪且迄今珈翟如新匕箸甚健蓋公以壽國之烈壽母其駢綏畢厚夫固天所特鍾也何也六幕之內匈融傳注惟一氣耳人壽國壽皆氣之疏不至鬱和不至蠱為之故兆姓之氣散在埏壤而挈其元者京師百官之氣散在曹局而提其紀者銓部適諸司叢脞眾口喧呶既鬱且蠱邦國寔憂殄瘁而公佐

銓之效務在闢釋主上以無可疑而衡準班簉以無可倖黜陟隨功能曰以為轉移否臧隨論議曰以為甄導精殫九流目營四海蓋陰奪其憤驕誕肆之風而嘿予以清明寧一之象偏枯銷底滯洩譬之脉活疢除元氣自復松喬旗翼何難希焉元精灝氣其鼓盪無方其凝注有自太夫人固氣母也考之五行毋生子滋蕃息萬彙與天終始今天下受公旋轉之賜罔不歸德太夫人群祝翹皈太和翔涌太夫人遐齡

綿筭疇能媲之故曰公以壽國之烈壽母其駢綏單厚是天所特鍾也諸士請以是侑太夫一觴

擬庚戌會試武錄序

今上庚戌秋羽林材官暨諸郡國良家子復屆武試集闕下上俞司馬請如格試騎射已又進不失正鵠之耦若而人命臣某等發策視所置對甲乙之既籍百二十人以獻醮當在臣夫今跗注君子所牢騷不能平者非惟文法之家與文吏之尊耶孜之兵家言

將自智信仁勇廉以至卒伍車騎攻圍進退其因天用地莫不有法是法者將所自出也當草昧初英雄羣起其不安于耝耰志寧可知耶一旦頫首受事稱爪牙授軍旅倘不提以三尺則何道以屈羣力迨武功定文教興吹簫屠狗輩咸用銷謝而後世振與玩皆不可不知振虞過贖則無經玩虞過簫則坐削而𦅸袴世世冑夫且爲括而蹶爲陵而潰則何若設衡懸度牙錯鈎連一付諸文墨之吏繩其步趨使奇不至竊

嘶庸有所赴的以長得震疊救寧之用則文法文吏何負將哉且姬呂二公皆開周元老也以彼周禮郁郁丹書炳麟而鷹揚斧鉞武節爛然其後吉甫歸鎬張仲為賓樊侯城齊吉甫為誦此以知文種武植原無軒輕登壇秉障者無亦寔有所缺失以歆法中軼法外而補苴彌掩之不暇文吏曰而持之則過有所分矣偏輕重之極無不返者今障鄙多虞兜鍪吐氣比者遼左匱弱天子注意武功諸士遑丁其際政使

奉國家所立法為準廟堂所立監為師無事投醪有
事援鼓戎索無偷軍寔必討即一切擊曲無所用其
誰敢苟焉以速官謗則奉法有狀而自豎不瑕也且
虜騎薄都城鳴鏑幾及甘泉宮非世廟時庚戌耶建
夷之跋扈也賴首之鴟張也卜虜之首鼠也虜運即
不盛而且萌矣朝鮮之役大創未復琉球見吞閩海
震隣要以釋外懼必内脩是敵國外患所為有益人
國家諸士豈無抱不必然之慮思奮發為天下雄且

今兵空于伍餉空於儲非殫力圖新勢必不振而或謂天聽彌高邀旨寔難不知古有收合二邑復七十餘城偕往三十六人下五十餘國或出獵焚積因敵人糧或約衆勝敵以家貲賞者皆何人哉夫逢時籍資以立功樹績猶順風呼也惟至牽掣枝梧之際收批擣保聚之奇是文法之不能縶而文吏所不及縛者熊羆之士不二心之臣其或計及此矣

鄭氏族譜序

譜之法無善歐蘇二家乃眉山獨詳所親疑于用心
弗廣而廬陵稱其族来自唐不顯及予過萬安見有
梁國公墓碑尚巋然寔沙溪之祖與宋祖為布衣交
梁國其追封也而文忠遺弗錄抑何考摭不周也孔
子有言聞闕疑史闕文家之有譜猶國之有史疑而
不闕所亂寔多孔子少孤失父墓夫卿大夫世祿也
喪則君使人涖之尚有失墓之疑矧世遠易湮者哉
則知歐蘇非踈且漏也蓋其闕也蓋其慎也近世譜

牒推厥始封以迄百餘代其父祖繼承孫子分聚鑿鑿也至讖之他書若風馬牛然夫務光許由不必族類顯顏淵原憲不必官邑著禹之於鯀惠之於蹠雖父子兄弟不相掩乃欲附於不可知者而竊以自重哉定山鄭君之治譜也異是其言曰吾生也晚吾之族也遠吾考其可知者以徵於後求爲可信而已故所稱述起自晉刺史昭公入閩歷唐大府露公家於莆至刺史肇公遷于桃源迄宋善祁公始徙玉融之

定山其間提以世系而昭穆明叙以族次而親疏別表其時世而廢興之故昭傳其出處政事而流風餘韻之可想志其塋祠里居而水本木原之可尋願皆闕其所不知而傳其所知要以不監靚記足為後世稽夫鄭自桓公著封代有顯者鄭君遠無所托近無所餙獨存其寔以貽子孫其可法矣其可傳矣昔司馬遷作史記所紀堯舜禹序累數十世甚晢較其世次疏戚或有抵牾蓋闕疑之難也雖良史不免予故

觀斯譜知鄭君有史才矣斯善得歐蘇之意者也

吳氏清紀序

近日清話如娑羅園一帙語多感憤人共快談吳生清紀撰述類是顧隱居放言知罪任之緯真尚可吳生猶將用世而驚衆高談是可異也客曰君子出表清節居著清言如子之云濁而可乎王生曰是非爾所知也洗耳牽犢相對數語言清行奇幸際中天故能容耳代舜三五皎皎易汚虞夏寄慨終餓西山醉

醒興嗟竟沉汨羅水清而魚不安矣林清而鳥不安
矣言清而身不安矣故昔之不肖者餙清言以自文
後之言者反匿清言以自免士生季世善不可為而
清復可紀乎漢之清議晉之清談徒自及也且禍而
國吳生不云乎處世至此時哭啼俱不敢論文於我
輩玄白總堪嘲予恐此書出而嘲者正多也抑予嘗
膏膚公寄貞父之句世皆欲殺成才子我見猶憐是
美人已已詰　吾為吳生解嘲

亦園文略

下

禮記同門稿序 代

績文之士如驟馬而學馳逵衢隘塞盡磬控之技而後蟻蛭羊腸無契需昔人簡練以為揣摩此也比入闈則惟聽功力之所詣而神韻之所流轅直舟和勸登馬力馬力竭而輈猶一取焉主者進而眡之亟以國馬牧矣今門稿鍥木寔比懸門以劵績者眡者具非取捷時有弋獲詭馳要駕則余不置一盼于千金之題彼素所簡練非受而重巽以鑒裁胡必扞也余

嘗謂槃嗶家諸子二氏其雕組之淳毋而六籍其土
硎之蔬秫如三禮之記月令緇衣冕不芑舉諸子而
進之櫝亏一則奇變而法殘賸以勾明允一則神聖
極思輿義說者欲補已于冬官淳而漬之三纁五緅
傳孔孟哉髓以出斯豈不足以豪主者目眊舌橋何
擯刺焉諸士深于曲臺大較所湛溢於服習者華寔
近是頋文於試牘之外方鉅未艾劉彥和曰執而後
顯採掇生言莫非寶也黼黻之猷金石之頌寧以博

為餞而或有所吐于既軷之舄則余未敢以儒行一篇為瑱祝輮伊始弓旌翹翹獨不希儒者之放乎是編也木仲訂十七而今河山邈矣諸士無忘以禮起家而文行有所庭是為不忘王先生其以餘波及者余日幾幾望之

金粟山社草序

夫文衡于古而古代自為文可衡也代不一自為文其何以衡之退之永𣏌鳴于流羝而前乎退之永𣏌

者可知也後乎退之永然者于退之永然奚若乎退之永然知有先何知後知先不知後不足以疵興於後而不知先也仍者亦不足以疵是人可為退之永然也人、而退之永然而文之道已化而不蔑斯真文乎非時藝之所能方時藝寔權輿于茲吾烏知其化之幾也三十年十許年五六年三年焉極陳相曰新相禪曰者汰禪者舉、勞事也鮮不得志于舉亦鮮得志于舉鮮得志于舉而吾歲與舉遷亦禪於何止矣波文虘也後不摹前霞文虘也後不摹前猶禪也不禪之摹波一水霞一氣是乃其所以質絪縕天地勃窣聖賢蓲萠性地非子惟質不化惟質日化而不入于化不亦人人而退之永琳歟不佞故受教于社中諸君子諸君子鮮不得志于斯道而茲廼不佞糠粃導之諸君子益以自講其質而自摹如波明興如霞駢蔚不化而化於是乎在則的焉以聽人之摹矣鄒書不佞謂子將後乎退之永琳者為定以傳噫

嘻不佞之汩也而始無濡尾蓋吾社有元愷伯全在焉其能謝已披啟未振興後而不摩前者也諸君子而後之發孤先矣請庚進而詮古

治亂策

今天下泄沓相蒙可曰非安非治而猶得苟且無事徼獨祖宗德澤長也直賴法制之相錯周而文網之相扞容耳而尾大有不掉之虞鞭長無及腹之用且跳盪馳突于一切之外曰雖有法制文網其如台然

則我所守者不亦空券乎哉愚嘗按治亂之林矣夫漢不亂于黄巾而亂于甘陵之分部唐不亂于白馬而亂于牛李之交攻宋亦不亂于金狄而亂於洛蜀之五黨則時事如列眉矣而天灾地譴不頻仍乎人妖物怪不竒駭乎民瘼夷氛不殿屎而紛熾乎昔人謂不患瓦解患土崩愚恐自今以往將無瓦解之日是可慮也而揆厥大勢則猶在姤復之交何也姤五陰之盛而復一陽之萌也玄黄之戰方酣晛雪之光

互奪是為治而思亂之候柰何不如始清寧之象雖
微明達之氣終在是又為亂而思治之候柰何不如
復嗟乎始可復也至于剥則無及矣剥亦未嘗不復
也至于剥而復則復之權不知其為誰操矣今夫既
治而效塗塈之能既亂而騁栝撥之略此事後也非
機先也人則及溺而濡衣履以為功火已燎原而雍
菜莽以殺勢此用勞也非用逸也然則誰為我國家
鼎甌計者而不乘斯可治可亂之候收人心使無潰

也蘇子由曰天下之民惟無怨于其心怨而得以快其怨其爲毒猶可少解惟欝〻無所洩則其爲志也遠而其毒深此豈非預爲今日人心言耶夫欲靖人心莫若清主心欲銷民毒心莫若興上悔心爾時聖心寧非姤復交幾斯治亂一大原也蓋昔者輪臺之詔君子僅取能悔而又譏于漢脉已大半耗不知武惟封禪神仙可罷其塞瓠子伐匈奴勢則烏可已也其拓張掖空幕南取三韓收六詔功又烏可誣也而

以平準裒用于四方斂以礦稅積財于一室將孰愈也是漢武之封富民猶可緩也七日来復即見天地之心三年畜艾足起尫羸之病而皇上曾不一翻然憬然者真必奉天而悔乎雖然文之蹶厥生而必曰疏附後先脩和有夏而必曰散宜生南宮适以皇上之英斷是無論夔契竊意漢唐宋諸臣之能者亦或有道以處此而今直付之無可柰何徒謂皇上直用乾之上九耶皇上不過以一耳目視且聽而戢以衆

耳目程功效寔以證發之皇上不過以一心思猜且藐而戒以衆心思積誠竭諝以開豁之則大臣于權不必任亦不必避矣小臣于權不必附亦不必撓矣城府開扃鑰解機械銷營窟毀則何言説不得于皇上又何恩澤不洽于蒼黎是粟不必握而卜烏不必睹而止也爲泰爲豐夫豈虞剥故曰此姤復之際决治亂之候而脩政以收人心筌宰宜惴惴圖也不則上爲者日沈于幽翳而不可揣摩下爲者日趣于鬼

躁而釀成陰險斯誠黍谷鄉乎非鄒生之律可煖而

祖宗之德澤與法制文網俱不足恃也

氣節策

夫人之函氣也渺乎窅乎非有可呈掬控摶而子輿氏稱為浩然至塞天地噫嘻此非我之氣而天地之氣也天地之氣合為沖和播為靈異人非含靈而賦存者耶是故從稟受處名曰元氣而陰銷漸仆者餒從戕淺處名曰正氣而旁借曲傳者戾餒既志弱而

難持戾亦邪餒而終蹶則豈天地之初哉今夫人所運注挺拔于世者才與節耳而未有不禀於氣者也曰應馳驟非氣鼓之幾何不中疲廉隅維幹非氣凝之幾何不內潰才倘中疲天下事非一人可了也不無起而任之者而節果內潰吾之操檢隳坊表裂而吾之營魄洫面目醜矣則氣之貴者彼其靜專動直之體分苞絡于天地効美懿於人褱不但裕夫才而寔挺夫節也不但使天下受揮霍斡旋之才之利溥

而且使天下受堅貞剛大之節之風長也則謂節生于氣可也然所以無内潰者何也今夫以虎豹之猛也而人有時襲之其力未必加而其氣固已勝也人涉世大槩富貴貧賤兩端吾氣勝富貴則不爲富貴攝而恬曠之節著矣何有薰心之鴆毒吾氣勝貧賤則不爲貧賤攝而峻潔之節彰矣何有怵目之焦原以至死生患難莫不如是則氣之爲用其萎薾耶其堅貞耶氣節之相爲用其附麗耶其分背耶雖然勝

廱雞言請以天地明之蓋天地之受命于氣毋而亭毒乎百昌也出震見離亦既揚詡無餘而天地曰吾雖有相禪之氣萬劫不斃而終不可屑越用之故乾戰而坤役何盛盈之必衰息而昃落之反握固也圓顱方趾為氣幾何二尺之插胡不日取半焉而乃強陽逞乎用壯用罔何低昂也故論氣于今日不患其不張而深患其不歛不患其不伸而深患其不屈夫吾所謂歛者非不張也不欲謬為張也吾所謂屈者

非不伸也不欲妄求伸也昔談氣者曰一家之氣勝一國則吉一國之氣勝天下則吉今宇宙間惟一片浮游之氣耳浮游不已變而虛憍虛憍不已變而囂競囂競不已變而忿戾若然則無所以爲節地者矣浮游之必靡于銳精也虛憍之必奪于肫懇也囂競忿戾之必銷于恬一與寬和也勢也而況乎其可投而中也其可怖而搖也其可陰陽而易所向也順風而俯逆風而仰波頹弟靡節將安屬直僞爲名矣則

皆客氣累之也古大臣有入告嘉謀出稱乃后者矣有上殿相爭如虎下堂不失和氣者矣彼惟不尸名不藪利威福還之朝廷公議還之天下專一于無事如伏卵之雌奮蜚於有事如搏鳥之鷙客氣無自而乘而天下迄享和平之福令之君子何獨不然且夫名利者所必爭之物議論者所必駕之詞而沸羮者所必耗之氣也唐之季小人相攻而索莫于亂賊宋之季君子相攻而銷沮于夷狄是氣逆而節與俱淪

也皐夔稷契相讓無背公之嫌禮樂工虞相守無擅柄之忌是氣平而節與俱茂也柰何士大夫有氣而屑越用也今即不敢望太和之氣如成周宇宙又已論浩然之塞天地姑求無日以客氣乃剷而自墮終以厲氣鬱勃而禍國則有不出位之言在蓋氣有所專注則旁及之不遑而積衆氣以熙亮又何節不可樹譬治曆者然一節一候之無爽也至凡候皆然而氣序不相淩矣譬治身者然一脉一部部無爽也至

諸部皆然而神氣不虞弱矣吾出位而鬬無常勝之氣不如無氣吾任氣而竪無關繫之節不如無節是所以救氣之訛而標節之準也道義集而正氣生天地塞而大節顯此固歛於局之內非張於局之外屈於分以內非伸于分以外者也故曰不患其不張患其不歛不患其不伸患其不屈也若夫旌醇德以鎮之表宏議以鵠之使激者知恬者之為美矯者知純者之為真邪氣不得緣眾正之淩鋭而竊逞偽節不

得秉群言之淆亂而苟容則風勵之權廟堂之上操之矣

性習策

蓋天命謂性子思受之孔子而孔子論性與習寔本于湯伊至曰性近習遠則得天人所繇通併得天人所繇蠡蠡者明通者自著孟氏據爲性善者此也而情才寔始剏焉則益以發明習之用大蓋相遠者至舜跖而極而舜之情之才則順性而出跖之情之才

則逆性而行是情才可辯也亦可跖也可辯者習證性可跖者習悖性也若是則人惟一習習惟一性孔子性近一語盡之而有天命之性又有氣質之性何也曰此宋儒泥孔子之近而支焉者也性近之云原不借資氣質借資氣質則清與濁厚與薄之遠也久矣庸得近蓋張子有天地氣質之說而歐陽氏亦曰人生而靜以上不容說纔說性已襍形氣夫不容說者是也即形氣亦是而襍非也夫天以生為德者也

使上浮者惟清虚空洞而無飛潛動植洪纖高下之
屬點綴六合充牣兩間亦醯甕之天而已有天不可
無物有物尤不可無人有人不能無形氣而有形氣
即不能無性然則性者形氣之真君形氣者吾性之
廓舍也性無所乘形氣無所載將鳥獸無竅木石無
章而况人乎必無形氣則屬之天者本為命而不落
于人者竟以何稱性哉胡言襍也惟既落於人矣即
云襍矣而靈惺一點任人接搆牿已剥蝕戕賊而終

無虧理無翳時及妄銷真現一撥可轉譬日在霧表月在水中雖烟嵐層繞波濤疊翻而晶含體定了無干涉則形氣縱欲襍性而不可淂故性本自近自明添一氣質即牽合强傳而曉曉多言矣是以孔子則言性言習孟子祇言性善言情才而兼言氣氣亦豈駢枝哉惟孟子所言之氣益不足以襍性何也夜氣旦氣與浩然之氣無差別好惡相近之氣與配道與義之氣無彼此而之數氣者與形氣之氣有精粗亦

無異同大都人發揮性靈酬應理事無不倪於情展于才而鼓於氣非氣吾烏知情必卷而才必舒第所貴者初氣耳故可還以助性而橐鑰於性之府可還以害性而管轄于習之間習不謬則性有恒縱湯伊意如是止矣而何鑿性者之益戾也嗟夫金藏深礦火宿洪爐性有真英種山把鍾鳴絲咀絃絕性有真感通槐橋兄弟苗危主賓性有真調合宋臣解閉楚兒辯日性有真融會篋籩不問豆豆不荅籩性有真位

域兩不及陰陽陰陽不及和性有真機趣而適者不無性隱而氣張元氣正氣隱而客氣邪氣張舉其情懿才美不用于平旦之清明恬雅而盡用於旦晝之囂競忿乖此豈性之辜正孔子所遠之習也習惟上智下愚不移今蠢自性者豈庸愚哉性滲以清而無如習貪何性悠以恬而無如習躁何性坦以平而無如習競何性樸以愨而無如習詐何如曰此形氣襍之形氣不受也故論性者去形氣而後其說始直截

而明繕性者去習染而後具真始透脫而復彼三品者無容置吻為矣

謚法策

夫堯累土舜濃華桀喬木紂繹絲旨哉無謚之先不必諏矣周公旦太公望開嗣王業建功于牧野乃制謚後即幽厲乎君莫之或非而暴秦則曰柰何子議君臣議父夫秦不難焚書難去謚乎而後世所難似不在議君父反在議臣子今夫謚之公也至南郊稱

天臨之極矣賈充武許敬宗恭夏竦文莊秦檜忠獻斯時豈無天耶而黔婁楊厚王通孟郊蓋私謚焉誰為于郊而天固昭昭若斯矣以是知謚也者哀盛則隨世公私則隨人逆節遇篤念者何慮不武媚后遇昏惑者何慮不恭奸邪遇怯戰喜和者何慮不文莊忠獻夫逆媚奸邪厥罪毋赦篤念而昏惑怯戰而喜和其可責枯骨乎而謚必以美也駁不敢竟也或且無駁則必賞逆賞媚賞奸者十人而九也不則羽翼

之所比同而子孫之所憑籍也尊名一惠典莫鉅焉宵人據榮遇於生前猶竊美名於身後鬚眉其側者聽遷就回護將置世道人心于無何有之鄉是奚必太息晉唐宋之末路哉故論謚之用以勸懲大論謚所以用在源本端源本之端也必世道清夷人心公直學識執於一無偏頗之議論賢奸稽于衆無撓借之事權而後稱天而天不私詢人而人不枉不則周公謚法具在無能必其無狥而謂沈約賀琛扈蒙蘇

洵之書能辨此耶我朝臣下之謚大約昔似嚴而今稍寛昔似愜而今稍濫故執事欲美惡兩行之而不知仁廟時有惡謚不如無謚之諭大哉王言謚者皦而不謚者可知矣愚生也晚不及逢祖宗正直忠厚之盛乃猶及聞隆萬初禩也大臣物故循例贈卹尤卓犖者部疏特予淂之曰榮傳之曰當而其後子孫陳乞紛紛矣夫使公道甞懸倖竇不啟彼知必不可得何紛紛為哉有必不可許又何憚紛紛為而惟不

可淂竟淂不可許或許宜淂者不請不得宜許者請亦不許此其故盖難言之夫功過大小易程也人品真贋易覈也恩仇憎愛易剖也故誤疑似易原也傳聞流布易正也即說者曰庚詵可謚貞節林逋可謚和靖而胡必三品為然陳獻章謚以文公胡居仁謚以文敬而胡獨館閣為然伍文定而下予者二十九人而胡不推之靖難大禮諸臣亦然要之此直煩皇上俞以片綸耳惟是太史公曰謚者行之跡也號者

功之表也愚亦曰存者功之券也存而是非之者功
而予奪之之衡也世盖有幽芳不闡然終埋沒者幾
亦有大慝未懲然終揜蔽者幾非此之倫尤其可槩
也令一言耳忠佞两存而不别久則糅而佞可借資
矣一事耳功罪两存而不别久則淆而不肖匿影矣
以耳目肝膽儼然無恙之身而薰蕕涇渭若是去留
賞罰若是及無禄即世而屬之黨比不可知之人前
後不相聞之士覈而議之即無爽錙銖亦鬼之董狐

耳豈不絜斎之柄㨿奸回之羽翼開瀆之門延憸壬之子孫哉真者俻失又不直僞者俻淂而止則謚典奚時公且允也嗟乎示衮斧於黄壚揭月旦於白日重天縡於盖棺翳神鑒于弍序知人則哲將孰急焉而使天之尊有時褻謚之用有時窮吾恐晉唐宋之太常博士咲人于地下也

擬南京戊午武録策

問禦虜戰守和並稱策孰爲淂守和而稱禦義將焉

執厥守伊何不和無戰昔遂古帝皇何稷慎是輸々
予終王胡猾夏在士喪娉二佾淂國七十胗謗渧女
而柳棘交壁窒墐玉門班超詎西胡越一家安史詎
擕晉邇羌羯來亂于林宋儌獻納冊徂海深掃境以
戰虐中以和所喪孰多敵則輸幣臣則賞市所損孰
厲平無不陂薪突安知玁犺雖襄終焉黍離我守其
一厥惟法祖日月垂訓孰為靡監爾摧定保誓将庸
汝遼震匪鄰爾無諱予

天子無外東亘觚竹至於日下西衍蒲菖至于西王毋南傾丹穴北極禺強靡不盖之如天函之如地凡有血氣莫不尊親誰敢我以其蛙黽之旅井幹之區振臂昂首以招昊蒼曰惟若與我和矧有螳蜋之斧敢搏大輿乃至穹窿之宇欲煩圍帶予亡已請第三策之用如執事所稱不戰無和而無不守是上策也戰以定守守以待戰是曰中策戰守偏曰下策和無策矣戰者以其士馬予敵而固其圉守者以其圉予

敵而固其居和者以其居予敵也虛帑弛兵割地以至盡已耳和者降之飾也納者獻之緼也唯之與阿去幾何矣是故墮戰而言守者弱之倪托守而事和者亡之媒斯皆全軀保妻子之徒以國家僥倖旦夕寵其名膴幾而免焉以貽後人豈真為天子策者歟何謂上策禹其善用此矣苗民不即工三年舞干羽於帝階七旬而苗從北禹之和不以歲弊其戰不以肝腦天子有道守在四夷故謂之上策也何謂中策

昔者有熊氏戰烈山于阪泉禽蚩尤于涿鹿已乃則象天垂冕具器而天下胥靡帝偃武數百年居無城郭以師為營衛令所傳九宮之法是矣於是成湯則之七十征而九圍式故伊尹之令東暨于織人周武王則之伐奄驅飛廉滅國五十而六服諧故周公之菜幣至于稷慎夫織人稷慎故女直四部之墟也無戰何以臻此彼謂不能戰而可守者謅言哉此夫偏取閉玉關以謝西域之一語而欵執之世祖之初天

下定而輒叛彭寵劉漁陽盧芳闖五原不遑外略故西域請都護不出而強紆其辭曰諸國力不從心東西南北自在也未幾墩煌四郡中虜而竇固耿秉有涼州之役班超有疏勒之戰矣即世祖之日西域日通玉關終何嘗閉乎大率標枝既遠止戈其德此謂戰以定守也其次則如李牧居鴈門虜至清野收保故示以怯數年而攻其驕遂以斥塞魏尚居雲中軍租私養盡以饗賓客軍吏虜間一入帥騎車擊敗之

虜不敢近趙充國阻辛武賢之兵而屯金城卒以殲罕幵殄先零此能以守待戰者然而我不能無事矣故命之曰中策也何謂戰守偏昔者秦作巨防踰河而城中假以為金城千里之固銷鋒鑄鐻而錢鑄已之阪泉蚩尤并兼無親誅戰不休窮后射鳥而酗小子庚亡之進者狼疾退者燕棲而恒狃于小騰不已何待故曰下策至於和則無策矣漢高神武項羽韓信所不敵一困平城委聽婁敬貴主變禮太后聆謁

無何右賢齦新秦王庭直上谷歲入塞燒田中徼武帝漢其左袵矣典午竊魏假戎翟以捍吳蜀宅五胡于腹心遂使腥膻蒸於崧岱膏血流於河洛唐先苦突厥既臣之乃處之六州而安史相繼陷京師燕雲之藩貢賦永絕宋輸契丹以已魏輸完顏以制遼而已中原輸奇渥溫以制金而已天下始猶爭一獻納既而以神器俾之豈知元成受脤要感于絕幕之勳胡越一家式靈于頡利之藏刀筆之士譽偏辭以惑

人主委疆埸以媚蠶食媮保酺醊以寧妻孥六王鬼餒而儀衍不與其燼也悲哉曷不思漠埽境以戰而海内耗宋虛中以和而海内已獻納二百年鏤六十萬賞市四十年而歲出且五百萬已與耗孰多百與十孰厲以為易稱陂復而箝口曲從詩載黍離而噤謀薄伐此夫以盜賊遺君父以社稷遺仇虜者也我

皇祖有訓四夷阻隔山海無煩用兵惟胡戎累世戰爭必選將練兵時謹備之以故二祖之時不與之話

言不賴其使獻斥其塞壘以時張其撻伐今日禁頸交臂大酋僅一諸侯王而位將領下豈非魏鄴宋涼之餘威三犂百戰之已福乎夫何必千古挈今日之得失而衡之亦足以知矣甘涼日戰虜和以遁而我兵日威遼戎能戰虜和以竄而我兵半存晉塞不戰虜和以偪而我無兵矣和戎之一言昉于晉絳獲利於秦而中戢于漢晉唐宋以至無窮曾不思彼和而利者蓋有所用之也晉和戎晉所已鄰國之甌脫而

寔有諸姬之三晉秦和戎秦亡女樂二八而寔有西戎之七十國柰何割燕雲以當駒支驢歲幣以當女樂汲殫而綆絕卮漏而海罄何況有數之物力有盡之生民有限之土疆乎夫存亡不兩齊我恒不亡則亡者在彼常使虜偭漠其罷當不減漢夫無謂今日之奴爲震遼而已昔者秦有慕容晉有石虎齊有高歡遼有完顏皆一匹夫之力耳縱之王杲巳殪而縱哈赤何以異茲金之糜遼今年取開州明年取保州

又明年取泰州日交月攻一日而顯乾懿豪徽成川恵畢陷而遼已矣何也其力不殘而舉可再敵漸潰而可裂也其無謂尅撫順摧清河而頓委之以奴為失計也此其故智矣今日之事令居之塞分道勿遲都賴之城急擊勿失意者策之正爭若和與守愚生雖尪怯非所忍言

擬山東戊午武錄策

問魯兗齊青皆跨有九州之一孜之聖制遼故隸在

山東士賔官省咸附於是青兗遂為一而又益之以營也海内之州千里者十二齊集有其三又泗上十二諸侯皆大國復取八焉乃父老相傳倭以一艇登而並海皆殘柞浦之役四旅殲焉劉燧所經連城拉朽且夫仲父北伐山戎至於歸失其途何異南望招摇矣遼之役君子三千方舟恫愒惡在稱齊强也田第六賦第九田第三賦第四季氏之履畝管氏之田作煮海内政不殊一逢旱暵千里僵藉以國量乎澤

若焦汎舟之役猶望遄拯北遼而不能西移濟汶惡在稱齊富也足食足兵好謀而成魯論訓之矣食未嘗不生而不得食兵未嘗不具而不得兵何故將無信不足歟士留心經世可謂軍旅之事誠未之學耶其悉所聞以對

周公既留師保與召公分陝而治於雍濟河惟兗州元子宅爲海岱惟青州尚父宅爲魯有少昊之墟龜蒙鳧繹達於汶陽齊之授履始自無棣東漸於海濱

魯至隱桓其大已埒齊宋莊閔之後公私漸匱馴至昭定公賦什二公士無耦魯之削也不見於四境而見於長府丘甲之間矣齊至桓景十倍晉三倍楚至于宣王舉燕衂魏猶掇之也一傳而薊丘之植〻於汶篁松耶栢耶公不粒食我何齊魯之富強以華路藍縷之日而其貧弱乃在兼并支邦定伯取威之後也我明定鼎爰割二州東塹渑淄濰海之流南包滕薛鄒邾之壤西緣汶陶箕歷之山北枕衆徠成羽之

巖雖虛附營丘而全撑瀕渤自古帝王之圻無有過千里者今已三之矣鷄鳴狗吠四境相聞北盡海南盡淮阡陌交午九軌城逵車轂擊人肩摩舉袂成幕連衽成帷不特一臨淄之途爲然也數春秋之諸侯合大國者二并小國者八以此治賦何敵之能勍以此任土何歲之能饑增以國家重熙累洽之餘重以百辟庶尹翕受敷施之久六修九敘蓋運諸掌也然而百年以来倉廩漸虛蓋藏漸殫有司無以佐民則

請帑于國無以佐國復鐫膏於民一二呼庚癸則仰
屋竊嘆束手相顧而已此之為貧豈獨齊魯然哉府
兵衰于戍運獷騎罷于朘削藩鎮之家丁人不滿千
主軍皆人奴籍影無一控弦之臂客兵久又以粮厚
為巨室官人之寄民快弓機食官為兵虎冠而追呼
位齊民之上率以荷戟為耻邊粮既薄又以供賞市
贍交際饟匠作代驛遞之費掛虛扣寔客亦漸化為
主小警則議調援於鄰師中警則徵兵于天下一隅

之慁癬疥之騷動經數年而不解千里出戍巷哭徧城二千里之戰股慄相語未見賊而齒擊欲墮一夫奮鋋舞干而入即萬人走矣此之爲弱亦何必齊魯矣連州跨郡委積常平莫不中程以受考于大農湯歲再逢則父子相食臨德之儲貢發若掃兵士嗸嗸而道殣相枕藉白骨如丘雖齊魯之衰貧曷嘗爾耶州郡之兵自會省達于魏衛楚徐之壙龍虎之偏明威之裨昭信之校碁布星列游徼之卒南起東縉連

九仙絡不其放于崑崙旗幟相望水軍礮發震于日
出之國鼜而呼海欲沸也乃倭艘闖沂瑯琊悉奔劉
燧東躪魯無堅城幸而西者志在直浙東者志在中
原非然山東之境不又千里無雞鳴乎雖齊魯之弱
庸至是耶嗟夫富莫富于開麗麗莫廣于屯田强莫
強于蓄衆衆莫饒于府兵周公尚父之所經營雖已
其籍而昭代之制布在方策猶較若列眉也高皇帝
奄有萬邦分土建牧以鈐轄天下之民形覩諸要害

大者作衛四百九十有一小者所三百一十有一尺籍之士三百一十萬有奇屯八十九萬九千頃有奇屯者受田有差而户食其穡以半入于其官河以北則倍輸之今天下所存軍財八十四萬屯可七十萬餘耳在齊魯可指計矣承平日久民多游食游閒山人厮隸皆儕偶于冠裳而托饔飧于汗漫成餉既苦則相率去不爲軍軍之食巨室官人之奴僕寔食之軍已又不能以尺籍伍符致而餘其屯則使民佃之

佃與鄰佃又皆牟據其腴壤遷畝於淤登畦於椒以
轉歸之衛所以授無告之軍轉徙相授軍吏莫知所
在而屯以盡亡今其所存莫不下者沮洳上者爂燥
所不存者屯官正之以方策分屬償之逋缺恒半耳
戊已之尉受成方冊儻試詠之軍吏交舌而不下也
蓋所謂食常在土而戎不得食何能不貧乎府兵久
既喪其寔客兵久又踵其肩六郡大豪嘯聚于山出
沒于海而有司不問礦徒鹽販暮出晨歸沉于阻深

闇昧而無能燿之光明並海暴子弟亡賴少年吹笙鼓瑟鬭鷄走狗六博蹋鞠以相招摇終莫肯救公工作奸亡命探丸扞罔委質邪教結納死黨振臂一呼揵于烽火超距而前勢如風雨搏秘若掉蝟盬鋒若積環吾望青營之盜儼然其成軍也而莫肯勇于公戰所謂兵常在民而我不得兵弱何足怪乎夫士田兵制不殊古人而其壞亂迺至是是安尤哉以仲尼之訓推明問之指毋亦信不足已信者不以通易執

不以寬易嚴賞罰必決兵食必核諸紀綱法度一一設誠振刷之此于人情不利也而于國法則利夫人情習於寬縱通融久矣日欺日蔽害有極乎竊觀國家粃政表裡不具名寔相舛上之綜覈為迂緩調停為便宜下之蔽虧為才能清理為苛切天下既然齊魯安得不然矣萑蒲之警羽書徵戍交馳于道懸賞一級至于通侯追事平論賞則中稽于查核外稽于勘報刀筆之吏徐起而議之喪敗者未嘗誅瘡痍者

未嘗恤通侯之賞幾不喪元而已蒿艾之征軍無見粮急則增派又急則預徵事定功成而以予者嬰其累此夫罔其民而唆之隨以幾倖焉者也毎一治粟婁議之婁非之俛開之俛柅之粟吏不敢以自主持籌張皇求之則如救焚後事而議其汰更不可問也毎一治兵或以為在衆或以為在精或調之見伍或募之死力或少費以為節或厚貲以致士充國未至金城而庭已聚訟矣小勝若驚小敗若劇喪地數州

若以為常擣巢斥塞反以為罪機栝請事命定于呼
吸而後之至數月按上方略謀之千慮而失之於一
詰千變萬應百死一生以碁成功執一失而誅之更
不可對也晏安偷幸所罵在債帥而所晉有恒賕緩
急用人比十數大帥而侶馬馳之夫項以賞薄而慼
遼以罰輕而滅晉以三公而喪宋以煩議而亡今朝
廷無三日之功令四方無經年之法守元戎大將未
出而懷讒嫘薄佻佚調咲而處優此以隳俠烈之志

傷忠義之心致身者解體竭慮者銜悲雖周公爲相尚父爲帥安望陳紅如孝文神武若漢武乎執事誠憂之則莫若以信信立而法始行法行而兵始振揔之治世用輕法亂世用重法聖明在上不敢以重法之說進獨兵事似不可用輕法且久玩而氣索久索而法亡當今之勢如人從醉夢而呼之醒非沃以凉水不覺也非震以大聲不應也非持其臂而搖之恐驚亂而狂走也況乎賞罰不必兵食不核紀綱法度

不振夷狄横行于外蟊賊或動于中以夷狄侵中國不必勝也以中國侵中國患從心腹生未必不勝也以中國侵中國不必勝也以夷狄中國相為難腹背受敵未必不勝也噫事至今日孔棘矣當事不立信飭法鋭然奮勵徒日患貧與弱吾恐齊魯之憂不在海外而在眉睫之間矣

工部左侍郎聊城王公神道碑銘

萬曆庚戌五月二十三日少司空泓陽王公卒于官

毋曾太夫人年八衮開二哭子董其喪而公故子兄子國楷訃至始匍匐来京師也哀哉天子既憫念勞臣又惻其所遭荼苦祭葬贈䘏咸有加内批與謚無俟廷僉天下以是知主上不終薄大臣而大用不竟之感則滋深矣公昔撫浙坐事免官時盖有董范之獄天子逮直指御史暨烏程令下司寇公乃以不得與御史仝罪為愧顧公抑何罪乎久之事益白已亥詔湲公官戊申起南少司寇旋轉北少司空甚哉司

空之難也第令物力豐以不詘事勢徑以無撓天聽畢以無抗亦必拮据調劑以處于此而後爲僝之績見三者今不得一焉宮殿告災徵歛靡出榷稅入者又蘄泉流而水衡錢方靡耗未已是物力不得豐也閹尹胥商盬結日久反準例索不一而是稍問侵牟則舉群手以障隻目而不齟齬之不休是事勢不得徑也陳便宜清蠹耗亦既累牘而不得俞併不得報近倖在中釜鬵徒縣是天聽不得畢也公率薑桂之

性寧質愨而塞漏危物則工裕精觕值則絲粟錙銖齦齦乎無虛之不覈而無冗之不裁至巨工盛典先摧成數之所不可溢而後劑細目之所不可蒙以是山陵橋梁費十餘萬汰十五福邸費六十餘萬汰十三瑞邸費二十餘萬汰十二殿門費數百萬汰十一而公猶感憤于所汰之不盡如吾意故公每一會計寢食俱廢徬徨拊心積谻柴骨會正陽門樓火力疾估筭歸即抱病以逝嗚呼痛哉公弱冠登第起家元

城令下車輒捕不法席大席二輩旌孝弟力田郭綦輩又開渠釃陂水梁之樹之迄今民不病涉自武選歷遷光祿少卿時吏科都給事中陳與郊恣而橫公慷慨論劾忤當事意調南然陳用是自免去天下直之丞南大理魏府有滕主傭殺嫡讞者內賄坐傭公攝滕庭訊卒服辜卿太僕值西夏之亂上檻車徵總督大司馬魏公將罪以逗遛人莫敢爭公毅然疏勝負之數難易之辨謂功過宜相準上感動僅削大司

馬籍為庶人癸巳計典公以僉都御史協理稷蜂窟兎不獲兎而蜚語謗篋不得行談者挈為式云鎮撫兩浙單舸至姑蘇會東征歸卒憤諸帥侵牟以譟公手檄諭卒亟械繫萬戶焦國賢巳金榜等衆始帖而廳首事數十人殛磔城旦有差非公遏亂略者壬午故轍在眉睫間矣鹽官西陵故有堤而嚙于潮公荒度下碯楗堤用屹然東甌人健好鬬檇李吳興多閭右為政善漁無告而持有司公一切示與更始令出

惟行後公以董范之獄去吴越人號呼奔送舟輒不得發今西湖上猶伏臘公祠也公考文林公豪于貲而干掫暴客無虞夜公從武選謝病歸則盡斥田廬金帛牛馬緩急人殆盡乃大喜曰莫予毒也已迨以開府里居家益落蓽門無鐍盜入室啟藏衣粟匧櫛外無長物悵嘆羅拜去公亦不言諸人而跡之嗟夫此公生平梗概倘其廉而忠剛而直言不避難事不避怨而勞不避死者耶公諱汝訓字師古别號泓陽

先世山西洪洞人祖榮遷聊城榮生敬敬生興興生
釗釗生奎奎生四子伯曰藩者生公寔封文林郎母
劉生母曾娶田繼蕭公生嘉靖辛亥得年五十有九
嗣子國楷奉司空劉公狀乞銘公墓碑公生平懿嫰
狀詳矣故但撮其服官效節之大者表于左而系以
銘銘曰
師師濟濟維彼盛時茅連葚夬以升泰階竟楚之綱
閼弗克開耆成數輩竭蹶扶支掐謀肅乂畀公匪虧

侃直匪二出處半之腸結環賜悉忠酎知費秉時詘
用輒蠧孳爰塞穴竇異留髓脂澄清肅穆乃公胸懷
劼毖瑣褋精諳淹詼一柱斯挺傾朝所儀猶以协身
曾何究施誕鍾有會榮隍有基既鍾乃奪其隍奚揩
我銘公隧豈平生私貞臼振蠱千載為著

陝西參政本陽李公墓表

玉龍之山蜿秀甲嵜嵐其崗有阡過者或湋且喟則
潘叅本陽李公墓在爲公先拜元城令徵入歷春卿

諸曹既而奉命分領關内以疾乞歸而遽奪之年用
勿究也朝野盡傷曰夫殿邦禎國者安之乎而猷節
炳麟不與營魄俱往則有墓門之石在余故不辭厥
嗣在遴之請而據太原司成傅公狀表之狀稱公少
失父母持兩喪哀而中禮如成人稍長試有司輒高
等廪學宫四方負笈者門常滿乙酉舉鄉書上南宫
宿逆旅主人主人先梦緑衣郎乘黑龍自天而下比
公至服如之曰告龍祥公曰其壬辰徵乎壬方黑辰

位龍也辛戍壬辰進士令元城元城者畿南劇邑也魏博之遺俗尚武健其民嚚悍剽競四出牟利而忘本富天災流行守土者支拄捄過不暇公謂非先以禮讓柔士民之心彼蠭氣俘不得下于是飭黌宮中士誠立社師造請賢士大夫招致才俊與說經義更贖鬻招移墾荒課植賑饑農贍孝子樹坊表宅不一而足而又令罪鍰無入金悉輸粟待水暵元城民式歌且舞田疇子弟胥寄命公矣漳漲嚙民田取積粟

以為堤丈八千三百有五不牟民一錢邑故孔道無郵里召二富民領之産立蠡公取原額之緡市馬以供即里馬亦蠲富民用活歲解冏寺馬有正副而解者夤緣為奸利則躬相肥幹籍以入不用副冏卿駁罰亦不及元城他如禱旱霖飛驅蝗喙滅肺石不冤雀蕣無伏不可縷數則牟客詎乏多也薦剡騰沓凡一擢天官郎再候臺省遻不果始補祠部大宗伯交河余公江夏郭公獨倚重焉轉膳部俄轉客部膳部

署郎事所隷光禄族庖夙縁請托官者一以年勞為
衡客部職柔遠故事貢夷歸賚以寶鈔久之夷蒙名
商饗利公奏易以錢歲省不貲而遠人寔沾恩郎祠
部則司曆〻費有裁司樂〻樣有郤而于謚卹不敢
私于灾異不敢戢疏冊立疏雷震皇陵碑疏公主殤
别卜吉城保〻不顧忌諱卒亦無忤卜建乾清宫之
役公以溢職精勤拜上茶藥賜水衡題加俸一級隨
調儀部郎推神木榆林大名臨清洮岷湖廣備兵使

陝西督學使俱不報乃請使上黨治喪德平邸而司
銓謂不宜久賢勞公再推陝西叅政治關内兩蹠咸
報可會皇太孫生贈封兩尊人而公歸嵩嶔矣秦直
指中丞數遣使趣公入關公疾已劇固請懸車淂告
予病痊特起東山之枕甫安而北印之璽已露則萬
曆丁未嘉平月也距其生嘉靖辛亥一陽月年僅五
十有七哀哉大都公明練有膽智慈仁好施予居鄉
居官若出一轍而廉潔孝友則彼蒼似純畀之往在

元城掌鑰者夜代人入五百金鑰匱中公杖從遠方
積羡千金有奇主計吏嘿白公公黜之盡蠲為河工
助閏月賦他邑例入私囊公兄正賦若干回抵所輸
居春書時持節冊封寧化王晢卻金帛四夷藩鎮入
貢必私覿客部公曰若知覿為汝例獨不知卻為吾
例乎于祠部有行千金圖任子者公不顧咲謂吾敢
以朝廷鴻典市耶皭然不淄如此今釋褐領邑者曰
躬簿書疲迎謁鞭笞之不遑而凌襍之是問我其俗

吏也耶坐是不肖者恣其集詬之習而賢者亦行以傲忽之心其或以部署徵懟矣曹局散吏何能為在昔虞廷殳斨朱虎不以工虞儼然與二十二人方烈耶使必銓諫而後儁功人擇官官更先擇人矣公不鄙㝢魏慱之墟與之利相集疢相殫德禮相先而細翔春曹隨職自堅直哉惟清虁難專𡾟斯不亦國家隆郅所杖而祚以不永惜哉若公家世子姓婚姻并撰著悉狀中不具載

郭建初先生傳

郭建初先生者起諸生升太學以績文樹義交驩海內鉅公長者所著有詩文若干卷燕史薊略臨汀上杭永平志忠烈祠畧玉融古史大都沉欝古博名諜海內不虛已而且敦節義遠鱣鄉人今行古余嘗恨不能起九原與游無何伯子孝廉應寵謁余請傳余乃更悉其媺也先生名造卿字建初福清之化南里人曾大父處士定大父茂才世治父比部郎爲程母

盧安人比部有母曰何以節稱比部公志顯揚未竟
辛于官先生扶櫬歸纔七歲遂遇閩學使者貴溪江
公請曰先人所不瞑地下惟我大母節莫之表也大
夫憫焉江公諾太息孺子非常兒既歸僑居海口治
博士業屢試冠諸生兼善聲詩古文詞又以餘力習
韜鈐秘策曰嫺兵事好籌畫閩中倭游越客胡少保
李襄敏所兩公咸以身下而新安汪伯玉先生素奇
其文曰此良史才不意得之縫掖戚大將軍元敬盪

閩冠伯玉適開府閩交禮重先生司馬龍潭葉公時為邑令館先生招提請教惟謹司馬從父曰化甫令惠安迎先生訂其政書吳興徐子與先生攝督學辟先生於南宮曰辛業成均戚大將軍復鎮薊門虛左固迎會子與入覲且還豫章請偕往先生曰我不可先戚而後徐夫先大母之獲旌而先比部之從祀也非徐先生持之力我無以見大妣若考地下竟從徐徐埒先生為董喪為立後為傳遺文又為請祀于其

鄉乃始馳之薊門元敬館之漠庄草燕史〻雖名燕
而旁羅縷附者廣上下數千年磅礴幾萬里體例𥧌
絶明定鼎析木之次召故封也考芳鏡慝援事徵故
苟留意軍國誰能廢之故元敬移他鎮去先生獨鄧
䬃廩謝造請仍留漠庄竣史事顧益卿中丞治具就
館勞之後中丞畫海漕活遼人十餘萬策𡨋出先生
而幹略可知也扁舟南下徜徉五湖既歸戒廬兒下
捷毋通諸貴人牘日卧麟巖中望遠海灝𠅤之氣自

娱登樓偶蹶遂以不起年止六十有二可勝悼哉

史氏曰郭先生一橋門弟子耳豐才阨數即不得奮逵漠大抒所抱而三寸之管炳麟當世皆安攘匡阜偉略出豈徒文章士耶要以先生義甚高江公即世二十載家困大徭先生為白觀察陳公解免之而且脫公子汝蘭於難即江公詎意郭生能報德也曩太息非常兒徵矣

亦園詩略

全

亦園詩略

癸卯下第擬同谷七歌

送徐興公之海澄曹能始之長泰

海濵即事

送沈從先還姑蘇

野外散行

送吴非熊歸白下

仁王寺送能始還大理

飲友人新居

謝在杭招宴焦園
和阮太冲草色
流民圖
塞寒吟
無題
上苑聽新鶯和陳伯全
早朝接奏
分水關

上巳喻正之郡公招飲桑溪

送陳惟秦游東粵

薛老庄

中秋集在杭泊臺分賦栢梁體五言排律

醉茶居

送在杭還朝

別塔影園

賦得灞上柳枝黃送陳汝翔之張秋

錢塘大雨感懷

湖中思歸

癸丑除夕

遊瓦官寺和黃貞父韻

仝林熙工陳伯儒宿牛首山庄

遊天闕

燕子磯

南庵

登泰山

蓬萊閣觀海市

戊午重游雨花臺次壁間韻

汎赤石磯

鍾伯敬招儞禊事

秦淮五日賦得授詩贈汨羅

被光閣

己未白門别鍾伯敬文太青諸子

目録終

亦園詩略

閬中王　宇著

竟陵譚元春選

虎林門人　劉士鏻　黄樞

朱養純　江浩　訂

子陵釣臺

將星爭似客星明，草没雲臺瀨有聲。七里危峰高士志，一溪流水故人情。

中秋屠緯真招集西湖

湖月出何皎，游人此獨宜。虹橋穿錦帶，甲帳遍游帷

桂落招提夕荷踈澤國時山河真有影囙起故園思

八月十八日錢塘江觀潮

長江界斷東西越江水茫茫尾閭洩忽迸巨浪拍天流正是中秋潮應月秋潮澎湃如轟雷雪山萬疊騰空来波神震怒氣鬱勃海若呌嘯聲喧豗月輪山下西陵口白馬群犇羅刹走巨鰲足折不敢伸天吳膽落那能吼伍相鴟夷浮水上千秋萬載猶靈爽忠魂来往不忘吳變作江心暮潮響

和虞長孺先生

圓照淨湖月閒情潛水煙皈依繞越絕契澗又聞天演若狂猶在阿難志可憐他時懸夢寐汎汎六橋船

斗齋

小築真如斗才多不厭貧高纔五六尺窄受兩三賓花好供盆景書宜貯袖珍莫嫌主賓小常見月窺人

三月晦日集塔影園送春有伎

有客翩翩載酒過綠陰穿破白雲多懽遊莫惜韶華

盡還有春光在綺羅

林天迪招東園社集

林園勝據芳郊景茂樹清泉相映帶邀懽共作美遨遊結社廣開良宴會衆壑微紅妝夕曛群峰疊翠澄秋靄臨池花影墜空香隔水松濤響幽籟選伎歌翻金縷衣擊鮮盤鏤銀絲膾千秋詞客結中原一咲佳人迷下蔡古今雅集抜風流俯仰沉淪增感慨遥將白眼看秋旻孤鶴高飛海雲外

癸卯下第擬同谷七歌

有客有客號狂奴，放志高談驚世儒。胸中氣吐吞天吴，傲睨宇内非吾徒。酒酣長嘯擊唾壺，三十無名羞壯夫。嗚呼一歌兮歌已豪，長松激風〻怒號。

不律從戎結綢繆，執手論心經幾秋。著書空自甘窮愁，文章竟乏干時謀。春風得意多貴游，錦衣繡幄擁驊騮。嗚呼二歌兮歌始烈，中宵起舞昆吾折。

有母有母病且貧，朝艱夕苦愁吟呻。望子心勞白髮

新何堪於邑重傷神有恨悠悠難具陳吞聲飲淚呼高旻嗚呼三歌兮歌銷䰟四壁淒其白晝昏

有妹有妹未結褵有弟總似陶家兒荏苒忽已長大期尚平之累誰為支兄也猶然嗟數奇他時骨肉憂仳離嗚呼四歌兮歌悲哀孤鴻數聲天外來

荊妻掩袂投空牀少婦牽裾訴君傍兒女相看泣斷腸短衣露骭秋風涼我心輾轉不能忘徘徊中庭夜未央嗚呼五歌兮歌哽咽紙窓雨濕燈欲滅

生来骯髒無埶友誰憐拓落收窮芳舊游中道潛相

抛㞢親亦復輕譏嘲人情趨熱如投醪轉眼踈戚成

同胞嗚呼六歌兮歌慘傷空山鬼火吹寒光

君不見北卬纍纍如夏屋生前豪華艷金谷一朝零

落荒山麓不朽何如潘與陸景光西逝無廻軸身後

千秋君自卜嗚呼七歌兮憂思憧霜林夜月鳴踈鐘

送徐興公之海澄曹能始之長泰

十日看山巒並聯漳南城外各雲天客知廷尉羅休

設人重徐卿榻不懸瘴壓山城頻市酒寒消海日少
裝綿堤頭剩有哀楊在雙折殘枝贈馬鞭

海濱即事

一葉風帆挂夕陽青々海氣入微茫山城忽送腥風
至釣艇新歸淡水洋

送沈從先還姑蘇

尊酒邀君塔影中離情況復值東風池頭柳散千條
綠水面花飛一片紅

野外散行

試望遥峰合殘山入海低芙蓉開斷嶼羅薜障迴溪暮鳥歸能認春花醉欲迷清幽非一處選石盡堪題

送吳非熊歸白下

迢迢歸騎及春陽風暖征途碧草香白社幾迴還送客青樓何處更迎郎曉登鍾阜雲陰濕夜泊秦淮月影涼莫謂羈魂從此斷舊都猶自是他方

仁王寺送熊始還大理

留署誰云冷相傳吏是僊鷄鳴後湖月鶯喚故宮煙
刑法閒中志山川靜裡緣同居無住界何必悵雲天

飲友人新居

朱欄十二繞房櫳新築南山五畝宮池上錦鴛浮淺
綠簾前黃蝶戀輕紅粉墻斜映梨花月翠袖低翻柳
葉風銀燭高燒絃管沸不妨長夜醉新豐

送林古度之金陵

故鄉辭去淚沾衣二月津亭柳絮飛身入家園翻似

寄梦懸京國却如歸片帆夜度龍江水雙屐晴登燕
子磯欲𢤱北堂懷土意好携霜橘獻慈闈

徐興公招李庭堅諸子過塔景園分賦

幽居自放鹿門龎客子如雲訪北窓萍梗浮踪逢瘴
海尊羮歸興動吴江人堅談壘誰為敵酒破愁兵不
受降南浦風光催去棹還同覔句續銀釭

跨虹樓

風氣蕭蕭正值秋那堪為客更登樓青袍拓落憐仝

病翠袖蹁躚舞莫愁百丈長虹雲裡度一鈎新魄浪中浮酒闌人散乘舟去幾曲歌聲逐水流

題美人画裙

誰將淡墨染春雲乍覺幽香珮底聞爲恐輕風吹欲舉花枝暗繫越羅裙

送友人北上

三十知名客鳴鞭問帝城才高題詠徧遊勝別離輕禁柳雲邊色宮鐘月下聲貧交何以贈爲賦少年行

題景姬小影

紅愁綠慘月黄昏惆悵臨風裛淚痕何事含毫空佇立欲題幽怨寄王孫

吴曰之先生使闇見訪

軒車陋草澤枉駕絶荆靡伊余分棄置甘息園中機明德靡不篤窮巷儼騄騑感嘆徒傍徨敢忘國士知

新秋西湖社集

秋色浸湖湄秋聲衆木知高峰雙菡萏大地一琉璃

歌逐荷香度舟尋柳影移蟾蜍方美水鳥鵲自栖枝
滿瀉青尊酒齊徵白雪詞遠鐘催暮景天末起涼颸

謝在杭招宴焦園

三逕逶迤夏木蒼招携仝入藕花庄尋歡北澗元爲
謝侍讌西園舊有王樂府新詞傳綃婦醉鄉高會倩
桑郎相從竟夕驪歌動悵望伊人水一方

和阮太冲草色

野景芳春媚靡蕪入望平菁葱隨地遠杳靄比烟清

着雨淺含翠迎風乍向幪祇憑汀際滿不礙馬蹄輕
顯〻西池梦菲〻南浦程王孫歸未得徙倚自關情

流民圖

安上門前景蕭索鵠形憔悴鶉衣惡老幼顛連大道
旁逢人血淚雙〻落丞相丞相法欲新其柰流離我
輦人監門涕泣跡丹陛君王覽奏重傷神俄傳恩詔
魅路哭甘霖千里亦何速明燭高燒錦繡筵幾能光
照逃亡屋

塞寒吟

膠河水合葱嶺雪胡笳嗚咽風凛冽鷄聲月影向長城黄沙一望鳥飛絶征衣紙脆征淚血龜手誰堪夜持鐵中軍宴飲懽呼盧肯念帳前膚寸裂

無題

綠窗瓊樹一枝横十二樓頭月正明飛絮恐看楊柳色吹簫空想鳳凰聲花迷玉洞津難覓露冷瑶堂夢易驚散盡彩雲天似水不逢摇落也關情

欲尋青雀問仙蹤知在蓬山第幾峰銀漢波深明月冷玉京路杳碧烟重萋迷芳草愁中色慘澹梨花梦裡容何處教人最惆悵客牕風雨五更鐘

上苑聽新鶯和陳伯全

禁籞芳菲旭日晴遥聞柳外語嚶〻間關似惜春花落睍睆如憐曉露清月傍虛簷傳鳳吹風摇高樹襍鸞笙無情亦自呼春色喚徹長門是此聲

早朝接奏

禁城佳氣曉氤氳承旨螭頭近聖君柳外聽鶯啼綠霧花邊繫馬踏紅雲鳴珂侍直寒光動待漏趨朝曙色分誰道龍顏違尺五朝〻天語半空聞

分水關

行窮高嶺插天齊鳥道層〻古木低一片白雲無路出但隨流水下幽溪

武夷山中

遙〻遡九曲中路鬱蒼烟入林越危岡奇石間寒泉

數家巧編蘺客竹斜圍川激澗響雲碓疊圳澆畬田
劊穫互為勞餽餉自相憐種茶墾荒畦掘笋佐時鮮
曠望怡心神淳風追古先惕亭已云邈曾孫猶重遷
仙源信匪遠攖攖徒茫然

永陽溪行

行窮峭壁方尋逕偶入幽溪又幾重炯暗竹園鷺雉
起沉沉隔塢響踈鐘

賦得塗山送高景倩之睢陽

襄陵滔天鴻水流湯〻浩〻群黎憂帝命司空績用酬車船橇檋開九州四隩既宅六府脩東巡輯瑞覲諸侯詩巳迹熄餘烈收燔柴玉帛土一丘皇祖龍飛繩大猶中都帝業光千秋君過此地低徊留明德遠矣居可求

太姥山行

閩天遥控古温麻太姥雲山接永嘉度嶺僧歸松際月褰帷人出海東霞茫〻遠嶼防秋堡黯〻踈籬賣

酒家三十六峯青縹緲香風吹送木樨花

綦嶴

跨海孤城合衝潮兩嶴連編籬通淤澤掘井避鹹泉網晒初歸澳燈懸各認船村人誇地勝碧水湧青蓮

白龍潭

霍林洞天稱第一太姥奇峯迥難匹憑高四望心茫然淼溟直是淩蒼烟山中玄靈最叵測陰陰龍潭杳無極三天門隱雲自扃一線天迷路轉寘鴻荒以來

到者誰仙源茫昧問誰知余也下山如梦起夢中恍見容成子

送練克孝赴闕為其先中丞請卹

金川鼎沸國運厄朝紳奔竄東西陌孤忠揞死殉故君舌斷身已志不易目前留取寸心丹身後那辭九族赤月昏舊殿泣精魂雨漬荒臺腥血跡先帝深憐祀若敖特赦瓊孃承乂澤寧期一綫寄吳航蒼穹不斬忠臣脉此時籲天天亦愁八代沉冤一朝白

法雲別業

幾盤羅磴綠陰迷，徑轉山門草樹齊。雲氣全收城內外，鐘聲難辨寺東西。風生古桂微香遠，月照疎松倒影低。最喜墻東居止近，相過時聽曉鶯啼。

上巳喻𤣥之郡公招飲桑溪

睠此暮春，候幽賞山之阿。長林餘清陰，和風週迴波。曰之澹俗慮，兼以解微痾。歡情未云歌，物感悽已多。賢王留勝跡，芃芃空黍禾。時代倏以移，滄桑竟如何。

送陳惟秦游東粤

閩天盡處即潮陽送客還傷道路長三伏不堪驅瘴嶺孤身況自入蠻鄉山城暮雨芭蕉緑野店秋風蔞葉黄翠羽啼花聲不歇夜深凄斷旅人腸

薛老庄

卜地幽棲逈臨城遠眺新石樓懸翠巘棧道絶紅塵谷静傳清籟松陰散近隣坐遲涼月上花氣滿衣巾

中秋集在杭泊臺分賦栢梁體五言排律

歲臨辛亥月仲商斗杓西指鴈南翔素娥頻彩清波揚虖臺經始泊河陽登高騁望攬八荒上才紛集宵筵張縱橫文雅飛羽觴酒酣起舞歌慨康明河爛兮夜未央踈松墜露生微凉漸省孙魄辭屋梁歡極悲來心煩傷

層臺出水涯月色此先知霜鏡縣澄徹波金漾陸離遠潮隨魄滿寒兎搗香遲氣引渠荷入光催岸柳移明年自南北徒爾照離思

醉茶居

睡起空齋茗椀香孤鐺影裡梦魂涼不須別問中山酒心入閒鄉是醉鄉

送在杭還朝

愛君宦味澹悠〻乞假尋山兩度秋昔来楊柳呈新色今去芙蓉結遠愁余亦還家嵗已闌過從不厭朝仍夕把袂應銷送別魂一尊漫憶趨朝客征途難逐使旌行君往燕都識舊京他日江南望江北天連四

塞白雲横

別塔影園

王程頻促簡書新猶戀家園寄一身池上花光更變態樓前山色見清真卧歌光愛中宵月游賞情憐二月春從此寸心懸塔影馬頭日日羨間人

賦得灞上柳枝黄送陳汝翔之張秋

離人腸斷緑楊溪極目寒烟幾處迷此日衰條不堪折分携愁過渭橋西

保叔嶺

出郭不數里層巒第一重危亭懸峭壁古刹掛高峰
雲氣蒸幽谷風聲撼亂松江湖田望合身出秀芙蓉

斷橋仝沈子雲閒步

幾家茆屋野橋邊竹影踈籬小澗泉却羨村翁来市
酒坐依紅樹醉秋烟

烔霞嶺

層峰簇々繞湖邊磴道盤旋遠接天薄霧過林初晚

日殘虹挂壁蚤秋烟晦宾不辨岩前路穽歷惟聽澗

底泉最是好山行恐盡白雲猶戀一宵眠

望西溪

身出千峰鳥絶飛探梅愁對日斜暉潺湲不耐西溪

水流盡寒花出翠微

月輪山

塔院莽蕭蕭殘山東海潮陂寬閘堰舊村斷引堤遥

客去度孤杖僧行挂一瓢不須問强弩霸業總烟銷

十八澗

松色暗蒼壁溪迴曲徑旋鐘聲沉窓樹旛影澹寒烟猿佐廚中爨龍歸澗底泉江湖最幽處賴是少遊船

龍井

縹緲幢旛綠樹低山門斜路夕陽西古壇危跨千層嶂細水遥通九曲溪松際谷聲清磬合竹間雲氣小樓迷禪心已與塵緣斷不礙孤猿午夜啼

徐魏公別墅

樹色鬱芳園高人及寤言清尊傾竹葉妙曲艷桃根

鶴舞花間影魚吞水上痕他年留勝跡名比謝公墩

獻花道中

薄暮度孤村岩泉曲繞門桑麻深晚圃鷄犬散荒原

野意青帘隱秋聲黄葉繁人烟籬外斷清夜只聞猿

棲霞寺

大壑白雲封羅陰澗水濃洞巖開半嶺江水遶前峰

暝色下幽鳥寒聲響亂松傷心諸佛像古壁失真容

和胡彭舉

自覺他鄉獨客閒不禁幽事更相關朝来踏遍林中寺夢去還尋画裡山

游平山同通上人

乘風登傑閣終古俯潺湲玉浦歸潮月金陵隔岸山秋聲迎客至遠思帶僧還莫道游難再長江一水閒

彭舉掘地得石

六代隱奇石千秋出壅沙玄靈一造化形勢幾橫斜

深壑藏三泖層巒幻九華摩挲閑有思晤對靜無譁恠道蘇公供奇應米老誇風雷莫驚挾正合護人家

紅葉

誰言秋葉别春滋霜後殷紅露晚姿瑪瑙叢中飄錦帶珊瑚枝上拂彤旗千林絳焰欺榴火十月丹房妬荔支惆悵朱顔難久駐西風瑟瑟使人悲

江上别友人兼訂西湖之約

世路方如此行行安所之孤忠雖自許獨往亦何爲

江北雪中約湖南月下期孤山梅幾樹幽賞正相宜

平山看雪夜過王申甫家

六花半夜散人間匝地新梅月一彎村舍鱗鱗凝素浪江烟漠漠失青山空林炫色鋪瓊滿飛鳥驚寒帶絮還誰似子猷容易返更乘餘興訪紫關

和譚友夏

一枝余不定君此亦浮家相視無能别孤帆天外斜

李本寧招集甘露閣目病不赴

白露清曠野紅樓出疎樹縹緲江上煙蕭散林中趣
多病怯登樓寤歌有餘慕近隅一重山如迷二里霧

和王二固

朔風肅以烈吹沙迷川原草木既摧萎雪霜夜且繁
行々者獨客感此辭白門陽春忽改律壯士唱高言
能使大寒後萬物被和暄飆彼枝與葉保兹荄與根
慷慨向空天我心長自存

癸丑白門別孫子畬王弱生諸子

分携何事不堪憐况值斜風斜雨天隔岸黑雲千樹失翻空白浪片帆懸驚危祇覺乾坤窄飄泊聊隨山水緣回首舊游倍惆悵秦淮花月後湖烟

蔡伯達出訪南郊

欲去慚未得還勞日出尋身同遊野寺梦自返家林對酒輶時事探幽盡日心別来猶不倦木末聽鐘音

霧中望太湖

蒼茫五湖水遥波天際開霧市沉丘山眺望心徘徊

苧羅去何遠鴟夷無重迴感此悟遠託翻思歸去来

僦居西湖

山川何地匪吾廬習懶經旬髮未梳爇罷龍涎閒閱藏烹殘蟹眼靜臨書不從方外稱司馬聊向湖邊學釣魚生計湯嗤無負郭老農原以舌爲鋤

汎霜月

放鶴亭邊畫舫移一天霜月浸琉璃素娥影向氷壺漾青女粧臨玉鏡窺漁火梵鐘雙塔外板橋茅店五

更時尊前不覺烏啼急烟水微茫返棹遲

錢塘大雨感懷

昨夜腥風忽淵樓蛟龍血戰大江頭怒翻海上幾千
島鷺散山前數萬艘望去綠殘遊子恨夢回紅落美
人愁錢塘新漲胥濤沸疑是孤臣添淚流

湖中思歸

朝〻堤柳伴行吟忽動涼飔減綠陰山寺曉登霜磴
滑湖船夜宿水雲侵猿啼鶴唳三山夢鱸膾蓴羹九

月心最是故園春氣早梅花千樹待相尋

癸丑除夕

虛度流光四十年思鄉感事總堪憐蛾眉關鎖長門冷鷄肋空羈遠地懸債急難將詩退癘硯穿湧倚石為田旅中猶喜無迎送羸得明朝自在眠

游瓦官寺和黄貞父韻

地僻驚人靜林迴覺徑深荒臺𨻶古跡叢竹换新陰遠近通村色東西和磬音猶餘高閣在白浪已無尋

仝林熙工陳伯儒宿牛首山庄

輞川何處問谷口此相從望際池光満坐餘山色濃懸空青藟蔔匝地紫芙蓉樹暗若無路径旋還有重桃然經宿雨松度隔林鐘月冷思逾澹燭殘遊未慵清齋葵供客閒課筆為農不定明朝跡南山第幾峰

遊天闕

青蓮梵宇掛崔嵬飛閣遥啣翠壁開幡起四天懸日月欄憑萬壑走風雷閑闕塔影翻空落齋衆厨炯湧

地来自是此中忘世念頻看山鳥獻花回

燕子磯

郊路忽以轉亭臺逼水灣危磯雖近壁高浪欲沉山
鴉集帆檣噪魚隨網罟還飛舟空外度一葉自閒ヽ

南庵

淨室窮幽境盤旋似遠村逶迤新竹徑盤錯古松根
雲氣沿蘿合泉聲出澗繁入林塵慮息清磬度黃昏

萬竹園

翠壁週遭路不通琅玕千頃碧烟籠除將晴鳥寒猿過幾有閒人到此中

石頭菴訪高原不遇

小逕度橋入清幽開竹關白雲千片合碧澗幾重灣香氣出籬散禪衣挂壁間林深猶有寺不待老僧還

宿唐宜之靈谷山房

半畝林亭小逕通暗泉分澗入花叢煮茶濤沸嵐烟外洗硯雲浮水氣中粉蝶週遭牽薜朱闌廻繞映

丹楓曲房借得經宵宿纖月微霜叫斷鴻

雨花臺春望

蒙茸草色繡層原六代風流四望存雨後汎舟桃葉渡雪中騎馬杏花村紅飛地〻香游屐綠霞家〻韻夢魂落照晚烟爭采羅滿林鐘磬遞黃昏

陳元愷病告感寄

卧病非關足多因行路難峒蛇憑九折山鬼踞千盤披棘心肝碎憂天骨髓乾無如閉户也翻覺世途寬

送客遊楚中

十年踪跡總天涯，塞北江南不問家。楚澤春深向芳草，秦淮雪後別梅花。

丁巳白門別焦弱侯蘇弘家諸相知

歷盡風波日，游窮山水身。鄉心幾重老，柳色七回新。頻感曾經事，多逢堪戀人。此皆花鳥意，倍使別愁真。

山東懷友

懷人千里隔，況復寒氣侵。悲秋今在昔，銷魂逈自今

登岱望不極觀海遠且深層雲喉孤鴈天上寄愁心

登泰山

封禪侈前代荒丘餘感慨不如沒字碑巋然千古在

蓬萊閣觀海市

東風五月掀天吴蜃氣吹波作画圖城郭樓臺成頃刻旌旗車馬變須臾偶然島合三為一忽爾山沉有若無因悟區中多幻化浮踪從此託乘桴

戊午重游雨花臺次壁間韻

又来家此地祇為稱閒身不厭山光舊徧憐遊事新
村童知喜容寺大亦依人幾度思投老而今漸向真

泛赤石磯

不識仙人樂止應如我閒空磯隨日至曲水趁心還
始覺風波外仍餘丘壑閒輕舟殊未已穿〻自春山

鍾伯敬招脩禊事

青鳥司開後故物交取新尋勝日又日脩禊及茲辰
無能挽落花有可承芳茵曠懷屬塵外幽意寄水濱

天地不覺大聊與木石親

秦淮五日賦得投詩贈汨羅

四野玉龍戰九江金鏁掣豐蔀日月昏堅氷天地閉蹇〻挺忠規夬〻屹武節陪臣執國命讒黨兆妖孽地喪敵釁開師覆主威褻孤直關衆忌一簧駕兩舌吟澤形欹枯懷沙肝膽裂恥飼豺虎吻甘化蛟螭血滄浪任清濁纓足自皎潔故都生所懷歷相死匪屑楚傳語空哀騷人腸逾烈秦淮王氣鑿殽函霸灰滅

借此五月寒消彼千古熱殷勤屬流波瀠洄餘哽咽

被光閣

高閣俯江城春光澹復明綠條新設色碧草遠含情

塔影雲端現山容雨後清凭欄看不厭還待月初生

已未白門別鍾伯敬文太青諸子

病深幾死訣病起復生離如此魂將絕那堪淚自垂

相看無限念重到莫為期回首長干寺鍾鳴月落時

曹壓客席上別徐昭質胡元振

相聚不覺歡乍別忽若失感爾雲水踪益戚霜露疾夜月色悽〻秋風氣瑟〻傷心館嬌亭離歌聽六一

夢遊

亦在山之巔深奇別一天樹多秦代植碑半漢人鐫路沒石交壓岩空水亂穿峰尖安廣坐屋末灑飛泉入洞虛堂啟捫蘿隅澗牽縣崖欹閣掛斷嶼倒枝連窅窱和猿嘯盥迴效蟻旋生來有幽僻於此領終焉

和王女冠

偶逢還似夢夢裡憶當年苔繡穿雲屧荷香載月船
髮僧方出世毛女忽依禪寒水餘清影雙峰靜悄然

別徐玄仗太僕

相逢能幾日此別豈知秋世累已如是交情祇自愁
談邊仝嘔血說鬼更添憂洒淚登舟去白雲從我游

仝葛水鑑譚友夏宿法相寺

入林數里轉縈紆遠隔人烟近隔湖蕊菁繞籬藏小
彴蒙茸當路竄封狐雪中掘筍燒蘆火雨後收茶試

焙爐不用閑關尋入定一潭寒水月明孤

湖上送友夏

相離復相聚仝僻每仝游去住两堤柳朝昏一葉舟
心閒寧計日裝薄不宜秋各問還山路江寒客梦幽

初埽家園

兒童驚長大我老亦何如竹木總非故容顏能似初
新隣多改換舊友半消除猶喜殘書在相親未肯疎

妙峰庵

合沓迴青嶂，烟銷古院荒。薜蘿蒙斷壁，狐兔竄空梁。廢洞出寒溜，空潭留夕陽。名僧誰卓錫，重復舊禪房。

秋夜送林夷侯曾用晦

病中聞別去，神魂忽飛越。露泣芙蓉江，風戰芭蕉月。悲秋情自深，送遠愁轉葢。空山後夜心，縣知堪白髮。

病起

生死亦隨時，炎凉安問之。捲簾迎雀訪，策杖赴花期。靜趣閒中得，交情病後知。然閑長日閉，乍啟為延醫。

宿董崇相山居

聞說長安事已非，甘投海曲被蘿衣。村煙繚繞山城隱，海色蒼茫島嶼微。百洞風生馴虎至，半空雲起老龍歸。雖然倭船時驚梦，猶喜門庭冠盜稀。

生第四子東鄭孟慶

生子皆嫌少，勞人獨厭多。此時先已累，後日更如何。有數或難減，無謀且任佗。但祈休似我，半世浪經過。

贈壺江丈人

遠心栖海曲，幽跡隱壺中。別自為天地，不須愁雨風。亭臺浮蜃市，樓櫓擁鮫宮。靈樹升初日，波光萬里紅。

冬日閒居

風寒懶出户，獨坐又無聊。病久兒童遠，囊空意氣消。擁書心轉厭，求友路偏遥。倚檻看山色，霜林倍寂寥。

夜雨

滯雨滴寒更，心孤夢不成。殘燈添悶色，落葉助愁聲。濕鳥依簷噪，凄蛩遶砌鳴。閨中幽思婦，聽此若為情。

問伯敬病

日苦病相親聞卿亦病身如何四君子偏疾兩間人
缺陷當今世艱難悟宿因清曾堪煉藥吾自采吾尊

和茂之寄懷

日々惟山水樵巾薜荔衣每於游潟趣自喜世相違
累少任遊遠時豐省患饑登臨心未老獨念故交稀

庚申除夕

經年抱疾臥山阿臘盡依然守病魔春往春來牀上

度花開花謝夢中過壯心已矣爐灰冷塵累紛如霜
葉多去歲今宵寥落似未知後夜復如何

辛酉元日

泰昌須朔幾何日天啓今朝又改元世態玄黃惟轉
眼物情新舊總銷魂湯傷時事添愁病且喜春風散
淚痕山館數枝寒色在自携節杖踏荒園

哀殤兒

休嗟逝太速還似未生時消息皆如是彭殤安所疑

夜来兄丟弟早起毋埋兒貧病仍多難天乎亦戕之

約林正則往薛園

春雨幾經旬風花蕩此辰誰能深閉戶招伴訪山隣

睡鴨

息影疑沙鴈忘機似瀨鷗沉沉花底宿汎汎水中浮波靜眠偏穩莎清夢亦幽忽驚風雨急翻覺醒来愁

秋色

涼風起天末秋色澹湖山濃葉紛辭翠繁花乍向殷

悲添閨婦思愁換旅人顏多病方寒落能堪任又還

輓謝耳伯

自厭為斯世還尋古人語一棺韞萬卷賢聖相爾汝麻源聽松風長疑讀書所纍纍馬鬣封繁華在何許

陳季琳同顧世卿還朝賦贈

遼陽西望夕烽殘鵷序聯翩集漢官禮典春曹脩俎豆膳逢旰食減鹽飧鄉心正值鱸魚白客梦應懸荔子丹遠道騑騑馳四牡疎星淡月玉鞭寒

送在杭之粵西

山勢嶙峋秀獨鍾，巉巖懸水月洞蟠龍。使君剩有幽探僻，作官偏於勝地逢。樓訪逍遥顔字古，潭尋鈷鉧柳文封。千旄西指心隨往，挂海難忘舊日蹤。

新息聲名標駱越，戈船勳業壯灕江。而今邊海危方子，如爾干城信少雙。威震豺狼爭膽落，恩孚徭僮畫心降。休言萬死投荒地，會簡勞臣入殿邦。

壽鄭吉甫

角巾野服日逍遥五斗歸来懶折腰座列群真紛跨鶴胄承七相盡垂貂碁從洞口樵夫看詩向泥中侍婢敲勾漏丹砂成九轉誰知仙令即松喬

哀柳

菡萏枝枯梧葉落青〻柳色漠然妝月中疎影湖南夜笛裡殘聲塞北秋京兆淡描還帶病楚宮纖舞不勝愁誰將殘緑疑新緑誤引凝粧上翠樓

越山菴

名山開自古曲徑入偏幽止有間供課全無俗應酬荔陰来屋角松影落林頭負病僧如我相憐各欲留

贈潘郎

年少弗尋樂浮生知幾何祗緣塵累淺渇似古人多絲竹消長日棋書送逝波咲余忘老大逐隊每相過

壬戌初秋望夜泛舟出石倉次日登江心塔

天人遞新故壬戌重經秋江山不隨往風月為我留廼謀五六人入夜命扁舟河灣三十六不棹任夷猶

迻顧城内山疑是雲際浮絲竹發清籟餘音入高樓
大江漸以遠歌聲逐船流鳳岡富嘉荔濃緑繞芳洲
轉見人烟近石倉在其幽别自成世界山川恣搜求
高柳水中央亭臺四望周一葉卧湖心梵聲如獻酬
平明步林壑荷香泉響悠野人時對語坐處皆丹丘
自咲衰病侵三年纔両游信宿復為别行、滄江頭
孤塔峙危石迴環沸龍湫登眺萬山列屹若金焦儔
曠覽娱心情烟波散人愁篙師報潮落吾生且歸休

行樂隨緣耳浪跡比浮漚試問眉山翁佳會如我不

壬戌除夕陪伯敬署中守歲

麻衣相對守殘登半世空過患難仍貧晁交深偏見

戀病魔情熟不生憎累心翻厭多男子憂亂徒思託

友朋漏盡鐘鳴歸去急秪愁夜路已春冰

蓼園集四卷

〔明〕福清鄭邦泰撰

日本内閣文庫藏明天啓四年刻本

蓼園集四卷，明鄭邦泰撰。邦泰字汝交，一字與交，福清人。據徐𤊹鼇峰集崇禎七年（一六三四）所作鄭汝交五十九初度詩，可知邦泰生年爲萬曆四年（一五七六）。邦泰中萬曆四十六年（一六一八）舉人。天啓、崇禎間官鬱林知州、瑞州同知。撰有木筆堂集二卷，收入曹學佺編石倉十二代詩選。又有存世明末刻本明文翼運，卷端題沈猶龍選，鄭邦泰評。

「蓼園」爲邦泰居處，因以名集。集凡四卷。卷一策論及福建賦役、鹽法、武備、學校諸考。據邦泰書前序，謂「適方伯新安游公修閩省通志，以泰分理經濟一類」云云，知爲與修省志之遺文。其中「新安游公」，乃指福建巡撫游震得。嘉靖四十二年（一五六三），游氏以抗倭不利罷歸，再起督南京糧儲。後修志事中輟，邦泰遂將所作諸志編入是集。卷二議修水利、祠堂之疏文四篇，又爲羅圭峰、吴靜俯、黄俞言文集所作三序，又雜文四篇，凡十一篇。其中羅圭峰先生文集序，乃應圭峯先生裔孫之請所撰者，今存明崇禎間羅氏後人所刻文肅公圭峯先生文集無此序。卷三遊記十六篇，多天啓元年（一六二一）至三年間遊應天府及福建等地所作，又祭文、壽文、題詞、信札及禱頌等。卷四五言詩六十餘首，多唱和、送别、紀遊之作。萬曆、天啓間，邦泰居閩中，嘗與曹學佺、徐𤊹等人結社，觀此卷可知其大略也。（馬步青）

蓼園集

一之二

蓼園集敘

福清鄭邦泰與交著

壬戌之春寓金陵天界寺與汝奇弟向淨名座前發大弘願誓不再近筆研遂放浪山水窮幽極勝每于佳處便留連月日是秋方得到家余所居蓼園中闢爲堂有木筆數本高二十尺春開爛熳日木筆堂者是也木筆亦名辛夷亦名樹蓮唐句曰辛夷花盡杏花稀

余歸而辛夷謝其清陰待我與幽竹同爲相對眷眷久之適　方伯新安游公修閩省通志以忝分理經濟一類則又破戒覩筆硯矣生平所未習者于校售閒得知此中喫緊阨塞之處志事後乃中輟又雅不欲孤　方伯公盛心因以手纂者付梓其前此紀遊諸篇皆因是而存其後此論策諸篇皆緣是而起者也凡四卷共若干言憶曩者木筆堂集之

刻董曹二先生曾冠冕我矣今續思之衣冠一套事也有一人焉鶉衣藍縷蒯屨肘現而冠遠遊方山惠文或聚鷸貂蟬或頂禿加屋可乎所謂其冠不正望望然去政以其非所冠而冠余今科頭箕踞世或以散懶見諒未可知也遂自爲序旹 天啓甲子正月既望題于木筆堂

蓼園集目錄

與武林孫仲曾

與綏安余元遇

河清頌有引

步禱詩有引

五言詩

齋頭疎竹數竿美人來者輒題其上東吳余美長爲賦美人題竹分得八齊

賦得故燒高燭照紅粧徐興公直社

賦美人蕉二首林雪直社

九日社集曹能始先生直社

義者坡老謫儋耳所與遊者皆此類固知禮

失而求之野不虛言耳

題金山

焦山煮石洞

鎮江潘無隱泰與趙季述招同汝奇遊甘露寺

觀先主與孫討逆躍馬處並贈之

寒山訪趙凡夫二首

潘無隱寄予趙凡夫書謂山中楊梅正熟不能

過食真俗人也因問荔枝何如楊梅去年杭

中食楊梅至寒山索食失笑曰寒山佳亦福

贈章孝子割肝

冬日社集薛老莊吳興芸孝若初入社分得十

三覃

次日再集平遠臺時臺政落成因開社以紀勝

得十一眞

福廬

三天門

鳴玉洞

九淵潭

石竹

辛亥信宿石竹甚爲此山扼腕今過十三年遊人生歡喜葉師相石九峰莊嚴力也莊嚴之以還山本體是大莊嚴噫山之時哉

蓼園集卷一

福清鄭邦泰與交著

策一

太古之世有治無亂然混漠已矣不可攷也自唐虞三代以及于宋則治亂之明案也治未甞不由君子亂未甞不由小人由君子則有泰交有濟蹇安而常安危而不危由小人則有權姧有豪宗有横戚有朋黨有雹璫有女戎有夷狄故從有國家者常患夷狄而備之而其變多出于所不備中于夷狄者十之一二中于所不備者十之八九蓋夷狄之患有形見其

形則備彼無形者因之而伏無形故不備也周所患者玁狁犬戎漢最患匈奴六朝患羯氐羌鮮卑索頭唐患回紇吐蕃五代趙宋患契丹西夏女真蒙古夫中國從開闢至宋幾帝幾王惟宋始折入蒙古惟蒙古乃能有宋畢竟胡虜無百年之運也犬戎入周而不能有吐番入唐而不能有匈奴終至降漢五胡先晉而亡晉宋之亂拓跋氏輩始得剖分中國稱南北朝當時腥羶之氣雖盛然而武德貞觀英主一出掃蕩廓清晁夷喙矣呼韓稽顙降及梁唐紆䧟踐更而契丹因之以蠢動焉使宋室非中遼中夏中金中元

一國當四夷狄則混一區宇何渠屬夷也此非元之能也石晉氏之罪也敬塘以幽州賂契丹使山前山後十六州之人日夜安其教而便其長技故元用河北之衆以擣江南易如拉朽再窮其故則又馬晉氏之罪也遷其部落居我內地匈奴居晉陽上黨有羯扶風有羌臨渭昌黎有氐有鮮卑氣候嗜好久已同矣闌入之性久已慣矣再窮其故則春秋之晉之罪也春秋嚴夷夏之防如防川焉而晉惠公實誘戎于伊襄之間晉特戎爲犄角戎亦繆爲臣服故詹桓伯責晉有曰戎有中國誰之咎乎則夷狄之入中國三

晉人之非彼能自入也宋蹙于金而併于元亦非金元之能宋之罪也韓世忠言國家已失河北河東若又棄江淮更有何地乃使小人計之始而畫河再而畫淮又再而畫江宋事去矣高孝當戰不當和爲主和小人所誤寧理當和不當戰爲主戰小人所誤斗大之宋一誤再誤欲以當善兵之敵可乎當時臨安在元目中久矣猶不肯遽下四面張網布置詳審使萬無一失此即魏武滅袁氏之法也袁紹以十萬之衆敗于官渡僅以身免追紹斬之易矣而操斂兵不追徐養其驕亂一鼓下之蓋深于仇人者無急謀巧

于用國者無邇功斬級略地幕府日上功簿此爲人臣計非爲國家計也爲國家計者以全取勝使社稷固而天下安固不必争効于旦夕悉全力備夷狄也全力以備于此必有所不備者發于彼變不一發而備不勝備小人之輩遂得以才能技倆鬬捷簸弄于其間而君子且束手焉故君子當全盛之時必有全盛之精神補苴支梧非所以爲備也起視國家所受病之處而大整頓之夫國家全盛之時病在法乎病在人乎三五之臣其名無不榮其身無不安以公而及其私也叔季之臣其欲名實也與三五之臣同而

名無不辱身無不危者無公故也患其身之不貴于國不患其主之不貴于天下患其家之不富不患天下之不治所以欲榮而辱欲安而危榮其君以及其身安其國以及其家使天下有治無亂是在君子矣是在用君子矣

策二

蘇軾謂六國之君虐用其民不減暴秦而當時百姓無一人叛者則以秀民髦士與任俠作姦之徒盡搜羅之爲客其荷鋤力耕皆蠢蠢之人所以惟其所向而不敢叛審如是也則六國當制秦矣何以盡折入于秦也秦能用六國所不能用之客如李斯所稱故秦終能併六國秦始逐其所已用之客如勝廣輩故秦亦繼六國而遂亡天下有角者必觸有喙者必啄牡牙含齧大力善搏物類如此何況人乎鮮其衣錦其食高車駿馬柔曼靡麗快心適志即聖賢不能無

心第發乎情制以禮義耳禮義不足以制之彼其横溢淫滓亦何所不至者哉詐足以爲智怒足以爲勇機會適便一倡衆和投袂而起如餓之就食寒之嚮火不能奪也雖聖賢在上亦無以奪之也聖賢不惟不奪之而且順之欲富也而富之欲貴也而貴之廣立富貴之名號以奔走之故從來齊魯之士持重洗鷙可任以事欲使其與吳越之士較帖括纖巧于毛釐間彼固不屑而亦不精今二百餘年齊魯以明經著者與吳越相埒則富貴實驅逼之然而不能脫銜詭轡而已非其好也一當天下有變則思爲寇爲王

惟齊魯之士爲然雖其才力心膽有過人者亦風氣地形有以使之也宿遷有項羽彭城有劉裕宛朐芒碭之間有黄巢朱全忠輩而利國監之故冶在焉凶愚心腸恒懷富貴加以水旱疾疫苛政耗派而白蓮聞香諸邪教所由起矣冒法而盜則死于法畏法不盜則死饑寒等死耳賒死現死遲速不同而妖水妖鏡時現帝王將相之像貌者足以煽鼓其心志則冀成大事可以不死且富貴矣彼何憚不爲亂也今藉天子威靈師武臣力幸已勝之勿謂勝之遂無慮也則必盡殲之矣乎使盡殲之是除根之草蘊崇行火

所傷必多譬如以手剔手必至無手不能盡殲之則死其子而父或在死其兄弟而兄弟或在死其朋友親戚而北間合黨相匿相死者或在彼鴟伏鼠視者實繁有徒何以處之而安之也揚雄有言曰御得其道則狙詐咸可使御失其道則智巧咸作賊蘇軾亦謂窮其黨而去之不如因其材而用之何者其黨既不可去則其材自有可用又曰如程棐程岳之徒當使之捕賊自贖彼棄而不用即作賊耳收而用之即捉賊耳愚意　朝廷當亟簡良有司于東省行久任法使其招集流亡弔死問疾保甲鄉約認真認實于

察奸之外另立招徠其有權謀術數曉暢兵戎及家饒財產者所在地方各褒異數人時宣諭之曰邪教作逆盡爲虀粉今改心易慮　朝廷不負若也或黨與衆多則用之楡關使解散赴公無暇聚夥黨與小則用之捕盜捉賊以無賴能窮黠無賴秦民勇于公戰怯于私鬬者惟不公戰故氣力有餘今氣力已盡于公戰則私鬬必不奮矣世之豪傑往往而是有出于賈豎賤隸有出于盜賊刑徒彼其奮臂而起討不顧身每自分曰豪傑豪傑則豪傑者無賴之轉徙耳此輩非豢養之饜足則快望雲蒸而霧變非制馭之

有法則必南走胡而北走越昔天后讀徐敬業檄曰使此人流落宰相之過也東省當南北咽喉陸則輪蹄咸庾輻輳之水則艘艫之所輸將近已復爾不可再爾願當事者毋貪京觀之武功也漢末黃巾作亂朱儁長社之戰斬萬餘級皇甫嵩宛城亦斬萬餘級不特此也段熲之平東羌獲雜畜四十餘萬斬首虜三萬餘級谷永之降烏滸十餘萬人闢國且百里馬被元狩天漢之中不可必得者而光和中平乃反得之卒無救于漢之敗亡善乎傅燮之言曰治水不自其源末流彌增其廣政使張角誅滅黃巾變服臣之所

憂轉深轉切此衰世之苦詞政今日明盛之藥石也

潢池弄兵已銷黔蜀鯨鯢方且授首當事者亟搜羅

東省豪傑如六國之于客又必不使其扼腕鬱抑抱

業以歸于勝廣之徒則收之者多用之者精奸猾盡

化爲豪傑矣唐以科舉取人有限每選列校爲方鎮

而李光弼段秀實輩出于其中則朝廷之干城股肱

方于搜羅中具得之矣寧獨禁奸戢暴爲一方云哉

策二

今天下譚召募者當噤口咋舌矣竭　天子内帑不能得一錢之用竭民膏民血不得其一指之用則召募者蠅營狗苟之事廉節者所必不屑因召募而拗問請室則召募者又枷鎖戴罪之事慷慨任事者又所不屑也如此則　朝廷他日不當有召募矣東局未結天下終不能去兵則惟有練鄉兵之一法可以佐召募之窮向者白蓮内訌當事者亦議練鄉兵今潢池無弄此議恐其廢閣也練之以各守郡邑儘天下之郡邑當練練之以備榆關抽補則近榆關之郡

邑亟當練昔者楚漢相距常失軍亡衆蕭何從關中遣軍補之以數萬衆會高帝之乏絶此非練鄉兵之素安能旦夕足辦也近榆關三四百里地延袤一帶大邑練六百中邑練四百下邑二百桃選良家子孫昆弟能勝兵者悉訓肄而鼓舞之縣官自爲之帥無安插之煩第吾民也巡方使者時觀閲勞來郎以細柳棘門爲縣官殿最遇榆關沙汰鈌乏則掣大邑所練小鈌掣小邑所練仍其親戚爲什伍朋友爲卒伯晝戰氣相聚夜則聲相識遂成子弟兵者是也他州邑向有機兵矣天順初年令招募民壯鞍馬器械悉

從官給免本戶糧五石丁二丁以貧供具弘治乙酉復令州縣選精壯之人七八百里者里每二名五百里三名三百里四名一百里五名春夏秋月三操之冬操三歇三遇警召集官給行糧令州縣尚有機兵民壯之名卽其舊法也巡檢司有弓兵之名亦其遺意也然徒以供勾攝名緝捕可乎至各衛所尚饒有軍餘之名茲所存者尚有三之一使訓練之以實行伍猶不失精騎數千也今有司困以他役本官侵爲谿壑可乎則當亟復舊制少則增之老弱則汰之日有教月有試不一二年間而比閭族黨各得桓桓武

勇之士成五伍十軛之法矣王守仁用以燬宸濠者鄉兵是也則鄉兵用之而已効也語曰務守者城不危務戰者城不圍白蓮發難豐沛之間以有備不入他無備者摧陷屠戮慘與黔蜀等令少習何渠至此蕆練鄉兵者以爲保國不知先以保妻子保四體也國家無百年無事有事亦何足患所患者無事不慮有事安而忘危所最患者有事恬若無事危又忘危當今方域之廣倫類之夥智盡能索認真做去豈遂不可爲以爲不可爲則終不可爲矣則練鄉兵者亦所爲之一事耳年來因召募騷擾天下所在兵卒多

驕悍鷙鷙獍獝稍遲則瞋目語難鼓噪摽戈彼固謂民不能兵能兵者惟我而已今使吾之父兄有若隊哨伍長吾之子弟有若精騎勁卒而郡邑大夫指麾于上彼觫觳稱大帥者讓能焉則亦有所畏而不爲悍也即召募可也

駁文中子好詐論

詐之不可好也從唐虞已然矣僝工者以靜言庸違象恭滔天致帝之吁蓋當時所謂不才子者惟此之人焉彼其人非敢于爲不才不才詐爲才求容于堯舜之世卒不容于堯舜之世也翼善傳聖曰堯仁聖盛明曰舜使非實有是善則亦不號爲堯舜由是觀之詐爲仁者必不慈詐爲禮者必不恭詐爲勇者必不武使其果慈果恭果武則不必有仁義禮之名而實已附矣春秋外傳曰奸仁爲佻奸禮爲羞奸勇爲賊仁義禮美名也詐美名不得而反得惡名何貴于

詐乎惟詐者自有肺腸苟可以收名而不必獲實至稿項黄馘不去可以取實而名不必附如挾山跳海焉不爲彼以爲天下後世之可欺而我可尊而我可尚故其神茫茫然既病于内復瘁于外竭其智慧心思之能而緣飾之以稱物比類文辭聲氣欲詐爲讓躁詐爲靜譎詐爲誠跛詐爲正其詐不可窮也君子直窮之以肺肝之見小人爲其所欺用慕悦而無窮故相習相染以毒天下之民莫不離本趨末紛紛擾擾馳騖不已至于父盜子名兄竊弟譽骨肉相詬朋友相殘其流之弊如此則詐有何好而可好乎哉故

詐必不可好上好之益不可也上以名爲孝勇者必刲股怯者必廬墓上以名爲廉則行者多弊車羸馬居者多篳門圭竇甚者鶉衣垢面何所不爲管子曰君食必桂漿衣練之紫裘狐之白君以名好儉欲其國貴戈綈而賤文繡得乎則詐可以風詐不可以風化也王通憤世汰侈而曰惡衣薄食少思寡慾人以爲詐我則好詐焉則名爲儉者通必好之矣通好惡衣則世多襤褸語人何以別其爲原憲之衣冠通好薄食則世不少羹糲茹藿何以別爲庚郎之鮭種則惡衣惡食者易爲詐也至于少思寡慾則不易爲詐

者也平津之布被非詐發十策弘不得一乃詐精于詐者更不在聲音笑貌之間信其詐于聲音笑貌之間則不必復論其思慮之多與少夫少思寡欲者聞道之根器賢聖之胸懷使少思寡欲可詐則必假詭惟幻之人其詐更不可窮詰矣通曰好詐者信此人之必非詐也假令其出于假詭惟幻之人則通不已在其彀中乎孔子卜得賁門人曰好孔子曰質白而白質黑而黑賁有何好孔子非惡賁也恐詐爲賁非真賁也齊豹之殺公孟以爲名也春秋書之曰盜孔子非惡名也恐詐爲名行不義也通之意則善矣通

之言則不可賜有言曰夫子之求之也異乎人之求之歟商有言曰雖曰未學吾必謂之學矣通之言曰人以爲詐我則好詐焉合觀三言而賢否自別後之議者曰王通孔門之王莽以其擬孔而簒孔也夫莽以謙恭下士罷官就國吏民上書訟寃者至十數萬人則當時之民亦好詐也如其詐也果可好否甚矣立言之不易也

讀漢史哀牢安定澧溇區憐板楯交州

神廟中播酋作逆犁其地寘平越遵義二郡人皆喜拓地有識者曰滇蜀自此多事耳年來朝廷不得其分毫租稅而蜀中歲輸數萬金以資彼之急乏近者奢酋作逆有藉口爲楊氏報復者而水西亦因之以修郄故招降開諭百無一應彼故謂朝廷必郡縣我不能廷尉望山頭也予攷播州漢屬牂牁郡唐爲播川郡領縣者四今日恐禍胎不在此因讀漢史摘其畧爲當事者備攷焉漢明帝永平十二年九隆哀牢王柳貌内附以其地置哀牢博南二

縣始通溥南山度蘭水作者苦之歌曰漢德廣開不賓度溥南越蘭水度蘭倉為他人和帝永元十四年安定羌叛郡縣擊滅之曹鳳建議以大小榆谷土地肥美有西海魚鹽之利此時當建郡縣規固二榆廣設屯田隔羌胡交關之路植穀富邊省轉輸之役當時從其議拜鳳為金城西部都尉屯龍耆後增廣屯田列夾河合三十四部其功垂成會永初中諸羌叛乃罷安帝永初七年武陵太守上書以蠻夷弁服可比漢人增其租稅議者皆以為可虞詡言曰聖王不臣異俗貢賦多少由來久矣今猥增之必有怨叛當

時不聽而澧中漊中諸蠻爭訴貢布非舊約果殺漢吏舉種反順帝永和三年象林蠻區憐反討之不克時議欲遣大將發荆揚兖豫四萬人赴之獨李固條陳七不可徵發因薦祝良張喬爲刺史太守二人開示慰誘招以威信並皆降散喬昔在益州降葉榆封離等因奏邊邑長吏姧猾侵犯蠻夷者九十人皆減死論良單車入賊中降者數萬皆爲良起築府寺嶺外復平靈帝光和二年板楯蠻作亂議者欲大發兵討之益州計吏程苞言板楯七姓賨人也勇猛善戰爲秦昭王射殺白虎秦與板楯盟曰秦犯夷輸黃龍

二雙夷犯秦輸清酒一鐘又屢立功于我國家今長吏苦之責賦至重僕役笞楚過于奴隸至嫁妻賣子自剄陳寃州郡不爲申理叩心窮谷故聚落叛耳今但選賢能牧守自然安集不煩征也時從其言宣赦至彼郎便投降獻帝建安中復改交趾爲交州特爲置牧交州多產珍奇前後刺史大修賄賂營求遷代吏民怨叛賈琮到部訊其反狀皆言賦斂過重民命莫必故反耳琮爲招撫流散蠲復徭役簡選縣令百姓以安歌曰賈父來晚使我先反今見清平吏不敢飯故遠方釀亂皆出官吏貪殘我　朝廷之失交趾

亦中官馬騏所致凡俗吏者不知大體多規小利以生事擾國

高皇帝因土婦奢香之訴誅都督馬燁且曰極知燁忠潔但欲撫慰諸夷故不惜一人其處土司不用漢法亦未常郡縣之也蓋蠻夷之地收之無益張官置吏苟非其人爲累不少昔諸葛亮既破南中使其渠帥自相統領不置官吏鎮守常曰置官留兵有三不易得羈縻蠻夷之道即有變亂亦須處置得宜故得一賢守勝于十萬師者漢用祝良是也有設一介之使亦勝于十萬師者嶺酋馮盎疑反唐太宗從魏徵

安撫之言是也貞觀之末魏徵死太唐欲再征高麗
使闔偉造船陵波而雅卭眉三獠俱反則撫之之道
又在不擾之而已善謀國者其熟籌之

讀漢史劉敬中行說主父偃陳湯趙充國馮參
傳介子馮奉世班超班勇鄧訓

劉敬建議都關中爲漢第一功臣其議和親則萬世
罪人和親何本或本魏絳之五利乎然聞虎豹之皮
不聞以人類也漢高雄略奈何作此蓋楚漢相持銳
氣已銷且膽落于白登之圍乃知唐文皇才絕千古
雖然終唐世而和親者三倍于漢使胡地塵沙長飛
金枝之骨其魂魄不能望玉關而返婁敬報身想至
今未盡　中行說以中國人教夷狄爲中國患從古
所無然一閹作俑後世鬚眉者種種効之其教匈奴

匈重漢財物所得漢繒絮以馳草棘中衣袴皆裂敝以示不如旃裘之堅善得漢食皆去之以示不如湩酪之便美此真善爲虜謀者使虜不重漢財物則款市安得而覊維之然使虜終不貪漢財則虜于我何仇必不數數犯邊矣今中國之爲中行説者以漢物自利更敎虜利漢物款市之爲利幾何戎心巨測不可恃也中行説毁漢人曰喋喋佔佔冠固何當足蔽中國人文具形態　主父偃雖反覆小人然其請徙關東貧民處所奪匈奴河南新秦中以實之寘朔方郡當時雖勞後世恃爲重鎮功不可滅也公孫弘諫

築朔方武帝使朱買臣發難十策弘不得一曰鄙人不知其便若此可見置朔方實萬世便我　明棄河套即其地嘉靖中曾銑倡復爲賊嵩所陷死遂無敢議復者唐天子每以川中爲退宅亦由朔方門戶堅牢嗚呼城彼朔方今不城矣四塞百二亦竟何如

陳湯舉茂才不奔父喪爲大將軍從事常受人金錢史謂其句節無賴至矯制斬郅支單于頭弃斬閼氏太子名王以下千五百餘級而中國無一粒一縑之費似開闢以來第一痛快者其後策烏孫圍段會宗兵若合符契湯真千古豪傑張富平具隻眼也匡衡

迂腐嫉能至引月令掩骼埋胔深爲可笑使非谷永劉向耿育諸人爲之訟寃湯幾不免甚矣文吏鎖碎害事使英雄短氣

趙充國以神爵元年六月出金城二年五月振旅而還自古言屯田者必曰充國充國屯田未嘗見之行事也設爲此策以恐愓羌人則屯田誠備邊之上策也充國之破羌要領在于二言曰捐罕开闇昧之過隱而勿彰先行先零之誅以震動之蓋制馭夷狄當使其各解散攜二不得合黨合則難攻散則易致

馮嫽初爲楚王侍者能史書習事嘗持漢節爲公主使諸國敬信號曰馮夫人後爲

烏孫右大將妻大將與烏就屠相愛馮夫人說烏就屠降漢帝徵馮夫人自問狀因使其錦車持節立烏就屠爲小昆彌而破羌將軍不待出塞矣帝用一婦人勝萬五千人是漢之女子能作奇男子事也馮夫人後又上書願使烏孫鎮撫星靡烏孫以平　傅介子之刺樓蘭似荆軻聶政所爲然亦奇矣謂介子矯詔非也介子語霍光曰樓蘭龜兹數反覆不誅無所懲艾願往刺之以威示諸國大將軍曰且驗之于樓蘭介子刺樓蘭歸得封義陽侯士刺王者皆補侍郎使非大將軍意則介子與陳湯議詔獄矣　馮奉世

矯詔破莎車不奇也策西羌彡姐反必用四萬人乃奇初韋玄成欲祖充國屯田而分屯人皆爲羌所破奉世申前策卒以破羌豈屯田不可行耶奉世固言曰彡姐在隴西境內背叛不以時誅無以威服遠人蓋時勢不同然羌虜平必竟亦留屯田以備要害

班超以三十六人鎮撫疏勒肅宗召超還疏勒舉國憂恐其都尉黎弇自刎不忍見漢使棄我超行至于闐國王皆號泣曰倚漢如倚天至抱超馬脚不得行後超發于闐拘彌一萬人攻姑墨又發諸國兵二萬九千人擊莎車又發龜茲鄯善八國兵合十萬人討

焉者其三十六人已銷長漢弛刑義從只八千人耳超真能用夷狄攻夷狄也後世無超之恩威而欲用夷固痴騃之甚未有不受虜詐者　班勇欲復舊敦煌營兵三百并復護羌校尉又欲遣西域長史將五百人屯樓蘭西當焉耆龜茲徑路以北扞匈奴尚書等難之勇曰置校尉以扞撫西域設長史以招懷諸國今若拒絕勢必歸北夷虜并力以寇并凉則中國之費不止于屯戍也勇後擊走匈奴得首虜八千餘人車師六國悉平又發諸國兵擊匈奴呼衍降其衆二萬餘人有捕得單于兄者勇使車師王手斬之以結

車師匈奴之隙　鄧訓代張紆爲護羌校尉燒當與武威種羌共脅月氏胡衆咸曰羌胡相攻縣官之利訓曰不然張紆失信誘誅燒當致衆羌大動經常屯兵不下二萬轉運之費空竭府帑今羌胡相攻逼急吾以德懷之庶爲我用遂開城悉驅羣胡妻子内之嚴兵守衛兩羌不能相攻亦去羌胡耻病死臨困輒以刀自刎訓不與兵亦使醫療之愈者非一小大感悅于是賞賂諸羌種使相招誘掩擊燒當叛羌殆盡威信既行遂罷屯兵惟置弛刑二千餘人屯田耕種修理塢壁而已

論曰自漢有白登之圍而劉敬以和親進垂至文景和親者九自馬邑軍和親絕匈奴數犯邊漢數出塞以武帝之雄姿衛霍之武力與匈奴遇者十三合得失相當單于終不肯降漢至李陵李廣利降虜漢兵不復出塞矣席中國廣大氣奮而且建功不深何也元成之世匈奴保塞稱藩稽首西域萬里烽火相望至哀平之季五十餘國來朝酋長佩漢印綬者三百七十餘人姑句唐兜之叛能以漢法繩之使囊知牙斯自改名以媚漢遠夷賓服自五帝三王以來所未有之盛也曾不幾何國祚遂移可見中國之所憂者

不在夷狄外寧必有内憂以夷狄爲外懼使法拂之士得臨履規瑱固長治道乎班超父子慕西漢陳湯之烈功光于馮傳鄧訓嗣之彼竇憲臨北鞮海勒石于燕然亦因北虜分争乘危鬪睫與鉤深致遠之功異矣

讀唐史薛仁貴李嶠顔真卿回紇安祿山白志貞李晟張弘靖哥舒翰兩河用兵淮西之役

河北成德之役

突厥以薛仁貴流象州帥衆入寇及仁貴免胄示之乃下馬羅拜逡巡引去回紇以郭子儀已死入犯渭橋及子儀單騎往諭亦下馬羅拜而退可見人臣爲敵人所服者不可輕爲罷去文法口舌之吏好以微瑕索瘢快已意向全不爲國家計任廢之間更易之際子差盤錯可爲短氣　神功元年冊突厥默啜爲可汗默啜求六州降戶並穀種繒帛農具宰相李嶠

以爲不可姚疇固請與之乃悉驅六州降戶數千帳竝給穀種數萬斛雜綵五百段農器三千鐵四萬斤而默啜從此彊盛不可制矣　肅宗恢復人知爲李郭之功不知爲顔真卿張巡許遠之功也何也賊入洛陽當四戰之地西得關中而不能守真卿扼之于河北而斷其巢穴張許扼之于睢陽而過其旁出使安史退不保幽燕進不能得寸土裴回孤城無所倚傍然後肅宗得以號召靈武李郭得以返旆關中而恢復成矣人知顔張許爲唐忠臣不知其爲功臣也

唐借兵回紇再復兩京及詳其實回紇非有血戰

也不過倚其先聲恐惕賊膽而已及賊巢已傾彼亦縱兵大掠所至一空甚有折辱親王奴戮貴近賊害未已夷害更慘者蓋狡詐之性名為助順實則侵掠借夷兵者此其明鑑矣　祿山未過潼關而玄宗卽出幸蜀吐番未至畿輔而代宗卽出幸陝鑾輿一動都邑蕩攉賊衆鼓行而入無人之境矣宋室若非澶淵之役則南渡不在靖康也汴京四達不比關中四塞契丹之兵力更究熾于安史吐番因知寇準謝安所全者大非常倉卒當以二公為法　白志貞召募神策軍但受市井富兒賂遺以名入籍而已冐耗給

賜而身實市廛販鬻涇卒之亂以五千人入都門倉卒召兵無一人至者萬乘遂爾出奔承平日久上下玩愒堂燕細娛坐視奸賊容頭過身忽然有變遂至淪滑可不畏哉　朱泚雖死田希鑒猶據涇原李晟以巡邊爲名直至涇州與之飲宴即席中引爲亂者三十餘人斬于轅門希鑒時尚在坐晟顧曰田郎亦不爲無過以親知當令身首得全希鑒曰唯遂縊殺之李公以片語之威勘定大難易于反掌此何等威畧乎　張弘靖至幽朔不諳舊俗不體恤軍士以安輯狙獷故及于亂蓋士大夫當太平日久養成一種

驕貴之態視武夫徒兒不啻奴隸安知彼中亦有豪傑也一旦激成變首領且不保矣　哥舒翰以十五萬餘衆禦禄山于潼關而敗張承範以二千餘衆禦黄巢于潼關而敗範敗有疏云臣之失守鼎鑊甘心然朝廷謀臣愧顔何寄蓋承範所將軍士皆寓名尺籍者一聞出征父子聚泣皆傭貧乞自代故疏云當時事體如此　建中兩河用兵度支不給乃括天下富商借其餘以供軍及括僦櫃質錢總其所得纔二百萬緡而長安已空宋之靖康因攻汴急亦盡括金帛陷虜下至優倡簪飾之物只得金二十萬銀四百

萬兩而汴京已空大抵都輦之下當使有富商大賈萬一狼狽猶或可支乃用法家慘吏輒有侵削使之不得安生又乘其陰罪一舉籍之不可也　淮西之役非李祐先導則李愬不得入鄆州之役非劉悟反戈則田弘正不得入故克強敵者必有內人爲之主使方得成功彼撫有大衆一失人心必至內潰此得失之機括　河北之役將則李郭會十三道之師圍鄴而敗李愬以三千親兵直襲蔡州又何易也成德之討亦會六道而不能拔一城高崇文以千餘卒直入劍門又何易也杜黃裳奏請崇文郎請無置監軍

裴度一至行營徑以兵事屬將鄰有魚朝恩成德有承璀何以成功後李德裕以所在將帥各有監軍掣肘兵出無功乃與中貴楊欽義劉行深約敕監軍不得預軍事每兵千人聽取十人自衛亦不得多占驍勇故將帥得施謀略李此策亦黃杜之意也

論曰唐貞觀以至開元天寶將百年無夷禍矣承平日久上恬下怡故安史一呼而天下動搖唐之元氣剝削于此以後壞于藩鎮壞于吐番壞于回紇壞于黃巢壞于李茂貞朱全忠輩乘輿之出奔者屢屢而唐卒不振何也唐初開拓邊境地連西域開元以來

置朔方諸節度以統之歲發丁壯爲戍及安史之亂徵邊銳入衛徒留孱弱守邊于是河西隴右爲吐蕃所有臨鳳以西皆爲左衽關中一孤國耳始則刳心腹以充肌膚旣則剝皮膚以充腑臟元氣膚革同歸于盡其中一事之得失關于全局一人之存亡關于一代皆後車之炯鑑也乎

讀唐史劉仁軌陳子昂盧懷愼陸贄李泌董晉杜黄裳白居易李德裕裴度崔植韋澳劉瑑

劉仁軌既定百濟留鎭日久兵士困弊朝廷遣仁愿將新兵渡海代之敕仁軌率舊兵還仁軌以夷人新附未安願且留鎭撫仁愿曰吾還海西以多留兵被謗幾死况奏敕敢違仁軌曰人臣苟利于國知無不爲乃上疏陳便宜有詔許之此卽克國遣罪开意也人臣眞誠爲國不便私圖君父未有不諒功未有不成者　陳子昂當天后時來周諸凶臣殺人如麻公卿大臣不保朝夕子昂屢疏諫正天后雖不嘉納亦

不罪也有司法官徐有功執法平反不阿上旨前後全活數十百家又有司刑丞李日知亦尚平恕少卿胡元禮欲殺一囚日知不可往復數次元禮曰我不離刑曹此囚終無生理日知曰日知不離刑曹此囚終無死法列狀兩上月知果直人臣肯真實任事無不可挽回者周來之黨相繼誅滅徐有功杜景輩竟以平恕免禍　盧懷慎史稱其伴食宰相非也攷懷慎清謹淡素不營貲産所得俸賜分給親舊妻子不免饑寒身死之日家無所蓄惟一老蒼頭請自鬻以辦喪今日有如此清苦者乎以姚宋之賢幹中興之

業懷慎爲之陪貳同心協力以濟太平正須伴食耳
玄宗曰吾以天下事付崇以卿坐鎮雅俗帝知懷慎
勝當時知懷慎者　陸贄當李懷光李晟合軍逗撓
使晟不與分軍則晟且爲懷光所制功于何成贄詣
懷光以片言得其意旨即以制命分之使晟得操縱
而懷光無能爲矣　韓滉掌東南財賦以贍京師爲
張延賞所抑當時糧儲不繼朝廷方以爲憂而韓滉
亦處危疑之際李泌力陳其忠請旨宣諭滉感激流
涕自臨水濱發米百萬而六師萬姓賴以不匱泌之
一言唐之存亡也　董晋爲相慎重所言于上前者

未常少泄也子弟或問之曰欲知宰相能否視天下
安危所謀議于人主者不足道也其帥宣武日陸長
源爲行軍司馬好更張舊事晋皆許之旣成則命且
罷軍中得以安堵蓋喜事者必欲求成然亦厭怠不
能持久請而不許則持益堅暫許終罷則不争矣
杜黄裳爲裴延齡所阻留滯臺閣十年不遷及其壻
韋執誼入相始遷常卿卽勸執誼請太子監國執誼
曰丈人甫得一官奈何遂欲預禁中事黄裳勃然曰
我受恩三世豈得以一官相賣乃拂衣起出彼受私
恩卽爲之牽引者可以愧矣　李師道請以私財贖

魏徵故第白居易上言事關激勸宜出朝廷李何人
也敢掠斯美請敕有司以官錢贖還賜其後嗣蓋跂
息之臣多摭拾朝廷過失若從其請必輕朝廷居易
此諫有折衝尊俎之功　憲宗問李吉甫曰朕幼在
德宗左右見政有得失當時宰相亦未有執奏者皆
懷安偷祿耳可見人臣取容人主終亦薄之若犯顏
苦諫雖忤旨譴責久之未有不以爲忠者李絳與吉
甫議論不合爭訴憲宗不厭二李而鄙權德輿居中
無所可否至罷其相則爲人臣者當知所處矣　裴
晉公討蔡之師決于獨斷令狐楚與李逢吉朋比每

欲沮之晉公於受命之日以草制之故請罷令狐楚先發而除之此英雄作手也五坊使楊朝汶妄繫平民度以爲言憲宗曰姑與卿論用兵此小事朕自處度曰用兵所憂不過關東五坊暴横恐亂輦轂 劉總棄官爲僧其麾下健兒難制者懼其爲亂使朱克融送之京師乞加奬賞使其羡慕祿位爲宰相崔植所沮至于羈旅困憊勤歸本土人人含恨而幽州之亂成矣 宣宗欲以韋澳判戶部力辭不就柳玭尤之澳曰主上不僉謀宰執私欲用我人必謂以他故得之何以自明且爾知時事之所以漸不佳乎由吾

輩貪名位所致耳吾輩惟貪名位則心患得失何曾半毫爲國家計世事敗壞至于不可支者率多出此

劉琢謂國家設官分職各有司存惟循名責實萬不失一如亂其官常買名釣譽謂之流品將禍人蒼生毒荼四海誤人國家矣漢唐末造皆以此也

論曰唐武宗削平僭亂盡贊皇之功也陸宣公李鄴侯何能加焉當時後世稱裴晉公與宣公等謂長源誕而贊皇忮忮則忮矣大臣事君當精誠爲質精誠之極人主所格裴晉公惟真實坦洞而平淮蔡一事遂嘖嘖古今此外固無表者文饒處置河朔三鎮澤

潞之事出奇制勝人所不及他如招滃斯欵默斯破
囘鶻連黨項其皆相業之光顯者而以忮忌豪奢身
名咸損善乎常澳之言曰時事不佳由吾輩貪位所
致平泉木石則貪而駛矣自不得與晉公而俱稱也
然而謀略幹濟又曷可泯

讀宋史王旦李沆馬知節呂蒙正范仲淹富弼

張方平文彥博范鎮包拯沈括畢仲遊劉摯

鮮于侁陳瓘

澶淵之役命王旦居守旦請宣寇準臣有所陳準至旦奏曰十日不捷何以處之帝默然良久曰立太子此廉頗送趙王會秦之策也當此之時有準以執羈的有旦以守社稷真宗能兩用之英主之略矣　真宗欲以劉氏爲貴妃李沆引燭焚詔曰但道臣沆以爲不可其議遂寢後又欲以爲后楊億不肯草制曰如此富貴非所願也乃命他學士代之所代者何人

他日何以見二公　張旻掌禁旅奉旨選兵下令太峻兵懼欲爲亂上召二府議之王旦曰若罪旻則自今帥臣何以御衆捕謀者則震驚都邑但擢旻使解兵柄則自安矣乃以旻爲樞副兵果無他此似得處亂兵之法　真宗東封禮成勞宰臣等以久食蔬素馬知節獨言蔬食陛下一人臣等在道未嘗不私食肉上顧王旦旦曰誠如知節魯宗道微行就飲肆中真宗亟召入遲遂以實對曰飲酒人之常情欺君臣之大罪真宗以爲忠宋之大臣至誠事君如此　至道元年太宗以上元御樓觀燈見京師繁盛自謂太

平宰相呂蒙正辟席對曰乘輿所在士庶走集臣見都城外不數里饑而死者甚衆願陛下由近以及遠蒼生之幸也咸平五年真宗亦以上元御樓見人物繁華舉酒賜侍臣曰與卿等共舉太平之觴宰相李沆避席數四不肯受酒退謂同列曰天下事尚多未理何謂太平即此二事可想宋之宰相　范仲淹爲晏殊薦入宰職及上壽會寧抗疏力諫元獻大懼召文正詰其狂率邀名范正色曰仲淹謬辱公薦方懼無以報知己豈今日反以忠直獲罪門下乎受薦者有此報法天下無難事矣　元昊請和范文正爲書

遺之及昊答書語多不遜范卽對使焚其書宋庠請斬范以爲不當通書又不當焚書通書失于禀命是矣謾書不焚敵人必有侮予之意今焚之使朝廷不蒙惡聲彼亦無所施其謾矣　慶曆三年契丹聚兵幽薊聲言南下朝議請城洛陽呂夷簡曰此子囊城郢之計使契丹渡河高城深池何可恃耶乃示將親征以伐其謀余靖亦言古者守在四夷今欲城京師是爲嬰城自守之計余呂二公非積鐵衞身者矣

富弼使北入辭詔進直學士弼曰國家有急義不辭勞奈何先昭以官弼使還論功進翰林學士又辭曰

增弊非臣本懷但以方討元昊未暇死爭安敢受賞
久之又進樞密副又辭曰契丹結好舉朝便謂無事
夷狄狡詐萬一敗盟臣死且有罪願收回成命使知
和未可恃守備未可弛也觀鄭公三辭後之儌倖居
功者何以視息　歐陽脩余靖爲諫官論罷宰執而
薦范仲淹范曰執政豈可由諫官得固辭不拜蓋諫
官不可爲宰相私人則宰相可知也范公如此舉動
他人能彷彿否　元昊用兵韓主戰范主和吕榮公
始從韓議繼乃從范議而西事遂定三人皆無成心
也此時議論原無勝負特大臣多出于至公而無偏

私自不可及　張方平言于仁宗曰比來朝廷多用傾儉之人內為言議外為糾察以攻發曖昧為能士大夫一動一為輒因循苟且姑免謗議何暇展布四體乎以任事則朒縮緣此矣至于苞苴賄賂則又明目張膽不顧請議　文彥博召內侍史志聰問仁宗近逹和狀聰曰禁密不敢漏言彥博叱之謂爾曹出入禁闥不令宰相知天子事將欲何為自今疾勢增損必以告不然明正國法又欲宿殿中內侍云無故事彥博曰此時豈論故事耶公臨事制變風裁凜凜

彥博宿殿中京兆夜叩宮門上變謂禁卒以私怨

誣虞侯爲亂彥博卽請同官判狀尾斬禁卒他日劉
流疏其乘聖體違豫擅斬告反者彥博取判狀呈上
倉卒遇變能制亂防患此謂眞相才也　范鎭疏請
建儲數上不報執政諭之曰今間言已入爲之甚難
鎭曰事當論其是非不當論其難易諸公謂今日難
于前日安知異日不更難于今日乎執政曷不折景
仁曰今日且落得安靜他日之難又非爾我手矣卸
擔之法何不聞也　包孝肅峭直剛介性不苟合平
時親故一切謝絕特惡苛刻之吏專尚敦厚與人未
嘗不恕趙清獻以苦節著名而其爲政乃務因俗施

毅以惠和爲本何其寬大長者也蓋正直者必忠厚刻于繩人好爲操功其剛可柔其清可濁也何也歷處多也　契丹議爭地界朝廷遣使數輩往返爭辨無以難也及遣沈括往使括乃閱樞府故牘得往歲所議疆地與今所指相去三十餘里神宗喜曰大臣每不究本末幾誤國事今括執此以往契丹不能奪此可爲後世法程矣　初遼人言地界神宗手詔問韓琦富弼文彥博曾公亮使上事宜四公皆以故相出判州郡雖不預廷議亦時加咨訪宋之倚重老臣不間形迹如此後世出處禮懸上疏陳情語不他及

及詔旨報下有存無問雖其情意蕩然亦緣謝事投閒月月已久即軍國情形言之不親切也宋相領郡則猶局內　司馬光罷新法殆盡天下旦夕望致太平畢仲遊貽書謂不能杜其興作之情徒欲禁其變置之事他日必將操不足以動上意則新法且復行矣呂公著柄政熙豐小人猶分散中外造爲謗言以惑時政常安民奏記謂去小人不難勝小人爲難急須搜羅海內英才使皆立朝以勝小人不然怨憤已積倘其乘機而發其毒必大其後皆如二公所料

劉摯之謫也語諸子曰上用章惇矣吾且得罪若惇

顧國事不遷怒百姓吾曹遠謫死無所恨正慮其意在報復法令益峻如天下何悲哉摯之用心也不知章惇感何業氣而苦苦爲惡如是　鮮于侁知揚州蘇軾自湖州被謫親朋皆交絕道出廣陵侁獨往見或勸其將平日往來文字焚之以杜後患侁曰欺君負友吾所不忍以忠義分譴固所願也侁可謂知友誼者　陳瓘在給諫曾布畏其正直使客啖以官爵瓘語子曰吾與丞相議事多不合今若受其薦進復有異同則公議私恩兩有愧也可見世有背私恩以市公議者其人必非君子

論曰宋自元豐以後吾不欲觀之矣其君倏喜君子倏喜小人倏以君子爲小人小人爲君子其臣則君子自負君子每排擊小人其小人必報復君子以荼毒百姓于是釀成北轅南渡之事矣紹興以後吾更不欲觀之矣其君以和爲安靜其臣以戰爲嘗試時且當和又挑戰以敗和時實當戰又主和而詘戰至于一戰不利遂以逃避爲得策而弄成航海顛覆之事矣總之宋以奄奄之朝前不禦外侮而智巧竭于禦朋黨後不講戰守而日力耗于講理學且權姦疊出柄政久專史彌遠二十五年秦檜二十年賈似道

十六年蔡京十四年而呂蒙正夷簡王旦不得與之較親信其爲君者則水銀浮金鴨以玩娛襄陽圍五年而不覺辟如人家門衰戸薄外患洊至其子弟方且享用富貴以家計盡付之豪奴逆僕欲不敗得乎故讀宋史使人白日欲寢第條其盛時諸君言行篤摯者録之于左

福建賦役攷

閩雖岅田嶢崅少平衍膏腴固海濱一大都會也昔在禹貢淮海惟揚州厥土塗泥田下下賦下上錯厥篚織貝厥包橘柚錫貢殷周之世文辭闕焉漢騶搖佐漢滅秦其民便附立搖爲東海王率貢惟貞五代之際遞郡遞軍田賦隨之爰及李唐置節度使開府有戶九萬一千一百七十四　口四十一萬五百七十六則山澤未盡墾生齒未盡繁也宋太平興國大觀之間有戶四十五萬八千六百七十六　口二百八十八萬七千五十四時平用節正賦四色二色之

外無復橫征紹興以後蹙國百里度支無藝額外及十七色矣元用貊道軍國賦輕齊民縱侈惰瘉雖有戶七十萬六千三百二十　口二百八十二萬九千三十而銷耗于偽名號者十之三

明興混一區宇愛育黎庶洪永以至今日戶四十九萬三千二百一十五　口一百九十九萬七千四十三官民田園池塘陂圳洲湖潭蕩之屬凡一十三萬六千五百四十頃一十五畝二分五毫有零而賦役出馬賦準先王什一之則有曰夏稅曰秋糧稅若絲綿折絹若農桑折絹若麥若苧若鈔若零絲綿秋糧

總曰官米曰民米縷分之曰魚課米曰爐課曰酒稅曰寺租曰沒官田山租派糧稅有曰額派曰勻派曰攤派徵入有曰額徵不在額有曰附徵曰陞科加增近有曰遼餉通融徵派有曰本色曰折色折色分爲二曰起運曰存留本色惟存留折色起運于京庫曰金花運金花有曰楨綠于甲丁二庫曰顏料顏料另有舖墊曰蠟茶曰廚料曰昌平馬價曰牲口價曰香料曰藥味曰緞疋曰課鐵曰建鐵曰螺殼曰翠毛曰民弓弦箭曰民辦軍器曰軍辦鹽鈔曰胖襖褲鞋曰翎鰾曰白硝曰麖麂鹿皮曰班竹其爲名二十有一

貼運有曰水脚存留之名十有四有曰曆日紙工曰官吏俸鈔曰充餉曰料剩曰溢出曰無徵米抵補曰司庫鹽鈔曰府庫鹽鈔曰倉剩其剩以爲兵曰備餉爲民曰備賑爲歲曰備歉以備工曰脩倉其本色以上倉支給官軍人等俸糧正德中沈御史灼奏准惟民米一石以五斗輸米上倉今則一石輸米二斗三升倉無紅腐矣附徵曰屯糧屯糧向惟存留運米際倉今有曰屯折曰改折米賤則折以便軍也折之曰樣田米銀曰本色米銀曰屯米耗銀曰薪夫銀曰硝磺銀曰鋰皮銀亦有曰修倉銀加增無常派有

日閏年日大臣郵典日册封外夷日農桑開墾日遼
餉者自萬曆四十六年有事于遼部文該派每石七
分一釐七毫共該派銀四萬七千七百三十兩四錢
一分經布政畢公懋良糧道魏公時應一括鹽鈔銀
抵解各州縣一年免派矣四十七年又該派銀如上
年經二公搜括料剩站剩銀一萬四千四百五十一
兩三錢一分抵解每石實只派五分耳四十八年部
文加派至一錢八分四釐三毫共派一十二萬二千
七百三十五兩三錢幾與起運正糧等二公又多方
搜括銀二萬七千五百三十四兩三錢抵解每石得

減派四分天啓二年分又該加派如上年而方伯游公漢龍又多方搜括銀五萬二百五十六兩一錢六分抵解每石減去七分五釐只派銀一錢八釐視上年又多減矣故閩省雖有遼餉而民稍不爲害

丁田之役四曰綱曰徭曰機兵曰站站詳驛遞志綱之目若慶賀若接

詔若迎春若視學若春秋二祀若鄉飲酒再行若校文若閱武若舉進牌坊若貢士路費若武舉路費若廢疾孤寡衣糧若行部若士大夫往來有餼牽牢醴若官師蒞任有郊勞有致館有門祭有堂宴有輿蓋

鹵薄若歲終有門符有花燈爲費不一槩責于番役坊里二長蓋向惟京折納官餘四差責民自辦經費旣無畫一而朴擊賣請者衆吏皂如虎民如鼠逃捕敲髓甚有米石丁一費至數十鏹者破產矣妻子且斥賣爲奴僕先是萬曆六年巡撫龐公尚鵬巡按商公爲正傷之行一條鞭法計週歲經用多寡藉其丁米歲徵銀六萬九千四百一十兩零僱辦支應閩省鼓舞稱快便至今每日願 聖主無散條鞭

徭之役曰均均者鈞也鈞衡無觭輕郡編屬邑庶人在官者視事繁簡給其稍食有日銀差曰力差力之

差若大小諸衙門有門子有皂隸有書辦有庫子有獄卒有鋪兵有斗級有館驛之夫有殿廠橋渡之夫有弓兵有巡欄有水手銀差若長差若上中二解戶若各衹候若馬夫若齋夫膳夫若借撥皂隸往者歲俱一編之後五年應役弗善也甚害者則庫子庫子本備莞收縣官視爲甲幹公私之費悉取之苦累叫號與坊里長役綱者等一條鞭法以十年總編盡清月免歲徵銀一十四萬二千九百一十二兩有零無閏年扣出充餉銀五千九百九十一兩三錢蓋諸丁米稍裕僱值多羨餘輕重適均矣力差之屬有機兵

募民丁壯邑編戶供其資糧厞屨米一石男子一丁輸糧三分歲機兵銀一十六萬三千六百八十兩六錢三釐耎然虛有名僅充勾攝役使耳因藉其名爲標兵抽其銀爲軍餉爲以抵軍糧爲夫廪存縣一有警不足用亦不堪用當事因援遼召募滇蜀黔三省驛騷鼎沸兼東州有白蓮紅封聞香諸邪教內訌亟思練土兵復古兵農之法攷弘治三年循天順故事令州縣招募丁壯大縣七八百里里每募二名五百里三名三百里四名一百里以上五名免本戶糧五石丁二丁春夏秋之月再操之冬操三歇三遇警召

集官給行糧稱良法焉吾閩機兵之役初倣遺意亟當循名責實使賦均而役稱有用矣

論曰國朝制十載一籍其民取足舊額閩今日戶視正統略增口視正統減十之二正統視國初戶口略增十之三相去皆百餘年豈僅僅若此實　朝廷不欲料民聽恢恢三面之意乃吏攷今日賦役大增于舊額矣財用匱乏之賦役繁興規避精巧彼強宗巨姓蕃衍至于什百視國初通天詭寄之名尤甚縣官曾不得庸調其寸縑則荷重役者俱屬何人近有蛋戶輸魚課米里胥競獰索至一丁一斗每銀一兩吞聲

哽咽曾不得泣噫縣官固無所利利安歸也則孰如清其戶口使利歸公家額外可以免派火耗可以少減也派多耗多天不能雨粟麥不肯兩岐而田値忽爾汝賤于是識者憂其馴至于散條鞭彼蕞邑山陬王法遠矣猶責里長直日宴會供花燈二祀供香紙公幹供下程諸此類者是明明跐于條鞭之外則散之甚易易也豈條鞭獨可行于江北乎丁田與征繕相為表裏征繕加而丁田不加則蠲租免稅為必不可徼之恩國初者定伊始免夏稅免秋糧 詔數十下財用何饒溢也霍文敏謂國初戶口宜少而多

承平戶口宜多而少田糧日減賦役日益增當思所以處之則淸戶口急矣

孝廟十三年邊用缺乏有欲督諸省直積貯羨餘盡輸太倉尚書周公經曰國用不足多因濫費耗用倘一切節省自宜少裕如盡括天下財物非藏富于民之意則戶口又似不宜太淸也總之賦役輕則戶口固不可減必不可僞增賦役重則戶口當淸毋使貴富漏脫責貧賦差蓋貧富不均役姦民毎藉口乘之爲亂二公皆爲經國百年計耳人臣事君隨事盡力卽近者小者亦當爲百年之計余肅敏子俊之言也

比賦役志也

福建鹽法攷

鹽有引目以榷鹽也榷之使利歸公家而足國裕邊在焉

國朝鹽引印刷于南戶部每引一道運司先追引紙銀三釐解布政司倒文赴南京領引一紙爲一道積道爲封或四百道一封小之五十道再小三十五道覩行鹽之地廣狹爲封之大小也閩省凡三年一請引目召商開中天啓二年計請引目凡七萬四千三百四十道歲額銀三萬四千五百九十兩萬曆四十五年計銷引六萬四千三百四十道歲額銀二萬九

千四百三十九兩萬曆十七年銷引四萬七千四百五十二道歲額銀二萬二千二百兩存留充餉四千四十七兩充餉之說始于萬曆三年照廣鹽事例也攷嘉靖二十三年銷引四萬五千三百六十道歲額銀二萬二千二百兩抽才行銀二千四百餘兩上遡
國初銷引三萬七千二百六十五道歲解京銀止二萬二千二兩蓋今日增課則增引故耳引有母有子母先納價而以引下場支鹽若干又得蔭買若干故曰子也蔭買得倍若干故曰一母二子也明聽其溢于額外有曰耗鹽有曰貢鹽有曰火食耗鹽有曰

脩城鹽有曰補鈌課鹽有曰包綠折費等鹽亦照引爲多寡派引給商之曰截角至鹽場支鹽截角鹽裝于式船到關津所在又截角及該幇賣鹽并付引使得于行鹽之地照賣鹽法曰引與鹽不相離離則發遣賣竟鑿空繳引亦曰退引而引銷矣年銷引若干始眞行鹽若干閩鹽海鹵也濱海曬鹵有埕有團有坵盤爲場者七福州曰海口場曰牛田場興化曰上里場泉州曰惠安場曰潯美場曰洒州場曰浯州場向俱辦本色鹽應商開中正統八年孫布政昇以潯洒浯三場堆積黑鹽商人窵遠不便關支　疏請折

米銀輸附近官倉則出鹽之場惟四弘治十六年陶御史鵬又請惠安場得如潯洒浯事例認課輸銀正德十四年周御史震廉知四場私鹽　疏請折其埕盤團場不許私晒嘉靖三十二年錢戶部嘉猷以四場仍有埕盤私晒販賣于龍溪長泰漳平龍巖南靖諸縣且其納米折價止有正課而無餘課欲立柳營江分司編商掣課不果也則出鹽以辦餘折者止海口牛田上里三場耳場有竈戶亦曰鹽戶戶丁曰鹽丁每一丁應日晒鹽一斤四兩以充丁差官復其身不科雜役竈戶之居附海者便于晒鹽聽商赴買故

引有曰附海竈戶之居傍山者戶鮮鹽無以曬鹽止
令辦課故引有曰依山　國初止有附海而依山之
行自嘉靖二十九年始萬曆六年二十四年間一行
之行鹽之總有三曰西路曰東路曰南路西路至于
延平至于建寧邵武汀州汀州因南贛軍興借以食
廣鹽萬曆七年運同盧玫條陳復之以議者尚思截
廣信建昌以行閩鹽況汀州原屬閩疆豈容久假當
道以事關　奏請且止故實行鹽者惟延建邵耳年
每銷引二萬道引一母一子鹽各二百斤而大田縣
以僻遠認課不銷引銷引行鹽僅十六縣此謂閩鹽

行地之最大者而商亦最翹然稱雄于三路耳南路行鹽最窄商最小年每銷引一千五百三十道引一母二子母四百斤子八百斤有內外港內港則水歩新港趍魚冬行鹽也外港六澳曰壺江曰梅花曰𠂇石曰北茭曰奇達曰定海曰連江皆福州江海鹹淡錯棱島嶼之地向立商立哨哨以緝捕私鹽爲名實則綠林鯨鯢耳萬曆四十六年董廷尉應舉爲列弊當道故得認課稱便則南路行鹽惟內港耳東路商次小行鹽地次窄有曰黃崎曰水漈曰西陂曰桐山曰泰嶼曰文岐曰樓前曰羅源年每銷引一萬一千二

百道引一母二子母一千斤子二千斤凡三路中鹽
之商皆序次待幫經掣驗明白無夾帶多餘不犯割
沒全沒之條故得當幫賣鹽西路幫于水口水口者
囦溪也年限五幫幫每十商東路港不同有年限十
二幫者有年限十六幫者幫每一商南路年限一幫
幫每二商未買鹽之商每引先納官三錢者引價銀
也既賣鹽每引復納官四錢或八錢者餘價銀也有
才稅銀有加課銀有續增加課銀而各有水脚各有
滴珠以解京也存留曰助餉銀曰才行經紀銀曰贓
役銀曰罰課銀曰割沒銀曰全沒銀曰囚徒銀徵輸

有專官曰運司司大夫爲運使駐省城總三路鹽政分司于水口曰運同分司于黄崎曰運副署南港曰經歷曰知事昔有曰運判以冗員革萬曆三年劉中丞堯誨　疏設漳泉運判分司以清潯洒浯三場之鹽八年勞中丞堪復　疏裁革議者謂官鹽不盡于疏通亦三塲私鹽夾行耳　國初于運鹽司之省特置御史一員福建止以巡按兼理鹽法萬曆六年始設鹽道以憲臬大夫領之上爲直指分托之官下爲轉運受成之官也凡商于塲買鹽官給牌帖限其月日定其式船運同伍典始爲樣船船有火烙有鐵鎖

有圍量經過關津驗實放行故有批驗所一驗再驗應頓倉者官驗其足額爲之封識爲之查盤蓋法不許減于引之內也鹽頓倉久商多盜賣故嘉靖三十四年用查盤法商竈苦之萬曆四十年呂鹽道純如又議去查盤及至出倉官爲之督包嘉靖十年方御史涯始用包法萬曆十五年金鹽道學曾始用簍法每商分裝二千五十簍簍每百斤官爲之較定又爲之封識及關津爲之抽掣萬曆四十六年畢鹽道懋良始用理刑官會掣法至封帮所抽掣亦以刑官蓋法不許溢于引之外也多溢則全沒少溢則割沒矣官

爲召買凡買鹽水客不至責行鹽縣官買少則鹽不行水客至官又爲抽掣私買多鹽又不行故鹽法最嚴切逼急私鹽挑擔馱載杖八十徒二年買食杖一百因賣加徒三年守禦官失出透漏杖六十故縱杖一百徒三年緝獲匿隱杖一百徒三年軍人犯加本管官杖七十故縱杖一百徒二年官鹽越界賣杖一百知情食杖六十興販聚衆傷人梟不傷人斬興販越境三千斤軍收買三千斤軍監臨勢要中鹽杖一百徒三年阻壞鹽法杖一百徒三年竈戶丁犯殺各場煎辦鹽斤徒三年計煎鹽三千五百一十斤故曰

四徒鹽

論曰曩鹽政之弊也分司每開幫輒有常例而日用公費又取備于牙行故運同林大有曾縷縷陳之然相沿久矣署道蕭公謂不清其源法必不行故鹽道畢公毅然而言曰鹽法之有剳沒贖鍰也此最陋規也猶司鹽者之有常例也官兩番掣鹽鑿定以剳沒罪贖五名報道五名報院商故得藉口夾帶幫課日虐今與諸商約自掣鹽以至賣完道司不問一罪歲可省數千金諸司各痛革常例亦歲省數千金出倉打包亦不以官擾之是商自正課而外一無所虧損

也冗費清則鑚剌可免鹽斤少則帮運自週故自萬曆四十五年起鹽法大行商得厚貲又有項引之名以圖逐輪派窩而諸眈眈者欲瓜其利紛紛以增引告矣東事匱餉按院鄭公議增引七千道每封增餉四百兩于是有新舊商之異舊商苦不肯增餉者何故蓋鹽亦有盛衰焉莫盛于　國初而始衰于四場議折之日再衰于汀州借行之日乃又極衰于廣行依山內監摉索之日越封挿帮佔封及告買囚徒廠底夾帶透漏棚主囤戶諸弊官每爲清豁一番而鹽亦盛一番矣從未有極盛于禁革常例蠲免割沒之

日者而衰所由起也雖然今日生齒繁食鹽夥窮竈方逋負賠課興販者且攀木緣巖則濱海小民豈少私煎細鹽如漳灣鑑江瀨嶼之類倘盡括之使給引辦課民弗食市弗售也何也有引則貴無引則賤也不惟民利無引竈亦利無引隆慶三年以來海戶牛田上里亦紛紛告援折價之例何望惠澤洒浯之復開中乎　國家之制鹽政以爲邊政召商塞下輸粟餉邊一引粟二斗五升故塞下地盡墾爲田抵京露積士飽馬騰自鹽政敝則有存積常股之說又有折價轉輸之說急目前而忘長遠塞下之粟與金同價

而邊政敝矣今仍欲輸粟入邊如　國初之制勢固極重而難返乎然欲急軍興則當完正課欲完正課則當去浮課凡加引之說與夫攙次之封帑皆浮也不去其浮則加餉無幾而壅運反遲害正課矣願司鹽者爲折衷焉

福建武備攷

昔成周有夏官司馬以九伐之法正邦國正月始和卽布其法于象魏中春敎振旅中夏敎茇舍中秋敎治兵中冬敎大閱葢自三代之盛其武備豫且悉矣閩自無諸啓土代尋金革嗣是滄桑遞變類不廢武備葢以海若天吳故恒效靈而蜃宮蛟窟之側不無豨突狼奔之虞且叢薄嶙峋易爲胥靡者藪潢池者弄也故閩地備海兼備山唐寘都督府設泉山府兵左右二營後有曰經略軍曰寧海軍曰威武軍官有曰節度使曰防禦使曰都團練使皆以統領閩疆使

山海寧晏也宋易以總管鈐轄帥府諸員有廂禁鄉三兵胡元寘行中書省行樞密院及宣慰使以總軍民政尤龐雜我

太祖經制詳核初設都使司領各屬內外衛所尤軫念海邦特命湯信國經營沿海要害摘重兵以戍之而海上始有兵矣其爲衛兵者即衛所世籍之兵所謂軍也軍長爲小旗倍長爲總旗再長之爲百戶爲千戶爲鎮撫更長之爲指揮僉事爲指揮同知爲指揮使而轄制其上者則都指揮使司矣郡治各有衛所爲衛者十一爲所者二十沿海衛所自福寧至清

漳南北湘粵之界爲衛凡五曰鎮東曰平海曰鎮海曰永寧曰福寧爲所十有四曰梅花曰萬安曰莆禧曰高浦曰福全曰中左曰金門曰崇武曰六鰲曰玄鍾曰銅山曰大金曰定海仍于要害各立斥堠守以軍餘督以弁職傳報警息以防寇于陸也又于外洋設立水兵寨遊寨之初設有三曰烽火曰南日曰浯嶼後增之曰小埕曰銅山遊之初設有四曰海壇曰玄鍾曰浯銅曰彭湖續設曰眉州曰崙山寨以制遊各領之以把總而武科世勳高等任寨有欽依以都指揮行事之名彼材官名色者充遊矣此以防寇于

海也沿海環設又有巡檢司其持戟者曰弓兵巡檢間插于衛所寨遊不及之處用文職爲發鈐亦以廣耳目故延建邵汀無寨遊而有守備即有巡檢司福興漳泉福寧濱海之地爲叅將者三爲守備者四寨遊衛所扼塞要害而必有巡檢司故巡檢司之設于陸者二十有四沿海者三十有六其制度巳詳盡矣南澳之設副將自關酋發難日始也先是嘉靖末賊許朝先吳平等巢于南澳遨遊漳潮間爲患甚烈當事者彼時有聲東擊西之虞故特設副將與遊寨殊福州之有帥府自戚公繼光始也嘉靖四十年中倭

公開府于此而凡附注隸幹者皆受成焉稱大將軍以綱紀三軍始張吾軍矣軍有曰旗軍曰貼駕征軍旗軍者本軍也貼駕征軍者派衛所征軍出爲水寨軍以軍間兵也兵有曰陸營曰水營而水陸營有土着招募之異故又曰土營曰浙營軍門標下遊擊坐營有土浙六營都督標下坐營有土浙三營興化泉州漳州各浙兵二營浙營之設亦始于嘉靖庚戌倭寇蹂躪謂土兵脆弱故多招烏傷壯勇以充行伍相沿至今矣軍門標下又有曰親兵以守轅門者萬曆四十四年檄總將沈有容入閩因招貴竹苗人仍列

爲轅門親兵一百三名故有曰苗兵

論曰國初籍民爲軍其麗不億隨立屯田贍之每衛所軍七分守城三分屯種法至善也垂二百五十餘年屯田半屬他姓而軍之消長現存者僅十二三使皆按法訓練猶不失精騎數千今或派之以他役弁員復侵之以谿壑在尺籍中者又强半烏有矣時以耀武揚威則真灞棘之兒戲安得稱一卒也臨其上者爲萬夫長爲千夫長間有一二錚錚行間餘皆席祖先汗馬以衣食縣官所謂手不習烏號膝不跨款段雅歌投壺擬祭征虜褒衣緩帶非羊鉅平以點綴

太平可矣今偵諜數告紅夷要挾于門庭豈宜作此也愚意軍之失伍者既多無屯者亦多欲驟爲復伍清屯勢固極重難返但宜速分爲三一分以老弱應差而殺其食不與操軍溷操軍宜于城守宜于征戰又分爲二各視其膂力器械之所近者甄別而操練之仍設教頭選鋒與諸名號奪老弱之糧以與精壯彼亦不敢譁也其爲夫長與其子弟當亟責其鞍馬技藝月輒有試下下者應大爲懲創其上上者有不次之賚如此則衛所必兢勸也或曰閩地土瘠軍校脆弱其風氣使然不知有起自衛所如俞大猷輩者

亦稱名將則衞所固自有人况當

裕陵時衞兵如進貴葉元寶諸衆

永陵時如郭天養諸衆祗緣小郄脫巾大譁幾爲魏

博武林虎賁之續胡羸卒皆爲健兒也古之善兵者

宮嬪可陣市人可戰柔勁無定亦主客無擇今聞有

客兵而養客之饟大浮于土使稍爲裒抑與土兵同

曹共秣一旦有急謂饑而颺去者必客兵矣向者變

出璫竪闌入轅門彼環列帳下又孰非客兵哉寨遊

之設立原以寨爲正兵遊爲奇兵取奇正相生之義

遊間一寨寨間一遊亦取臂指聯絡之勢若棨題欽

依則遂成相角各據汛地各執體要不肯相下矣年
來復設臺山礵山湄州鴻江彭湖等遊至于料羅東
湧大小甘山亦設遠哨實欲緩急互資相爲應援近
者疏通武科如附郭六營如海上標遊各補以欽總
與郡大夫抗禮禮其小也第于罄控制馭不免軋軌
故在庭諸君又有謂此法終不可行之說況乎長風
巨浪掀蕩戰鷁非狎習積功者不足以長海上則疏
通雖是用材則非也海上之巡檢司厰任匪細地踞
險阻其干掫防禦與有分責而目爲不急之員營鑽
爲他役不可也宋燕達以巡尉守延州砦用五百兵

破巷胡三萬則巡檢之能事也總之吾閩海國亦是嚴邦防海至矣防山次焉彼上游四郡菁簿綿密其萑苻嘯聚如鄧茂七者合十餘萬衆僭號稱王至勤三侯伯一尚書一中丞三大將軍合數省之兵僅乃克之何翅倭也大帽山嵒峒迤亘江廣伏莽飄忽亦如烟濤當事者固不得顓備鯨鯢而御侮豺狼也雖然綠林之竊發是在良有司者撫摩得宜有以消其梟心至于非我族類狡然逞志門戶寬泯又有姦民爲之鄉導勾引則蒿目寢憂必有所當先矣昔在世廟庚戌之季吾閩爲倭蹂躪慘不可言及登州戚

公元敬一入此中而壁壘生色民始𠕋有肯頷至今
父老譚之尚欷歔泣數行下也嗟夫玉石既焚焦爛
者不得已而見功孰如銷兵氣于未形使欃槍䝉退
度乎聞戚公元敬與士卒分甘茹苦秋毫無犯誓必
剪賊是仁明廉武之君子宜縈思者久也日月暈圍
于外其賊在内誰無父母兄弟妻子墓田丙舍而甘
心竊奸甘心勾引彼阿南遠在日邊紅毛一小醜耳
至敢要挾互市何渠能至此乎閩非無事之國武備
所當亟飭而懷桑梓之慮者毋爲戎首毋爲禍胎毋
貪旦夕之利以憂我父母可矣

園集　卷

福建學校攷 論

論曰學校之建也原以域章縫于壇宇之中使其敬業樂羣有所師承已矣其制度莫備于宋有齋舍廚饌以寧其起居有書籍典故以開其耳目有師儒先輩以課其勤怠其于聖賢之言行古今之得失禮樂之奥妙象數之要渺食貨之流源兵刑之制度莫不欲其考究精核左宜右有固不徒以空名已也然而蘇子瞻之言曰慶曆之間銳意立學以爲太平可待至于今日惟空名僅存則學校之設貴于旣其實久矣能循名責實則詩賦制義均爲有用否即習射尚

齒亦爲故牒今使羣百千子衿圍之一室之中令其出誠入告不幾于垢戾嚚爭以鄉飲酒之禮理軍市乎蓋未有學校則求之學校之中以新其耳目學校既備則仍其舊制而已弊不在法而在人也故元虞集之論學校欲使守令求明經行備之人以身尊之不欲其徒循資格以稱學官我

國家于郡國學校專立工大夫以表率于黌職之上師嚴道尊幾與樂正司成者等此漢唐宋之所未遑蓋監視而郁郁者矣雖然因讀志而更有感焉以胡元之腥穢不喜華言于建學立師皇皇急急如不及

者何也此所以有百年之運與秦之二世異也

明興

二祖十宗文治作人至于今日有加無巳則久長盛治寧獨八百之曆乎哉

蓼園集

二之四

上水利道武林葛公濬西湖議

晋太康初嚴高來守是郡于郡城外鑿東西二湖週廻各二十里與海潮汐通宋慶歷中二湖漸淤郡守程師孟蔡襄相繼濬治至淳熈初則東湖盡堙矣九年趙汝愚知州事疏于朝請頴濬西湖深廣如法盖以蓄水備旱潦也湖既弘深能受能洩積雨旬日自北嶺以至鶴嶺西北一帶萬山之水滔滔汩汩歸併于湖湖爲之容受以其餘者傳送于河導河及海而西北之田雖潦不災時而亢旱田苗枯渴民時以桔槔引湖水爲溉遠者十里近者四五里皆承流仰沫

資其潤澤故西北之田卽旱亦不爲害則湖之爲利從可見矣日月既久湖之肢體漸以剝蝕其所存者十不二三數年以來又半爲瓦礫半爲葑田一或久雨則湖先已脹漲浸淫害稼少時不雨則湖先爲涸轍何能他潤故西北之田少雨卽苦旱多雨卽苦水他處崇墉彼獨凶歉是必得五風十雨始足快此一方民也彼蠢蠢者耳目習熟第每每呼天搶地固不知湖堙爲祟間有識者則指湖邊侵地謂之穎川河南亦指湖中葑礫謂之挾山超海故安得此湖闢之使仍其敞挖之使仍其深挖其土以爲堤則湖上之

堤高而可橋梎其上以爲山則湖心之山高而可寺
前者郡伯仁和纘石江公疏通水利改西關外迎仙
橋舊閘爲壩以蓄湖水不令決放於湖心舊開化寺
基剏建亭榭又欲清查斥買湖邊地圍滙以爲湖築
堤造橋使水環大夢山之下又欲廣植桃柳使得彷
彿錢塘當時韻致之士咸舉手加額望其垂成日閩
雖褊小得就正于大方庶幾茂稱望國乎會公權蘇松
兵憲去議格弗果公固裴徊咨嗟而父老至今用以
爲恨也江公去後爲豪民蓄水養魚納稅于官歲取
厚利近歲復議歸官聽民網罟雖日便民而淘沙濬

絖與椳罾設笱者充斥於中則葑愈生泥愈湧堙塞至今日極矣春夏有水稍能浮舟至秋冬則不待褰裳而涉有湖若無湖焉幸逢閣下名德位望冠冕宇內水學得不傳之秘水事通久欝之情河旣澄清湖必疏瀹盖皆所以行地脈禦火患通潮汐便舟楫偹旱潦壯軍府之容增金湯之勢千載而一時者也小子泰敢領河清復議濬湖政謂天下事必豪傑者實心任之難而不難夫閩地狹隘此湖較之明聖繁華涔蹄滴汪然亦如人之有眉目不可廢也今果不鄙朿于大方垂慈用恩則久廢忽開事關興運是湖爲

長遠利益之湖矣山川因人而重李長源白香山蘇玉局與杭之西湖並垂千古此湖能不藉閣下以不朽哉謹議

蓼園集　卷二　三

玉閣諸緣疏

昔成佛者必證金仙佛與仙清淨同慈悲同世未有不可仙而可佛者此語羽流緇衣等輩殊不肯作如是觀也吾鄉號奉佛者有人凡佛剎處其補闕起廢緲舉至今日幾盡環七門之內獨平臺一仙觀觀爲九仙所發跡前則寥陽殿高則玉皇閣去年庚申曹鴈老睹殿幾壞亟募緣修葺葺完鴈老昌言曰此殿初建非數千金不可今葺僅三百緡耳不及什之一而殿巍巍如故修廢可已乎予兹同龔克廣諸君子復左右二小殿復泰山行宮復二道房復鋪閣下石

廊復藻繪丹堊堅垣寒竇凡與殿閣相關涉者皆修廢之使仍舊竟鴈老意也非能有所更改而剏造也雖然殿之幾壞在雨齧蟻蛀頂隔隱隆之中壞也人所不見修也人所不見予所補葺則衆矚目瓦礫明顯之處鴈老不見功而功鉅予見功而功眇予愧甚矣則亦望人之見見而樂助之矣天啓癸亥九日題于臺上

募河西南緣修新橋疏

吾鄉里所夾遡者新橋河之西南此河何常不十年一開也故事爬挖其客土凸者尺餘計年所壅塞將有百黍之積以十年除尺餘是十年開不勝一年塞再數年後河與岸齒將無河矣開之最痛快者無如今日地骨既現浮土盡去雖不禁他日再壅辟如萬里橫空氣清霧淨即有微雲點綴可必此日無重陰之黯黮也然更有痛快者曰運土也故事土淤兩岸略爲徙除雨注滲漏河仍容受細民鴛黠日夜竊復河雖有口不能叫呼蓋旋開旋塞以瞞官府而官府

亦曰已開河矣今以舴艋蟻行梭織運土出關則出之河者必無復入之勢所瀦五尺如待十尺所役一勞而收功十勞向者吾民困難與語此也冬與夏不能兩行草與稼不能兩生世固無不飲不啄皮毛濯濯者吾民何以不知此語也上人一番真實作用其處心良苦蓋欲招好去惡集羶驅渗爲吾民長遠利益則吾民亦當仰體此意共爲利益如河上之新橋火二十年矣傾頹破壞延至于今昔曾東門壞孔子趨而過之弟子曰門之壞也久矣夫子何趨孔子曰吾敢惡其久也則可不因此日亟爲之脩乎脩之則

費吾父老子弟錢財刀布必有以貴粟爲解者不修
則因仍苟且人衆叢遝有如弗誡又將咎河之深夫
河豈不應深而應淺橋豈不應堅而應敗敗不爲理
乃問之水濱他日河梁整頓水復漣漪遊其上者三
尺之童亦能歎美則向之不可與語者今始可與語
矣民不可與慮始而可與樂成信然哉修理工費只
五十餘金省一栖一筋之費刻日可成會公祖父母
河工告美樂民之樂民亦樂其樂不佞忝業得俞于
同社之仁人君子因授語爲疏以募時天啓甲子花
朝

江口崇報祠募緣疏

伊耆氏之迎虎爲其食田豕也莆之囊山寺有虎石以制豕石由來久矣僧建寺于虎石虎而圈之豕得無忌憚爲怪風害稼去寺而風止建寺風復生屢屢應驗近者有胡佘二公祖與康徐二父母合志毀寺使無害風也凡寺欲其興獨此寺必欲廢興者爲百姓祝釐使時和年豐政如來之所欲興廢者爲百姓請命使風雨順軌政如來之所欲廢興廢之利益如來願之不能恒得之百姓百姓願之不能卽得之當道今當道公祖父母爲百姓招祥去沴作利益事于

陽侯肥遺之外是宰官而行菩薩行當以菩薩奉也紺殿金碧寶相莊嚴使吾二郡士民瞻拜頂禮以供胡余康徐爲接引以無害風爲西方極樂豈不美歟盍諸父老欲建祠于福莆交界以祀四公知所本矣丏余言于葉君錫凡爲他日請葉師相名筆之舉又知所重矣因詮數語以弁其首天啓三年十月之吉

原書缺

原書缺

羅圭峰先生文集序

文章之變化與天地相昭晰奇莫奇于天地矣天地間一草一蟲無非文章第人耳目所不經見者便以爲奇是耳目自爲奇非天地之奇也天地之奇如日月旦旦而明景物歲歲而新而文章之奇亦然把玩數過細讀深思以爲習熟矣再出笥篋爲之紬繹又雋永不窮不忍釋手故善爲文者因事以出奇譬之江河之行順水之道而已至其觸山赴谷風摶石激排蕩震烈極天下變態宇宙莫與爭奇焉我

國家當宋元之後文情萎薾潛溪烏傷追述大雅楊

文貞魯尊崇永叔簡澹和易李文正天才優長而僤于結撰劉誠意方希古諸公彌嫡眉山解大紳曾子啓胡光大諸公又羽翼廬陵而昌黎柳州或謙讓未遑至程克勤吳原傅王濟之諸公問慕昌黎方浸浸乎苞孕吐奇而力不能振獨盱江圭峰先生起而振之遂以先生爲出出昌黎非也昌黎欲起八代之衰先生欲洗宋元之習其願力同也文章原本六經詔誥策檄本之書序述論議本之易歌咏頌賦本之詩祭祀哀毀本之禮書奏箴銘本之春秋先生願力既大不欲使先王法物從此而湮故根柢六經驅使秦漢

即昌黎亦猶是也何必曰出自昌黎也先生爲文幽
思玄想神入窅冥所以上窺原始金格之微下挽重
淵暘谷之馭陸士衡曰收視返聽耽思豪迅精騖八
極心遊萬仞况破荒闢昧成佛作祖敢自愛其心神
使有至有不至耶李長沙公以文章鼓舞士林遂有
何李兩君子出故當時謂長沙之于何李猶涉廣之
于漢高公于何李固非劉項也使公生晚數年與何
李遇或與濟南太倉遇並驅中原恐不肯作江南小
英雄諸公何敢以偏師待之直須濟河焚舟耳棄民
懌于世少所推服而獨引重先生與祝希哲使先生

稍時頫仰不自爲異其所引重寧獨民懌然而先生終不以彼易此也先生爲諸生時氣吞雲夢及在朝忠懇激烈知無不言言無不盡如所論　榮王事班行皆噤舌咋口先生言之至再至三于用事大璫輙視以奴隸獻吉有詩謂半醉唾罵文成侯豈足爲先生道哉故其爲文以氣骨勝而法律應之變化隨之不求奇而自奇彼江景暘王穉欽黃是楊子雲之有意爲奇也先生則蘊長公萬斛之珠是也先生之文更數十年而論定又更數十年而建纛樹幟學者稟爲功令則挽廻之難如此而謂先生易爲之乎

國家文章有臺閣體有理學體有秦漢體有六朝體

前輩諸公各有宗主因各有羽翼而先生殆有以兼

之所謂道外之文文外之道先生不然言之無文行

之不遠者先生不爲邪恭嘗謂當

康陵之世文運欝勃雖何李未振七子未興文有隆

盛之勢蓋以氣骨勝而道理傳之而行至于今日文

章號極盛矣法太多體太傷情太曼道理未常不優

長而氣骨倚傍若有衰落之象蓋今日文人多欲享

用富貴聲色貨利以圖便安不能攻苦茹辛安得名

世先生天授旣奇師法復古而乃牢騷挫折使其馳

騁于鴈門紫塞之間以吞吐其胸中而沛其浩氣故品格文章皆不可陵踐先生雲孫鐸甫美秀而文爲潮陽公中郎游太學時交傾先輩務侯隣初二太史稱其能讀文肅公書余曾于俞羨長處見其六和堂詩亟亟稱賞今年來官閩中出文肅公集以餉曰吾將求善手重梓君其序之邦泰莊誦數四謹再拜曰小子聞先生苦心慕古以導引後學使知殷盤周誥兩漢先秦不至疑篆籀于鳥跡見河漢而驚怖其願力弘大今且得其人矣敢不因人論世頫濯以序謹序時天啓甲子端陽之吉

吳靜腑詩選序

西湖操天下之勝湖上諸兄弟操天下文章之勝西湖爲天下所品目著勝諸兄弟以文章品目爲天下之品目勝應出西湖上也湖光染翠山嵐設色之中實有淡粧濃抹之天人在焉豈徒以供巨觥酷罰目酣神醉是必有操千秋大業者狎主其中庶不負香山玉局開山婆心耳諸兄弟於朋從遊讌洶洶拳拳每手數義爲注楷爲覆背爲硃墨圍天下人苦苦成之而必苦苦採之見其文想見其人彼嘔心劌肺此遂爲之瀚汩片語隻字褒惜若性命恐埋沒英雄也

嗟乎文者之情亦欲農文之使風雨以時兵文之使戎虜以順口者文之而言材者文之而用選文者之情遂若求賢若慕士若失若得今當事者得此精神何難東南事也予近偕弟汝奇北歸道武林交契諸兄弟者間月飽得其所品目詩文裝致雙口艙中渡錢塘富春渚瀫水龍游入青湖凡十二日行人安穩布帆無恙得與弟檢讀靜脯兄詩選每鼓枻稱佳弟曰兄試摹其佳昔臧旻爲中郎將討匈奴歸與袁逢言西域本三十六國後分爲五十五國稍[illegible]至百二十國其國大小道里遠近人數多少風俗燥濕山川

草木鳥獸異物名種悉尸陳其狀手畫其形逢爲嘆
息稱絶此非精于鑒别者不能吾於静脯詩選亦然
第曰静脯兄濱岐屬序詮此數語序之矣壬戌蚕秋
題於青湖舟中

黃俞言文集序

黃明立年伯一代偉人雅獎進後學忝幸以世世年誼得受桃李雨露之潤近偕弟波奇重遊秣陵獲晤俞言俞言形影氣骨一如年伯而經濟博奧蓋其家學之所淵源俞言憤東事決裂與予互窮其故予謂從清撫失事至今敗四局矣皆著八股義諸君爲之最主今三尺童子咸垢詈文官之作事誤俞言曰彼赫幹者流實亦未能一矢以相加遺何得獨嗔彼文官予曰此政今日不文不武也古人能文能武而不分文武蒞事即戎即謂之武載是常服而染翰操筆

卽謂之文故召虎南仲方叔吉甫言武者推之登壇數語出師兩疏斯古今之至文矣曹瞞以奸詭肚腸奔作戈戟之間每一拈筆而德祖文舉諸人定是不如此何故也古人自視甚大於天地間書無所不看於天地間理無所不識其於天地間事無所不饒爲具聰明偏鋒者於中想出一蓋世法門具聰明正鋒者於中認出一忠孝道理蓋聖賢豪傑未有不兼長文武者也今以科第爲豪傑而空演聖賢於八股之中此外固不肯聞見有旁溢一件以爲妨八股事便噤口咋舌驚不敢出幸而足快風便謂天下事只是

如此惟其措意而已故明目張膽敢於誤天下事而偎瑣卑汙敢於叢天下穢東潰西決事勢至此猶招賄納賂附援植黨借倥偬多事爲壟之斷爲窟之三則他日將剖心以藏珠乎抑尋桃源以避秦也此可謂文武否當賡寧失時一月無實報震驚

冲聖至於宵衣旰食天下有心男子聞之惻然愾然皆欲擲八股而事經濟再三年東局必結郎未結筮仕之日有能决起而辦大事者必俞言等輩也俞言能盡讀其父祖之書理無所不透伎倆無所不備才情意氣無所不極其于文經武緯直饒爲之語云金

之視礦砂之按床讀俞言二陵集得俞言約略矣雖然俞言又絕精八股者也讀俞言八股又不獨擊節二陵集也天下惟精八股者能不爲八股所束縛予欣爲俞言序其文集者以此天啟壬戌之夏題於秦淮河房

影響說

貧莫貧于無見識賤莫賤于無骨力無見識則玉石不分黑漆漆之人耳無骨力則依墻傍壁隨所牽引而東西轉動矣夫入道之難也強力聞識不得與于斯況無識力之人乎一人曰春雨如膏影響者曰夏雨如饅頭誤膏之為糕也附和之者曰周文王如燒餅又誤夏雨為夏禹矣自膏而之餻餻而之饅頭謬誤豈有既乎自雨而之禹禹而之文王謬誤又豈有既乎問道者無操于中以誤而傳訛道聽而塗說盡若此耳陸人不見舟曰我能驅之使走舟人不見騎

曰我能曳之而前故北人習游多溺南人好馳未有不顛躓者此影響之爲能非能也齊宣王所用弓不過三石使左右挽之中關而止皆曰九石王終身謂能九石矣宋亡緇衣者見衣緇衣者拔之不舍曰吾亡紡緇子乃以禪緇還我豈知其非此緇哉無識自認爲有識無力自負爲有力此孔氏所謂果敢而窒之愚人以入道則迷情悖本直撞不前塞天下復來之路者此人是也示之金曰銅玉曰礝終身所寶者銅之與礝貴乎賤乎可不爲之大哀哉陸子彥遠抱金玉之姿欲出而遊天下吾以影響之說告之使勿

就此人而問道也陸子之先爲烏傷人入金陵者凡三世有曰陸位者善星學能得張果琴堂耶律碧玉望斗之精位云貴賤之同年月日時者其關鍵根源機括來歷重在一家六親命上湊合看有緣法無緣法而已故諺云一人有福挈帶一屋實一屋人有福也此緣法二字亦發星人所未發附記于此

廣積貯議跋

閩地坂田墝埆飯稻羹魚故常焦釜以待海運年來海運大哽澁矣泰夏陽侯爲虐民幾至菜色鵠形仳離顛壑于是眈眈焉且有啄攫萑苻之思蓋穀價且夕潮湧官民俱乏之倉所積無多暨發則虞及竭澤不發又無以沃焦有心計者計安出也茲者司理章公於肺石之暇裕及國恤亟請于當道發倉平糶日急則發發緩則備發備爲發者發必濟發爲備者備必完故五六月雖震驚十餘日而卽得帖臥逾及收穫發歇矣公又請曰此不可忘發之日也亟議撥括三

萬金出糴于鄰封窺釜粟十泉之處因知東之賤補釜粟鏂二之處以被西之貴故粟雖行千里行數百里常先千餘日而不為艱蓋精用服絺服帛之法以招粟也公再言曰周官十二荒政藏粟為最卿藏千鍾大夫五百鍾列大夫百鍾富賈五十人主又常式壁而聘國京之人則編氓盡藏矣小饑發小熟之藏中饑發中熟上饑發上熟則國之大男之大女之吾子其所藉者層累而足彼鯨鯢波浪者思航援旣窮而生趣逼蹙將必責力而買犢矣蓋粟紅充牣公實有此經濟他日當軸秉鈞不數汲郭之矯擅富范之

全活而杜佑高熲楊炎劉晏此六七公者公饒兼之
也泰有山田數畝近訓佃爲栗栗之積亦以禦冬第
懷不給今讀碩議我無瘝憂矣上有胸富甲兵之老
子知海氛之必淨有步禱者同移山之精誠知獻歲
之時若燒銀魚而讀堯篇其樂只且跡踈鄙語以志
上瑜

原書缺

原書缺

阿一傳

王右軍曰小人有意向不得便比方囘此言非也當問其意向何如耳李敬武公幹吳行曾李鵠段章王成趙延嗣者世不數人以至近代爲阿寄李元諸君皆方囘所不如也予政欲廣採博問共爲傳紀以風厲天下附石守道之志未追近覩阿一又喜有其人矣阿一者主人周某所役習海僕吾閩坂田嶢嶠飯稻羹魚每候時轉物不習海無爲生年來習海亦良苦矣昔林道乾曾一本以渠魁號令海上剽邏商船令一澳一島縮轂其戶皆爲林爲曾彼鼠輩亦謂

朝廷自遼左失事以來不能殺一人生一人于是生殺之權以海上操之飽所欲即生弗飽即立虀粉阿一以果布枲餡之物從二鄰奴洸洸馬浴溫入蘇冀倖脫萬一適巡海婁羅稔其舟而去矣賊酋刈利戟方殺人脯其舟二鄰奴怖甚阿一前請曰故事貨質人歸取贖今吾主儒者無長物不如人質貨歸可轉輸爲贖地即二鄰人幸俱歸之歸當有金質無益也有如差池獨殺我阿一可賊壯而聽之二鄰奴歸以告一主悉索囊橐命中子齎三百金入海以求阿一冲波没險間關三閱月而得阿一此中子賢于少伯

長子遠甚聞一主出贖鐻金鄭父鄭父曰吾人貨僨歸贖何者乎且其僕踉蹌聽其海上生死安能捐所愛子弟挾重貲闌入不測之淵一主蚩之亟命其中子曰無怨也中子躍然以往往克成事吾鄉諸操舭者多之爲義僕歌詠兹不具詠詠武公幹詩曰山險不曾離馬後酒醒長見在床前阿一想當然者

鄭汝交曰天下隆盛義常在君子及其衰也義時見于小人蓋重陰密閉慘霧愁雲亦必有閃忽睁曦以見天骨方東事之憯也賣降逃叛陰霾極矣雖然幸其主義也主之子亦義大小主人翁若講于義之熟

以成阿一之美則庶幾復覩隆盛之日

碧紅傳

碧紅予從妹婢也妹適葉太學生圭圭死妹欲殉者數因寢疾半載諸媵爲割股以療不愈婢碧紅割肝愈之此天啓三年七月十一日事也碧紅近過予家內子徵之曰汝何知肝處而割曰主母以某日大極都不醒事傍晚少甦大衆環守主母睜目欲哭無淚手指橐中示分張之狀蹭蹬不支而瞑某彼時不忍見此摧肝裂膽恨代死不得也因私牽老姆衣問云割肝可療當作如何割姆敎曰如此是夜三更某起庀粥湯湯沸上露臺磕頭向斗禱懇吞聲哽咽以二

磁碗問芝從空擲地如故隨操利刀向胸坎一劃而肝出矣割如指頭大滲入鍋中遂奉湯入房曰請湯主母蠕動不應某以匕挹湯入口者三寤而嗛之須臾反側喃喃似趣湯來某擎進一呷稍定呻吟鼽嚏問此何湯使吾食覺爽俐也一婢失言曰此孝順湯主母驚遽飈起復瞑某荒忙無措少頃主母通身一汗而甦某始覺胸坎疼痛血濺襴襠取膏傅之自是主母漸漸色起積三十餘日乃能視事某瘡口合內子驗其刀瘢墳起汝交曰予從妹名莊先伯父爲令攜之入粵伯父卒于官妹絕蘇者數經紀父喪抵家

無失及歸嬪于葉大以能婦著聞妹激烈欲身殉葉
諸媵哀之爲割股婢爲割肝噫皆異矣割肝近往往
見以療主母恐古今不多見者不可以不傳

棲霞紀遊

棲霞之遊其偶然者也予以辛酉四月之十日入白門諸君見訪謂予劣至兩日蔣廟之遊過矣徵其說日此中好遊浴佛日男女畢出里冶容靚粧肩摩於廟道是日適晴好綺羅日颺如魚鱗馬同杜牧平湖張水嬉而風流之士每冀于此際有所閱也五月五日秦淮競燈船鍾伯敬曾有秦淮燈船賦盡之矣至十三爲龍生之日千艘萬舫載簫皷美人出石頭城入燕磯弘濟泛月而返斯遊樂甚予曰此兩遊伊邇幸有緣在此諸君爲道地行樂居兩日遼瀋報陷又

數數訛傳蛇山賊掠崇明縣都門日未彗而牡已上兩街列繡劍禿鎗及諸椰棍之類以防他盜有無賴不逞輩恒取以戲弄格鬬人無敢唯呵者予所寓逼會同館向曉便車馬洶洶問故曰日日會議兵事也五城禁秦淮蕩舟十三日亦寂寂寥寥無所謂簫皷美人者矣異鄉客子懺心淒涼及訖諸君云中秋猶盛重九遊雨花臺不減蔣山予念馬首且北不及此居無何樊賊訌于蜀中無何而奢酋作逆于黔江防戒嚴諸喜言賊者詭變其說予小姬驚詈曰家中穩坐不好偏要作怪番番出外從入南京落得大驚小

嚇今進退兩難不如從親友議此中作過歲準備也予無以奪邀至重陽雨甚與諸君遊恰上雨花臺強咨年華亦甚敗興踏拖入長干寺飲于僧寮予曰雨花臺自好未見九日有加于平日也後四日李將軍在公陸子振祖坐予旅齋清露晨流秋光澄映同散步至半山宮闕參差逕金碧于楓林紅葉之間因語攝山奇率爾命駕逶迤至棲霞明月松間照矣便登千佛嶺賞月而一二方外之士譚空說有亦自不惡至露冷寒襟而下次日上攝山眺大江如練鍾阜陵寢鬱葱菁翠旺氣可掬予沾沾自喜受此清福三兩

日也向遊靈谷牛首每待好友良朋美人供具而張
設襆遝闒得至彼飛觴酤令恐城拆將催目睞頭岑
奔馬入都門矣殊不如棲霞之遊出於偶然偶然則
自然無等待也天啓辛酉九月二十日記

白雲洞紀遊

天啓甲子五月既望余所知諸學佛人王良佐薛本觀陳覺慶王覺靈姚覺麟游正垠方覺圓鄭覺因與約同遊白雲洞晨起先取道積翠庵庵去洞雖不及幾里皆仰面梯蹬因且宿庵中明蚤歷險而上艱辛矣至洞且宿洞中明早又歷險而上至鳳池至大頂峰又下經小頂入湧泉寺宿靈源洞雖倍道十里而途逕則逶迤非陡窵也又明早過蹩鰲橋循前山新路而下浦江新路者學佛陳晦軒所闢運呼邪以與建湧泉寺者也自浦江登舟過鼓岐馬頭西峽上觀

羅星塔吾郡近用形家言建塔于此庀殞塔下乘風揚帆不一炊走水洋三十餘里以歸凡四日而皷山之遊約略盡之蓋予初發念爲白雲洞也聞僧悟宗與白雲洞負石于千仞之上鑿蹬于鐵壁之中所共事者猿猱導徑山精助緣而已靈境應顯大士啓筏而此洞爲成經今廿餘年常有佛燈發光之祥里人林長庚捐錢百緡而金相棹楔兩相輝碧予所居小樓正對是洞延企者久之又常以未登大頂及湧泉寺爲歉蓋向游大頂每爲風雨壓抑望幾至之而返今得至大頂澄霽清爽四顧朗徹或指微茫點點謂

之海船或謂之島嶼予謂諸學佛者曰皆是也皆諸
君清净法界也湧泉寺爲山中最大叢林火百年矣
近曹鴈澤陳晦軒更建之傍寺有東西二庵西庵則
王覺靈薛華西新剏以供臨鑑慈功二上人也二上
人向爲名諸生捨儒入佛絲博山和尚印雲栖之派
予見其戒律嚴苦心切異之茲遊數日若得未曾有
蓋因糧于寺因酒于泉因朋友于學佛緇流故直截
痛快無等待沓拖初予社友林楚陽約予遊山而下
則撃鮮烹鴈爲我開葷及予過林浦覓之而楚陽以
事在城使予始終得稱素遊者以此

福廬紀遊 凡十一則

去秋入里門即與汝奇弟期遊福廬移期者數四福廬此十年名大噪宇內王敬美謂石竹高讓鼓山邃不及鯉湖而名埒之今福清不曰石竹曰福廬也中秋葉君錫期從永之方廣入七里屏尋宋鄭僑讀書處便問道上福廬適君錫以事先馳歸待我于南園汝奇待于漁溪漁溪宋林希逸先生故里寻聚族焉

方山

亦曰五虎山九鼻東向以重九後十日渡吳江過方山下風日晴好輿人曰上有石床石壇碁局諸異相

傳爲神仙所私有懸滴岩水著石屋散下爲萬斛硃于銳意欲觀懸滴山殊聳峙磋岈搏噬草木猥奧崒裳齒膝非披剃攘剔不可狎遊

義溪之相思嶺

十一日過義溪相思嶺溪猗于嶺者亦曰一洞天未見其爲洞也腰嶺墳起見雜遝振搔云得宋碗窖甚戾多𢉊有形變爲胡桃紋亞書紋其色黝綠爲細草綠爲雀尾綠土人亦秘貴之窖發于近月凡五處得千百碗似製成即瘞者製何用瘞何故皆不可究詰攷蔡君謨論云茶色白宜黑盞建安所造紺黑紋如

兔毫而厚熠之久熱難冷可用他出者或薄色紫不及也則此碗當與建窑同時宣和以前貴餅茶如龍團一丸價數千錢色又欲白則龍團亦哀家梨烹食之耳君謨老病不能飲烹而玩之可發一笑餅茶終不如草茶宋末漸用草茶烹法與君謨不同則重白宜窑而黝黑者黜碗之所以瘞也問拾遺人云造此碗款虜後和議既撤窑閉山中

瑞雲寺

寺建于萬曆癸丑葉尚寶汝習規邑之所宜竪塔山阜建寺跨溪與玉融五馬相拱揖寺曰塔寺建塔時

五色雲現東南半晌因亦曰瑞雲寺予遊路及此已晡矣宿寺中與靜安上人話舊讀能始壁間詩曰逢僧也自好況乃爲故人緬懷十八載何論昏與晨予亦云然

南園

君錫遲我于南園曰何暮後二日同君錫遊瀫石過石竹無患溪詳具瀫石記中是日歸暝爇炬行二十里列星燭芒灝氣廻合空山閒寂幽霄可憐入城門柝下雞鳴矣剔燈危坐相對拳拳如在道上

開讀爲唐陳燦讀處過山落埔

出邑南七十里為化南化北皆道福廬欲觀海取支徑背福廬過聞讀直行四十里耳向想海上莽蒼有大練山小練山云邇琉球晴好可盱遂過福廬不入室而去從山落埔之化北馬山落埔者四山低遠行風沙荒曠中似東都路望平蕪微茫也宿友人翁廷珙家風吼濺如雷晨起並海上蕭之壺公青山指顧在左大小練螺髻點點耳海白如銀島霞澳霧來助游興亦異觀也有傖父云此至東金萬安又二十里觀海如鏡面忽有如黑豆者則海船不一炊至城下矣觀音閣觀日甚奇予决行弗果

雲山

鍾山肖形如覆釜三峰連絡如編貝此葉師相敘雲山也雲山近化北而南從葉師相賜金亭入焉容臺公携林天素迎入笑曰山中有此足留客十日天素作小幅扇頭爲餉真王子久倪雲林墨氣近代沈薛王徵小環注水研硃可矣既酣上天馬山此雲山几案山體橫阜狀如列屛無一樹蔽隔與海相環遶潮滿若斷嶼焉浩渺奇致天素別名雪向在予社中不審其能飲二十銀盞乃爾容臺公曰天素今夜醉黃河徹底清不可艸艸看過也

福廬三天門躡雲榕臺異香洞

明日從歸道三十里入福廬行十里便望遠望若千葉青蓮貼襯大地逼望則若千艘萬舫波上浮泛常所未見忽然入目似與遊人客子海上偕來從山徑入福廬寺甚便從天門入則戶堂奧窔次第可喜列松排道以肅客激流迂迴于紺殿無與等也小飲石隱山房君錫謂能始不能忘情三天門且往觀之棟傑天巧軒敞院塞位置奇傑外之遠峰夌巃招搖穿入窓牖內則房櫳瑰寶錯雜不可勝收循石芝右上攝雲榕臺入異香洞客剛至彼一一問名而詳審之

日云晡矣汝質君錫遽呼僧曰峽口澗腹尻穹者此山英物趣先導覽爲君今夜寤寐美人之想他留明日朝飧

鳴玉洞飲虹澗雲關鷹磜

過虎溪橋循左折而下爲飲虹澗入兩峽中澗水冷冷焉可類濯飲漱迂至穹處可坐百人僧昨指鋳蹬曰從此上雲關路以晡未上茲從鳴玉洞緣出飲虹澗之背洞口不甚哆而草木蒙茸山花點綴野意朴拙予有詩曰一山皆刻削此洞獨渾成是也出洞右再入飲虹澗遂從鋳蹬而上雲關關盡古仙岩出岩

盡而鷹碍出一轉現金身一轉現色身一轉千手眼法身若屈曲無路而化城淨土拾級變換飲虹澗緣此真山中英物也

聚星岩玲瓏洞天柱岩

語笑間有何君者携其弟昆就岩中請曰幸不忘年契請宿宿山中得盡賓主何君爲年友心覺之弟心覺墓木巳拱愀者久之同渡溪觀聚星岩岩面寺左側有石亭與天門石亭東西相望岩洞不能加于前以隔溪稍遠遊者缺然渡溪歸不入天門尋門外諸勝皆以石奇萬石亭記曰渙若奔雲錯若置碁怒者

虎鬭企者鳥厲鼻口相呀蹄股交峙環行卒愕疑若搏噬此石亦然蓋天門内石跨亭緣檻鑿蹬架榭此獨全其形體還之本性也其翹然者一名石闕趾似龜趺圍不及丈踞地拔起望之爲珪爲笏爲柱蓋與石芝筆架皆石之整雅不粗糙自爲異者又似人力華昇于此葉汝質顧予曰爲岩壑于邑者假山欲其真此真而若假予曰是天假也

覓舊寺飲躡雲山房

何君導入舊寺是開山時梯寺也建不二十年因新寺名舊以別之松篁交翠疏密參差却幽寂可念第

不能雄偉鉅麗耳倚寺靜室即何君讀處予飲于此亦愛其近僧聞梵此山靜室數十獨此與石隱山房傍寺爲佳何君欲再宿予因期汝奇爲黃蘗之遊遂爇炬行三十里輿人酒發力疲僵臥海塗狼狽奔歸漏下三鼓矣汝奇問曰福廬何似予曰三天門自妙雲關鷹碍岩妙飲虹澗因岩更妙石芝筆架笏石石妙石之妙者尚多岩亦不少獨水詘可也汝奇曰靈巖何如曰此又以待二仲遊五六日間走二千里歷西南幾茂遍蜃氣紫濤之處依稀見焉心力倦矣黃蘗期以間日

瀲石即事

瀲石一古刹也名後於福廬黄蘗靈石石竹故修復亦獨後葉君錫爲復瀲石招余相度從縣西入太平余曰此石竹道君錫曰瀲石近石竹人知石竹而不知瀲石今始出與諸名勝争奇至瀲石蓋于石竹直呼應而拱揖之于靈石黄蘗邀來政好作午相待腹猶果也于福廬則爲宿宿之客故有福廬靈石黄蘗石竹遂不可無瀲石蓋吾融奇勝如星羅棊布位置錯落他郡邑所不及行及無患溪見四山環立如斂褎拜舞其尖出諸峰則皆如佛指泰指謂君錫曰彼

下可寺彼中有物君錫笑曰兄試度之不數轉折寺趾果在此從寺左入龍潭兩山壁立中幽廠似房櫳亦似深巷入半則壁邊突起二阜東西排立作龍樹形態此房櫳之門戶也正中從頂下瀉宛若浣沙君錫謂雨中則瀑布然浣沙自好下受水處泓碧窈窅其深莫測較龍窟宅理殊有之石上有宋刻蓋縣令禱澍于此此從外入第一潭也聞自瀑而上爲潭三爲瀑四地高而水愈壯緣石壁上乃可下瞰向者葉師相同石九峰遊時有道人居破寺中能悉上情狀攀岩緣木下臨千仞便捷如猿猱茲君錫欲循故道

上覍三潭予笑言曰凡遊山得大槩領趣而已奈何奉先人遺體欲與猿猱木客鬭險争奇君錫大笑而止因打泉水燒茗余戲爲滌器操作因復笑曰使陸羽常伯熊見此不更著毁茶論山僧數衆共説無生坐久泉咽松韻茶響相間冷冷亦不惡也但途徑未理磊石雜沓似劍戟布地又不可與人行其上防護照管鈎衣齧足雖兩峽峭嶢猿猱攀騰皆不暇顧眄亦似鈇典君錫亟進近寺人衆勸化鋪路皆歡喜跳躍緣吾邑民風俗美彼見葉師相所營諸勝稱心愜意任恣遊踏故如此耳泰攷僧律曰凡廢寺伽藍披

枷帶鎖至瓦礫盡化爲塵沙始得解釋今睹瀲石寺廢矣而石柱數十皆青黝壯巨巋然縱横于叢莽之中則必無量刼始得免乎不亦悲乎語有之曰脩廢者功倍于剏者也剏者念頭尚望後人似續修廢者開似續門以廣度似續直接創者之心神功豈唐捐昔世尊謂阿脩祇刼衣吾衣冠者多惑少信其佛法盡付國王大臣君錫兄此舉續戎意也泰喜幸紀其事時天啓癸亥陽月初五日記

黃蘗

吾家在漁溪黃蘗隔十里是日遊人皆吾羣從兄弟汝章弟爲主席庀杯榼汝植兄爲祭酒飲于方丈酒巡旣匝約諸兄弟各探峰造極臨淵覓險以爲笑樂諸弟輩少年陡徤俄而復曰吾登報雨峰甚峻登香爐峰甚嫋又俄而喘者曰吾能踞佛座峰浄鉢盂峰規天柱峰也意色相矜不下汝奇曰兄且移席觀九淵潭第一潭有宋刻靈淵二字又刻福清長官趙抃觀稼視釐于此其突仰若隆凖其受水則張口若獅水落若珠簾噴射撒漫作霧起龍鱗之狀列坐潭邊

水漾無底觀之神恍忽而澄定儵魚可數諸兄弟曰向每遊無此也右有石底建作霖亭刻相公與林宗伯蕭老倡和詩予坐亭中上仰下眺度踰此皆危道矣兄弟負濟勝者鼓勇而覓諸潭有歸自二三潭者曰上有靈芝之潭有石皷潭吾䞘行于芝之垂若墮焉猿行于皷之角若躍也受趾僅寸許下臨不測心悸目眩從此可踰第四潭矣吾不喜也有曰吾歸自四潭潭不能加第一潭亦平平有曰吾歸自五潭潭有九得其五胡不歸最後二三兄弟娑婆而來曰噫何怯也吾走二里許有岩無澗耳中聞瀌瀌聲謂潭在

是乃又不得潭兩峽壁立不可仰視再轉一折有水從天落倒映如鏡心數之曰此六潭耶七潭耶應我者曰非也四五潭也山徑至此忽窮日脚如暈恐且晚矣望瀑布數丈沿瀑厲揭而上幸山稍夷日尚高心神稍定相與飯飩餺熟歇以竟數潭然亦烏覩所謂六潭七潭者哉有樵子者領入複道中窮複道數百折而七潭出又窮一複道而八潭出入時皆匍匐蹩躠如覩秦關百二一出瞻望又恍武陵忽見兩溪夾岸溪中石如圭笏又如龍舌水從石中滚滚樵子曰此政八潭俗謂神龍吐水名八潭是邑視向者所

歷幾潭皆不知迴落何處去矣欲覓九潭則峰巒疊
出岩壑愈高坐石上定喘而濡縷沾沫石罅皆然誰
爲九潭者再料捜上鳥道則平疇數頃而大小帽之
頂出焉潭不如細草足蹴之皆水畢竟無九潭矣樵
子曰吾向得九潭以物款識今不知走在何處近禱
雨者亦極予九潭終不可得云得卽雨蓋此山高峻
爲福唐之冠有靈焉仙焉莫詰也予泰坐亭中每報
一潭與諸兄弟每一大白聞此徜怳者久之曰使泰
漢之君至是不褰裳濡足必攀木緣岩因大笑而罷
是日也汝向汝器汝闢汝鎮汝宗汝功皆兄弟行姪

輩則懋中懋弘懋芳懋義懋聖懋圭凡十六人天啓
三年癸亥十月之陽記于汝竒桃園

黃連舖紀遇

過江浦縣一百里爲紅心驛再一百里爲黃連舖戊午殘臘予初渡江行兩日至黃連舖日脚尚高輿人便欲予嗔曰纔上百里程恁蚤便住如此沓拖甚日到長安輿人謂行可耳倘前無所在狼狽休焦急而舁輿行半里偶風雪甚厲予懊悔少極望茅舍中有老者扶節呵止曰向當歇不歇今赶前邨不上且過去所在甚歹輿中郎君何直撞誤事也予忙下致禮老者揖入曰小庄雖卑陋却安穩請爲一宵主客明蚤聽行隨領至密室出酒殽精好曰破寒賞雪有蒼

頭數十輩裝束卑急獻獐鹿雉兔云頃者南山一出所獲甚夥佳客有緣耳予念其款曲爲進十大白徑醉至鷄鳴老人趣庀朝飧枕邊呼曰今可從事馬蹄間也臨别出金帛爲贈無所受附耳云吉人天相勿生恐怖但年隔弃歲云暮道路艱難當曉行早宿記予楊老一言辛酉臈予復從白下渡江此行則騾轎矣每問掌鞭者曰苦水舖何時到應曰蚤裡蓋行役苦事乃悮謂黄連爲苦水可笑也過黄連舖有長官大呼曰騾轎中是某某否俾應曰是曰楊老官命我候相公今已過數步不可回頭可暫駐久之楊老騎

然攜其大郎至日候此數日不圖愚老復得相見餽

予一熟鵝一熟鴨日以此爲祝予泣謝羅拜雪中而

別予至京師每與親友言此事見江北人重厚朴義

如此予則愧猥薄矣楊老曾爲羽林右衛百夫長

鍾師祭文

老師鍾先生以辛酉九月卒于燕門人鄭邦泰壬戌正月入燕哭于燕邸中五内崩裂兼廣寧初失心神惶愴不能爲文壬戌夏五月泰落第歸自長水乃篝燈舟中揮淚爲文以哭吾師于堂曰方東事之嗇也至費内帑數萬萬不能得一鈔之用驅天下丁壯盡爲京觀不能得一臂之用有心者疾首有骨者扼掔而或涕淚于局外或灑泣于艸澤皆恨不得執殳長驅以敵王愾憤懣之氣塡塞宇宙嗚呼老師以此日死矣老師有二十年文章之名讀制義者咸願出其

門有十年服官之名傳令譜者咸欲師其意蓋初授令而居艱除服復授令將報滿而復居艱艱滿仍補令以名制科浮沈三領縣之中十餘年氷壺皎月見事風生所至吏畏民懷記戊午冬上計出閩境矣建寧刺史馬者卒於官守藏吏乘變没庫金千兩代篆者無從别白道尊使十騎追鍾師于境曰非鍾某無以了此師念與馬甚厚玷其身後名可憐也慨然而還立爲清剔吏咸詘服一郡驚嘆爲神明及再出境而太夫人不及眂含斂矣嗟呼今天下之急欲得人以爲救時經濟者冀得若人矣能盡得若人否此吾

師之所由死乎宇内東潰西裂朝野士民咸歸咎我輩謂作事誤者其欻欻者也夫欻欻者豈盡誤事幸吾師不爲欻欻使吾師而居欻欻之地必有以成天下事也嗟乎此吾師之所由死乎國以一人興以一人敗長孺寢淮南之謀相戒中國相司馬彼闒茸者流非起而視蔭則楚囚對泣爾靠　祖宗之靈全恃金湯之險每日天君祚宋必無此事嗟乎此吾師之所以死也吃苦做官官不過典屬國吃苦爲人人不登乎上壽賢哲不問修短吾師之所安也英雄不泪死而泪於出師未捷之死豈吾師之所安乎不死于

家而死于京都等死耳魂魄奚不之也不死于二三子之手而死于臣之手等死耳不能除兇雪耻一也人亦有言今日亂之伊始天實不生豪傑即生之必不得其用信斯言也將拱手以俟淪胥乎老師夜臺之中必不可聞此言聞之恚恨欲死必不可不聞此言聞之亦自幸欲死嗟乎金甌少鈌而可補物力尚充而而未竭　朝廷軫憂以圖艱乃土崩瓦解之形矛戟玄黃之戰未現于彼先形現於此噫誰過哉誰過哉乃謂亂之伊始不可救藥也吾師不恐聞此言也吾師之教曰文臣不愛錢武臣不惜死天下太平

國家敗由官邪官失德以賂章此治亂之定案劉杜不惜死而敗將輦金錢以入賂則罪不在武矣失事之獄互爲左袒諦視其獻酬以爲出入則過豈在君乎一人掣一人書不成書一人任一人眡不成任指多目亂視多聽亂亂以陰陽其手而甘心其欲萬一虜騎蹂躪他日將剖心以藏珠可笑也可嘆也始不知其才之可用不可用繼不審其才可大用可小用終不究其才可久用可暫用况于可用而不用乎此吾師所以撫膺長嘆以至于死也已未之役泰落第而歸齎斧不給亦常俛仰于人老師貽書督責之日

得不償失入不補出後時之悔異日何及泰夙服書紳屏跡不入公庭去年蚕春携家避囂于秣陵潄舍支門謝客斯夕揣摩親故交遊亦無一人相聞問者泰題壁曰出鄉人賤出鄉舉人更賤周之士貴明之進士更貴歲杪踉蹌及春抵京而吾師已逝三閱月矣哭淚未乾放榜又不得進士八千緜程途艱蓮危摧心裂肝擗踊拂節嗚呼痛哉雖不得築室于場歸而披髮入山不酒不肉攻苦食淡深自爲刻責他日不至負心違念染指濡足以爲吾師之罪人所以報也老師夜臺精爽尚足默掃妖氛扶持國運并啓廸

其弟子泰今迂舟長水跣而上哭吾師于堂因爲亂曰靈椿芝艸竝國瑞兮十亂五臣皆期頤兮此其盛兮及其衰兮麟辱野人之手尼父興頹摧之歌兮非無哲人哲人萎兮果若人言時事艱于爲兮吾師存亡關盛衰兮不然胡奪吾師之速兮嗚呼哀哉不可說兮

蓼園集　卷三　二十

祭翁母文

予泰之知有太母也自壬子始也是日因母壻盧惟馨與母次君廷珙邂逅莫逆遂定交稱異姓兄弟知太母焉泰思吾有母先二十年見背每拊心浩嘆幸廷珙兄之有母也繄我獨無故奉太母猶母矣自兹以還廷珙兄常在我齋頭太母之動定起居泰必知之太母善飯健無恙廷珙喜余亦喜太母違和減眠食廷珙每心動余每爲助愁蓋如此者積十餘年辛酉歲予寓白下母長君順軒兄推廷珙之愛愛我余私爲廷珙幸溫凊爲順軒幸經營也去年記太母不

懌廷珙兄弟自外歸而太母懌故廷珙今年不敢離左右蓋太母春夏間尚無恙余疑廷珙何故不敢離左右薄秋聞太母病近予至邑伻問太母安否云甚不安適順軒兄從白下歸予曰太母其有瘳乎再伻問而太母逝則廷珙之心動自春首巳兆順軒兄之心動自白下巳兆不離左右不後于彌留俱足見二兄孝感亦足見太母福德八十老人履正來去兼二兄孝養稱心滿足夫復何憾但余與廷珙子夜風木一哭二十年前之母一哭二十年後之母斷恤靡至不得稱民第可稱于世曰鮮民也悲乎太母矣

公祭九十三壽陳鳳梧年伯文

老年伯十四補諸生八十而乞休稱名諸生者蓋七十餘年非諸生也人固以名進士相期也當時交遊薊貴名先後隽去今巋然爲國家柱石如陳司空翁宗伯兩先生每于年伯相推重則非獨名進士也稱名公鉅卿可也古之君子備大人事即謂大人种明逸蘇養直蘇明允皆不求仕進而吕范韓富諸君子數折接之彼謂纓而組者要須此人安得盡如此人張安道爲明允墓表稱其有觸邪伏蒲之槩亦信其人也黄叔度澹然無作郭有道品爲顔子後世信之

信林宗所推重者也則謂年伯爲九老爲耆英可也至道年極高者吉皎八十六而已洛社劉真八十四文潞公七十九而已正統間杭州耆社郎子真八十一孔希德八十而已上遡有宋以及盛明公卿無九十者而處士項伯臧以九十三在杭社蓋壽至期頤以壽爲階階至一品始同于上壽天子所敬禮與公孤等則年者天之爵也間有視履考祥神明完固進道修德老而不舍如年伯者則簪笏而龍鍾者又遜矣古人負文名者有九命之說如貧困刑辱夭折無終固不必皆居官劉義真蕭鐙之徒既坎坷而又

夭折則文士之獲福最難是天之所呵護者不然則其秘姤者也老年伯享文名者週甲今九十有三始賓于上天不惟得年而且得福福盡人世之所稱願年兄以威鳳之姿雲龍之表貫串天人他日當大擬爲海內弁冕爲碩卿鉅公爲股肱元老此雖年兄饒能也實老年伯餘蔭也泰山綿亘而聳其支起者名曰之罘之罘不遽下于少室黄河滔汩而來其濡縷者名曰涇渭涇渭原不讓于江湖有培風之積其拍霄而游漢者六翮毳毛皆上頭矣某輩以年小子願言及是恍見我老年伯在坒率上且輾然而一笑也

是爲奠

公祭黃孺人文

陳門黃孺人乃毓年兄之元配也某等于戊午歲之役幸以駑駘逐驥駿後塵于毓海兄稱年兄弟焉于孺人則年嫂矣同兩上公車兼年來相過從情義彌篤其于孺人懿𡢃壼行不獨耳熟而若身承之蓋毓海兄蚤標聲藉苑孺人即有婉戀之名毓海兄蚤表鄉閭孺人即有淑媛之稱其櫛縰笄總所以佐孝篝燈夜紡所以佐讀方舟泳游所以佐義調丸畫荻所以佐慈孺人百德十行皆依稀兼焉故戊午得雋人謂毓兄酬志也謂孺人酬助也已未壬戌兩役人人

爲孺人惜也不且爲毓海兄懟也則乙丑之事于毓海兄直轉盼得之代興之業于賢年侄輩亦轉盼授之皆孺人之福所覃及也惜孺人不少須也雖然封爲夫人與贈爲夫人也奚異封太夫人與贈太夫人也奚異總之膺　皇家數遍之綸生榮死哀其揆一也孺人今日生固已榮矣死固已哀矣他日宣麻一至人謂孺人之死更哀而不知卽其生榮也是爲莫

公祭朱六瑞文

九月十六日六瑞兄過我曰子有福清之行茲特來別泰應曰福清一日程來別者何不謂此日遂成隔世之別矣言之悽慘不忍言也伻來福清稱兄中風狀云今稍可泰與葉君錫驚怍謂兄不可有此再一日君錫造次言曰六瑞兄死矣果死矣兩人相對恍愕慘霧愁雲重陰密布欲問天不得欲問地不得徜怳久之始覺茶杯欲墮涕泪盈把也君錫曰六瑞兄之在世無一足死六瑞也而死者何泰曰世之有六瑞無一足留六瑞也不死者何府奧博洽貫串天人

犯天之所忌意氣遒雄膽略邁往犯人之所忌明白正大坦洞直實犯君子之所忌君錫曰伐東薄畜人卜其無受用傲詭巉刻人卜其無享福子安盧駱所以不壽彼六瑞者胡不萬年嗟乎六瑞兄不可死而死世不可無六瑞而不能留六瑞使今之爲文人爲韻士爲趣人爲酒人皆踽踽睘睘凄風苦雨無復意興雖樂不懽則奈何哉昔賢云文起八代道濟天下此六瑞所饒而可見者也忠犯人主勇奪三軍此六瑞所饒而不可見者也有直諒不阿之友而後有逆鱗挺持之臣可見者天下不能盡見不可見者獨吾

黨二三兄弟見之非千秋一大缺陷者乎約略世事政都如此六端兄以不得制科垂死喃喃不休今齎志以沒矣此志于夜臺之中當皈依法王便銷便化不然者耿耿名心累刼未了又將輪轉爲逹官顯宦亦云苦矣兄素不皈心無生而于意致之間庶幾合之兄試看後死者爲龍爲蛇或爲鬼爲蜮彼之所得孰與兄多浮漚烈缺盡乎無盡非明大事者不得與兄爭久近則兄何必悲乎功名意氣之事且許兄曹爲之老年伯無子而有孫獨泰與蕃少知巳之話言乏典刑之在望不爲一人悲而爲世道悲也與言及

杯又失墮淚仍盈把奈何奈何

題張太和小影

小影得其形交久得其神肝膽肺腑一肚皮皆真若可托寄萬人之英噫世態至今安見其人張氏之子庶幾後身乎

題趙歌士小影

詩領人于希微曲沁入于肺脾具化工手段一轉一拍一關目能人喜而人悲彼蓬鬆酕醄秉燭于海棠之下亦是曲趣亦是曲機其不獨傳奇畫師何處看得此韻士態入手不辣手各各化工在

偶書

予生平不喜見要人又性甚懶散去春挈家入吳行三十日走四千里無一親故相聞問者間披刺謁一貴人自昕及夕不與見見無寒温以目相睨而已予因憶李廓詩曰牕前潛制泪衆裏自嫌身氣味如中酒情懷似別人緩風張樂席晴日看花塵盡是添愁處深居乞過春此詩形容失意無聊可容匿形避影真如天高不敢不局地厚不敢不蹐深居乞過春妙極賢會春者濃艷之時恰如遇貴人便不合相見于彼何尤壬戌復落第同汝奇過瓜州汝奇強見貴人後甚恚甚悔予詠盧綸盧瓘詩曰同作金門獻賦人

二年悲見故園春到闕不沾新雨露還家羞帶舊風塵因遣力先歸秣陵緘劉氏寄杜羔詩以與小姬

偶書二

癸亥四月廿八日淮河水漲心甚樂之適李碧螺諸人至與坐夜分因及神仙惟誕之事李曰唐會昌中有賈客飄入蓬萊見一院清邃房櫳多扃問曰此白樂天院渠尚未到耳此語流傳諸好事者白作詩曰吾學空門不學仙恐君此語是虛傳海山不是吾歸處歸即應歸兜率天後白于廬山燒丹則白亦學仙矣丹將成而爐鼎敗明日忠州除書至白謝崔相公

詩曰提拔出泥知力竭吹爐生翅見情深劍鋒缺折難冲斗桐尾燒焦豈望琴感舊兩行垂老淚酬恩一片歲寒心忠州好惡何須問烏得辭籠不擇林讀此則白在廬山亦牢騷極矣感嘆涕淚不異人意海山兠率去向何如

記壬戌二月事

壬戌正月入都門尚不得廣寧眞耗日訛傳數十番諸就試者相顧惋愕欲逃予日賊何渠至此有如弗誠予必不逃此事風聞　朝廷奉
旨禁諭因先四日入棘有入棘故爲貼出者亦先四

日發曉予以十八日出春明門寓僧寮中同舍者孀曰何昔壯今憊耶予曰不然售否莫必但至行日騾價狠貴何堪因先一日覓騾過涿州忽有嚷嚷飛塵問之何事乃知爲接掌鞭者嚷也逆旅主人都忩熊王逃竄廣寧失守之事予爲色喜因戲作騾轎行進酒笑謔供同車者鼓腹焉刮地風沙更接天狀元騾轎去如仙諺云下第逢迎少一路人人接掌鞭騾轎之製始于近代古未有也轎製以竹使兩騾舁之行行如腰輿焉掌鞭將轎者之嘉號他呼之不應呼之掌鞭連聲喏喏轎行始安穩無恙

蓼園集　卷三　三十

與孫仲魯

兄問我好語唐人能作客中思家好語不能作到家思客中好語蓋一到家雖有家庭聚會之樂便有許多周摺之苦溫言好語用以慰藉財主錢神居間經紀而客中清况勝友良朋每于忙處一嘆想之不暇作詩那得好語也弟時時對朋友言武林好一孫仲魯鬚眉遒倩顧盼異常心整言清胸藏武庫久屈尊選詩菻一集二集今且九集矣時義者攫時之物袖之修狹髻之高下倡者之顰笑賈者之貴賤時日異嚮不能以自主而仲魯雅能有以主之此非有過人

之識者不能茍粲語傳椵曰子功名必勝我但識劣我我能使子等爲貴昭明選古詩人遂以古詩爲選體仲魯能令海內譚詩者廿年閒皆以所選之集爲歸而功名出焉則功名之士爲仲魯所使也久矣仲魯之權力能使功名之士何功名之途足爲仲魯梗灘仲魯固捉鼻曰恐不免耳第舌本筆强塵務經心竟不能作好語以懷知己意新集必殺靑叨叨絮絮乞分一部伯仲柮刻想久爲點定并寄下也

與余元遇

吾夫子謂達道五而末綴以朋友之交今天下儕輩紛藉皆謂朋友何友之多及至急遏而左視右顧曾無一人又何友之少故必交始謂朋友以道義交以文交以情交皆不能不以利交日利盡交疎者彼何知交但利之耳日交則未有一無所謂而徒以利也彼不言利者必曰吾爲道德仁義之交使有無不能相通緩急如途人焉而猶曰道德仁義可乎人皆楊墨則必無朋友何也楊子爲我不便人也墨子兼愛不便身也夫不便身與不便人其法皆不可久故楊

墨之道不闢之而自息蓋天下必不能無朋友則必不能從楊墨也聖人貴三益之友亦曰友之爲吾利益耳又曰朋友信之信豈必盡廢利乎曰無伐施者利之而不伐施卽敝之而無憾平等言之也民之失德乾餱以愆乾餱爲利無幾而愆生之固知承筐之將百朋之錫古人皆不空言道義乾之吉曰元亨利貞天地之覆載生成皆利矣我向者在急逼之中足下卽以二百緡相餉非有疇昔之歡非有朱陳之雅杯酒相遇耳今又爲我舟車之計委曲展轉以實話言揆厥所由不過讀我數篇胡說以與交爲天下有

心人也吾交之吾急之使兄徒空有是念則弟無從
知兄亦無從交兄兩懷莫喻而已今兩懷暢遂非此
百緡之爲交哉今天下所謂義薄千古者其事體未
有不如此想古人亦只是如此足下旣如此則眞義
薄千古之爲利者又何知

河清頌有引

城之有河如人身之有血脉血脉流益官骸敷暢一或積滯瘖痟疾病故禹垂疏瀹決排之績漢誇璧馬薪竹之功閩之三山上傾百川下廻大海控清吐濁汐去潮來郡有子城有月城有羅城有外城城内外有濠濠有堰堰有閘水旣遶滙形如練帶在唐在宋人文蔚而貨財殖初明盛明河工與而風氣鍾蓋司險川澤之阻原求其達堪輿肺脉之說豈盡無徵乃河至今日堙塞極矣河岸至今日齧蝕盡矣說者謂室過勝理占者謂召致灾祲

小人習織濁以爲常君子懷澄清而無昊天啓四
年運逢甲子
憲府武林葛公欽奉
璽書顓理水利夷攷志乘躬省城濠當農功間隙之
時作七卒勇敢之力量深測淺行所無事焦心勞
形敏則有功所以斡回元運造福閩都爲千百世
利者周且至矣泰叨帡宇下邇室河干輸心如傾
日之葵承沐同近水之月昔馬遷記河渠蘭臺志
溝洫公旣嗣美我可無詞　頌曰
澤國鹵濱三山鼎峙赤漢啓土馬晋遷治維時瀕氣

完固沘隴穿河導泉曰注之江大江既盈朝宗于海子午往來幾千百載浩浩洪流汩汩自東利涉泉源大暢文風端拱至道賢守遞至先錢後謝軏與水利橋紀德政梁表去思艅艎舴艋盪漾河湄昭昭我明屢經淘洗月照淪漪風披清泚時日更迭齷齪爲堙褰裳可涉問渡無津閒架版築彼岸戶占弊竇因仍疇貫注念 帝簡憲臣維汝治水擁節海邦字民以子底盡厥職周爰諏咨按部行河曰必清之濬谿可輸欣欣奔命羣工胥興百神爾慶有云白首難俟河清今幸不日既澄既泓昔趙清獻撤屋爲河自書

豈碣恩多怨多茲惟我公有恩無怨實心為民民以

益勸古之為國水事綦重小子不敏河清是頌

步禱詩有引

天啓癸亥四月斗米十錢以去歲隔弁也至六月不雨七月又不雨郡伯潘公蒞任三月憫然憂之爲步禱于風雲雷雨城隍之神葛巾布袍逢巷而拜日每二一度鄉先生及小子泰輩從公于邁有從輿者曰旱魃方熾公形神俱瘁幸且休矣公應之日不聞愚公移山之說者乎吾辨精神一念他所不計次日微雨又次日大雨四部霑足士民相慶諸爲步禱詩以被聲歌茲者逢公初度泰爲詩以獻公旣壽民泰應

壽公也

惠政垂昭武宏才典晉安一麾三命錫五袴兩邦歡

田野秋云亢禾苗偶以乾蒸誠通帝座露禱步雩壇

荷鍤成雲湧傾盆送雨寒感生黎賡易恩得使君難

敎化興閭里文章借羽翰祥鍾原自楚藻掞孰如潘

多士登堂滿深仁解網寬清如冰可立明若鏡同看

天樂尊前奏僊桃海上蟠 璽書推秉鉞將下九霄

端

五言詩

齋頭疎竹數竿美人來者輒題其上東吳余美長爲賦美人題竹分得八齊

傍檻蕭疎意班痕豈舊啼要來開士看蚤倩美人題粉薄銀鈎細枝繁翠袖低璆聲驚彩鳳綠字托靈犀急就非遲暮洗吟必整齊却疑調笑處還在竹枝西

賦得故燒高燭照紅粧　徐興公直社

繡幌射星杓銀釭列絳綃驚看人旦旦翾見步搖搖鳳蠟爭釵豔娥眉帶暈嬌燈花迴扇落彷彿目相招

美人蕉　林雪直社

幾本當囱立，葳蕤獨受陰。慣隨風學舞，偏喜綠爲襟。
厭浥疑行雨，傾欹若捧心。倘逢題葉者，牆角會聯吟。

其二

名花種自殊，龕得美人呼。眉卷疑添黛，心丹匪受朱。
葉長廻舞袖，叢抱每連珠。莫謂臨臺怯，風吹欲倩扶。

九日社集 曹能始先生立社

風日殊清美，相邀一水長。昔賢酬令節，佳韻在重陽。
拜石盟初社，開籬命羽觴。萸懸騷客佩，菊上麗人妝。
爽氣方廻谷，歌聲故繞梁。風流畢晉代，景物勝橫塘。
嶺翠時兼暖，林陰未受霜。側身西郭望，山月與江光。

賦得燈下菊影　陳叔度直社

愛菊非顔色，偏憐半假眞。暈烟生歷亂，寫壁著精神。
葉葉疑堪摘，芬芳若受塵。任敎蜂蝶惱，無可付靈均。

送吳客之清漳

此地氷霜少，入冬始見寒。交遊原自淡，時序轉相安。
詩債初成約，離情便覺難。海珍雖可戀，石社倚登壇。

上巳西園社集　陳泰始先生直社

方軌臨水湄，春雲油然迎。隄柳何濯濯，谷鳥偏嚶嚶。
曲流列羣彥，遊鱗漾浮觥。玉橋宛轉出，豔姝輕盈弁。
秉燭續義馭，鳴柝催春城。古人感愴多，此日舒其情。

煩襟不在水俯仰非榮名年華歎迅駛爲樂尋芳盟

方廣巖　五首

雖有寺幽興捫蘿歷翠叢山梯懸宛轉巖殿隱虛空
歸洞雲兼雨當筵石控松欲眠啼鳥急新月上孤峰

真珠簾

靈境懷真賞栖遲意可留愛他青瑣物掛在碧雲頭
月照疑生影風吹欲上鈎簾櫳長隔斷只此是丹丘

仙人掌

墨瀋題初歇蒲團坐自閑諸真歸佛國一掌落人間
誰爲粧深蘚猶堪畫遠山空勞長指引難破利名關

巖燕 四時俱在

同此精藍意，嵓居勝十洲。山僧都識晉，燕子不知秋。
下上朝諸佛，呢喃學比丘。便堪相晤語，莫約海中鷗。

宿天泉閣

閣結天泉裏，泠泠滌世氛。繩床全聽雨，襆被半眠雲。
磬以風幡度，經從梵漱聞。定僧持半偈，蕉鹿夢初分。

集西郊送家章甫之青田

潑半春光好，郊原剩有情。四圍青似眼，百囀韻如笙。
藉草譚心久，移尊入夜清。主賓殊不定，出處未須評。
去種無雙璧，來償十五城。長安馳馬日，只說有難兄。

秦淮送從兄之永嘉

爽氣成佳麗明河絢御街星臨看碧漢人到在秦淮禁闥徵書急遼陽戰鼓排莫言危脆近兄弟總天涯

贈李碧螺將軍

武者今非武文人豈是文搦弓兼作賦嗟我不如君東事誰家壞　冲憂有待分欲觀名士略綸扇指三軍

棲霞寺

出廓逢山問秋陽傍晚嘉驅馳忙逐磴轉折到棲霞蕭寥將巖月巡杯得芥茶且容吾熟歇莫以衆峰誇

月夜上千佛嶺

佛界誰曾到西來淨品遍千身千國土一藏一山中含利明秋月精藍浸水宮松濤發清嚮天樂下瑤宮

次日從千佛嶺上攝山陸孝先少年婉弱覩巉嵓崿岸不勝恐怖李將軍叫號抖擻挾之上如飛馬亦足壯也

天闕千尋壁扳躋着脚勤悴憐衛洗馬勇喜李將軍江渺如秋練峯環若夏雲望中陵寢近王氣鬱氤氳

天開巖

突兀皆由地鎔削便說天渾然如太古闢出是何年

雲去中峰現人來仄徑連前賢墨潘在藤薜莫相纏

宿僧漣雲房

人說棲霞好予來亦宿雲雲霞迥莫辨信宿嗒然分
夜轉客亦轉鐘聞漏不聞山中宜蚤起曉色有如君

陳克理挈壺榼靈谷爲小會雪水陸孝先建陽
劉若臨同邑惟一二相知陳盤生天界寺招
之不至

十里翠欲滴流雲于此停山因龍耳轡谷以烏聲靈
藉草遲秋月巡杯數客星伊人天界裏渺靄獨譚經

秋登蔣山

祠以護龍寢簷牙鳥革飛六朝蕭寺盡千古蔣山巍
秋色紅于樹明霞絢在衣秣陵金作粉佳麗赴斜暉

清涼寺爲陳後主避暑處張麗華所躍井在寺左

避暑前朝事離宮別館開不愁歌舞罷早引甲兵來
背井留空影虛臺瑣綠苔秋深清磬裏應有哭聲哀

永慶寺登謝公墩寺是梁朝香火院

墩爲山最小因謝大知名選勝同鍾阜懷人得冶城
梁朝誰識認晉代不關情咒唄颯颯韻猶疑詠洛生

陪祀介公祠二首

彤日登堂子稱公闕里人旅甲逢事友仰止得君臣

熱血無迴避精心不駐塵容頭過身漢泉下早泯泯

其二

誰謂鄭夫子仍存此講堂鐵冠非意願一拂豈行藏
隔弃將無見流離早有方公同師濟者原不羨清涼

秦淮歌

去歲失遼陽秦淮禁蕩舟今年守山海簫鼓夜悠悠
珠翠紛交錯簪裾雜獻酬膊肩摩檝櫓嘈囃間咿謳
燈盡瞰爲接船平水斷流那愁杯易竭飜恐漏將收
倏忽看遲暮蕭疎畏及秋水枯人散也淮上有三洲

黃明立先生招集秦淮觀燈船分得歌字

老宿開壇日分題賦棹歌遊人成廟市淮水作星河
驅合憑金華排行逐鸛鵝驪珠先發倡鱗甲更爲何

端陽張范之徐印伯黃俞言弟汝奇泰淮夜泛

淹滯殊無謂端陽若可留居人单出里遊客盡登舟
燈火連朝旭笙簫報曉籌願銷鼙鼓響　帝所樂千
秋

答友人

兄弟求名蚤東南有事時君將兼說劍我且獨譚詩
宦況何須問民情轉可疑故鄉荔子熟歸去更嫌遲

留別佘玉函

我苦難登第，君愁不上車。雖精龍劍術，猶戀蠹魚書。積憤思頗牧，微言奪祿睢。何須問資格，金印在長裾。

示門人朱以巽朝相等

一載南都客，飄爲敗北人。窮交猶可對，貴倨獨難親。世局幾成宋，吾廬穩避秦。任他工欵欵，羸我得閒身。

林雲夫汝奇集木末亭志感

木末亭臺出，何云吾道窮。晚山千嶺翠，斜日一江紅。小集堪遲月，憑高便御風。交情休說舊，時事莫言東。

留別李將軍

才蓋今之世，如何嘆積薪。劍吹應有缺，珠叱豈無因。

俠氣磨津軸光輝滿渭濱邉塵譚笑淨容我一閒身

其二

作客南都久惟君臭味長坐來嗟薈蔚步起叱攙槍賓從時成日周旋煖度凉世人何不認吾道自然光

出石頭城下關入三宿巖遇祭謝諸同袍留予兄弟飲巖中大醉

不舍金陵好棲遲三宿巖停舟兩兄弟把臂盡僉咸六代風非渺千秋道未劘行藏惟潦倒蹊逕任巉嵒東事譚如剌南還淚滿衫明朝江上望漠漠出孤帆

江上望攝山

江上一峰出看看是攢山石廻如顧我雲散似開顔到以翺翔到還爲涕泪還長江憐季子流下每灣灣

燕子磯留别陸孝先

欲共到金山祇虞返棹難渡江兼别陸當境想愁濳期子登龍日行人駐馬看禁堆天下事年少正相干

林茂之兄弟送予兄弟至燕磯

燕子磯前水年年理别離不堪同落羽相送有連枝一第尋常事三方孔棘時鰣鮮吾地美不美蠏將肥

張太和送予到金山不肯别此亦今時之有氣義者也坡老謫儋耳所與遊者皆此類固知

禮失而求之野不虛言耳

好似金山寺重重疊疊之欲行謂去急且住恐歸遲

家有他鄉月人饒夙昔知端爲張子意索莫轉相思

題金山

九折猶疑瀉支撐用石君岷嶓隨地辨吳楚昔人分

何處裴公洞誰爲郭璞墳只愁魚大上江海起妖氛

焦山煮石洞

石可煮乎否伊蒲亦供霞愚公山避宅處士窟爲家

烟極東流淼江廻北固賒誰憐明月裏猶有客乘槎

鎮江潘無隱恭興趙季述招同汝旉遊甘露寺

觀先主與孫討逆躍馬處並贈之

鐵甕傳潘岳金山是趙卿中泠同氣味北固作交情往劫灰猶在長江浪未平休尋躍馬處吳蜀悔爭荆

寒山訪趙凡夫

小艇憑溪溜藍輿入磴飛秧齊看綠浪藥覆得荆扉石與雲俱亂鶴隨人欲歸要知饑渴意理棹趂斜暉

其二

高士住山久經營巧有神墓田丙舍近眠食寤歌真竹遂堪銷夏巖深蚕結鄰婆心引流水端渡問津人

潘無隱寄予趙凡夫書謂山中楊梅正熟不能

過食真俗人也因問荔枝何如楊梅去年杭
中食楊梅至寒山索食失笑曰寒山佳亦福
蔭楊梅耶昔有以蒲桃壓橘橄欖輸崖蜜是
謂漢孰與大漢不厖也
驕我楊梅好南風政入吳酸同窮措大黠似効顰嫫
圓眼已辭役荔枝先有奴吾當趣歸去相對共柳榆

烟雨樓是鍾師桑梓之地

烟雨愀然思來登烟雨樓四圍闤闠遶十里水雲流
吹斷柯亭竹空回刻水舟伊人歸一旦斯道在千秋
期我氷青語猶然口耳留何當懷往事哽咽過西州

贈章司理

才子為官好唫詩坐廳衙爰書翼鼓吹答版燦雲霞臺省推先輩勵勸屬作家承明茲入直白簡爭胡沙

其二

三載清秋月光輝上　晃旒訟庭餘豈澤揆席待名流經濟因時見文章百世留靄然霖雨日南國重承休

送陸元兆

文字交君早周旋得日遲論心非淺鮮分手更凄其春雨膏歸轄飛花爛別巵干戈今漸可皇路任驅馳

送葉循甫

王事風塵役前途秋氣繁薇香離省署菊老問家園分手斯情遠同心古道敦秣陵詩社在還是待君論

贈楊清流

從有東南事安危注令君撫民兼辦餉敎我使知戎嚴邑閩天障長才漢代功昇平應獻賦入直有楊雄

海邦永賴冊

點綴知官暇經營不日成補山藏鳥篆濬水出龍精角響春城曉樓軒海市明四時有歌舞士女樂昇平

其二

國爵惟三事公來旦夕訏錫圭餘白馬傳皷續桐魚
賦以登樓作功看載道書秦川此增重鄒魯得衿裾

壽章司理

初度臨秋色冰蟾得共清九閶俞奏最兩造快持平
霞映文林蔚星懸法署明來年瞻此日封祝拜葱珩

其二

大棗捧珠盤安期獻玉餐蓬弧懸聖日棨戟擁儒官
高並三山峻清仍雪水寒羽觴同此進萬姓若稱歡

題趙雩谷父母考最冊

邑首績俱首俸深澤更深秀岐餘滯穗蔽芾剩清陰

雲裏飛烏舄堂中靜鶴琴求賢茲若渴虛席待爲霖

贈章孝子割肝

嚴父朴且淳弟昆孝而友君其尤甚焉天生誠非偶父病臥在床日夕何傍徨尋思一片肝豈顧寸鐵傷父痊始云樂子痛亦自若蒼蒼勿云遐咫尺如可薄何其君一門乃有天性存冥冥報善類此理非虛言

冬日社集薛老莊吳興茅孝若初入社分得十三覃

石勢成奇絕虛懸近蔚藍園林名字古樓閣水雲含社待朋來結幽從主到探莫言星聚五還有絮成三

句險毫偏溢爽寒酒易酣微歌紛曲宴揮麈競高談

四座欣傾蓋羣賢喜盍簪今宵占氣色多見在東南

次日再集平遠臺時臺政落成因開社以紀勝

得十一真

昨日傾頹地今看綺麗陳來遊成勝事開美賓茲辰

情好歡佳客風流想古人臺高曾記漢松老本封秦

竹葉堪銷凍梅花欲報春僧披緇衲影妓踐襪羅塵

度曲紛絲肉拈題錯主賓石間摩古刻芳躅繼先民

福廬

奇者皆云海須知海上山平沙堆萬石丙舍設千間

支遁來應住盧生望郄還紫瀾晴欲曙羅綺幔雲關

三天門

何處爲君看天中有是門重關任闢戶怪石作司閽
複道遮濛雨踈櫺納海暾片雲來往往啓閉識朝昏

鳴玉洞

水曲泉稱屈詩多石受黥一山如刻削此洞獨渾成
草木無添入巖扉得性情因之坐封久耳語韻琤琤

九淵潭

潭九何所取龍居得陽數噴射生烟霧鱗甲恣飛舞
出山尚見日此坐輒疑雨把酒問靈區去海無尺五

石竹

辛亥信宿石竹甚爲此山扼腕今過十三年遊人生歡喜葉師相石九峰莊嚴力也莊嚴之以還山本體是大莊嚴噫山之時哉

無患溪前過登高自此登古藤五百尺危蹬一千層窟宅皆靈氣攀躋欲上昇山川逢運會物候見中興

八闽文库

福建文獻集成

吴格 主编

續編 集部 四〇

八閩文庫
文獻集成
364

海峽出版發行集團
THE STRAITS PUBLISHING & DISTRIBUTING GROUP
福建人民出版社

本册目次

蟫窠集二十一卷（卷一至卷一四）

［明］龍溪黄以陞撰

中國國家圖書館藏明崇禎間刻本

蟫窠集二十一卷，明黄以陞撰。以陞字孝翼，龍溪人。據蟫窠集卷一酒家賦云「萬曆丙午，余年十有九」，可知其生於萬曆十六年戊子（一五八八）。少而好學，六經三史諸子别集之書填塞腹笥；又好遊，歷冀、兖、青、徐、荆、揚諸州而爲之記。曾入復社。時袁宏道、陳子龍、倪元璐、譚元春皆與遊，而同里黄道周、張燮，尤稱金石交。崇禎十七年（一六四四）以承辟郎知寧波府，見雍正寧波府志卷十六秩官。明亡後歸里。撰有史说萱蘇一卷等。傳見龍溪縣志。

以陞著述生前多已付梓，據是集中漱芳館初集自序等篇題下所注干支，知萬曆丁未刻漱芳館初集，己未刻史说萱蘇，庚申刻初近集合刻，惟漱芳館初集、初近集合刻未見傳本。又中國國家圖書館藏有蟫窠集遊名勝記一種十二卷，前有崇禎辛未年（一六三一）諸序，則其應早於蟫窠集梓行，後遊名勝記單行。是集分體編輯，收賦七、騷九、頌贊四、疏引十、碑記六、序九十四、傳十三、墓誌銘四、行狀四、祭文十五、書一百一十八，凡二百八十餘篇，都爲二十一卷。然各卷尚未編次，故除卷之一外，其餘各卷卷端、版心之「卷之幾」俱作墨丁。影印時乃試爲編次，以便檢閲。書前有崇禎甲戌（一六三四）張可仕序，豈刻梓於是年乎？張序盛稱其隱德之全，謂「當少年，頗萬卷，絶不爲干禄之文，枕何流，漱何石，浮家湖海，世聞名而莫可跡」，又謂「惟有文章中之真隱，方能爲文章中之真逸」，直可與陳繼儒、張燮並稱焉。然觀集中多代擬酬應之作，與友人諸書又常見時閱邸報，垂心世事，頗疑其遊幕各處，而非徒事隱居者。

此書中鈐有「董其昌印」、「燕越胡茨邨氏藏書印」、「宛平王氏家藏」等白文方印，以及「慕齋監定」朱文圓印。（張輝蘭）

黃孝翼蟫窠集序

余謂本朝多才凡理學文章經綸戡定忠孝節烈之徒當卓越千古獨未可多屈指者隱逸而已士生三百年間未有不爲科目之學者也爲而不遇卽有王霸之略經緯之才黼黻之猷世固有惜之者也未有逸之者也每見彈冠釋褐之士豈無淪落江湖

棲遲草野以沒齒者彼其不得志於
朝廷始願不及此也幾見黃屋爲之
揖讓高箕頴之節青山肆其旁求犯
帝座之星者乎歷數先民儻郎以吳
氏與弼陳氏獻章林氏兆恩李氏贄
文氏徵明鄧氏元錫諸子當之乎諸
子或標道統或亢玄宗或沉冥著述
或寓迹方技後世當列之儒林文苑

之閒即盡以隱逸或不願也無已則
布衣游俠山人詞客乎若人者習不
出於縱横皆於王公大人有欲炙之
色者也即如
天潢玉牒之孫子不下億萬皆食縣
官之租税以老豈無皐夔巢許之才
併格於功令不使見若隱若逸非隱
非逸也他日立傳三百年來伊何人

乎固自不乏也當吾世有三人焉華
亭陳子繼儒漳海張子燮龍溪黄子
以陞三子者人傑也陳壯而懷高尚
至今四十年鴻㝠霄漢
天子諷其一上書不可得張舉孝廉
即棄去著書海濵輦上歌白駒以招
之不顧也黄當少年破萬卷絶不為
干禄之文𢡟何流湫何石浮家湖海

世聞名而莫可跡嗟遐哉渺乎皆非
充隱者也三子各負名世之才泥塗
軒冕間出其緒餘以傳人間而更韜
冏之脫然塵垢之外語有之身將隱
矣焉用文之今旣文矣焉用隱之文
而隱隱而文若是乎隱之不可廢文
也余讀陳張二子書別有標目不具
論茲讀蟫窠集知黄子隱德之全也

夫士隱居放言汪洋自恣罵堯侮仲尼何所忌憚彼或有所矯亢與孤憤也子直超然高寄與造化游坐銷於有道之鑪錘者久矣讀千古之書胸中不芥一字秉驪龍之睡而探其頷珠以視一切語言皆剩鱗殘甲至於攬萬彙之精英而醞釀之塵垢皆含靈氣味至味於太羹玄酒之前何必

黄流玉瓚飲八斗而醉二參與四海諸公相往來當其得意則王侯將相皆海鷗當其不得意則樵蘇農圃同野鳥以道觀之玉皇里田何貴何賤也若夫叶太始之希聲一絃可備八音無絃可識琴中趣即世無聽之者亦不向人間辨竽瑟有鄙夫問於我卒胸臆而與之言大塊噫氣其名爲

風怒則飛沙走石兩儀震驚喜則清流慧月風水漣漪而已矣子胸次如此學力至矣即無言可也今既不得已而有言亦何傷於隱乎余聞之衆人隱於山至人隱於道隱於山者入世便懼磷緇隱於道者忘我更覺玄化子之應世而爲散言也韻言也我知其不爲亢厲也夸毘也詐飾也諛

佞也之四者天下能言之士皆蹈之
子則免矣豈無國風之怨激無傷於
雅頌之和平豈無雲霞之燦爛無傷
於明鏡之空虛豈無羣籟之吹戛無
傷於尸居之冲漠豈無臣妾之諧媚
無傷於忠孝之骨鯁讀子言而知其
隱也有逸焉者也何也意氣隱而形
骸始逸也才情隱而性靈始逸也學

問隱而著遯始逸也經綸隱而身世
始逸也隱者非逃虛藏拙之謂也則
逸者非放意墮體之謂也余聞之能
爲蟹爲蟮爲鰍爲龜者龍也能爲龍
者非蟹非蟮非鰍非龜也彼列子御
風而行猶有所待也安能俛仰而坐
撫四海之外乎則進於化者乎古之
人得此道而隱者化不可爲也子知

之乎而何暇沾沾於人間世之言乎若夫人間世之爲言者莫不曰秦漢也魏與六朝也唐也宋也自左馬而至　昭代之王李也徐袁也人皆襲焉而不知叔敖氏之衣冠也於此有人焉肌膚若氷雪相好具足時而羽衣霞服時而漁簑鈎笠時而冠冕珮玉時而褒衣博帶時而鐵甲貝胄彼

服雖變而所以君形者不變也當其位則服其服也不則優人之色色俱扮者耳何貴焉儻使爲文章者受役古人苦其束縛受役今人苦其排當安能信心信手以應之也哉是知惟有文章中之眞隱乃能爲文章中之眞逸黄子其庶幾乎繇是觀之陳子方且求逸於經濟張子方且求逸於

擘帨以視子之語語本色也將聞子
之術而更有合也他日
明堂下徵書子不出山則已儻我君
相必欲聞子之説請以是道進之使
士大夫各隱其機智使斯民共逸於
休養方且舉世之逸以逸其身寧不
可傲一代煙霞之客而叅千古崆峒
之席也哉吾將語太史氏列子

昭代隱逸之編而陳張氏其合傳焉
者也子與張子皆閩人也閩之文章
至本朝始與中原之盟如鄭繼之氏
王道思氏傳丁戊氏黃全之氏曹能
始氏何稚孝氏陳元朋氏陳一齋氏
黃幼玄氏池直夫氏俱當名千古其
人出處各異在隱顯間總之天地之
勞人也獨傳丁戊游湖海學道有所

聞與君近寄語紹和幼玄相與一表
共遺編以衛隱逸者之高踪江東紫
微文吏張可仕文寺氏撰時崇禎甲
戌中秋前之上弦

蟫窠集目錄卷之一

賦

蟬窠集卷之一　文部

龍溪黄以陞孝巽著

賦

酒家賦 并序

歲丙午余年十有九于時春也黄鸝弄聲繁花交影處有賣酒家焉蹋青翫勝者所携不滿竹罌而與酣壺盡遂出囊中金錢望綠陰小旗家相邀而投焉主人應接不暇然新故往來之交有足傞惋者嗟乎頌酒惟見伯倫賦酒世不乏

人樂聖固吾人之癖矧情因感發寧無賦耶曰
伊春光之可樂兮聆村酤而至止況日融兮碧
玻復風馥兮魯水樓紅麗兮高映旆翩翻而欲
起問中山之美醪依豫北之故里談笑兮幽人
往來兮君子獨七十之老媼偕二八之幼姊爾
其發醅浮白蟻綠鵞黄齊彼儀狄傳之杜康種
聞西域之馬乳粱懸虢國之鹿腸茸滴瀝而九
天露結氣薰蒸而十里荷香是以拾栢葉以爲
號趂梨花而熟釀千日開玄石之醒五斗縱劉

伶之狂若夫叩道登門詞人墨客付歛錢之二萬攜掛杖之滿百解紫貂以爲歡換金龜而不惜吏部醒乎甕邊步兵眠其婦側或榴皮題句花枝作籌呼鉤釣詩詠帚掃愁訪青州之從事畏平原之督郵杏花村兮頻遥指黃鶴樓兮幾度游酴醾酡稱爲歡伯鸊鵜杯識是醉矦且徜徉乎一日聊慷慨于千秋復有游子貴郎蛾眉玉屑擁車馬以于斯彈箜篌而欲絕旣叩鴟夷爰呼麯糵爾乃瓊舟競陳繡幔長結綺筵豐開

錦瑟並列䤆瀲灩以浮光樽醽醁而若薿廻紅綃而勸巵舞金縷而擊節文君之雅懷良多相如之渴病逾切於是美人酡兮氷壺倒王孫去兮寶囊開嗟韶景之難再覩繁陰而裵𥚃旣迎君子以燕喜復送佳人而下來亂曰已矣哉金谷兮無傳洞庭兮安在宜春那得蘄豐年兮玉薤胡能保不敗囊低垂兮姬眼高風光好處兮惱英豪歸去來兮樂陶陶

義魚賦 幷序

丁未歲余春秋二十與謝公子兆甫爲弱冠之交慷慨慕義悠然有深感焉則余嘗過兆甫所有金魚二頭長尺許盖有年矣一日别寘其雄踴躍而斃俄失其魚之所之雌魚未之知也遂圉圉絶食而殞且不仆觀者以爲生大驚詫之因壅之酴醾徑之大士山麓焉嗟乎死生大矣魚故何知而就義若是豈實有知耶社中有修齊諸例戲爲紀傳弔以詩文者余亦有賦以風世云爾曰

夫何水族之么麽兮廼獲全乎大義怨艮耦之
不辰兮唯長逝而已矣爾其頳鱗金飾紅鬛錦
紓丙穴甲屬以偕處丁腦乙腸而棲虛君恩隆
其紫袋兮帝瑞表於丹書或黙桃浪於龍門兮
或戲芙蓉於濕沮寧並雙行於比目兮不學片
立之王餘方且獸同蛩距羽比關雎潛游得意
唼喋自如豈期舍素波之浩洞兮入磁盆以爲
寶𦊅尾兮苴萍綦翥兮荇草𤸃餌兮香糈宵居
兮芳藻泡沫兮可人淪漪兮偏好日光澄兮如

臨太液之池煙濡霿兮疑傍蓬壺之島共主人以息機兮亦相忘於大造胡儔集其無歡兮遂淹濭乎中道爾乃徬徨若失委翳奚親蝸蜒兮莫侶鰌鱓兮匪倫悵煦沫以無心兮願尋匹於灰塵嗟螻螘兮有命爾胡爲兮遭屯將不顧夫主人兮抑含痛於穹旻於是東山公子瘞之于大士傍焉爲之歌曰鯨鯢枯兮彗星見爾微淼兮性可羨安一抔兮亦可瞑鳥有先生聞而歎曰已矣哉雌雄遺芳似有靈兮如彼波臣逝南

濵兮爾獨藏蛻實堪怜兮回首羣生誰足銘兮

樹鷺賦并序

予以癸丑歲客章貢使君署中北臨二水隙地雜樹多巢白鷺鮮素親人迺感而思曰夫鷺澤物也而托者樹非他樹也郡舍之内羅網不設鳥其智也夫因賦之辭不多及聊紀所見云爾

白羽之白有虔署之水鳥焉其鳥也鍾扶輿之粹氣稟金德而成形粉絜失素珪雪讓瑩下親藪澤上迅雲冥負舂鋤之故號兼樂浪之神靈

緜厤宇之鬱叢囿茲禽之所集爾其招羣呼侶爲類百十審美蔭之喬柯捋枯茶而自葺咮卿魚而未乾身浴波而常濕或哺鷇以音嚻或對雌而翼戢若夫朝霞晃漾殘月光微颭輕風而矗起衝零露而未晞足伸吭引冠奮翮揮若金出冶而方豔玉入火而彌輝至其翺翔夕還投枝競止射返照之澄澄點密陰而玭玭如梨花之簇繁條似白荷之布綠水若乃馴擾成性徘徊狎人時依几席亦下庭陳或縮項鑿立或散

步揚塵鵬歛毳而思避鶴顧色而逡巡彼燕雀與鶯鳩穿槫櫨而竊視守梦桴而莫親矧鷹鸇之瞋目羌易暴而爲仁是以斯容見美於周雍值羽取憐乎陳野吳王喜出於鼓中漢曲傳歌于茄下矰繳罔施鷹炙盖寡擅不緇之孤標智擇地而非假逸豫逍遥麗閒都雅縱枚馬之詞章匪斯禽其誰寫

三阨賦有序

天啓末周中丞仲先撫吳觸織璫被逮予感國

士爲急難入都邏卒見警阨一馬逸折臂阨二逆旅棟撓幾壓阨三力疾至荏平旅店走筆成賦時危多隱語也

台以柔兆攝提格之夏嚶鳴急難匍匐堯封叩閶闔而不見撾登聞而罔通幢有官而異昔閽如鬼以難容詎屬垣之多耳而伏莽之有戎曰先出絺紵後出囹圄遂策蹇而南衝泰庭之泣未收趙橋之炭幾窮沃馬糞以知冷平頭扶我以籠東悲四顧之蹙蹙亦歸緒之蒙蒙枯樹婆

娄而僵臥逸台馬於道中痛折臂以及肩逆縮項而突胸氣奄忽以纔屬神恍躡乎鴻濛推五行之屯否匪相鈌而運豐之遘卜其千騎叔子兆其三公嗟台軀之藎閎毋勞姑布之亶聰雖姓名同溷中之張祿迺得失异塞上之老翁何必慮賈生之彿鬱屋陳秀之憂忡旣而呻吟旅邸偪仄敵宫月遥箕畢地靜豐隆會離棥之十笏忽楝撓而屋崩勢憯憯其驟雨聲裂裂其頹峰驟僕疾呼而失色指點台骨於泥叢乍昇出

而意定榱構尚紛其相政劉相聞陌頭之歟徐
卒見促起之童彼福人之天祚曷介介乎豸蟲
揆台生之積垢或未至於排墉豈不懷此臨淵
翻自處于垂堂羌旬日之疊虢果孰吉而孰凶
噫嗟乎時不逢兮謀不忠命不隕兮變不終苟
同人之無咎固貞厲以相從縱糜骨而莫補復
何有交離之恥躬

憫鶴賦 有序

余僑寓鍾山之陽築園疏沼養雙鶴甚馴乙亥

夏爇童子失䕶雄者病數日而斃余哀而瘞之
其雌飛鳴殊悲又上屋鴟尾徬徨四望居月餘
陳子嘉熈餽我以老雄而雌大喜左向舞者三
右向舞者三飲啄相隨聲韻互答余歎夫怨離
樂合豈惟伊人羽類且然而責以從一之貞則
腐譚矣因爲憫鶴寡鶴配鶴三賦以志感云
大火爍金山童海涸嗟民生之多癘延白鳥之
翯翯翯翯本雲外之羽毛比仙人之羈靮卜千祀以
遐齡詎塵坋之運促爾其隱青蒿傍翠竹翩欲

舒而氋氃步思前而縮朒倦眼模糊長脛彳亍赭頂變澆于黃土高尻莫勝於俛啄雖翹趾而蓄爪每没頭以藏脖其頹然也槁神喪氣垂首眎胸怯較鮮於皓月避淩厲於微風似蘇季子之裘敝殷中軍之書空其戚然也噓噏無力悽惶侘憏吭吞聲以待盡頹舍酸而欲涕似衛懿公驚狄人之入陸平原憶華亭之唳情深匹耦屢顧其雌惺惺不死矯矯長辭期並跨於霞霄瘺先委於淤泥于是浮丘主人憫而訊之曰我

食匪豐有稻有粱我池匪廓有魚洋洋吾將命羿翳使油作驅豐隆使灑涼兎杵桂輪之藥童飼黃花之香徐聽聲於九皐之野翊遨遊于廣漠之鄉烏鳴也哀請對以臆感君家之飲豢誓生死以如一離合靡常去來莫必免矰繳與鼎俎幸完歸而何恤願施帷蓋揜藏泉室骸如鷄肋不希冀于華陽之銘神則鴻宜長遨遊乎緱嶺之域

寡鶴賦

仙禽物化厥耦憂煎愍雄羽之弗駐杳不知其
所之焉豈輕棄吾嘉匹或灝蒼之變遷爾其戢
翼無歡顧影自憐皇皇乎若鳫喪羣于寒霧泄
泄乎若鷄失晨於曙天慨飲啄以無心時軒翥
乎堦前朝暾照兮懶趦趄於花下夕雲歛兮棲
僇慄於梧邊憶吾少時同胞共轂嗣而好合銜
鱻饜豆將翺翔于閬苑或廻旋乎岊岫遇巳寒
而重乇歎画欄而獨就燕語梁而分飛兮爵穿
墉而共竇鶼鶼和而比翼兮趯趯附而能走羗

奈予之不辰兮若靈修之罔壽至其飛鳴無節吽咷莫俱往從無計止于屋隅恍華表歸來而人非似貞女倚柱而嗚嗚貌慘淡以蕭瑟中痛籲而欲呼園長爲之歌曰紫玉靈兮鳳感傷商陵別兮鶴飛楊韓憑單兮烏鵲張陶嬰悲兮鵠不雙逝將配汝兮諧嘉會於林塘雖暫孤而莫怨兮終天路以雙翔

配鶴賦

有吹笙公子問於麦虛道人曰子之胎鳥寡矣

偞有老雄屢喪其雌比狐綏於淇厲似犢子之連眉萬物蠕蠕妃匹廼宜今媿子以合其性反戚戚而爲怡怡道人拜而受之雄甫出斂斜睨覘雌欣慰嚮蔚矜飾外施惟吾寡鳥鼓翅翻飛跿踴躍以相迎頸廻還而欲依復中止而含恧又環嚮而不自持覺悅豫於望外雖參同而願隨衆冠舊儒見而嘲之曰若是乎近玩之情移也吾聞王雎摯而有別鴻鴈失而守嫠故漸臺溢而殤楚姜宋宮災而焚伯姬鳥不如人寔爲

擡啞道人掀髯瞪目而解之曰唉子徒小節之爲拘而昧達化之玄機昔文姬敦贖於魏武卓女憐才於相如薄后修容於豹虜蕭綜誕莫於齊帷固顯證於宮掖況羽族而奚疑是猶鴻鵠巳横於天際鷽鳩竊笑於槿籬于是舊儒悚然意下蹌蹌而去道人靜對颯沓委蛇連翩馴狎弄吭長噫曉月將落夜露未晞夢遊太清翺翔瑤池人稟殊靈格物至知子非公冶烏欲致辭唯烏有心予忖度之

蟫窠集卷之[redacted]

龍溪黃以陞孝翼著

騷

九典并序

閶闔

海水

河之清

大陵

僊人

窮道

寒林

思悲風

枯樹

九興者黃以陞之所作也以陞九歲而孤求所以見其親而不可得年十九見吾宗幼玄氏作續騷懔然有起予之思曰嗟乎君父之傷千載無二不獲已而舒其憂憤獨平也乎哉故多爲起興之辭以盡夫悲慼之意云爾

閶闔開兮中堂紛櫚宇兮軒昂垂鏐鐐兮閃爍
散沆瀣兮芬芳列林騎兮如錯揳坎革兮鎧鎧
羌靈修兮不見迺或在兮一方乘飛廉兮北征
日哭泣兮所鄉嗟司命兮何知遺吾民兮不長
韇豐隆兮南至井丈人兮齊光胡老人兮自老
獨下土兮遭殤瞻河漢兮黯黮尋天倫兮渺茫
亶裴哀兮跛跂徒侘傺兮彷徨

閶闔

龍門兮潝潝望素波兮淼淼漆消溝兮溓澴復

囦汯兮窈窕蹇精魂兮莫測極戃慌兮心悄豈
彭咸兮汨沒豈鮌化兮冥杳羗陽侯兮有神宰
羣夔兮匪倫鯨轟𠩺兮匒匌屭拂蔽兮薰蒸遵
流沙兮千里遹魍魎兮無人伯強跳兮欲齧畢
方笑兮將親羗臨籥兮不言喟心疚兮如燔苟
予身兮不死又何足兮存存

海水

河濁兮時清此恨兮難平川陵兮幾變田谷兮
屢更夏去兮殷代商毀兮周成賢聖兮遞出人

亡兮莫生干剖兮罔全推焚兮罔憐首陽兮終
餓晉適兮誠賢悲予兮偃蹇詟盩兮踣蹎缺陷
兮值壁癉怒兮逢天心醒兮坎壈涕泗兮潰漣
離命兮靡造胡辰兮匪緣

河之清

崇阜兮參摹岵截瞻兮何在屏翳兮霏濛羣芳
兮頓改愁予兮遺佩躊躇兮有待百卉兮雖萎
竊悲兮蘭茝吁嗟兮沆寥子荃兮既凋顧瞻兮
啓處影子兮心僑薜被兮帶緩芰製兮衣飄鵥

鵩兮晝伏螢蠋兮明宵懷君兮夙夜哽饐兮魂
焦吞聲兮憤恨何音兮嘵嘵

大陵

僊人去兮不還揚霓旌兮出關蹇忠誠兮獨切
隔縹緲兮難攀帝何賚兮瑤池女何會兮龕山
嗟佇立兮延冀固脰悄兮淚潸刿羽化兮形枯
迺棄予兮微軀羌鬱悒兮惆悵望白雲兮踟躕
雖夜臺兮坱圠又誰與兮咨諏雖千年兮或返
恐吾生兮斯須哀翺翔兮桑梓念荒蕪兮故里

肯靈訣兮來傳庚夢寐兮遝汝

倦人

若有人兮臨夕路狹窄兮其迫閈前膠兮迷途
傷蹩躠兮跼蹐虎蹲踞兮深嵎蛇盤桓兮大澤
哀王孫兮無歸行自投兮窀穸彼子躬兮所罹
阨奚殊兮當茲幼孤惸兮仳仳容華靡兮多虧
歲冉冉兮將促寠不知兮所之騁玉虬兮四墟
尋至人兮所居奓祝融兮猶照曰緩步兮安舒
迴予駕兮言返觸閶庭兮趦趄增怦怔兮愴怳

但撫膺兮欷歔

窮道

覽景物兮寒林氣滃鬱兮重霿黃葉墜兮委翳
白石錯兮嶇嶔虎豹嗥兮熊嘯狐狸走兮猨唫
鼧鼥號兮螋出鵋鵂悍兮隼擒澨兟兟兮蕭瑟
恍魑魅兮所侵亶骨肉兮淪喪寃痛慘兮砭鍼
依樗櫟兮匪侶歎榛莽兮弗尋彼世村兮叢穢
允何當兮予心瞻美人兮不顧恨窮邈兮爾音
腸紆廻兮怫抑血滂沱兮盈襟

寒林

風颸颸兮迎秋水潺湲兮北流露霏霺兮欲下
日晼晼兮行遒征夫悲兮言邁機女念兮多愁
忠臣棄兮魄落貞士際兮深憂忳予衷兮凜冽
同欿憾兮何尤隨親戚兮悾惚蹇汜汜兮飄浮
蚯蚓絶兮寂默蟋蟀鳴兮啾啾羗壯懷兮益鑠
長展轉兮惚惚非馳驅兮縣圃諒忿觸兮不周
欻淒涼兮膚縮疢懰慄兮未瘳

思悲風

傷彼枯樹兮夙時芳華葳蕤其實兮旖旎其葩
餘陰交道兮上蔽雲霞玄淋食飫兮脉潤深涯
天何運窮兮酒濡不加鴟鵂不顧兮蠨蛸匪挐
恙予煩憎兮弗造厥家榎枘罔用兮槁朽欹斜
跨虹逐日兮孰待爲車三島十洲兮靡所作槎
儽癃睇盼兮蹢躅汙洼世莫予知兮誰與咨嗟

枯樹

亂曰滔滔湘水氛逆波兮淑人夙逝厭妖魔兮
慈烏白首日呻哦兮巫咸予導馭纖阿兮騏騮

旋顧尚蹉跎兮唐虞不作予柰何兮
重曰攸不見兮存不捨懷佳期兮雲之下

蟫窠集卷之[illegible]

龍溪黃以陞孝翼著

頌贊

玄鶴頌有序　己未

灝蒼寀運物素移形種號仙禽耦居　帝囿火精金氣更象色於北方陽鳥陰踪幸承恩於西苑貽生初歲羣爭玉雪之光曆倍千春獨換蒼雲之狀翎映則畫緣加漆如黑水之交流頂懸則澆赭和瓊恍榴花之欲吐慈烏窺以匿影

鸜鵒望而銷魂德本猶鸞假徽稱於陰翥神能
配鳳比神跡于幽昌平公鼓琴曾聞降趾噲參
炳燭聿感啣珠爾其出崆峒遊太液啗大官之
俸粟肯分鴈鶩稻粱娛　至聖之堦墀何謝
軒虞巢舞細雨霏而欲滴渾浴墨池皦日照以
生茲似迎　華蓋容非翯翯願同樂於靈臺行
故蹌蹌續懽歌於漢室九皐戒露夙傳納誨之
詩六翮翔風疑獻用賢之對逸豫不驚乎引繳
寵榮豈汰于乘軒夫蝨處頭而化黑抱朴子明

其漸也龜潛噎而永年養生論著其性也孰若
茲禽之道膺遐算共歛殊輝不涅而緇符
重玄之睿德無爲而壽從過曆於弘圖也哉以
墜翼戢深林不墜凌霄之志神遊仁圃私陳時
夜之鳴廼作頌曰
有鳥有鳥壽考惟靈稟姿少皞擢質玄冥下上
雲霓集于 禁廷珠眸丹腦射斗衝星
王在在囿百羽咸若嘉匹馴依黝然冲漠榕谿
有泉潭皐有穀既懌 皇衷緬懷偕樂昔聞

玄鳥實啓殷商昭茲變化長發其祥爾鳴爾和
好爵勿忘萬邦獻瑞寶籙無疆

九如圖贊壽同安徐明府 有序 丁巳

原夫箕疇演五錫首福於治朝華封祝三願大
年於聖世故知天人相與必且壽考維祺然而
造化數盈任修爲之博取遐齡無量宜少壯以
基承若乃渭渚結綸釣鯉得書之歲楚人捕獸
釋麋策國之年伏老授經於濟南龍鍾難徙申
公應召於闕下駟馬徒迎雖儒相之榮蹤咸登

年而已晩是以天保之詩爰歌九如日月松栢川之方至則及時之蚤也山阜岡陵南山之壽則盛大之義也徐明府有焉公濯采青霞嘘精太末雲松火棗仙人窟宅之區柯斧局棋樵子娱觀之處自其大父肖野封公韡冠嘉遯被衮服於二毛尊甫觀我銓部梅鼎需調表鑑衡于一代俱膺純嘏實惟發祥爾其步迅名駒聲標舞象金函編簡秘窮汲郡之藏玉照揮毫懸重國門之賞香飄南省才華獨擅于譽髦賦奏上

林視草未逢於詞選暫綠河陽之壐花滿一庭時鳴單父之琴風薰萬戶輪山聳翠疑五老以非遥苧水流清望十洲其在邇若夫內融外朗符兩曜之方熹鎮厚端凝屹四維而久峙濡膏則長河繞瀉樾蔭則巨頃初陰造士貯其棟樑故人徼其煦潤固已會九如之實蘊集萬有之純禧照永日之熈臺躋羣生于壽域矣月惟協洽律轉林鐘朱明歌于阜昌萬物紀乎長大公自神光照社疋練升天夢雲鳳之集肩呼石麟

而摩頂越山崇邃鬱爲崧嶽之生閩邑謳謠競效麥丘之禱億投懷之飛燕早叶相占徵化烏之雙鳧應知仙馭逍遥黄綬酩酊朱顔荷引碧筒恍舉瑤池之酌芽成丹鼎還期銅狄之摩將勳名鮮匹禎祉永綏齊卲公之百八十齡比郭令之二十四考豈特厠牏窬浣方石氏之一門曲木必趨續君家之四皓也哉黑頭天眷豫孜箕福之全朱芾家承更出華封之願旣巳繪夫雅什可無播諸聲詩迺作贊曰

倬彼雲漢星火南明我侯應誕則篤其禎繩冶者裦若若者綬泉海之濵豈弟父母曠觀宇宙二曜光與山川盤礴修榦蔚蒸我侯壽以增豪林之墟洞陽之野浩素之壟甸羅之國我侯壽無極

槐庭嚴訓圖贊有序

孔庭詩禮夙聞君子之言左訓義方兼著純臣之譽況乃龍鳳虎豹致誠于高門渾深默沉取裁於隻字既徵繪事宜勤詠歌維我光祿呂君

爲嶽貢生承家鼎盛紫禁銀魚之佩史筆猶存
金臺雲駿之招公車未泯衣冠俎豆列三世以
彌芬鉛槧箕裘歷數傳而愈熾君復茹沖抱朴
析絫旋規筮仕清班式贊大官之養肅趨
邃闥行參調鼎之勳槐棘擢乎台垣芝蘭生于
階砌秉休沐之閒暇爲訓範之殷勤緑綺縹囊
晨繁陰于素榻香煙茗筍戢煖火於紅鑪相好
無尤聿顯竹松之蒨訓諄勿藐克颺堂構之光
既樂此不爲疲迺取素以爲絢借乎解衣盤礴

之技興夫夏劒碎弭之思七葉永昌四言爰播

贊曰

杏林有呂髣髴孔林道德淵懿克嗣徽音敷庸宰膳爲國元深菁葱玉樹鶴鳴和陰河東鳳侶庶彙攸欽如彼駕馬駒前駸駸如彼對越上帝聿臨當期跨竈亦不愧衾石渠載籍似續捘尋麟閣圖形壯志有壬愧予瓜葛伐木斷金樂觀式穀揚美獻箴

百瑞圖贊壽林司理有序

帝錫箕疇迸徵五福人歌天保爰擬九如況乃
世德亞休媲皐陶之邁種弘仁昌後踵定國之
高門既興頌於恲懞宜楊光於繪事維林使君
貞元啓秀四明插漢生來申伯之崧東海汪波
浮出高琳之磬二尊人燃藜持斧禮惟老芘乎
區中端案和劑珈茀久承於　國寵公文章豹
蔚甲第蟬聯丹筆無私照春曦而覺暖青萍倍
凜方漳水以同清牆容桃李之輝幹比松筠之
茂日逢懸矢律在應鐘萬彙該而告成一陽孳

而伊始聿寫靈奇之物共將祝禱之忱化南極之光芒豈直孔庭五老來仙都之羽角何論文圃泉羣跨聞繽嶺之笙胎感瀨鄉之駕變蒼則齡高千歲夾轂則兆應三公川峙長存映卿雲而不改梓橋並絢矚儷景以同翻欲伸畏壘之情敢效臺萊之韵贊曰

瑤圃蟠桃商山紫芝燭龍未駕若華四披矯矯仙馭騤騤伊尼華池瓊液以泛君危佺松拍肩容錢聯軾銅狄手摩金魚腰飾濮鉛祝栗奔遶

郊戭神周六虛覆冐罔極

蟫窠集目錄卷之[redacted]

募緣疏　引

重修玄妙觀募緣引

雞鳴寺募緣引

威惠廟募緣引

蟫窠集卷之

龍溪黃以陞孝翼著

募緣疏　引

郡東募建石塔疏

原夫南陽熊耳峰頭鎮太室之崇底柱龍門河口峙大岯之險江分九派障以大小兩孤海灌三吳扼以金焦雙阜莫不銅盤耀髻石閣含風助形勝于巖城峻顒瞻于水滸者也漳自威惠開疆紫陽卜吉淵成灘渙絢文彩於筆談海結

丹霞狀朝昏於類要列峰秀聳屏幔遥開二水長流蓬壺若挹爰有鎮頭之岑嶺卓立於海門實惟全郡之咽喉撑持於半壁是以金湯不毁屹然礪山帶河冠蓋相望庶矣鐘鳴鼎食鼓鬣少吹波之鯨帶甲無逸禾之馬雖樂育於政教亦涵囿於地靈然而盤束逾求其堅塞襄務加其峻合黔首之衆志採青烏之家言誠能煉五色之珉造七層之級圜圖寶氣儼兩虎以當關律屼鋒尖看六鰲其戴極福田廣布詎須窣堵

之波文筆巍懸不數舍利之彩在昔澄邑建塔圭峰照耀十洲安瀾千里歷載以來金匱石渠之彥犀鐃隼旗之英彩纓珥筆之豪纛虎雕龍之士視古爲烈于今足驗則何不共補天工於經始徐觀子來之厥成乎伏逢某千壽喬岳一路福星片語仁風神於鞭石渡海半行瑞露勝乎秤木凌雲競捨羣財用垂大利豈必輸伽之懸寶鐸晝須百鬼之工健馱之起浮圖夜助四天之力哉

虔州通天巖募緣疏

粤自大乘西來共仰布金之德玄門中啓競誇鑄鼎之奇况乃地擅孤峰途兼二教白毫熠瀹照寶刹之慈雲紫氣崚嶒裛銅盤之甘露法輪常轉丹室宜新豈可使鷲嶺淒涼湮莊嚴之淨土鸞驂寂寞厭湫隘之頹官也哉通天巖者危跨南虔平臨北嶺峙雙江之上界劃三楚之隩區爾其谷隱重阿麓環黝澗懸崖架閣週石疑垣穿蓀松門遶千盤而直上蔥菁蘿壁鑿徑丈

以潛通般倕遞其雕鎪巨靈神其掌蹠鼇翳則曦暉無色嵌空則洞壑有聲若乃外郭逶迤上方庨豁躡層梯而駭矚循幽廡以迴惶則有石窟莓苔藏阿羅之五百琳宮碶礣奉賢聖於大千飛泉亂法鼓之音空翠逼旃檀之氣至其危橋窈窕削巘嶙峋冀逢姑射之神郎謁玉虛之府心目俱朗形神欲飄鶴髮龍顏恍逍遥而見之霓旌羽盖復軒舉而從之爾乃上接星河下聞雷雨屏横巨嶂練掛長川吸流灌於簾櫳吐

風煙於几席咫尺誠通于帝座蒼茫逈隔乎人寰是以祇樹桃花入林巒而乍現笙吹唄響出竅穴以猶傳境勝天開地靈人聚眞儒學殖墨客詞場莫不灑翰崖端勒詞洞口留奎光於薜荔發墨彩於虹霓者矣然而歲代彌深滄桑能變圯墻墜瓦或侵說法之壇翳葉陳荄容掩棲眞之處大覺之精廬晦混元之義幾亡學士幽人遇登臨而氣短緇衣黃服對梵笈以心傷必使靈神肹蠁之間輒堪妥侑人物攀躋之頃無

愧品題未有不藉喜捨之夙緣竦聿修之重令
而能感曇花之夢衍李樹之傳者也所期羽翼
共成皈依有願雲中雞犬亦從叢桂爲招日域
鸞龍並喜青蓮作相叅福田於初地慧劒終持
得大藥於千秋黃金可化云爾

石室巖募建準提閣放生池疏

原夫石火片光空現刹那之影河沙萬劫同歸
般若之航是以六度標玄濟世首義三禪彙品
助衆得名莫不藉德于布金成功於覆簣者矣

石室巖者霞東勝地唐惠能六祖卓錫處也疊石厜㕒雷電於焉磅礴萬松疎蔚烟霞之所依棲削壁飛泉瀉龍湫于大壑平原返照擲兎魄於前林爾其洞立招提山開精舍不施樑棟天成巧合班輸並建旃檀寶氣光騰舍利挂慈燈於本末如駭奔星振法鼓于天中恍聞鈞樂間誰開士曰樵雲師師夙酣六法早練五門膜拜竭誠寫阿含于千笈閉關息念存真諦於六年遠則結宿支提演明御藏龍鬼天人來聽近則

拮据松嶺肇拓通衢烈風暴雨弗迷用能寂門
遣煩延于德衆闢慧門于兹土非仍白馬之稱
叅彼岸于羣生更顯赤烏之歲莊嚴香阜高俯
諸天窣窸叢林僅量十笏尚缺準提之閣未築
放生之池則何以廣不殺之真乘表護法之妙
道乎夫黃蘗建寺曾傳井出之材慧安乞園頓
感木流之夢矧諸檀越寧愛金錢倘使志類度
杯事殊捨宅銅花玉稻同集福于宰官甘露慈
雲總皈依于聖教拯大千之世界並登大願之

船捎芥子于須彌永往極樂之國云爾

重修雲居巖募緣疏

原夫長者布金建祗園之精舍仙人影石造離越之伽藍故知晝水電光百歲等刹那之幻須彌芥子一簣成大地之功欲修妙覺宜發眞慈雲居巖者漳南勝地迤靑丘六六之峰引靈源三三之曲崇阿盤鬱烏兎之所蔽虧古木蒼茫雲霞於焉結宿則有薙茅開士拓宇高禪繇

憲廟　武廟　永陵以來有普明達明了

空之蹟爾其名緣象取景與天成大士跏坐于
高岡童子現叅于前阜虎知聽法頑點石之生
公鯉並朝天比成丹之仙侶臺崚嶒而眺海洞
窅窱以嘘雲朶朶青蓮吐瑤芬於金界瀼瀼甘
露墜玉液於銀床法鼓錚鍧寶幢縹緲心燈意
蘂疑輝天女之花璧月珠星偏映如來之鏡龍
鬼總而胥聽人天合以凝祥居士宰官詞人韵
客莫不躡丹崖而舒嘯摩蒼蘚以留題者矣然
而世代滋遐莊嚴或圮琳宫翬棟猶隣尺五之

天苔瓦頹檐應拚丈六之相臨經行而咸歎依穆卜以鼎興琉璃之飾將加瓶鉢之資巳匱儻能隨捐四寶用阜七財割難捨之愛河便登彼岸聳薄施之情岳即是旃檀故寺重修福巳聞於二梵勝緣共獎覺實超於三乘並蔭法雲同盟定水謹疏

開元寺閲大藏經募緣疏引

是緣之募則以展藏故展藏亦空門内事募者何則以開元故開元向未有藏今有則集衆閲

之人祇響應四方來觀比及三年食之者衆則
何無募也如何而人祇響應四方來觀則以樵
雲師故師祝髮開元棲寂石室餐霞宿露以啓
山林洞中寫經數大部一字一膜拜者若而年
會三山支提初頒 御藏赴閱三年始行脚
南北謁普陀五臺諸蹟到輒聚其侶與其檀越
又數年游秣陵謁誌公于鍾山購南大藏其徒
印天掛瓢四千里從之一時京華宰官善信樂
助之得全部歸置于茲寺不忘夙志也夫眞如

之教因果之說姑不具論即開元山阿秀敞自
唐宋以來明皇像太宗仁宗宸翰不得與咸通
塔景祐鐘並存又　定陵孝養賜藏多及郡
國茲僻在海隅好古者俱歎缺陷而今莊嚴寶
笈得未曾有並生歡喜豈惟七財昔永樂中寺
僧本源戒行精專後結菴青龍山　御札降
徵今戒行如師棲巖止寺有此盛事亦可克踵
宗風掩映名刹者矣雖復猛炭銷穹積水沉地
豈有磨焉凡我衆識勿謂貲大移山入芥勿謂

捐小一簣成山是隨願力即大佛力念之哉

南山寺募建鐘鼓樓門廊緣引

鎮離明而拱漳郡者爲南山之崇福寺寺剏於乾德淳祐香燈薰祝租賦輸王　昭代不絕然廢興之跡可得而言也嘉靖丙午之火旋以莊嚴隆慶庚午之修益復淨勝萬曆丁未左像放光晶彩煥爛數年而法堂成又數年而石佛堂成且寶殿之鐘背已啞然自放光以後錚鈎如故種種靈異豈非佛力之無邊故來檀施之妙覺

敷顧鯨牢杵月未挂危臺鼇華鳴雷尚虧僧榭
廊廡未拓何緜羅漢置身門址久荒猶見金剛
努目茲者丈六鼎新人秪觀應住僧某議與前
緒度費三千先與諸衲計租捐貲可數百緡又
有結緣居士翊善宰官隆崇三寶隨捨七財昔
惠響崑山現神工於雪裏黃蘗廣教募異木於
井中聰茲靈感咸緜至誠僧宜勉之阿含有言
能補理故寺是謂二梵之福道以人弘緣則有
濟凡我同人能無意乎檀越勉之

長泰縣重建艮巖寺募緣引

自鶴林既邈鹿苑猶期莫不有繇思典緣華從鼎藉布金於祇園競流銀於寶殿矣艮巖寺者在泰董鳳山之麓永徽肇建妙相莊嚴又有董鳳真人嘗以藥石療人祈霖輒應并祠其中蓋古刹也舊有田千畝以爲祝 聖歲祀之需比招提漸圮阡陌凋於閭右遂至禋禳與緇流爭粒夫誰祝萬年衍象教而令淨土蔚爲灌莽永淪墮耶前明府姑蘇吳公愀然爲興復計允

衲子請以授佃之貲濟之事未竟以遷秩行今
署篆段使君惠政之餘爲檀越宰官更於寺田
量增其費而鼎興之鳩工伊始德衆廣延矣而
屬予一言予因有憶于古牧民者之以此道造
福也陸馥刺相州而長廣之義標裴休刺宣州
而廣教之化普今俾珠林繼拓而貝葉常傳披
葵心於北嚮而灑甘露於南陬公之功德不亦
偉哉又聞之經云佛說四梵福若能補理故寺
是謂二梵之福倘諸善信有聳聿修之念而結

人天之緣者有感必通厥福自求又何俟予贅

重修玄妙觀募緣引

漳郡治之內有玄妙觀肇自唐代與開元並峙化人之所居也迨宋大中祥符間爲祝釐之所壇宇稱盛　明興二氏之教取足羽翼吾道故觀置道紀司受爵一級而前楹祀三淸後祀玉皇左爲文昌祠又左爲澄淸橋御史行臺在焉凡冠裳之所謁接紳衿之所往來視若茇舍匪直以玄教造福吾土爾也歲久將頹苔瓴蠹椽

幾橫神人之恫夫今鷲峰鹿苑幾徧域中緇衣者流粒食檀施而令閬苑瑶池之神不得與西方之聖並享莊嚴豈理之平也哉昔殷仲堪齋于施予而盛供玄門宋徽好道宮觀緜麗改沙門爲羽流至呼曰德士今善信能捨七財共崇三洞俾金堂玉闕無爲滄桑之變而猶龍之教不湮於聖世是亦福田之穮蓘吾道之羽翼也因黄冠某之請而爲論若此

鷄鳴寺募緣引

金陵都城内名勝大觀自清涼鳳臺獅子覆舟不能與雞籠山爭奇襟天闕而枕後湖晉宋以來造寺闢館置苑以禮空王招才俊　高皇帝造浮屠益拓珠林改瘞誌公法函載在祀典像教侈矣然前臨辟雍執經問禮生徒祁祁傍瞻演武谿子巨黍貙劉以時東望則宮殿飛甍千門萬戶北眺則册籍波心梯航萬國　聖作開天豈直為徽福芘民哉亦以樹神京之表觀使西來一途與文武並立而六代風嶽不至

湮莽方爲制度考文之圭耳今吊古之士恨不見梁齊間一瓦一石矧　昭代營置可聽其歲久漸圮耶先是弘治戊申僧德旻募修而大司馬張公鎣倡其施太宰王公僎紀其事今閱百四十餘載復稍就頽而僧持慳復請諸檀施嗟乎金陵繁華無問昔時娑羅門糟醨雜遝蕩滌餘芬布帽豪擲於大道笙簫雜沸於中流者拚其什一佐此大千廣彼福田還我舊觀亦何靳之有願與從周之民好古之士共圖之

威惠廟募緣引

余入漳之三日謁唐侯陳龍湖公之廟召其後人施予之仰而瞻其像貌巍然其英氣靈爽熊熊而魂魂然過而睇其棟宇頽然傾垣墜瓦幾不可棲則爲浩慨久之夫祀典有五公之勞國死事捍災禦患蔑不備焉當百世血食則亦當百世如新傳曰宮室不設不可以祭故武侯在沔陽巷祭野祀習隆爲請立廟矧可立而漸入于圮耶漳人肇於公開闢之烈戴圓履方無一

非公所遺報功之典宜不在武矦下而鞏華鼎新夫豈有愛焉嗟乎今緇黄莊事二氏而宰官士女檀施不訾李樹曇花協人願力琳宫紺宇每徧植於區中則以求福一念勝于報功耳夫福造於冥冥功存於赫赫爲漳人者如念爾祖必有同心者神實有靈何不昭格也因裔孫某之請爲綴數語云

蟫窠集目錄卷之[redacted]

碑記

蟫窠集卷之

龍溪黃以陞孝翼著

碑記

重修西壇太平廟碑

西壇故無別廟太平廟者何祀世所傳五顯靈神者也廟起於萬曆辛丑更於己酉改作者何神自晦而彌彰祀亦自約而加隆也先是庚子歲茂才洪君某夢神降示以欲造福一方民爲太平祝甚悉寤而繪於道傍遠邇詑眞爾時已

禱輒有應赫奕里中矣明年夏父老某輩遂募金錢數十緡塑像建宇榜曰太平南嚮壇道社稷實式臨之盖數年來郡治以西兵燹不加菑癘不作長老子弟所以家享千金人懷鉛槧雍雍乎太平之風者謂非神庥不可耳久之衆以所如其願者自出贏中錢計又數十緡廼更大其廟貌而崇麗可什之七遠邇祈祓肘摩踵接香煙蔽空者視故又不翅什百於是茂才陳君某偕父老某手一小傳謀記於余以塈曰神故

上帝所封五顯靈官者也傳稱報父援母凡三
降生俱能除妖臣國爲百神長其在于今燕齊
吳越之間封祀不絕信非幻說也里中庇庥以
後諸不具論即爲文章效靈孝廉諸生均以先
感其尤赫奕者嚮大疫爲患我人民幾不食新
而里中無少虔劉者誰之力也吾儕豈有愛焉
而不以崇若祀余曰然記不云乎能禦大災捍
大患則祀之書稱柴望詩歌報賽夫田祖百神
無廢禋祀者非以其能造福一方民哉雖今海

内賴　聖天子之靈堯舜在位民無夭札然里社奉祠不領於　天子之祝官者在在不乏則以神人幽顯道存世俗中耳抑余又有說焉卜祟修祀昔人所笑神鑒明德必不福淫爾父老子弟能化善於鄉願忠於國自吉祥也神之聽之何論禱應矣若其明德報功民用以寧是廟祀之修固以愈彰愈隆太平之風神人共圖之余則何能文諸君子再拜曰善請鐫以為之記

郡別駕吳公署糧惠屯德政碑 丁卯

漢晉監郡總錄衆事與二千石別乘宣王化於萬里號爲半刺則一郡機務中分而理非直賊曹之與司戶而已明興治有專司干陬彈壓若徵調租庸者各不相爲如乏員則得兼攝然非有不器之才超軼之識則職司以內且未能勝其任而愉快何問庖代也漳負山襟海蒼巖以西接汀虔蒲葵以南通潮粤圭嶼迤東盡黄如之區萑苻出没特設長吏以譏防奸宄時移駐

於雲霄則牙旗韎韐權與巡方者等至督儲之職一郡之積貯徵輸係焉先是郡衛鼎立軍人屯種輸租則衛弁之司屯者主之後乃以郡督儲董其役則屯之利弊軍之忻戚皆得下詢而上達也錢唐二俞吳公來仕吾郡主于賑民以安堵會糧倅以輸運行公代督儲視屯半載衛將軍石某汪某錄公惠政礱石請言於余曰自使君視事而徵收有法胥無作擾矣支放有期士有宿飽矣憫積逋併徵之苦則定穀值以十

二銖爲一石價平易輸矣卹窮戶借納之艱則
立兩歲帶徵法而盈虛相準輕則易赴軍稱樂
便矣至如麥秋已過早稻未登時維五月室有
九空公預發六七月糧而枵腹者先褰荷戈者
超距矣公所以惠屯不可更僕此其大者以垂
金石不可乎予惟轉饋千鍾不如授田百畝故
兵農合一之說古今扞圉良策無過此者公之
清屯弊沛芳膏正公之所以勤于賑而善厥職
也公自下車嚴盜賊之令行旅衣裝夜聚以付

樊公欝攸爲祟反風滅火種種徽績已在盛漢
間頃海寇窺我東陲公募壯士數百人土著畢
用組練生威防禦益固其在雲霄有闌出接寇
者罪無赦一時郊市晏然臺司二千石倚公如
腹心父老頌公如股足之戴頭顱也夫恤軍所
以弭盜禦暴所以安農公不以一職傳舍又不
以代庖塞責卽其良法可著爲例百世猶將利
賴而歌祝之何但韡韋跗注之君子耶亡論兊
國以金城困羌虜稟祗以許下取中原爲千古

美談即歐陽子之備河東范文正之治陝右皆修舉屯政地以富強彼其人負天下之任大受不器安在其以一屯測公宏猷哉公神識沇邁胸襟曠朗自其尊甫叅知公備兵曹濮碩畫家授已練天下之故故左之右之無所不宜暇則與韵士濡毫灑翰如揮羽扇而躡蠟屐綽有餘閒然非多警之際不足以見設施耳昔龐士元須盤根錯節方能展其驥足王休徵爲徐州值寇盜充斥勵兵討靖民謳海沂之康公以盤錯

別利器海上遂康公輔可期鼎鐘待勒諸將軍

毋董董誦德屯務爲矣

龍溪邑侯李公生祠碑　丙寅

明府如穀李公涖龍邑之一年邑之人樂頌孔

邇亡何擢比部尚書郎以行縉紳父老謀所以

借河内之君而不能攀鍾離之轍而又不能則

搆宇塑像羣而祝之以慰思慕予方北行在道

諸君子以予備載筆椷書遠來命予記之曰自

公之政及瓜懿範芳膏子所目接而身被者此

百世之休也夫予業已詳之大都神明不匱如洪鐘之任叩如止水之隨照如龍泉之縱橫批導而不越窾卻也溫肅坐堂皇不事鉤距闤闠郊郛無一不周悉若所謂耳邊之斷獄戶外之破膽已無遁情分其半畧足了十部案牘其最大者邑苦增餉則爲曲處毋以時斯累作息項穡事不登穀價如金則爲平糴令豪右不得以奇贏自封立法開賑全活數萬口邑故近海年來島外未靖黠徒多私糴外市爲姦公曰是空

吾庚以資敵糧也稽艅艎之往來關出者無赦
計閱月之間學使者以程材至廷尉郎以恤獄
至御史臺及觀察使以按部至以防海至公心
晝口授吏腕欲脫諸務改觀咸歎令君賢其不
畏彊禦有弗若于化爲害馬者斥去上報輒伏
其辜貴豪歛手焉接諸生以義論文一再覆以
盡其技俊髦頡露他事不問矣郡治故有閘渠
通舟可備蓄洩自居人架築久堙監司議疏復
以免壅氣輿人文公步履相度爲畚鍤先洋洋

乎鄒令之績也它如石燕不飛則甘霖應禱鬱攸爲祟則滅火反風庶幾白鹿嘉禾之祥公之政具是矣夫此班班堪述者在虞廷三載考績其猶病諸而公以浹歲得之朞月可幾神明不匱宜乎公之繫人思也管夷吾有言摽然若秋雲蕩乎如流水使人思之思之則欲其長撫我必不得已像形於上歲時率子弟拜祝猶之乎宇下也昔畏壘致祝於庚桑九眞敬祀於任延沔池刻像於李翁彼皆在事久生而享之公以

及瓜繫人思卓越前徽矣祠在芝山下景朱書
院之旁考亭氏嘗治吾土後人思之所繇名也
厥後黄直卿之理學文丞相之正氣刻祀于此
邇又有王中丞祠中丞者舊令龍溪曾爲比部
郎後開府重臨吾邑亦猶并州肥鄉之思耳公
豈有意乎抑予文有説焉祝君者祝其多男子
公有子相繼登第方令東莞政聲相接也人謂
公有傳氏治縣譜夕垣侍從之間卜爲同朝盛
事矣公諱某字伯可别號如穀姑蘇人萬曆巳

孝進士

開元寺新建義倉公署碑 辛酉

漳開元在芝山之麓琳宫軒麗郡邑臣虎拜萬年之所上爲紫陽北溪書院左正氣街祠文丞相黄勉齋夫固諸儒瞻依官司至止匪直以象教爲黔首造福也東隙地皆博士家别業總户如榭燈火熒熒比於宵星萬曆年季黠衲賈禍遂墟其廬慘於祖龍之燼尋以町疃靡辨私爲釋子宫矣憂世者謂淪于僧亡寧歸于官官將

富民而設教者也傳侯自澄邑而漳以經術施
治庋亟追之不若陰返之陰返之不若明正之
檄上中丞王公建義倉餘豉置公署闢門於正
氣之途緇流不得溷趨云諸生訢訢請頌於予
予惟井田學校古今首經子弟田疇原非兩事
故捄荒莫如積貯造士莫如倡學侯之制斯地
也反異端於方爣振元氣於將頹德莫大焉曩
陽九之運斗米百錢民有菜色儒者之災適值
此時今　冲主當陽仁侯翼運歲豐而弦誦

不穀髦士薪檟便當有應聲氣而龍虎者矣漢
承鼐熘之後叔孫禮樂貴重朝廷氣數之輿夫
豈偶然嗟乎今宰官紳紱喜談空寂夫慧業淨
土何碍進修第恐藏拙玄宗逃虛提徑爲瞿曇
氏所笑如鄭令之擲大巫隆興守之溺淫僧乃
儒中良吏釋家忠臣不識有當於侯否諸生曰
姑舍是侯闢異主盟吾儕欲以紫陽之澤爲庚
桑之祝茲頌其詹詹焉爾侯諱某字某臨川人
萬曆癸丑進士

朱明府重修文廟碑 己未

漢興以來羽翼聖教修黌序而興人文者若常袞之觀察文蜀郡任武威之牧守爛焉紀載以視邑大夫則不數何寥寥也邑大夫以撫字黎民爲政亡論錢穀簿書案頭旁午即十奇三異亦只以其仁明爲令譽其於尊師重道不槩少見豈政與教有軒輊歟彼其時學校無額官令兼其職朝廷之上所責成者亦惟是農桑錢穀獄訟爲課最耳夫素王廟貌萬禩常尊明自張

文忠定祀禮而師道巋然在王侯上州邑誰敢褻越焉第傳舍其官者宮室之美猶故無所事改觀矣巖山氣龍嵸發爲文明浦背山襟海梁峰之所蟠結靈潮之所吐納其人物甲于閩南柰何令宣聖殿宇日就傾圮朱侯下車有事於廟仰視宫牆徘徊而不能去慨乎若有所失也用捐清俸鳩工庀材不數月而堂廡欞欒朱丹黝堊煥然一新博士率弟子員肅雍瞻拜以時講習于堂咸曰此先聖之靈而我侯之致也豈

乎禮不行于朝廷則州邑耳古天子入太學之
禮皮弁祭菜宵雅肄三入學鼓篋渭水之詩曰
載色載笑匪怒伊教而濟濟髦士當年猶可想
見今辟雍之内　鑾蹕稀音所尊師重道以
廣棫樸之化者非邑大夫而誰侯之修學宮以
勵多士異時造于鄉而升于朝歌振鷺而詠魚
藻者皆子衿也可謂常公之後歷千載而有矣
閩人世世尸祝與宣聖之宫並傳不獨紀載青
史爾矣侯諱某字某檇李人丙辰進士因系以

銘

銘曰闕里有檜幹葉逾新剏伊漳海鄒魯率循我侯戾止芾藻與芹丹頀有赫鼓鐘於倫炫熿數仞肹蠁靈禋有德有造多士彬彬

沈大參惠鄉鹽議碑

國家設六轉運以鹽筴佐大農閩居其一而漳瀕海諸邑不與焉瀕海之坭漉滷水曝烈日中自相貿易意周禮所謂盬鹽者其來舊矣泰邑負山阻海厥田下中厥賦上上食鹽不鬻於縣

官良以試役既繁藉此紓諸君吾子也繇宋而來一切軍興或議榷鹺而蒞茲郡者訪於賢士大夫謂鬻鹽無幾而黠徒爲姦徵擾追呼利一害百不如聽民自爲貿易便先後見於汪御史澈朱元晦趙伯逿俞亨宗趙以夫所爲疏議中嗟乎鄉有利病長吏何能周知長吏奉公裕國以多輸爲能士大夫不言則剝膚之痛且民情易駭殊可隱憂亦非所以愛長吏也大參任庵沈公敭歷中外所在有赫赫名尤有去後思里

所稱賢士大夫者乎非公事不一至偃室每有
因華披心而告長吏改容受之如畢父之魴漢
陽之孩雉抱嬰皆其與長吏相成而福吾土者
也其最著莫如止榷鹽萬曆辛亥縣少年牟利
上其事于郡守吳興閔公下邑議邑人洶洶莫
詮公時以秀州理讀禮歸亟白其害于閔公事
遂寢而縣少年未已也天啓壬戌復假餉議力
倖前說郡守西蜀杜公方仰屋而慨即涓滴可
議時公白南司稾使至邑人

公來吾儕再有天矣公與大
人豫章令來反覆申解猶未可得再四面陳至
謂善爲政者因之而巳郡守幡然而議復寢父
老子弟勒頌袁侯欲並頌公公循牆而走曰侯
之功也毋以予故而分德于長吏第民食必視
公又近十載礱石志頌而不可辭徵言于余余
惟因之一字爲政者之鍼砭而笵鉶也曹相國
治依鄭侯吏有言事輒以醇酒沃之桑弘羊劉
晏之徒興利可以濟公家而無補虛耗亦咎于

厥躬泰邑垂三百年蚩蚩貿易諸君吾子不見吏征遥呇斷畦未聞追擾一旦無病而呻借公以逞迫繹騷蔓延豈有窮耶漢文學議蠲鹽筴有云李梅實多者必衰新穀熟者舊穀虧此猶寒暑之催晝夜之代民安無事而可生若事耶藉士大夫不言遂著爲例武安如斗大賦巳繁而征不[illegible]計日蹙朝夕洶洶豈忍言哉故知[illegible]元公之[illegible]千村留膏髓爲百禩計治安而仁[illegible]取重吐納中機亦胡容易[illegible]

十二

節愛經綸匡贊唐虞之治下

如是觀　左券矣若閔公之調民情壯公之

能聽善與公令自足不朽非敢復贅大叅諱某

字應尹萬曆丁未進士

蟫窠集卷之[redacted]目錄

儷體

序

蟫窠集卷之六

龍溪黄以周孝翼著

序 儷體

九日病起郊舍懷友詩序 乙巳

素秋欲杪玄露將凝風飌飋以裂腮氣憭慄其入慢欲尋同人之侶尚阻無妄之憂況茲尫羸瘦削之形膚現其骨攣曲佝僂之[illegible]頤隱於臍門外水車偏入臥痾之耳溪邊月杵史淄沉痼之腸寤寐[illegible]必報以九日寧不

彷徨然起[illegible]膢之句而自
痊讀草檄之章而立愈者也爾乃籬菊葉衰以
猶放盆蘭莖晚而弘開笑非人之人疎奚止逾
月訝賓客之不至亦已多時酌茅柴之杯未適
藥餌之口懸茱萸之佩遂興杖屨之思嗟乎懷
友能不依依愁予疑是渺渺陶元亮之興詎限
于觴盃萬年之狂何知一帽將誰與扶節躡屐
挈榼攜筒陟彼巀嶭之岡瞰乎漭沆之野乎然
而執袪遊詠僕雖病而未能分袂别離人空思

而不見適聽焉顧云何其盱若夫思人滋深殘
軀既倦愛吾廬而憩息勝朋偕以登臨半壁松
聲恍聞嵓石之溜一簷桂味渾疑薜荔之香夜
度疎鐘夢居禪室曉開眞誥身在丹房矧宅近
青山草木之容不改門臨綠澗泉石之疾奚移
倘我友時來主人多暇循三徑則筠篁簇密坐
一榻則筍茹薦芳斯士衡有招隱之詩太白得
留醉之句聊逍遥乎容與胡惆悵而獨悲文生
於情愁醫以[illegible]
蹟蟬休霜篤一

蟬窠集　二

葉之扁舟[illegible]秋興而作賦敢效安仁之詞對節會而慨傷莫同子建之酌

春日鄭簡愚招訪舊妓有感詩序 丙午

繁花夢斷羸薄倖於十年湘水魂飛尚遥行乎千里況乃綺羅興悲於白紵歌舞用盡其黄金怨王孫之不游恐美人之遲暮別離久矣感慨繫之余友簡愚鄭君隱士高襟學子真於谷口神妃委佩承交甫於江濵晉市遊來曾聞遺帽茂陵病後偏好當壚因訪忘年之歡遂尋昔日

之美妖娆弱態雖作捧心減瘦容光那堪羞面青春歸去悵攜手之無人緑葉陰成見垂枝之有子淚沿紅粉還記繫舟之時水濺羅裙誰知行雨之處嗟乎芳菲易度盛勝難留經終古而常然諒無愁而不盡宫雲擾擾莫辨阿房之容河水湛湛空奏咸陽之曲豈直情因感發抑且與盡悲生是以僕本恨人追歎懷春之約詩以言志敢同好色之編

贈[illegible]君序 丙午

海上滋蘭[illegible]千[illegible]晼月中傳桂子初馥於
三秋座開黃菊之尊人呈紫薇之萼況梁山發
祥於天監聳出雲霄吳氏肇德於有周奕光日
月詩書禮樂燕翼貽克肖之徽紳笏箕裘貂冠
纘觸邪之美觀察公七葉之駿望快覩典文中
書君八代之鴻猷當看踵武序維𨃍火嶽迺降
申天駟見而覽揆長庚夢以兆吉非飛來之玉
燕詎驗禎符必天上之石麟方知早鑑宣武則
試啼可辨公間則因充得名固已顯上帝之篤

生協同人之有慶者矣若夫奕世無忝于先有光他日同升明時共贊有勞　帝問羡此子之鳳毛競洽朝歌慕君家之麟趾則桑蓬鼎象而幼志用規戈組豫占而壯懷悉露旣奏五雲之樂可無四始之章

雙庚麒瑞贈鄭觀察誕兒詩序 庚戌

成周申伯巨獄值其降神聖帝軒轅在囿徵其仁瑞況乃名取物假生與義同有道符於至人于嗟歌其公姓誕厥美者鄭使君乎君人中稱

哲物類方靈熊軾夙庇于東甌鷹冠俄制乎兩
越狐狸莫問會傳部洛之風猛獸當前詎畏乎
吳之謅衣冠伯仲兼諸馬之五常丘索箕裘識
名駒之千里然而大夫之宗有貳畢氏之後其
昌藍圃則厥種必隹圖源則其生自潤月維南
吕日逢丄章太師纔中於吹銅卜士遂及於懸
矢且當庚戌之歲有合宣尼類彼丁卯之生爰
命同子乃藉繫紱之義聿書告閭之文攷廣雅
之所褒信茲物之可比何則不履蟲而折草仁

也不羣居而旅行義也步規還矩得禮之宜焉擇土處翔洒智之象焉爾乃壯鳴游聖秋音養綏五行稟其粹精四靈歸其不狘唯至郊而驗之視則明而禮則修故升階而咳之記有成而欽有帥可謂謀深燕翼志切鴻圖者矣載徵昔賢秖笑固陋犬子聞乎司馬蟣蝨著于衞侯令尹識異于於菟文子汚稱乎史狗咸貽玷於羣輩孰表禎於斯符若夫朱芾嗣徽青藍式穀適緇衣之館卿勞繼周垩通德之門儒業隆漢天

祿藜杖古子駿重光國史蘭臺紹阿彪而逾顯則赤松三卷仍應問麟之奇而青蓮萬言猶協長庚之夢豈慚卿而漸長將難弟以難兄又何必慕公閒之稱方標厚社辨成季之手肇嘉名哉瞻吐氣於食牛均知英愧揮毫於編虎共播清歌用代寶誌之摩效終童之對云爾孔子以庚戌年庚子日生有紱麟之瑞鄭仲子適同其生因名曰麒同社爲雙庚麒瑞卷

送江友人歸溫陵詩卷序 丁未

江山助興子長所以壯遊離別銷魂文通猶之

寄恨若夫鄉關故在景物奚殊三秋將歸僇、慄悲於臨水一日不見懷思重于采蕭人之情歟文斯生也予友溫陵江君逸情雲上俠骨霜寒結構棲山獨挹清源之勝駕帆渡海曾廓羅浮之觀泉石深其膏肓軒裳等之草芥已而情馳京國路出閩甌看劍豐城斗牛之光未息扣舷檇李水犀之氣還新六代風烟偏多弔想五陵裘馬亦足相憐可謂吾黨驅交中原濟具者矣爾乃擔簦霞嶺胥纜渟濱頓杖頭之方饒任展

齒之爲折墨池藻畹訪我鴻儒洒肆倡家雜彼
蕩子揚心非白時閱解嘲隹編阮眼逢青擬成
把臂夙約或半偈印月神游伏虎之巖或長謳
遏雲響窮放鶴之洞旣酬地主復荅山靈兼以
技學蔡琴藝精嵇鍛解衣盤薄之狀援筆佯顛
之餘蕭王孫咫尺山湖詎擅梁軸李丞相雕鏤
蝌蚪願學秦符是以求志比于伐檀招隱歌其
叢桂然而刀環旣動襟袂遂分未盡齒牙之知
忽嗟口腹之累雖縈情于桑梓亦惆戀乎墉麃

傷如之何望然而去爾其微霜欲結漫雲稀開蜩抱葉而無聲馬嘶風而不進贈無芍藥數故土之非遥感盡蒹葭歎伊人之已逴是行也侯迎則裾仍曳婦見則舌尚存一諾黄金誰重楚間季布三冬青史豈復吳下阿蒙婚嫁畢而五嶽爲躋臥游樂而四壁皆響知去住之何定信離合之有緣於是競效操觚用同賸牽留玉音於空谷聊賦白駒騰紙價於三都或衛玄晏

張大夫挽詩有序 己酉

桑田變海大地有缺陷之期桃李成蹊生人盡
同哀之感故百六陽九運時窮乎高良而入斗
半千才偏妬于造物維張大夫中原傲吏巨國
名公招隱躭叢桂之章讀騷抱澧蘭之想東山
賭墅望頻切乎蒼生北海開尊座罔遺乎白屋
得趣則花籌酒算怡情故吮墨舐毫昔我先君
嘗稱國士唯予小子復托通家纔傷吾父之無
年忽痛伊公之逐日羌逝彼以不顧遂棄予其
如遺嗚呼蓬蒿淒涼空存仲蔚之宅竹林蕭散

誰過黃公之壚蠹魚畫走乎牙籤鼯鼠宵啼其泉隧天不可問命也如何況徵往聞尤深來感祁奚請老方舉子以昭賢敬仲將終猶論臣而獻替豈可使奄然薪盡寂爾煙銷歎黍離者徒憐榱桷之新悼人亡者共悲邦國之瘁也哉是以歌以當哭爰續招魂僕本恨人亦賦思舊雖砥節勵行莫表有道之碑而心照神交奚慚安仁之誄

寄懷陳孟進詩序 己酉

粤江懸望寶氣盡乎東南閩海相思佳音傳共下上情尤鍾于願見樂莫過于新知余友孟進陳君叔寶半儀洛市乘車之客長卿詞藻上林奏賦之才結交則膠漆同堅傲世則風流不改寬予敝帚之享謬賞擲金之聲颯落吳江慚所聞之不逮梅開驛路重聯贈之是殷固已指皦日於長存誓青松以不死矣然而舟中弄笛兩慕曠達之名床頭捉刀誰擬英雄之狀高山流水已雅好共知音渭樹江雲秪增悲乎別意想

楊柳之濯濯春事難親待蒹葭之蒼蒼秋期更渺豈可使孟公座滿未逢車轄之投元龍樓高終穩上牀之臥也哉思命駕於千里尚訂良盟感知已於一人猶堪不恨恭疏短引用寄七言遠問加餐念子書之惟素壯懷努力幸君顧之尚青

季夏連日泛舟詩序 壬子

南阪勝郡岐海名區地界甌閩流分交廣亘天舸艦望島夷以氛消臨水樓臺俯人家其景現

環錯珍於橋市估客興歌染毫翰於江皐游人
載詠時維六月客屬五君命李郭之仙舟郎陶
朱之故事鷺洲鳬渚漾廻浪于長帆貝闕鱗宫
射晴嵐于遠刹採菱芡製芰荷涼颸至而火雲
移痌葉驚而秋色動匏樽遥舉更沉李以浮瓜
桂檝輕維亦枕流而漱石旣而薄雷催暝過雨
生寒岸柳號鳴斷鐘聲於浦口溪楓飄拂撲漁
火於渡頭或怨我友將離或悵懷人不至對夕
陽而無色感逝川以多思雖愁緒之將來尚興

餘之未盡爾其夜來叩枻晨起揚舲羣鵶散於
平林獨鶴翔乎野岫扶桑日出月窮砥柱之遥
碣石潮升胸括滄洲之闊踔六鰲之成陸半是
青田盱孤虹之横江平分碧海奇峰蝍暈而落
浸遠水層波以接天若乃鱸魚將肥村酤正熟
舍筏近岸躡屐登山訪子晉於中霄侯洪厓於
石榻舒嘯則虛巖雷響長謳則萬壑雲凝及夫
濠濮凄清岡巒蓊鬱月明澗底霞映松梢貽珮
江濱逢虞氏之神女楊袿波上聘魏家之才人

崖影迴窗俱入行雲之夢灘聲過棹若奏流水之音逍遥澹以忘歸徘徊留而不去嗚呼向長五嶽尚戀婚嫁之情嚴子入州未協游觀之願剡溪自處予終所以見嗤破浪興言元幹因之托志山川接而不暇丘壑置或非宜信寤寐其在阿豈膏肓於空谷於是詞源峽倒舌湧濤生滔滔遲旣返之期眇眇增愁予之望記邂逅於幾日兼葭已蒼留姓名於千秋山河不異

送李中甫之潮陽訪潘明府詩序　壬子

盖聞草　水變衰慨遠行于僇慄杕杜睆實感思女之傷悲若乃嚴霜更寒長日將至問魚歌於瘴海楓落菊殘動驪唱於江關僕痡馬縮則中甫李君此行也君學行淵源衣冠弓冶家稱萬石猶傳策馬之風鯖讓五侯夙擅登龍之望子衿與規於弱齒鳴鳥佽聞公車屢辟于頻年寘鴻尚漸揮翰則雲蒸霞蔚要盟則皦日青霜凡在同人之交俱叶中孚之雅顧乃千里稽駕一夜刹舟忽貽南浦之傷遂有潮陽之役此地鳳

棲鱷化風氣闢以恢宏豹變龍光人文紛其翕熻靈潮吐納三江混合以滔流紫霧卷舒五嶺斜横而隱現君既胸苞天際跡半域中將廣陵白馬之濤同觀而五湖鴟夷之艇並載矣矧臨邛犢鼻不靡當壚之歡安邑豬肝奚憂逆旅之累詞壇幟建前矛犄角之材侯國騎迎僂轡聘睞之狀豈作賦窮鳥幸元叔之千羊而達問壺蘆嗟士衡之入洛也哉瞻衣帶之近曾不崇朝訊刀頭之期日爲改歲于是言以當帛餞而載

歌看花河陽須憶故園寒落折梅驛路毋忘海外春來

張凱甫鱗角初編序 庚申

周家奕葉公族著于詠歌漢室尚賢帝賚同於研緒況乃人稱重器慧號絕倫鼠獄雞碑正值易齠之令騶牙豹騀偏高舞勺之年雅叶八音義深四始在吾同里有張凱甫焉素纂嗣徽丹鉛遜志自其王父登材大夫詩書貽厥若太丘之有羣尊公紹和先生翰墨重光如叔皮之有

固君神涵淵鏡秋積縹緗辨渭水之七車記河東之三篋稗官野說採入經厨蠹簡豕訛訂歸武庫登山臨水撫綠綺以陶情酌醴焚枯探錦囊而得句理已叩夫玄牝道實振於黃初類竹絲之近自然如汾射之不可即臬其發硎之什響奏牛刀取乎博物之精編名麟角播諸清廟可一唱而三歎懸彼國門易千金於隻字昔二張之賦席犬式颺庭訓之芬孝穆之稱石麟良叶方外之賞謬招駿骨輒溷蠹聲覆綦似進於

石公紙價豈關乎皇甫文爲國瑞宜從軒囿之
游幼姪　廷徵好聽雍祠之對云爾

陶徑百詠序　辛亥

自餐英、南楚騷人寄寥落之情對酌東籬達士
托曠朗之趣月令則黃華有紀爾雅則治蘠攸
稱名種實多徵詠蓋尠有泉君子爲蔡伯陽質
擅孤芳材殊衆卉大輪山下不蔽風雨之居小
酉穴中幾經晦明之業羞澀悲其長鋏陸離好
此芳紉揮管生花紛紅葩之狎獵杜門著草夢

白鳳以騫騰同三徑之未荒慭九日之歡飲點綴分乎數本構思運乎百編聲出球琳象合丹碧昔鍾會凝霜之賦駱丞月雨之章未有若斯詠之取材特宏得趣滋永者也紫莖翠葉流出南陽之甘雲布星羅品重上林之貴何必近穪隱逸徒爲籬下棄置之資高語飛升仍傳域中腰眇之術哉宜播清歌於越女曲叶宫商用布弘寶於通都色煇琥琰云爾

仲冬郊居社集詩序 辛亥

鶗鴂應時呂紀有麴蘖之事蟋蟀催歲唐風興六燕飲之歌筵臨碧落之墟人萃黃初之彥負郭窮巷雖之項田心遠地偏猶喧車馬亭雲冐棟霏雪飄檽木落而丹葉留粧嵐開而青峰若揖燕函荊幹上方經世之材楚豔吳趍南國傾城之曲雅分伯仲酒號聖賢晚茗烹於藥鑪寒花落乎棊局松石相賞禽魚自親雛鳳吹於中堂澗號竹響鷩鴉羣于遠浦野渡人行既而紫氣凝霜皙星照夜箏絃迭奏觴政繁興窮寃有遺

簪之歡溫恭無罵坐之虐或紅綃並響情逐楚岫之雲或畫舫綈纚與披剡溪之雪咸莫不敷敭六義商榷千秋問子墨於梁園托西山與汲冢矣嗟乎伐木戒于失德斷金比其同心爰氣類盈薄衞公之熊席寒盟莫替顧范叔之綈袍庶使日餘三冬共講東方之用星聚百里漫勞太史之占云爾

高師鼎璧觀居詩集序 癸丑

晉室豪華洛中之音莫振西園公子鄴下之作

空傳栢梁邈哉蘭亭已矣古十九首徒擬枚叟之裁詩三百篇誰述尼父之意余友高師鼎氏翩翩佳氣娓娓修能好爵願和於鶴鳴學詩先聞於鯉對自其先太史朝憲先生倚相白珩之國本丘索以對揚嚴助承明之盧兼文辭而侍從皇猷黼黻嗣世箕裘君不厭雕蟲正當舞象金馬石渠之秘頻恣搜尋景龍大曆以前時繁摹擬用能南金東箭掩羣美而遐騫楚些吳歈繼于秋之盛響吾社數子君家二難佳或東西

異頭座則少長咸集仲旣騁騆驪于秇圃左從
右横君廼陳鉦鼓于騷壇前矛後勁字瑩奎璧
氣挾風霜月夕煙朝爰寫灘㴬之趣撫今弔古
聊紀堁堳之懷惟天授之竒材故日新而富有
矧家傳載筆業擅操觚記事記言之勲猶存手
澤肯堂肯構之念永切孝思則有遷繼談而重
光彪得固而益顯㬎劉家之子駿續裴氏之龍
駒五葉不得獨美於應門三世無以專稱于崔
姓豈可使朱絃疏越莫奏明堂白雪清音同歌

下里也哉是以編多勵志說可解頋客非不章秪看國門之貴名慚皇甫奚增賦草之輝

贈謝比部日可先生序 壬子

夫賈生歎息人上每重保傅之司長孺戇直大臣有輔少主之器然而長沙外屈史或短其術疎淮陽棄居帝實譏其學寡博陸不通伊訓故有大事之疑蘇威頗涉孝經猶諳治國之旨是以佐命經綸之臣必資好古碩大之英煨燼亡秦受書之老足賴談詞移晉擊楫之勛猶存況

乃世值右文　后能從諫屈平辭令豈終汨
渚之勞人任座直言待見中山之上客予於曰
可先生見之矣公文章豹蔚爵糸蟬聯燕臺築
金渡江無雙之士漢印如斗河内萬石之門並
聲稱於白眉亦從容於粉署佐司寇之刑典肺
石無冤持廷尉之公平盜環不問時憂國本頻
犯顔而免冠既正朝綱即引身而解綬衣裳顛
倒應致感於晨風蹭蹬安施竟欣歌於鴻鵠遂
使鶴鳴于野善訓妙於陳辭　龍飛在天明

時備其利見雖賜環未迴夫襆被而書績巳重于旂常爾乃一代詞宗五嶽游況傾瀉則江河瀝液揮攄則雲漢昭回春草夢中同康樂之好句青荷池上接玄暉之芳筵絲竹東山難忘捉鼻樽罍北海常慰論心玄亭之載酒彌多絳帳之傳經不少斯亦足以鋪張禮樂獻酬山川不必賦乞長門之錢詞矜明光之草者也嗟乎懸韜待警葺檻旌賢東海逐夫幸韜略之克壯菑川病老仍經術之見徵察丙相之奇能綏于公

之厚祉則素絲有委蛇之節赤舄有碩膚之容佐令甲其逾新耄由庚之得道豈小草遠志耽不出以自高而叢桂山幽淹久留而莫與哉僕棄繻未就曳華徒悲遙慕清光近迎紫氣喜承玄晏耤牙齒乎君家竊附緇衣瞻股肱於

皇室心乎愛矣言以贈之

虞德孺洞宫游草序 壬子

漸水望無諸之道距三千里而遥幔亭傳太姥之名第十六洞稱最非饒濟勝莫侶煙霞未免

倅情鮮談風雅故雖與繇人助然亦地以人靈
吳越虞德孺茂才者孝友博物君子也逍遥仙
胄肅肅靈根夢吞三爻學窺二酉白華朱萼曾
續廣微之編絳雪黃芽夙契伯陽之旨家嘗鶩
嶺門對江潮秦皇登望之墟漢世明聖之渚爰
趍齊魯遂浮江淮廣陵二十四橋歌繁上國阿
育千八百寺蹟半南朝荒蘚殘花感隋樓而愴
弔巍檜古栢過闕里以徘徊岱麓鳴鷄指危峰
之日觀吳門辨馬眺疋練於霞霄薊北燕市之

間時聞擊筑雲中鴈門之邈更賦鼓鐃既而陟匡廬游夢澤皈依開士之法邂逅化人之居固已恍惚仙蹤棲遲樂土者矣迺詢赤城之籍特訪武夷之眞曾孫之會鄉人魏王之祈霖雨情性自合形神相親則有山名綠屋以玲瓏水遶丹崖而詰屈雲棧則摩空鑿谷壑舟則沿瀨在山玉女雲鬟窺鏡臺而窈窕大王虹蔦撫劍石以嵯峨屬時同游爲謝北部或吸茗服木沆瀣滌其胸襟或染碑題莓煙嵐浮乎杖屨敷茲雅

韻酬彼神冥得玄圃之夜光採秇林之秋實昔康樂之曲笠短屐尚乏朋交虞卿之蹻屩擔簦未聞詞賦以君作者足不孤焉是以白蓮之社宏開紫芝之侶畢聚詞人學士交倒屣而皆忘茂松清泉時對酌而成賞既辭控鶴之址來泛游龍之溪顧我闔閭出其琬琰唱和益振編什逾新可使六六之峰同眼界之寥豁三三之曲擬情思之淵泓也已嗟乎孫綽天台欲歸無而化有尚平五嶽將齊死以如生惟靈境之不迷

信羣眞之有約宇宙如故山何人而不登陵谷
幾遷世誰言之能朽聊因佳製敬綴詹言君逵
念夫高恢典歌嚶鳥余欣逢於若士深愧壤蟲
寤寐靈都或起凌雲之氣購傳緗帙還驚擲地
之聲

壽宗恭戎詩序 壬子

羲易演貞師中三命之錫箕疇作範壽先五福
之休况乃中吕應乾朱明啓夏長陽之所生也
萬物由茲假焉秉帷幄之餘閑逢旗鈴之誕瑞

將軍博雅題武庫於南陬司命昭回煥文昌於
上府維我驃騎太倉宗公文學起家韜鈐登第
因律制陣闡子長之精傳審敵占風同師曠之
妙識楓天稟地三才象其機旋剛日柔辰兩儀
神其符遁淮濆之師如虎蟠谿之夢非彲祭戟
江南跗注之色日核烽燉塞上笳角之音夜銷
霸圖存吳越之交星軍仍習王氣亘秦淮之道
龍甲惟揚固已炳幕府之丹青躋壽域於蒼赤
矣屬建牙岐海寢羽轅門細柳風蕭纊挾熊羆

之伍長波月靜鐃震鯨鯢之氛軍士願同仇兮
島夷維其喙矣時無受脤出車之役每有敦詩
說禮之風堂上兕觥宴將軍之揖客階前虎戟
迓學士之詞宗追古名賢徵今盛美仁善退讓
者猶無稱於大夫敦厚少文者竟不悅夫說士
至景宗見奇於梁主三韵猶傳輔伯聲重於隋
臣四始俱識校籍麟殿偏聞鷙擊之材著義象
經不廢鷹揚之任雖當世之卓爾尤方斯而蔑
如是以文武憲乎萬邦安危係於九鼎折衝樽

組夢寐華胥丞相多謀傳黃老之輿訣留侯違俗受赤松以長生嶽維降申月初臨巳南山之什同詠北海之尊弘開蕩蕩涼薰葱蒨如何之樹陶陶永日瀲灧若木之花公方海上閱戎舟中受祉解輕裘而東緩帶揮白羽而側綸巾軺酊恣其酡顏汪洋呀其頫矚指扶桑於天外應憑弓劍之雄對蓬萊於水中疑獻岡陵之祝矧百年纔半五袠未週伯玉將爲知非尼父待其學易覯茲嘉會寔叶休明夫伊呂畢召古稱帝

師之老也絳灌張趙吏紀將位之長也若乃衛霍夙戚鉞以登壇荀王少緋金而開府有如公者可謂兼之至其七萃雲屯戊巳之尉並頌四方日靖甲子之享彌新國倚公爲長城勿事行枚之擾　帝曰戎有良翰永慰拊髀之思朝丹暮霞蜃蛤吐有無之狀春蒐冬狩騶虞呈仁壽之禎旣司慶于三軍可無陳平六義是用述所聞見播之詠歌少裨雎鳩或增辟畢之重東方青鳥聊比滑稽之占云爾

蟫窠集卷之[redacted]目錄

序一

韓與仲感春詩序

鄭肇中詩集序

馮啓明集序

吳楙平農詞序

蟫窠集卷之[redacted]

龍溪黃以陞孝翼著

序一

隋朝文集序 甲子

文至梁而豔靡極矣隋承書厄之後經籍半存胡風既變文教稍弘其間作者帝廣之外剩裁斷簡堪哀成帙者僅盧薛牛李四家又不能得十之三要亦齊周之餘馥而唐室之濫觴也燕公所謂才難不其然乎嘗論其人煬帝後淫無

度土木干戈方士之舉無不窮所欲而興學求
賢諸詔何爾雅近古也豈理不勝欲才足飾非
歟然世所述者政在靡靡而不在此薛司隸清
新絕倫而以空梁燕泥見忌敗煬帝之重柳䛒
文非潤色不出則非盡薛之不善韜晦也毋亦
揚州之隙久不能忘乎其推許龍門有功未學
何可泯之盧武陽峭儁評者居于薛李之右而
輕傲屯蹇乃其自取至人主有難爲君之諭又
不能作林下立卒得考終幸也李公輔之英靈

綸誥多出其手秪以全宇文爭鄉正忤時而最後以取地及加父官蒙譴幾不免虎口非悉緣厥罪其爲文典而醇頗象其人至夫禮樂稽古龍見鴻儀身名雙泰彬彬文質之風吾于牛氏三徘徊焉張紹和分代纂成總之曰隋朝文集而周中丞仲先爲刻之于白下因論其世與諸人遇合之數如左若文品之造詣則有公之題辭余何能知

何少司空鏡山集序 辛未

司空稚孝先生以紀年名集則有萬曆正續集天啓崇禎等集數百卷行于世矣茲掌南邦土都人士請合刻于金陵以貴通國傳百世殊甚盛舉而總曰鏡山集以里居撰述處也命序于以陞陞少也賤又不文然先生之弘奬後進不允辭則拜言曰文章之道昉於天故德言與功鼎峙人間而亦昉於天天不言以清虛覆幬爲德以雲漢星斗爲文以寒燠不爽雨露雷霆振作萬物爲功而體其道惟孔子子以其躬行爲

德繫易論語爲言刪述作春秋爲功豈待用我卻萊兵歸鄆讙後哉繼是惟孟氏而竟以百家爭勝若存若亡至揚雄而孟氏始尊今讀七篇而有德之言行仁闢邪何非功焉先生學孔孟者也志潔行方不嘵嘵于擁皐引朋人羣宗之謫居廿餘載劀彩鏡山餽無儲而術無衣鴈贄盈門就立言一事其解經說書原本心性折衷諸儒其作當代　帝諭臣紀有名山記修七閩山川文獻有閩書大義凜然志固已不在小

技矣今讀其詩若文萬曆以前熊熊魂魂天啓以後粹精不露化乎道矣嘗慨修詞有二塗擘帨者以藻蒨騁長講理者以迂緩寡色先生之詩融鑄六朝駕王岑而躋陶韋七言歌行悲壯渾雄則昔之青蓮今之崆峒也大都文闡經指關世教緯有菁華若誌傳紀錄則斷斷遷固范劉荀袁間又非唐以下諸儒所能及也先生一日問予陞曰吾於明作家何所擬予擬以王關中唐毘陵而先生頷之又歎然曰吾該博不如

成都楊文憲愼遇吳興朱相國謂歷記載
高廟以試事殺劉三吾何先生辨其謬不穀心
疑之偶在秘閣得殘編於架上朿葦毿毿也閱
爲三吾集共一統賦在　建文時稱述
太祖高皇帝則三吾且耆碩於三朝先生之該
博相國心服之矣茀姑舍是請進而擬之韓公
可乎退之推孟氏不在禹下而尼山益尊其詩
歌各體與原道原性諸編何彬彬也至贊淮蔡
之必平解成德之叛帥雖不盡用而文人之功

立矣先生郎儀曹時糾石司馬東封平秀吉卒以辱國起卿列時建夷倡獗議且寘遼陽而急守廣寧人或以爲迂頃之廣寧併失請誅督撫之先逃者先生每言皆驗具集中時不能用然功等昌黎矣謂大儒短經世吾不信也然較韓亦有異同退之以師道自任晨炊不給館穀常十數人此與鏡山何異先生勲光祿苦并變甘與惡溪之徒妖何異兩公有子象賢取科第同獨先生生平困躓不通長安片楮視三上書何

若兩公再任侍郎同而先生以素清受　主

知未艾也然從韓後進有張籍李漢輩皆垂名

以陞甲甲無足倫視李漢之序韓集又不知何

若矣

謝兆甫集序 丁卯

非馬齋集昔者吾友謝兆甫氏自署其立言之業許子問甫已題而行之矣比棄予輩之十年令子子及裒其遺編合刻之而命黃子以陞敘之以陞曰嗟乎此兆甫氏之長生而吾黨之交

譜也嘉隆以來尊公觀察與盧希稷建幟閩漳
時兆甫未生萬曆中禊霞社盛興輅思諸名碩
大振鉦鼓而兆甫繼其後勁又數年而後社作
予輩稱四子而兆甫實負前茅又數年而兆甫
棄予輩逝矣計自弱冠追古僅十五年所耳其
間佔嗶經藝臥病呻嘷與夫選伎徵歌梏輪投
轄者各居其半而兆甫所唫譔已如干言則不
得以年域之也兆甫意氣非人間有其高曠似
傲其沉深似禪情之所投流連申旦興之所盡

我醉且去書竄混濛詞耽徐庾所裁諸體從獨

繭而抽精覺芊眠而綺合每奏一篇則予輩思

輟筆云是其天根迥異不鏤自雕抑家風默接

氷水而青藍耶與予輩交見紆紳被褐作平等

觀而獨憤激於儒冠之未稅以大施其藻繢屢

嗥未售埋玉掩鋩則兆甫之僅如干言不能不

歎於無年也然兆甫幼善病使從弱冠賫志則

亦無望言之多如此也兆甫與幼玄在窮交相

善嘗自序云天帝怒而盡削天下之籍則幼玄

與我俱長生二曜何以不晦冥七政何以不顛
紊華嶽黃河何以不頹壞而上流也此其語近
任然巳深此道爲無涯之生矣昔宗子相有言
天不生此道則鳳凰不必鳴岐周而麒麟爲檮
杌其說與兆甫合知言哉而俱享齡三十六子
相又乏胤不若謝家之寶樹也王謝子弟古多
曠朗僧達玄暉同此曆祚秪今千年下拾一篇
如鴻寶而兆甫得以如千言行也誰謂非長生
哉

姚仲宣汗漫游草序 丁卯

曩予再入都，與東海諸名下游，則大小馮君爲最早。嗣姚子雲常過從，連宵刻燭，因附襟契。子雲有弟仲宣，詫爲家寶，亦得握手，望之知爲韵士。比南歸五六載，小馮君爾發令潮之揭，距予居四百里，稽呂之駕，仲宣與予在焉。仲宣出其歷游草，則瀛海以北，瀟湘以南，及諸近製具備，編名汗漫。予受而篝燈旅舍，光怪吐作萬狀矣。嘗緬慨建安王仲宣之與君略同者三，不同者三王能辨覆棊局暗誦道旁碑君之才敏同王與應劉陳徐公讌能使輦車飛盖赫奕鄴中君與伯氏名游同王倒屣於中郎至云書籍當以相與君之見重同王貌寢而君清朗一不同王躁率蒙譏而君恬雅二不同王歷落不遇依荆州登樓咸歎而君方挾策北征思雄飛於天際三不同昔長卿慕藺名曰相如許暹慕子淵字曰顏回君與粲同字而有三不同願勿學之矣若茲草之縱橫悲壯濃淡多情不負所游其爲

汗漫也雲將也烏足以窮之試以問君家子雲相期亦如是

鄭謙伯詩草序 壬申

詩非關學子謂斷從帖括中來蓋讀三百篇而六義四始之蘊溫厚和平之音令人觀而悅目聞而解頤思而能通淡而不厭世人腹無全文剽竊自喜如并州人士詩賦佻撆為衆嘲弄而擊牛釃酒招延聲譽近又載鬼說狐之尖之險娉聲嫗聽曰骨曰真袁粲所謂國人飲狂水以

不狂爲狂比比然矣余談詩金陵有年交謙伯最晚初聞其精制義名噪成均耳比以如是園詩見示爲吾社龔司理安冶所定者余復加評閲溫而不迫典而更新喜其盛世之音三百篇之藴也而謙伯幼誦三百足稱嫡派言者心之聲身之華也文中子曰典而深者君子激而冶者小人謙伯内貞外和閎中疏理斯所稱金玉其相者乎余久謝帖括憶在長安魏仲雪先生望衡對宇倡酬無暇日中夜得一韵起蹴𥨊頭

扣扉取火索和去又再和使往來如織今與謙伯僑寓相近愧年來懶廢詩筒久疎也仲雪每談詩若文謬許余有本掌銓南中時稱謙伯高足余謂如是園之詩有本者亦如是矣與仲雪質之

張勗之蔚園集序 庚午

文章之道發於性靈蘊於山川故有光怪靈變之境乃有奇峭俶詭之材如雲夢七澤之有屈宋唐景劒閣玉壘之有長卿執戟三江五湖之

有虞顧二陸會稽始安之有王謝諸昆也非惟地能重人亦地以人重矣吾漳西南崇阜最高大者曰平和之大峰跨閩廣望滄溟其巖洞幽怪莫可名狀山之麓曰馬堂張氏人以爲太守實鍾其靈余曰然未也太守有子曰昺之生時二千石老矣趨庭日少人見其清癯都雅不知其潛精穮蓘也初試博士郎冠其曹偶人知其爲博士家言不知其畢力千秋詩禰三唐而文祖漢魏也今鼎食之家鮮克遜志亡論豪者鄉

雉韝鷹安陵史妠㤥者王籌和癖甘爲檻羊郎以雅尚自命躡高齒屐憑斑絲隱囊握玉柄麈尾一遇談古稱詩則欠伸假寐耳昜之已盡祛塵態胸懷散朗搆山樓於松岵之間以志瞻慕篝燈卒業夜分不勌傍闢蔚園蓬蒿雜滿時有高朋非若董董巍劉者每斷霞新月花晨池午合杯啜茗頃刻數篇品既高華致復洶湧如乘黄千里而不可捕捉也試拚紙尾以示人人必曰是其才氣迅往睥睨羣倫者而豈知其恂若

處子虛若谿谷其悟入更深神理自裕乎盖與
余輩顔光衷家㓜玄爲明道交爲經世學人或
未能盡知斯又洗馬有羸秀之評留矦有綽約
之疑也意大峰靈通之竒嘘噏降申於君家耶
然余猶有恨焉吳越舟車輻湊一經品題培塿
增價吾郡僻在海濵山如許大不得附圖經與
諸名勝稱郛莒隱現固有時耳昔謝靈運游山
挾數百人人疑作賊浙以東搜陟無遺而大小
龍湫未及標置後始知名今海濵久耀文明勝

流躋陟安知大峰之名不與洞天福地分席也夫勗之之價亦如是山矣

蔚園集雅序 庚午

昔兔園授簡而枚馬作西園飛盖而徐劉興聲氣之感复乎尚矣彼以王孫招賢宜無不應張仲蔚蓬蒿沒人所與往還未聞其交似隘然千載下猶存晤賞今張君勗之以蔚名園也亦有取於蓬蒿之意乎而所與往還甚多徵詠成帙是何園不及梁鄴而客過之人未遜仲蔚而文

過之宜昜之之不忍棄置茲雅也昜之贏秀若
處子勿論讀中憲父書卽南山一片地松梅幾
百株構樓其畔池上清暉篁間返照以至月吐
四更潮升遠海所得良深又性好客韻人相過
無間緋袍碎衲酒半闌唫刻燭擊鉢卽授簡飛
盖勝會堪擬儘不負翩翩而欲仲蔚自命故知
昜之之進乎道也廣以收之精以核之其到者
爲昭華之刻次者亦爲它山之礪茲集雅行而
遠方之朋將爲幽谷之嚶乎余自五岳歸倦栖

半畝復爲城市所夥燦楷無情慮恐蓬蒿蒙請勗之方在霧隱已多長者游行當虎視中原江山好友不知幾𣿰緘縢也經國大業後來部令差不落莫矣

袁奕慎燕閒四解序 庚午

先生予父執也少受業其門所爲追古之業有韵之章多從指授三十年來軋軋南北詢先生動履則牢騷悲寂之況居多最後乃出其燕閒四解示予其說似諧大都莊生尺鷃之喻淳于

大鳥之諷知先生之寓言深也先生幼承家學所與論交如高朝憲太史吳士升儀部一時名輩無不以雲騤相期乃老而歷落不遇造物者亦苦矣夫巢許可侶便已糞土夔龍燕雀安知鴻鵠之志哉或睨之如蜾蠃螟蛉或嗤之爲欄羊圈虎丈夫固不以彼易此今讀先生之解其有醒世之思耶然造物之遇先生亦太酷矣有子二人勝衣而殤鄭氏壻才士上公車而逝幾與蔡中郎白蘇州同悲即商瞿之後有待而先

生不朽之言已彌千世矣昔趙元叔善傲鴈門太守謝而不得見其後獲盭作窮鳥賦以感知已何酸楚也先生雖不遇而坦度靈襟每重于時蔡侍御梅巖少可一世而極推許先生欲爲玆編玄晏未成而物化今以屬予予則何敢阿但孝標敬通未免三同不能不致慨於先生之遇爲詮敘若此至於組繡之工取材之富比興之奇可以解嘲可以戲賓未暇論也先生長予逾二紀予顛毛種種矣不學無成而先生方寢

懷鉛槧其論著不止此曹公所以心服于袁伯業也諸後生觀此何如

稚安弟詩集序 庚午

文章之道可以齊物可以論世可以百年於一瞬可以四海於一堂古人談友鄉國以極天下況家有千里儷景傳聲堪閱之乎稚安介弟吾家千里也自阿翁大令與先君子鴈行予方齠齓戲前覓棗栗兩人故器予但以長能應舉相期耳先君旋背而大令晚厭亂越二十年予已

敝屣浮榮一意修古所游頗多大父行大令時
治居巢予北渡江弔亞父而訪公瑾因過署中
稚安亦髮垂額弄蠟鳳階前也吾兩人驩然道
故爲喜可見亦以應舉期稚安未嘗及古文辭
相許也又十餘年則稚安已名噪諸生風流豪
雋更屈首稽古吟咏自怡也間與其同社分席
對壘辭意泉涌再讀笥中草游覽荅贈寄情言
志泠泠乎清音矯矯乎逸氣也稚安春秋鼎盛
能以昨日繁華歸之泡沫折節力學又從吾友

顔聘君問道括羽鏃厲所入深矣何直雕繢之工也夫予老與稚安鴈行廻憶曩時死生離合枯菀夙莫之感闊若山河而此道恒存歲寒終托豈非文章獨契今古父不能必之子而奕世不孤耶若稚安應舉之技足荷堂構匪予所論矣昔王謝諸昆炫尚相高互相標品就中亦多爭忌至家公未知癡叔見問不無擀名之過今得稚安無雙江夏抵譽白眉四海可揚百年如晝唱予和女不知歲之邁矣

鐵劃上人游草序 庚午

余征途既老卜居於城南十里嘗過張昴之山樓昴之故多韶秀稱詩其中有鐵劃上人者服儒服誦儒言心竊異之既與刻燭徵吟佳句紛綸越旬餘以一帙示余則近訪勝平和之大峰山道上口古可百首者也上人出樵川曾客金陵過潮陽往來吳越間所著詠良多茲直論其近者其神情所至景態橫生不似人間來耶又絕無緇流菜根餕氣嘗歎此道有兩不易婆羅

門名利生活胸棘胃塵都無清韵難在虛一逃
世外寄跡竺乾絕根洙泗不免飣餖影響率口
虛空難在實上人嗜古博綜以及蝌蚪鐘彝豐
枝有本明鏡無塵憑虛撫實宜其言之文而行
之遠也昔吾友千公其學閎深其意超曠其辭
奇崛而古雅余每謂千公之才當爲世用如世
祖勸惠休入仕官至從事昌黎勸浪仙應舉官
至叅軍嘗以說千公而千公比我文蚨之脩令
見上人亦肘咼之以此進可乎然賈以敲推取

重後世李洞孫晟像而事之非以叅軍也上人將有大峰之居此處高可望海洞壑煙泉猨狖松桂足供嘯詠世有重鐵劃者于騎貴人屛騶相訪又恐訝我饒舌也

林仲漁七游草序 辛未

語曰予其齒者去其角天生才人必有缺陷顛頓流落不偶以堅其骨煉其氣而大舒其言故韓非揚雄吃而說難與法言傳孫子臏習鑿齒躄而兵法與春秋行自昔然矣仲漁吃不能道

辭又躄且折一臂以左腕書書輒佳小而蠅頭大而方丈有姿力可愛游徧七州交知亦徧七州而所爲詩清逸絕倫多警句有一種山花澤癯窮探獨往之致嘗慨游客呈詠非以風雅爲羔鴈筌肉俗韵餖飣雷同即學險喪步淪墜惡聲使人閱不能半眼倦氣嗌每讀仲漁詩諷誦點頭泠泠然善也把玩不釋宜其頰下羊舌之堂而倒陳留之縰也仲漁久寓白下貧故士常乃更有缺陷者中郎有女文姬白傅有女金蟾

仲漁尠焉若與近世太初次棲並觀嗟乎山河有盡日月常鮮此天所以厚才君而詩益工也

崔季璋不灼草序 癸酉

予庚午春鬱攸爲祟小樓延燬萬卷都盡災梨之業無遺從友人覓藁本纖如殘葉寶如寸金比遇崔季璋於白門兩人窮交相善玄理無華又相得也因讀季璋所爲詩若賦所見又過所聞亡何其客舍燬僅以身免而所爲詩若賦自署曰不灼集取譚景升入火不灼之義問序于

子予爲輾然何兩人同病之奇也昔梁伯鸞不因人熱乃自不戒燼同舍生之廬願以身償而焦孝然隱潤州江上漁火侵廬遂以露宿古人之立志可念也文章本於性靈與大運終始斯猶未喪祝融亦柰之何隋人謂書有數厄秦燔以後一蕩於新莽再蕩於獻帝之播遷又再蕩於湘東王繹而經典詩史昭回雲漢尚歸然也季璋壯之以窮故其言益工如此篇之清奇馴雅家若木已品之固未暇論焉

張行秘待選草序 辛未

古今才人韵士多從流寓而文益工何者勝水佳山有情多助擔簦躡屩間關易慼丈夫桑蓬四射何能跼蹐向兒女子牽衣哺縻以比於轅駒檻羊也金陵六朝故地江左僑客王謝之外如衛叔寶周彦倫輩莫不依其山川晤賞成趣著之詠歌有繇來矣余友行秘生長莆中薄九漈智泉不足漱也南游成均瓢樂其風土卜居於長干里日與蕭寺韵禪談空覓句而南中鉅

公及四方知名士交造請戶限爲刓其爲詩若文自抒清眞不與人同生活大都以簡勁爲骨溫厚爲情駸駸乎元和之音江山之助也而自署其集曰待選夫文當自知後世誰能定者昔陳思巳先言之寸心苟愜地負海涵名山待藏國門堪榜誰能爲行秘選者雖然行秘尚有以逢世者廟堂典制須大手筆後出愈奇則茲集又在選中耳

高楚白詩集序 辛未

余每過三山與徐興公高景倩林異卿輩爲布衣社諸君或善書或善畫爲余言兼之者有高楚白顧其人喜游未晤也余再客金陵而楚白自皖渡江來訪出其畫及書贄余而以近詩相質其畫進乎技矣詩復清婉有韻雲烟錯落是亦詩中有畫也余嘗評楚白畫居第一詩居第二書居第三夫詩品第二尚有進幾焉吾鄉少司空樨孝先生好士士至者無不介一言玄晏如昔之元美本寧也楚白詩亦喜兼善而欲序

之會得　請還山匆匆不及爲而楚白命余是以黄土代赭也世得無笑楚白癡絶而㽕嗜耶

吳拙孩游草序

詩從興生古人江山之助皆言興也然國風閨婦矢口成章不必與變雅征夫同其游行則興亦不在此故知風氣所催如候蟲時鳥促之輒鳴詩至于今則薾矣行脚者拾瀋以爲贄鶩固不足論守株者目不見異物形不接生人丘井爾汝之間而欲以發揮六義盪違性情難矣張

曲江曰學者嘗想胸吞雲夢澤筆湧若耶溪文可浩瀚吳立夫曰胸中無萬卷書眼底無天下奇山水縱詩亦兒女語耳予鄉吳拙孩生長海上之鷺門靈潮吐納胸中已無塵土氣嘗爲大將軍揖客說劒談詩意况迥別又能作神鬼佛道相筆與顧虎頭吳道子爭奇昔恨未游耳今至金陵囊中得詩一帙大都登陟雖少而舉目江山獲交知名士政足舒其懷抱故其詩清而醇高而不追至詠物酬和彌見其長假令拙孩

足與心副再竟芒鞖之興翰飛紙落霞蔚雲蒸寧止此耶余老而倦游憶鷺門有池直夫筆鋒理窟避之三舍今得拙孩興趣又復助予會見其愈遠愈工毋徒以顧吳之技掩其詩也

趙轄侯連城園集序

語云豐滿鼎盛人之所欲也而入文詞則可憎窮愁鬱壹人之所惡也而入文詞則可喜又云愁苦之言易工此語覺有酸氣果爾則屈平虞卿之外無文而西園公子華林羣彥烏衣俊昆

振響于載耶孔明南陽有桑八百株出而建奇勳王仲淹居河汾有先人之敝廬足以蔽風雨薄田足以供饘粥處而樂吾道皆非甕牖子況擊鐘食客循牆承家不鏤自雕有得于文詞之先者乎輯侯席先觀察之遺有孟嘗平原之資沖然自歛彼其陂池臺榭之觀較書司香之侍何不快心而屈項修古焦唇撚鬚爲詩若文酣暢經史祖述風人是亦翩翩中之領袖也集以園名園以連城名夫連城壁爲君家故物以相

如重司馬長卿慕相如取其名而以文詞著輯侯將謁帝奏賦凌雲周旋鷄樹間其價不止十五城而園之鶴怨草萋萋矣將無有憶故園作愁語耶

韓煦仲感春詩序

感春之詩肇於豳風倉庚之鳴女心傷悲至采薇之什楊栁依依先王以體悉人情作其忠愛之心何温然也其次莫如騷騷不言春而集衆芳江蘺杜蘅留夷揭車惟恐遲暮靈修美人未

嘗不在念裔是而降華林樂游之作曲阿修禊之讌臨春結綺之裁春水渌波之賦斯靡靡矣羅浮煦仲幼承家學翩翩年少與諸伯仲猶子談詩詩若文乃如干種而以感春示余令附一言夫余悲秋人也蟄蟲候鳥久無奮志煦仲方以經學入對　大廷上林長楊其爲春也多矣豈復雲煙花月閨思之足云

鄭肇中詩集序

余家與滎陽氏爲世交自肇中尊公觀察與先

子善文章鳴海内稱輅思先生余少時獲侍爲
忘年交嗣交其季弟刺史瓚思比肇中生余爲
詩及序赴湯餅會觀察快賞甚也時阿兄肇甲
纔角丱頁玄草居未幾何余南北走而肇甲冠
賢書肇中以風雅名諸生間又與余鴈行寄詩
秣陵則清真婉秀芬氣襲人余深喜滎陽氏之
多才不減魏梁父子兄弟間而又歎後來部雋
駸駸驊騮前日新月異人生安得不速老乎憶
萬曆中葉士得踵弇州之門爲登龍輅思爲余

恨不同時猶得親承大泌灊園之教如宗廟尊罍喜覩法物不願操公安景陵之戈也以今追昔肇中幼巳不及趨庭使得獲見數公者矣芭好事暢適不巳甚耶余願肇中尚古爲之論世肇中有南越之行攜以質之有道當有禮樂皆東之許不但以鵾鵠著吟聲也

馮啓明集序 己酉

善乎裴行儉之言曰士先器識而後文藝啓明有焉啓明垂髫都雅即於諸生間著人知其能

制舉義耳不知其能爲古文辭及詩也間以所製古文辭及詩示予知其能爲古文辭及詩耳不知其器識朗達行高一世也盖至與予成莫逆而後知其器識朗達行高一世者也啓明生吾漳稍長隨父客粤尊甫處士慷慨慕義人有來鬻珠者偶遺其一直百金暮夜詢遺主還之其人棄半以謝不受也嘗游燕有所善客卒於燕扶櫬在道不能歸處士傾槖佐之躡屩而返名重齊吳間以故發祥而有啓明踵德而興學

所録成矣啓明年十二時能以桂杏二詠脫父於難爲觀察使君所奇後父復以他累羈於粤啓明修古業稍輟常曰家大人方罹無妄某巳亡暇櫛沐且飯何能藉客卿沾譽也然數年來奔馳兩粤馬首舟次猶可得百編頃一日予見其所作差富顏色怡懌戲之曰子何富而肥笑曰糠覈耳家大人信於知巳矣啓明交道日廣人願一識不啻黃金百斤封侯萬戶顧擇交而好所締結皆四海知名士或甘毳之餘割肉之

遺時時召予飲飲不至醉但令劇談揮毫興盡無歸即別數日便以爲久不見黄生予後先入兩大社衣冠旗幟一時稱雄招啓明不就也諸君子竊窺啓明一斑並謂此間有人胡爲弗得竟固請固辭云蓋啓明恂恂不爲名根確然無欲修其容儀自比於野王兄弟之爲人誠所謂高一世者余輩自失矣集中詩若文俱清新儁麗非復世間餖飣窠障諸君請刻之又復辭予謂論衡誠重與其自秘帷中無寧使人秘帷中

也乃出全帙命予摘之予稍爲編定季緒雖好詆訶不有丁敬禮之不容贊一辭者乎文藝本於器識故佳也因序之

吳㮣平農詞序 庚申

周官三農九農事關王政姬旦豳風之詩體悉田家婦子勤樂之情何纚纚也然公以叔父之親輔相之尊欲幼主知稼穡故爾今 聖明春秋冲盛加意稼穡籍田之典未興輦上貴人未有歌七月以進者而予友吳㮣平氏制農詞

百有二首其叙汗鋤水耨婦饁夫耕農家之勞苦也犁雨簑月伏臘雞黍農家之歡慰也催科里擾東餉添愁剜肉醫瘡農家之憂時也卽以進尚方有當繪圖之切宜無不恤緯之識而楙平嗒然一簮冠耳夫楙平席先司馬之遺不獵榮名著宮詞邊詞各百箴諫畢寓謀野有獲茲又殫心稼穡之難斯其用豈在肉食下語云萬石之農與舜爲友以天下讓之不受楙平巳甘心老農矣

蟫窠集卷之[redacted]目錄

序二

龍溪黄以陞孝翼著

序二

劉氏家譜序

嗚呼余觀劉君所爲譜其家若族未嘗不歎斯編之近正也夫世不知有族者紀乘漫滅名系不彰道路以揖脩主賓故事少者列於長老亡論燕毛矣卽譜牒明顯而骨肉逾疎甚且胡越戈矛利不顧親者有之安在其爲家若族也又

有喜譚鐘簴取古覆今彼見纍若者之甘心於
遠祖耳果爾則屬劉姓者火德以降豐沛以前
何不取班氏書一遵併古陶唐之裔乎嗚呼此
可爲大噱之甚故不若斯編之爲近正也劉先
莆人不可考自嘉定光祐公以避亂徙於漳武
安歷十六代而土著者半郡居者半徙而之泉
兩安者又半蒸蒸哉族姓甲閩中矣簪紳綸錫
代不一再見錢穀玉帛盈虛相轉第其間源泒
有徵戶役有均封塋有載也和德成風家詩書

而戸禮樂以至郡居長者爲周官鄉正受爵一級更相傳代而子孫有聲庠序間人謂劉氏瓜瓞之蔓自十六代伊始而君之譜瞿然有深思焉詮次之後將無有少加長疎間親慶不相聞哭不及哀者乎又無有彊凌弱富欺寡鬩牆不已白刃以視者乎今其譜在其勸懲具在夫豈無愚裔賴前人以免焉則斯編之所存大矣編成命之曰家昔梁武帝問一中土人曰卿北人何故不知有族對曰骨肉易疎不忍言族耳夫

族猶家也兄弟從親猶其家人父子也余知劉
君所爲家若族之意故不辭而爲之序劉君諱
某邑諸生也與余父善

東事議序 辛亥

上卽位之二十有六年平秀吉震異東鄙我艑
艫戟列烽警雜傳當事者憂惶莫何旣而海波
不揚農狎于野雖倭孽自斃然終不敢窺吾閫
者三年計非無以待之余幼時從長老聞平和
有李廷藴茂才在金中丞臺中運籌東南賴之

比得晤先生則巳年逾七十矍鑠有據鞍意恨未能挾策而朝東掃島夷北繫單于頸耳因出東事議一編示余余受而卒業始知公之大有造于東南也夫閩多浙兵而閩浙之兵相依為備故或缺則相借勢不可以越省而庖剏募守天津則市販屠沽輩登舟魂搖以其卒予敵也罷之是其首重在用間閩人通倭者什有一二業知倭有內訌吾假其罰而授其機彼國君臣有貳心矣孫子所謂微乎微乎非聖智不能用

間者也余又嘉防海論以守爲上夫倭不習道里雖獗不敢艤艦登岸居重以禦之絕其輜重而嚴其火攻彼之技窮亦猶虜之習於騎不敢步戰潰於夜擊者也他若急天堂之守重彭湖之鎮除香山之夷販種種切務俱以事大中格至誨子弟寓兵於農誠萬世之畫今日之訏謨也而或以公開納貢之說違制不可夫日本在列宗間一再貢 世廟初尚率而行之今旣無絕之實而徒有絕之名何爲者藉令制不可

權變何北虜自　成祖　英宗已赫然怒
之而今猶未能絕之哉此公之所以運籌無遺
策也初中丞及俞觀察優禮時諸將軍貴人驃
騎以下交以自面易之至欲爲舟公言東有淺
海若而里深丈有六尺難于行驃騎從旁辯之
辭竟屈余猶憶爲鄭輅思先生談淺海輅思爽
然謂備兵婺州時見海舟編竹其下入水僅數
尺公之言信矣當時如郭方伯青螺李中丞孟
誠皆宏奥有經理才亦首肯之嗟乎四方有事

賢者應世而起所以奠磐石而聯國祚非讀書人不可恐豎儒敗事耳如謂謀猷必出於介胄則子房武侯非有蝥弧之勇擊刺之勞也俱爲帝者師又何哉以斯知公之大有造於東南也倭初謂漢兒無計見市夷者實貨統綺悉具遂生戎心所謂奴輩利吾財耳聞中國有人即喙而遁去縱其死於彼國非我有以摧其鋒乎于罕之却荆兵晏嬰之服晉使皆折衝於兩楹間庶幾似之矣方今序功稍滯邊臣微有怠志語

曰賞不下流罰難上究彼東事之賞尚靳恐備
虜以北爰喪其馬矣有如　當宁問誰靖夷
公以帷幄論勳渭水之夢猶未老也儒者之實
用若此又何讓哉公善易又得長公太常君所
定樂律令以制陣少壯喜游遇異人授陰符六
壬陣法諸書多用意參古兵法今年七千餘猶
以諸生赴公車強健如疇昔云

舟師圖略序　壬子

武舉黃君請予曰其自束髮治儒卽慨然有請

纓志學書不成去而學劒時時慮海上潮汐之
地島夷爲患備之者必利害昭然胸中具有成
圖第有志未逮也庚子之役偏師獲濟乃不能
見竒金榜屈首隊伍羞與絳灌同列則又索然
憊矣然受若職不得怠若事丈夫何處不可自
効倘臺省部使者問某以海上事何辭之與有
乃取海門之礁淺風雨之占候潮汐之往來舟
師之出入輯爲一書書中要害各有圖説他如
器械有稽約束有條練習有法則自有將令在

不載是編余閲而奇之夫吾閩南隣粤北界浙東直通登萊三方雄據以備一奴何恃而不得濱海之地所寨碁置一夫歲且繳食縣官乃不能出一奇以佐石畫徒食肉馳馬左旋右抽而已不則耗軍需以肥妻子兵食愈以不足縣官亦何賴若曹爲設有不測之患其誰支之又不可謂隱憂之過也子之深心於要害也不負請纓疇昔矣雖然變化之妙存乎一心制勝機宜不可局擬經所謂將所自出爲奇者豈易言哉

豈易言哉

印約序 辛酉

印之有篆猶人之體貌其鐫刻猶其起居動止也故貌古者神必古弱而熳焉非質矣岣嶁之文怪而詭石鼓之文奇而蝕若泰山李丞相碑則古而新如道學家更自嫵媚惟畫亦然煙雲湖山花卉禽蟲肖貌傳神顧長康之精妙陸探微之遒勁張僧繇之奇偉二閻之輝映各不相爲精此者進乎篆矣杜仲純雅尚好古嗜嫁未

畢欵枕梧園棲彼一枝攻此六體其餘鐘鼎符素之業耽嗜廿載時擕其二子永基永齋授簡課詠淥翰勤珉怡然得也尺縑片楮出珍爲夜光人咸稱三杜一日示其印約摹古證今揮勒如意合體合神使秘是者鐘鼎漢魏無或涸配鐫勒之下又得娓娓公于四方火齊珊瑚與天球赤刀並陳矣夫仲絶誠雅有古人風更具娬媚其畫之體作各臻其致與篆鐫若合符節則進而叩之曰詩之爲道取材欲古得趣欲新君

作自佳何不槩以示人其篆鐫者不爲篆鐫者乎歸以謀二令子何如

硯箋纂序 庚申

友有情者也必詳其品質與其世譜里居研本無情呼爲介友朝夕相摩翰墨結侶煙雲之所蒸蔚文章之所彪煥厥功大矣不知其品質世里可乎帝鴻氏以降銘賦繁興爵號遇錫竟未有攷詳者宋渤海高氏分爲端歙二卷原本而評騭之系以藝文而天下之潤石古瓦片玉澄

況附焉嚮得之李本寧先生與李孝美墨譜云供出焦太史所藏善本歸示君鼎君鼎曰佳矣頗余猶病其端與歛之分而事與物之合也稍爲刪補標置七月而石之源流質之優劣事之典故與夫詞人濡染揭卷畢具君於介友可謂一往有深情矣有謂古人採輯已精亡庸更置夫子長作史本紀世家皆取國策鎔鑄子京永叔作唐書未嘗不甲乙劉煦也作有述之意今不揜古之名則茲纂也直是即墨侯知己渤海

翁忠臣矣君鼎博雅修古家多石渠之笈所誤
訂尚不止此麟角管于闐鐵故當賜予是編藉
以益光歷數百年又出一姓如眉山之寶玉堂
研即謂研世家可也

新安孫氏會約序 丙寅

丙寅夏閏北歸遇新安孫君漢冲德孚於彭城
舟次共載而下盤桓旬餘二君盖操討然之術
慷慨倜儻有儒者風余時病脅病泄多藉調護
更心折焉將渡錢唐不能別去出一篇會約示

余則其族中諸慕義者所訂盟也盟備矣予何
言抑嘗歎四海皆兄弟兄弟亦四海也書稱友
于伐木之詩多及兄弟今以友道睦族如過相
規則怡怡卽切偲也財相通寡取則趙苞之風
多取則管鮑之雅也患相濟以至孤相卹則孟
氏纓冠之誼郈成分宅之仁也王謝子弟各恃
門風楚楚交好至爭名處外人那得知熏灼時
誓墓而不同仕試平心而照冷眼而覷亦何爭
之有二君善矣取友必佳萍水如此葛藟可知

兹約兹說抵陳言耳

史說萱蘇自序 己未

語云皐蘇釋勞萱草忘憂僕本勞人懷此百憂尚論之餘標其相類間以單奇史什之九說什之一或系詹詹時蠲痯痯竟貽未了之業鼠銜窶藪抑又勞矣嗚呼古今如許大同局倍屣謬以一芥欲測須彌見揚子雲位貌秪供醬瓿誰秘帳中萱蘇也糠粺也任其所遇夫予之任遇久矣世有嗜芰者發酉藏示乙庫借我三十車

共成真珠船固所願也

魏氏祖像神筆序 甲戌

人之精誠可以感神靈者宜莫如夢夢則形貌肖焉聲欬通焉又孝子孫欲見其祖父母而不可得不得不托之寫照甚至刻木祀之宋儒謂畫像可廢增減一毫髮便非吾祖父母此迂論也繇是而像可不設乎設之而年代久湮或盗賊水火之不虞展轉號呼不能見祖父之形即佛焉遇方士如李少君任處士者流猶將以非

煌見之此精誠無所用其至耳而予深有感于
魏羽公氏之祖像也羽公至孝自閩遊四方輒
攜像以行以無缺歲時之薦至㵎水而爲胠篋
者取去意皇皇若有失已若而年矣忽一日而
有扶懸筆若紫姑神者爲肖其形衣冠儼若骨
色儼若也羽公大喜過望不似從人間來耶不
與告而運筆巧肖成於無何有之鄉真不從人
間來矣疾趨語予不覺屐及於皇予亦爲之喜
慰不必少君處士之術而獲覩先人於堂寢豈

非精誠上格蒼蒼者特有所畀者哉予故爲之極論如此乃知丁公藤紫石英古爲不誣矣

陽雲樓集序 辛未

詩始關雎葛覃后妃所作黃鳥灌木之景何其覩以深也而歸寧必告師氏後世無女傳諸賢媛詞章皆性情獨流若天授之彤管所記蘇蕙徐淑尚矣如徐悱之妻劉范靜之妻沈又皆琴瑟歡調得風人性情之正而詠歌結撰亦或有切劘焉曩予客鍾離沈叅知署中令子拜牀下

阿女瑜卿才七歲亦執鄭孝經曹論語稱吾師也端莊穎慧許其閨秀無雙正未知天壤間當耦誰即耳旣張勗之爲叅知快壻十五年來嘗以詩若文相質社中予序而行之心喜瑜卿有佳君子又二年於勗之帳中得陽雲樓一帙乃知瑜卿酣嗜詩書游藝藻林所就詞賦清婉而悠長奇峭而溫厚眞勗之之匹也夫以風人之音里婦居多至近世絕尠刻者有范觀察之徐夫人張國博之太夫人黃諫議之沈項兩夫人

茅都護之楊夫人著吳越間何斑斑而吾里則何寥寥也憶廿年前張紹和欲泉清漳韵晼而恨無閨秀今見茲集亦可謂造瑶圃之觴而參玉臺之詠者矣然古今所述多是寄外别離之作曷之方琴瑟在御宅時列公車上計吏如秦嘉妻之策名王府覲國之光寄倩又何如想此時又將賦卷耳葛覃而言告師氏矣

漱芳館初集自序 丁未

予幼學豪少年結客跌宕無不快意已而恥與

多暴同趣逃之於玄如參同象緯諸指稍稍通
之非其好也年十七好古文辭如樂府歌行之
必漢魏也五七言之必建安永和也近體之必
初盛長短篇之必丘明司馬子長也以爲竟學
而厭爲時儒訓詁技不能碎有司又敝帚視之
矣客有儆予舍見所手著而勞之曰噫吾子憊
矣方今招弓若麟角汗簡若牛毛吾子欲以筆
布修作者之業不已難乎予曰夫代馬越禽性
有所戀井鼃夏蟲智有所囿若鴻鵠騏驥當其

羈一笯伏一櫪未嘗不引吭噴沫志九霄而千里也如必策名而後可則河清幾俟眞宰難知槁項蓬窓草本同腐亦可哀已如必知名貴顯而後可則虞卿無窮愁之業董子無下帷之志彼馮氏之鋏毛氏之錐俟生見頷於騎迎穆生隆情於醴設卽亡論立言陳詞以匡王霸無當孰與揣摩抑闔寥寥數編之足自表見哉客曰吾過矣吾子亡其以斯道垂不朽榮名後世耶予曰否否昔人謂文當自得後世誰相知定吾

文者夫今世且不免多口遑恤我後矣客至是拊予背曰唉壯夫不爲也吾子欲見之躬行豈徒以翰墨爲勳績詞賦爲聖賢哉予曰然予學已三變矣君子言欲行其道孔子曰言之無文行之不遠客視吾言將無視吾行乎客去遂持予所爲弱冠稿而付之梓

初近集合刻自序 庚申

黄生曰余十七學古文辭黄口技癢未忍棄寘不忘始也壯覽中區軋軋紀游似我長鬚郵程

視掌詳所至也囊無一文架贏萬卷千駟百城若敝屣也酬荅貴人締交貴人不謁貴人癖至死也仰屋廿載數十萬言瓠負五石觴卮一寸技止此也木公楮生黥而愬于帝帝曰嘻去其角者予其齒汝歸海上被褐之子

谷語師越吟序

詩無僧則俗僧無詩則亦俗故魏處士詩中好用鶴鄭都官詩中愛惹僧誠得能詩之僧又得能詩而不俗之僧結方外侶支許遠陸何多讓

爲吾社長干應公世所稱谷語師也鉢底青蓮詞中白雪智永之鐵限爲刓而不妄定交林公之朱門時詣而不預它事故其爲詩清眞慧巧水流雲去品乃自超曾泛三游禮太岳所題草皆名下鉅公一日過吾浮園以越吟見示爇香朗誦雪梅方霽人鶴雙清若與新詩相爲映帶覺此身在兜率天頂也憶予獲友君之四代師秋園公代有韻事至君六世矣一燈分爲百千六義亦傳爲累葉長干之衲即起雪浪憨山於

雙樹間寧有盛於君家能甚勝君者耶昔莊舄不遇而抒越吟君所至湖山開面衣錫勝緣若樂不同宜其詩之悠然適也夫越有洛伽天台之化城有青田金庭之福地倘再至必窮其巔叅其奥道將日深詎止言詩詎止詩之不俗哉至如古心篤誼盟不替于久要倩爾敦于生死此君之內行未暇兼舉弟與言詩如此應公然予否然則亟以桑落數盃勞我毋令吾攢眉耳

石水師初學草序

長干故不乏韻衲與谷語同起居者又有石水融公云融公生湘東以祝融之嶽爲星上青山泛岷江順流而下居于建業六代煙塵郊南風景收入鉢中所著詩有初學草猶之乎謙讓未遑也嘗慨圓頂方袍者檀施薰心美麗炫餽或空門飽煖虛度一生或當路趨趄枉勞四大郎拾瀋自高亡當也融公恬依淨土柴荊常楗焚香煮茗聞剝啄聲非素心韵人則墻角花陰門前鳳字耳故其詩自抒性靈脫略蹊徑有寒山

之眞而無其俚有浪仙之致而無其瘦蓋淡然無營者天籟自發詞亦無營駸駸乎上乘矣貞觀時懶融師居牛首之南塊處一洞負米足吃勺水足飲今融公名同而無求似之又多韵事豈獻花岩後身耶自君北學而爲詩年少癖詩者未能或之先也昔徐堅以初學名類書取裁殊富且精大都德卲詞卑往往如是以君初學敵彼老宿麈尾散擲政未知誰屈耳子髮種種矣無能爲君作一字師令五體投地敬題數語

而行之

黃氏濟美堂遺藁序

莆黃素稱文獻纓組蟬聯甲第相望其爲海內所誦仰者則以未軒公著而未軒之所獨表者則以直諫著當時與章文懿莊文節羅文毅諸公並稱君子諸公自楓山之外官不過五品皆得美謚則皆以理學兼節義者也未軒學期寡過希蹤顏孟甫官史局意切匡弼其於立身立職之道無愧前喆而易名之典闕焉吾鄉後進

方圖陳請爲中興盛事公之曾孫心蓼君司教
吾渟一日以其所輯濟美堂藁見示則具先世
之懿行巖猷以及名碩所贈言若碑碣諸作予
受而詳攷之乃知黃之先肇自唐世御史滔之
後勳德紹述世有令名簡討公當　文皇訪
落命纂經書性理啓廸居多東鹿公當　英
皇北征虜薄邑城賑饑死守至增秩久任而其
起家安城訓皆深乎學守者而後知貽謀之有
自厚德之流光濟美之盛豈偶然哉昔東京袁

楊累世公輔而世守家風袁不及楊直江夏黄
氏德業輝繼而汝南一布衣師表人倫人以方
之顔子論世者則在此而不在彼也心蓼君行
誼文章造士不減安成訓所得已深以修明未
軒之學而光大之俾世世令名憑以不墜則茲
編也爲黄氏家訓可也爲莆陽文獻可也

楊郡守政紀序

楊使君守漳奏三年最會　鼎湖再升
今主踐祚注精吏治之始績上於　朝民謳于

野渟之薦紳章縫詮述賡歌燦然具矣乃屬詹

詹之言勁其後夫某不敏何所事更喙則惟上

下今古驗氣運於吏治可乎漢循良莫盛神爵

五鳳間吏多鷙烈而次公少卿獨以教化名建

武永平時政用深刻而建初中矯以寬大來暮

之聲傳焉故剛柔相次氣運遞爲轉環先是

神廟初法尚嚴峻頗傷東濕邇來久道化成人

滋玩愒良牧嶶猷若晨出之星使君操何術而

昭令問盖本公孫僑寬猛之法慈和布之也不

礉礉以爲明不汶汶以爲厚不難孫之抱薙之拔犀之燃而神羊之觸也吾漳故考亭遺化士女别于塗家詩戸禮不知何緣目爲嚚訟遂令與孝子孫並寃幽厲自使君治而一意拊循豪貴斂手非理之干郎金張無所骫其法儀秦無所關其舌庶幾政平訟息掄士務眞皆青錢玉筍非所謂平原之無黨而鄒魯之復南耶扶風季長論守宰之忠曰在官惟明涖事惟平立身惟清而歸之豈弟君子使君忠白乃心實兼三

美豈弟之歌有如一日今氣運一新　天子
勵精重賢守以爲吏民之本而瓜期適及徵入
爲卿輔用抒忠藎當悉播嘉績以風有位不堇
堇賜璽及一丈車故事眞應昇平而作之合漳
之大夫士又不知當何如叩閽願借也海上又
跂足望曰自使君治而鯨波淨蜃氣結願建旄
此土以保黃如之界使君豈有意乎編成而或
有告余者老氏有言大德不德使君不自爲德
而子猶沾沾然自附畏壘哉余曰不然虞廷敷

奏若禹治水夔作樂共贊盛美仲尼作春秋至
齊人歸鄆讙龜陰之田尚不嫌自述紀頌之典
以待采風以鑒來世古之道也署紙尾而歸之

郡別駕段公政紀序

古者監郡之職在治中司馬前權與主者衡又
曰半制相助爲理盖重之矣近世各司一事漸
主畫諾居其位者不無磊落牢騷之氣夫士不
黽勉乃公耳果其適往自效則茲職政自佳彼
無專城簿書之煩得以逸其趣而又時攝州邑

之務足以揮其雄迫至官以人重懋績用昭如往史所紀龐士元陳仲舉何多避焉即以司一事較重如大江以北爲農爲屯爲牧爲水利爲河工寄且與監司觀察等刻干掫之任彈壓一方以敉寧我氓庶也吾漳西接虔汀南鄰交廣叢薄溟渤之間奸宄實繁故亡論佐郡理勞息訟安民而春秋以時蒞境上以補守耳目之所不至即百盤錯具是詎淺殖者所能辦乎滇南弱靑叚公以經闈冠軍領茲職三年所矣公豈

以芥蔕其臆而蘧廬其官哉今讀政紀試問三年以來有鼠雀之鬬赤白之丸爲閭里蠧乎有梟雛之擲粉黛之遊爲俠邪蠱乎武安缺則代防海缺則代時建于旟於雲霄亦時榷舶課於圭海總之左方右圓無非勤袵席之惠亟桑土之防也屬萑苻伏海上燬賈人艑當事者檄公寘之理盖先是惡少年通夷爲梗公偵緝之功具在薦剡中以故靡不俛頸輸服而夷氛遂靖依然誦海沂之康焉憶公嘗有事於棘院星往

昃食爲盛典光悉郤常規郡人士猶娓娓稱之至與鴻儒韵士觴咏共娛又似泊乎其吏懷也公嘗歎吾肇基湯沐生長遐疆恨不決昆明之波以清世界而肯以一職自介介也哉今上考功狀若云某職在于趣幸免隕越它有成績亦守之能屬邑諸大夫之力也啓事者將徵入輦轂下世既重公不益重監郡之官耶余不佞莫能頌以是綴簡端當否

陳明府政紀序

政紀之起昉於虞周如車服以庸明試以功課自上者也章甫之誦田疇之歌徵自下者也最切無如邑大夫齊威封卽墨而天下震仲尼觀於蒲而許可由由之治大國亦曰比及三年而以師旅饑饉稱也西京以後謳謡繁興卽爲紀如三異三惠十奇卽爲實必有盤錯煩劇之任一二負卓之行而後播與誦存史籍且不數見今觀邑矦陳公之政紀何犂然備耶公前令栝蒼有聲補吾浦浦之煩劇什倍栝蒼公之爲政

不啻刃之游而車之熟茲績具在其崇文則單父之親賢廉淨則姑臧之不能自潤嚴肅則瑕丘之鷹鳩而虎狸也慈惠則細陽之遺繫明察則洛陽之耳斷興造則肥鄉之學堂館舍與堤橋也項紅夷跳梁鰲門勢頗逼迫尋自徙去則彭子陽之不用大戟長弩也公何以兼萃衆熾亘軼前哲哉紀者志其實也飛蓬之問不在所賓輿人之口不脛而走上國達　眾愿異日侍從之班所爲陳無務而拯時艱猶將執是篇券

之[illegible]傳僧佑子琰歷武康山陰人謂其家有治邑譜公自大父川文章冠海宇展采官尹而公兩治劇如烹鮮豪傑固不可測耳余起家令江南五載倖獲弛擔夙夜捫心無一狀可數乃公之芳巖犁然課在上上不自知其碎舍也宇下搦管謚何敢辭

同安曹明府政紀序

孔門稱牧民之道將以利之故利之道勝去其害焉必窮必力不避嫌怨此神君家法也然仲

尼朞月而可下自鄭僑爲政始疑終信播爲歌謠則可以紀而頌者非績久不可而硎發刃游者其利民可勝述哉今得明府西吳曹公公以名進士肇縮吾邑之綬見豪者之鳥攫黠者之狐假也痛爲湔除不須鉤距而擿伏靡遺暴子弟與猾興胥咸屏跡焉兩造得情金矢寡罰俗之頓改襧襠半銖布帽十萬無復逍遥于市會諸主以文定其甲乙吏丐製以爲楷式每出一義則人人傳誦若崑岑之片玉越海之南車也

間有才而詘於試及誣而中於試者力爲伸之
必得而後已士爭以學行相勵無負作人意當
戎餉久匱征及子錢家邑苦不足而多方設處
公私兩便所最鉅者邑故濵海紅夷披猖之後
土寇據島爲梗當事者議撫稍以寧息而裨卒
啗貲畏禍奉若驕子蓄若養癰輒椎殺焚掠無
無顧忌民亦拘於號令無往愬處公廉其横置
諸法彼即飾控大吏攝吾民公屹不爲動用以
晏堵海上加額曰是其極之鯨鯢之口而内之

廈屋之中也業畏壘祀之而謳詠歸之今考績具在一年之展布種種垂範何論朞月之不可企耶世人委蛇成風見彊直自遂必爲咋舌夫洛陽令之不肯屈項人主至爲優容益昌令之焚征茶詔觀察善爲曲全時論兩韙之今豈少觀察其人以勵風節它日青蒲白馬之間爲

天子定國是以利蒼生茲紀其左券矣

吴明府武安[illegible]序

邑之有大夫豈[illegible]臨氓庶之爲

勝任愉快哉百[illegible]冤待之信上
之御史臺若藩臬[illegible]控必詢下之諸不法
事由邑以聞又非若他司之可以遷移遷委也
故兩造既成片辭九鼎是非之所晰生死之攸
關也衷質鬼神而後言定金石下以此解紛上
以此殿最長百里者安得謂爰草細故乎姑蘇
吳公先令石城有聲復補吾武安所謂輕車熟
路盤錯利罷者耳綰綬以來錢穀軍興百務攸
觀尤於聽訟之際悉從邑之夙弊而更之邑僻

小遐外在漳爲文物繁華之區醇者固多黠者巧者亦比比然往或剝牀膚受指甲肙乙巨猾每容網漏似奸不免株連受賕之胥等于探丸之盜豪大姓既已覘間左爲俎上肉而寠人子挾毒索賴則不介胄之寇耳公洞燭無遺下令犯此者不赦諸輕怨任其自解其有難已之爭積歲之牘一言而決之居間無所受舞文無所施堂皇剖斷伸楮[illegible]素昭然靡不俛頸服者今其草具在[illegible]石堅明

鏡預懸故不疲[illegible]以遷秩

將行父老子弟方[illegible]作寃諸生謀以是重之

梓公逌然曰聽訟吾猶人也余不佞因聽訟而知公深于易也易之訟曰惕中吉惟惕中適不克訟九五尊而訟元吉其尚于正中乎公且飲氷爲惕而正中不爽固已訟息民安宰天下亦如是而一邑也乎哉

蟫窠集卷之[illegible]目録

序三

蟫窠集

送虞德孺歸

碧丹道人加冠

送南司勳侯公擢金衢兵憲序代

蟫窠集卷之[illegible]

龍溪黄以陞孝翼著

序一

贈郭龍湖署龍溪教諭序 丁未

明興開郡國置學校博士多以明經教弟子員明經之於弟子員途相近學優則仕者也歲偕計則又擇諸名孝廉視學校事臺使者得以薦書論最尋赴大宗[illegible]而進　天子更爲拜命或内補或[illegible]也由此

觀之孝廉之於出　陽之博
士龍溪也入對策　一作陳甚稱　上意除
中秘行吾大司成則又視國學事矣於是溫陵
郭公業以經術薦禮闈未果復奉大冢宰牒教
龍溪弟子員則謂年家子以陞曰不佞雅意清
時射策未售先主學校於漳漳吾鄉也日與諸
生盤辟禮容吾懼其易之也且亡與䀹諸生干
托依阿以害學術而負　上意耶予未竟仕
即仕寧願此耶以陞曰公之仕公之所以持世

教而爲學者也夫漳文物踵接無不稱菁莪棫樸之邦者邇來子衿興刺或恣睢鄉曲動恃學校于郡邑長吏如中丞臺若御史臺若監司陳臬學使者知之則檄學博士以報學博士重惜才輒匿之不問矣而中丞臺若御史臺若監司陳臬學使者蒿目已甚則檄一再下且十數下學博士實司教士寧以匿受譴又柰何不問也公至則與諸生約[illegible]恣睢鄉曲以干郡邑者則檄報不以私干御[illegible]于吾文

物則直以郡邑請　　有典行
矣鄉曲細氓無復□□角不平之怨矣譬之枝
心不怨飄瓦即里中豪往往自畏去忍干學校
乎會學使者部漳多所激勊公之諸生不與焉
□詩書而尸禮樂非學也耶是公之所以對學
使者若中丞臺御史臺若監司陳臬者即公之
□□佐薪槱之化而對　上意也他日諸生
從公借討公對策第一　天子嘉與東南
文物問誰司世教我敝邑具以公對大錫予而

任公内補者龍溪基之也公之以孝廉視學掞也詎一學優則仕爾乎蓋公甲午與先君子鄉舉同門雅聞公之德器足風而才名兩稱遂爲陳之如此

贈鄭轄思擢金衢兵憲序 戊申

文章吏治原合爲一窮裕之於家達效之於世經術文辭我輩所藉以經國者在是耳今世人見吾操觚輒移目曰是其白首窮神而無資于用者即服官甚名顯又必曰是非摛藻之所能

最果爾則經術文辭一切不效國家於
輩爲而我輩之必爲國家用何耶余繇是深知
觀察鄭公公今稱備兵使者行矣公初佐尚書
大司農縉算維肅不持府中一錢屬旁調甚急
公歎曰吾不能深陳利害使民困於賦文章所
用謂何乃痛哭危疏　主上不以爲戇予假
里歸歸則與蔣太史徐司馬數君子結社山中
也一時佐命潤飾之臣馮翼孝德之士共圖千
秋非文章盛事哉既起家補處州郡先是郡苦

乏材公至則率丞若令課博士弟子員豪傑頓
興歲偕計得俊士若某冠經闈若某冠禮闈咸
出門下文物爲之改色他如政平訟息治狀非
一即俗患要僻而嘯山聚藪者且遁去閩越境
上亦藉以安文章吏治有一不效耶日奉
璽書按察浙以東諸軍事據浙上游東陽姑蔑
之墟民可鞭箠使獨時時稍防倭方今百粵疆
場頗急　詔下切責部使者以下長吏東南
諸郡二千石應遷者輒寢閣久之獨公奏最當

遷即報可復以東南事委公也余知倭不敢窺
我境上　宵旰無慮矣而未也得賢爲國事
君以人　天子猶賴爾方岳重臣旁蒐得之
二千石能造士部使者不能造士乎部使者不
愚之材青雲之士無不彬彬願爲知名者舍爵
鈐而用章甫公誠無以異于爲處州時而況文
章得人用贊機務又何不效哉然則我輩所藉
以經國者在是耳彼幺魔之徒窮無蘊藉稍遷
一職吏事旁午政卒以胜去即居極要顯不過

徼幸以竊高第之賞載貨入朝而已經術文辭空然無有不爲我輩羞乎余猶幸得與先生稱同年子也後祉嗣起許問甫謝兆甫輩辱公諸弟之雅公守栝時來書主盟期以千秋經國相許余則何能辭盖先生以文章名家叔季並馳簡思徵君瓚思孝廉俱藉甚海内云

送中書舍人行取吳公亮恭還　朝序

萬曆庚戌之秋亮恭吳公年伯復趨　闕還中書省公盖成進士者十六年猶然初署也先

是諫垣缺公當選補壽以使事過里則遭太夫人艱毀瘠久之以陛因得與吾黨士從公談文辭及古今失得也顧時時讀邸報見在廷諸臣疏章稠濁亡當於務而南北人摽黨成風動相掊批公奮然曰吾恨未嘗以言責當一用也而今行矣夫黨之說非國之福亦非縉紳之福且令爲之可令　人主聞哉桓靈之世閹寺爲政扶風汝南之徒職居重不得不危疏排擊以抒其忠誠而疾惡已甚反貽毒螫祚亦愈以淪

夷今亡論　聖明中天非若老婦幼主之朝即內禁中侍有一權倖讒搆如侯覽曹王輩乎羣口積毀大臣圖避彼非有太傅將軍李杜劉范之志不過急功名欲以積薪居上故引繩以飾其智爾設一旦有不測之罪亡不顧惜全軀妻子是戀誰能以身伏節如東京者流哉公誠調度於此夫南之可爲北也猶北之不可爲南也南人風氣柔厚未嘗不嶽嶽北人山川峭峻殊少和平且同寅食祿莫非王臣不以此時修

明庶政深究得失而競抵牾推尊以自爲計縱
辯如穿翟奚益於治世哉公自視豈急功名者
乎釋褐歸娶事觀察公太夫人依依不忍離後
先終孝承明之廬間者闊焉以故十六年爲郎
而今以補言者路寧憂庶政矣方今水旱頻災
軍興未餉　天子崇攝深宫比歲不得一覲
公何以叩閽而陳急務使朋黨雪消弊習一切
洗去以報　天子耶先臣黄文簡金文靖楊
文襄俱以西掖東曹遷召入禁扉内則論思外

則經濟而其勳爛焉公豈有意乎蓋公爲人温
恭天性也弟具正直氣識者謂卿業克紹有爾
祖司徒之風又其文辭雄一世嚮在省中郎周
官所掌策命及三皇五帝之書誠當其任茲謂
及之矣幸盡言責以有竪立毋使人謂吾黨士
摛藻易高也

贈張印梁司勳擢羅定兵憲序 癸酉

國家倣詩書周官之法最重者有無踰官人詰戎
二事自兩都並建內諸選曹黜陟考庸或外擢

爲方岳重臣簡韎韐以固疆圉要必有臧否之
鑒正直渾厚之資而後可以核將吏孚人心留
銓清嚴無事羽儀羣寀優游需久可躋九列不
則待五六稔方出爲藩臬大吏盖重之也今
天子求治甚急宅曹如度支將作多薄譴救過
不暇則取銓郎間有望協而堪分鎮又人與地
相宜者即瓜期尚淺亦得遷而畀之以封疆之
任於是印梁張公未奏三載滿遂奉　璽書
僉粵憲備兵羅定矣公正直渾厚人也余與公

有布衣誼白下聚首見其澄敍簡而不苛弛張宜而不露也飲人以醇而不骫人以法冬日愛而夏日威胸具匡濟領雄藩而能勝任也羅定居端州西偏古瀧水地梁有開陽城危湍峻壁猺獞結聚往往闌入爲患已則返巢穴中不可測

神廟初開郭襄靖公以制府平之置三州邑設治兵憲臣駐其地責綦重矣　天子所以亟拜公者有深意有三利焉公閩人風氣炎燠山川相若不必繪金城之圖而聚新息之

米其利一歸附垂六十年生養休息靜則無事
動則啓戎而公以簡靜和平與之無擾冀渤海
所謂固以安之將以勝之耶其利二除吏與馭
將一耳藻鏡懸空妍媸自別淸通簡要拔十得
五旣可以鑒然明於階下自可以援淮陰於行
間其利三公兼此三利撐西南之半壁邊鄙不
聳琛球來王　帝謂戎有良翰高牙大纛仍
畀兩粤襄靖之勳可嗣響焉斯不亦正直渾厚
之效爲能勝其任哉公在金陵暇與知名韻士

覽勝授簡茲過五羊羅浮星巖之勝桄榔椰子之栖篇詠必富蠻烟淨而瘴雨收亦猶謝太傅在金陵圍碁賭墅制勝於淮淝耳吉甫之詩曰吉甫燕喜曰張仲孝友又曰文武爲憲公今兼之矣因登之組繡以代祝嘏

贈許問甫序 丁未

憶予總角時嘗試有司不利擲帽而歸則許問甫起從旁異之以爲非庸人也而未通名姓亡何予以所驩謝兆甫應禎亦新相知則謂其所

善許生可語夜挾而過予兩人相對愕然因記其所以見予嬾悄狀驢甚無厭各吟一律而去旦日復詣予訪鄭簡思章魁談社事夜飲兆甫所則問甫豪氣縱横執予手曰吾黨無多士遇合爲難俯仰今古安得當吾世而得孝巽其人哉予恂恂遜席者數四矣比以雕撰詩若文一再詣予予讀不能伸舌始知問甫文步西京而五言古詩則學李少卿而近之獨每多憤激之氣盖問甫家貧讀書不視生産屢不喜於父母

室人而技莫授時好又與予同爲世俗所忌則朝夕欣慰可少吾黨二三子哉初簡思兄觀察公者見問甫詩輒擊節也公既結社於前復與二三子訂盟於後以故予瑣尾得從君坫壇云居恒謂閩中僻處海隅大可如箕漳亦大可如斗

明興世不乏士大夫而此道寥寥遂令人謂北地濟南非海上有者自有前社諸君子而漳大六國矣自有二三子振于後而閩大天下矣則可少吾黨二三子哉且吾所以自任者

以此道在天下亦不可少矣亡論二三子貧賤
驕人無功於世即天下而可少此道民何以不
斷髮俗何以不侏離朝何以不無晦朔而治者
而必其章服禮樂書史文字之需則安得蔑視
吾二三子而柰何不憤激於忌之者也今試以
吾黨匹夫與富貴者立則富貴者輕之夫富貴
而可少此道哉易曰大人虎變其文炳也君子
豹變其文蔚也使虎豹而不有其文章不爲犬
羊之鞹乎彼世俗富貴肆其夸毗者不過以多

爲肥家啜取浮名斯稱大業耳不知當其老時其子若孫不善旣已視產於豪一旦宛然捐舘舍沒則已焉寧有片辭施及後世令采風陳俗者之得以想見其遺耶吾黨士蓬蓽而行乎宇宙之間洸洋自適紀載可以彰得失褒誅可以當賞罰逢時有數大用自顯不假南面而千載若存豈可謂無功於世者雖其浮湛於俗貧賤取訾亦曾參所以肘見季路不免於緼袍耳非不齟齬當時而久益著也以貴若彼以道若此

又胡恤乎時忌哉嗚呼人各有志即吾黨士持論過當非沾沾自喜亦不失爲吾黨問甫幸自豪其以予言質之二三子不謂予狂生也凡以不欲爲庸人者爾

贈盧學博署南靖令序 壬子

在周官縣正之任掌其政令而賞罰之爲民師師固欲其教之也然而徵比田賦詞訟職事實繁今令所憂者則又簿書旁午上之臺省監司若諸大吏竿牘爲政下之嗇夫胥隷耳目易淆

銅穴鉅猾胥沽少年動與閭伍阡陌爲害焉至如學校弟子則以委之學博士菁莪薪槱之化世復蔑聞則視令之教民與學校之教分而爲二矣夫誰司師師而俾民與士有二教耶故令之職易效若粵之鏄荆之幹夫人而能爲鏄與幹也以司教者視令事則振鐸製錦裨益實多亦世所希覯焉則惟我清江盧先生先生少舉巍科以經術制治嘗爲令有去後思其於盤根錯節已剸割無餘矣今又自司浦庠而視事南

勝夫浦文物輩興司教者擁皋比諸生執經問業月課卒題所甲乙罷則臥高齋中啖苜蓿爾矣南勝巖邑其地墝埆芟薙林莽賦役徵輸半吾郡先是躪于寇勞于板築疲民無伍輒鳥獸徙士久伏與深今得雋微有興意故由富而教抑又匪易先生至則先教令曰吾豈其以署者事爲蘧廬哉夫教固所以安之也子弟田疇粲然並舉則屬其耆老令約爾諸少六德六行載在章程毋不若于化也進其爲逢掖者曰若非

吾博士弟子乎思芃芃之棫樸毋刺青青之子衿請以其師涖庠者申諸汝庠它如虞芮質成城社屏跡甌窶汚邪之入無困征輸中澤安堵不數朞而絃誦之風睹矣夫此庶績之熙皆先生之所以敷教而爲賢師帥者也稽郡邑學校之制肇自魏唐初嘗與郡邑牧分治宋慶曆始有顓官　國家因之若邑牧缺則博士得代其政盖其重也今先生之政其君子游于菁莪薪槱其小人亦囿于道德齊禮以有成也豈與

學校之教二乎哉兹績報臺省監司諸大吏以聞且膺有顯擢先生行爲　天子溥壽考作人之化不徒擁臯比教浦諸生矣

家幼玄太孺人六十一贈言序丁未

吾宗幼玄兄客漳漳諸薦紳左臂恐後不數日以太孺人覽揆之辰告歸則諸薦紳競以詩若文佐稱觴也乃復徵言於余余不佞知幼玄以文則不得靳數言以慰將母徵從諸贈言中知孺人賢孺人故素家女讀禮知書父最少奇之

度必發祥不妄許人一字既而同里中有黄翁者亦最少儀嫺陳翁奇而許之始十七稱婦于黄黄世居銅陵先有以鄉貢仕於滇者至黄翁而稍稍食貧翁日豪游解紛不問家生産季某以孝聞郡邑而姑老且愛季日甚與季㛐孺人規之曰是安有甘旨罔供以累季子丑而不以孝同季季能不以孝爲而羞乃日夕慰姑而養是常屬季以他累逮於官孺人脱簪以釋也後季以所費翁金錢亡數欲視産於翁孺人辭曰

隣人之急猶能周之急難之謂何而忍無戒乎
因出諸族人子所貸券悉折示之久之復有里
中兒服翁排難賫羊金謝翁者孺人辭金受羊
壽以其羊懸門而去人以此益重翁向令翁非
孺人則內外之際恩誼兩睽翁何能一日從賓
客游是自孺人重矣比旣治姑喪成禮維謹卒
貽翁以善孝亡何復喪所得二子翁度爲殯所
孺人曰先廬之弗事而顧憂二殤骸未裹耶遂
躬爲營土而祔二子於側嗟乎方孺人一巾幗

至知事存事亡大義必其幼習禮長範從老且教子以貽後祉天之所以報孺人者在幼玄矣先是翁夢金人如龍伯出所提抱授翁也寤而生幼玄心竊喜之已而乳中甚病孺人腹往父家又恍惚見金人如初幼玄遂愈稍長課督日嚴曰吾何惜箠荊使吾有敗子之名且而不念外王父每以發祥望吾乎孺子壯之以故幼玄學成弱齡而所著洛書樂律春秋騷語數萬言云今黃翁即世孺人年甫週甲幼玄自以居徙

深山蔬菽爲歉然之推之母曰身既隱矣焉用
文爲孺人誠有以自重計必身徼　國寵而
親有榮施則子道宜盡耳余猶記幼玄爲余言
當江陵相時悉去天下書院肄事者議罷銅陵
祀聖所母痛哭絕食三日謂不得一子爭扶令
甲奈何孺人果得賢子遂有大志幸哉孺人輒
重幼玄幼玄行且重孺人矣後祉之報寧有窮
哉余於幼玄有布衣宗盟之誼將母之情其所
以佐稱觴于太孺人者以此

送虞德孺歸武林序 癸丑

男子生而志四方遇道合則羇旅忘歸奈何有鄉土之思也曰親而已矣親在則遊不遠倚閭陟屺動關心痛又奈何而不思鄉土也故友雖驩論親則居後余每議交以孝爲先而茲得錢唐虞德孺君君娶婦即喜游吴越燕齊晉楚之間躡屩幾遍所覽勝及締交知名不乏歸則以甘毳爲壽也去秋游吾閩歷武夷諸曲又從謝曰可先生負米因與余輩成莫逆顧於余最深

時談往客維揚時嚴命負笈無亟歸比聞父病匍匐而返則尊甫文學公已瞑矣今已十餘年所談及輒嗚嗚泣下余亦感泣又言太夫人恃粥無恙茲當率兒曹斑斕階下辭矣余以是益心折君蓋余雌伏廡下對兒女子浴薪供爨未能歷八州覽佳山水奉教君子以貽老母憂又甘旨多缺令其與客同饜草蔬人之相越遠矣君恬淡自好未嘗持半刺謁尊貴人一有蹟行望望去之遇吾黨士則絛縷而談或性命㣲典

修煉服食之法或辨析古今奇隱多旁撫六經諸史所倡和詩盈卷間出其歷游草則有西北征記金陵山水記及南游荆楚七閩俱有作固足以酬江山而傾羣心矣性不能酒常言往侍其大人每遇佳景必攜尊相隨故或吾黨過訪即令侍命一尊陶陶永夕不自知其囊之傾也

余每粤稽得失謂擇交之道猶擇臣然叔子而君疑親知其所疎放麑而君信疎知其所親麗㦨氏有遺行穆公問焉吳起背母以立功名而

曾參非之人情豈甚相違哉本虧而百行喪本
立而衆美歸此傳所云順親信友之大較也而
又有忍死以明友之不反者彼豈不愛其父母
妻子則交之誼激耳若軹里之母在也千載有
遺恩焉此又輕重之别余之所以心折君也君
於交誠重居則以斯道相勗斯所稱不匱錫類
哉茲轄已脂吾社高君鼎二三子不忍别去謀
余所以贈君者余念其太夫人夙夜憶游子良
苦徛闇陟屺之思兩相縈懷以是抗手無難耳

他日倘逆旅孤山之下登太夫人堂茅蔬陶薦
知能相待君其能以余之言復贈余不德孺一
字白華眞孝子之潔白也

碧丹道人加冠序

盖萬曆庚戌之春碧丹道人始束髮云束髮者
自游梁山歸而漳諸君子若楊子聲輩勸之冠
而始冠也道人生五嶺間具有殊骨幼遇異人
授以黃芽白石之術輒有悟歲丁酉甫年十六
遂棄儒業削髮從師游其跡所至如其年大略

唯四明洛伽山江西飛來寺羊角水而時過其故里則端州七星巖羅浮數十洞峰爾去歲抵漳游我輩談詩及畫及岐扁家言無不研奥以故重薦紳若朱大司空盧左司徒薛廉憲林觀察胡左史與林大夫德芬若吾家幼玄遞相賡唱然唯破衲稱道人真一口期期髮差長如蓬爾人是以有非儒非釋之疑也今突而弁矣則何以自解者於是諸君子屬言於予予曰噫冠何病於道人哉夫文史足用朝紫泥而暮虞淵

者豈嘗不待詔公門金貂鵕鸃哉軒轅以開基治民周穆以撫安黎庶何道非儒即佛法漸淫漢明之遺使異域梁衍之設教中朝未見其披緇禿首離父母而他往矣何則逃儒於墨即脫離而不可人主猶難而逃墨歸儒者誠不遠也儒者謂髮膚受之父母冠服制之　王朝夫寧無毛裏之恩不倍之義而敢以身爲空桑效雕題之爲斷髮無所用章甫也故知道人嚮十餘年之削髮以游者實出入於三途而不外吾

宗者爾心通黄芽白石之術而兼三空四忍之眞維玄維默賢聖所關即六合皆游何必爲巳甚之行以冠爲病哉昔人之言道者曰嚮熊老聃以空虛爲本其薄至于全棄忠孝又有雜者兼儒墨而其薄至于蕪穢蔓衍靡所繫心予尤願道人之全忠孝兼有而莫底于薄也諸君子可謂善勸其以予言爲解嘲矣

送南司勳侯公擢金衢兵憲序 代

國家官人之法内則銓曹辨别邪正藻鏡原流

以吏治爲提衡外則監司觀察率屬而品隲之
以副主爵皆所以求民瘼達　上意而治兵
使者特奉　璽書詰戎固圉黜陟將吏得便宜
從事合文武而提衡之權且重於銓曹以展布
夙懷流鴻樹駿也故事銓曹南北資深或掌計
優擢卿丞次遷藩臬大吏令　聖天子不欲
內外畸重兼軫民牧銓諫侍從之臣多補外郡
必才品負邁譽望咸歸者方得藩臬蓋誠重之
又似靳之耳於是晉明侯公以留都司勳考上

上擢浙憲備兵金衢一時中外動色無不慶得
人又慶公知遇之隆也同舍郎某某輩命不佞
一言以祝其轅余悉公銓狀署如氷而心如水
也風月夕談不可干以私鏡不疲於屢照秤不
爲人重輕而位署自宜也鍾山拄笏紙帽風吹
委蛇五緎之地何足以知公乃公之品格節槩
未易更僕者當筮仕廣陵游刃無餘借繁新安
如理棼絲而解錯節人以之䀹脅焦勞公指顧
定之報最應召當在交戟青彼之班而時以

虎狠嘯嗥不肯誣殺媢閹幾於盡逮閔度無能逸
太虛菫菫補南秋曹迫　聖明再造正氣必
伸而公始攺佐統均也假令當昏濁橫潰之時
少爾阿狗立致通顯竟甘舍菀而集枯卽令
廓清綜覈之時非甚卓犖亦格于　功令何渠
吹角以建牙則公之所以受　主眷其故可
知矣夫東陽太末之墟民比浙西較醇領郡與
邑不過十二三城耳清流激湍谿山如畫無足
以煩公但襟制溫台時防海警仙霞常山之界

蔽芾叢菁亦慮山魈有至人在民可安梟鳥傷
驍健甲於東南有可物色以備六師乎且將貴
非熊政去害馬飭戎察吏之間有謀毅若宗澤
純節若清獻無愧先哲可佐　廟謨乎知公
皂囊中物一一列眉如銓衡時矣昔袁宏緜吏
部出東陽謝太傅贈以一扇荅曰敬當奉揚仁
風慰彼黎庶後人爲建仁風坊公至止之日自
有仁風披拂黎庶坊碑載道不佞詹詹之言抑
無當安石一扇耳敢告僕夫以張道左

蟫案集卷之[redacted]目錄

序二

孝友李君旌奬序

送左中允幼玄兄謫歸詩序

送南少司寇蔡公元岡再考入朝序

蟫窠集卷之[redacted]

龍溪黃以陞孝翼著

序二

賀南冢宰謝公榮滿序 代

周官太宰兼總六卿位務殊重　國家自遷鼎北平置留都六卿以下官司不盡具又無丞弼殿閣執政之署則太宰表率百僚統均爲尤重何者　高皇豐芑之區職掌攸存考覈黜陟列曹之餘事無廢官官虞廢事則整束重外而

方岳郡邑特藉咨詢每上計吏參酌行事蓋金陵江淮之交於諸道甚邇舟車輻湊聽睹最真又鴻都國門羽儀之所歸清議出焉而世道民風汙隆實繫則教化重數十年來承平日久吏以規程爲拘纆俗以儇薄爲趨時司表率者毋亦蘧廬其職與之無町畦已耳余不佞濫竽史局見昔最著者魏文靖之清恬崔莊敏之匡濟羅文莊湛文簡之躬行及近代陳孫二恭介之獨立皆亭亭霄漢難乎其繼而今兼厥美者有

安德之青墩謝公公秉留銓以三年滿奏績行矣公釋褐爲令凡四蒞皆近畿三輔吏治卓絕一時入主銓曹門無私謁才無壅滯如古所云牧馬於庭聚書於閣者中歷清卿躋少宰間攝堂篆品藻疏通獨行一意如曹郎時　天子以爲輦轂之遴才不如根本之樹化命典留銓以　豐邑宜培且江南通國條約應亟觀感易起而清貞公亮莫公若也公至則與諸曹約潔己端方以爲標準奬恬抑競以爲風化又愛惜

人才以爲元神陳數事於朝欲痛滌時弊法行自近諸曹毋有惰窳譃閒虛邁寸陰之習盖三年來大法小廉遐邇束修官方與民俗一變如毛孝先在魏無敢有好衣美食武帝謂孤之法不如玠者公之貞標雅化淑物移風不止在銓言銓在留都言留都矣宜頌聲之徧寓内攀臥之擁江干耳夫公從銓郎起家又以宰貳晉今位閱歷明練古今不少概見古惟山巨源起郎曹不具論而文靖繇考功莊敏繇少宰勲甚爛

乃陳孫二恭介敭歷南北入掌鑑衡甚久定識定力選人至今思之公之明鏡不疲自其在範龍泉益淬自其在冶豈待照魑魅而剸犀兕時哉今 天子綜核吏治殊殿南北畫一即近日除授考選諸事不使內外畸重特著爲例欲與公貞大臣澄源塞流 睿意可知公奏績還朝 當宁問所以約束教化狀又明春當內計面議裁決務使徹底澄清宣室慰勞不自知其席之前也即留輦轂下進退人才贊襄政

地豈不掩映前哲而南曹諸屬尤欲再枉德星維持根本幾幾然祈以公孤保傅重臨斯位黒頭公輔龍光與麟趾並賁德祐無涯而後入總六典宅百揆未晩也余不佞載筆從卿大夫之後爲諸曹郎欣欣然紀崇禎間盛事且以志留都化行之久道屬人弘豈虛語哉遂綴次之以祝八騶之行

賀郡守施公奏績序 代

余不佞家居逾二載則在郡守施使君宇下所

爲涵膏襲馥良深頃趣裝而北顧瞻堂皇悵乎若孺子之戀慈乳也行至浙河爲里中太學馮生遠緘來請以使君奏績之言徵予且謂使君善政未易更僕予所見也向以海寇不靖貽長吏憂今渠魁擒馘餘醜業許維新鴞音革矣向教誨有條今且儆成周官師之法躬詣講席横經省饑祁祁生徒鳴鳥聞矣此皆予行後事計所樂聽耳余受而知使君之善政日新月盛三年如一日也今譚治行者必曰清而平公而正

惠以安民敏以集事而神以摘姦具是矣此則
化道之成談何容易然而馴此不難也天下有
正氣蘊之則學術攄之則經綸使君嘗將作諸
郎時璫焰蒸人覆手可立致公輔而六年不調
需次已宜副觀察而僅以二千石出守真不負
所學矣使君不以薪積遽其官又不以凌厲苛
其令清約若處子而神明軼發訪詢疾苦先問
大姓扶苗鉏莠爲之甚力臨莅以來無有社鼷
稷蜂閭右市驓虎冠擇肉而食蒼頭譁人於室

者使君詎專用法者哉孔子曰椎鍛所以夷不平也榜檠所以矯不直也平與直則化道立矣故水至平而邪者取正鏡至明而醜者忘怒民樂顧化安見法之約束耶延獎諸名儁寒畯志行相劘風雅時作所評隲器賞刮目而迅雲霄者若而人御屬則摘其敗羣而遇真任事者極爲推植如黄次公善助廉能無失廉吏心鄭當時好推轂其丞史以爲賢於已一時表率咸彬彬可觀焉至禦寇方略嚴其闌出防其勾入犯

此無赦築巍關以壯門戶建銃城以資犄角伐石之工與磚埴梓斲之工甚繁使君謂將以安之也勸民樂輸及黠少年罹文網助貲者從末減又熟計機宜將卒用命寇度無所利不二年而撫者報効擒者悔禍海無鯨鯢郊多牛犢使君于是而敷文教懷好音而歌泮水也使君不鉤矩以爲名不因循以爲厚所謂平直敏惠而稱神明庶幾兼之三載中士安絃誦農安耰鋤庶民安于市肆即漢傳所云奉職循理政平訟

息又云去其泰甚皆治行之極吾漳以之矣昔尹翁歸辟用廉平疾逬姦吏爲三輔最李仲都守丹陽修經學禮客日增戶口爲天下最寇河內平盜賊願借一年矦臨淮保危城民留及朞今使君報最　天子方綜吏治當爲天下第一又顧屏間姓字是嚮以氣節忤時爲郎久不調者　璽書且召爲公卿又若曰譔與我安東南半壁仍俾海上以棨戟重臣究厥經綸漳人千百世猶徼福也不佞行矣北望卿雲南瞻桑梓

胡然爲期則寧祝使君之再造漳

又贈郡守施公榮滿序代

郡守餘姚施公奏三年滿漳之耆老林于野其子弟歌于宫縉紳先生皆有贈言矣衛將軍某輩謀所以颺公最者曰自公爲政而芳膏懿範無容縷指吾儕武人請誦公之所以經武者當海上弗靖黠少年闌出勾引轂麥金鐵羽革竹幹之屬靡不爲盜資逼迫我城市韎韐君子以守陴猶不足矧其能駕樓船出没鯨鯢之窟哉

公布置機宜核將領嚴操演之條築銃城於扼要以壯犄角練丁勇肅砲鼓寇窮而就撫其負固者或借先撫者擒之令而後閭閻得以衽席而韎韐君子庶解鞍韝而安寢也余思天下無事則坐嘯臥理無不愉快有事則必有任鉅投艱長計遠慮之臣而後可以轉危爲安史傳所稱鳳凰集神爵見甘露降芝草生皆其時人主急吏治而喜名譽故郡國喜談瑞應耳唐虞岳牧下民其咨聖門千乘師旅饑饉卽漢詔二千

石諄諄以子元元使無歎息愁恨之聲故張霸守會稽移書諭賊而棄戟捐矛伏波守隴西凡事皆任丞掾惟大姓凌弱及羌人窺𧕟爲事事則談吏治於今日政以其焦勞經畫令有事若無事迺足述也公之大者如先問大姓豪有力者狐而假虎而翼者咸屏蹤去畢方之舞虁攸之祟與夫陽侯之災公側身步禱其形槁然此年歲之不登設餔以濟務使孱氓沾實飽此其意與海上之經營牖戶之補葺皆從𧸖鉅盤錯

中遲其剸裁而不露鋒鍔也是何也治不可以
棼絲解尤不可以束濕理今亭傳其官者旣弛
檐以遺後人大絃急張者又如縣公子之易折
孰有張弛咸宜梂棼拯溺不動色聲不顧嫌謗
以措氓萌于春臺而安疆境于金湯如公也哉
蓋公之大受自昔覘之矣當尚書工部郎時權
門可炙以將作叙勛大則躐卿貳次亦視憲秩
横金紆紫于長安者項背相望也公歷五載法
應得遷藩臬而僅以一麾出守無觖觖比氷山

顡人又爭以詘自鳴求伸而無嘵嘵公豈可以
一郡測分量哉今三載有成𨒪最書適御史臺
報疏大意謂守臣先憂後樂計周百年治行爲
諸封第一　天子念公有安攘材東北烽急
徵入爲三輔鎮未可知也諸父老子弟驚戀諸
將軍恐奪我長城共圖再借而余慰之曰　朝
廷久憂南顧倘繹薦剡而軫輿情仍畀公以槩
戢爲閩海計百年不則節鎮樞衡之任公自以
其福天下者福閩獨遺漳乎哉因爲諸將軍次

其大者若乃端方帥屬經文造士治渤頼而風
鄒魯未暇更僕矣

蔡計部崇祀鄉賢序 代

予世居東闉少時見望衡對宇間有蔡石山先
生者其儀度端然知爲有道先輩心嚮往之亡
何而逝里中有典刑云亡之悲蓋三十年𡿨頻
不哀也歲乙丑里中旣以行品舉先奉常公于
學使者祠公祀學宫尤謂先生之篤懿在人耳
目不可令久湮復請祀曰可於是里之子衿父

老瞻拜歎息介予一言張之廟祏予則何敢雖
然邇而習之幼而仰之予而不言則里中何述
焉先生自王父從王父而下代有理學聞人稺
而穎秀舉止詳雅從祖鶴峰先生器之曰此我
家龍文也既成進士授户曹司榷正陽潯陽儳
焉以國計民膏並念宿弊能清苞苴皆絶庶幾
所謂不辱君命不負所學者性至孝讀禮毁瘠
治家如華子魚汜稚春不自封殖諸兄弟藉以
成立更倣古置義田義塾以淑子姓鄉黨怡如

也罕見其疾呼怒色者蓋至芝焚玉折之後人以其位邇德年揜志爲恨今殁而可祀于社於世有幾尚何年位之足恨耶　國家酌周官制祀之法德施于民與行乎于鄉並得歆享瞽宗以風勵人士典最鉅故里閈之所舉學使者輒下郡邑詳核月旦務當其人卽趙孟韓魏無能庇其本根先生以曹郎歎無年久而論定此豈倖得之也哉昔人之延陵祀季子之南州祀徐孺子不以顯晦闕大典以爲美談今使鐘簴不

朽型笵如新又獲與於歌雍舞勺之旁樂觀禮
樂人文之盛俾後生之大夫國人有所矜式固
先生之德光里中之三代若周公者可謂能采
風勵世者矣昔蔡先生以布衣倡道隱潛翁放
鶴之洞歿享澤宮今垂百年章縫襏襫無不知
有鶴峰先生而先生其諸孫又早所器賞者山
高水長亦可謂世不乏蔡先生矣

蔡計部崇祀鄉賢後序 代

頃某請假歸里則先計部石山公以里閈之舉

既得祀學宫云父老之所述長吏之所許與諸大夫之所揚厲備且煌煌矣乃子春需命續一語夫公于余爲大人行毋其以從子阿所好耶昔沈休文以不爲從父太常立傳貽譏而王叔怡之於文中福時之於東皐並不廢揄揚焉余安敢辭吾家自司李藩伯侍御至公而族始巖自司李以名宦兼鄉賢鶴峰以理學繼從祀至公而典益光嘗慨貂珥蟬聯代不乏人而一門三祀於世尠見士君子立身從政何如耳公起

家爲度支尚書郎司榷正陽榷溢浦以常賦還惟正以羡積還民生余每歷江干聽戸碑猶唱估客樂也讀禮家居祠寢蒸嘗次第規置孔懷之誼不歧嫡庶庶幾可稱於宗族鄉黨矣至如閭左之窶藉以舉火伏莽之戎鋤而遁跡是亦仁者之勇它美稱是難以殫悉公世居鶴鳴山之南余家在其北相距不數里山故爲鶴峰從祖所闢洞壑靈奇公葺而精之余幼登茲洞未嘗不歎山高水長徘徊久之乃今與鶴峰並祀

山靈且借人不朽矣嗟乎石火幻漚浮華易盡宮牆蘋藻千載湛期尚論世者固不以彼易此然而謝氏庭堦房杜門閭令人歎想春霑兄恂恂若處子豸斧旌良春秋俎豆之傍幸未滓辱也奕世載德嗣徽振武者毋以吾言爲阿云

李京兆特祀鄉賢序 代

古稱根深實茂德厚流光故年位有時而盡而懿德令名垂百禩而不朽俾後之人思之思之而欲有所矜式則祀之然歿而可祀于社卽金

張許史之家未易倫得而採風觀世者深致意
焉吾家隴西以後世有興替自上杭徙于和之
西山而甲第蒸蔚有位未躋中大夫而行孚月
旦則有某翁先生先生歿之十載而督學錢唐
楊公舉祀學官又二載而雲間杜公舉特祠令
孫一人衣冠預試皆從鄉人之請蓋異典也諸
羣從若猶子行徵予一言張之廟祏夫予忝懿
親得無近阿然姬旦歌詠其兄之德司馬遷敘
其父談纚纚不倦則何敢以不文解先生五上

計偕屈首爲粵長寧令寧故山邑公練丁男捡
劇盜及礦使之爪牙暇則修黌序與諸生課秋
是科僻壤中有得雋者聞攝興寧而剖宂獄三
百人造浮橋以便行旅載在豐碑宜得殊擢而
僅遷衢州倅倅稍無事又日與名士討業得令
汪諫議徐武部皆諸名下人服其藻鑑又攝西
安値旱潦爲灾而請蠲於督兌使者間出橐中
賑之聲譽日起擢倅南京兆雖稱別駕而都畿
體尊公足用其未足耳爲平水道以救旱均幇

貼以恤漕當事重公材遂擢江防治中盤根錯節之地龎士元所以展其驥也公率邏卒嚴斥堠以固天塹又撥公鼓鑄無敢虛耗得羨餘數百萬以貯公帑故事畿闈試牘士子自備乙卯之役公言于京兆尹發所貯錢造給時以爲盛舉而服公經濟主爵者方以尚書員外郎推重而公以旱蝗禱雨勞瘁逝矣公之治行大率類此在在已祀庚桑而鄉黨可知也公孝友殊篤事節母太宜人盡懽設塾以教宗人置義田以

贍宗貧蒸嘗必潔矩度有方里中長老無不歎爲荀陳家風而吾家子弟所爲奉若嚴師肅若朝典者也公不愧茲祀矣夫古今祠祀遺芬史籍生而祀于官者任延之於九眞李翕之於沔池卒而祀于官者朱邑之於桐鄉王渙之於洛陽至于行誼祀于鄉若延陵之季子南州之孺子何寥寥若是則以臨民易感習俗難乎耳明興祀典學使者歲舉郡邑往賢不論爵位祀於瞽宗論有未協卽子若孫華膴尚未易徼矧

特祠以饗令衣冠主鬯更與衡文之選此千秋之榮一區區年位何足以盡先生哉褒稱方新堂構可念步武先生者立身揚名尚其勗之矣

何明府生祠序

明府何公治南靖之經年政化大行諸紳衿父老德而頌之而不能已則相與謀而立祠於邑南致庚桑之祝而某受知門牆可無一言述衆志抑仲尼論三年有成必其德意相孚淪肌浹髓而後謂之成成則思思則頌而祝亦詩歌父

母而究之眉壽保艾是已然自古民思多繫於去後何公之先有汜鄉侯武史稱其有宰相器所居無赫赫名去後常見思公之政甫及朞而思不減武則公之芳徽足述也公生長黔中水西之變公以白衣運籌戎間庶幾子房長源之亞一受百里宜其揮霍凌厲以赫赫見者而公謂民牧之道先實政氷雪持躬日詢民所疾苦如卹催科輕金矢剔憑城之宿猾嚴伏莽之私戎至延接諸子衿文行課勉試事務竭公慎所

獎掖皆知名士見學宮就圮立爲興葺及祠廟之能捍灾造福者煥然更新皆出清俸率民之樂輸者未嘗費公帑一鏹也先是嘉靖兵燹以後民貧力穡俗淳而民廢自新會陳公徙城于溪之滸百廢具舉民樂其生風氣漸開而文日以蔚垂四十年而寖以頹靡今公澁無有弛而不張廢而不興其以振前人未竟之緒而開百年長久之基意天實福敝邑畀之以公耶今入其國而甌窶之區盡爲樂土蹲鴟藷蔗與禾

黍桑麻彌望平疇室盈婦寧之象卽謳歌思頌之日矣屬佳公子以黔難初平道路尚梗寄籍邑庠駒齒便具龍文吾靖之民益以愈熾愈昌視父母也昔任君爲九真樊君爲廣漢皆以惠澤下孚當時爲立祠非若洛陽之於漁桐鄉之於邑皆以遷去繫思者公負宰衡之器行當爲天子法從而政化及朞恩戀巳洽固吾民好德之良心何以得此敝邑哉過汜鄉侯遠矣諸紳衿父老方助役恐後是用僭述數語以志經始

子來者

孝友李君旌獎序

今之操月旦以品隲士者必有瑰奇之行始足駭俗而動衆夫本源未敦縱勳勞蓋宇宙華藻映山川何關於治化哉東郭李君樸茂士也予以里閈之親聞君篤行有年近里中之父老子弟上其事於邑大夫楊公公旣撫實以孝友旌其門而予壻鄭生緘書至燕曰李君之孺慕而友于也菽水無方有弟二人產業取其瘠者弟

至不能爲家生計捐貲與之庭闈之供獨任弟亡撫姪如子歲大歉猶負米千辛以充甘𦞦備卹孤也人謂有繆彤薛包之風處隣黨恂如也不勝衣不出口咸稱長者焉予聞而欣然幸十室之有忠信而吾黨之近中行也周官大司徒以六德六行教于鄉當其時比屋可封范蔚宗作漢傳以獨行列于儒林文苑之次李君之行誼若此當於何代求之哉世人高談處士輒首太丘有道夫太丘有道處昏濁末世隱而範俗

明哲保身耳今　明盛之朝以　六諭振鄉閭遵道遵路如君儀刑自足以祭酒父老間亦庶幾陳郭之入門矣抑又慨民牧之少舉此道也今四方多故課吏治者惟昇催科募壯士爲急亦思管夷吾非事富強者乎其言里族連伍爲善於鄉不如爲善於家而國大治則孝友之指也予觀風齊梁燕趙之墟未遑特舉而吾鄉有篤行君子邑大夫之能風勵也治化攸關墟以上聞豈直梓楔之榮哉

送左中允幼玄兄謫歸詩序　壬申

天子舉動一一堯舜獨舊輔一事未知何旨以壓伏草莽以爲我　朝無殺閣臣事王毅愍遭曹石之謗謂與于忠肅迎立襄藩駢戮無疑夏文愍素褊以中分宜之軋又青詞重出不戴道士冠屢蒙隱怒故借河套決絕未嘗以元臣償悍帥也且事在莫須有而損國體驕邊將萬不可出此竟無敢鳴仗下者夫明主可以義曉容默至此以　皇上爲何如主耶正在攣攣恨

不得竊比嵩夫可以入告而幼玄一疏先得我心空谷之音震動海內言路諸貴可以捫心矣夷考昭代史官抗疏絕少南陽奪情文毅納忠憲廟張燈翰林四諫耳未有片言維國體關切邊計而杜將帥覬望之心半生稽古惟此靖獻而後爲不負　天子不負所學也雖然雷霆固自　上意逢悅實繇有人自當事者以異同恨政地以外遷嚇省院遂使奄奄泉下士氣不伸袞闕何補不知唇齒相麗狐兔同悲手滑

之戒後將自及彼擲石袖手輩亦何利歟
天子雖薄譴君中甚瞭然何者往切責相救必
曰樹黨曰受賄君自廬墓蔬食而出不以幾微
累清德在廷知之　當宁亦復周悉固已鑒
於帝心表於千古矣君夫反風起禾之事追鋒
在道几几休休景鍾可勒不徒侈談諫也客金
陵以宋比玉並感此事爲詩卻寄走筆題此勿
謂草莽無縣厭而處士禁厲於明時也

送南少司寇蔡公元岡再考入朝序

國家倣虞廷考績之典以一考再考三考爲期意重久任俾公卿以下得以嚮展鴻駿利禪匪淺鮮也數十年來士圖速化遷廬其位尠焉實効卒至弊典網密民困於剥膚號於搶地魚爛鹿挺而疆圉之弗靖職此繇耳今天子鋭意復古大小内外務令久任以子元元而序遷如故也吾鄉元翁蔡先生以南少司寇再入考先是壬申秋公滿三品考已錫誥録蔭矣兹之奏績則自太常通理歷三品者六載歷少司

冦者垂三載如彼其久也衆人皆騤而公獨綏於大僚中亦不數見何以信　功令之久任而簡注　宸衷耶則生平之謨猷節槩可得言矣公長兵垣時值遼陽廣寧之變目不停覽手不停批而外荅撫鎮内獻籌策一時逃臣僨帥無所逭其辠卽黠有力者無所投其欵諸疏草班班可按也掌南奉常爲釐典制補樂器至貳留禁都内以及近畿大江南北無不頂祝故事法曹聽訟繇銀臺關達謂之通狀曩媮墨者假

爲輸鍰助邊之說輒自受訟云論　祖宗成
憲若何而詞滿階圮人滿囹圄且夫一紙之攝
家以蕩析胥隸溺安國之灰曹郎動歸生之指
留都民嚚嚚疾首喪氣卽爲善者不能自保公
視堂事廉得其害奏罷之一仍　令甲懽聲溢
都市又值　聖明綜覈朝下夕報督責嚴切
頻歲又多大獄大事公視篆勞苦年餘寧失出
不入存虞廷之好生勿爲温舒之浩歎以報
仁主遇災沴則賑卹圜扉令葺其編廬給其

醫藥至誠之孚格南人額手願公長覆幬我也
又幾幾公之資望旦晚遷而之北也比久不調
又悵悵啓事之何稽而名碩尚置卿貳也蓋
神廟末年朝士分門立幟不啻牛李洛蜀炎
手呈身俛得華膴而丼陵之禍淸流之投戕及
世運公特立不倚玄黃靡戰如龍門之柱泰岱
之松以故菀枯不擾其懷遲速不易其志長安
貴人姓字寡通終日讓步無傷吾行自釋褐如
一日公所以有六載之淹而亦所以受知

當宁欲徵再考之効也　上若曰誰使我弊
淸刑措與民休息以爲天下先寇盜其可弭乎
則何不六載任之也公今奏績入見叓　上
之所以咨諏南中甚悉又悉公讜猷節槩留晉
北斗喉舌之司所不待贅先臣周文襄撫吳二
十有二載歷躋司空公未爲久也姚文敏在諫
垣時籌邊務爭典禮後繇南刑貳入爲統均公
敭歷似之頃　天子率舊章取地不盡出之
史局以佐邦禁者特　召槐司亘古盛事公此

去爲銓衡爲舟揖以酬久任之知誠可預卜南中人未必能重借公而忖度　宸衷耳昔平津行長倩贈之以物君房相子陵贈之以言以陞邁軸下士感公知遇屢拜仁言且石城風月握臂深也八騶將行以言代物謬附僕夫之歌知此勿謂處士妄言純盜虛聲則幸甚矣

蟫寀集卷之□目錄

序一　賀壽

壽郡司理林公序

壽楊大夫六十序

蟳窠集卷之[illegible]

龍溪黃以陞孝翼著

序一 賀壽

壽洪大叅使君序 代

漳爲岐海極區東抗扶桑南通交廣環黃如而衛所星羅營寨碁置鯨鯢之所嘘吸賈胡之所出入 國家設藩使彈壓其間任綦重矣必有壯猷碩德之臣爲氓黎錫福戎伍造命而韎韐附注之君子藉是以皈心臺萊之祝所繇然也

則維我舍初洪公公生三天子都黃山白嶽之
神發祥申甫釋褐令吾同安海上機畫瞭若列
眉尋以宗伯諸郎擢叅閩省銜　命涖茲土
如冬日之可愛寒霜之威肅興文教而勵風習
政化之餘使狐有牙而不以噬獂有蚤而不以
撅者種種不具論惟是桑土之計以固疆圉投
醪之恩以恤介胄異時貙劉久弛超距少聞等
兒戲于灞上而儲糈乾沒狐鼠為政將校見大
吏喘息不敢自由稀得以韜略受命公悉滌夙

勞而更張之簡閲精而靡有惰窳稽覈明而靡有漁蝕將狡擁鏊弧入謞諄諄詢以防守之宜保障之策俾人人獲以獻其一得三年以來秦弓寢羽島夷不聳蜃市澄波蓬瀛淸淑之氣若與朝丹暮霞相爲映彩而衽席之民刁斗之士交加額曰是我公之福也會嘉平十日爲公覽揆之辰諸將軍謀一言於予以佐朋尊予惟壯猷碩德者之厚植於造物也造物以其寧靜者保佑下土萃靈祉於其人必以以悠久者保艾

期頤萃靈祉于其身周召之奇勛百有餘歲漢
張蒼爲丞相列侯以後享遐齡於食乳唐郭汾
陽以一身繫天下安危爲中書二十四考彼誠
得於天者厚而植根深也德芘於黔赤而功著
於封疆即以其身食功德之報又何俟辟留侯
之穀綸曼倩之桃始爲使君祝耶今　天子
壽考敉寧嘉與東南曰戎有良翰　璽書即召
出入節鎮樞府之間以壽八荒匪直海上有長
城貔貅挾寒纊也不佞老矣無能採使君之武

庫以授諸將惟承休遥禱不敢出麥丘老人後
抑聞之道書云是月爲王侯臘上帝降注三萬
六千神炁以延年壽公其領之於朝丹暮霞間
矣

壽汀州郡守姚公序 代

君子仕於其鄉令鄉之人歌而祝之社而稷之
廿年而弁州之騎復迎虞柳成陰召棠再茇斯
已奇矣厥嗣爲龍媒發銜振轡則仍鄉之人徵
詞介福鄉之人所爲歌祝更新詳且核者斯不

亦古今盛事哉曰未也語有之嚮其利者爲有
德一方之頌戴何如作天下觀岱岳峻峭萬丈
觸石寸雲而霖宇内河出崑崙直瀉千尋迤爲
沱江以潤百壤今天下俗相靡吏相欺慷慨維
時表帥令佐非良二千石不可非有河岳英靈
之二千石猶不可則惟桐城姚使君君肇鏶吾
澄之綬也濬九都水以興人文拒紅夷乞市折
稅璫之櫝吾澄氓謂使君實教我生我畏壘之
不絕然嶽瀆之角時已失要津矣而僅遷南祠

曹出守杭使君獨行一意如治澄時扳轅抱兒戶內弗問竟以此失貴人心掛議移守吾汀汀人喜袞衣之重止曰公庶以澄視汀乎澄人悄脰而望繭足而來曰吾儕隔數嶺公毋以汀故忘澄乎使君之治汀深崖複嶂吏少烏啼臥而理耳惟是盤蔚之間嘯聚易興自王文成平定後戍卒星羅頊東西匪茹處處宜防使君至而罷無譁足生氅也瘠郡賦苦近以餉遼加征公慨然云寧損月餼曲衷益無使剜肉括糠爲其

以俸鏹及河工費爲入邑代完五千餉一時驩
誦震地不知山揺紫金波連漳海幾許耳使君
直以氣節淩河岳化膏澤如龍泉之鍔如裹蹄
之光望知爲瑞世珍介福眉壽無埃兩地人之
爲于禺也令　天子覃恩賜璽褒嘉行且增
秩召拜汀與澄求如頴川河内留轍事恐未可
得則兕觥公堂稱慶未已而不佞鄉之人不能
從父老稱觴於萬里也何以報公哉令子某爲
予言使君大夫人入褒遐齡過里日偕弟孝廉

鞠肥為壽諸孫成行令其幸明一第方待選人而使君遠在天末懸弧有期願以一言為黃金大藥予謝不敏抑聞之須詩云令妻壽母使君上有壽母而使君之為壽可思也然予又讀漢史李固父任司徒變姓名負笈竊入省覲同業不知令子姓名已噪士紳間海內益知使君有子當不下司徒公其昌而熾未艾也乃予何以獨詳使君哉猶曰鄉之人飫德日長祝必覼縷云爾

壽郡大夫邵公序 代

上萬壽之四十年嘉平廼春我郡大夫餘姚邵公適符覽揆物彙告成陽回伊始自薦紳章縫以迄蚳編靡不驩祝諸生謝某輩謂某於大夫以伯氏同門之誼謀所以壽公曰吾儕受大夫作人之教茲初度良節逢易之泰其以慶茅茹者佐朋樽余謂而知大夫之所以壽有廣于是乎詩稱眉壽曰民父母箕疇陳福錫厥庶民則卿士師尹均省焉故唯佐郡之職得與民休嘉

秦制在邊郡者主兵馬令清戎猶其遺意漢郡丞黄綬佐二千石以予元元故非一政後世均爲長吏然傳循良者寥寥如黄次公丞河南以後獨載郭涿郡敬潁川張高陽諸人則豈非以太守掩績哉公之爲吾郡也恢廓正直所碩畫輒與守議施頃嘗以視篆行郡事矣亡論韎韋跗注之彊弱籍伍輜重之盈耗以清戎展劾嚴部校之游徼稽艅艎之出入以防海兼司郎捄薙抱孫明聽惟允修節于羔羊而消奸乎狐鼠

者得自爲政皆公之造福于民也曩諸生以東
濕之後二千石多爲振勵公幽贊之逢掖有興
色語曰樹桃李者秋冬得其實公之德樹人矣
是尤以造福作人者公洵不以守掩績夫井詩
所歌父母而泰之象所謂萬物通而志同者耶
即河南丞以下惟次公以經術飾治餘以取人
於隋唐之世奚翅晨星而公之政實軼前史則
皆　天子萬壽之化所以錫福我邦也今淑
氣初新將有事於東郊公見閭井之間歛然俤

然狙獪屛息而襏襫安集方共躋於厚生之域長老子弟樂觀彩仗望公酡顏而春秋尚壯私然慶也岡陵之祝其可旣乎於越巖壑競秀其人温而厚　明興有王文成謝文正及公伯氏中丞類以厚德享遐福而皆姚產也歷峰姚水之氣今所秀鍾則子大夫勉諸某不佞於公伯氏誼夙契兹又庇公宇下敢爲諸生廣其說以佐朋樽

壽長泰令陸公序　代

記曰父尊而不親母親而不尊邑令爲民父母則尊親之謂也我有子弟父母誨之故父母之祝令實當之夷考前歲稱赫赫者不過錢粟農桑刑獄兵甲而已未有以作人著者吾邑儒員稍褊簿書兵賦之瑣無足煩長吏獨衣冠禮樂幾甲漳郡子衿之士賴賢師帥以羽翼其耿光固也即秀民之握鉛槧者雌伏圭竇軒翥無自而燕石樸樕復與碩珍巨材雜處非有卞隋之鑒匠石之辨鮮不淆矣陸侯曰是毋以溷女爲

也歲校覈其尤者凡五易牘學使者稱賞皆侯所試高第一時彬彬誦得人矣明年癸丑端月十有三日爲侯初度門下士某輩以邑博士之言請予曰吾師乎精於覈物其神完以適乎廣於茹納其器弇以洪乎超乎洞陽邁乎象林而靡有窮乎予曰然壽考作人所以詠棫樸也民之父母萬壽無期所以歌南山也父母誨之則莫不爲父母蘄黃耇管子不云乎教者標然若秋雲之遠又云蕩蕩若流水使人思之思之則

祝之矣侯受民以來治狀非一簿書兵賦一切
留神兩造質成片辭剖決乾沒之胥不得闌𠀋
言受賕俗故繁華咸頜化自撿布帽紈袴之風
非復疇昔性尤慈愷民有離文法者多所平反
蒲笞不設幾於刑措盖不啻鷹爲鳩而虎成貍
矣惟是作人之教則侯績之大者月一再臨澤
宮課諸生佔畢鈎淵繳雲指甲稱乙以文秇相
劘驅䆫邑之陽喬延偃室之子羽以氣節相矜
澙明𢀿而卿喬朂由庚闕而藹藋𧃒雖敝邑巖

洞奇勝所薆生哉亦侯宣之耳漢循吏河南守吳公第一史不紀它長獨薦賈長沙聲垂不朽侯今年方餘四十由一邑以知天下他日爲天子闡弘文之館廣宣室之遇未艾也信得人足爲政首矣茲斗柄陽回萬彙孳動謳于道與抃于野者若游春臺然博士弟子相率進其穌之侁𢿞南山棫樸之詩侯當三壽作朋寧但祝於畏壘之民哉雖然予聞之玄圖昭華翳在壂璪侮於沙礫卞隋鑒之者廊廡之䍲也文杏雕

桂窮谷干霄巢猨嘯鴟匠石材之者明堂之用也諸生其琢而珍滋而材以無負父母之教則報祝之大者是在諸生矣

壽陸明府序 代

邑侯南海陸公莅政三年癸丑陬月實初度焉某不佞既爲博士弟子縷侯作人之旨以效三祝矣已而里中父老復以祝辭請余惟人情感則思思而無以報則祝之非有入人之深則情爲之不眞語曰樹黍者不藝稷樹怨者無報德

侯樹德矣則備舉其德于民者以佐壽醑先是
邑苦賦重徵輸之急剜肉醫瘡俗習漸靡實繁
有訟深文之胥與鉅狡爲蠹擲雉屠狗之夫婆
娑于市當事者有笞箠從之耳夫不澄其源而
塞其流而民乃菅不曰鞭扑之子不從父之教
乎侯涖政首汰冗役曰而何庸虎視鴟張利人
之失以愉快乎董其爲老者曰而其率爾幼就
爾塾以有造乎夫務本則無罹于辟矣徵賦之
役緩爲期會曰吾何至迫追呼令所在婦子不

寧雞犬失色乎蓋亦卒無敢逋者戒苞苴乎贖鍰不以充槖嘗曰使吾置膏脂中不能自潤且甘之矣臨卭之客有請居間者輒縮舌曰奈何奪吾吏權并奪吾賢士大夫權乎至折獄之舉亟爲解網法罔宥者猶令薄懲之曰吾不忍其展轉杖下矧置之獄而使頭搶地乎蓋侯之愛民若慈母然呴濡之爬搔之時其安飽撫其疾痛而不忍譙讓者三載以來頌聲沸騰甘澍時應而穡人告功矣侯之仁且如天矣夫天之愛民

甚矣天以賢矦予民民卽以其願矦壽者祝之
天天人之際得治理焉自矦之頌聲作稱能吏
者什七仁吏者什九昔陸大夫使南越陳新書
如所云刑不厭輕德不厭重猶古祥刑之旨矦
繼之矣方今淑氣弘開攝提貞於孟陬將爲此
春酒以躋公堂矦爲滿巨觥岡陵之祝不其與
父老共之耶嘗讀漢元和二年詔方春萬物孳
甲宜助萌陽以育時物又曰安靜之吏悃愊無
華如襄城令吏人謂之不煩矦之安靜育物當

與春並茂　明天子且下璽書褒徵以爕化理不獨父老私祝矣某不佞被侯之德不知所報敢爲里中述之所謂善祝必三忘其爲再云爾

壽郡司理蕭公序代

蕭使君理漳四年所矣公之莅政愈久而愛慕逾新其間輿人之誦與夫封人之祝亦四年所稽厥嘉猷載在政紀業已報最於考功馳恩於闕下矣歲在著雍敦牂之三月既望爲公懸弧

之辰里中諸君子預徵不佞一言於白下則謂
公所事法家言而不專事法家言也情僞剖決
庶獄矜全此不足以盡公乃嚮邑大夫缺則借
公而邑二千石缺則借公而郡錢穀簿書誰爲
之綜叢社嚴稷蜂誰爲之驅除子衿鳴鳥公爲
泰拔茅旱魃商羊公爲荒年穀估客之條議倚
公爲長帆而修繕之攺觀倚公爲慈雲爲瑞露
皆公之造福于漳者也請以壽公可乎余曰然
有進于是者天地燠明渾灝之氣集於山岳則

欝浡雲雨集於河海則灌注百川集於至人則
蘊發經綸故至人之道孑孑爾徹徹爾唐唐爾
臧臧爾大冶鑄物方圓隨置理千變而不匱福
四方而不知者其天全其積厚也當使君以名
進士釋褐彬彬詞垣之品安所習爲吏而熟法
家言顧又法家五之吏治什之不必巔鷹鶚而
溥鸞鳳不必張急瑟而滋棼絲盖渾乎在璞之
夜光悶乎拭佩之龍淵也四年來之茂績芳聲
釀爲景福人所歌舞天必從之夫非天全積厚

之一效耶今　黼扆圖治思得精達渾厚之
臣以重言路蓋亦否極必泰閟極必通之候而
公瓜期已及舉治行高等簪筆金馬門共成熙
明世界其於延　國家之元氣以壽八荒非淺
也詎菫菫侈譚龜鶴而高引佺松爲此畏壘之
民祝哉夫公吉州產也青原贛水之精長發其
祥名卿碩輔甲于江南而西昌尤盛即近有官
司馬　賜飛魚者非從閫司理起家乎故謂使
君之氣有獨鍾德靡弗受而福靡弗完者即一

視郡邑以槩視天下可也是壽公之大者若乃明允慈仁比東海之高門武平之決獄獲福信矣豈俟余不佞覶縷

壽郡守楊使君序 代

國家張官置吏所以清謐海内俾處處獲受和平之福者不在邊圉而在郡國不在將挍而在長吏長吏與民加親境以内利弊堅瑕得損益便宜茀寸度而銖稱之以苴其罅不則察淵魚怖乳虎大絃日急濕薪是操如暴公子之剛於

治理何賴故有至人以培其元化則萬彙咸而蟲孽不作境用以寧矣漳濱海與區自玉鈴廓闢而戎飭考亭遺化而風醇長吏之與諸將另親而乃以交維政分而乃以相合故守兹土者旁規懿範則介冑之士娓娓能言之而更頌禱之予叨銓金陵時聞楊使君之治吾漳也精明而出以渾厚知仁人爲政足爲桑梓慶比休沐過里叩諸章縫則曰使君滋而子衿不刺鳴烏聞矣集諸里閈則曰使君滋而羣無害馬晨羊

息矣詢諸郊畦則曰使君蒞而豯襖安作襦袴謠矣至海上島夷僅一衣帶黠者往往潛交使君日進諸將軍謀所以佐桑土者謀將盡展其竒數月而戎醜就縛境内肅矣會中秋前三日爲使君覽揆之辰簪紳韎韐讙呼稱祝而將軍某等請予不佞一言予惟治之有元化猶將之有運竒也將所自出爲竒不疾不徐形强形弱要以收全勝於攻取之先爲政者之持大體在法令禁約之先也故文武互用而國運以長以

漢事觀之絳灌殊勳而曹相國清靜寧一文帝
寬仁邊境又安而吳公舉治行第一不聞其喜
文法汲長孺臥理淮陽其相也厲王悍而寢謀
黃次公寬和令民皆知上意即渤海多盜而罷
逐捕吏者非龔少卿乎則仁人爲政治安之大
較也亦猶尊生者精氣完榮衛周可以堅金石
而齊籛老矣今使君之治具是它日　天子
修漢格璽書賜勞召入爲公輔使君以治漳者
治天下化軸在手內外敉寧其爲壽國芘民更

有大者不惟郡國稱循良戎㢋勤頌祝也夫使
君出金陵而誕於金商者也龍蟠虎踞　湯沐
之培植深矣又南呂之月陽行赤道晝夜惟均
望舒揚其輝是天地之平也諸將軍有熟於形
勝及測候家言其以和平之福歸于使君遂次
第詹言以佐岡陵之尊

壽郡司理林公序代

上御極之三年癸亥郡李四明林公業奏三年
最以陽月之末覽揆環漳之人其君子躋於堂

小人謳於市舞於野某之從父子若弟舅謀所以致麥丘之祝故事須長吏必介鉅公一言以華纂組而余晦且不文然幸與公同籍廈芘更深覩記最實則如之何不以頌公也今御史臺爲　當宁耳目司李爲御史臺耳目權並二千石稱勝任愉快者不過察吏明刑而至人展布左之右之試問三年以來鳴鳥攸聞呦鹿盛響堂皇無留牘閭井無鉤距圜土無號聲閒視邑篆而庚桑有祝稽海舶而估客與歌不翅鑑

之別犀之燭而騶虞之仁也延接余輩藹然一
種莫可名狀所謂便將我入青雲者公何以不
露聲形各極于則哉其得上穹之氣厚而運化
亦厚岱岳之雲也觸石而霖天下若木之華也
先曦而照下土茫茫衆庶吸其潤而仰其光烏
乎測其倪哉盖公世德更濬尊甫以中秘書補
臺右珥筆持斧赫濯中區近從田間應安蒲之
召駿業景福未艾也而公瓜期將及出入省闥
行以渾厚之氣神其揮霍一時盛事實在屏風

隔坐間覩河雒者思禹功源長而流遠漳之人其毋以杓之見測公耶今月在亥歲亦在亥萬物該藏之象其來月爲一陽之復來歲爲甲子千支週始

天子明堂左个布德孳生之候公蓄而徐發以佐平明之治斯所稱至人不測者哉語曰享其利者爲有德余非私頌者以復之從父子若弟曰然以示之漳之人皆曰然遂躋公堂以舉岡陵之觴

壽楊大夫六十序代

余代匱留京若而年則莆張太學元昌相過從一日率其弟元弼介而請余曰家婦翁佐岳陽郡以直道拂袖歸應赴補顧其胸中泰然與造物游今年方及耆以中冬某日覽揆與宜人某氏年相若誕相邇也敢求一言械而稱觴夫余於大夫各梓誼且向有同事之雅知大夫莫余若則且言其治狀岳陽故瘠土洞庭之所濡浸歲常不登其民性難馴大夫不嘵嘵以爲介察察以爲明身立于衆庶之上而心凜于王天之

下漠漠乎其莫之名也間視澧州事詰戎完輸寡爭息訟一如治郡狀雖世路險巇而天空雲朗衷自衷也斯得天之全乎而未也大夫承先世二千石之澤凡兩司鐸閩中一佐五馬以清白吏繼先德而遺後人里閈族黨恂恂泯其稜角渾然欲登斯世於懷葛之風譬之條風一播天札疵癘氛祲沴氣望之自消此獨非得天之全乎尤未也昔人有言富貴吾所自有所不知者壽耳大夫年及耳順繇此而耋耄期頤皆可

不蔡而卜特階戺之蘭未秀余聞仁者其後必
大尼父稱商瞿後當有五丈夫子大夫有女六
人所配皆名族佳器坦逸少之腹而牽元振之
絲者盈門楣也今且維熊兆夢玉燕投懷莩蚌
荀龍次第篤生宜人出甲姓嫺於禮教自下帷
相勗以及從仕得於內助良多且貴而能約仁
而逮下有樛木葛藟之風　天子嘉與循良
他日遷擢不次金紫斑斕繞膝下而集階前白
華九如之什大夫與宜人永錫難老又非所謂

食天之報吉祥善事者耶莆文獻名郡不羣之士多流寓金陵大夫以女適金陵而張君自金陵之莆爲大夫壽均可謂識行俱卓親誼俱殷者矣遂命書之以侑帣鞲鞠跽之儀

蟫寀集卷之[illegible]目錄

序二

[illegible]序代

壽貞明府序代

壽松江郡幕林君五十序代

蟫窠集卷之

龍溪黄以陞孝翼著

序二

壽參軍鄭翁八十序 代

天官書鄭分野屬壽星之次東方之木歲星其侯合於箕疇曰五德仁也五事貌也貌曰恭易始乾父元善爲仁而致于貞固尼父謂仁者壽旨哉其言於天人之際義範之理可繹思矣今甲戌歲星紀政孿岐鄭翁躋八袠其子謙伯星

伯絅與余游其子壻某輩偕戚黨某輩以鞠月
廿有七日爲翁覽揆乞一言余不敏叨貳邦教
有六行之咨曰孝友睦婣又有六保之義曰養
老則國有五更皆得預酳爵之役矧維桑梓顧
余以錢穀勞憊不能時登翁堂夙從吾友何司
空蔡司寇談翁貌頎而豐神王而朗轟飲連宵
掀髯數尺興殊劇後生輩欠伸疲倚所不能及
百一望之知爲仙譜中人殆得天之全乎則何
以故厥初生民芸芸萌動天生之地育之人成

之故羲軒之民祚過曆堯舜之民無夭札凡以完三才之緼載其醇濃以游于世耳翁生于莆爲西湖甲姓代有聞人事繼王母以孝兵燹之後孫莆徙滁徙金陵歷落山水歌咏王風與其賢豪長者游挾餘貲入都感慨燕趙縱觀

宮闕喟然曰丈夫既已棄去估俾不逐少年場蝸戰得受一爵治民效其所未用差展懷抱何嫌庳秩也遂拜鈞州從事如所爲葺㮗院覈兵稍業爲大吏推許翁則以一効足矣州郡勞人

孰與林泉怡性而衛生解組後花籌觴政覽六
代之遺勝周孺人傾筐倒庋以待嘉賓課二子
以世經聲起章縫孫支弄蠟鳳者若而人蓋熊
夢晚而麟趾多流寓頻而卜宅固仁厚克昌嘉
祉畢集固以優游其天年矣客又爲余言翁内
行純樸周急好施端範如王彥方而嗣其雅化
解紛如郭翁伯而去其怒張所居處庶幾古所
稱通德里者醇濃益茂固得天與地而更修以
人聰明強健豈僅得於造物哉官不過二百石

繇此而式穀　疏榮有期算纔及釣璜繇此而
賦抑而期頤而啖人乳未有艾也昔范少伯功
蓋一代或爲陶朱或扁舟五湖世傳其仙去東
方曼倩避世金馬朝紫水而夕虞淵人以爲歲
星之精翁每試輒效爲陶朱爲吏隱茲嬴秋菊
於餱糧采商芝之而泛酌鶴髮皤皤電眸炯炯意
歲星原屬於君家耶余又按鄭分野其宿角亢
五行家木蛟金龍謙伯昆弟非久池中物明發
之懷二子勉之先季長氏與康成談玄授易誼

不薄茲爲翁陳綴福之原如此謬附言天徵人
之意倘曰善易不言胡庸附會爲敬謝不敏

壽李母趙孺人七十序 代

古人重世族碩人之詩曰東宮之妹邢侯之姨漢魏尤甚唐世以不得締婚四大姓爲耻故譚母家者詳焉而要必本於德德則璇柯玉葉愈遠愈芬有如連姻外戚主第侯家夙稟王姬之化長發儒門之祥離文蔚起坤教詒徽比享齡逾甲戲綵弄飴之樂白華絳趺之歌此于人間

鼎盛造物獨鍾非偶然也　高皇帝定鼎函

修主壻譜子女生配藏之舊府凡　新主纂

祚駙馬子孫無遠近得蔭一人而同氣所推瓜

葛皆榮又非一日矣國子李某弟昆以母太孺

人趙氏七十稱觴徵言則知母爲駙馬左都督

孟陽公之五世孫而　高帝寶慶公主之一

脈也適奉庵公隴西世族孺人輒婉㥶承順以

亢宗相昴先舉女二相依俱雋衿共一郎　公

主之玄孫最後得君兄弟愛而能嚴非禮義不

以出身非詩書不以加訓勤稟法程無忝先德二子鼓篋入成均遨遊文圃獲交四海知名士人以爲義方趨庭而不知慈闈之胎教有方允劑有素實表宅相之奇也猶未也造物以其動崒磅礴之氣畢萃于善慶之家愈昌而熾如旭升川盛而猶待夫人之挹取故滿盈之戒在丈夫子猶難之孺人能篤勵自甘勤作以先臧獲敬姜氏之家法如新焉有所節嗇於已即有所取贏於天何昌熾之不可久膺耶假令孺人席

先業爲汰巳甚人亦誰敢非議彤管左方無足述其徽懿蒼蒼者未必專注如是今子若孫繩繩膝前鳴鐘擊鮮乇時徼　國恩鸞帔翟茀之榮孺人之所以食報未巳也今年方七十聰明強勝季春之朔蟠桃始華眺王母之蓬瀛辨麻姑之鳥爪政在此日而予爲詮叙其懿德如此以德則光譜牒而昌厥後天禧之來與淑景俱長芳菲並茂也試以茲言爲坤則何如

賀朱太史封翁五十八壽序　代

晉一大都會也古稱其人質樸尚義好樂無荒
其有陶唐氏遺風乎彼表裏河山太行清漳蜿
蜒靈秀河汾之間代有聞人然使聲不踰丘里
德不拓後嗣蓬蒿邅暮亦安足侈也以予盱衡
當世逸士之林而得朱太公公隱而喜游其於
尚平之讀易已悟其二嚴子之九州未厭其入
嘗少客于秦秦亦一大都會也終南太華汧渭
漆沮與夫長楊五柞之勝領畧襟袖比廿歲餘
復客於吳吳又一大都會也其間渡河淮浮天

塹慕延陵之高風訪廡下之遺跡盖籃轝舴艋玄覽者三十年而公之盪胸駭矚若舉宇宙之清福人生之極樂莫或踰之未也太公義俠千古周人之急如取諸懷游道益廣又未也其洽家如華子魚撫兩孤甥不異已出至成立猶同居人以此誦太公德是其逸樂好修頤養天和必有大其門閭者盖游倦而還燕詒一經而令子以少年成進士讀中秘書翩翩棣棣姿矣兹某月覽揆春秋方五十有八而中秘君洗腆鞠

亟請余一言余未交太公第以行事徵往昔而知公得天之隆也記曰吾鄉有先正試徵爾鄉郭林宗不仕東京韜光明哲以砥礪稱有道王文中獻策不用教授河汾以師道自老然皆窮約環堵厥嗣之響蔑聞未有如太公之生當明盛中原弧矢而克昌厥後者夫崆峒之子汾水之神公之所以生申也金蓮之炬銀魚之佩公之所以待錫也瑤池三實之桃東海如瓜之棗公之所以與造物游而任遘焉者也中丞君初

濬夔龍之業而公年方逾艾它日黑頭三公皓髮太公人將以好修之福歸公父子間太公曰吾束髮漫游勞人克壽且晉山川之靈也瘠土之人多壽富貴吾何異焉敢以是爲太公祝

賀中憲戴公暨顔恭人七十七雙壽序 代

吾漳負山襟海發祥天寶贔屭蜿蜒靈秀所鍾下有達人而維嶽生申在閩閱家則無如戴中憲公其得天之隆釋褐曹屬歷仕朱轓中間侍養掛冠且數十年雙鶴偕老六龍嗣徽而里中

稱餘慶者又無如中憲公今春秋七十有七强
健如少壯與顔夫人同年將臻期頤諸生某輩
與諸公子同社以菊月之望爲公懸弧仲冬旣
望爲夫人設帨之辰索一言於余曰中憲公之
得天固也惟德是依請徵之人亦知向所以蒞
官狀而徐及其惠于鄉乎當爲廷尉司寇諸郎
時平反明允念封翁春秋高不以三公易一日
比補計曹節宣多力出守東甌郡如輿人文董
鄉正恤軍需備防禦種種善政甌人思而祝之

雖中蜚語無恙海內猶望循良復出而公直以筍輿節杖足當牙角時時壽泉石間人以爲公好與景純家游而不知公正以逸其天年也里有橋梁輒先興繕長吏有風裁以忤時歸者首舉借寇囊都鄙澇灾戶口稍耗公遇清丁籍請之當道得免增枌榆之父老子弟感德公祝公如東甌畏壘之氓也顔夫人出自鼎族孝而更慈待躬素約更好施予內外戚黨下及臧獲事無鉅細無不手自料理其佐中憲公貴而能勤

並享鴻禧而歌麟趾有以夫余聞而適然諸君子談天人之際詳矣抑諸君子攻一經行且較五經於白虎盍爲君各誦一經履之上九曰視履考祥其旋元吉公之履可得而言也洪範五福四曰攸好德而解之曰樂其道旱麓詠玉瓚黃流而歸之豈弟君子穀梁釋春秋有曰德厚者流光公之世德不淺禮言七十曰老而傳老且傳之於子則公之繼述有人而耄而耋而期頤不偕與優游也哉茲歲爲干支一週明年甲

子屬　天子履端授曆之始尺一將徵巖阿

未老又時當大比六龍兼起象賢同升爾時諸

君子公車鴈行再逢覽揆共獻瑤池之觴如瓜

之棗公擊鮮釃酒相勞夫人傾筐倒庋笑兒輩

裨益弘而樂事多耶盖預望十二峰頭有淑氣

矣

壽兵憲朱公序　代

人臣赤心匡國順逆者時出入者位無非靖共

之地此其道何居易曰知幾其神獨乎幾者直

與造化爲秉除與元運爲終始得生生焉今
皇帝御極之初有大法制大議論在廷蜩沸其
君子執一說以獨抗其高互相標幟其小人競
附和以爭集於菀巧爲排擠爾時言者輒爲仗
馬之斥至於今日公道大明然涓滴江河不能
不念於無爲福先之戒也此其故可爲相知心
者道也予曩待罪戎垣則今觀察婺州未孩朱
公爲同省郎夙夜在公商得失驩甚公嫉邪如
請劒多所封駁謇謇中款予時言大政皆公所

同心而欲言者屬同舍有被斥公徬徨盡力如陽城之救陸敬輿予既以言取忌策羸出都門公尊酒相勞嗚嗚不能別去比予歸而局已正然跡公者尚未息公於是有汀漳之行矣夫公熱腸侃論豈不能援引辯爭以伸國是抑豈戀螭頭盈尺地爲是括囊而意不免外遷耶公度揚湯而止沸不若竢晛之雪消且寒暑迭更時運宜爾其在于今言事者固收反正之利拾唾者或滋已甚之端柱下物壯則老圯上澤滿者

溢之旨難言之矣公之燭幾微矣世俗豔美侍
從一日離春明便如奪我鳳池夫方岳爲
璽書重臣經緯武文提衡百辟疆圉之堅瑕閭
閻之慘戚得專問焉彈擊貴豪便宜行事視西
掖時白簡什倍風霜吾閩之人惴脛跂踵方喜
其來而虞其晚而公已叱馭臨矣公豈以其外
遷稱絀未免牢騷之氣又豈以其内召無幾聊
且遽廬其官哉公備兵汀漳控制虔潮三藩一
大要區自王文成公平寇以後功垂百年戎伍

漸驕武平之卒以索糈幾脫巾公諭而定之汀
民食鹾賈人子匿舊引爲姦公謂時方匱餉令
國家不獲收煮海之利耶亟懲而疏之俾上與
下俱便即如頊者按部吾漳議勦撫以安海濱
鋤豪猾以字閭左大半與中丞御史臺廣
天子德威不負靡及之懷予廬居所目睹及握
手接談者此何異夕垣對榻時耶汲長孺薄淮
陽願出入禁闥仲山甫補袞闕經營四方孰爲
廣狹彼輿人之頌已祝公之纛牙長覆吾土矣

嘉平廿有六日爲公覽揆之旦汀之屬令某君
走使徵言且曰公不好肇藻以心知莫子若子
瀝而言之夫予則已詳述如右矣雖然就時之
說進之可乎茲臘杪立春爲序之終爲歲之始
有除舊維新象焉在月爲臨曰容保民無疆在
春爲泰曰君子道長公登紫金山頭而睇雲物
正　天子迎陽左个普好生而消朋比之候
從此　召入九列躋世仁壽與元運循環衍
圖籙於千年是乃弧矢志爾若夫寶婺生申化

松成石化石成羊靈異所鍾無竢予贅茅竊附於同心之言以遥祝未知當否也

壽徐司理序 代

今宇内太和清淑之氣不但屬朝廷而在郡國又不獨視郡國而在理官理官者察吏明刑輕軺所至與御史臺絳騶接軌而馳故解苛滌煩覃膏沛潤得自爲政必其根器深得天厚而後可以福國庇民此封人之祝輿人之誦未數見也吾漳僻處海隅弦誦成風夙有鄒魯之號邇

來稍以陵競鼠雀稱繁猾胥陰陽其手而萑澤之藏跡鯨波之戒心往往闌出爲黠而離入于羅臺司二千石所倚以澄清者亦惟理官江陰石城徐公以名進士起家理漳如佩龍泉發硎而不可遏也如炬懸犀照臨淵而不盡察也蒞數閱月而案無滯牘圄無寃民矣社鼷稷蜂痛爲剔除稍越矩輒扶去曰而久事乃公舞文心多詿誤事少也按部所至墨吏自黄綬以下望風解遁矣驚濤𢹂島之寇逆撫者無赦海上漸

寧居矣以至奬借諸子弟薪標無遺舫鱗異視
士每公謁便歎使君將我入青雲者盖公之沖
襟朗韵倏風扇物自釋褐巳然憶家從子某佐
杭郡嘗喜披雲於湖上每書來頌之娓娓而其
子若弟諸生某輩輒沐浴仁流不巳也兹黄鐘
之月六日爲公覽揆之辰某輩謬以予爲族中
一日長介一言爲祝夫公方少壯予欲以浮丘
洪崖之道比則其說近陳欲以三實之桃如瓜
之棗進則其說近誕將操何說而可直以令月

嘉序之義祝可乎今歲在柔兆攝提格萬物發生光明之象在長至後五日一陽初復其陰盡陽回之候乎公精明慈惠祥刑布德不翅吹黍谷之律而動葭琯之緹太和之所以萃一時也今 天子勵精覈吏明法遠邁漢宣此特名吏足媲神爵間其道尚嚴公以三尺行其寬大如冬日之可愛和氣滿郡國異日珥筆侍從獻納 天心爲宇内普太和之氣所關匪淺眇也而祝公者就此時覘之根器遠矣不見莊生

發硎之喻得養生耶予曩待罪吳閶望三江五湖之區涵孕有至人焉昔徐文貞公嘗理吾閩甫至清夙繫三百餘人又憫諸生趨向之岐焚其所受鄧析書而韵以經傳格言閩士思之槐鼎旂常於今爲烈公其同里又同譜也諸子且以是祝當不讓封人輿人善說辭矣

壽處士對華鄭公六十序 代

古云芝草無根醴泉無源又曰培塿無松栢何其言之相盭也天地積厚之氣或赫奕于前必

沉淪滄靄經幾潑晦再發而熊熊魂魂始磅礴而瀰漫六合譬之太行常山之蜿蜒起伏濟水之澄綠隱現也隼鶚之戢翼而後攫虎豹之縮爪而後威鯤鵬之運以六月息者也有天下者亦然殷高宗周漢二宣皆從洪緒阨微中稱中興而況卿大夫士之家乎莆文獻頌袖全閩成弘以前名碩輩出令亦雲雷方亀之時也予吏隱白門鄭明叔君嘗往還間從邑友見其時藝精深氣厚雄博而多玄妙語明[illegible][illegible]有大結局

文字業題其刻義以行矣而君尚困蓬蒿也比
量移瘴嶺取道還閩君亦欲南歸各别因以尊
人處士對華公年及耆徵一言稱觴鄭世有名
賢如漁仲善夫遠不具論知郎處士自父博士
員而上大父桃源教授曾大父封諫議公世進
賢冠今族子方科聯聯而纍纍若若也獨處士
蚤孤治儒不利去而治生事母至孝負米於吳
越南海之間又正厚不能與物爭奇羸反爲所
勝撫明叔慨然曰滿籯在一經吾所恃以興吾

宗者在孺子矣凡族黨里閭有行可爲範學可爲礪者不憚酒脯以交驩也則明叔之穮蔉其殖也所從來矣嚮使處士挨跗而貴亦未必鼂霞之有晝睗而豐華之有茂實也明叔又以爲富貴吾所自有遇合未及而枯顔芸窗穴中鼠耳桑蓬之謂何故亦效負米於四方而四方之賢豪長者時彦名流亦各叅玄塵而結芳襟立身揚名此日已足言孝何娭車列入騶堂羞五鼎耶處士六十以前懷仁抱義以厚儲於造物

則自今六十以後繼志繩武願養　疏榮上以
光宗祖之廟祏旁以式族里之義方以子爲芝
醴以子爲松栢皆取償造物之日也明叔歸矣
卽甘臞嗛嗛處士愉爲試以嘉平五日張吾言
于堂弁以質有道之賢大夫士者

壽徐明府序 代

天下任鉅投艱之業非淺根弱植所能辦必得
天厚而後可以揮霍八方無所窒礙如阿耨之
源其瀉萬里長百川而朝于海如岱嶽之雲其

觸膚寸不崇朝而霖九州也漳襟海而治諸邑
爲諸封領袖昔號繁劇不過謂簿書旁午且與
大吏中分郡事應接爲難耳蓋七十年無事垂
簾鼓瑟無不可者廣陵徐公釋褐來臨正值鉅
投艱時也屬海寇爲梗虔劉人民燔燼廬舍實
逼近我城郭公甫下車即募健兒料鄉卒築銃
城戴星往來於嶔崟扼要之間又比歲陽九畢
方跳梁鬱攸爲祟犞人居人爲之告困公側身
祈禳真如所云割髮及膚剪爪侵肌者又自東

事征輸已甚邇都城烽迫羽檄四飛公索敝賦以從備極撫字公所爲肩荷艱鉅類如此今吾邑中亦已轉危爲安反菑爲祥矣宅若明敏獨姦端方執法使宿蠹消於氷雪而成憲屹于丘山公之天素定矣即項者掄士之役務究所長一時名下俱入彀中可刮目而穎脫者夫非清明在躬氣志如神故藻鏡懸而照不疲耶茲仲夏覽揆其君子頌于堂小人頌于野子弟頌于學宮兒輩某及壻某偕諸同志以余詹詹爲祝

故事祝明府必徵言碩公余則何敢然而我有
子弟父母誨之則成之者與生之者實同罔極
亦惟生之者乃能知成之者言何已已夫余向
述公所以理艱鉅者無非天福公以大任也自
古鷹揚之聖兆於灌壇曲逆之勛覘于宰社士
所樹立簉仕已然不見漆園發硎之喻批郤導
窾于此得養生耶則更以時之說進茲月屬姤
品物咸亨含章自天之象又逼端午有辟兵之
符續命之縷其來舊矣今虜患未平畿甸之艱

什萬吾邑　天子方拊髀而思側席延訪得
如公者以資統均獻納之用爲　社稷辟兵
爲災黎續命是養生氣之大者公自可舉岡陵
之觴以待後來益發舒所爲鴻鉅矣余觀廣陵
之墟吐納洪濤南北所劃江淮河海之所聚也
其地則燥濕惟均剛柔調適靈異所鍾局量與
氣祚偕長得天與得地並厚區區百里安足究
厥蘊哉諸子弟素學詩詩歌豈弟樂只而歸之
遐不黃耇欲以頌教成也則各喁喁誦臺萊之

末章

壽史明府序 代

曩予釋褐都中吳興鶴野史公駢籍聯鑣稱同門友相得甚驩無不兄弟若者嘗擘箐談經濟事願得百里自効以發揮其才意而徵驗於頌歌迺爲勝任愉快也亡何公已綰黄綬治吾漳之靖邑予方需次里居益沐浴玄化含飫芳膏知公治狀最悉則昔稱弟兄而兹戴父母矣孟冬望舒上弦爲公覽揆門下士某以予誼不淺

索一言稱觴其何敢辭夫靖在漳西偏古號巖邑山原谿邈一割而爲平和一中於倭寇城郭再遷民稍疲瘠而務本力田惇朴成風非復他紈袴躧屣治游連騎者比然平疇猶闢十邑之氓多隸籍而供其賦簿書更委則撫我者實生成我不得謂之隣疆自公爲政每笱與葦棹往來其境見列峰環抱兩水澄流與公之神標朗韵相爲聳映村疃籬舍操豚蹄而話篝車者皆賽灌壇之庥而勤麥丘之祝者也盖公之政因

而利之而已民循守生涯則與之爲弦誦民稍
軼繩尺則與之爲祓除無事鉤距而黠者遁竄
者銷堂皇不下百務偕理不啻雉馴而鷹化也
即如邊糈之加征民不見苦緣粒之貿易市不
聞聲氷蘗自茹調劑幾費至于延接都人士一
段霽景所謂煦以融風將以入雲靡不依趙日
而覩樂天焉夫此俗還於淳比屋頗化今而後
靖信樂郊民無干網也昔史弼治平原値攝罪
黨獨無所上迄今稱之公眞不愧先烈治行高

等者矣車茵未煖而嶶美已籍籍若是謂足以誦公耶則類於杓之人謂此未足以誦公耶則宰天下如烹小鮮始基之矣蒙叟養生之論不從新硎解耶大都蘊根厚則綿衍長令玄帝初馭萬有告登之候公盪陽和而消結矯靖雖僻亦足以試爕理之一班而開岡陵之百福矣語曰樹桃李者秋冬得其實又曰百年之計莫若樹人諸君子忻所樹矣子弟之歌父母願其優綏矧吾兄弟深以經世抵掌天人庇宇忘寒而

忘其喙也因授諸君子以頌公之樂只

壽松江郡幕林君五十序代

人生百年之内以五十爲中程如蔗境之及半山高之及腰繇此而愈甘愈熟臻于期頤有道存焉古來稱遐算者周召以後若張丞相郭汾陽文潞公皆勳德大位無論即瀨鄉漆園東方生王子喬仕不過庳寮而靈蹤著異則自壯而艾雖微祿自安巳游神于冲漠之墟非塵鞅所能攖也况諸子多際昌隆之運事明聖之朝或

躬爲篤藎言爲世則故非淺植自放若予余代
匱留計友人鄭謙伯嘗言其姊夫國子林虛左
君之材足馳驅王事今歲陽月以松郡幕棒
東宮祝箋入金陵既梓誼又屬吏相見殊慰會
月廿日爲君五十懸弧諸懿親請余一言故事
郡幕賫表箋騎立太守率丞倅揖而進爵于馬
首以崇其典君膺此異數當　睿聖作述重
光重輪傷　少海之餘波爲小臣之效赤又值
艾齡纔及榮祉自慶亦百年內罕遘之休嘉也

謙伯言君恬夷曠朗胸無城府而行有準繩績學攻苦七上公車不售不色愠授一職竭蹷干掫不辭勞所尤難者家徙歷陽三世而奉二親歸窆于莆以從先兆間關浩費人皆慨服周人之急如取諸懐解人之紛如絲斯理勝友聚驩能飲一石而卜其夜不亂也一種融浹之氣接者如盪春風漱華池而吸金莖是固游神于冲漠不爲纓冕繫者矣今展效雲間三泖五茸枕江負海一大都會也簿書奔走之餘玄覽怡志

可以厚生而忘老訪古哲士顧陸代興卽我明俊彥陳文東以茂才仕州佐金思誠以老儒擢中允沈度以布衣躋學士先正芳猷差可比肩今 天子加意用人不循資格往往見之啓事如君之刻厲明敏獲上治民又知非之歲所謂膂力方剛經營四方向後耆碩期頤又未知此日之祝當如何華膴耳日者以公事至此距家衣帶水親朋畢集兄弟諸郎及館甥冠服章縫稱觴歌詠亦何異衣繡於晝里戲斕於南

陔也君在都下時同譜諸紳日相往還與劉翰
撰祁侍御交推重俱預爲頌祝之言而余因梓
戚之愛又喜爲　儲皇千秋之役爲慶竒遭
如此信仕不論崇卑以人重仕而壽重人無涯
之德重壽皆是道也遂授之并示令子某以張
皇華之館

蟫窠集卷之

龍溪黃以陞孝翼著

傳一

李大夫傳 辛亥

公諱文察字廷謨平和人也父世浩爲寧波教授學行著于世公少補邑諸生應貢卽辭所得貢金邑序至爲立碑初不以困公車爲念也洸深好書尤究精樂律家居西山搆一樓上懸律呂以審氣候或簑笠坐屋角頽櫛風雨夜而假

寐饑則家人以乾糇縋絙而上足不履土三年
所著樂記意解補經之遺緜是知黃鍾損益之
分歷祼職掌之謬其辯訂與史遷異　世廟
中公以資序謁選當州倅因奏古樂筌蹄　青
宮樂調及律呂新書補注　上大悅郎拜太
常寺典簿命禮部及太常郊廟祀樂其以是議
爲制公卿貴人交喜公時議樂紛紛夏文愍禮
獨左公分宜至貴倨猶特言於　上曰樂律
當以李文察爲正語具在經世宏辭中每祀必

公扈從一日讀祝臣有所誤脫　上怒欲罪
宗伯若大鴻臚諸司以公素所優寵推公進見
公伏闕下曰祝史有人然臣實與焉罪也
上釋然薄罰俸六月既秩滿階文林郎封教授
君如其官當是時　上欲拔爲少卿不果當
外遷太宰李公默擇守磁州謂磁州邇京輔
上即急召公旦夕至也公往廉節自勵令民贖
鍰皆入楮所更葺居多亡何以内艱歸三年復
補晉州晉又京輔地也公臥而理耳屬御史某

嘗與公講學爲生平驩公遣人候之御史將嫁女寄金二百令鑄奩飾卮匜諸具公笑曰豈道義之朋以此溷乃公乎促伻還之而太守偵有所托遂私製千金餽其家御史以此疏薦中止而公因有佐西粤思恩之命矣公念不得大用遽解組歸率族子及里中入學教以六行不聞郡邑吏事而當道觀察皆慕公至爲治宗祠立表坊每騶從詣草廬不絕云封公之以行誼訓鄉家也設義田義倉捐貲數千鏹爲族築大垣

垣內數百家率老稚居其中有邪行及遵佛說者輒鞭扑於庭一時族里頗化文物繁興公與有力焉公事父母至孝仲季虞部君文餘諸生君文炳皆異母撫之無間言自公卒之後繼公學者虞部以進士開邑科貳長沙有聲復贈敎授君爲應天府判諸生君以布衣爲金中丞籌邊所制陣皆本律書而近馮恭節先生論樂亦云當以先臣李某所攷爲正

逸史氏曰惟君子爲能知樂以予所聞李大夫

者其庶乎樂記之儀節亡也久矣二千年下無能知者闡明經指豈曰小補然予又怪漢相如輩以樂章見嘉至李協律之新聲猶取厚寵而大夫竟不獲大用也始恨書之不傳氣數係之越三十年購得秩宗原刻并上樂書疏乃知壁中汲冢不終閟矣夫

許隱君傳 丙午

始隱君爲兒時從諸兒嬉戲賣瓜一父奇之曰是兒風骨特異寧作賣瓜傭者取升米遺之隱

君不知其姓字也已而學書輒慧則師業蹴踖卽令陳將軍某陳博士經者咸同君筆研而左臂焉者也長豪偉自負嘗與陳經卒業他署中夜聞鬼聲號哭漸近陳驚怖不定隱君略不爲動從容曰鬼何號哭爲豈嘗有負若屬而未白者吾持行正直卽能爲神人鑒胡能恤若寃也繇是益自負竟學而樂爲人排難解寃居有頃賊從五澳入寇猖獗近郭廬舍煨燼隱君至孝負父母逃大樹下朝拾焉薪夕裹焉飧而里人

子爲虜者盛推君大富賊跡隱君所在遂虜君父以隱君壯能稱貸無難釋父捐金也隱君徬徨良苦乃以母屬妻以身質富人家貸金錢百緡間入賊中求父賊亦憐釋之隱君既脫父於難目擊海上頻警始奮然曰丈夫既已屈首受書不能取尊貴即當如魯仲連排患燕翟令千里誦義不已耳多發陰符素書及孫吴兵法讀之因上十二策於吴兵憲兵憲納而器賞之曰是固嘍啰將所不能計者亟移檄中丞臺欲以

偪神任君隱君猶豫不決曰吾父母老矣亂離以後非吾朝夕與俱寢不安食不甘且不曰獨子無兄弟乎固辭之蓋隱君生平所謂一日養不以三公易者也自是之後益發憤行義施繇親始族有繼母不能撫其子至欲訟者隱君夫妻爲壽奉巵酒長跽曰骨肉天親胡爲棄之且不虞其釀成大逆如梁人故轍哉其人泣下且賦大隧如初從弟某起家功曹貧不能之任隱君數千里餽遺鄞衛之間弗望報也族又有貸

隱君錢不能償而逃越者隱君聞之曰是豈有
因利無幾令人離妻子而他適耶亟出券焚之
令趨歸里中有搆訟積歲不息者隱君力爲解
紛若質成然人繇役及喪常爲主辦靡不厭其
意者屬大疫爲祟有友死而親姓不敢近者隱
君蹙然曰命在天也生死至情其忍以疫爲解
躬爲治喪而諭其子以無虧禮人益以此偉君
陳經之以端州博士攝邑篆也邀隱君之任隱
君至數日而陳疾且革隱君以不能護喪自買

舟歸聞庫中亡金艤舟以待曰吾故倦游所以赴邑公約者亦欲少觀治狀俾爾邦無弊政獄無冤民耳不幸而又逢人失金可遽行乎少選而守金者果至隱君毫不容辯惟盡發槖裝騍佐刺船而已守金惶愧謝罪而去其行潔不緇而此隱君至孝終身每祀父母輒欷歔不止庶幾爲鄉人㾷社他取予不苟好施輒忘之獨人有德於已者數十年不忘也常曰昔伍胥流離食必祝江上之丈人今安得假淮陰百金報賣

瓜時老父恩哉既數奇不仕自負益壯不自知其首之皤也晚好黄老及相冢家言所著有道書要錄二卷詩一卷藏于家年七十一而卒鄉閭私謚爲貞逸先生綽諱有容其字也子二聘起起字問甫博學優古文辭與余善

贊曰史稱游俠砥行立名趣人之急人爭附之乃余聞隱君枘鑿于世德不勝怨何哉賢者愠于羣小自古難之矣即其没齒全孝以及他人豈游俠所能者及覩問甫所爲騷怨慕悲憤天

之所與必在于是詩曰孝子不匱永錫爾類又曰永錫祚胤其許隱君之謂乎

漳泉二烈婦傳丙午　採入郡志

郭氏者龍溪朝陽里人也生於農年十七而婦於陳陳應美者亦治農貧嘗爲人傭耕婦不能同耒耜獨主其家家故喪姑婦則賃縫井臼以事其舅間饁其夫甘荼習蓼者七年悉所不堪內外無言也而僅得一女亡何夫病婦輒鬻其衣服求醫彌月而衣服盡夫病逾革醫者辭

去婦度無能爲焚香祝曰天乎翁老女孤所不
可死者吾夫幸假數年不然願以身代身死夫
可再得也語畢而應美死死之日舅既不能視
事又寡親戚衣木無所給婦悉貸以葬也其葬
時婦營寘彷徨意欲擇地廣可容兩木者移日
竟無所得特祔于先塋之側而婦心口若悵悵
焉促狀家人莫覺其志自是賃織無暇刻收其
直以償前貸半爲事舅半陰製殮衣諸具云亡
何舅以貧故遠之改志而婦家王父亦誡之曰

而爲陳家婦七年未嘗饜糠覈又寡無子命也母亦再相一家拮据稍贏禍而還福命或未可知也媒妁塡門婦私泣曰命已到此死自吾事翁舅實無佳意柰何奪吾志乎復紿其舅曰夫死呱女無可望婦所以不卽改者以朝夕奠一杯羹欲獻應美前朞年未晩也舅不復言而媒妁亦稍稍退婦則陰祝其夫曰君當有靈同穴志定地雖小終當就木寘君側矣明年大旱田荒貧益劇舅復言改志事且與婚者有期婦聞

淚簌簌下曰今不可待幸得爲朞之喪足矣翁尚有伯叔在吾無難計一女也遂決爲死計夜舂脫粟更織所餘布家猶莫覺比雞鳴起而頮櫛行哭於夫墓所盡慟而歸從容趺坐乃引刀頸其女呱呱邇舅臥處舅一再呼之詳應曰心欲痛亡害也復到舅驚起呼諸子若姪而婦瞑矣鄰里走到所覿之則圓箕一盤一刀一椀水一撮米一所製殮衣及諸餘布陳於後頸中受刀者三鮮血盈襟而端坐不仆云郭氏年二十

四死爲萬曆戊申七月十五日云應美逝可十一旬是日得合葬焉其後九月而泉有王氏之事王氏者名承靜晉江人也父居瓚爲弋陽令有聲王氏幼與其兄從宦讀書試之對輒能應聲荅十五遂歸於何何九轉者字翁悌補邑諸生嘗舉孝廉不遂者三舅喬遠字稚孝以儀部郎抗疏謫歸因悉婦所以死狀婦歸時姑温宜人亡婦朝夕泣奠無廢禮已而治姑窖窆悉出力襄儀部公業心異之悉以家政授婦矣婦輒

躬爲任勞椎布操作靡所不供隣媪見而問之曰是安有禮部冢婦而手皸若枯魚者王氏笑不之荅也公不更娶寘一側室婦待之如姑而諸妯娌臧獲咸得歡云九轉爲人行古別內外甚嚴婦雖主內然言不踰閾其舉孝廉不遂而歸也益苦于學婦相勉者可十四年嘗語諸從子曰而叔有大志吾嘗副之以故九轉屢試冠郡人士而博雅藉甚卿大夫閒人益服王氏儀部公素重名居山郡邑吏詣之不見也九轉善

病未嘗局促干當道家無錢帛婦輒安之亦無所貸嘗曰吾翁自甘之豈以爲廉吏未必有廉婦乎有則間以施予無少恡焉亡何九轉病遂篤婦呼天願代者數四比亡慟哭十晝夜口不能咽伏柩祝曰何以使我稱未亡人乎然是時猶有幼子劭女一婦未有死志亡何復喪幼子王氏泣繼以血也曰吾所以不死以撫何氏一孤報亡人地下耳今若此若亡人何請從君地下遂私製髻約衾殮諸具其所遺衣布悉散諸

親舊及所市米鹽雜直令財取之而王氏始定爲死計其母若妯娌隣媪勸之不聽且詳爲不死狀出見儀部公曰婦志決矣没當有靈佑翁百餘歲翁無以婦故傷心公諭役數次竟不可奪泣許之夜夢至且有長虹裹身語家人曰吾今如鶴舉白雪之中矣復語其兄所讀史曰女媧乃能補天吾死於世道亡補乎比一夕飲酒啜粥自若家人憫且恠曰死何飲食爲婦則語人曰吾粒水久不入口恐不能謁先祖若尊長

拜跽成禮也蚤起出謁先祖與儀部公訣語甚
然拜畢闔扉而縊曰吾行矣再請儀部公托以
幼女語其兄以慰母而時首已入繯語罷而王
氏逝矣士大夫往哭如雲王氏顔貌無異於生
時九月十日也去九轉卒僅一旬年二十八越
十一月與九轉合葬儀部公自爲誌銘云
黄子曰余從父老聞二烈婦事未嘗不爲之舌
吐髮豎也夜夢有人若爲二婦請傳者因覺而
論次之夫漳泉海郡非若燕趙節俠之鄉慷慨

捐軀卽丈夫猶難之乃四旬而得二女子亡論其人賢愚貴賤而貞風凛凛可列觀焉郭氏一田家婦舅覬易嚮無怪者處不可爲之勢白刃明志其天性也王氏知書習禮居身世泰其得于家門之訓者不少從容就義其言有足嘉焉然余又怪儀部公遂有若婦以彰其美幸與不幸必有能知之者嗚呼壯哉嗚呼壯哉

陳左史傳 壬子

公諱煒字實中其先光州人始祖元光垂拱間

以王鈐衛左郎將戍漳爲漳刺史遂世爲漳人公少至孝父郡文學楓病公侍不解帶值前衢火延及隣居與父弗能去也哀號格天反風滅火隣賴以寧咸異公旣補郡庠屢試諸生高第嘉靖甲子領鄉薦三億禮闈歎曰丈夫經營四方何官不可居自難一第也甲戌選光州守光宗國也民得漳人守而喜公勤撫而不少徇屬文物稍頹爲脩黌序搆龍樓課師弟子鄉書得儁三人皆門下士先是民困傜役而光爲甚會

撫閩都御史龎公尚鵬疏一條鞭法頒天下
制曰可公急行之光人稍偶語監司督過掾史
公爭之曰民不可以慮始可以樂成後遂爲良
法民卒便焉庫中有失錢數萬獄幾年不剖者
公於城壕掘地得錢式與數相符也始知錢飛
去復還人以爲異感績最遷衡州貳守攝郡篆
所興革利民居多御史以其能命巡行諸部所
在宿蠹風清有屬令欲干以金密進者公笑曰
守得爲廉吏丞不得爲廉吏耶亟庭遣之他舊

例入官者悉痛除一如守光狀公之遷郡丞也有所善友柄銓以有德色望報公恬不爲謝遂以　靖藩左史再遷時主少國疑國母視事每事必咨太傅公侃侃道之以正百粤人清明祭先於郊男女雜沓轂轢奔匭毋欲躬出謁陵公正色持之不可臺司器焉桂林山水奇甲域中兼以王官事簡與宗室有韵者日飲亡何賡唱其間稱爲吏隱雖不得他遷殊無鬱鬱甫階奉政而以圖書數篋歸矣歸之日野服麤食居于

西洲與耕釣混迹里社有會必與公忘其貴野人亦忘其貴也其子弟有就鄉塾者時扶杖往誨有詿誤而惟恐公知者客至則茅蔬盡醉略無愧色族里有不能婚喪者傾橐予之有司請鄉飲禮者三非是未嘗踵公室也萬曆乙未年六十九而卒所著有桂林漫興一卷藏于家子二堯星道星星字季岳與予同吟社能詮述其行實請傳

贊曰良法之行也需賢執事哉方條鞭之法公

執之民初疑而卒利之有類於公孫僑仲尼之爲政矣天地大矣何所不有彼錢之還理或然焉不然合浦之珠謬乎安有恬淡於家而染指于官也斯所兢兢于四知三惑者哉江都相有云正其義明其道當　母妃臨朝國是易淆之際而所嚴者一人得於道義深矣假令以之傳
朝廷必有足觀

呂孝廉傳 癸丑

公諱貞字于一龍溪人大父景鳴應歲薦以季

子少宗伯公旻封翰林院侍讀其方正載郡乘
及祀學宮父杲國子生有長厚稱公國子公冢
子也弱不好弄與弟開建令式行脩相勗以無
忝先德一時學行月旦交推漳南呂氏年十四
補邑庠時學使者冢宰奉新蔡公試諸生第一
及丹陽姜大司寇後先器重檄會講書院多士
願交咸推公主盟嗣是屢困省棘辛卯楚黃耿
公以選士辟公入太學則海內知名士又多願
交名繇是益重丁酉舉于京時主試名公全太

史及焦弱侯先生尤以論賞公乃再躓禮闈辛丑甫年六十而遽以疾逝矣時開建君方以歲辟爲令有聲而公既赴公車竟不得拜一官以展布其猷惜哉公孝友至性當國子公病革燕邸間關奔赴扶服而歸終制不邇閨闥侍母楊疾未嘗解帶與諸弟處恩而肅終日無狎語惰容家中見孩一飲食無敢先尊長者歲時伏臘則率子弟倫序謁廟雍如也嘗修塾舍以訓族子置義園以充歲賦贍婚葬人謂仁孝睦宗者

又交推吕氏與人處温温披肝遇事輒骫髀不
撓銓部林志唯公每念與公同舟昕夕慰勞過
於骨肉綈驩得一人足矣家故多遺貲澹泊自
約有廛一區鹽舟泊其下商請輸稅公笑辭曰
吾無以慊而類反牟而利吾無無庸爲也歲歉平
粟價以賑里人不能糴者貸之全活者衆族子
暮遇少年閱于途遷怒及之公躬率詣謝其人
愰愧無地以故誦義載道謂貴公子對公車其
行脩類如此難乎一世矣卒之日亡貴賤靡不

涕下曰古之人不可復作惜哉子一諱子烇余姻也補太學有文風其裔系詳林銓部所爲誌銘中

贊曰今之言篤行者每按往籍求人於華史飾實之餘乃吕公者其貌癯然其口吶然其禮讓足以坊民實不揜華所稱彬彬君子哉其遇子弟即華子魚陳元方兩門曷以加焉誌稱公喜老氏谿谷之説用以持世是以内外無間進乎道矣雖未仕以用其未足已可謂桃李之不言

矣仕榮於一時與論定於沒世孰爲愉快哉

原書缺

原書缺

世居武安之上苑村後徙邑治王父彦璞父純仁俱以禮讓維俗舉鄉賓父元配邵無所出後得蘇氏僅生公一人公幼負奇質動止綽有成規稍長補邑弟子員才藻翩翩非其好也顧獨以孝悌仁厚稱于内外嘗授室葉氏而父巳逝鄰人利其易與乘雨頹垣爭界公笑曰盈尺地小方寸地大苐從之勿較後其人竟以其屋售公嘗以屋假人居久不歸也棟撓猶不能徙厚給之而去先是公父有山延袤數里與衆共之

欲其撫予孤久之有墾爲田者公不之問衆白于官剖還公辭曰是先志也自是行義益著而凡貧不能婚不能葬及紛不能解者交倚公公嘗置義倉以貸匱乏微收其息以補鼠耗其窶甚不能償者蠲之　世廟乙巳大饑發賑全活者多辛酉賊挾倭寇薄城下邑中惶走莫何公率家丁三十餘登陴時有族戍自關中來者德公甚奮技弩射賊中流矢遁去圍遂解長吏論功示勸公辭不受賞邑人益大服公方以諸

生入成均將就道會母邵患眼喪明昕夕侍湯藥不解衣不交睫多方求醫不可爲號天拜禱願以身代一日忽明人以爲孝感或風之仕曰吾老矣二親更老椎牛以祭何如雞豚之逮母存也亡何邵母逝公事母蘇融洩然樂也盖至二親繼歿擗踊幾絕其至性如此葉孺人生子維翰而亡繼潘不孕最後黃孺人生維毗維襄維牧課督嗃嗃不廢夏楚夜分卒業乃就寢漏聲已則擊磬一聲須臾帷中皆吾伊聲矣以故

伯爲諸生有令譽仲成名進士而叔季濟濟碎
雍皆骨肉師友云公嘗訓諸子曰微吾毋蘇孰
嗣吾門微而毋黄孰大吾門而念哉毋以尺繒
升粟自越秦也公優游泉石結社耆英如觀察
盧公岐嶷冏卿唐公堯欽大令戴公廷槐宫保
戴公燿皆白首相知觴歌爲娱比仲子理秀州
迎養署中察治狀良慰亡何厭歸有司舉鄉飲
酒禮又以高年授冠服辭固請始幡然曰吾來
日無多獲從長吏觀先王養老之盛是亦傲造

物一日之惠也亡何考終享齡八十有五時秀州理方奏最請封適凶聞至都贈公文林郎如其官不及生受褒榮望　闕而遥叩此銓部君所爲茹悲述狀而滲之以血也然公之祉未艾至德足坊今鄉人士方請祀學宮

逸史氏曰世俗譚篤行者曰太丘有道有道年不配德古今惜之太丘以下位垂範而子若孫相繼顯巍然當時有公慚卿卿慚長之評則曷以故故曰富貴之一時不如行誼之千載沈太

公家世殷阜好行其德彬彬先正之風厥嗣克昌有繇然矣其芳踪懿訓可以勵世之爲子孫者嗚呼此馬援柳玭之所以諄諄也

顏將軍晃生傳 己未

驃騎將軍顏晃者諱容軒初名正色字廷愉其與瑯琊諸公游時則以廷愉著而自其從戎事疆埸時易今名則以字晃著間從異人授秘法如大夢之醒則又自署曰惺道人生長吾里其先魯復聖之裔五十代孫正議大夫嶢以宋建

炎間南徙於漳郡遂世爲漳人而定肅公師曾
忠毅公頤仲相繼爲名家宰漳之顔益著矣自
嶢十一傳而爲浙太平令樌樌生粤三水訓懷
龍懷龍生若愚任程鄉令衛輝府同知是爲將
軍父公雅擅人倫鑒兩試京粤所舉皆知名士
將軍幼之父任讀書輒有會比程鄉以寇事病
免不及入衛里居鶴鳴山縱情詩酒將軍偶舉
所爲詩商之公大詫曰是當樹詞家幟吾爲吏
良苦吾不以博士功令冀吾兒矣時金比部邦

鼎大相器賞而盧觀察希稷方敷血壇坫摩將
軍頂曰後來為政非童子而誰長而與其詞人
長者相結則劉介徵國徵林公悅黃鱗伯張登
材戴亨融實避前茅亡何游京師余文敏公為
衛輝公所舉士以將軍充史館諸生得讀中秘
書一時長安願交將軍名震公卿間如瑯琊王
元美敬美吳興徐子與武昌吳明卿新都汪伯
玉婁江王元馭銅梁張肖甫蒲圻魏順甫汝南
張助甫雲杜李本寧姑蘇周公瑕張伯起幼子

王百穀隲川湯義仍漵水胡元瑞盱眙李惟寅南樂魏懋權梁溪顧叔時豫章喻邦相丁右武雲間孫允執馮咸甫濠梁朱汝修安陸何仁仲莆中佘宗漢温陵黃孔昭後先詞輩皆以將軍爲忘年友而元美則稱將軍高足弟子嘗以廷愉比元瑞期共成大業者也將軍既以積勞史局十九年宜授光祿諸郎秩而佘文敏逝矣時左司馬賈公應元亦衛輝公所舉士謂將軍曰相國捐君君陸沉金馬門河清難竢倘屈首詮

弧取黄金斗大何似弄柔翰寸許哉苐爲之吾
當爲若地會孛承恩之變貲郎通戎略者例攺
武司馬疏將軍名以署指揮僉事洛閩中丞幕
府中堅歷正副者七年間嘗舍靺鞈而談風雅
則與晉安之袁景從鄧汝高徐惟和惟起曹能
始謝在杭陳伯孺孫子長訂社芝之山也先是將
軍西游象郡途遇戴花大師於潯陽之鏁江樓
授以秘册得参同眞訣可以長生又如留侯圯
上之傳可爲帝者師以故用兵皆奇中丙申勦

平秀吉餘黨樓船出蘇滂歷海壇山江田天滵
山生擒麻嗹三郞哪哩文海等七人斬首三級
䟽　聞錄功司馬府亡何播酋犯順李太師
化龍時以少司馬　賜劒印總督川湖貴州
專征播茵而湖北辰沅兵憲王公應霖監軍上
荆南左方伯梁公雲龍紀功亦俱衛輝公所舉
士言于督府督府檄將軍領中軍營奇兵凱兵
瀘溪蠻兵千總秩視都指揮亡何平茶所銅鼓
寨平又逐去永從狂苗督府疏薦擢湖廣都司

僉書署都指揮僉事將軍雖日聽鼓鼙乎然時
與辰州守屠田叔揚扢文詞志益壯巳亥大集
諸道兵征播李督府與楚中丞支公可大黔中
丞郭公子章偏沅中丞江公鐸大帥陳公璘童
公元鎮李公應祥議漢兵弱當借土兵而督土
兵非將軍不可乃疏取永順宣慰使彭元錦兵
三萬以將軍晉坐營遊擊統之遂破三渡關上
海龍囤是役也將軍亦以秘法奇中擒殺酋一
百三十八名級故役使雷霆六丁將語具督府

薦疏中播平敘蔭乙巳八月以前後功世襲沔陽衛指揮同知時將軍以上司馬功狀在都下推補石匣營游擊而前梁方伯已遷楚中丞會有鐵脚苗之叛特揭用將軍司馬乃以將軍復征苗也至楚十日而梁中丞亡事遂格後將軍當再入都補任行至錫山而黠奴與盜通罄槖而去至京口而病撫劒歎曰吾故白面詞人豎勛疆場被金紫而施及後嗣此布衣之極猶勝李廣之不封耳時不我與命也圖書尚在髀肉

復生散步林丘與子墨客卿往還吾老足矣遂
返舟居武林對雙峰之爽氣生則爲西湖長死
便葬我於伍大夫祠側矣將軍既不念枌榆而
里中知名士仕越者交物色羊裘間鄭觀察輅
思嘗曰當今詞輩亡論聲詩若文章諸體不得
不爲顏晃屈一指楊叅知翹卿至則蔬粥論文
竟日又以干旌迎游蘭亭禹穴天台鴈宕之勝
以故將軍雖食貧一室毫無所干而適館授餐
者亦多時而雀噪門庭時而騶列鹵簿云將軍

爲文皆瑯琊家法古雅雄健如將數十萬衆行伍肅嚴每謂爲文當有關繫又須於冷處著情眞千秋名言所著有瞻雲樓集曲弄編長游稿緩帶篇今是齋擬古詩詹詹草鳴劒篇五湖游草隨事紀筆行于世性浮率不能飲或與客讌集中有詞契者高談漨湧不自知四座之有人而里中黄以陞生最晚邂逅湖上相爲莫逆將軍執其臂曰孔北海亦知世間有劉備耶以陞欿然曰禰正平寔稱忘年僕何敢焉乃以不朽

之文屬以陞然將軍方善飯食肉矍鑠哉是翁
也又所秘受長生法可以不死矣奚庸傳
逸史氏曰范少伯沼吳後扁舟五湖張子房封
留後浪志赤松世俱傳其仙去功成敝屣亦人
傑也然立言之典闕焉絳灌少文無論若郤中
堅之詩禮杜征南之武庫古今稱之明興岐陽
王馬上誦讀號兼文武　高皇命掌成均雖
草昧是音亡當埀世夫固有重於勳業者矣顏
將軍以良吏才崛起海上游道既廣上接嘉隆

原書缺

原書缺

蟫寀集卷之[redacted]目錄

傳二

太學生呂而肅傳

原書缺

原書缺

同里三亡友傳 庚申

黃生曰予游燕趙歸而里中失三良友死生之際大矣哉隆夫以慱與兆甫以俊爽啓明以雅醇雖詣各不同皆才士也揮其才足爲世寶而俱不得四十絶壁摧峰中河墜月有同悲焉表揚懿爍後死者事是交道之終也亦猶夫三子之志云昔嵇康作高士傳缺一自擬予年少三子而物外浮生煙蘿閒影未知後誰述我爾篇中獨敘文章以及交情若曰槩其世系生平則

吾豈敢請以俟誄墓先生

謝孝廉隆失

謝應昌字隆夫漳浦人幼渾篤有遠神有昇槪過門指之曰此中何物父笑其不慧稍長以才鳴年十八補邑諸生二十一吳與沈督學拔次食餼後每試輒高等屢躓省闈丙午之役駱侍御以甌令分校薦第一而牘中有用瑣闥言責等字副考言官也恐以此招嫌姑置之猶評賞嗟惜不能已已乙卯始與弟應璋同舉而時已

病劇入都竟不能赴南宮以逝年僅三十八耳隆夫貌偉骿白勝黑裂眥可見頰邊性嗜書家故殷阜廣置萬卷於經史諸子稗說以及二氏靡所不覽食臥談笑或應接倥傯猶持一帙以故博綜淹貫試其文者尤服其該備云嘗一莊於南山花石池洞以供游詠而傲睥寡合所與還往稱伐木者惟王丹陽而弘孫茂才燕子趙孝廉旬龍商訂今古以標輿旨予夙寓其莊涉閱羣書以爲孝標之祈借道固之誦抄不是幸

也每登樓對榻杯酌佐談纚纚互證覺我屈矣
其爲文奇崛清虛喜近日袁中郎而推尊歷下
瑯琊太函諸公非若豎儒逐響必詆先哲爲高
者詩務解脱煩傷正音故亦不甚傳好躋陟奇
峻惜其北游而病無能作江山嘉客抱痾日瘦
猶爲多情所錮雖喪偶不更娶而斷袖之歡靡
割以歸于盡可慨巳子道禧尚幼

謝茂才兆甫

謝應禎字兆甫龍溪人憲副公彬第五子也憲

副有文名老舉兆甫六齡而父背矣諸兄俱已成立君少有超識所承貲薄不問獨以稽古為業於諸謝中稱白眉年十八補邑庠雖屈首功令猶日撿父藏書樓中見朽蠹斷繙閱輒有會文弱善病日手一編或從酒人游病甚醫者曰凡養疾者胸前常畫死字蓋念死則百慮俱冷慾火乍消而怒根亦斬矣適園有飼雉而折其翮者兆甫若不聞也徐云作矐醫者賀曰君愈矣繇是益肆力文章締結知名士如鄭奐觀察畧

思陳大令元朋張先輩紹和陳大令惟藎鄭山人簡思鄭先輩璜思楊先輩黎和許文學問甫黄先輩幼玄及不才以陞爲修詞之交名噪儔伍間其爲文氣清而機越尤長駢語得徐庾之體詩新竒巧麗每同社授簡輒先成如芙蓉可愛或稍過纖穠總無捬其自然之致也試有司不利迺又與傅士家結社而技更精歲壬子以諸生高第省試未售愈勵乙卯池州鄭學使録冠邑士入闈爲吉安蕭司理所薦而主司擿微

瑕報罷然海上博士家又皆識兆甫矣既喪内傷神嬖一妾溺甚百計以悅諸務都廢而修詞友亦稍稍疎遠亡何而卒年僅三十有六云兆甫意氣軒傲逢人徼睇以爲不可親契投則狂態盡斂客至輒命酒炙或依樹清嘯或擊缶浩歌洸洋自適絕無世俗韻其與問甫及予驩最狎未嘗不連旬揮麈永夜篝燈也今安在哉昔荀攸雖少以後事托鍾太傅鍾戲之曰當嫁卿阿鶩耳兆甫長於予常謂予必先哭之[illegible]實以

阿鶩死嫁鶩非予事也謝玄暉以三十六臨卒

曰寄語沈君爲史不得見没予雖德謝休文敢

没兆甫耶所著有非馬齋集子廷燕沉識有儁

才兆甫不亡矣

馮茂才啓明

馮國棟字啓明龍溪人幼頴朗隨父客粤父以

竒羸構訟所司欲置之法啓明匍匐赴愬問兒

何能曰能詩指庭前桂杏試之句成見賞父得

解年十九還里補平和邑庠羸秀都雅人以爲

衛叔寶之流父初豪於財多蓄古玩及書後以
他累覊嶺表廢其家珍玩散去書猶在笥啓明
往來閩粤間謁諸貴人爲父求釋以故下帷卒
業之暇不能什之三而所爲詩若文亦淸眞有
度近集一卷是也其爲舉子義暢且精可以遠
到而遇屢蹇嘗以績遺試督學名截出不納啓
明正色曰大人司文衡令寒士不獲脫穎豈惟
力是視乎督學盛恚薄笞之而止啓明夙依外
家住寠口甚而孝事繼母嫁妹五人無恡情蓋

與予輩角丱爲[illegible]登堂而拜不知其爲繼母也
與人交必瀝肝膽以古道相勖予嘗有難爲之
事君云弟勉之不曰禮義由賢者出乎數日不
見予必杯酒相呼夜則連床共談申旦不寐或
興盡欲返長跽授轄不能舍去憶予將出游時
揮涕河干宛然在目淹客未歸聞君病瘵歸華
撫枕曰孝翼胡不歸乎歸余且愈共家每偵行
李如望歲比予歸而啓明瞑已兩閱月矣夢中
頻晤永訣無從每撿遺寄之椷淚下如雨令胤

子零丁環堵蕭然予又不能爲文季卯巳之托張裔存孤之情也負君多矣啓明好内尤好修潔自其隱癖而風韵可掬無不傾心三十二以歿人咸哀之足跡所至多友四方士有羅浮桂林西湖茗雪諸詠

族伯處士玉軒公小傳

公諱珍字玉軒幼奇穎好夜讀與張大夫廷榜呂孝廉貞大令式張茂才懋一爲窮交一日從市買時文歸夕業其白 有友呼之出不應也望

蟫窠集

隙光熠熠牽講之然不□□出則時文焚盡曰甲乙佳惡吾論之何畱爲衆葢張眭軸直恭豪紳不法公訴之恨嗾誣於直指諸友爲代白獲免友與其庶弟搆公讓之曰豈所厚者薄者耶友愧悟兄事之終身貧而豪飲讀書雖自放以老而講作輒出人意冬月擁爐讀火燔絮腹燋不覺也其沉精如此壽八十子四參巍嶢繼其學

太學生呂而庸傳

吾漳仕宦禮義之家首推呂氏而呂之篤行好

古尤推贈公孝廉當先君鄉舉時呂孝廉公與
爭開建令式方為明經文齡矣尤慨慕先君之
為人同其行誼會先孺人與呂媳俱有娠預訂
姻盟既而先君舉巽女後三日公舉震孫是為
而庸君遂委禽焉越二年而先君捐館舍又一
年而呂公舉順天孝廉亦未仕而卒後以子翰
貲官中書舍人贈孝廉公為徵仕郎如其官又
以論定與大父封侍讀公景鳴氏祀于學宮余
終鮮兄弟[illegible]令耳視妹倍親而妹

傳二

夫而庸亦[illegible]人[illegible][illegible]家[illegible]力而庸二十有六以殀又乏厥胤吾姊矢志自彌留許以栢舟代養翁姑而君口吃手指欲余爲作傳以傳之後余泣許之安敢忘也君諱士登而庸其字大父贈公孝廉諱貞父中書君諱子烇母封孺人康氏君生而羸秀孝廉公以一子愛甚加愛其孫懼其勞憊讀書取足記姓名而已君既長以貲入成均嘗慨揚子雲有檻羊圈虎之誚也發憤置書延名師友顧特時館余就正余好款四方士

君雅效之客有以詞翰篆素來者稍稍尊酒相
勞余妹亦傾筐倒庋佐之家中人不豫色也謂
客何爲者徒費供具吾家世無若輩客也君得
切磋通制舉義亦能爲詩居恒以亢宗自勖而
以鍾鼎家督無錙銖握又窘令謝客殊鬱鬱罯
病余妹生二女乃得一男慰甚旋以痘傷最後
又舉一女余再客金陵君寄書悶絶謂無復生
意比余歸而君已咯咯出血三四月而棄余逝
矣嗚呼[illegible]　　　　　　意與人處極

蟫窠　傳二

温而恬紹[illegible]朴生者雖
巳窘猶歲資以舉火焉過佳風[illegible]山水輙偕余
遊或對榻銜杯或携笻並屐嘗同登圓峰絕頂
盱衡漳江見仙人藥臼有遺世飛昇之志又同
登石室嵓遇大雨三日洪水畦斷舟車各躡草
屩被荆莽以行新屩齧其踵君擇其陳者推與
余蹣跚自甘也風雨如晦余猶在念倨余多外
游無一歲淹磬其談業而今已矣嗚呼哀哉君
生萬曆甲午十月四日卒庚申三月某日有弟

三人極友于所以爲君後者即弟之子而亂嗣猶未立也女二長字戶部郎陳公維貞子某次字彭澤令林公士振孫某三字廣州別駕潘公廷禮孫某皆君沒後未亡人所婚配者

霞野人曰世俗子弟席先世之遺非高其趾遠其視則損其志蓋其愚以余觀於而庸讀書好士非所謂能自卓立者哉夫子号向預人事蜾蠃之祝也曰似我屬人之舉蜀[illegible]前惟恐似我吾於誨子[illegible]益詩之繩

武而庸甚不[illegible]下遂不
知者視與草木同腐反不若俗[illegible]弟之飽煖安
逸白首牖下而享名丘里也余[illegible]而論著之
以發永訣之言

八閩文庫

福建文獻集成

續編　集部　四一

吴格　主编

八閩文庫
文獻集成
365

海峡出版發行集團
THE STRAITS PUBLISHING & DISTRIBUTING GROUP
福建人民出版社

本册目次

蟫窠集二十一卷（卷一五至卷二一）

［明］龍溪黄以陞撰

中國國家圖書館藏明崇禎間刻本

蟫窠集目錄卷之

墓誌銘

蟫窠集卷之

龍溪黃以陞孝翼著

墓誌銘一

明孝子茂才林君墓誌銘 庚申

崎山林公諱可棟令諸士林葆冲之伯父銀臺涂廷薦之姑夫也廷薦每謂予鎮海有孝子救父賊中在丈人行宜備表揚而以陞幼嘗受業葆冲聞公事頗悉師曰先伯父之墓木已拱其孝略不可湮子盍爲我志之夫子被褐之言奚

其重然少時爲郭烈婦傳輒載郡乘則安知被褐之言不爲風化地耶因不敢辭公之先晉江人五世祖徙鎮海父以元衛諸士　世廟末年饒賊破城殊慘人無完室公父陷入賊幾二月公徬徨度難卒得財寶請釋乃奔入賊中以身爲質願父得代以出賊義而釋父比出父鬻産而贖者三賊益心動不許公思父逾甚中夜默禱又度竟無出理淚涔涔下會有天幸潛越而逃得與父歸離合勞苦且哭且歌聲震天矣

公雖脫於難不廢誦讀尋補弟子員與弟某同膠序甚友愛父没哀瘠喪制一如古禮娶郎涂氏惜其艱厥後嗣大類鄧伯道天顧可問耶它不詳述在三既敦無所事煩飾矣公生嘉靖某年某月某日卒萬曆某年某月某日葬本衛之某山葆冲諱邦光弟邦熙俱衛諸士銘曰

于其孝疢于而躬于其智免于難中精華斂鍔風教攸崇洋洋望海松楸永豐于以安于而宫

明處士謝公墓誌銘 丁未

余㓜侍先君時則外王父處士公每與先君劇談以後事屬先君也余間得其行已之故比先君歿數年而公亦弗禄于世余嘗念公隱德獨不可汶汶地下居久之而舅氏述所爲狀以墓中片石屬余嗚呼余父業已負公余卽不文其何敢終令汶汶以重負公公諱鱗字潛任世居郡城西故别號西渠而世之學士門人無不稱爲西渠先生父佩仕滇南爲長官司幕有子五公其第三人也公時喪配徐悉以產宅托諸兄

弟脫身以游矣滇俗雜夷難治幕職卑又垂老
瞶瞶不能視事公蓋以子攝父而不敢私奪其
吏權以故司幕亡害而太守清源蔡公觀察莆
中吳公交識公屬司幕見斥於督儲使者併逮
公公度無能伸吳觀察聞之曰糧耗故前幕蠹
蝕非若罪也安得文致而併繫其子乎亟命釋
之蓋二公雖篤于鄉然其所以許可司幕未嘗
不以公故公嘗從父失道策一羸入遻見有椎
髻佩劍前來公大愕以爲安有幽谷而跫然者

使逞一劒而甘心焉因索司幕則父母無類矣
其人至即長跽曰公何獨罙入至此小人即嚮
司幕所釋獄藉公不死囊中菰米偶以相贈旦
日當有以報也公實忘之問道而出旦日果携
羊豕斗酒道中爲壽公不得巳受之其見德于
民如此司幕君言七十爲吏骸骨殊域非叔子
能無溝壑憂哉母鄭道中疾革公陰禱北斗減
年以益算即母愈不知也既隨親歸諸兄弟疑
有蘊藏公盡發笥槖曰父母萬里無恙足矣錙

銖具在吾既無家於外孰藏而私妻子乎後司幕喪而太守蔡公適越郡相聞示以公無所欺而兄弟始益信公公豪游喜酒家生產稍落再娶陳孺人治具以待賓客耳間授弟子室里中則里中問奇者踵接即先君少亦出公門下賞識而以女婿者也亡何家生產愈落又耽山水乃移居于峰蒼嶺之西而山林人咸以公有碩德亟白有司則以鄉正授公賜爵一級矣先是南靖令新會陳公行視諸鄉民有約束難行者

輒以罪罪鄉正村里爲之震然獨視公則大詫
曰窮鄉安得有隱君子是必樂詩書游燕齊鄒
魯之間者聽子弟歌關睢一闋則飲杯酒由洋
洋盈耳之風乎敎之漸也公草廬不蔽風雨雞
黍食令陳公則又大慰與談移晷復攜手行田
間數百步謂公田豈屬若私者公無以有也又
復指官山一墩謂公曰是固景純家言所可營
屋地者即書一墩命印簡上與公而去至今人
稱爲謝公墩云公豐髯奇偉善談壯所游四方

輒能記其勝數十年不忘也又素習禮能詩先
君昔從學禮而亦數爲余言詩即余幼孤公以
文章大儒責我顧慚無以慰公地下幾負公矣
公生於嘉靖庚寅十月初一日卒於萬曆辛丑
十一月廿四日享年七十有二曾大父某大父
某俱不仕配徐氏早卒繼配陳孺人爲江西樂
安教諭某女孫年十七歸公先公十六年卒子
四長奉詔有隱德娶林氏次應詔娶陳氏與女
皆陳孺人出次命詔娶陸氏次承詔未聘則妾

蘇所出也女二長卽吾母配吾父鄉進士敬宇
府君次適余旋和而公弟鯉之女適浙江副使
楊公鍾英與先君同鄉書則素知公者孫男振
振不次茲卜某年月日葬於某山之麓而屬余
以壁爲誌余惟今之君子重與人爲仕也仕則
爲政於邦爾孰與爲政於家爲政於鄉之爲民
表也父仕則已耄職則已卑監司太守至改容
於其官不忽於其殁者則以公故不可謂非聞
政矧獲乎上德乎吏民而不假借以行私又何

篤守邪萬里全孝皦然不欺卒釋疑於兄弟是亦爲政矣居則鄉有典行儀刑見嘉有司爲之治第又安得異言政也斯其人其三代之公而非若陳仲弓郭有道之倫所爲碑者乎銘曰

嗚呼先民弗愧樂爾無位子孫尚亦有利哉

明河南新安訓導累贈文林郎河南道監察御史袁公暨配封太孺人張氏合葬墓誌銘 代 辛酉

上踐祚之正月侍御袁君化中有巡按宣大之

役念太孺人春秋高請寬假送母東歸抵舍十日而太孺人亡遐邇傷之既將合葬於贈公之域緘淚千里謂臺友張某曰不孝迫王程依依不忍叱馭以母在也母遽棄不孝哀毀莫從茲合葬有日顧先君子之德已具前誌今胡敢没太孺人則礱石以待某不文哀其意且聞太孺人之懿不敢辭也按狀孺人濵州張氏父儒官延爵張故甲濵族孺人生端莊椎布自若性不事西方而常趺坐食厭魚豢諸腥長歸贈公公

亦武定著姓爲清白子孫大父琮汧陽諭父繼以禮經冠賢書令扶風淳化二邑有聲贈公受尚書叅補弟子先喪耦劉氏嫡母孫病瘓良苦孺人婉嫕承事饍藥惟謹贈公攻苦鉛槧試輒高等不視家生産間脫簪以佐饘膏猶子貧不能娶者十之五厥有家室皆孺人力也壬申秋舉侍御君先是孺人娠而痿黄醫者莫辨忽有老媼入門視曰汝胎病也筐有石如彈煮食愈且生兒孺人受之石五彩中作響如空青狀頃

失媪及石至是始驗孺人又善病輒委頓數月乙酉元日華且死四日而甦云昨爲鬼攝去從諸婦行饑渴甚婦入肆食皆惡肉吾夙厭之尋有大宅莊嚴冠幞而蒞者一一點籙呼至孺人叱鬼使曰若人壽未艾何匆攝爲亟遣去記甯甯渡冰歸而膝尚強也庚子侍御舉於鄉孺人頃命灑掃候客贍公笑曰望何奢孺人曰神已告矣須臾報至贍公以明經應壬寅薦越三年得河南新安訓孺人病不能從恨不及同享微

祿又慮溘然以孽子翩疾鬱鬱益劇夕夢侍御成進士親戚牛酒相勞甚驩寤而頓愈後侍御已奉母之新安丁未捷至孺人謂贈公曰吾昔夢兒南宮尚起沉疴今果然矣恃粥且健何戀一氈而能爲都門二疏吾不能爲鹿門老婦耶授牒而歸比侍御授内黃令迎養官邸彊而後可贈公病瘥孺人正色曰汝荷祖父之德主上之恩以長一方民亡負 朝廷負百姓負家聲而負所學也侍御唯唯以故爾時治行稱

內黃第一巳酉喪贈公孺人泣失聲前疾復發
壬子補涇陽迎任明年奏最　贈司訓公如其
官封母太孺人象服至黯然不以被體侍御知
爲養志不忍彊也丙辰　內徵久之選授河南
道御史以今　皇帝覃恩晉贈公爲御史封
太孺人如初屬遼氛未靖卜素二酋窺釁恐動
宣大巨鎮欽按臣天啓元春　天子以侍御
往太孺人泣曰汝父攻苦四十年覩一第如河
之清汝成名爲御史母雖慰恨父不及生饗五

鼎覩綷騶咸儀也　王命不宿于家母老可
奈何侍御淚涔涔下曰此時縱不遑將母然
主恩已允緩程送母矣歸家亡何閏月之朔而
太孺人逝不可復甦矣痛哉太孺人性慈惠終
身無厲色亦無厲辭方贈公居約時昆弟五人
同母者二推豐就嗇妯娌無間言諸姪皆母太
孺人其與贈公至老如德曜之案侍御詞曰母
一生善病屢遇神奇昔之死而生也幽冥之景
歷歷可指茲歸于何鄉所遇何神儀渴誰訴母

不能語子子無以索母嗚呼悲矣天之所篤命
之所奪彼西方女人不同歸于盡耶太孺人生
嘉靖癸卯八月二日卒天啓辛酉閏二月一日
享年七十有八多贈公八齡贈公諱某行誼已
誌茲不復詳子一即侍御化中娶廩生王中元
女累封孺人女一適東安知縣謝君賜帶子廩
生光啓孫男四曰勲任燕山左衛中所鎮撫娶
庠生石之璸女曰聲廩生初娶審理張君應科
女繼娶貴州提學副使史公高先女曰位聘孝

庠傳君弘京女早殤曰佐字戶部郎中葛公如麟女孫女一字廩生張鳳羽子曾孫男一曰梲勳出聘温縣知縣馬君貢子庠生素闇曾孫女三長字貴州左布政使馬公拯子國子生天行之子勳出次字貴州道御史賈公三策子廩生璉之子三未字俱聲出以某年某月某日合葬禮也銘曰

維玄維冥神人所棲惟淑惟福存沒不迷佐美發祥形管攸題北邙鱣席大宛驄蹄諍臣匡國

遡慈訓兮知輿王母賔敬冀妻源源天寵以嘉
伉儷有孌者阡慕德下車千百禩其成蹊

贈文林郎陳公墓誌銘

予未識皇袞時嘗歎鎮海人文之盛發於石鼓
比登海高山則一柱獨聳羣峰環抱其下必有
達人而時皇袞已領鄉書心竊奇之越數年登
第令巖邑則手太公狀以墓中之石請曰先君
子棄諸孤時年三十有二不孝甫離襁褓其行
誼不能悉百一聞從伯父稍聞其概今不孝幸

叨升斗貤恩有日恨不逮先君子存也則惟寵
歹已襄勒珉以竢用志不忘予旣同里閈相善
讀太公狀而益知發祥之故不獨以山川顯也
其何敢辭按公諱某字某其先唐玉鈐郎將陳
元光之裔散處臨漳分訂詠謨三支詠之後有
徙莆平海衞多以從戎建雄功　國初以防倭
議平鎮二衞互調始祖惟善偕兄惟貞慨然有
桑梓之思遂隸鎮海總部伍守井尾哨遊入石
鼓望氣於海高山之麓因家焉惟善生義義生

元哲呱呱而客粤不返妻黄拮据營家改宅向東尖山曰居此後必有貴者元哲成立頗饒能祟師儒以遺子孫子四人季曰淳德質坦而雅好經史娶黄生子五次爲太公公骯髒負奇氣幼從伯氏力學母亡父授弟室與伯俱遠遊不及視家生計姚諭公曰吾與而兄治儒未成汝且代家督恐讀書未能卒富貴也公應曰吾家三世治儒儒不負人即學書不成當有繼兒而成者父哂而頷之既娶太孺人澹泊操作不問

戶外婦翁有宅累迸累公又與伯氏將治新宅
閒右見阻以爲甚於撻辱益發憤思得教子以
雪胯下之恥亡何太孺人有身夢生子扁顱寬
而驚公語伯氏伯曰是吉祥也孺冠進賢冠豈
團團頭上耶則大喜比皇袞生四歲岐嶷即授
書朝夕句讀不爲疲嘗云畎畝誦讀可以忘貧
安分課兒可以寡過知言哉每指皇袞曰此子
國之器也因以命名吾以六經當籯金將高大
門閭是在子矣亡何春作行田壠間暴雨奔歸

復傷暑抱痾不起疾革以皇襄屬太孺人曰吾
子也材爾善鞠之棺足周身衣足蔽形不腆先
貲留作飦粥以佐艱膏俟子有成而後藏吾骨
於黄壤也次兒在懷閒謂而有兄在何患不成
立語畢拊膺慟曰天乎予何獲罪而奪予之早
也顧生平不欲下人許大思爲竟止此耶遂卒
目不瞑太孺人攜藐孤拜乃瞑嗚呼痛哉時萬
曆庚辰六月二十三日距生已酉年三十二配
黄氏太孺人囍貞爲德具載林太史所爲誌中

皇袞釋褐陳請已得 旌典子二長即皇袞娶
高氏壬戌進士令永嘉會稽兩邑贈公爲文林
郎如其官今爲刑部員外郎次某娶某氏男孫
四女孫四婚聘皆名族茲以天啓癸亥臘月十
一日葬于中山之陽其地仍元光廟址皇袞登
第之三日夢拜會于此後卜兆僉吉以穴小故
特葬公予惟彭殤一致齊物云然而壯年賫志
金刀掩鋌使人飲恨吞聲如太公者何能已已
然年同顏子史傳所稱如陸績盧詢祖輩非不

垂譽千秋而胤嗣之嚮竟寥寥也太公有子顯
庸芳範猶存褒榮方至可謂不死可謂大年矣
銘曰
其氣昂藏其教義方潛德後彰是謂厚積之光
何以悼之玉折珠傷何以妥之山高水長玄扃
頂上吐納汪洋靈鍾逾蔚　帝室之樑將感
白兎而馴擾而銜彩鳳以來翔

蟫窠集目錄卷之

行狀

蟫窠集卷之

龍溪黄以陞孝翼著

行狀

鄉進士府君行狀 丙午

以陞以九歲孤幾不識父面矣何論先德稍長問家孺人若大母吳始悲喜互集而示孤曰嗚呼無父何怙矣忘父非子矣予念而之無父又慮而父之無子也予且爲而言今言之矣因述而狀之先君諱鰲伯字伯纘初諱一承故別號

敬宇云先世居近龍溪之常平倉曾大父加廸
輕貲施德爲成弘間善人以壽令終生是爲敦
睦公拙於治生宅産幾盡益食貧修德晚生二
子次卽吾大父文盛大父復九歲無怙失不爲
儒而知書達識有長者稱拮据之餘徙於郡城
西亦晚得子二先君孝廉居長焉先君有識時
大父愛而賓膝曰孺子自異吾未之學矣其若
教子何然故不乏饔飱儻從儒有成光顯門閭
幸也否當爲門緒計豈卒富貴不祥乎先君退

而學儒塾師遜席謂不唯訓詁足解而且孝友
其天性進退其禮法也即出問禮於隣則謝處
士奇之以女締盟矣逾紀通詩經書詳講貫夜
繼以抄記久至患眼大父母憂良甚戒勿夜讀
先君竟之以日爲夜寐猶作呻咕聲也蓋先君
屢試有司不利時屯而志愈勵嗚呼豈欲大伸
之故天抑之拂亂日邪已而喜接賢君子不憚
就正助我則又挾酒脯相勞雖甚無厭俗事不
知先君之所得多矣歲辛卯學使者楚黃耿公

部漳補郡諸生癸巳豐城徐公以歲校拔先君
因定赴舉之役先君尚謂偏師未濟也而已足
濟矣甲午秋耀州太史王公圖雲間司馬方公
應選主閩闈屬先君當報罷池州理王公紀得
卷遽取薦之太史擊節稱賞至對策諸語以爲
宏識有佐理才者舉與偕計中先君既舉孝廉
志稍稍伸矣恂然亡異諸生也躡蹻而北嗛嗛
橐中裝耳握手名士則終日談不忍舍去泊如
也途中不備不以罪若僕或若僕病躬爲調護

得全邱中居停者俱以此稱德量何難一第哉乃不謂輒蹶于禮闈抱璞而歸先孝廉之志又不售矣嗚呼以父之德即志未竟售何所不景福焉者顧僅一公車士踰年以逝乎顏子德行不憖遺以老古人所悲而以此并及孝廉豈不痛哉孝廉狀貌端嶷天性敦倫見父母不敢不冠又若不敢不跼父母有問必對非門以內事不陳也見族輩却步不以鴈行義方相規族人亦心服之至處吾仲父怡怡如也莊不近刻燕

不嫌罷或仲父稍失先君密讓之恐顯父母知也其與家孺人居約十年所無少反目歲暮卒業燈前不倦孺人刺繡待旦此其閨門勸勉以底名成又世所罕覯焉二紀而得不肖孤愛不忘勞五歲日稽記誦罷則復授詩一二絕賡唱迭和曰吾樂此未疲矣客來傚舍內攜而出拜使學詩於座前其慈愛類如此嗚呼孝廉實為政于家矣比鄉舉時服不窮綺行不張蓋于謁無所事里中豪持牛酒賄貨詣門孝廉悉謝而

歸嘗謂大父曰彼不過爲居間地耳某何能受若餌以欺鄉曲靦然煩郡邑長吏乎親友高會赴輒強醉即貴公子使酒罵坐里中側目孝廉獨恂恂如拙焉以故藉甚薦紳間如龍巖蔡侍御年伯張大夫雅以方正相符每載酒談天下事以爲倣行倜儻當於古君子求之他日入仕籍必爲　國家維風教未艾也蒼蒼者常與善亦何所不百年焉者而遽殲我良人三十有二以歿邪先君亦微知季主家言多欲以清白遺

我子孫易簀之頃辭大父母曰某罹災以有今日非孝也願勿厚送我笥中故絮足免裸體矣孱兒弱女教之以成孺子志足矣父母善自愛須臾顧家人曰頃有使持紅刺催駕者三吾得正斃矣遂絕蓋萬曆丙申七月十七日也距主嘉靖乙丑十一月二十三日年僅三十二配郎謝公潛任長女爲吾母子一以陞聘貫陽太守謝公文炳長女孫女一許聘孝廉呂公貞長孫士城先君屬纊既聞自薦紳閭巷亡不隕涙歎

及天道者嗚呼天不可問矣獨怪世途險巇人心不同崛起者尤恒忌之先君何以享此聲於地下哉母亦直道在人死不速朽耳位不配德年不竟志矧以陞又忝所生無以事孺人而慰孝廉隕越多矣茲以其年月日將窆于某山敢次遺狀以乞銘有道庶不曰不識父面哉

先大父處士公狀

蓋余先孝廉歿之三年而大父處士公復逝哀經甫脫猶煢煢未免於疚也歲丙午狀先孝廉

凄愴欲絶矣今越二年所又狀先處士嗚呼以陞而不次先德也家乘誰存者處士諱文盛字允隆别號西郁先世有名世茂者始居于漳世茂生景平崇平生加廸加廸生敦睦敦睦三娶而輒無男最後置側莊生二子次是爲公公以九歲孤遺業中衰嫡母王氏愛女自已出者至鬻産於子錢家兄某以逋租故坐戍籍盖是時儲不滿儋石公私無有應者公年十六有宅一區乃剪其餘以相周從逮者至戍所日夕賂主

伍吏使兄得不死即主伍吏報籍縣官甚巧詆
周内未嘗不爲公故施德也又晚得子曰爲兄
子治具嘗告大母吳曰吾兄有子而身羈千里
恃我以無凍餒苟吾兄之子病奚翅吾子能一
夜十起而心輒安哉久之隆慶改元兄自戍歸
而子若女已室家樂成矣藉令公非敦倫處厚
急難之際焉能併全即意欲全而內顧多慮急
難之際又焉能無難色退言也公少不治儒而
慕義無窮　世廟之季賊破南汎諸邑有弟

子員王某受誣內應入獄者公廉知寃狀往來納槖饘復救不死而諸獄吏相歎彼何人斯有踰骨肉亦不敢以陰事中公也後弟子員出獄以荒田若干畝謝公公辭曰是安有乘人之急而因以為利者乎且而既已脫髡鉗將為子孫計吾又何忍受數頃田凍餒人子若孫也乃固辭莫可竟捐金償之而以其子耕其人亦以慷慨服公公治生拮据家稍稍羸既得二子日隆師友授內則毛萇詩而餘尤好施予嘗語二子

曰德行最先吾願而視從兄如巳兄視同儕如
骨肉無忘而父患難相救時也人以此益重公
如封兵部主事徐公璽贈處州知府鄭公萬及
貴陽府知府謝公文炳公舊戚屬也素好高義
謂公當得佳兒以爲爲善者之報也知言哉亡
何先孝廉舉甲午鄉書入赴大宗伯公從容曰
而亡惜酒脯奉教海内君子持巳惟廉處下惟
寬足矣以故孝廉淑行表見于世俱載在余狀
及張年伯誌李焦兩太史所爲表傳中嗚呼爲

善之報寧竟此邪向使孝廉得以策名于朝假
郡國長吏剖寃賑急百姓望如父母而處士就
養觀治榮錫章服非可得意畤者乃後先賁志
以歿寧謂爲善者之報乎比孝廉逝而家生産
愈絀公提藐孤陛拜泣日不舉餐顧畤時嘗在
簀而年家子諸父老輩類以藐孤陛愬公公初
免喪殭飯不謂疾已不可復作矣嗚呼悲哉即
里中父老同年縉紳未嘗不習知公之敦倫善
俗爲善之報未有旣也以陛敢狀先德哉公生

於嘉靖辛卯十月廿四日卒於萬曆己亥三月三十日享年六十有九配吳氏子二長先孝廉娶處士謝潛任女次鰲叔娶楊機女女一適劉恩爵孫二曰以陞娶即知府謝文炳女孫曰以璧未聘陞長出璧次出長女孫一字鄉進士呂貞孫士登茲卜某月日葬于某山之陽

先母孺人貞節謝氏行狀 辛酉

先君棄諸孤時以陞九歲妹三歲耳終鮮兄弟先孺人形影相弔茹荼習蓼以有家室不孝長

負米四方或即歸或經年歸則以一旨跽進慈顏怡然善也頃自秣陵歸拜家孺人值有外大父襄事母方之外家亡何妹夫呂君病瘵且革又往來妹家月餘而呂婿亡絕亂孺人哽咽不勝亡何而疾遂以不起痛哉計不孝千里才還甘毳微供不過數十日耳每欲搦管以述先懿悲來填膺不能成章既與先孝廉合葬於雙第山始抆泣而爲之狀孺人謝氏諱玉資祖侃將仕郎父鱗有才學游蹤幾徧域中好客食貧隱

而教授里中則孺人與先君髫彼兩髦時同學外大父見先君舉止類成人曰吾得快壻矣遂定婚已喪外大母林哀戚殊至丙戌歸先君柔嫕洗腆先大父君大母吳每賢之而冀饁之敬不衰先君每卒業山中歲杪歸家爇膏吾伊母操刀尺相對申旦互相勗甲午先君省試母夢天門開有瓊樓玉闕之奇又有人持龍幟舒卷庭中而去心竊喜之須臾呦鹿報至郡邑果有旗幟之餽焉孺人雖漸貴猶操作如故居二年

而先君病革母願以身代既奄爾長逝山河色
變孺人幾不欲生復念二尊人春秋高日提藐
孤饔饋惟謹譏者謂外家將奪母志稍稍聞於
母母毀面絶食曰未亡人所以未即死者以二
尊人年高當代逝者養更拊孺子望成立以報
地下耳今若此若地下何且吾翁知禮此言奚
宜至哉泣千行下二尊人勞苦相慰彊飲食先
是孤已訂婚於謝太守氏譏者又欲渝盟孺人
曰太守固丈夫也盟猶在耳誰敢渝之遂委禽

爲亡何喪先大父孺人偕叔氏治具無憾而家生產愈落遷於郊廬孺人下無臧獲井臼拮据嘗執爨舍後乞婦見其衣敝手皸以爲嫗也隨入中堂知爲孺人惶叩以謝曰休矣且給之食蓋至嫁娶費可二百緡旁無假貸皆孺人力也叔氏急於生涯嘗公產之半大母慮其有言孺人曰骨肉存亡弟無私積足矣吾不以嫉小郎富孤幼時嬉戲無度毋譴呵不少假甚則懲孤於粱夏楚備至曰而忘而父之貴志九原今不

血食耶因涕泣終日孤亦泣孤是以折節讀書稍長婦翁館之學試有司輒利顧微從絲竹杯鐺間孺人誡曰毋效王謝家風也孤一意修古窮墳典諸史稗官上下數千年間而所撰著時播人間孺人不色喜也已而試愈鈍孺人爲筮得漸之九三曰鴻漸于陸乃置筴歎曰是桑苧翁之繇也自汝爲學吾無借夢爲虎爲鼠任子所之孤告母欲貿米於外許之曰孺子行矣毋以我故韜子之名孤歷吳越燕趙齊楚之墟與

知名長者游倦息故廬車馬塡巷擊鮮致前孺
人稍慰爲進一七孤旣得二兒孺人課督無懈
夜分成誦乃寐才開其幼志孤是以益無內顧
憂初游豫章時家大水孺人奉大母棲栖牆不
浸者三寸比大母喪後再遷于城居又值異水
壞民舍以千數西郊之官已瀦而以先徙獲免
皆孺人貞孝之報也客秣陵之數月嚙指心動
衝雪馳歸母強健無恙旣痛妹寡傷神殊甚兩
月而病熱孤徬徨求醫無良劑積廿日忽灑灑

然醒也夜作噦令孤察脈濡甚聞婦妹蔌蔌淚
聲問何若乃告以大命近止孺人命扶坐曰吾
以勞人克壽意及見孫婦不知止此命也然吾
今得見先君於地下矣復與妹相持泣手摩鬢
孫曰汝生吾不離懷抱念之朝夕隨奠禮也遂
默至午而逝孤擗踊稱貸以斂庶幾成禮嗚呼
痛哉嚮非遄歸不及飯含終天永恨孤得爲人
哉母嘗齋事西方滅早饍陰爲兒女禱遂至耗
氣孤夙謁白嶽禮洛伽以祈母年神不可問然

死生獲訣非神之靈不及此孺人性朗慧屈指

而計當人持籌或事有得失預決不爽憶先君

讀書屋盡漏移案無所孺人曰弟時之筍爆矣

先君笑曰子堪作丈夫耶孺人少先君一歲以

萬曆庚申六月廿一日亡距生嘉靖丙寅五月

十九日年僅五十有五子一以陞娶貴陽知府

謝公文炳孫女女一適中書舍人呂公子佺子

太學生士登男孫二鑛聘金谿知縣杜公表孫

方熙女鑛聘處士周君廷秀女女孫一字廣東

布政陳公亹孫諸生橒子某先君學行已載郡志及李宗伯焦太史張先輩所爲表傳誌銘中獨念孺人囏貞不可湮没孤不能徼榮於當世尚冀不朽於千秋則惟大君子錫之一言

高室林孺人行狀

嗚呼此余友高師鼎之耦而胡死別之速耶師鼎娶室四載而亡余心哀之一日自述懿略以請曰亡妻林氏逮事吾父者一年某獲戾以己酉秋喪先太史奏執縞素者三年甫除服而遽

以疾逝顧其壼内之徽不可泯者將列所爲伏
以乞言于大君子余既哀之又復嘉之則曷敢
以不文辭按林爲浦邑著姓代多甲第極貴大
父諱士章己未進士第三人官南大宗伯父汝
諧徽寧兵備叅政孺人其季女也舅翰林院檢
討高公克正夙以冢子申盟矣宗伯叅知相繼
無禄而孺人幼就内傳勗德若成人悉守母劉
淑人教十五稱婦於高謁太史公及姑封孺人
俟婉慇柔順雖生長貴盛而無勃磎態太史公

嘗歎家有賢婦也舅氏以館局就假家恒蕭然
朝中每有問餽孺人解簪簏以應也曰吾翁廉
史婦何私爲以故至沒無蘊藏師鼎每下帷發
憤孺人執經以問能句讀間涤翰成書及花卉
組繡皆手自裁其幼慧悟所兼習然也居嘗誦
法西方可以修果可以煉性尤好施予貧媼多
藉以舉火至馭婢僕無疾容而家政靡不就理
人咸服其仁恕云太史公之逝也孺人居喪無
廢禮晨夕慰姑侯若嫁女又解簪簏以佐也方

以不得終事舅翁爲恨猶幸姑未老不謂舅喪甫畢而孺人續逝反貽姑以婦戚也嗚呼尚可言哉孺人始嘗患癧比結褵之期乃稍稍愈猶一再病一夕在母劉淑人第夢入異境心甚惡之占者曰旦無惡事免咎旦乃下堂傷蹶孺人知壽命之不長也與母劉相持泣亡何而癧復作沾沾床簀間孺人謂凶夢之符亦心安之大漸之頃言不及昵唯口誦西方不休從容以瞑而已嗚呼孺人豈其於禪宗有夙緣故乘化以

盡耶胡稱婦四載富貴克問於身無有而孝敬
克備嬿婉無間百年遽析等其軀於浮漚耶然
其壼內之徽則高世林族實不可泯敢爲陳布
唯大君子有賜言孺人生甲午七月十五日卒
壬子三月三日年僅十有九爲孺人子者尚需
後人以世廟祏乎無窮也師鼎名元洙喪孺人
再月補邑諸生昔佐下帷不及睹其毅發悲哉

蟫窠集目錄卷之

祭文

龍溪黃以陞孝翼著

祭文一

祭葉太傅相國文

八柱四維掌蹠奠乾坤之位三朝一德股肱喪夷夏之瞻況乃　丹鼎方升劾攀髯而遙馭金圖初纂將結駟以迎輪　錫綠綵於上公階平五等饗玄樂於謁帝神陟九天遂使國殂老成弼星隕而薇位虛鄉嗟型範泰岱頹而長淮

涸今古榮哀無如相國矣公道叶黄中衷含玄
牝沈諸梁之封姓好得眞龍王子晉之仙丰癯
如跨鶴麟吐書而繫綬精孕聖賢鵑化石而得
符世傳忠孝自其贈翁特進公剖竹推心鞏銅
標於百粤夢松生腹肇錫命于三公夙冠經
學蚕負謨猷芝花蘭葉之圖燈分太乙金馬石
渠之署履近文昌或詠禮樂於茀芹教惟胄子
或廣摎羅於棫樸遐不作人當南海狂瀾之秋
疇咨人望輔深宫拱極之日代亮天工七載爲

霖興東嶽之膚寸五方見晛歸南山之朝隮禁
邪葵於傳經廸端治本贊削桐於就國禮篤宗
親國是既定于紛紜跡尋四皓身名直深於止
足品重二疏使臣存問頻擎寶綺于尚方
聖主咨詢屢遣鋒車於南土迨　光廟維新
之會暨　先皇求舊之初驛道蕭輪騁駟騤
以來迓台司華袞喜鴻渚之先歸維時遺蜀未
寧災荒疊告殷憂啓聖全依秉國之鈞盡瘁鞠
躬獨切求民之瘼雖有苗未格猶環干羽於兩

階而漢黨將開尚儡貂璫於北寺老成旣殫於
謀國君子復審於見幾十畝維桑不預玄黃之
戰一身似葉但須淸白之遺飄瓦不以驚心虛
心更能齊物斯又鴻儀之載戢龍德之仍潛初
終俱泰者也麛鹿爲羣弘景稱山中之相莞裘
已具趙岐有生墓之封孔北海之接座盈樽賔
多白屋謝東山之攜屐賭墅望悵蒼生地闢福
廬全收海氣心存魏闕頻問日邊豈期歲逼懸
車人歸幽宅纔悲　弓劒遽從廣莫之墟新奏

旒蹟應索茂陵之草栁莊告殯曾聞輟祭於明
朝子産方薨無復相舂於曲巷營兆則　綸
光夜戶易名則譽重春官圖像巍巍漢室之麒
麟如在佳城鬱鬱滕公之駟馬悲鳴嗚呼哀哉
公和風扇物爽氣酣人敘談則竟日忘疲吐握
則千秋儷聖染翰而霜飛鴻寶臨池而水黑鶩
羣嗟尚壐之蘭鋤西河早慟幸生堦之玉樹江
左流長遂使梓染淚而先枯禽聞悲而欲下嗚
呼哀哉某等沐浴波流顧瞻里閈山河縈邈迴

思舟楫之功日月光華爾想丹青之化謂鳳飛鸞止百鳥安從迺兎缺蚪傷兩間同感李膺不作孤一世之楷模太傅云亡邁千鄉之鏡具于是遥檝蕪製薄酹椒漿遠岫透迤目斷西州之路寒風黯淡䰟招東海之雲尚享

祭少師朱相國文

泰岱峰頽八極失其瞻仰中台星坼三公所以見憂況乃誼切宫牆人依模楷傷典型之不作國喪老成歎形響之莫從路悲永隔茲抱築塲

之痛爾深磨鏡之私維我相師道亞黃中民稱先覺鸞坡起草每聞正始之音鶴禁傳經不邇邪蒿之俎鼓篋誨嚴于胄子持衡材振乎譽髦廿載烟霞壓蒼生於鵠峙一朝舟楫符玄感於龍飛當災警之頻仍屢加吐握勤　幼冲之啓沃百賚撐持時則陽旭熹微陰霾薈蔚内資長舌士喜呈身丙魏不能同心恭顯將焉釋憾公角巾東路青門之祖餞爲榮抱甕荒園北寺之網羅莫及湧幢茗上波狎鳧鷗寢閣花間夢

無兕虎江湖魏闕頻懸　九廟之思盤室蘭
臺細理千秋之史追今　聖明求舊朝野維
新珍綺出于尚方方勤使節　綸扉虛于左
席待迓安輪胡乃投杖鄧林移舟大壑瞻巖環
寓嗟柱地之已傾贈諡輟朝閔昊天之不弔嗚
呼哀哉跡其學原洙泗曾障滄海之橫流貞比
皐夔未罄補天之巨煉編蓬漏隙中之日垂柳
延戶外之風廉頑振懦世俗矜其血性尊賢容
衆仰止猶以依歸易名雖重於青編大藥難留

於黃髮嗚呼哀哉某等私抱丹心並慙高足卅年知遇感恩莫報在三半世浮沉趨侍不能數四金陵寥廓迷絳帳於繐帷玉露凋傷阻素車於白馬從此舟過越水應慟爾於西州字憶玄亭恍睪如於蜀土合格魂兮桂醑羌灑涕兮江湄尚饗

祭孫相國鑑翁文代

南斗星銷東溟氣失四極偏傾八柱頹一繫我相師忠烈世室帶礪盟勳卿孤聯秩禹穴擅精

羲闈冠匹啓秀披英春華秋實志兆昂霄夢符捧日從容擢第益熟典章龍墀未對雞骨支傷天人既奏慷慨汪洋富平統均進侍　玉皇燃藜太乙視草明光三膺薪槱弘樹棟樑再育辟雝悉網麟凰宮尹肅僚秩宗晉陟　冊立儲講筵佐詒翼　二帝升遐攀髯殊惻　廟謚山陵三宮並飭　冲聖秉乾冠婚備式自承顧命輔佐靡忒兩諍垂簾明倫正色兼策河西罪人斯得　帝眷忠勤特簡綸扉　宣麻

方渥屢詞乞歸煌煌　溫諭莫挽荷衣榮階
錫予疏傳嗣徽鑑湖十里月艇漁磯心懸
廊廟列事燭幾驚聞遽急奏牘電飛　隆恩
洊被辭懇心違年及榆暉功存薇省使命咨詢
山中弘景　帝謂自愛需召國秉　前星初
燿胙表稱幸詎卜奄然精神頓盡士惜典型
國喪師尹禪草空傳靈忠耿耿　輟朝震悼卹
襃有炳嗚呼　三皇定策鯁節致身談兵弭
釁募萬縷經綸憶昔權門枉尺可伸公曰舍諸吾

鼎自珍彙征道長揆席正人百爾瞻卬泰運維
新難進易退君子所遵名完勛懋史冊堪論某
忝門墻浮沉中外瘴嶺危邊酬恩無忝節鉞謬
開吳越衣帶期坐春風崦嵫忽昧鹽梅不再砥
柱奚賴痛念公私霑賵滂沛薄致江蓴椒漿遥
酹詞愧如椽以紓永慨尚饗

祭王太蒙少傅文代

越海東傾星河中隕老成云亡梁萎國閟繄我
哲人道德標準臯禹聯鑣華巖結軫青箱漱潤

赤紱影纓冬曹晝勸將作氷清鱗甍經始鵲觀
日成金緡不耗夙起令名千騎渡江南州剖竹
山雨如膏湎雲如沐徐榻頻招桑杓永祝衡鑑
仍懸参苓盡蓄文昌斗煥武庫兵森臯藩敭歷
謳誦彌深羊城一至虎戟重臨召棠虞栁葱蔚
逾陰簡書北寄河渠奏績笑彼漢人負薪投璧
地肺獻珍坤靈畏儆召返司空以勵衰爲逆夷
匪茹我車旣攻甲旄晰晰矢爝熊熊時艱物詘
勞苦在公髮膚罔愛豈曰臣功　鼎湖再升攀

髯雨泣二陵並輿子來畢集夙夜靖共　帝
鑒靡及上公三錫胄子爰立功成身退消息天
符　溫綸再四莫挽歸途　褒嘉疊渥祖帳
東都賀監四明范蠡五湖時輩披猖碩膚堪惜
名完神健以儲揆席薤露易晞山河永隔　輟
朝鬚冰罷春巷薨嗚呼痛哉某等壯同第籍老
集邦畿三朝共事模楷靡違去留心一存歿路
非椒漿遙酹涕泗沾衣尚饗

祭涂鏡源少保文

北斗藏暉旄頭乍落泰岱奄頹長淮絕涸緊惟
先生雲臺麟閣業匹夔龍道遡濂洛種花初絢
四土休聲咜歌慈母吏慄神明馳騁三輔珥筆
延英戚豪斂手汾汴同清既匡輦轂洊歷廷尉
犯蹕附輕高閭容貴孌彼榆關匈奴所壁節鉞
登壇文經武緯朔鎮以西黃河以東套酋破膽
琛玉攸同重膺　錫命寶劒彤弓李牧上郡魏
尚雲中折衝夷夏德威有赫掃磧犁庭執訊獻
馘頌勒燕然勳爛竹帛宮保金吾帶礪盟冊

顯皇簡在召返中樞雎鳩上佐司馬三孤功成
蟬蛻赤松與徒西山白石南浦平蕪　鼎湖再
升攀髯莫逮歎息疆場擊檝氣倍　冲主安
蒲元戎啓隊七萃攸司中台允賚問關驛路虎
拜螭頭星髩蕭疎帷幄壯猷鞠躬盡瘁溘爾歸
休河山變色箕尾乘游嗚呼砥柱三朝長城萬
里褒華眞忠借籌誰許　震悼輟朝贈隧孔
侈　褒卹殊加以勵臣紀某等夙游名里獲事
仁賢欣聞再出共卜淩煙邊烽未熄朝露先捐

老成不慭欲叩蒼天梁棟雖摧蘭階式好廣椰

南歸悽其達道洙泗都門憂心如擣漫抒荒詞

以侑沼藻尚饗

祭蔡少保文

海上星精扶輿萃美爰有哲人臨江著氏酉秘

幽尋窮探宛委連雋麟經弱冠拖紫德宜祥刑

筠州筮仕氷鑑人倫譽望鵲起入補諸郎含香

襆被我

后嘉猷告惟國是忤權不阿滇南

遷徙千騎保釐蠻夷魄褫黔蜀澄清棠陰廣被

百二秦關稽帷至止晉統薇垣趙陀故里嶺徼
鎖鑰萊公足比欽州之變旋靖蛇豕兵不血刃
師無對壘時推大僚百粤專擬公名非前
特簡任使談軍調餉殫心寧敉　上寛西顧
疆埸屹峙擢貳司徒　國計藉庀剩量節宣曰
億曰秭座未煖席疇咨陟此　聖明弄印無
以易爾汝往欽哉總司綱紀墨吏潛踪風消姦
宄湯沐陪京眞於豐芑屢疏乞骸　温綸暫
理引疾雖勞孤忠自矢慷慨時艱論列纚纚將

宰銓衡政府宅揆正直靖共赤舄几几豈期奄忽崦嵫倪晷人亡邦瘁萬事都已嗚呼公之先世貞遯德累公貌則癯其神足恃嗇用造物考祥視履貴並汾陽不習張侈望同太傅不邇音伎敭歷年深門市心水世倒狂瀾操堅可砥歲正在辰老成運否如彼調羹爰喪其匕如彼中流舟楫墮矣　輟朝震悼股肱既毀驂鸞駟虬大江之涘鍾阜含悲秦淮瀰瀰黯淡雲雷岳瀆堙圮廣柳南旋風淒桑梓有煌　褒卹榮生哀

死立三不朽彪炳青史滃嗣克昌芝芬偕庇公
其即安以綏後祉某臺末庸流里中小子南北
分事重承教指鷄骨苦廬光陰迅駛聞訃心傷
薄奠沅芷揮涕含毫聊陳荒誄尚饗

祭包大咸少宰文代

夫泰山梁木熒輝掩台斗之光金馬碧雞灝氣
失昆明之道况乃古稱遺直夙抗志以攖鱗位
重綂均忽典嗟於賦鵩凡叨舊誼寧旣悼亡維
公出塵獨鶴瑞世元龜日度花甎試詞才於載

筆風清桐掖勤獻替于伏蒲時則貂豎採金虎冠除陌叩閽白簡祈留萬姓之脂碎首丹墀遂觸一人之怒天垣尺五仗馬朝鳴瘴嶺八千山髑夜泣廿年叢桂夢魂不到承明百里種花懿範暫還粉署司帑則公私不匱庀材則髦俊彙征杞梓楩楠壯羊城之物色騧驪騏馵賦駉野以斯臧卿雲連映於尚方法曜偏明於江右諸司表師蘭臺石室之崇千里提封龍節虎符之鎮情岳與廬峰並峻仁膏將蠡水同流嘉漢室

之中丞佐周官之冢宰山公啟事進名德以濟
時艱徐勉無私擁賓寮而談月夕方將市駿骨
贊鴻圖殫元老之孤忠輔　沖朝之景運胡
斯舋舟易遠氷鑑頓消砥節一生每身輕之似
葉鞠躬六計羞名重之如山　帝念股肱莫
盡卹褒之寵人思領袖忽興殄瘁之嗟嗚呼痛
哉又何言矣某等夙承陶鑄庇宇下而忘寒近
仰銓衡集都中而未煖喪歸萬里空悲薤露之
晞道過九疑欲奏澧蘭之曲淪溪毛以爲薦潯

灑盈盈望雲盖兮來歆魂飛渺渺尚饗

祭周仲先中丞文

嗚呼當戸生蘭知權姦之必剪疾風勁草識忠義以彌彰若乃殄瘁國邦方嗟哲士清夷世路乍慰英魂正人之消長有期造物之報施匪爽維我中丞仲先先生蚤冠閩軍聯翹漢闕孤踪則不謁時相願辭天祿之班兩宰則懋績當官遂致館陶之請既而殿廷珥筆臺閣彈文擊銓柄之黔阿指中書之得失尚方斬佞檻損朱雲

仗下極言門覘白馬漕艘水輓備詢疾苦之聲底柱波迴不逐傾撓之勢宵人憾其投鼠常侍怨其避驄固已來指摘于甘陵賦離憂于湘水者矣爾乃百粤經營三年瘴癘荒悍畢哺蠻峒成擒新息跕水之鳶便懷裹革武侯渡瀘之鵲已瘁鞠躬迨夫烽逼甘泉節持輦轂簿書草創達旦張眸戎馬梟橫卽時駢首晉秩而宣猷廌圍策勳而華衛

陵京三吳湯沐之鄉賴安半壁九列獨坐之位特帥百僚公單車之鎮一

葦廻方氷雪嚼而自甘市壓毫其不取鄧伯道之載米吳郡復見清貞李衛公之就挹惠泉尚嫌汰侈値霪潦爲祟杼軸嗟空室絕蠶眠田無雀啄則有貂氛煽燄虎視咆哮借　黼黻之上供飛而食肉恣析楊而横索剜以醫瘡又且呼吸同儕蹂躪命吏方岳仰其鼻息閭閻無復臂膚公疏糾官邪力爭民瘼省膏脂之萬計辭骸骨于　九閽拂袖南舟攀轅東路時則五侯肆志百執呑聲斃剛正之望之寧惟恭顯戕楷

模之元禮殊勝曹王金吾奉餉補之條牙卒縱
誅求之慾兒童士女擁道投錢遠邇緇黄建壇
請禱三千太學愬叔夜以何從五百海濱悲田
横而願死陳仲舉身歸北寺槍地無生范孟博
志在首陽仰天自信侶鬼號於白日齊物化於
青冥嗚呼痛哉乃復遺書尸諫不自無歸布被
蕭條無異楊公之斂旅魂寂寞空傷温序之心
況又株連孥屬箕斂鄰親欒武無食卒之田尚
頌對簿季文少食粟之馬盡鬻入官追呼厲於

催科逃竄比于亡命抑又悲矣幸今 明聖
中興元兇殄滅張讓自殺詎須攻省之兵董賢
戮屍無復買衾之吏解黨禁而遵王路訟寃章
而滿公車 詔錄纍臣特罷織使膏流震澤
詎嶽立以捐軀氣吐夜臺傷松貞而生色關河
廣柳愴聞駟馬之鳴丘壠白楊異感長禽之下
當觀 贈襚旋議易名遺芬表于新編榮膴施
于後嗣猗嗟休歟公體氣豐凝襟情溫朗悶悬
切於推食善無近名接人暢於飲醇貞不絕俗

玄理兼精于二氏文章並擅於四科故能臨危不撼視死如歸成亘古之奇忠鼎鐘待勒立彌天之完節俎豆留歆復何恨哉某輩羣依領袖亦步準繩風迴振于頑懦教敢忘乎節誼山崩鐘吼月缺珠傷百歲何知陋容成之過曆九原可作想隨會而同歸祗遲霓旌聊斟桂酌尚饗

祭王玉沙中丞文

惟公通籍　神廟御極之初老而猶及

今皇鼎祚之歲惟公敭歷風塵棲步之間貴而

儼然蘭臺蒼玉之佩惟公馳驅王事四十年而未艾迴召玉樓適在懸車解節鉞而旣退嗚呼公遺悲者羣情取盈者帝賚勳德殊高榮哀如在方其烹小鮮擁千騎酌廉泉以盟心引中泠而自溉迨建旟越蜀專藩江省薇燭垣而並朗掌匣地而交愛彈壓京畿三輔並戴真金湯而帥百僚擠趙張三王於漢代至其虎帳登壇龍旂肅隊總江南之軍犒鼓遼左之敵愾汰杼軸而恤旱蝗鋤巨豪而芟蕪穢　綸綍休嘉後

先藻續詎追躅于二疏遂叩閽而病廢繫遵鴻之共思睍蒼狗之世態離明繼照耆碩肅乂車欲迎而安蒲梅將調而在鼎期天禧之永綏胡藥餌之見背也若夫原菽有采玉樹斯枝同上黃金之臺丕顯烏衣之派躍二龍於雲津騁雙驥而歷塊戲斑斕以鼓歌忽崦嵫之景晦嗚呼鯨枯溟渤峰頹泰岱霜殺草而憑陵雲屯嶺而靉靆失江左之夷吾朝震悼而心憒惜老成之云亡奚儀型於來輩某等榆社分輝時聞謦欬

兒曹後進仰止風槩宦路追隨挹芳徽而莫對下吏歸依結殊恩於盖載莫不千里魂銷比閭心碎雖　褒卹之方隆竟問天而欲憖雖青史之垂芬猶望白旐動素毫而中痗嗚呼傷哉尚饗

祭家太史太夫人文

嗚呼貧賤交深則登堂之感切升沉途隔則絮酒之信遲然而緋衣終孝目擊爲榮彤管左方言徵斯驗欲求實録莫過宗親文以情生是惡

可已當幼玄兄之與以陞交也年才舞象業共
雕龍旦旦車笠之盟平分甘毳嗛嗛草蔬之約
信宿閭廬風雨連床下髮剉薦煙嵐滿徑搤臂
採薪共値少孤同嗟寡和季路千里之米凡則
先予敬仲三北之師我惟知子時太夫人覽揆
設帨諸大夫合組稱觴林谷于焉鳴鏕山靈爲
之震讋雖復取猶子之詮述譬絲麻之有菅蒯
下里之比鈞天也既而蕚判榮枯翅分鴉鵲或
風塵餬口倚閭之望已孤或霄漢昂頭袋鐵之

功斯顯身既隱矣無心綿上之田道將行也貴比洛濱之節太史兄傳經上殿視草北門鼎湖攀髯之餘鋪張　帝典頹谷含肉之際拜錫　君羹追夫新豐鷄犬想到含飴吳會鱸蓴願充列鼎叩辭　丹闕祖帳青門翟茀蔚其如雲鸞旗紛其爛日伏讀　明綸曰史臣某送母還鄉遄歸供職盖異數也幼玄入奉版輿之樂出敦杵臼之交南陔采蘭復徵詞于藻晼北山有李方致祝於蘐欃未窮斑綵之驩忽

起栝棬之慟悲哉夫秋之為氣金風慄以驚濤
莫不掩恨而吞聲白雲迷乎陟屺鋒車載路烏
烏悲深哀杖支牀蓼龍望亟嗚呼哀哉太夫人
名門淑媛女士貞儀相封翁而慕義好施惠聞
贈佩訓二子以奉公潔已譽比辭金居約則里
命傳徽　褒榮而笄珈矜式固濡毫而莫罄誠
漣涙以何窮以壁負甘北阮任媿東頭叔子幼
鄰每違心於菽水士安壯鈍嘗感泣于菓瓜歎
龜手之不封匪莪伊蔚幸龍章之見用念梓維

桑頭者友難窮奔驚魂尚悸靈神乍喪後至增傷梁峰嵂屼空凝齊石之斬漢德瀰漫定繪甘泉之像敬陳蕪草代致生芻廿年親誼聊詳白士之情萬劫幽冥儻博玄都之鑒尚饗

祭吳亮恭侍御文 丙寅

嗚呼公以五十春秋謝世距二十登朝不爲不久竟無數年居乎京華何其位之隆而跡之隱耶公以七年候命七年柱史竟無一日莅乎其職何其退之易而進之難髮之長而運之短耶

蓋先人與公同賢書小子陞又與公爲奕世交最深知公最悉也公自司徒而下八代纓紳尊甫觀察公勁節殊著棲遲里門則公已弱冠連舉進士觀察年未艾而病公辭選入歸侍不解帶彌至孝迨終喪三載赴除内秘書則已越八年所矣嗣奉使歸里又丁太夫人艱三載又奔馳山谷覓可爲馬鬣封者數年至選授侍御史者又幾年　神廟慎官内臺之旨未俞假還林璽至　慶陵踐祚　首召還朝羣稱異數

今皇御極海內望神龍一出爲霖天下而脂轄無期則借公以監史　兩朝而不出又借公以督造三殿而不出又若而年同籍諸老巳陟公輔每見閩人必詢公起居乃久之而眞病上疏乞休而竟以不起矣惜哉顧公有最堪惜者三當爲內史時卽疏論時相識者覘其謇諤乃豸冠嶽嶽不獲見之言路令白簡風裁爲中外明邪正以清銓途一堪惜公文章卓冠班范腹富古今如近代玄黃之形得失之故無不瞭若指

掌實錄之役不得爲鼎湖述顯爍以昭來禩二
堪惜今東西多事疆土未復　大工未竣在在
以災荒聞公生平經綸勝算節愛熱腸倘待建
白便可弭戎釁而收子來而令賫志不得爲
尚方省百萬金錢以濟實用三堪惜公固爲國
家可惜人而此三事所關匪細何百身莫贖令
人歎人之云亡耶公在先人籍中最少以陞九
歲而孤則公過存爲先人賦招魂稍長修父執
禮則公以詞藻相賞謬欲眞之鴈行詩歌尺一

歲無虛仟憶都門聚首傾杯月下越江維棹溯
塵雨中或談玄理或辯文章或慷慨商天下事
一日承教勝於稽古十年而今已矣以陞一再
入都公萬里相思亟問亟餽爲余言病幾入死
法比余歸遣候閽者已盡御雙魚不敢以酬應
煩比以陞攜鋏復出而公眞死矣而今已矣追
隨廿載不得永訣終朝痛哉公羸秀警健談輒
移晷紙飛翰落咄嗟千言與人交僂若不能自
容人謂神與骨俱雋才與德兼優必爲黑頭宰

輔白首佺松無疑而僅以中壽止哉嗚呼哀哉
令子瑰偉昂霄之器蟬聯世業它日爲公表其
未足跡隱終顯運短更長矣頊以友難奔馳驚
喘未定搦管不文薄奠不腆毋以後至而訝其
遲毋以幽冥而疎其愚尚饗

祭鄭觀察輅思文

維萬曆四十載時惟孟諏月未生魄中憲大夫
浙江按察司副使備兵金衢道輅思鄭先生百
年方半正寢考終哲人云亡斯道將墜于是霞

中後社後學謝應禎年侄黄以陞門人許起蔣
奠而誄之辭也惟先生古今間氣川嶽英靈駿
發金臺龍驤黄甲　帝簡治粟郎漢尚書之
郎民歌授餐猶周司徒之任持籌借箸熟酌軍
需抗疏引裾深虞國㓷共新先甲之令克協惟
寅之司既出農臣稍遷栝牧瘠土而萑苻不警
作人而茅茹彚征奏對得長者之稱謀猷仍我
后之告追建旄姑蔑持斧東陽羔羊素絲之大
夫韎韋跗注之君子秋風細柳寒消刀斗之音

夜月恬波清斷峰烟之色虎豹乃不採藜藿豺
狼即安問狐貍機杼雖投曾參之殺舛矣篋書
沓至樂羊之勳依然若乃旁識墳丘精研宛委
剖析三豕之誤辨窮貳負之奇邊笥澄厨無以
嬔其廣蓄樂思潘筆詎足擬其兼長文在茲乎
寤寐三代以上詩言志也詠歌六朝之間況復
目無全牛胸苞法象圜儀渾盖之義璿玉俱符
周髀句股之形錙銖匪爽少竷遜其曆數季長
推其緯書義圖繹八卦之文禹貢指九州之遮

莫不神情朗朗談理超超庶僚仰為人龍多士
尊為著蔡康成之授經不勸當時之推轂皆賢
聞善則叩之如鐘論交則淡而若水至其御輿
有毋推第諸昆五常皆馬氏之良二難是太丘
之後孝友為政清白遺家棄織婦而拔園葵貴
不言利妾辭帛而馬無粟卒當見忠不謂七尺
易摧百身難贖風流頓盡日月如馳非龍與蛇
同司農命終之夢似鴞斯鵩實太傅壽促之年
嗚呼痛哉梗柟杞梓之材遽萎梁木舟楫鹽梅

之望奄乘箕星西蜀之玄經空傳茂陵之禪草
尚在藜燈夜暗風蕭太乙之居草帶春凋露灑
悲辛之淚過酒壚而浩歎聞笛響以俄驚孰吾
黨之取裁非夫人而誰慟是以千秋耆舊永隕
涕於峴碑四海憂傷聊效歌於蒿里其詞曰
奎壁星枯乾坤或毀岐海之南維我哲士經緯
天人世稱良史昔在彤墀識尚書履牧爾人民
靖共邇仕文武憲臣越邦之紀胡天降訩典刑
斯已巷乃罷舂　帝方輟祀譬彼藏舟壑則

徒水亦有迷途爰喪其軌炳炳縹緗綿綿神理
虹旄霓旌漳水之涘何以薦之澧蘭沅芷何以
方之千載道揆

祭鄭薊州瓚思文

嗚呼天畀瓚思以德以才而不假之以年天畀
瓚思以位遺大投艱而不克觀其全當其摩干
古滄萬篇同輅思觀察以齊名揮毫詞社稱馬
氏之白眉而爲平輿之淵較經虎觀售價燕臺
騁三騏於峻坂而躍雙龍於海川追夫歷落公

車風塵蹁躚思捧檄以祿養欲險阻以着鞭屬
遼氛未靖烽火疑過於甘泉薊州之牧久裹足
而不前任赤子之轉徙流連公乃撫掌顧就盤
錯勞頓而怡然喣濡爬搔鴻鴈集澤繕障簡卒
犬羊徙邊民方歌其來暮公卿以下歎曰美哉
識左之有金湯也惟子大夫之獨賢胡五月之
席未煖慼二豎而命捐箭無半縑囊之一錢自
衣冠及父老咸具麥舟而泣漣漣剡予方有事
於三韓寧不爲　國家而惜脩嗚呼公之行誼

既孝既友公之問學亦史亦玄鬱經綸於泉下

埋玉樹於芊芊覩攀號之老稚悵廣柳之南旋

雲不飛而黯黯河雖凍而涓涓孤倚閭之八十

痛奔跣之七千縱有胸而無心莫不酸鼻而懟

蒼天莱瓜葛誼重松栢情堅酹漁陽之一抔復

緘詞而寄焉慨河山之邈邈尚神理之緜緜傷

棣蘐之已折幸芝蘭之階妍尚饗

又祭鄭薊州文代

運窮文苑名賢喪岐海之濱國缺長城良牧失

幽燕之域若乃典刑不作有道貽感于中郎遺
愛斯存仲尼慨稱于東里斯盖人以歿重寧不
文因情生維我瓚思滎陽華胄孝友夙亦爲政
毫素托以深心少與伯氏輅思觀察東頭之任
名獨擅於士龍白眉之稱才更優於季馬玄理
義軒以上詠歌漢魏之風叅法象於九流標題
腹笥號靈龜於五總游戲情田爾其殷庠蜚鴻
燕臺市駿一班玉筍盡居通德之鄉萬丈青藜
直照帶書之草至夫公車塵鞅世路陸沉懷寶

迷邦詎河清之可竢渡江擊楫矧烽追之堪憂
屬　飛龍御極之初　帝睠畿郡以求賢
正秣馬厲兵之際人望薊門而却走公夢刀旣
叶叱馭遂行保障繭絲俱是施仁溝瘠膽嘗薪
卧無非雪恥天驕還萬井之蒼煙堵興鴈澤灑
一腔之熱血泥固榆關旣食少而事煩遽腸枯
而形盡嗚呼痛哉五月勞人空鬱經綸萬軸半
擔行李惟餘圖史數編嗟皓叟與黄童皆懟百
身莫贖曁鉅公與下吏咸驚三輔何依况乃萬

里白雲負倚閭之哀暮千山皚雪憐執紼之踉蹌廣柳南歸望踰河而度嶺青萁屢換羌涉冬以載秋抑又悲矣其夙紉蘅杜久締葭莩蝸角東征每憶方舟並轡兎毫共染猶懷問月尋花哀吾女之先亡涕漣未已忽伊人之遥訃心怛胡寧何以慰之芝秀蘭芬誰其奠之蕙肴桂酒

尚饗

祭鳳陽守顏太屏文 乙亥死難

嗚呼報國捐軀舍生取義盡臣節于在三亘古

今而不二故魯國以齒怒穿齦常山以舌斷猶
詈卓犖貫乎星河忠動流于後裔詎祖武之克
繩而艱貞之益勵嗟陽九之莫期而枌榆之短
氣也維公曲阜靈脉太武凝精牧四郡而蜚譽
歷九折而不驚當　熹廟未造貂使氛横骯
髒不屈顛躓廻征撫城攀轍以雲黯邪溝感誦
以風凊追夫再起濠州豐鎬提衡歷歇久而益
銳賢勞鑒于　聖明迺者秦晉雲擾河内沸
羮始於震隣倏焉憑陵昔也龍興鳳儀之地城

池不設令則豕突鴟張之寇草木皆兵公急調
軍食寢興靡寧天未厭亂人慣時平二將軍之
鏖戰隻輪不返數萬衆之烏合長驅至庭雖無
羅雀掘鼠之圍臣力已竭尚有介弟愛妾之侍
偕死猶生爾其罵不絕口刃交在膺甘望　闕
以一死誓爲厲而效靈闔門屠于烈焰殘骨寄
於飄零温序遺凶猶捲鬚而不污卞公淺瘞曾
透爪以如甦淮淝水咽卻流而慘慘東平樹靡
西向而青青嗚呼哀哉　當宁下克己之詔

省臣銜軫視之命　陵寢震而復安潢池紛

而旋定　丹綸襃䘏縱三錫以何加黃鳥哀

鳴贖百身而空詠蘋蘩之肹蠁長芬縹史之聲

聞彌勁嗚呼哀哉某等情綢桑梓節仰松筠羣

竭歷於留署望烽燧之荊榛痛百里之訃遲界

天塹於一津旅櫬蕭條山陽之車莫赴忠魂杳

渺蕩陰之血如新羌聞夷而起儒本祖孔以成

仁於是共操南音招霓旌于天上同歌楚些酹

桂醑于江濱尚享

蟫窠集卷之[redacted]目錄

書一

蟫窠集卷之

龍溪黄以陞孝翼著

書一

寄何稚孝儀部

曩過清源一奉道教勝於頂禮莊嚴接讀大刻更浼玄晏匆匆片晷虛往實歸且使羊質而虎皮蠅騫於驥尾呰窳後生何以得此既浪跡三都蠟屐頗耐無從附南鴻而訊道履則時時於邸報中欣望　俞音田間蒲輪便當出谷耳計

比來史乘盈棟雉鶩充門篆素生活朝野欽風區區卿丞何足驕何先生也倦游數載行李蕭然取永安間道以歸峭壁清流危松怪鳥故自不乏然不能再披鏡否惆悵晤緣但有神往

寄幼玄兄

幼玄阿兄自張圍一别儵然半紀時弟泛彭蠡登白嶽以歸而兄亦從五羊來彼此音缺邈若隔天兄名日盛海內延頸願交前讀家報知兄爲閩士第一入彀而軼撫膺歎息何蒼蒼者尚

困兄三年也弟餬口四方縱觀宮闕頃又渡海
禮佛屡樓龍鉢大巽中原嚴夫子云州有九游
其八吾甫出巳游其五杖錢殆盡屐齒殊靈幼
玄阿兄兄當不堪其憂弟似不改其樂矣抵家
慰老母謀婦以待賓客雙穉子日指數行聊以
卒歲而案頭自卜筮星醫茶經菜譜之外制舉
文字不知從幾時失去也三十鬚巳如戟作此
寂寂交游自息即白社故知竟少一面所恨郊
居僦舍爲人取歸聊尋數椽於城市山雲水月

翠幄平蕪感怨王孫言之欲涕紙筆生涯以當
貰春天際雄飛兄好爲之投足連床未知訂于
何日

寄李本寧先生

白下登龍値明公有鶺鴒之痛未罄願承又以
俗絆遄歸私心觖觖乃辱翰錫獎借逾涯且與
謝曰可疇昔推及縱歎神交寧忘悚戴南歸渡
洛伽大嵒玄風嘗讀明公五臺游記慨普陀距
所治杭最近杖屨無緣鄙人到此鄙人之幸也

然神飛文殊山中則取大編誦之覺四大都入清涼界耳鼻以先孝廉墓表累長者業得鼎諾將屬謨伯致之鱗筒尚宦未知脫如椽未先君無年頗學行已載郡乘似可無慚于有道之賜言萬惟留臆吳楚草一帙附呈主臣

寄周仲先少叅

郡署辱扇頭佳律清風穆如每一感誦跂戀繫之武林晤馬侍御聞明公以秋仲廿有八日啓行商飈蕭爽長途珍重爲慰紹和羅浮之約竟

之一與何耶八桂山水峭秀甲於域内舟過湍
頭往往入玲瓏蒽蒨中明公時將翰墨酬彼山
靈信爲大快僕嘗夢寐奇勝恨不及策節納屩
以長裾累君侯也往經武夷輒爲天時人事所
阻茲獲槩覽至賈勇而陟接筍之巔迄今想此
尚復魂揺令入燕之轅且軹寄旅湖橋稍領丹
葉青霜之致須明年桃華時方問渡秦淮宿昔
未盡之雲煙以奚囊重妝造化亦大假我輩聊
爲明公謝之當不討其輕薄耳日三韓蝗臂勤

四方兵食以佐東北漆室杞人恐西南不無竊發百粵猺獞最悍然輯柔亦易明公拊綏而彈壓之荒服便有長城此布衣所効於知己寧蹈不恤緯之譏矣圭塔會合尖未入景詩草率呈政神思蕩漾猶憶方舟破浪時寫之不盡因永寧役之便附致萬福湘雲灘水瞻望爲勞

與顏廷愉將軍

湖上風雨大作車中疾馳如從屋漏中來足下先發得無苦此謂道人不濡吾不信也抵寓床

書盡濕早稍融霽展曝庭中有似郝家見之七月七日耳足下籬頭牡丹無恙幸以相報

寄吳亮恭侍御

燕邸倦游荷長者注存殊不落莫別後久客濠上一渡泰淮杖屨頗健神思耿切每從北來者聞長者亨嘉公郎慧穎益用驩然惟長者資望最偉簪筆肇試行爲世上建第一鴻駿日者朝局漸通積薪稍改陳直指以三韓倚重在都下者亦次第疏差想　俞吉郎在旦晚中外休明

山中甑生亦徵夙誼以歌十畝之閒閒也身憐瓠落寄人籬下小星之命已無心世上加以旱澇見虐生計甚窘客秋已移居郡城今昔雅俗相去遠矣茲擬再入燕而中途有白門之約晤譪良緣尚需異日前紹和所寄詩箑洋考先以遥致拙刻并裁羽便勿愛德音

答黄象周大夫

短鋏衝塵辱先生一日之知風雅投契遂成坫壇古人定交于杵臼披襟于忘年良有以也臨

發復聆珠玉行囊乍富至樂府諸編擬議變化崆峒歷下殊堪爭道而馳前有二李今有吾宗矣白門離索官舍僧寮往還一致先生能與廷愉賦蒹葭寄我耶寒霜白髮加餐爲慰

寄戴亨融觀察

紫芝山半與明公晤談風雅猥荷過存忘其爲蓬戶也別來星霜幾換萍梗殊流明公出故山而僕且涉江渡海游燕趙而憩秦淮者再矣佔俾舊技久已敝屣盖命實屯不能俟河之淸昔

劉緩云不須名位所須衣食鄙人無願第餬其口游名勝而被薜蘿以比於廣厦粱繡耳明公建牙全蜀威振夜郎此時遼左孔棘酋長覬望而有明公在無憂蜀矣巡方多暇曾弔草玄之亭訪支機之石否紹和瓚思停雲日耿客秋囑以入都致意而敝轅且南不及面陳白社之感想同之也僕邇閉置選郎舍中如三日新婦未暇曳一屨於諸勝子墨之輿已作亡是公矣足爲知己一噱偶得二詩草寄幸斧裁之若乃君

家西河之戚願矯以東門之達矧今勉身得雄
尤慰巴峽千山跂予望之

寄楊秩嶽

鄉園判袂遂爾經年睠懷瓊樹有如一日去秋榕城逢問甫月下榻談念足下在咫尺間未識邸寓尋而嚴裝行矣秩嶽足下淩霄之姿尚戢其翼三年升天茲政逸其運溟之氣耳鄴架萬軸隨意探討自足千古間或持螯眠甕捉麈據牀此際此樂興復不淺恨無長房之術可以縮

親兄亦念伊人於數千里外否向武林過臘望君家叅和以詩偕至湖上而竟不詹得無取道匡廬耶春事又寂吾黨趣減然玄豹霧韜其文蔚也鼠牙雀角今竟何如尊公日已推重啓事方岳之勛即隣節鉞邇以邊急局會頗新雄略勔勸維其時矣喜喜弟莫春始入秣陵豪情頓銷麴生夙緣亦退避三舍言之惘然問甫近游何方近況何似南望丹霞增其杼軸

寄吳對渠侍御

武林邂逅一展闊積重損清槖僑客乍復生顏寒雨如脂不能一再瞻訪而寶鷁遄發悵惘于中也東事敗衂已極草芥賤夫不飫藜藿此皆賢路壅塞之繇然今有轉機矣田間杜史後進詞垣不崇朝而秉節鉞佐樞務以明公聲望尚遲遲入都衆所未解度拜命在此日卽三輔權貴五陵裘馬咸慄鐵面肘腋既安何憂塞上哉以陞比來酒胃詩腸大減昔時而勝情交態亦復蕭索褸隟對鍾山日持一帙生涯霜風吟葉

桃上輒算鄉程不久將賦刀頭也洪比部行便肅此起居臨染黯然

寄顏廷愉

虎林寄跡與足下重尋鷗鷺之盟自秋徂春每款屏下榻商榷鴻濛其爲投契奚翅瓜葛之情它鄉之感江干分袂相視無言丈夫有淚此間亦復可灑矣去日漸遠動念如何遼之役撫順復爾喪師可謂世無英雄視向征播時利鈍迥殊倘顏將軍在行間必能出奇時事至此又非

二三將吏之尤也布衣談此貽人揜口聊布知己以見山林未忘經濟耳金陵解裝兀坐一樓如野鵠在籔未暇再訪牛首燕磯之勝惟與蝨魚夙好晤對前修差覺不惡足下近況報我

寄吳介甫

湖上披襟動經半紀而重來聚首數月周旋筆牀茶竈殆無虛晷誰非我輩奇緣足下深情古誼交籍有幾江關潦倒不堪離緒七尺丈夫化作兒女子矣嗣後夢寐皆在六橋勳梓桃花漲

裏匪詎匪詎僕落落世態不關方寸信如來詠所云攊馬龍禽無他佳興翰墨間作則取佳什和之亦何減對面授簡時也盈盈衣帶可勝跂望

答顏廷愉

初夏仟旋有附奏記兼致數函于諸君忽焉黄花乇鄉羈客殊多僇慄之悲益重停雲之感矣蔡驛騎至捧披佳韵不能釋手孫子長守杭與足下爲布衣好必不寂寞乎孺又守南陽足下

何日往登熊耳訪箕山返問諸葛廬也僕樓居無事近誦楞嚴了一二義輒形色皆空然倦翮思還霜落葉丹之候可遝否待我又不知楚夫人肯復傾筐倒庋不也

與譚友夏

青溪與足下握談恨相知晚僕既俗羈不能數還往弟意每相往政不須頻聚也讀佳刻諸體如入阿練若地覺僕輩慾障火坑未知何時得脫廿二日擬行閩楚適分湘有游魚勿惜寄字

所致蔡敬夫書以付蒼頭毋慮沉浮也李先生書以累從者投桃報李世法常爾笑笑

寄李本寧

蔡公子伻旋獲接瑤函柯譔伯歸又拜雙魚盖誦穆如者再矣先人窆上幸冐袞藻以比于有道之碑哀宗世世望署佩戴矧忝所生者哉至爲拙草玄晏溢奬非倫便當愧死然經龍門自能延譽劉勰顧盼於鬻書子昂巧憤於碎琴以今方昔何多遇焉暮春入秣陵而尊旌已返雲

杜差池僅旬日每悵緣薄時時讀大泌集以比于負劒辟咡輒私自慰明公唱雲郢中箕履健勝秦淮舊寓能遂忘懷以陞年過而立已歎二毛不復尾少年名場而豪情游趣頓謝疇昔梅花開候郎詠刀環又遠伏海嶠未知何日再叩玄風也焦太史繞惠仁言遂登仙籙斯文之悼諒所同心譚友夏三楚名材中大匠斵而以謠詠短氣但信竟非蕭艾耳敬累書郵小詩一箋幸終敎之

寄周仲先

王正十日祗舍晤紹和道明公有隻羽至且以圭嶼拙律轉示知嚮金陵之臿無浮沉又喜此信之速倏往倏來若縮地而趨從天而下也乃不爲鄙人藏拙汗霆霆墜矣彼中鎖鑰西南夷解辮奉球以繼馬新息之銅柱比於索長安米弄舌搖筆作紙上才名者澄清天下誠在此而不在彼也指屈清秋執玉朝天之候庶可瞻光里門尋盟把臂聞同寅有先圖此者會晤尚遥

殊爲悵戀雙雛吉光風氣遒上便呈五彩文懽慰何如僕倦游入内室人交攉茲借馬侍御一枝昕夕握談差足消懷向後伻來幸以新作倒囊示我片片當明珠大貝也

寄謝二兗計部

野人之於執事一日之雅也仙凡迥隔襟裾偶合似收之於傭舂廡下然童子所謂不因人者也以是故園念切識荆伊始遂爾班荆空歎緣薄臨發又辱厚餉卽欲冐拜恐千載而上閔仲

叔程謀甫咲人據鞍草數行奏謝而肝腸已寸寸鏤文矣臺下計國心長籌邊策熟非久柱笏對鍾山者山中客久不閲除目亦時時矯首雲逵小刻三種附去神與之流

寄柯懷九比部

建業倦翮多承奕世之誼披肝相注雞鳴共游仰觀渾儀俯瞰後湖謁誌公安南之相展　孝陵蛟龍之字縱目盪胸非籍地主那具勝緣空囊出都又辱款贈似當淵明之九日而有白衣

之送酒佩德温然過於雪夜挾纊矣别後魂摇望輦轂下好音以抒積抱南曹事簡秋司又在湖滸山色荷香欲上衣帶然願勿戀此餘閒也

荅劉魚公

母病二旬湯藥未效回走求醫憂心如燔頃詢朱愛日知兒動定何芳草而爲此蕭艾也叔寶如何楊杜二才想亦垂翅景曜不光言之氣短道生近戚寧狂於莊莫傷於荀骨肉同志靡有佳勝令人欲啼接讀來詠具見素懷兼惠丹荔

顆顆蜜漿充我藜藿感子瓊琚矣無以報也意

況稍佳續布願言

荅幼玄兄

以陛死罪毋子天性仲冬嚙指雨雪間關獻歲十日始拜慈闈赤手奉卮匜淚幾行下人生離不如聚弧矢四方秪欺我耳三月間呂氏妹寡而絕嗣毋肝崩裂男既求食他門女復蚤踣所天鞠育罔報暮景蕭條以是粥不足恃藥難爲力熱病淹淹從容而瞑毋之懿貞完歸泉下於

母足矣惟不孝九歲藐諸如珠在掌三十匪莪如糞上英馬牛勞慣烏烏情虧十多年之負米未飽一餐百餘日之舞斕痛分兩世母也天只爲之何哉稱貸送死亦曰人子自鬻無計何以成墳與言及此流臉露膝紉玄阿兄仙雲路遠珪璋韞寶褕狄必酬鼎養天休餉舍人樂伯母有子如龍如駒先慈無兒爲羊爲鼠吁嗟何言厚奠遥及感入夜臺敬當拜受苦次稍閒當抆泣撰狀以乞仁言匆匆不多臨風哽咽

荅沈應尹司勳

以陛天之戮民延及慈闈抵家五閱月甘旨未幾而侍湯藥已二旬陟屺傷心淪入苦海幾不欲生然稍慰者不孝束髮遠遊略無返志客冬心動寤寐倚閭情過嚙指是以忍辭孟嘗之門仍守聶政之母耳今春假館馬侍御朝夕定省風木遽悲蓼莪永淚然母子天性死生獲訣是亦蒼穹者憐其缺陷也別來想慕德雅風雨如晦夢繞鍾阜前書逼迫未罄願言翰貺從半空

下悲喜雙集淸嚴之署亦捐此念故人耶賢郎

巳入成均甚慰夙期伻旋草草言謝𣑯人氣促

都無倫次

寄吳亮恭

初夏有壺山林生之謁附尺一奉訊令籬花乍

黄矣林生極荷寵眷比從它客聞其屢以塵事

上瀆亡賴哉因數年前渴踵門墻故爲先容不

謂纏擾至此令當世鉅公不敢立平津之館開

孟嘗之門也䰠無知薦賢有賞夘以陞者法應

罰矣六月間有先慈之變擗踊委頓中秋一疾幾成滅性起閱邸報　今天子初政勵精章奏無畱言路吐氣明公鳳梧矢音經世夙抱政攄此月通籍垂三十年始逢茅拔嗣此槐棘九列若迅天之雲耳聞命忭躍悵田野剩民無事彈冠也驄馬連錢便當啓路秣芻道傍期會不遠先此勸駕不一

與傅遠度

紹和齋頭幸裛玄霏殊慰夙懷雨師泥濘不得

一再過從知近履清豫爲喜馮字詩輒草便面
奉政瓦礫亂投乃引玉也君家公容不敢相訪
以大將軍帳前非犨而冠者所宜趦趄并書一
扇致意竹林把臂其可少阿咸耶

又

新歲再訪未得面談近聞兄在海上蜃樓鮫室
拾月噓雲知玄虛之賦纚纚萬言比見一二作
脫換胎骨業已蹂躪今古虎視中原何斬倒囊
相示耶排刻竟不成章聊以請教和韵詩并呈

聞華旌遄歸未審何日使弟挈一盂於青郊桃花下藉春苔之始生也

荅吳亮恭

仲冬邸荷寵存念及先慈殊敦再世之交又話三年之隱慼慰可言時襄事在卽紫氣會臨不卜而知允藏矣松楸纔植鼠雀横加賴諸先生齒牙之德非始完局道遠莫愬燔灼何如顧以貧賤驅人方拚莪卷又問蒯緱客路有談心之雅倚閭無嚙指之音郵途如故今昔頓殊念之

嗚咽伏思工瞽獻箴孤發擲緯野人技癢此癖
不淺而壅臃無睥毛錐久鈍何能愈頭風於草
檄責兩吏以疾書王生顯長者之言徐郎博徒
薪之賞乎來敎過擬惶悚惶悚明公德叶球圖
道弘舟楫女媧煉補巨靈掌跖乃烏棲之署久
虛龍耳之求未定孝忠亙篤瞻仰且殷矧　廟
堂有狂瀾之勢中天停見覞之消豸幰啓途豈
堪再綏長安計程當灑掃國門以待霜威也盧
覞遥頒汗霑及踵寄食之夫無愁珠桂何爲爾

爾長者不敢不拜泐以弗諼行矣回首惝怳云

何

又

臨發辱眷注之殷佩以載途春雲如黛春花如

醉誦瑤句則神飛夢清顏則意暱此際已不容

纇舌矣以陞籬落斥鷃轅下庸駒憂國無慚於

漆室後車有類於監門幸主人知己罄肺附之

知實長者夙誼博齒芬之惠耳翰貺疊承驛亭

乍煖匪惟生顏良深鏤骨所示寬程以圖襄事

私鳥之情叱馭之忠當兩盡之淸秋無塵太微倍朗引領都下以聽轔轔三山冗次不盡欲吐

寄王子謨孝廉

頃辱佳詠佳珍行囊富且生色雄譚天際四座星飛爾時嗚嗚不知身在別中也遼濶旣破展采者幾䕷挈瓶章疏絲綸大率爲羽書所苦然衈典旦夕便可得請吾鄉納言已先之矧尊公行誼功勳十倍當世耶入都之使似[illegible]可緩北來人避亂如失林之獐門禁嚴出僕莫遂請纓

空勞攜鋏未知果至春明否言之黯然

寄王仲和任子

蓮漏三更坐池前桂塢飛筆浩譚依依難別讀扇頭佳韵足當渭城之曲既有雅貺復拜異書匆匆就道殊失報章每夢玉山中人便以蒹葭倚之如蒹葭芳詠故當有情曾念水一方耶烽火逼薊門風塵勞役不能賦蕩子從軍以七尺報乃公饑烏欲啼予尾翛翛金風待爽不知能附塞鴈歸否新詩幸多發示馴虎之巖石泉在

念望之望之

與顏廷愉

原憲元非病摩詰豈是眞見足下據楊雄談示我新栽巳堪觀廣陵濤故園雞犬何減新豐兼有木奴千樹稻秫半塍三十年父子相勞嬉嬉楚夫人芼蔬佐醖樂也何如足下得無念乎亟亟僕行矣遼事震鄰未知果入都下何日握手鶴鳴山頭浩唱涼州以當投壺雅歌也薄具聊代藥餌希笑存

寄周仲先大叅

途次閱邸報疏大名者已滿公車私擬明公當留輦轂下爲救時干將嗣聞新命果出意中顧此擢稱異數有三西臺舊臣蠻徼外吏召入三輔公論大明一奇國家非邊功不得超拜一月兩遷兵符在手二奇牙旗甫莅　綸誥隨膺宣榮三代而大父理學公生色三奇不可謂非遇合之隆也今遼西一塊土岌岌虞搖鼙鼓急於漁陽潞河拱護神京咽喉漕陸新設事夥百費

經營然屹然在山虎豹矣近聞他鎮君子三千人脱巾思逃此司計者之責明公與中丞公調劑喣沫感彼同仇士馬飽騰爲諸道先此豈肉食擁重權者能辨哉努力膚功以寵同好小詩附賀燕市狂生未敢馳一騫長揖矦門也

與魏仲雪國博

承顧雪中不及擁篲爲帳玄扉相對缺焉請益實所違心捧誦雪咏字字瓊瑤又如閬風絶頂飇車羽輪所未易到至及戍卒之苦足稱此時

詩史謬索濁腸以賡郢唱覺形穢耳敝戚印約序曾脱筆未欲附南羽幸假半日閒爲之弁圜近詩附政未能標賞松石只堪蒙誚薜蘿柰何先慈栢舟乞言容齋沐以請明公肯爲憫我屺岵忘其隴蜀耶

寄張紹和

姑蘇舟次與煙叔作半月周旋旅況自佳時以杭志寄之以前三衢纔有小札故不更題數字去後悵然日聞年嬸之變伉儷情多昔人所重

絲竹栝鐺之際未能免懷至於仰屋著書忽焉
内顧尤莫禁其潸然也又聞公車甃軹殊爲駭
異夫古有割恩愛以立功名者矣縱鹿車灌園
爲輿偏多今已不可得則挾策入承明爲國家
建殊勳固是三不朽事長者寧少封狼居意毋
以苟生之傷墜鴻鵠志也以陞長安羈客類麃
中駒求名流促席便如神龍朱草離索之極轉
念牛衣對泣情境較佳耳加餐前來罄折以竢

寄吳亮恭

晉安奏記以後戀想容暉頻勞旅夢都下遊子不識朝貴但聞槐棘元老以及諸郎交仰德輝來下也鞀鐸弘開王事靡盬太君松楸已茂願言夙駕以陞羈籢下物如入土室即長安一片月少據胡牀何能翰墨間作交臂賢豪間耶燈下不具

與唐宜之別駕

使君文名玄理藉甚海內企把多載握晤一朝飽德承教使塵土腸胃與潭光夕照並爲澄洗

感狀何如册葉曾灑筆否臨池之工實於靚粧
幸早畀之三扇再來即揮友人南歸立馬以待
也夫人舉雄何日當不遠十里來醉湯餅耳

蟫窠集卷之[redacted]目錄

書二

蟫窠集卷之

龍溪黃以陞孝翼著

書二

荅張藐姑直指

擔簦游子辱明公搴索顏如渥丹臺使者清嚴扃鑰不敢摳趨以溷乃公但有心往承委之作淩雲巨構豈堪學斲然知巳命之其何敢辭敬具草以竢郢削別教欲得一二賛短尾之羊不掩其尻胡可多也全齊攬轡泱泱大風倘有所

采它日請發其覆

苔林鶴胎太史

承示早朝詩字字飛舞典重處如華林公讌唐宮應制疎雅處如彈琴石室抱杖清渠技至此乎日與仲雪倡和雪詩玉礫自分並錄以正依韵屬和是所望于郢人之音野夫未嘗閱中秘書既災梨棗又累巾笥明公念我輙忘其醜

寄盧雲際大令

都門誨益殊慰披雲別後風雪淒然懷人滋甚

郵筒疊至四接瑤華知知巳不我遐也旌德在
諸山中南羽莫便增其綰轂一邑如斗大春風
旭日噓照萬丈乃席未煖而當事者以婺源移
扳大是矣將無慮賺旌人耶雖然兩地相隣何
此疆彼界政不必如館陶爭愬故事也婺故篤
生大儒韋齋考亭之蹟依然得賢長吏以儒術
蒞此民人社稷何事非學豈以簿書便詫賢勞
哉僕向承訂約勸在肺腸擬以春暮渡江而南
事不從人兼之烽火戒心望種花之治如姑射

神人了不可攀言之浩慨貴門人馮爾弢雄飛
天際金玉其相囑欲寄椷函丈以人行邇不及
往報頃偕倪賦汝見過修通家好知人得士照
秉雙珠屐齒過戶可無恙否有便毋靳德音

初陽先輩

頃見足下神情意氣已願深交讀大揭種種碩
畫如築臺製器皆資實用非只紙上陳言聞當
事有帷幄之推疆埸有幸盖當今謀國惟局外
人最精是以孔明出山鄴侯經武猶自潔父之

長吟談碁之妙智也行期何日當預賦凱歌以壯馬首古風一編雖不成語亦見草莽未曾忘世耳

荅魏仲雪

昨晡從郊外還燈下讀印序巳窮篆鐫之情便深斲輪之指覽誦循環夜分作光怪狀魏家之擅八斗明公何讓焉何物葭莩獲博珠玉當與金石並勒矣適有便羽即寄去謝謝人心苦不足宅有所求尚圖躬請佳刻刷出速示爲慰

寄周仲先岡卿

日讀　新綸榮躋九列十年前直道觸邪今始大伸野人謀國不勝爲世道幸也明公在蒼梧則以救荒平蠻著在通州則以制伏悍兵著海内望風如祥麟威鳳見必有道岡寺尊崇當東西未靖稽覈孳息以副王師展采一載便可開府雄藩取次卿貳甚休甚休獻歲擬過謁以踐前約竟未能出戸瓚思至欲於撤棘後握手或可陪隨東來瞻羊杜威儀耳清灑都亭以竢局

篤榮蒞之期當以何日貧者贈人以言既無禮數又乏文詞奈何

寄鄭簡思

僕自總角時卽從簡思爲忘年交時兄以觀察介弟往還蓮城柯斧間比十年來僕芒鞵邛竹兩至燕趙黑裘幾敝白社生塵兆甫化仙問甫戀婦惟有簡思琴書自娛灌園玩古差足樂耳合少離多每一念至形神都往久客時鬑鬑髯微白不知廿載中所爲酣歌刻燭旁若無人者

如陽羨鵞籠變幻一瞬古人所以泫然於種柳
也君家瓚思剖竹薊丘鼙鼓逢逢奮袂前往大
爲時論所韙何日來訪陟崆峒而眺長城窩耶
滿面風塵一腸柴棘聊此以荅芳訊不具

荅孫初陽兵部

前旌行不及郊送爲歉比晤周太僕云接兄緒
論足別英雄也尊議築臺一片石甚爲扼要榆
關雖不足恃然我有備彼必走間道或勾西虜
從片石入未可知也歡喜嶺離城不數里頂與

城平昇銃直攻誠如尊慮建臺設具殊未可緩大抵臺制當作品字三方犄角勢乃不孤此時並舉賢能董之費尚不多想兄處可爲地共相信人辦此不難耳僕足不親履以耳代眼謬以相告卽都下諸公計亦爾爾豈鄭瓚思遂守薊門才抱足倚當人却步之時毅然獨任羣情推重兄自有心人堪遣信商略馬侍御寒疾委頓尚未平復伻旋附報彼中動定有便毋惜郵筒

寄鄭海門

僕束髪論交交在三世惟我海門交在千里亦惟我海門古人不多指況季世耶江東別後談次夢中亦惟海門柱下公所知也初元廣厲解額允增閩省可得滿百兄年少冠軍足張吾閩聞已入彀報罷殊堪嗟惋然溫養三年即爲刀圭九轉未爲晚也遼之役不惟震鄰且見剝膚北人南歸如猿窮鼠竄僕既不能以一丸泥封山海關又不能以幾量屐返蓬蒿徑柰何金雙南大行已見朝矣書物容晤致之不一

寄何稚孝光祿勲

都下羈棲猶得從事函席細譚性命横襟今古自惟鄙陋縱非高足之倫已協北面之誼矣南行漸邈憶酣歌刻燭冬雪夏雲聚首之樂如邯鄲一枕何論人生閱歷哉本欲取道豫荊以遂七州之約無虛大序而竟自齊如吳殊爲怏怏頃登日觀望東海訪軒轅以來封禪遺址自以爲償廿年夙願顛毛雖短脛力未衰七州杖屨尚需異日耳歸心如矢地主情殷計端午前後

可抵通德之鄉躬致尊音勿罪洪喬也黔蜀稍息時政未平近且有壘勑斜封覯軍容使之漸漸何可長蓬蒿杞憂不敢在長安貴人後想明公滿懷格心旦晚大用必有以清世界無娭佅儒之觀場也

寄何舅悌孝廉

舅悌足下十年之雅萬里之緣詩籌酒政接晷連宵此生有幾解攜倏爾春草夏禽迴視擁爐促膝已及半載俯仰今古勿論努力惜陰卽古

人秉燭之游更惜寸陰也出都脈脈知已擬古十九首多從雪中殘夢得之未能錄寄計元春燈夕時兄輿必濃未知送人之汴亦作數日愁緒否耶僕本急還求速反遲今暫栖吳想入里門尚及泉州荔子紅兄歸期何日過金閶使僕得望氣江干耳

寄幼玄兄太史

君子達則爲世窮則思家家[illegible]天疏欲上慮理學之不明今所急者在時政之未光詞臣雖無

責然叩閽面諍此一時也太夫人阿姨何日抵京且從祿養優游一歲卽可視草承明竢大用時建白亦得飛潛之宜未爲不是耳弟家必久切行止由人周中丞國士之知留住吳中鄉園之夢無夜無之想當麥秋送煖荷氣迎涼時可入霞城也許大事業努力爲之弟非呼二兒畀籃輿則尋禽生走五嶽耳在家出家亦無真相雖然天下之以相求人多矣

寄鄭道圭太史

詞垣之有道圭足下也如秋水姑射人人欲親
終覺仙凡一隔僕奉教有日亦竊附於聲氣嚶
鳴無異布衣之雅矣長安雪下酒德文心宛然
在目憒然入夢臨發厚贈曷云能忘僕擬從大
梁行竟取道濟上登岱望日盪胷裂眥憶阿兄
與舅怫若在同游便欲吸銀漢爲大觥舉手弄
清淺耳文章之事今日故當推袁稍需半歲即
可起草明光傳經講幄加餐自愛以慰鄙望黃
元眉兄近選薇郎不及另簡聞其星軺將出即

於里中相晤幸道意

荅周綿貞中丞

飛鳥依人乃有黄花之飼何能環報虞仲翔謂知己一人足以不恨當其客伯符視王仲宣禰正平輩遇合何如千載而下猶有生氣僕匪醜夷忘其援妄足我生平矣杭關僕來使六日聞頌周中丞公只飲吳江水將吏奉法遠邇胥慶始知真人經濟不煩而化非敢爲佞也舟逢王而弘諫議道朝中事如逐劉璫出保母 睿聖

日開兆民之福遠黜不足慮此正明公入贊之時矣廿一日渡錢塘睠仰德教滔滔難已役旋草草附謝歸山在邇避世未深楓落江冷之候當寄游魚不具

寄林德芬大夫

三載芒鞵緇塵尺許離家寥廓不聞兒女之啼久負猿鶴之望又不能抵掌縛夷建豎徵伐咄咄飯生空銷束髮懷抱也念林先生高坐深山清禧日蒨浮白談玄掀髯如雪瀉理如河遠不

可跂實勞我心此行如入藩中枉自軒翥惟探
岱宗之玉檢訪嶧陽之孤桐差強人意抵家景
況大異昔時糟糠癆瘵展轉牛衣鼓缶之音勢
所必至擔簦之約又竢何時始信道窮運否一
時橫集天實爲之耳巾笥微言附便呈政不多
及

寄李本寧先生

青溪遇譚友夏恭附一羽奉訊倏忽五載南睇
江洒無日不思曩　龍飛首詔彝鼎宗卿海内

望名碩一出雲漢皆章而忮者謠諑以爲能奚
滓太虛今讀　新綸仍拜前秩秣陵故清議地
羽儀九列實賴道德文辭之耆　主上非無意
者從此　召貳秩宗贊襄　實錄以光　兩朝
以爲濟時舟楫之因以破後來積薪之習六十
年前輩大拜使青史紀爲天啓初盛事顧不休
哉以陞今年三十有六蒯緱半禿尚平之債未
畢長卿之游彌倦頃再瞻　雙闕眺　諸陵循
龜蒙而東陟日觀抗扶桑不能褰裳而渡便欲

結廬其巔而竟返故丘對兒女子病苦乃知有
勝情不如俗情較多也柯謨伯化爲異物後事
蕭然張紹和屢光薦剡未被玄纁方今載筆如
雲度不可失此良史才想當蹊明公出山後次
第飛揚耳敬因林太史之便附訊近履小詩勸
駕弁蹊郢斤憑風但有菀結

寄馮鄴仙大令 君讀禮不果寄

燕臺霜月人如藐姑之仙酒如黄河之水玉管
朱絃筆牀茶竈雅集連宵直是四海一堂千秋

一瞬勿論浪跡半生良遘幾許也既而旌旆南
行羈愁悵戀從者捧太僕翁壽言回帶及寄數
行爲觖家音臘至糟糠病瘵踉蹌言旋竟成濡
滯季夏始抵家方喜刀環又嗟衰澂王章泣下
張儀舌存脩脩近況非知己不堪遥吐耳足下
神龍逸驥氷湛陽温出硎鋒鍔肇試牛刀澄海
城如斗大半是漳民孔邇之頌何此疆彼界耶
敝郡原恃粤艘爲命邇紅夷作梗且石燕不飛
暴巫罔效疏通活潤不能不仰藉隣君惟君俟

念之長公爾賡兄曾在署中否菊黄之候意欲
訪勝羅浮星巖之間道經潮海未審能奉少日
顏色否若君矦方下逐客令則吾豈敢家㓜玄
長安嗛嗛貧不能賃一廡買一車太夫人北去
甘旨宜腆想猶笑中秘兒不殊一措大也兹因
胡子庸之謁附此起居胡爲青州守葵南季子
葵南以杭税璫遘禍前繆太史業詳之日繞叩
卹典子庸年少雋才自足亢宗書法鍾王其餘
事也居接宇下願進君矦盈尺地幸教之先錄

游記附呈壽當以覆甑之全請郢南望蜃雲亂我心曲

寄何穉孝

雲霽月白別明公於御苑之東也驛騎如飛閩山在望豈意復有姑蘇濡滯哉俾君家竚信片羽差池咄咄黃生縱不作石頭渡應咲大耳兒周中丞使去業附入行隨以五月中言歸溆水逢舅悌於唐園握手半刻猶如燕市和歌時誠歎伊發津門僕游東兗出都良久良晤恰同知

已之聚若或使之快甚快甚山中不見邸報每聞諸疆鎮節鉞輒詢名姓多他屬頃晤華上人間聞主爵欲以卿貳推重此羽儀九列平步上台四方多故與政府居中而賛視節鉞之臣功用勞逸不大懸殊耶某拱手望之貧兒命薄稍備儋石又患糟糠沉綿兩載兒女關情就欲仗劒出門無如牽衣對泣何耳銜杯染翰未知接侍何日紹和書至草草附訊岱嶧游記塵覽胡太常柯太僕鄭太史併囑叱聲

寄馮劬思學臺

五月出錢塘一札附謝抵家復有便羽入燕料明公將持斧南行故不修訊未幾而都人士已畱光北斗矣金臺買駿本自勝事以九方甄遇之正復攺觀然此間多僑寓浙東尤多往往得雋如丁太史其人當另一目卽北地今亦多尟楚也賀賀惟是屯務澄清仍以學政借華轂下俾不遽廬其位此　國家善任人處樽俎折衝君子兼之矣僕魚鋏無情牛衣有累在外望家

如歲在家厭濁如鬼妻瘵予痗貧病相欺所謂病人魚貫債主鴈行某獨何心堪此百端哉扇頭四律情見乎辭寒風滹沱珍重爲慰

寄沈達生中翰

足下珪璋彝鼎吐握家風海内企挹不可得乃於閩傖獨拳拳也雲翼已成空戚顛墜可歎萍水情多枌榆緣少虛人佳意令人氣短然已次骨湛胸不能酬百一矣客冬使節甫行僕亦尾閩中丞出都棲遲吳閶者兩月中丞方正重義

向耳大名足下何不修故土庚桑之誼俾得倒
屣耶南中佳麗奇書韵士種種賞心足下與董
太史容與散懷固不止燕磯牛首間實錄垂成
當速報命以膺嘉錫僕抵家寂寂身病室人皆
病人窮遇合亦窮加以應酬罔暇晉接晨昏買
賦之金侏儒未飽噪門之客凡鳥非宜若得小
山一茀粗了鉛槧苟完性命不則禽慶相從五
嶽不返是吾志也達生足下擁爐浩歌有如隔
世續此何日言之於邑馬公子行附寄八行遠

道相思帶緩何如

寄周中丞

六月廿一日抵舍病婦如鵠形坐繩床上悲喜雙集淚數行下稍有生意問刀頭之錢曰明公之賜也債主如林探囊支撑親戚富者款詞再延尚留半鏹典墝埆畝許歲可飽八口之一咸加額曰明公之賜也以壓俗人不俗山人不山枉志淩霄終安近玩兒曹不好紙筆粗成小義竟是鈍根未堪寄以門戶度欲撏耳薛蘿如何

可得想應未了九州興也明公威望德意向過吳越頌聲洋洋令桑梓士大夫無不能言中丞治狀豈非神化不測不脛而走千里哉漳中赤地巫尪不效恐來春穀貴民將走紅夷島上也言之惙惙遼之役當事以薦舉不稱自訟黜之役當事以虛張蒙詬願弛然從　國家起念輿從祿位起見得失自判矣若得明公主爵主樞天下事亦無甚難望之望之馬侍御已奉北督學之命武林小笥安得負之而趨恐貧兒於文

史少緣蠹蟫空飽倘有羽便幸爲陳饑渇之意

秋深玉露加餐節勞爲祝

荅周中丞

別後想念範誨如從師遠游遽爾相失頻於邸報悉吳中動定褒刺將吏壓服纖瑠此時民窮財絀對證金鍼彼中幸甚吾黨幸甚近逆徒煽亂欲揭一竿於肘腋非威靈先赫江南　陵闕不幾震驚耶僕行脚頭陀在家應接蠹滿笥中無暇繙撿反不如旅次篝燈猶作老婦軋軋生

涯耳北門之霎未免交摧明公愛我鼎命殷勤敢不馳赴以承至教燈夕後當與紹和並轡方舟耳先此報命未悉

寄韓寅仲按察參軍

廿年前從家幼玄慕寅仲足下何期於長安把臂三月主盟哉别後懷想不置至彭城以一羽托郭計部轉致而計部旋解組去未知浮沉否黄芝仲兄奉使過汴云足下視篆沈丘百里非大賢之路然展布雄猷猶愈清局寄足二載便

當徵就熱鬧鴻溝博浪之間不久羈儁逸參軍矣僕抵家屐屨作楚劑砭靡效未能復問巾車馮爾發以外艱不得之任漳潮審邇幸此良緣羅浮主人爲山靈袍快楊學博羽便附草起居拙刻二種行人裝輕不得多累惟惠教之因風翹企

寄李本寧先生

渡江後再寄白門附一音於友夏閩楚寥廓不能悉動定比讀太常之　綸音不自勝禮樂積

百年而後興其間必有名世者又佐　高皇創制之都意在斯乎去秋有攜青烏言至者云嘗游雲杜與明公里相識也業寄荒械及扇頭俚句但聞此君尚客建安未知達否詩已災梨今不復寄秣陵舊游名勝倚重秩宗卿貳之間所待以筆　兩朝輔萬幾者勿論久瞻以時則可矣以壓擔餐十載無處生活不能如紹和之韞逢善價又不能如友夏之選待公車茅冗塡胸灰寒搯掌惟蓂萍梗有緣不至自外於龍門耳

僧印天者漳石室師樵雲高足也開山之功與其師共之特購南大藏全部渴見長者幸進而教之萱蘇一種近刻數冊奉裁江東春樹可堪延佇

寄魏仲雪虞部

京邸得附明公聲氣之末則以室邇哉蕭寺一別白門千里憶望衡對宇擊鉢催詩了不可得非形諸夢則登高南嚮若置身三山二水間耳蕪關江淮門戶荆梁舟楫順流而下一繁鎮也

記昔渡采石聞估客頌余中拙爲政如水此公在敝鄉未相識但後專城又以卓異舉信輿情不虛以明公權此如天半朱霞映江上作五彩文却本來無一物更不論着塵耳然此間多棃梓明公能出帳中殺青行世僕所甚願毋曰風流罪過也長君神骨超羣便當駿發以慰夙期僕以戊臘出都客夏抵家婦子交病無足相報印上人者樵雲師高足欲購南大藏幸爲指示同此願力拙刻三種奉教翹首佳麗脉脉不盡

寄幼玄

客歲太夫人及嫂氏榮發過郡以陞一再登堂因寄加餐想達清覽嗣聞嫂氏半塗之變楓江自冷嗟寵祿之不享又亂嗣之未光廿年荼蓼半世松蒿以陞貧親知嫂最深能不悲哉太夫人抵京鸞帔方賁詞垣清俸潤筆羸錢足供甘膬明春分試得奇雋若而人便望星軺南來丈夫夙昔相期今果然矣獨以陞者不根不莠龜手之藥本同而絣繴與侯封異雞壇之盟猶在

而乘車與戴笠分人生世間兄輩如拂茵幌弟輩如落泥溷才不才亦各言其志也遇不遇命也何言睽别以來音塵殊隔魚公異才具承雅念想不久鬱永基試輒冠軍如弟剷跡藤蘿莫知徽寵牛醫之兒第五之名縱謝前徽終勤嚮逹燕中故多人種亟卜鳳毛是所遥祝小詩二律以挽丘嫂糠覈之情不能佳耳

寄馬劬思

長君行有小奏及四詩奉懷計塵崇覽矣金臺

多驥良費孫陽隻眼今秋爲盛撤棘後便可平
躋卿月徐問使星別墅長條今俱成抱翳然林
水大非人境明公知必遥戀其如靡鹽不遑何
時事又一變局言之欷悒愧非林宗叔度之倫
徒抱杞人漆室之懷始信前大疏所列智見未
萌也貧嫗強粧赴周中丞之招以六月抵吳紹
和擬卽後至郢便附訊道履清豫想倍昔時較
閱節勞善飭爲慰書笥聞已到家富於負郭二
頃矣并謝

寄張煙叔

頃周公子歸曾附一牋次芳韻奉酬托杜仲純轉上想此時兄正迅南溟屐綦在榕城君鼎必當並轡伏在吳門縱不能選石虎丘亦當倒屣烏府勃勃殊甚凱甫侍尊公朝夕足爲行秘書叔自不癡速來刮目霏雲松桂勿復戀戀作大便宜清福也問甫魚公今秋何如于公杖鉢能脫離羅漢否或彼未脫聞有驅之脫者吾黨寧無助一臂令垂眉慈悲作忍辱羅寠耶諸一一

幸爲寄聲

荅林鶴胎太史

梧下談心巖頭把臂承明公收之於學道之末不自知其懸鶉也每見癸丑史局諸公俱已轉盡明公資望既深需次宮僚總在秋冬之交邇者　主上幸雝有期譽髦濟濟政詞臣獻須之時願速脂車以飾鴻猷且爲吾黨放眉間毫光耳跂跂籬下栖鵲望遶南枝歸巢之日未有定卜瑤札從天而墜恍似跫然不遐之感寧既披

宣雲洞石室之間多尋片勝遲我箕踞也

寄何稚孝司徒

旅夏抵舍卽附一信入都經年再出無復好懷弟時從邸鈔中粗悉立朝動定爲慰五月建谿見入騶自岸上過有千仞之隔到郵始知爲司徒先生也悵悵所竊喜者文章道德之耆拜命卿貳卽返烟霞俾喙長三尺無所罣雌黄此時大老歸山所少此一段圓光然輦上爲政皆老成人推轂安蒲亦未可驕語泉山也史書閩誌

選詩久已竣稿儻有好事大吏請付梓人願勿終秘舅悌胸懷必佳曲江事近紉郎已受國恩聞其才足自致更難爲季方喜喜某近偕紹和凱甫寄周中丞所旦夕促膝如到劉之集彥升談及鏡山新樹輒栩栩神飛計來春可過重續長安酒典耳齒牙之及又自曷諼風便聊布皈依小詩博笑願勿我遐

寄劉魚公

向得兒曹信知豢龍氏與永基齊名榕城之役

連臂踢蹄但未見奪頭伸角喜悵雙集接手餘
如玉關見月情與神動顧審寒駃何當厚念杜
太翁遂斬一字舉趾固不可測耶嫂氏娩身得
雄啼聲可辨遠不及製洗兒錢但有慰懷千公
自羅浮來復住故窩否今四方善知識知羅漢
師當爲巖主杖錫雖殊未易厭想兄共念之聞
梵天已曾相晤玄理超超洛浦吹笙何物虬髯
復作鴉頭鞋態曩張郎在此夢談不釋便宜巳
甚不顧蹇修之申申詈也雨雪瀌瀌智者攜手

同歸之候主人想當得請梅子黃時可晤足下
于清淨境其置新醅數斛掃石竢我

蟫窠集卷之[redacted]目錄

書三

蟫窠集卷之三

書三

寄千公

龍溪黄以陞孝翼著

白同公子還寄信以後松石入夢杖錫杳蹤接檀函知師從羅浮來已經大顛故蹟何不渡曹谿過大庾叩遠公於東林也忍辱是出家第一但住山巖當苦竪脚根勿謂羅剎鬧場便靡雪山師之神識當無出此魚永賓膺與阿俗兄都

成好措大師不落莫待宅宰官亦不乏豹皮瓜錢耳僕北來戒一喫是師素惡又省一樂是魚公深好自謂悟後得來師共信諸凱父不茹濕生大有夙緣常念教主允同直是阿難與師聽對當作面面金光濡筆之事想必如諾中丞公仍企玄風角巾將返須詣山門也別教大堪絕倒剃髮留鬚亦無定相鶴脛梟頸孰見可悲但問木天上人能捨一塊荳腐飽和尚否春寒珍重道軀至祝

答謝公與茂才

昔尊兄隆夫有云我輩可十年不相見不可一日不相念僕與足下之謂也三山初遘未遑傾聆意公與雙眸炯炯何曾以鍼芥覷當世而況鄙賤如僕者哉故每晤君家兄弟未敢借紹介以通書史念常往之即涉海渡江論交兩都下更復茫然而於此間中超超名士反視孝翼又何如人也桂院之集有緣非偶而足下不歎不逮所閞握手飛揚驟驚風雨孔公劉備千古美

譚逬擬非倫知君不願也五日來鼃蛙衎翠陸處非舟不能與病婦燒稍拙又不能與知我話濠梁兀坐巷樓苦無成句而球琳多錫韵徹洪濤披誦之餘秋樹早涼仁風自扇咄咄黃生何福克受縱令嘔出鼠肝抽其蟬腹敢與歸嬉養綏賡響於岐陽軒圃之間耶耶楷筆荒濕未成報章又以幼玄太史至與張高二君談竟日漏下草布不盡欲言載詠池塘之篇彌增懷感缶扣衣摳以待來日

荅陳皇袞大令

甕牖之夫以太夫人襄事不及赴山昨晤涂納言方知之正擬趨叩而盛貺下頒種種愧心伏讀旌略誌狀足亘千秋小人有毋恨不能揚鮮民之感不勝嗚咽榮發當以何日　綸錫非遥拜舞有期草草附謝未備

荅謝公輿

昔人謂畫中有詩詩中有畫僕觀輞川圖可謂兼之矣千載下乃有公輿丹鉛之暇揮落雲煙

人得徑寸如狠荒之金嗅鼻生香佩腰是實舉松江半幅四壁韵琴納之懷袖若置身於南山東籬間秋色招人便憶白衣送酒與足下頹然耳太史草書蕭以並珍氷清玉潤眞成佳偶山樓月影鶴唳鵶驚寧忘據胡床松枝作麈時也

寄張紹和

吳役旋業附一羽聞其已作浮沉亡賴哉今接凱甫書何緣復達清覽豈寄之其人耶喜喜晉瀛幼玄至詢旅祉清豫考亭刻名家集自大蘇

以及黃綬助鍥授餐差不落莫此書大行知建嶺之篁當與洛紙並價矣王子謨澁爲異物池館蕭條令人浩歎陳子潛郭圍一堂借中丞避暑聊足徙倚梧稠葉熟惜未及與明公凱父選石飛觴持竿釣鯔三五頭也潭中風雅寥寥自文旌遠出吮墨舐毫莫就斤斧亦無復興緒客擔簦至者望霏雲居扃閉如失所歸始信鳳鸞飛翥百鳥從之依稀風景益以人重耳元實君鼎同茲懷仰黃華候前冀轔轔者載三十車來

也

答寄張凱甫

曩寄書吳中人去聞已杳落忽接手札知不終沉撫掌欲狂矣千里共國恍隔星河言之僾然豫章之有象山龜峰弟所未至武夷之有更衣換骨弟至而未至牽物從務恨不同賞聞之亹亹語不云乎聞人說長安樂則出門西向而笑弟之謂也吾漳襟袖日窄邇與謝公璵修伯仲之雅才情意氣儘是惠連劉措大向受知貴人

頗滋多口我輩百口矣其無他然明哲所戒名
之焚身等於象齒耳允同東別舍攻苦每與阿
翁談未曾相晤千公自王謝爭巖之後棒喝恐
及棲止無定今暫返梁山也君鼎翩翩時常過
從近見一奇童子爲鄭輅思長孫甫十齡而作
賦作詩作廻文峭雅有法說書能窮其師王太
常謂非輅思不生此孫如非紹和不生凱甫也
後來韶令倍蒨矣弟老俗如持半緡揄莢錢磨
蝕殆盡周行市上漸無售處出不能食蜊九垓

退不能支龜一榻不知極樂國何方願足下引其迷如飲抱犢青泥也渚清風急望順帆而下旬日抵海門與弟輩連宵達旦談耳

荅徐輿公徵君

廿載傾心一朝握對琅玕滿徑琬琰如林覺塵土腸胃洗盡何論醉德之竟日也令子賢孫風氣遒上夜來成詩政欲呈教而佳律先投兼示近刻喜清風飄袖暑汗頓消重實填囊貧游乍富矣閩越阻修攜此以當晤譚來秋返棹須造

竹間主人續此匆匆也

荅公璵

處士過孤山政恐爲寒梅所笑得箋中揮灑覺生意在手而不在樹一番夜夢幾許相思六橋風雪飄瞥間如見公璵温其如玉游程雖近較難爲情耳佳篇三復劒别絲連琴音鼎色歡悰交集計當建谿清暇時乃效賤子一言以報雪調也至朱提之惠我輩以心勿復爲煩僕頭顱種種此行飽貯琳瑯勝前多矣據鞍草草不盡

荅王而弘納言

蕭寺一譚遂成閲月前扣玄盧聞明公游溪以北山高水長爲考亭羽翼吾黨之喜可知也行脚債未了又復渡錢唐羞澀不前辱枉華輪失迓爲罪報謁又爾相失聚首一刻亦靳之緣始信千里命駕期會不爽者秖虚語耳匆匆就途再承瑶翰更冐齒牙蒙虎之羊附驥之蟲知已一人足以不恨矧蟠木先容或收之聲氣者乎腆賜以爐敢不下拜游子壯顔温如渥丹矣讀

長公太常嚴陵詩足繫九鼎胡方伯卽圖勒之弟明公必有同詠何不并示使並磨崖貽光聯璧耶霜風初動願言加餐以拄世界江東回首不盡

寄公璵

公璵足下别後馬首清霜雞鳴殘月無日不思無日不公璵也足下董園不窺謝池成詠索多尚友門無雜賓盱衡今古不念千里心期耶僕客中以日爲年年亦易邁忽忽及春湖光山色

或怨不游如新婦閉幃中所有揮毫又如老婦唱栢枝舌喉無韵面目可憎回眝昔游巾車畫舫地同人不同矣足下近草必充幸覓三十六鱗乘江潮來也三詩依韵酬去並作絲連以當劒合教之毋遐人行不具

與顔繩其太常

家居附縞帶之交薄游辱錯刀之贈縷縷刻心依依入夢客臘偵江干寶鵠不勝蒹葭之感陽暉初曙紫氣方臨後此赴春明爲世道開大來

之會福及草莽日幾望之梅椰風光咫尺知已敍中俗羽不得握手湖上爲半日譚不隔者心見乎小律明公其敎之毋棄

寄王東里

車中接翰貺之寵兼荷齒牙蒯緱生色骨節忘寒時當至前如嘘鄒律而動葭灰已於鄴次潦略言謝想達典籤矣時事愈嚴彭湖公遂已得請眞古大臣今同志一時俱推節鉞而明公以苫盧遲其啓事海内想正人一出障瀾回天爲

布陽和於神爵五鳳間其益元運不旣多乎半畝餘生拭目竢之虎林舊客蘭橈蠟屐昔無休息茲乃爲邸中臥游卽顔太常至不能揑瘖以爲罔罔口腹勞人思一深山掃迹未知何日向子平不仕待婚嫁畢徧游五岳蕭惠基食祿謂婚嫁畢歸老舊廬僕本棄坻將何適從焉前爲長公先生勒釣臺詩拙筆旣不工匠手又拙聊誌不朽爲處士千載顔耳附往數楮無多也十月之交當返枌社教益非遙臨涤搖搖

寄周仲先中丞 丙寅

家居六閱月睡夢未寧脚跟復癢遂有浙水之行總爲貧病所驅耳憶在吳在家如天之覆比行前數日尤憐甑積之愛爲訂牽羊之婚助以朱提感益難荷矣武林舊游幾廻湖山相認鄙市莫欺此來閉關非復昔日尋梅隨柳枯髯漸白焚香展卷亦如靜坐深山時也主人詩酒之興不減我輩扼腕時事亦歎滄海横流不肯波靡者比來吾鄉彈擊殆盡東人一出削逐更多

郎局中舊昵亦隙末數人兩月來長安需官諳者無暇遷補可慨也李太宰有大臣風觀其爲曹郎辨侃侃不屈今以屬麈頭鼠目者世界不可知矣黨籍果須紹聖崇寧復見于今向後株蔓定及白屋昔子美天寶以後詩多含諷今一字宣聞揣影吠聲定有廣陵守之禍是誹謗之條更厲而風謠之集蔑聞也言之欲啼春光正茂加餐自愛以待時清十月之交諒可抵里促膝晨夕也

寄馬侍御 乙丑

千里相投亦望諸知己得與而時事至此不惟衣冠塗炭即處士亦懇有張儉之禍今且追隨而南遥聯清光以當別緒想明公較士在外迥不預人事無從叢怨可以循例卿丞亦留一綫在都下以維持同志無及於慘裂也監司有故而去周中丞原無成心緣直指批詞士民稱寃以致南都屢欲置計典乃平平黜斂不以計處之者政中丞長厚盛心展轉思惟務求輕議而

後行之者也比拜疏已行數日而　明旨凜然去役已遠且細思之此疏既與各臺會稿本無苛求若不直上則揣摩者反疑幾許深刻其不得與直指並止則去役之不敢自裁也乃南中則割出原疏矣人觀變而已道常人任巧而已任真毋惑乎　嚴譴之獨及也然從來撫道相屬無有逐姑阿婦之體郎　新政風行削職之外已無可加矣但令得時者橫詈至矣清介生平日飲江水歸以圖書數種他無可誣蠛獨以

抗　旨二字挑激恐繼吠者不乏人又聞有訪
其送扁與汪絕無影響此事害人不淺或是織
璫豪蠹及無髩贅眉虎冠造此宜密密防護如都
中未有此謗則不可發也評吏不當蒙罪以去
足快忮心恐羅織不測或修隙某太史株累亦
不可知倘可向的要人斡旋爲解如康對山之
解崆峒是所望於休戚矣行矣代申不盡惘然
寄沈平台觀察
郡城弭節不能少盡地主榮發又不能出郊坰

稍莪折柳班荆之雅使蒼頭持一剌代送竟至
巖亭靡及抱歉至今黯然何巳頃接使翰相念
殷殷更拜月俸之賜感愧又倍矣瓊海雄鎮人
知觀察公以耀武兼衡文而不知實以方岳兼
直指振飭將吏興起人文蠲郵眚災彈擊豪
貴皆 璽書中事雖諸務繁集以明公理之政
行化美泱泱乎大海之風也以陞頃客潮海聞
客珠崖來談觀察公法令嚴明馭下股栗甚悉
漢代循吏無他誦說只吏畏其威民懷其德而

語足該羣嶶耳彼中封疆逼近交南勛望卓越
以邊俸例如新功令節鉞旦晚可拜也秋風蒪
鱸願勿復言僕途窮可嘆向以揭陽令屬約過
訪殊驩而寇警三至踉蹌而歸又值漳城多事
荷戈守堵徭役百出兩歲頻荒上農夫之家不
能宿飽歲杪又爲犬子娶婦料理無計且瀕海
之民累累入城城中窄狹人情脅脅未知桑梓
作何綢繆公私交瘉也小詩題扇志訊併一縷
附緘不一

寄何稚孝

鏡山連飲而别有小札寄徐侍御奉謝兼返盛臚欲一一未能也三戹賦已草呈教得尊詠李白篇足爲此賦玄晏以示觀者大都憐其志而哀其遇藉以不朽不與四大俱盡耳周中丞聞有豨比之耗但不得一人䟽解誣坐十萬終不可滅未易安全徒令人望七豕掩芒蒼蠅報信也明公此來夙疴已釋酒興何事座中之客何許聚時苦欲相畱離時知必相念矣 吳瀞王充

間常集骫髒猶昔所為司徒公傳神奉之甚恭亦見篤學明公何以令人如此耶因其歸便草草空械霜風正勁加餐善攝以冀時清不一

寄何舅悌

湖墅荷香乍晴乍雨知已談心飛觴授簡此景此會何日忘之佳韵題扇頭每耳熱嗚嗚以當易水之歌恨不得一當以報國士耳今夏秣荒抵家至不能飽其孥攜鍬之期未易割斷未知聚首何日吳潛玉行附草起居有興望巾車過

我爲虎從鶴洞游于則選石以待大白泰穉諸公希叱名

寄顏同蘭太常

長安十八日奔猿窮鳥無栖止處非藉明公鮮不爲焚林之災摩頂難荷别後驢鞍骨折客邸棟撓淮陰腹疾至浙未瘳間關之苦誰爲諒之途中曾有三阨賦錄呈知己未敢示人也漳中喜談敗事謂不肖已及於禍骸骨泥中自度平生未有獲罪州里乃詬我者幾吾死也堪發一

慨今歲大荒以筆易米不能飽其八口諸念盡灰亦不復從人借邸抄故巳掩耳時事第吾鄉一年之內緹騎至者一訛言緹騎至老幼扶櫬驚走者一中貴人輕車而行不知何事至者一此九十老翁所未曾覩亦古今奇話海上民困夷虐易驚未知敉寧何術食粟安穩否也明公需補將及一載每未見報憤喟廢飯想數過巳樞啓事且晚耳望望倘有機宜毋靳披示以寄南鴻慰我漆室又望又望林宮允行草訊起居

畾印六枚將意堪鐫忠孝侯章惟不鄙焉

寄徐興公

榕城五日足當平原十日想來是一勝事不知身在鷩痱中也入福唐少師翁病初起聞吾同志雅集甚喜所題扇及縑殊覺力疾爲之抵家無聊今年赤地稱貸不能潤其涸鮒不如翁丈之華陽眞逸堪敵宰相耳張紹和刻書盛行凱甫日唔吚作新婦糚殊可人意茲因扁陀之行附訊近履扁陀頭如缺月能攻詩畫或噓之諸

同志爲行脚生色則方便法門也人行匆匆空
緘不具

寄周章甫孝廉

綠玉齋頭晤足下於分袂之頃也不以其邂逅率爾談心古人傾蓋束帛之誼良匪虛也至揚仁風而披烟景壘蹟鮮爽懷袖有香恨夕照樹巔金風馬首無能一叩玄扃傾聆爲快耳足下道南獨擅冀北巳空溟池天際漻漻不知六翮之所在而令藩籬間物仰蒼太息縱欲收之鴈

行能無神悚所承琅椷抵家即爲致之何玄老詢及動定殊慰適有詩僧扁陀來謁未審可叅高座否惟教之

寄高景倩

紫薇爛時潦倒芳尊多聆珠玉今黃菊又綻矣抵家戴笠躡屐往來山谷間未堪驟比靈運不能不仰效羊何也兄翁藜焰之餘醉心千古容至揮麈即曇花李樹無出真詮而弟遂逐謀食寧不浩慨胥壞哉兄既舍筏塲屋林懋禮尚識

戰而北憂樂之境又復相遠兄好爲之天風海濤振翮翩翩下視我輩能引手相招不

寄馮鄴仙

三月客揭陽干擾萬累仲叔雖高古令人猶慨慕安邑也抵家道塗頗梗未能修尺楮爲謝聞五月舉嗣公七月想併得雄胎蚌未老何物雙殊遂生海上作萬丈光芒耶弭賊之方或勦或撫已經神君熟算敝漳自鄭酋爲祟搖蕩海濱奸艇迫近離郡僅二十里歲令穀貴城中徭役

殊繁村民多竄入城而弟又欲入村以半生塵
囂紛紛市上不如山間耕鑿琴書足娛餘歲耳
已卜在南郊十里有田二畝宅一區矣明公分
闈之役得人爲盛想必如韓氏兄弟者今冬得
免入覲潮民安堵近況可潦略相示否家幼玄
以乃兄嚮義守堡爲細弁所孽幾僨激於當路
今復扃戶仰屋矣海南沈學憲與弟莫逆曾有
相約但弟既入山未知能往訪否如果行則明
春又當信宿潮陽瞻對傾吐也一緘將意幸亮

其褻南睇屢雲毋靳德音

寄胡聰明中丞

武林署裏多損清俸銜杯拈韵商訂古今事事快心以右丞清甚塵比萊蕪客累安邑遂不自寧懇辭而歸佩戢曷已歸之數日即有閒關之行幾陷虎口僅以身免抵家接瑶翰遠至慰勞殊深懽感可知也初春寄一札修候忽有榆鎮之擢遂至差池爲悵每閱邸抄方鎮節鉞之推輒爾心動私計以威望備邊隅虜不敢渡河必

以節鉞借重盖與長君相議數日而關中之新
命至矣此時磨事難必俞咈參半是舉一爲明
公喜得大用一爲　國家喜得用人踴躍忘食
也全秦百二山河邊腹共有四節鎮而關中居
首藉以提綱近延安以北套患稍寧甘涼以西
土番亦息但幾年精銳皆調遣左而固圉之方
亦須加意在昔項襄毅余肅敏之烈可復振也
從此樞制封拜始基之矣漳浦二百六十年公
卿輩出未有爲開府者而山靈閟鍾帝心特眷

老稚稱慶矧在素心貴役旋逼不能構一詩文爲賀統族嗣布敝架陝志已備倘有西嶽志終南志及府學碑刻不知可乞一二種以累便騎否西眺華峰可勝延跂

寄何少司徒

天下之生久矣一治一亂今當大有爲之君正明公出華起巖時也跂望啓事倘尺一之綸夕到淸源黃生旦則沐浴彈冠壽長安舊典不自知身之在幽谷也周中丞忠瑻頃白得　旨優

卹囊時間關赴難折骨陷胸之人今始獲報知
已於地下而明公所見贈長篇今始對有血性
人嗚嗚歌誦覺開口大噱時又交頤滂沱也以
陞家居無聊昔年責文頗有户外之屨今已掃
跡蕭然仲春卜築於南郊十里躬耕學道差足
自安當擬休文之賦請教雌霓耳張凱秀而不
實紹和良痛近得貴門人朱司成之疏聊可慰
懷其夙感知巳誰可忘之李工部之孫某以世
誼來謁幸誨之舅悌即日佳音願多具牛酒饗

座上客也

復江中夫

别乃經年倦游無復佳致所置書可得半車然皆尋常所有吾家所無以方鄴架不堪比之滞穗遺秉耳足下比來手抄積卷盈箱葛洪王筠當遜富有但體製又當更立一局勿似丹鉛等樣乃爲千古足下能信蒭蕘否敝書尚多遺失欲一一借抄兩日解裝應接爲煩詐潦草和韵未免婆心何當再索敝帚耶

與黃海鶴雍丞

束髮仰挹光塵便欲齎千里糧一詣龍門乃幾渡秦淮次且不前以時無友生爲輪囷先容故也茲來正擬偕茂之兄相訪而抱痾連月寒熱往來怔忡不寐病勢彌惡面如蒸栗股如哀藕未能行三五武擧幰辱臨不能出迎悵歎可言長者先施似欲收之忘年之末知已之感寧已於懷計明公僑寓風光足以怡老書懸都門足以垂世枌榆雞犬不須復念新豐丈夫弧矢四

方正當爾爾以陞此歲責文舊刻有二十卷今卷葉不匀絕句不滿十紙而序記銘傳多至累牘近分之增爲六十卷忘其敝帚竟咲覆瓿而梓人告窘尚未成緒容稍愈擕以請裁且求玄晏也史記一冊游草四種聊正宗工小詩扇頭奉謝情見乎詞伏枕草草不多及

寄姚玄雯司理

三十載素交情誼匪淺近小齋又接芳隣昔人云五千買宅十千買隣此之謂也恨牛馬奔馳

請益時少耳別乃隔歲台兄遂儼然察吏全齊
觀風東海此間體貌莊嚴旗吹弩矢村官躍馬
而趨權且與乘驄使者等聞榮溢後即視郡篆
幾於及瓜此丈夫有土之尊得行其志又名實
並美之術也螭蚴事業始基於此喜慰喜慰弟
入山不深行脚未了茲又同馬廷尉之秣陵酒
力游興大異昔時貧家繫念鬢髮半白六月一
疾委頓兩旬思岱宗嶧陽之勝曩已陟其巔欲
作貴人門揖客爲恐冰臺森凜閽者不識故人

輒誰何之也小詩扇頭奉懷拙刻五種請正馮

風搔首不盡

與蔡元岡太常

鬆鬢改玄枯顏落稿得仁言獎飾便如羊質蒙

虎面目之崢嶸卽是齒牙之惠德也如此溽暑

漫勞灑翰彌復兢灼不敢躬煩起居當此布謝

餘容面叩

與龔安治司理

讀鳫宕記如置身二龍湫中讀文姬傳又如見

武陵洞天餐赤城胡麻竟以相失幸有佳章足紀挑花洞口耳謝教謝教周中丞與弟莫逆繼貴鄉楊忠烈而遘禍已有特祀於里及此間清涼山弟欲廣求同志歌詠以報知已是所望于如椽也實錄二冊奉覽吟蚤惠之以光蘋蘩爲望

蟫窠集卷之[redacted] 目錄

書四

蟫窠集卷之

龍溪黄以陞孝翼著

書　四

寄周章甫先輩

丙冬有小札寄一衲子起居而行脚竟至浮沉亡賴哉弟以爲已達記曹故經年無再寄夫片鴻隻鯉同省猶難何況江南之花能寄隴頭千里之駕得詰譙郡耶足下文思奇古苞鴻始而貫天心早到長安西山雪色儘堪讀書待鶯鳴

上苑身涤宫雲時春風香氣願吹到我谷中也
弟游道日蹙潮揭遇寇踉蹌初還而里中歲荒
寇警日夜荷戈登陴所謂道不足以庇身往役
義也然鮮可以飽矣何玄子向接尊函大慰謁
選之期尚未束裝羽便草草加餐秋風驛道毋
靳金玉

寄林異卿

緑玉閣中晤足下於頃刻即傳臨池慷慨瀝膽
已締縞帶之盟歸隨有小札寄一衲子來謝而

此衲得擅則留竟不能達可恨殊甚意亦望今年兒試或可率之來省而豚犬不利又敗人意不若吾兄之雙驥聯轢也秋事近矣兄自福人達不能執牛酒來賀太公但有閱鄉書躍舞抃屐耳僕游興久闌游道日蹙潮陽遇寇僅以身免里門又警日夜荷戈守陴加以饑饉頻年生意已窘異卿憐我

復楊衷韶令君

奔走兩閱月了無雅情迴想郊舍小窗梧枝欲

吐野草羣芳當怨游人之未歸也今計程遲矣朗誦瑶華既動我故園之思又爾增我倚玉之感嘗咲昔賢謂州邑勞人不知簿書何足以惱才士吏散鳥啼展卷操觚爾時神韵何減清涼法界恨旁無黄生可參妙乘耳弟年來俗甚餒鬼驅人游興久倦見曹能記數行若可任事便欲兀坐石室作脉望生涯其如造物之不我與何聊爲知己道之盛貺稠疊豈所敢冒苐鮑子念殷當䩄顔拜登實剖心難荷矣

寄顏同蘭

燕邸改歲每於嚴風積雪中坐承提誨足使不衣盡煖至亟問亟餽野人屬饜感悚何極抵家先拜瓊翰佳罽疏草之賜而見曹黄口語并荷裁斲益復刻心鮑管之知匪敢並擬明公恢廓雅度如少陵所云廣厦千萬間寒士盡歡顏而於鄙人喣濡更切也自揆頂踵莫知所報家無十日爲馬廷尉挾之秣陵至武林遇使者始知四月朔有克閶之慶抃躍如狂果不負夙時期

祝德厚流長螽斯初衍袁氏五公張家七葉此
其徵矣恨不預湯餅會摩挲麟頂醉題弄麐字
項庫厰事當事貽累而明公以無點染特荷
主上特達之知陞遷讀　温綸且喜且慰感且
涕下曰非藎臣心如皦日何以上達　帝鑒非
天子明見萬里何以下燭隱誠哉從此益抒靖
獻魚水腹心之交始基之矣若鄙人筋力已倦
生計漸稀十日噭噭婚嫁未畢又山居荒涼暴
客見侮每一憂思鬢髮添白六月一疾纏綿兩

旬幾不復住人世今幸稍愈近况寥寥不足云也

寄張茂仲庶常

八載分違而知巳遂爲天際人長安重集燈月笙鼓勝會大過昔時客散談心于鬲之言寧忘於懷恨詰朝束裝晤對無幾也兄翁青箱黼黻黄閣經綸向以同籍之累業蒙聖鑒令經一歲前星覃詔諸抑得伸而政地言路未有爲兄翁吐氣者豈需散館後方可另疏而此時蔡火

家輝正可養其變調之蘊耳四月抵里爲致尊札於何司徒適其脣瘡月餘作苦不能裁荅但感達念舅悌莊誦佳篇并多懷想弟自倦游歸山與致哀減世態大殊虛舟愳觸蘆花叢中未審春風何時可解泬寥也羽便草草起居小詩扇頭奉懷請正情見乎詞

寄黃海鶴

秣陵社集一慰廿年嚮慕之私商今討古虛往實歸青雀已飛白雲徒結回首觴咏之期僅如

銀漢一會耳明公高視千古俯接後生篤學至老不減袁伯業都人士執雉進賢冠踵門道尊且貴大過國子先生時石頭山下江有游魚能寄新編教我否玄晏之章望若調饑山居落莫恐當復問短鋏不審何緣再過白門申此晤賞也

寄沈幼宰明府

海內操觚之士無不知武林有幼宰先生也乃飛舄實臨吾里爾時時清吏良何效變名張祿

然才且蛾眉竟以讒去秣陵握手乃知即幼字先生也弋說邊說棓擊古今爲千年開眼光教我實多社集亡何買舟南下芙蓉池上之酌若夢闇耳劉伯能之鬼恐復驅人芒鞵再出不知能至三山二水間跂予望之倘有魚腹幸藏左燈一部其中

寄顏同蘭

客臘棱翰敎兼拜山繭之惠温比裘剡感重解衣至以入都握手相期彌荷念我不遐也奴虜

長驅都城逼迫飾功者旣以覬望釀禍孟浪者
又以輕敵辱國所賴　天子英斷明公匡贊布
置著數神京無恙而孤竹一帶迎夷投生變爲
左衽又煩　聖慮與諸公經畫耳旦夕望典試
之報可覓道過里一遂傾吐爲之愁然以陛比
來通身是苦年來置小齋于騰蛟山之下地高
可免洪水廿餘載拮据之業藏書可二萬卷拙
刻災梨可三四十卷未刻文稿可二十餘卷而
名筆書畫詞翰扇頭亦不下一二百種器玩資

斧絲泉盡貯其中盖村居多盜不得不置之城
中不意春初亢旱祝融爲祟一月三災季春之
杪隣舍延燒一夕都盡書籍灰燼三日不滅雅
俗環觀無不爲不肖咨嗟欲涕但劫數難逃聚
散無定吾身且爲寄物亦付之泡漚石火已耳
惟是愆陽不耕十口嗷嗷欲典衣珥又已燔盡
且小齋不葺棲身無所徬徨成病孔北海云若
使憂能傷人則盛孝章不復永年矣聊爲知已
愬之聘君光衷行附致起居不一

寄馮鄴仙

揭陽數十載不出制科以明公廣勵一榜而得四人有讀書中秘者豪傑有待而興信然方公子還捧讀德音感入肺腑今三年矣每望海上蜃闕層雲與丹霞相接不勝伊人遡洄之思然伊人將聳鳧舄以晨趨對螭頭而夕拜矣則恐非塵中士所可即也今戎事倥傯孤竹以東盡爲左衽所賴明公蚤入班行奇謨碩畫以雪國恥而寬 宵旰之憂黃岐山清音不得久韵化

瑟耳長公爾賡先生入都郎曹生色大小馮君掩映前史喜賀弟村居畏盜一身之物俱貯於城小齋季春延燬積書二萬卷災梨數十卷及古器詩畫扇頭不下一二百種裘褐資斧一夕都盡今且以石火泡漚視之然棲身無所不能作焦先臥雪又愆陽不耕十口嗷嗷拮据無資昔人所難不得不竭力馳告於知己之前記云必求仁人之米食之陶胡奴乞食謝仁祖孫明復索米范文正屠長卿落魄以八口累邢子愿

弟雖不及數公而乞食索米非君侯誰控也

荅吳旭卿司理

同調意氣契闊多時霞中每日念至惟呂氏兄弟知之山林道路之人倫屬盡疏獨朋友關切春間得冠軍之報跳躍欲狂隨望庶常佳選旣而屬李亮先兄殊勝他人但以兄翁之才識與學是良史料何厭花輭之寒淡而受郡邑之逢迎乎理官察吏平反權與直指等參伍驄輪胚胎騎省剳毘陵三吳望國名譽易起甚盛甚盛

顧諺以紗帽爲無情物乃尚託存寄食藩籬間有黃生耶寶鷄至廣陵距白下一葦未能買舟握手爲悵弟此間文酒社集如野麋山鳥久不筴柙一入郡署如三日新婦閉置帳中穢嬾未堪又次兒髯已如戟尚未取媳冬下欲了向平之債此心已逐歸鴻不敢不以情布耳幼玄兒與試取忌不入不出真爲運舛未知何時得旋兒曹鈍根向荷剪拂感猶父子一縫掖尚不能補弟之末途日蹙亦不敢以嘈雜淸聽也小詩

二首題箑奉懷涼拙自愧幸惟炤之形迹外

與陳木叔孝廉

龍友園中聞兄翁有瘡癤之疾豈風流罪過耶龍友謂病在外則靜在內良爲入理讀月㦸纚纚是離騷楞嚴文字想此時五臟如瀹皆放出大光明不知病魔頓走也乃力疾爲小記作序箴砭俗情又是一篇游譜咄咄行脚短節生色感荷不朽不止弘奬爾矣白下好風景好名勝更有好朋侶何不少留以罄話言弟歸期已迫

只待游記刻成即可就道赤城霞色頻焉在夢握手之約不在飯胡麻處即在長安看花時也小詩題箋引意

寄顏同蘭

楊園一晤稍展闊積問訊梓戚抵掌時事燭不及跋罍不及空而葳蕤鑰催人模糊而返詰朝復與謙伯再出則寶鷁已渡江而北矣戀戀久之蔡計部亟行不及寄書爲悵日閱見　朝之報喜慰可知此時治平之策吾鄉固圉之方與

途中目擊之事必皆入告矣全齊相國嘗及當
事又考選一變局今諸公資品莫先去天尺五
之垣定屬明公領袖政體人心有厚望焉閩中
海禁未開窮人往往闌入潢池而國餉亦蹙前
何司空去國一疏惜不見用而撫公隨請得
旨乃知有道之言終用弟無奈時好少而身告
老也館選吾漳爲李亮先大喜得人獨幼玄兄
以玉署之鳴鳳爲棘藩之觸羝郎典試一事任
眞招忌至今未結良可慨也僕悦金陵山水意

欲卜居赤手無計十月當歸爲次兒畢婚事來
歲入都亦未可知蓬蒿中無預人事惟周中丞
忠貞　予謚未議原不在五年之例若得便風
所厚望于主持世教之知己耳秋冬應有雙珠
之慶早接家報速附郵筒示我

寄魏石庵給諫

客夏有小札附顏光衷奉訊以詢木天著作之
富再申巖洞修古之約其它寒暄不及敘也嗣
聞借重瑣闈念想萬萬不到得無暫束翰墨煩

神封駁再四思之　主上方急圖治以爲館中稽古如禮樂户口兵刑之事爲後日平章張本其效甚遲不如擇一才望英邁者置西省又主兵以核軍興而聞嘉猷殊善也每讀大疏足爲中興慶弟自回祿之後生意蕭條復來金陵銓署中舊游風景故自撩人意欲卜居秦淮而婚嫁關情尚須再計耳近況如此念我可知蔡計部行附此起居詩扇聊抒闊懷幷小傳博笑

與吳郁卿司理

客冬荷盛意以向平債未了坐失承教之緣抵
家匆匆過臘正月末旬附馬太常自以菰葉翳
形不敢見客前經毘陵知巳如兄翁法署森嚴
竟未堪以白衣通半刺也此間往來如織水鏡
庖刃須聲泱泱人謂名士文勝耳乃冠上發雙
翅文章吏術兼優但不知筆床酒臼與復不減
昔時否按部諸邑覆澤三泖與張公善權並迎
品題否知胸懷自曠不作塵組羈絆望一一寄
我

與唐仲言徵君

十五年前讀唐詩解開闢草昧鎔鑄鴻濛以爲童牙內視古無其倫先尼山之耳順過子野之天聰是亦聖人之徒也金陵一晤如克見聖又讀大集賦則升堂楊馬詩則割席李何擬古諸體逼追魏晉而於雜作尺牘又多愛國憂時大都以明堂清廟之音具激楚陽阿之態正不傷板巧不鄰纖品已重于鍾嶸選定續于蕭統矣千載而下即使眸如巖電冠屬切雲豈能與先

生比返魂之香爭素相之位哉僕貧病自廢嚮亦妄想著述而萬卷已灰入州復倦惟有緇衣若渴未能已已敢謬附於同心彌自慙於裂眥而先生收之爨下投以瑤章此何異荆高相遇於市上祐穆定交於杵間也輒忘固陋布其皈依惟先生終教之

荅魏石菴

客冬以尚平債旋里臨發之日忽接翰貺茲再入金陵之數日瑤華復至何良緣之不偶也知

已之感豈可告人家突未黔勞薪復出温陵居丁司寇盛稱大疏爲真骨力真文章比借抄而千古振響貂氛膽落　明主可以忠言薄怒之下彌見維持大耳出都僅一日綠林胠篋幸大夫人不驚萬福萬福此亦時遇使然若使以乘傳利攸往則潞河屬弁自有護送鳴柝何至猖獗至是亦可入告之一也弟游倦命乖廿載拮据一爐回祿又病婦不事事親戚蠹蝕殆盡當再餬口於外不則紛紛軋軋孰與課兒弄孫幽

栖巖洞纂述一家言以質宗工之爲快也承念
勃勃銘心以待來年耳幼玄疏亦千古容黙之
時漳得昌言二焉青史有光小刻游記一種奉
覽以明公有山水癖爲訂其陋幸甚

與萬吉人司理

明公文章風素企艳多日冒於潮海訪同社馮
鄴仙而法座已返但聞頌聲溢我隣境也頃家
親有事於宋徽惠於下執事以不肖好游俾之
將命以聆氷玉之韵以識荆州非以累安邑也

乃朱輪入汴贍對末繇甚歎緣薄猥承特使重損清俸媿何以當成命只得拜嘉咄咄鄙生乍壯顏色巾車蠟屐幽探於芒碭梁園間者皆明賜矣肅此附謝詩扇一握小傳游記二種以政宗工生平不敢唐突龍門漫達掌記緣脈脈不得語輒爲破戒唯明公亮之幸甚

寄何玄子榷部

睽違知己已彌三載頃舟附鄉衮至吳闕私牘容暉便有河漢之隔以衣白衣繡不便並接故

令秘之途遇魏給諫之使輒探笥中游記新刻
奉覽亦未遑勒雙魚相寄江東春樹又變夏雲
奇峰矣自邊烽不息征利如東濕商旅告苦乃
明公以寬仁蒞之估客樂歌遠近稱便所謂以
澤梁行岐豐之政輔養　聖明收拾人心廓清
華夏宜無出此此時無人講及兄翁以身行之
天下事須第一流人信不虛也又從它客讀駪
駪大刻以古作制時義經國不朽不惟槁項芸
窗者不能爲即攘臂藻林者亦不能至匪佞匪

侯何日寄一部以示犬子擴其蓬心也公郎抵
舍趨庭風氣道上得無有外人那得知詣平沈
儀部逹生歸德文端公之孫海内知名士也每
論交以晋里人有肝膽久跂高風有字奉瀆幸
惟留神

荅邵肇復觀察

别經寒暑頃過謁未獲瞻對爲悵三山同社想
俱一一無恙耶萱蘇媿多紕漏明公不加彈駁
而奬飾過實豈所望於敎愛者老大無家强作

少年事摘髮星星昔人所咲雖免生龜之剝筒猶銜穴鼠之窶藪政秘不敢聞之有道況辱緩房之盛貺乎感與作迸張九一作催妝詩欲求明公與黄明立翁賡之當裝潢爲珍也嘉刻種種球琳弁謝

寄魏仲雪大叅

别後一紀不得接晤尊顔自印公講經僅通一羽又垂十年人生安得不速老乎每念長安促膝拈韵剪燭話言亦復如夢嚮薇星照粤時言

望擢吾閩以胃蘇天乃無事而拂衣勇退蓴美
鱸肥吳中勝事清風媲古然不日歲不我與耶
嘗從宅客聞公郎于飛夾養到聲高行與令弟
叔子先生同上公車取大物如寄又甚喜甚喜
令　主聖多愼耳目手足不無所寄而尤眷心
膂然政地推轂多用南陽人明公尚未出山其
品可知但山中亦何可以久留哉以壁餬口廿
載四壁依然只贏書二萬卷庚午春幷拙刻災
燬生意盡矣二豚又困小試八口家食卓錐也

無令買婢子卜居金陵借鄭謙伯廡下謙伯才士多情亦明公高足也知聞之爲一啓齒耳許子洽丈肝膽淹博傾盖莫逆因寄八行扇頭詩奉懷索和蚓投魚也萱蘇全部游記一種俱南中新刻請正子洽來幸勿忘教我春柳如蘼咫尺河漢柰何

荅魏仲雪

十二年龍門遼絕情有千端一旬日鴈羽雙飛躍彌一丈至誨諭記存穆如之什德璉子山仲

宣之擬才雖不及遇賓相同感且欲涕世道日
隆　上望治而下不應明公見幾拂袖抱膝止
中高吟天際便有仙凡之隔僕無以爲家少戀
白門風土今始遂願買半畝於長安門之東前
園後圃榆竹成陰日惟蹋壁寤眠謁候素羞痾
嬾成痼度不能終謝蒯緱而尋鉛槧若得微知
已之靈僅飽五口亦足驕車前入騶矣令郎于
飛出棘後始得偕謙伯兄覓晤一交臂而登舟
仍復闊然竢放榜日再聚首歡慶也毛子晉丈

鄉嬛異人絕代開眼足爲宅相之喜恨握手晚亦以匆匆別去旋待嗣會

荅蔡元岡司寇

來詩清新婉至如靚粧妙舞激楚陽阿返視鄙作正似童歌樵唱喉乾氣索謹謝教里中雲擾聞之塡膺桑繆無計益增萍跡之嗟耳倘有便羽幸精授方略於長吏望望

與魏石庵

客歲仙舟次丹陽咫尺莫晤但致意於從者別

來鄉園入夢則台顏在眸秋葭春柳不足喻其耿耿也弟桔据廿載一燬于回祿一耗于內親家宅丘墟寄食金陵買婢子爲卜居計使二兒當戶知稼穡之難不知者以爲不念骨肉夫朋友尚欲常聚况廬墓妻子耶唯明公知已萬爲解嘲焉　睿聖在上世事遜前國計邊防屏息左右始知明公抗疏於濫觴之初維持甚鉅海內無不仰爲覽輝瑞世至一二姱節推引同歸願爲斥去不亦千古芳蹤繫運九鼎哉近日王

東老一疏　召對蒙譴遐邇景企以爲與台翁及幼玄稱吾漳有人甚休甚休高誼諄諄念及下士欲踐著書洞壑之約緣慳差池則望　環
召鋒追或覆我秦淮之滸耶兒也不才書報荷
明公厚賜舉家啣感惟是傷貧無脫穎地郡試如見王道試如見帝舐犢之私今已化爲栩蝶矣幸終視爲教之萱蘇一函奉覽

寄王東里副院

明公一疏眞獻替眞文章海内挹仰以爲陸敬

與張子壽之流亞且邇來　召對臣工多驚汗
囁嚅明公於雷霆之下從容開導務畢其說有
古大臣陳善責難之風　主上心韙之而不免
於薄譴者自古聰明哲后不願有拒諫名而亦
不能不求勝於臣下者比比然也南山松石晨
鐘夜梵暫且息機作衣白鄰侯耳以陛家難丘
墟逃竄自下自分瑣尾流離不敢通長安片紙
以故累蘭臺門無黃生姓字及濶別寒暄與賀
客談諧也小詩三首奉訊以志盛事敝邸在

舊關東鍾山相揖隙地頗饒榆竹標爲十景同
志多題詠成篇輙呈一冊明公或不我遐珠玉
寄和以慰離索則十笏地與華于岡脊峙矣鋒
車出尚方時取道秦淮當掃石於江上燕磯間
也

寄顔繩其都諫

兒曹書至極荷明公卵翼嘘培之德誼屬入拜
感同在三彼何人斯醉夢昏忘郎底事未濟而
陽春熱念足使不衣盡煖翰朊遥頒旅突仁黔

感更匪可言喻矣杜仲純仰戴生成與李羲民假館授餐李杜相隣是一快事仲純信來甲申詈予結交白頭豈知以陞者哉家難丘墟歸無着脚處二兒壯大無能供甘旨嗷嗷待哺於老父又不能補子矜以授弟子室陞何面目見里中父老與鄉曲小兒耶晉重耳蘇子卿之在外十九年未爲久也明公以猶子視吾子幸呼而諭之并以解仲純之惑且僕少喜秣陵六朝名蹟久欲卜居前未果者以母在世今雙親歸泉

壚何所纆繫爲兒子者當日力生涯人生幾何
能自首作馬牛乎仲純嘗予道學不内顧弟向
荅之曰古來遷徙流寓不可勝指無論李杜詞
人即范文正非自汴而之吳朱晦翁非自嶶而
之閩耶但陞尚懷歸故園喬木與枌社老朋未
能便忘耳近築小室于　舊闕東面對鍾山後
饒松竹妻梅子鶴賣文醫藥聊以果腹已命長
兒來此相晤勿闊趨庭未知豚犬有遠情否若
果能來明公愛之爲多方假其慈航也圖啄一

冊呈上摶和以慰寂寥雕縧件械咲存是荷新
祉日增即吉還　朝當候旌旄於華陽道中也
竚竚

寄魏中嚴給諫

豚兒書至極誦明公噓植之恩施予之厚豈惟
孺子頂戴祇犢遠懷實深銘篆　睿聖在御四
方雲擾病在一二宵人以察察爲小忠拾賢士
大夫之短使賢者不敢言爲垂首萎氣傳舍其
官又竭天下之力以養兵兵驕成亂而富者貧

罷天下之郵以省財財省無幾窮壯無所得食
而貧者寇爾服明公一疏防微杜漸魏鄭公張
曲江遜其先見矣丹霞暫憩虎嵓鶴洞之間抱
膝作梁父吟蘊我搏捖耶以陞半生辛苦僅存
四大流寓金陵築一枝於長安之東種竹成林
鍾山春雲蔥翠欲動賣文醫藥聊以救饑夢返
家園日與知巳文酒握談覺復自慰使妻子足
賴何至遠離故園哉二兒學書不成補一衿如
成仙成佛無此苦難而長兒奇貧鶴形菜色巳

命之前來趨庭跬武不移未知有遠情否幼玄兄近況何似信使幸爲致聲若天心乍轉旦夕攜手還　朝弟遥石於雨花靈谷典春衣不惜也園咏一冊奉正求和能錫我珠璣華我蓬茅幸甚

復陳木叔進士

東海有木叔先生天下士也曩歲白墮醉花玄晏題草齒牙肝膽之誼已於古人譜中求之別後闊焉問訊心旌懸想便望赤城之標同其搖

叟亦知兄臺念我時踪跡於漳海秦淮間也今
春慈恩之報明月夜光竟登清廟文壇爲之改
色知巳不必剖心搔趾搯掌匡床不寐喜可知
也顧新令甲暫停館試後得改擢兄翁又以守
部假旋此大是快事蘇貂既釋阮屐方勤且聦
選石之緣兼鍊補天之具比及三年含香豪筆
以報　天子抒所學鴻駿休嘉非吾木叔其誰
弟頻年牛馬走家中耗蠹殆盡兒啼婦歎不可
聞問始脫身寓金陵幽僻自娱半月忘櫛而二

兒鐄鐄亦既抱子未能博一衿遠不得索一義請正宗工抉其鈍根倘可借齒牙廣爲延譽則愛過屋烏感深舐犢耳兒臺計日抵家綵衣拜堂下太夫人喜加餐飯公郎名噪冠軍俯仰殊樂鬱攸之祟何足介懷弟庚午罹此後登焦山有火爐猶患一身多之句千古孝然誠我師也佳卷佳刻種種珍瑩篝燈朗讀璧琴有聲謝教謝教萱蘇游記及零刻附呈棗置敝帚何當索享江有尺鱗尚冀寄題小園以光三徑也家君

木海内知名暫寄一氊雖甘苜蓿之貧未斷杏花之戀乃攜家入閩路越四千貰且不訾弟住或東西異頭情則蛩駏同體底事日與廻腸圖繹其不敢負宗盟即不敢負交盟矧重以嚴命之諄摯乎見石齋兄與徐虚客游台宕勃勃神飛令木叔有一載之居又能作主何日伸雙足於石梁瓊臺上也萬疊情峰莫能輸寫蒹葭滿目不盡泝洄

寄魏石菴

溽暑中拜瑶翰情緒綢繆五體皆涼至以晶印
蘆庵與印池見贈雪山見照冰玉同清愧德何
堪但時時盥手登之毫素如以薔薇水讀加餐
字快等晤談也白門僑客園鋤筆耕欲爲終老
之計枌榆雞犬頻入夢寐近得兒書家中許多
未了菜色啼聲酸楚難聞明公知己念我無已
寧忍相負來教謂莪水方殷南山松桂勃勃榮
人便欲尋宿昔岩洞之盟第恐竈突相迫又當
遠游而　環召有期不久當出耳叜再遲兩載

原書缺

還山草一卷荷薪集一卷麈韻一卷

[明] 閩縣鄧慶寀撰

南京圖書館藏明崇禎間刻本

還山草一卷荷薪集一卷塵韻一卷，明鄧慶寀撰。慶寀字道協，號霍山，閩縣人。原岳次子，翁正春婿。以增廣生應例入國學，天啓元年（一六二一）任長蘆鹽運司經歷，後陞南京武德衛經歷。著有荔枝通譜十六卷。

此三集皆因事而名，不僅見其詩文風采，亦可藉知其生平、交遊。彼時閩中文學風盛，其父原岳與徐𤊹、曹學佺皆爲詩社中人，慶寀能讀父書，故以詩文遊於其間。崇禎元年（一六二八），慶寀歸葬父，適值里中舉社事，故往來倡和，積而成帙，遂名曰還山草。詩作以時間爲序，歷記辭別白門友人，道經黄山、西湖、崇德，於三山會友拜親、詩酒酬答之事。其詩心誠語摯，躍然紙上。如耕隱琴歌曰：「還山不覺七八載，門巷焚餘宅已改。牙籤縹帙頓成灰，玉柱今徽何繇在。」離家八載，舊廬悉遭回禄，惟先人所彈之琴，因寄贈友人處而幸免，喜耶悲耶？

荷薪爲慶寀堂名，復以堂名其詩，其名則取自製詞。黄居中序曰：「道協參武德軍，徼恩贈父觀察，晋中議大夫，其詞曰『留笏堪悲，荷薪有子。國恩家閥，具足紀也』，故以名其堂。」可知荷薪集爲陞武德衛職間所吟，而任鹽差之暇所作則結爲塵韻。韻以塵名者，序塵韻齋詩曰：「余既染俗塵，敢忘雅韻？公餘之暇，時復詠歌。緑槐蔭於庭前，碧柳垂於署後。隱托曼倩，才謝孟嘉。齋喜葺成，名從茲始。」蓋以齋名名詩，亦見其詩之韻，要者皆於碌碌公務中顯出塵之志。

龔之祥謂其詩「綿密而工整，蒼鬱而渾成，無近時一切煩囂纖靡之習」，蓋慶宷之詩不屑藻麗，一任天真。如送喬建侯還雲間曰：「春來日日送人行，去住無常也可驚。獨賴與君相聚樂，何期于我又離情。」送林異卿還家曰：「汗漫胡爲萬里遊，薊門衰草度深秋。結交不用稱賢相，入座何妨叱貴侯。」浦子口同王元直心之飲王殿九署中留宿云：「古道能匡我，真交獨見君。笑談千頃合，禮數一江分。」情到至處無俗韻，語作平常自天成。

此三集皆鈐「道協家藏」白文方印，乃慶宷刊刻後自藏者，當是初刻初印之本。書中又鈐「會稽明山匋氏珍藏」朱文長方印，未知誰氏。繼入錢塘丁氏八千卷樓，八千卷樓藏書目著録。八千卷樓書售歸江南圖書館，館名歷經變更，此鈐「江蘇省立第一圖書館藏書」朱文方印。（韓　超）

還山艸序

鄧道協爲觀察汝高先生仲子少游太學屢試乙榜遂拜官長蘆司鹺尋轉金陵武德叅軍奔馳仕路十

年所矣今歲觀察始歸魄首丘而道協策蹇還山一笑松楸淹留故鄉者累月舊時知交文酒過從無虛日有倡必賡有贈必荅奚囊

徐

中草纍〻然滿矣夫詩難言也意興不高者弗工家學無源者弗工交游弗廣者弗工親米鹽瑣屑細務者弗工道協高視濶步

能讀父書海内賢豪無不
折節定交且不問家人生
産僑寓白門擇華林園
故址築舍以居積書數萬
卷種花三五畦奚隱若顯

若智若愚詩日益工貧日
益甚道協于〻然安之觀
察向與予同社予嚴事之
鄰邃頻聞羨阿繞之清淋
酒罏既邀見野鶴之趨羣

因題數語以歸之兼喜汝高之有令子也

崇禎紀元一暢月同社徐𤊹興公撰

還山草序

余三山社中如陳汝大陳汝翔陳伯孺袁無競林子真或老而遷或少而折皆不離諸生也又如徐惟和陳幼孺則

既舉孝廉矣而不得一第如趙仁甫進士矣而官不達又如鄧汝高則官達矣而年僅五十卒之日家無餘財有子三人析居僅足中人

之產是何世界缺陷而驕
人墨士不能取贏於造物
也如此夫自汝大而下其子若
孫固多賢亦不離經生而罕
有以五字爲箕裘者蓋此

道於我
明非進取之資在士子為不
切之務且習見其文况之攻
于詞賦能窮則尤多所推
抑不能大暢其生平而要裕

曹

于後昆譬若人家之物既不適于用素又不祥其不心厭而棄之者幾希矣而風雅之道本乎人心不可廢也朝家功令固在所遺而海内

人士之饒有天資具風致者
亦爲習之汝髙之仲子慶寀
字道叶少年負雋才挟舉子
業上長安有聲于成均三舍
間屢不得當遂因謁選爲

曹

理鹺叅幕寧舉其職而尤以談詩結客自豪不屑屑于期會其曹偶謂之真若野鶴之在鷄羣也頃歲為其先人修墓而還故山適值予儕

萃社而道叶式介其間每一
命題非偈則和行杯揮毫
爲之避舍咸曰此鄧觀察子
也社中諸子惟徐興公與予爲
舊人餘則皆續進者余輒

曹

遇佳辰雅集不勝山陽之感
又何喜見阮氏仲容詩預於
竹林也道叶詩亦盈袠遂名
曰還山草而屬予引之夫以
道叶之倦遊僑寓而還故

曹

山情也上其先君子之丘墓而御諸執友禮也情以綜之儀以錯之而文生焉其能已於言爭余故園道叶而不能已已往往發之于詩歎道叶亦惟

與其先君子兄弟之故而自
爲詩以不容已于言者也余
故謂道叶還山之詩有可誦
可觀者存也以其情文倫
焉者也旹

崇禎元年戊辰仲冬望後

石倉居士曹學佺能始撰

西湖何偉然書

序還山艸

吾友鄭苞叶為人貴濡修嫮篤素清風孤襟獨往玉露談句雲以風度瞻先人苦調其際及探驪張

還山艸　序　二

誼振流倫肯來杠雲栖真
可咏之為耐久用也後千里來
賀吟之下家傑遊宗金陵
直句驚獻為驊琳琅遒
楊馬說項斯張生名滿人年

南金復得盦數淯滄之流
業情敏通達學務書多一
覽張續等指掌致袖中蘭
蕙僑越璚璜照如霞下電
朋從與人筆體嚴韻無等

圖了像逸風標恍如其人意
撥玉做銀鉤龍爪書潭帖歐
易體々林葦法池水盡黑一
痕一抱烟雲拂蘚鷹蹲々
巧又顯々有芝叶々酒芝叶

陳

穆然沖韻清遠讀聊自喜似

不意見木石又人見之皆如珠玉

之在尾石間也每每用人必因

風度殊然如九皋時人目王右軍

飄如遊雲矯若驚龍李白

神筆爲紀録之足爲雲氣崔李
伯之才清清如黄河東注李杜川
騰驤勢如飛瀑瀉崖鎬瓜八叉手而
一韻成以此肖之豈叶殊亦多
讓晚唐人也而失之長慶之風

崖間歎還山草不聊寫至
佚遷之之之千四
崇禎孫元臘月十五日之之山
仝社陳肇曾書於秦
志下

陳

還山草

閩中鄧慶寀道協著
潮陽吴仕訓光卿選
武林何偉然仙臞閱

還山留别白門諸同社

交遊逢白社營葬憶青山閩海秋雲遠淮流夜月閒愁添衣上淚老惜鏡中顔何似投林樂翩翩倦鳥還

别友人

予去淹江上君來自竹西論心猶草草惜别重
悽悽閶嶠雲連海秦淮柳映堤畫船見秋月誰
共一樽携
夏日同何仙郎社集深樹齋
緑陰深處晚涼新尊酒重開集衆賓詞賦相逢
聯楚越芝蘭同氣合吳閶齋前楊柳藏鶯語水
面荷花向客顰欲借光輝時枉敎存身一壑愧
陳人
原倡　何偉然

既合萍踪又接鄰每於閒讌獲陪賓兹來深樹齋中客似攬華林園裏春歌散餘香絲竹緩酒浮新綠勸酬頻爲知天放閒官意好與詞流作主人

送吳眉仙按書再遊維揚

重上揚州第幾橋離情都在木蘭橈螢燈相照樓前亂螺黛頻添鏡裏嬌工奪春風誇剪綵曲翻明月憶吹簫不知何處牽詩思夾岸楊花盡日飄

江上別李伯英

經歲淹留在白門忽然分袂各銷魂幕中佳句慚非鮑花下輕輿羨有潘親誼恰聯秦晉好交情益見別離言渡頭一片秦淮月分得清光到故園

谷別李周生

鄉心夜夜遶江城幾度因君緩遠行岸畔垂楊維棹久山中荒草與堦平酒杯屢醉忘賓主花蕚相輝羨弟兄一日三秋聊蹔別重來寧負歲

寒盟

原倡 時送予遊黄山　　李永昌

數年敦契好此日託姻親正喜交情舊翻驚别思新黄山君蹔客白下我羈身不獲追随際臨岐獨愴神

荅别林茂之時余欲先之黄山不果

仰止黄山夢見之出門良友暫相離如聞弱水三千隔奚以南溟九萬爲未展親墳先有淚應從客路補亡詩飄然欲挹浮丘袖祗恐難逢採

藥師

原倡　林古度

聞君解組欲何之未返閩南乍別離身退心閒無弗可才高年壯尚堪爲黄山好問軒轅道采石先投李白詩傳得父書應滿載誰人能不念其師

答別程吉符

此地棲遲久惟君諧素心醉同桃葉渡吟共薜蘿陰歸思因秋發離情對雨深蕭蕭門逕裏應

少日相尋

原倡　　　　程國兆

匆匆行有贈黯黯意難陳爲別雖云暫于情轉更親片帆歸海國雙劍動星辰莫戀還鄉好天涯尚有人

舟次金山寄薛千仭

一片金山四望空江豚日暮正吹風思君無限臨高意燈火浮圖碧浪中

姑蘇逢趙尉

闔閭城下亂行人此地逢君意倍親莫問多年
總飄泊一時且慰異鄉身

遊虎丘

到岸聊維棹看山上虎丘樹陰深蔽日雲氣淡
涵秋白石聞經化清池淬劍流眞娘倘歌曲應
散客邊愁

輕薄篇

長安年少多輕薄白玉轡頭金絡索暮隨猛虎
上山行曉射飛鵰向雲落時時却入酒家胡千

金一日酬當壚半醉橫行過都市睚眦權貴如
嗔奴讀書萬卷不稱意赴難捐軀等閒事惟知
痛飲月支頭何必更勒燕然字殺人無數五陵
中秋水雙眸氣似虹轉笑據鞍期馬革寧論舞
劍學猿公小技穿楊非所慕重圍破竹那堪數
望鄉不上單于臺報國休經李陵墓近傳塞北
又徵兵雨雪親教破虜營孤身慷慨甘臨敵九
姓逡巡絕請盟生斬左賢如斬草談笑功成一
何早每聞賜賚窮水衡還說封侯及襁褓笳鼓

喧喧擁道歸連天蔽日紅塵飛一時里閈人爭
羡輕薄之名令是非

崇德高令君衙齋小酌

相逢經歲隔風烟會面依依在别筵花下共傾
仙令醖溪邊暫繫語兒船化行舊邑皆休訟名
滿新朝欲召賢夜月絃歌喧萬户居人疑是武
城年

高仁趾中翰招集西湖邏諸姬不至

深秋楊柳未蕭踈小泛湖心待望舒畫舫可隨

明月度清尊應趂晚涼初參差紺殿臨堤落宛轉朱欄映水虛欲結同心期屢負西陵愁絕七香車

江郎山

江郎如筍乍抽叢三片青青出半空我欲遲行恣遊目轉疑華嶽入車中

度仙霞關

勞生憐宦海歸路喜仙霞莫以初分水依稀似到家天垂苔磴盡雲逐筍輿斜何事昔賢意惟

興蜀道嗟

蒼峽水漲

水勢原溯湃翻增巨漲流濤疑奔白馬峽似下
黃牛客棹惟妨石人家盡上樓衆山圖畫裏多
是雨初收

抵舍

秋來風復雨新漲湧江門但有征衣濕應無故
宅存圖書付灰燼草木易林園回首金陵道微
官何足論

省墓適逢遷葬感作

一封瞻馬鬣雙淚感烏情遠道來終緩空山葬僅營清貧承世業文采愧家聲不盡淒凉意松風日暮生

同曹能始陳軒伯林異卿集徐興公綠玉齋因懷惟和先生

八年別去九仙山此日重來一扣關但有蒼苔生石上依然綠竹擁窗間先人交道知仍在伯氏吟魂吊不還自逐微名奔走後清尊猶愧洗

塵顔

和　徐𤊹

叢竹青青映小山故人相念护柴關僑居遠
卜三吳外悵別俄驚八載間慢道藩羊羸易
觸且看林鳥倦知還爲官拓落應休問聊借
芳尊一破顔

集陳泰始漱石山房

南山山下石一漱一泠然掃榻淹終日開尊話
往年風生羅幌外雲返竹牕前僧舍殊相近鐘

聲逗暝烟

林懋禮雨中招同陳泰始倪柯古集寥陽殿

滿城風雨路茫茫古殿招邀醉一觴雖對羣山看黯淡不同孤館聽凄凉荔支郭裏歸來盡松樹壇前别後長結社中秋期已近更須乘霽坐仙牀

同賦　陳一元

頻陟層臺禮紫皇荔陰竹影散虛廊深杯共

話十年別急雨俄生半日凉天外空濛迷遠
嶼江干浩淼翳孤航少焉徙倚星壇上瑟瑟
秋聲度石牀

林叔學

殿倚高臺八面凉千山乍對失蒼蒼商飆滿
徑催秋色細雨瀰天掩夕陽古砌苔深妨客
屐空壇葉落墜仙牀共遊却值初歸侶莫問
蒹葭水一方

倪范

同陟高臺望渺茫樽開虛閣動微凉烟深半
着巖苔色山暝全迷野樹蒼客趂秋風歸白
下鐘敲暮雨出寥陽勝遊莫厭如泥醉北斗

還思挹酒漿

和曹能始先生見示之作

翛然門徑任荒蕪聖世今誰怨左徒喜續青山
盟尚在驚傳白雪調偏孤祗林建盡成功大勝
地搜窮入夢無闢道天書將欲下澄懷寧許臥

披圖

原倡　　曹學佺

三山舊社長蘼蕪之子言歸狎釣徒鼓栧入城秋水大看杯把劍暮雲孤傳來書信經年少別後形容減昔無爲道故鄉風味好天涯時展荔支圖

荅陳昌基孝廉

荏苒鄉園八載還暫拋行李夢方閒長林豐草當秋色故宅蒼苔帶雨斑敢謂拂衣官况淡且欣投轄友情閒祇愁後夜天涯別猿鶴何緣戀

故山

原倡　　　　　　　　　　陳肇曾

聞君久别此初還歷盡紅塵暫得閒豈爲一

官腰屢折相看十載鬢成斑人歸閩嶺秋風

後家在秦淮水月間騷雅傳來知有種著書

仍許託名山

中秋陳泰始開社鱗次山房夜觀塔燈分

得二冬

名園永夕喜相從載酒偏臨六六峰慧照虚空

懸遠漢禪燈錯落照高墉凉生玉宇三千界光
湧瓊樓十二重嬉戲兒童喧徹夜漫敎花外動
晨鐘

鄭季美城北北山館招集洪女舍鄭伯生孫
子長趙十五同賦呈子長先生

城北名園隔市囂言從谷口遠相招衆山入戶
秋偏媚竟日開尊暑盡銷雉影層層懸粉堞虬
枝謖謖送寒潮詩成又作金聲擲不但天台賦
石橋

感懷

主人何事動深悲故國平居異昔時五畝宅空燒後尾十圍樹失種來枝淺才枉被徵官繫壯志虛勞舊友知燕雀自驚巢巳破啾啾飛去欲依誰

喜吳光卿司馬過訪

身從吳苑賦歸與舊宅驚看一燼餘燕失畫梁唯主在馬蹄荒徑得君初心煩郡政兼戎政情戀家居似客居窮巷何能振門閥重邀長者過

高車

過石林有感

平生一藜杖林壑性所欣言遵石林巔把酒酹斜曛撫景增遠懷擊石陳殷勤仰睇林中鳥曠望石上雲鳥託遂怡悅雲棲浮氤氳鼎鼎百年内詎保無睽分旦從金陵歸及暮當離羣凉風生悲哀木葉何紛紛

水西省舅氏

遠道歸千里相逢有幾年逢人常問老似舅媿

非賢白髮消塵事淸齋結淨緣中宵持半偈松
月滿庭前
其二
一入宕灣園高臺見遠村半龕依佛祖雙膝繞
兒孫每念渭陽別常懷郄鑒恩名家耆舊會洛
社屢推尊
雨夜集陳磐生霜葉堂觀所蓄諸玩
雨氣蕭蕭集友朋奇珍鑒賞許誰能高秋門徑
飄霜葉前代雲山積刻藤舊業只存書繞屋深

交况有酒如澠牀頭金石偏光怪相映庭前夜

夜燈

集陳甥叔向新居

一區成小築略爲隔囂塵駒隙關心甚鶯遷縱目新獻書期異日對酒值芳晨宅相分餘耀惟君骨肉親

過竹嶼故宅

久作故園夢八年今始囘惟餘堂下竹破盡砌間苔先壠歸時拜遺篇讀罷能哀林中多寂寞鳥

雀漫驚猜

耕隱琴歌

余以辛酉歲入京師迄今還山計八載矣不意敝廬悉爲回禄舊有耕隱公所彈琴瀕行寄之友人獲免煨燼作歌紀之

憶昔改元辛酉秋飄然遠作都門遊天涯草沒長堤路壁上桐懸故國樓還山不覺七八載門巷焚餘宅已改牙籤縹帙頓成灰玉柱金徽何

繇在伊予不造遣天殃至寶斵令神護藏細氈
尚囊瑩黑漆商絃都結脆氷霜天然古色紋皆
斷不辨爲秦與爲漢九世傳從耕隱公摩挲補
綍親留戀平生長物焚無遺他家幸寄嶧山枝
始知不入祝融睒清夜携歸月上時呼童對月
金尊倒重弄氷絃歌浩浩却愛泠泠太古音箏
琶豈得縈懷抱吁嗟乎奇物屢失屢得亦異哉
蒼天亦惜非凡材從今不忍舍君去白首相將
歸去來

過釣龍臺訪陳振狂先生

都門相見柳青青問字今還過草亭深谷鹿情原自散空江龍氣尚餘腥越王臺近扶笻上漁父歌長倚棹聽先世通家交誼重尋君豈厭到郊坰

同陳軒伯林異卿官姬集浮山堂呈曹能始先生

尋山問水石倉前况値清秋八月天出檻碁聲花外靜照池雲影鏡中懸深宵美酒仍留客早

歲新詩已入禪曲榭迴廊風細細日高紅袖尚
貪眠

海上從軍行

松下諸年少都充應募名橫行孤膽壯冒敵一
身輕烽火馳山堡戈鋋護海營却嘲軍帳下飽
食緩談兵

九日社集于山登高得八齊

鰲石峰頭百丈梯爲逢佳節恣攀躋社尋故里
維桑地夢落都門種菊畦吹帽漸羞華髮短按

歌爭聆翠眉低楚臣多少悲秋意不奈孤鴻向晩啼

夜集倪柯古古杏軒

池上虛亭似鏡開曲廊花外美人來晩晴乍喜烟初斂冬候翻驚日易催堦畔樹根眠作榻爐中杏葉爇成灰深更宴罷華燈冷殘月窺人照綠苔

憶菊

黃花開始盛九月乍寒天却憶秦淮渡餘香載

上船

別菊

零落滿籬頭西風一夕休對君樽酒裏又是隔年秋

述懷

憶昔少壯年父書願勤讀時光不待人白駒去何速遥遥赴都門京塵徧遊目挾策不見收因之乞微祿南北與西東車輪走碌碌雙鬢覺漸衰胡爲尚馳逐歸來柴門下悵望青山麓秋風

何蕭蕭吹開幾叢菊世網嬰我身幽居恐難卜

其二

狐兔守故基我胡去鄉里僑居向白門日對秦淮水六朝舊名都城闕何迤邐登臨恣遐目懷古情難已蓬蓽營一區吾生唯樂此

其三

素性好藏書搜奇及二酉長日閉蓬門萬卷列左右坐臥既澄神披閱無停手人或謂吾癡堆積遍虚牖呼童搗香芸什襲防蠹朽安得賢子

孫寒總日相守

哭荆圖歌

田家堂下紫荆樹曾歷春風與秋露弟兄和氣世同居歲歲花開總如故忽爾一朝分爨烟誰知草木能凄然數聲啼鳥戸庭寂枝枯無復青緜緜主人驚駭行繞屋大家抱樹呑聲哭白頭永矢不相離仍使連枝轉親睦樹亦回生若有神寧須枝葉當芳春如何此物乃至性斷令骨肉斁天倫君不見煑豆燃箕何太急又不見尺

布可縫不相給豈如此此樹生田家弟勸兄酬何
怨嗟予亦年來淚如霰有弟黃泉隔相見自從
南北走風塵長兄家食更誰親樹乎樹乎生庭
隅弟兄分散樹卽枯倘非白首歡相聚等閒未
可披斯圖

壽洪女舍中翰

尚少清霜點髩邊風流真似地行仙綵毫佳句
成杯底翠袖纖歌繞膝前吹律漸催長至節添
籌將及古稀年花間喜值懸弧日美酒稱觴醉

十千

爲林懋禮悼亡姬小雙

洗妝人去易銷魂塵掩芙蓉鏡漸昏帳裏雙飛空夢蝶機中交頸妬文鴛黃泉碧落窮都徧玉骨氷肌葬不溫負却自來庭外月空留花影鏁重門

其二

誤把朱顏比舜英槿花夕死尚朝榮澤衣薄澣餘香冷角枕靈通笑語輕合掌喃喃超宿業返

魂脈脈繫凝情巫山雲雨從今散肯戀前緣卜再生

珍惜詩

最愛絲長易解紛纖纖葱指染蘭芬妝臺收拾多珍惜剩有巫山一片雲

其二

買得青銅鬬夜珠錦囊雙鳳手親鋪聽來音信堪珍惜未省咸陽有此無

其三

縫却冰綃記贈歡新詩十首托毫端時時懷袖
須珍惜莫更輕傳衆裏看

燈月花影和何天玉先生

一片銀蟾映九枝黄昏秖有桂叢知難分零亂
搖虚壁相與清輝鑒薄帷寂寂小山陰漸蔽沉
沉深院影堪疑盈輪更莫欺餘焰冷露無聲曉
漏移

原倡　　　何棟如

庭前桂樹莽扶疎燈月交加致各殊閃閃光

浮全散漫溶溶影落轉清矐入天並現爭神

巧高下平分入畫圖靜對不知行役倦却疑

衣内有摩珠

閩王墓詩和葉少師韻

郭北崇陵枕故丘前王精爽此間遊荆榛久已

埋羊虎溲渤今仍禁馬牛千仞碧蓮孤嶂幕一

天衰草壞宫秋自從手板稱臣日無復干戈擾

攘愁

其二

荒莽成針刺塚芊七閩王業憶當年樹陰空向殘碑覆山色多從野塚連寒食紙焚陵上火歲時香爇廟中烟尚傳寶器民間拾珠翠花銷舊日鈿

原倡　葉向高

無諸城畔古荒丘玉馬曾傳此地遊異代英魂看化鶴千年王氣識眠牛山容長帶胭脂冷江影遙涵菡萏秋霸業銷沈金盌出白楊衰颯使人愁

空山寂寂草芊芊弓劍藏來七百年無復雄
圖留海甸獨餘高塚象祁連昏鴉亂噪荒營
月古木長寒故壘煙金鳳骨銷春燕去妝臺
無主泣花鈿

美人對局和曹能始

相與暫停針楸枰賭綠陰算窮三兩着費却一
雙心險路關頭引潛機局外臨思閒啼鳥寂斜
日下簾深

試茶

東風清睡覺起覓茗杯香葱指烹初試瓠犀溦履甞煙生松檻外濤沸尾爐旁欲喚比鄰友春窓話日長

其二

採得靈源洞分將老衲家清承巖上溜細驗雨前芽滌椀頻添水移鐺但近花泠然餘瀝美堪配六峰霞

臘月十五日曹能始先生初度社集溦石山房看梅

破臘梅開五出香南山別業石蒼蒼林間月色疑清晝天上星文應壽昌滿社故人爭擫管行厨新酒共稱觴纖歌宛轉年年樂檀板聲中夜未央

安藎卿社集平山草堂看梅分韻六魚

旬日春將到寒梅已盡舒花繁沾徑滿香散逗牕虛逐伴過蓮社邀賓載麯車白疑霜落後飛訝雪消初覆檻枝枝古吹衣點點疎歌來從月上醉裏任年除鳥語嬌何限山光畫不如此間

閒步至何必灞橋驢

過鄭吏部繼之墓

少陵原作伍大雅宛相同當日推先輩吾閩獨
有公草沾荒塚雨梅落古亭風海内藏遺墨搜
尋尚不窮

懷黄海鶴先生

白門春草緑離離每憶玄亭問字時别後不堪
生鄙吝夢中猶自得追隨東風催客消寒早南
土留人就道遲縱有秦淮花月勝知君長戀讀

書帷

附道協至自閩示見懷詩次韻畣之　黃居中

萍聚無幾又別離停雲日日問來時春江花月誰同賞故國烟霞我莫隨海錯魚多甘且旨君出海物啖余鄉書雁杳到應遲余有書寄君未達行園休惜紅英盡嫩綠初看結翠帷

返寓金陵和曾侍御贈行之作

春鳥離亭聲正幽東風江上買孤舟眞於故土人難別況復空囊客易愁烟樹秣陵徒漠漠雲

山閩海自悠悠僑居從此相知遠何日淸尊結
舊遊
原倡　　　　　　　　曾熙丙
十載江湖興未休郵亭木落問扁舟梅花淸
映憐孤影桃葉情牽結遠愁烏石烟霞𪇆鴯
鶵鷄壇風雨恨悠悠敢將莊舄期回首莫滯
天涯汗漫遊
荅別陳京兆
江上帆開一片斜故鄉回首望應賒笙歌夢裏

尋淮渡書畫船中學米家自愧登堂先下榻誰當攜酒屢看花感知信是難爲別佩得芙蓉對月華

原倡　陳一元

津亭尊酒日初斜分袂還悲去路賒十載宦遊如傳舍三春行李又辭家潮生揚子霜含月水咽秦淮雪作花白下知交如問訊爲言寂寞送年華

答別曹觀察

白門却返似并州一望三山兩地愁此日辭家同越壹他年流寓愧莊周情深江水詩難寫調絶陽春唱莫酬欲問含香舊宦處墨痕長在景陽樓

原倡　　曹學佺

因君爲問秣陵舟誼屬通家兒舊遊結社曩時人在否登臺長日水空流故園柳色春先媚六代烟光晚更幽我欲著書慚不就山中無計慰窮愁

荅别陳軒伯

草堂幽寂帶春星惜别萍踪此暫停江上待逢新水綠堤頭方踏舊時青垂楊古渡愁僑寓修竹開門憶野坰幾處東風求友切嚶嚶啼鳥不堪聽

原倡　　　　陳鴻

同調那堪散似星重尋白下舊居停親墳營後松楸老帝里歸時柳色青覓得異書充棟宇携將别酒出郊坰秦淮古渡籠沙月艷曲

庭花莫更聽

荅別林懋禮

豈爲長貧生嘆嗟却憐朋侶隔江涯青雲君取非難事白下余歸暫寄家夢入春風隨蛺蝶心和夜雨詿蟲蝦應知不盡姬人恨二月傷心聽賣花時懋禮喪妾予爲悼亾有詩

原倡　林叔學

去住無端枉自嗟秣陵西望又天涯征帆曉發三春水別夢宵牽兩處家開簡書囊雙豪

豕終懷鄉土飽魚蝦吳姬壓酒歸方熱滿店

風吹盡柳花

徐與公次君存永家孫器之各以詩見送

賦荅

少年文采兩英華况復能詩繼大家贈我一言

強折柳知君他日亦看花水神玉骨皆相似藉

譽咸名總可嘉走馬長安等閒事莫嫌燕地苦

風沙

原倡　　　　　　　　　　徐延壽

依然飄泊向京華誰識他鄉别有家極浦片帆迷草色深潭千尺漲桃花天涯作客孤王粲幕下叅軍老孟嘉六代遺墟堪弔古秦淮春水月籠沙

徐鍾震

省墓還鄉閱歲華秣陵爲客又移家詩情秀比三春草别思濃于二月花燕雀湖尋梁太子鳳凰臺問宋元嘉張顛草聖能超越江岸時時悟畫沙

和陳磬生

何爲南北戀微名轟薜空牽舊日情自是塵緣袪不盡愛君心似玉壺清

其二

遊人倦似馬相如老去空驚歲月虛半載論心今又別秦淮烟水悵離居

其三

千頃洪江手欲分清明將及雨紛紛春光轉眼花期盡安得看時更對君

其四

江上孤舟一葉飄行行愁絶上河橋不堪别後
思君夜孤館殘燈對寂寥

原倡　　　　　　　　陳衍

俊逸參軍獨擅名風煙無地不含情蓬牕夜
月秦淮水桃葉桃根相映清
鍾山山色好誰如竹嶼柴門月影虛却爲昔
人詩句妙鳳凰臺北創樓居
握手臨岐坐夜分懷人惜别思紛紛更憐雪

霽春江月照徹清波只爲君

華帶緋袍雪外飄行吟驢背大中橋相逢舊

好爲傳語垂老陳生太寂寥

十三夜立春黄三卿開社集陳惟秦洪女

舍陳泰始徐興公曹能始陳長源安藎卿

陳昌基李子山陳磐生周章甫林巽卿陳

軒伯倪柯古林懋禮曹能證高景倩康仙

客城東草堂觀張儀雜劇分韻得寒字

元夕春生尚嫩寒華燈邀客座中看登塲舌在

遊泰易結社詩成和郢難城市喧闐人盡醉海天空闊月將團歸遲已弛金吾禁莫管銅龍報漏殘

送周章甫之任泰寧

索俸長安仕爲貧還看三策獻天人芙蓉峰映書齋近桃李陰成講席新以我將趨征路日因君猶戀故鄉春曾聞海内知名久落筆文章信有神

燈盡夕社集陳泰始宅觀火樹梨園分得

十三元韻時余返寓白門

春宵將盡雨昏昏白社重開醉一樽火樹高棚偏奪目風流新曲易銷魂穿殘寶馬紅塵倦看遍金鰲紫陌喧良會追隨能幾度前途芳草綠應繁

春日步至洪江石倉園

洪山回望烟中綠一帶人家繞江曲田裏行人半作蹊菜花如錦泥如褥東風出郭不騎馬試步羅衣香氣惹直到名園春水邊鶯聲啼午垂

楊鮮　花朝社集洪中翰宅觀演鳴鳳傳奇共限
塲字
花時忽忽半春光寒色微消綠酒觴再滿銀蟾
全照席齊鳴丹鳳互登塲圖書秘省推中翰疏
草熈朝紀肅皇漫抱萇弘千載恨鈐山無土
久凄凉
寄懷韓孟郁先生用其舊作扇頭韻
官閣秦淮近柳堤挍書清夜每燃藜絳紗絲竹

東風隔綵筆文章北斗齊著作自當超漢魏追趨寧謂迥雲泥緜來南海明珠媚多士門牆得指迷

附初夏同裴聖之王元亮韓姬命集道協池館　韓上桂

冷署荒齋客肯齊鄧林聊借片時棲地兼池館供吟嘯坐有裴王待品題花事漸稀春可戀酒懷初放日從低巷南小阮飛揚甚把袂相期醉似泥

自題小像

幾回幻予身未得真面目偶逢海上人爲之寫此幅骨相本屯頑形骸亦土木予意固自知頗悔干微祿老至心覺閒醉後騷堪讀世事何紛紜豈必人情熟白門山水佳僑居結茅屋願學謝幼輿一丘領清福

建溪舟中同道藩兄道祥弟賦

建溪何太險舟渡萬重灘磽岫初開霽春風尚薄寒雖於鄉土隔猶得弟兄歡一陣輕鴻影雲端好共看

重至白門諸同社過訪夜集

省墓經年返里閭重來正值綠匀初新茶活火今宵話幽竹清陰昔日居座上寒暄多勝友篋中收簡半殘書秦淮花柳長無恙依舊風流態有餘

同賦　　李仁傑

秣陵今不是萍居與子姻聯似里閭別去經年欣再至相過一夕喜何如携將海味偏甘客話到鄉心轉動余滿眼親知堪共醉却忘

風雨在庭除

李永昌

文酒歡情久未舒得君重到慰離居但能繼
見爲投轄却勝相思枉寄書閩海土風詢仌
第秦淮烟水約何如無端他席先期去不及
追陪夜漏餘時余以他期先往

程國兆

棹出閩江亦自如喜君重到白門居芳尊有
約何曾外舊社尋盟不減初人向離中欣乍

合交因密處悔前疎一燈破暝留深夜笑語
喧呼與倍舒

張宗道

別來懷想隔年餘此日重逢喜倍初爲道新
聞卽里閈欲脩舊好見權輿千杯載得吳門
酒一盌歸仍白下居向夕嘗君新海味頃曾
愁思憶鄉閭

林君遷

歸去秋深葉落初重來新綠照春餘閩山雨

露纔脩墓淮水烟雲又卜居海味携將堪佐
酒宦情閒後只骩書親朋相過新聞見竟日
光陰應不虛

林古度

不意君歸一歲餘重來事事欲從初秦淮選
勝仍遷宅閩嶺傳情幾致書有骨封侯看鄧
龔無名隱士媿林閭且當清晝緑陰裏尊酒
相過樂自如

壽鮑元則五十誕辰

才名原在鮑昭先膝下佳兒已象賢歷盡盈虛
纔半百看來世界已三千修身此日應知命習
嬾餘生只樂天聞說山中減酬應是非休用憶
從前

夏日徐文郊招同沈幼宰泛舟秦淮分賦

時予移寓幼宰比鄰

輕舠載酒泛中河不斷波光送眼過曲岸迴欄
迷暗柳香風入座動新荷交因鄰好情方洽閏
以南天氣尚和賓主乘流風月裏酣歌休問夜

如何

荷薪集序

鄧參軍道協以荷薪名堂復以堂名其詩蓋取

制詞中語云

制詞曷以荷薪稱道協參武

德軍徵

恩贈父觀察晉中議大夫其
詞曰留笏堪悲荷薪有子

國恩家閥具足紀也故以名
其堂若詩志景鍾不忘焉

余閲鄧氏家乘太守藩叅
代有文辭方伯侍御舉諳
聲病其傳於世者則徵君
子靜有耕隱集朝議世喬
有別駕集觀察汝高有西

樓集閩中詩派首推鄧氏
爲嚆矢庶幾瑯琊之王所
謂七葉重光文才相繼也
者至道協而世其箕裘精
醟華秀纂乃祖服流麗瑰

琦綽有父風則亦詞壇之棟隆鄧林之杞梓也作之不止必以詩命代以視車騎之靈運拾遺之射洪何多讓哉傳曰其父析薪其

子弗克負荷今貴遊子弟

駕長簷車跟高齒屐坐棊

子方褥憑斑絲隱囊飽食

酣酒不知詞賦爲何物明

經求第則持紙閣筆譚古

賦詩則塞默低頭至今旁
觀代其入地此羊舌有皂
隸之嗟之推有駑才之目
也何如道協步武家聲金
石遺言出之鬱攸登之梨

棗是寧獨析而荷之其於
室則堂而構於菑則播而
穫矣稱之有子不亦宜乎
余家兄弟與汝高同舉臭
味實深不勝昔者吾友之

感令見道協如見汝高焉矧能讀父書且傳其父集能無喜金根之無誤嘆鳳毛之殊有哉獨惜道協買雋材而淹抑下位既以治

行登薦剡復避婦翁嫌贊
戎京國坎坎伐檀寘之河
干不爲薪槱之棫樸而供
樵蘇之後爨也余讀荷薪
堂成詩三致慨焉小雅之

什曰伐木許許邪許者舉
重勸力之歌也前呼邪許
後必應之道協意欲用其
未足願爲邪許之呼毋爲
反裘之負也詩鑒定于曾

大雲司馬葛震父司理而

余評選加精焉凡若干篇

崇禎首元歲在著雍執徐

余月朔南雍舊丞溫陵黄

居中明立父譔

荷薪堂記

甬東友弟薛岡譔

古人之荷有鍤者有蕢與蓧者皆傲世忘世之所爲未聞用世者以薪荷也其説本于左氏左氏載子産之言曰其父析薪其子弗克負荷薀言公孫段之子不能任父祿譏辭也余友鄧道協叅留都武德軍覃

恩

予之誥得晉階先觀察

制曰荷薪有子反子產之言以美觀察公父若子煌煌乎榮哉道協遂取荷薪名堂而揭諸其楹不直箴巳冀以身荷將以此薪貽萬葉子孫使舉目便見而不攺其荷也彼兮子之箕冶子之裘非必兮冶是卽而不失其意猶之乎不失其業夫使薪析父而子荷戈不可稱弗克負荷然去其薪遠矣觀察公分析忠邪以直佞爲薪而有陳必善道協荷之而匪躬觀察公分析取予以廉墨爲薪而一介不

荷道協荷之而飲氷觀察公分析明暗以昏
察爲薪而盆無所覆道協荷之而觀火觀察
公分析愛虐以生殺爲薪而視民如傷道協
荷之而泣罪觀察公分析張弛以倦勤爲薪
而所過奏效道協荷之而戮力其小者也而
未盡也觀察公以文章名世著述充棟道協
亦有文章觀察公以
褒追親加别駕公秩道協亦以
恩晉觀察今階文章

綸誥人生兩大物不可必得而道協之荷大物
也亦如薪種種肖類非孝子而能之比于蔡
順棄薪而歸孝甚書曰若考作室又曰若作
室家道協命堂微意居然在室惟構與塗更
足發明荷薪之義又聞之問士以子之長對
曰能採薪採薪者荷薪之先事且爲君家萬
葉有子之慶李晟破朱泚子愬後擒吳元濟
平淮西碑稱西平有子皇唐有臣退之一言
令晟愬千秋華袞大哉

王言懸諸堂而責鄧氏世世者視西平父子胥
壤矣道協春秋方盛功名未艾後往而居人
上則又爲漢庭之積薪未可知也

荷薪集

閩中鄧慶寀道協著
吳門葛一龍震甫選

五言古詩

石林

曰余秉微尚夙昔在丘樊買山當烏石僻地隣祗園編茅結垣宇剷土成洞門石多若林立篆刻紀宋元時時釐摸索拂遍苔斑痕手種蒼龍鱗翠色漸可捫日涉巳成趣不覺勞心魂良辰

每孤往客至開芳樽願言結遐想永以矢弗諼
何似移文者多慚鶴與猿
上巳社集西園
昔人行樂事今日慕高踪勝地固翳然得水期
相從縐縠漾文楄秀黛沈陰峰好鳥鳴喈喈遊
魚煦喁喁春服裁已成柔條發丰容脩禊敘羣
情疇哉同穆雍
題孟士龍樂善堂
予與千載士抱道懷聖學夷惠匪所願王霸分

奇畧虞夏既云沒伊周苦不作以茲日不豫立言修天爵往來齊梁間性善甘獨樂伊人自寂然大道何緜索統緒失其傳錮蔽成澆薄士龍千載裔夙慧躬榛摸直决洙泗源歠精棄餘粕不爲縱横資明志以澹泊不爲九州遊一丘與一壑周道平如砥渾沌雅不鑿獨善有餘師孔樂永栖托前修既不媿承家更充擴因信道統傳孟氏豈旁落

牛首山中荅葛震甫實甫兄弟

三載懷初地多爲俗所累二子煙霞姿微言有
玄企共約素心人不棄風塵吏携手白雲梯同
登弘覺寺鼓勇陟山巔遍攬千峰翠高談天欲
聞微闡大乘義辟支洞裏雲縹緲流不匱捨身
巖上石崒嵂咸位置松濤耳畔來鳥雀當空戲
古杏竦殿庭清泉涓涓至罡風吹我衣半嶺寒
煙媚未聞獮猿聲第聆鸞鶴吹坐月浮巨觥佛
燈照客醉大葛詩思豪百首頃刻出摸寫衆山
容泉石列筆記歲月遊姓名森羅徹終始小葛

酒腸寛步步生佳思渫翰謝山霧草樹亦黙識
遨遊五十載杖履罔不寄筆底鬱明霞雙屐蒙
薜荔遠攬匪所難近郊特易易屈指饒勝情君
家昆與季

何仙郎以梨雲集見貽

何郎千古豪五歲讀墳典一目十行下眼底無
軒冕頊刻數萬言煙霞成結撰草聖玅入神龍
躍與蟲篆惠我梨雲編首首皆佳雋大官酒肉
林未嘗此片臠膾炙悅我心信是珍羞膳妙義

武庫兵精利不可選案頭置此編俗慮洵頓免

寄鄭伯生平度州司馬

鄭君今試吏精心寄塵務猶挾名理譚不作經生句東國說登州民風在平度不用鞭與笞第以片言諭卓哉德政異行矣振朱鷺同是宦遊人羨君得舒布媿我樊籠中何曾展一步却寄魚鴈書願言抒情素治行屬君家先公在皇路不必倣文朱高門薇棠樹前修緊可法風猷良足慕式聽民歌舞今來幾襦袴

七言古詩

淸泠臺待月

僧寺鳴鐘晩來歇遥空歸鳥飛還沒羣峰六六抱高臺共待氷輪上林樾繞市明燈烟滿城銅壺漸欲報初更醉愁緑蟻杯中盡坐愛銀蟾天際生塵匣重開拭寒玉素娥理罷春鬟緑淸輝豈減昨宵圓隹興寧知今夕足影入澄江一帶中團團皓魄正當空抽毫斜倚芙蓉壁舉袂徐吹松桂風月下還須縱吟眺人間此會知應少

野雞咿喔三兩聲倒瀉長河衆山曉

短歌行

燕中風雪如花落客子苦寒衫袖薄東趨西走竟何爲羸馬行多色應惡我憶槐黄幾度秋都門挾策知誰收蹉跎老大乞微禄服車北上臨滄州滄州濵海鹽成雪輸稅憑他笑官拙酒杯取醉傍垂楊書卷銷閒聽啼鴂春風駘蕩春日長堦前衆卉含微香經旬印匣不曾啟吏散公庭雲滿堂

送鄭轉運擢任蜀中

司農渤海名翩翩，錦水西行又借賢。口碑載路盡歌頌，水衡豈入囊中錢。幕下追趨餘一載，忘分非常見交態。高情既已薄雲天，古道真堪同泰岱。官銜事簡復如何，槐柳陰陰搦管多。人比玄虛才愈美，應知新賦有熬波。幾度招邀對芳卉，蠟燭頻燒勝霞蔚。佳況常躭山水姿，雄心屢吐虹霓氣。春風欲別重躊躕，飛旆遥遥入蜀初。國計轉輸如暇日，題詩好爲寄雙魚。

漢硯歌爲郭聖僕賦

人生未百年每欲窮千古讀書未破隋唐間格物浪窺秦漢圃彝毓書畫詭損敗往往贋鼎俱收貯又有富室輕薄兒不惜千金購鐘呂案上日需反麤惡是以落筆多塵土吾友酒泉郭居士先秦兩漢圖書府巳亥三豕辨子夏更考曾魚及帝虎金玉欵識人俱昧居士一一剖折若躬覩古來博物稱茂先以汝倣之尚謂贅珎奇蔽室不須論宋硯唐石塡環堵一方中勒建元

年八跌微闕完六五顔色若綠又若黄建元甲辰是何主考爲西漢武帝時歲次編年無齟齬光照四壁夜生輝從古染翰惟有汝珎藏十襲休示人恐惹床頭泣風雨吁嗟乎戰士馬烈士劍神物由來天所許汝之隷古追元常此硯相從眞得所他日若逢博學多才如老郭不妨素手傾囊以相與

何僊臞移居與余比鄰

西湖山水甲天下越王此地成雄霸幻出詞人

異代姿賦成一首千金價謝却西湖任秣陵烏
衣朱雀尋王謝結屋沐府西門西比鄰近我編
籬舍長日吟哦手一編無問嚴冬與炎夏五侯
七貴到門來踰垣閉戶虛枉駕但愛傲吏甑滿
塵濁酒百杯驩徹夜

寄陳克何

羨君有母期頤壽膝下承歡雙綵袖蠣房歲晏
大如拳鑪頭擘獻嬉清晝羨君兒女俱長成尚
平幸得畢婚媾更喜大兒青青衿公車千言可

立就大者如此小可知青緗原是君家舊寄語君家老婦聞阿弟憶姊皮骨瘦

題李伯英玉華堂

朱簾畫棟聯鍾雲琪花珠蕋落繽紛香車寶馬如流水清塵佳氣映朝曛芳樹啼鶯春未曉綉闈翦燭夜初分輿到主人頻顧曲閒來賓客共論文蓮花橋北綠波裏歌舞繁華稱大李青雲翠靄彩霞堂檀板牙簫白玉齒屏列瑶琴七寶絃道飛白馬珊瑚鞭相逢意氣千金俠同調權

呼百斗仙筆大如椽尤突越含精抽思弘金闕摩編鏤管鸞鶴飛石渠金匱紬明月雲間太史思白公文章翰墨侔天工贈君徑尺濃雲箋君行振玉長安東

白鶴歌寄董侍郎見龍先生

海濱侍郎人中鶴獨立雲霞恣高潔毛羽皎皎飛素裳豈與鴟鶚傍籬落昨朝垂翮向揚州一矢忽中暫棲輟吁嗟乎梁鴻白不因人熱袁安原臥山中雪莊士豈解工容悅於今弋者遭虎

齧闔戶俱死永消滅喜鶴強徤無傷折鳳鳴高
崗鶴並列九皋一聲天地徹燕雀雋鶺都結舌
始信爵位不可竊鶴兮鶴兮有大節腐鼠齷齪
何足屑笑爾含沙與噴血䲴䲴豈可輕汚蟣鶴
今飛戾霄漢埒下視衆鳥同鳴鴂鶴壽千秋不
數期與耋願鶴如鳩飛鳴常不噎

謁黄明立年伯

先人同榜二黄公一時齊稱江夏童大黄讀書
遊上苑小黄著藏名山中小子生年丁之亥遡

公成名後兩載於今長大四十餘先人早逝二公在大黃尚書閩海先乞身小黃刺史江左稱外臣刺史讀書巳破數萬卷著作滿載不下三五輪同在長干客舍不相識但聞人人口誦黃明立猶記先人長安時送公梅雨如絲透入衣上濕公亦屢問鄧家寧馨兒如何忘我乃公同座師兒今無父見公如見父拜公床下公亦雙淚垂

五言排律

社集薛老莊邀同茅孝若分賦

且同浮玉盌愼勿策金銜令節云將邇名言借不凡山圍城歷歷閣枕石巉巉響待林端梵歸看日下帆重衣藤易罥古刻蘇難芟嬌掩桃花扇寒侵杏子衫橋香霜漸重風冷月初喞探遍東南勝留連獨此巖

再集平遠臺時孝若將歸

搔首青霄邇憑欄若可摩天然成位置勝槩攬如何近郭烟生丸微寒霜渡河眼前人境遠石

上古吟多松響交絲管苔深泠綺羅聞鐘紅葉
寺買棹白蘋波日落杯頻促氷凝研屢呵武夷
在前路九曲定須過

上黄輿叅開府

昭代弘元化名都産異人風雲乘早歲日月際
昌辰夢說天攸賚生申嶽有神亨衢騰逸足大
𤧚縱脩鱗敭歷更中外猷爲邁等倫行河滄水
使分陝价藩臣憲臬羣僚肅旬宣列省春晉司
京兆貴寵畀内臺新玉佩辭雙闕星軺莅七閩

妖魑驚駐節鯨鱷避行塵康濟期當軸公弘合

秉鈞除煩消積蠹端軌愛徵鞏國有倉箱積門

無請謁賓殷憂深疏草吁咈見經綸坐使皇風

泰行瞻世道淳高山眞可仰滄海詎無津太史

培桃李先公備槱薪淺才樗櫟似大力治陶均

馬顧羣應失龍登誨更諄依歸欣有地位分阻

難親幸際嘉平候俄當改歲晨九天綏景福四

履仗慈仁卽看勾萌達其如骨相屯願言垂覆

露長此戴高旻

哭永之侍御兄

驅車同道遠驛路悵俱經詎意烏臺望踰題粉字銘神羊聲尚在蝴蝶夢難醒濵海悲梁月中天失法星堂前誰問寢膝下少趨庭影斷凄鴻鴈羣分感鶺鴒嶺松長自翠嶼竹不爲青胤子奔燕市曾孫宴幔亭傷余覊五斗何處哭泉扃

贈洪茂才

名駒腰褭種千里渥洼來共見擎天柱還誇明月胎問年符項橐喜楚産顔回躍冶憑誰鑄充

庭待爾開青葱眞寶色琬琰本天才名世非虛也承家洵快哉正須增贊歎何用費敲推白璧先藏璞黃金今築臺衙官蚩屈宋若輩狎鄒枚章既昭雲漢光應射上台明霞天外絢桂樹月中裁曹偶元傾謝凡庸敢浪猜信乎超類萃端是絕塵埃經濟調羹手投歡奉酒杯名通稱孔李好締說陳雷共待騰皇路看君遍九垓

荅家兄道藩

書到開函讀低回暗自傷官卑憐髮短遇蹇笑

心長買宅池生草爲園墻樹桑勝夀前代苑居
卜荷薪堂修富書克棟甘貧口厭糠愁惟親筆
硯寒始計衣裳得慰兄強徤因歡子頡頏翀霄
欣逸翮傳世慶嘉祥似此荆枝判何當玉樹芳
乗時高得駕矩步内遊方念祖遺緗舊藏鋒射
斗光感懷嗟宦拙勤字笑官怭去就誰爲計飄
零何處鄉幽棲宜佞佛遷秩類投荒槖盡西樓
刻囊垂南粤裝先骸從暴露家廟任劻勷夜枕
千行淚晨雞九曲腸子錢田折劵女債尫非璋

潦倒時占命孤危數舉觴土宜隨俗嗜海物幾
年嘗每負臨風嘆輒懐明月光因之增感慨大
被憶連床

寄陳甥叔向

與爾七年別年年數見書一官嗟未達八口歎
無儲歸老何生計勝春非舊廬二人驚淺土五
女笑克閒羸得青山展添來白髮梳貧宜交徧
謫遠合棄捐踈問訊緘空紙經營感廢居含情
留建業飛夢到亡諸先集重翻棗新園恰種蔬

銅符徒在握黃綬幾能紆嬾比當年甚慵猶向
日初敢云今已矣何以說歸歟玩世寧呼馬推
詩暫跨驢展書忘訓詁作楷較踟蹰老畏春將
至愁傷歲聿除既無將問遺孰可倚吹噓意亂
頻匭畫情親費拮据渭陽吾屢繹宅相爾多譽
書帶增萋菲霞光恣卷舒一經咀伏氏千賦薄
相如松夢徵非妄芸窓計勿虛較文忘我相入
仕急公車寄去書煩鴈懷來字託魚何年清淨
福天許作樵漁

寄陳憲伯老師

憶昔横經日深懷舞象年朽才甘晝寢未學逐
塵緣長大悲無術窮愁感廢篇卑棲憐俸薄散
吏沐　恩偏夙夜依京邑崇朝望楚虔捲簾山
色近視事水聲塡州縣控閩粵輶軒達魯燕感
時逢　聖主遭際絕中涓捫虱籌邊嶠縣魚酌
水泉徵歌無皓齒坐讀事丹鉛問俗惟持法看
山不費錢程書忘夜寐薄醉怯春眠威令江中
播治平天下先文儒咀漫草郡吏嚼芳鮮春遍

千村雨風來萬竈烟溪流章合貢花夢筆成椽
豸繡邪通觸龍屠技信全忠勤膺　帝簡弘逵
具官聯道巳布滄海時當濟巨川願言皇路廣
鍊石補堯天

烏衣曉發

茅店巳覺曉客行衝曙烟斷雲低隴樹微月印
溪泉人語當風細商車夾轂連掩衣防霧氣着
酒制寒權驢背餘裝重雞聲衆鳥先新春不數
日急喚渡江船

五言律詩

九日登雨花臺送鄭季美還家

載酒登高處，烟雲對眼過。京城圍寺小，曠野點山多。飛鳥不覺暝，遊人亦解歌。應知落帽者，歸夢出江波。

燕子磯

燕燕歲于飛，空餘燕子磯。山高亭作障，石峭鐵成圍。潮至烟波濶，春來芳草肥。秣陵推首勝，况值雪霏霏。

寄曹觀察能始先生

白下園居靜題詩問水隈官因時局去人自瘴烟回翠靄浮山簇香雲荔閣堆承家欣有托共羨建安才

懷楊叔嘉

少年州邑吏爲政簿書勞愛爾挂冠日煙霞入夢高滿園皆卉木三徑獨蓬蒿不寐思君切因茲生二毛

醉翁亭

入寺尋勝蹟問路得流泉看過碑中字披開磴
外烟竹林疎百個梅樹近千年此是最佳處徘
徊甚愜然

瑯琊寺

老樹門前列寒泉殿後開名佳知寺古地勝有
人來別剎依山勢殘碑卧草萊僧寮知肅客輿
馬莫頻催

哭鄭孟麐

瘴鄉非樂國驛路少人行以爾淸癯質那當煙

霧生能歸諸事了多子本身輕遺草藏何處青山須問名

翁少保外舅輓歌

橫塘空釣磯瓊府謫仙歸占盡文章事收全造化機憂徒勞漆室道止隔綸扉記得滄州別臨岐淚染衣

其二

中台何日坼聖主輟朝儀枉作子孫計聊爲兒女悲治平空有略筆削寔無私百歲高堂在淒

涼問寢時

其三

堯舜身親見周公復夢灰退朝閒劍履濟世負鹽梅猶子承祧早他人入室來繐帷風雨夜悽絕不勝哀

其四

典宗維禮本傳後闕男祥官極元魁籍名尊瀚海鄉新恩貢黄土舊物修青緗鴈塔悲前哲誰人壽命長

牛首山

秋葉山中寺寒雲世外天閉門尋塔影穴地見僧燃梵唄難稽衆神燈不計年欲遊心目遠更上到峯巔

荅韓衡之

君來我別往我至君他遊同作青溪客那當衰草秋鄉園人事改違左羽書愁仗劍平生願行毋老一丘

送衡之遊燕子磯

好山閩海勝蕭寺秣陵多欲問前朝事還將石
壁摩買舟尋燕子倚閣攬江波此地幽奇甚題
詩寄薜蘿

浦子口同王元直心之飲王殿九署中留

宿

古道能匡我眞交獨見君笑談千頃合禮數一
江分風冷擁鑪坐香清闔戸焚共歡更漏永同
夢豈同羣

靈谷寺

松多不見寺旛影出松陰不到淸幽處那知花木深谷虛山應響僧寂鳥歸林要識南朝事惟聞鐘鼓音

訪湛上人

落日長干寺寒雲對遠公禪房惟見畫天畔但看鴻名以詩生妬官因遷益窮偷閒又避拙身世覺來空

上曾霖翁武庫

周家豐芑地佳麗古名都　帝簡眞司馬人傳

舊左徒皇圖根本重圻父爪牙須作賦公餘事
聲稱子大夫

其二

政成先足食搜粟漢田郎半壁東南力留樞邊
海防鳳毛堦下采雞舌口中香莫說清閒地朝
餐日不遑

其三

甲兵爲武庫經術本文衡鼻祖曾參聖身前杜
預名棠陰芳舊邑楓陛倚長城際此春風暖題

詩好聽鶯

其四

到官未累月覆露許多天薄宦風塵役全生禮
數捐敢云先世事深受使君憐盡望爲霖久今
看濟大川

送許雲石叅軍歸應城

行矣無須急江城有好春如何聖明主却有倦
遊人楚國寒烟盛湖山芳草新𤄊歌應不廢生
計豈云貧

其二

循吏秦州佐叅軍舊帝京官閒支俸少裝薄到家輕結局終藩國銓曹豈鑑衡明時休抱歎原未失書生

雞鳴山

見說茲名勝臺城亦近山塔窺人境盡樹對梵宮閒月出驅霞落僧歸帶鳥還頻來眞不厭咫尺易躋攀

謝公墩

愛此風流遠千秋懷我師草依三謝色樹舊六
朝枝近寺鐘聲杳看山馬足遲莫嫌遊目小吊
古自悽其

奉懷林熈工元舅

惜别嗟何久閩中驛路長官貧衣上雪謀拙鬢
邊霜晋代談江左秦風詠渭陽不知臺畔月夜
色石松光

其二

長齋諦佛性混俗愜閒情寶樹碧巖盛曇花紺

殿滎浦流春水曲風捲夜濤清老壽生來相傳
家百歲名

棲霞寺

梵刹層層見霞光處處飄馨聲來樹杪旛影露
山椒石琢千龕佛江翻六代潮岩阿煩應接撲
被宿連宵

寄陳長源

閉戶緣何事交遊盡已疎大都眞率慣轉使久
要虛簾捲雙梧碧窓開衆草鋤愛君春酒孰問

字日停車

懷林頴叔

老來增意氣伏櫪歎飛騰夜月誰同玩秋山何處登梅花當戶近雪水溜簷凝尺素臨風發封題自秣陵

送吴汝鳴之燕

歲晏驅車急京華御北風雪沾衣上白酒借耳邊紅路熟逢關吏途岐感塞翁長安非舊局聞道進賢公

懷林道燕廣文赴試

如何頻被放不見杏花開詞賦千秋業文衡孰鑒裁多金搜駿骨逸足讓龍媒待爾雲霄上春風憶舉杯

雪中聞功伯姪至時滯廣武

歲晚寒威逼長江汝獨行雪同飛鳥下裝比片雲輕欲語路奚遠留驩夢未成慼懷多濺淚薄宦繫微名

送陳爾繩歸閩便道贛州省覲

風駛江行迅寒雲烟草餘暫留章貢水省覲近
何如赤峴連天遠丹楓落葉踈到家當歲晏去
矣莫徐徐

丁卯除夕

由來悲往事屈指計多非且喜冬胥盡休愁人
未歸交因肝膽絶奴以性情違沉醉今宵酒風
迴玉漏微

薛祠部誕日設讌魏國園

名園開綺席竟日屬游人松老垂藤古臺高累

石頻曲池橋度遠細草路鋪新二百餘年地皇
家不老春

送林少尹之官三水兼寄陳茹連戶部

君作循良吏人謌召父聲琴鳴三水縣刀割五
羊城地煖花香早民醇政澤平到官先問俗下
榻有高名

其二

拜官軒冕貴佐邑簿書勞隣境八閩近携家五
嶺高片帆過浙越尊酒滯江皐寄語含香侶鵷

班待綵毫

擬送僧歸日本

萬里滄溟遠僧歸何處方風帆過彼岸日馭指

爲鄕龍起惟降咒魚多可施糧中朝眞浩蕩去

矣誦無疆

寄毘陵王别駕

驥足毘陵郡名高治水功官評瑩白玉俠氣貫

長虹視事春山曉題詩夜月濃何時一尊酒逸

興與君同

感懷呈曾武庫老師

聖明方御極文法任深求浪信危途易翻貽先世羞閉門惟訟過撫枕敢多尤霄漢懷恩遇無官禮更優

其二

豈不防名譽其如沙影何敢云人見妬竟是俗傳譌日出消殘雪風恬逐逝波已知逢矰弋何用執推摩

其三

三年鹽服久兩耳太行中令聞騰持斧深文中考功田因充腹弃書以子身空筆硯聊娛日天涯終轉蓬

其四

四世叨清宦承恩廉吏名愛身堅受磷徹骨活難生有礙嫌天小終窮望日清一丘何處是對客敢哀鳴

韓國博招集甘露閣

當年花雨處覽勝躡雲登瑶席分蘭味禪房掩

聲音臺高瞻落日樹聳集歸禽滿路烟霞盛低
迴不廢吟

東眉仙

鉛華今日盛詞賦動千秋且喜無官好翻能結
勝遊薛濤箋尚在桃葉渡長留翰墨令人艷閒
題應客求

擣衣曲

寒生塞北早秋入夜聞涼少婦砧前月征人衣
上霜淚兼千杵落愁比百城長無計多添線着

身休斷腸

七言律詩

荷薪堂成漫賦

一區門巷傍鐘雲衰栁寒塘對晚曛甑内塵飛鳥散架中書共蠹魚分先人遺草重編出廉吏傳家舊宅焚終負趨庭慙學劍敢言
聖主有褒文

其二

傳書乞俸印生塵悔作皇家入幕賓優孟常年

眞是俠叔敖身後未應貧廚中供爨燃爲桂朝
裏題陛積若人屈指會稽黄綬日擔頭且度歲
華新

寄徐興公先輩

塞北征鴻今欲來故園詞客獨登臺畫樓紅雨
書千卷綠玉清煙酒一杯衣上芰荷聞采集庭
中蘭桂見栽培石林舊侶多君輩目斷鄉關秖
自哀

送韓大宗伯歸博羅

風木江頭怨逝川杜鵑啼血咽寒泉痕多淚染
麻衣濕行急心奔白馬先陟屺有情瞻翟茀終
天遺恨惜棓棬到家更喜高堂在問寢還堪樂
晚年

懷陳軒伯客粵西曹觀察

粵西形勝劈天開千里探奇去未回瘴雨稀微
山店曉荒雲繚繞夜猿哀逢人每訊家鄉使作
客多驚物候催總是依劉青眼在不將衰鬢落
塵埃

輓揚光祿崑石年伯

先人同看杏花紅遺老猶存喜見公薄俗更誰憐任昉奇文今復失揚雄金陵偏得煙霞勝貴竹多稱社稷功惆悵紫微星忽墜不禁含淚向西風

送大司徒畢年伯還淄川

樓船簫鼓送旌旗漢相今歸淄水湄爲薄宦情思嘯傲更憐民力困瘡痍圖開八陣觀魚鳥草滿長林友鹿麋共待後車徵呂尚君王卜獵說

非罷

送楊孩初遊雲川兼懷馬明府

槐黃不久欲忙時猶客金陵更所之酒說烏程兼地主思深鱸膾滯天涯菰蘆草色乘雲玩水澤霞光向晚披試看漢庭州邑吏循良名姓古今垂

送薛祠部進香

北風吹雪雁南哀江水江籬當別壘車馬銜雲帷是素衣冠拜日經爲線攀髯情切追龍急鍊

石功高補衮廻此去鑪烟雙袖滿祠臣原有格天才

送董銀臺進　香

素車驛路草蕭蕭江上風微待晚潮千里駿奔紅日近九天龍馭白雲遥謳歌到處皆從舜涕泣于今且服堯召問老臣筋力健豈容蹤跡混漁樵

送陳司農入　賀

五位眞龍出御天萬方嵩祝紫雲邊旌旗輕拂

仙盤露簮笏遥分玉燭烟袖握蘭薰趨漢殿堦
生蓂莢卜堯年司農好上昇平頌爲報民間壁
久懸

東滁陽尹判官

公堂日静閑朝暉紫氣真仙隱翠微驛路逢迎
鴻雁過人煙踈畜柘萊稀琴彈清韻山當面筆
夢香花鶴入幃聞說環滁多少寺幾廻詩句滿
囊歸

寄陳泰始京兆

烏石峰頭欲暮天神光寺裏佛燈懸眉横京兆山當黛轄醉陳遵酒似泉秀句可餐千百首畫圖却載兩三船金莖可療煙霞疾聞有人來自日邊

懷龔克廣陳子行

在山何似出山遥回首東風未可招揺筆興酣雲片片彈棋人静月蕭蕭園中樹木經年老海上干戈幾日消昨夜夢歸樽酒處鐘聲鴻影度寒潮

寄太平梁司馬

分得黄堂第一春褰帷露冕望清塵郡人争識軍司馬漢吏元爲國瑞麐俠骨生香垂殿闕文心展采耀江津高皇王跡先姑孰汲黯河東召問新

其二

龍鱗虎口兩無危　聖主恩深露澤滋旣許捐軀安鼎沸不難援手起瘡痍春風秀麥家家遍麗藻驚人字字奇爲感夢䰟哀楚相孰憐廉吏

負薪兒

寄陳光庭别駕

幾年𢱢宦不堪聞意氣相期獨有君人在天涯南海市夢回江左秣陵雲棠陰日盛歌兼舞柳酒烟濃飲半醺何處相逢重把臂無勞飛雁嘆離羣

懷陳敦甫兄弟兼柬陳令君

五羊城外草芊芊記得游蹤瘴海邊兄弟相過携酒處主賓同上看花船夢魂未斷三千里形

影今暌十七年惟有陶潛生計好弃官歸去狎鷗眠

寄輓林天卓員外

承家七葉説清眞農部君當起草臣林浦雲霞誰作主東園魚鳥少親人藐孤克荷千秋業甲子能週六十春逢着交遊都雪涕不堪憔悴對花晨

珠泉

圖畫天開一壑幽涓涓顆顆合清流墜樓地下

千年淚攬鏡臺前萬斛愁引導光輝成泡沫湧澄暈彩盡浮漚老龍故作空中戲何處探來何處留

同王元直長君心之遊豐樂亭

斜陽影裏路多彎半里尋幽馬足閒盡是題詩鐫紫石幾人攜子看青山梅花錯落崚嶒上亭榭參差烟靄閒却笑夜來遊不盡呼童秉燭未應還

栢子潭

龍潭翠栢倚雲多栢老龍歸飛鳥過雲樹蔽天
山寂寂君王染藻石嵯峩金陵佳氣迷烟水丹
嶂晴光共薜蘿古寺琅琊何處問步從樵路且
高歌

上王冢宰年伯

當年鐵騎鎮渝關弓劍霜寒漢月彎獨任持衡
金殿迥長懷捧日玉珂閒臣心門外澄潭水吏
隱江南啓事山王室掃除無腐草特虛綸扉召
公還

其二

識得尚書舊履聲盛傳正色立朝名東方衮繡瞻周輔南國衣冠聽冢卿先世公車聯雁塔今時胡馬避龍城幾回擁彗空中拜户裏無塵待掃清

懷薛君和同社

數沓書札雁來時滿紙寒温慰所思膝上佳兒娱晚歲峰頭薛老曝朝曦祿微斗米愁呼馬酒熟雙柑好聽鸝每自雨花臺上望不知何日共

追隨

題王旼子雙虹閣

冠掛弓藏嬾射鵰編籬結屋類漁樵畫船夜吹窓間月楊柳春風白下橋棋落響聲驚宿鳥門開逸興待寒潮將軍欲斷紅塵事宛在中央未可招

過王殿九署中贈陳開之茂才

酒腸寬大好歡呼飲酒論詩興不孤知已終當酬白璧結交何用問青蚨孟公談勝驚人座曲

逆徼時繩戸樞望爾乗槎霄漢上牢騷狂客醉千壺

荅韓孟郁國博

千秋詞客六堂仙赤幟今操風雅權酒對金陵諸寺月衣沾丹闕滿城煙閒情疊報梅花瘦鄉夢驚廻荔子鮮退食從容理絲竹不聞人指是青氊

其二

當年獻賦屈羣才一日雄名動九垓總是文章

闡世變秪令珠玉落塵埃到門問字諸侯小負笈傳經列國來試數漢庭誰作者那堪散地老鄒枚

贈許裕州刺史

白下爭誇許裕州循良儒雅繼風流家聲共説來閩海世德何妨似太丘筆染齊時芳草色宅連臺畔雨花秋試看郡邑先賢傳數代才名兩地留

重陽同王元直集鮑在齊宅上觀伎

張燈急管白門西皓齒丹唇恣品題盆菊解歌迎客笑盤糕妬艶倚雲齊風廻帽向龍山落曲顧人從下蔡迷卜夜留歡休盡醉登臨疲倦已如泥

送黃道元還永嘉

年來何處曳長裾行李蕭條秋葉餘旅店無魚空浩嘆還家有劍莫躊躇深防賣友人如面琢重危途鬼載車君在永嘉稱宿老雁山雲影隔窓虛

上李戒菴職方

秣陵淑氣囀春鶯漢署含香景色清忽憶三年懷短刺共傳五字擁長城坐籌烽火邊陲計夢戀雲霄魏闕情丞相有心容下吏千秋還說吐茵名

其二

璗琚供奉號青蓮門對鍾山嘯莫烟官拜職方稱傲吏家隣廬嶽舊金仙摘文人讓屠龍手筴虜軍回飲馬泉此日朝廷新政改育令簪紱

臥南天

哭右轄四伯

欲起忠鬼問不知蒼蒼正色更何疑官崇三世
虛花誥廟祀千秋祝素絲謏墓中郎眞有女亢
宗伯道豈無兒請看宅畔青青竹盡說琅玕長
後枝

其二

熊旛鵲印畫車輪物在人亡感慨新黄榜數傳
尊巨擘寶鏹三錫饗勞臣日南棠樹嘶金馬道

左松枝咽石麟家秉幾行題宦蹟低回猶子淚
沾巾

戊辰元旦

説到開顔顔未開流年長去鬢霜催慚爲素食
絲毫補喜有傳書萬里來直以客懷春意淺敢
因人事壯心灰應酬分付都拋盡騎馬東郊問
臈梅

人日讌集荷薪堂

清光徹夜一尊歡肅客揚芬酒政寬新草稀微

初度翠晴雲縹緲未沾寒人因良會偏逢日春到芳晨亦作盤幸有同心來作好賞心樂事未應難

燕子磯同王元直送功伯姪還家

燕去磯空蘆荻稀含情相對黯斜暉家庭此日懷萍梗世路何人問葛衣公子到來梅未瘦王孫歸去草方肥離筵漫作平安語掩淚風前未敢揮

五言絶句

紅葉怨

含情題一葉和淚到人間不遇同心侶隨波去復還

其二

殷勤囑溝水流去不須回此葉合歡樹相逢莫浪猜

其三

妾家滄海曲君住在何鄉但得逢君日遲佪訴話長

其四

幽怨憑茲寫人間知未知低頭多致語雙淚共漣漪

薛濤墳

朱顏久寂寞芳草帶寒烟傷心墳上樹何處寄鸞箋

新柳

嫩弱如青草芳春幾度眠折來尤可贈莫問半含烟

夏日聞鶯

鶯聲何俔睆深樹弄笙簧不覺日移影猶云夏正長

送郎曲

去日桃始華歸時桃巳實贈郎楊柳鞭去來馬蹄疾

其二

相對無一言臨别欲何語但問何日歸今夜宿何處

閨怨

柳色當窻綠深閨萬斛愁春風無恨好攬鏡不梳頭

其二

蓮花貌不如蓮葉心未舒願得蓮邊鯉寄儂心上書

其三

牛郎何處星織女橋邊度昨夜感夢魂夢與郎相遇

其四

梅花幾時開開時郎未回傷心牆下淚梅是郎

手栽

七言絶句

金谷園

錦障如雲里數遥玉笙檀板醉妖嬌畫樓不管

香寬散千載豪華尚未消

其二

三斛明珠一麗人幾年金谷四時春也知變起

緣花貌先向君前了此身

遊仙曲

瓊漿玉液對蟠桃仙犬聲聲應海濤醉度雲璈歌數曲不知身在碧雲高

其二

昨夜瑶池宴始回丹砂麟脯紫霞杯仙家那有春和夏分付花開花始開

蘇小墓

瘞玉埋香幾尺斜千秋艷色嘆如花六橋楊柳

西湖水喚起佳人暎彩霞

宫詞

楊柳春風繞殿青枝頭鳥語不曾停才人二八新承寵昨夜君王醉未醒

其二

外庭又見數封章烽火甘泉徹夜光願得太平無事日博山香煖試新粧

其三

梅花開過又桃花管領春光屬内家傳得新編

可憐曲六宮女伴淚如麻

其四

白衣大士坐中蓮妙手輕描供奉虔一自承恩今累月幾回香火佛堂前

晚渡揚子江

揚子江頭日影含行人江北望江南風烟未慣鄉心亂畫槳清波燕語喃

西湖棹歌

逐隊齊齊錦作堆香雲縹緲下層臺六橋桃李

攀垂盡都道三天竺裡廻

其二

羅袖輕盈映水蒼與郎移棹水中央掀開荷葉

低頭下折得紅蓮並蒂香

其三

南屏山下客星微放鶴仙人逐雁飛終是林逋

稱石隱茗溪不肯買田歸

其四

桃紅李白易銷㒳堤上相逢未語言共泥歸舟

湖岸濶肩輿同入湧金門

題李周生山水

筆底無塵山色明枝頭啼鳥弄春晴何人受此
清虛福云是新都兩弟兄

其二

蒲溪流水白雲中小小茅亭晚照紅却㕛山人
空兀坐深林落葉待秋風

其三

雲來雲去草堂閒幾曲清流水一灣正是桃源

漁父處武陵溪路豈人間

其四

翠峯碧水樹青青曲澗危橋草屋扃一半時人不相識止將名姓報山靈

三月晦日送人之安南

萬里交州音信疎嗟君南去更躊躇君行仍遣春風送莫似春歸逼歲除

鄧道協塵韻序

古人詩文自有一家之學文章則遷固之於談彪思廉之於察詞賦則二陸三謝之爲兄弟肩吾信之爲父子審言

甫之爲祖孫皆家庭自相師
友不傍人門戶充實光輝千
古勁起故曰閉戶造車出門
合轍職此謂也今世無骨淺
學見一人標奇有聲不問近

遠不揣才智羣起而和之學步邯鄲未得國能先失其故詩於何有余友鄧道協不然道協尊公爲觀察汝高先生閩中騷壇盟主也交必老宿

如李本寧屠長卿鄒彥吉若
而人撰述必古昔如建安黄
初開元大曆若而詩以故閩
風爲之大振中道棄去當時
從者不無傍趨獨道協修其

業而息之守家法不移故其爲詩綿密而工整蒼鬱而渾成無近時一切煩囂纖靡之習微論詩即以稱繼述於天下亦可謂善矣道協又有父

執黄明立先生博學高才績

文有年非古不道道協每詩

成必與商訂而後出是以篇

無敗句句無敗字道協年甫

壯而官又閒守其法不變浸

大而化殆未可量夫士食舊
德工襲高曾農服先疇商資
上世淳古之隆也何獨於詩
不然詩言志也邇之事父遠
之事君道協有其志矣奚不

傳道協先有荷薪堂集已行
世茲復以麈韻示余謀付棃
棗詩以出麈爲韻而道協顧
以麈爲韻雖畀以自牧意乎
無乃厭見麈尾蠅拂强作清

態者而矯之家常茶飯具有至足之味至妙之理抑亦人家輕薄子弟之藥石也故余不辭而樂爲之序

崇禎初元戊辰短至日楚纍

龔之祥安冶頓首撰

塵韻序

塵與韻不蒙於何命道協詩者詩論其世焉耕隱淨盡别駕觀察兩俱軼塵道協英姿玉立顧塵蒙之乎夫其家學靈承如出水芙蕖清芳標韻韻安得有塵

巳此荷薪集所獨超也抑不屑
之韻超不滓之韻沉當時從事
鹺政文學大夫之論固鏤塵矣
比之作賦厠溷皆置筆墨詎操
動于南薰遂不韻耶卽淹在下
僚馳逐于塵鞅而獨能韻摽之

詩有如淤泥之出雪藕塵又寧
必不韻哉清韻清塵芳韻芳塵
俗隨雅化政自由我亦無事辟
塵犀已此荷薪集既行之後塵
韻所獨沉也雖然敦詩未已聊
復参軍不徒讀父書者由此鳴

笳吹角作靖邊塵之想則梅花
落曲其所摽遠韻又何如
古鄞友弟周應辰題

塵韻叙

夫崑崙之水發而爲江海源細而流長也鄧道協氏家世風雅淵源相承諸集具在此塵韻一帙是其緒乎家集而先乎已之蒭薪

集者也有如江海之流而發於崑崙焉以塵韻名志謂其始仕鹺佐卑之塵下僅有此微韻似乎不得已而自抑之詞也余曰不然也古今世上人卑賤無傳焉

于下位者十有八九特論其人未之諳於詩文也人而隨在前有詩文可傳即自出塵而生韻矣況道協代列冠紳而世傳風雅身再參軍而兼有其韻又何歉於塵下也韻

即不塵矣夫京洛之塵染人
衣袂自古歎之然塵遇水
郎消道協之清澈如水又發
源甚遠而流派甚大如黄河
之渾厚如江海之澎湃取消滴
即可以洗萬斛塵況有諸集

而附于世集如水朝宗飛
流噴沫正自來已又何塵
之有

友弟林古度撰

姻弟李永昌書

塵韻

閬中鄧慶寀蓮協著
温陵黄居中明立選

夢遊石林

石林林中石惜別七載間輕烟籠野色閉戸落花開長松不可選惡竹何曾删丹荔實纍纍翠羽鳴關關牽此故鄉想解傷游子顔縮地憐無術何日得躋攀

懷陳誠將山人

芳草巳萋萋離人值春暮天涯一分袂望望隔
烟樹别緒向誰論無因托魚素中宵正爾思夢
遶吳門路

送王元直

鄉園携手處終覺素心踈秣陵一載中杯酒日
無虛平時歡不足未别氣先噓君行我能及把
臂願徐徐豈無鍾情者非子慘不舒鄙懷子先
知欝結濬匪餘揮淚不敢言泛鷁且躊躇

初夏何天翁王攺予何若木陳季文集池

上遲葛震甫郭聖僕鄒舜五黎黃流不至

時震甫舜五同王元直北行

日晴天氣佳朱明正艷陽孤鶴唳林際新水滿池塘花開芬四座紅粉逐飛觴雖無肴饌珎山色饒蒼蒼雖無明月來羅綺生珠光雖無絃管奏清譚名理揚上客歡卜夜爲樂殊未央如何同心友咫尺反參商寂然不我顧微我踈且狂翹首立風前雙眸徒相望

五彩石水注爲鮑在齊賦

愛爾能翻浪隨人可代耕虛中磐更固累上削
如平色映雲霞麗烟含沆瀣清深藏歸墨翟點
綴任陶泓一蟄澄波滿千紋間釆精寶光增紙
貴玉潤吐花生結撰天然巧磨礱鬼力成珠宫
差可擬不朽獲嘉名

為郊滿字賦得白日掩荆扉

桃葉渡偏近鷲峰鐘易聽攤書花露碧羙墨椰
烟青孤榻雲為伴寒窓山作屏鶴聞枝上唳蘭
浥坐間馨多事須烹茗無生學寫經主人旣愛

客何必閉柴扃

感懷呈林茂之

胡爲乎門前深樹日啼烏胡爲乎笑殺昂藏此丈夫丈夫有懷嗟失路終年何事戀妻孥仗劍出門悲遠道黃金佩印未全愚何必區區守繩墨四十猶然一腐儒失東隅收桑榆古來豪杰不得志樂國猶之乎危途麗華千秋不再得仕宦何必執金吾吁嗟乎吁嗟乎丈夫負此七尺軀生當君王西備胡不須搦管禿千兔破賊歸

來泛五湖

與何仙臞王元直對酌

把酒酌君君舉杯君才何必說曹丕千金終當一擲散杯酒胷中休浪猜丈夫失意如孤鼠幾番強笑顔莫開但當醉死陶家側劉伶千古超塵埃把酒酌君君莫辭西出陽關秪自哀千壺一石任沉醉灑淚尊前詎壯哉

拜梅詩爲鮑元則賦

共道新安鮑孝子逢着梅株伏不起欷歔泣下

若所生婆娑恭敬無休已觀者如堵呼爲顛顛耶否耶近相似孝子含哀對客言爲觸梅名傷我妣當年先妣名爲梅夢梅降生見梅喜于今妣也没幾年感梅彷彿母如是母去何年見母容桑梓栝棬差可擬見似聞名心目瞿畏石廢詩播雙美我今拜梅呼我顛我若拜母非顛矣衆皆逢梅亦愛梅愛母見梅卽母只梅樹欲靜風不停賤子欲養親已死顛言及此雙淚流觀者欷歔情莫止我聞傷心心益悲先慈泉下今

何侍感君錫類展孝思同君下拜斜陽裏

壽李太君

淮水風吹河上綠寒梅將綻枝頭玉正當王母降茲晨飛瓊親捧長生籙鳳管鸞笙樂未央紛紛賓客共稱觴石門族盛傳清代寶婺星高照北堂懈子羈宦金陵署何幸榮分李君御合璧良緣夙已成壽筵勝會今能預鶴算誰云七十稀凌霜萱草更芳菲風流錦繡誇光祿還羨娛親兩綵衣

石林結夏

獨留雲作主客至不須招城市塵緣息林巒暑氣銷微吟拋俗禮淨業當僧寮結夏從茲好青山況未遥

先祠成志感

祠宇卜高岑勞勞陟岵心每懷風木恨聊展蘋蘩忱軒冕非初服林泉本素襟夜臺如見月誰與共清吟

洪塘留別曹能始觀察

北遊舟欲發戀戀向江潯不是貽佳句誰爲壯
客心寬銷汀草遠思遶岸花深計日徵書至君
難臥舊林

漂母祠

荒祠臨古道下馬薦蘋蘩事業千秋冷人情一
飯存豈無追漂母終是少王孫揭地英雄手匯
匯何足論

閔明府宅上觀蓮

乘秋花正好喜傍綺筵開嬌似浮羅襪妝疑出

鏡臺色含新雨潤香趂午風來摘作筒相勸清涼未忍回

讀先觀察滄州偶咏詩

當日維舟地題詩播海隅至今風調遠無那月明孤衣上手行淚函中五字珠塵生書閣滿能不媿童烏

津門留別葛轉運時余　貢䢖入都

津門天設險驛路日將昏貢獻微臣賤留驢長吏尊自慚非國士何以報殊恩急了公家事賢

勞詎敢言
長安得子
吐絲九枝燈玆晨喜轉增客來稱燕賀蔘感叶
熊徵對酒爐圍火題詩墨帶氷之無今暫試他
日竟何能
邀朱刺史南郊小集
艷陽風景媚上客出郊垌烟帶苔痕綠天垂野
色靑吏情閒始見漁唱近堪聽且莫催歸急朱
輪喜晚停

長安雪中逢李光祿

相逢車馬地風雪滿長安拂面疑花落沾衣訝絮寒旅吟清不厭夜色醉須看漫奏陽春曲愁予和獨難

寄陳泰始計部

爲郎官不薄漢署日含香喜氣初瞻斗餘威猶帶霜身承前席問名借後車揚民力今勞止藉君可廸康

喜陳軒伯自燕中過訪送歸

春風滿官舍客到自燕臺却憶分襟後何期命
駕來語深憎短燭情重惜離杯南望烏山路迢
迢逐夢回

寄友人

都門寒雪盡臘去又逢春束帶爲官嬾看山憶
汝頻硯氷朝藉日印匣久留塵庚信詩名重能
傳遠思新

集趙光祿葆和堂

銀燭照深更相邀愜勝情壁光傳趙氏書法見

劉楨酒出行厨美盤分禁臠精分明金谷會誰
不盡飛觥

東高元茹楊宗賢周維憲諸廣文

好鳥語庭前朝來景倍妍芳春成獨賞長日憶
羣賢我入郄超幕君聯子敬氊高齋人寂寂投
贈賦新篇

量移留都叅軍

新街仍故物何以展愁顔一騎風塵裏六朝山
水間因之忘委瑣且自愜幽閒武備先文事心

期共徃還

林初文先生死幾三十載不佞始與子丘

茂之遊得讀全集爲賦七哀

金陵爲客久玉闕上書多一死酬初志千言付

逝波蛾眉先引妬乱記強高歌不盡英雄淚天

驕肯許和

其二

獄以才名搆文留俠骨香生逢天道黑葬傍佛

燈光窮達懸司命幽沈失太陽寸心千古在誰

敢淚雌黃

其三

藍關詩讖驗按劍本前因地下名逾蔣墳前草自春此才翻不偶斯世有誰倫遺恨當年事深文事業貧

其四

漢相眞爲巧疎狂殺禰衡書空悲地覆失勢恨雷轟死不將冠免生難聽獄成再三悲掩卷天意少清明

其五

童烏驚四座賦鵩恨千年夢繫單于頸謀征日本船奏俞一五道兵註十三篇莫怪牢騷甚才雄天下先

其六

有子稱詞賦丘墳百尺高家應江左穩名豈里中豪志未酬冠服心懷落節旄後車成底事化去解天弢

其七

天意終難問斯人負此寃道因超數墨籖遂少
亨屯奇服堪傳語狂童徒話言牛頭蕭寺月吟
咏見芳魂

題禹卿宗侯深柳讀書堂

不是稽康煆還非陶令居堂疑揚子宅架滿鄴
侯書翠影分羅幌清風拂玉除百城南面者未
必此能如

憇慧公房

浪遊花雨處墪憇遠公房壁上詩題盛厨中齋

供香紙窻閒對樹木榻靜依床翰墨誇高足禪

林喜擅長

吳光祿讌集署中

大官饒法醞仙吏雅徵歌披拂春風遍沈酣芳

草多譚情踈見客酒政肅非苛何用連通東閒

來日屢過

何太僕過訪賦謝

願厠門墻列何先車馬過鳳題新筆藻雁塔舊

松蘿未老猷逾壯堅貞折不磨　聖明方眷顧

未許臥巖阿

其二

予敵嗟爲國籌邊説徙薪眉修滋姤口膽大不謀身道喪世長夜生全天欲春千秋吾黨在獨立僅斯人

其三

治平胡太蘄直道故難容運轉三陽泰衢亨衆正庸安危關出處成就費陶鎔負笈從初志龍門深幾重

其四

孤忠環海少雄略萬人先紫氣夜冲斗丹心日捧天烟沉狼伏火流斷馬投鞭何必憂羣小明君方秉乾

寄吴光卿司馬

横經懷十載説劍記三山望斷故人眼思摧游子顔馬鳴旌影動鶴舞訟庭閒惠澤多于海厦覆遍萬間

黎黄流公子就婚黄雍丞宅中賦贈

何來楚國寶看殺秣陵人衛玠渡江早潘安擲果頻驩娛堪卜夜去住莫傷春不厭時相過僑居近比隣

美人垂釣

于釣懷之子綸繩憶往時前魚不須泣感物且生悲解珮防深避飛蓬怨遠離蘭膏香餌謝日暮採江蘺

初夏何仙郎林茂之鮑在齊閔次公吳見

末夏承侯招陪韓孟郁賦得留春

春歸不數日雖夏仍爲春共此花間酌何知陌
上塵清談宜雅集彦會即芳晨無計留春住與
春同是賓

陳昌基上公車過白門時余有江北之役
不得握手悵然寄懷

君上公車到秣陵予驅征馬渡河氷傳來定有
春風信歸去空煩雪夜乘悵望遥天拈凍筆相
思孤館剔殘燈名家卿月光應在會照雲霄最
上層

東山隣薛君和

自愛園居托比隣杜翔王翰倍情親競將勝日酬花信分得香風度麴塵一曲嬌鶯當檻囀幾番飛蝶過墻頻山中有酒遲君話浮世誰如兩逸人

鄭轉運衙齋讌集同孟士龍茂才時聞遴報

滄洲二月晝陰陰綺席猶如花樹林喜有高人今下榻幸無公事且開襟堦前書帶兼雲碧塞

上峰烟共雪深幾許憂心因暫慰還看露布播
佳音

集閔明府留餘堂贈長君次君文學

高情逸韻繼陶家三徑新開景物華雲護靈椿
光列宿露滋寶樹映雙葩喜來清夜談霏玉坐
擁春風錦作花潦倒忘歸堂上客不知天半已
朝霞

題劉太史園亭

別開仙境是瀛洲路入城南徑轉幽視草名從

當代起浣花人憶舊時遊鶯聲窻外嬌頻轉栢
影堂前翠欲流長日披襟閒眺望詩成多在帶
江樓

寄葉尹德同社

思君不見起離憂昨夜寒侵水咽流閩海夢花
時得句習池歌雪獨登樓穿橋潮到門前合累
石山從屋裏游白下當年吟嘯地杖頭芳草幾
經秋

懷林閬僊

帝城雪後喜晴光對雪題詩欲寄將千里江山
雲共迴一緘書信雁來翔萱堂日遠帨痕在芸
閣春深帶草香勿以秋風嘆留滯知君賦就擬
長揚

翁少宰外舅　詔起大宗伯

漢庭詞賦首枚臯相業誰承蕭與曹人在東山
聲價重名齊北斗具瞻高守文令主綸如綍典
禮儒臣玉作毫珍重王程須及蚤　聖恩深念
舊勛勞

上大中丞畢年伯

秉鉞專征塞北秋百千韎韐擁麾頭東山雨過
鴻飛陸渤海波寒鷁畫舟鈴閣軍聲森列戟栢
臺翠色映輕裘由來文武邦爲憲燕鎬功成爵
爾侯

南川樓

南川風景入蒼茫極目登樓近夕陽樹色低隨
平野盡河流斜抱遠天長人煙郭外喧南市蜚
輓江干運北糧聞説邊城烽火急誰能生縛左

賢王

蔡刺史步禱得雨

步步精虔徹上淸豈將圭璧雜犧牲油雲旣切

蒼生望膏雨偏隨皂盖行番柳千家村外潤流

泉百道樹間鳴爲霖四履皆霑足胥靡由來列

宿精

贈僚友

數株楊柳接官衙今日風流見孟嘉渤海夜寒

歡對雪西湖春好憶看花政平民事間多了訟

簡公庭靜不譁自遇孫陽能識驥且番兩耳莫
典嗟

送林巽卿還家

汗漫胡爲萬里遊薊門衰草度深秋結交不用
稱賢相入座何妨叱貴侯歸去鄉園饒海錯攜
來囊槖有吳鈎風塵俗吏牢騷甚遙指閩山雙
淚流

韓若海太史陳粹白匯几蘧譚纫方諸計
部招集分韻時陳計部歸省太史冊藩

園逕縈紆草木穠一時旌騎接遊蹤帝城却向
雲中望仙吏還疑島上逢車指五羊遥問寢桐
來一葉待分封追歡惜別情何極漢苑休催日
暮鐘

壬戌至日早朝

律轉陽回自絳霄遥瞻銀燭紫烟消萬方劍履
趨天闕四世簪纓沐聖朝金露纔凝仙掌濕篆
香未散袞衣飄小臣何幸隨嵩祝望見宸旒拜
帝堯

送王梅和出守寧國

籍籍烏衣見盛名虎符新領舊宣城雙旌雨向車前集五馬春隨廓外行官比張堪多惠政詩於謝眺更同聲關門遠送無辭醉莫笑盤中是水晶

送韓太史册封淮藩

纔罷經筵出禁闈長江西去捧恩輝九重天上龍文動五色雲中鳳藻飛桐葉初分温室樹桃花遥映使臣衣周王正篤親親日榮遇應知世

所稀

送陳計部歸東莞省覲

五嶺山高幾百盤承恩歸去好承歡舞衣膝下稱萊子晝錦堂前指漢官御苑鐘聲閒裡夢炎方花信醉中看板輿日御眞堪羨聞說仙郎鬢似潘

元夕邀姚錫之王翬明孫如郄呂峻發諸孝廉過集

九枝舒熖凍纔消勝賞尊前集此宵本是微官

慚下搨何當佳士快聯鑣嚴城金鎖方開鑰冷
署銀花已綴條不但笙歌喧竟夕四筵玄論自
超超

壽吳轉運

葱葱佳氣似雲蒸花下雕觴四座稱壽祝遐年
齊泰嶽人傳家世是延陵政聲曉日千艘靜宦
况春冰一片澄渤海却於官閣近東風青鳥報
籌增

花朝蕭使君邀同李僚友集劉太史浣花

洲諸勝

廿番風信逓相催春半招携破綠苔載酒庭前雲縹緲浣花洲畔水瀠洄謫仙從昔欣同署顏士于今識儁才羯鼓數聲遲日暮欄干徙倚且啣杯

韓宗伯爲序家乘賦謝

水木遐思重本源先人遺譜蹟猶存少陵有語敦同姓玄晏高名冠一言筆墨長光徵信史箕裘難紹愧文孫幾回捧誦披珠玉奕葉千秋矢

報恩

送喬建侯還雲間

春來日日送人行去住無常也可驚獨賴與君相聚樂何期于我又離情鶯遷喬木知高跡鶴唳華亭聽幾聲暫到即來應不久共如相送亦愁縈

寄道見七兄

對酒悲歌意慨慷平山樹色曉蒼蒼幾人夜火燃衰髩何處寒雲護短墻吟罷名花香几席夢

回春草滿池塘案頭十卷先賢傳相對年年共
一堂
壽殳質甫七十
百年何日不成懽採菊登梅報竹安孺子早來
宜進履曾孫侍立盡勝冠山容筆底堪娛老詩
債門前豈放寬歲歲稱觴休怯熱香瓜五色蔗
漿寒
集韓孟郁國博課雲軒看菊
文酒烏衣勝賞頻秋容漠漠澹佳晨當杯香瀉

金英晚倚檻光浮玉葉新變幻空中難與定芬芳署裏正相因獨慚吟賞無詞藻幸托昌黎步後塵

重陽後一日壽俞光祿仲茅先生

流寓南天幸里仁經年數許奉清塵得依山斗名皆重似托枌榆意獨親每向龍門誇御李正逢嵩嶽慶生申稱觴勝昨重陽酒共醉高秋氣若春

送祝非石歸蘭溪

折來楊栁逐鷺飛燕子磯頭日色微雲繞三山
親舍近舟行七里客星歸去時草綠傷春暮別
後花生入夢稀同在他鄉君獨往不堪江上重
沾衣

送葛震甫入都

客行何事日淹留芳草垂楊挽去舟詩思薊門
啼鳥處書題漢苑落花秋江頭揮淚沾衣袂闕
下承恩拜冕旒終是閩州歡笑孰劉郎前度舊
風流

其二

幾回江上問盤渦花信春光何處過駿到金臺應買骨筑鳴燕市足悲歌征鴻此日皆歸塞獵騎于今畏渡河獨有周南留滯客敢云生事近蹉跎

荔支詩

纍纍朱實滿林香佳品眞稱百果王鶴啄却疑枝入頂龍來翻訝領生光丹成元不須仙粒色潤何勞浸佛桑補髓還童消病渴匡牀呼伴泛

璚漿

其二

繁星點點照林中十八娘誇玉質豐白皙由來

綃作裹朱顏原映錦成藂不愁内熱惟拚飽更

愛中甜有嗜同妙手終難圖勝品故園思殺一

枝紅

石林

地曠僧寮近風傳梵唄聲孤亭時坐聽頻覺耳

根清

塵韻齋

余旣棄俗塵敢忘雅韻公餘之暇時復咏歌綠槐蔭於庭前碧梛壵於署後隱托曼倩才謝孟嘉齋喜葺成名從兹始

兎目槐宜夏蛾眉柳爲春葺將堂右地日作獨吟人

其二

齋頭日正長花間獨延佇聞有佳客來軒軒復霞舉

其三

官暇乃如此庭幽亦曠然貯來書畫滿疑是米
家船

其四

清福還須受俗情終厭趨日長公事少閒弄掌
中雛

其五

樹密篩明月庭虛度晚風據梧長寄傲香爐漫
呼童

晩對軒

日暮青山翠露光樹影連拂雲閒倚杖歸鳥度寒烟

其二

捲簾秀色入烟火出林微閉門人語寂獨對思依依

奇逸堂

芟茅結爲堂時時此開帙翛然無世情丘壑恣奇逸

匏居

心隘自偏不心空絕城府足我匏中居何須廣
場圃

梵聞亭

僧梵暮復朝松風響相應萬慮一時蠲虛亭坐
清聽

蘿月徑

不徑紆以曲參差冄綠蘿夜深自來去月影拂
衣多

闐閣

高閣挂崚嶒乃出青冥上泠然御閶風海天與之曠

雲ナ

石ナ何玲瓏不礙孤雲住有時出ナ飛迷却巖前路

清泠臺

石平可趺坐洽公息於此胸中無片雲凉月澹如水

鳥跡軒

不見石上字徒見蒼苔積摹索多苦心開軒看鳥跡

霹靂巖

劈裂一片石風雷響神斧至今霹靂聲猶送千峰雨

石床

綿綿碧草茵浮雲羃幽洞時有天雞鳴喚醒遊仙夢

半山橋

半山橋上望野草與橋平只見行雲影不聞流
水聲

幽幽境

風流蔡使君來遊名此地即今亭上額猶作幽
幽字

石門

遐望海天濶經年門不關此中來往者孰與白
雲閒

茶坡

石磴不堪鑿坡平因種茶夜來山雨過茁茁長春芽

自君之出矣

自君之出矣雲山隔萬重思君如藕絲的的無由縫

其二

自君之出矣夜夜紅淚滋思君如寒灰未有重熱時

維揚寄同社諸子

畫船江上嘆飄萍澹澹春風㮯色青二十四橋今夜泊紫簫吹月不同聽

遲李厥後孝廉不至

銀花朶朶月寒開火樹光中望幾回漫詠蘇公元夜曲何曾明月逐人來

荔支曲

斜陽影裏出凰岡買得氷團較火光月下踉蹌千百担微風習習遞來香

其二

女兒十五綠牕中不肯停針輟綉工説在明春當出閤朝來先送荔支紅

其三

今年果熟勝前年擬飽氷盤顆顆鮮因是金花催稅急半青摘下換銅錢

其四

街頭大暑麗紅霞分送南家與北家總計滿盤眞土賤重勞使女汗如麻

題畫

長安脚裡有泥無澗水泠泠濯去汚盡道燒山烟火惡塵埃飛似满林烏

競渡曲

奪得紅標兩岸喧鼔聲旗影浪中翻後船楞桅俱無色縱愛重來不敢言

其二

日暖天晴正上潮蒲龍艾虎逐蘭橈满船齊飲雄黄酒不畏江風與水澆

其三

榴花如艷藕花新五月江城猶是春隔岸詞人齊度曲分明一半紀佳晨

其四

莫管何人止逐先不關順水與輕船大家出力無休歇快馬如風到日邊

無題

欲寫芳詞寄却難朱絃聲裡鳳求鸞何人能解相思曲挑得文君一夜歡

其二

悲秋未了又傷春人未相逢入夢眞雲髻玉釵低一尺金蓮步步散香塵

柬父質甫

七十年來狎野鷗一區門巷近淮流于今詞客皆零落幾個題詩到白頭

送陳克何之姑孰

椰條堪折杏花稀此日君歸却未歸回首故園天萬里春風江上易沾衣

其二

客路逢君又送君，驪歌聲裏不堪聞。江頭惟有青青草，千里相隨未肯分。

題畫帳芙蓉

練帷光動似秋江，誰畫芙蓉映玉窓。寄語佳人休采采，夜來花蔕自雙雙。

八閩文庫

福建文獻集成

續編 集部 四二

吴格 主编

八閩文庫
文獻集成
366

海峽出版發行集團
THE STRAITS PUBLISHING & DISTRIBUTING GROUP
福建人民出版社

本册目次

林六長詩二卷

〔明〕侯官林銓撰

日本内閣文庫藏明崇禎間刻本

林六長詩二卷，明林銓撰。銓字六長。侯官人。搴芳集中稱林古度爲叔，蓋爲古度族人。出身布衣，早年漫遊吴越、皖贛等地，與名流相唱和。在江西，嘗刊刻鄒元標奏議五卷，尤爲時人所稱道。後渡嶺入粤，與黎遂球往來。明亡後，追隨瞿式耜於廣西，任儀制清吏司郎官，與方以智、錢澄之過從頗密。廣西陷，事跡無聞。民國福建通志據錢謙益林六長虞山詩序立傳，頗簡略。

林氏遊歷所至，必有詩集，所撰甬上吟、蕩子吟、甬上續吟、金陵集、粤草、虞山草、越遊草（黎遂球序）、桂林唱和詩（方以智序）等，今皆不存，所存僅此集。是集二卷，搴芳集一卷，乙亥草一卷，録詩二百四十餘首。搴芳集乃崇禎六年（一六三三）秋，自金陵南下，遊武林、紹興、慈溪、新安等地，次年又至潛山時所作。卷前有崇禎七年甲戌季春袁伯巘林六長詩敘、崇禎九年丙子陽月許廌搴芳集小序、馮元仲搴芳集序。乙亥集則爲崇禎八年在潛山時所作。是年二月，張獻忠部率兵攻潛山，林氏寓居山寺，與寺僧三百人極力抵抗，不能支，遂盡棄行李，兩肘縛自著詩稿及鄒元標奏議，踉蹌逃出。集名「乙亥」，即有志變之意。崇禎九年，再過寧波，以是集請正於知府許捷，捷爲分俸刻梓。卷前有崇禎九年丙子季夏許捷敘乙亥草、同年秋七月李桐乙亥草序、馮元仲乙亥草序。

林氏雖以詩名，然所作多佚，今僅藉此二卷略窺一斑。馮元仲敘搴芳集，謂林氏「高潔如雪中孤鶴」，其詩則「盡汰其沉濁叫號、縱横呵罵之習」，「骨必不肯帶濁，氣必不肯落俗，字句必不肯入澀入僻」，皆山人之詩也。集中舟夜、秋思、溪行、山行有作諸詩，學陶淵明、王維，澹而有味，清而不寒，信乎馮氏所言，宜乎錢謙益之視爲高人逸士。乙亥草則遭逢兵亂之作，故語多「商聲」。據許捷序，謂「誦其紀事、避亂、悲秋亂後諸作，深思出之婉調，微意叶之雅詞」，「一篇可以泣鬼，一句可以削鐻，一字可以鏤肝」，則沉鬱頓挫，風格爲之一變，迥異往時，可以詩史目之。

是書爲存世孤本，藏日本内閣文庫，鈐有「秘閣圖書之章」。（卿朝暉）

林六長草

乾

共二冊

林六長詩叙

今人之傳其詩者非科名則貴
而不則布衣之好為名高者也
然而亦不可傳者何也其人有
急欲自傳之心又不能沉思靜

叙一

構為必傳々葉或依門傍戶使
人憐而收之又或忿激怒罵使
人畏而收之曰如是足以傳矣
轉眄而糊窻覆瓿皆是物也
余每得今人詩輙不欲讀即

讀之亦不欲盡哉一晤其人無稱名貴有氣與夫落落不為名高者則必有以察其微而後讀其詩及讀之愜恐其易盡此詩之必傳者也余乙丑以後之詩為

罣人所焚余往徵於四方百不存
一乃嘆糊窻覆瓿之外漫有煨燼
之一切爲造物之所司即余亦有
急於自傳之意今春宮潛山夏
讒畏譏之際獨不廢詩聞人林

六長亦客潛山余過而問之六長自扃一室寂不聞聲知其爲靜人也壁燈匿影深夜推敲知其爲沉思人也余急搜其案頭詩篇累帙六長奪而藏之知其不爲

名高者也余復悉六長家世其尊人曰以科名期六長六長乃薄之不爲而曰以詩之不傳爲憂余微察其人復盡讀其詩絶無一語依傍又不爲忿激以驚人余知

其詩之必傳六長遊踪所至蕭條冷落大與余類六長復自秘其詩以俟千百年後不可知之人噫六長遇矣六長一生坎壈厭於造物者甚矣獨其詩之必傳未免

造物之妒六長每挾其詩逝於
兵燹蹂躪之鄉與夫風雨晦冥
之夜則必痛哭流涕憂其詩之
不傳夫及今不傳後將安俟余
九年刳心灰於一擲六長其可以

已試六長曰詩則傳矣然不試之
科名貴介亦欲託之蕭條冷落
與六長相類之余此所以為六
長也此所以為六長之詩也
甲戌季春隱廬山社第袁作獻

敘五

稚圭書

搴芳集小序

吾閩荔枝橄欖不但色香味三絶擘雲降絳皮言之蔡君謨譜之春能索

雪孫陰隔茂與六長羅
蓬首物也六長使骨骯
髒詩腸猶能挂一古錦
囊逍遥湖海若十年

須復遂回明以搴芳集
授余乃酉秋成歲所作
者把玩再三多遣來說
城白下吴、越諸處三秋

桂子十里荷花與夫菰

篰竹箭亦已擲而借其

筆端畢不但已也吾聞

密密松羅蛋之檜去

唐虞以前之栢皆屬數多年六長偏有志於此手蒐書葉而忘寒來六長不顧也若是則

亦長之遊愈豪而得無

奇蘇崖間荔枝樹

攬待子久矣李太白云

相里如烟草歷亂無

冬春能不於故園作

茂陵之想

崇禎丙子歲陽月望後

同里友弟許豸書于

序四

娥江舟次

搴芳集序

古句章友弟馮元仲文牧譔

詩能窮人葢自古而已然矣陳無巳反之曰詩能達人葢窮者一身達者在千秋萬歲後也唐詩人大率多窮宋人則多達其饑寒無所聊賴者自梅聖俞陳無巳數人外雖山人處士莫不身名俱泰然開元以前達者又多天寳以後鮮弗窮者宋熈豐前多達景德前達者彌多紹述

後則又多窮淳熙後尤多窮者詩能窮人是又未可以概論也余友候官林銓字六長爲海内第一流詩人而修布衣處士之行其爲詩初讀之令人喜庚讀之令人思再四讀之高潔如雪中孤寉空轉如竪拂拈搥輥毬舞笏深遠如入武陵桃花源見黄髮垂髫人盎盡汰其沉濁吽號縱横呵駡之習而骨必不肯帶濁氣必不肯落俗字句必不肯入澁入僻有詩如是其窮亟

矣其爲人落落穆穆耿介孤冷與之言唯恐盡與之交唯恐其去大都人不媿山人之實而詩不媿山人之名云余嘗慨古山人詩不多見即孤吟澤畔流響岩阿僅可副在名山誰爲傳播匪直也山人前代詩人每一詩成往往耴被聲歌傳入宮禁妃嬪近習皆能誦之杜陵以布衣受知人主青蓮奏頌一篇帝親爲調羹李益篇成樂工爭購供奉天子武后召杜審言作歡喜

詩加歎重憲宗誦白居易諷諫詩因召爲學士
穆宗讀元稹歌詩立徵爲舍人代宗於諸王座
問王摩詰樂章宣宗微行過賈島觀詩卷至島
攘臂而毖孟浩然匿床下明皇令誦不才見棄
詩窮者又絶少我　明山人在南國有陳仲醇
繼儒鮑仲孚恂趙子常汸王雅宜寵王百谷穉
登婁子柔堅俞美長安期在江右有朱東皐彦
昌在大名有盧次楩柟在青齊有謝茂秦榛關

中有孫太初一元八閩有陳白雲昂鄭翰卿琰
徐興公𤊹林茂之古度宋比玉珏在浙有鄭明
德元祐周吾學禮何無咎白沈嘉則明臣徐文
長渭若余句章王扨齋淮羅高君廩及余老友
汪千頃度陳伯襃宏烈則窮者極多矣六長初
學詩而窮詩漸佳窮漸至窮日進而詩亦益工
因咲語余吾兩人轉喉觸諱窮政未有歇也夫
余安能及六長六長室廬焚如猶能餬其口於

四方余赭其垣日廢先人產不能卒歲六長室廬焚如詩故無恙余赭其垣盡燒其所爲詩文千餘篇六長遍遊海内名勝余有老母在堂義不能遠遊爲鄉里小兒輩所譏笑六長孤狷擇人而交身有餘適余病道廣僕僕應酬于身心都無所益六長至白下有金陵集至官奴城有甬上吟至嶺外有粤草至淮頻有蕩子吟至潛山有乙亥草搴芳則在句章客皖作也所至成

名甚衆余願奢將廣覽漢魏六朝四唐宋元詩而集大成欲無所不有而能不有無所不似能不似至今不敢輕拈一韻大抵憨老無成矣余安能及六長哉夫使余不復爲詩人於送窮之法是或一道余不能作詩家門外漢然則余安能以饑我寒我故而不延鬼上座哉

叅閲姓氏

新安汪　逸遺民

句章馮元飈爾弢

西湖何偉然僊臞

南昌萬時華茂先

羅浮韓如璜姬命

甬東李　桐封若

嶺南鄺瑞露湛若

搴芳集

候官林　銓六長著

賦得搴芳時一游

搴芳時一游，烟水此孤舟。豈似長卿倦，尤深屈子憂。芙容秋露潔，蘭茝晚汀幽。采采傷遲暮，勞歌寄白鷗。

別金陵

此日金陵道，秋風生客衣。小傒爲伴去，明月照

誰歸鼓楫搴芳杜登樓賦落暉六朝煌草意空自惜相違

秋日發金陵至丹陽登舟作

朝别莫愁湖暮宿茅君宅不乘秋氣清安能遠遊歷驅馬卽丹陽登舟汰徐擊落日鳴寒蟬凉風響疎荻懷哉水中央美人采蓮藪

夜泊吳江不及訪徐介白賦此以懷

松陵今夜泊孤棹一天秋把酒邀山月思君倚

釣舟蒹葭霜肅肅鷗鷺晚悠悠何處勞清夢書聲出石樓

鹵湖秋日

湖上輕風薦早凉遊人出郭載壺觴馬過楊椰陰中疾舟入芙蕖浪裡香倒影青山分妓席斜飛白鳥失僧房獨留一片如霜月夜夜蘇堤照櫂郎

岳墳弔古

日暮蘭舟繫水涯岳墳酹酒自傷懷君臣勢隔神州喪父子冤沉客土埋南渡諸陵銷王氣鹵風兩樹起陰霾何人識得興亡恨大將猶輕付稾街

秋日渡錢塘之句章訪馮鄴仙給事

秋風秋雨過錢塘一僕相從古錦囊獨憶美人歌宛在回看岐路嘆蒼茫乘潮白馬追雲影隔樹烏鴉背日光今夜西陵官渡口旅魂凄斷聽

鳴榔

若耶溪

何處香風吹木犀酒船搖過若耶溪浣紗歸去
蘿村女笑道儂家舊姓西

舟夜

半夜蓬窗啓秋光滿此溪流螢遮水渡蟋蟀上
船啼樹隱山樓火風傳驛舍鷄扣舷危坐久不
覺露凄凄

其二

遠渚蘆花白疎林竹木遮葉摧風正起篷漏月初斜處處人爭斸行行鴈聚沙壁燈茅屋裏兒女自成家

同劉宗輿馮石丈過清道觀羽士留飲

石磴坐相向偎人酌醁醽半山秋葉紫滿袖晚煙青林下雞名祝松閒鶴姓丁夕陽微醉去還若馭雲軿

中秋有感呈石丈是日爲先慈忌辰時石丈有太夫人之慟

中秋愁便絶，非爲客中過。此夜盌辭醉，年年不放歌。人生歡有盡，母死痛如何。看汝麻衣上，增予淚更多。

十六夜馮噩仙醉笑軒對月

綠酒碧欄杆，當歌須盡歡。秋如孤客冷，月過一宵寒。碪杵誰家落，關山幾度看。瓊琚盈手上，欲報愧稱難。

會陳伯襄寄題吸江樓

樓居吾自好別後想空存江月猶窺幌山雲自款門松枝閒鶴夢蟲跡冷沙痕得爾新詩詠歸心滿水村

過馮次牧天益山漫題

古藤扶病客秋晩過湯山勝地誰爲主斯人在此間水寒浮釣石雲嬾護花關幾曲溪橋外長謠踏月還

雨夜懷孫獻吉

未歇桐林雨淒風樓外催蟲鳴苔砌急葉響紙窻聲逐孤客愁難寫佳人夢不來燈前看短鬢半夜忽皚皚

秋思四首

長日動秋思思深心莫知所愁逢夜景不寐待朝曦江上青楓變花間白露滋那堪流浪久又及授衣時

其二

秋氣薄疎綺風聲來小扉山雜花自吐海國燕皆歸暑卻辭紈扇寒生怯苧衣故人書不至獨立幾斜暉

其三

落落已如此飄飄信所之孤琴存古調短鋏是新知碧海張騫興高丘宋玉悲頻瞻霄漢遠空切 聖明思

其四

酒醒孤燈下秋深夜已闌殘碪敲月苦斷鴈叫霜寒夢落關河遠情懸去住難何如垂釣者穩卧呂江干

畱別馮畱仙工部馮鄴仙給事

貞女世所嫉志士人所疑慷慨不能抒鬱結徒傷悲素心旣有托語嘿寘吾師胡爲遠行役致此生別離驅車發長喟執手謝相知矯矯鸞鳳

儔安能守一枝行當各努力汲汲乘明時

重過山陰

往復山陰道風光異昔年僧收紅樹葉女浣碧溪烟酒舍鄰茅屋柴門繞水田行人紛應接已是晚秋天

桐廬夜泊

桐廬江縣小煙井倚芳汀賈棹泊來晚漁舟搖過腥日沉波漸異秋盡樹無青半夜嚴陵上遙

遙動客星

江上紅樹一株詠之志慨

絶艷清江上相逢已暮秋亭亭惟獨立宛在不堪求照水踟蹰思因風飄泊愁何人更憐汝還倚木蘭舟

楊浦舟中雨夜夢登黃鶴樓讀初文孝廉所題詩賦此以記

飄飄清夢別孤舟黃鶴招人獨上樓滿袖暝煙

逖古戍半闌殘壘蘸荒洲悲歌正是離家日寥落何堪客楚秋讀罷爲君傷往事雨聲猶帶漢江流

溪行二首

久作溪山客何如此度遊山幽皆入画溪小亦宜舟坐弄寒流月唫看野樹秋閒心近鷗鳥來去滿汀洲

其二

土俗村村異山家處處淸忽聞烟碓響遙見石橋橫灘險水逾急客孤舟自輕陶然微醉去誰謂旅魂驚

癸酉秋後閱海内賢書同社諸子多未得雋感賦寄呈韓若海宗伯

銕騎秋高已合圍捷書傳至事猶非芙容色萎鷩霜落鴻雁聲哀帶月飛澤畔放言逢屈子山中下第見劉幾起衰願得從今日莫使文章老

布衣

與汪天行

山閣寒光照布袍，與君樽酒寫牢騷。相憐文字逢人少，偶落風塵笑我勞。世界未應終若爾，天心原亦有吾曹。莫言此日黄金賤，須信年來士價高。

冬日客新安聞茂之叔携祖直大弟還閩有懷却寄

聞得君行不可留孤裝遠道及清秋將車有子還鄉國把酒何人在驛樓柳短白門空惜別雲迷黃海獨生愁緘書欲寄征鴻去雨雪瀟瀟下建州

雪後吳浪仙過訪

草閣寒深閑柴門偶一開放歸童子去迎入浪仙來可供惟山色相留欠酒杯黃昏殘雪裏曳杖踏歌回

贈別吳木公

芬然蘭蕙質自是在山林許掾閒情勝張華博物深偶逢如夙好臨別起孤唫酒罷驅車去躊躇落日陰

寄朗徹上人

自厭風塵客因懷淸淨僧慧隨山月湧定入海波澄洗鉢分幽磵尋詩拄瘦藤白華巖頂上何日許重登

訪王佐之賦贈時爲鄒南皋先生謀鐫䟽草

開衢非蜀道，待客若臨卭。不見猨啼嶠，惟聞鶴唳松。黃庭餘草本，白嶽隸花封。天子旌強項，遺君以所宗。

落石臺見趺坐僧

危石落清溪，年深碧蘚齊。孤僧臨水坐，直到夕陽西。

李周生過訪因懷茂之叔

深巷篝燈酒莫賒，曉來掃葉又煎茶。小僮報客開山徑，凍雀窺人啄雪花。信美天都愁桂玉，方知吾道合龍蛇。寓公已作南歸計，使我從今更憶家。

深巷篝燈酒莫賒曉來掃葉又煎茶小僮報客
開山徑凍雀窺人啄雪花信美天都愁桂玉方
知吾道合龍蛇寓公已作南歸計使我從今更
憶家

雜詩

耿節心所敦深山性攸適寧與麋鹿遊勿爲世
人惱一往有孤情造化不能役嗟彼轅下駒終
須受鞭策

嚴陵舟中送僧禮普陀

同舟過七里因得野僧情轉棹搖餅浪微風引磬聲定中潭水碧經罷海潮生此去桃花渡蛟龍挾榜行

冬夜投止茶菴

明月照征衣呼僧啟竹扉霜嚴行李薄潮落渡船歸野店渾難問禪關亦待譏却憐童僕慧曾說夜行非

再過馮雷仙鄭仙兄弟

使我至如歸見君心不違載移花下榻頻問客中衣兄弟罇罍合關山雨雪飛旅懷言未竟窻外又斜暉

聞李封若有横浦之遊寄送

歲暮輕裝上木蘭初辭東越赴南安衝寒一去三千里逆浪無過十八灘雪裏探梅沽臘酒水濱挑菜和辛盤勞勞不盡臨岐思數載分携欲

寄難

滸墅關訪許玉史榷部

抗手陳心事詶君慰苦辛悲歌空斫地利涉已通津雨雪如今日江湖有此身還憐關塞外多少棄繻人

甲戌元日寓皖城天寧寺

元日居蕭寺春風至皖江客廚傳細菜禪榻倚高幢詩就聊隨筆情孤獨掩窻昨宵因守歲几

上有殘釭

崇禎甲戌春五日集阮石巢先生詠懷堂爸陶公義熙斜川遊亦是日也主人賦詩同澹之涵秋介人五一次韻和之

入春已五日五出花猶開雅集四方客香聞一樹梅芳菲時莫失眞率意無猜追憶斜川上東風餘綠苔

其二

條風盪林竹皎雪麗晴川今日樂如是古人遊亦然酒初開甕碗衣自生雲煌賓主情俱適榮枯誰問天

正月初十夜天寧寺作

安城春事近如何踏雪吹簫半夜過寂寂禪燈孤寺裏誰憐偏照客愁多

雪中與岫筠上人

東風歛雪上闌干得傍閒僧盡日看幾度解衣

將換酒無人知是怯春寒

韓姬命奔喪歸博羅停舟皖上寄書潛山訊余賦答

孝廉船泊皖江涯尺素遥傳慰我思爲惜別來驚歲暮還言老去願春遲携家向晚先停棹讀禮經時少賦詩欲問加餐那忍道知君覆袖淚如絲

折柳曲

雨過河橋楊柳垂折來相送遠遊兒何時斷却
關山道閑殺東風幾萬枝

春夜陳佐宸別駕招飲濳山縣署

春風扶病起追歡山縣官清署更寒滿榻晚烟
生野服半池新水浸花欄空憐作客名非薄謾
道逢時策可干只此一樽燈下酒幾人能得醉
相看

濳山興化寺喜逢表穉圭同寓數日送之

先往皖城

春在潛山第幾峯我來還有子相從文章到老知誰是天地雖寬似不容病骨已看成獨鶴離心惟願合豐龍一肩行李雲中去分手空林正曉鐘

仲春晦夜查水齾招飲樓中

君家書屋隣蕭寺二月春風我初至樓外梛枝纔着黃梅花吹落征衣香此時束裝欲行路十

日平原爲君佳只今已是杏花天黃昏登樓春可憐憐君酌我以美酒燈下何辭飲數斗夜深不醉君且斟明日還勞折楊柳

春日同鉢之遐伯遊山谷

侶遊臨邃谷心境已冷然錫影峯前落衣香雲上褰石牛閒臥草山鳥獨啼烟載弄潺湲裏遐思企脩賢

春暮發灊山後長文在羽長遐伯水仙水

轂樂之鉢之携酒送至三里橋話別
曲終酒盡馬頻嘶千樹垂楊夕照低今日故人
遙送我不堪分手過橋西
晥上逢陳涵虚將軍
獨向芳洲采白蘋何期遇我故鄉人十年猶是
千夫長萬里空存百戰身定遠玉關當紫塞伏
波銅柱倚青旻江南此日非無事謾拭芙容劒
上壘

贈周尺樓

麟閣誰當紀異勳才人失路又從軍短衣洗馬臨春水小隊飛旗掣暮雲細柳營前閒顧曲紅蓮幕底醉譚文清朝若爲東南慮早晚登壇定是君

徐後長雨中送新茶

得此潛山茗吟詩謝遠朋引餅初供佛開籠少分僧色帶春雲潤香生嶽雨澄最宜寬夜坐乞

火向松燈

潛山陳遐伯歌

君是潛山人只在山中住我到潛山遊山中與君遇遇君即與君同居禪房寂寂春風初看花聽雨日不歇分燈夜半翻殘書翻書自言昔未讀少年貧病今孤獨秦文漢篆石摹臨不畫青山畫花木有時科頭深閉門松間剝啄聲尨喧不衫不履出迎客拍掌一笑無寒溫山中之人

終落落卒歲無糧飧孤鶴等閑縣令呼不前高
懷自是馳丘壑入城偶爲故人來芒鞋帶着山
中苔明朝又欲歸山去惟恐山猿夜夜哀

晥江春暮送袁穉圭赴楚中督府之招

吾曹生世間動必與時忤負奇有如君已是難
展布筆墨寄牢騷身家費回護栖栖落落中英
雄淚嘗注昨得故人書兮旌賁前路曉起束裝
行心知留不住送汝上孤舟覽淡春江暮河豚

吹椰花啼鷓隔烟樹撫景愴我懷欷歔不能吐
約畧贈一言異才戒輕露

甲戌初夏再客皖城寺居感懷十首

古寺幽如谷重來不設關生惟嚴自衛愁得病
初閒花事歸深塢芝苗長故山老僧憐此意爲
計幾時還

其二

敢謂尊徵尚聊云慕古狂幾年離海國兩度客

江鄉酒貰當壚美燈依破壁光睠懷私好我洲畔獨搴芳

其三

如何閩海客長在皖江邊潛嶽一天柱浮山多石蓮未能孤往日無定再來年勿復嗟留滯人間有浪仙

其四

兀坐況彌孤何堪病未蘇買書衣又典煮藥酒

方沽聽逹時禽變形矜野鶴癯炊烟朝乍冷隨衆飯伊蒲

其五

淸晝無繁轍相看獨古松偶然逢野衲於此聽山鐘池水流靑草嵐光結綠榕含情遙極目數盡隔江峯

其六

遙夜一燈明雲房迴且淸壁間饑鼠散艸際亂

蟲鳴物感何深寓天機向定生褰槺期靜侶片
月上江城

其七

遊子懷歸日嚴親老病初終宵勤旅夢隔歲絕
家書茆屋灰仍刼山田賦已虛含飴情更苦何
處倚空閭

其八

散帙凭孤几因生今昔悲莊周歌詎達伯道恨

空遺歸去終如客懷來竟對誰古人俱莫問耶
賦七哀詩

其九

朝夕瞻龍象依稀我自親居惟隨所遇境卽見
前因墨瀋竟長紙茶香來故人悠然微會處花
落滿紅塵

其十

已息勞人夢孤龕寂可憐不尋芳草路又過落

花天猿鶴餘清怨琴書了靜緣自諳身世幻無事卜筳篿

初夏過石巢先生郊居有述

出郭見松岑因知大隱心與居仍木石攸托極高深野鳥止繁樹風泉鳴素琴前山雲起處還欲日過尋

病後喜稚圭江州書來答寄

自是天涯外無如巖曲間書來覘蕩子病起破

愁顏江遠魚將溯林疎鳥亦還報君持此意因即寄家山

其二 時穉圭避難居江州

流寓古朙哲門前餋綠蕪時危名用晦身泰識從愚種秫盦懷土蒸藜且灼蘇托鄰如栗里爲德未全孤

夏日入大龍山赴石巢先生之招

霽景朝可乘搴雲信孤策次第越諸峯乃見精

舍闢礀戶生烟姿松根衍泉脈欣欣木夏榮幽
鳥棲斯擇琴書責竹光心神入寒碧爾知居静
尊固有高賢迹槌磬發淸言明燈始今夕

至龍山石巢先生有詩見示酬和賦此時

張若仲先到

碧蘿精舍亂山巔大隱從來卜地偏看竹有人
還到此投笻何客巳居先俵吟落日雲邊嶠磬
發層巒雨後烟静向石燈參古佛宗風南北自

昭宣

雨晴同石巢先生散步磵中值衡之至偶步從幽討徵吟數磵花亂峯開未了深草碧無涯客至衣猶濕雲晴雀亦譁怡然脩竹下仍似道南家

平等菴有述

杲日銷空烟千峯整如束衛此山上居宛然伺清矚中有嘉禽言嚶嚶止還續紛雜長松陰脩

篁復青玉幽賞殊未窮已覺從所欲看雲亦無
心復誰示寵辱惟是平等觀好爲詰人告

青靄居聽雨

一雨山前至挑燈此静聽楊生長夜白人肅衆
峯青初地飛何遍維時降自靈達將筠谷曉清
響益冷冷

巖松與石巢先生論陶詩作

青松巖際挺攸托亦何尊終古生清響間雲薄

淨根情如趣石磵影忽在柴門端坐懷君意堪爲静者言

龍山五日方聖羽至

經旬吟眺踐寒苔此日幽情始爲開磵底芳蘭堪共采江干楚娄復何哀巖花偶落偕還掃谷鳥交鳴客又來酩酊敢辭林下酌獨醒難免世人猜

緜平等菴過石巢菴及訪龍泉之勝山行

有作

已住白雲深復尋白雲去寒聲松裏來知是水窮處

夜坐

夜景澹無際更聲遙欲沉樹風宣院鐸蘿月照囊琴群動斯歸寂一蟲何獨吟于焉危坐裏爾覺所居深

喜雨有述

帝心若有乖雨暘斯失候静懷甘澍生自與農
時姤暝烟結不流寒雲合清晝土膏貸以和嘉
苗色旋茂阡陌及田疇所見皆非舊恍彼力作
人芸芸整耕耨誰于衣食間俯仰怨徯後

夏夜朱斯煌過訪

昏鐘動處客何來孤抱離憂爲爾開竹榻漫移
堆散帙松燈初引照深杯芳蘭雜佩飄香遠白
石清歌扣角哀滿徑草蟲聲歇盡斷猿吟苦獨

相猜

月下聽陳伯子談浮山諸勝

一結浮山想悠然見石蓮逢君譚此夕與客約

經年枕月夢兼往攀蘿衣未褰何時躡屐響步

步入秋煙

明妃曲

頻褰毳幙望長安欲見君王夢去難獨有夜來

青海月年年還作漢宮看

贈符伯羽長兄弟舉秀才

遠水發清源中林殖嘉樹日月有飛英皆爲令
人聚感爾兄弟賢于焉習章句夢路春草疏才
成果斯遇所勸志功名揣摩良不誤君當持此
酬余歸溺田圃更聽秋風高搴雲飲華露

初秋衣公禪房曉起遣興

蘿雨鳴終夜晨風吹復晴滿庭將肅氣無樹不
秋聲塘水寒初淨籬山遠漸明攬衣乘好景林

下學經行

將遊山谷夜值大雨枕上示鉢之上人

隔窻蕉葉響雨急夜將分爲有秋山約朙燈一語君衾能疏草露夢已枕巖雲此際石牛洞泉聲正可聞

冒雨至山谷寺

雲深山谷寺雨浸水田衣駐馬天將晩遊人秋更稀溜痕朙石磴苔色淨柴扉一接閒僧語孤

情入翠微

秋雨同鉢之慧生集山谷寺極微禪房

德公栖谷口丈室古松陰翠落風生磵香飄雨滿林鳥歸分野蔌鹿下聽巖琴坐到千峯晚彌徵習靜心

過高館悼葉佛嗣時佛嗣初亡延僧居此

才子窮經館秋來黄葉多石龕安古佛書幔動垂蘿野鳥啼花去山樵砍竹過傷心事如此子

獨奈情何

秋日同鉢之極微慧生集融旨禪室

歷盡諸峯上來過蘭若遊雲寬居野鶴樹窖衛山樓討菜情何澹聞泉聲亦秋勞生如是已初地可相謂

其二

雲林何所有秋色近黃昏谷口初歸鳥山中已閉門燒燈聽夜雨瀹茗薦谿蒸相與占朝霽西

林六長詩　廿六　搴芳集

風九井喧晴九井西風潸陽十景之一也風起則

山谷坐月寄懷石巢先生

暮色攬蒼烟開襟月徐舉鳥歸巖谷喧聲聲肅

秋序此際弄流泉思君意難禦目盡龍山雲無

繇展艮緒橫琴理素徽夜深静如許月落揖飛

鴻兹懷托宣抒

秋日遊山谷歸同史止于極微樂之慧生

鉢之泛舟沙河

閒心一似野雲飛日日尋山到翠微雙屐乍傳深谷響扁舟又載衆僧歸浴沙鳥自盤煙渚戲藻魚爭過石磯細看物情秋色裏勞生何處可藏機

秋日送守愚法師

開士歸何處袈裟秋色紛經行山鬼送呪食海龍聞一鉢盛霜月孤笻荷暮雲相期蓮社在休卽謂離群

溪橋坐月

旅館依荒郊黄昏益僬悴見此溪月生如迎故人至起立肅衣裳對坐空明次夜久始歸來橋西發長喟

秋仲别鉢之上人四首

一念及孤往君知不可留夕陽臨古道羸馬怯清秋黄葉雨連嶽白蘋風滿洲禪心無所繫揮手復何愁

其二

人盡吐離心無言惟道林却於疎梛下爲我拂朱琴旣感物情變還愁秋序深此行眞自愧負爾白雲岑

其三 山谷爲遠公卓錫魯直讀書處也

雲邊謝遠公谷口揖涪翁野客情非薄秋山意未窮猿悽孤嶠月鐘斷暮林風頹指思君處蕭蕭落木中

其四

天柱峯前過何曾踏紫霞又攜行李去流落自天涯海白旣無際山青皆我家春風微運日一笑待拈花

秋日發潛山過別秀卿周文在追餞至

蕭條斜日裏征馬爲君停梛下樽偏綠歌邊黛自青關河秋夢冷蘭茝晚香靈願得凉飈靜休吹別酒醒

秋夜同朱斯煌過三祖寺訪鄭湛若留酌

僧舍蕭然隱薜蘿因君時向此悲歌秋深月到松門靜夜永風摧木葉何隣笛指繁催酒醒塞鴻聲苦帶霜過爵愁滿抱誰能解明日相看白髮多

思歸詩四首

黄金日以盡白髮日以生傾心事君子人誰謂我誠馳驅往周道賛蓑當車衡如此歲月中冉

咼將焉成故山有薄田一夫聊足耕盡從早歸
去力作完身名
其二
燦燦堯天中蠕蠕盡懷動孤身復遠遊闋繫靡
不重所憂在老親次則及昆仲鄉里感我賢子
亦切歸夢漂零六載餘能無患饑凍惜哉喬林
姿于今失其用
其三

脩在江上住爰止于丘隅梅花樹繞屋春水叢
游魚墟里雅相望宛然儒者居云從別來後刧
火成荒蕪千慮迫歸思經營始吾廬南山多白
茅淸晝猶堪誅

其四

日月不肯停榮衰理咸寓孤雲定無依落葉卽
非故懷哉賢達人疇以浮名誤運去世已短乎
心更何慕安得乘靑鸞翱翔躡烟霧持此謝相

知歸歟視丘墓

閏中秋四首有序

甲戌中秋月當再望淹留皖上感遇懷人永夜浩歌不勝激楚耳

銀漢搖波夜欲闌，海門空濶迴生寒。疏林載見清光滿，久客猶憐獨自看。照到關山秋氣肅，敲回砧杵暮聲殘。多情若爲留孤鑑，惟恐風塵入鬢端。

其二

碧海重輪吐遠山肅衣迎爾敔松關庾公樓静光誰御楊子江清魄又還葉落滿城烏鵲警鴻哀終夜素琴閒綵鸞已逐文簫去空向雲中聽珮環

其三

皓魄曾看照石門又從銀浦渡崑崙深宫斟酌開紈扇綺席低佪侍玉樽刀尺乍停終恨别櫋

櫳初上巳銷魂誰堪憔悴孤光裏一夜清吟伴
嶺猿

其四

暮倚高樓起遠歎凄風歛徹漏漫漫玉華暈合
黄楊短金粟香空白露溥霄漢幾回今夜見笙
歌無復故園歡何人載得搖蘭槳螺女江心弄
急灘

皖城寺居寄懷文在秉訒秀卿

蒯緱蕭瑟寄花宮，晏坐吟詩細雨中。黃鳥歌殘秋樹冷，白蘋采盡暮江空。嵇康嬾慢交因絕，阮籍猖狂路已窮。猶憶別時楊柳下，美人憔悴怨西風。

天寧寺雨中答齊介人

雨深依古寺，客久見黃花。是爾方憐我，如僧未出家。寒林紛解籜，暝色亂歸鴉。無已搴芳思，蒹葭在水涯。

雨中走筆酬湛若

秋雨秋風滿畫樓美人吹篴下簾鉤新聲不逐行雲散徧入東鄰宋玉愁

秋暮皖城同雲間陳仲升嶺南鄺湛若東魯成元美楚豔田玉生送貢或秀才歸

宛陵

送爾將歸去獨遲登山臨水此何時故人日遠疎貧賤倦客秋深畏別離雨暗江城孤雁度柳

斜官道晚風吹搴芳不盡高丘思盈手芙蓉欲贈誰

秋暮書感兼呈所知

雨過江城秋色殘愁予獨坐起長歎漂零菰米朝將盡冷落荷衣日向寒何處芙蓉搴木末幾家萸菊醉籬端登蘋騁望思公子惆悵行歌澧有蘭

九日同仲升湛若斯煌龍山吟眺分得飛

字
載得清罇歷翠微夕陽吟眺暮依依如何野樹
凋將盡獨有哀蟬響不歸故國音書頻歲隔遙
天鴻雁背寒飛誰人此日龍山上猶灑牛山淚
滿衣

同諸友遊龍山歸荅介人見貽

肅肅清霜點敝裘他鄉九日不勝愁誰家送酒
尋幽事有客題詩問倦遊旅雁一聲過竹塢征

蓬幾葉落椒丘歸來曾向黄花語莫倚西風促

白頭

東湛若

日日同君皖水濱醉歌偶一問青旻窮愁切骨

皆孤客作賦招魂有幾人何處關山寒不盡如

今鬢髮變俱新芰荷冷落芙容老鼓楫還將釆

白蘋

偕諸友送阮杜麓封君卜居金陵

林六長詩　三四　搴芳集

夕陽祖道引華裾豈是龐公尚隱初行李遠辭南舍去結茅因卜北山居林中酒伴延覆屐門下書生御七輿誰謂秣陵凋敝盡風流王謝昝何如

典衣

偶謫人間後飄然常浪遊獨居多在寺有處一登樓使氣驕公子搖鞭謝五侯今宵成醉臥典郤鷫鸘裘

寒夜書感兼懷秀卿較書

病骨稜稜鬢髮凋殘魂牢落倩誰招寶刀繡澁霜華壓玉枕凄凉夜色搖十月豈堪吟蟋蟀一枝何處寄鷦鷯水亭楊柳風吹盡腸斷隣家紫鳳簫

甲戌冬日臥病天寧寺喜逢夏廣生

獨抱離憂皖水濆殘年蕭寺始逢君到來落木千山暮同借孤僧半榻雲銀甕雪濤龍鉢注藥

爐松火石燈分誰知病客西風裏能接高賢日論文

贈別湛若

聞君出門好山水遂幽探楚俗浮湘問蠻音入峒諳春風投塞北雨雪渡江南相送勞勞意長歌擊劍鐔

病中呈岫筠上人

年來蹤跡似飛蓬歲暮依依古寺中布褐已輸

山罽煖藥爐還向石龕紅維摩病骨看終瘦慧遠禪心見自空欲學無生猶未得不堪霜鬢漸成翁

病起呈所知

㝱爲胡蝶已蘧蘧誰意醒來又索居衰鬢不勝連日脫故人皆向一時踈鵲喧林外千山雪裴褰窻前半榻書憔悴獨吟還自笑茂陵多病是相如

甲戌歲暮發皖城將之燕京別諸友

抗手謝君去飄零意亦忘舟同江市賈衣典酒家倡暮雪歌氊笠斜陽倒藥囊誰知多病後猶自客他鄉

其二

如何當歲晏行李出江村要欲遊邊塞空言歸故園雨深楊子渡雪暗秋公門莫唱關山曲征人易斷魂

寒夜自嘲

危坐悲何事蹉跎又暮天一燈深獨照雙鬢黯相憐愁擬張衡日窮過賈島年詩名吾自好還欲學神僊

短歌

少年負奇不入俗明珠非是妨魚目劉蕡下第逢忌觸千尺長松成樸樕三十無家貧徹骨長謠出門謝鄉曲貂裘一領書幾束入吳吹簫聲

斷續古蹟六朝看不足渡淮涉蠡如一舠掛帆
東望扶桑旭朝晞羅浮暮天竺春則采蘭秋采
菊醉來還在酒家宿丈夫豈甘處幽獨落落逢
人誰鮑叔壯懷須向　明君告

林六長草

坤

敘乙亥草

今夫詩以言志大抵皆情之所感而發焉者也是故情不深則語不至感不甚則思不沈情深感甚則其沈發自遠吟咏自

工陶元亮之高潔而間情挨致宋伯剛之理濟而梅花續采益非感於情者之不能已已也所以騷客唫人境與情會事與感攖遂若寄愁於天埋憂於地

畫叢為詩為覺無以抒其胸中欲泣欲訴如怨如慕之概幽如回愁豔如十索悲如七哀怨如十八拍而情感之寄極焉矣乃說者未能原本詩之所從

來輞曰李杜曰王孟曰元白曰
温李今試讀其集中匠心得
解之篇孰非傳情而出緜感
而生者乎近世追漢唐之遺搜
宋元之奇而竟不能離感之情

無情致幾別造其境強標象罔則詩所以詩之際可知已古閩六長林君夙以妙手軼於清詠氣凌鄴下體變江南海内外共聞之邇因予年友鄴仙氏

得交六長相見恨晚倫諗其乙亥容潛山避居流氣匯茹之日兵燹縱橫人民鶩竄黃昏叢林白骨空原觸目怵懷感之集也無端情之繇也無緒此

六長乙亥草所以多商聲也誦其紀事遭亂悲悚激發諸詩溪里出之婉調微意叶之雅辭托寄綦幽探擷幾豔模寫闋生綦怨綦也一篇可以泣鬼

一句可以削鐫一字可以鏤肝
因嘆其賅古人情且賅古人感
又似古人無此情且無此感者而
顧且得之荒旅孤邨時何其洸
叢殘之透吟咏之工密急遽而

多暇適郎予守明州海上多事之秋寇驚隣震時足動我憂危之志矧以簿書冗雜恐蹈讒語紗帽異眼之諸鑑湖一派之外遂之閣筆六長歷加萬人

其志超〻獨上故其情逐境遷
感隨事起吐而成詩獨得揆
絃續梁之長名满騷壇圖兩雁
耳昨過娥江觴於曹娥情從中
來感非外至將從六長再理

詩志以幾情感之合六長其
許我吾恐六長獨揭不朽也
崇禎丙子季夏望日
邗關友人許捷謾題于寧
署之後樂堂

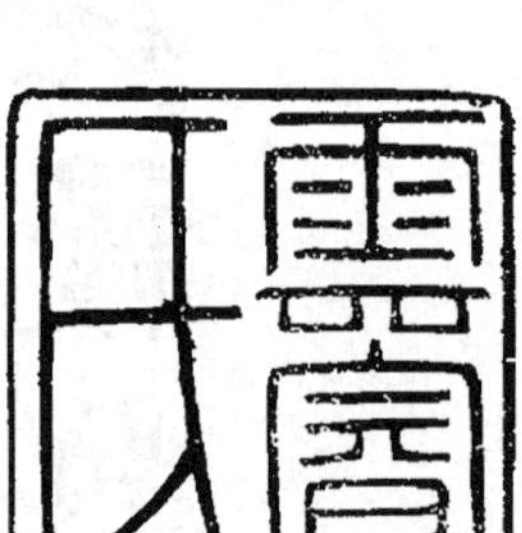

乙亥草序

六長社兄閩海巨宗候官名士負才不偶流寓金陵且八載矣庚午冬訪故明州因其叔氏茂之遂與定交並稱同調六長和易近情又狷介自

矢家傍岊江嘗結樓江畔讀
書其中署曰吸江詩篇往迈
題咏殆遍海内自己巳至留
都越庚午登臨觴咏吊古懷
人時則有若金陵集午未之
交旅次吾郡時則有若甬上

吟辛壬遍遊洛伽西泠具區維揚潁上淮陰泗水諸地總名蕩子吟其明年在嶺外時則有若粵草癸酉秋返白門復歷武林會稽句章新安暨甲戌居皖上又總名搴芳集

二

茲乙亥草俱潛山作也夫六長遊轍所至閲歲既多今諸集具在一一可見何獨寓潛之作以乙亥名之是時流寇披猖適丁六長作客避難山谷行李半肩俱爲掠盡奚囊

所佩僅存鄒忠介疏稿及諸
遊草故六長詩云古錦奚囊
背不離忠臣諫草野人詩誰
知一代名山業還向名山避
亂時則乙亥之名志變也志
遇也非金陵甬上蕩子粵草

三

搴芳諸集之可頡頏也郡侯許公憐才愛士分俸授梓既已序其首簡六長謂予契托在世法之外復從徵言夫庚午逮今甫七霜爾而曩時把臂入林者如隱鱗孝則仲籲

漸鴻文饒休遠，諸君俱溘先朝露。六長殘書繡劍，以隻影去來于兵戈搶攘之間，萬死一生，重過甬上，喜可知也。即今孤覊湖寺，旅況翛然，惟過長松之下，科頭箕踞，差可銷

夏而六長興愈豪詩益進若
四明九題賀監祠董母墓天
童阿育之勝無不有詩爲甬
上續吟則睎丙子諸作又非
乙亥草之所可頡頏者也至
若郡公之卓犖寡諧恬淡無

著而獨于六長有深契焉則以六長之詩之品俱超然于塵𡏖之表自兹以往運斤之精以詣斵輪之妙其涯涘寧可測乎

崇禎九年丙子秋七月

甬上盟弟李桐書於依
隱園之款竹

序林六長乙亥草

古句章社弟馮元仲次牧譔

詩人之遭離亂未有過於子美其遭離亂而不失其正亦未有過於子美者也余同社布衣林六長以詩名海内久六長非詩人非布衣蓋有道君子也往六長過余偕家孟季言仲爾敚聯吟小山短葛蕭然常出呉劒客印章三枚時時摩弄六長故有鄒忠介南皐先生疏草四卷藏

之篋衍緘封甚固匪其人不敢輕出視之將謀刻不果迨其行而家孟季言仲爾嶔楮無長物人出縕袍贈別余亦作兩詩寫便面祖之已遊新安已之白下已病皖城潛山山谷寺益如杜陵常寄食於人也歲有一月而流賊至矣潛無城守聞賊至舉國皆逃竄其令募有能偵探者予百金四顧無有應者六長鼓舞其寺僧鉢之樂之跨追風馬出死力爲詗諜往還如飛當是

時賊已至潛山六長與寺僧三百人有奇不歃
血而約累石爲具坐草爲營嬴三日糧頓舍山
半分乘自守賊疑不敢先登會賊衆露白刃殺
人寺僧股栗爲一喊各鳥獸散賊遂賈勇上當
是時六長猶部署其僧之有膽畧者太初慧生
極微十許人擊石如雨下賊卒不得上會石且
盡而賊勢益衆且張六長度不能禦賊與其坐
而喪其元不如走當是時六長盡棄其行李及

馮序二　　乙亥草

六十萬錢不顧亦倥偬迫急甚矣然且從容盡脱其故所衣温衣而衣家孟季緼袍袖余所貽便面劍客印章已取其詩稿及忠介諫草繫兩肘右手捉石左手持白挺背觔且鬬且行踉蹌走百里許踰兩日還寺而僧寮蘭若如洗矣六長雖饑餓狠很不得食猶拍手大歡笑曰吾卽死不負忠介矣詩所言古錦奚囊背不離忠臣諫草野人詩蓋實録也夫人情當燕笑時出杯

酒道平生歡相然諾要以死後富貴無相忘無
論患難流離之際即小小利害輒相誑欺背比
比是忠介生子直官倏起倏罷當忠賢盈神器
時岌岌乎日與禍鄰其生平諫草不漂沒於海
颶洪濤則湮滅乎鬼燐野燒六長以倜然一孤
弱之布衣妻死不再娶子夭不復生間關萬里
僕僕不休思爲忠介暴其名于天下使天地間
忠臣義士道學名節之一脉燈傳薪繼于不盡

甚至萬死一生之際舍其所爭取其所棄亦何
所冀而爲是耶其與子美情不忘君何異敢因
離亂喪生平六長固自道之矣余故表而出之
使天下知六長非至蠢至腐之布衣亦非無權
無用之詩人是道學門中有道眞君子也若乙
亥詩視諸詩更進一籌天下自有明眼人識之
者余不具論

參閱姓氏

郴州袁伯瓛稺圭

甬上陸寶敬身

句章馮元颺言仲

蘭陵王章漢臣

婁東徐璣令公

慈谿馮元仲次牧
同里邵捷春肇復

乙亥草

候官林　銓六長著

元日臥病潛山興化寺趙令尹明府枉過

家家元日醉屠蘇誰向禪齋問病夫扣竹謾勞仙吏過下床還倩老僧扶幢幡影靜飄殘雪車馬塵輕散緑蕪莫謂山城春事少千村社鼓震通衢

人日郊遊歸路呈周九秀才配卿周三秀

才文在

十載遊心未化灰又乘人日踏青回搴芳滿袖懷香草剪綵誰家作落梅數縷野煌光漸合一群山鳥語初開前村好典春衣去莫使勞生負酒杯

春夜偕余谷王方子建鄭三峽周文在余于王諸友歌妓澹仙集史止于宅

緑轉仙蓂葉已稠黃昏新雨滿檐鈎猜花遶上

排珠覆罰酒燈前射采骰病客却勝深夜坐美人還約及春遊分題爭欲酬佳會誰問山樓報曉籌

贈趙令于明府

登封漢畤古潛山宓子鳴琴若此間孤鶴趂衙窺綬綠百花扶轂上衣殷村中酒熟畊農醉㡘外香輕侍吏閒白璧盈盈光掩映吳塘十里水潺湲

元夕觀燈

草緑煌青古道邊王孫春思動相憐良宵況與人三五美酒何妨斗十千寶馬過橋敲鐙響火龍蚪燭照珠圓踏歌更逐香塵去月下舒臺拾翠鈿

憶山中梅花

悵望梅花滿水鄉美人遲暮意難忘魂銷野徑春啼鳥夢破山窻月在床空復裵徊高士宅可

曾摧折少年場一枝芳訊無繇寄秖爲勞勞客路長

春日旅寓興化寺鉢之禪室移居舊所適雨至友人送蘭花因憶昔年客此亦是日也感賦以志

今春當此日復在此僧房行李移空翠猗蘭贈晚香雲歸孤榻淨雨濯一燈光無限飄蓬意于斯亦暫忘

潛山紀事十絶句

其一

乙亥正月流寇猖狂旣破中都又殘金斗潛山孔道戰守兩難百姓流離愁子目擊

群盜如毛正可憂中都巳破又廬州潛山自昔無城護萬井流離泣未休

其二

冦至桐城絶無偵探僧鉢之樂之者二月初一日以覆騎抵賊營得其消息歸報邑中初二日賊果至矣居人之命多賴以生焉

慷慨長驅到賊營人間初識野僧名須臾馬上傳飛報氣壓貔貅十萬兵

其三

予與雲野素之極微鉢之慧生懸璞林

如師巢思惟如初太初諸衲子友人陳
月卿避難於王家灣
文辭孤寺上高山逕入王家第幾灣半夜欲將
村路記恐教失伴不知還
其四
賊散四鄉以申刻收兵擄子女於馬上
唱歌而歸
飄颻白旆捲黃埃日暮酣歌馬上回奪得良家

嬌女去文姬一曲爲誰哀

其五

賊騎數十從趙公嶺後宫合入王家灣焚殺伴侶驚潰彼遂慿追寻且禦且奔至皖山始得免攷其地即郭祥正遇盜乞詩處也

賊騎縱横繞羣徼孤身仗劍出重圍皖公山下人爭道又見當年博士歸

其六

賊去民亡黄埃滿道殘垣碧甃觸目傷心

一經兵火望凄然斷井頽垣古縣邊三五人家春雨裡未曾寒食已無烟

其七

賊以初八日抵宿松邑中及近村有一二人家尚存者暫歸寧宇十三日我師

輕敵墮其計中半夜奔回民復驚竄流離之苦倍于從前非予所忍述也聊作是言以記其畧

荒城雨夜敗兵過婦子丁男又荷戈到得吳塘奔曉渡紛紛離影落寒波

其八

予行李盡爲寇所掠矣所負奚囊中惟鄒南皐先生奏疏四卷及年來詩草數

帙幸無恙焉

古錦奚囊背不離忠臣諫草野人詩誰知一代
名山業還向名山避亂時

其九

邑大夫於斷崖之間隻身禦寇重傷幾
殞亦復堪憐

山前禦寇勢原孤誰念艱危子大夫今日試看
衣上血明經應悔誤爲儒

其十

春云暮矣農事未興白骨空原不堪再望

新塜纍纍掛紙錢夕陽官路亂啼鴿行人悵望西疇上巳到春深未種田

感

崇禎乙亥春二月流寇入灊陽余避亂山谷佛光兩寺中閒眺賦詩以志離旅之

身經離亂向松門日日憑高拭淚痕百里山城何處是四鄉茅屋幾家存鴉啼白骨橫空野犬吠殘魂過別村最易傷心芳艸色萋萋猶自傍王孫

宿佛光寺體枀上人禪院

僧居山寺古客傍石燈清不到高寒地誰知獨夜情窻開分雨色樹擊落泉聲更有巖猿語雲中細細生

清明佛光寺呈懶鶴極徵止生懸璞

客路過寒食同君非偶然況於山水際在此亂離年舉鉢漱踈雨和衣宿晚煌清齋隨大衆聞説夙因緣

春日遊皖山

皖公何意獨崚嶒遠客登臨似野僧半笠暝煌三月節亂山殘雨一枝藤崎嶇不問樵人路去任還依古佛燈偶過石橋橫鐵遂白雲歛破幾

千層

其二

覆屐分開翠幾重古壇猶是漢時封巖猿嘯雨窺孤嶂山鬼吟風到暮鐘石骨瘦邊寒瀑落松花香處一僧逢奇峰忽自尋幽賞飲澗驚看走怒龍

宿上煉丹呈中山梅谷二上人

短筇高笠帶斜暉欲訪眞僊宿翠微山徑雨晴

松子落石壇烟暝藥苗肥虎過林下窺丹竈僧向燈前補衲衣渺渺星河清夢壓不煩人世辯支機

晥公菴早飰

茅菴深窕窈門外木橋橫石古無苔色谿寒有水聲鳥啼山未曉鐘斷月還明一鉢清齋後雲中自在行

飛來峰懷守愚開士

老僧曾挂蓉節有白雲留片石高松下當年已點頭

過度仙橋以杖引梅則有

一帶飛虹駕萬山遊人堪度已非閑莫言梅福無仙骨才過橋西不肯還

宿宋氏山庄同則有

村庄留客處風雨落花時濁酒向君飲殘燈憐我思子規啼竹塢山犬吠茅茨竟夜渾難寐因

愁道路危

懷家嚴

遠塞有歸鴻殘花滿故叢此時思老父長日語
憐翁浪子今何在家書已莫通四方多戰伐只
恐誤從戎

其二

久未親溫凊如今更斷魂荒涼餘隴坂征賦及
雞豚酒薄難留客書殘自課孫可憐惟仲子辛

苦代朝昏

山谷寺懷茂之叔

故國歸何日并州望自今亂離不相見生死定

關心夜月滿山寺春風閉竹林此情誰與寄獨

有淚横襟

懷阮石巢先生

春竹鳴瀟瀟深林長藥苗六朝煌草上三月雨

花飄戎馬時方急鄉園路已遙知君傷物候詩

思亦蕭條

蔡懷眞總戎追寇至潛山旋歸留都詩以贈別

軍前飛檄寇爭逃，頸血何曾濺寶刀。橫槊賦成山月上，偃戈歸去陣雲高。長堤栁色迎征騎，一路桃花映戰袍。不識幕中誰載筆，爲君今日記勳勞。

烈女謝光閑歌

謝家有女名光閑明眸皓齒垂雙鬟一朝潸陽寇氛急誰知薄命催紅顏紅顏古來幾如此骨肉流離去鄉市裙帶橫拴金錯刀深林遇刼知難逃欲行不行將百武泣下一聲淚成雨長刀刎死竹籬旁碧血淋淋浸芳莊吁嗟女兮才十三烈心如鐵勝奇男試看屈膝降戎者死後相逢能不慚

山庵有述呈見如上人

何來玄度侶不待道林招盡日聽流水閒時行過橋佩刀憐野女帶甲見山樵一上峯頭望空原戰馬驕

春暝

花事凋殘傷客心一春無那晝陰陰荷鋤誰向南山去野竹看他自作林

青口驛 潛水產楊花鱖傳爲左慈所放者花時始有

驛路接皇華舒州古衕賒村氓巾白葛溪女裹

青茶横槊思曹氏當壚隱卓家謾勞彈鋏過江鱖盡楊花

春暮懷孫大郄寄

戎馬復關山風塵又旅顔梨花三月暮艸色一天閑遊子不歸去故人誰往還别時遺繡緞今見淚痕斑

春莫送中山上人還九華

開士心無着終年九子山渡江逢世亂乞食至

今還箬笠侵谿雨巖猿候竹關慚予風裡絮飄
蕩落花間

題妙達上人禪室兼酬結夏之約

亂山迴合處有一贊公房孤寄長松下斜臨古
澗旁艸深迎幔綠花落坐衣香休夏無過此佳
期定不忘

聞笛

子規啼落雨如絲正是愁人醉臥時夢裏一聲

何處蓫楊花歛起滿山籬

亂後寄倪鴻寶學士馮鄴仙給諫

春光又向亂中過無計依劉自笑歌歧路世間皆若此故人天上近如何起居紫禁時非暇封事黃門日漸多情重莫將文似薦十年歸思在漁蓑

書懷

東隣有瞽女辛勤事機杼白髮不嫁人獨居閱

寒暑投以瓊玉鬟委棄顏色阻所惜無良因貞
心敢輕許誓當歸蓬萊霓裳翰飈舉

馮留仙給假還朝隨擢儀部喜而有賦

三載青山道自高君王尤念爾心勞還朝郎日
官儀部抗疏當時在水曹濮室冠裳尊禮樂中
都陵寢震弓刀何堪出入司空署依舊明璫壓
繡袍

賦得當年憶舍弟阿仲 有序

予别仲弟幾十載矣鴈序久睽鴒原多難故園何處樂事云徂爰賦當年撫今追昔爾

日日行歌江樹邊兒童爭笑浪神仙蓑衣倒着開漁網竹杖横擔掛酒錢采芑每逢溪女伴聞鐘還問野僧禪當年此意堪誰語春草能無憶惠連

亂後淹滯潛山思入燕京并覽九邉形勝

空城留滯謾咨嗟起向床前拂劒花萬里此行將出塞一身何日始還家王孫遠思迷芳草壯士愁心動玉笳莫倚關山看旅雁年年歸去幾行斜

夜坐待鉢之不至得窗字

掩却柴門後思君倚石幢竹風吹短葛蘭露上幽窻徑暝空敲月雲深有吠尨不知投宿處還聽暮鐘撞

懷韓姬命孝廉 時文茲未卒業故此遲之

廬墓情無已知君日夜哀蠻烟猶帶雨燧火盡生臬嶺外家如寄江邊船定開藏山功業大誰忍委蒿萊

攬鏡曲

朱顏非自改明鏡故欺人若不開塵篋容華歲歲新

歸思

歸去黄茅屋幾間水村江市映柴關穿花鳥自啼春至度隴牛争踏月還鎪遂叫雲招白雀玉壺斟酒向青山醉來更引浮丘袂笑看勞人鬓髮斑

懷鄭映崑民部

相思日日到黄昏三載何曾寄一言月上鍾山還拄笏藺香漢署定開罇持籌巳自充南國鎖鑰誰當固北門詩就望窮雲樹裏不堪惆悵倚

高原

五日周文在招飲席上談時事感賦

角黍雕盤出石厨紅榴緑篠映青蒲開樽得爾招孤客作賦何人贈大夫古俗自遺長命縷内家争散辟兵符傷心萬骨空枯朽不見軍中奏獻俘

夏日同遐伯玉倩文峯菴訪心然上人

薰風吹動緑蘿襟短策遙遙過石林禁酒不妨

蓮社約清齋眞得道人心閑處日落紛荷氣村暝雲歸失椰陰後夜莫辭佳月下再爲玄度一開琴

寄鄺湛若

長松倚女蘿纏綿自有期汀蘭與江芷臭味還如之客從海東來遺我珊瑚樹捧以瑤島雲沐以金盤露雲光旣怡悅露華未銷歇胡爲生別離遙征適南國朝登孫楚樓暮宿長干里相逢

桃李姿結交繁華子睠兹素心人古道將誰陳異地而離居使我長相思何以遺報之長跽椷素詞

旅懷寄秦淮張霙秋浦秀卿

何處靈方問押衙不勝羇思在天涯愁看翠幙烏衣鷰懶試紅鞨白鼻騧花暗秦淮迷古渡月明秋浦落誰家相逢莫笑潘郎鬢未到霜前半已華

立秋

疎鐘聲斷石樓空，絡緯花間泣曉風。鄉夢乍歸誰是伴，半窗殘月落梧桐。

初秋寄懷邵肇複觀察

關山愁絕阻兵戈，不見夫君奈晚何。賈誼書成應痛哭，杜陵家喪故悲歌。涼風一夜摧青鬢，碧漢先秋逼白波。莫謂東園瓜地熟，遂無清夢到鳴珂。

紀夢 有引

七夕前三夜夢一麗人脩儀袪服手素縑尺許遺予上書一聯云藕莊隣葉縣楊美接花居余語以楊美二字無解請更爲松徑麗人不可復以陌字進遂欣然易之徐别去因足成律以志玄感云

胡蝶飛秋徑佳人贈素書藕莊隣葉縣楊陌接花居顧盼明珠佩裵裒七寶車琅玕何以報撫

枕獨躊躇

七夕

明河傾北渚，皎月照西樓。天上無雙夕，人間自一秋。飈車聲漸遠，雲幄影空流。爲爾思疇昔，情深感舊遊。

送陳遐伯遠遊歌

陳生生來何太貧，三十無家空一身。水居無舟陸無屋，寄身古寺猶依人。人情翻覆多新故，酒

盡歌闕總行路男兒墮地志四方何必區區守丘墓丘墓蕭條松葉稀看君灑淚向斜暉出門休更傷離別生不成名死莫歸

代汪玉倩閨人秋日送遠

露白霜清楓樹殷津亭落日照離顏尊前兒女情非薄江上煙波寥豈閒旅泊謾尋桃葉渡閨愁先壓藁砧山故園喪亂兵戈後休逐飄蓬去不還

陳佐宸過訪興化寺寓

傷亂未歸歟，知交病漸疏。荒城停別駕，蕭寺問離居。語發危時論，方傳古藥書。不勝斜照裏，執手重欷歔。

遊虎頭巖同陳楚卿

緩轡過村巷，支筇度碧岑。未看千嶂合，不覺此山深。葉響初疑雨，雲來遂欲陰。且歸巖下宿，清詠和猿吟。

鐵遂龕歌

鐵遂龕前飛紫烟鐵遂龕畔環清泉當日不知何人鑿開混沌竅劃然胎出鴻濛先上有嶔嶔磊落萬疊之瑤石下有蒼茫平楚萬頃之桑田我來已是三千年横吹鐵遂風泠然一聲歘落山鬼膽一聲歘破壺中天猿猱晝啼哀壑響潛龍矯舞離幽淵放歌招手呼彭籛與君今夜一龕眠鍈遂之龕深且堅

秋日病中柬趙今予明府

秋風蕭瑟滿僧廬獨客離憂正索居枕伏經旬幾化蝶鋏彈何日不歌魚愁於月下聞新雁起向窻前拂素書爲語臨邛賢地主莫教程卓問相如

秋日過友人村居

獨訪山家倚樹歌靜看秋色上踈蘿風高燕雀辭巢去日落牛羊下坂過野飯香輕農事巳隣

機聲急客衣何老翁不識天涯外猶問寒碪幾處多

秋寺

秋寺寒蜩急椰枝荒城禾黍已離離黑貂久敝無歸日綠綺終閒有病時客老風塵雙鬢短兵餘禮俗幾家遺碧雲飛盡佳人遠空復躊躇起暮思

陳月卿有人贈衣詩以美之

刀尺聲中玉露漙，美人終夜倚闌干。偷將白練裁衫子，只爲君家半臂寒。

蔡林莊

立馬已斜陽，微吟過此鄉。一村秋樹色，三里晚禾香。碧水臨茅屋，青山照草堂。行人勞指點，云是蔡林莊。

悲秋十詠 有序

崇禎乙亥，予客潛山，遭際亂離，淹留蕭

寂惜流光之于邁悵遠道之未歸觸物
興懷愁時感遇爰專五字命賦十章是
爲覊旅之詞有愧風人之旨題曰悲秋
者夫亦發慘澹之幽思寫牢騷之極致
也世無宋玉誰復相知焉

秋風

一夜秋聲起寒飇不斷吹小塘荷葉響長路椰
條衰嗚咽城西角孤危塞上旗可能將客夢送

到海天涯

秋雨

秋日獨愁霖瀟疎傷客心夕陽明半樹殘葉響孤岑劍閣鈴猶動長門燈更深荷衣零落盡莫謾濕寒礁

秋月

古月照高樓樓高夜正秋芙容盈手色楊柳幾家愁魄浸流黃冷寒生太白浮那堪圓缺裏一

片落邊州

秋花

花開秋獨晚天地已無心自向風霜裏誰知雨
露深孤芳依古磵幽韵暎疎林不近西園路何
人載酒尋

秋笛

誰家歛玉篴三五弄還清朔吹生雲裂商聲死
月明深閨愁遠戍北客憶南征灑盡胡兒淚中

齊萬馬鳴

秋鴈

候鴈遙天過飛飛惜羽毛稻粱還自計書札爲誰勞陣結邊雲苦聲連漢月高蘆花叢裏宿疑是隱蓬蒿

秋砧

夜夜響玫砧年年寄遠情閨人掩空閣夫壻在邊城月落浮纖手風微續斷聲小姑須記取休

嫁漢家兵

秋柳

如何秋日柳不及暮春時樊圃曾攀折陽關幾別離天邊驚遠騎夜半墮寒鴟那得東風力依依向爾吹

秋蟲

候入寒蟲感嘤嘤向晚多月明花砌上霜白繡簾過題破殘紅葉吟開淺碧莎風前誰可語悽

切奈君何

秋草

輪蹄連碧艸搖落恨斜暉古道已將歇王孫猶未歸緑烟生處少紅袖鬬來稀獨有寒塘上遙遙夢不違

秋日趙明府餞別山谷寺

高秋照郊原涼飈震林木凄凄霜露零寒潭石根出感動宦遊情舟車戒川陸佳人餞席光迢

遙戾山谷煌霞臨四筵猿鳥啼荒麓宴樂殊未窮憂愁轉相速孤客若蓬萍微官同樸樕別遠會日長欷歔淚盈掬南北有飛鴻毋令踈尺牘

自潛山還白門史止于賦詩贈別次答

歸歟山谷亦谽谺只到金陵不到家匹馬蕭蕭嘶古道征衣落落剪秋霞夢驚霜杵孤村月愁惹寒蘆遠渚花後夜醉歌桃葉渡憶君離思滿蒹葭

自潛山至皖城天寧寺重晤隱霞上人

兩年三度扣松關，一似江雲去復還。却有老僧知我意，入門先問皖公山。

亂後重至皖城晤諸故人

平時浪跡欲離家，亂後逢人敢怨嗟。故國未歸身是寄，舊遊相見鬢皆華。秋深遠道鳴班馬，風急高城咽暮笳。獨有蠏螯盤岸曲，還堪留我醉黃花。

懷袁穉圭

匡盧期作采眞遊未得相從又一秋九派江光迷小艇兩孤山色帶芳洲遠公社裏蓮衣落陶令籬邊菊酒浮此日知君能憶我吟詩愁上夕陽樓

懷陳仲升

寒蟲鳴竹房半壁白雲凉酌酒秋將暮懷人菊有芳去年如是客今日已殊鄉若爾雙蓬鬢還

經一度霜

蒹葭亭看芙容待瓊瑤二生

載詠蒹葭什幾回美人何處玉山頽若教携手臨秋水會取芙容不敢開

初冬皖城感事投潘叅戎

朔吹動車門悲凉慘客魂羽書馳半夜鐵騎哨高原去國美人盡孤城壯士存妖氛消寢易難負是君恩

醉後言懷

謾欲恢雄畧誰令會壯圖白駒歸邃谷黃石秘陰符日落覆鵬憩天遙一鴈孤平生徒自好沉醉酒家胡

千秋社與諸子定交詩

吴市吹簫思未休長謠又過皖江頭幾人世亂還爲客諸子情多尚與遊道在我應先一日才高君莫負千秋謾言薄俗無知已岍涯汀蘭氣

自投

出師爲史道鄰使君賦

羆虎桓桓感國恩車徒奕奕出江門弓開月下穿三札幟建雲中動五旛朔氣肅于臨遠塞軍聲歡已慶前村夜來看取欃槍隕露布裁成獻至尊

囦圄社諸士從征詩以壯之

國士從征動節旄羽林年少敢稱豪一行鐵騎

橫銀槊十二金釵贈寶刀定遠自酬投筆志終軍豈憚請纓勞凱歌歸里鬪桑落父老爭爲解戰袍

皖城寒夜

霜滿孤城月滿山戍樓歛角守重關分明不鎖愁人夢半夜鄉園去又還

晚晤

如此一相看伊誰能自寬鳥歸疎樹晚人立暮

天寒憭淡情何極踟躕語欲難孤燈今夜裏空
復惜前歡

燈下作家書

不寐起悲歌燈前思若何關山將雨雪道路盡
兵戈拊劍防奴叛藏書聽雁過莫教猿鶴侶清
夜怨岩阿

皖城呈皮愧五太守八首

小孤屹立海門開皖伯遺封舊有臺偶載琴書

江上過郤聞鴻雁澤中哀鄭莊驛古驚塵入王粲樓高肅氣來獨夜題詩山月下清光空哭不燚灰

其二

欲向荆州上尺書窻前拂素幾躊躇闗門晝夜嚴魚鑰劒戟風霜衛隼旟徐穉不來原有榻馮驩將出豈無車遭逢世難看衰鬢寒谷何當暖律嘘

其三

軍書莽莽廟廊憂群盜縱横半九州不有龔黄爲郡縣誰徵衛霍督貔貅戰塲月冷舒臺夜天塹波寒皖水秋堪嘆洛陽年少客從今痛哭幾時休

其四 樅陽牧豎張繼日飯牛忽聞武畧云有神授之其言多驗公納部下

驚烏啼過暮江清堠火遥連細柳營十里樓船喧皷角千村耒耜化戈兵丈人誰謂非黄石孺

子何因出轂城短檄等閒平寇亂朝廷先以董
宣名

其五　時詔發金幣勞勦寇有功者

天際冥鴻阻朔風伊誰鼓檝亂流中高牙畫戟
尊開府繡緞黃金發内宮志士有身終許國才
人無命未從戎龍山不少燕然石鐫筆能爲紀
上功

其六

浪仙何用有詩名日日愁專五字城半夜鬼神通苦思滿窻風雨挾秋聲瘦經霜後眉鋒立窮到天涯骨節清留滯周南追大雅敢因離亂喪生平

其七

故山猿鶴怨烟蘿獨客飄零奈我何張儉望門真落魄梁鴻去國已悲歌蒯緱蕭瑟愁關塞衣袖襤褸冷芰荷不是風流賢太守誰人投刺一

相過

其八

亂後過從慰所思看君憑軾更褰帷錦城不愧他州籍水部曾尋東閣詩犒士椎牛烽漸熄勸農騎馬日初遲明年聖主臨軒問莫忘王生立語詞

雪中寄表稺圭

孤城半夜北風起角聲凄凄鼓聲死七衡六間

花亘空吹落客窻淸似水十年敝裘不禁寒老奴又號衣裳單灞橋驢背興已減閉門高臥思袁安袁安此時雖郤埽他鄉何如故鄉好邊塞征夫盡憶家瀟瀟隔絕關山道關山雨雪正愁人爭食中原虎豹嗔勸爾莫躭居廡下歸家吾願老江濱

臘月周文在至自潛山過存天寧寺寓留酌同朱斯煌予時欲渡江賦別

亂後逢君扣竹扉清罇聊爲駐斜暉晚晴旣醉皆將去歲暮雖行未是歸滿地干戈如此別過江南北卽相違可憐蕭颯孤蓬影還逐征鴻一路飛

畱別瑋生琨友

相於已多感相別定關情明日寒江上愁君送我行

朱斯煌送予至江上卽景紀別

看君情已至送我不知愁訪盡江邊寺呼來雨後舟前途商去住野店伴淹留莫謂相離遠佳期九子遊

江上舟中寄懷瑋生琨友

朝爲千里別已逐孤飛鴻思君不能發輟棹江流中離離見衰草蕭蕭鳴北風予心既多感子意將誰通沉吟開尺牘言不盡承衷薄暮上高城望斷南征蓬

暫止清風蘭若

寄此閒亭畔高風愧敬夫破寒煨榾柮當午餒伊蒲落日凝烟冷棲鴉向暮孤上方今夜月照到客愁無

有寄

容鬟又看凋寒風吹寂寥爲誰開玉鏡何以報瓊瑤皎月空相向佳人不可招獨歌商婦曲怨殺隔江潮

歲暮雨夜感懷寄故鄉同志

憶別滄洲芳杜隣十年猶是未歸人憂時濁酒銷長夜聽雨寒燈照一身書札謾勞鴻雁侶經綸誰問草茅臣芊江春水看將滿短棹斜陽采白蘋

蟛蜞集十卷附録一卷（卷一至卷五）

［明］莆田林嵋撰

清華大學圖書館藏清初刻本

蟛蜞集十卷附録一卷，明林嵋撰。嵋（一六一七—一六五五），字小眉，别字蒞齋，自稱「奚道先生」，莆田人。明崇禎十六年（一六四三）進士。甲申變遭執，鄉親救之，後授吴江令，改工部都水司主事，轉禮部精膳司主事，晉員外郎。嵋之卒年，明史朱繼祚傳、小腆紀傳等誤謂在順治六年（一六四九）隨繼祚抗清敗後，而林向哲所作行狀、徐釚所作墓誌銘俱稱卒於「順治乙未」（十二年），當依之。是年正月，明鄭克仙遊，嵋曾抗清，加之傲物伉直開罪於人，人借機譖之，清軍繫之於榕城獄，嘔血死。嵋素慕犁眉公劉基，著書名「犁眉」，又撰有奚道人初集、肅霜集等。

是書首有黄景昉序、嵋像及像贊，後附墓誌銘、傳記、行狀、題詞等。前八卷依次爲樂府、古詩、歌行、近體，各兩卷，卷九絶句，卷十文，合詩六百三十首、文十二篇。名「蟛蜞」者，取瑯嬛記王吉夢蟛蜞作人語，翌日司馬相如至之事，寓意文章横行於世。余颺撰林儀部傳，稱嵋「樂府、歌行本漢魏，五七言、近體本唐人。嘗與余論詩，其於唐獨推太白一人，外此夷然不屑也；其於今代獨推何、李七子，則中駟目之矣」。時人評價嵋詩頗高，嵋亦自得於「氣稍豪、才稍蕩、用筆稍渾脱」。然集中和杜、擬杜凡十九首，遠多於擬太白詩韻、詩意者。

嵋耽溺法書名畫，不得者寢食俱廢，家藏王詵、馬和之、劉松年、蕭照、趙孟頫、吴鎮、柯九思、倪瓚、沈周、祝允明諸家法書名畫頗富。卷十香眉閣襍記五十八則皆關乎此，如謂「柯丹丘水痕特奇，倪雲林煙氣更佳」，「管仲姬竹，余見頗多，只可稱能品耳；蘇玉局所作亦復平平」。中有題畫詩，皆前卷所未載。

此清華大學圖書館藏清初求野堂刻本，不避「玄」諱，目録末八閩通誌傳、莆田縣誌文苑傳有目無文。按黄仲昭八閩通志弘治間纂成，必無嵋傳，既云鄭開極撰，當是康熙福建通志之訛。求野堂本中國國家圖書館藏殘本，缺卷十，然字口較清華本明晰，當印於前，惟編次、篇目及文字有異。國圖本目次中卷十無將涉賦、行業自序一、行業自序二、肅霜序、選制藝文符序、上史道隣樞部書、與夏彝仲明府書、與張公亮明府書及林蒼水墓誌銘，卷末附文無徐釚撰墓誌銘、潘耒撰松陵文獻官師傳。又按池北偶談卷一九謂嵋子人中走七千里爲蟛蜞集求序於王士禛，會士禛使粤，遂呈上王阮亭書，中有「殺青已久，二十年藏弆篋笥」語。士禛使粤在康熙二十三年（一六八四）冬，則是集約在康熙三年已刻成。嵋崇禎十六年任吴江令，徐釚撰墓誌時距嵋爲吴江令已五十餘年，則墓誌約作於康熙三十二年。可知是集乃接續刻成，清華本多出篇目當係後來補入，於中可見少量補版、挖改，如補目次第十葉、改「香眉閣書畫記」爲「香眉閣襍記」等。（趙遠方）

閬中林小眉先生著

蟛蜞集

求野堂藏板

序

春雨連旬罣氈安館中無事追數平生交遊入道山過半誦哲人云亾

邦國殄瘁之詩諷咏歎息遂至竟日忽户外傳遠緘至啓之則吾故人林小眉冢君中子裒小

眘遺集来索序於余不覺益愴然涕下之無從也憶小眘爲童子時以詩投余亟為延譽如昨

日耳及小胥登甲第遊
宦燕吳閩越間歸遯荒
江文名日益起音問稍
踈無繇握手一日遇小

眉江上南越謝梁也吳
中徐闇公吾鄉王愧兩
諸君皆在座小眉徐出
所著詩大傾座上予默

不出一語小眉屢請所
以不答明年而小眉以
難卒圜中盖小眉之詩
自樂府古調歌行近體

無不精至出其氣力才
靦可以並驅古人而繩
墨步趨於格律之内銖
寸必求無失既埽近日

奔軼膚陋之習又無慶
曆臨模剽襲之病故其
大篇合作雜之李杜諸
大家中無以易也小着

年少其成就所造已如此使加之以歲月亦終未必有進況其毅然一往憤激之氣百挫不回

往往見諸詩篇直木先擢芳蘭易鋤小眉之詩之人欲自免於當世難哉難哉余曩日所憂者

在此而不能為小眉明
言之也雖然一方之才
與一代相爲終始眀初
有高揚張徐諸人而吾

閩林子羽高廷禮王烋

揚諸人應之明盛有李

何邊徐諸人而吾閩鄭

少谷林見素諸人應之

厥後歷下瑯琊公安竟陵遞爲雄長而吾閩鄧汝高陳白雲曹能始林無宇諸人應之小眉最

後出而深邃之淵源恢
廓之力量有諸公所不
及者小雅徃矣其詩其
人遂與有朙爲終始則

其人非但一方之人其
文亦非僅一代之文矣
陳伯玉詩爲有唐正宗
爲閭丘曉所陷而宛後

黄序

世聞其名如異香寶玉

讀者莫不哀而慕之況

小眉之以難死乎然則

小眉雖無年何憾哉予

以一日知小眉得掛名
千秋亦不復為小眉憂
且用自慶矣遂書以歸
中子

黄序

晉陵爻人黄景昉書

于甄安館

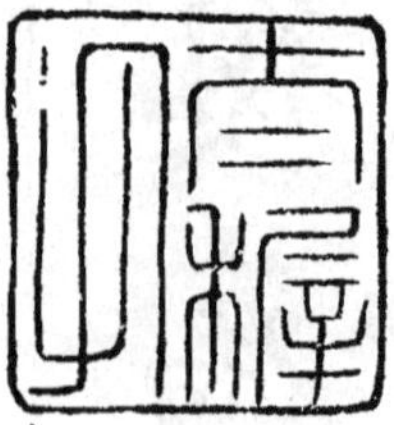

林小眉先生像

林小眉先生像贊

記與君圖此於庠門之裡吾視息雖存而圖已燬君形像宛然而人不起嗚呼畫之傳者君之形像其不傳者君之神理君之胸中羅列宿而塡魁壘君之筆下鎮如山而流如水後之識君者讀君之文而君在此不識君者披君之像而君亦在此君有其文而君不死君有其像而君亦不死世之死君者適足以成君之名而何曾損君之一粃吾所以展君之像而彷徨於一紙

悲哲人之長謝遡丹青而仰止嗚呼回首十餘
年故交之友文章之士散輕雲而遺骸屣若夫
圖之存不存又勿論矣

蘆中人余颺題

蟛蜞集

卷之一

樂府

卷之二

樂府

卷之三

古詩

詰咨詩

家大人壽日上責躬詩一百韻

別詩五首　感詩七首

從軍五首

擬魏太子鄴中集詩八首

魏太子　王粲

陳琳　徐幹

謝臨川游山　顏特進侍宴

謝法曹叙别　袁太尉從駕

鮑叅軍戎行

襍詩二十七首

卷之四

古詩

靈濟宫五百字

自京師歸至白下述懷七百字

送窮書憤擬太白夜郎憶舊八百字寄獻我

少司馬王公家彦

大學士黃公景昉

少司農何公楷

都御史王公忠孝

卷之五

歌行

罷官襍言用鮑明遠辭意率成五章

七歌 七首

前有樽酒行

五日歌將有吳越之行示同志數子

卷之六
歌行

卷之七

近體

卷之八

近體

卷之十

文

蟛蜞集

閩中林　嵋著　　男人中孫元之謹校

樂府

氣出唱

望大雲在南山之上朝油油暮蒼蒼（叶仄）長年不有盈縮惟見山峙水蕩有一神人提玉枝提玉枝雲中階阯歷歷相向昔時降玉漿披髮雲之傍箕踞彈琴沉唫揚頩顉我而樂無方回首崑崙山林陸忽蒼漭龍蜿蟠蟠鳳鳴吭吭愀然人世速駕自徃仰見飛羽飄

颻大且廣提挈後宮美女七十有二人翩然舍我而
行

又

翩然舍我而行白日一何惘惘松柏摧薪車輪梗梗
引彼金石增益悽愴當静專之延頷上下四方延頷
上下四方當有鳳盖下龍旗颷瀛洲背我後方丈峙
我傍神人再降白玉爲帳我復跪而問昔時之道安
放安藏左手躡我從右手引我上維彼道天與爲參
地與爲兩行將播之使如天出雲如水出瀼千秋萬

歳無疆

精列

厥初生造化之靈淑大道出其門大道出其門迂惟不能外陶陶得所均登高而遠望鵾鷄鳴崐崘鵾鷄鳴崐崘千里各殊氣列風乘之雲列風乘之雲維彼十六相掌職山與川掌職山與川賢聖雖殂落群生得命延經綸曷有極罔敢居其功

度關山

度關山風雪何漫漫五步狐狸窟十步牟腸坂彼居

者何佛欝起長嘆斫氷爲水折木爲爨百人遺一肝腸摧斷人生天地間當運泰華之山如轉環垂衣詶舞以靖億萬禮反其所生樂樂其所本越陌度阡車折馬瘏匹夫狥名萬乗易遜等智脅力鬬軀弃奮上柱既傾下軸莫轉天地道久長人反居之短

艾如張　擬漢鐃歌

艾而張羅羅張高高有黄鵠且前且郤啾啾群起破羅蓬蓬艾安薄徘徊遠望紛哉鵠天垂雲矣美四海爲之防鳳凰侵以遇中吾之羅高慶叶平鵠邪集用梁

幾令吾呼蔚蔚冥冥以問張者

翁離

擁離趾中何築宫太行山蘅杜石蘭羽林材振大旅疾從斧繩亂如於風鳥子號路西烏毋號路東居我外野而用葺爾宫艾之何用逢擁離趾中

戰城南

戰城南走城下朝行出攻暮死野腐骴不揜野火燔炙城上烏側身見之群飛下爲我謂烏北風吹樹正枯但當揜我骴不當啄骨與顱水流濈濈恒不見底

啾啾群散日昏天雨駑馬徘徊梟騎死願爲忠臣忠臣塟無所

巫山高

巫山高高岑岑臨以臺俯以軒群鳥集下紛紜遠道之人懷苦辛在昔七十帝軒轅升窈冥陛下俯九有巫山峙雲端美人修淑若舊歡期以三千歲重來復晤何殷勤

有所思

有所思思遠人節不移行不虧玳瑁簪用玉紹繚之

豈無錯盤琅玕非君所遺烏用紹繚爲有所思思紛
來當風不得揚長夜無絶裹頽駕飛龍從君所乘流
以逝東方開北方安得更留之

雉子斑

雉子斑下來乃在野田間不飲不食思得高蜚道逢
鷂與雀相顧眼迷離喳喳烈頸入喚爲鬬毋與兒鷂
雀不具言但見號鳴向天悲嗟嗟何用高蜚蜚以東
蜚以西拉沓曳水集于枯禾黍雖穫不得與毋俱眷
言大德惠顧毛軀

聖人出

聖人出陰陽和我欲從之游九河離離香艸河爲香貽我美人胡弗祥木蘭爲櫂錯黃金問君從何在中央日月之行晦復明目以顧之心以匡

上邪

上邪我欲與君相知胡敢寧只水以湯湯山以巋巋曾不知歸歸湯湯思我美人予駕車馳馬出遊甫始故上非我上只下非我下只與君相知胡寧只

臨高臺

臨高臺臺高以軒江水之流潺潺黃金爲餌將以待
游魚魚尾蓰蓰魚口欲陳辭謂是藏止遠道之人心
相思置我於其鈎女曷太荼黃鵠之翻離哉遊闕兮
而射謂不如舉網而羅令我主躋壽萬年得人以多

西門行

出西門步念之前路垂楊柳後路交柏枝自我來斯
中情怫鬱悲哉一解斗酒已無歡壽命安可期試問道
傍塚纍纍者爲誰二解白日虧蔽零露霏霏魂魄無愚
智何以解憂悲三解安得仙人王子喬變化白鶴下來

長道遥安得仙人王子喬變化白鶴下來長道遥四解
爲樂當及時去去復何之人生百歲間毋爲達者哂
五解

東門行

出東門曷不歸綺羅燁燁不如服絺八簋陳席顛獸
哺糜一解從來君子交小人反嫉癡望壟城東陌樹葉
各離離二解各離離下設百尺之綱上設千尋之羅大
造久相摧行子欲何之三解鬱鬱鹽車不逢伯樂仰秣
俯飼空爾爲鬱鬱鹽車不逢伯樂仰秣俯飼空爾爲

四解

出門捘劍去去歸曷有期高高倉浪天咄咄黃口兒五解

却東西門行

榮衰各有命出門合異趨黃鵠不高奮鶡鳩爲之嗤

飄飄周八極上有神人都日精與月釆照耀我道塗

雲璈爲我奏玉笙爲我吹千年爲一宴歡樂幸不衰

吁嗟野田蓬飄東而反西九州不足居行游將焉如

濺濺河中水纍纍水中石一日一廻轉浩蕩無終極

陌上桑

朝日麗城隅秦女行採桑纖纖作細步清影照方塘
方塘何所有碧藻間鴛鴦文彩咸可惜蔭映兩輝光
使君從何來飛盖錯東方前瞻盛珠翠左顧足綺黄
遣使相貽問近前顏發紅含嬌未得叙趨步世無同
夫壻宦臺閣文史頗稱工來歸當日暮驅馬狹邪中
賤妾憙蠶桑柱枝鈎圓籠朝看蠶上簿暮看蠶成叢
蠶饑妾自出何用問貽通使君竟忘對從者息道傍

羽林郎

昔有良家子厠身執金吾娉婷妙一世顧問酒家胡

胡姬妖且麗，遯在新市隅。當罏設夜酒，照耀皆秦珠。
大珠抵明月，小珠光羅襦。咸陽百萬賈，寶價貝所無。
黃金玉鉊繚，雙波灔清罏。獨有金吾子，解鞍下躊躇。
入門叙家世，官爵富京都。就我求清酒，向我鱠鯉魚。
廻眸競一盼，五尺明珊瑚。微飲不及醉，篪管襍笙竽。
目成與色授，私愛何區區。四五季未足，三六季有餘。

名都篇

來往光祿閣，出入承明廬。生來盛意氣，六郡恒不如。
名都多俠少，終日事遨遊。被服既鮮好，徒御若雲浮。

揮金留七貴饌玉待五侯來往睢陽道飛蓋西北流
虞人獻新藝羅者逞其謀中田倏攬轡旌旆揚悠悠
游鴻安足視批兎不盡援兩翼一齊控雙肩一連收
左挽而右發由基慕匹儔經過趙代里去去不復留
光風吹上蘭落日下長楸策我大宛馬挽我闔廬鉤
徒御暫告退置酒上高樓奇舞北里弄名曲大陵求
明燈張夜飲纓絕尚不尤

美女篇

美女故佳麗羅紈何飄飄躊躇臨岐路手挽柔桑條

蛾眉揚翚彩明珠欝金翹琅玕交羽爵約約垂纖腰
飛燕矜絕體衛女媚閒妖丹葩弄巧笑巧笑安可要
借問女安居淇洧路匪遥傾燕復艷趙容態誰爲嬌
清絃繞一弄德音勝雲韶蘭薰染阿錫攘袖氣若煙
舜華絢日暮夭桃灼春朝崇臺倐廻步神女恍可邀
清光蕩渌水雙魚出迢迢連婘若有慕所慕竟虛寥
良媒不我遇亮節已昭昭

白馬篇

白馬盛鏤鍚往來祛且鮮重關三輔地九宇相鉤連

人地貴相得承權罔不專劍用荊山玉彈用隋珠丸芬葩皆侍御駿犀錯長鞭鳴鑣下亭障道路嘆光妍高馳必千里乘飈入九天一朝復一日六龍共騁旋寄語狹邪子行樂須及年生來輕萬億鞍馬自便娟翩翩四公子當時稱才賢輕騎餙金勒絡繹若浮煙一出傾朝市再出傾國鄽英風蕩百世竹帛安可傳

輕薄篇

長安有輕薄輕薄世所無十五好劍術結交盡博徒二十棄文史長年累酒胡不用富官爵游歡滿京都

出門一迎客顔色敷且愉堂前列秦箏堂後奏齊竽
博山颺輕霧俄頃勑中厨羣盤多襍俎盈盈鱠鯉魚
客稱萬年壽主奉千金娛滿堂皆尊貴一一工悅諛
被服既鮮好黄金飾驪駒文犀爲摽首寳劍盛剌鏤
出入共腰佩光彩一何殊有時盛意氣里中恣遨遊
東舍行報恩西市行報仇殺人如蒿草委頓在山丘
深宫犬相吠高樹鷄相呼太平無刑法倚勢得專由
師事者田光兄事者淮夫睥睨横一世何知意氣麁
御手承鶡雀引弓接狸貍一發皆破的攬轡各前驅

所向誠無匹往來城南隅雲中有彩女攜手願同車
取頰又傾國齊姜嘆不如青銅光作鏡明月麗高嵎
廂簾六七十緑碧間紅朱明璫結紈素共耀我輕軀
平頭稱衛尉斜領誇秦姝琅玕錯懷袖要渺出天衢
黃金同瓦石委散肯踟躕倚醉發怒罵揖月辱當塗
出送王侯客足不過門樞白雲如車盖功名耻簡書
三日又五日府中聊趨趨歸來光道路觀者但唏嘘
中州非我宅專城何以居三皇與五帝棄之如土苴
皇帝延壽命時清樂有餘貪財又惜費人生良爲愚

日月張輝宴衆賓列階墀綿駒不足慕子野不足追王良不足策治疆不足師師曠不足御南威不足多呈能與角技厭射非一時縈縈如龍轉步步似風隨神仙戀華屋王母謝其廬茫茫宇宙內不樂其何須珍寶尋高價取歡直須臾中庭綠葉樹倏忽變枯株壽命非金石誰免沉黃壚

善哉行

來日大難川流湯湯會爲舟船周流其中解一闔門置酒清白異樽弊牛羸馬弃杜易論解二九疑有玉貧者

弗攻懷兹耿介俯仰孰從 三解 鄙哉愚人戚戚中煩青青者草秋隨野燔 四解 靈淵何入陽谷何升人生若寄與之浮沉 五解 子喬控鶴輕舉未還仙化嘗道豈在神丹 六解

又

今日相樂置酒高堂左手執簫右手執簧 一解 涼風入室哀音清揚念我昔人曠若參商 二解 長袖靡靡出入雲端窈窕善慕急弦和彈 三解 朝雲逝矣應龍莫攀舉手相謝道路爲難 四解 人生何嘗北斗欄干燁燁春華

朝不再繁五解芳俎既列嘉肴既陳乞堂絲竹爲獨傷六解

烏生

烏生八九子營巢共一樹三河秦氏家有少年挾彈如雨八九子寧復罝汝唶汝頭如果蒜一彈卽中毛羽剥落悽惋秦氏家碧玉軒堂鴛鴦七十成行啾啾聞我殿東廂唶阿母生烏子時顛倒巖壑得食恒不充腹營巢秦氏樹鷙鳥幸毋搏曾不知少年輕薄唶身死魂魄安飛我人民心中毒荼鯉魚西上遊彼乃

傴僂伸鈎白鹿出入西死中卒逢射工不得去嗟秦氏樹枝蘖相連山客持斧斤入門紛綸一得命延我人民生各各有壽命何須營營相煎

猗蘭操

猗叢蘭紛哉颺紱而佩胡弗祥依巖谷逃行藏有所思疇其諒翳艸木天所命山之陽雲蕩蕩嗟予道周以方陟高原四而望明王作日重光歸蘭所惠吾黨

貞女引

青青茂木守冬榮有鳥處山夜長鳴感彼柔條含甤

英連娟寒態與之幷夕風四至無人截木偃鳥鳴恒怔營孰處中閨泪交傾羅幃薄月鑒不明安得爲生全令名

長歌行

太華山危險大難我欲登之恒流連小匠持斧繩鋸木爲車輪大匠持斧繩鋸木爲舟船顛倒巖石間山獸相拘攀乃有仙人髮皤皤乘風而行行入門教勑主人受言舍車與舡導之太華巔人生相期行努力高高黃鵠離哉翻

董逃行

吾欲上謁從高山山上亭岩岩赤松相對照視日月驅馳勞古之人遜位於此保守者何一解小復前行戚戚多日月扶我車謁我王父毋鼓吹嘈嘈我但見山獸合坐以羅二解前跪問平安否解我愁腹易我肌膚我但見彊疇歷歷將挈妻孥與俱三解堯授舜九有北風吹茅茨飲酒歌詩爲樂幾時翻翻芝艸王父毋所遺内我袖中莫知四解離天四五里行且徐徐芝艸出袖以繁我洞簫琵琴敔正釪釪王父毋傳呼乘駕雲

車經歷名山心澹愉 五解

又

仰望二京崔嵬阿閣重門參差倏忽白日蹉跎居民埋沒蓬蒿望城面邑悲號 一解 捕雀籍彼鷹雕一旦鼓翼踉跳呼朋千百相交老烏據樹失巢何但穀穗爲銷 二解 斗粟夜舂不休營營悲煎柰何顛承樂世逍遥長衢夾巷唉歌徹彼虎賁旌旄 三解 襜褕報之錯刀傾情悦意何多千金爲樂一宵未央鐘鼓迢迢詎知血肉流漂 四解 手足異路各逃田中野蓬飄飄撫劍雷音

嘐嘐曾奈年往精銷天道胡不昭昭五解

董逃行歷九秋篇

歷九秋兮三春日月恒處常新行觴合坐良辰咲喧莫不企呈曠若參商妾人一解覽遥夜兮暉光小復前行玉堂博山颸霧飄香襲我翩翩羅裳主人更發清商二解纓旣絶兮履遺徐徐攝帶搴帷光榮夙昔流離頗愛如山不移浮萍非水安依三解歡與憂兮相并雲中彪列辰星照地不能嘗盈蘭桂經霜則馨頗守君子未榮四解朝爲日兮夕月君恩相保不絶上遊飛觀

層闕雙雙銅雀金宿何期一別秦越五解別既易兮會難既醉俛仰萬端御金裊紛珊珊白日西馳未還柰條紛冉難攀六解廻華燈兮步障坐者舒顏齊唱前沉後激相向盛時倏忽難量心中所親懷悵七解

神龍奮　擬明鐃歌

神龍躍奮中土制以數恒用五攬群輔裔裔般般乘風雨朕風雨延四方錯青黃虞哉唐玄雲震澹天高慶天高慶惟純德經緯亙妖孽息附而不驕心翊翊

開洪基

開洪基靖區宇周萬物公還曾告成上皇錫之輔開洪基惟太元嘉上服承至尊陰陽度理被華文開洪基永配命神若宥嘉以正衆庶寔與朱明盛熙熙茂豫罔不敬

河之清

河之清橫天經上發滎下騰轂竅混沌洩金精紛哉綸五色慶宣以風意繩繩周三旬膏潤并落天門利在坤我皇之德永不偏昭明三光騰氛氳宜爾子孫敬受命

豔詞

鬱鬱庭中樹枝葉披榮露夫壻流宕子流落在中路利劍攜在手黃金作刻鏤鞍馬雖駸駸行行日已暮賴得賢主人入門爲安措乳燕巢堂室雙栖莫知故相逢屢合開當結明月來

又

皎皎雲間星俯仰在戶牖戶牖盤玉龍鳳凰雛將九主人賢相勞盤中何所有五味盛蘼香慷慨稱大斗羅坐琴與笙不知何老壽出門相知新入門相知舊

浮雲上悠悠永副心所求

又

盤石生南山松柏蔭其旁朱輪交狹路徘徊以故鄉

上枝棲翡翠下枝宿鴛鴦中圍渝百尺鸞鳥自翺翔

啾啾聞鳥鷇朝日翳輝光朱輪復展轉狹路窮萬端

矚目彩雲裡太乙仙人宮繡桷匪不崔羅幌匪不長

輪菌常盈把不知從何方

王子喬

王子喬樂哉恒苦悲参駕白鹿雲中敖嬉今日何日

重復來歸復來歸陛下撫運念我爲高高山上舉手
謝衆人我不得下爾不得來但授陛下靈藥保遐期
有子無子天命之王子高樂哉恒苦悲

淮南王篇

淮南王慕神山山木巃嵸水流還黄金作船遵㵾入川
風波蕭索石梁懸石梁懸携八公八公慕道樂無方
溟漲無端朝日蒙鳴瑠曳裾渺何從頓化雙飛鶴躡
長空躡長空還故里朱門九重徘徊不已百年之命
直須臾來往扶桑心且愉

楚妃嘆

翩翩者鳥弄嘉穀輕風褋佩相和鳴夜蟲泣露何屏營玉墀羅幌妻復清楚妃微嘆若有陳進君九女紕君臣同歡等愛意自輕臨觴不御增憤盈新穀迭奏横两楹暢暢賢妃矯天誠四座感嘆同歡情

飛龍篇

經遊名山雲霧漫漫白榆歷歷参錯津盤弱水左側九龍盤桓彩蜺可駕飛雹難攀投壺六博玉女珊珊黄金静室白銀露壇峥嵘無地怳彿萬端采石得髓

芝草以繁鳳洲超越來往縣鸞不憂年往何虞路艱

秋胡行

驅車晨上山浮雲度我前驅車晨上山浮雲度我前同畊同食兼愛井田逵人不私巳寄託恒偶然高高者天孰與齊年歌以言志驅車晨上山一解禽獸過故丘悲鳴復何求禽獸過故丘悲鳴復何求嗛嗛君子懷德莫雠利旁有倚刀急急恒自投食草去根頑防賊蟊歌以言志禽獸過故丘二解長夜無光明仰視雲間星長夜無光明仰視雲間星一葵在園童節孤生

故人不相信何用歌南音天道晝一權石爲程詞以言志長夜無光明 解三

上山路錯盤下有去來人上山路錯盤下有去來人瀉水繞中不辨淄澠遭際非險巇令德安見稱隨時修行輙如履氷歌以言志上山路錯盤 解四

美人在雲端淒風從此興美人在雲端淒風從此興松柏有枝下摅銅盤將縑來比素新故自相懸委身奉事鬟鬓斑斑歌以言志美人在雲端 解五

又

烈風西至白日爲傾雙鳧高飛一別胡秦絶粒窮居

飯釜生塵青青桂樹豈不冬榮解一決渠爲堤河水莫侵君子所防不獨在名兎行狗竇不貴其身八龍蜿蜿馳駕相並瓜甘蔕苦棗羡棘生初終相結寧復蓋貪解二嗟彼賢喆寂莫自投一時道喪詎足爲羞直者道死曲者封侯具車買馬四方同遊陽烏成群振羽悠悠高高摩天豈不德求解三

出塞

朔風吹野草將軍出廣場塞雲連黯憺胡馬驕且揚一歲發壠坻再歲到燉煌三歲遠鬬戰拓地盡邉疆

飛蓬滿中野阡陌但縱横細柳紛相接長榆出金征
井泉歲歲竭烽火年年驚蘿薜平樂觀遠戍羽林亭
金匱觀星象河圖按地經前軍既按隊後軍執稽程
行行如偃月去去似流星石虎經銜箭金人屢造營
星渠標白玉寶馬絡朱纓谷蠡圍朝解骨都壘夜行
左賢魚麗逐右地月支平赤狄來窮寇烏孫去娉婷
流水歌三叠連城唱五更七屬良家子千群上國英
貳師惜良馬飛將愛雄名深谷窮萬里崇山歷九縈
鳴鏑起後陣飛鋒接前旌隔河纔浴鐵對嶺始斧冰

侵星踰玄兎際晚下白狼燕旗高却月羌笛慘飛霜
龍沙塵浩浩雁塞白蒼蒼菖蒲未生節楡葉已黄
疇昔征戰地青草不復長平雲連陣色半月掩城形
燧象參差下連鷄遠近鳴遥夜聞鼙鼓軍中心屛營
單于忘甥舅將軍託弟兄但知屬國憤不羨武安榮
河套搜將盡武威出更莊白骨相驅撑黄狐乍低昂
遠道何知苦流年直自傷鏤渠何錯錯鞞琫何煌煌
繡襠何爗爗箭箙何將將男兒盛意氣意氣在勤王
間闗踰萬里率徒向遠行層阿不用棧交河不用梁

西不盡函谷東不盡太行斗口三星動旄頭五色颭
來往鋒鏑下坦如馳康莊歸來報天子論功坐建章
一歲發壠坻再歲到燉煌三歲遠鬭戰拓地盡邉疆
加爾上方服麒麟盤當中賜爾湯沐邑鄠杜最上豊
燕然石再剖淆函泥莫封邉闗塵不動猛士守四方

蟛蜞集

閩中林嵋著　男人中校

樂府

妾薄命

高樓明月流輝熒熒薄照修幃攬衣夜起徘徊延召平生所私蘭燭華燈明舒玉樽迺出中厨東西結綺交疏羅紈耀我輕軀緑葉披露華滋懷袖馨香經時翠盤雜饌交卮杯觴不盡何期滿堂袨服炫鮮趙瑟秦箏陳前才人妙伎稱妍起舞一何仙仙要佩琅玕

俱飛步障迴光未睎采采鴛鴦上機齊心合意相依
盛年不得同房何用明珠流黃清謌悲意激揚合座
莫不妻傷衆星羅列天衢人生歡咲須臾瞬目雲間
雙鳧頡化爲雲與俱

蒲生行

蒲生何離離苦愁心自知顏色匪嘗好使君生別離
孔雀來修修徘徊我前池一解朝亦復悲悲鳴暮亦復悲
鳴不得君相見何爲勞德音感彼道旁頻隕涕如流
星二解黃金以終鑠白璧以終疑松柏以終改磐石以

終移素絲以終間皎日以終齣解三上車徒回顧下車徒躊躇相逢在中路棄捐返溝渠不爲生者苦但傷過者稀解四

釣竿補漢鐃歌

釣竿青灘灘乃在大海涯大魚不上小魚心愠而口含明月珠三两而爲行如此之行趨趨曾不知釜中激激翁孺相語翁欲炙孺欲羹翁思魚尾孺思魚首魚乎魚乎無不可

玄雲

玄雲徠訣蕩蕩從高斿下而上徧觀是耶思恍恍惟予有慕天地並況雲之徠承玄德敷且廣並騁並會若風馬赤雁集下紛哉颿成我原田以穰穰

務成

務成湛淵淵以宜宜地道無成曼且堙思爲天道天道凝凝升而上者四五人驂駕鳳皇遊太清太清谿以升睿聖世相承平爾準置爾繩由近致遠引分得均宜宜遊于淵念彼務成

黃爵

黃爵鼓兩翅一飲一啄禾黍嘗弗利爲此倚欲嚟室

朝閉黃雀暮閉黃雀黃雀卒不得食身軀微小乍前

乍却廹欲救之已焉哉太倉粟萬石大司農嘗揚以

箕女曷從之攫攫

右八變詞

秋風何慄慄慄慄庭樹以萎黃落葉辭枯枝鳴鳥夜傍徨

離宮既曠絶糾戾摧我腸北寒時已踰南心徒自傷

何緣相交頸頡頏爲雋鶱

定情詩

自我出城門得承君光輝躊躇臨岐路邂逅遂忘歸
未克後房寵嘗虞中路移歡情勉自竭華色誰能如
皎皎何所綴秦珠抵明月娥娥何所揚阿錫飄蘭香
盈盈何所會芙蕖交長帶翩翩何所承白紵光如銀
纖纖何所結素縷飛廻雪粲粲何所盤秦銅錯雙鸞
離離何所矚九華艷明燭拳拳何所思緑綺絙朱絲
宛宛何所致珠環襍金翠脉脉何所傳雙針連縷絲
區區何所報蘭袖鬱金艸與我期何所乃在西路隅
日中兮不來百艸芳已衰谷風何習習望子心徘徊

與我期何所乃在東門側日暆今不來飛鳥振羽翼
衣帶動涼飈微軀不自惜與我期何所乃在南山曲
日夕兮不來繁霜凝裳服奄奄日已寘中懷安能副
與我期何所乃在北堂中日暮兮不來高樹撼鳴蟲
浮雲流華席千里安可同妙顏昔所晤中情傾廻顧
儀態自有餘結言無新故侵星不知晨冒霜不知暮
謂君不我欺崎嶇兩相慕一朝失所期金石不改固

同轂詞

同轂自相應恩好以爲嘗蛾眉既修淑芙蓉燦餘光

微言相傾悅要眇情所當雙鳥名鴛鴦匹鳥呼鳳皇頡爲瓊枝樹得傍浮雲翔頡爲蘭池水得承輕風颺組帳御蘭室華燈燿曲房翩翩起拂舞趨步各鏘鏘宛若雙龍轉皎若雙雁行儀態盈萬狀恩情盈萬方四座皆希見玉女排天閶婉孌在今夕仁義安可忘

杯槃舞辭

承盛世共盤桓玉顏齊舉舞杯盤一解舞杯槃天門開我騰而上樂巳哉二解左槃廻右槃轉心中慷慨徒稱筭三解合絲竹陳樽酒七槃歷歷矜玉手四解穀相應心

相期變化無方曜二儀解五金輿玉合又分宛若龍轉隨浮雲解六隨浮雲何翩翩將流將引承此禁解七垂明珠轉玉除停觴不御欲何須解八登元氣攀日月君之臣明服無外解九南斗吹北斗奏合來坐者皆富壽解十

白紵謌

蘭膏熒熒照綺黄美人搖步曜明璫徐廻徐起乍低昂朱絲玉柱紛北堂層樓明月初廻光念君華年安可忘暢暢飛舞氣流芳

笑倩兩犀目揚蛾流情送意一何多中庭桃樹枝連

柯三五容色爭妙華金罍美酒瀋若波朱燈半熒朱
顔酡今者不御情柰何
刻金鑄作南山爐龍鱗丹彩承歡娛雲羅霧縠舞須
臾芳花露泫臨玉除左廻右轉揚輕軀念君高臺擬
天居爲雲爲龍孰與俱
芳袖一動芬葉披荆王臺上舞楚妃絃催管促情不
移流黄明月照同時千金易盡日易馳凝華結蕊私
念之心中慷慨當誰知
[illegible]袿廻轉舞再揚燕燕于飛繞夜梁步摇明玉容儀

光芙蓉七彩紛流芳君恩感人人難嘗風花作英承
春陽舞以盡神妙無方
玉墀崔崔夌層雲暢飛暢舞上天門容光華艷妙絶
群含商咀徵思繽紛纖腰嫋嫋垂花裙抄舞赴節直
爲君上轂急調世所聞
雕屏匼匝帳齊施明月直入光迴移盧女抽絃翬蛾
眉德音娛君君勿欺九月寒衣已擣治淒風夜起素
雲馳非君之故我安思

折楊柳行

去日益以遠良時不再値薄暮恒苦饑靈藥安所得追念往古人壽命同金石 解一 子眞既永逝梁鴻復長往八宿夜失行熒惑徒相望遊客不爲遠六引停清唱 解二 林鳥有歸心因風以附翼登高一回首楚路蒼無極桐柏鬱輪囷本根誰能識 解三 宮館長徘徊可望不可卽流水揚清波持檝心惻惻盎漿不自擁解劍爲嘆息 解四

芳樹 擬李夢陽二首

一字起至十字止

嗟芳樹山之阿昔爾垂條今爾解柯託根匪不炎傷

折可柰何有人出自城郭高盖駟馬錯錯上睇積石嶄巖下視懸流廣澤盤盤鬱鬱絶人行狹道相逢狐與貉同晉綺樓列明燈緑髮華顔可如昨鳳凰朝既變爲鴟鴞老烏又見人而攫攫鳴呼丈夫流落在荒逖江南流矢兮江北鳴鏑又安得采采青松以自適

又

嗟芳樹秋復春誰毁爾蘿誰剥爾筠飛鳥不得厝高雲不得託一蛇大比車輪齒如白石磷磷遥望長安行客不覺掀唇向人酣歌妙舞滿華堂我歔何辜滞

野疆滯野疆兮心徬徨哀哀鵋鳩兮鳴樹旁吾聞虞舜驅山過萬里歎柰何荒墳漠漠蕩爲址

行路難　擬何景明二首

帳有流蘇盤有鯉魚錦笙翠管燭明舒紅顏遽起揚羅襦衆中意氣孰能傾顧余一曲感中情河漢盈盈隉雙皃欲準道路升沉殊攬衣起舞各躊躇車輪過亾東西驅

又

感心動耳發清彈美人隔坐竟何言河上之魚逝無

還淚枯腹中悲路難刻金作劍光龍泉駁犀標首麗
且姸流目一眄猶昔年今昔何嘗佩復揹

登高丘而望遠海

登高丘望遠海覓爲旌雲爲盖神人所居今安在弩
連發車疾趨鞭怒石中游魚茫茫海宇孰闢驅風伯
前雨師後奏雲樂御天酒主稱千年臣萬壽蹕扶輿
濯咸池翠羽葉著虬枝鳳凰乃復鳴舞之飛瓊降右
英上解我裘施我帳感君纒綿意相向鳴鷄喔北斗
闌廻瓊轂轉玉盤人生安得長盤桓

盤石篇

盤石欝壘壘乃在南山側孔雀下雲端振羽正翕赫下欲飲濡泉上欲棲松栢翩翩作高飛虎豹嘷鳴索念彼江海中戯鴻何自得魚目高山丘黿鼉不動色桂樹揚朱華流離蔭廣澤黃金繫舟船一舉窮朝夕珍寶既以通來往出鯨春間置十二亭岧岧止行客晨興上高山柰何蹈盤石高高上際天車輪忽中拆遊聆窮九州中懷憤以作慱愛理自然微軀胡難託

驅車篇

驅車出郭北阡陌但縱橫廣柳錯飛盖素駿正亭亭
虞淵沉白日輪蹄若雷鳴昔爲芳蘭體今爲孤兎塋
埏門一以閉螻螘轉相親道傍松栢樹中圍堅且貞
踈枝敷緑葉欝崒于天庭一朝遇匠石琢鋸引斧纆
輪菌忽解折棲禽不得寧拊翼自鳴悲鳴悲感幽冥
大小仝一盡天道甚著明玄廬周重皁不足蔽其形
振駕歷名山廣宵忽可晨彷徉各自適何必慕長生

棄婦篇

輕風搖緑漪雙魚出廣池上有黃蒲葦冥冥得所依

釣竿灕且㳂釣餌繫青絲迴頭一引顧苦飽不苦饑
情故相好樂念我初婚時上堂陳莞席下堂曳羅襦
翠羽雙幷命文禽两交飛相當桃李葉相對桃李枝
低昻揚素手盼睞生光輝一朝遭棄置恩愛忽中虧
新人從門入故人從門辭新人結芳蘭故人結柔荑
新人振阿錫故人振薄絺新人陽春曲故人白露詞
逝水但知東逝日但知西黃金闇無色急絃自摧悲
念與厖石幷結言誰當移

㵄詞

處世良獨難白璧如雪黃金如山意氣一失胡可牵
攀顉瞻城郭鬱鬱盤盤鳴鳥何之旦暮間闗一解太行
匪不高北斗戾其端迷惑中煩曷知爲後曷知爲先
委而去之蹈海入淵水中之馬陸地之船急行緩策
屨頊不前二解豈無友生道不相謀勞我邀求操是太
阿舉世血流附彼羅巾針孔經由人亦有言小大曷
讐三解暮秋烈風行將折摇人生幾何南山有豆採刈
以休大頌洗爵小頌呼醪入門偃息孰逸孰勞四解屈
身就道隱約何妨下視黃口上用倉浪時清吏法胡

不遑遑一有所向十有所亡彼昔聖賢生而恬康國無妬人名播四方飲酒歌戲遠遠未央屈身下爲趨

又

人命難久延穠華灼灼朝不再繁浮雲起西北若何翩翩我心怫鬱徒悲煎汎汎石龜長懷滄海中神丘有火宅令我冬苦寒崐崘有弱水令我夏苦熇天地氛氳我行不知上不知下心悲竟何言雁門之高桂林之遠漢陽龐阪矣人所居鬱鬱漫漫徘徊四顧何逝頻盎中無斗儲桁上無懸衣親交在門傳呼前一

言人生一世間祿命自天懸何不恣我遨遊王侯長者販販往來里中何用譊譊爲蠹喙仆柱蚊芒走牛此物而徵我胡不憂繩繩雲與漢歷歷星與辰行將挾千里之木鱠横海之鱗逍遥上彼太清曾不知善計桀孔長辯秦儀巧捷工倕孤墳纍纍縱横壃畝又將我耕而爾犂亂曰居世一何不同天地狹如弦仕宦須論知已結交須論豪賢我今勢埶奉事二親何敢先黄泉野艸負巖墻而生又安俟日月之末榮

武夷君人間可哀之曲 爲黄石齋先生作

嶤嶤者山玄雲超騰孰終産是憑憑繩繩大德既備及爾同昇爾不我同雲景寔寔民生何貴天則以承曰予輔之及予昭明相將無死予心曷寧

又

玄雲詄蕩艸木長披維予有慕蕩蕩愉愉教勅凡吏傳道在茲盤旋娛戲遑獨后而鳥獸鳴號頓逌其居般般庶類匪德安依震澹予心曷知厥時

蘊門嘯 答徐師錫餘

有大人先生兮幽獨處于蘊門坐磐石而舒嘯兮動

清角以不煩既愿愿而習習兮鸞鳥孔雀翳其端又震震而澹澹兮林木飄飄以失群傾靈泉與玉液兮將遍飲於少年欲傳寫于琴瑟兮亦惟元氣之周旋翳天地之閉塞兮吾但發嘯于此山遵廣成之遺則兮曾不知合軌乎軒轅

古離別 別吳子日生

車遥遥泥滑滑城之南火發北風栗栗率彼逃穴蛇寻路相閉我行安歸予行又安別一解答言巡撫下催兵努力前進監彼軍者為誰父來持刀子來持弥楪

剡如奔貌我心怛惻出門曷遴遴解二　文士不習威戈
戟團團胡爲烈火天爲赭東湖之水青離離租耶徭
耶役耶誰爲我治子行我當亟歸鼙鼓嗜旌竿折望
子心悲切解三

西市謡

青青草委馬口反顧不敢走　幘如屋自投閣石上
春黃糧石下懸鼓簌簌　文籍雖滿腹不自理於獄
上書爲亟白飛蠅畏羨熱

秋胡行

凉飈厲層陰圓魄不掩望經天固難周光塵忽淪徃
念彼傾城姿秉節素已亮義心不可回音形誰想像
三星耿長河迂廻虚所睍
嘉運不我從歲華更秋素微軀犯風塵鳴鳥振高樹
薄寒私自傷躊躇臨反路衣帶渺逝川登涉窮晨暮
所歡竟虚寥結言誰不顧
鳴管非孤生應律出寒谷德音欲相娛詠嘆良不足
重寘豈無歡晝遊當秉燭星月亦流輝芳顔不可矚
念之心長摧感傷詎我獨

中情不再好挾纊如寒氷欝欝黄金艸榮華安可仍
寤言豈不遠感嘆自寢興宵光旣寘晦塞耳唯蒼蠅
同盡無大小身没心安懲
反路頓同遵重泉日以遠離獸下荒蹊悲鳴恒春春
危風振素條芳非一以變纖手出攀柯如何待歲晏
艸木異襟裹臨岐泪如霰
弭節何遲遲興言邁千里追念平生親奄奄成長寐
乾日麗高嵎紅顏委溝水煩寃難具陳急調逐絃起
苦辛復苦辛明義爲君子

江漢有逝波欲遡反難卽渫身向玄淵皃蕩蕩顏色
瞻彼雙飛禽蒲蘆爲矰弋生命懸自天菀枯誰能測
婺女託漢陰欣願良已得
若蘗手自割黃絲色以紛哀調連長夜亮節安可捐
鳥歡在同林水歡在同源誓心向歸路徘徊念結言
嗟彼杞梁婦頹城安足云
龐坂樹高松孤根由獨守上天倏興雲曀潤一以厚
美人含幽思相依非左右一旦委長逝天運胡可咎
豈不念明光背之良已久

石城樂

生長本石城水流石不平磈磈常見石不見心所親

大隄曲

何處遊冶兒白馬絡青絲經過大隄畔春月豔陽時豔陽隨時變東風來拂面粉隊各成行入花忽不見寄語諸少年陽春不再妍婀娜堤上花是郎得意人

銅雀伎追和謝眺張正見何遜劉孝綽

漳水向東逝妾身猶自生所悲在向帳何况更移歡

二候勞相憶三三時空復情銅雀臺中立承恩孰重輕

右謝朓

又

銅雀看飛動連榱戸戸通吹繞墓田樹心隨簷宇風

流目一送斷清絃獨奏空平生慊慨意不盡西陵中

右張正見

又

最高臺上立絃瑟凄復清朝來臨大道暮去撫空城

舉酒情何重廻燈意已輕寂寂東西陌詎聞車馬聲

右何遜

又

酒脯間絃瑟盈盈三五期曲終誰持履舞罷獨迴帷不知高會客尚念新歡時穠華不再灼空使妾人悲

右劉孝綽

子夜謌

人言歡兩心挍刺恨不深今旦兩相得完好如金城

又

揞葵莫傷根剪韭莫觸露非作慊慊意引新都憐故

又

高下本在心勿煞所非煞白髮猶重玄誰者是當斷

子夜四時歌

共嬉桃葉下妾歌郎相和肴處弄春風知郎無不可

又

持葉飼春蠶蠶饑抽不成交情畏中斷絲子不復生

又

前溪若耶水後溪若耶花擔瓶不肴岍未須苦風波

又

鴛鴦翻碧水波没不相離郎君昏唉來爲言沐浴子

又

當夜擣清霜霜飛桐樹前摧殘兩不厭結成梧子圓

又

昔見桐成花今見桐成子芙蓉池四周就中應有此

又

妾儂搏山爐不異春陽節懷人心內熱何畏冰霜結

子夜變歌

憂思出門去經過黃蘗塢郎君詞未叙誰敢言辛苦

又

交交相思木，繫船吳江側。流漂本無根，青絲何著力。

又

隱機久不織，漫漫絲斜結。成匹理自難，何以白與黑。

登嵩山賦遠遊

乘蹻萬里外，隨意恣遠遊。鬖髮生凉風，玉珥響颼颼。洞庭大張樂，竽瑟出中流。神魚咲河伯，呲泆爲山丘。上至天之門，曜靈景未收。輕身倣鴻舉，丹萃燭彩裘。西枝與東幹，扶桒倐沉浮。瀣沆共一餐，躊躇下蘭樓。

歸來語術士朝陽信可求

又

志意在蓬萊日夕造其顛河水流東注雲翔何翩翩
朱華紛燁燁扶路又參天顧望正徬徨王母忽傳言
開心正爾氣合坐以靜專珠玉爲塵土服食爭遐年
不如戲玄津凝神得自然光華比日月清謌樂仙仙
憂彼萬乘貴蜉蝣詎足言

又

雲霞自窈窕晨遊暮未還投壺問大博游戲泰華山

嶢峨雙玉闕玄獸相拘攣群后各醉飽上帝倚紫垣
祥風披嫋嫋文螭嘯雲端芳華一翫弄濯足向津盤
韓終與王喬要之共後先憑飇游四極載霧歷九紘
天地爲門戶來往得晏然

長干行

班班車輪徃來大道不畏輪偏但畏車倒一解層樓高
高客有韓娥舞管喧闐僂行曼謳長兄太師小弟徹
侯闔門置酒遑恤我憂二解珊瑚錯錯大宛名馬金吾
都尉相睨不下一醉吐諾千金脫屣朱家季布顧我

莫比三解城頭伐鼓城下棲烏東方日出異道各趨四解
朝我上府夕我踐更吁嗟何為拮据不寧錦衣車馬
來往參差浮雲上天富貴濁泥五解

上雲樂

海上有神山其根無連着往來播遷仙聖自樂白日
未沉海水瀲瀲三十六帝各昇天一時附從摇太白
王母弄芙蓉花顏兩綽約朱唇發清商陽氣滿大宅
混沌之先孰我開寂寥之先孰我索元氣久徘徊光
彩何足託白鶴倏墜地子毛猶未落嗷嗷作長鳴一

鳴盡飛薄云是雌雄相視時目睛不瞬始産伏夜光竟何德顧兎死在腹生死了不遺厥利誰能數黄帝生陰陽上駢受耳目紛紛七十化膏血布林麓黄土一潰摧九州無隅隩周衰之歲不再寒秦滅之年不再燠整駕出扶桑聳身上暘谷上枝與下枝十日相代何其速應知造化初轉轉如輪轂寘心視太古陶冶豈無淑日所入月所出紛紛綸綸遞相逼安得揮戈周四運陶然與元化同徂

孟門行

孟門山何難從聳身欲陟危岌岌九折修途凴雲中
挽手觸天天柱墜九烏射下掛林端將見女媧鍊石
憔悴愁向我冬則漂霰烈風夏則揚霓罩虹鴟鴞朝
鳴不得息鶡鷄激激呌西東遠道之人如旋蟻足所
未躡心忡忡王良造父失顏色極目四注斷飛鴻幽
險誠難測曾不知開國之始魚鳧與蠶叢封狐修虺
各千里十日代出九不死得人肉以爲醬人骨以爲
甌袖中不有黃金鎚閽君何爲尚歷此君不見東市
殺怨吏西市殺仇人仆尸在地刀痕新康莊道上巳

如是况乎道遠非我親人生恩怨只一言泰山杯酒反覆間乍見九疑之峰生人面又見三峽之波播人唇孟門山猶可陟世路崎危向誰論昔日淮南高跡在山中谿谷嶄巖路莫通水驚波兮虎群嘯青莎襍樹兮雷馮馮陂池紆曲連層榭慕德相傾來八公由來夷險在人心孟門山何難從

猛虎行

猛虎斑斑何者不可傷南山觸兩老牸北山抵群牂兕伯促人命高天復蒼蒼軟塵掩面思我故鄉昨日

縣官稅破屋今朝催我豆莖上軍場逼逼出門去道
逢猛虎不得少躊躇丈夫樹棘女子築牆牆欲高高
樹欲深但當仰首覘滄浪犢牧出採薪長跪叙悲愴
吁嗟猛虎爾於我曹胡難忌膏血流川谷涓没泥沙
黄吾將訴汝于泰山君泰山之君竟無言不如道遇
古冶彊力排南山絶地紀抽爾之尾履爾腸

苦寒吟

蟾蜍薄天際玉井埋東輪瀚海層冰萬餘尺更有霜
霰紛紛飛着人豪門貴客酒蒲缸鸞刀錯錯鯉魚紅

金盤玉筯澁難下燭龍高枝栖寒空停杯望遠客北
風怒號天上來倏忽今八起百哀昔時銅爐象南山
龍鱗丹彩五色爛自君之出沉灰土青苔繡結雙金
環不忍見此物言之淚如瀉高堂已遠蒼梧野二妃
日暮涕交垂驚猿聒聒瀟湘下

雉朝飛操

雉朝飛臨曲池縈縈華顏顛多違驕又逼雌難挾聳
身欲戰空躞蹀振羣翰絶雲端遊遨蕩子挾彈尤澤
翟出飛相對徘徊不惜錦衾碎麥秀蕲蘆矢潛充君

鼎俎尚何嫌

雙燕離曲

翩翩雙燕情故相於出入桂棟往來蕙帷既疑聯翼揚蛾春日游春風歸暮雲起雙燕離鄉花振羽俱含悲虹梁早夜恒獨窺徘徊井幹路超越渺渺長川成永別細管長𢿱腸爲絕矣入鸞鏡涕不泄江南別枝安可宿

蟛蜞集

閩中林　嵋著　　男人中校

古詩

詰咎詩

嗟予咎悔于何以生遭世不造損此榮名一行眚已增屢皆塵人亦有言滄浪濯身憶我弱齡恃愛自昔哲兄先逝曷爲我策游情墳丘略觀陳迹不訓不師遂與朝夕爰居在門避風獨往予昧於幾莫知所嚮謂天何高謂地何廣楚楚蜉蝣與之下上豈不好善

視人無擇出言靡靡召咎莫釋念彼古人周愼萬石今之不淑師此無斁顧瞻歷國印綬纍纍東門之嘆寧獨李斯矜寵藏垢人莫已知身辱名喪涕零徒爲丘壟何悲輪軒何慕出門無見蔽野零露念我友生濁泥清路浮沉異哉徘徊反顧清琴不調斗酒相會惠予一言終身是賴條風振柯淵禽塞海人之云救亦豈在大國無滌吏家無萊妻衣冠相逐廉耻易逃在田者龍觸藩者羝進退曷謀匪躬是提覽彼淪波尚有逝止一行之愆曷不我已朝發嚴駕夕馳方軌

綿綿川路爲矢爲砥三楚秀士朝雲荒淫長卿自慢
曼倩失眞古人有咎胡與追尋伸紙揮筆惟古是箴

家大人壽日上責躬詩一百韻

邃古之初肇有二儀絪緼代序度理咸宜流光四耀
靈景不移般般庶類以繁以滋有輿而沉有清而浮
人生其間豈不虔思大唐作謌四門以開於赫帝朝
明德是來周孔陶物迂怪見欺冥冥經緯亦曷有虧
巖岩山川結根迤逶如龜斯圻如嚚斯羅如雲斯翕
如星斯離百卉嘉植恩澤弘施念我嚴父篤生在斯

姿容璽淑嶽嶽嶷嶷珊瑚碧樹周阿葳蕤凡百君子
皆嘆神奇飭躬有道與物等夷茫茫墳索探歷靡遺
六翮將奮天路摧之蛇　龍之蟄寔也委夷相我王父
出鎮外畿因時建德遠近咸被謂國有翰謂邦有維
藹藹喆士寔懋鴻猷暨領嚴邑衙軛載馳步登山阪
撫念民瘼明明佳績畀官曷辭汝南孟慱南陽宗資
畫諾坐嘯古人所嘉皤皤黃髮保乂自持背棄世務
結友巖巇遺榮樂道莊周我師顧瞻日月曷其驅馳
玄雲震蕩湛露凝之俯釆蘭黃仰結桂枝爰稱三觴

以介麗肴霧縠紛紜華文委隨鼓鐘竽瑟拂舞齊移
浮瓜剖棗齊房吐芝景星彪列滿堂以燕我父臨御
四顧不怡謂是停只戚戚多憂遂我所願誠不以茲
玄居造天飛翰參差白醴玄清蒲陶襍和阿縞氷瑩
蟬羽光輝明珠步搖修鬋嵳峨繽紛繁會萬乘莫加
委而去之於我何俾小子聞言忽焉若墜自羅垢悔
慚德以多撫我育我先軌是斷盡孝田壟蒸蒸不違
念彼古人邈焉曷追父愛可恃父恩當知三才昭登
厥績在人未仰天庭白日多翳亟我如淵養我如萸

蟛蜞集　卷之三　三

薰我如風漱我如波我之不淑無當良規整駕亟行
崑崙且嵬臨河欲濟舟楫不備徘徊中埜我心愴哉
往昔多士出處相乖漁父何高屈原何卑夷齊何慕
呂望何嗟捐印者安挾策者危却金者智設辯者愚
寵辱異路良可咨嗟孰是賢哲抗志塵埃造物施化
罔有終期曷先曷後貴在順時俟河之清未免懷憂
無爲凝志省諐自由曠觀天地矰繳何多罍駭値弦
鳥驚觸絲紛紛典籍爲網爲羅儒墨同毆斯言可哀
剡遭喪亂百憂俱羅明月垂棘夜光懸黎琪玉之蘊

其孰我知游目天表洋洋無依孤鴻目送五絃手揮駘盪成性何以自持進不以道退不以規謂上而下謂東而西鶩然自放禮俗交違聖明在上萬彙式齊和風時雨施物以孳龍雖勿用志則靡摧皎皎白駒空谷致思入門宴笑出門羽儀嚴父有訓小子有詞其國少皞其俗華胥顏閔比屋伊皋充廬返乎虞服遡乎唐基明明我父萬歲爲期飲酒謌詩遑敢后而

別詩

汎彼清波淪胥爲憂鴛鴦戢翼倏爾沉浮豈無長林

依託則否及余暮涉逢子中流頓言崇德與之同游

又

紛紛名籍是非自昔仰慕黄軒大道安宅匪不游情

玄根靡結春華流景秋木扶質清暉以遠弱幹焉植

又

翩翩羅帳于何之施承以輝光莫鑒我軀翕彼飛燕

出入堂帷麗服既御又含明珠一出一入中心曷愉

又

顧瞻周道日余舊基浩浩江流或衡或靡日月之行

流飈翳之左凌長阜右厲清渠飛覩戾天亦罔不虧

又

坐彼磐石拂我素琴樹木凛冽以風以陰邈哉牙夔

孰爲揚音綿綿絲竹曠絶自今蟋蟀相隨實滞我心

感詩

飄風西北至吹我出城門城門多岐路憂思鬱以煩

極目何所見飛禽厲清氛念當共羽翼所往竟難群

又

川路浩且廣促促傷吟蟲停車一廻聽辛苦將無同

感彼陳死人潛寐幽泉中磐石非常固君恩莫可終

又

曙光何易促星月滿高樓行天不下地盈盈燦兩頭
相去共一水欲濟無輕舟顛持千里心託此星月流

又

浮雲瀰林野欲隨君不偕兩宮鬱崔巍飛鳥去復逝
哀哀鳴長夜不得守故栖達人秉亮節恒爲愚者嗤

又

蒲葵雖小弱棄捐有餘思飈塵忽飄散結附非當時

白楊下蕭蕭白露盈之悲黄鵠東西去妾心恒自知

又

出門竟安適上謁至高山登仙者何人素手招我還
琅玕爲環珮要之匪一端頤言返故廬所親惟古歡

又

絃歌豈無作中懷不能輸念彼孤生竹含霜嘗自如
安得斷鳴管鳳凰爲徘徊撫心俟知己知己良在兹

從軍

從軍何言苦遘憫心靡寧車徒踰千百率彼東路行

山川以紆鬱涕泪徒零零歔夜不遑寐仰首跂三星
戍旗下縹緲不見城門亭往昔遭喪亂紛紛四國爭
今兹禍難逼慘愴異常經天威一以震進止各有程
元老遵時訓我師全壯名昭昭秋素節順時以奮征
沙鷄振夾呷蟋蟀又宵鳴煌煌公旦業所志豈遠平

又

自予受嚴命出門若履冰中軍導我出左右以雁行
白骨散丘阜狐狸踞復爭聖恩不遺物安忍見此情
飛禽戾雲中高樓正亭亭明月迸餘輝行影以宵零

玉衡忽改度水潦決塗衢頊馬依巖谷濕薪炊不庡
城中如流魚爰處復何寧

又

我體有遺慾從征胡不力江介進舫艘連翩如雲翼
日暮倚舟檣鳴猿動悲惻分徒出捜原飛罥走以匿
蕭條此荒土何時事解革犂鋤爲兵器原田長蟊賊
饑婦哭艸間塵垢面無色澧水有淵源春春念本國
安得效古公休兵敵與克

又

晨雷起殷殷車徒阻且艱回顧多芳澤隕涕一何潸
高岡生束楚我刈尚未還蹊路窮窈窕跋步窘復難
茹荼莫言苦黽勉以自安念我事鎧甲一徂曠九年
祧祊誰我守骨肉恒若單交交彼黃鳥弄音娛所歡
感彼二三子陳詩羡東山芳言動四座相慰臭如蘭

又

巖岩叢險路我旅各整行骸骨相撐拄疆畛以縱橫
帶甲不遑息躊躇起雞鳴丈夫期在遠托身霄漢間
呂望昔鼓刀棄榆志以伸徘徊此道上擔囊自取薪

東歸匪不切驅逼有軍程東身厠儔伍我意在同塵
冀將王事就共濟胡不誠

擬魏太子鄴中集詩八首

魏太子

天漢廻輕波清光正綿邈方塘結芙蕖幽渚披芳藥
沾潤固華濡搴芳嘗盈渥家王懷仁賢衆英羅帷幄
窈窕呈芳容便娟步高躅層臺聳飛塵華屋振鳴玉
豪彥心久傾歡娛情仝悅中樹含金枝四陳敷廣樂
清音揚泠泠月華紛爛燭宵御旣周盤曦輪必完轂

俯仰日月光希駕誰不速

王粲

川路去悠悠涼風動旌旆白日蔽崤函游子睠洛汭
尺波苦難旋寸陰將安賴伯業念桓文王風繫曹檜
荒艸郊原燔燎煙川谷帶誰向岐路馳空思要津會
飛蓋來飄飄浮雲出沛沛公子特聖明中懷憨愚昧
遠期安克成虛頓誰能待鳴蟬夜喁喁振羽朝噦噦
秦川切我懷楚壤憯予慨念彼式微詩盆增吾顛沛

陳琳

關中既淪亡河内誰擁據百里無完都單民傷孑處
明德幸我求芳言時相須積慘雖終身承歡暫達曙
桓公秉靈鈞四海仰王御煌煌二伯隆靄靄五賢助
詎忝運籌謀自懷臨路懼急觴不告疲長宴寧暫沮
負軛望牽牛當機聆織女照灼有餘輝遥裔孰參與
中飲自感心悲來恒猶豫

徐幹

華域競頹流臨菑予舊里雍門倏興悲濠濮誰繼羨
竽瑟弄好音釣竿託清沚意氣矜少年高蹤念往士

明星燿華臺白露披玉蘂芳塵襍樹流素景當筵起
旣覩舊川原重見新樓雉此情安可終相慰何能已
命肴圜巳摵置酒又復吉懷德非呈能承歡孰角佼
四座動芳言感心爲君子

劉稹

駑馬異渥洼太乙負所覬河濟舊滄留宛郢空俯仰
誰云路無長自嘆川方廣委羽下雲中修鱗集波上
嚴秋出并遊薄暮馳相向群英幸濫竽末座蒙嘉賞
寸璧託卭懷微光握隋掌情志久莫踰恩惠誰能尙

不見薪芻陵安懷皃鵠想朝予臨中阿暮我睇上黨

委心效綢繆何況值明兩

應瑒

託身霄漢間矯翼慕遠舉世難固易嬰天路諒無阻

大梁抗三都汝潁連九宇長衢結雲裴修坂馳煙騖

橫厲已析分麗明今得叙伊陟雖殷臣山甫寔周助

四海仰我公千里同情素謙謙德可懷明明羨無度

愧非荆山璆謬充王國璐和鳴念好音光彩惷廻顧

中坐發長謠庶幾繼延露

阮瑀

衆賓列高堂酌言相終始蘭臭嘗悅心龠響自感耳層臺錯修雲飛鵲泛清沚南皮逐昔游河曲競初戲竊秉簿書閒一詠風土羨列宿粲天文嘉卉媚地理楚史晰三墳漢書包衆志黽勉効王途休明承君子無德堪潤身有禮不愆器愛至媿中腸情優餘任使無容昔所嘉周官列闒寺

平原侯植

客從宛洛來戲游無不羨倚瑟列齊倡挾彈出趙伎

娥娥紅粉揚燁燁明瑠墜浮瓜競春餘沉李窮月季
聯翩下廣亭窈窕廻列肆副君愛不移羅座情交至
令顏既足親嘉惠又相畀分義明秋霜柔懷錫萬彙
日暮臨華池晨輿集蘭氾自比上雲遊不羨中山醉
廻鵲發哀音餘蛙停清淚顧曲有餘悲物情何足異

擬古襍詩

孔北海 言志

巖岩鍾山松澹澹金華露皎潔本相須托根在天路
蕭曹競刀錐姬孔營鍾旹功細謀廼成志大業不舉

年運亶何嘗人生貴得所百里昔飯牛相秦建功祚
築巖者何人一朝感帝寤虛名不足攘機會安能遇
南溟有潛鱗北極有羈羽當未奮身時豈必窮馳騖

魏文帝　游宴

良辰集讌會羽盖出西園暄風揺玉樹飛鳥自嬋媛
翠翰一以振華星耀前軒金塘廻緑波碧葉注浮雲
芙蓉敷四周纖手攀且援衆賓相羅列芳氣襲象樽
雅舞未及奏慷慨心中煩鳴麑啣善艸呦呦念所歡
矧我衆君子親交胡不敦

陳思王 贈友

輪軒出廣野飄颻靜飛塵丹槐扶雙闕靈景曜青春
上枝迴鸞駐下枝拂游鱗朱華旣綽約光澤衆所親
志士希世業所匹在鳳麟清時雖窮樂文彩鬱雲興
置酒娛長夜陂塘錯群星淵魚倏仰沫絃謌激復陳
玉顏相交矚遺履與絕纓明珠間蕙若采采乃衆賔
成周矣多士多士氣如雲王途期共濟好爵何足云

王侍中 懷德

浮雲起西北搖曳蕩華櫋鬱彼唐林樹柯葉先見摧

狐狸蹲巖穴挾子以巢棲詩人傷蔓艸率野摧心脾
自我辭京國得充君子帷方池羅華月菰蒲承光輝
圓方錯餚饌澄夜御行栝纖羅垂窈窕陟降出太微
連翩逐游龍騁騰恒若遲會同庇天宇光榮正流離
黽勉揚高步重華庶在兹

阮步兵 詠懷

朝登古臺上素風蕩玄林蘭英夾長路鵾鳰弄哀音
昔有神仙士玉顏相追尋纖羅垂彩珮璽駕忽駸駸
雙蜺與飛電來往激清塵燿我若木花翳我扶桑陰

徘徊何所慕紫庭倏已升詎知楚宮上幽夢自沉冥
朝雲既儻恍感嘆傷我心

嵇中散言志

末俗誠難處翩翩振高步斥鷃棲蒿林戢影企朝露
崇谷鬱蒼蒼神鳳奮儀羽同域各異趨浮沉在中路
嗟我羅塵寰相嬰非一務太和雖同游玄機豈無誤
莊老垂遺編十讀九反顧長川去悠悠垂綸竟安遇
體道得自然游戲出玄圃顏回安足希黃軒安足慕
神藥苟可求羽翼自相附五絃手中揮得意忘情素

潘黄門　述哀

淒風肴枯林枝葉忽蕭瑟之子歸重泉玄廬杳難即
感嘆多辛酸一日憂誰爲述姸姿世所希寸桐爲幽室
金玉委塵土衣帶今何結展轉視柔翰餘芳猶昨日
故房何所棲牀幃啼蟋蟀朝露尚未晞涼飈迅流節
藹藹高桐枝鳴鳥哀求匹今時參與商昔時膠與漆
豈無帝女靈覬形慰乏術纏綿恨彌加拊心一若失

陸平原　羈宦

朝出崇賢門組綬繽且紛恩紀旣廣被中懷眷儲君

升淵暫龍匹鳴梧慕鳳群多士在上列服義罔不勤
長纓霑渥露織羅垂玄雲幽谷芝英耀華池蕙若芬
日歸歸未遂思樂樂難分客親延皇眷淮泗安足云
鹿鳴得野艸展詩有餘欣俯仰承明内離思亦徒殷

劉太尉 傷亂

華域昔遘厄皇維弛不張群氛相競逐百里無完疆
炎燎瀰神州亢龍適在陽嗟予負寵荷慫釁盆以彰
伯玉處亂邦卷懷詎爲臧山甫補衮闕于周庶有光
任賢忘讐黨秉國貴易方小白相仲父穆公厄三良

紛紛彼英佐時哉安可忘亂孽雖并根建威胡不創
慷慨拊悲心悲心以內傷光光叚生志千里永相望

盧郎中 感交

名駒馳修原千里嘆駑鈍志士處幄帷憂思積方寸
歲月已如馳羿澗成繾綣幽泉揚頹波荒艸披修坂
睇目情已同撫衿恨難反趙孟望楚歸視邇忽忘遠
句踐棲會稽伯祚適以建有情誰不懷俯仰念職衮
皮革器可登鉛刀業堪奮慨無幄中籌及時以共運
三輔悲雲屯二京委艸蔓辱身竟何辭郵報寧復論

感君繞指言服之同琰琬

郭弘農 游仙

濟濟金閨士陽言慕神仙金臺高千仞露壇窮九綖
神藥駐精魄昏昏多俗塵豈知沉冥子璽壤共周旋
朝比蜉蝣質暮儕龜鶴年丹心不可測長嘯得自然
粲粲青谿石游鱗出溯沿蘭茗冒寒露顏色更相鮮
素秋雖早至青陽亦復延

許徵君 自叙

仲子志雖高皋生迹愈邁泠然秉遐心得賞不在外

弱齡負神姿意迹頗相昧馳情向圖籙亦以雜啓瑜
明月雖闇投愚者恒自昧勝意何所寄周游六虛內
綠竹覆層陰碧蘿披朝曖石室有餘閒飛氛不相淅瀝
神往縱所歡良辰豈復再榮素兩無存身名苦同廢
却粒希赤松往跡誰能代

謝臨川　游山

南州多佳山映蔚實炎德飛溜湑湑停修齡圖二檀
朝辭石門阿慕憩銅陵側新苞敷華滋漸崖垂粉筋
渡者鵠將飛乘流魚就食連巖含近曛叠嶂十八初迴

潛鱗恒蘊眞緡弃亦懷實虛寥翫古今繽紛娛晷刻
函歌傷祁祁楚奏動惻惻豈不搴澤蘭于焉懷田穡
塋域屢遭廻異人窮升陟原子浮名違閔生微尚得
高咏白駒篇空谷宛可即

顏特進 侍宴

璇室麗雲隅丹觀環水曲天文多裒延地區正周沃
九淵龍並游雙穴鳳獨浴圓流初探珠方岡始育玉
瑰瑋璽已舒宜濛寶無蓄芳風蕩修林靈靄被崇麓
下輦鬱崔崔步櫩光燭燭縣圃昔陳觴洞庭今合樂

清氛下油油玄宴羅郁郁歷聽晝時髦追陪皆上服
劍珮一何昭旟旎盆以肅禹舟夾蒼龍周輿廻黄竹
小臣非吉甫賦詩慚穆穆

謝法曹 叙别

駕言出舊都清晨理舟艫萋雲適中野芳飈截修塗
遲遲景方婉淒淒情未舒零淚在衣袂殷勤戒僕夫
僕夫感仳别弭棹阻風雪開襟襟正寒黯翳翳欲
絶南樓渺悠悠而路憂惙惙長川 不可踰賦質傷薄
劣 薄劣久相依臨發在今時金石驚銷毀丹青虞

旼移展切居人志綢繆行子思錯盤雖可報難以慰
所悲　所悲恒展轉河宿杳不見瀏瀏谷風飄斐斐
巖露泫延顧新川原廻瞻舊郊甸何日謝乖離同子
以游衍　游衍安可嘗念之摧我腸侵晨拾蕙藟際
晚摘蘭芳郎𦘦𦘦未竭在思思何長鬱陶懷今昔尚
冀惠來章

袁太尉 從駕

燁燁遵神游翩翩赴王會漢儀袞衣冠周典燦圖繪
秀㟅廻輪中碧嶂周廬外洒酒望屬車臨風待歸旆

六聖扈羽游八神臨芝盆璧水鏡半規靈臺畫初麗
廣脩羅中庭鈞天發衆籟聖情近愈紆天藻親更莪
炎方龍德宜海嶠雲澤沛御寓幸重光出震欣初泰
組練紛上馳星辰羅前衛賡訶雖細微二雅振艸昧

鮑叅軍　戎行

六郡良家子轂利靡不矜擁旄出漢塞餞送皆親朋
攬弓復鳴鏑千里若飛騰邊秋八九月黃艸滿白登
飛狐窮萬仞瀚海結層冰人馬同時進七萃不足稱
縶弱左手控忘歸右手承窺聆愁落日頹城逐雲崩

離疆與畫野推拓有餘能嚴霜激刁斗斥候通鷄鳴
自許豪俠節頗盇市井名

襍詩

蚤退遂吾志獸處蓬蒿廬中林披野艸灰心寄荒蕪
人生天地間百歲歸其居一朝復一夕對酒情焉如

其二

美人在何許湛湛湘江深琅玕動懷袖涕泪徒淫淫
北風何蕭條浮雲厲以陰登高以望遠不見心所親
夭夭桃李花一旦滿中園情愛不相結芬芳曷爲陳

其三

昔聞漆室女朝夕發悲唫殷憂竟難測奄忽委泥塵

詠言東山詩悠悠感我心柰何當路子黽勉隨浮沉

嫫母自衒嫁艮媒不爲親慷慨撫清瑟盛時難久湮

其四

南國多芳艸蕙蘭尤紛馥我有故心人自顧同被服

嗟哉時不遇悠悠將安副紅顏日以衰故鄉日以邈

翩翩江漢女明教非不淑念非我所親殊途安可復

其五

鳴琴非常調何以娛衆賓王門迂且遠我瑟又安陳
所挾非所求鬱鬱困其身趙女多媚姿中山未爲親
引領自囘念安得全歸衾

其六

千秋一嘉會長往可無傷二八旣脩容三五亦舒光
華鐙與彩瑟終日紛北堂主人蕩情志羅坐摧心腸
浮雲起西北千里情何長慷慨念故人徘徊念故鄉

其七

我有蒯緱劍褰裯將安施文犀爲標首光彩恒流離

攬衣視霄漢星月夜何其玉衡忽西逝鷄鳴起戒塗
望望三河道壘壘者爲誰金鄧俱寂莫驅車欲何馳

其八

幽幽蠻越地千年復文身天網瀰四野陰風以晝寒
睠彼林中鳥沐浴生羽翰一决又一奮凌之太華山
豈不願追隨修塗尚漫漫仰視雲間星如何可希顏

其九

群生各有託園桃紛且揚濃華固灼灼結子又復長
翩翩風雲士致身何不臧淮陰殉五刑鳥盡弓自藏

季子説六國車裂身先當去者已莫追來者猶可創
峨峨魯連生蹈海去無方功高不受賞千載共激昂

其十

秋草垂高原本根自相顧我有同生人存亡條異路
素質何葳蕤萋萋委零露有美孰爲揚有芳孰爲吐
含意俱未申奄忽成長暮悲哉歌此曲曲終淚如雨

其十一

墓門生棘薪顛倒我斧斯有狐來綏綏我斧不敢揚
感彼陳死人潛寐以爲常魂魄無愚智悠悠戀故鄉

携手願同遊晝短夜何長徘徊滯行客停車自感傷

其十二

弱齡有遐寄結交盡儁徒湛湛長江水溯洄從所如清波爲我挹碧藻爲我茹衆中意相傾要約非須臾既長嬰禍患罷勉出修塗兩官既燒毀丘墓鬱壘壘浮雲翳南北撫劍將安馳冥冥視造化興衰胡爾爲

其十三

我有嘉友生畢命在殊方蕙蘭生中谷習習已變黄芬芳不自保蕭艾充高堂低徊不忍視隕涕如飛霜

混元初生人我友秉其良金石非常固榮名以爲嘗

其十四

晨興登歷山山路何崔嵬鳴禽下谿谷悲風長徘徊
洋洋河中水水流石纍纍清絃始一撫林莽爲之摧
誰爲繼此曲履霜尹伯奇乖疑起恩愛皇天亦何爲

其十五

步自城東門荒疇下歷歷中有頹垣牆欲過足反側
狐貍蹲我傍藜莠迷行跡縈廻百餘步不知誰氏宅
層樓上參天頹朽竟安惜北望首陽岑層岡只盈尺

其十六

層城高且長，整駕安所終。隨風與之升，林鳥飛相從。昔有登仙者，自名爲喬松。白手相見招，言論日無窮。桂華生夾道，天車駕六龍。今日樂相樂，游戲出雲中。月没與參横，渺渺各西東。

其十七

大荒有九野，首陽峙其中。艸木本孤植，群紛莫與同。出門振我衣，升覽安所終。晨風忽飄至，蜚鳴向西東。揚音雖蕭爽，中裹盆以忡。當時屏嘉粟，時命詎爲窮。

其十八

夏后奠百川分區山與陸嘉穀既蕃滋民生欣各得
黄雀滄海來啾啾巢高木鼓翼條鳴跳驚風振黍谷
飲啄匪不安世網恒相逐不遇弘農君俛仰徒躅躅

其十九

昔我遵岐路千里浮雲翔狐狸尋伴侶皤皤踞我旁
回首王侯宅綉桷燦文章銅爐象南山朱火燒都梁
輕煙飄四座羅袖以飛颺絲竹間雲和清音奏未央
長思誠何益徘徊非我鄉

其二十

中庭有嘉樹在昔我手植嚴霜既肅肅青黃不改色
葳蕤含芳英鸞鳥從之食自我出門來瓊枝謝彫飾
縱免渴與饑林陰難共息

其二十一

舉座且勿喧聽我發清唱行役有餘悲況乃歌慨慷
清酒照朱顏中情爲滌盪感彼三楚士朝雲以儻恍
高臺渺以臨幽佩交相動賦詩道荒淫帝緒詎爲妄
故鄉邈千里良會心蕩漾念我違所親出門益懷悵

其二十二

晨風號北林言從崦嵫來丘墓垂木槿長鳴心悲摧往昔求仁者終身親艸萊原野四無人采薇以行謌何邦非樂土空谷長徘徊人生何爲貴貴與顏相偕

其二十三

百里爲秦相名樂羅高堂荒淫躭奇巧新聲奏未央翩翩傳舄履纖羅揚芬芳中有哀思者援琴倏低昂烹雌炊扊扅中曲摧心腸一彈復再鼓富貴安可忘

其二十四

軒車來遲遲游子騁相望珠玉不自媒被褐心內愴
光風何蕭條川路浩以廣萬乘一失勢帶劍憑壠上
我寃既不雩杯漿覆殘盎失路一何艱登高左右望
鳴鴈有苦心乘風自偃仰

其二十五

群鳥爭啄食栖栖裹林圡鳳凰守高岡無糧恒獨處
慷慨有悲心一朝罷鳴舞良會聊千秋悠悠難與遇
取我玉山禾為君託肺腑

其二十六

昔有桑戶氏霖雨自鼓琴眞意偶一失何貴揚其音
寘心委物化閉戶日沉唫金石固中堅清調尤可任
林谷遍寒風孤松恒獨欽嫋嫋標清質於予有同心

其二十七

商風流層岑吹我衡門服懷抱起百憂興感何促促
豈無暮陽戈委之不須揮人生若火傳胡爲苦鑽木
綺皓有深心矯迹南山麓頤言從之游期會安可副

蟛蜞集

閩中林　嵋著　　男人中校

古詩

靈濟宫五百字

靈宫欝崔巍峙在雙闕傍盤旋相交映樹木百千章
朝輪繞輾轉夕駕更徬徨祠壇窮三垓一步一回光
結搆驚殊絶天門排闔閭碣山自外耀玉泉自内將
黍谷遠爲吹龍潭近爲藏百神何所託冥莫棲中央
用享我皇帝祉福罔不臧孟春春氣動艸木勾萌長

皇心苟徵察華林廻太陽悠悠蔭東序靄靄起西廂
考鐘與伐鼓行幸日方暘虛中有仙氣與之共翱翔
庨庬雲際轉高樂空中張粥粥音相送聊聊思何嘗
天休固常保體道在靈長在昔傳曆數施德自煌煌
齋心始皇帝訪道出道場河干沉玉璧禋祀久不忘
眞人同來往爲樂詎曾荒我皇秉休問乘玄來鏘鏘
嶙峋舊宮檻瞬目皆玄黃仰視太淸嶗峨不可當
敞以三重階延以九曲房石灰五色鍊絲繩百尺颺
靈風搖彩索梵唄各琅璫文禽啁善艸游戲下玉床

至尊唯泰元年命安可量往者分疆土此地屬冀方
勤兵十八萬文皇御神槍道與天人合清廟臨蒼蒼
日月和星辰四時相弦望旻祐集群英搢笏引諸王
後宮傳綵女花氣出御牆匪赴玉臺會暫停瑤水觴
道妙握在躬承命虞與唐自有昇騰術餐霞厭渺茫
殷勤護玉體靈濟思無疆神孫雖累葉孝德侔上皇
孔容來翼翼勅身以爲常明禋非一物祈靈在八荒
撫几念衆庶攀檻睇上蒼新官今靄靄白露舊茫茫
微臣有私願於懷詎敢忘三輔息盜賊南山民樂康

廷尉出釋獄嫌疑以消亡蠻夷皆稱賀率領及椒房
聖德天休眷經緯不易行臣也操文筆陪賦上陌梁

自京師歸至白下述懷七百字

皇帝賓天日微臣慟哭時灑淚重泉下艱虞只自知
去歲孟冬朔辭家入京師父兄送我出勉愛不一辭
煌煌京洛國壯遊良在斯高皇舊愛士恩澤豈我遺
陳詩上政府言論貴合宜小子秉嚴訓出門遂忘私
朝入中郎署暮出尚書帷追陪經年載頗得悉憂危
時事久怠墮皇情勞咨咨盜賊昌平起烽火逼內畿

開管視士卒零丁半孱羸繫籍三十萬空名者纍纍
京師猶如此何况彼邊陲一朝破我入日月兩蔽虧
悵望天壽山石馬風中嘶內官燒烈火先靈痛不台
上自焚奉先殿虛糜愧禄食往者百職司臣嵋曷所志馬革
與鴟夷同首成兩失賊庭淚漣洏幽囚六七日逃走
出城隅匍匐通州道十仆九難持離京數十里居民
信復疑匆皇來問訊中腸愴以摧嗚呼此民生痛定
乃思悲我履不掩趾我衣不掩肌我鬓猶亂蓬我腹
猶亂絲步步刺荆棘顛倒在路逵楊花三五月飛絮

滿鷺鶯田瓜生道上根蔕自交垂如何造化內同生
有盛衰逃兵自北至侵奪我遺黎殺人向城市朔風
吹茅茨原田既龜折萬家無秉犁鴟鴞來激激狐貍
來綏綏有身而無首不識誰陳屍撫軍下黄榜招安
在斯須所念爲民上疾心視瘡痍去艸防賊蠹斯言
痡可思誰知京國大俄頃已淪胥附書回鄉邑計程
尚復遲紛紛狠藉口生死任所爲阿兄念我弟阿父
念我兒言當死戈戟何人纍爾尸夙昔南山田今日
成荒陂家中百餘口嗷嗷哭餒饑至尊既蒙難我曹

生亦斷漸渡黄河水沿途矢鏑隨兵騎將則逆咆哮
誰度支高家萬人突劉家萬人馳高軍如貔虎劉軍
如熊羆蹌蹌復擾擾彼此相厄時養兵百萬衆貴乎
仗安危勤王無一旅鬭死空爾爲譬如一本木傷剥
根與枝咫尺揚州地羅綺散爲灰寒嵯翳白日黯淡
無人居蛇豕路相閉適適更何之徘徊至留邸擁立
盛威儀山川其再秀天地其重開偉哉史相國當今
龍與夔任舉罔不當廟謨共詢諮公誠邦之重推心
當幄帷詎知磐石固有時相轉移天心不終眷我公

投荒隂便便群小輩自便復自私老成枯泪眼臺諫鈌一詞嗚嗚太學生謡詠詎爲啞時太學中有謡

途窮書憤擬太白夜郎憶舊八百字寄獻我師

相國東崖黄公

少小貌章句高談略羲皇秦中古要地千里獨舂糧終南與太乙絶頂恣游翔竊慕昇天術丹鉛事渺茫石函盛枯骨無人聞異香履險心多怖投書屢發狂鬼方多艸木服之懷已忘歸來長蕩口湖水如練光清流七十二枕漱有餘芳抗志浮雲外周游遂忘鄉

偉哉焦孝然結廬在此方英雄時角據淪迹名復藏
池閣長碧苔簷楹垂蒼琅一月三五至風流想王郎
人生猶芳桂倏忽委秋霜寄身天地內歌嘯以爲常
一旦嬰仕籍折腰車馬旁身卑道則辱摧眉不敢揚
夢想舊遊處群英列羽觴反顧不得至綺席空分張
況乃遭傾覆家邦不復臧兩宮旣燒燬丘墓垂白楊
負薪者誰子行唫落日蒼昔我來上國帝里盛煌煌
孤葵承炎旭弱幹愧難將夫子居東閣炳蔚有文章
獨坐煩經畫瞑鍾度未央五噫滿天地去國路以長

縹緲雲嶠外東山舊草堂帝子歸北渚靈妃泣瀟湘
寒煙蕩江樹寒水復湯湯驚猿墜蘿石聒聒出篔簹
悄然不可聽仰首飛雲颺秋風一以作萬里扣舷檣
鳴蛟翻海底弱水遥難航順風遭碣石候日出扶桑
運會各有待萬流自洋洋攬衣觀星斗中夜怒天狼
昔年桂林戰積屍堆野疆今年衡陽戰泥沙裹腹腸
東湖久不雨蔽野盡飛蝗春蠶不作繭租稅何爲償
蒼生竟何罪哀哀懼百殃遼兵數千騎九月下洪塘
禽鳥散無所我行正相當相逢各橫箭侵奪我糗粻

大道匪無曠風塵掩北邙誰家張羅席調管襍平康
好菜如白玉分翅舞鴛鴦上賓纔入坐衣裳百結裝
翠燭儼成對停杯不欲嘗去去三餘日清歌空遶梁
蘭江有思媍錦鱗百尺長今傳尺素去經久無報章
輕冰夜凍裂搖曳在河陽燕王不可作黄金臺已荒
荆卿臨祖帳别情與水凉魯生與樂子覇才久消亡
驅車過原野猛獸兩相傷山鳴又鬼哭車輪不得將
丈夫壯意氣出門向遠塲途窮不足慟何况泣盈漿
我冤既不雪我仇又縱行鳴刀在鞘中無施自倚床

感彼古人言欲適反倀倀縣耳不自策天路孰騰驤
天鳳久寂寞俯首愧寒螿今時繞指柔昔時百鍊鋼
寘寘各自會此意孰堪商仙人三五輩日夕遥相望
芙蓉青削天鸞鳥翳其旁施下白玉棺王喬儵徜徉
童顏雖皎好鄴下非舊鄉黃土競游戲世事如蜩螗
三變迅流電麻姑豈荒唐夫子表獨立白雲下瀼瀼
內篇心自得欲語不能詳寘心狎豹虎嬰兒兩無妨
鳳歌 咲夫子無言視滄浪白手招我去五嶽疊雲光

黃金臺

凌晨步崇阿高雲流翠樾邅廻涉徑紆逶迤踐苔滑
踈峰迴玲瓏孤懷竦崪屼瀰瀰石竇流丁丁木杪伐
蔥青擷猶園森靄攢復碑寘渚遵歸鴻茂松隱棲鶻
游塵散綺絃繁霜變鬒髮昔人此置臺黃金良可忽
升喬望郭生憑虛戀燕關蕪沒曠千秋芳襟託蘿月
志業渺難酬毋爲市駿骨

張華里

張公豪彥徒往蹟在斯里修坂白雲屯術阡紅艸縉
尋異景屢遷表靈迹自閟楊子依玄廬嚴君守市肆

三山非外求，九疑從中起。存殁竟何人，緬邈獨此意。
碑版舊傳聞，井閭今覩識。握蘭豈無懷，隱玉誰得比。
殊代有同心，平皐倏攬轡。

陳子昂讀書臺

落日既西頹，長路亦東塞。行鞋露並侵，遊驂雲多碍。
啁哳亂禽音，旖旎徐風態。瑶蘂披近溪，玉虬沉千載。
窈窕紺煙流，玲瓏彫雲靉。孤館望如夷，崇基結自在。
緬彼山阿人，芳蘭死可佩。既哂偶耕疲，又嫌執戟憨。
養痾何所營，翰墨聊相對。高臺鬱崔嵬，音徽良未沕。

春日自華林園步至樂游苑及尋謝安沈約汀

總故宅成詩

春鳥弄嘉𪄻不知何園苑篠蕩瀉輕煙參差流層巘

心賞不在遐昏旦氣以變美人渺何許悵望在蘭畹

微雨潤土膏藥苗遂成菌亂山鹿豕遊斧繩縱不遠

山人薦芼羮風食詎爲晚

又

青溪深且杳幽築恒相占薰日何晶晶紺花始吐艷

命酒寫我懷松風入凉襜星月錯紛紛循簷或可揆

古木巳陰森芝艸光烱烱悠哉此庭除古今同廻念屐齒破蒼苔往迹探未厭朝雲生足下窈窕出江埜稻田熟偶畊壺觴來相饁我覩眞隱人鹿門庶無忝

又

濠濮有深趣斯言嘗眷眷遊魚避鵁鶄潛影倏不見美人挂香纓蘿徑繞一践澗底絡氷絲簷楹流更迅島嶼各分明風帆去未遠請看蒼潭月嬋娟開粉面循迹遡碑崖紛紛盈苔蘚陰房吹夜燈人生迅流電幽築果遂此道心何必鍊

又

人生各有存五畝不須保節杖策策鳴幽崕恣探討
山鳥無驚倩依人坐懷抱高雲扶之去振翰復潦倒
平生浩蕩心對此益自好青黛若羅屏何者非神島
幽澗拂鳴琴三弄意浩浩憑陵向千古相探悔不早

太原道中

青壁倚寒空雲雷與地底去天曾幾何齊魯渺千里
松栢列陰森宛若蛟龍起天門倏爲開一望但决背
長波寫我心浩蕩何所寄秋色蒼有餘車輪輾方始

甘露寺

大江動我前傑卓唯孤寺蒸嵐相傾蔽峰勢平雲起

磴道走紅泉江流反不駛傍村有居人渺然鷗鷺裏

投心及鳥群形骸猶蓬累平生懷丘壑至此有終意

顧龍山 有延陵季子墓

訪古此山中蒼然餘夕照煙景媚石門江舟始廻棹

緬想開吳初延陵信高妙白雲澹我心青苔蒲祠廟

安坐撫鳴琴風松號萬竅小澗近龍居雲氣塞虛宵

平明漸見人前路窮窈窕

虎丘

香徑滿雲蘿，瞑鍾發初夕。翠羽忽啁啾，千人踞巖石。杉檜瀉哀湍，笙竽不須借。豈無千秋情，凄然動魂魄。吳宮久不開，粉黛沉羅席。俯仰視空梁，燕泥相彈射。羅袖畏暮寒，倚徙下香積。

夢遊天台寄王魯二越人王字羽登魯字季栗

我昔夢羅浮，揮手謝玉女。我今夢天台，越人相與語。白雲流華頂，飄飄自輕舉。元化本無心，卷舒在何所。石磴凌蒼蒼，步虛誰能禦。往昔耽隹遊，李謝及王許。

青谿窮窈窕蘿月掛洲嶼清暉最恍人歸鳫久延佇
卷濤向天門决眥逃吳紆百里盡松巖石梁墜猿鼠
五月衣重裘却扇已無暑悠然念襄陽詩句動人久
碑板半消磨仙燈矚何有靈景暫徘徊恍心在寸晷
子規璧上啼灌口煙如寫篠蕩吹寘寒雙溪殊氣候
攜手赤欄橋歸航落天表張翰乘秋風樓船空載酒
藍田水面月今夜爲誰掃嬋娟久咲人荷花色已老
登高復憔悴我意欲臨海凉風四十日何日曾我待
雙鶴倏歸來窺窺松下坐任放得自然世人那知故

五丁斷巖嶃天台始受鑿開途與創徑徃事何繁作
秀色青濛濛欲滴更婀娜四萬八千丈青天半潦倒
桃花紅綽綽開口笑顧我迢遞非我鄉一夢今始到
念君在家山蓬瀛詎足道

八公洞

疇昔開嶃巖幽洞已殊絶萬派灑空中簷端走白雪
借問來游人羲軒誰可越寘寘石門上黃金無仙氣
幽桂碧叢叢芳根難再結白日事遨遊五絃彈不歇

鶴林寺

名山樂在心入林更超忽危石倚踈峰飛流灑我側
昔人處巖阿響影今阻絕晝簾蕩春絲幽珮渺難挈
極目騁江門歸舟遡窮髮宿莽誰爲揹夕雲奔林越
逝者有長波巖巒空迢遞望望各興悲青苔迷井塌
石鏡清我心映人同素月眞景倏爲來清暉滿羅袂

石湖

輕舟蕩越溪始向石湖入采菇人未歸持棹聲濺濺
露坐向蘭林重襟爲之濕況此首夏時清和潤杖笠
迢遞情難夷高雲去以急脩鱗出水中屢泥復屢[illegible]

感彼濠上人空綸久不集

題趙孟頫畫

濃陰潤垂條高雲不一族曠哉遺世人鍊傀此雲屋巖扉不曾開洞口掛蝙蝠側身一廻聽靄靄惟灌木瞑色未及瞞蘿月恍可掬人生若大夢九垓期一宿對此清我心盧敖不須學

題王叔明畫

山徑久榛荒欝紆何其綫高士此幽棲蔦蘿護庭館對嶺又縈溪數峰廻清旦養痾終年歲篇什任浩散

石髓隨朝飡樵爇何曾爨緬想靜者心仙遊共汗漫
仰身隨鸞鶴羽衣隔霄漢空際忽傳聲水石相噴亂
子規啼蘿月聒耳又將斷因之窺花源秦人發長嘆

圭甫齋閣觀子房畫像

吾聞鬼谷子隻履導迷津下士無仙姿誘之乃失真
子房遊下邳傳書出漢濱豪氣無所用長笑揖斯人
秦韓俱滅沒慷慨意誰陳清渭有流水釣竿不終身
貴乎搴高跡謝彼咸陽塵

巖上宿

潋澗風纔生羅戸月未歇朝行披山風暝宿弄山月

莫辨芬芳陳且將謌嘯發周嶺觀參差連岫聽清越

沉湘志未寘哀郢才多伐安得明達人巖棲共睎髮

後湖望月

澹澹雲離幕伊伊水鳴橈響落俱潋澗光升始廻潮

裳服不曾戒儔侶倏相要順風宣蒲荇佇檝睇蘭椒

芳袖難飛鏡輕羽易截飈燦燦陶嘉夕離離謝衆囂

歡娱不可并返駕在清朝

怨情

涼風生繐帷午夜違歡宴臨牖輿迴車開簾暫倚扇
欲撲單飛螢反驚雙棲燕盈庭長帶飄當坐襟英變
瑶華不我遺朱顏爲君賤春至粧未成粧成春不見

自濟河至楊子擬謝眺

長山路迂廻我行發河濟蔓艸湮川堤蒸雲出以霽
白石粲初星長纓濯還滯日暮蛟龍多臨流誰不厲

又

墟井出人煙飛禽下修坂容篠依巖阿叢叢衛幽菌
遯矣遐征人深林杳難塞馳情向白雲此中多嘉遯

又

碧艸垂空潭宜宜映鱸鲔佳人理素絲漂蕩向江水明鏡開晴雲鱗鱗出自媚日暮誰同舟空江薰繡被

又

捨舟竟何適暫憩松下巘清旲飛絳綃昏旦自舒卷猿狖窺人行攀援聊相繼臨期失所豫四顧但驚眩

又

宿莽欝蒼碧中有古王墓飈颾上寒條悲鳴不我顧悠然理玉琴雨雪臨江路還顧蒼梧陰紛紛下白露

又

靈景忽若來倚棹停浦口紺石垂青蘿綿綿芬且秀
清琊竟安搴緒風來左右倚徙視長河素波沉未久

又

自我遵路行芳懷渺以緒冥翠澹浮空修眉露深淺
菱芡生浦中水清風自卷夷猶挹暮芳輕舟窮廻轉

過天台　三晉仍效宣城之作

楊鈴出修塗奇峰立雲表延袌層崖陰窮聆清昊曉
疊巘皆紺蘿衛叢最惟翠篠羅坐集嬋娟衍游絢窈窕

共持千里情徃凌三山島弭棹風泠泠廻車雲杳杳
頋製芰荷衣憑虛依木杪

望桃源

喬林錯巖巘二妃館在兹芳甸美如此崇臺渺可知
頋將靈景會遂與芳姿期寒蛸掛蘿徑哀猿傍月池
瑶華不可摘蘭步且安馳荒堦雲冥結團露艸紛披
遠翠情空託廻流心不移躊躇下阡陌非君孰見思

嬴女鳳圖

嬴女凌曲臺簫聲弄明月花際縈愁蛾鏡中理清髮

離離下彩雲杳杳戀層闕清響忽若停衆芳遂已歇何處憶離群此中想超忽相思結瓊華歲久驚烕没

雨霽庭藥芬郁和昌穀韻

仲秋迴潺景循玩此庭陰繚繞逃紆徑紛披匝長林苔陰滋溥露木杪積滯霖濯蒲芬冉冉搴菌纈森森疏土膏方潤激流澄更深芳䔧飄前席清塵散薄襟居常識物候委順感我心矢人期日暮東山久投簪

寄鄭牧仲兄弟用梁人體

明月下山蹊瞑松忽轉霽風漪漾輕波霞空澹修靄

遠郊寂無人深谷渺獨弃散瑠飛鵠停委珮垂蘿帶
娟妙璚臺陬旖旎雲澤際曾是託襟期敢忘共衣袂
金丹非我情廣隰護蘭蕙

又

薄風蕩修林孤鴻聊相睠暮藍灼陰崖初篁披暄甸
尚志忽如遺抗懷誰復見層館樹交疏高峰雲轉緬
已藉芳尊長安知清瑟絢椅梧澹零零絳綃晴卷卷
何以明我衷憑高望婉孌

爲錢彥林題畫

江水平如煙江樹亂如薺湘君振珮去鶯猿隕清涕
傑立两高峰蒸嵐向夕閉瑟瑟蕩寒林川容尤迢遰
碧艸結亂雲佳人把別袂含情待歲宴芳英那可替

爲楊龍友題畫

九月坐石屏芙蓉青旖旎涯潦散平煙無風自飄欸
深霭失初暉好鳥決雲墮我思巖壑人虛寥誰能造
匡牀披道書石鼎燒丹火悵望各興悲神期在絕島

觀海

天風吹不斷積霧塞淵海當其寂靜時虛寥喪所在

俄頃競會叢冥蒙誰激汰蛆蝍雖小物乘游出塵壒
鵾鵬與之逢棹臂兩無害理勢信難明笙竽發衆籟
壯哉造化功輻奏得萬最嶺陸向東摧岱華忽破碎
茫茫走寰中珠玉無根蔕怒流去何津威容盈以霽

又

空山走霹靂雲海又復然飄蕩流金碧俯視但聯綿
晻晦成雲雨孳物恒我先水溟無羅網蛟龍命以延
蒿師發歌笑理楫女牛邊天墟與折木孤橕孰攀緣
因思南巡后翠駕竟不還遂倚徙龍門下白雲渺在天

水關

水關流混環夕影生空峯高下十二樓幽映疑崩墜
曠見天地心修[illegible]渺何寄昨夜昆明西微風曾倒吹
鵁鶄戲晴沙鶩呼呀不起澒洞不見窺望舒忽貫地
礑硡聞仙音軒轅張樂出停橈倚秋花洞庭想如此

東山侍時學和尚用杜大雲寺贊公房韻

指點虛無外林樹發妙香不知何梵宇但覺響琅璫
恣情游絕巘齋心識暗芳寒簟陰庭聚高蘿峭壁翔
龍蛇依大壑鼯鼠繞匡床醍醐繞一發言歸日已黄

又

風景轉蒼茫逍遥但揮手婉孌數童子縛枝以爲箒巨石横前除危湍瀉高牖瓦脊卷平煙簷端垂覆柳振履始及兹開心嘗恐後生死不關情言論寧絶口洞室花咲顔陰房人皓首風前屢浴凫月下長吠狗弁涓斷别離灰心憩奔走起予如湯休餘情復何有

又

自在水精域從容晤語時巖姿回清旦人意愜幽期洞門開自昔茶笋採及兹尚子心多累龐公齒未衰

愚意嘗有待餘生屢致辭山根盤集兀花氣動罘罳詎弄黃鸝散招尋白日遲圖畫仍滿目取次入吾詩

又

謝客青油屐陶公白葛巾飄零曠千歲隱約及吾身過雨轉無濕穿花漸見新莓苔侵四壁几席映同人夜爨寒龍籜春盤暖鶯芹愈覺心多適古兎叠波鱗

青谿

落日映溪花歸風漾谿水歷歷舊川原依依新道里鳥息流雲前人歸鳴磬裡捨舟覔蘭椒拄杖巡蒲葦

與世久無營入林始及此薄暮東流急濯纓且已矣

冬夜聞雷

當夜危獨坐電影繞我梁念此孟冬月陽氣已潛藏
奈何天扉啟激射流餘光驚風撼窗戶景爍若飛芒
連婘鑒毫髮奮雷漸難當百艸無不死蟄龍起徬徨
變遷忽如此延禍及微茫群生各有託應帝爲休祥
彼乃伏中土于今馳上章誰爲驂組轡霆御已匪常
層冰凝復裂塞瓠彌襄襄四顧無正色烈火慘愈颺
去歲此月內天序亦失行鳴雷起中野剥裂死枯楊

獸殞人不利稻苗無寸黃加之妖孽作閭巷盛災殃
陳巫與伐鼓祭鬼靡不將貍班白額獸來往南山塲
鞞鼓揺城邑巖岫結崇霜咎徵昔已驗今者胡不創
凜凜運朔氣玄象從之揚地戶遂中坼九關虎豹翔
嗟彼在位人肉食情何傷陶然競醉飽反覆任易方
何殊蚯蚓輩一穴覇且張况乃干和氣災祲盆之長
春秋嚴特書齋戒愼煌煌豈無賢達士被褐心内愴
家無一金貲戚戚營八荒所悲天運失群生何以康
頗欲曳鳴珮謁帝排天閽寘心察休咎存亡理何詳

滃與積膚寸在微豈不昌安得練時日陰紀離爍陽
鴻纖皆得叙天斧不我戕明明作者聖卒土以爲嘗

閩中七賢詩

大宗伯曹公學佺

宗伯東南秀斯文振海濱神廟多大雅抱鼓爲後先
爲倉常鑿石青巘鬱相連養疴宴年歲丘墳三五編
鬼神下宣室賈生竟不前先朝無遺士公獨守林泉
歌聲擅金石佳士滿席筵洪塘秋一葉不異剡溪船
至今懷耆舊襄陽推浩然兩京既傾覆帝業安一偏

我公借前箸英論得自宣麾扇思郤敵雅慕晉諸賢
寵之職司上顧問得備馬累葉多文獻蘭臺掌職專
際會纔俄頃攀龍直上天先臣二十四引調共周旋
天地同蛙黽哲人不受釜寂寞門巷內青蠅晝夜懸
平生樽酒會此日重流連

大學士蔣公德璟

蔣公初入直主眷恒獨隆文章盛腹笥武庫不足充
先皇雅好道引經論不窮重坐五十席日啟我滕躬
漢儀一以肅吾代叔孫通懷文似賈傅竊直更與同

未濟嘗切巳寵高勳亦崇蘭茝生下土拔茹連其叢
雅量能涵遠於今庶可風憶出中書省女墻月朦朧
窮情遡造化幅巾頭上蒙詎知漢祚永盜賊起山東
屢疏陳要害讒諛復中攻營營青蠅集歸心若轉蓬
頭採紫芝去遵路出崆峒白日忽奄晦罩地唯霓虹
蒼茫雲嶠外撫心痛烏乎靈符一下召劍履失匆匆
諸臣殉九廟野死獨我公

大學士黃公道周

嗚呼黃相國忠貞不可言危言自驚衆况乃列朝軒

攝綜窮萬象託心在玄元名理翻天際仲翔昔未吞
渾儀明諸掌夜燈試討論大江肅禮樂五經眞紛綸
在昔丙子役倡義入吳門大漢無巾策我公振虎賁
壯心思却敵傳俎安足云幅巾渡江水幾滿華陰村
奄忽十年後蒙難先至尊野哭竟何補亂絲錯難繙
時兩擁立漢儀徒浩繁八將磐石倚公獨泣廟原
提兵一二千乘白馬夾朱旛取道西江上原野行軋軋
大屋無完棟飄蓬何底根烈風蕩林木白羽手空掄
匆皇遺劍爲整駕歸崐崘誰非田橫客七尺今徒存

平生雙清泪墜落豈感恩

少司馬王公家彥

司馬處邦國端謹若有餘十年託諫省翼翼以自居
兵刑原皆掌戎政遂再除腹笥五十萬一一皆天書
至尊下手勑上殿許肩輿主春有獨屬群公或少疏
入嘗視士卒在籍多孱羸内官預此事十人曠九糈
在廷仍奪柄屢蹟竟留諸漏舟不可塞公猶挈敝袽
憶在仲春月南遷議躊躇明明我皇后廟原身爲俱
龍髯公自挽撫琊在須臾文蒸豈無擅忠貞比三閭

㠎巀一旦絶門外烏趨趫夔龍有伴侶天上行何孤
排蕩各自去擁隻不一徒山岳爲刻祀峥嵘今盡圖
偉哉王司馬起豆不忘乎

大學士黄公景昉

黄公今雲臥鳳德何曾衰我皇昔推春太階久歷斯
邊城急桴鼓國事如亂絲爾時深籌畫獨腕阨危埤
傳書勅外吏一爲愈瘡痍輿圖形參錯緬想三楊時
一朝遂逃谷不忍賦五噫鵠舉良有意雀羅登足悲
幅巾飄春雨側側引歸犂三淅縈舊夢清風動楚辭

矯矯屈夫子秉芳有餘思小子渺何託炎暉下孤葵
自慚何水部沈范得早推斯文不終喪我公尚在茲
同日兩宣麻渤海事何奇併力承王室周召心互咨
彬彬積道德廟柱產瑞芝涼風生高樹斗酒將別離
蛇龍棄中野運會委可知冥心任世態相狎同嬰兒
一陽發陰管庶幾迴春姿

少司農何公楷

何公負英望獸步出江東聖朝無過失拾遺以爲功
危言忤時相謫居心忡忡用意文章境名理殆夙通

處士昔年少爾汝得孔融形骸同土木相見遂捫衷富國有經術陪京起司農天河論米價太倉以陳充國本既凋喪所憂非困窮寘心各有託倚劍向崆峒高山本天作閩嶺爲巃嵸天心不終眷鍊石竟何工海內三大雅二黃與我公一龍首尾腹隱見詎能同寒崖翳白日豺虎當路中爾去我則留二黃相計詞謀國心獨苦在野更忡忡奄忽遂長逝躡屐復追亐崔崔華不注想像爾高風

都御史王公忠孝

錦里王都憲身隱焉用文嶽嶽一折角當時想朱雲
罷官十數載金石殼殷殷蘭骨自煎削二龔爲含冤
海内稱模楷文章亦緒綸漂泊三洲外灑泪蒼梧墳
夷舲與賈舶夜夜出水濆春風兩三月托盤無半芹
空腹抱桴鼓遠近振鼖鼖念彼介子推綿田以自焚
崖山路未遠扣舷心急急白鷴矜翠羽赴水落毛毨
悲哉王錦里往事難與論履險能無死含意在幽原
清商時以作整棹吊湘魂鳴蛟出海底惻愴求其群
託生君子國醴水有淵源柰何白日下吠犬自狺狺

寂寥一睇望我心徒紛紜

蟛蜞集

閩中林　嵋著　　男人中校

歌行

罷官禯言用鮑明遠辭意率成五章

空城阿雀四鷇飛下玉山恒無祿有雉挾雌向我前

繡頸交交飛相逼問我何爲尚獨然絶粒窮居無怨

悒春草如雲覆河梁勸君胡不振爾翼嗚呼我翼豈

有千里長吳宫無罪得焚巢縱有千里之翼將安翔

又

蟲不食葵而知苦鳥不傷弦而知憂丈夫白首混風塵辛勤萬里良何爲東家推牛西家餔糜東家錦綺西家服絺明鏡生垢甑釜生埃機中看婦床前弄兒入門一時出門一時瀉水平地各自去頓君見之且裁悲

又

昔時桃李花今時桃李樹搖蕩春風不再繁同盛同衰伊何故喈喈鳴鳥飛且翻朱城倏忽掩九門行愁溝中之逝水坐惜闕上之浮雲結交何當蕭與曹稼

我之車如雲屯一曲不闗情萬曲徒紛紛

又

嗚呼受命雖有獨何能長不衰尺蠖雖智貴在覩機

俾匪爲高屈匪爲卑男兒生世恒坎壈隨酒追歡復

何悲理君玉匣奉君金卮明燭列置繡羅紛披皎皎

氷壺列列青絲毫髮爲瑕丘山移非君之故我安思

忍令歲月向西馳

又

愁思忽而至對酒已無樂空棄生我野禿鶖集我屋

棄置罷官去相逢徒梁陸窮秋九月天飛霜百草青青俱作黄䄂亦動愁難忘歌盡曲舞盡觴燈未滅顏已傷不見淮南服食好長生如雲綵女戲紫房優游贈我雙明璫

七調

吁嗟我生三十三風蓬飄轉東復西美人贈我雙尺劍皎如朝日標文犀十年與爾相出入棄捐忽忽委塵泥南山喬松色已改人生意氣能幾時王門車馬若川流我欲去之從九夷

又

東飛黄鵠毛羽殘主人置之巾箱間從朝適尾暮⿰⻊延⿰⻊延頗言一决奮上天嗟嘵啄食亦累人童節旅葵偏孤生七月不雨田龜折十家鎌割無一盈于何求乎心營營歎塵吹暗城東陌出門曷識弟與兄

又

君不見昔時松柏園今日牛羊蹂其中枝葉青青隨剝落犁鋤憔悴田上翁人生百年直如寄樵斤獵火亂於風誰家起樓恒造天悲歡相遇胡不同嗚呼悲

歡胡不同城鵶哺子正匆皇少年挾彈來堂堂

又

啾啾陋屋頹且傾碩鼠引群向宵鳴由來怨毒奮狀
隅中夜俯仰徒怔營丈夫舉事能相全胡不趣車適
周京層嵯直下百千丈西陵阡陌縱復横黄雲黯黯
掩古城寧逢猛虎道相鬬安忍見屋内之群麗

又

京洛貴人寄他方僕人羅坐發清商滿堂舄履光參
差低頭覥靣半親知裁悲藏恨竟胡益富貴於我儞

有哉南山有兎來趯趯北山有雉來摧摧樂土哺糜

豈不適豫章之火焚蒿萊

又

我昔歷遊諸貴前羅袂仙仙香澤傳皎皎容顏日嘗好持錢買醉燕山巔我今對酒不能飲低頭蹙蹙私念之槖囊空有一束書臘寒相逼無重襦嗚呼臘寒無重襦不見氷霜蒙朝日不陰不寒胡以爲

又

黄河東去轂潺潺百尺蟠蛟逝以山天威疾作須臾

閭兒女啼號守堵環櫃槽如月彈不發繡袍狹窄手
知寒丈夫狂顧横九州倏忽淪變曷爲憂燕雀何知
黃鵠者啾啾之言爾且休

前有樽酒行

樽酒且自置悲風從何來豈無雕琴飾以明徽豈無
玉壺繚以青絲我心慘慘胡樂哉南遊白草原北歷
黃沙堆崩崖峭壁無官館來往三丘心徘徊雝雝鳴
雁出北林念我遠人爲之哀

又

燕山雪飛如席泂梁水夜獨流悲哉遠征萬里人羅幃明月爲誰留但將射獵追昔遊引弓擢雕虎仰手接飛猱一死群爲號一走群爲啾觴亦不必爲之停泪亦不必爲之收孤墳峥嶸誰所託埋没蒿萊心何求

又

大道豈無驥天馬龍爲群朝朝暮暮同歷遊竦身欲蕩閶闔門一自天路揚塵氛我馬伏櫪自踠宛四足蹶蹶無一存飲君戀君不能置四顧泪下徒紛紛我

既不能追玄風君亦不得躡青雲相看躊躇臨岐路逸氣稜稜何足論

又

勸君莫渡黃河水勸君莫踐太行雪丈夫隨分得自安孰向道塗縈九折出門有車囊有錢安能係君常不缺曼胡之纓且自垂短後之衣且自結生不逢堯與舜茫茫九州化爲沙與沱龍伯已死精衛撅往而不返徒阻絕

又

已焉哉黃河捧土可塞蟣蟻噬人鄭休我生零落復
何求但勸仙人一杯酒仰首浮雲且自酬行將咲夔
龍桎梏覊絆傴僂渺天地其誰儔長繩爲我繫白日
爲我留遲復進蓬頭突鬢之劍士瞋目視彼吳鈎

五日謁將有吳越之行示同志數子

世間奇事那有此五月五日競百戲書符挂艾日紛
紜終然不敢屈原出天風廻林莽虹霓倏卓地抗手
手難挽振足足欲墜真仙靈皇安在哉蒼茫且一問
元始日者歲之庚寅前我初下降命以延北斗爲我

傾神漿南斗爲我挹醴泉共言我當以樂死何期捘
劍向青天楚湘雲飛九泒雨雁[illegible]啾啾夜對語眼前
鬼物慣噬人孰在中野遭譴怒海中有修魚我行不
得以爲附海上有若木我行不得以爲傳披髮吕梁
在何方蜿蜒中流鼓洪霧明珠揚灰騄耳窘步白榆
摧薪縞絲改素下國難容匪人善妬此方何悠彼方
何慕湘女漢妃俱躊躇頓言此去適天路

天馬飛越峰歌

高帝天馬各殊姿賜名飛越亦何奇蘭筋忽吐驚懸

井流星長尾去莫追一從西域盛龍種千騎浮雲天
外聳霜蹄蹴蹴下清秋黄金絡頭胡會動天子有道
伏飛黄神行電邁直相當剪拂不因左右力神爽獨
出豢龍坑徑取交河萬泒水奚官洗刷階墀裡春寒
羅帕疊雕鞍白璧如山莫平視鳴鞭恍惚縣飛鸞臣
下躡從太乙壇高冠赫赫曜長劍紅光口噴珠漫漫
當時御馬一萬匹霜氣稜稜此獨逸回頭紫燕與奚
斯爾材雖同遇不一烱烱房星流西極將星更繞房
星側詔圖眞跡脉人間武功不競歸有德

西域獻馬歌 崇禎十六年西域獻馬三匹上命圉人飼之輒後先就斃

憶昔中原全盛日天馬遠從月氏入絡頭不用千金姿牽來殿下人屏立騰驤共道玉璁瓏直如高帝飛越峰一朝撕尾出軒檻西山紅日爍芙蓉吾聞天子馬六乘二十四足彩雲騁今之三馬相追飛龍池霹靂絕流影上命中涓具粟芻愛盡其才心何殊詎知英物難曠處鋒脊稜稜死斯須穆王駿蹄鳴戛戛權奇瘦骨霜勁刷出入咸池侍瑶觴玉山芝禾恒軋軋一自主上厭盤荒銀鏤首蓿擣清霜縱令一日三廻

顚中消無意守天房嗚呼天用者龍地用馬相逢此
豈悠悠者得意失意在一時竟與凡材死櫪下聚鷄
争食鳳無隣野羊跳躑虎嚬呻古來幾許豪傑士澌
流草没等浮塵

海上擊缶詞擬鳴臯篇

若有人兮戲海中鼓洪濤兮思不窮素月流天以暧
暧兮將亘遡乎靈宫邈群山之回互兮臨險介兮忘
去路思反身于所寓兮假羽翮而難翥篙師舟人攕
㮄㩳棹倚浪凌波沿洄以相屬擊缶兮歌作念失侶

之驚鴻會群仙于縹緲順歸風而西東遵舊聞於先師兮惟空穴之來風倚桂椒兮擊芙蓉彈絲竹兮扣黃鐘歷天墟兮窮旁折木神之人兮來從容天輪兮膠戾地軸兮廻衝渺下上其無際兮孰非眞仙靈皇之所封罔象沉屍天吳屏首海童邀路陽阿奔走感異物之來萃兮却乍見而非久伯禹殺湍以告堯太顛竊寶而獻紂吾誠無所損益於人世兮竊不免爲皇天之所姤已焉哉負穢臨深虛誓愆祈吾將捐顱骨以成嶽兮寧知汎汎於憑夷

代南山老樹荅

南山有老樹兀突萬餘尺繚繞何神先黝黝盤古色上枝干天下入泉過客見之傳一言東海靈居垂雲霧白波倒瀉山以翻若木之華昨夜死岑嶅獨立胡長存荅言鴻濛初破竅南溟北阯林莽嘯盤踞大荒盡吾徒蒼虬起舞天一笑相逢天姥喜欲狂教言三日忘老少以茲不受造化偏飽沃玄漿得自全祝融吹雨洗吾足扶桑掛日蒙吾顛兩儀二曜各無主樂此何用千萬年海屋鳴雞催日暮群靈延佇欲回步

懸匏漂梗何地無世事陸沉安足顧

天仙宮白松詞 黄帝葬女處

天儷宮裡獨松寒霜皮半濕蘚花乾五色石灰流華頂誰令飛雪舞雲端猛勢干濤倏軒翥雙鶴歸來不知處長天一線影初浮決眼忽驚白日曙石函當日掩嬋娟沙崩雨塌長苔錢虬蚓蠕蠕初塞穴枝上孤雛傍母眠湘江斑竹疑夜紫敲戛舡舷蕩江水鷺起群龍各趨趨冥索不解鬼神意彈琴峽上明月山素練倒流縹緲間但有來蹤無去路神仙惆悵無闌干

君不見茗華墓上雙株樹靈禽繞夜不得去

侍石齋夫子登金陵鳳凰臺

君不見蓬壺山在大海中白日來照金芙蓉飛龍無媒造父没膏車欲往路嶐嵸夫子卧東山薄遊向金闕金闕高峰對祝融龍葱佳氣當日發金鋪玉檻絶人寰雲梯欲上手難攀夫子強爲蒼生起予也干祿時往還青山落日一相遇共坐雲根酌石乳空晃六代蕩煙丘更惜三山阻塵霧我懷鬱塞何由開携手笑上鳳凰臺石林幽竅雲氣迴山路欹危鳥轂哀停

杯舉眼望八極日暮不見鳳凰來吾聞鳳爲百鳥族
鳳去臺空淒心目上有十萬青琅玕夜食歸來無棲
宿秦女簫聲度高樓縈煙裊裊暮雲愁千門萬戶俱
寂寞迴鸞舞鶴摠悠悠君不見三十六皇向昇天鳳
鳥迴翔下紫煙玉女麻姑掃天極花顏綽約兩嬋娟
鴻猷文彩須此物出奉至尊長周旋軒皇天姥今何
在西伯撫心但淒然昔年公在大滁山明河北斗垂
闌干指點羲易兩三冊渾儀恍惚錯金盤今時識會
落日蒼白雲蒼狗兩茫茫心知運會不可挽空向古

臺望古皇春連蹈海情何窮鴟夷扁舟下西風夾夫致君須堯舜時而不遇難爲工相將江上弄秋水荷花片片鮮且紅僊人尚有綵雲扇七月七日下遥空

報國寺古松行

報國寺前數株松錦鱗閃灼騰飛龍琉璃破碎千萬色盤根結自蓬萊峰緑陰晝晦不見日薜蔓交垂一徑客幽窈自然通玄靈氣與岷峨俱蕭瑟上下樓臺更蒸鬱斜柯修幹相虧出五粒紺花飄雲衣繡幢香氣來拂拂宣宗昔幸玉泉傍垂蘿裊裊奏笙簧翠旗

羽盖下巖谷千樹萬樹皆昏黃瑪瑙殷盤罩錦罽太
后齋心禮空王叢楸瀉影搖珠幕佛螺千碧紛相錯
飛泉激雪翻如搏緋黛霏霏向人落嘉樹雖因造化
栽慈雲恒借帝王曆我行不覺意清凉憩息况有舊
蘭若芝草闌干春晝深玉床金燈夜夜寂寞豈唯玉床
夜寂寞松栢崔崔瀉哀湍蜘蛛結網棲林雀在昔金
陵龍虎盤報恩古寺峙雲端高帝神游歸天極浮屠
百尺空嶵屼盤盖崔嵬今此樹緜雲玉笙遠漫漫但
看眞晦風雨集群靈趨趨共盤桓虛無縹緲指前路

松花夜拂露壇寒

玉壺歌上元過魏戚畹作

長安戚里稱張魏高樓結綺眞堪貴舊賜龍媒尚有無緋衣縹緲搖朱芾朝天歸來列綺筵爲召林生共周旋蟠空玉檻迴千曲燈火如山看不足仙厨錯錯進八珍回鶻小娥歌相續媿我浮滞似東方何心更對中山樂酒酣細述神皇時戚畹承恩尤最奇祈年館裡燒鰲山降輦相迎去莫遲芝盖虹梁通西苑蠟光香霧漏參差一自龍馭騰空去漢庭禮數今等夷

通親一表久莫上空有丹書獻階墀魏公言罷淚沾臆百壺倒送尤淒惻我因起作玉壺歌慷慨為爾開鬱塞近日田家豪薫天樓船東下揚州側倒海廻山不足難浩蕩歡心竟何得君不見田蚡昔日橫專權魏其賜第跨市廛千秋富貴同如此我公安得長凄然

黃將軍故第歌

朱閣連榱映柏桐回轉路出錦亭東借問何人開此閣將軍魚服昔初封南陌楊柳東園花春風共送杚

曲家平頭奴子策快犢謁道若人不奢華先皇在御
當競武恩寵將軍眞無伍平明召宴換貂蟬妻孥驚
炫何曾覩如雲錦帳連百里豈但綺疏朝日裡滄海
冥冥動紫煙九疊雲屏當面起丈夫致身各有幸許
史金張胡足炳尚方之券陳如山異數寧蒙左右請
一自夜烏啄城門將軍誓死在朝昏三千義士入窮
島層樓飛觀空雲屯大風一夜漂裂尨山南牛羊臥
其藩鳴呼牛牟臥其藩颼鼠啾啾竄墓穴濠梁動舊
今誰存

觀射用元美韻

人言挽弓須挽強三石橫控真莫當刁刁木葉秋空下輕羽所過追飛芒白角飛鷹塌兩翅颯爾見之神不揚左揮右霍氣如虹一中果然落柘棠當時我授白猿術超騰樹上墜復翔滿地落紅飄舞袖劍影茫茫花影長雄心拋擲鴟夷醉羞向人前誇舊技看君挾矢來倉皇心魂不覺馳獵騎清霜漱漱下平林慓慨豈逐元戎隊欃槍未落夜多愁沾沾者誰恒辟易蠻煙半黃沙半白齊穿十鏃鼓如鏑須史矢盡獸遂

廵仰首空中無四翼二三朋輩各相傾輕絲在弦膠
在肋愧我捫腹似懸匏吐納湘雲成五色憑陵千古
倏悠悠雕龍倚馬誠下策晚將遊獵逐少年爲謝車
門困執戟古人寂莫用三餘部中幾見黄石書英雄
露盡郎神仙浮雲世事等蘧篨宜城殽酒好留賓鷓
鴣百結何足歔一彎明月巫廬下天風寒號萬木亞
分手原頭各爲别明朝飽飯再看射

觀叉魚用獻吉韻

三江江水一夜漲鸂鶒千羣立沙上誰人編竹截湍

流大魚小魚搖相向禿尾跳躑波濤中濛濛微雨鱗碎浪半死半生苦藏身吞冊無計總偪強蘭江思娟有尺書附之不去心惆悵接叙換酒扣玉盤昔爾揺鬆今色喪丈夫失足委泥沙將行却阻同蚺蟓天公纔倒玉女盆一杯淺水成浩蕩神鰲百尺亦受鈎莫訝武昌人繫榜伯子深宮歷盤渦招招舴艋逐黿鼉欲探桃花津何處滿天風雨失巢窩魚目如山奈釣何

石鼓歌在京師太學

瞻奇石兮孔之庭奠正位兮神以寧會群靈兮望將婐臥雲霄兮意泠泠蟲跡剥兮苔蘚零右佶栗兮彔荒經彼岐陽兮績奠銘賴兹石兮響丁丁偉我皇兮巡郊坰載西歸兮雲車騈騤大文兮幽處窴陋禹穴兮無奇靈長簷覆兮松柏青春復秋兮來薦馨琊蒼蒼兮觳玲玲臣泥古兮㤗下廷

夢游鴈蕩

鴈蕩在天闕之南華盖之東長湖積水春不涸飛梁透迤孰與同往予跂之終莫至歆危山勢夢中通林

猿嘯兩石壁裂窟底臥龍激寒空大湫小湫窈難測
但看吹氣爲雷風苔蘚冥蒙迯短碣仙燈一燭藏明
中十坐九步重林暗巖劖兩路訝隆冬我欲因之凌
華頂赤𥷑倒掛雙飛虹鏡湖明月迴舟出子規遠壁
啼青楓覺來髣髴迷人意人生大夢竟安窮三疊琴
心弄未盡空教踏破翠微峰

陽武侯招飲牡丹園

薛侯薛侯宜吾徒牡丹花下挾秦姝召客不須中山
酒此處調絃亦可娛井欄桃李競春風芳意並與此

花殊閩南林生老情懷相思擨樹折三珠幾回却被

東隣誤纈眼何堪見粉朱一旦坐我金谷裡緑珠起

舞盤流蘓十騎紅妝皆按隊酣春飛鸞來趨趨臙脂

井上誰相逐爲問當時情有無盈盈素壁流斜月平

鋪月影卧𨉖踰自是花明不知夕長安城頭促啼烏

黄蘗老人歌

老人住山在黄蘗桃塢桃洲開向夕落花片片入窓

扉回眥白雲又接席石橋懸度斷人行惠公杖屨恒

自適獨往之人細萬物手弄元化携金策我臨海嶠

一相思城頭霞起城下碧

寄黃東崖相國

黃公黃公汝下謫渤海千年手自闢不但調羹先帝時至今文章稱雄伯西京以下誰比數吐言往往人辟易愧我門下老書生相知原不因懷刺一從酒座見俚詞我公得意遂忘夕前推後挽恐後時願我上天奮六翮酒酣亂拍朱絃琴鼎下枯桐誰爾索爾時薦牘厄春官公與蔣公俱作色謂我兩人既當事辱國之藝誠何益吁嗟此事古寂寥飛轂都內爭嘖嘖

高高天府策群賢散鞭我亦馬上客江畔尋花暮雨
飛人生能着幾量屐太行車輪摧作薪九江波濤朝
暮急蔣公未歸公先歸日者相餞長安陌白壁無媒
翻見嗤枉予上獻甘泉策偃蹇但期乞縣歸金門寂
寂何足嚇俄頃妖氛蔽原野黯慘遂將帝座厄小臣
伏頸抗賊庭念公還山未暖席南北奔馳只此身道
途處處見鳴鏑二十四忠半生平回首暮雲已化碧
陪京擁主纔經旬幾回推轂公莫莫直至閩嶺爲長
安我公遂許東南借時危事廹兩逡巡于何圖之煩

經畫明知補天已無手公猶強我執即戟訊牘一見
心茫然滔滔落日今猶昔黄公出師逝無還梁木就
頹真堪惜慷慨誰非魯連生滄溟東去渺無跡干將
莫邪光陸離倏忽飛入延津澤張華神物竟不留漬
淚蹴天風索索嗚呼我生行年三十許血淚殷殷雙
眼積九辯清商徒自愁帝閽欲訴路踖踖感公念公
孰酬公絶頂天門許共適仰視懸瓠繫人間未死之
身真堪擲請看要離墓上草冬霜隕地尚未白魚腹
脂膏爲誰消報恩寧論此七尺

寄錢牧齋宗伯 擬于鱗

先生罷官纔兩歲，囊中俸錢何曾計。小子杜門已十載，手上殘編挾自在。悠悠浮雲一寄書，爲言今昔復何如。大名終在千秋後，腐鼠爲祟今已除。自擁佳人調新曲，高陽酒伴尚有無。九折畏途行將遍，百罰深杯手自孥。何處青絲不可絡，何處彩虹不可攎。鑪頭自好舞鸜鵒，門外何須呼鷄鶋。雨雪滿天恒蕭瑟，偃息南山屬舊廬。逃名市卒不自量，皷其唇吻恒謝諸

又

藥方且向肘後掛詩囊且向床頭懸胸中浩蕩何不有即令漂泊亦神仙吳姬擘壺越姬竹豈有詞人肯寂寞誰云煮石便休糧要知餐英仍食肉滿江稻色一時黃滿地湖棉一時熟嘆我無由略冬春如公自可等梁陸不見黃鵠啣明月世人但識一魚目不見鯉魚垂兩角世人安知有尺幅掃却六合塵濛濛白眼青山共碌碌

琴牧先生歌

先生昔在大冢山招揺白鶴雲中還先生今在華陽

洞吐吸青霞行獨造七十二君錯眼前誰云漂泊非
神仙松風入琴雲鎖戶講堂寂寞容諸賢洗足石潭
翻芝草世上何人遇天姥白眼青天共悠悠自言當
日得仙早

賦得七星檜再贈虞山宗伯

我昔曾遊闕里宮青冥老檜摩長空虞山七星誰所
植下上千年窈窕同霜皮剝蝕斜文理牛斗之間疑
夜紫盤拏屈鬬勢莫當層陰遠拂高巖水却思前夜
鼓雪槎杳靄巷茫路已斜挂帆飛榜出林杪織女機

還弄月華天上白榆秋歷歷琉璃萬頃忽異色一星
摇曳立津盤盤盤影瀉終南果老幹虬鬚飄大荒怳
懾元氣竟茫茫坐揮如意太壇裡倒挂絲繩少室旁
羅金團團白日馺蛇龍撐之不可止但看星漢倚巖
數千章老木爲孫子

古松行送徐師錫餘

長安送客大道中錦衣車馬行相衝不有青青官路
柳但見挈壺攜榼坐古松古松崔崔百千尺籐蘿蔓
卷白日累盤錯已嘆懷才殊差枒又見賦性直飛濤

倒掛滄江來七澤以南迴寒色欹崖側岸未絶奇數

株獨傍三忠祠龍蛇慘慘騰畫壁煙霧茫茫卷翠旗

千年廟宇表嶕巇英雄志意無終移入門下馬意凄

惻諸公去國胡相逼去年相公歸草堂幅巾相送古

松傍紫芝之一曲春無悆樹木慘淡已改黄今朝復餞

徐太史駐車此地情爲傷江湍觸壁非無意豈但蒼

鱗揺勁霜我來京國不滿載眼看諸公行即當疾風

拔木何爲者金縢往事胡不剏丈夫致身在死國柰

何相繼下滄浪叢桂山中秋色早怒矢挾濤夜夜鳴

徬徨

醉歌行贈從侄少威

君不見大海扶桑麥烟霧側身欲往阻修路又不見嵩山室上發三花相思一夜柯葉斜開牕拂鏡臨秋水人生蹉跎恒如此媿我紅顔謝軒冕雲臥空山誰能遣明瑶白璧時見投坐令清輝生巖巘光我五色之雲裘耀我陸離之寶玦千巖萬壑俱寂寞但見芙蓉濕露泫西施含睇衆效顰蛾眉曼睩自有眞試歌檀尺鸜鵒篇直教四座從梁塵君愛東山絲竹好我

亦時時念此人

醉留君十

青絲挂玉壺美酒傾如乳井上梧桐花庭陰尚未午
吾友入門衣練縞長風吹袖愁絶倒國初以來誰稱
詩汝與北地風格老冰雪洌齒骨苦寒玉琴奏出聲
浩浩斯時相對起百憂朱顏還比芙蓉好十年共事
黄石公春日闌干長芝草傾出詞源三峽翻飛鴻目
送向晴昊君有妙理我真機如雲之士曾共道野水
金杯倏忽移黄公講堂今絶島漢代公卿出處遲暮

國諸生敭名早回首可憐淚交墮黃雀歸飛傍砌除
靜對寒釭且共坐

答余賡之用太白梁園唫韻

君家何在蓬瀛闕石竹交映青城山迷花倚石難徑
度尺素傳下彩雲間彩雲漫漫襄人多開函如唱昇
天歌玉山將倒遥想像沉唫此曲揚洪波却憶前年
馳京國攔街放醉那可得遭逢萬乘豈須愁屏對南
山梵高樓才子身居吏部署蓬萊詩句冷清秋半山
明月爲君設平臺玉樹皎如雪不羨阮子與謝公掛

席揚波標高潔馮夷擊鼓愁湘君雲車經歷蒼梧墳
憑憑雷雨嘗怒吼人生去住等浮雲茂陵秋客鶤鷄
在娉婷小妾取酒待沽名矯節非我貴嘆爾詞源傾
江海名山遠訪動霓衣山月照出仍送歸流連此處
疑粉壁勢連五岳悵餘輝和君歌意已遠念君夙昔
負神姿龐眉秀骨道未晚

憶舊寄雲陽王子

橫雲起平江白鷗弄水底王子家在練湖西參差巖
岫桯表裏門前雙柳冬復春不似東墻飄桃李朝策

犂眉暮入門上燈視我情紛紛君呼六博爲我擲我看鴛鴦舞成群幾廻託宿吳專諸且將盤劍蜡鯉魚風光不肯長假借落花春暮心焉如長安貴文賤如士折腰道傍猶防忤心摧泪下竟爲誰當筵請歌丁都護君不見茂陵樹上烏飛廻茂陵秋井滿緑苔茂陵小妾勸美酒今日曾無一壺來異代風流恒如此西風吹鬢真堪哀千金破產學屠龍逢場博戲尤龍鍾入門趣視槖中金大頰無言小頰從海内賢豪誰我意王公御史賀常侍我時攜君上綺筵片語投心

頭為死華榻清燈幾度淹東園芍藥手堪摻點點數岫如浮玉天空傾見修眉纖毛公壇上葛花白寒蟬飲露風蕭索但知臺榭冷山丘那識詩辭懸日月我今抱膝爐峰寺君但結廬三茅耳茫茫往事總成悲豈但浮名為身累平明開總望白雲縹緲又向鏡中起

芙蓉湖歌寄王師崇巖

我師早得還丹術氤氳丹竈圍一室拂曙早鶯啼紛紜玉笙斷處觳甚聞種葵總向葡萄下手裡芙蓉又

堪把我欲尋師路已絶扁舟西下阻迴濤空憶山陰
晴後雪

江上懷雲和徐子

森森桐柏掛初月南飛鴻雁隨波沒美人身在彩雲
中尺素裁成阻碧空廻舟夜向洞庭去九疊羅屏夢
裡通解衣貰酒酬江月千里思君君與同

江上遇台正用長吉送亞之韻

林郎林郎怨秋風苦蘖染衣秋鬢紅不惜文章包造
化沙蟲嘖嘖騰西東桃竹爲筒護書笈空心明月兩

頭夾孤鳳無隣各自飛文苞肯老青桐葉無諸荒臺
白日下絡水海中塵如馬小屏睡熟鴛鴦深起唱相
思誰知者頓君更祟千里骨長嘯西風無摧捽何事
軒轅最苦心青青幽篁斷爲律

李夫人

桂枝飛玉霜夜簾墜曉月濕銀注鏡舞雙鸞何處悲
啼何處歌洞庭廻水已連天二十三絲錯綺絃不惜
鯤魚摇月澤只憐渴鳳立霜田夢裡裁書寄不到空
留寄字芙蓉篇

高軒過謝熊魚山顧瑞屏何黄如李㤅軒諸公

府中貴客憐我擅才華鈿雲蟠蟠駕香車入門譚讌吐清韻麟角鳳翅相摩娑紅桂作花墜鴛席薄霧茫茫飛如纖幾廻海底覓神仙龍堂曉珠光又熄手持緑版上元門留我秘閣梳香芸正值天子罷封禪豐隆作𣪊𣪊無聞坐看蟾蜍咽秋月星妃來往塵羅襪揺動琊環各辭歸秦絲不奏蠻絃絶

壽陳司徒季琳

何者一老仙對酒謌少年碧髯雙紫眼踞坐芙蓉峰

之巔峰之巔茂松蔭石飛瀑揚潺群鳥集下紛負昔持紫管鳳翎出帝庭酣歌據地嘗沉冥今持赤明玉字瑤華篇長跪未讀心炯然安期之鹿離哉雙風吹玉衣長仙仙長仙仙來往五樓十二城太乙之館玉女堂誰其介者彼廣成最咲漢天子不知有歲星教爾采服道謂是日月精豈無金匕玉卮珊瑚抄藥飛雪輕拜手前致誠奉仙儀我心營營

壽朱介翁

今日何日堂上趨絃清管急雜笙竽嘈嘈聲鳴出新

酹青絲提繩白玉壺小婦行炙大婦盂諸郎天廟國
器俱困者鐵網遺珊瑚遇者光彩擢明珠玉樹枝葉
亦璠璵據地便能虎子呼登堂壽公顏未愉謂言神
皇御極初南北燕吳猶里閭馳驅澤馬與堅車天下
南陔困未蘋華燭斑衣只揩除鳳凰為樂雖獨殊亦
頎南山返慈烏游子各歸誦九如是時一哄顏為舒

明月篇繼仲默之作

長安月年年掛海瀛光生複道無虧蔽影瀉長門更
縱橫錯錯叢星搖離離宿霧捲鴛鴦甍上飛紅霜萬

菖房中墜碧粉霜飛粉墜愴離情窈窕紋碪愁最盈

二九花前纔弄色十三絃底巳傳觳貴主行宮接帝

家粧樓舞席影相遮燦燦共薰九微火盈盈更燭萬

年花坐惜金梁縈翠管行愁玉壘滿霜笳霜笳翠管

年年度人生歡笑唯三五錦水雙鴦出漢地沙棠一

棹連湘瀟思君尚在碎葉城念妾尚在垂花塢此時

羅幌初分輝此時瑤席正流素流素分輝却當輪脉

脉何如明鏡覩開屏每憶陳后主理匣還思李夫人

綺帳空將金送暖湘床只有犀辟塵送暖辟塵那可

得不惜黄金買夜色數錢姹女愁掩顰貰酒文君淚沾臆可憐西施越網中可憐神女巫山側折花映水難爲容掃粉卷衣久無力漏斷恒驚棲烏飛宵長更畏擣兎急兎擣烏飛恒相促芳顏倏忽銷白玉挑琴誰非延露歌送酒誰非明星曲素掌未伸霞已晞青腰再轉霜初沃三時二候雖有餘一夜千秋常不足夕郎醉勒黄金駒連翩意氣且虓如宫槐宫柳拂衣出庭鵲庭鴉遶樹呼只知金雁分來去那管銀河淡有無銀河金雁一時流溯洄明月共悠悠擊鼓憑夷

空自舞吹簫嬴女爲誰留碣石乍沉滄瀛起海水天風動不已誰將琥珀挽千絲誰將芙蓉噴萬蓝相逢相遇等流波相怨相思託錦字弃命文禽顛雙棲齊心翡翠顛同死俄頃軒轅架玉臺蒼濛一氣絶纖埃姮娥寂寂如相問責賦成都本狂才

八閩文庫

福建文獻集成

續編 集部 四三

吴格 主编

文獻集成
367

海峽出版發行集團
THE STRAITS PUBLISHING & DISTRIBUTING GROUP
福建人民出版社

本册目次

蟛蜞集十卷附録一卷（卷六至附録）

［明］莆田林嵋撰

清華大學圖書館藏清初刻本

蟛蜞集

閩中林　嵋著　　　男人中校

歌行

白紵四時曲

姑蘇臺上錦成堆春花亂落蝶飛迴房櫳虧蔽疊雲
彩笙簫合舉不相待當筵西施飄鈿帶露臉斜開縈
愁態清歌欲節情難再三星低戶月沉海盈盈素腕
舞羅巾流情轉聆承芳塵顧君莫忘拂舞人

又

閶門輦路廻香車楊柳花飛青蒲舒貴主行宫百花
裡花裙宛轉風交吹絲桐順耳感人意西施爲君舞
復起同心弁命雙翡翠皎若彩雲停緑水持觴把袂
娱君前東江明月初經天飛出西江光滿圓

又

館娃宫畔千芙蓉江波瀲灔夕露濃月綴金鋪花姹
變姮娥廻腰光轉轉舉歌白紵四座眩光風吹蘭夜
舒卷此時奉君君不浅木棉抽絲盈八繭離鸞别鳳
舞雲中九疑山高青濛濛銀牀低轉怨暮空

又

白紵一歌心相傾釭花凝笑寒不明東輪夜輾玉華井聯翩羣袖凝雲影西施微醉嬌不定文犀鎮帷垂夜永羽觴流霞紛相騁歌停渌水芙蓉冷白紵白紵皎如霜頓隨白鵲來君堂宛宛轉轉歌難忘

題蕭照光武渡河圖

此圖不合置之几案間刀鳴馬奮勢如山層冰蹈碎神龍寒神龍蹴爽豈頊殊感君生意寫須史蕪蔞亭木偃風呼人馬同時絶脯芻沙礫慘黯不見人前行

後隊各有神要知駿騎自空塵飛騰氷上直輕身嶻阻折歷霜蹄金鞭不斷聲驕嘶陰山片玉埋塵泥恨不磨刀克佩鞬安得爲我再圖鴻門會三看寶玦弄腰帶蹋翼起舞公無害

題李伯時山庄圖用杜劉奉先山水障韻

海底珊瑚拂枯樹神靈所居迷煙霧李君手寫龍眠圖掛在高堂開生趣掃練不易逢回毫直可遇左臨與右盼滄波凝寒素欹崖側㠀勢相吞悔不移家入崑崙欲罷蒼虬舞無際鐸龍翻群靈激激天廻訴啾

啾壁上墮窮猿圻地風雷昨夜急小港漁舟操不入琉璃破碎雜中流老樹倚啀應獨泣木棧石梯相鉤漣青鳥呼人憔悴立瀟湘冥晦風壯潤俯身欲附烏鵲末勃窣孤踪恒無主使君生計同誰活自昔負神姿天瓢傾石髓歸老龍眠山清妙更莫比有友冲元中幅巾倒挂巖樹裡有翁李德素招攜酒盎兩童子華子崗雲門寺古人心迹等浮雲絶頂天門遊方始

唐伯虎畫梅花歌

唐伯虎生來嬖曆吳趨里朝看滄海紅夕看崑崙紫

雙眼瞪青天舉世莫平視以此不合當時人妙技迸迸能通神江南芳樹手自圖籬落氷霜倒一壺寒風夜向茅春吹猿啼鶴唳滿西湖賞君畫感君意玉筯紅顏在何所霜髯冉冉飄墜地意慘色寒竟誰知碧海珊瑚爲君死當時擬卜桃花塢謀家無貲心獨苦自將綃素市錢刀相許寧論洛陽賈君不見王處仲如意擊殘歌不已老驥伏櫪志在千里又不見張季鷹秋風之嘆空復爾天下紛紛無望於時久矣天寒野曠春陰薄百壺迸醉何不樂剡溪之田縱可依何

如醉倚梅花閣

沈石田畫蛃子歌

萬疊山中人挂屋濁酒傾盆菉正熟閑憁示我石田圖無數霜螯行相逐濃雲浸㲉黑離離老蚌生珠白有時舉手數將百餘顆絲繩欲縛急蠕蠕世上誰爲任公子翻咲此翁非畫史茫茫鹽瀑俱未乾鈎庭神鰲幾廻死東湖淺水夜漉漉秋花如毛蜻蜓伏偷眼相看各離翻我去君當剥以腹嬰兒世態竟何爲刀圭相向苦不速座上餐骨殺蟛蜞花間飲露吞蝙蝠

宋珏六體千文歌

世上何人擅六書宋生直繼吳興初凉州一斗纔半
適生也磅礴情有餘吳姬引纖開粲戶腧糜傾倒瀑
羅襦大篆浮煙小點漆八分更似明霞舒其餘諸體
皆殊絕白雲秘授誰當如中山片石在何許風雷晝
吼令人徂茫茫真宰不自愛生綃十丈窸還蹤愧我
五指似枯榑鷄毛如帚總難攄幼婦色絲迷老眼漏
水夜浸玉蟾蜍慘澹秋山開緗笈燭底看來更躊躇
弟子如山諸入室沙錐泥印神爲沮神仙飽吃三字

去空教墨瀋死遊魚

許友家觀陳洪綬畫艸蟲圖

小園昨夜風吹葉蟒螬滿地行跕跕此豈有意下林

梢蟠蟠曳尾息以脅誰人苦意寫此圖吹粉白波尚

有無一蟲抱葉一蟲墜鬚長頸短眼復枯盤拏屈鬬

勢欲倒短兵相戰咸陽道更有一蟲含愁思迴風似

惜垂楊老緗衣翠帶挾朋從豆娘側媚老更慵莫言

此曹盡微末驅趍不由造化中山陰老生情何奇莫

雄失路總類斯不堪再作窺籠鳥果爾難爲觸網龜

黃石齋畫龍歌

我公本是龍威之丈人畫龍何必非其眞驚波合沓[illegible]堂上遶壁傍徨[illegible]夜漲長髯吹沫護明珠操綱漁人逕相向東西陂澤横十洲蠕蠕萬族此其長星離雲逗不終朝宛若飛騰出屏障嗚呼我公昔與風雲會鳴毫颯颯適霑霈一朝委身向中流群蟲屏翳泥沙外世之眞龍乃是公反驚此畫爲蛇蚖

報國寺畫壁歌

華陽之館黃金臺嶙峋千仞暮雲哀畫壁陰森風鳴

惡誰知此地更竒哉丹青不識誰所爲海氣洪濛轂如雷操舟欲入不得入日暮追風竟空廻飛沙滚滚遥相向地軸欲動天門開琳宫講館萬餘尋雙雙玉樹何巍崔不與龍頭多恠異傍浪登天孰能猜九子魔圖須解倩不知此畫從何來路危惟見棧道接山鈎更用鐵鏁紘聯綿遠勢多欹仄四海三山直浮坏連廊一望怒轂振波顛石倒行相催天吳屏首來叟叟反驚水底生蓬萊

陳有五圖梅花書屋書此跋之

陳郎酒酣放筆爲我寫寒梅千巖縞素爲之開紛紛
蘿薜垂雲屋神仙入戸調夢綠上有啾啾之翠羽下
有離離之黄竹花影淋漓濕滿身一斗葡萄醉不足
陳郎向余言君家愛梅代有人且逞山中鬬青樽種
田東海隅築室扶桑麓自古達人守一丘白雲丹井
愜幽獨我咲爇仙歸來歷歷

賦得金谷園樟子用于鱗韻

畫堂今夜開粉素分明金谷堪回顧試將羅席鋪芳
塵直是銀河廻砂路杏衫三換始下樓春風端向河

陽度宿燕那非玳瑁梁栖鸞那非玫瑰樹初調新曲

王明君琵琶小按何曾誤高下交疏纔一通東西結

綺尤難數快犢行春恰當鑪神仙入市嶽相呼天上

有情看窈窕人間無恨擲珊瑚有情無恨已如此石

家豪華唯幛子周庭碧𦆭風中吹滿屋金烏霜下起

觀劇

越王臺上舞羅衣越王臺下蝴蝶飛絲管停吹勞斈

燭明粧紅袖各依稀新䜩一曲唱者誰阿童渌水舊

能爲將流將引飄鈿帶手語箏箏歷两眉浮雲城郭

逐梁塵箇中定有顧曲人深叢鶯燕出簾鈎石家香
骨今再陳圓緊歌喉似抽煙輕絲裊裊拂澗泉何處
花飛何處歇檀槽更擂大小絃當時我亦錯人群虎
阜山頭暗銷魂燦燦盈盈燈初集梨園弟子半王孫
不惜短衣共撾鼓吳趨越唱分兩部幽篁掛月映江
心琉璃破碎不堪數時移事往人非舊舊遊花月空
回首文君塵鏡掩芙蓉臨邛才調還似否郎今三弄
解琴心鷫鸘卸後徒搵襟哀柳當門春歸盡新歌續
續淚滛滛招攜朋串蔣陳劉水調平歌已到頭脫巾

露頂來觀劇道傍貴客任流騁果然一曲能一顧醉倚畫闌聽復訴絃索嘈嘈意已傾況有新粧映牕戶影裊夕陽竟忘歸花絲曲縷兩依依漫道周郎少意氣江東清宴滿落暉教坊零落自何年雲鬟淒風定可憐百遍行杯不得意沙塵漠漠撒四筵是夜羌童纔教舞箭鳴絃急亂如雨相逢相識各未曾紅泪潸收共咲語感時懷舊心多傷第一歌辭久已亡只爲含情周小史何知奢睞杜秋娘

除夕醉歌示君十

雨雪紛紛歲其除入門愁見梅花舒鷫鸘典盡衣百結牀頭空有一束書我家君十久閉閣長唫短咏還蹤索高天雲影下樓臺去雁翩翩隨七澤人生富貴等泥塵只憐才子老青春憂危如我棄官職五岳尋仙寧復眞耶邯鄲愽徒高陽酒客慷慨悲歌今日昨日落魄風流兩不覊歲月由來成虛擲天風倒下華不注海水如絲飛煙霧神龍失宅守泥中鬐鬣雖全神不具安得白晝爲我起風雷移置海中與之遊

今昔行

我昔上金門揮鞭指燕月謔浪雖稱豪擊壺歌不絕
高梁橋上春早歸落花片片玉霜飛手持雙管皆鳳
翎俯仰人間恨不停煙鬟霧珮在何所方朔無心戀
漢庭殷勤慰藉三數公風流文彩世無同授簡爭拂
青玉案傳杯倒瀉碧油筒歸來十載守敝褐意中之
人今已空秀峰中暗暮雲黑海上茅堂難棲息當時
妄意慕列仙浮沉帝座反悲惻如今落魄向西風攬
地酬歌人莫惜時事轉蓬起百憂昔我已悲今復極
揮手莙莙復何求富貴神仙兩難酬還將襟袖映蘿

月世上浮名摠悠悠

除夕再歌用張王體

誰家少婦持明鏡繡帶雙花燈前映一片寒冰久不開暗中持照空婷娉吁嗟此物原有神一埋空匣委泥塵瀲灩黃金君當惜團圓白玉妾自親

江草歌 懷台正也

蘭茗冒露江皐春中有杜蘅色更新去時未出今已滿問君東游何日返玉笛聲連夜猿啼慘慘離情日應曉醉踏晴沙芳苑中渡頭蘿月映芙蓉少谷山人

題詩處碑崖苔蘚可曾封白年盛事忽淪徃俗士如雲非我黨錦箋銀管延上賔知君掉頭不相向越王臺下螺女江青莎雜樹石淙淙酒酣一擲鸚鵡賦千載爾衡滯此邪

少歲贈予蟛蜞賦走筆以報

燈前寫賦情糢糊廻頭一笑滄洲孤三湘七澤遊未遂嗟爾泥滓胡爲乎澹煙落日芙蓉冷弩箭尋潮射石鯁萬重貝闕亦夜移金盤行月空含影任公餌詹子綸兀立江頭何所待豈是尋常射釣人千群螺蚌

出淺水明月之珠誰所委感君擲賦作金藪胷中雲夢不知幾

草場行

長風烈烈燕草枯黃沙晝晦城南隅城南破屋無人稅中有廣場長菁蕪藩籬頹決非故址權家奪苐竟遺此蕭條舊道斷人行蒺藜刺衣恒藟藟詢之故老俱荒唐良久知爲舊草場荒榛何殊獨石界壞道偏異春龍坑紅裘瓊帽馳郊原京城内地偏就荒高帝當時重馴政十三十四監牧併先取養戶充京畿本

司調撥無不謹駒種初生須上貢蓄地尤因水草盛
運茶關上尤數嘗金繒取直馬取償要令營衛供正
額四十萬匹無損傷舊地草場千餘畝不異蕭關與
榆楊繡衣使者奉敕來此場一月三爲開雲中魏尚
非良守塞外李牧尤凡材辛勤巡視稱上意愛馬頗
同黄金臺不知何年謝故事周廻幾里委蒿萊天閑
太乙非無至丁零正額半減裁到官牛鹽不充數道
旁秣騎色爬礧林莽㭕㭕風波起使我安得長徘徊

宣廟畫猿歌

九月斜風如飛箭我來聒耳徒驚眩手中丈縑繞一舒鳴猿倒挂枯梢卷霜毛颯颯捲松風騰躒不離藤蔓穿野鼠引群忽奔逃兀兀超超類猨延危峨億丈純幽墨黯淡寒綃窮流聘細看知是宣皇圖徬徨却立但稱善吁嗟微物感皇情工貌工意就能擅粘毫曾寫雙飛龍金鱗不動恒蟠變貝闕萬疊可船遊彩盤行月出水面天驚石裂最感人異態胡為圖上駒少聽一聲淒心魂褰鵬浴鶴不足羨當時畫工如堵墻寂寞金爐誰引見要知寫趣非寫圖此曹何必供

筆硯崖壑墜將歆煙蘿披復緬華堂百萬軸視此眞
堪賤至今玉殿空山中澗鍾寂寂雲路轉續蔓沉竿
起百憂秋猿叫嘯驚石扇況留遺跡示人間回首西
湖寧無恨

吳仲圭畫竹歌

我昔經行山陰中修篁老榦似游龍此物好直不好
屈變飜風濤與之同頗思誅茅結室於其下薄襟一
解披凉風不然亦買蜻蜓掉一夜飛度鏡湖東蹉跎
十年兩不遂葡萄滿甕空破醉鸚鵡洲邊處士悲鳫

鴣岸上湘妃泪萬竿敲戛動船舷玉龍啾啾晴空墜寄草亂沙蒼梧陰斜月曉開藍田寺吳生何年寫此卷纖霧濛濛猶親見斜枝不異瓊玫雙修條摠比瑯玕絢楚江茅堂若可尋窮猿墜石驚婉孌泰人花源又可窺子規空山啼日瞑超忽已經四百秋古墨淋漓神無變我今坐臥向此中非廬非艇亦自便小窓捲慢睇白雲何必荒山愁足繭

侍兒繡大士施東巖教寺戲呈長安上人

我家近在東山巔僧徒來往窮歡妍家中小娥航幽

禪梵夾初裁白簇穿蠶月新絲繡滿圓堂堂光影貌嬋娟金人來自甘泉宮掘地餘灰今猶紅氤氳一縷五色械琢鏤寶月豈無功戲鯨浴海鳥馴籠諸天髣髴來幡幢紺花作供聞香風看此尺幅巳濛濛簷楹蕭索日影低清齋不異太常妻彩毫索我我懶題持向東山皈招提此時飜經諸闍黎圖畫形象窮滑稽意態延延或齊齊點染三生費提携佛根尋窮且有倪不難示汝黃金鎞

登北固而望金焦

佳哉北固之山也邈仙山之崔嵬垂藤蘿飛花以迷路
青風又向長松吹雲澹澹而搖碧兮木靄靄以流滋
望江中之浮玉兮倏乍浮而乍歆謝公寄情於海山
阮子託詠於蓬池皓月不可拾濁酒且自持我固知
二公之爲懷兮實蕭颯以多奇坐白石之巉巖撫素
琴之離悲江波不起兮木葉交吹玉女羅坐兮明星
轉移念江湖之久客兮挹芙蓉以紛披若使南北諸
峰盡生于戶牖兮亦何如此地擊竹以彈絲

詠雪

我既不能學嵇康岩岩若孤松之獨立我又不能學
劉伶悠悠忽忽與土木同息淺帳深燈坐梅花滿天
都作琉璃色墜葉委地成高丘窮猿叫嘯玉山側歌
黃竹兮無轂遊青蘋兮少力西山紅日縱可繫以繩
安忍見雪花之如席

送石齋夫子奉祀南海

金陵自昔龍虎盤三百年來復舊觀四海雖爲先皇
痛謳歌朝暮間悲歡二三元老情慘淡滿庭干羽有
餘憾割哀踐阼念我皇丁寧告戒尤足感此時彝筆

綴螭頭東西詔使錦纜浮群方赦過心歡悅登封舊典尚悠悠宗伯黃公請祀海班生規模還熟在瑶壇乍見星斗移貝闕今觀日月改揚舲一出蕩輕煙銀榜拂拂光相待明月明珠夾何嘗蒼黃玉璧沉復璀錦繡祠官足威儀蓬壺道士揚光彩赤明玉字初署名瀆祭不經尤非載馮夷擊鼓群龍趨軒轅張樂出虛無徐福三山輕來去神靈指點笑秦巫此事非今亦非古博洽由來貴碩儒秩宗典禮推夔后我公直與斯人俱雲雷百族有方位高帝五壇燦畫圖中興

聖主循往制親送大官臨海偶會稽南鎮跨百越龍
章髣髴在具區洪濤吞納窮萬狀靈之來兮亘須臾
青蓮秀色水面湧笙簫泠泠隔蒼梧傳之七十有二
代封禪明堂以爲模

浩歌行

朝扣南山石暮扣南山石冬日寘寘向西馳攬衣出
門行踖踖鴻鵠儔侶久已稀仰首青天竟安適憶昔
明堂堂初成梓楠輪抱恒千尺麦轢清雲有餘姿上
下彈冠爲我策良時倏忽不可留負闕高臺成荒澤

天上夔龍遊莫追典文往往填胸臆漢陽壠坂思矣
人悵望豫章猶夙昔垂翅故棲以為常長號林莽獸
群索天氣積陰慘不舒怒鳴聒聒觸螻蟈伏枕鳴雞
永夜聞北方離離東方白上天明晦自有時羲和捧
轡胡會易斗酒歡會各相呼長嘯古今亦陳迹大唐
作歌四門闢十二河干沉玉璧我生其時要自奮安
往不能附八伯及至中衰豈無人處士揚馘恒籍籍
一箭能弛聊城析片言已解邯鄲敵我今偃蹇誰與
倫慘慘九州路何逼有才廿作鞭下鳴無語背向釜

中怨少壯幾何已衰老疾歌何遇王與伯

七歌

兀突兀突犖眉子朝行持鏡暮鞭箠雨雪緜緜没短脛出門戰栗寒欲死野營健少倏相遭奪我鏡箠歸何所嗚呼一歌兮歌始發盤盤山路行將蹶

又

輕氷凍裂下魚竿禿尾遁逃急且寒嗟我慘慘一狂夫老而爲漁守溪磻礔竹截流又積石安得爲雲覆我滿嗚呼二歌兮歌再吹設網提網胡能爲

又

臂棬驅馬來速速步長從軍歸無祿隔塚委屍草蔓纏精魂不識中夜哭東走南飛敢自安漂泊干戈返自屋嗚呼三歌兮歌慼慼空巷無人我煢獨

又

摧殘摧殘始發憤杜鵑聒聒日血噴生子寄之他巢中死生變化胡能論木有枝兮鳥有翅攀枝尋本皆人願嗚呼四歌兮歌愈悄骨肉滿眼色愀愀

又

砰砰厚地倏爲灰萬家之城沒蒿萊昏畀無由恤爾
躬前有短蜮後修虺抽刀挽石來相鬬蛟龍攺窟徙
傷哉嗚呼五歌兮歌何長蹈海登山滯此疆

又

父兮生我毋育我有兄有妹黄泉下五月種瓠未及
收循墻攬彼女蘿草女蘿絲絲瓠葉葉人生根蔕胡
相保嗚呼六歌兮歌氣浩草木聯緜傷懷抱

又

嗟我七尺昂藏一丈夫皮骨雖強豈泉殊寒冬雨雪

蹈蝟毛荒山道上行趨趨附書六親相決絕由來失地爲下愚嗚呼七歌兮歌轉憂仰視蒼天胡德求

疇昔行

北固之山山壘嵬長江襟帶吳越會當日英雄幾多人區區孫策揚精彩雄圖銷廢出文才左思袁粲咸相推誰瞪青眼上高臺大荒漠漠雲飛來周生起東吳英年未二十振翻有殊勢風雲遂並集吁嗟此豈鴻濛時手弄虹霓攀白日王門如許邯鄲伎賓客如雲復交徙芙蓉作面有餘光此時爭顧爲生死一自

金門來謁帝繽紛東序何其麗生也自比屈左徒餘人亦在鄒枚例啾啾夜烏啄城門長安繡陌黃日昏冥冥仙氣貫紫烟帝子王人去不還直欲凌身向石鼎龍髯攀墜寶可憐青蜺中斷暗廬嶽翹首相看淚如泉人生失足信堪嗔道旁之語尤失眞即看今日揚州市尋常遂爾殺名士彼此長江事何奇由來禍患逐名起嗟汝自負清雲姿目中久無大小兒當其所遇信無前運會何期有盛衰天風摇林莽洪濤倏壁立崴崴三神山欲往反難卽左蹴龍宮不得下右

摧天路不得入夙昔豈無爾汝交橫眼相看孰管鮑
雷霆作怒無片語太白入手尚吸吸茫茫一代誰無
死九辯無聞今已矣

約友人看梅

楊柳未向門前栽可惜先生早歸來梅花繞從江上
落可惜先生久閉閣碧天渺渺白雲孤萬事安可嬰
吾徒少室峰頭留不住東華霧裡探還去朱絃已老
玉壺乾霜霰着人猶未殘與君坦步江潭外園籬燦
蝶飛相看

與友人飲桃花下

中庭五株樹灼灼開無數黃鸝二月翅未齊來向庭中飛復住誰人酤酒飲我曹百壺倒送意最豪錦瑟春風相間作飛花片片驚葡萄深紅淺黛井欄滿庭陰當午正堪謌莫令山翁醉倒籬曹騰不識君家館

隴西鸚鵡行

宋皇御宇幾經年紛紛應奉爭後先明珠花石不足貴隴西鸚鵡最光妍秦川歷歷渭陽雨道遠那知貢賦苦紅襟翠尾揀雕籠不但能歌兼能舞丹鳳樓前

初放朝沉沉萬宇度輕簫此時忽報隴使至彩盤日
影動金翅詔收置在玉妃閣妃人相妬偏相譙肅庭
競唱龜茲曲錚錚相和轂如玉對御爭籌恒得先誰
人不羨承恩沃親教文字便知書金鳳傳來萬叠餘
傳報所司皆得當花間親傳我皇居玉眞風性本殊
人共託錦衾心最親參差花貌相映出雙去雙栖只
一身清齋秘殿日悠悠何期遺字錯蠅頭禿襟小嘴
頻呼與爲感君王朝暮愁斯時勅令歸鄉去雕籠輕
提出玉戶承恩失恩宣須臾三十六宮罷歌舞光陰

悇悇愁情動宫監兩邊臨門送憶昔行幸南苑中新
歌舊曲恣嬉弄迢迢龐路鑣幽篁啼猿引子下山岡
層梯飛棧相縈帶來時不如去時長多年不記舊鄉
語歸來遶樹無伴侶水則龐水山龐山蕩蕩寒煙迷
故處營頭火號動寒灰恍疑御獵夜城回重疊青山
一盼望分明宋使按邊來男歡女走各無所鼓吹旛
旗忽動地悠悠年月向西沉安得脩詢宫裏事一飛
向前一遶後口噤心勞語良久玉妃空死枉廻腸借
問上皇近安否荅言生死經年別海上神山今阻絕

崔崔玉殿號長生鴛鴦久冷翡翠滅椒房阿監已衰
老落花成堆久不掃中和時節進夜香殿前空見鸚
鵡鑠吁嗟故物今猶存羅袂無聲自黃昏生天入地
應相見往事茫茫難具論果然一聽倏鳴悲雙雙絕
命在一時不識東京烽火起何人曾殉重圍裡帝子
王孫走路隅肝腸摧斷東流水行邊使者出廣場黃
蘆瑟瑟心悲傷回首汴州直昨日金鈴閣上微風涼
自古帝王圖不朽鑿池移山開戶牖空留鸚鵡問上
皇海石江花今安有

檀尺行

今晨何晨夕何夕雨雪飄飄紛羅席北堂抽瑟尚未終入門又有遠鄉客江湖多事日紛紜繻衫狹窄短戰裙一時裝束各異殊欲語未語心如焚如意擊殘唾壺裂探囊把袖驚復藏須臾持出檀尺看云是內家親提挈螭頭文彩孰為裁麝臍香氣襲人來舉座欷歔但淚下盈盈金碧眼中開當時天子富春秋田妃寵幸方絕儔小院新修鋪金粉賜名端在初上頭紅蠻隔子影茫茫簾額未收透曉光窈窕文紗香霧

漩裁縫顛倒幾鴛鴦初作御衣後征袍腰圍欲準心煩勞暗中量度皆稱體舊素新縑費剪刀辛勤不作內家態宛轉侍君可君意素絲紅絲手裏過珠簾下却不成睡纖纖檀尺兩頭出影倒銀屏曲又直夜久機寒力不勝空牀明月大刀折長安三市控三條桃李春風處處飄別有嬌奢人不識十指不動絲纏腰此尺雖短意則長君恩君情那可量百年三萬六千日日日爲君効七襄詎知時事多變故美人倏忽掩黃土紛紛舊物滿御床羅衫血色難廻顧縲衣樓頭

人穿線天上人間两不見螢飛鵲去各西沉乃尺迢
迢聞別院君王一聽倏廻車正值蓬萊罷宴初方士
無情招不得內頭誰拜新尚書神州十二煙塵起宮
殿燒焚悲帝子蓬頭劍客何處邊黃金臺上凉如水
石榴裙裾蝶飛飛走出宮門知為誰臨衢不敢輕相
問拭泪無聲但暗垂當時萬事我親見歎霧濛濛忽
遮面琵琶切切月海西行人大半腰横箭紅襟小鸞
白項烏幾廻殿上聲相呼風箏珠碎曾啄出零落金
條尚有無念君同是江湖者一旦拾此淚傾瀉不知

何物侍金輿笙竽蕭瑟風嘶馬櫪尺櫪尺最深情三日五疋直易成玉指泠泠怨縑素引來引去心難平况是江南三月天莵絲麥飯實可憐深閨女兒誰能好舊事説來也凄然人生此情何終極相逢却是舊相識低頭滅燭且盡言清霜倒飛意索索篔簹谷口竹千丈空心短節難想像獼猴疊疊叫西風寒玉一夜瀉哀響漢武玉盌濕青苔秦皇金鳧不復來君看往事竟如此不但此尺令人哀

劉秀才蔚作玉鈎斜詞書此示之

啼蛩吊月髑髏古調哭幽篁心愈苦月裡仙人夜多愁枉教仙使持玉斧恨血千年長碧苔芍藥作花蘭芽吐可憐七十二鴛鴦野火燒作揚州土

夜讀李何詩

前歌行路難後歌直如弦後歌前歌兩相續倏忽搷令心惘然西江魑魅傍人居鯉魚頻有相憶書長安車馬如雞狗縱有杯觴孰與俱歌且罷意何窮子蘭善忌上官嫉離騷孤憤詎無同

重約看梅

昨日曾爲汗漫游淙淙石壁掛寒湫我時欲往君不留參差臺負可誰尤方袍借冷酒薄醉入門忽忽呼衾裯明月入懷花入夢酩酊今朝還須謀崖壑洞中無人往看花直須到上頭况聞夾淙書堂幾樹好石淙閣裏懸氷毬幅巾醉着於其下十年何必夢楊州

玉塵

影倒高梧天將曙繡花瘦玉飛輕絮階下鸞翎鞭不起紅絲拂頸風相助七車五馬來紛紜欲結交驩誰與語一泓古水瀉懷中熱客入門自引去

題壁

暑至既無萬竿竹秋來更無十叢菊陶家王家兩不如空咲阿舍宅一曲援笳起作關塞聲碧眼胡兒曾解營

榕獄結後呈余賡之秉東江吳何三明府

赤日高曈曈金輪影射瀛海東仙人所居隔煙霧但見紫瀾萬頃迴長風上有長鯨舂倒掛扶桑亐車輪不得度繫以青絲纏青絲之纏將安如前導江伯後鯉魚相思歲歲情未絕游神不死空躊躇手中鳳管

今還在晶盤行月沉光綠桂枝白石煮未闌周王八龍不相待有刀莫切玉有弓莫射海黃土女媧競游戲冥濛安得許上宰搴鵬摧落羽蒼龍鬬折角何處無巨靈爾我墮深壑夌層欲高張風雷不我作仰天大笑失所向明月丹丘疲夢想狎人猿猱爭鼓唇襲人魑魅皆撫掌天吳屏首不敢馳息影神魚徒俯仰玉節羽衣三數公昨日邀我升東峰手持桴鼓擊且怒高敲一震蓬萊宮弱水洪濤良可狎回飈倏忽夌長空空中白雲如蒼狗白衣歸來心已腐執君長裾

逐君謌嬴女簫聲隔窗牖隔窗牖望暮峰我雖有語誰爲通昔時綵鸞今明月銀霓不接雙飛鴻鵠夷去國曠千歲吳市吹簫夜濛濛孤墳崢嶸在何所二妃泣露芙蓉紅黃金結交今有無美人相贈紫襜褕欲報未報心阻絕玉舄今夜化湛盧言亦不可盡夢亦不可到憑君指點七十峰青蓮萬疊葳蕤鎖何時更授芙蓉小字玉胎篇傳信青鳥雲中墮

贈徐存永

我昔下釣龍赤鱗乘漲飛千尺長竿垂烟霧豫且鳴

絃知是非徐君卩卿明月來晶盤燭燭瀉鮫胎不但
光彩傾都國海若東游首重回我時手引雙絲繩京
風一蕩薄襟開黃公酒鑪何處遑無諸宮闕生空煙
蟠空曲檻玉連鎖羅袂無縠綢戶懸龍池戲舸望不
見續蔓沉竿心惘然君游東越我西歸浦風吹髮未
授衣相思不攄三花樹幔亭絲屋繞夕暉鬟鬟秋鴐
適遠道那將廬舍作洲島拂水巘前江雨樓緗幖叅
錯誰不好爛熳自出珊瑚鈎贈之豈唯雙吞縞心中
共餐金蓮爇蘇房寂寂燒丹火回飈倒海會經旬餘

倏斥鷃下逡巡毛血摧殘嬰世網泰山雷電熠誰親
感君能爲越石者左驂解脫信此人海上神山最巍
峨層城日出歌鍾多白龍魚服無人識鯉魚涸轍隨
風波斯時郎令訴上宰靈妃粲口揚雙蛾長拷紫煙
且遠去豪門鸞刀快如何拉君髯解我玦請歌一曲
唾壺裂不見黎陽十載寃脫屣老人往立雪聖朝煩
崇處士名君今未可輕結襪

蟛蜞集

閩中林　嵋著　　男人中校

近體

故行宮㰒柱三十六韻

往昔逢行在徘徊出帝京三峰成窈窕八極看分明戶戶珠連網亭亭柳拂旌眼前盤梟兀畫裡鬱峥嶸搏嶂郎官立開屏仙女行潛虹時弄影浴鳳舊傳名逸足當先騁多才得自呈氣和流錦幄煙暖上雕甍承輦皆蘭芷充房是杜蘅青松封未出碧海奠初成

揮去大阿劍湃來渭水纓文圜矜各勝武庫摽常鼝
宵燭陪西掖瞑鍾過小平詎知白日下倏見黑雲征
瘴雨連天暗蠻煙出樹横雁沙飛漠漠龍窟隱砰砰
此日嘆封豕當年想殪鯨射雕箭正落癸鬼鼓相迎
去路幽篁隔歸心弱水縈楓香調最苦茱落汨交傾
小子忝周禄諸公愧漢卿三千揚海船七十接雲城
闘險豈無峻皇圖竟不閎青蘋依舊渚紅粉集新營
蒸井群巷汨畫梁獨燕情携盤盛馬駱入市覓侯鯖
麥飯年年熟吞曾氷處處盈春餘滿杜若夏始遞金[illegible]

灟瀨横塘起鷓鴣夾岍鳴故州與故土殘日又殘生
門巷青蠅吊尊壘緑蟻盛鱻叢原害馬苔壁更流鸎
荆土滯王粲黄州屈禰衡題雲情浩浩賦鳥響鏗鏗
粉壁餘丹彩銅盤乏露莖可憐辭賦就獨向畫圖陳

西海子五十韻

南宫原鬱律北闕更崢嶸地脉通仙閣泉源繞帝京
盤渦大禹穴經宿少微營落落初迴影訇訇始發聲
浪斜終激竅石小不填阬兀突連三島披離控九紘
蒸嵐覆岫暗皎日澄空明窈窕群龍會躊躇一雁征

空虛寒競競澒洞白晶晶水面陳周樂花間習漢兵
層層飄鶴舞陣陣動魚鳴飲鎬情髣髴歌汾意縱橫
頻觀臺上鳥誤刻池頭鯨詹子綸何設任公餌不成
太空無棄物清壑得安生雙樹何年謁六龍此地迎
神皐俯衆勝乾德侔群清地與中黃接山唯太白衡
泛之霞舒瀲灧乘月鬭芳英織女機鳴軋湘靈瑟鼓砰
清秋光透戶白水亂交楹開鏡搖金碧迴釵奪水精
懸梯臨疊壁飛蓋下層甍倚徙疑將墜欹斜訝又撐
璺查趂日暮響佩逐風輕遠近姮娥宅有無帝子城

招搖看徃度鐔鍔憶空名應律葭灰變探珠罔象星
平川如可决亂鑿亦交爭去鳥三山沒啼猿兩峽驚
参差迷翡翠倒側弄鵁鶄祭馬春方動射蛟氣復羸
千官連小隊七校按輕程濁浪魚龍觸長空鳥鵲嬰
燕郢臺傑對羸政室廻縈諸岳非三控上台是四禁
兩都分地壯一海與天傾儼若神仙下紛從霄漢行
横雲相疊覆高閣獨孤楞洛水真堪匹瑶池差足評
不須臨碣石端可出蓬瀛穿篠陰初晦罘罳光轉晴
瑞花膺聖眷靈樂感皇誠上下千年曠東西兩漈閎

微臣纔泛泛大澤倏轟轟測蠡雖無當覲天頗有陳
賦才老宋玉詩句悴陰鏗龍媒羞自託鳳翼恨難平
海水群飛急月輪下照盈一承黃竹咏倍切翠華情

復愁用長吉惱公五十韻

悵憶琴臺上嫦娥壓酒紅河堤明冉冉渭曲碧叢叢
蕩水二妃小對花三娟濃輕盈飄鈿帶約綽解香筒
庭樹流晨露秋江隔晚蕖搖心隨尾雀積泪滴釭蟲
抱藕本蓮蔕縈芝是草茸抽絲春繭薄注口朱桃醲
複帳纔分月小屏不隔風呼名傳翡翠就館憶芙蓉

無力開金鏡多情倚玉籠門藤交戶戟簾燕逐房蜂
鸂鶒春洲鬬珊瑚夜帳蒙潚粧誇海女高價出蠻賨
舞席千鬟蝶飄香兩耳熊龜茲呈舊譜烏國引長弓
枯草承肥雁長橋挂斷虹相將臨小海無復問崆峒
明燭何人對輕紗一臂封斫蘸堪煮鳳折木更含龍
對案排青玉携槃扣白銅風香隨去影雲彩斷來蹤
一石盡看冷千山疊翠烘離人歌絳樹愁客卷香葱
心醉中山酒魂消客路楓敲砧滿楚巷搗藥出吳墉
重以雙題濕凄其兩鬢鬆披襟憐宋玉繞樹怨韓馮

謳唱明星曲新裁小鳳桐青溪愁獨處白石悔相從
髣髴槎依渚分明月滿櫳溜雲燕尾短浸水蘭身豐
犀屑燃猶粉竹筠削似菘停歌來別鵠罷舞夾雙僮
未解同心珮暫迴金轡驄西施辭故寵南后謝新容
體弱依荀倩香多遇賈充清秋白社上暮日黃陵中
重錦負鴉背輕嵐拂馬鬘固應迷下蔡兼好出臨卭
湘綵群花剪江圖一夢通明知情易死那恨病多慵
王母扶搖出盧敖避逅逢蒲葵障面弱文玉鎮心忪
野馬追來去天狼射吉凶蕪皐連漢璧荻水蕩齊宮

聞信雖磯女附書與藥翁蓮心難再剖梔葉且輕縫

嫣睡依宮柳離懷聽禁鐘可憐月戸裡張姓本連空

蕭史曲

秦簫不可聞但見秦樓雲鸞鶴空中下翩翩動彩䙰

含愁雖自念弄影直爲君共唱昇天曲清霄𢠸絶群

琵琶怨

洞庭葉始降湘浦雁交飛琵琶手中弄雪花霑我衣

清音廻渌水輕素斷寒機倚徙滄江上采蘭人未歸

隴頭水

隴雲依碣石隴水下桑乾此地古離別梅花幾度殘
洗兵瀚海合飲馬交河寒何用胡笳吹已悲行路難

關山月

桂子飄清漢遥鴻度遠城羽林十二將列帳倶分明
大地金霜色中宵畫角聲光輝長不夜何日罷西征

梅花落

飛雪沉瑤席迴風繞吹臺可憐春色裏亂落一株梅
拂舞素雲轉迎糚皓月來思君君已遠芳意爲誰開

折楊柳

渭曲縈花滿河橋，密葉多春風，楊柳陌，攀折情如何。垂手牽金縷，停鞭緩玉珂，倡樓蕩子婦，空唱竹枝歌。

浣紗石

錦石苔花滿，西施舊浣紗。芳懷不可竟，艶色至今誇。淺瀨垂雲葉，晴川眺月華。春風還澹蕩，羅綺不勝嗟。

江上

詞客千秋去，臨江莽自哀。天留鸚鵡筆，人識鳳凰臺。玉樹先風落，金波對月開。笙簫何處弄，疑逐錦帆迴。

天壇

玉輦下齋宮行天縹緲中扶壇松翳日馳道鼎鳴風陟降勞群后將迎感聖躬絳霄流一氣鸞鶴或相通

又

太乙俯高峰金盤千百重樂因八變出路許三驅從花藥人間色雲鴻天外蹤侍臣虛久立劍珮拂芙蓉

出塞曲

都尉初辭國將軍未授衣可憐寒正苦何日遠將歸鵰霧隨弓落鷹風逐馬飛秦川今夜夢那得到金微

又

自倚千騎出漫誇七校長歸心龐水逝別思胡笳颺

月暗盤龍窟雲收卧虎場此方原礁虜何處繫賢王

又

五道欃方至三河氣轉驕打圍還此日拓地屬明朝

白羽空城閉黃金夾道飄漢家多猛將不數霍驃姚

渡黃河

魏尚曾留守馬卿始出遊渡河情渺渺戀闕意悠悠

日落狼山暗風生魚峽秋願將笳鼓息擊櫂過中流

太原早秋

大漠秋風至霜旌獨夜飄軍麾抒國憤祖帳破天驕
甲影含沙淨山形積霧遥請看烟燧裏倏忽下雙雕

越王臺

水國何年闢中央架碧臺璧妃不可見遺跡白雲開
宫樹參天出江帆逐霧來至今秋色裏環珮玉聲哀

釣龍磯

東西窮藪澤上有釣龍磯龍卧何時出月明空釣歸
石橋鯨自鬪海舶鷁群飛蕭瑟神靈意滄江得所依

青州道上

重關躍馬地去路日悠悠烏鼠悲空穴魚龍負壯遊九華天外削萬樹日邊收此意真無極白雲不我留

又

王粲家何在嚴遵名已浮屢遷依大鹵一望渺中流芻粟因時致巾車隨地留不堪行役苦自恨老青州

又

深秋搖落後楚客未堪愁閭井人煙接關河木葉流清霜寒駐馬落日倦登樓尚憶吾廬好薜蘿滿眼幽

秋

白水長爲客清秋始憶家人間同看月天上定迴槎
靄靄流桐樹暉暉映菊華最憐蜀郡酒不向今宵賒

無諸城見月

可憐江海客看月無諸城宛宛虛弓動盈盈獨杵鳴
黿鼉寒見影鳷鵲寂無聲悵望吳趨里房櫳透水晶

經文選樓

太子擅才俊臨江玉作樓鳳姿儼可即鶴馭渺難留
藉草雲依席捲簾月滿鈎重來思沈約八詠在南州

天妃宮

縹緲真妃宅閟宮島上開水嬉停左介春祭望高禖
樹掩黃陵廟雲横白帝臺舟人與漁子日暮首重回

再下釣龍磯

長竿數百尺垂釣只寒氷日落五雲抱風迴萬瀑騰
蒼茫看浴鶴髣髴遇騫鵬河漢光如此明珠出未曾

感秋

久絶園林信秋風盡可憐不如歸雁下可是故人邉
初月留殘照新衣憶舊年長河情渺渺牛女各凄然

示内

不羨連城璧鱗思二頃田當時吾大笑今日倍凄然

屋裏栞轂繞牀頭冠影偏我生真韡落何處不堪憐

送萬舍人還楚 允康

孤竹非無韻頹壓尚有毛論才意各得遷地恨徒勞

七澤矜才俊三閭發怨騷臨江莫搴珮慷慨寄清醪

寄閭公秉懷子玄

徐子南中彥陸生洛下才秋風兩不見杜若獨曾開

乍呼蒯蒯出誰調鸚鵡來此時勞悵望二室倚莓苔

古鏡贈鄭子

寶鏡盤盤錯龍文詎久藏共將河漢意對此星辰光
緑髮看無變朱紘老不妨壺天君自秘清影或予傍

倚劍懷徐生

可憐魚腹恨不減羊腸愁起舞竟何意盤旋若有謀
鸊鷉老更困鸜鵒近安酬知已人還在斑斕不自羞

吳素求守紹興念予安先生新有西河之恨詩
以訊之

君到紹興日鶯花作好春此時擐者舊我友正風塵
地下憐埋玉人間恨積薪無由一相慰泪落自霑巾

漫恨

禰生鸚鵡賦盧子蟣蠓詩摧落無真氣蕭條有怨思
芳洲繁草長清夜孤尊持憑吊皆千古斯人信我師

太湖

八月蘆花早湖光奪練漪地分夢澤潤天向具區低
黛色浮晻曖晴巒出逶迤沿流七十二何處覓鴟夷

禹陵

朝發會稽山遺陵松栢間星辰長就位川岳儼依班
玉簡探無得黃龍去不還八荒皆舊貢竹箭鎖雲鬟

軒轅臺

軒轅初授道鳳鳥下層臺蕭索神靈集空荒鳥雀回

大荒樹欲盡少室雲爲開多少仙人降壺天比鑿坏

釣臺

言訪羊裘隱桐廬滿白雲魚龍寒競競星月霽紛紛

帆影平沙出灘聲傍樹聞幽蘭傳緑綺何日不思君

采石磯

采石俯江洲揚帆明月流可憐渌酒在不見謫仙遊

碧草垂芳幔晴雲弄彩裘鳴榔與伐鼓無日不悠悠

黄河

未到龍門遠安知河水深塞歌聽不得邊角苦相侵
一榜丹楓下千山紫霧沉冥冥多暮雨凄絶嶧陽琴

又

瓠子舊難塞河流故自長曉珠明又定濁水去何嘗
日暮群龍集山空獨雁翔行人今北望料得下天狼

孫楚酒樓

廷評眈寂莫瀟灑獨登樓精氣恒難鑠妄形何必求
霜華迷暗草雁影下空洲一唱愁霖曲寧知酩酊遊

詠謝生 茂秦

黎陽十載獄感爾雪煩冤邂逅鍾期操尋常越石恩白雲依帝里青鬢遇王孫今夜梁園月應悲宋玉䰟

從軍行

生長羽林兒從軍到月氐羌雲盤燕尾朧雪積蛾眉七校分相逐萬騎出並馳不須按督亢拓地屬偏師

又

聞道居胥山重雲鎖一關欃傳白馬口陣解赤龍彎襆吹朧頭水短歌雉子斑漢庭今夜月不照烏孫顔

駕幸正陽門

警蹕雲中下天門平旦開八龍紛弁騁五鳳引將推
海色前旌擁岱雲後騎來微臣別有頌載筆上蘭臺

晚出西掖

海嶠月輪動長安滿道紅洞門初散騎御苑始歸鴻
封事今宵上捷書旦日通辛勤諸宰輔內省豈無功

又

立馬洞門外烟花照草廬中郎無衛戟丞相有專車
一夕風雲會三冬文史餘明知祿食媿待詔竟[illegible]加

見新月

新月下雲端娟娟動彩盤只憐瑶瑟怨寧惜羽衣寒
空沼金鳧泛斜梁玉燕安徘徊清漏盡秦女一停鸞

竹

曾聞不死樹老幹復空心棲鳳徘徊下驚烏睥睨尋
千竿過雨急五畝結雲深徑寸猶堪愛伶倫託好音

徐文長畫葪莇

濃影交加動還疑戴槀駝離離宿霧卷粲粲落星多
佳實裹君子蔓纏託女蘿南荒須藥物對爾愁如何

唐伯虎畫美人

雙翼合雙飛紫鸞下彩扉廻燈看乍是掩扇出還非黯黯思巫女冥冥憶洛妃有情終不恨華月照羅衣

武夷曲

別島心悠哉泠泠風馭來蒼煙浮碣石絳色護瑤臺洞府竟何術人間眞可哀紫芝之歌一曲玉女下行杯

都門酬諸公

薄暮逢夫子蒼茫情不移無邊落日下欲盡江流時清瑟終多怨商風易見悲軒轅與帝舜引調或相思

黄少宰石齋

又

舉世無知己感公獨賞予遥看華不注近接醫無閭

揮手蒼蒼上含情渺渺餘浮雲看意氣清切尚難如

錢宗伯受之

又

蕭條江海士經世更多才劍拂愁心出譚空好月來

上書屢見許伏闕近相推白首逢知己斯人信美哉

何司農黄如

又

我自憐潜羽君猶愛落毛未堪稱杜甫又况比王褒激賞留春草清酣倚彩毫風流两不厭累日破蓬蒿

吳太史駿公

又

一春倶謙草慷慨爾猶多拂地金霜色負天玉樹柯聞彀曾悵恨顧影屢婆娑江海誰雲臥感君慰薜蘿

蔣給諫中完

坐萬歲寺後圃

不識采山日猶然去國年風中絃瑟露下葉田田人向桐門度花依雀井眠西遊今已遠清夢到誰邊

又

山山仍帶郭樹樹復連涯日倒蘼蕪國風隨雁鶩家迴燈青嶂合舒扇綠蕉斜共醉酩酊後何知去路遐

又

華鬓今猶未紫芝尚可求拏崕千百樹帶屏兩三舟松子吹清晝桐花約暮秋東華與少室何處可同遊

秋野和杜

逍遥雲水外心事復何違斷梗飄衣出乾泥揷脚歸
丈人白石是道士青牛非菰米今還早相將共摘薇

又

辛苦就糧士闗河道路長伏駝時未起燃火夜何光
鳥鼠逃深穴螺蚌閉曲房無言當露坐襲得百花香

又

垂晚經荒亂驚心鬢已紅蠻童鋤瘦地羌女呼高風
禾耳生雖別山巾掛或同最憐江畔客又過舊行宫

又

馳檄吾鄉遍，何須問盜群。沙頭行不見，樹裡哭相聞。
積莖偏燒雉，煎膠欲射雲。誰將輕羽扇，揮洒謝三軍。

明霞

明霞生遠海，飛動在須臾。楓葉平疇卷，榴花漲渚鋪。
千行連蹀躞，一角满舳艫。最是長橋近，相逢擲彩無。

又

百尺誰頻展，連天散錦帆。荔支依觀閣，晃雁下橋梁。
影亂鞦韆外，寒生蝌蚪旁。蘆家纔一映，料得罷流黃。

又

高臺連十二月鏡照東西集網波鱗疊排籠繡尾撕
攢來重蕊茁分出小玻瓈泯泯仍舒卷還憐剪腳齊

馬

十五從戎客青絲控紫騮騰騰追白日戛戛動清秋
燕市千花濕吳門一練流無由能想像雪疾亂回眸

又

老驥本龍種及鷲地上行流星繞鴻影急雨莫傳聲
八尺看何意千金託此生明知天險路絡轡總輕程

江南弄

三月蘭橈出由來勝若耶青絲牽落木白紵舞流霞

菡萏千鬟亂鴐鵝兩翼遮龐頭三疊弄夫壻未還家

尋天台山

涼風來倏忽共作洞門秋松子經年落藥苗遍地收

居人多阮姓遺跡即台州一杖藤蘿外蒼茫未可求

又

游情匪不適相與論神仙午枕花風外暝鐘蘿月前

又

一青山盆竹萬白水籠煙井竈皆寂莫何心問葛玄

九峰天外削桐柏鬱相連龍語喧朝暮漁燈出後先越王初失國謝女久昇天留得閒花草相看不計年

又

好景應難駐天台望最奢星星水底石洞洞月中花路引白雲出人隨青雀斜不知方竹杖隨意到誰家

又

隱訣幾千卷吾生那得聞風妝擣藥帳水濺浣花裙小海臨將遍大雷望未分可知天姥上李白夢紛紜

瞋　五首和杜

虚閣下層陰暮光忽已侵遥看霧靄合坐覺苺苔深啅雀争窺席飛花亂拂琴最憐溪上女辛苦動寒碪

朝

曉起望天南蒼蒼烟色含千峰晴欲動萬樹鬱相參呼壑群鷹疾臨流獨獺貪奪飧圖一飽坦步出江潭

歸燕

春色畫簷下雙雙不覺稀輕隨微雨度斜傍斷雲歸久客難通語深宮寡識機相期在八月一謝主人飛

流螢

亦知眠不穩今夜易低飛弱體搖歌扇輕光上舞衣
霜前飄葉重花際叢星微長信無人近因風到玉扉

蒹葭

百草經摧折蒹葭曉若何叢園千里月葉泛四時波
候雁得無早守風亦已多江門今夜濶誰復念蹉跎

詠畫屏風用庚子山韻

小苑春歸早輕風上桂條連歌恒共倚看舞亦全飄
叢竹交花動翔禽鬪酒驕山公應載伎倚徙待河橋

又

格上水紋亂窗間畫影開剪花通夕照舞鏡向朝來絶岍看疑帶斷航泛似杯春衫頻取酒直待文君廻

又

落日低書觀輕花上下林一絃先勸酒半醉更調琴鸚鵡朝呈色芙蓉夜剖心應知金谷伎抱節獨愁深

又

徘徊東郭外寂莫到花源聚葉纔成帳連枝共結門水穿梁氏宅香滿石家園何用金杯轉待君坐石根

又

高閣雲相繞重簷葉俱齊鶯風杵外轉新月杯中低箭落偏承雁牀廻始舞鷄可知楊栁上今夜定烏啼

又

百子輶相佋七輪尚獨懸空心憐短竹並蒂想圓蓮飛幰雖天外浮橋即眼前由來多得意何必呼金船

又

逍遥園苑内無復嘆芳菲花樹懸氷墜石紋闘錦飛非秋來玉女入夜想天衣人面如新月相迎莫促歸

偶題 和温庭筠

何年通月戶此夕望星簷白袷飄還重黃金整屢纖
花遊雖共巷鶯語亦分簾方寸由來隔念君尚別淹

又

拂舞上高閣踏歌下翠簷明珠四角轉新月兩頭纖
眉彩偏凝席絃聲更觸簾懸知甃井上淚落並淹淹

又

幾迷楊柳室遂拂櫻桃簷蔽膝花多觸搔頭玉正纖
三秋羽翠鏡十里水晶簾洞戶光將曙相逢獨暮淹

江潭苑 和李賀

上苑望春春夕陽映額黃乍催榆莢亂旋舞柳條長吹粉梁多暗塗椒壁有香臺城長敎曲何處覓襄王

又

寢帳夜來單沙泥霑葦寒裘乾疊翠羽鼓濕釘花錢擲去夢梭易抽廻心繭難宮官催獵騎小上雕鞍

又

交頸文鴦斜小娥髮隊墮花戶籐垂晝戟帳月薆交牙躑躅光晴峅蝦蟇噪濕沙醉歸人按隊無事嘆鉛華

又

簇簇列芙蓉吳宮向夕紅刻金光小鳳鬬玉横雙龍
煙散燭盤澁月斜簾壓空羅衣床上卷何意景陽鐘

贈少威

詞人不寂寞我昔信聞之影月憐芳杜一尊伴子規
乍經錢女廟重見蔡公碑倚徙長松下孤塋那得知

又

蔡公原有第鄭氏豈無村勝迹留誰探孤懷向我論
草堂細雨過荔子暖風翻蒲眼皆清淚薜蘿尚獨存

夜宴謡同曹石霞賦

裊裊神千迴，盈盈腰一卷。花奴涓暗妝，雲女綃輕剪。
孔雀交屏眠，櫻桃覆帳轉。最憐五十絃，依舊傳情淺。

和舒章見懷之作

昨日尚書社，傳杯情最親。清詞懸薜荔，高閣伴麒麟。
邂逅青油舫，飄零白葛巾。莫將江海恨，憔悴為君陳。

題姬人畫冊

蕭颯鳴毫意，黃公挂酒鑪。天台天際削，夢澤夢中圖。
冉冉松氛濕，冥冥海色孤。誰言謝太傅，絲竹傲方壺。

又

開慢渾疑泛滄洲瀉暮雲靈妃初下降天姥舊傳聞
山水吾相託丹青爾不群明燈看子細星月白紛紜

又

寂寞台州路石林雲氣蒼涉江愁浩浩別渚怨茫茫
暫倚芙蓉小貪看翡翠長提壺向遠海我意孰能將

蟛蜞集

閩中林　嵋著　　男人中校

近體

郊觀

旌旗窈窕下清溪琳觀千層碧玉梯咫尺蓬萊浮紫禁昏黃松柏鎖金閨雲移瑶章琊轂遠花點龍襦繡色迷漫道百王殊禮樂周家舊典孰攀躋

憶昔

憶昔射蛟漢武皇黃旗羣盒出明光森森戟艦蜚雲

集擾擾征夫似雁行秦樹低迷留玉輦渭橋蕩漾滿
平橋芳菲春色看無竟不見煙塵動建章

從軍行

朔氣銀州迥未消邊庭遠戍漢驃姚妖狐自向界山
去烽火還從白寨飄北望龍沙連月窟西來虎竹破
天驕帳前三戶皆親縛五繫單于出聖朝

秋望

穹廬遠遶溽沱灣漠漠河源秋色閒擊鼓吹笳同日
出營田牧馬幾時還城陰月照昆吾冷海畔風生焦

目潛百萬龍驤戍此地何須徙繫狼胥山

望陵

瑶海曾聞八駿騰從官灑淚哭堯崩每依北極瞻南極便自長陵望泰陵洞壑金燈寒獨照雲霄玉几迥難憑喬山萬歲凝虛靄列聖神游總遠承

夜

齋閣蕭條古木陰暫看玉女倚霜砧鳴蜩一嘒天將曙瑶草三枯序已深汎汜金波鋪藻地匆匆鐵騎繞長林艱難竄鼠逐情何限此夜誰爲梁甫吟

甲午書事

貴陽闢塞接南雄警蹕初傳午嶺中西使重來誰赴闕南音不報自還宮翠華寂寞春將換黃竹飄颻雪正融白首馬卿猶壯抱據鞍未忍說和戎

又

黔中風壤帶三苗干羽滿庭氣轉驕幾見臣僚持玉節但聞將校擁金貂葡萄未貢流槎轉鸚䳇相看羣葉飄看處風煙增舊恨況傳玉輦狩南條

秋興

百年吾自泪紛紜寂寂蒼梧帝舜墳錦石平分兩峽水雕欄空鎖一江雲龍遊深澤終逃路馬飲長城自呼羣千派風濤竟夕至可憐回首失夫君

又

尚憶悲秋宋大夫霜黃隕落庭中梧襄王臺逈雲來往神女廟深夢有無獨立不妨懷月露相思誰復怨蘼蕪請看今夜潛江上秋色依然擁小孤

又

會稽禹穴昔稱雄十二雲鬟立暮空不見素書披玉

匣空留羅袖倚雕窓靈風夜動黿鼉窟斜月曉開烏鵲叢萬古河流還此地龍門一鑿揔歸東

望西山

當時禱祀出囘中翠駕龍旂御八風暮夜神靈趨杳杳春天草木鬱葱葱懸知塵世蓬山隔詎識浮生瑤海通漢史崑崙曾載記長陵佳氣略相同

函谷關

函谷巍巍俯萬家重城天府正堪誇芙蓉帳殿千秋擁龍虎關山一帯斜氣象干霄勞騁望風華滿眼足

咨嗟斷雲飛鳥茫茫是太白峰頭起暮霞

行經華陰

仙臺高拂五雲城武帝齋居俯絳楹丹竈玉泉皆杳

窕璽胡毛女自夭精琳琅寶樹雲中擁霜露晕華物

外迎一白金銅辭漢後眞人何處說長生

薊門

黷淡風雲古會州河源萬里亦防秋自憐匕首黄金

色不覺刀頭明月流孤竹青依上黨出二榆晕向中

原收天王寶劍年年賜地主衣糧處處求

呈黃東崖相國

自從雙劍化延津，繞壁風雷永夜嗔。不令張華留物色，可憐歐冶失精神。龜鼉泛泛嘗浮宅，魍魎蕭蕭吏襲人。總是龍髯攀墜後，鼎湖流水也悲辛。

王錦里

錦里先生舊帝臣，多時躑躅浣花濵。天高清珮泠泠迥，日午鳴琴靄靄陳。果爾授予青玉案，不妨解却白綸巾。泰山梁甫須同唱，今日輸心定幾人。

贈沈復齋

牟裘物色總堪憐十載南冠思渺然此處且隨襄水棹何人爲買剡溪田風泉蕭瑟繞鳴珮斑竹交加巴扣舷猶憶高臺奏事後當時洸烱倚通天

贈徐闇公

詞客飄零共此時南州徐子倍相思清江累月依芳杜寒夜一樽伴子規灌灌鳥鳴殸[illegible]遠丁丁伐木意何悲可憐張儉無家在不但梁鴻賦五噫

島上遇梁也

疋馬東來下鷺洲何如王粲共登樓覊才無主真堪

慟賦手難逢且莫尤石鏡月華窺累夜江門鶴唳橫
三秋西南近日捷書至䍐盆如雲盡六州

燕子磯呈張公亮

臺城曾見鳳飛騫燕子磯頭不復還明月千家闉絳
樹綵帆萬里瀉蒼煙支機織女長依石向浦魚人已
解船我亦題詩天畔客金沙浩浩共淒然

送立可上人隨黃檗大師渡海

汝從島上躡長虹日往跋之竟鬱從吾道津梁誰肯
後百年禮樂忽皆東虛無樓閣生春霭縹緲笙簫下

暮空寄語大師休憶我小山桂樹已成叢

登金山

見說軒轅玉架臺誰期此處擁蓬萊岳蓮裊裊波心湧石鏡亭亭天目開四面空濛浮贔屓中峰蒼翠壓徂徠莫教徐市輕來去指點扶桑水一杯

居庸關

萬堞層城抗上都二陵東望鬱松梧天風吹斷黃河落海色擁來明月孤當夜鳴弦諸校尉臨秋祭馬小單于文皇此地曾三出不但重關可備胡

通州道上

長城古壘滿荒榛睥睨中原接漢津共惜盧龍廻夜色還愁宛馬走風塵雲帆飛餉經年急星檄徵兵此地頻不盡巾車臨大道流黃明月滯行人

島上

島上悲風動不休慈元宮殿掩幾秋自從鸞鏡投江去遂使龍旂破浪遊松柏亂山圍野寺菱蒲淺水斷漁舟可憐物色難回首咫尺蓬萊那可求

又

溥晚同登朝漢臺縱橫陸賈亦悲哉星沉窮海鯨飛動月照大荒雁去來幾度霜砧飄瑟瑟經時木葉亂皚皚傷心莫問趙陀事椎髻由來不易才

又

海門直接琉球東萬估航船泛泛同竹箭千竿輸不盡兜羅五色貢難通伏波廟口晴雲捲虞舜祠前碧艸豐極目川原徒隕涕可憐飛輓負諸公

玉泉

宣宗皇帝幸高壇松澗縈廻繞碧欄玉液潺潺虛瀑

布金波骨骨動闌干循行花木人天杳指點巖巒意
象寬窈窕青蓮猶昨日空教石壁瀉風湍

朝天宮習儀

玄宮蔥鬱鎖楸梧　玉律吹迴雪滿都時裏烟花疑貝
闕回中笙管錯蓬壺擬隨仙仗兩階舞預識聖顏百
道趨奏頌豐年應不羨栢梁多少漢耆儒

雪後朝天宮

驅馬朝回白玉京濛濛紫霧出蓬城雲環珠珮千峰
暗石黛上花夾道明共愛扶桑同兀突誰期姑射失

峥嵘清霄何處裁仙樂十二瓊樓薄太清

長安春意

張家公子下蘭塘車馬如雲大道傍挾瑟邯鄲同貰酒解裘樗杜自調糚春風旖旎樓臺迥晝日氤氲歌吹香上苑鬖鬖傳羽騎可能無意獵長楊

贈寧靖王

不見舊時八駿歸王孫去路草菲菲白頭鼓瑟人何在朱殿搖毫客正稀石壁流鶯嘗泛泛畫簾撲蝶故飛飛偶然送遠情無極誰解當筵賦式微

陪黄相國再遊萬石

島上諸峰翠欲收，傳杯頻見舊風流。鳴雷觸澗千波暗，遠樹飛蘿萬石秋。但說青天堪倚劍，誰期明月共披裘。留侯弟子何如我，今日從師得勝遊。

送定西侯

千行魚麗直如雲，上將指麾已破群。每飯不忘鉅鹿戰，此時正賴水犀軍。燕山落葉秋還早，瀚海飛霜日未昏。三奏捷書良足羨，梯航萬里總輸君。

寄楊大復使君

楚客披裘上釣臺洞庭水落暮風迴　白雲薄宦憐吾
拙白雪芳罇念爾才山鳥且隨水鳥没桃枝仍傍竹
枝開幾回欲訪臨江宅宋玉風流更信哀

送台正之榕城

遷客無心老故鄉悲秋偏向越臺傍霜前橘柚將開
遍天際征鴻不見翔此去應尋白社侶何須更度赤
城梁鹿門妻子難偕往日暮閒關轉自傷

徐廸功

春日紫煙滿禁庭廸功蓀思鬱其宜其攀何自可馴龍

質遇李尤堪錯鳳綸奪俸經時沾白璧懷人永夜視青萍浮沉帝側歲星是指點南山入翠屏

李戶部

七葉曾孫意縱橫李公高視出西京千秋文藻歸郎署一旦涵濡賴聖明宣室鬼神勞夢寐圖書草木失精英青春廻日何嘗得意氣自輕折檻生

何舍人

皎皎省郎何舍人臨風玉樹倍斑璘鳳頭恩詔傳千里雉尾香煙隔幾旬自有詩書供潤色可無禮樂出

滌陳𠕋𠕋廊廟推多士金馬碧雞憁漢臣

走筆和君十

人間無復眞飛黄恠爾騁騰七尺裝滿屋黄金空自貴㢓泥冥錦亦徒狂風塵結伴青雲遠江海逃名白日長一自老年歌佚櫪不妨擊碎碧琳琅

擬唐人大明宫早朝

紫禁洞門十二重從官露珮引芙蓉金盤光拂明河動玉座香飄碧落通曉樹千林隨彩鳳春雲五色繞眞龍蓬萊宫闕應難到退省秖聞午夜鐘

天盼寺聽講

凌空雙樹鬱槎枒積翠還將講席遮日覆團欒傳半偈風廻飛瀑演三車象王物色真天盼龍女威儀勝帝家一自分齋施食後茫茫何處覓恒沙

天津

萬年禹貢奠神州地軸分明控上游大漠風高雙隼擊中原日落一鴻愁頻煩太史修溝洫更待上官驗女牛渺渺長河成疋練張騫奉使定廻舟

御校場

蒼蒼古壘接宮牆禁苑三千下廣場領部各分龍虎隊乘輿自按驃姚行重闢拓地須籌策上苑開營豈宴康百萬金繒憑錫予通侯御史滿雞坊

恨述

正德年中事遠征六龍親御五雲城將軍白馬來傳檄使者黃牌出按營極北鼓鼙永夜振山南豺虎一時平蕭條今日艱身遇徒使英雄帶甲行

春興

晨流門外接江津草長鶯啼不覺新河上仙翁初避

世漢濱浮女久稱神浴波鳥下渾渾濕薰雨花飛漠
漠塵垂老行吟容易倦強扶殘醉伴青春

又

憶昔曾臨軒轅臺當時遺跡白雲開春洲不減蘭苕
恨夜壑偏生鵜鴂哀十二鳴機天外轉三千鼓瑟湘
中廻顛連此地猶能賦虛擬陳王八斗才

又

清酣直倚列仙班極目蒼茫水一灣幾夜分弓明月
下何人飛展流泉間直將綠酒銷今日合與朱絃老

故山好鳥啼春嘗不住浮雲城郭可曾閒

又

空潭落日已將西一曲滄浪意轉迷蛺蝶遠隨棋局動鵁鶄時傍釣船棲風簷水檻憑如故竹塢花軒望愈迷揮麈談玄還自得直教玄度墜攀躋

又

梁王太傅下長沙寂寞荒原憶帝家煙雨樓臺猶在望風雲詞賦摠堪嗟驅車躍馬黄陵畔鼓棹鳴榔淥水斜楚客那堪羈旅苦憑臾擊鼓遍天涯

試翰林不遇

八蠶抽絮竟何如曾忝天孫錦已舒近市不棲閬苑鶴內庭誰訪茂陵書柳侵梅色垂條晚燕逐鶯聲出樹初自計飄流已數載都門亦自在輕車

過大明門

宿雨纔經潤未銷連城花氣上層霄裁成無路通金海停騎何心過玉橋樹掩玄都思賣藥雲橫神島憶傳綃侍臣最有傷春恨每到春深恨轉遥

寄周芮公太常

聞道溫陵周太常新詩清逈似襄陽每因諸舊星辰隔遂使吾徒鴻鵠翔醉舞不知廻渌水仙遊那得到扶桑與君共唱武夷曲明月半垂仙髩蒼

答余賡之兼東希之

我亦長慚土木身多君鳳質與相親蘆中自臥將成癖圯上相逢合論眞白日求仙心轉耗青山送酒意還辛衣冠不乏渡江去誰是公侯復始人

又

誅茅自倚最高峰埜寺松蘿更溶濛佛影花城分好

月鍾鼓竹嶼動和風蒼黃不毀登臨興衰白但憑修煉功記得薊臺曾共探當時遺蹟在無終

又

杖底山川處處幽登因溷世日長遊壺公寄足原相失巢父掉頭不自由纏樹風雷爭繞壁移家魚鱉共安湫每思華頂終吾業更上仙人百尺樓

寄燕市友人

莫從岐路泣楊朱滿眼白雲孰與俱縱酒不嫌千日劇論才直覺百年孤諸峰天外排寒劍清梵庭前據

碧梧擊筑和歌還憶否幾人都下待雙鳧

哭黄石齋夫子

讓皇飛道在當年夢裡分明擁被前大地聞歌廻易水夜臺奏事倚通天儒冠誤溺今何在帝業遥憐昔已偏縱使台州林史藁華朝風雨總悲懸

又

此地休將半壁論燕雲古道滿苔痕幅巾相送臨花市匹馬獨來下水源十月詔書何太緩千年鍾簴豈無尊會稽太史先歸地忍使頭顱負國恩

又

獵火旄旗下帝城可憐丞相枉提兵三江不少龍蛇恨十廟尤多風雨斁珍重當時誓將語倉黃今日看碑情廣陵八月飛濤急從此朝朝訴不平

又

封祀千年嘆孰從金門一詔出雍容爲裁雲樂青霄下遂捲龍旗濁路中吾道滄波心共適舊京蔓艸意何窮風煙着處皆迷目翻咲秦人賦小戎

又

天作高山倏轉移崩崖不復悔當時七遷殷室煩多誥九死周臣繫短詩夢裡𢌞鑾黄竹動江干飲馬白楊悲可憐虎旅三千衆旌旆飛揚不自支

觀潮用文長韻

見說淵脅血已枯波濤連屋復連都迎風河伯來遨珮𩫖浪江豚出掛符觀閣千層雲氣猛舳艫萬軸潮轂轟飈塵滚滚歸何處誰憶東門舊日顱

又

幾回悵望水晶宫風色無常誤倒虹元氣暫收白日

下清氛又起大江東看來沙漠猶沉雪歸去琉球不
礙風此夜有懷誰共訴弄潮一曲惱吳儂

又

潮來潮去各難禁河伯却誇秋水深璧月流空素袂
過瓊花委浪綠槍沉嘈嘈天樂逢人響杳杳風燈接
地陰萬頃洪濤成白玉可知海女不勝簪

再叶前韻

西江流水入潮枯幾度相逢出大都雷雨千年纔覺
陣波濤八月自奉符縛鰲持蚌家家急索米呼臨處

處麤聞道子胥寃未雪願從此地一捐顱

又

秋色偏封瓠子宫橫塘今夜似垂虹浮尸魚鱉何曾上曳尾龜螃不敢東豈信騰灰終化霧但知空穴自生風江頭步襪人多信白苧飛纚也到儂

又

夫壻別來恨不禁鳴潮倏忽當門深雪高漂兎千航沒浪急淘沙百綱沉練素昔飄吳市白風塵今襪越山陰年年此地曾回首枉向青童一解簪

春日

偶然棲迹遂忘鄉斗酒時看年少狂負弩昔驅節竿令歌風今擬瑯琊王帳中雙鵠勞相問地上六龍轉自傷白日蕭條驚易暮澄清未敢加滄浪瑯琊王謂元矦也

積雨

虛堂幔卷夕雲遲何事西疇始及菑野艇經時隨泥鴨春塘累月送歸鸝山中自給十年藿雨後更巡胙夜葵處處寢園纔着色南屏空翠莫相疑

落花用唐人韻

花臺曲曲傍前池望望鈴旛信已差暮雨交飛雙燕子暖風委墜一花枝何煩垂手牽長恨似惜迴腰舞別離掃粉趙娥仍不寐五更惆悵教誰知

李夫人

莫將清瑟手中揮惆悵庭前落木飛孔雀將眠仍少待芙蓉欲採故空歸香消裙帶留深淺影倒簾櫳望是非方士無情憑嘆息免教華月上羅衣

賦得秋夢　用王元美韵

玉門歸雁帶輕黄錦字寥寥寥夜未央萬戍角敲花底

月一天秋色樹頭霜屏開屏掩青蛾怨夢去夢迴碧
草長木葉年年音信斷如何縮地到瀟湘

又

井上轆轤色色黃匡床如水夜渠央當窓不覺星沉
海去路何知天滿霜纖玉闌寒漏未斷鬱金送暖恨
初長欲乘雲雨三洲去天漢由來隔楚湘

又

秦樓機上罷流黃歸燕差池夜轉央殘月如圓空照
影新秋似舊更飛霜應嫌駐景神方少更悔返魂靈

樂長總是此情無寄處憑虛徒自泛瀟湘

望蕭史峰

孤峰千尺迥難攀羅袖迴翔霄漢間永夜月華悲自照清秋鶴影望來還空中簫管連殘夢屏上樓臺隔遠山不識漢宮誰悵望班妃舒扇也珊珊

梅花限韵

名花偏自傍瑤臺十二雕欄取次栽一夜橫吹臘後破幾迴斜舞酒邊來霏霏雪掩太華色漠漠春生少室苔莫道風光何太早江南萬樹已紛開

又

也曾高唱小游仙萼綠肯隨塵世緣碧地飛花迷夜月春山浮玉隔人煙果然吹老芙蓉後不信開當薜荔前絡酒青絲還未醉林風黯黯作寒天

又

蒼蒼雲樹舊離宮過客欲從路未通雪覆峨嵋長自照珠懸礀石望來空任拋白髮青山外誰駐紅顏碧玉中買宅果然依此地幅巾醉看倚林叢

又

陌上飛英陌下塵吹來毳笛更愁人林霏曨曖方清晝島勢巑岏又小春載酒何妨累日至看花那得一年頻可憐蛺蝶東風裡繞匝疎籬夢不眞

又

參差翠羽復何依傍得花臺明月輝黃竹枝旁霜冉冉白波堆裡蝶飛飛嶂排玉案當空出峽轉琳宮去路稀興會相思應不再香風忽送舞衣歸

又

吹來白雪更誰知不似紛紛柳竹枝政說故山堪白

愛若言芳樹便相思三千粉黛臨風後十二珠簾掛
月時總是此情難銷盡深林寂寂漫題詩

看梅宿鳳凰山

連日寒郊作勝遊清缸欲倒意悠悠依明月峽两三
樹漬大雷山一二湫果爾飛花堪弄笛何能踏雪不
披裘與君自愧鳳凰侶百尺樓前曉未妝

前韻

曲中久已弄花游此處調絃興轉悠太乙祠前千尺
練小姑山畔一泓湫古苔如水寒生壁明月似霜白

上表樹底鴛鴦看並出可知玉蕋未曾妝

落花戲爲新句

瓊花別島倦將迎點染苔斑滿地清委盡千緡留不住敵殘萬玉寂無聲蜂房初疊渾無意露井舊封最有情憶得相逢巷陌上當時粧翠未分明

又

裊裊東風散綺羅三花樹裡枉婆娑幽篁啼粉湘君去冷露吹香杜女過樹底鴛鴦憎並命曲中楊柳怨同歌臨岐相送情如此夜月臨頭可柰何

又

二月梢頭各亂飛越羅輕剪是耶非鬱絲半爛黃梅雨榆柳全飄紫袂衣挾瑟西州憑去去提尊北里重依依誰家香屑鋪羅席醉看舞人踏未歸

又

高下幔城一弄簫飛紅飄白更迢迢逢人似玉偏雙唉出樹如煙反獨搖竹鎖猿啼蜀國路月明魚戲吳江橋同心何物堪同結千歲松枝恨寂寥

又

紛紛促別不曾艱滿地苔痕屬泪潸濃葉青青依帝
渚空枝灑灑動君山砧飛角散三更急鵲噪烏啼五
夜殘一曲清歌廻淥水無雙亭上可曾聞

又

羅袖飛翻憶舊年花臺日暮總堪憐蜂鬚未斷粘斜
壁霞脚初裁茜晚天夢裡江郎擲彩去城頭泥客數
錢還迢遥門巷原無賴自倚氷壺唱一篇

又

東西結綺夜分明五十繁絃揔怨殼一自人歸逢落

雁何堪夢醒亂啼鶯行雲行雨通阿閣垂柳垂楊出
别城不盡臨風持履怨人間何處覓飛瓊

又

孰從此地葬西施腸斷琴臺欲訴誰落日初聞送遠
曲廻風更授步虚詞白衫紅索揺相向紫燕青鴒舞
獨移自是江南三月後東隣小巷滿游絲

又

夫差城北錦成堆羅袂無穀意轉哀四壁晴容雲沐
出一闌溜跡鳥啼來不妨滿地埋金粉且喜逢人授

玉胎蛺蝶齊心殊未易明星迸酒重徘徊

傷鸚鵡

亭午方床夢未成丹襟翠羽愴離情偶然立檻猶聞鎖從此上堂莫呼名斑竹交加啼亂雨畫簾高捲怨斜[illegible]含情何處堪相告不有黃州舊禰衡

攜侍兒避亂諸暨里之同山

萬松深夜直籠煙翠黛紅塵也足憐茶白燈青遲客奕星寒鵲噪護花眠持螯竈下談城市漉菜風前話歲年山館仙家殊不辨芙蓉面面咽流泉

蟛蜞集

閩中林嵋著　男人中校

絕句

古意

傳道陽臺女千年化彩雲吹簫明月下何處不堪聞

瑶瑟

瑶瑟年年怨相思一柱灰雁聲逐錦水飛去又飛迴

朱欄

連理枝凝霜朱欄透月光不知碧瓦上尚有睡鴛鴦

李夫人

滅燭花初光卷簾雨又濕孤鸞何處飛夜醮無消息

又

帯絶難重結釵分莫再安蓮房初墜露恍惚隕朱顔

落葉

落葉風中下參差玉珮鏘神絃調別曲曲罷慘無言

怨辭

筠竹空心死汨花摁不乾寒江吹暮雨夢斷九疑山

又

何處秋風至芙蓉萎隔林遥將點點淚滴向吳江陰

又

篁竹叢叢碧啼猿獨夜悲真珠歸洛浦千載恨蛾眉

即事

莫怨今時別相思兩不妨三花樹上發落盡是神方

長安道

繡戶連西東長安千里同生來不識路車馬彩雲中

紫騮馬

浮雲夾兩邊寶馬復連錢不是輕游獵相逢盡少年

劉生

任俠自當時劉生著姓奇黃金臺上意欲報總難知

江行詩

不識蕪城路誰憐江畔秋芙蓉沿岸發此地即揚州

又

丹青描不盡何處是君山瀲灧秋波外貪看鷗鷺閒

又

小巷纔通市孤亭不礙山杜鵑啼竹外別有巴陵灣

又

千樹江陵橘無霜已作黃密籠付估客直待過江香

又

林客迯燈火江深隱酒家河豚初上市蘆笋尚含沙

又

長腰皆楚米小鯿是吳魚莫訝金船出且欣軟飽餘

又

開帆飛瀑急刺眼浪花寒猶勝建溪水一灘下一灘

題畫

青嶂層層合空江鼓棹廻此時薰繡被不見鄂君來

又

巴流映空翠巫峽入青冥放艇雲相繞看花淚不停

又

蘆葉梢梢下郵亭值晚秋料應憐楚客暮雨一篷收

宮詞

花裏聞笑聲看花屢逢迎玉笙不改調嬌怨兩分明

偶題

藥室倚蓊苔屐痕何處來文君與西子嘗日兩琴臺

明月引

秦女騎鸞下彩雲衣香粉色各紛紜傳來比翼堪愁
我解鴛同心欲贈君

又

芙蓉露下綴遺簪雁柱傳情只十三別有蓮塘雙艇
子因風夜夜度江南

又

瑶水停觴看最奢天窗綺井漫相遮應知寶扇流雙
影又見明燈結九華

又

青絲一挽駐紅顔玄兔誤將靈藥攀一夜離宮寒似
水姮娥徙倚白榆間

又

蛺蝶輕歌最有情玉壺羙酒映明星雲中两袖初廻
轉座上雙眸横自陳

又

錦絛千結錯琵琶十二樓臺映水斜摠是一天飛破
鏡清泠先到莫愁家

游仙曲

鄉芝小鹿曳行車逐酒也曾到蔡家春海芙蓉寒不夜人間那有未開花

又

九天歌吹一時分鳳管纏愁却不聞百遍行杯還自得枉從桃上呼茅君

又

連枝樹上帶叢星記取一函小字經君自誤將才子聽多年名姓註雲屏

又

武皇便殿號長生未到蓬萊已縱橫班内女冠休侍夜自盤金線繡雲英

又

提携酒盞解春愁又掛千緡鸞鶴頭七十二峰纔一度行觴玉女最風流

又

雲君相送桃華川白石星星水底圓牽袖不知凉露濕謾將流水逐歌絃

又

路上停車復問名若非碧玉定飛瓊輕花漠漠飄長
袖照見六萌似水晶

又

蓮花艭子鐥黄金共眺月華出遠潯巫峽巫山隨意
到太清何處層雲深

又

陳市誰將斗酒沽列仙今夜醉當鑪芙蓉死後秋江
冷謬鑄黄金范大夫

採蓮曲

欄干十二水浮天蓮葉蓮絲處處牽自是同心相綰
結輕鷗波底並頭眠

邯鄲才人嫁爲厮養卒婦

一團桂樹映離宮小小曾誇巧咲工今日嫁粧猶倩
伴飛花臺下不成叢

又

依然掩面拭芙蓉半臂絳紗憶舊封何似團團扇上
女輕羅猶得障狂蜂

又

東西蝴蝶未成雙宛轉花前啼玉缸背水一飛花盡
死吳王別殿只臨江

又

轉轉深階步後遲香羅未結泪先垂桃花幾片鈎欄
外猶憶當時合面脂

又

青楓樹上鵲雙飛把火殷勤看正稀泪盡羅巾還自
拭無緣飛騎粧前歸

又

篘竹爲心總不如眞成薄命出宮廬雙鸞織月當筵下舞罷誰憐二八初

又

盈盈趙女肯當壚夫壻長年累酒胡日暮偷逢輕薄客定將顏色比羅敷

又

幾迴盻望九疑低翠袖花凝色色迷日下雕窓呼不起愁人最是汝南鷄

又

蓮花簇簇空中排咫尺離宮望復差此去邈姑曾幾許不聞嫁女出天街

又

多時玉合不曾開絡酒提攜向帳來却恨春風飄蛺蝶令人望斷青陵臺

又

夜市千燈作好春邯鄲道上盡游塵不知橫吹從何落漫道鸞笙不是秦

又

壓損遠山總不分春羅猶着舊時熏醍醐勸向馬鞍上妬女祠前看暮雲馬鞍石名

又

姊妹同時例禁門拋身獨出暗銷魂單刀試舞知無力歸去花間事白猿

又

浮雲千片不勝寒擎出并刀裁剪難春色還同蒼黛淺對人不敢話邯鄲

又

羡人轉戰諒非難夜裡分弓弓一彎不識孫吳親教
舞當時傳點可依班

又

啼鳥雙雙不肯前爐頭人去柳飛綿一時急逐神仙
酒漫道妖姬慣數錢

又

行雲浦上望迢迢點點繁星簾箔搖一自銀屏隔斷
後人間總是可憐宵

又

翠鳥同心頸並交何因彈泪向予弰狂夫忽索絮袍
急道是西風欲凍膠

又

瀝瀝眞珠寫小槽風飄蕋粉漫相遭鴛鴦十五初會
繡製就長垂白玉刀

又

啼鳥三匝夜如何蹋臂歸來樂較多倚徙爐籠嬌不
住幾廻先唱邯鄲歌

又

雙雙玉女字君華寂寞當年未有家臥看簪頭連夜月一天秋色教人誇

又

迢迢賤妾住河陽衾酒同傾春恨長也有平原佳公子挽留不住枉迴腸

又

漳河流水獨盈盈紅粉人歸紅粉營阿母當時輕教舞十三十四便知名

又

釵頭鳳子與蜻蛉傳出內家意娉婷結網珊瑚絲已斷夢魂猶自傍銀屏

又

飛來曉月出西陵自倚新妝恨不勝七夕相逢天上侶空教銀漢倒秋繩

又

蓮花朧葉露輕流記得當時新上頭今日內家齊按拍曲中可是小涼州

又

破鏡一輪飛復沉紅裙曳地出街心于闐國裡花如
玉今日相逢何處尋

又

不盡天風下岢嵐雙垂玉筯鬂鬖髿欲知是夜愁多
少帳裡自抽八繭蠶

又

蜨蝶輕飛不入簾堂前手語玉纖纖可憐綠草華山
下過客何人不泪潸

又

羅衣賜後未開緘零落金條已蒲函何處飛來雙燕子春泥乾後語喃喃

吳閶雜詠呈葉仲紹虞部兼示安期君晦甫草

金閶門外一青山明月瓊簫半往還最是傷心楊柳畔江南舊曲淚潺潺 虎丘山

又

將春楊柳已垂條半醉停鞭過晚橋何事紅妝留不住上元行樂到今朝 行春橋

又

獵火殷殷出晚城吳宮秋色未分明女官千隊皆零落惟有簾櫳映水晶 長洲苑

又

曾從帝女乞釀方香水溪頭舊醉鄉千載風流還不墜顧家少婦復名場 酒城

又

黃蕪林中白玉開還呼社酒共登臺自從人日探春遍雙屐摧殘滿地苔 鄧尉山

又

步屧縈迴尚玉聲美人端向琴臺行可憐妙舞今難再却逐吳橋聽弄箏　屧響廊

又

姑蘓山上姑蘓臺越女如花䇿隊來蹋踘唱歌人盡散不應看見錦成堆　姑蘓臺

又

月明小艇下長堤茗盌酒樽且自携醉殺猶堪留散帙六朝金粉不勝題　白公堤

又

浣花溪女逐輕風水底青天一線通自是吳王開便殿何人更侍水晶宫 錦夏灣

又

越娘家在越溪傍十里芙蓉百合香浴罷不知荳蔻暖廻身驚起两鴛鴦 香水溪

又

杞菊叢中一小村當時寂莫掩柴門即看處士桃花觀可有清酈到九原 甫里村　桃花觀謂唐伯虎

又

長橋如練巳分明佇立橋頭到五更天上飛瓊招不得可憐獨倚芙蓉城　垂虹橋

又

何處青山不可憐館娃芳女正當年溪沉簾箔闔春色巳負江南二月天　館娃宫

又

故宫和謝皐羽

翳翳江城草欲交埜猿引侶下危梢光門十二平如水可有空梁定燕巢

又

幅巾飄雨過諸陵寒照蕭山不見春慚愧枝頭雙蛺蝶東風薄晚只依人

又

江南三月宴流霞梅雨紛紛到酒家最是女兒人冷落玉蓮菴裡掛袈裟

過揚州吊超宗

短笙忽吹過揚州臺下瓊花已不留日暮無人來繫馬總因路出竹西頭

又

才子人間不久留芙蓉霜冷閣中秋知君尚作平臺醉愁對朱簾月未收

又

蕭條水部舊能詩寂莫宗生更好詞落日啣杯思二妙清商一曲復誰悲

經葉白生故居

猶憶當時笑語麤斜門月掩可連呼長卿徑腕鸘裘去剩得桃花上酒罏

又

勝氣由來負博徒夜臺龍子莫輕屠秋蠅小字燈前

作不信人間尚覆瓿

冬日和君十

冬冬來三徑絕朋從怪爾卧遊嵩少峰特地飛花飄玉

篴不妨杯酒倚芙蓉

又

即看庭樹落清梧天酒玉缸尚有無拋醉依然三日

醒何能謝絶高陽徒

又

紛紛瓊樹一齊開此地當時舊吹臺秀出青天人不
見長留白雪君嘗來

落花

長空散玉動羅帷幕地連天三月時一夜錦囊收拾
盡風流自掩義山詩

又

東風隨意送香車二月梢頭不見餘自愛青山埋好
骨何人肯發塚中書

又

花塵漠漠下重簷，時挾青童出捲簾。自在玉清人不到，先將錦段寄江淹。

又

四照堂中爾最新，孰從初地喚真真。紅裙自委街心出，一路青山不見春。

又

花下藏鈎花上逃，飛來翡翠便雙棲。香生露井寒將遍，泪滴春江日已低。

又

釭底玉蟲夜守官縈縈蝶夢肯相通隴頭流水東西去說與他人休洗紅

又

東吳狂客滯吳趨纈眼啼春施粉朱今日披圖潛偷泪滿天風雨倒鴦湖

荔支

一樓明月浸氷壺容易當年侈蜀都簇簇辰砂攢鶴頂暎成赤水倒蝍珠

又

臨風水殿起微凉薄醉太真倚玉床日莫菱歌催畫檝争如一曲荔支香

題裘

偶然半醉扣琅玕艷雪紛紛却未殘我起倚肩君拍袖何人不作玉山看

東燕公

東郭先生久閉門莫從酒杜置清尊隔籬蝴蝶雙雙舞好逐楊花過短垣

存殁口號

短歌斷髮長披襟渴飲壺中泪復溪一謁甌安適舊識操絃今夜感焦琴　謂東崖也

又

我昔倦遊返會稽尚書故苑滿荒蕪夕陽慘慘西風下腸斷華亭雙鶴啼　謂鴻寶及夏陳二子也

又

不堪舒視直爲兄小阮何嘗裂眼爭玉茗同傾愁莫禁穀城山下就蘆生　謂君十及同郗賡之也

又

宗伯論文絶衆賢黃公坐上亟稱延可憐孤幹今無伴安得亭亭拂上天謂牧齋石齋也

又

菜窩傭作一犂翁皓首孤唫君十詩莫向筵中看鸜鵒先從亭下待蟛蜞再謂君十也

又

春雨霑衣泪縱横春江寒食哭先生從今孰擬江南賦恨曲由來多死榖謂予兄子山也

又

小冠相送我南行三十中郎始典兵一自吳江樞落後蘭苕翡翠不同生謂日生及甫草諸子也

又

玉女峰頭接武夷七星九曲且紛披可憐夫子真孤立嶠也蒼茫望不移再謂石齋也

又

當時競贊爾神姿不但我兄轉我師海上芙蓉森玉立也知振珊過參差再謂子山也

又

果然大笑不能休陸子高譚異衆流惟有林中老小阮亂頭麤服許同游謂子玄及君十也

又

海上孤臣獨可憐扣舷倍憶崖山前定知今夜凉秋月不照琉球萬估船謂鯢淵及朱徐二子也

又

方公見客席無移范相逆賓開閣時桂樹扶疏人不覺淵泉相潤我何知謂禹修質公也

又

多時詠汝未成行唫嘯南樓秋夜長江漢無梁君莫
恨最憐時菊委嚴霜　謂白生也

又

安期棗色直如丹餉我猶嫌冽齒寒果爾不同人世
味一生相待水精盤　謂安期及牧齋也

蟛蜞集

閩中林　嵋著　男人中校

文

將涉賦

朝旣賦兮遠遊夕悵望兮木蘭舟且與君兮盡此酒我有萬古之愁兮悠悠采芙蓉兮晝豔綴香蘭兮暮幽何慷慨而遂涉兮登故山之不可以久留秋風起兮黃沙飛秋水寒兮我心悲君思我兮何日我別君兮此時堂有親兮室有人闊山兮從此車塵何時兮

來歸長與君兮相親涕縱橫兮難理心斷續兮誰陳
愁長兮夢短人故兮別新君心去兮落葉妾意轉兮
車輪錦水湯湯兮山崍崎千里行兮自茲始昔陳錦
帳兮三星今拜素書兮萬里歌曰君將涉兮當奈何
盈盈清淚兮渺渺碧波但願他鄉之明月兮照君多

行業自序 一

束髮時務立不朽於制義施入尺牀日就數紙筆搖搖不可停住一時全好傳誦不絕口余亦落落自喜及年過二十猶然被放十指懸槌尚復何庸昂然壯夫上書天子召座於前七尺一棺詎堪以此自畢乎乃黜去毫楮納之泥中五日一山十日一水意有所會慨然長嘯達官貴人往往指爲狂疾以是爲余三惑棄聖言一也悖帝制一也不恤家人寒饑一也紛紛口語日滿都市歸遊巴山自引自咎我二十許人

頽然自放上書天子執有不能聖言庸可棄邪帝制庸可悖邪家人寒饑庸可勿恤邪於是胃中塵土礫礫然起頫視玄蟬實貪腐楮豈應離去逃惑至是乃以手招二三子而進曰此一物也聊復相謀堅營深壘盆過於前每奏一藝中夜拍案如壞牆倒山山僧睡熟皆驚起曰急來抗賊噫猛虎長蛇在吾筆下戰聲如雷邪復有賊昔康樂開山使人驚誤借我雪恥顛倒狂怪則猶向者搖筆之時也余所以觸影而自笑也

行業自序二

曩坐三惑既逃所出承諸長老敦敦相戒既免三惑又具五癡臨文之際頗亦謬於昔時昔曼倩好張聊矣語之方幅之紙本自速腐焦筆噪唇古人就隸今人從役此一癡也佩囊竭篋出睬匪人一經覽涉愧形於色芒刺於心此一癡也家無擔石一文落稿數四災梨室外鼓舌室中攢眉此一癡也爲體屢遷不能專一交徒滿座旋即狂惑旋即狂喜此一癡也處世多忤常懷戚戚留十去五怪其情生嫌其調急此

一癡也負此數癡心盡如馳不能謝應舉漁釣江湖爲一出不入之計碌碌廿年單衣幅巾往來都市饑虱之處褌中非但人愧博徒郎文亦負負於豪選矣然則何如曰塡吾胸反吾目離吾肢斷吾手足覆吾冠衣毋取怪于老師耆儒毋得罪于貴人顯官毋終棄于鄉鄰戚黨安弦改節求爲千人全工萬人同悅苟取富貴何用棄本流傳爲哉雖然雉毛雞羽誰不自愛以此投之海內其或解我一癡

肅霜序

肅發於氣也霜發於時也肅霜詩戊寅九月秋深之所著也是月幽靈可怪慘澹莫移肩輿江浦舟檝水滑抱疴自怨搖瑟生哀發聲悲夫前聽聞響切於舊懷嗟乎古人篤意詩歌道達性情發暢志意非斯時乎楊雄諷咏咸嘉其義王逸游覽遂裨其辭夫非高其文詞壯其偉麗者歟僕失路艱虞遭時憫厄文章淪喪詞采流逸咏歌取適懽醉達旦敢自比于成連入海稽子適山者也遂自爲序

選制藝文符序

林子曰取百家之言而成爲一家吾選得矣取一家之言而具有百家吾選更得矣今海內庸者日以趨弱者日無以振狂肆者日以逞靡襍者日不知所歸余不佞危乎岌乎而有是選也選其爲大家爲先民爲正軌者而止以吾爲窮變之選則是以吾爲創始之選則非以吾爲極勢之選則非以吾爲扶衰之選則是太史公曰非好學深思通知其故者卒未可以語此也

上史道隣樞部書

嵋海阪末學忝登科第依政吏曹冀得一當以報國恩不幸遭百六陽九之數見天崩地坼之變三月十九日逆寇犯闕都城塌裂二十一日始聞　大行皇帝龍馭上賓搥心瀝血奮欲捐生顧以秦廷何處無從借尺寸地容小臣痛哭請師二十三日同儆同門泰吉生數人殯殮房師汪長源夫子殉節雙櫬匆匆襄事卽於是日被居停首執囚于張皇親別館二十四日拘赴僞政府點驗降者忍污僞命不降者仍幽

故所饑餓兩日時講選制科纍纍具在但未見令弟赤豹年兄想以老先生掌握武衛遮蔽江南得而拄心焉抑以令弟已膺節鉞另淹別地未可知也二十五日再點幸得鄉親陳方策多方賂脫隻身逸遯方策貽贈數金擬於衣裾易以乞丐衣服舍旓行小僕三人逃出遵義門襍流民中晝伏夜行二十六日過良鄉見道路洶洶傳聞不一而濟南德州亦齊團結義旅勤王者尚無聲言復仇以未得升遐確信耳四月二十日始達清江浦疾呼家堂兄濬芳工曹稅署

兩足繭裂僅存視息未獲趨叩閣下先馳家兄門役
奉書披陳顛末逆寇始而猖獗皆由我之養癰自破
城而入軍容兒戲淫掠爲生今子女玉帛席捲充斥
無復鬬志兼之上下等夷不相統一觀其氣象亾可
計日而待老先生忠義天植謨畧夙著爲東南砥柱
試思　文皇帝所以設立貴部於根本重地今之叅
贊機務者何意　大行皇帝所以特擢先生於安撫
總漕旋晋中樞大任者又何意誠以金陵爲四方之
表司馬有九伐之權保障南都聲援北闕至深遠也

今　大行皇帝以十七載勵精之主而忽搆非常未有之難在北諸臣忝三百年養士之恩而盡爲反面事仇之舉敷天共憤率土同仇老先生此時縞素誓師揮戈進討則所在草莽之間自多懷忠抱義響應行間收其精銳足備前驅一師出淮北以聯絡山東一師出泗水以控制開歸一師出臨淮以經畧陳杞一師出廬州以接濟光固復令河道漕運白糧以爲餽餉老先生開閫建旗直抵燕京出其不意雖有智者亦難爲之謀況逆寇皆鼠竊狗偷輩乎于焉掃清

宮闕號龍髯於鼎湖屯虎旅於禁地尅日追勦檄荆楚之帥會師許雒襄鄧防賊歸路檄巴蜀之帥提師劍閣瞿塘遏賊飄遁先一日定策則人心未離足張恢復之勢進一步決機則郡邑未破即收豪傑之助葢賊向者自秦而楚而晉嘯聚不常乞降未幾旋即狂逞投誠甫約繼即飛颺朝廷一誤於招撫再誤於招撫而督師諸臣相尋覆轍遂成尾大不掉之形然賊之滋蔓實未嘗一經大敵也苟勤王四集義憤百倍戰新店而逐祿山克河陽而滅朝義徼特逆寇之

膽已落而窺伺之謀可消此宗澤所以首請過河岳飛所以誓復中原呼吸之間有風有雷長江雖曰天塹原非可以恃險偏安致敵人坐大也老先生胸有神筭自能復難報之仇雪不世之恥有非新進小儒得以管窺萬一但自前月以來邸報已悉賊情已聞重兵駐南尚無渡江之意民心狐疑設有李郭之徒奮一旅之師梟逆寇之首匡復舊都得還故物使千載下竊笑江左諸君子同燕雀之處堂效新亭之對泣又不徒齒冷晉室諸賢矣語不擇音伏惟鑒察

與夏彝仲明府書

嵋落落姓名未嘗一挂鄉人之齒狂不自已遂投書於先生之前山野之人肆其狂言不意先生能少容之一歲之中口我不置即平昔交遊亦有相知未盡一旦得之先生此豈流俗所稱知己已哉自念少長爲文亦經幾變譬之字學之家朝習子敬暮習元常求其屈折點畫一一肖似得乎僻左之地既無師授終年濡首自苦難周時向鄭牧仲前請曰文章之道如何得躋古人於是踞牀引臂刺刺不休燈青火白

紛吾左右而嵋亦自喜有一言之得矣然而文采不彰聲名未立誦考槃涉澗諸詩則又淒然不能終卷矣丈夫得志自當日馳數百里捨馬步行相其戰鬬攻守之地不然亦須治十數郡各盡所懷以少効其施設之方至於薄酒短歌以自經老雖云時命徒自安於無能之分耳嵋之伏處自嘆亦旣有年語曰後時歌泣恥累君子一旦引而進之毋累先生知言哉

與張公亮明府

先生詩文實爲當今第一士之無意操觚則已士之有意操觚自當遠涉千里求一面質區區馳一使則亦踈且慢矣函丈之間不勝惶悚上之不能尋山千仭與通人達士洗藥問性次之不能買東郊數畝飲酒歌詩率其妻子居焉乃兀守一弓時一弄筆投於篋笥之間不遇知已誰見稱頌恒恐年壽不終詩文無傳身沒之後墳高三尺纍然草土將無下懟才鬼上媿頑仙者乎竊念古今文人往往矜高詭肯自引

自咎以相下者伸方寸紙于斗大之室毋論能與不能皆有振翰摩天之勢嵴不幸而才力甚鈍然而十爲文亦豈無一二得形似乎危苦之吉艱深之辭徒充覆瓿而已是以偃蹇已久聲名寂然安得哲人君子吐韻投心庶幾晦賤至死而無悔焉山皁之鳥雖無益於人世恐聽之哀鳴馬首逐抱不救乎嵴於先生不憚千里而往質之者欲求一言以爲救也

復鄭牧仲論詩書

曩在里閈中牧仲知僕最早而僕知牧仲亦不在諸君後當時同游之士見爾我私相慕悅莫不排且笑之日是二人者何標榜爲閼今十餘年牧仲學日益精文日益進加之深山靜定所以濯磨心性者至矣僕毎屈指海內以文章碩磁一代者唯受之百史與吾牧仲耳嗚呼此豈有溢言哉風雅一道僕與少威君十研窮日久實有所會才有不能使學有不能用規矩之於方員雖班輸不能自外耳樂府以審音爲

貴要其審意審象不在審音下也均之一事有可用之古詩者不可見之樂府均之一物有可用之樂府者不可移之古詩此獻吉所以有意象離意象合之辨也牧仲動以音律爲疑而不知音律無疑耳意之所起文即從之文之所起音即從之將謂世盡師曠人盡牙夔而後可以知音乎將謂世不盡師曠人不盡牙夔而亦可以知音乎是可爲知者道難與不知者言也古詩確有源流三百篇之變而後有騷漢魏建安之流而後有陶謝李杜古體高者不出蘇李曹

者亦就陶謝鮑庾而參變之牧仲謂騷前無騷陶前無陶謝前無謝李杜前無李杜斯言也豈宜出自牧仲哉不獨非僕知巳亦且非曹劉陶謝李杜諸公知巳矣黃河滔滔發源本于星宿天下豈有無本之文哉牧仲之稱僕詩以其有雋永之致爽朗之姿明媚之色僕敢不謂之知言但僕之所自得者氣稍豪才稍蕩用筆稍渾脫驅策古人以就僕而僕實未嘗就古人也至所論無才者不可使之入格有才者不可使之不入格正以有才者能不爲格囿固當使之入

格無才者終爲格囿不可使之入格牧仲乃於破格立格之間大相齟齬殊非僕本意也牧仲之於古文可謂專家矣上自左國班馬下及韓歐王曾之文無所不究信如論詩如是則將盡反其所爲蕩決藩籬而從乎牛鬼蛇神之伎以荒誕爲奇乎亦將盡變其所爲改易趨轍而入乎荒榛棘莽之途以堅癖爲高乎古文之道牧仲既有所見不爲邪說惑今奈何唱爲無根之論而令後生小子逐影吠聲以敗壞詩道也大抵本朝如何李李王諸公實前代未有之才世

之無風雅則已世之有風雅數君子功豈在禹下邪牧仲以爲熟讀樂府數十首便可隨手曲折叶洽無疑誤矣誤矣僕於古人詩欲求一章成誦了不可得而命作應手得意從心豈無老師宿儒腹笥皆漢魏詩篇而下筆謬不可言音調皮膚牧仲厭之固是要知窮幽極渺原不在此而入門途徑安能一一而盡去之西施毛嬙負傾國之姿使不施以膏沐敎以妙舞而蓬垢無光未見其能動人神仙之徒亦有玉肥金埒餐霞吸露逍遙清虚之外使其土木形骸支離

齷齪亦何異乎山魈木客之所爲僕之所求於諸子不過欲其字與句相續句與章相會前後湊合畧成文理而已至斟酌於格調離合體裁升降則猶文飾之辭耳牧仲不察遂以僕爲苛求豈不失乎但念詩道如是僕與少威君十確有管見誠不敢昧已以昧牧仲也諸子之才亦皆可造闢其紆途曲徑以馳騁于康莊之中將與王良造父並駕而後先惘惘然以自馳驟則車軼馬蹶不終朝而敗者尚何疑哉至牧仲與鴻卓之文居然以起衰振溺爲念其爲詩尤當

裁乎正軌即不然亦宜畧循原委毋徒矯枉太過使
後人得以議之幸甚幸甚

再復鄭牧仲論詩書

承敎答知牧仲猶未釋然於僕之言惶惑悚仄不知所以竊念牧仲年長於僕學深於僕而用力揣摩又過於僕中即有所責難亦當順受焉用書疏往來申已說以度知已哉雖然僕非敢申已說以度知已也自牧仲以音律爲問而僕以從文起音又以審音必當審意審象斯爲得之牧仲遂駁僕以不必審音乃引鄭樵之論正聲及吳兢之說以証而不知諸家討論非不詳悉而於樂府旨歸仍未有當朱晦翁曰樂

乃爲詩而作非詩爲樂而作凡聖賢之言詩主於聲者少而發於義者多得其義而不得其聲者有矣未有不得其義而能通於聲者也是朱氏之言僕豈有緐論哉所謂意象者實三百篇風人之旨兢兢乎意象離與合者此實僕本意也如以音而已今之按譜填詞者皆能叶之管弦況僕之樂府尺尺寸寸以宮商清濁爲裁乎至牧仲之論詩以廟廊山林悟達儒雅各分門庭則孟氏有言不揣其本而齊其末者歟作詩而得風人之旨則廟廊可也山林可也悟達儒

雅可也作詩而不得風人之旨則何謂廟廊也何謂山林也何謂悟達儒雅也信如所言則廟廊而可以不儒雅乎山林而可以不悟達乎得則俱得失則俱失以此說詩支離駢別之言豈有當於大雅哉來教援引李詩及于鱗論杜則又不然者太白寢食子建宣城子美寢食蘇李靈運而謂二公非出漢魏建安妄矣大抵深心厚力之士師承源流自有陶融變化之玅譬如丹砂鉛汞一經鑪火而成丹藥光彩既殊本色自異遂令觀者目眩神驚而不知所從來如得

以其章本其章其首劾其首則才力淺薄不能自運者也且猶不盡爾也李杜之比擬古人者班班可見使無漢魏錄別諸詩杜何以有出塞無家別新安吏也使無樂府焦仲卿杜何以有咏懷北征也使無謝康樂游山諸詩杜何以有入蜀紀行也使無蘇李十九首李何以有古風擬古也使無子建名都美女諸篇李何以有長干薄命白馬也使無謝眺鮑庾諸家李何以有鍾南山鳳凰臺西施咏也其餘歌行襍體或承風騷之變或得樂府之餘此皆劉會孟高廷禮

諸家所共知者豈牧仲未之知乎牧仲謂杜詩多用蜀中山水土名夫山水土名抑屬後來杜撰乎抑自當時已有乎有來無來當深思而自悟之嘗謂樂府一道備於漢魏衰於六朝息於唐人而復盛於本朝實不從音起見皆以意象離合故也漢魏之大曲短簫相和諸曲意旨爲得六朝則竟存清商襍弄耳唐人破格已甚流入歌行體製至本朝諸公神矣至矣不論大曲小曲急聲緩聲金石適調而又能不失意旨雖曹劉更生無以過也乃若吳競鄭樵諸家不過

備討論之用耳作家另有所屬僕未聞鄭氏樂府吳氏樂府遂出西京作者上也少威留心音學窮究極微僕嘗與之論審音審意審象而能得其涯涘者如此今牧仲必欲從事于聲節之微他日令少威趨謁與牧仲坐山中共賡千古可也孔子曰樂云樂云鐘鼓云乎哉牧仲試爲思之

三復鄭牧仲論詩書

僕里居八載與牧仲相見者五以筆札通問者不過八九竊謂牧仲睽濶既久不獨文章加進即持躬厲行處人接物之道必當有大異疇昔者矣而孰知不爾也僕屏棄無事肆力於風雅之途葢將寢食以之加之二三知巳如少威君十輩刻以古人相期間奏古詩一篇非曹劉陶謝即相戒勿存間奏歌行一篇非李杜高岑即相戒勿存至於樂府之作取其本詞本義本音裁之求其金石適調而又不離漢魏者斯

有當耳誠以本朝獻吉元美諸公天事人事盡焉二三子一本相承兢兢乎其必愼也迨近歲詩成少威集曰嘐嘐君十集曰甌離僕集曰蟛蜞彬彬然質有其文郎王李諸君子復生亦不能不爲心折也由射於百步之外其至爾力其中非爾力也二三子得之于心不能傳之于口者非一日矣今嘐嘐甌離牧仲尙未之見如僕之蟛蜞則已窺其一斑牧仲謬相推許謂三百年未有之詩豈虛誣哉牧仲出其門人唐陳詩屬僕刪削僕遜謝至再牧仲極力强之僕勉强

從事不過斟酌於篇章字句之間俾稍稍成文耳乃牧仲不察遂謂僕自立已法以束天下之才人見教一書靡靡千言不無矯拂甚至詆王李爲摹擬衣冠譏李杜爲鑿空學問於上下數千年源流得失一概埽除無非爲二三稚子長驕盈傲大拂厲其所爲也僕念牧仲吾知已也文章學問原自深宿於詩特未有見耳作書相報且致慰謝不意爭辨不已大相詬厲以其競心諍氣施之無用之地豈不惜哉古詩確有源流其時代之升降風氣之汙隆牧仲茲然不知

樂府難於傳說其宮商之清濁金石之乖和牧仲則强欲知之且引鄭樵吳競諸說以辨不知鄭氏吳氏所論詩之用也晦翁所論詩之體也體之不立用將安出哉樂府之失失在聲工而非在學士爲學士者但當正其文求其義而已宮商角徵陰陽清濁之倫則成書具在作者未嘗不裁于是而世無樂工不能抑揚高下以叶于金石絲竹譬如南北襍劇尚有疊板梟板之類而牧仲强以相難殊不可解僕二三子之爲詩也求爲信已信心之學絕無馳聲逐響之見

一章必求其合一句必求其當一字必求其確君十今之北地也少威今之濟南也台正衡士亦不出宗吳下牧仲旣不能平心相下出其偏見以相角敵不徒詩非正宗卽人亦重媿于大雅矣來書且云元美以家世赫奕足以鼓動海內又云膏粱富貴於詩不能盡知何紕謬至此耶自古帝王卿相聲名勢力震赫一世其文字不能强人以必服卽承富貴之餘繁華美麗而究心學問折節下人者固自不少以此譏評元美豈特枉抑先賢而牧仲胸中與夫光風朗月

一塵不着者相去何啻千里哉又以獻吉德涵先度曲而後爲樂府此言似是而實非也涵虛子記元詞一百八十七人國初十有六人未見其皆有樂府行世者也且曲與詞已有分別實未可卽曲以求樂府耳明興三百年何李諸君子唱之于前僕與二三子承之于後主持氣運追元音正始之極功兼律呂度數之能事焊煌乎數千歲業也尚何疑哉但念牧仲讀書養氣積之十數年而敗之一朝者僕不能無憾焉古之君子不能得時行道身處巖穴而聚徒講藝

者固其嘗也今牧仲之門人小子才有所未周質有
所未逮自當俟之孟夫子以浩然之氣其當時所論
難者無非爲井田學校盡心養性千萬世所關係絕
未聞因咸丘蒙輩遂與列國之賢人君子相爭辯也
牧仲試爲忝之僕之詩非牧仲譽之加益毀之加損
者也世有瞽師者出操音律以相求其尺寸累黍當
自辨之世無瞽師者出援情求文援文求義亦與李
詩杜詩同入品彙與古詩歌行等耳要之牧仲出其
文章經術何在不可傳世而欲沾沾于詩古人所謂

不善用短者歟雖然晦翁以理學之儒得風人之旨自天人曆數無一不通其論詩必循正軌牧仲既欲悖之則是晦翁不足法耶草復不載

前文林郎湖廣岳州府臨湘縣知縣殉難特贈
奉政大夫湖廣按察司僉事從兄蒼水先生

墓誌銘

烈皇帝甲申三月闖賊李自成陷京師　先帝殉社稷羣臣從者二十四人其先一年賊支黨張獻忠流毒三楚間楚外臣死封疆者六人而吾兄蒼水公死最慘明年遺孤向栩扶柩歸弘光乙酉特贈湖廣按察司僉事賜葬予祭一壇又七年始襄葬事于西門之下鄭山嗚呼如公者何以墓中文爲哉抑遺事世

或得詳觀焉公諱不息字司籥號蒼水唐端州刺史葦公二十七代孫明與七世祖洪公建文庚辰進士官儋州守四傳至省吾富公弘治壬戌進士官少司馬中丞總制兩粵省吾公丈夫子五三萬峰公郡庠造士子三三兆箕公隆慶丁卯鄉薦官廣東高州府別駕娶鄭安人生三子仲延年公爲國學上舍有才名如洛中大司徒侯公恂大司成侯公恪皆及門授業者也娶黃孺人生二子長郎公公幼負異姿蚤歲就郡邑童子試輙冠軍爲博士弟子試又居前蒞公

寅亮督學閩中公試第一篇學宫戊辰　先帝御極
恩選第七名庚午入南雍師侯祭酒祭酒即延年公
及門恪公者更禮公以教子方夏方域輩皆執經問
藝焉癸酉試應天房師藺公剛中擬第一以數奇寘
乙榜丁丑授臨湘令時湖南北盜賊四起公至即立
法設團保嚴詰察甫二月殲大盜李啓文丼明陽等
二百七十餘人湘故大司馬楊一鵬子昌朝以别駕
居里中肆暴其子弟奴僕久爲鄉里病公下車士民
訴者以百計時方伯郡佐皆其故舊以尺號爲解公

不顧大鞫治之辱昌朝于庭上褫其子弟論奴僕如律邑中豪皆慴服湘爲岳屬蕞爾公所取士次第上郡二千石及學使者無以易也當事益才公平江鈌令則移攝平江巴陵鈌令則移攝巴陵軍興方急餽需公取給得不乏撫臣宋公一鶴按臣汪公承詔皆爲特奏聞將下部內徵會張獻忠陷武昌襲破州邑所過望風而降公與按臣劉公熙祚誓死固守劉公者即死楚難中重臣其一則長沙司李蔡公道憲也城上置木牌礟器藥弩無不悉備所蓄穀萬餘石悉

散守陴百姓衆咸有固志獻忠五月破武昌六月破蒲圻不敢即過臨湘者知臨湘有備也七月以百騎偵臨湘公擒獲數騎戮於城上遣僕持書與母孺人訣城守益堅八月初五日賊悉衆來攻岳州師不敢援次日城破公於城上被執見獻忠獻忠曰林知縣汝非練卒與我敵者又殺我偵騎者乎勸之降不應又强項立復責帑金所在公奮曰吾祖父以忠孝著聲今自分一死豈爲汝屈耶獻忠怒斷左手得邑印於腰間大罵不絶曰汝所過人民無噍類上天豈容

汝耶斷右手割耳鼻終不屈獻忠曰此眞忠臣也久廼絕裹葬於北門外殉公難者有門生湯身之蕭露秘蕭露茂等數十八人一僕聞主難自沉于河諸生向啓璉耆老李萬諾等祀公於城隍側賊進長沙始得具衣冠更殮面貌如生復建祠立石於城隍側邑中遺民咸以爲神云生萬曆壬辰十二月初七日巳時卒崇禎癸未八月初七日辰時擇癸巳十二月十一日卯時下葬公配余孺人鄉進士仙居令余公震女子向栩郡庠生以公殉難恩廕國子生娶太學生黃

幼度女嗚呼公舉於　先帝建元其終也在鼎湖攀
號之前然特一宰耳當時懷印綬纍纍者何可勝計
至於食其食而憂其憂使人人如公者國家亦何至
此極哉銘曰列漢爲星賈地成石歛厥精光陰雲是
宅膚寸所興翕張歕澤三湘大招安茲窀穸神無不
之永固體魄驂螭駕霓庶幾有赫

[illegible]頭集　卷之一　[illegible]

香眘閣禊記

先皇帝雅好書法每攜獻之鴨頭丸帖虞世南臨樂毅論米芾文賦以自隨嗚乎江山既替誰復論哉右文之主常壓人思

右丞絕跡久矣曾見蜀人李昇摹江山雪霽一卷用筆雖工而亦非昇真本

予有馬和之衛風一卷得意在筆墨之外自隋唐以來畫有兩泒和之不食煙火另具一骨相者水雲蕩漾樹木瀟疎人物閒逸尺幅中怡情悅性予真忘老

於此矣

余題和之詩曰官家鋭畫理蒐採及錢唐內廷充供奉筆墨染天香比輿精摹古邸鄽寫幾章陵岫何鬱鬱水雲何瀼瀼舟車何遲遲烏鵲何蹌蹌春風蕩洲渚莫雲起河梁縹緲在絹素濫脫在毫芒觸手成靈異風人未擅長何年委草莽玉軸任飄颻杭州舊風雨歲歲黷畫堂丹青非不惜翠華孰可怠

余觀李伯時羅漢卷人物宗道子翛然絕塵至於深林幽澗怪石長松皆以毫鋒墨汁淋漓揮灑出之

李伯時西園雅集圖今在泖上盧鴻乙草堂圖今在京口王右丞輞川圖今在石城吉州楊文驄記家中丞有王晉卿一卷傳自瑯琊王家眷念者久未能寓目每遇佳山水或良宵獨坐或逢道古友輒往來方寸間

余有倪迂谿山春靄圖疊嶂層巒濃煙如對披圖諦視淡若無有此老一生勝技也題曰十年不見老雲林片雲東來聞足音畫圖何處看秋色瑤江草堂深復深鐵遂道人在滄洲軒試圭溫舊願

元美有云諸家易及惟雲林難及白石翁得意處又雲林不能過也余初不以爲是及得石翁寄雲鴻前後兩圖信然

柯丹丘皴法多出北苑余藏一圖枯木兩三株耳小閣疎楹水色蕩漾而平遠數峰潑墨濃厚元筆中所未見

柯丹丘水痕特奇倪雲林煙氣更佳

余閱趙書多矣皆以媚勝及得臨蘭亭一卷蒼老勁秀頓殊昔觀因念元季至今不過三百年而文敏勤

書筆蹟遍天下求如此卷者率未易一二遘也

余於字學頗得其意一日過友人觀襄陽大鵬卷反覆諦視直欲下拜更出東坡魚枕冠帖則荒敗不堪再玩矣或謂蘇書的是眞本米書尚在疑似之間未免强作解耳

黄石齋在獄蒔寫孝經三百卷每卷各綴以小序

管仲姬竹余見頗多只可稱能品耳蘇玉局所作亦復平平

予有吳仲圭竹一卷長三丈餘煙晴風雨各極其妙卷

首書一序先論畫竹之法中隨筆漫題錯落盡致如一个歲寒心似鐵也宜風雨也宜晴我亦有亭深竹裏也思歸去聽秋聲尤爲卓絕應想此公潑墨時浩浩落落滿紙不可人意

華溪漁隱圖趙孟頫倡之王叔明遂有此作陳仲醇董京宰二公潦倒於此久矣

唐子畏畫予前後見者几十數本只文徵丞家藏小幅畫寒梅數株耳平橋淺水煙氣朦朧疎閣中一燈照帷眞神筆也大書疎影横斜水清淺暗香浮動月

黄昏二句淋漓欲絶

林天素山水晚年頗脫閩氣余寓建州時出良繭數十幅命侍子手臨燈影半簾花星相綴潑墨之餘繼以苦茗每至夜分不置

侍子作扇頭小景及木石圖當於宋元中求之余爲戲拈一詩曰展得華箋盡一函黄昏染粉落偏衫石林煙渚儂家數且向阿郎乞醉銜

予購劉松年宫蠶卷殊爲費手晨起遶廊數百步夜攜胡床皆不得寐因念昔人嗜古成癖者無類於余

唯米老攄船一事差足髣髴

余有蕭照一卷繪光武渡河故實樹木凜冽人馬所易命筆鑄意惡過兀手卷末有鮮于伯機題跋甚遒勁

和之筆之逸者也護澤筆之工者也松年工而入逸

盛子昭以丹青擅長余觀青溪漁者一圖疎逸生動不費數筆因嘆筆墨之變至此楊鐵崖諸家題咏不下數十首

予題松年詩曰二月春風一何綺游冶相逢長安陌

玉鐙連翩楊柳牽珠彈雙落鴛鴦起連翩雙落愁蛾
眉景陽宮裏採桑時釆釆長條兼短條絡絡素絲與
黃絲金梭一夜無停影弱縷纖纖光復整畫屏無睡
孰安釵叢臺未步空持領君王夜宴香車廻紅粉三
千機杼催同心金縷原百結比目素絲復雙裁織成
萬錦初陳上百斛寶珠不受賞此時更拂鸂鶒杯此
時更拂芙蓉帳鸂鶒芙蓉承新恩茫茫花市吹春塵
應知繡戸吹笙女仍是空床卷衣人十二門前春如
水點染春光歸畫裏劉生劉生信絶技雲母屏前獻

天子

余在白門時與楊龍友日夕相對因述玄宰生平得力處只於筆墨二字有分耳

友人陳岳字有五書法本四家余為別字無近偶題一詩云殘墨和來試舊箋雲林子久想當然濃雲直把峰峰隔無近先生意欲禪

戊子元夕有持錢選長恨卷與侍子展於梅花窻下流連情事淒然欲涕世間翰墨文章凡屬悲瘍者皆不可多見也

羅漢卷留於通天寺爲寺僧供養後見山庄一圖尤稱卓絶
家少保留心書畫所蓄皆眞本又與仲醇玄宰長倩諸公遊頗得此中玄諦今得一二歸余矣昔王粲緒才中郎一見嘆曰吾家書籍文章盡當與之余頗不以王生自擬少保公又復遠過中郎也
龍眠山庄圖題絶句在蘓頴濵集中曾見龍瞑畫草藁不設色者數景今復見此卷嵩山十志之亞輞川之友也董其昌記

一代何人稱畫史三吳此日見詩仙画中詩郎詩中畫底用區區慕輞川　道卿孫子明時彥購得龍瞑舊日圖一自坡翁題品後此文此景世應無晉陵王與書

余題梅道人竹卷云青青竹誰所寫縛鷄毛任一洒西風作畫簷打涤瀰天青平野文湖州出其下瀟湘秋洞庭夏三足烏㲉啞啞望靈妃顏如赭𩥇玉珮疾於馬欲傳信雲角寡烟雨滋泪傾瀉步平沙誰知者道人畫法直在湖州之間余以短謌詎之亦不減王

孫囊中句也

世傳叔明皴法細若牛毛以余所觀松鶴樓居及巖居高士二圖變化錯綜又復不儗

王晉卿久爲懷想既得一觀竟屬墨林贋本耳因笑好事家浪傳往往如是

予得枝山秋興卷淋漓盡致按祝氏筆記始知此卷爲公平生得意筆文衡山收入停雲及公秋興原本皆不及也今以贈鄭牧仲

石田移竹卷草草有致吳匏菴題云却笑此君眞潦

倒醒來已在別人家

山庄圖舊有蘇長公諸賢題識當思陵朝爲龍大淵曾覿輩妄肆剪裁故一時内府之藏悉無䟦語覽者往往撫膺嘆息

余藏和之一卷復得實父臨和之本筆筆神韻㑂不知青之出藍也因率筆題之曰依樣葫蘆不耐看仇生直作等閒觀一朝變盡丹青藝墨本持來花處攤

墨本持來花處攤一庭霏雪灑闌干谿來絕藝翻成淡吳下阿蒙眷亦攢

余從江上閲營丘一幅樹木皆如雲氣蒼墨雖厚而
不見其蹟唐子畏周東邨多本此法
余觀黄子久高山流水圖筆力疎莽得之董巨者多
楊鐵崖題跋一語千致頗有人琴之感
郭河陽山水余見甚多終有畫院中氣若李成范寬
氣韻差勝耳
徐文長嘗以己意作畫不求形似有墨蓮一幅神韻
異常因題一絶云闌干十二水浮天蓮葉蓮絲處處
牽自是同心相綰結輕鷗波底並頭眠

陳季琳畫法本黄鶴山樵行年八十餘而用筆蒼秀更勝昔時眞所謂徐娘老有餘態耶

余觀伯虎寒莊馬蹄圖原題云黄葉山家一徑苔樹頭新搆讀書臺馬蹄隔塢田田響知是詩人散鞬來

瞿稼軒先生所藏沈石翁畫不下數百本葢由昆湖公與石老數十季相昚也

徐纫文畫别有宗泒予見一小幅用筆正敓古今所難方得士林本色耳

王元章墨梅神韻飄逸但不知楊補之所作何如也

倪元鎮畫傳有着色者余不經見但家藏一幅峰巒樹木濃密精細雖去着色不遠耳自題一詩其書法名妙下有子京書記及大司徒章

白石翁蚤年以花卉得名今所傳一二筆妙絕古今得其似者惟白陽山人耳

水檻春廻遠岫寒鏡中瀉影亦珊珊天台數筆眞殊絕謝却人間紙墨繁　右題柯敬仲

平橋咫尺草春山漠漠濃烟鎖半灣政是江南三月後無人曾向柳枝攀　右題倪元鎮

門引青山山引泉數莖著草臥寒壇

曲巖何計銷長日且聽歸樵帶雀還 右題王叔明短
簑何處覔歸窩泛泛溪頭手自乂網得細鱗來送酒
秋江蘆艸已成家 右題盛子昭
吳彬作佛像直追隋唐余藏一幅用筆精工雖顧陸
復生無以過也山水多本川蜀奇怪難狀要其皴法
亦不外山樵一泒耳
凡畫之妙以筆勝耳吾鄉宋比玉風致高上在北苑
丹丘之間劉元𤢪家孔碩當爲閩中三絕
倪鴻寶作扇頭筆氣疏莽有董源家數楊龍友王季

重鄭超宗運墨雖佳未免少遜耳

曹石霞爲侍子題畵凡十餘首今皆逸去尚記一二句云妾愛畵蘭無善本可郎家是種蘭鄉　從今採藥家山去不羨天台羨武彝　遠山只許供憑抹怪得阿郎字小眉雖一時游謔之語亦自有致

文徵仲山水流傳雖多而稱余意者少至於蘭石襍花以不經意出之予未嘗不心折也

葛姬作翎毛筆墨蒼韻無閨閣氣松陵二周所作亦不相亞

有人作水仙授余侍子代成一詩謝云着意尋香香未奢水雲淡淡是儂家棠梨開後從無睡多謝先生又散花

山庄中三友一爲伯時一爲其弟德素一爲里人冲元中伯時與二人者游猶輞川之有裴廸也因用摩詰嵩丘韻題之云意中之人只弟兄幾廻杖屨歷陰晴到門送酒谿邊客分席聽泉竹外聲處處雨花侵壁冷田田鵝鴨出波平石林好繹三生話何意稽康着養生　龍眠歸老弟同兄積水軒中望若晴鳴磬

逺隨落木響歸輪亂燹寒莊聲成帷成幄濃雲下當
座當堦一草平漫道深林無箇事華陽館裏注長生
　門臨淥水弟同兄掌樣波光恰乍晴曖曖墟煙多
竹色陰陰灌木只泉聲班荊石上鳴蜩换施鳥臺前
種藥平世內衣冠何得此還疑綺里數先生　行次
就中識弟兄長鏡短策踏春晴香源不帶菲英出永
日惟傳清磬聲坐愛林娟披草細行看嶺鬱棲雲平
載言偃卧看山色約取黛痕筆底生

前明奉直大夫禮部精膳司員外郎藥齋林公

墓誌銘

松陵徐　釚譔

嗟乎故明崇禎壬午癸未間闖賊爲逆秦晋騷然朝議沸如蜩螗國勢危於纍卵人人有土崩瓦解之慮顧在廷諸臣文恬武嬉率皆蒙頭保妻子釀成陽九百六之禍而其時之舉進士者往往有英挺傑立磊落激揚之士如禮部員外郎林公是巳公諱嵋字小眉别號藥齋系出唐端州刺史葦後世居莆田爲著姓父封員外郎諱長茂以貢授鎮江衛經歷母楊宜

人初公之生也宜人夢太華雙炬燭天遂誕公與公之兄明經簡公生而眉目疎秀體羸玉立少負奇姿屢著異徵年十二隨父宦京口金沙張明弼一見傾倒有聖童之譽弱冠以詩文受知於黃晉江漳浦兩相國聯登壬午癸未鄉會榜九卿如倪文正公凌忠清公皆引爲忘年交甲申之變公微服南返上書閣部史公可法首言賊中事甚悉南中大僚多物色之出知吳江縣事吳江財賦甲天下繁劇難理公年少精敏宿猾姦胥懾之若神時國用匱乏羅郡邑童子

試令輸貲徑達學使者公謂非朝廷求賢意捐俸代納仍試其甲乙所拔皆单寒士人多稱之未幾　王師渡江金陵失守京口以南無不望風内附公遂懷縣印歸閩唐王即位福州授工部都水司主事監造皮甲報竣調禮部精膳司主事晋員外郎時大帥鄭芝龍桀驁擅權朝貴皆出其門公抗直不肯趍附遂奉勑往祀霍童大姥而　王師已踰僊霞矣公潔身高蹈浮沉自晦益肆力於詩古文自撫軍以下車騎造請咸謝不見去亦無所報謁卒以此得罪與前吏

部余公颺偕縶三山獄獄具當事者重公之節而惜其才方力白之公竟慷慨捬膺草絕命辭三章嘔血數升而卒時順治乙未年六月十七日也卒年三十有八余吏部颺爲公立傳稱小胥爲人骫髀多大節幼慕劉文成其所著書亦曰犁眉常欲得一當以自表見而遭逄不偶僅以詩文崛起當代樂府歌行本漢魏五七言近體本唐人於近世王李七子則中駟目之又稱明興三百年長沙倡於前北地信陽繼於後邇來雲間海虞復大振其業而吾莆之掉鞅蹈厲

含英咀華以金鐘玉衡之才發朱絃清廟之響惟小
耆一人其所稱道之者如此噫吾知非公意也當崇
禎弘光時以門户水火之釁中以盜賊四海横流不
可救藥其時策名新進諸臣如公者實欲抗節致命
效虞彬爻文履善之所爲豈徒區區於標擅風雅爲
藝林文苑之選也哉今讀公所譔蟛蜞集猶覺鬚眉
宛在謦咳如生弔碧血於曩時激丹心於終古從凋
傷殄瘁之餘幽憂愁思而發爲悲憤激越之音斯則
公之所爲詩若文亦即公之所以爲公也乎猶記公

之尹吳江也余甫九齡先贈君與先兄輩俱以諸生
爲公所賞識及乎陵谷變遷以後先君每向余追述
公治行經術爲吳中第一今忽忽五十餘年余以舊
史官放歸値公之令子人中謂余與公有兩世通家
之誼遂以其狀來泣而請銘於余余因思天荒地老
刼盡灰飛追遡數十年前之事不覺爲之俛仰太息
論其世悲其志而痛公所遭之不厭也公配張氏封
宜人男一即人中郡學生入太學孫男四元之邑增
生俱能世其家學有文名允之璿俱太學因之曾孫

男學曹庠生人中以康熙丙午年二月二十日葬公
於紫帽山之麓銘曰
目公文人公不自居天方喪亂其國已墟公雖挺生
勢亦莫支芒屩方袍黄冠斯托憂憤羈囚艱貞卓犖
故國纍臣魂飛夢噩讀公遺文涕泗漣洏欝欝松楸
千載於斯駕霓驂螭公其庶幾

林儀部傳

同郡余颺撰

明興三百年標詞林文苑之目者孝陵四子之後茂泰二陵爲盛當是時長沙唱之於前北地信陽繼之於後蜚轂虎視直雄著作之圃然自何李競後而長沙之學稍絀盒承其學者標榜師説抑人揚已非何李意也永昭之際七子群興昭代文明于斯大備然極盛之後衰亦繼之餖飣剽竊幾於蕪矣於是公安起而正之景陵盌矯而攻之出奴入主遂成聚訟近者海虞雲間大振其業而海虞表明長沙雲間祖述

何李各有至論不可掩也遡自歷朝遞興迭盛海内之操鉛槧豎壇坫者代各有人人各有集以吾莆之標擅風雅卒無一人奉槃盂而參晉楚之揷者殊不可解間嘗夷攷其世洪永之間黄約仲簡討柯孟時詹事轂實甚茂際康陵而興者其惟林待用司寇乎然詳讀其集柯黄二公樸而不華其猶有草昧遺音耶司寇生北地之際抗轂唱和與會標舉然參以講學經濟其於爲詩亦僅焉耳他若魏竹溪之沉於下寮陳白雲之隱於織屨鄭聖僕之終於流寓篇章可

傳大雅不屬求其掉鞅蹈厲含咀吐納以金鍾玉衡之音發朱絃清廟之响若林儀部小眉者實爲天荒之破馬儀部林姓名嵋小眉其字亦稱奚道其著書名犁眉盒有慕劉文成之爲人云年十二從其父叅軍公宦京口金沙張明弼一見傾倒輒有聖童之譽弱冠以詩文謁黄石齋東崖二先生交口稱借名噪閩中以禮經登壬午癸未鄉會榜起家吳江令終官膳部郎死於三山之獄非其罪也小眉爲人磊落多大節常欲得一當以自表見既不得志而湛心古學

思以詩文崛起一代而詩卒爲一代冠焉小眉爲詩樂府歌行本漢魏五七言近體本唐人嘗與予論詩其於唐獨推太白一人外此夷然不屑也其於今代獨推何李七子則中駟目之矣蓋小眉之自得其性之所近者如此又謂予曰今海內精兵當屬雲間若典型之重壁壘之堅不得不推海虞蓋自小眉歿後而海虞之論始出不知起小眉見之以爲何如大抵亦不異予意中所云也小眉好爲青白眼遇不快意人雖尊官貴人覆面見之而獨折節於予與予談嗤

[illegible]不出口文酒流連至於顛沛未嘗稍失昔阮嗣宗放蕩形骸自以爲狂晉史目之謂愼予於小眉亦云予故傷小眉之不得其死盖其命也方難之作也予與小眉俱不得其由及就繫入榕獄閱讞目始知之小眉曰是足以死吾两人乎予曰旣入鑪冶又煅煉之欲不死得乎小眉曰吾两人不有命在天乎天未喪道文不在兹乎故予與小眉雖困處請室未嘗有憤懣之言出於口不平之意見於色居久之小眉出蟛蜞集見示用重錦爲囊襲以畨帨予讀未竟篇亟

付之還曰豐城寶氣又在獄中當有異光射出斗牛不可令俗人見之見則災及身矣未幾而小眉病作予自晨至晚榻前締視湯水茗粥皆手調以進如是者二十餘日稍有瘥色急起掃榻布席披紙硯若將屬稿者見予至輒止然竊視紙上多有行墨跡亦不知其作何語死後予鎖篋付其僕歸家人發篋讀之始知爲絕命詞三章也時六月十七日晨起嘔血盈升而逝言不及亂神色如生觀者以爲蛻去含殮衾櫛皆予與徐延壽親經理焉盖難作於正月十九日

就縶於三月十日讞成於五月五日小眉以不及脫械先逝逝後至九月廿五日予始破圜門而出也出後予乃詣西門厝室撫棺而慟有詩志痛今憶之尚不忍終什也方讞之成也小眉手盧枏蟣蠓集謂予曰是當作獄成一詩破涕爲笑予遵循謝未敢小眉則已下筆屬草作蠅頭字黝竄易稿示予今集中所載榕獄成呈余賡之並示何江吳三明府者是也小眉之爲人如此其爲詩文如此其難之始終如此予與小眉爲文字死生交故其傳小眉也不詳其他而

於文字死生三致意焉小胥有二侄曰鳳儀字鄴叟向哲字君十皆以詩賦擅名一子入中亦善其業延壽字存永三山人何名棟江名德中吳名琪滋皆吳人而爲閩李先平吾两人之獄者故詩及之

蘆中人曰文人之不得其壽者多矣前代不具述即以吾明論高啟年三十有九何景明亦三十有九徐禎卿三十有三宗臣三十有六梁有譽三十有五小胥三十有七獨季廸與小胥死又加慘嗚呼文人而備五福予所以有感於李西涯王弇州也雖然吾鄉

之原詩者必以小㕘爲之㕘目焉

明賜進士奉直大夫禮部員外郎從叔奚道先生行狀

侄向哲撰

吾叔奚道先生歿之七年冢君中子以行狀屬予余受至三閱月不能下一詞益悲之至也然予知先生最深又誼不得謝因勉爲狀云先生諱嵋字小眉别字蘧齋著書稱奚道先生先世由中州徙閩閩中工文詞舉科第自唐先刺史兄弟始而江陵邵州列忠義文苑傳入明舉進士爲儋州守文範公九傳至先生皆仕於朝冠盖蟬聯而先生高祖南崧公官至都

轉運曾祖師南公官至觀察以軍功晉三品服俸仕尤顯父諸有公以貢爲鎮江衛叅軍先生産於金陵㓜從父宦遊三吳中崇禎初三吳方盛修文社聲氣最盛先生與兄子山以文贄諸公諸公皆倒屣迎之子山年十六先生年十二大動江以南爭相謂曰一時頓有两玉人今再見矣而金沙張公亮尤傾倒之毎謂人曰小眉晉名士也歸鄉所交盡閩中知名咸遜謝不及以文上銅山夫子以詩謁黄東崖相國二公皆盛稱之會孝感楊賔長來爲莆令東崖門下士

也楊公亦自知先生舉童子科及録莆士俱置冠軍
壬午粤中郭正夫來督學閩中閲先生文大驚賞之
是年入闈舉禮經第二人癸未成進士房師爲太史
汪公長源時銅山夫子以讜去東崖八公二相亦請
告歸籍九卿如倪鴻寶夌茗柯諸公皆先生舊識方
爲當國所目遂不得預館選甲申之變登仕籍者一
時俱陷賊庭先生倉卒微服變姓名得逸出闕道中
聞倪夌汪公諸人皆死難當國者或降或囚因感慨
賦詩所謂二十四忠半生平是也至舊京以書上史

道隣督師而馬阮諸人爭物色之先生疏請改教職不許會余賡之先生司銓部知先生才授吳江令吳江號劇繁先生少年精吏事如神明宿猾大胥皆憚之踰半載棄官歸時唐藩即位閩中改工部主事未幾轉禮部員外郎奉勑祀霍童大姥清師入先生絜身島上太公春秋高方在城中廼先生歸先生志大才敏少有操修既登第方欲得一自見會時事已非乃浮沉里巷豪誕任達頹然自放惟大肆力於詩與予輩捷戶分賦當道諸公車騎到門謝不見去亦無

所報謁卒以此得罪先生雖才過人至論詩乃折節下交於余十年之中所著一字必以相商予論三百篇漢魏至有唐昭代諸家亦以予言爲定異同者十不能一二耳嘗語予曰近代詩人當以君方北地予其在何徐閒乎其高自位置如此予愧不能及然後世能知先生詩者猶以爲過之先生既不得志於時時時著詩多悲憤語至於語及國亡主死之際流涕哽咽輒失聲海内聞先生名傳其詩以不得一見顔色爲恨乙未郡城圍急有妄男子蜚語當事者脩舊

隙遂中先生及余公賡之坐二人逮獄獄具先生詞色不屈讞者惜先生才方爲白之先生竟憤悒病草絶命詞三章一夕慷慨搏膺嘔血數升卒省中林孔碩徐存永諸君爲襄後事先是先生語予夢邵康節以宗子相集相授謂予大數盡於六六因歎謂予曰吾明年三十六其不免乎然待詩成必逝逝當不在妻子牀寢間于是出入編次蟛蜞集凡一年餘集成而禍作至是果驗亦足異矣歿時年三十七時方盛暑及就歛顏色不變闔櫬者數百人咸爲泣下先生

眉目踈秀體龘而風神玉立望之爲神仙中人所眷
衣冠人爭倣之家貧壁立怡然自得棄官後客至不
能具酒脯恒貰隣酤又好法書名畫不能得者寢食
俱廢圍城時饔飧不給列玉斗卷軸古鼎彝于旁喜
見顔色得千金一日揮之立盡性傲物亦復坦夷爲
人所賣不問亦不爲恠所作制舉業天下傳誦殆遍
老師宿儒始笑而終服之或因以取科第而俗人嫉
之如仇爭欲殺之乃其少時立異并名流不交而去
文詩賦爲之禍階也先生以詩文殉君父以性命殉

詩文他日文苑忠義傳中當不得遺斯
人中郡博士弟子工五七言諸體得家

林小眉儀部詩選題詞　臨海陳璜撰

林小眉儀部昔讀其制義於爛熟八比中別有嶔崎歷落之概已志其姓字今得所著蟛蜞集讀之黄東崖相國之序余賡之銓部之傳咸推小眉爲閩詩一時之冠接武子羽比肩少谷余爲之流覽篇章而知二公之非虚美也聲詩一道啟禎之代威夷已甚應酬率易者卑不足數二三好異之家鑿空爲奇走險如鶩謂文選不足讀謂三唐不足法風雅一途幾成童牛角馬儀部負絕異之才而修正始之音是可貴

也采其英篇以存正聲或惜儀部云之死所夫以義而死猶令終也較諸集生少伯尚得其所可哀也夫

松陵文獻官師傳　　吳江潘　耒

林嵋字小眉莆田人文筆雋麗崇禎十六年進士明年知吳江年甚少寀無留事南都政亂罷郡邑童子試令輸貲徑達學使者嵋捐俸代輸而拔寒畯以應南都亾江以南諸郡皆不守嵋懷印歸閩閩中立君以嵋爲工部都水司主事改禮部精膳司遷員外郎閩事敗遯跡荒江一節自矢故人當路者求一見不可得居數年莆中有海警嵋與余吏部颺同繫獄有解之者颺得釋而嵋發憤嘔血死獄中年三十八所

著有蟛蜞集多哀郢問天之辭人讀而[illegible]之
潘子曰人臣遇變死者難矣亾者亦未必非要其歸
何如耳江南瓦解非一邑所能支林公潔身亾去意
欲有所爲卒之不死於官而死於難其死一也見葉
公翼雲於九原庶無愧矣

米友堂詩集七卷文集一卷雜著四卷

（詩集卷一至詩集卷四）

［明］侯官許友撰

日本内閣文庫藏清初刻本

米友堂詩集七卷文集一卷雜著四卷，明許友撰。友原名宷，易名宰，後更名友，字有介；又更名眉，字介壽、介眉，又名友眉，號甌香，侯官人。崇禎間諸生。明亡不仕，以布衣終。天資敏妙，疏曠不羈，好遊歷，少隨父宦浙中，鼎革後歸隱於故里光禄坊，日娱山水，結詩社，訪舊友，詩酒談宴無虚日。順治十五年（一六五八），周亮工被誣逮京，友亦受牽連赴質，兩年後方得釋。歸後家破友散，抑鬱以終，殁年四十餘。撰有米友堂詩集、箬繭室詩集、醫夢草等。

是集含詩集、文集、雜著三種。詩集卷前有陳肇曾米友堂詩序，所收詩作依體編次，爲五言古、七言古、五言律、七言律、五言絶、七言絶、詩餘七類。陳序謂集中存詩不過友所作十之一，知其删汰散佚者尚多。文集前有孫坡米友堂詩文序，收録志、賦、序、傳、文、銘、箴、頌、説、記、題辭、辭、小引、引、贊、跋、啓、啓事、書、白事、書事、疏、誌銘、約、祭文等諸體文九十餘篇。雜著前有林牧題米友堂雜著、章氏中黄序，收貧賤快活、三頓吃、願學詩、青鬟怨四種，辭雋旨遠，率性自然，合林序所謂讀後「十日飽而七日香」者。

友工書善畫，詩文亦恒多逸致，其草書、山水、詩文，世譽「三絶」，周亮工嘗評其「酒一，次書，次寫竹，次詩文」（印人傳卷一）。錢謙益嘗於吾炙集中録其詩一百零七首，爲入選諸家之冠，王士禎尤愛其七言絶句，朱彝尊亦稱賞之。林昌彝射鷹樓詩話稱其詩「孤曠高超」，集中七言絶句尤有畫意。文多小品，或隨意揮灑，有驚龍舞鶴之態；或借物諷諭，言近而旨遠。

是書爲日本内閣文庫藏孤本，紅葉山文庫舊藏。内閣文庫著録爲「明刊本」，今更正爲「清初刻本」。書中鈐有「秘閣圖書之章」印。（湯志波）

一

米友堂集　一

共五冊

米友堂詩序

王禹玉詩好用貴重字人目爲至寶丹秦少游詩好用輕雅字人目爲

小石謂予謂至寶丹即今吴派也小石謂即今楚派也雖蒼様不同而各有杼柚不必互相詆

詞蓋文章如面也人之
面肥者自肥瘦者自瘦
安能使之學生如一母
之子沈昭畧與王約相

遇張目視之曰汝是王
約邪何廼肥而癡約曰
汝非昭畧邪何廼瘦而
狂饒舌哉人面安能盡

如已面乎有介芊帶數
圍人方謂其宜有寬大
之言副其胥腹迺其爲
詩則無笨伯之獳而有

肉飛僊之名詩中多茅竹苔蒼煙霜月雲等字目以小石謂固宜也人或謂使有介而盡禁其

茅竹苔苍煙霜月雪等字則幾不能成詩予謂藐姑射氷雪之姿所須唯吸風飲露廼欲併其

風露而去之邪且有介爲詩固不必盡出于小石之調也其在尋常贈賀無可奈何之籧篨則

至寶之丹間亦一用鑪
扇但今集中刪者什九
留者什一矣盖有介非
爲之而不能實存之而

不肯者也予羡有介人能如昌黎之肥詩能如東埜之瘦是昭畧王約合爲一人而賈粥之頭

半啼半笑也鍾竟陵作李宗文像贊謂世之未見予者妄意其爲偉丈夫覩其人則癯予欲移

此以贈有介知覽者不
可測每每如此然有介
又長于書者也張太史
書評謂獻之爲古肥張

旭爲今瘦書之肥瘦不同亦如人面也有介叉何以處此

陳肇曾昌箕撰

米友堂詩集

侯官許友有介著

五言古詩

題和尚石册

東海有大石古名曰山骨白水作乳汗野苔爲毛髮千年日月忙百萬雲霞屼癡頑不可語叩之如勃勃

送黄典玉還姬巖

才子居名山文章開巖際袖裏有白雲眼中多

蘭蕙磊落君子襟揮毫日月戲握手言别予覊
此杯中契

古意

郎心似明月妾心如流水明月有圓缺流水無
停止

又

秋風來何驟芙蓉空自老盡日掩長門蒼苔無
人掃

石林聽彈琹

十月前十日與客過石林徑外苔着綠洞中雲物深長松宿巖畔野寺落嶒岑山童能煑茗有客鼓瑶琴景入幽人履絃生太古音衆山應如響一鳥不敢吟瑟風吹草木明月澹衣襟風雨忽吉寂我心懷古今

劃蒼

石貌覆煙蘿林光山影和手捫寒翠微身濕間雲卧帷狀列奔駟森森不可蹈有時風雨來青天爲劃破

第一奇問松

愛此巖中松遥問高林渡仰首松下觀與松話親故鬱屈舞蛟龍澹靄眠煙霧古寺夕陽鐘雲封聲不露有時百頃濤和我高人句霜節固蒼蒼恆爲衆木妬閱世眼旣青不爲人所慕老僧倚月看野鶴來相護子爾萬物違問年不知數

龍洞

惟巖幾千古藤蘿挂其滕有洞可行人僅容六與七謖謖皆秋風炎炎無夏日雲從洞口入水

從洞口出

天門古樹

奇石不作奇形古柯抱古骨柯以雲爲衣石以苔爲髮游客策杖來看目爲之豁徘徊不能去谷口生微月

白巖

聞爾幽奇絕扶節試一行早露香初濕秋雲薄未生草木皆太古巖壁無陰晴門外數畦谷山僧自種畊

過岩廊

爐深宜載酒踈暗識花粧日色凝秋露竹光浮水香鳥夢驚新客蜂寮墜老房屏聲岩畔立雲氣濕衣裳

寄陳盧子

我居石林園君在華林寺寒風肅古木各動蒹葭意愧我學馬蹄性暗如淵墜漁父失釣竿帖括疎文字亦肯刺繡紅市門者吾刺委頓如草木自井簏與簣君作古先生日月繫不費地遠

耳目新風塵亦已異朽骨不可芟願君發高致
獨想徒去來踏霜山葉醉靜夜秋入心細言影
相畏丈夫得所恃氣骨勿因僞淨堦立高情風
雨寒不寐墨汁半空新雖豉猶未累玄意凝帷
石請與君相質

入山

楓林紅欲半載酒向山居秋意不可得勸君結
茅廬晚鐘帶寒翠嫩雪來香蔬陶然行樂已入
室問琴書

畫水墨梅花

山川雨霜雪百卉成枯凄文士弄筆墨點水釀清溪疎花寒欲老墜髻半夜啼細蘂裂嫩香裊心不敢齊有時化爲夢抱月眠庵西

畫泊船買酒

夜溪宿明月孤舟在煙水村酒向籬門尨豹走三里帶雪認青帘瀑聲一半死買得餉妻孥撥火寒風起

陳文生游玉華歸有所會心改移舊書舍

予入門而樂其得丘壑之意題于其壁

道人結茨廬志廼避風雨雖云動土木不甚覺鋸斧半夜未成眠中宵起行數般勤揖屋司吾寧犒酒脯不喜勞無功最善澹能古吾友陳文生數椽窄如簍近以丘壑胄闢閣亭前武山水得其微位置皆不腐忽然百曲奇入門拱深塢意趣與予同亦以遲延苦吁嗟乎安得世之士木人今日架閣明日成使吾置案讀書于堂廡

憶石林看月

巳卯五月十四夜披葛衫登天門看月漏巳二鼓隣僧鐘磬初絶萬籟寂然臺江一派漁火若滅若明坐石半晌不知身在林間惟見月影生白千林若旦鳥喇喇欲鳴須臾薰風自南松濤沸響疑風雨颯瀝此夜耳目清緣已奢享矣旣而童子致茶至日露侵可下山予裴徊久之廼就寢

深夜坐巖谷花林不閉關孤雲本無意與月聊

往還萬壑此時寂松影落衣斑惟此有異想何

人知却閒不作耳目供致身羲皇間問我思何

著禪心江外山

憶浦東書院

浦東一村籬落不數家浦溆環焉水通

臺江潮來則浦滿窓外水響若幽谷琹

音亭亭水松無數禿髯古幹勢如虬龍

入夏每斑荆樹下飲村酒放脚板橋西

黃昏牛背橫笛五更桔槔聲囉哩曲入

衾枕間覺殘夢尤酣噫灌花讀書之餘
此等清福豈非村居尋常茶飯
達市僅五里已是讀書庄灌園肥藥蕨下坂顧
牛羊浦口潮初上爭來通曲塘水聲有靜理山
色皆文章抱卷古松下隴畝稻花香一嘯足知
已前村殘夕陽

憶濤園爲友人作秋山讀書圖

隹山林于埜外尚少况城市乎每咏古
人奔走未到我在城如在村及陶靖節

心遠地偏之句覺言澹而意永予濤園
皆惟石長松入門幽冷秋日載筆墨登
遠亭天際楓林淡紅淺綠令人不忍去
于是染丹樹千林茆堂竹扉作山人讀
書其中收天地之奇于毫端始快事也
圖就懸堂前秋色滿紙江山若在鏡中
因憶蘊子瞻寄賈處士作古木惟石每
遇饑時開看還能飽人不識予此圖亦
可以易米三石酒二斗終君世否

尋秋到山半山意欲黃昏染筆寫秋色醉樹遍
郊原種竹喜青蔭開山聽泉喧中有讀書者永
日閉柴門雲影亂溪碧艸虫解納言寂莫無人
跡蟬聲前後村

憶秋夜同郭老彈琴

有閒人如吾兩人者知自承天寺尋張
懷民後又此一日也予以夜秋倚庭樹
看銀漢適郭老至亦與予意同欣然命
童子置酒抱琴登桐臺撫一曲時山肴

月而澹然虛明令人精神曉冷滿園月影與秋色不相降深覺世間人鼾睡與狂飲高呼為不韻古人學琴齋糧海中忽忽移情此非夜深殊難言妙理吾知伯牙猶未死也應指而長言者似君遺形而不言者似僕斯言我得矣

去年秋夜半置酒高登臨螢火熠金井潭光映素心風寒生涼樹葉脫若微吟眠鳥不成夢偷作兩三音秋色入衣履白月穿疏林相對有古

意話言托素琹

憶西湖浮菴

湖濱藏鐙不下十數艇其最小者後亭子盖以黄葄署曰浮菴子搆也湖中四時皆僅至于烟晨月夕雨驟風狂含毫擁被開蓬番竿對客獨坐靡所不宜予時時散步西郊則維舟碧陰蔬飯將熟酣眠半醒輕棹出波心聽其所止讀古人書幾篇或聞皷吹遠來寇盖呼叱者

亟蕩而避之笑迂翁焚異香爲人覺得
智出予下也
我有刳木船宿于蘆花邊野客隔岸呼渡之共
悠然釣魚得生趣買月不須錢舉酌竹篷底大
斗浮十千酩酊一長嘯驚破雙湖烟古寺曉鐘
起松陰波上眠

憶荔枝

臺江之南有荔樹數里許予以避暑買
舟尋故人江上沿江纍纍珊瑚千頃俯

炤江水若海日初生水底紅綠蕩漾何異天台錦溪也徐捨舟宿故人宅曉起聞異香予喜而問故人曰此荔子沐朝露乘風而來頃則稍稀矣此吾農家供朝暮也予始知色味之妙不若香斯城市人少能知知者埜人知而不能言予剝不過十餘而止然朶頤之意視善噉者不啻過之耳

荔枝如美女朝暮試新粧欲露白玉肌還掩珊

瑚裳樹此于叢碧凡木皆馨香摘貯黄金盤艶冶不忍嘗古有佳人死化呼十八娘此日園林好遠君天一方

憶神光寺鐘聲

石林腹烏山而神光肩石林故朝暮梵音每與書聲齊唱己卯歲予居山半年每晨夜便聞隣鐘四山皆應至于雨月之際又是一種恬靜世界大抵月輕而逸雨澀而幻當捐去耳目始得眞受用

心托鐘聲與之俱遠不識何處着落而
後儼然致身上方

高殿隱山岑環圍草木深古佛坐法界一燈明
千林白雲宿簷底松濤納梵音遠邇流孤況沈
沈而森森聽之耳目變恬然天地心煙雨迷朝
色鐘聲寒復陰

壽林子遠社母

懸壁母象藤虬蛟蟠其腹拏牽萬斯年蒼皮繡
鋏服瀑垂學練光洶湧崩雪屋遠望輕且明倒

原書缺

原書缺

今日粥讀公昨日詩

別孫大蘇還茗水

吁噫嚱兮與孫子相憶之說驗于茲蓋滄海橫流矣區區孫子安之胡爲乎匆匆草草來告予之行期予聞而疑謂是予欺孫子曰固也予始肅然而悲蕭蕭然以嘻于是兩人相覷慘見四眉人生如萍會梗合是天風所吹況子有園廬叢菊自香子有丘壠宿草欲披是當歸省自恤其私但自今始孰叩予扉孰讀予詩孰同予飲桑

落之酒而唱竹枝之辭孫子曰噫予與子一處榕城之趾一處若水之淄其誰牽綴始無半絲其聚也凝而如脂其合也附而如皮然聚必有散合必有離振古如斯何待今日始知今惟當霜塞墐戶著書自娛揮杯勸影勿交里中妟兒凡有述作請各貯以藤花雙篋匲慎毋葬以松火一枝蕭拂搞相思常在于夢醒之後酒闌之時予既有前言矣吁噫嚱予與孫子相嗤之說驗于茲

寄章中黄

予昔樂賤貧快活條數則自擕骨頭微富貴非我職薄粥虀一盂菜根青可食三頓飽清閒百拜天工力誓將以此樂遍告于舊識何期陸海濤淵瀰不可測鹿命懸于厨鴻飛篡于弋未能適莽蒼顧反寘叢棘紆繞不得伸誰爲吾聽宜幾呼道路窮一哭天地塞至累諸窮交吞聲同惻惻令士賤于娼亍欲亟落籍投牒乞放閒何事戀鷄肋近製一衲頭茶褐雜醬色紵線細碎

縫鐵青緣領襟被之向櫻圍五體投古德會須縛亂茆結庵梅花側叫佛六時中餘力弄紙墨吾身雖已辱吾志亦已得書此報故人無爲予憫默

客勸予放鶴答其所以

予與鶴一隻親厚無間然日爲苦饑虛人鶴兩可憐老僧昨饒舌投我詩一篇勸我縱遣之俾其反林泉予聞情憫默招鶴立于前拱手與之別君今得遠遷須以許生貧往于海外傳長路

多繒弋君好愼弓絃鶴白主人曰世無如君賢

予久服馴養多年伴粥饘聞雞君懶舞着鞭讓

人先獨我霜夜鳴君起聳寒肩長吟與予和月

落猶未眠前歲有估客自矜多腰纏購予以重

價不惜費十千意欲加籠致將以媚貴權多謝

主人翁幸脫俗子擅閉門拒之去義不名一錢

予猶薄命妾寧恐負所天敢着舊舞衣爲人作

春妍齋廚近蕭索素性樂避爐我是休糧人謫

居來青田骨本不受肥甘無肉食緣我欲請天

帝放君丘壑邊長願隨君行飲水終殘年

擬元

結本鄙野士性惟狎林泉早居瀼溪濱樂以讓名傳牧豎多識面日與相周旋文字背時利不能作春妍歌童舞女日我獨泛哀絃浪士復漫叟自呼頗有年射策偶登第亦復冠進賢一麾守道州地故春陵焉州昔四萬戶經亂非復前僅餘一二存盡爲溝瘠捐到官詢所苦悲淚爲泫然假有倉中粟檄發吾寧專冬烘諸監司符

濮猶紛漣督訶攸嚴重不肯稍惘憐糠覈尚莫
飽廼欲追其錢笞撻亦易事瘦骨能拒鞭徙使
了遺者入地悔不先諸使臨吾上如頭托于肩
横壓以弗堪寧自知其徧誰徃呼之覺頭上尚
有天亦知應符命拱手得美遷顧吾昔著書常
惡曲與圓戝削雖莫辭此念誓欲竪視此持節
手姝于剌船便漫叟與浪士漫浪終無邊嚇我
以腐鼠視之等浮烟

擬杖

杜陵老狂客多病逢艱危感時多所嘆容易傷
肝脾昔嘗經峴首下馬讀其碑石舊已如墨淚
新尚如絲古之善宦人至今令人思民窮仰吏
慈所貴摩拊之我友成都尹風化遍西蘷田父
泥我飲說尹口不離詩美嚴中丞非爲阿所私
生在二京後樂見循良遺今于後生間復覩漢
官儀道州元使君獨能豁我肴仁義言藹如見
讀春陵詩賊亦自有道不犯其邊陲歲計猶有
效循吏尚可爲是惟強正骨不屑取世資秉心

如斷岸既削詎能移恐苦徵歛者主意傷膚肌
其于絕人命自謂能適時膾肝盍晝餔嗜之方
如飴安得十數結參錯而把麾庶吐萬物氣至
治立可追予衰寡氣力倚杖瞻棠梨溯風懷良
牧鋪紙呼小兒簡示諸吾輩曷以元爲師增彼
篋中集非吾意所期

苦饑詩 有引

今歲之饑如人扼吭咽不得下余守先
舊鼎遺粒涼薄奴子郵行趾不能越十

里旦起趂奴入市負米問米直猶玉價珠聲有加無已者予盡室量腹約口糜可鑑也客至恖相與啖菜飯不可復得鹽豉粥花而已蓋主人之道荒矣書奚寢典無力憫默倚門番頭懊喪有塌翅病鶴意予家固有四鶴數年以來亡其三矣僅存一隻近亦以饑虛日廵案食獵盤中瀋殘側睨坐隅大有惆悵可憐之色予自傷儉薄既使仙客每食無魚

迺至廩粟亦不能常繼夜與窗友林子
喬共坐燈火相視悄然因作悲鳴以質
子喬兩人意緒蕭瑟固不減二白鶴橋
下話寒時也

悲哉兹秋冬運應逢百六大地發殺機龍蛇方
走陸五里郎戒塗行人步亍我田山一隅黄
雲滿塍覆無術咒之飛入我廂中宿米價日超
遷有如看除目對之損道心三嘆肩聳蹙長輿
奴負囊入市相徵逐但得粟貯瓻姝勝珠滿櫝

數粒給朝炊一人減一掬專奉水爲君離離歌
獨漉卓午鍋生香喜氣散諸僕踴躍挾匕來野
水浮萍鶩俄聞釜戞聲好事景光促悄悄入房
眠夜長眠不熟腸空中自鳴雷殷南山曲故人
時一過飯難供脫粟同茲白一盂炤彼鬒眉綠
元禮箸空橫厨間脯無鹿獨憐毴毿君虛掬爲
我畜雞不乘爾軒亦須饋爾穀長頸患難同同
予坐天獄主人窮若斯尚傒可戀不童子色凄
凉時以好言燠勿嗟盤中餐縱薄猶是粥當念

窮巷人比君還不足舍北寡婦啼舍南孤兒哭
纍纍舊識人行乞道相屬爾我日如斯百拜天
公福但憂繼自今蒼茫未可卜奄坐擁愁多展
書還懶讀焰短慘不紅一寸燒殘燭霜壓城頭
更與淚齊斷續

米友堂詩集

侯官許友有介 著

七言古

早出南郭

戊寅孟冬二十六許子偶爾之南麓一峰兩峰自復青四樹五樹紅且綠木古欹斜自爲橋茆黄散淡皆成屋還憶前村月色殘雞聲犬吠猶驚宿

戲爲鄭郎納妾歌

侍兒二八嬌無力纔得新郎喜還泣自言儂面楚江月紈扇輕遮蛾眉雪菡萏初香荳蔻肥芙蓉新映綠蟬翼自憐柳葉瘦腰肢猶恐今宵絃索澁銀釭銷歇寶釵光輕挽羅襦不敢入須臾夜冷指尖寒偷解明璫倚床立

題雲谷圖

李子胷中有丘壑眼底雲烟生漠漠落筆入紙紙有聲夜半秋風掃寒籟萬樹蕭疎瘦可憐留雲宿在惟巖巔興來放日谿遥青綠流翠滴飛

冥玄骨古石堅性如木屏跡深山一寒谷載酒溪畔修門緣欲借此地結茆屋屋前松老作龍吟倚杖無言知素心碧爽映我鬚眉綠山水看來成古今中有柴門流水日盤礴盡日讀書破帷幄讀書一日勝兩日李子問予此意子奚若默然良久予亦叉手起曰諾

答較書胡蓮

天台女子名胡蓮新清爽逸月中仙一筆落紙百尺天須臾墨氣雲翩翩奇談噴雲驚秋煙冷

泠玉響鏨春泉忽然寂滅學逃禪忽然大斗浮
十千輕風澹月蘆花舷海水冥沒夜不眠素心
懷古彈高絃

壽陳介公會伯

陳公紫閣壽如山李子爲之寫丘壑十日一山
五日水可謂搆筆欲盤礡名山大水有意生還
着虬龍數逾百森森天半風雨來緣海寒濤轉
奇鏊羣賢畢集奏天章菊露流觴一雙鶴巖巒
秀色不知年歲歲梅花映骨堅長光日月鑿峻

石養得蒼蒼萬點碧聞道懸弧便種松迨茲崛惟翠爲宅粲粲尾尾不可當如此去天不盈尺從今琹瑟祝君子記取一陽十九日

隣舟女

春草匝溪溪水去結伴琹言深夜踞隣舟有女名舜華蕙帳蘭幃云獨處遊子江頭倚櫂歌不敢開窗當後岵青山帶水拂眉褰衺花解慍鶯聲死冷燭煙光剪剪波一片芙蓉隔窓語手揩鶯鶯目送人楊枝故墜蕭蕭絮感君轆轤意自

問千載古心屬女子君不見五湖人老霜露稀此心猶然歌白紵含情致酒楫春前願與沙鷗盟江渚

壽王有巢

王郎有才如仙鶴下視九天小丘壑濱沙夜雨漲百尋汲古綆修無可索鶯聲度雨雪流香一字裁成亂花落高堂文酒呼百年壽客春盤進茶藿爲君衫屐不學人世間滋味不妨薄

毀千兵摘阮歌

秋堦紅葉虫舌響許子置酒書堂上濕光螢火
夜欲殘鷄聲籬竹動微昉凄寂四望欣慨生鼓
燒銀燭列高朗白浮大叫段千兵出幕爲吾先
鼓掌千兵聞道慷慨集撫手新清無俗想抱來
錦帶初出囊四絃不足二絃長一杯兩杯眼花
光斯時段子之技癢指尖未落忽有聲疎雨芭
蕉墮輕泱須臾十指撥不停海水濆没蛟龍攘
萬山雨雪天地昏老鶴長松立滄莽千兵意此
猶未奇大絃放鬆小絃搶大絃崛彊鐵絲穿小

紘花片繫春綢鬼神欲泣許子驚若非致身在俯仰搖我性情風月中神骨爲君忽氷爽千兵自言此技世不傳我將不作此聲于土壤

伴石行題鄢德都

秋龍鄢子古高士神峭骨重雙箕綠澹心于世閒閒然追逐雲天恨不足頻年健足踏風煙生計石田與茆屋五岳圖成凡幾張九州被裁凡幾幅歸來傾出破錦囊鬼語秋墳艱我讀日者雲卧壇猶寒文將弄水錦帆曲臨别示子伴石

圖蒼癯老鶴出深谷古稱相士相馬同繇來畫骨勝畫肉衆史林立誰爾爲榻得幽人如瘦竹寒山一片何處來與君浩然媚幽獨苔花滴嫩春波青文章鐵梗繡糸服磨稜萬古日月疲繞膝藤蘿劍心縮矚君晝夜抱顧若子孫笑指元章探囊擷袖長僕僕

題箬繭讀書圖

許子縛茆于家庄竹枝白板開重門永日散髮讀書堂不知爲市爲窮村種花百本立砌傍掘

地放泉松樹根一日百遍花下忙昨日開紅今
日存細看滿衣濕輕光擊掌倚檻笑無言初秋
虫葉落栞床新春竹子復生孫煙波百尺集夏
塘藕花雪浪聞茶樽楓枝漸老冬欲霜雲林瘦
樹穿月痕飛颾浮滿筆不荒一鋤自鋤還自藏
忽有奚奴會心樂不忘戶說長安貴人無爾尊

贈眉雪

字眉雪者予友文生之友也眉雪粗知
韻事妙慧如蘭子安雅可念文生不輕

與之揖俗人但予過而酒茗之間肴寔
悠然不避故予知獨深尤喜文生愛而
不惑也

暑色入秋不肯撤許子病骨長苦熱作書擬寄
嵗肴翁乞取一片千年雪晒餘行藥過比鄰陳
子一榻爲誰設綠紗窗裏着壁人四座寒光侵
研鐵十五不足態有餘剪草弄花衫袖襭紫石
篏作額上稜紅潮散爲頰間纈秋槃讀曲子夜
聲大小盤中珠跳舌煩泉衆甃細鑿流獨挹菊

露澄潭冽曉燈對坐欲空青層波覆眼月肴截蜀道谿來傳最難羨君踏險劚巉穴冷香沁齒殊可餐却攜茗盌就君啜吁嗟主人知未知無爲移床遠客學孤孑

秋夜與子喬對燈火

偶愛幽居心目清瑤傲笑駡懷高情此中靜理還朝暮岩巒蕭蕭秋潭明疎逕僧歸虫語濕月白半山江水平曉鐘吸露出深谷澹對許子讀書聲

嘲林子喬病酒歌

菊花擇蘸香作羹山下美酒沽來清持齋學僧
不禁酒是以草草亦拳兵許子滿飲將一觥林
子小量瞠然驚勉強舉酒作威武未成半勺心
怦怦撫几欲瞑氣息微眼光湧起秋一泓頭顱
冷煖變化奇寒泉電火徒縱横兩肱伸鐵力苦
稀大弦小弦皆不平襟前片地古戰場參差眉
髮動轟軒須臾茗椀汲不停傍喉細聽若有聲
沈思比擬何所依恍如弱魄癯魔爭反云文飲

不可醉爾曹放舉無令名劉伶一鍾倘不誣吾
畏陶家謀墓塋

搆草堂成矣輿客飲而歌之

手搰土花將百斛栽藤灌卉伴幽獨堦前一甃
挿蓮根初夏浮錢深夏族中廳四柱架一棖周
圍門格稀如目儼坐一紙小山圖雲林之樹石
田屋主人籜冠布作袍又似松雪畫人物日鋤
紫梗蓴菜肥柔條托上窻前竹客來叩板呼主
人偷向籬邊窺雅俗茶爐活火煨荳湯半甕隹

酤秔稻粥學道養身喜清素與其無酒寧無肉
窮年笑駡不出門寒食重九廼登逐自顧吾廬
何以能過人妙在居安而能朴

重九後五日友人以菊花易字栽于籬下

我笑世人忙種菊擲却歲月弄根荄不惟重九
寧寥寂大半猶遲十月開我有荒園纔一畝種
樹蓄石雜蒼苔亂蔬抽芽葉覆砌一隙之外無
餘培每于白露之前後菜根漸死成草萊灌鋤
聊學水田圖作書換得他人栽異莖依稀將百

種樂哉頃刻千菩蕾短枝小葉花爲錢一日生
香能幾回大籜老根間如拳醉霜俯首若懸鎚
竹樓風雨釀細寒灑濕籬邊雲錦堆遞不傷神
而能逸此間秋色還佳哉何以巧拙竟如此所
謂才也養不才

九日石林集畫扇頭山水

九日諸子集吾林俯瞰呑江遠不盡曺生出箑
謂我來爾其爲予掇煙色許予笑曰能爾爲徐
取衫袖動拂拭移來竹木信手成不借人間風

雨植須臾惟秃紙上生便覺蒼蒼寒意迫放筆疾呼陳抑夫速點地坡便跳陟陳子舐筆斜斜披平漠瞥見煙如織李根旁觀口欲涎技癢臂攘聲唧唧云欲留此縛茆地待彼結廬于石側此中何可虛無人掀髯高士面歃亥雲容是日百變來倏忽之間巳莫測分命吳葉二道兄山之遠近咸爾職二子受命勇不辭前峯遂辨深淺墨圖成瀝酒慰指君勞爾功成在俄刻茲遊歲月誠難忘我輩姓名當有識慨然羣謂老林

翁大手如公昮可息其幸爲我扇頭題亦當紀

遊石上勒

閔白於師

壯士熱血洒無地欲往悲歌失燕市呼奴抱甕

向中山一壺聊用洗憂弭願學病龔戀櫪眠凡

夫執鞭鞭不起有時仰鬣一長鳴豈不感激爲

知已先生雙瞳曳練光相人比古孫陽氏有儒

一生懶而狂賤名何繇達公耳公謂俗裾撇吾

門邇來戸限三易矣此生蹤跡殊孑凉不屑輿

皀粲一趾把牘謂予可教焉欲進膝前畫以指
吁嗟乎文章一道效何如今將棄之等敝屣先
生借筏少渡人經國大業寧止此況今半壁需
金城安用步障張羅綺士藉羔雉作呈身譬諸
訟獄人金矢非不自謂直且堅究盡虛枉寘諸
理使公慮此文字因將復平反誰者是撫事愁
時一慨談公謂此生復狂巳

讀石霞哭國詩

拍拍海水刺天飛壯士拔劍砍地欲酸風射眸

云何睎銅人鉛淚猶霏霏當世大官緌帶圍饕
饕盎膏腴如豨肓以秦越視瘠肥長安棋奕雙
背睎舉目中原涕誰揮長歌當哭如公稀宰雖
草莽無乾衣前身許伯是耶非酒酣以往願公
依相樂相泣同所歸只今允蕞巴神讖有嚴顏
咫皆天威海上君子厲韎韋書馳大破捷猶淝
風塵回首無息機劇也論戰今其幾

題畫與野人一句二韻體

秀水石喜題懶倪細蘭竹管閨趙妻望孤村千

畦一犂恠樹根豹臍雪蠐墜虬枝委黄積谿種
霜花水黎木犀雨梗乂蒺藜鐵蘽遠楓林黄蔞
赤霓曲岩阿路迷濕泥築山庄夕鷄晚栖木聲
乾日西影低夢初還猿啼隔溪背酒瓢小奚過
隄寫单條滑稽一齊

題菊石

吾園草花竟百卉日日商商不停藍雨餘月影
步窄蹊香氣染鬚没一簇高枝踞傲尊若姑細
小柔條坐姊姊粧成鬬巧試朝昏襠袴披風掀

紅紫摇摇啼笑諸女郎惡梗凡莖不敢婢微霜
壓柳秋及冬籬邊之菊方扶節傍芽瑣碎不足
惜刪入茗友供夜春養來挺幹三兩拳堆高古
雪鶴翎鬆鬧爭鶩子爲比鄰飽臍臥雨爲懸鐘
醉枯水骨結伴侶爾學冬嶺之孤松

秋谷崔子以水丞侍予讀書處答之

佳士宥坐鮀奇古摩娑劇于十五女有時雖愛
而必捐或肯慨然推以予高情攜取無間然寄
諸友生等外府嗟茲圓潤小菚[illegible]何年猶是陶

家土幸不取之爲酒梧涵入人間餔糟醑尚餘冷腹漱寒溪覓招應與獨清伍墻東書客研北身長伴蕉窓數風雨墨花繡面碎香多閱盡文中龍與虎我欲載上米家船茶竈筆床爲靜侶吁嗟乎人既玩物物玩人彼視我人同逆旅其在鼎鼎百年間我亦聊作居停主子不負丞丞負余此語還將問崔子

畫竹答山客戲作一句二韻體

閑草齋愁堅欲煎願老民一壓耕烟撇冷枝臨

泉箬千響籜聲驚旋鳥眠影許長碧巔月穿聽
松風海天浪絃立清幽瓏然一禪載晚青古淵
夜船通暗橋隙田細川夕歸來魚筌酒錢集友
生放顛栩拳試井花畫全一箋授祕稜清緣百
年已矣乎斯賢不傳十莧裘山邊谷前

送同師謁　聖人

延州古稱雙鐵之所居行人皆指曰龍渚于今
去之幾千年復有　眞龍蟠其所蟠其所蟄三
攺蟄三攺蓋有待雲合怒而飛拔穴歸大海一

時競起拏素鱗軒舞饕鼓無敢怠無敢怠豈敢
後六龍于邁百蛇奔走將軍坐大樹天子臨細
柳細柳天半青風涼堪息馬虎賁皆執經論道
于其下　龍欲聽講雲幄張悉召庶士之吉者
先生應　詔襆被來滿天梅雨江船閙半壁近
龍龍氣潤聇聇隱隱常聞雷從兹輕帆漾月邊
薰風拂拂生帝絃醉臥未須纈袍襬白玉窗中
抱卷眠

作青綠山水壽林五子遠

有客有客空林臥秋桂吹古香小山之幽暮聞箬聲槭槭朝聽雀語啾啾月白露床吹篴老鶴呼我峯頭時見攢木蒼傲挾霜以驕相與紅酣而花籍遠望連蜷如霞樓于是舁來汲水掃藤紙零落珊瑚百尺無人收圖成持出壽我友素壁突起方壺丘視日此中致有佳光殊可容子優游盍試襆被謀一臥遊又何必僕僕然褰裳振衣于三之島于十之洲君愼無負此爽碧當與吾漾酒波以扁舟偕羣仙而拍浮

米友堂詩集

候官許友有介　著

五言律詩

夜宿江村

醉臥天秋静山空露墜輕藤蘿侵月影梧竹亂江聲鶴破千山夢猿啼兩岸情蕭然雲際寺疏磬曉星生

泊船

潮落江聲静舟孤野興長數灣千盤月萬里一

篷霜梅放歛梢白楓凋遶岸黃夜深聞犬吠知近水雲鄉

秋夜坐懷

淡月炤空亭清風生微樹半榻讀書聲入窗納涼雨興至性自恬情眞懷幾抒不見東家兒令人多所思

秋江渡月

買得菊香舟輕過野渡頭蓼花深夜笛楓樹半江樓有影無非水何聲不爲秋五更清夢足撥

草動蘆洲

江頭

古岸碧天霞孤舟刺水涯山容空夜意秋色老
江花高興何曾巳清光未肯賒江南千萬戸明
月在誰家

江行

相約出城郭沙汀古樹斜清風吹木葉白露淡
蒹葭櫓響千灣水江開九月花孤舟維古道訪
老問桑麻

重九雨中天寧寺

古刹載萸觴登高以典長黃花開暮雨紅葉飽秋霜酒煮松枝暖苔沾屐齒香解衣頻眺望江海一蒼蒼

九月集石林

萸節過三日登臨喜與君閣虛常得月林瘦懶棲雲萬壑心無盡千峰意不羣隔山秋寺晚鐘聲落斜曛

建州別同行者還家

爲念長行客時來伴我遊子歸春尚好我去夜多愁千里無多跡三人共一舟淒然其柰別此意逐江流

客中過林天素繡佛齋

偶入君籬竹詩腸客倍深别離今夜夢相見異鄉心春色多于畫交情半是羇客中逢作客吟到不堪吟

舟中苦雨

離家十五日日日雨中遊萬壑濤成雪千山春

似秋芒鞋荒徑草簑笠暮江舟短棹惟沽酒經旬不展頭

紀夢

别子鳥聲時花明寄遠思好懷多月夜淺夢作佳期後囑皆前語新看是舊詩阮郎知有路不唱柳枝辭

溪行早起

數點白雲東前村尚渺濛曉山寒夢裏春色雨聲中楊柳荒江綠桃花古岸紅遠看無别渡簑

笠一漁翁

與道人月下

入夜天無際清孤寄碧桐徘徊惟我共談笑有君同鶴夢三更月梅開半夜風微霜生竹影猶話北窗中

有懷

日暮問孤舟深溪水悉流山青雲斷白雨灑草知愁宿鳥空林夢春花古渡頭捲簾頻悵望何處讀書樓

春日讀書山中

野人無所愛永日看青山水色穿樵徑書聲遶竹間荒江孤月冷春嶺百花開醉臥鳥聲上孤雲入草關

月夜渡錢塘

不堪常作客對酒亦無聊遊子三春艇錢塘半夜潮月明江靜淺風淡櫓輕搖自笑波濤裏支離度此宵

作家書

眉似煙波椰朝朝不展舒月高林影盡鐘歇烏
聲初客久難爲夢愁多畏作書爾行無別囑爲
我報雙魚

病客

客已無佳況郵堪客病時一爐煨藥火滿紙遣
愁詩短草侵階砌新鶯掛椰枝強過春事半何
日是歸期

拜岳墳

振古到如茲同懷少保悲寃冤三字獄靈氣一

家祠馬首霑新淚，龜趺禮舊碑。鐵頭權宰相，長跪看江離。

維夏署中送介平還吳門時予亦將之禾苕

入夏忽言別，中秋憶見君。交情淳太古，談笑半論文。帶雨孤帆急，登舟官疏分。相思日以遠，清夢虎丘雲。

客雨

一雨經旬日，愁腸不可傾。話言猶覺懶，僮僕肯

相親異地復爲客他鄉屢送人何年江上棹風
月渡延津

采藥籃

行行隨杖屨曲磴復幽谿于世果能濟此身不
憚攜性情千品異氣味一筐齊所貴以時取無
令用者迷

杭州遇黃基玉雨窗夜話

客久逢人喜别深思轉劇捫心常獨笑論世不
堪聞竹葉疎螢亂更聲細雨分蕭蕭蕉綠上詎

夢昨同君

龍潭瀑布

數里入雲中鶯聲啼亂紅眼前千丈立足底萬源通白日聽風雨青天落螮蝀四時秋不改澗草綠于叢

村居

安置小茅屋納凉傍水虛窄徑五株柳空牀一卷書種花適幽興饑歲樂閒居晚來新月泛蘆汀宿古漁

有園三畝半百果爭新芳桐陰覆疎竹細泉通暗塘鶴來分一席客至浮千觴高懷巳平曠清清澹草堂

不絫生新事孤村閒步時露濕野聲遠月幽林影微獨行巳枯靜況兼心緒遠澹曠誰能識高深君自知

居村存古道村深還杜門雖云堅畏客靜久復開樽翠滿半庭竹雨寒蔬一園布衾藤枕夢月上正黄昏

偶作椰菊扇頭

我喜陶元亮編籬以爲居地幽人性古霜老椰條疎釀酒呼奇服開泉引小盧種蒳蒲南𦊙行歌帶月鋤

山月獨坐

嚴霜抑草木廼知天地春千壑寂有意一燈寒炤身遠近蒹葭白微茫漁火新素心問妻子願爲盛世民

集友人假山洞口

海石手泉鑿雲眠似黛螺苔間蹤跡少心古讀
書多酒定邀花醉詩成乞鳥歌洞門趺坐久古
貌覆烟蘿

月下過石林問梅

惟石成林鑿茆堂尺幅寬聽松濤葉響弄竹籜
聲乾露濕鳥衣冷月侵人語寒江南梅放日端
是菊花殘

催梅

蘂瘦宜深夜輕香生遠風人從松影語花入水

聲中守靜得山意忽言歸遠峰畏寒杯酒已霜露隱疎鐘

初六夜梅月詩

意欲看梅去忽然山水親疎杯微酒力軟草纖花茵月冷寒依樹霜深鶴近人此時聽泉細無言靜者身

讀書天寧寺謝僧蔬供

畏客來山寺山僧不掩扉蒲團松柄瘦茗椀荳花肥樂以晨光好乘之物象微江潮帶寒雨夜

半海門歸

江上閒吟

江中初七夜秋月一痕生山面忽然白水聲知巳明孤燈疎岸店雙杵落村棚曠達吾懷善依稀太古情

月下看菊留齋友茶蔬

小園終日好一卉亦幽光童子顧忘嬾主人猶喜忙採蔬秋月白醉蟹菊花黃吾友偶然至終宵坐露床

遊山贈韋玉

何以楓彌老秋霜不肯閒惟泉生異蹩奇字動名山清曠菌蘭上聰明氷雪間千年師則可奚已一躋還

山跡

山行三四里始見一籬村鷄犬宿墻屋兒童爭樹根溪流喧水碓蔓艸上柴門謗說鄉居者于斯古道存

卜宅

聞道村中好沿江步夕陽椽匏經露老橘柚弄霜黄斗米喧成市三家静共鄉前灣松栢地可以卜書房

臨秋悲不已深夜淚猶潸世亂迺知隱身微始覺閒漁燈動蘆荻楓葉響溪山遥識風波裏何堪時往還

作客

嚴冬還作客羸馬憊紅塵縣小存王政山深有古人孤城風雨夜細踈雪霜身慷慨歌行李銀

刀苔繡新

村行

白日荒山下鷲人鳥獸喧牧兒歌隴畝山鬼嘯
黃昏地窄米場小村深酒店尊縣公徵稅急稼
穡不堪論

贈大京少年

濬如溪上荊剪水碧瞳清冷洌雲心好精光雪
意輕挾書歸晚巷載果過春城若個相逢者看
君不問名

客有向余乞食者園蔬以慰之

三月春水肥使我山廚肕亂草繡魚磯繁花媚波骨千頃雲濤光百舌鳥聲滑有客遠道來供之笋耶蕨

靈山問訊吳瘦齋

看友偶然典隨身草屨閒微霜初染樹古寺半藏山葉落夕陽動茅深鳥語删荳羹鹽菜裹久坐不云還

山中尋友

闐地奇天下諸山半在城圜林藏古字寺院有
隹名好典攜書笈無聊載酒艤苔花籬落下一
月幾回行

寄畫人品石二社友二子嘉禾人家君所得士也

拙宦無三畝嘉禾有數莊過車思腹痛帶經各
心喪意與古人俱文憑遠道將從茲中夜涕爲
子文雙行
古說悲歌士風徒燕趙存何期今董子猶道舊
韓門策對天人陛書繙夜雨軒惟當同努力相

過在中原
跡過人皆掃誰能記雪痕文來三嘆讀道覺百
年尊薙草開荒徑烹葵坐小軒遲君攜屐至風
雨夜深言
未過車三步能持一瓣香祇緣門有雪贏得字
多霜舉世湯相識如君那可忘肯人求友意不
獨在文章

殘月之下喜初稜見過

感子文心好投予風露身短衣渾袖濕亂髮半

肴羣花外燈如水簾邊月似人撥香問名酒聊
復起三巡

布被寒如鐵因君得漸温小庵肝膽夢殘夜雪
霜恩真率每能婿多情不在言燈前横劍影吾
欲碎平原

曹山俱移居洪江

偶欲落村居高人典自如但違二十里原可八
行書文字頻分教形骸未甚疎郊行相訪爾飯
我釣江魚

捉虱

不意琵琶客公然布作城數朝經教誨一夜忽縱横漏永狼烟黑憂多小醜爭天明施撫陣十道發奇兵

招客訊梅得東庚二韻

臘意山堂飽相招問訊同惟岩侵蘚碧古字繡苔紅寺院松濤裏人家夕炤中須臾江水白片月上孤篷

自入梅花候諸山日日行杯中詩句好眼底海

濤生半壑殘霞定千林晚雪明黃昏浮動影香
氣出高城

席中贈二倡婦

鶯喉憐小妓賣弄向人多曲半每聞白唇輕忽
似歌舞衣紋帶水刺眼髮流波月冷梅覓細香
塵落蘚蘿
尚有白門者雄譚酒政豪詞嫌三疊小調較四
平高花下圖書靜霜深杯筆勞月痕天欲半寒
氣上巾袍

友人宅上看蠟梅

衆香徒爾我得此亦能奇姓字未云異形骸別有思蔘殘虛半額粧晚上雙眉移得金陵種吾鄉人不知

誰家年少女剪出茜羅枝瓶水香披幄盆欄色染帷半含蜂穴小盡放菊花遲春事彈丸裏蠟開春信時

與陳子韓約予病戒酒兼欲攜友黄基玉

獵飲

明旦許君飲今朝先上書兩句經酒病數日半茹蔬獨酌不成趣相過豈但予吾將攜友至左席却宜虛

春堂病懷

春雨宜于病病煩知雨恩柴扉删俗卯竹徑養苔痕童寂聽爐語身輕逐枕寬墻陰來瘦日又渡一黄昏

鳥矜無恙樂爭竹故相喧門靜僮心懶燈深佛面溫粥花塩菜少茶蓝熟香繁獨坐百書長禽

魚謂我尊

輓林禹聲

適我深懷抱聞君訃叩門荒江悲客夢古驛斷詩覔師友半生淚弟兄十載恩掩書桐樹下獨立看黃昏

憶昔官奴署與君常夜評半齋雙几席三子一書燈論古别開眼譚奇深著情不知今日爾先了一楸枰

世態已如此何期短與修功名爭落葉事業泛

虛舟將相耻何耻干戈憂共憂莫言君大夢還

可擬長遊

此子別天生第四章也

天地干戈裏君情秋水邊悲風催驛路古廟靣

江船客思煙波動鄉心燈火牵同袍各努力慷

慨柰斯篇

席上起爲磬生祝長壽

小集微霜夜花除雨𤁋流狂歌悲短髮痛飲獨

搔頭與可千壽竹元龍百尺樓塞翁槎上老舌

在更何求

賀蔡纫雲博士

里門徵逐久君不異吾曹官拜猶然士奴呼忽爾高綴雖垂五兩頹尚少三毛橋外諸生立羞看青敝袍

二月廿八禊飲雙溪分得三江

相約東門出清溪抱一雙良朋春共展舡友夜聯窗溪傍有三友墓佩解臨流浴觴洄避石撞袯除先五日早使不祥降

贈醫士茅君

願力如君少三茅傳裏壽上池分匕勺大宅巴蒸淫消渴文人疾深慈古佛心花籬覃酒債爲壽百黃金

夢行荒山

荒山涼夢回遠鐘渡還歇羣虎嘯溪風獨猿拜寒月松矜秦漢顏草浸隋唐骨齒齒白石縫餘流漱苔髮

送大蘇

荔香肴未飽却去避紅塵君似逃禪客吾猶中酒人衣輕黄葛細洲晚白沙新小泊船頭立凉風起緑蘋

送王遜古歸甬東

飄零湖海客未死雪霜身一旦言歸易雙親繞夢頻存來舌本澁刖後足痕新舊友應相過驚看衣上塵

贈曾叔闇篆石

掌心流尺水紅縷白絲分共語寒山石自携氷

雪文鑽非從故帋與欲鑿先墳下士誰封拜纍
纍總仗君

伏日集社友以蔬果遊暑山齋拈初字

我來謀結夏亂石覆茅居葛眼漉凉細蟬聲纖
午疎野田黃不已雲水白能餘依夕尋歸蕗松
燈炤佛初

書奚香初玉甚孌生也聲貌無別適生日
林子喬作詩戲之予亦和之

七月初三夜阿郎出世辰紅霜嚴正始白露淡

方新兄弟分三刻頭眉共一人讀書騎竹馬何
必畫雙身

妙巷楊礽稜招飲

伊人居自好巷亦有佳名折柬招吾飲拋書爲
子行年新初二日話久過三更更訂明朝約攜
栱往聽鶯

陪王孫輝之南禪寺茶話

溯海干戈窄禪林佛地寬菜香黃苕淡藕嫩白
絲寒正論髮將立妄言鼻免酸草花鐘磬下聊

且着身安

與諸子避亂入山矣重九日復尋登高處

予病不能從

峰色開門落霞聲能漸高笠節留竹榻胸眼入山濤柿葉夕陽滿溪春荒草勞徒行與病足總向菊花醪

山居何論節重九乃言登可見春秋候無非風月情菊鬆黄鶴翅萸飽紫鷓晴今日之遊者徒多此二名

曾叔闍披剃矣予喜而送之

布帽烏三寸頭顱擲一人累輕知慧長擔重覺肩辛矮屋黃菲簷寬田紫芋新風濤門外吼夜火照寒身

出世人天力何如痛哭行鬚眉歸父母道業在師兄聽水驚濤險看山識路平前途風浪拔珍重艸鞋輕

畏事未開眼逢山便不盲騎驢知夙世呼馬笑宅生足冷寒傷腹悲多苦重情從今誓願斷恭

話伴經聲

奉謝龔華茂先生

賤子居今日先生有古風解驂平仲德飛矢魯連功搏顙呼知己吞聲哭道窮買絲公可繡茗供竹堂中（予難中先生有可解地不啻餘力嗟乎先生予未識面也先生古人哉）

寄懷孫大蘇

步屧敲門者近胡踪跡疎羇孤身入幕惆悵獨登車山鹿厨懸命枯魚泣寄書許生今類此孫子意何如

別陸麗京歸西湖兼訊其梯霞仲氏

有士多秋氣閒惟著論娛君親三斗淚貧病數莖鬚亂定湖無恙人歸世已殊折薪能負荷一爲問阿奴

上巳日寄壽龔華茂廣文

高人祓度日文酒集蘭亭門士多龍虎先生半醉醒草流春水曲氈臥曉山青向晩齋堂靜松聲起畫屏

浪雲弟子杲日遺予蕉石一幅詩以謝之

僧巧如紅女心絲繡墨君詩同天半雪師是浪中雲水理從茶入山資與鶴分遺予蕉石幅風雨夜床聞

性言上人見訪不遇留訂以詩依韻答之

良晤何能已祇爭一日慳我雖難閉戶公尚未還山共渡成三笑相過得半閒茶香邀杖笠童子上柴關

寄黃基玉

燈下封書寄童癡聽觸屏舊遊中夜感良友半

生憃別後常疑夢年來不願醒對床風雨約何

日閑齋聽

再寄

阿弟金陵去方爲省覲人看雲懷粤嶺臨水憶

吳津眷爾雙飛雁勞予兩地鱗縱令能縮地也

要待分身

和茂公醉後韻

酒價漸如吏君堂謀義罇拈花鼻觀定讀史耳

根喧夢亂偶然泣思深忽自言黄昏疎雨後燈

火出松門
古佛龍菌坐依稀似酒罇畫山溪語靜寫竹墨
聲喧井隔汲同水床連夢異言縱吾何去住萬
籟一柴門

至日祀先

世亂輕過節蔬香禮數遲慰言弟妹喜哭拜祖
先悲耳淺難成話憂深畏作詩放肴孤鶴侶草
草弄花巵

題漁家傲

漁家無遠近乃共一沙汀蘆竹栽横笛茆柴壓
短瓶勸罷鄉飲禮問答楚騷經蟹飽鱸肥後秋
來幾箇醒

此夢遊谷泉寺詩也醒而忘起結四語尋
之不得復于枕上足之谷泉二字亦夢
中有庵門開竹木間一池敗荷數聲殘
鳥月在山中人行月上須臾微霜下而
老僧定許子醒矣

隻屐支藤上山庵月滿門荷殘僧衲破雲碎石

衣痕抱福爲兄弟栽花作子孫茆簷霜白後鐘
磬欲無言

送鄭子羽歸長樂

同社集蔬酒送君登去船菜花黃葉粉柳眼伯
勞天屋破兵荒後墻頹水患前少陵天寶世事
事總堪憐
每與君同榻聞君歸夢行君深兒女累尋重友
生情無焰孤燈雨寒風午夜星此時一相憶恩
怨亂縱橫

生身父母外不受一人恩敬予承斯句慚予負此言亂深天地遠愁動鬼神昏何日扁舟靜同來聚一村

别病鶴入署中矣

本自維揚氏來爲閩海人十年師友伴一日各天民念予猶多病歡予亦已貧從今天地外分手兩閒身

威儀尊古士珍重野雲閒骨力枯僧瘦精神秋水閒每從池畔立因憶竹邊還何日玄裳滿同

登海上山

種花成古徑十載共閒行對酒能鄉帙耘園好並耕病來吾已恨別後更多情夜半君無喚人心正易驚

何故開雙眼羣中作意爭正因神骨重所以羽毛輕相法氣難下醫癖恨不平花茵明月上莫作故園聲

松下無孤影猶然有夕陽愁隨天其遠閒覺日偏長頂老楓林亂毛纖雪意涼祇今何所見苔

逕但蒼蒼

完是牽人處出門尚一聲在子嘗獨坐聞汝在深更此日添離恨從今悔送行與君同謫世原是爲多情

病起再用茂公韻

石鼎彌明句彭亨㸑古鐏鶴行荒逕冷蟻鬪病床喧炊甆兒能喜烟寒婦忍言窗前青竹響溪水似當門

有所思

可饑不可醒斗米易三鐏燈塘鼠相語雲寒雨斷喧鼻酸觀爾笑酒盡聽吾言一箇低茆屋千峰不閉門

竹義夜坐聞鄭靜夫欲爲僧矣悲喜交集

夜齋聞典古砂汁繡犧鐏合眼悲狂集攤書笑罵喧孤城千鬼哭高座一人言感予爲僧約尋山欲閉門

嗟乎子喬竟死矣予亦知其必死也死之日欣悲交生口之欲言忽而成詩嗟乎

詩也乎哉

何故與君友復能一地遊生途分先後去路亦遲留予意白于雪君詩褒似秋精廬餘歲月學道孰堪謀

以病尋常别安知便遠行悲歡如是觀怖畏自然輕一死能無死此生何必生九原先卜地願其作編譔

何以吾無死而令吾去諸讀書淫過我談笑老于予燈火集寒坐竹庵同索居從今分手去夢

寐未相疎

作客與君共歸鄉君早尋聽深窗卮暗醉厚雨

風初林子北山墓許生南畝廬焚香梧竹裏如

寄數行書

半束黃茆縛北村原上身人間雙眼告地下一

僧新（子喬死之日以僧服行）葉盡慧能長文奇鬼亦貧幸

餘高卧處松柏未樵薪

日落松楸紫知君何處行艸荒尋蜨夢骨亂聽

書聲古塚狐狸泣殘碑螻蟻營掀髯山徑窄百

事亦平平

齋厨爨古甕一日作三炊飯熟書聲輟客來人語遲摘蔬朝露早訪友夕陽時何事不相共能堪吾獨悲

天公原長者此老大文章何以慳吾黨倖登才鬼塲子高三尺拙殳老一身忙挂此雙眉上知君不久長

歲晏歲儉憶客年寓田舍用茂公韻

老農欣歲晚相屬有匏罇溪屋炊烟直山厨筧

水喧塾師童揖淺社禱叟多言寒㶣松肪火香温滿篳門

麭落吾無當何如五石罇苦寒抱犬卧耽寂厭風喧不分酒中趣誰聽琹所言雖云籬竹舍白版大夫門

夏日過仁皇寺看花

山寺春猶在千花族一罇茗香潭水淨徑細野蜂喧信善鳥能近瞻花佛欲言願稱爲揖客曳裾此公門

七夕開祉岸船

百寂戚枯夜千聲族一秋有山排我闥非水泊吾舟月下天痕古燈搖竹語幽橋頭約無聽索醉看牽牛

秋日集維摩室

卜築人間樂幽深得地偏買山多近寺種石每依泉無事爲清福閒行當穩眠小溪樵落木茗火雜秋煙

一箇維摩室平分居士庒醉聽紅葉下靜看白

雲怍夢破經聲遠詩裁花骨香從今添好興蟹
美菊將黃

飲陳伯良齋堂有感

豈意茲堂上猶能集小觴日斜鷄犬靜秋霽芋
瓜香雨扇柴門晴一街人影寂尋常來往路荒
草不堪黃

有感

問歲纔期壯關心似巳翁時能容世薄未足念
途窮書法私慚退詩心難及中幸餘元亮酒濫

醉少年同

拜墓

拜掃春秋假，踉蹌西復東。山川雙眼底，鷄黍一肩中。古道斜陽白，荒碑文字紅。郵郵松栢異，處處紙灰同。

園居

園亦不深齋亦不廣，喜有頽垣使月能

野而已

自羨半堂月能分四面，郵野花籬古井蔓艸砌

頹垣蝶夢酣花粉亞心苦竹根讀書長坐好疎
雨或黄昏

題畫

散屐出春庄關心事事忙渡船依水盒山寺製
茶香野菓成傦醬溪魚齋鶴糧夜窗詮勝絶分
火佛燈光
況復深秋候能令白髮生沙場醫病馬土屋卧
窮兵日落大旗紫天低細艸平丈夫不到此千
古負勲名

春園遣典

敢言非佞佛僧衲破儒巾恃拙全吾懶無貪養我貧攤書聊引夢釀酒不關春但得長如此稱爲天上民

乍晴志喜

厭雨已經月天邊來乍晴萬山行夜夢百鳥較春聲癈寺亂花發荒江古渡平近來詩酒債慚愧未能清

今朝風日好出郭踏青行桑婦申蠶禁邨兒學

種耕乞茶僧竈冷歎足野畈平事事宜書記春天無限情

哭有秩弟

吾族衰微甚安能爾再行早年勤學道近歲略知兵國破家難問親存子未生黃昏松影裏風雨葬田横

聞爾如歸地荒山白骨中一棺春艸綠百里杜鵑紅旅店雞聲苦閨人夜夢窮汗青千古事何以報天公

燈影看憂集獨行難一聲鬼神猶有血天地豈無情劍骨爭中上文心屬下平支離吾已甚淚共晚潮生

悲不因君死君生我已然昇平知有日慷慨正當年野色皆燐火春聲盡杜鵑夜臺麟閣士同酹一杯泉

陶淵明倚杖聽田水聲

獨立聽微響先生移我情滴泠過耳遠寒翠染衣輕日暮影逾薄雨餘聲轉清四邊山色裏容

我一人行

竹杖過肩笠閒攜浦外庄天高雲影靜水瘦稻花香雞犬依爐火松杉亂夕陽歸來祗清省添得夢寬凉

齋居喜病

細雨過春半輕晴眼目新階前山伯仲竹下石君臣小飲邀同輩看花問比隣尨源閉戶耳雞犬可相親

愛病養書念空堂無所爲茶爐童子小竹影紙

窗低兔魄輕爭葉精神薄讓絲敢言悟生死月上水開時

細草如孤岸春船繫碧桐曉晴山夢裏殘月椰絲中佛古人心寂階荒鬼語工通宵煨藥餌兎竈火猶紅

鬢眉先上病次第一身憂雨濕孤燈暈窗寒淺夢浮藥爐松竹火茗椀蕙蘭秋酒氣纔能下輕清江上鷗

病中無所事脩理亂書作生涯耳

我書春絮亂堕葉落花同破碎分三家顛連合
二東殺蟫居上考活字賞奇功病叟精神短猶
當數卷雄

題畫

野色供朝暮人家鷄犬繁漁燈新月港社鼓夕
陽邨礁水聲過屋桑條綠出門閒來枯樹下隨
衆坐黄昏

矮屋與溪隣溪光集眼頻趣春樵筍髻候雨卜
山巾瘦僕當寒竹邨僧作古人尋常來往倦橋

外酒家新

徐無量見過岸船有贈賦答

小園無尺水故構半間船野竹與人立短墻容犬眠雲行天有面花瘦佛吾肩偶得持齋約爲堅山水緣

與黃赤公居士飲後見幾月從山中來禮佛有感

酒歇三更後縱横山氣塞月來天地醒佛定水雲寬蝨脚褌襠破虱身花果幾開脊看懺悔形

影互相安

送守白開士之羅浮

竹杖入羅浮寒光半嶺幽看雲閒自喜飲水外無求佛古黃花瘦僧清鐵骨秋歸來牛背上橫笛唱西州

感殘菊

嚴霜橫加抑獨立汝應難萎悴猶相倚艱危亦自安天寒修竹暮江冷落楓乾同此蕭騷意生吾一慨歎

賞殘菊

妙香偏在晚吾道與相宜旣受風霜飽何妨枝葉衰滂言將落盡只當作開時况有新來喜寒梅欲上枝

和鄭靜夫秋熱二首

築屋已防暑殷勤開北窓不期今歲夏秋半未能降畫水思歸海書天欲汲江門前槐樹下侍草小童雙

花亂圍書屋四門闢入窗隔林桐葉定停午竹

陰降著色維依樹秋聲已渡江借將今夕雨展齒弄寒雙

讀陳爾先落葉詩示陳居士

草木尊時節能降天地心霜高虫舌脆秋遠葉悲深去就看終始循環仍古今黃昏閒窗紙變調理枯琹

分得相思嶺送陳克張廣文之任福清

相思名是嶺衰柳欲無言忠孝諸生長才華百史尊文令開馬帳慧已立韓門課士詩囊滿猶

期寄一論

米友堂詩　五言律

米友堂集

二

二

米友堂詩集

侯官許友有介 著

七言律

秋夜登平臺步月

楓林萬樹碧天飛，艸舍荒涼盡掩扉。山半蛩聲吟夜月，城頭螢火落秋衣。蘼蕪石壁文章古，寂寞僧堂鐘磬稀。登眺放懷吾勝事，江山高興豈堪歸。

夜泊梅溪

夾岸疎林去路長柴門流水幾家霜松生曲澗
兼天冷梅落深溪帶月香古道有詩題過客遠
江無友伴漁郎支離此夜風波裏且對殘燈數
皋艕

石林看月

結閣雲中下小岑巖根老樹自陰陰煙生滿徑
天依石影落平池月上林眠鳥不言山愈冷梅
花未放客初尋堂前藻荇空庭水惟有閒人此
夜心

十一月見浦外梅花

荒村有我野人心問得梅花屬浦壽枩聚一山聲似水竹生幾塢菉爲陰霜來半夜人爭渡月上三更僧入林虛白暗香寒古道科頭驢背獨狂吟

雪詩和坡公韻

碧紗窗外舞纖纖一夜西風刮石巖瓦竈火鮮頻喚酒柴門樹古已堆鹽月生微白窺頹屋霜凍寒氷掛短簷曉起遠登樓百尺千峰萬壑玉

嶙尖

昏昏日暮集羣鴉閒閉蓬門讀五車積滿村中
疑皓月飛來衣上似梅花山陰夜半人歸櫂洛
邑冬深客臥家雙眼放青天地老狂吟驢背手
長叉

戊寅江上阻雪再用前韻

一江如練白眉纖凍入明窗几席嚴錯落座中
梁苑賦輕盈天半謝家鹽深山滑路幽樵徑古
樹寒溪隱畫簷永日飽看無一事圍爐劇醉蟹

臍尖

清光何處可藏鴉萬里溟濛似轉車眼底有天皆若水窗前無樹不生花鐘聲冷落深僧院帘影飄搖問酒家向晚一江蓑笠客小舟籬火下漁乂

山居即事

雲林新白月來初古樹繁陰喜索居十畝松花僧釀粉一塘秋水鶴窺魚客來座滿詩聯句門靜堂前子讀書買得山童知稼穡半供行酒半

鋤蔬

元夕社集

春明夜靜草知寒四座雄文寶劍看花若向人羞舊語鳥如求友賣新歡高棊老手過枰穩濁酒狂徒解腹寬醉後墨潮圖賀叟雪溪十里釣魚竿

入福廬和吳瘦齋

鳥磴扃蘿古道斜入林横谷墟煙遮瀑來磵老鷺飛鶴踏破苔新碎落花海外風帆吞古刹雲

中雞犬傍人家閒閒生計難消受萬壑寒濤半
嶺霞

三天門

莵裘願築此山中耳目爐嵐典不窮百鳥春啼
爭作異一門松意半相同雨餘苔磵泉心古鐘
滿疎林月色空屐齒草香荒逕濕山花不爲世
人紅

花朝直社石林

二月春晴花滿園乞君爲我壽花言亭開四野

來新綠譜就空林帶遠村松籟夜深山覺古鐘
聲天半月志尊酒闌過得隣僧話竹葉窗前日
一痕

上巳前一日西城樓社集病不赴

新染湖山春樹鮮蘭亭重集古人前圖書瀟倚
琹樽外畫艇孤橫島嶼邊野意縱容芳草地暖
風準備鬪茶天笑子病骨茆齋靜獨聽山鶯臥
石泉

暮春村居

杜宇聲聲春正長荷錢半浦一園桑破書散澹
蓮雲水苦竹清閒入草堂偶過野翁譚舊事閒
看村婦布新秧須臾來得蕭疎雨輕灑荔花撲
鼻香

送友讀書姬巖

避人惟有結茅廬况在千巖白石居明月性情
泉意冷野雲蹤跡世人疎洞門松老堪言隱山
寺春深好讀書奇字錦囊氷雪貌願將流水寄
于予

暮春送友之樵川讀書

送子言遊亦送春野航隨漲入溪新文章自古難評價山水從來不負人匣裏劍聲千載業杯前月影百年身蕭蕭滿白蓬蒿下每遇青蓮莫道貧

黃典玉邀同陳稱先讀書山中予與盧子賦別陳子兼憶黃子

爲因送友作新詩兼憶泉林久索離萬壑松濤生戶牖一天風雨落鬚眉春歸還負尋山約夢

淺頻驚別子時秋徑掃開桐葉老渠言池上慰

相思

答張嗣畱同社

面目于茲亦可憐半生孤憤落雲煙山林自我評今古文字從他作後先白雪爲腸知此日黃金鑄像哭當年與君滿飲雙箕絲擊劍狂呼走四筵

題海濤帷石圖壽張嗣畱乃翁

劃全天骨立仡池百尺龍湫泛菊危海水剪秋

波漾月蓼花拂岸鶴言詩高堂琴瑟稱觴夜令
子文章得意峕開卷石林松樹畔通家猶喜寄
佳期

壽印天和尚

和尚山居六十年脩眉如髮賤神仙緣霞剪破
縫經衲楓葉荷來煮石泉萬里霜鐘侵曉月千
林雲衲動秋天干戈四塞柴門閉但覺王侯不
値錢

避客

傲骨從來畏所尊，殘書如絜伴柴門。半生著作爲愚嬾，末世形骸以拙存。寫菊喜尋陶令醉，問耕每到許公村。碧山鷄足何年事，古佛松楸不與言。

題牖山樓

草樓片瓦俯岑崢，天下文章至此生。一檻青山寒夜夢，半秋紅葉落書聲。竹香如水茶煙細，松色爲山墨意清。何必扁舟深避世，素交原有古人情。

初冬山中築屋

曲逕吞江結小亭四虛松意落荒坰半床亂榻藏懷素一幅单條畫小青豆醞偶然招社友蔬羹率爾在圍丁山中過歲皆佳話又有梅花欲作屏

山俱移宅索和

曲巷深山釀嫩寒攜來書篋入林巒三間茀宅門前窄萬里江濤眼底寬字結張顛爐意瘦畫臨倪嬾筆痕乾有時東友春蔬社布襪青鞋竹

簪冠

輓王有巢

經年閲默意無歡大布苔袍帶孔寬荒寺鐘囘鴛夢斷有巢有荒寺夢劇繆齋墨冷蠹痕乾繆齋有巢齋名也半癡猶自兼三絶六巧安能敵一寒行卷君多郊島句與時貧士傳中看

詩債

許多詩債困追呼帳簿思清柰積逋已分來思無鼓吹却逢敗典有催租寒肩瘦聳天方雪驟

背遲歸日半晡夜夜沙虫吟舌苦擁衾愁坐笑妻孥

攤書

埢戸攤書逕草蕭秋齋斗酒伴無聊研光太史香藤紙斑剥中丞古瓦窪日課刻牋三畝竹夜聲亂入湳窗蕉正思自蔽無泥水溪雨門前漲板橋

老饕

老饕但以食爲天約嫂郇同抱葉蟫徐肺洗脾

皆甚穩周妻何肉兩難捐柴車倒載須攜鍤竹杖閒遊定掛錢莫笑傾身圖醉飽成仙端不羨臞仙

與趙十五修白骨塔

豐肉妍皮自有初烟飛霧散竟無餘千人不預曾孫宴一閧同登載鬼車差免老狐將子戴郱堪黃蟻與君居暮歸寂照香幢下轉眼安知不是余

朱郎月生書童也頗知歌曲爲武人某陰

奪去既而知挐之戎行久不聞其耗矣
緜視層波渺渺如撩人慧事煩知書低頭笑笑
拈衣帶乂手徐徐問起居憶到别時良不易肯
來夢處信非疎干戈飄泊憐君弱天末凉風悵
望初

送友人浪遊

梛花香路送春時秣罷騾野店炊僮背一囊
栽古錦君乂雙手讀殘碑有懷瀝酒東南貨更
欲爲雲上下隨五嶽圖形烦却寄供吾山館雨

中拔

村行卽事

薄薄天風吹鬢絲飯餘行散特相宜潛夫捫虱閒終日稺子捕蜓靜片時小摘山花充畵稿戲黎牧豎作棋師狂歌直得村翁笑此是誰家好事兒

送鄭一作客

苔繡銀刀佩古囊鷄聲勒馬着衣裳揮杯滿目皆朋友亂世逢場卽故鄉半岸孤舟千里夢一

天殘月萬家霜悲予獨自看花後春柳深深冷

草堂

吊皖城都護蘇羽若父子殉難詩

嗚呼鼓聲雖死未落旄頭劍氣長存難馴龍性生異空桑世謂公侯有種戰同綿竹孰云國士無雙掾弧以射天狼鬼能爲厲補衮而扶日轂予蓋克家在長公獅擲窮岩旣靡慭乎墮武而次君驄乘舊里復素著于彈文兼以十六人之

並殉焉斯又數百年而少見者廿四郡
乃無義士方此蔑如十萬人誰是男兒
視之奚似伊可風也詩以壯之
陣南日黑壓重雲嚼齒難吞羯鼠羣氣作長城
支半壁覓歸故國拜　新君英雄睨毅猶能視
忠孝家藏未許分執簡尚餘南史在大書雙節
有新文
吾戴頭來衆所聞力窮斷去又何云同仇此日
兒同命共隱當年母共焚領取全家人入地統

來小隊思猶軍風霜漢節身還徙典屬于今尚
屈君

同大蘇江洲看橘用壁間韻

冬入疎寒好卜觴攜來蔬果及村堂稻秧稿軟
開茵煖茗浪聲輕離樹香半榻草花過雨靜四
籬橘柚弄霜忙歸來竹杖柴橋上月到江潮擊
碎光

贈陳君疇

清剪庭園習醉吟杈輿御毋弄花陰龜紋月窟

天横尺蠅字星盤水定針婚葬未完怵世足吉凶同患仰君心只今巷僻閬車騎宰相山中不厭深

天高地下理難尋掌故推君練古今太史世家司厤象大夫周禮王墳林乾坤鑿度先秦秘山海圖經郭氏深從此予隨風日暇扣籬茶坐數攜琹

壽人母

七十年來善飯身板輿長御太夫人車游珠蒞

同王母子抱文章作帝臣佛相莊嚴華鬘髻道家締束紫綸巾氷盤何物充香供紅藕花開瓣瓣新

母似莪眉天半雪積來千載不能消閒牽藤架垂匏苣更上綠車紡葛蕉隱几教人知古物布基與婦話中宵麻姑載酒時相過滿頰餘霞散作潮

輓陳伯讓祉伯

入林採藥倦忘歸疏隔松雲一逕微亂世浮生

無可戀逌家小子有餘欷馬從老後辭長道蟬
向風前蛻故衣社集爲翁圖道貌竹竿花影立
漁磯

將遊山示童子束裝

欲訪雲中山水奇山中行李着相宜杖裁藜髮
過千項笠蹙杉毛罩過肩兩足草繩穿不借半
腰藤索繫軍持詩成草汁松枝字走向僧廚換
午炊

遊山歸夜打坐禮佛而有是作

幽高足力千人上崚嶝岩肩十丈佐天地惟腸
生指掌文章鐵骨立鬚眉擔輕穉子過溪易犬
吠孤僧接杖蓮蔬果供餘香茗椀一燈鐘響萬
山時

小隱社集用韻

筆落王蒙百尺峰山人箬笠穩相容歌添一曲
鶯偷語酒渴三更月在松細草寫春香不已灣
雲纖水影空溶荷鋤有子還吾懶且向林間洗
古節

紙帳

尋常斗帳兩堪眠避暑驚寒不分天斜剪剡藤香小小儼然湘水練戔戔雪深半嶺三更月夢落千峰百道泉針線澹縫人事少雅宜相對佛燈前

竹搨匡藤春嫩邊幽居布被貼身便梅花箇弄心如水柳絮詩成思入禪天女散來雲母粉鮫人飄亂薛濤箋有時倚得雙鬟影帶醉芙蓉補雪妍

東胡茂生盍社

白社曾呼爾弟兄為何春老滯歸程欲尋舊話惟窺柳喜看新詩但聽鶯蕉雨半溪梁語冷竹烟三逕鶴心清石林課業芳菲近乞過山園作主盟

陶擬陶弱冠時與予夜飲席上贈之

滿天爽碧入疎眉姓字如君已自奇萬點寒霜花月夜一雙童子竹枝辭長兄蘇晉逃禪定小弟張顛露頂時滂道琹言新聽指出來邂逅正

相思

醉泊赤壁灘下

尋煙訪泊竹灣庄蘆荻花交弄影涼石蹙細雲
岩面皺濤經微月水聲光對牀有客吹長笛遠
舫何人爇異香汀晚沙痕新漲白醉餘高步學
踉蹌

伏日省試予以懶熱相牽不敢赴

度形只合衣薜蘿不分低頭入選曹乞我野夫
成野性讓它名士立名高拍浮酒海聊當死白

戰詩塲敢負豪劍氣偶然還問膽時澆倚杖看江濤

渴狂病熱思昏昏草屩雙攜水外村近體何人工應制　聖躬無日不臨軒花鬚香引蜂千衆塔影光搖佛萬尊我爲貪眠伸足懶于今却省刖來痕

患難之後寄閔自於司理

昔陪茶話日從容問訊如今託去鴻散吏不嫌遷海外狂生只合臥山中閉門讀易逢無妄斷

嶽持平憶有功多難但餘身未死論文猶可一
尊同

上巳日桑溪開社溪爲闔越王流觴處

郡治東偏溪尚存蘭亭陳跡逐年温雙柑斗酒
三春社牛巷雞聲十里村僧在竹房隣積翠客
窺松影畏黄昏擔夫爭道歸來晚近日山城早
閉門

山居

編竹穿籬傍石隈野人隣舍借書回一壺名酒

數更爇半畝間花百樣開訪友渡騾江岸去提籃魚婦湔村來偶然好興尋詩語踏破墻頭淺淺苔

行散至城南尼觀留齋供

春晴行藥出山堂試學淵明乞食方簡淡女冠庵寂冷慈悲佛面菜青黃花深遠見經行緩籬薄輕聞梵語香午供淨修留野服山泉汲作筍尖湯

過南禪寺看琳瑛美人禮懺

身閒隨喜過村庵幢下微聞響偈聲竺國先生偏袒右女家弟子學和南一聲引磬鍋頭飯百覺絲盤佛手棋茗纔石根松樹畔試穿戒衲也相參

春日齋居

懶骨生來似病蠶蒲團鋪向古松南低眉捫虱鳥相狎放膽妄言客不堪詩渴竹鑪茶椀七坐疲人梛日眠三願過蔬粥無宅事風雨經年打艸庵

送葉臞仙之官樵川

梅雨經旬漲短蕪舩牕香氣入葭蘆薄寒半臂諸姬錦淺黛雙眉十樣圖經學原來推馬帳文人況復在鵞湖山花擁髻樵川女閒傍桑陰看大夫

春日送馮吏部

吏持除目叩扉傳竈脚驚回一覺眠書簏卜童單馬後酒家獨樹數鷄邊春城御柳韓君句錦水莼花薜氏箋滿路烟光堪入詠先生父手聳

雙肩

臨別子羽復書便面

畆圍兩歲別青疎徒作鄉思返故廬屢問來人口中路將翻日者案頭書忽然笑至欣歸聚又覺愁生畏索居總是多情存亂世由來悲喜每相如

秋日社集謝爾將亂山樓用竹逸上磬谷韻

竹竹流青剪葉作夕陽深處鳥聲光尊慈古佛

鬚眉瘦簡淡衈僧蔬茗香四面晚山供眼白一天秋氣近花黃若能長閉柴門下不遞松南第一房

蟬聲上下趂秋忙窓紙爭青集眼光倚醉卅茵苔面冷弄寒枕簟竹痕香樓高抱月醫人遠松老欺霜病葉黃半片蒲團分佛榻小眠松火學僧房

秋日出華嚴寺看蓮分得十五咸

乞食城中無一寺看花郊外借千岩森森古茂

深蕊佛點點秋潮落照帆老樹藤穿櫻箬笠曉

秧針補芰荷衫謗言歲月成詩史半卷宅年續

鐵函

一路看山到武夷

辦得籃輿興便濃搜奇日日不堪慵身從白下

三千里眼落青山十萬重汲就軍持溪曲水䏧

來不借幔亭峯岩僧茗供溫行李苔色孤雲尚

湔節

寄題撫川詩話樓

片瓦幽深城上頭先生千古續風流肴開天地人如水句入溪山月在樓蝴蝶野花春暮藹鷓鴣荒艸夕陽愁還將百斛藏名酒醉起滄浪一唱闋

神光寺看梨花

城頭二月綠苔侵爲訪梨花野寺尋半樹香分踈竹影數枝白近古松陰蝶心蕩漾春高下鳩語浮沈雨淺深蔬筍依然無酒禁醉歸清夢戀空林

春來何事關心惡大半花枝與酒罇桂棹昨遊湫水曲藍輿今向給孤園靜看粉蝶為夫婦閒聽山蜂誨子孫又得浮生兩清福敢畱詩話記黃昏

齋居書懷

攤書痛哭古人私事事遥看似有期賓戲無端思選友病求奚故漸知醫才憐學淺耳身賤碁受攻難顧着低我已無心戀城市桑蘇深舍是何時

喜得山中人來爲種園之友

近來工課在漁樵不愧山人雜學疎半畝借爲鋤菜地一春常作乞花書經營高下君應好較量陰晴我已餘最愛重陽秋色後滿園霜葉織吾廬

與黃赤公居士坐月五更乃就寢

萬物潛聲不敢言許生黃子共高論天開四面秋爲水月淨一堂花倚門此夕悲凉依杜甫何人慚愧說劉琨更闌露墜和衣夢覓覓清寒夢

八閩文庫

福建文獻集成

吴格 主编

續編 集部 四四

文獻集成 368

海峽出版發行集團
THE STRAITS PUBLISHING & DISTRIBUTING GROUP
福建人民出版社

本册目次

米友堂詩集七卷文集一卷雜著四卷

（詩集卷五至雜著）

［明］侯官許友撰

日本内閣文庫藏清初刻本

米友堂詩集

侯官許友有介　著

五言絶

董蘓招飲西園

石橋箕踞久看子飄揺袖潦倒樽罍間西風吹楊柳

鶴鳴

千載老枯松盤桓古幹蹤一聲天地外嘹徹萬重峯

鶴立

睥睨山川奇悠然何所之自憐筋骨瘦延佇已多時

江上聞笛

月上千峰冷風生萬樹清江空山靜處笛度白蘋聲

落花曲

春院放梨花梨花落流水寂寂五更寒明月白窗紙

隣女

梧桐一葉落，四壁西風入。愁却不勝衣，風來吹破席。

單衣不耐寒，寒透清臞骨。出手縫舊裳，雪來爭比潔。

柘浦瑠別胡五靖

年年君作客，我每客中逢。總是風波裏，常多遊子踪。

題畫

古木繡苔衣白泉沁山骨寂寂草玄亭知已邀
明月

沿秋看落葉

樹爲秋意紅踈以行稀臨含情霽色中白雲與
山在

石壁繡蒼苔煙光禿影吐遠眺隔村楓儼若桃
源踈

偶行

葉落山意響竹疎江語幽步入白雲去澹遠如

清秋

山夜

亭當谿曲處谿風添石泉愛月倚東閣讀書聲

淸天

野步

鳥聲與空翠一谿日一換白雲何處來秋山餘

一半

聞泉

抱卷隱茀茨一在山之腑晝夜碎潺湲穿林到

窗戶

看雲

樹影覆清陰泉聲喧以譟愛此白雲行依依亂
山色

問路于樵夫

飽日看青山乃知天地古遥聞鷄犬聲江山非
無主

雲光映烟色適我胷月新窮谷有異想深山多
古人

及秋憶芳草數里雲漠漠曳杖著衣冠山林中
禮樂

畫竹

晨起坐蕭竹寒光集耳目相許爲古人手書一
卷足

烟雨一林湔相對情不辱持之以贈君嘲君篔
煮肉

山遊阻雨

帶雨廼能幻空晴徒爾然所奇迷目遠巖骨半

藏天

題畫四首

梧葉簷若水覆君之茅亭午枕春夢初遠聞溪語青

惟石若虎蹲老松作龍虬不是風雨功日月之色飽

落葉滿夕陽雙屐尋秋步抱醉過前村江潮生朝暮

藤蘿丹龍脊氷篆裂春稜譬之古樊噲聽法頭

陀僧

畫竹

細草如蘭蕙清香似竹心昨夜發尖笋碧綠高于林

題畫

好好一前山溪流没其半獨坐釣魚磯波行春草亂

渴筆作危石澹墨寫疎竹法學管仲姬意生趙文淑

畫古木

羣木負幽深託根于奇古若使衆坡川凡枝之所聚不受天地恩甘心分葛藟非曰風雨偏骨力當如此

畫紅白毬花

手詔召太眞朝天矜素面旁有茜衫鬟捧之出深殿

畫天孫錦

百變者文心俗士難與語帝咨爾天孫出手弄機杼

畫儷桑

殷紅未染時半幅素紙耳空色如是觀請質之儷子

畫叢客細竹

蓬蔂避時艱高士走深竹截取寫離騷秋深痛飲讀

畫山水

飛白石織雪積墨樹棲烟卓午佃空谷花奴煎

月泉

香草如針舌瀠沙短短青漁翁捕魚罷醉臥聽

溪亭

題美人

結伴向前山手攜閨懷稿日夕何所思商量鬬

秋草

題畫

露狎竹肴織霜嚴葉心碎問我潑墨時五斗蕭

蕭醉

煮茶做飯後心思無所住不願骨頭間寫一石兩樹

畫菊石

得术即釀酒酒成三十月況遇高懷客贈花兼贈石

畫梨花

墨水寫梨花想在溪烟後寂寂破紙窗細月穿枝透

畫梅

空山有老人鬚眉白似雪自言千載中古心化爲鐵

畫霜葉

木末載嚴霜山居苦日短蚕跡學篆書積我窗簾滿

畫竹

白雲與綠竹素心喜相炤有時雲出山亦爲竹所笑

畫秋海棠

讀書七八月漸覺芳草歇何意古潭前匝匝生光恍

畫芭蕉

墻角破半邊水綠芭蕉補有時風雨來露出遠山古

題畫與陳子亮

夜半黃葉聲滿村風露歇獨有懷秋人抱書立明月

題畫

隔岸接小橋兩溪夾一塢大筆撥雲泉書家之
懷素

八月海門瀾濤聲高拍天惟士闌留眼聽水蘆
花舩

丹閣三層高搭入千林亂白雲作雨歸又遮山
一半

村南老禿翁縛茆亂溪上夜來風雨過約友看
春漲

疎樹隔江灣卜居歐陽子午夜讀書聲出窗雜
虫語
蘆花冷釣竿芙蓉語溪水小舸蕩高秋驚夢羣
鷗起
雪薄書聲遠霜高氷骨堅道人乞清福載酒動
江煙
紅葉補茆簷梅花破書屋名士讀離騷更寒酒
初熟
隔水聞書聲渡溪問誰者不過漁樵人結茆紅

葉下

米友堂詩集

候官許友有介 著

七言絶

宿越山菴

古刹柴門晝不關，晚來無數白雲還。老僧清磬堪留客，暫宿疎林一夜山。

題扇面

小橋流水幾溪灣，野店花開炤客顏。莫道柳陰長繫思，白雲馬首萬重山。

曉鐘

天外星稀曙漸分江頭漁火尚紛紛披衣秉燭
空山冷古寺鐘聲半落雲

龍江夜泛

茅店江前種野花嘯歌送棹入天涯夜深一片
江心月炤盡城南十萬家

贈美人

溪邊竹塢幾人家盡日登樓望若耶三月江南
春正好不堪商女抱琵琶

和道人郊行

野雲片片自青山流水柴橋日月間晩色一江秋似水幾村衰柳有無間

喜山中梅花

爲愛臨空結閣臺山中日日草花開主人亦有林逋癖不是孤山也種梅

居山日日與山間縱有疎籬懶設關客到竹樓頻與酒梅梢月上影成山

攄虹橋

石橋如蝀枕危丘身集雲光天上遊落花數片水流去暮蟬一聲山欲秋

山居

落葉蕭蕭正掩門山僧野客坐松根水流花謝無人到烟外柴橋又一村

古洞荒凉半是苔黃花錯落滿籬開白雲欸欸飛無數常伴山僧嶺上來

弹琴看瀑布

百丈流泉伴寂寥水花如雪木蕭蕭幽人一曲

高山罷送酒奚奴正過橋

山中午睡

茆亭結在萬山前綠竹脩桐適暑天一枕夢酣啼鳥換百花潭底汲新泉

讀書夜盡聞鐘聲從白月來窺窗牖奇響冷光令我心膽俱寂

石樓隱向白雲封知在峭嶢第幾重幾夜讀書人未臥萬山明月一聲鐘

寄友

相逢旅店話旁皇猶寄家書近故鄉此日勝君
無別況梅花林下蠣房香

村閭泛漲

茅庵草草結蔬園畏客多栽竹作門却爲山中
一夜雨野航載酒過西村

畫松秋

野人茅屋傍江皐閒弄苔磯釣綠波又種短松
三畝半晚風乍發也成濤

除夜送友人新醪

雪殘年去不可守手製新醪餉吾友紅塵裏面事太多醉翁之意當在酒

偶作

俠氣從來自不羣離歌一束總堪焚竹堂不必平原像今日必絲只綉君

題畫

一片寒山遠水邊西風吹雪壓雲泉幽人忽作尋梅興驢背尋詩帶醉眠

江舟宿雨

典作春遊獨上船半江漁火一簑烟亂雲宿雨千峰下始識南宮不是顛

贈老歌妓

高髻雲鬟浪蕩儇梅花一弄寄清緣長安市上琵琶曲唱到于今又十年

畫石

苔光如髮戰秋烟風雨往來沱不田萬竹林中燈火夜半窗人語白雲天

無題

花信知春問友生閒齋遥望不勝情無端燭影
疎簾下鸚鵡能呼小小名
東風飄蕩瘦腰枝問笑含愁無不宜曾記攜柔
來竹下羅敷十四未垂絲
今日柔絲豈可捫但餘新竹一枝存燈光滿面
妨人語細認青鬟不敢言
不入華堂作侍兒李郎何處覓相思綠波刺眼
人如玉猶是當年一樣癡
頂禮慈雲哭可憐十年淫冶路瞋瞋近來消得

鴛鴦諳百囀流鶯學唱經
小閣新粧燕子輕垂楊故故繫人情玉琴頻拂
無心弄不是含羞取令名

睡起見月

花氣薰衣春未闌杜鵑聲裏竹聲寒黄昏夢足
月初上兩壁縱横千萬竿

與雪和尚

空山風雨吼龍舌長者園梅化爲血茫茫月曉
鐘一聲草鞵踏破千峰雪

題畫

近年移屋入煙霞生計欣然但種茶楓葉一山如醉客世人呼爲紅尧花

爐峰老鶴稱多壽松作古人惟石友怡神遠思筆墨中山水之文章不朽

龍潭畫舸載雲間此際烟光不可測潮平天滿秋一痕隔雨鐘聲似琴瑟

題畫壽王有巢

縮籬苦竹亦爲家著書燒筍飯胡麻聞道吹笙

王子晋食兹三百色如花

贈董蘇

一院芙蕖點素秋鴛鴦雙戲白蘆洲燕街十百嬌歌者誰有如君不下樓

畫雪

萬樹空濛白眼中滿天風雪老詩翁驢頭得句清如水一路沱吟笑朔風

觀劇

問天卜地乞閒遊世事猶如一局楸自分草茅

寒骨相偶然醉後欲封侯

一夜燈光傀儡作文章粉面逐登場百年事業須臾盡大醉歸來笑夢鄉

度月披星不問勞清秋氣冕五更濤丈夫自古輕兒女愛妾從今帶寶刀

俠氣蕭蕭松柏林一杯千古子期琴章臺不是輕分手自有君平一片心

聞警

旌旗四漠不堪聞　天子焦勞賴有君漫道男

兒空帶甲不知妾婦亦從軍

偶有深恩痛骨寒草莽臣子淚如丹功名不肯
供癡夢萬衆人中醒眼看

何日中原不苦兵夢魂亦爲羽書驚長安烽火
烟初息聞道南京又閉城

送人會試

磨劍嘶風泣淚人十年辛苦劍花新此行若不
擔封拜寧化江南女子身

山中示陳子鄭子

四方竹杖掛烏巾騎馬經過花草茵萬石高深堪共語如君豈但夢中人

濟勝從來說許詢齊肴箸笠自隨身藤梢負酒探奇去踏遍歸來濫醉人

作書不及到寒溫草草言詩以寄君苦得山中忙不了惟巖古木與寒雲

巖僧茶話

殘芋煨鹽苦筍羹竹籬風味濟人情老僧不必多供菜山月長松已過清

美人惠畫蘭

石研宣州墨色光，奚奴載酒入書堂。高人眼底春如水，數蘂蕭蕭十指香。

姬巖再訪沙彌

兩扣山門不遇僧，五年丘壑與心盟。當時共拜生公座，難道相呼不弟兄。

贈開山者

百頃雲光欲上時，青松苔徑綠鬚眉。開山不是謝靈運，千古林巒獨自奇。

上谷江亭

水田如練篏氷文嶺上松針刺晚曛酒汁墨光
啼鳥後振衣稜石臥寒雲

細澗泉花撲帋襦薄眠人上汲江亭清明寒雨
添三日纔露秧針一寸青

泛蘆港

問香隨草動深春酒滿歌聲倚綠蘋雙槳白波
歸去晚隔船遥見賣花人

九月一日招友人登高

重陽聞道及蓬蒿早買鱸魚半帶糟對面小山
隔一水板橋三曲刺秋舠

畫松爲某壽

松聲百里釀溪光載酒尋花訊菊香醉得野人
三萬六年年年鵞絹寫稱觴

泊船竹溪塘

小船泊在竹溪塘錦鯉銀刀切膾香短水瓦甌
更靜後荻花聲裏月如霜

贈溪邊野人

木槿圍墻學野廬花叢藥圃自開鋤有時放棹出横浦日落潮歸爭買魚

廿五夜

小窗書帙亂縱横茗椀孤燈覺有情坐得紛紛梧竹影滿城明月在雞聲

題畫

忽然米友圖中景移入右民便面中清福正應難遣受故將分半友朋同

柬友

小艇纔從龍港回又將藤篋古城隈窮冬何事忙如此只爲梅花到處開

夢中有感

自笑依然浪跡行無端清夢落花聲玆山有地堪容我許子他年定作僧

騾背

嶺上歸來天欲明滿身零亂細香清半村雪月光如水十里郎當醉夢輕

醉後以詩代曲

一曲無腔信雨脣醉來高興却藏眞若教按得清歌調便是排優乞巧人

夜悶

青火幢幢百思忙問形答影對窗光四更殘月歸天上獨有孤愁宿小床

私座偶言

晚踏荒堤恨不平出門但覺礙人情明知此別無多日臨去忘言似遠行

酒後詩狂偶欲歌近來悲喜總如何一番相聚

一番别聚較别離不肯多

春雨牽絲入畫樓黃昏君去竹聲幽每因小集纔成散正在偷歡已種愁

幾更淬劍色如絲百丈相思集兩眉不是窮愁著書者焉知醇酒婦人時

侍草游花傷小舭齋門長閉靜聞鶯人間磨蝎經千萬我輩從來但死情

題畫

溪風吹花香不歇花鬚落蒂溪水白楓林數樹

歌秋聲我將縛茆爲隱客

瞥眉驚見筆墨碧天生氣岸高千尺磨洗龍鱗

積古谿攜向雲中煑白石

游子出門知夜長竹囊蘆被肅行裝小船載月

寒千里夾岸秋花織古香

畫牡丹

値得春宮巧剪裁新枝嫩蘂主張開笙歌宴罷

香鸞凰眉月初脩花上來

春遊湖上作疊字體

青畫船移山寺前醉看林葉聽新泉僧谿青綠
單條筆筆筆筆中啼杜鵑

秀野平川極目長菜畦麥圃綠廬庄隔村細織
烟如水水水水邊花亂香

門扇蕭蕭苦竹斜水雲埋老野人家小舟纜繫
櫻桃樹樹樹樹頭人賣花

一日青青三欲眠春工出手剪爲烟開看草木
疎疎染染染染成紅紫天

正月

正月人家新酒香三旬日日去顛狂今朝阻雨
齋堂靜侍女知醫橄欖湯
半圍蔬葉抵芭蕉夜雨窗堦釀寂寥被薄生寒
春夢細忽驚行樂過溪橋
新買村奴事事頑頭豐背潤目如環終朝飯飽
無宅好種得匏藤學遠山
青藤紫李實如椒歲歲秋深貯竹瓢傾到清明
在前後課伊撥土養花苗
移書遠寺乞閒花一兩纔過百樣芽荳子落場

匏又長尚留隙地種黃瓜

病中陳伯良餉十年老醞

寒軀織病細如烟正抱孤竃乞晝眠斗酒餉予爭藥火醉心原在十年前

招死魄和尚教香初玉瑟二子唱經

佛面深慈閱世忙夢回淫冶懺顛狂小奚經夜花間過一卷楞嚴字字香

題畫

汀花覆水石頭香山靜無人春晝長獨掩柴門

鳥聲裏野夫何事不顛狂
屋築山泥杉木椽半如酒甕半如船野人坐臥
松光裏濤學溪聲高滿天
小庵結在板橋西不見庵門只有溪知是主人
畏俗客行藏每東白雲齊
學喚蕒蔬暫似僧手鋤肩荷也新能近來更有
難言喜竹肯生孫巳及曾

畫竹筍

剪木栽烟侍草檐夜深細語動窗簾圉丁耘灌

多方術新筍春歸簡筒尖

畫蘭竹

置身蘭蕩竹爲舟天氣清和禊事修爲愛酒狂名姓重特留片石紀同遊

畫漁舟

卓午穿林日影忙一竿隨手入滄浪岩眉竹索牽舟小萬點藤花繡水香

一溪清磬落雲層林氣村烟野色凝何處笛聲吹晚泊滿山新月晒魚罾

題杏花白雀

萬捻臙脂疊髻鬖滿身霜月立花籠香枝蜂蝶閒情動故作春聲剪剪紅

董聖褒扇詩

兩尺氷綃一幅裁花籠荳蔻正菩蕾爲因香惹人爭看都道芙蓉三月開

烏絲半寸縮蒙茸一派青青似遠峰昨夜郤承郎道好從今墜馬學吳儂

窗前小雀與春娛繡被香溫夢未闌近日天工

偏解事肯將溪漲贈輕寒

畫與大蘊

溪泉汲雨月邊還亂寫松楸意似間卜製小庵

何處好梅花和尚墓頭山

畫竹

四月園中竹竹新枝高尊重不稱臣主翁策杖

寧寒瘦笑看金盤食肉人

今歲一春皆聽雨及茲夏半亦無晴閉門且作

雲烟主聊當山林日日行

以詩畫寄懷沈參軍

酒坐狎言每與羣，忽然去作出山雲。官廳草木閒能侍，再寫溪林遠寄君。

題畫

喜作青山日日奇，萬峰浪裏縛茆茨。侍兒灌墨窗簾下，笑道依稀黄大癡。

爲章中黄畫扇

公孫大娘舞劍罷，張顛得法爲草字。予今遊戲筆墨間，流水行雲亦斯意。

畫古木竹石

太古寒潭一塊鐵皮毛蝕水千萬裂何年鬼斧
起山中對此枯株蛟龍頰

十眉

明月牕前白似霜無聊強半倚空牀平生不解
癡兒女今日爲君淚數行
秋風寒碎瘦花枝萬種飄零不自持學士意中
金縷曲司空堂下捧杯匜
只爲相思去踈長巫山何處夢新粧芙蓉睡後

三更月撩亂紗帷影亦香

秋入寒江露滿葭無端種得斷腸花從來此地
思豪客今日誰為古押衙

泣盡杜鵑午夜風心枯花落血猶紅潯陽不遇
白司馬空抱琵琶江月中

秋老霜歸草木晴蕭齋葉上砌蛩鳴近來不是
看花瘦只為寒梅透骨清

相呼一字巧如鶯羞澁新花月下行莫道柳條
無意緒非烟原在趙書生

酒醒爲何復不平又來月下踏花行無端柳院
深深鎖不見黃鸝只有聲

凄凄風雨又黃昏零落花枝一半存最惜香蒐
飄欲盡猶驚堂下有崑崙

悲秋日日似蠶眠病起芙蓉秋水邊情與老人
天亦老半山霜雪又幾年

相逢每到却難言獨有胸前手自捫識爾意中
原爲我就中爲我不堪論

畫圖三易愛風流羅袂生香瘦骨幽等却西陵

芳草滿墓門松影萬山秋

楊郎曲

相思字字未堪嘗只爲多情不敢當昨夜月明
蘭蕙語羅衾猶作少年香

纖花香桃高三寸潑墨烏雲覆兩肩午夜短燈
看醉醒正如杏蓋繫青絲

大小明珠子夜歌舌尖蘭蕙碎香多牡丹亭畔
歡壽憂蹙線羅裙漾綺波

青布裁衣別樣看紅羅衫袖露燈寒逢場不道

奴歸去猶自攤箋索畫蘭

脣薄春氷細潤流琵琶鐵線月中舟有時變調

高檀板萬柳雛鶯小巧羞

閒聽細語自歡娛帶笑猜拳大半輸教借傍人

偏不肯一杯酒力未全無

輕步登場水有痕嬌癡竟奪女郎寬一時詩畫

傾名士磨骨金箋貴白門

冷被疎香近五更細言深淺指燈明霜光半尺

蒹葭夢感激天公也有情

頰上芙蕖橄欖心尨花瓣瓣漲春潯半蕉湧起
秋泓定浪得虛名酒盞深
枯坐匡牀慰自存敢期果輙問柴門滿街露月
蘭身贈安得逢人不說恩

蘭竹箋

楊郎撇竹喜清新問我誰家粉本眞若使墨枝
開口笑定須稚筍管夫人
子瞻筆飽葉尖肥與可縱橫信所之月上窗
零亂影還輸疎落趙家姬

宣和畫苑至今傳暇日披尋手一篇與你共期
開雅派置身當在宋元前

濤紙裁成蘭葉牌筆尖懸腕學安排朝朝弄製
諸公諧較善金陵十竹齋

生來蘭蕙是前身搦管臨摹自寫眞月下攤箋
時作畫蕭蕭清友已三人

版扉梅下日將斜遠見平頭兩手叉探袖吟香
浮紙背笑知畫稿是蘭花

臥雨眠烟亂落斜蕭蕭春箭半交义自今箬蘭

荒蕪地忽作懸崖數畝花

生藤半幅畫濱涯渴筆披皴澹點芟不是君家摹寫似今朝意興偶然佳

昨日示我雪中竹猶勝今朝烟畔蘭煙氣却宜多釀水雪聲重積墨潮寒

有時過我齋頭畫未及數花先自嫌文人自有雒門士何必君家故故謙

米積細蹙五丁痕兕斧偷來頂禮尊苦雨新莖疎瘦處借將飛去護蘭根

元亮閒情願作琴殷勤長在膝間吟如今我欲
身爲筆驅使憑君手應心
白室前坡好咏詩當家落欵乃相宜識題歲月
蠅頭楷切玉陛文楊子肴
欲辯前朝字畫師水硃圖印玉籤絲半庵坐臥
經三日射覆名人輒中之
名畫須人好護藏予將重搆墨君堂鵞谿絹掃
三千幅檀匣盛來古錦裝
我曾聞祗石林邊脩竹蘭亭事儼然今日爲君

添一席敢將姓字續羣賢
于今天壤有楊生自悔從前浪得名爲語持縑
門外者近來一派在彭城

農臣箋

千種草花香匝江暖風和日曬魔降輕眠正熟
誰驚醒一隻山蜂觸紙窗
自喜從來學荷鋤山南一畝勾開除栽培藥果
皆生長不似人間浪讀書
田頭一箇低茆屋園後千株鐵幹松夜半闌身

板橋上輕風隔浦度殘鐘

部文索賦頒黄紙候認天恩稅赦書莫道鄉閭

多一喜腰纒已費十文餘

三月清明人焙茶天泉新煮雪濤茗更餘飯後

閒年月結伴前村采芭芽

小港潮來穿晚塘兒童拾籜學舟忙人間多少

平和樂何必風波作戲場

無事消他日子長竹節迂步過東墻菜花開盛

桃花老撲袖輕黄蛺蝶香

纔去開泉透小塘又編籬竹障書房旗亭官長多車馬不似山中半日忙

黄昏薄酌稀粳粥香篆過時酒一觥燈火四更窗紙冷枯槔浦外伴書聲

官府旌亭亂似煙周行德政不期年春初纔見進城去今日又來祖道邊

紅日冬烘上樹枝野人梳洗出門遲花間水靜村如夢三姓鷄聲鬧午時

橋頭曲巷打禾場知是先民講禮鄉稚子挾書

能揖客塾師祠廟作齋堂

晴日山蜂鬧午衙餘無宅事及農家忽然籬下鶯黃犬知有閒人來看花

自寫村居雲水田廳懸半幅薛濤箋柴門盡日看山色騎馬人過碌碡邊

遇友相過値釀成醉來邀客踏歌行一村過去一村好十里郎當桃柳晴

漫笑園翁費力開天公抱福及根荄昨宵一夜疎疎雨芥菜抽來一尺薹

三尺兒童刺髮蒼學牽黃犢過前崗千林下坂
白雲裏開臥長歌弄夕陽
春媚惱人清典長簷頭斜日晒書囊小兒放午
學堂反稻草燒烟割蜜房
數龕埋頭有舊醅蒲團木榻小磁杯草蔬東友
當春社滿樹櫻花今日開
嫩綠桑尖破眼明風流公子踏青行請君且向
茆堂宿布穀歌聲不入城
數枝寂寞墓門梅慰爾飄零酒一杯欲奠中山

米友堂詩　七言絕　三五

人起飲恐將我醉欲眠推
竹下天然片石方劃成碁局一枰筐村童兩兩
負鼓子不覺牛奔過遠岡
薄暝絲絲雨脚青斜風洒濕遍荒坰開門遠見
披簑笠幻出毿毿老鶴形
膝頭石版滑苔光施自前朝某某娘遺跡深人
懷古意葛巾乂手立斜陽
茆尖小結傍荔枝入夜鳴梆警盜兒推枕月高
香不去滿天風露五更時

三月千花香滿園細蜂釀蜜綴鬚鬖拖來兩翅
兒孫餉頂負高頭奉至尊

亂鼓趡飛錢紙灰一行人醉塚間回攜來食榼
歸輕甚插得山邊一束梅

遠望隣翁度隴隈長恭問訊自何來醉中聽得
糢糊荅似道前村做社回

開荒新插障籬稀水犀江潮雪浪飛犂罷土花
鬆灌日小舟載得藥苗肥

蕪穢前林雜樹多夜來風吼沸如波清晨試一

開門看點點籬邊虎跡過

欄內犢兒出腹新三朝湯餅禮猶人搓成粉粔

如牛乳也自分張遍四鄰

半灣新月映前扉入市人方趁渡歸斜逕掠過

青竹響流螢幾箇亂沾衣

春日橋東策杖藜拾將隹料入詩題老鴉帶影

行牛背小犬連聲吠馬蹄

雨餘茅屋爨烟低漠漠平疇入望迷亭午村姑

攜饁至瓦盆盛酒濁于泥

出土文章古色班老農云掘自荒山試將磨洗
前朝認年號依稀大曆間
屋南縷縷焙茶烟石臼香生穀雨前曳屐敲門
分一勺小奴負甕釣山泉

居村鄭靜夫秀才過尋

竹木陰森纔石苔柴扉偶欲看山開奚奴報熟
魴魚飯正值詩人溪上來

與笑笑和尚較閒

近日工夫學寫經新茶爭飯訊花行公然一日

間如此猶過池頭弄鶴聲

摹陸包山牡丹扇面與楊肴

脂膩粉鬆三疊臺太眞濫醉夢中來天心惱亂
春工巧總爲楊肴半面開

巖居便宜十四則

茶便宜

劃然天骨刮霜巖蘭蕙爲心橄欖尖不是山僧
多灌雨春風剪出箬肴纖

水便宜

老衲龍鐘洞口呼半天飛瀑落僧厨寒光一夜
穿林末五月峩看雪水枯

秋海棠便宜

秋紅萬點繡山堂古僊鬚看匝蕋香可笑長安
花市上百錢換得海棠秧

數里山塲盡種茶但留松隙待雲霞及秋漸覺
無芳草開盡斯花始菊花

方竹便宜

青汁迸花滴澗泉詩成眼白葉爲船山中何樹

能圭角但覺先生不肯圓

鳥聲便宜

花蹊高深淨欲禪隨堂曉起弄新煙無端寄樹來隹向報道陶潛醉翁天

山鬼便宜

[illegible]展攀藤天地窮薜蘿衣帶採薇翁古戸心自顧飜經坐笑指羣生甲子中

園蔬便宜

十畝山籬百樣蔬老人課罷便開鋤煨鹽方笋

烹湯蕨不换田文一尺鱸

病便宜

山意疎秋霜葉新好奇衣上褁雲頻蓬頭讀史

當高卧猶勝人間不病人

雲便宜

魄寒何意自高林還借松風雪海深夜半疎鐘

動危石隨秋渡月亂天心

粥便宜

山童稼穡力勤微灌得春秋秋稻肥一寸粒香

催午供山泉煑粥不妨稀

曬便宜

入簦皮毛夏亦冬白雲如絮裹秋容吟詩人嘯
餘無事一枕酣眠日半松

山和尚便宜

僧立鐘聲上一天白雲如海種青蓮自從玄度
邀明月不識人間有歲年

沙彌便宜

秋水曹溪刺眼青西天儒祖亦浮萍晨昏何事

宜開口十歲沙彌學唱經

夜梵便宜

孤斷疎林儼一尊頭陀擊鼓動天門山翁聽罷
空王偈兩足跏趺不敢言

寒定千巖夢寐中禪房孤坐一燈同山僧課誦
無腔板大半隨堂是苦工

歲暮以病抵怍

不病焉知不病好不病焉知不病平正使蕭蕭
門館靜茶煙朵雜藥爐聲

白粳米粥千春雪烏帕臨清百練絲聽後一甌
香小小始知不病世人癡
湯道殘年無好事鬢肩作病亦清新雖然不食
經三日也勝從征帶甲人

奕亮開士攜素具見訪香茗之間出卷索
詩畫予半爲溪樹半爲石竹記詩五章
覔其笋果也
且喜予山與寺隣木魚聲亂落花茵可知當日
溪邊者已是今朝石上人

不見吾師二十旬寒菲蔬果冷茶尊從今竹影經聲裏一箇蒲團老樹根

籬畔桐花灑雨長菴前藕箬綠方塘師來乞字糜爐罷半臂旃檀十日香

箬蘭柴門宿曉爐小溪淘研潑花泉心閒筆筆牛毛皴還勝披麻老石田

瘦葉清根古石偎夫人墨露劈天開千林積綠驚風雨一夜當窗破蘚苔

山中春雨夜寒

灣上江添綠一篙泉行澗道亦能濤書殘榻靜燈初老寒夢山妻寄布袍

拾落松枝學結窠半邊補衣納垂蘿輕煙一夜成春雨明日藤花溪上多

清明前後山齋早起

桑姑竹篋掛桑甍布穀聲聲喚早耕遠望野炊村戶小一犁寒雨上春城

寫字

臨書半帖米元章總爲茶奴煨火忙幸有工[illegible]

畱數字紙屏半記種花方

友人以燒餅製法教我

雙篩麥粉峯尖雪千杵豆仁霜葉黃五兩砂餳三水椀斜裁氷裂傚爐香

山居

慰安奚子慈于毋簡淡齋糧薄過僧長得山中此栖冷倦能高卧徙能行

哭陳抑夫時其幼子亦亡

老鶴方看刷羽衣又聞子和一雙飛空江楓落

詩蒐冷小冀與梅開畫會稀

送閔鴻符省親

屢爲窮交嗔柰何感君年少獨情多丈夫痛哭嫌無賴酒後悲來砍地歌

蘇公黃子近何如二地應同愁索居聞道昨來專爲我著將孤憤已成書孫大蘇章中黃有枉獄之書爲予作也

題畫

橫浦秋來足蟹螺持將換酒市門過船頭小雨歸家晚燈下山妻補破袍

題玫瑰與杭州施明則

閒來無事看天工費盡心思二月中架上蜘蛛
新結網花鬚花粉釀春風

題晚山和尚畫蘆江夕陽

潮平山古靜如眠蘆葉青黃拂水天蕩漾短涉
秋色冷書聲斜日出江邊

青鞋迂步抵高眠澹醉輕涼江上天何處秋風
弄蘆笛唱歌船子夕陽邊

陳山人題予畫竹和之

半畝秋殘竹葉乾偶來閒步出林看須臾酒眼迷離後一句新詩刻一竿

社集荳園賦得芙蓉不及美人粧

涉江采采及秋晨數蓋將來比面新曉露未乾猶帶泣絶同漢代尹夫人

曉風江上鬭腰肢誰似温柔正畫眉一入羅虬新詠裏故應難得比紅兒

十日再集閩山看李雲谷畫菊

西風吹醒醉陶潛秋色開門一夜添今歲幾莖

無可探憑君爲寫鶴翎尖

畫紅葉半幅示香初侍者

隨雲渡溪問村叟今歲種禾得幾畝驢肩遠見前山紅秋霜一夜如春酒

題梅花書屋

孤鄣爐外青帘靜獨木橋頭白日斜茆屋道人何處去亂山深路看梅花

題畫

喜得冬殘無一事探梅披雪聽驢閒歸來窗紙

燈光靜夜寫江南數筆山

集友人園中看紅蕉

細剪紅蕉動曙霞年年春半集君家石橋對面雙松樹醉臥松根食落花

習水月師小飲

偷歲安能解腹寬偶然君至適春寒一提薄酒百錢買今日醉鄉蜀道難

題畫

斫柴沽向遠村前一日分爲兩度眠潮落偶然

初曬醒半江秋草夕陽船

雨集雲門寺題畫與晩山和尚

偶然隨喜叩柴關分供蔬厨竟日閒臨去課功

禹佛祖滿窗風雨畫秋山

題畫

瘦竹輕絲八月遊蕭疎楓葉亂山幽夕陽谷口

漁歌起一曲溪聲一曲秋

城居當暑爲世承畫風雨千山圖以自慰

悔不居山百事休無分寒暑讀書遊幸吾破屋

籬門下風雨黃昏當早秋

題畫

沙邊數樹不成行七月枝頭淺淡黃無事閒行
拾詩與新晴江店酒帘香

道人獨立看黃昏古樹霜花繡遠村一日此中
兩清福滿溪秋水聽琴言

見黃蟻穴落成

山云深矣山原淺天可言焉不是天湧笑累累
黃蟻穴城闉廬墓幸依然

題畫

隔塢分居我與君身今隱矣不言交攜籃水畔同遊戲亂摘春花染白雲

齋頭紀事

拂石恭安當古人刪畱修竹擇交新更餘工課爲行藥野寺開花開漲春

散步藥畦

春老林園落亂紅孤節開步短牆東蜂臣隊隊拖花懸聞道君王自考工

題晚秋行旅

一肩行李晚秋時細雨斜風乍濕泥不問東西南北路但看村店酒帘低

病中兩開口笑

閒燒竹葉品新茶肺病聊將白石加侍女滿簪山茉莉却嘲吾鬢小於花

閒坐記事

無事柴門閉一雙閒行閒坐各相降圜頭竹影殘陽薄又看蜘蛛補北窗

中秋招客適雨口號呈客

池上芙蓉欲半開野夫白酒乍沽回莫嫌八月今朝雨雨爲中秋看月來

中秋禁夜荒園獨坐

半夜輕風生薄寒布袍添受貼身安月翁幸肯無私白百萬人家閉戶看

正爲年來百事更幷將絲雨送秋行無端一夜天如水明月今宵亦世情

題畫

一箇茆亭七尺長四邊泉眼滌山光野人清福知多光載得許多松影香

借人山居同謝爾玄

屐滿秋煙作野行山空聞得落花聲白雲破處楓林亂夕照平來江水生門巷高寒耳目疎相將問字當開鋤借宅紅葉青山屋讀我人閒半月書

山中雨坐

炊煙淩亂野人家布穀聲中好種麻農事正煩

齋事寂半山殘雨落松花

題畫

澹着吾廬煙樹中小橋春艸漲西東爲因連日瀟瀟雨落盡桃花溪上紅

偶然落筆便堪尋較此如常耳日深恠石固眠新竹裏艸庵帶雨在疎林

採藥尋花信所之蜂繁蝶亂路將迷人家何處雞聲遠知得山中是午時

出城數里半郵亭馬足輕鬆傍淺汀行李一肩

春末晚碧垂花上柳條青

送望翁之泉臺

痛別慈幃怨可憐三年蔬食血如泉蔴鞵布被修行李殘雨殘風哭杜鵑

奉贈望翁祉伯祉伯與先子皆在伯敬先生之門

先生古貌赤髯期壇坫公然兩建旗聞道竟陵曾避席閫巾龍虎尚堪誰

慰望翁祉伯兼寄　先嚴

一別雙親竟十年天翁難望渺如煙先人若問

尋何似爲道人閒更可憐

高人何苦戀餘生潦艸齊成了一杯屈指先人同社予夜臺今復好申盟

有懷望翁社伯兼憶每爲尋道先予少年事

莫道文章德業尊敢從父執問行藏先人詩酒餘閒事每借先生細碎言

望筍

浪艸蕪花不費裁野人幽暇獨徘徊但爲舊竹

所新新筍一日林中看幾回

無題

朱欄深椰繞廊廻紅蠟燒殘錦帳開巷口燕飛
花夢醒誰家歌舞未歸來

畫秋山野渡

蘆葦花中一棹停四邊霜葉響秋汀月明昨夜
通宵飲午夢今朝補未醒

春齋即事

獨立春階到日斜柴門僻陋過山家纔移竹葉

逕新筍初種梧桐三兩花

閒居喜爽亮開士見過

身入園中艸木羣閒閒獨去趂删耘偶然僧至公窗月一片蒲團花影分

畫郊行

乳鳩啼午初醒夢蛺蝶雙飛正弄晴此地不因人世好瀟郵花柳自清明

宿皷山寺

此身慚愧負青天乞得須臾問訊緣方丈老人

行藥起拈花爲笑佛燈前

山門壁立自天開萬樹松花下石臺世路已寒

沙鳥寂插秧聲上白雲來

澗水流殘石髮香苔衣千古蝕山光遊人聽起

思無着山鳥銜花背夕陽

一到山中只學眠三餐茶飯迅如烟惟貪新起

黄昏後半寺經聲已滿天

寄和胡蓮女山人時已嫁矣

伊人今似隔江花烟雨微茫滿目賒我待秋深

蘆荻夜推篷月下聽琵琶

秋日課童子掘書齋前後數畦種菜苗十種

間餘尺地亦天恩瓦礫除平便得園但乞冬來青菜長伴吾薄粥度朝昏

昨來新雨土花鬆童子身輕力未慵教爾習勞今日始好隨吾去作山農

畫成方界篆香形幾畝縱横比緯經稀佈藥苗微灌水小心培養數莖青

蟄虫秋後瀨歸房泥蚓鋤來半帶傷慚愧吾曹
方介掌鶴窺堂下欲支糧
便較從前耳目新書銜欲署灌園人于今却有
關心處倚杖時來看數巡
轉經出食日無休近效僧規已欲周從此中堂
編執事更須一箇是圓頭
新乞鄰翁舊菜栽課奴下種昨宵纔閒身豫想
添詩話黃葉它時幾箇來
在家常欲擬山庄疎野居心意自長卓午日烘

新灌水風來亦覺糞渣香

勤插名蔬似插禾工夫一日不閒過明年三月
新茶社敢與村僧試較多

不入金盤肉味中孤高正與野人同冬深一夜
嚴霜打半葉青黃半葉紅

雞豕從今禁入園手編三尺小柴門爲開笋子
多傷竹但剪新薹不礙根

水棱青筒曲幾層晚香細發覆高塍春初雨過
疎籬靜矮葉輕黃似病僧

壽陳昌箕社長

籬外秋山碧爽連平添湖海氣蒼然竹罏酒熟離騷罷名士由來不讓仙

道山僧寮紀事

揉水樵青傍佛栖願生幽福與人齊山中侍者來城市笑道民間米價低

道山寺中喜雨

布穀無端日夜啼桔槔聲裏汗如泥呷呷孟浪鬧天斗夜雨須臾漲浦西

天將厭亂慰人哀先卜悲慈佛眼開布被山中
燈火冷桔槹聲易雨聲來

鄭靜夫以詩索畫爲稿有聰明安道居今
日肯有金針不度予之句戲答之

摩詰胷中山水新如君端已是前身而今索我
雲林影慚愧江頭賣水人

題畫示陳子盤

三餐粥飯亦隨堂抵却人間襱襳忙聽起更餘
深竹裏水山尋我墨痕香

懷沈逸之參軍逸之和予穜菜帖

交情貧賤菜根同老圃閒吟屬和工自笑輕粃前導耳如公端可續豳風

書劍君曾西入秦天涯回首倦遊人剪燈話我函關道紫氣依稀尚滿身

夢尋空隱和尚于亂溪之間

溪亂無名石路橫尋師惟傍水痕行楓林穿盡庵門近草木無言鳥有聲

畫亂溪楓樹供空隱和上

欲將溪上結茆廬一半吾師一半予日落潮歸秋色遠柴門開遍看林疎

開眼看山忽爲風雨所失無可柰何沽酒大醉博一熟卧爾

崚嶒石骨與天同萬物孤高拜碧空不分人間有風雨一壓曾受曬鄉中

題畫示農夫

小午千林鬱未開芒鞵跛踄不知回籬居父老何時去但見當年風雨來

邨行有所見

一望人家煙火寒殘陽衰柳不相安漫言廢宅荊蓁滿稅及荒山草木難

題陶淵明獨酌圖

黄花初放酒新香門巷蕭然滋味長不管人間有風雨先生高臥過重陽

憶天玉尚在姑蘇

一笑勞予兩地心憶君酒後聽吾琴土窗竹火分題後明月楓橋客夢深

自是腸車世路新君當湖海是誰身風霜吳市

簫聲咽不識於今更有人

米友堂詩　卷六　　二十三

[illegible]

候官許友有介 著

詩餘

眼兒媚

精覔石上憶三生寒夜與君盟窗閒小飲簾外微霜樓上殘更　而今閒坐記前宵罷兒較可憎嚲肩倚案低頭弄筆斜眼挑燈

賣花聲

好夢不須裁委曲徘徊忽聞雀語喚窗開繡香

又手竹邊來一幅衛家兒至也看殺寒梅　樂事共銜杯不飲無回無端整頓欲生哀半醒半醉倚儂偎啞謎難猜

憶秦娥

愁難歇天公播弄黃昏月黃昏月窗影參橫竹風恍惚　數聲啼笑不自覺立餘一片崚嶒骨崚嶒骨凝寬作輟醉夢唐突

點絳脣

殘夢鐘驚悄燈苦炤淒凉我椎牀起坐約畧三

更可　惜念伊人此際重門鎖聽也麼冷衾虛

怎那得平分破

風中柳

長堤窄徑踏春烟倚南窗弄我雲箋畫蘭燈前櫛竹花邊品題成活儼神仙　慈悲方寸眉尖日角娟娟載相思渡日無船蝶意遥懸蜂心欲穿人去也臥不成眠

如夢令

歡場笑語堪賀愁陣酒兵莫破月白紙窗寒萬

種悽惶難過坎軻坎軻這簿帳天來大　香被
半邊枯槁銀釭一齋潦草瞎泣儺龕前聞道天
心亦老自討自討好姻緣没頭腦

清平樂

城南小塢萬片梅兒古伊誰堪作衆香主我欲
倩君領取無端惱亂花神柔枝故故依人在
地願承薌澤聞歌爭墜爲茵

桃源憶故人

雞聲擊夢兒驚碎細小收來難配幸餘一玦蘭

花佩機關原可愛　水薄紗簾霜霪霽景況四更以內瓣香杯茗作對指有青天在

釵頭鳳

情網墜祇自累相思無計能迴避友癡絕相饒舌殺箋勸我腸鍊鐵試賸清涼療吾內熱撇撇撇　意如醉心都碎閉門索領忳忳瞞天老劣妛造設無端添入黃昏節依樣舊愁重新打疊結結結

霜天曉角

拔身不起活埋愁堆裏白日長吁而已招吾寃
誰剪紙松門蒿里片石何人紀若還題我新銜
半癡黠妄男子 巫陽下視手版傳天肯帝命
許郎無死爇雙燭修情史那人長侍酬汝懸槌
指下士叩頭玉堦謝碧翁夢醒矣

米友堂集

三

三

米友堂詩文序

文士處四大中如恒河沙
之一點塵耳幸而郡邑知
有是人通國知有是人率

士知有是人是人曰吾必千古人亦曰是人可以千古舉凡一代千萬家著書說搜其集曷啻殷若五車

始至國步孔艱焚滅于兵
火者十失八九矣即此僅
存之十一異世人未必盡
舉而傳是故歷皇始來代

傳者幾何書書傳者幾何
人士一囘念及此能不燒
洛陽之紙而埋中山之頴
乎然天界之以才父師董

之以文千載又誘之以名
自童迄髦寧老死于三寸
管城中若悍獸入穽四顧
囚縛氣躍匕勿獲跳出者

三

則舍述作一事其亦何途
之從況代必有傳人人必
有傳書吾輩負滿腔靈孕
居轆轤世界恒多不平發

爲嘯歌寄諸翰章遇不一

同故詞不一調怒而爲夏

激而爲秋冬〻其藹而爲春

者如麟如鳳或僅見之每

以吾所必傳者得之于已其不可必者聽之於世且安知吾非十一中人乃憤憤然人欲燒洛陽而埋中

山哉今榕城有米友許子
知有是人者亦若恒河沙
出其詩文以示予余讀之
而嫣然喜喜其可以傳復

蹙然悲悲其恐不免於兵火而無以傳許子曰無庸文我文也詩我詩也我作之予序之我二人事也其

傳與否子無庸於是孫子
樂而爲之序倘予之集傳
讀予集者知予序米友雖
不見米友詩文而如見米

友倘米友之集傳讀米友
集者知予曾爲米友序雖
不見孫子全文而如見孫
子則我兩人相須豈止今

之

日時唱間其並傳者幸也
其獨傳者亦幸也其焚滅
於兵火而不得傳者亦千
古事也然而寸心得失其

誰任之

茗水社盟弟孫坡題

侯官許友有介著

箬蘜志

見落葉而爲舟見垂蛛而修網古人製器類有所觸而成也余一日偶與雲谷子從濤園搜唐宋篆刻于道山之坳得蘜桶焉身逾寸形懸壺外集黃箬比次如簑余顧雲谷曰馬蟻可師茲蝨示我片幅山莊圖也歸遂于屋角隙地除如平掌匜山泥四隅無缺鑿門豐上瘠下君高郵

酒甕牀課童子入山縛茆覆其尖每疎用掠簷
阿枯眠抱膝耳中摵摵蕭蕭若萬山風雪壑壑
生秋聲供古佛一龕六時澹光寂炤薾外植梧
桐脩竹數種石一片皆摹米顛行書從友人換
得者有時踞石而撫摩其間寒翠滴人鬚眉因
憶陶靖節大懽只稚子之句在人有之覺閉戶
著書龍鱗滿屋者猶屬好老儻態也薾成客有
過者詫謂此是嬾瓚一幀生綃主人翁從何處
得余笑謂我輩自有大導師彼方儼儼然獨處

于道山者出其眞粉本示余余因爲搨出非關
聽法于雲林子者蘭凡深一丈三寸廣一丈奇

米友堂文

縶螳螂賦以龍拏虎跛壯士囚縛爲韻

童子自山歸捕得螳螂一朱絲脅之夷其左股憐而爲之賦

爰有趯物是謂氣蟲亦名天馬在地猶龍介性類雄竟亦離罿蓋惟入山之不深遂致披草而偶逢彼其與人無患挾弓爾彈枉相捕捉橫被拘攣縱溫侯之呼急詎曹公之肯寬既蹶足以縮伏祇低眉而永歎時則蟬曰幸哉今莫余侮汝好勝以遏蔽空有力其如虎素廸果毅猶困

童豎豈秣駒而受維非獲麟而折股於是臂尚能怒足則已跛筮卦得夫明夷見傷適在于左譬病翅之獨鶴常垂頭而若懊欲強步而屢僨暫崛立而復倒已焉哉勢既羈孤力難與抗徽纆任彼小奚當車敢云大壯悵矣獨悲頹然自放絡兩馬而載歸同漢家之飛將乃有桑扈開人蘆中窮士聊學蟋蟀之吟時注蟲魚之史感人生之艱危理往往共有似彼繒繳之四張每誤墮乎君子念茲草木爲年螻蛄與游誰復過

問寧期見收今竟對簿俛而聽吏上書叱以爲囚牽率遂至于此係援豈其或求亂曰浮世凶門多自鑿兮抱玉于人足妄托兮智不如葵宜見斮兮蟲又何知加束縛兮縱之使歸反叢薄兮摧剛爲柔守一壑兮爾其繼自今兮愼勿亢而躍兮

蘅皐説鈴序

文士而能老老士而能閒此天所以久其筆墨之緣使之識深學廣而大富于著述者也　明興以來其負學識而稱著作之家者背項相望而推纂彙之多者獨楊用修稱最計其品目迺至百有餘種噫嘻盛矣然用修雖蚤登上第而旋墮謫籍其半生蹇落畧與寒士無異彼其纂彙獨多蓋繇老而且閒之力焉社長陳磐翁識深學廣裒然衆中爲大尊宿其槃槃之才便便

之腹諸凡載醪袪惑者皆得厭欲給求以去所雜著如槎上之舌筭燈之談人巳奉爲枕寶帳秘矣近又手兹一編示予則繼今以往先生纂彙之富何必有讓用修顧予受讀而竊歎焉夫人之識非老不深也人之學非暇不廣也嚮使先生而蚤行作吏有城獄之寄則凡判牘署紙皆得以減其著作全力筆荒墨渴時或有之矣維夫遲暮弗遇飽飫風霜散髮林臥之久舉夫物變人情莫不洞若觀火故能識深如是於戲

此文士而能老之效也嚮使先生而遲暮弗遇猶自歎賤嗟窮以田瘠宅庳粗其心計將使古有疑冢誰與辨之令有滯獄誰與折之惟其簡斥外累蕭然無營一意與賓朋山水互相笑弄斯能硯匣隨身以日從事于油素故其學廣如是於戲此又老士而能閒之效也

芳草樓詩序

琹之賦曰非至精者不能與之析理非淵靜者不能與之閑止琹心即詩心也聽狂生漁陽三撾何如聽高士青溪五弄爲能移吾情而禁吾邪者大雅不作太音正希里中有詩士如陳子君贊于頋未之識也雲谷李子爲出其詩見示予得讀焉見其士如楚士聲則秋聲情贈與答閒洽若琹言也陳子蓋以至精之胸發淵靜之響故其指頭之妙可以移情禁邪者于是乎出

予雖未得與其人交迺得先與其詩交交從此始昔人謂見施之美不待詢及姓名固爲佳喻然猶近俗今予于陳子豈如秋日谿行渡板橋流水聞鼓氷絲于半間草屋聲出萬竹林外正不必叩籬門稱揖客巳自使人有倚杖日斜不能舍去意則予于陳子其相感悅蓋有在于性情之際者矣近聞陳子偕其道友洗鉢雪溪似此楚士秋聲固宜爲雪溪人物也

送沈昭文赴莆州參軍序

仕何必燕京陪都官何必尚書宰相交何必吳儂楚客人從其地地隨其人適其所適而已矣余性素僻戾嘗坐閒結願思浪遊黔滇之地與夫邊磧棧閣之間舉夫世所目爲文物寡陋而沙塵壯苦磴道欹危者偏欲策余足而飽其味余雖少無宦情然嘗惟我朝官制不立書畫學博士愛其銜名職司爲不俗又嘗發想作一山城典史旣無拜跪之苦衙齋傍山壽藤翁栢交

映鷄栖犬宿雜于堂山泉繞屋溪雲入廳日探
奇秀岩壑遊畢即致政而歸歸以自版大書典
史守懸于宅上亦覺蒲屋生新向後爲人作書
畫題叙皆署此銜以代別號原自不惡文思古
之所云貶所在今世都爲善地使其尚如當年
之潮之儋仕宦視爲畏途予即當欣然遍辭大
朝人士渡嶺過海往求大顛和尚春夢婆輩而
與之談許宰之結願如此雪水耶文沈先生當
兩都淪陷至自越詣　行在麻鞋謁

天子特拜莆州叅軍夫以昭文長才廣度使爲尚書宰相誰曰非宜一幕佐恩公耳莆中人士近多好槖習書頗有吳會風流昭文于簿領之暇往與之遊從其地隨其人昭文安往不適昭文嘗語余曰人爲貧士欲求玅筆名香自不多得但得日用巨細筆使硯面常發寒光焚黃熟香使鑪腹常抱清煖亦可竟過一生此昭文貧士法亦即昭文貧仕法昔人借境移情善占便宜地步范忠宣每日閉門餐餺飥不知身之在

遠吾欲取爲南而居北者法蘇子瞻日啖荔枝
三百顆不妨長作嶺南人吾欲取爲北而居南
者法令昭文雖非北人然生處無荔枝官處則
又楓亭名勝天下也予祖其行請移予瞻法爲
贈但欲昭文勿效子瞻曰無錄持餉獨享爲娩
也車驅之車驅之

七憶詩序

詩發乎情者也情何從生乎生于憶者也大抵憶之所至如雲之漏月舟之赴水種之出土當其際者不知也況見明月而低頭能禁其不驀然而生乎夫憶之于詩也近之矣是故無不及者也及笑笑即有聲及談談即有響及咏咏即有韻及水淙淙然及山巒城郭隆隆然及草木魚鳥欣欣悠悠然此數者無詩之詩不待筆墨點綴已殷殷欲流此余隨侍家大人有七憶之

作也然予作而旋悔之東坡極言不思之樂至云不飲酒而醉不閉目而睡又謂臨臯亭下八十步便是大江其半是峩眉雪水吾飲食沐浴皆是何必歸鄉哉予誦其言而有省焉永陽黄子基玉手是詩日讀今人詩若當暑赴俗筵魚腥肉惡爾能致我清風明月之下拾松子燒惠泉嚼橄欖梅花醬者

内叔翁邵周壽序

余嘗閒坐數千古酒人指首屈魯中叟欲以齊贅壻配其食蓋魯叟之酒評曰無量真箇中散聖也齊贅則自云一斗亦醉一石亦醉此與無量者何殊外此則天下雖大幾無酒人矣以今余所及見猶有外叔翁邵周先生先生隱身永陽萬山中日抱數甕而臥其于酒之外無他友人罕有見其面者棄遺百慮狀若嬰孺其于醉之外無他事人罕有見其醒者其爲量予不能

定想在斗石之間今且拍浮酒池者六十年矣其侄子基玉糾其酒伴陳子抑夫李子雲谷畫水仙梅石拜酒爲壽屬余致詞余惟醒人之于械也深醉人之爲機也淺使大少司命唱籌而量人壽其將誰與夫壽酧也將酧之常醉者乎抑酧之常醒者乎壽又受也將使醒人受之乎抑使醉人受之乎宰惟知以酒德卜先生日酒無量者壽亦無量

贈鄭子羽徐振烈合序

琴廢于牀而琴意具足鰤臥于室而鰤性自存使天下皆得爲無事之坐以長聽琴言無不平之鳴以屢驚鰤夢斯幸甚樂甚也然而難之矣鄭二子羽徐五振烈皆余同社子也二子驩相得常私笑竹栢異心然二子實有不彊爲同者子羽文而弱鶴影脩癯時與松風笑談于水石之上而振烈則倜然武虎氣騰上欲偕龍身吟唱于風雨之晨從來稱琴曰雅説鰤曰雄以余

觀于羽蓋雅然者也與之清歌三終絲心甚静桐理甚閒鄭子其猶琴乎振烈蓋雄焉者也醉以濁酒五斗倚天而號砍地而哀徐子其猶缻乎二子皆索余言以贈余爲倣古建封剖桐分竹例書此一通囑兩家護藏之倘題于徐之屋則欵首當後鄭而先徐如張于鄭之壁則識題又次徐而前鄭亦猶地從主人之義也離合位置間立使二子爲蛩蛩距虚更食迭望於白版扉上弁使後之觀者笑余許子好省而弄巧如

此也徐五携劒去鄭二抱琴歸

米友堂文

原書缺

原書缺

送陳文生移宅鄉村序

許子偶過陳生齋中欲索酒罵世見其床前鋤鍤數種竹箕箬笠事事皆新構者許子驚而問曰子將先我去耶陳生曰斯時不作田舍翁更將安之吾挈妻孥布襪青鞋堎頭樹下踉蹌過日子矣米友哭之慟瞠目而視曰子奪吾志吾蓋有所累而不能脫然也問其地離城三十里有江水面數丈許復走莎上二里餘皆籬落則溪矣溪口漁船一隻竹索牽鼻渡此有數間破

屋木椽土壁茶飯龍春山雨扇柴門半掩霜樹欹臥茆簷鷄犬聲古於他村者陳生隱居處也嗟乎陳生能勇於隱也然陳生亦不得不勇於隱也陳生五年前與許子讀書飲酒狂叫而笑罵人笑罵人而復爲人笑罵至聞古人買山歸田嗤之忘情漢僞世邀名負心于天地父母者也焉能欺我輩耶嗟乎今日尚恐言哉裂眦吞血捐親戚別廬墓霜纚之鐵寄於寒潭不得不買此五畝地鋤芋種瓜日高竹葉猶作囈語逢

人不敢道姓名今日陳生明日許子也者雖然木枕頭上夢魂浮蕩如遊絲一肝一腸終已寸寸斷之矣

米友堂文

孫大蘇詩文序

詩文而不與半天下之人開卷謾罵擲於地張眥裂眼恨不死于其手者非詩文也詩文而不與半天下之人一拈手剪燈徹窗叫讀之聲滿天稱快心知已焚香而膜拜者非詩文也然謾罵之人恒欲多而快心之人恒欲少何也謾罵者多則快心者愈少快心者愈少則詩文愈佳矣予少也大約彼猶居多每效吳兒清韻至伎倆之事亦無所不爲每一爲之未嘗敗壞不可

觀幸輙成而輙止矣譬聞人有好書則風雨瀟顚涉江渡夜欲攖而得之得之必窮日獵涉而後已今日典作詩則寫字畫畫不能移我情典字畫則詩文文不能移我情有時匝月爲文間欲措五言絕句勿得有時買着屐放情遊水看花索杯傳酒經數旬不歸書堂深柳自鎖疎煙墨筆荒渴欲焦夢寐之中不識主人翁何處着脚有時得一好題佳句酒茗朋友之間逃避而爲之就則無暇脫藁令其狂讀莫能竟章者又

置之經年不足此此皆性之所之而不可自知不可意擬者也如此著詩作文其不與半天下之人謾罵也幾希是吾友孫子大蘇一一與余同詩文同則謾罵而快心者亦同謾罵而快心者亦同則受半天下多謾罵而少快心者又同矣

鄭靜夫秋砌言序

春女怨秋士悲人情乎時之爲之也吾友靜夫鄭子五岳起于胸中爽氣連其虬髯與予連袂言詩抵今歷十餘年所矣靜夫結廬于古城深巷閒讀書徑草沽酒籬花古貌古心不學時人衫屨家故少孤食貧時時積其㥛問柿葉向人易錢養母稍暇則蒲團宴坐與古佛結隣閒出半偈示予雖松衲拈禿者較其辯才猶遜邑子多有目笑其所爲者獨予與靜夫最故知其爲

有托而逃者也靜夫以予知之彙其詩紙索予言予作而歎曰夫士以才爲命女以色爲命者也女失依則怨士失職則悲彼短衣夜漫天寒袖薄修竹之倚白石之歌所悲同所怨同況遇如靜夫猶爲孤易傷而貧易感者乎嗚乎今之號稱當世貴遊者一丘百貉類皆因氣鎖詞容頭過身而已顧得囊金匱帛笑與秩終誰爲司命者獨使吾靜夫三十無名空山臥秋徒與蛩間蟲舌相響荅也過在宰相吾欲問之靜夫曰

無庸窮愁如吾固宜著書君試看吾砌上雙趺
隱然屋後龍鱗亦將老矣遲我數年方欲焚研
瘞筆與母兄輩圖坐共說無生況今之時何時
進士爲官不如復田子又何慕之有許子知我
者胡爲予悲許子休矣于是許子聞其言而益
悲之爲之呼酒痛飲相與曼聲而歌九辨之章

送陳天生偕鄭孝先重遊桂林序

陳子天生鄭子孝先陳子盧子許子有介四人相與呼天地父母而友善比來許子倦遊矣陳子天生則以省覲往客粵西去春挚盧子以偕許子所與相樂相泣者惟孝先鄭子今秋間歸復往語笑未了又挚孝先以偕今留與余相樂相泣者爲盧子陳子計吾四人者或職其居而夢思於床或職其行而慕吟于道或與夫居者居行者行互易而分其苦嗚乎吾四人者初謂

相知同一已耳而分合聚散間乃有四心若此誰爲舟車載人離別吾將鞭軒轅而貫共鼓罪以制器爲世厲階于是遂與盧子釃酒江干同聲爲歌以送遠曰君拔鋏而驅車兮正江風之早寒誠壯士之慷慨兮鄙兒女之懷安指蒼蒼之八桂兮越嶺嶠之漫漫以余居情之猶酸兮知君去意之未聑是蓋人生異于麋鹿兮信長聚之良難

予喬子詩文序

予喬子嘗索贊於余余拈晋人語目之曰體中癡黠半意在有無間予喬子褒拜謂余曰吾方師乎蒙莊欲中處于材與不材者也得予佳評若搨余影但吾體之所以癡黠意之所以有無于意云何請爲細論余爲作而言曰吾烏乎知之葢于子爲人知之且于子之爲文知之余觀今里中兒莫不鷙擊趨時馬躍恐後乃帝何竺之徃徃亦使得氣以去予獨歛退就于新儒常

以一卷氷雪之文避俗自携坐觀侏儒苦飽猶謂信天翁未曾餓死以故一寒獨吟安之若命雖則婦愁長貧夷然聽之咄咄子喬志非不如古人也才非不如今人也而失路無門悲歎不作作人如此題以體半癡黠是耶非耶乃若子之爲文余又可得而言矣亦既鞠明究曛乂手巡簷拳桔此道幾二十年而花樣不習嫁衣自甘以其身爲六日之蜍十日之菊受嗤拙目者屢矣曾無幾微見于言面至于詩則閒情發唱

常如山雲無心逐風渡溪家丢之雙清子代掌詩
牋凡諸有作脫槖後輙隨手鳥散㸌沒彼唐山
人之瓢聲歷歷在子似猶嫌其喧耳也作文如
此題以意在有無是耶非耶子喬子于是欣然
受署去

霅溪孫大蘇十七憶詩序

籠鸚檻猿空窺不出使之自言所夢必昔昔然
朧雲片片峽水泠泠也嗟乎人何以堪耶榕城
許子誰昔武林署齋所以有七憶之作初亦謂
盧中微吟未敢擬歌河上但私念爪蹤匪長差
能搔人癢處海内不乏知己當有倚而和之者
何幸得菰城孫子追履我發如許子數而加其
十焉君才倍丕余沸隕邪矣夫聞風思鱠見月
放鵬此自客子佳話第不可與藺卧老蠶言之

茲余兩人各出一編相示譬則佛言食蜜中邊皆甜也魚之飲水冷暖自知也好溪山好朋友是吾人寒火病藥誠不可少闕然不如經數時隔面坐燈下指胸語影常如訪暗泉尋落葉形神惘惘默默其爲回味尤長故有時閑之堵壁而經年不遊一山不交一友因而憶吾地有某山吾地有某友意既生于所無有時出而行國而日遊數山日交數友亦因而憶此山似吾地某山此友似吾地某友意又生于所有有無相

續若巧作玉環誰能引金椎斵斷即今余與君幸甚至哉得以並接簷陰相樂相泣矣假而風前語笑吹落天涯則靈臺春綫渡水猶牽異日彼此詩題應各添一段但不知酒闌時夢醒後拂稿誰先此屬後事且不論也請留一偈爲笑兄在閩憶越弟于越憶閩山川能互易同作無懷民

米友堂文

林郭子詩序

天下事而不與通脫之士謀之天下事安可爲也爲天下士而不具通脫之性烏在其爲天下士也予年懶臥不喜見人以人多拘迂鮮通脫者應門童子亦解主翁意而多不爲通馬北里林郭子予向固耳其名而未及相見但不識郭子何以知人間有許子者先是曾袖其哭國詩投予童子遺之予未及讀之昨童子報予有客至廳事不通姓名畱一赫蹏去予取視之則書

林郭子袖詩百首索序七訪不遇大笑以去予始知郭子前後蓋七叩予門矣急起攝屐追之則又無及然因是竊歎郭子識量之高以七往返之勞而僅得其一笑此其通脫圓宜知人間有許子者夫禮非爲我輩設使郭子而必屑屑焉一介而通三揖而進拘也迂也非我輩士尚罵勿與通必如郭子之始進如此向後予過郭子郭子可以不冠冠迎郭子過予予可以不履履送蓋相取在性情之中而相畧在形骸之外

彼拘迂者那知其故因宜不知有郭子併不知
有許子者昔禰正平一刺莫投庾子山片石與
語其孤情絶炤度越恆凡今郭子于人少可獨
肯于予勤勤爲一刺之投是殆以予爲片石或
以予解點頭而欲與之言詩者迺予郭子詩固
未及讀也但以詩之爲理日變月新非至通者
莫與識變非至脫者莫與趨新則予于郭子固
不待讀其詩者也且予期郭子寧僅以詩可許
其爲天下士矣可屬以天下事矣

董伯音八游序

予嘗語人古今第一詩人莫過莊子彼其涉筆所至貌風風笑繪水水怒使之屈首聲病定當芥納三唐矣然其得力實在逍遥一遊遊誠善物即予興氏仭立巖巖夙胎山骨嘗以山海眼說詩陋殺咸丘高叟一派乃聞人好遊樂與之談浩落酣適有㩳動腓隨之意而司馬子長亦繇壯遊天下故名山顯位以待其來子長遂得收九疑禹穴之奇勒成史記跡斯以觀游何負

于人哉吾友蘭上董伯音詩才迅健如俊鶻香象橫踔恒凡且復居心不廉藝成絶衆其手問之談滕間之語譜之皆成隹話政使潛聽山中移情海外者雖技號耑家對之想應攤指予方怪伯音非有四目兩口何以具大神智色色過人若是及觀八游草方悟伯音蓋有其得力者焉伯音之于游眞所謂壯而好焉而于焉逍遥者也所以每奏一篇山言水巻泠泠如落子拂絃人世間清音那得不首屈此耶輒令人欲腈

車秣馬棄百事往而與之遊遊誠善物遊不負人予于吾伯音益信也然余聞古人云使莊孟相見定有可觀予每憶此言輒作數日痴夢今伯音立談古人如坐于席尚能以吟餘閒情爲予擬莊孟問荅乎蓋此中無礙辯才不得不以屬之具大神智者咄咄伯音其必有以解吾痴夢否也伯音但歸矣歸而史記成幸幷相示

南蘭董聖褒詩序

三閭無端饒舌絮絮天問天果可問乎柳州又復無端饒舌絮絮天對天果可以臆對乎予嘗謂漁父一詞即屈子之自爲天對也雖則呵壁而書與夫鼓枻而去熱冷似不相謀而其暗中箭鋒相撞妙不容舌厥後有晉元亮得之其集中形贈影荅之詞一種無聊棲託胸有連環而自結自解之一與屈子無殊嗚呼孰使二子如此皆時爲之也吾友南蘭董聖褒詩歌沉摯澹

達相其意製直欲合陶屈爲一人聞者閩遊倦還有回首息機之意因裒其雜咏顏以問樵鳴乎孰使董子如此亦時爲之也獨是問樵一語在右丞詩兩咏及之今董子所取將如陶公歎田園之將蕪而以前路詢之征夫聊爲隔水而問夫樵夫乎抑如屈子決龜筴而莫知而于澤畔逢夫漁父遂舉世事而問之樵客乎二者予尚未能知之也於其別而申以問字也請從夫昌黎所云

緩帶草小言

今爲何時乎狂風吹乎古月矣是有志之士拔袂而起屨及于皇劍及于寢車及于市時也苟或捽兀窮廬酣飲賦詩而且志如委衣不出房戶則將安所用之故吾于里中社子求其眼大心雄士甚勇甚者獨得黄子朗伯朗伯與予抵掌論古精悍之色嘗在眉間其一家中自爲師友文章雄霸如鄴城曹氏父子客歲伯也輟壎之吹出而爲王執殳朗伯摻河梁之袪致囑行

行近取緩帶目其詩編意有惻于愁雲蔽日是朗伯一心憂國愛兄兩念並摯者也予獨喜翰伯既行間緩帶投壺之下不廢雅歌而朗伯復緩帶蘆中飛筆之雄比于武事行者褁躍以趨居者結束以俟天下事當無足難者閫圖寬幾許其毋學沈郎乎吾今而知杜甫瘦生非關詩苦蘗爲流離困頓一飯亦未嘗忘君耳爲語朗伯其慎加餐可也

浙西徐道招詩序

浙西徐道昭先生之乘傳至閩也閭巷聚觀漢節咸謂復覩司隸威儀時予適在永陽萬山中未及負弩矢郭迎歸輒從家仲氏問徐先生行李何似仲氏曰先生之來也一童隨馬有㬠然負于背者而趨伯也其亟修謁乎予遂疾走郵亭中既先稽首謝魯人之臯旋再拜問輶軒乞奇字先生則慨然呼童出是編示予且言某藉橋大人宵雅之肄今幸歌皇華而來徵緣取道

因得以馬策叩屏刿越之距閩風煙相接非復如叩坂九折須叱馭乘險以遺體貽慈母憂故予得遊目騁懷閒弄墨筆今所爲詩具在也子手序而可序諸予受讀而笑曰先生篤于孝既喜不以遺體貽太夫人憂矣何爲復以嘔肝牽太夫人慮者墨帳方收而奚囊又滿吾恐遊子吟于道慈母將思于巷先生何以解之惜也予不能起先大夫于九京以爲君快讀擊節譬則山客種桃歸去弗及載酒賞此雲錦爛開未免

有情安忘悵悵然坐槎貫月以來攬轡采風而去固征夫事也持餉尊親何可囊無一物先生其以斯編爲使歸之獻可也先生曰唯唯

米友堂集

李雲谷詩序

元次山作退谷銘指曰干進之客不能游之作杯湖銘指曰爲人厭者勿泛杯湖許予自審材業不如次山詞賦不如次山孤癖則自謂過之居閒閒戶外屨聲輙爲攢眉走匿深竹中顧獨喜招尋雲谷李子客秋相與師藺製菴時時科頭相對竟忘主客日者雲谷手一編曰箬藺或指余是好攢眉匿竹者剏爲箬底片地野老與人爭席耶余笑謂老僧蔦松之屋爲雲分取半

間原自了無礙相兒人如雲谷詩如雲谷固余祠禱而求可游退谷可泛杯湖次山而在尙當作詩招之者余方將擷天池爐芽邀桑苧翁挾經執扇暨顛南宮迂雲林爲吾量水拭器然後偕雲谷携取氷瀝雪椀于清泉白石間把其詩卷徐啜細論雲谷尙欲呼集劉伶李白輩揚帆擊汰而來余則曰是又將索酒浸我者我又攢眉匿竹避之矣

曹石霞哭國詩序

石霞先生哭國詩成前後凡如干首或有讀而嘲者曰嘻先生誤矣方今炎爐且噓燃灰未死有志之士莫不將弔更賀而先生遽爾涕灑亭新淚清河濁嗷然而哭先生誤矣先生淚急米友許宰開而解之曰君等休矣先生不誤君獨不見賈生乎賈生當漢家鼎盛猶然一痛哭二流涕於少年天子之前至今讀其諸策血痕猶殷也君又不聞老杜乎天寶之亂豈異於茲而

哀乎王孫悲乎陳陶亦復切切嗚嗚感均頑艷今曹先生文如長沙詩如少陵而以一官拓落揭來吾閩江南卑濕困不滅漢時長沙也先生又須以微祿少償酒債故爾低頭叅幕如少陵逍遙率府閒則夫一飯未嘗忘君五餌思以係頸有所慷喟于中借悲歌焉攄之無足怪者君等休矣先生不誤且今天下誠得炎吹灰起如君等所云使曹先生有宣室之召則收京之詠洗兵之篇先生必將繼此有作矣文人頭向恒

半笑啼又寧可測耶今其詩具在諸君倘懷孤憤亦欲長鳴尚共屬和可乎先咷後笑敢告同人

[illegible]

莊蝶序

人世有半部外集奇文字人多未及收拾聽其如爐雲散去其爲可惜特甚何謂半部外集奇文字夢是也湯臨川生平得意在牡丹亭其中尋夢一齣不知當年從何入想夫旣夢矣又從而尋之此等題目便足供人閉目搓牙思量十日廼其九曲文心至託之善懷女子臨川蓋以舉世多癡人類皆未識夢中趣者是不如彼女子一往猶有深情此文人吐舌嚙世意也縺華

董先生當世之醒人也其來備兵吾土如陶弘景入官其松風之夢固在其所著作以莊蝶命篇誠深得夢中之趣者千古來第一善說夢者莫過列氏禦寇野人鹿訟一段幻杳之致半入江風然溯厥鼻祖當推漆園老吏予嘗謂莊之化蝶不知蝶之爲周周之爲蝶與列之御風不知我之乘風風之乘我兩事大堪拈合今讀先生是篇者一以爲南華一以爲冲虛是莊之蝶列之鹿與先生董之蛟三者固未始有分也半

部外集奇文字從枕上得之若先生者眞善收拾猶憶早歲予刻醫夢艸一小帙客子喜其題目新異請問醫夢之方予曰夢不難醫誠能延樵童牧豎爲先生擣白石清泉爲飲片又能忌朝市之油腥戒利名之生冷夢不難醫也客啞然笑以予爲眞善醫夢者弁以聞于先生爲復覊來信耳

題羅雲漢閩江小詠

維楊羅雲漢先生綜務則錄及竹頭裁詩則得其花骨吾疑其胸有并州快刀故能剪此江水入其囊底是編發嘯舒逸寧減王世將樓船獨倚時獨推江千萬手紛紛檜爲楫于公取材松爲舟于公取材而先生猶能詩情發于晚霞逸興飛于天末是盖好以整好以暇用世之道畧見于斯也高達夫節度川西當鼓角喧闐而爲詩清微澹遠同茲整暇彼謂古今人不相及我

未許其知言也但江間浩倡安可以城市眼耳對之請俟徂暑後載此于書畫舫中泊宅于荻汀蓼岸以待月上風起時㫄抗而吟吾知當有百靈不散而湘娥悲于籚外如杜陵所云者匽虬鄭而在積薪之嘆其能免乎

政餘漫艸序言

漢詔求賢郡有方聞之士必身勸爲之駕二千石事也士將脂名車策名驥以馳驅　帝鄉非得良御師授以馳驅之範騄轡安從組舞也者牧伯馮先生之刺吾郡也朱輪夾鹿以來呴姁多士如老慈母亦既穆如之詠拂多士以清風厭厭之飲醉多士于湛露矣復以清燕之暇徵多士奏藝先生爲憑軾而覲等其上駟中駟焉多士方請師文爲楷法先生出是編授之驤步

端聞鸞聲雍好能使泮林之間聳觀而恭聽者橋而圜焉墻而堵焉是先生巳爲多士勸駕且并以駕法相授者素絲之潔紕以金針政之餘迺通乎教矣昔人授秋駕于夢中猶屬恍惚孰若承王良之面命經造父爲指畫者乎弟子友雖筋肉駑緩請執鞭從矣

萊帖序

天風吹聾風不覿聾也聾則愚風焉友近作種萊詩十八章不過如樵豎卓午弛擔半山亭子唱囉哩山歌少愖辛苦耳聾敗聲焦是何足和而逸之先生猶然盪之以天風也友焉得不歸恩也歟逸翁大半與學槃槃譚譚老謀如趙克國雅量如周公瑾而深情至性又不減香眉二山忘年交予嘔肝執手採虫聲之善音賛里人之偶得又復虛懷如是予繼今將糠導不已以

米友堂文　序

觀清流明鏡不憚披風當經無靦鑮哉抑翁子秦和碧毿詩于閩和種菜詩碧毿如靚粧美人青菜如野服道士毿花盡菜花開由艷歸淡殆亦欲盡理還畤也逸翁豈獨與予言詩兼欲與予論道者附詩二首不盡志感亦以寄懷

宜讀書序

客有至自越者問以湖上諸名士無恙乎近狀奚若也客曰文白范子賣漿矣世臣徐子補履矣梯霞陸子荷薪矣予則爲灑酒東南相賀曰是宜如是是眞名士士當無聊時滌器非辱也挫鍼非賤也腰鐮非困也但一副救果解輿霜葉枯之青袍眞無可戀耳且使諸名士而不賣漿補履荷薪其爲辱賤且困尚有什百千萬于此者故予謂諸名士之所爲也宜雖然外此無

宜乎雲間看道人有多讀兩句書少說一句話之語以其語平義廣嘗欲書于白版扉上因笑曩人謂此口止宜飲酒意雖良是語尚稍偏口果但宜飲酒耶及睹元康趙子以宜讀書顏其齋居予始竊歎元康詞意之厚有遠邁曩人者蘇端明舟過曲江灘石欹側撐者百指篙聲石聲犖然人皆土色而公作字不少休公自謂更變亦多矣置筆而起終不能作一事孰與且作字乎予嘗奉之以爲居身涉世之法今世波驚

濺所歷之險有百倍于舟過曲江者使吾黨廢書而起亦終不能作一事何如且讀書乎此宜讀書也否則讀書以窮理適用何月不然趙子顧向不謂宜而今謂宜者蓋倦遊息駕還問其牆頭短檠千策百慮固無如與古人坐話之樂者太白收千鈞之弩摧撞息機而匡山讀書頭白不歸元康法之是蓋成連之琴雍門之瑟漸離之筑正平之鼓皆將于書乎耶之安知先生司馬青衫非藉此消其淚淚而以當夫左醇右

婦也者則以視湖上諸名士當有笑笑相視者以趙子而讀書豈僅學作博士而閉帷低首如三日新婦耶若予則邋來面目具在予所雜譔願學詩中自分宜死宜肓宜聾宜啞者宜爲奴爲丐爲擔糞爲織屨者爲唱挽歌者予之所宜宜此而已趙子歸矣歸而道越湖上諸名士如詢許子近狀爲持此報之

若水孫大蘇大母壽序

予與孫子皆侍于大母者也余之大母百前四歲孫子大母今年六十云余大母以六月生孫大母則生于八月兩家皆無大父與偕白頭且俱失壯子也顧孫子猶有慈可戀余小子則并慈容杳矣憶余每歲六月初吉率兩弟六袖拜堦下輒自念吾三人弟孫曹而已則酸戚上眉間仰而視余大母其眉間酸戚亦與余同彼此閔默各有意而未敢陽也盖是日予實哀樂半

焉噫嚱爲長心易悲早孤意常傷昔人沈痛之辭不堪三諷矣孫子能與我分痛者孫子御其大母來閩依一姑也上壽于其姑君之官舍家故有諸姑母妹在也余讀其自爲壽言以大母念及故園諸姑輩孫子雖奉二宜壽以上于大母大母猶愀然作色孫子終退而顧影泫然也今郎使孫子御其大母歸越弃官舍之姑亦偕行焉孫子上壽于家園斯時也諸姑輩咸在矣大母能無愀然作色乎孫子能無泫然顧影乎

吾有以知其不能也何也孫子亦茀孫曹巳矣人生旣處鈌陷塲中家鮮具慶之樂斯愀然泫然之恨何日能忘余謂此日哀樂之半孫子自今日以始百年如是也何間闊越邪伍子胥曰吾之慭與白喜同今許子慭亦與孫子同者也請爲之賦河上于是孫子九頓首以謝許子且告許子曰子固余所云與孫同列者一儔也是宜執爵言

老友堂文

四

退叟集序

人遇退叟于道有與疑年者使之年叟曰吾盖十八而頗有餘矣噫嘻十八一而頗有餘則胡然叟也漢武登于泰山卜年曆之數探策得十八倒而讀之叟亦倒而讀之乎胡然叟也恒言不稱老叟獨未學禮乎胡然叟也叟曰吾退矣吾退矣心既叟矣身胡不叟焉且吾所爲凡以媿夫人之年有而不言者漏盡鐘鳴夜行而不止者日暮途遠倒行而逆施者况今夫巳氏趨時

而鷙擊焉而躍汲汲惟恐後來至我獨粥粥然
溫溫然寶吾之退人將謂何一男子類唐若是
我倘不以叟自封人亦以叟謚我與爲人謚毋
寧自封童子友曰叟言是也請以予意爲叟助
發焉今世之栩栩求進者鬢而鑷白也鬒而刷
玄也羣小兒拍手譟之曰翁來前翁來前彼猶
曰我童也我童也噫嘻是信童朝市一餅耳羣
小兒鬨而爭之科名一餳耳羣小兒涎而攫之
故凡世之栩栩求進者皆翁也皆童也以其猶

有童心也今叟顔故玉雪耳而能齒爲白骨之
觀已自見其齒落焉面皺焉設有舉餅餳飼之
定麾去曰此兒輩物吾老人恃粥已安事此噫
嘻世人諱老爲其近于死也至達人則曰當如
我已死死尚可居老何必諱乎但使我常有退
心則郭邑可村林可辱我賤我可殺我剸我可
爲符到即行之人有飾巾待期耳人能辦此副
齋糧則冷然無競何日非齒落面皺也者何論
十八何論八十于是叟以余孺子可教出一編

書授寻于噫嘻叟既退矣而獨睠睠于寻小子叟抑何多情乎夫人之老者雖不念朝市不念科名而不能不念穉幻念穉幻則思以篩弄之以錫給之此退叟屬文于寻之意也夫此退叟屬序于余之意也夫

林樹之賣文序

人無端夢中得錦得筆遂成文士文士名起而人皆苦逸文士苦勞矣一日間代歌代哭易面向人當其几榻堆委時攢眉彈指悔浮名之爲累恨不有索錦取筆以去者是名爲文士實則文奴文奴安可爲也道山林樹之苦之爾遒條疏品目高聲唱賣曰吾既苦勞不能苦饑吾孰若役若給吾皀猶之日中有無交易與爲文奴孰與文傭奴也不如其傭也樹之爲此是便宜

法迺余有一法尤便宜于樹之盖樹之賣之當有買者余則顧爲牙郎坐于五達之衢取樹之所條疏遍告于人曰道山有林樹之者其文可買也倘有陽翟大賈梱金輦帛而來余爲高下其手舞衡其間使樹之横得奇羸余亦倍有例入樹之文價日高余之酒貲日足是樹之不苦饑余即不苦醒然以余視樹之樹之終苦勞余則終苦逸也與爲文傭孰與文僧傭也不如其僧也余從此當歲時操豚蹄斗酒以視樹之利

朮且丘日起必往而坐于五逵之衢矣

趙枝斯遺稿序

丙戌九月趙君枝斯卒祉人許友捃拾其遺詩僅得如干篇將醵金梓之先爲之序曰嗚呼人而能有善行無名心自非佛地中人盖幾幾其難之今如枝斯可謂有善行無名心者枝斯長于畫事名走四方耳先是名壁字十五四方人來賓于閩輙先問趙十五山人無恙則操縑素以往者枝斯夙命以佛爲皈居恒好脩善果城中放生道場普度疏請皆以枝斯倡首諸凡老

齋公山和尚莫不知有趙十五居士者枝斯爲人作畫嘗借僧寮爲解衣吮墨之地一歲中家居無幾日也又嘗發願畫鷄鴨將以易生者而放之門外蒼頭抱鷄鴨來者屨相踵焉計積年以來披毛乞命于指下者不知其凡幾也枝斯半生忙于畫事忙于佛事足跡少入詩社人亦罕見其詩以爲枝斯未必長于詩也予每從友人扇幅上讀其數篇殊覺清絕私愛念之亟欲得其全藁移書屢索枝斯答曰床頭數卷皆詛

風駡雨之聲早知如此見愛則悔一枝松火化爲灰塵予固疑其靳而不予示也茲者枝斯死予執孝子手泣問遺艸幾何則云先君年來詩槩從火矣予始嘆枝斯語盖非妄者陳子君錫鄭子永昌枝斯之善友也發其敝簏得戊午己未庚申三草紙已黃如枯葉矣是其所偶遺而未及焚焉者予復移書索之計枝斯爲詩編年成卷此僅其十之一耳然其壯年所作妙詣遂已若此彼其晚歲精進更何可言今惜不得而

傳之矣王摩詰亦佛地中人其爲詩自稱宿世詞客前身畫師猶悔以餘習未捨偶被世人之知蓋自懺夫浮名之爲累也枝斯之意亦以吾旣不能自悔尚以畫事爲世所知使名走于四方之耳徒欲少資其潤筆金爲放生普度諸善果費耳坐此不能焚硯懺之無及又何可旣漁畫師之號又獵詞客之稱犯佛國貪戒乎以故堅恐力發松火一枝庶幾藉此自贖其用心良苦也枝斯有老友一二人爲經紀後事解其槖

裝尚不能滿五十金篋中無長物僅餘舊經紙一束佛像畫稿數條噫經年弄筆所得皆安歸乎亦隨手爲放生普度諸善果盡矣是知枝斯所澹又不獨在于浮名者陶貞白遲于上昇徒以三朝浮名爲累今枝斯獨能以有善行無名心作一擔荷去可以路指西首合掌回向矣

興化三傳

霜夜擁爐燒蠣聞墻外驕呼猶甚厲坐友誤謂盲乞兒哀叫索米聲審聽始悟閧屋大笑因相與雜談乞事憶吾鄉有乞隱如興化三者不可不爲作傳興化三者吾閩之興化人其姓氏不詳或有知其行三者遂目之興化三云聞其爲莆之故家子同閈兒有作宦者三嘗操制舉業偶有所狂憤棄去脫身行乞食城中貌豐下而皰肥一破帽戀頭左挾杖右挈筐酒眼迷離踉

蹌歆步大類閻立本所畫醉學士像曾有羣措大修文事午飦至將就食三適往乞羣叱之三笑曰諸郎君今日作時文乎措大曰老知時文是何物則謾應曰喏吾亦能是措大且愕且笑給以片紙三倚几狂書文成惟僻險澁如彌明石鼎句諸措大相與咋舌避伏床底三公然攫盤中飧去尋亦悔之間有知其事者詢之則閉目搖手絕不復荅三之兄將之官物色得三狀曰是吾弟也夫陰使人誘致之至則爲易潔冠

新服強納之筍輿中欲昇與俱路半三給昇者日我欲溺遂棄衣冠道左走去不知所之三嘗一日薄暝見地上纍纍者遺鏹也俯而掇之欲俟亡金郎而還之會暮雪無行跡乃露宿人詹下質明有冐雪倉皇來覓者舉而歸之其人欲開鏹謝三三止之曰此公卿大夫輩之僕妾輿馬也擾煩蓼穣之物也吾丐人安事此問其姓名不之告後亡金郎向人言狀人有識之者曰此必輿化三也里有賃舂婦昵而就之輿之約

日爾當就我宿吾得米易酒可長供汝醉眠三疆與居未旬時謂婦曰始吾未得汝吾于荒祠古寺隨地可家爾爲吾絆吾請辭汝於是復挾其杖挈其筐槃散市上市上兒童識其面羣譟之曰興化三來興化三來三亦自名曰吾興化三也後白髮鬅鬙竟死于破廟中

米友氏曰吾郡士聞有知三者莫不嘖嘖嘉其能爲儒而肯爲乞此何足道夫人與爲腐儒寧爲高乞三雖爛死泥中不宜聲出也乃不能恐

于諸措大之悔爲一播弄伎倆此或三少年時狡獪耳使非知悔而匿烏在其爲三近有友八云曾遇三于荒山側見其手持敝紙壹束若將掩瘞狀嗚呼三可謂善自晦矣使其以文著曷若不著之爲高余獨喜其避兄後車載謂可與辭榮雪俟亡金郎謂可與逃富割私賃舂婦爲可與忘情三具三異値得一傳耳

米友堂

某人傳

某人者逸其人之所以也故某之但知其宅城西業則鋤菜而已矣有飲趣得錢即沽常風雨大作不具傘屐打顛而往歸與羣夥人盂啜盌飲醉而臥食力之外無他作嘗與其姓者善斯福唐人也福人歸皮笥貯銀五佰兩公然寄之某人則毅然受其寄寄者不懼其無所藏受者亦不驚其塞破屋於是福之人既歸矣數年不繼來人多傳其死者一日其人偕夥伴數買醉

旗亭適有福唐二三子續至中一人爲其姓者族子酒次縱談偶及從父事吾叔某稍聞其曾以五百金寄省中人彼時未及言其姓字竟莫知誰氏也今吾叔死且無子何者奇福坐得横利時二席中人驚相顧者半放聲云可惜者半其人者從隔座唐突遙呼之曰若福唐某人若之猶父乎若能貰斗酒醉我我能告若金處羣皆目笑之曰醉而狂耳曰吾言不妄者可速呼酒來其姓子心異之試呼酒與飲疑其或能從

旁知所寄之人未可知也飲闌曰爾羣皆步吾
至荷鍤朧彩及所鋤圍隅力掘之數尺許金罃
在馬皮半敗爛扃鑰纏蝕猶隱隱見封識字痕
擲其鋤而揖之曰此非爾叔寄余金耶今以還
君持去夥伴對顧欲悲泣自相怨詈曰吾輩久
傭於此寧知此地有窖金耶族子請以百謝某
人笑曰一與五誰多而誰少乎不受五而受一
孰智而孰愚乎何汙我甚頃者酒戲之耳若今
飲之則酬我矣吾必唾之火伴多附耳與語喉

間結評曰駃矣駃矣猶手語而目教之其人終掉頭不顧噫慷慨還之矣曷思投其妻子投其親昆弟乎然此又有金銀之氣在胸中眼前矣彼不以金銀爲有用始之寄也則輒受之及聞其身既死有猶子在則輒還之矣機關名利原未秉付于天地父母者也其人之軼事如此余嘗舉以語座友友人莫不嘖嘖曰難矣哉難矣哉余謂無難也彼自非世人耳必天人佛子也天人佛子爲此似亦無難

論曰余少時覽先正遺事見有殯不相識之人置其餘金棺底將以俟其孤至而還之心已灑然異之及其聞某人事則又有異者彼或有孤可俟也若某人也明明知其死而無子安有于不可知之族人卽使取之以自潤於義亦未大損然而某人不屑也某人以爲終非所有不得其子亦還其姪此與季子初心之劍何異彼直以族子爲墓樹耳倘欲謀其配食當爲招運鋤不顧視金如礫之管寧然寧儒者也讀書人也

陳抑夫外傳

抑夫陳子吾書畫社集中人也社中子詩文書畫有兼能者有獨善者有一二焉已者皆出人頭地其品格端莊顛狂亦各具一派如抑夫陳子則米顛袖中一塊石矣楷拙而玲瓏綺巧韻致疎嚴丰崚如戟苔蘚之色眉髮間纍纍鼻骨突屼石腹一岳也兩瞳光電儼若絕巘數步前鬪二潭秋水耳鬚數莖安唇上下如古澗松楸懸岩蘭蕙香冷之神可念但抑夫作詩多搆思

恐五字未成松蘭撚落當有壯士于兩顴中作烽堠也性情清静安雅若搆草堂一間周圍門格虛檻傍水種竹百餘竿園以蔬菜林侍籬內芭蕉五六樹洗均綠淨許子坐蒲團上論說無生立陳子點頭于綠淨之間難道南宮不命袍笏稱丈乎雖然茀可刀辰日夕也風兩驟來則恐飛去矣

招瘧鬼文

瘧亦病耳何以獨謂之鬼不可解也其說固世俗人習譚之學士家亦間言之何也葢瘧實多不可解者他疾則否瘧獨寒熱併焉不可解也他疾則否瘧獨往復頻焉不可解也解曰脾之寒耳脾何爲一寒至此且寒矣何以復能熱又何以必一二日而至也詢彼醫家類皆不能深言之不可解也天下事之不可解者人斯疑之疑之斯意之意之意之若曰是中有鬼云爾要之瘧

亦病耳安知其獨能爲鬼也雖然神有三彭病有二豎古且志之矣余又安見瘧之獨不能爲鬼也惟是瘧之爲鬼也乍冷乍炎困人殊甚謂之虐鬼也可倏來倏反嬲人不休謂之謔鬼也可然困雖傷多而人卒鮮死嬲人既久人漸狎而玩之則雖謂之善戲謔不爲虐之鬼又無不可謔耶虐耶亦不可解者也顧獨與余邂逅相遇戀戀未去鬼之於余亦可謂信厚者矣故唐孫樵逐之明許宰招之招之辭曰　鬼兮鬼兮

勸汝一杯酒爾旣炎凉以附人兮何獨於余而久守讙胡爲其太甚虐又傀吾之難受獨感君之間日而必一來兮一似與余無間而親厚然則吾將延君以上座而結君爲素友兮鬼兮鬼兮勸汝一杯酒

楊郎遠青壽言

乙酉之秋既深于是楊子遠青十九年矣米友先生規欲拜酒爲祝獻疑者曰是其過此以往尚有八十一迴乃今爲之似乎太早先生曰不然獨不聞之佛說添年卽爲減年乎吾與大地之人同受天減有其適平者焉有其過半者焉有其幾訖者焉若果添年是減年則凡賀客皆弔客今吾楊子彼亦在減中也第其減方伊始耳以觀夫適平者過半者幾訖者相去差爲有

間是可將吊更賀因遂書之時助予滌研則有

陳郎王瑟注水則有朱郎月生而和墨者爲香

初陳郎伸紙者爲鶴仙王郎

原書缺

原書缺

霪雨祝晴文

時霪雨許友以香一瓣水一盂齋戒而泣告于皇天曰雨者天公所以保養苗蔬柰何酷于刀梃使民怨而無肯望其生耶萬曆三十七年巳酉洪水漲城市無乾土至丁亥盈春且及夏半無日不雨即晴數晷亦其強容耳水從延平建寧來轉瞬而江河其宅時滿數尺居下者淹屋頂高者亦及腰乳之間三日迺稍退既而復入雨意總無憚煩四聞崩墻頹尾與乞死叫憐之

聲雜來心腑此時之民無有肯顧其生者婦女小兒挽梁而居男子攀枝縛舟乃行海人斷絕市夫無販鬻之場米鹽價貴矣錢多力大者易步許錢少力微者眼一飽而已買米若糴金早候其門稍引從旁屋探囊竊易以去巷隣有婦不安其饑餓勢知難生夜二鼓經于庭夫覺呼聲甚慘嬰兒抱哭毋首嗟乎此時之民無有肯顧其生者鄉人從江村間浮水來城云流尸山積尸濤藉波碎裂于樹杪魚梁不可勝數或帶

屋而飄日不下十餘計嗟乎民天之民也當死則死之當生則生之天有雷霆可擊也天有土地可崩也天有鬼神可殛毒也而祟何憂搔人足禍叩人門而使窮民以分寸死耶而至以其所養人者害人耶

厠銘

納污解遢爾有功而德

薰籠銘

編竹爲屋雲𦳝其宿茅頂泄烟蓬蓬蔟蔟是爲香林異寒谷幽人之廬宜斯卜霜被雪袍乃安燠

筭銘

盤之中維子之宫二十八宿羅心胷

予五年山中行得藤杖者三截洗得法色

質絶佳最後于市上得其一想此一龍

來尋三老友也每刻一銘

看松子立藉草子眠渡溪撥泉爾居吾前永相

保兮千百年

對面如玉前身是竹勞不言功堅貞能曲每伴

我于白雲青爐中宿

不叩世人足叩爲爾辱不作堂前竹撲狼虎肉

卬須卬須以當車輻

爾伴余苦吟之身于爾乎結隣斜陽三又之路

將倚子而數過人葛陂之化狡獪也爾愼勿效
其顰

郡南白骨墖銘

嗚呼此郡城內外諸君子之白骨也先是諸君子梀于荒山風欺雨虐者有年南禪寺碧池長老見而憫然遂與衆居士謀爲立墖火其殘骨謹拾而納諸坎俾東西南北之人同藏無間焉坎深若干丈墖高若干尺時則崇禎壬午之年後五年爲歲丁亥長老展州省視見雨齧其趾復爲憫然趣與衆居士謀召工重脩視前加謹自是諸君子之宅永安長老歡喜顧謂居士許

友日曷爲銘以誌銘曰

火食不盡畱此隻餘皓然純白還源太初同茲

安宅寧嘆索居且爲兄弟莫辨賢愚爾曷不觀

天地爲鑪則是世之人孰有鑪外者而又何必

軀界之爲拘拘

奚箴

米友先生閉籬齋坐奚子二雙侍閒慧而愿先生撫之如桐君竹孫然日摩青拭碧不厭者也無以束之且憨且嬉易僮約作奚箴

誡陳璱玉瑟曰箬底禪龕汝作庵主秉心清靜是大弟子六時燈香數聲磬鼓食施鳥下愼無捕取梵夾曝収以及圖史殺蟫活字爾操生死汝乞福慧佛則多與

誡王笙鶴儔曰茗帚輕便以屬爾職獵氛几屏拂氈端席響籜遊絲惟汝捲拾以供爨茶功省力逸側耳鑪邊伺其喧寂雪濤上浮砂蕤巾拭詩心苦乾爲我旋汲

誡朱夕月生曰我學放生方池一區誰司羣命咨爾澤虞鶴儀來窺當爲我驅毋私造餌偷釣我魚效令大吏守藏竊貲池水瀏清牽漱花鬚小摘獻佛餅腹勿虛

誡陳藥香初曰单條斗方牀間絮積汝好護藏

俾就藤笈客乞書畫汝和墨汁刺尾勿捐以指
徐襞無日小末福當知惜䏶後上燈持被入亶
拜爾司寤肅清夢驛
于是四童子同辭曰郎君與博世所歡服吾儕
小人不辭執燭提耳命予訓詞温燠疏示條例
謹粘壁屋日省觀焉以自歛束茍蕩而嬉肉其
飲竹敬受箴矣主人萬福

長至夜招友人圍坐作粉團頌

夜疑擣衣聲來萬戶積雪疊沙方筐員筥得秫不釀乃勤吾杵陶令見焉欲攢眉嫵合十搏之霜寒摻手參錯玉盤大小珠走茄落爲萁折斯以挼纍纍是藏腹無待剖欒坐爐頭姑爲婦祝挾之用筯榾柮灰覆免身雄雌借此穆卜撥火聚觀喧笑閧星白眼當門黏貼如繆獰䰣入室欲瞰不敢奚奴操竿墮之而唉童子何知較大鬼膽

米友堂說

許子作箬藹訖廣尚不及十笏僅可容趺者雙客來苦無以肅之乃謀作堂堂成置酒與客落其下酒半客有起而言者曰吾觀許子爲人好任誕時或談諧送謔嘗令齊贅撟舌且多不巾襪罷迎送每爲禨禨之客眙愕以去作人如此既類顚者性復酷畏人往往移牀遠客自鋤一園纔如斗大日課奴子縛帚以給灑事草裍綠淨不肯容人半唾辱之又類潔者顚也潔也爲

古民奇疾數諸昔人惟張旭氏得其一繼而倪迂氏得其一許子顧獨居心不廉兼斯二疾而有之許子好憶前身是誰或是南宮面目乎不然何與元章如孿生而莫辨也昔坡公謫居海外携陶柳集自隨號爲南遷二友今茲堂未名樹之眉宜曰米友亦猶坡公之意也許子曰諾微子命之是固吾志但顛潔如吾元章必兀傲目不可世使公自爲取友則大兒當屬張旭小兒當屬倪迂余也不敏強分一席或在季孟之

間但以予自揣終不敢抗而友米也意者庶幾米或友予乎于是遂書客之語以目吾堂堂中供公風雨単條一幅漁雨圖一幅墨蹟八幅石榻二十套公之子友仁者濤箋作戞雲山一幅并襄陽志林一卷云

壁上竹月影記

米友一日黄昏雨歇立於街塈鄉下人背水竹二根嫩箬短節帶雨色削顛有君子患難之意米友易之以酒三觔種於房前房前地四方不一丈土沃其明年二月得新筍十四个鬬高爭上長短有禮伯叔之分儼然從此吾房前之天碎矣米友耳目泠泠及架上書畫卷冊何日不在寒濤緑海中即此便是清福閉門可得空山絶巘原不待幾兩着屐忽一夜米友村醉歸來

颼颼煮茶其下澹煙故故學山雲片片浮來葉上新月半灣弄影粉墻東濃淡分近遠若墨汁淋漓飽腹尖脚羣相語語笑笑惜新月不肯多留須臾抱影以去然明夜此時復能來矣未云長相思也

書林子遠雲林堂壁上

松江陳眉公日園亭當多種樹少蓋屋此公郎善搆書齋老手也壘岩砌洞屈花抑木爲童子時搬弄尨碎作宮殿寶塔小技耳友人林子遠築堂堂前立苦竹百餘竿竹内一亭時從竹葉裏出書聲近書聲處半塘跨橋林骨抱月入水予每倦便來有茶鑪自燒泉眼不問主人則無世人訪友不遇之苦予爲書雲林堂堂名自倪迂來平平一塊閒地經文士安置覺天下文章

莫大乎是

十月十六夜坐月記

吾菴前竹木蕭然，受月之地周匝可百餘尺，月亦每喜余地獨佳。夜讀書至四更，開戶閒行四望，淒寂。頃之，鷄聲在霜籬下，寒白幾莿如雪。余氈巾布袍，留連不敢去，乃知此時方謂我月。後步入堂前，回顧讀書處，黃葉如覆髮，一燈萬卷于楓林乾落之間，覺夢寐爲苦。譬若海外友，長素無言，幽清似水，渡嶺航而來，安可使之澹然自立，不著果而盡主人之道耶？

石林記

許子四時讀書處有城南之園一區在古城濠巷間距廬僅里許暇與客子修遊事則步自城隅循道山而上石徑紆斜喜無輪蹄可避得散髮步屧以往園前籬落遺民數家茀居井汲朝暮有鷄犬聲入門脩篁夾廡舊主人榜以石林堂曰奇逸廡曰匏居入門休足處也登山則披叢曲入轉月廊墜葉聲乾淅堦清聽樹杪棲鶻磔磔驚飛若向主人避席有亭翼然顏曰梵閭

蓋以吾亭之隣神光寺也日落山静時爲松風下榻則殘鐘來殷牀夢餘霜被長于此中發深省亭左爲松嶺先大夫手鐫二大字嶺皆長松對峙竦肅如大臣庭議攣跛如壯士囚縛坐臥其下聽雲海寒濤聲若身立天上故余易此爲濤園而因自號者沿嶺而步鉤巾栰履大石岌嶪間逺見花閣空中則爲閒閣倚石鎼架木下瞰深陰覆簷草樹蒙容伏日游暑此中若在秋冬之間閣耳爲清泠臺蒼壁峭立横石爲梁榕

髯垂拂零亂鬚眉使人曉吟臺畔多昔遊遺墨睠此尚有古魂拂苔拜讀往往呼酒澆之度半山橋有巖傑竪類神斧鬼斤劖成爲林中最高處鑿霹靂巖三字深寸許勁古如鐵程師孟篆字也循巖磴而下有軒曰鳥跡憩此覺造書頡往觀跡羲來人蹤罕絶靜對鳥路山爐間置身何代不知有漢矣軒前蘚路窄甚蓋因大石縫斲階故仄側僅堪容屨下階二十步許乃餘地搆香茅爲複閣閣當臺巔高臨無地頫瞻白雲

片片猶在下方字以瞻雲規欲祠先子于上爲茲山主馬閣而右爲天門兩石屹向中劃少罅劣可通步行者仄身躡度稍肥則苦矣徑此大石平曠可列坐望遠清秋好月此最相宜者緜天門繞山足復有古松數十株倚之結棚若鳥棲茗末余放腳棚陰依夕風生蒼叟欲語山空子落時或誦耑蘇州散步涼天之句降自松棚不數武遠見睥睨外浦溆護田樓籬柘煙遥遥如薺環外以江檣影沙痕歷歷可指有石巋立

俯窺大江勢欲吞納余刻紀焉先子愛其勝嘗四十字其上入夜踞坐石背覺漁火蘆歌憫然眺聽余待寒玉貼天酒酣以往雖至露深猶爲徘徊未下過吞江凡數折而得索笑亭亭畔無雜樹獨種梅數百本冬老雪晴固無日不餞迎開落著芋于暗香瘦影間者亭之簷隙鑿翠爲井形類半月暗泉注焉漉漉循除飛濺蘿壁以下入于甃池吾圍多石恒苦無泉至此則泠泠清響與隔嶺松風倚和兼以繆枝交加嵌石間

記　十二

侍輿來獨往憺兮忘歸始信于野聞歌安敢不喚奈何也噫今則吸雲之石不見矣吞江之傍片巖如笏茲巖向埋宿莽中是余磨洗捧出者巖下近開松徑種古紅梅四五株傍巖累石爲磴以度磴凡五曲懸綆倣蜀棧道壯挾巖作驕突其腹背以拒人足涉者須乞援于頂畔垂根始可無恐自笑一區小園亦具畏道如是彼走踏世波者一生憂患安得遽免也下覛荒畦數畝野翁不惜近以畀余余方將鋤瓜種豆誓于是

閒老馬因憶客春修禊園中戲謂社中諸子曰山鬼窈窕不似海神顑頷畏人圖形幸各拈一洞鑿爲茲山寫出眞面目諸子解衣舐墨日暮圖成石骨泉眼皆躍躍欲動客或謂余曰觀者歎息而主人無言其可乎今茲山眞圖旣成題贊亦不可少且子曩客越時低頭故鄉曾作七憶詩石林其一也余曰昔劉伯壽結室嵩山下每登嵩頂則于峻極中院援筆紀歲月計其畢生凡得七十一回今幸余園距宅不遠晨來晡

返濟勝易于爲具覩彼伯壽既差一籌但着展幾量思之惘然又何可歲月無紀自今以始余請借神光佛塲爲峻極中院尚其可乎

米友堂集

四

四

捕婦愁題辭

天下事婦人爲之乎天下事婦人壞之乎爲之者非婦人壞之者非婦人而婦人被其辱婦人罹其戚嗚呼不忍言之矣天下之不忍言者毋寧置之不言顧或言之而心傷不言而心痛則毋寧言之或使聞者少媿焉今使什伯男子而與什伯婦人同陷穽廬則男子媿矣且使什伯男子與什伯婦人同時淪落猶有一二婦人持氷人地義不受汚則男子媿矣廼余則以爲婦

人而稍知氣槩識去就者其避羶若熱定知蚤自引裁一瞑去矣何至于愁若夫沁沁覞覞其逐胡馬之塵者始或稍羞之繼且漸忘之終則甚樂之矣林子顧切切然代爲之愁者何抑非爲婦人愁也盖爲男子愁也天下事男子爲之也天下事男子壞之也

乞食草題辭

乞食公曰以余觀于今之飲食之人略有數端馬其在米索長安桂炊京國者于鳥則號竊脂于馬是曰立仗彼原養供寵下安知餗覆咼中豨之腹祇以益膏貍之德徒能執飽若者是謂偷食亦有霞飧露吸畏俗避煙非不自謂白衣尚書山中宰相究則徑捷于南文移自北老饕涎長渴羌吻噪而猶矯言樵蘇不爨顑頷何傷若者是謂訾食彼夫潤非身處熱只因人而乃

摩腹以游刺齒而坐賦遜仲宣漫依荆郡詩慚子美浪托西川譬之燕處幕堂哺而自樂魚游湖沼沫以相忘若者是爲寄食乃至項固難強指尤易繞蟬腹蚓腸爲日既久猫兒狗子得力亦其此屬舐厥丹餘不異雲中鷄犬蔭于尾影自同亭下龜魚鯖縱合乎五侯人終目爲餞客若者是爲伴食如予者飢驅則去與盡而還身營一飽少輙有餘憶歷諸家跡未便掃或乞于朋友而白牟鵝炙從彼胃求或乞于屠沽而大

肉明脂忩吾徙啖或乞于漁子而鱖肥鱸美蓬
底酥斟或乞于野翁而擘蟹燒猪墻頭醪過或
乞于山庵村寺而折葵松下聊爾學齋或乞于
内人婢妾而斷酒神前隗然復醉以視乎數公
者何如也

楊郎曲題辭

許子曰仲宣自傷多情伯輿欲爲情死吾葢欲拍二王之肩而與之言者也向年余曾譜就十眉爲費煙黛幾許迄今酒醒人遠矣亦嘗挑燈佛前誓不再生癡夢然無奈柔腸如轆轤得牽復上日者薜荔楊郎肯過予于歲月之下相與步水中荇藻覺人衣香吾一園蘭身感贈輒思買絲繡之但念人間絲無足買者于是氣熱杯闌聊以誤曲索顧出示社子辱繼以聲一時胡

馬越燕同爾向望風日天下之有心人固未有不識相思字者異時倘與諸君貰醉旗亭擁爐引手畫壁非得最後雙鬟未許歌吾此調且欲發一迋願許子他年君爲情死此曲當納吾文塚中倘得化爲青梟之竹爲好事者伐取爲簫使吾相思字字吹入四天下有情之耳庶千百年後有倚洞簫而和我者一切色界内癡男騃女共聞斯言

題畬道人紀水紀詖

僦廡客環堵飄搖身同窮鳥渴聽翁匡床輾側目比鰥魚子美困于耒陽盖緣阻漲仲宣依乎荊郡遂賦登樓彼壯士之卑棲類千年而一揆有畬道人朅來吾土初居河曲波影竟漾半扉繼寓譙邊詖聲旦來孤枕水欺無力床床避濕旣同茅屋秋風漏豈有心滴滴生愁復類空堦夜雨似此蕭條偏逢客子宜爲箋奏一問天公于是坐歎行愁擁衾不寐爰迺攄幽發粹載筆

而從遂使市上操舟三十九年來僅見也僅見者得道人而據事編奇樓頭雁箭三百六旬內習聞矣習聞者遇道人而循聲寫恨友欲約夫近之浮家泛宅者各書一過庶見相憐有其同病更欲告夫世之博夜大昏者好開雙耳不負先覺眷此群聾于以見道人之浩淼眼胸能納海水于一杯而視齊州九點其壯京志節又能奏金石于四座而奮漁陽三撾也

一笠吟題辭

遂古之初禪名未立吾家堯時由公人但知其隱客未知其爲禪翁也老由掛樹一瓢惡其風聲歷歷棓碎之走去洗耳此其聲塵斷絶已早其鐵篴一柄供後世釋氏子郵勿之用令蘇公矜其一笠作千百餘言夫瓢與笠相去幾何顧掛由公之樹而歷歷有聲由公惡之掛蘇公之口而歷歷可聽友也愛之此如學禪家一則閉目瞑定不立義解一則抗喉宣秘大暢宗門語

黙原不相妨也溽暑中展看其廣長之妙豈以
荳雨灌頂蕉風喝聾予能不偏袒三帀乎爲我
寄存蘇公曰友村居之情轉深矣

題南堂永慕冊子

遺故人遺孤于道泣而執其手問以先公之遺草尚存乎則應曰唯唯予小子不敢忘問以先公之故書無恙乎則應曰唯唯予小子不敢忘如是則爲佳子弟可知也夫遺艸者先人之心聲也死者生平嘔肝于此故書者先人之手澤也死者生平屈首于此此之不惜而徒屈指計其先人之美產幾何所木奴若干頭癡兒也不了家事故友林君禹聲才士也齋志歿予嘗哭

以四詩一文今其遺孤宜子文子素琴巳鼓矣悼喪其親孽鳴循痛諸與禹聲游者向有代哭之章二子則爲哀而集之加裝潢焉誌永慕也推此而論則夫柳州世好刻先友于碑陰司馬家風續史公之論著在二子固優爲之者其子先人之遺艸不問可知先人之故書不問可知嗚呼桐實生桐桂實生桂生子當如此矣書以歸之俾其藏之

哀痘殤辭 有引

歲辛巳之春兒伯孿鬚操符牒大勾嬰兒比屋燔檜燒棗烟縷縷起如曉炊每旦起立門前則見兩仵伯輿小櫬或一老奴或一小婢跟蹌號而從者絡衢織巷其家中父若毋彈指搏膺踊田田呼搶之聲十室且九矣時予亡兒慰尚未出腹也迨至八閱月亦預牒中蓋毒逾年未息云兒痘初見時即得逆徵法入必死予猶癡而與生醫云最忌穢觸予夜起視兒雖溺必潔手

以入俗諱言瘧矜矜慎慎稱之曰珠相傳有神慈而嫗者曰珠姊寔司羣兒命予素不佞巫亦爲匍匐往叩頭祠下至則禱人側塞籲訴噓呵聲淚相雜至有搏顙于墀額血朱殷者予五日凡三往乞兒無死兒竟不生也痛哉哀哉計予兒出于世纔八月耳其爲跳弄可喜悅之狀尚未備予當年已痛之姊甚至今聞鄰婦哭其殤子猶若有持小斧槌予胸腹者毋惟人家鬻子之閔或六七年或四三年一旦拋割能不腸肉

中傷耶予聞老人傳說前痘殤時有村人五更起治田昧晦中見一人紅帕首貌甚獰揭一長竿驅皃雛約以千數皃雛絫散田塍上其一偶墜塍下村人拾歸放之豚圈中復闔戶寢比明啟圈將烹以食則一死嬰脊高痘斑焦黑血尚糢糊也嗚呼此其生時父母兄姊保抱持攜琢惜何若今迺爲鬼伯驅之如皃雛尚不知其驅之何往往而何爲耳哀哉痛哉憶予失慰兒卽欲作一文哭之維時氣寒筆不能下今歲痘殤

不減辛巳年予故瘡之痛聞弦輒隕補哀嬰兒一篇蓋爲羣父母哀而因以哀吾私者詞曰

恨莫恨兮骨肉入土土未入時汝粥汝乳日者言汝大命鎖頂銀環克耳金釵名汝日姊視汝如女衣製百家沿門乞縷羮煮百家沿門乞黍祈汝長壽畏汝疾苦嗚呼今若此兮夫復何語

恨莫恨兮骨肉入土

痛莫痛兮骨肉入土土未入時防寒防暑衣之僧衣引磬魚皷裂餅作飯小竈學煮蚌殼盛之

私爲賓主夜眠好啼嚇汝以鼠偶患頭熱不食以吐揑粟入市符冊簡取更深當門羹湯少許數試輒驗病脫然愈毋鬧家坐街有行瞽召之講命自取愁苦云汝年來疾有血蠱亟須禳治糊關以楮嗚呼今若此兮夫復何語痛莫痛兮骨肉入土

傷莫傷兮骨肉入土土未入時節事具舉元旦婢攜偏謁姑姆小冠小衣搖曳楚楚俄而燈市獅子跳舞蒼頭負汝立于廊廡細碎儀文尤在

端午願汝能言飲汝蒲酳塗汝雄黃眼處鼻處鳩索斑爛五絲所組慈母手紉繫汝臂臂復切蒲錢記汝年數龍舟鬭怒觀者如堵汝髻兩乂簪以艾虎小蓋遮頭于彼江滸亭午歸來餉汝角黍嗚呼今若此兮夫復何語傷莫傷兮骨肉入土

慘莫慘兮骨肉入土土未入時知循師矩先節旬日爲師促脯齋堂散晚揖其里父挾書在胸頭但微俯歸傍毋裾視毋肴臑口雖不言意在

粔粅燈下笑言某某家某竪某來每遲罰跪至午
某書不熟被箠至五先生愛兒兒首手撫賞兒
以分在兒字簿嗚呼今若此兮夫復何語慘莫
慘兮骨肉入土
毒毒莫毒毒兮骨肉入土土未入時且摩且煦今捨
我死以死待汝汝之指尖纏以紅縷神有驅差
長跪手舉兒不堪役兒指已腐桃茢在傍兒其
執耶塗逢惡犬操此以拒兒袖紙錢齋入地府
出之買賂或不兒阻孤兒煢煢獨行踽踽強兒

欺弱恐多見侮父母不在誰爲兒主沿塗細問
往依汝祖母設小靈時陳菓脯晨昏哭兒與兒
覓聚兒有遺衣予不忍睹偶然繙及霣泣如雨
寧從摧燒入乞弗與恐復見之割我心腑嗚呼
今若此兮夫復何語毒莫毒兮骨肉入土

爲祖母李氏乞壽露香

寶相深慈接引宏通于象教下情悲戀籲祈願竭其烏私撫寸草而慙小人乞五絲以續大母繞足導師巽千手之援度捧心獻佛投五體以皈依竊念弟子許友瞻依俱絶未兩歲而悼我二人祖母李氏兒媳連亡以三孫而易其一子家門殄瘁人鬼歔欷念此碎心疾如疾首在廉吏莫克永年或欲嗇身而奉母且老嫠素脩善果早知唱佛而齋僧合玉十尖常向櫻圍禮像

拈珠一串每從貝夾繙經屬者病魔作祟疾竪横侵竟坐火坑四大有同焦灼渴思甘露一枝誰灑清涼茲敬緣脩淨土品誦普門飯老僧折蔡以供禮大士擊木而呼念祖母李身經躡子之閔廼未見壯子之還念弟子友體既爲父之遺自當代亡父以請禱祠原所以盡愛何妨遍籲于神祇窮苦未嘗不呼天爲若投誠于菩薩伏乞鑒此潔忱摩其翹首閔茲精懇代彼低眉化作女人身圓通示現念彼觀音力疾厄消除

更展祖母四歲之期俾成滿百是爲弟子三生
之幸喜遍大千敬布露香以聞敢憑風梵而達

題張展伯諸劇

予生平所究心癢而未能者惟詞曲一道謂夫詞曲一道與文事相通者也彼其噓巳死之人而肖其聲音笑貌旣與文家銘贊紀傳同一鍵樞而其諧音叶律又復胎自詩歌騷賦其首尾起伏眼目照應則又類于大序小跋且冷語佳謔可入志林拍板門槌時參禪悅一劇而文事之工備者惟詞曲獨焉今人有得意詩文垂諸後世不過傳人歎服一番快讀數過而止詞曲

者比竹合絲能使千百年後孌童倩女咀宮嚼
徵字敲而句推之醉月坐花渴以之醒愁以之
釋者也王昌齡諸君塞雨連江諸絕句使今人
讀之不過二十八字一氣而可通誦耳乃譜入
樂府則旗亭風雨時遂爲雙鬟妙伎拊節而歌
信乎一字字更長漏永一聲聲衣寬帶鬆銷寃
哉詞曲之癢人特甚也張展伯工于文事兼長
度曲其文事之妙人皆言之而予無言以爲言
之無加獨展伯詞曲樂得而言蓋展伯誠有觸

予癢而不能禁者予家向有猿篇十子侍予而唱竹枝借經亂後已各散遣矣使其未散予當以展伯諸劇屬諸童度之予歌隱囊聽之不知予之心癢又且何如也

牡丹續譜題辭

許子產閩地顧瞻洛陽香國如在天上嘗按圖徵譜技覩所謂黃紫似聞漢人說飛燕瘦唐人說玉環肥亦從而肥瘦之而已私念何時得挾彈入洛買酒縱觀樂誠忘死今幸覩於沈逸之先生品次花事踏破舊蹊精明辨數如指頭螺文以牡丹莫盛於關中不知有洛何論蜀楚蓋逸翁叅軍關中凾殽百二翁嘗拂紫髯浮紫氣于斯論著定屬花史况以翁之才又長吉所云

天遣裁詩花作骨者故斯題構隨物賦形黛掃
花貎形紀花德辱索余和余聽千年鸞鶴雲間
有笙管遺音不敢以鷓鴣啁哳輙相溷突且妬
雀生于頭上愧劉郎以幾甲也但過今以往許
子始將隱矣山邨無事侍閒惟有艸木當取閩
土荔枝君謨諸公之所未及譜者鈔撮捃拾勒
成一書盖閩地荔事色目之間正堪與壯冄配
食且以較之川中滇粵吾閩獨專一席復與閩
中壯冄俯視諸山等許子于早涼風露下日啖

三百間亦隨形賦之少償口債雖較逸翁工拙
泥雲東西之施固不妨上下邨間居也乃許子
于牡丹花福猶以未得縱觀爲恨然逸翁神驥
老健紫髯未白紫氣尚旺壯遊殊未倦何時逸
翁偕三寸不律許子躡一雙不借攜手西入秦

孝友堂文

章四中黄解春聲小引

人有瞠然善忘者夜闌𣈆起舉頭見天半一痕簾外花陰零散誤以廿六七之月謂是初三四之月夫廿六七之與初三四相去遠矣月痕不異所微辨者初譙幾漏而已吾友中黄四兒月人也計其新上方在初三四間嘗書過予欲予爲其文序謂爾多情必當出爾手噫此或中黄夜闌𣈆起時與中黄于情方生而趣于死者也許子于情既死而反于生者也千古以來凡屬

傷心之人其情至處雖不能以舌出然心坎内
側有舊痕要以各如其痕而止今許子減之又
減以幾于盡巳在廿六七時也中黄正上弦而
蕤盈日復一日吾試劃舊痕當依約而至余于
中黄欲暫避其鋒鋩俟其痕滿以後徐出吾半
玦與中黄合而爲環同埋于長松白石之下後
或有人掘得者擣而爲散可以療其情㔟然今
尚未能也楊柳岸曉風殘月須人酒醒後自領
之

蘭竹箋引

小友楊子從余遊後問字于余余名之曰眉宇初稜別字遠青卽喜而鐫石矣顧其性樂文事過繭中則撥弄紙筆燈炧月落不休旦日起視屏几間墨痕浮漲余念其穎慧遂作蘭竹册諸公家法皆備焉設色者間亦有之袖以歸寢食展對每臨一幅遣平頭持過索余報書余輒走筆荅以絶句是遠青以畫代詩余則以詩代柬也因積篋笥紙墨遂多自笑繭底片地每當風

月爐雨間儼若泊孤舟載夢魂于湘江古岸清曠何如哉齋友林子喬手余作曰此大類茶訊曷月爲蘭竹箋爲往還中一段佳話

種菜詩引

友任于世考課懶頹無出友上者日閉齋籬只養一拙耳室處寂兀以古佛爲先生以童子爲道伴朝晡香幢之下合十投五向先生謝一日教謝三頓福緣童子亦知善而伴予膜拜焉顧一月半多齋期須菜甲爲命也舍旁隙地向爲瓦礫所廬告于先生乞爲湯沐之邑撥棄懶頹抱甕先趨童子亦踴躍歡喜荷鍤從矣工餘又手典到成詩得七絕十八章是予將長歌而獻

于先生且欲使童子操梵音唱之者也出求友聲屬而和者則羅雲漢使君讀而跋者則陳叔度社長晨夕尚多素心吾道之福也斯皆先生恩謹率童子膜拜謝之

心和上人化米引

佛有而施主有心腸和尚有口和尚口在平常無事時三頓亦只嚼幾箸菜根不似我輩醉飽作孽今日際此田地我輩在家人合受果報和尚云何佛而日爲憫然施主心腸自當慈惻且和尚今雖鍋頭淡泊尚猶減口出食遺粒生臺是和尚能爲鳥雀作施主而施主不能以鳥雀待和尚自非木心石腸視佛而如路人定不至此况以一囊米投和尚釜中非同蒸砂轉眼飯

褻圓證功德福非唐捐也救和尚口發施主心
腸願看佛面

食三品讚

甲申歲臘余與窓友開講社約供饌食品惟園芋蠣房玉帶魚數見亦鮮欲與吾輩存此味因思目三物爲歲寒三友以配梅竹諸君讚曰

園芋

榕城莆郡芋原楓亭地各有驛驛俐有丞吾欲冬冬還而夏往牋乞爲帝之雁臣帝如許我我請負戲效彼野人

蠣房

菩薩現身七十有二技諸物物物物無異以觀蠔君是豈異是諸與君遊悉數難僞君與之䙝俱有至味我䏲禪悅涎長至地誓頂禮此肉身世尊長供養于海山殼寺

玉帶魚

世願其外腰之以抱我媚其內腹之以果彼達而尊此饕而老質之客座誰否誰可住世何求酒醉飯飽君且伴吾十八種之食吾寧羨彼廿

四回之考

題雲谷像贊

唐人座頭兩箇李益傳以爲笑我聞自昔君今夾鹿安之應往隸于仙籍但恐兩箇李根一時難于辨識予夏長冠爲別耻人稱其偏疾君曷稍自表異庶便于續香案之牘者爲汝編入雲谷子曰子勿爲是拘拘使我而有仙名不如與我杯酒者一

米友堂文

社友李雲谷爲其尊父摹影

翁兒交予翁未及見每從翁友輒詢翁面雖知其鬚髯全神未遍恨不同時豈獨漢殿茲拜道腴既慰且羡肖子肖之傳翁于硯衫屐從容杖笠清便是能以清事教其子弟者後世藝苑父子自當同傳

米友堂文

孫大蘇贊

天下之稱絶幻者三戲也夢也畫也孫子善度曲常跳身揷入戲場今余觀此孫子又現一夢中身畫中影若孫子者可稱幻師余亦幻王也故爲之贊

題林子喬影

林子指此幀謂予曰吾棲影此間是爲瓦石不到之地予曰瓦石原不必避人之假身猶幻泡也以瓦石投幻泡成毀幾何子今坐于紙上假有兩人于此其一乂手揖子其一戟手詈子子能于紙上作嗔喜相否會得此意恩仇滿眼不妨作紙上觀

米友堂文

醉學士贊

猬毛蓬鬆鉼有罄時想君脫巾將更漉之舉頭看酒星是我前身者低頭看酒杯是我後身也

糟肉堪久是以眉壽扶人无咎卬須我友

酒以養老杖以扶老潦倒三萬六千塲不羨中書廿四考

手茲玉斗酒膽如之沛公大度猶不勝拔劍撞碎固其宜

具袍笏徃朝天願醉鄉受一廛帝曰都哉給爾
秫田
酒之功可舞酒之德可須天生四友比四鄰纂
修麯史惟汝共
酬拳跪地狂脚踢天大、凶大方之間容此二人
放顛

酒友燈贊

社友廿餘人以中之善飲者四最不善飲者四李子雲谷爲予圖出雖非傳神亦鬚眉畢具矣

林子喬攙一攏席亟索小觥如飢鷹搦兎三爵之後襟前遂作戰場喉內竟同孔壁困于酒圍屢呼旗槍援解若使茗椀能言應泣訴疲于奔命

李阿盧或作戒定僧或作撒潑婦興之所至持

蠻蠍如持戟聲震四幄與去則爲受縛李廣雖佯死還有躍馬殺胡兒之志至于呼盧拳拇非其所長

楊達青酒罄可卧指尖對花開笑儼若脂玉爲董娙捻破一痕蔬果之間但烹秋露白作葡萄紫因憶綠霞仙觀中牡丹萬本玩者携百甕千罍其花葢甚稍點污其上次日精神大減

陳抑夫手足俱縛可浸杯杓坐中有挑戰者亦掀髯拚命一決死生及敗則不免有觸讋説太

后之危矣
曹山俱初筵如不禁酒和尚人前復畏明目張
膽吞吐之間大有疑礙曲戕人散鯨氣四座迭
飛過此絮叨叱刺之狀當以袁中郎觴政論罪
黃基玉平時側弁傲傲恒似醉態比登筵則若
吳牛望月而喘嘗離坐舉杯酹地祝曰天地父
母使酒如餳吾何吝千鍾百斗
林巽卿起伏有勢操縱得時于壁上看人酣戰
有敗者亦肯拖犁花鎗單騎恢復及爾杯我觔

時拍掌高歌雖不見好亦不見醜予每贊之曰
勝固欣然敗亦足喜
許有介執杯開口動席縱横須史擴袖撾鼓跳
躍學中山劣鬼杯筆飛廵若平沙淺水澹月微
風第見赴谷不聞有聲客有令之掃藤者一行
百曲解酲五斗之餘自讀不能竟章

羅漢跋

我人臨水無可祓除所堪上章首過者惟平時好結綺語及大放酒顛二者予與李子雲谷同者也病則祓除宜同故年來風塵回首予既發願寫經雲谷亦尅臂畫佛辦此資糧無非為竹杖芒鞵回向時一段公案是十八幀者但有靈氣都無墨痕不待燈下壁間已自踽踽欲動是知雲谷非以筆為之也展而瞻禮輒思稽首作贊然舌根苦鈍且有東坡老人為隹顯上頭無

容加粿仒惟侯山中雪滿時搴而作供用見寫

經佛弟子莊嚴夙心大阿羅漢尚許我哉

玉川詩跋

遼天造謊無有過玉川先生者目中無人至欲結隣于龜又抱一玉碑作友從巴姓名返炤幻出馬異誕爲贈馬異詭作馬異答詩成不知閉門自笑幾日無端妖蟇病饞借之題目使得吐舌哂世亂撾天鼓幾令碧翁耳聾弃二十八箇星辰官奔命疲死月姊遇此獰漢當自彈指悔餌戲孫弄子現家公身說法叨叨絮絮如聞其聲留連別館竹呼爲弟石稱爲兄硬坐嗜者能

言石應點頭竹合破矣即小小蝦蟆亦跳鬧手艸池之中滿肚皮如此自封癖王可使南面矣

手抄田園雜興跋

東坡先生在官無事常書平疇交遠風良苗亦懷新數十紙給侍者二語靖節懷古田舍詩也予每讀石湖翁此詩若與東蘇老友坐話終日喜作輒録之付侍者盡收掌且囑它年吾得醉歌田舍爾誦此吾側吾則抵足高眠于北窗下聽之也爾好愛持

猿簫十子致語

百年開口無多放意且須拍手四座賞心有幾隨時莫惜纏頭蓋人生行樂宜及丁年而我輩踏歌雅推子夜彼夫愚入匪夷閒中強人說鬼觀收清淨醉后對客逃禪其棲托雖自幽深乃生活猶屬冷淡何如逢場演作天魔隱几縱觀人籟七十有二代人物凈丑不過如斯三萬六千場光陰悲歡想當猶是兒今痛哭途窮江河寔英雄之血埋憂地少萱草終見女之花惟是

鄉號温柔儘許倦遊稅駕歌名宛轉長供倚和敲簪余生平性癖一往情深蓬徑柴門孏爲客掃抱茆入竹貪看兒嬉長恨崑音海調于今散絶廣陵生憎弋唱浮腔比者曲輿下里近卧一床聽乎鷇弄因名十子是曰猿簫雛對舞之青樓之妓或疑獨立少乎佳人而雙環有白玉之童私謂大㑩止于稚子非敢云錦城終日半入江風遮莫有檀板一聲驚飛山鳥吾蓋聊以自娱也或能差強人意乎不識亦云佳漫説當年

西子有誤而即顧尚期吾世周郎

丱帖

岸拂千絲之椰長絓遠山風吹四布之雲孤懸斜月初試新粧搔頭是玉又開生面觸目皆瑯敬約羣公此日爰爲椰子丱丱期旋掠兩髦之髪併歸一束之綢髮既有旟卷而若蠆髻之不屑鬒蓋如雲欲詢宜稱于旁人豈獨鏡中自許爲致逍遥之嘉客敢云樽裏不空願同歡醉以觀尚共酬呼而賦

米友堂文

擬楊郎乞放閒啓事

伏聞龍之神也難於見尾魚之小者易以居前故虒靁懷彼碩人傷心黃裹翻風退爲房老屈首綠珠蓋天道環周本春秋其代序而人生往復亦苦樂之迭爲竊念眉果滿桃餘雖驚徃夢裙題袖斷尚憶餘香顛頽莫言此日風流敢説當年亦嘗斷去機絲高臺夜織兼之波來水澤眢井朝窺曾使頑艷均悲泣者豈惟嫠婦因而雅俗共賞觀者不獨矮人乃遇有心實而無價

過相珍重玉且不如詎擬紈裁作扇瑟瑟便巳臨秋寧知氷倚爲山瀌瀌終須見睍恭惟米友先生人推疎雋天縱多情白也淸新飄然詩思牧之薄倖贏得時名醉倚瑟旁狂來猶思捉月閒騎鶴背興至更欲尋梅加以藥初紅而正香自覺山雖青而漸遠近披傷子壽言既悉君之微意再讀孫公偶識逾增我以長吁蜍今六日矣尚復何需鶯忘五月耶那堪再囀漏殘劇散昔巳蚤悟于場頭薪積後來今又奚尤平居上

請自今碎平原之錦借剖柔腸裁青裊之篇休
翻麗曲歡隨輪傲願乞懸車人北衣新茸從執
釜哭著簪于中野古事徒然採蘼蕪而下山異
時或爾幸以舊來之意憐取眼前祗恐不閱之
躬遑恤我後

索書啓事

閒弄墨筆本是戲場勉作應覊遂同苦海故典來之爲書自聖而眞蹟惟不促始畱彼舟中指君懸槌醉後髮能濡墨斯皆一時之有會雖郎百紙以無妨否則塡門以來寧免投地而罵友長慚驢技少習鴉塗本不能工何意痂嗜者衆因而爲累幾成胝胼之勞迺至汗滴成泥攢眉暑月手僵似石呵指霜天竊思身非顯者已絕意于身後之名久自目作散人又何苦受目前

之累況今之半而未逼多方附致者大半惡箋數張未免粗箋兩握原其初意豈有盛心那解護裝祗作破壁遮風之具寧知珍重徒供長街障日之需甚者乞隣醯分別氏獻佛花借宅家處處輦來包收同攬納之戶纍纍袖往分張若利市之符曷思塚內禿翁蒐三招而莫返石間煙叟形一去而不還兼以烽火之警既已連年吳越之墟竟如隔世住墨名筆所出昔時販旅方之重來傾筒倒篋而求近日奚童報無舊蓄

笑主人勤動終日辛苦爲誰硯面欲焦莫分半
滴杖頭所掛不得一錢笑客子徒聞好事不見
破慳邈少經成鵞羣可贈長公帖就羊肉當來
友用采彼童言勸爲朋朋約願分諸公筦庫之餘
少佐小子饔飧之費蓋天下無倒賠之貨似此
雅事寧不願爲而朋友尚先施之風若有高情
定當敬領評直而細論貲便類長干估客市名
而高索價又同少室山人儇無敢有貪也亦聊
存其意耳豈約惟命恐求益有賣菜之嫌笑罵

難辭如見尤容負荊以請

原書缺

原書缺

與曹山俱社弟劄子

昨挐漁船至鳳岡問故人宅籬落野翁道有洪塘數子來村中尋柳樹得一株渡水以去我意必山俱曹子也日見李雲谷扇頭詩果矣閒亦築山泥覆茆草爲菴我知此柳必種菴後山俱作畫每學懶瓚渴筆樹小披蔴石頭十得八九否則非其胸中指上生涯我意欲再尋石罟筋手樹一矮而善曲者能古鴨掌杏一脩而稱者乃秀侍盛夏踏碎簷陰新秋黃落如籜亂我窗

簾主人時臥竹床上如日立郭河陽盛子昭爲外門漢至酒醒月上時請問主人欲何言

與趙十五劄子

梅蘂正肥釀香未飽得此數日不情之雨花刑亦太酷矣豈梅花亦有亂世之慘耶吾輩近來無可爲樂襆被劈薪願坐山堂卒歲遇此景況益令人痛哭腹作響漲想是酒杯索命若償之以賤軀當千百我不足無已乞石舟茶爲秦師伏惟印斜三道齋與奚奴茶從來以山名以水名今則竟有以姓字名者可知世間之沉落佳士亦多矣然不有此一番沉落亦非千古真正

佳士

與諸曁陳章侯劄子

庚辰歲寀侍先子于文塲得讀陳子應制文于人海之中知其非凡士也顧見之官中不能旣先子出示册卷扇幅皆先子苦心求之者寀展覽驚爲異人古心如鐵秀目如波復有左右手如蘭枝蕙葉乃有此奇光冷響也詩文字畫之佳若此殆菩薩相矣故作佛像皆神精結爲筆墨陳子作人有品散懶自放寀愛而念之若得寄我小大絹紙可幾幅寀不學世人報施盟心

至九原先尋佳地亦有朋友如東方朔淳于髡李太白李長吉陶淵明輩亦有良泉妙石老樹壽藤茆屋柴橋宰學提水拭硯灌溉雜香草木以奉陳子歸嗟乎中世士大夫以官爲家者也罷則無所於歸今陳子不歸此則將安歸

原書缺

原書缺

答陳廬子

不情之譽非君子所恐聞而今世乃以爲至彼往此來總無根寃亦世道人心之壞也我意欲絶爾應埋名姓良士野人挈手間契合即爲師友不習世人向譽必背毀十分作知己必有十分眞疎違可畏也足下不可不念至此

復竹山人結夏書

讀山人避暑約我心實獲予畏熱倍于他人春歸夏來便作燋爛想及三伏內或日一飯或日絕粒水每常以巴手按胷背間則毛孔頓開竟時廼閉几不能坐隨坐隨火雖石床竹簟總無所見其清涼衣冠碎裂不問見他人着袍束帶則令我頭痛必速之解而後可髮畏梳而臭不肯止身益降而氣不能平想皆躁動妄思神浮于外而精耗于內者也若使輪蹄城市油垢賊

夫得以耳目儕偶形骸固已痺疲志氣亦復敗

散山溪之謀實知性命養此耆才好善之心也

不但弋吟遊戲而已乖藤蔽天飛泉桃嶺草鞋

掛笻飯丸褁葉問水尋山凉陰便歇不知有秋

豈曰無夏請從今日始與山人無間言

原書缺

原書缺

答章四中黄

月日友白循省良書廢人骨起諫我也似子道我也似父僕已屈雪子爲致謝聲矣中所云云僕之蛘處皆爲姑瓜爬着誠爲對病之藥但病已據膏上肓下醫緩徒能知之醫緩無如之何也僕自揣住世無宅長只一懶長自揣住世無宅罪只一懶罪稱中散千古來第一開山懶祖七尺頹然纍纍負七不堪以處予謂中散諸事都已不堪只堪一死耳乃其獄中幽憤尚有昔

慚揶下近愧孫登之語至使坡公憐之日向使
中散得散髮岩阿當如脫兎之投林予嘗心笑
中散之懶未能登峰造岞也百事俱懶而猶不
懶于慚不懶于愧其何能懶好頭頸有人斫落
懶于復拾廣陵散既懶于傳矣而又悔其不傳
是何其又不懶于悔也太學三千表乞爲師使
文王從而赦之中散得不死強一懶人爲三千
人師其不堪定不止于七吾恐中散當有求死
不得者中散又何慚何愧何悔乎且中散善養

生使中散而不從兵解如蒙莊所云豹養其內而虎食其外又將誰慚誰愧誰悔耶懶人貴善自寬予深惜中散之不善自寬也來教無非欲僕自寬深感爲僕發藥不知僕早已勘有古方矣憶前事初作時僕胸猶稍作惡有我生元有命奴輩利吾財之句齋友子喬扼予筆曰子既懶于慚懶于愧懶于悔矣而猶不能懶于憤耶僕戢其良箴遂擲筆向壁日與古之懶人對坐古之懶人爲誰是僕箸藺中一尊老友彼曾鍊

于水火混于泥塗見慣夫百千萬億之不堪而一味寂定令其面孔枯如腊黑如漆者是也前寄足下扇頭二十韻已具之矣兹承教及使懶人又不能懶于開口友白

答孫大蘇

開郵筒得孫子五言詩二章七言古三篇狂傲書二通何許子之累人筆墨也昔人得一知巳便可不恨是一知巳尚幾幾乎其難之也今許子一人辱于泥中獨能得孫子章子相歌相泣有此奇遭合愛奇禍許子甘心矣山鹿廚懸命枯魚泣寄書孽鳥飛鳴引弓欲隕茲再夜燭讀孫子悲鳥篇不覺雪涕無從與檽外雨蕉俱滴輙自悔道力不堅又爲孫子惹出悉淚旋讀月

蝕之歌則如史公讀賈生鵩賦又爲爽然自失者久之嗚呼月尚且蝕也况茲窮鳥復何足云乎狂鼓亂撾訶罵佛祖不知于叔夜之龍性何如然許于奴態詳于中黄書中矣幸熟觀之

饋疥書 有序

許子與茂公不戒以孚者也不介而合者也閩與越山川界之僧與俗世法界之許子獨能與茂公不戒孚不介合是宜患與同也癢相關也古之人謗可分痛可分許子與茂公不令人處也若區區之疥爾疆我界自封而自肥愧獨享耳昔之吞雲夢八九者尚無芥蔕于胸茂公僅二三酒花枯之微笑可矣又何

介介焉茂公欲迻乎璧乎請洗之于河仍與公誓日所不與茂公同之者有如此水

友聞廉不求貪不與儒之行也以捨來以慈受釋之教也人以不貪爲廉則吾之不與卽爲貪人以能捨而來吾倘不受卽非慈日友之饋和尚以庎也意以和尚廉者或心欲之而不言友遂不敢貪也意以和尚慈者能受友故樂爲捨也今和尚自謂能廉一介不取因不取吾庎月

謂和尚有[illegible]吾既疥之和尚有冊吾既疥之若是則和尚愛疥既多矣前則既愛後乃不取吾于和尚貪廉之間亦未有所必也矧和尚之慈鷹可餐虎可飼一副皮囊寧是我有則請和尚以一疥爲鷹以一疥爲虎餐之飼之未始不可和尚嘵嘵以仁義責友不反而自問其慈友不能爲和尚解矣且和尚謂疥歸而怨怨而大肆其毒于友斯言過矣疥之于友受摩搔日久與友親厚無間者也偶出爲客而見逐焉耻于爲

不知巳者訴厲反而歸其賢主人是將德之感之之不暇而又何怨何毒之與有劍返于津吾未見劍而怨津也珠還于浦吾未見珠而毒浦也亦又何怨何毒之有哉若和尚以友字有介亦應友有則和尚不旣名度乎度則何所不容區區一亦曷不度外視之而猶以嘵嘵爲也和尚其何以喝我無以喝我則借和尚四大爲吾亦聚族之廬吾亦在而家矣

爲梅君乞壽白事

梅君生於冬候老於春初其爲壽不過六七十日耳以六七十日抵人之六七十年鳧頸已甚續之不能又寧忍截之令其中道殤夭耶余荒圃開徑一任客子逍遥其在籬二踵來時梅君以瘦影笑迎催詩伴酒亦薄有主人之道如或不戒奚童橫加剪拜梅君應且泣且訴也但不聞其聲矣今必待聞其聲而始恕之耶假而有聲又恐一二以花刑爲鼓吹者縱哀涕疾呼猶

然不動奈何況夫驢背馱歸此亦騷林偶爾清事若使人人爲之卽如晉人之折角巾穿鼻屐顰效可醜雖雅亦俗故茶以微啜爲清酒以薄醺爲妙花亦以勿折爲佳譬則踏月步雪徃謁萬山中老衲正以不出關相迎不過溪相送愈見其香嚴疎冷之性倘必載過鬧市招人曲房則與狎客何異友用敢布腹心諗夫來者庶幾愼其指爪延彼壽年苟得十人受約則吾梅君免於十死而得十生矣百人受約則梅君免於

百㐌而得百生矣如是則友願呼奴聚花爲茵
合十而膜拜之祝百君子爲西方無量長作衆
香國人也匪佞匪佞

[illegible]

書吳門徐生事

姑蘇故歌舞地鄉先生具練色知聲家尤饒伶伎有小史日阿丢年可十五六是其先生縻千金購得之者宅院中推爲上首其喉之新容之冶人無論頑艷遇之莫不目迷而心死也里中徐生于稠人間瞥見之歸而閉齋語影曰人世有此俊物迺爲勢家所籠自非出奇冐險致之徒乾死相思窟中耳何盃遂于宅上大爲地洞凡房寮堂戺之屬皆具蘇城故有所謂北寺者

寺爲大叢林天下之椔家多在焉徐生間行其
中密結三十許人皆四方之大俠也邀之至地
洞中椎牛釃酒饗之酒半出千金爲三十褁置
其前屬之曰吾有所不能致者某人君等倘能
爲我致之第取金去耳三十人則皆應曰諾吾
能爲先生致之是夜某先生方招郡守飲于家
圍張燈奏伎吹唱正洽三十人者各挾白刃大
譟以入閧堂滅燭某先生與郡守請是剽刼大
盜抱耳走匿壁衣諸僕從輿皂亦皆獸散鳥蹲

無敢吐聲息者三十人公然取地上氍毹褁阿丟負去比定起視則席間器玩一無所失獨失阿丟矣主客相與赧悵而别三十人者竟以阿丟至地洞悄悄持金去徐生則觧其褁而抱之曰無驚吾爲徐某也爾之毋兄姊弟亦俱在此葢生爲阿丟而先移之者于是阿丟毋兄輩咸前抱持之曰徐郎有心人也當謹事之阿丟曰唯唯旦日徐生之市市間人士口語籍籍談夜失阿丟事無不或歎或笑生亦插身其間助嘆

助笑焉事秘人竟莫知也阿丢遂與徐生居地洞且十年一日阿丢曰吾久閉于此城中衢巷幾不復認明日放春士女殷盈萬人如海寧能倅辨吾舊阿丢耶君曷與予俱生亦重違其意挈之與俱焉適某先生之蒼頭遇而識之曰此非吾家阿丢耶胡廼與徐某者俱卽歸報焉某先生怒曰鼠子敢爾吾十年所嚼齒而頓足者廼今得之隨以生名遍訐于有司將捕逮之生曰嘻若負其強有力欲得吾兩人甘心吾兩人

義不受辱也有破産而已何害傾其貲多方營
斂嗣後訟凡連年不解其捕逮益急生營救益
力越數年某先生且死獄得漸寬而徐生之財
已殫矣計其所耗至四萬緡其毋妻以家落漸
憤相與長齋事佛徐生慨然曰吾今則亦可以
學佛矣亦與阿丟相約蔬布以終其身刻苦爲
聲詩詩得竟陵派今爲吳門隹山人云

乞書畫疏

友入山深矣埋沒鬓膚安頓骸骨非隱也古人知幾而隱性情安適山水而隱或功高名成落落可以去矣而隱或茸爲廢棄學仙學道自求自樂夫而隱今也波濤亂石中蛟龍夜激纏朽柁拆人啼鬼哭矣有片箬可支一竿堪渡乘斯雷火且竭衰殘而已非隱也友今向山深砍杉截竹十餘樹織茆縳草土壁甕門朝昏坐臥一甃矣堂置破書數卷外此則無朋友也無朋友

則聲氣未免枯淡半生筆墨之遊何堪斷止迺約剪溪藤數方乞社中子書畫一二幅擅長者多與焉彙成一幀與吾布被鉢盂作一擔頭挑去矣俾山間松靜風雨門離時省此一蹤往還爲無窮清福計也使野人卽終其身髮膚可埋骸骨可安負荷佩戴死而後已涼風朗月共聽斯言

募造白骨墖疏

夢宅空來五更鐘外皮囊臭去百念灰餘一絲不續手竟撒于懸崖萬喚難回冤莫招于號屋骨同月白蟻類泥黃此際眼滿蓬蒿寧辨一丘之貉當日華如尭李曾誇九尾之狐麥飯誰澆壠上棠梨寂寂松門未入面聞荒草青青樂縱傲乎南面之王髑終累乎西方之伯友日經叢塚慨發風前晚坐蕭齋淚同雨下念四大苐爲假合筭來何物堅牢即百年稱曰大齊畢竟倩

人收拾手欲捫天直挺挺捏拳亦去狸思拜月笑嘻嘻戴髑而行死者雖巳長臥而不知過之寧能熟視而無覩誰是金剛不壞自合相救相憐怎恐玉碎無埋聽其以風以雨所願各懷悲憫共破慳貪俾得石縫泥縫即是心由手田嗚呼子孫間者爲客何方男女雜然同藏無間欲人之不見也有我黨今日之合尖没世而無稱焉是君等當年之鑄錯巳矣勿復道矣欽哉惟其恤哉敢集衆居士毛以爲裘聚起諸死人骨

而復肉謹疏

茗水姚孺人墓誌銘

米友氏曰日者浙閩有其兩恨事而成兩奇事云盖丁亥夏五有先後而投予以腹悲之詞者二也一爲浙中孝則馮子馮子者吾之師兄也一爲里中爾玄謝子謝子者吾之社弟也乃予讀兩家言而歎焉嗚呼異哉兩家何其多同也馮子用上下平作悼亡七絶三十章謝子同之謝子有詩餘五調馮子以哀餘四章同之謝子以哀蟬曲命篇馮子初章有歸來但作哀蟬曲

之語同之且其小序又皆同以潘岳託始者也兩家同自負其婦之才色自謂或以世誼聯姻或以中表指腹則同其恨遺容未肖難于畫圖省識春風則又同其素心偕隱馮有林壑爲家之句謝有謀結數莩之句則又同以至閨人韻事則馮家新婦善度簫常于風前快作數弄也而謝有曲罷不留郎一顧夜臺應少月明宵之句同矣埋玉佳話馮家新婦性愛梅令其墓處尚栯幾枝也而謝有霜質氷姿誰得並許君殉

葬數枝梅之句同矣其有不同者三則馮子之婦猶得相莊十二年而謝纔九月馮子之婦尚享年念有七謝曾不得二十馮子之婦舉丈夫子一而謝則遺嬰缺然耳然馮之婦姚謝之婦陳陳之與姚其氏族又同者也嗚呼異哉兩家何多同也閩人許友恨其事竒其事重違馮請謹爲姚銘銘曰

生于茗顏若其榮葬于梅骨如其清嗚呼中斷者簫聲誰復卿卿

感時二約

自贈荅難刪而械筒苦劇昔人尚一刺而漫袖今世幾三百以充囊聯張累幅僅記姓名報往䟦來總拘格套絮積床間醉客乘狂花試草亂堆几上癡奴同敗葉燒茶遂使雒陽之楮貴不因文剡水之藤夭而可弔諒皆衆人所厭莫肯先我而言今欲徑約吾曹聊從其省惟是慶弔禮儀間或柬須全摺如在尋常酧酢相期牋只帋條誠爲兩便之圖定有同聲而應仿都門以

行僕蓋非創也勅記室勿報吾亦無費馬謹約當以罷馬敝車市閒蹴蹙何如小奚蹇衛醉裏郎當況吾輩既不能簡出深居花關卧雨又何須筍輿油壁塵陌衝風乃至酒座方懽僕夫催儂速駕茶言未洽倌人慫我長談且令長衢擊轂半是逵官雜以賤子肩輿姝爲僭分請約家各畜驢代步庶幾人盡挾纊當車秣以束芻非猶養鶴嫌雙口之累策而問柳時可携琴將一童以隨詩思嘗在背間差不惡耳回頭足看世

上尚共爲之再約

祭倪鴻寶師文

友之先子嘗爲師于浙其于浙東西之賢大夫先子類皆得而友之就中獨與師稱善每出謁師退必立友于庭曰兩浙固多賢大夫然吾度無出鴻寶先生右者先生之友幾遍天下顧惟與吾最故爾其手錄所作詩文亟往修贄門下迨先子沒于武林官邸師自會稽拏舟而來把酒沃奠哀辭慘至自後宰扶喪南歸師無論在京在邑輒從過賓口中覔友兄弟近狀友于塊

枕中時陳先子書篋理浙中諸賢大夫贈言亦獨吾師筆墨居多其或傷痛時事意有所指至有囑先子勿出示人者先子皆別彙爲一函手裝而筆識之故友思先子而不見往往念吾師則如見先子焉兹歲都門之變傳及閩中匆遽間猶未詢知殉節諸公姓氏友時從衆中言曰吾師浙中倪鴻寶先生必死衆走揖友問故友曰昔先生祠居曾作八化詩以遺先子所云囑先子勿出示人者即此詩也其中痛心疾首攄

憤爲言若豫知有今日之變者師則既言之矣死固其職也後果如宰所云嗚乎孰使師能知之能言之而終莫能爲之此間自有其故 及也窮茆下士曷敢抗首而議獨是疇非食祿顧當無事則攀鱗者無慮萬輩至于有變而攀髯者不過數公嗚呼君爲社稷死矣而猶執獨吾君之詞以自解師向所云入化者若此輩吾又不知將安所化耶先是吾師之友固幾遍天下至是爲師之友者僅得二十許人噫亦寥甚矣惜

也先子先逝不及操筆爲師銘傳以師大節遍告于浙東西之都人士但師今旣没其遺墨將復益重子獨幸收藏爲多自今當取師所賜者聯爲大軸納之先子篋中謹瀝酒再拜與先子交相賀曰先子得友小子得師矣

祭盟叔祁世培先生文

嗚呼昔人論交有生友死友之目迨今而求一生友尚亦難之況如所謂死友者乎友獨竊謂先生之于先子實有不愧斯稱者蓋友先君子嚴氣寡諧人也自游宦海以來黨社之興波飜水立類皆欲牽先子之臂而奉敦盤以從先子卒未嘗褰裳一涉其流顧獨與先生深相友善立誓盟幸宦跡半在先生之土每當行部至先生邑中公事稍閒輒過先生家園執手欵語啞

啞笑不能休輿儓皂隸鷺望于榔邊竹外時或出家常飯共食雖不飲酒亦至日晡不歸往往燈火亂而使君始還還而燭下簌帙友從帷間竊窺見先子喜滿知從祁先生所回也古云不見而心若失既見而失心疾曾何異是交誼如此不當在生友之列迨先子武林殁先生聞卤哭于私宅既而手攜文章來不及拜而慟友兄弟投五體嘔血謝先生先生始定後入內廳欲撫棺及視幼弟以先子像晁肖又眩于靈座者

移時使僮奴輿皂等皆無乾衣竟不知涕之何從也每口欲言而聲咽若病骨不支以去斯時先生之心何如其痛苦也故事鄉先生奠其當道官例得四字句三百字叙履歷幾行讚弟子數語已矣先生則文繇情生聲與淚雜歷溯盟好顛末懇懇至千餘言友張之寒堂素壁諸來覽讀皆知先子有死友爲祁世培先生者交誼如此不當在生友之列越數年先生從弟來令延津先生則舉愚兄弟囑之曰隣部諸生某某

吾盟友許某子彼子猶吾子爾善爲我視故令君至闥視友兄弟有加等焉嗚呼今世之爲壇稱盟者十百爲羣轉眼相識不可得其身之不有又何有于身後彼冬月葛衣遭父友于道者當年豈盡無人與盟乎友何以獨能得此于先生也交誼如此不當在生友之列是惟先子生平擇而後交故能得友蓋先生亦嚴氣寡諧人也其在鄉盧獨與念臺劉先生友善兩先生晶心石骨蚤見重于鄉評嘗未死前里人預擬兩

先生矣今竟同死如繻契之合夫甲申都門之
變僅見之禍二百七十年也以一十七載憂勤
之主當之一時朝士胥攀莫逮齦嚼欲穿此其
氣之所激誓不與仇俱生是宜多有也迨今歲
之事一君立一君復爾人將謂天步未回瞻烏
于屋將有所集前之激者漸以平矣故死于北
者猶得十有九人死于南者僅三人而已何則
氣再鼓而衰焉耳廼若先生與劉先生則卧于
里中兵固未臨城下也目猶未覩攻圍之狀身

尚未受頓抑之辱目復妻孥環而援也廬墓在其望也園樹魚鳥姝可戀也徒以衆議獻籍竟守不臣周不帝秦之義一爲西山之餓一爲東海之蹈此雖均之一死乎余謂以視南北諸公兩先生猶爲難之又難焉者然在先生則不以爲難而以爲樂先生以爲吾于夜臺中先有死友許君延領相望今有死友劉君攜手同行且復有南之三北之十九與吾結隣而卜居死殊不孤死復何感嗟夫時事如今日卽使死而孤

焉亦當決計獨往矣宗史可以無祝醇酒可以無飲婦人可以無近卽得良朋好友滿前笑談舉以似人咸當健羨友今敢憑新鬼附書與地下亡父爲道孤兒別來地上地日就窄從茲欲覓乾土恐澌不可得地下地洵許且樂宰亦欲往而家矣

祭林禹聲文

嗚乎昔君之于予葢交其父而復交其子者也憶在辛未先子捷于南宫識君都下一見驚爲老友旋挈君之官凡視權許墅巡海四明衡文兩浙吳山越水無不與君偕之予兄弟遂得從先子而獲交君焉一門父子兄弟受君之教益良多君每當官舍秋風輒憶仲氏夜雨對牀之約嘗爲予言有弟覺之秀麤力學相與怡怡爲文章之樂予兄弟又得從君而獲交君弟覺之

焉追庚辰先子沒于武林君杖馬策叩扉淚下
華屋山丘之詠隨擿椽筆爲先子行略噓枯吹
生使煢孤踸讀不禁投杖而拜搏顙而謝故予
兄弟往往思先子而不見見君則如見先子焉
自先子沒後里中名貴雅重君才皆爭羅致君
携遊展嘗久出而間歸未得數接顏色如嚮時
所幸君弟覺之讀書吾廬朝夕聚首論文吾二
人受覺之教益良多亦猶君之于予故予兄弟
往往思君而不見見君弟則如見君焉方擬待

君歸來兩家兄弟各出其所論著剪燈快讀相與夜雨對牀怡怡爲文章之樂忍料君生平忠義猶有今日風波乎傷哉典型云亡虎賁莫遇凡在親知無不喟嘆雖然北海虎賁之引益爲中郎無子而然也今君長公宣子次公匪羣對牀夜雨怡怡爲文章之樂亦猶君之于覺之予兄弟思君而不見旣見君弟而如見君又見君子而如見君焉嗚乎今予之于君亦交其父而復交其子者也

祭林樵青夫子

嗚呼天下固有道嚴而家困教行而遇窮如吾師者乎師莆人三十年授餐會城望弁州爲故鄉計莆人識師面尚未若吾會城人者今師竟容死二三子手也先師所欣吾師何恨但友兄弟不無恨恨也友兄弟早從師游凡傍帳依氊十閱年歲師爲叩竭兩端威收二物一日所誦五日所課攻頑擊惰彈謬繩疵未嘗畧從寬假且條約所束無問丱弁是道之嚴莫有嚴于吾

者嗣是凡爲人父欲玉子于成者皆爭延師以往師爲懸鐘待響叩者麕集亦既戸前滿屨門內三盈是教之行莫有行于吾師者廼師雖日授人以業家罔無業也問負郭幾何畝吐舌以視蓋尼父一鼎于是粥饘歲晏持歸數脡師毋巳焦釜以俟是家之困莫有困于吾師者且師又命坐磨蝎試輒不利于有司落拓諸生袍似半枯霜葉子雲玄學惟弟子侯芭輩知之漢廷公卿未知敬重維師亦然也是遇之窮又莫有

窮于吾師者訃師一生苦耋之頽憂家之困悲遇之窮未嘗一日能開其眉今日開矣眉或可開矣然師家雖困極而能脩潔恐貧其自脩脯而外向人不肯一開其口今日開矣口終可無開矣雖然季子初心之劍豈緣徐君開口而然吾儕小人初從師游未能尊聞行知服習不倦是爲子弟之情繼則欲飛肉重鹿鹿至今師日許予國士而予依然衆人斯爲子弟之恥倘自兹以往復置師後事如克耳之衰則爲子弟之

罪吾儕小人情之與恥既難祓除罪則何當任受請共晶誓以今伊始陸氏之座勿荒翟公之門無散盖師有子美秀而文師猶未死也二三子有忍死其師者靣共唾之嗚呼友兄弟所以事師者止此矣羣居經者同聞斯言師寔在上其從與聽之

祭曹雁澤先生文

嗚呼昔聞有宋盖有三大臣焉文正王公居學府者二十年人莫窺其喜愠之跡天下謂之大雅樞密馬公立朝慷慨有犯無隱天下謂之大直萊國寇公左右天子履危定變天下謂之大忠以余小子所聞若此僟人于倫罔有能兼之者廼今觀于社長曹先生之臣節也一皆備之焉先生早成進士歷握氷衡迫爲西川觀察遂賦遂初林卧聽宦海之濤者幾三十年維時先

生力固方剛也而蕭然無門覗當途遷轉若蚊蝱過前著書石倉園棲度晚生慈呴猶母其自一二緇寮乞疏外窮年剞劂筆床硯匣未嘗一日去手離身四天下人士抱其先祖遺編與其隨身贄軸纔然投謁者屨錯戶外先生能爲嘘已朽之骨而生動其胥鬚培未翥之翼而假借以毛羽是益深于誘引勤于著述論者以比歐陽文忠先生蓋無媿色焉是非大雅而何邇者宗實錄未經纂脩廷議以先生一代大手屬公

總裁先生自念瀕海老臣身受累朝恩禮弗獲抱弓而泣猶幸載筆以從使不能作直骨于枯冢巒諂鬼于窮泉則爲梗避紆繞史非信而書可燒以故義例謹嚴門館蕭肅彼夫覓千斛之米者在先生既以爲穢也甕雙枝之燭者在先生亦以爲靡也是非大直而何迨至　清師下閩先生民望理在所舍昔中郎爲東京大雅之才猶以漢史未成哀丐緩死而先生不屑也先生痛念烈

宗崩殂髯攀莫逮今幸得從先
皇帝埽除山陵臣之節也臣應含笑入地所以
投繯從容死生亦大在先生絕無瞻顧以視有
其言而無其心有其心而無其决者先生加之
寧僅一等是非大忠而何嗚呼先生若此不愧
有明大臣矣予小子今日瀝酒堂階竊附于以
賀不以吊之義旅進搴帷莫不仰而觀俯而愧
也先生肯翩然被髮而下之乎

祭陳抑夫祉兄

曩歲予輩與君共糾素心諸友是盖集公葉于石林相與揖曹公爲祭酒維時吮墨而解衣不負寒食與重九遂使誇爲盛事蕭城歎異咸謂吾儕能以墨戲聚首無幾忽凋其二維彼有巢瀫之竟先克夫報羅信使于是吾儕乍失其儔環顧爲愀然于祉事尚不輟脩謂是死亡其適爾寧肯遽墜乎風流胡期斯旦氣類零散鼙鼓動地山奔谷竄烈烈曹公投軀殉難逦役枝斯

與君又同捨舟登岸累我同人坐愁行歎屈指素心搖落幾半即今數諸現在亦自行藏異態雖欲褰尋舊遊已覺樂事難再或親藥鐺病骨支床或從油幕屈首戎行或散處異郡宅邑而各在天之一方茲所會哭同上君堂尚或衰經斬然執手親喪或尾羽譙然壓于雪霜惟是寥寥相視三耦莫備繫馬閒庭以酒酹地一彈指間死生二致思君笑語猶溫何當文酒重論今也猶晨星之望昔也猶暮雲之屯蓋已長逝者

如此矣兹之寥寥者又安能久存于是相與月斜嘆息而散去歸各兀坐惘黙而閉門

米友堂文

十四

米友堂集

五

終

五

題米友堂雜著

予嘗謂千古文人不過一持廚之好婦已耳今夫婦之好者時有過賓在門先須以茶事作供一經此婦爐扇啜之人各蒐清

繼則齋堂客飯主人與客對奕
俄而鱸羹鹿脯雜然並陳出此
婦手製色色又皆精好迨至酒
渴燭殘小檏在几諸凡菓筍蛤
蠏之屬是此婦夙所吉蓄可以

解老饕之吻燥者又復畢具如此而好婦之能事始畢若夫文士者初猶諸技未獻也而所答來贈往必先藉詩箋爲媒故詩箋者亦文人之茶事也爰無論

深疎類得一啜以去繼此則序
記銘傳之屬是稱大文大文爲
山珍海錯客子所屬饜于其中
焉者比之鱸羹鹿脯高會雅集
旹不可或無外此則小品雜著

倦悶之間抽一帙可以捧腹拈數則可以解頤又如眼花耳熱之後出菓筍侑茶出蛤蟹佐酒其誰不持箸相勸者如此而文人之能事始畢今許子亦一好

婦也摻手之玅撩衣下厨其烹鍊工好有向來食經之所未譜者乎既得其米友堂之詩文而盡讀之矣又得并讀其所雜著如干種焉十日飽而七日香乎

于許子姝有口福也書以諗之
知味之人蕙山古樵林牧谷長
書

貧賤快活

眉山畊叟寄言

啖薑寮埜人

人揷入富貴場中此身卽不爲我肎如癡蠅食蜜六足兩翼爲

蜜所縛若灰後猶胥餘甜甞謂富貴人夛是生前中酒宿醒未醒若淂清茗百甌置彼于冷泉氷谷間方知醒旹盡樂苐恐酒魔難斷淂迷復迷余居貧賤場

已十九秊兵胥憐我貧賤苦余
竊欣然喜胥唾而賤之者余更
鼓掌大笑而賤余者亦不解笑
中故故鮮不以余爲癡且愚不
知冷眼看熱中苦樂自知如鏡

韋序　二

中妍醜纖細不爽余頤貧賤人也日者淂一富賫夢破書數千卷斷桐一張竹杖一枝斗酒一瓢忽而珠璣萬斛珪璧千箱窮山海奇納之笥中戎褻敝葛忽

而三英豹武半牀泥絮忽而角
枕錦衾以及園游壯麗非復柴
門竹扉間一池荷葉半畝松蒼
往來車馬如市非復科頭赤足
不冠々不履々之顛友六七人

至童僕輿從與抱甕躳耒向十
畚勤灌畊者不同四簋八簋與
瓢水菜羹又不同余入其中尚
在疑信半忽自頋其形影呀然
而醒因喟歎曰富貴之态來如

雲水貧賤之去來亦如雲水豈
富貴不能苦余欲苦予於臥驕
餘邪余恐貧賤之樂尚不能久
柳何有乎許子快活夫許子貧
賤快活在舌章子貧賤快活在
章亭

四

夢許子之舌傳章子之夢亦傳

吾兩人均夢也

米友堂雜著

侯官許友有介 著

貧賤快活

人生兩脚墮地便覓快活直至兩手捏拳究竟無一快活者蓋世上人有四種有富貴兼者有富而不貴貴而不富者有乾淨一味貧賤者前三種討快活似易却難後一種討快活似難却易譬郭汾陽富貴亦極矣然其滿肚皮憂讒畏譏託此爲救頭

之計乃郎稍一放言幾于無穴可入推此念頭豈非終日苦海外此則富而不貴者既有門戶之虞干浼之累貴而不富者復有應酬之勞責備之苦總不如貧賤之人風期樂託如吾條記所列豈必貧賤好于富貴第爲等得富貴俱來世人有幾必待富貴而後快活光陰無多不已則奉生來之骨速去自討便宜况貧賤原有快活或一年之間有數月一日之間有數事隨處

俱有逐時皆是究竟七十年仍得百四十之半何嘗不是襟期固有也南面之王尚避三舍北門之士當置一通

朋友有園池松竹之地離予居復不遠每每步去主人在留我便饌宅出則聽我獨自行樂獨自吟嘯園丁蒼頭識我是主人翁知友不待招顧

問鄉人乞得閒花野菜栽種于園籬忽抽葉生芽終亦能開花結實斯之可喜若見子孫生長

成人不入敗累等

窮鄉僻壤但有鷄犬聲隔村有小市市上小店精爲麵餅酒蔬平價交易店主人識時宜責道不慮友至飯未熟遣童子持籃賖典香潤飽人即行厨之一便也

讀書每有字句不可解者輒作數日梗塞漸漸已之一日忽從某人書堂架上掀覽雜部注釋了然出處朗爽何異烟瘴滿空經月不見天水須臾收拾殆盡萬里如洗老和尚坐破蒲團

聲棒喝想亦如斯
留客請客不論客量可否但能甕滿杯浮不斷續彭亨而煖
有人惠佳餚名酒獨酌不趣作字招友俱在連絡而至有未及意記者亦偶來獵席
小小生病亦是詩料畫意然烹茶煮蔬一兩日即愈如久雨而乍晴也使一片白日未見生動之趣
讀書靜臥新茶之候明月之間忽韻妓或禪僧

索茶而來踏月而去

生平結願一書買之力不可有求文章者餉金足以易此置于架上行坐其下餘尚可畢月酒錢日與友人顛狂笑駡

風輕月澹時獨步墟落過竹塢有池一區水平如掌波瀫溶漾横木橋其上適内廹于此觧之故意久蹲不起一兩聲蛙從青草間出作詩腸鼓吹古人著作于三上其一在厠想從此間得耶

小兒歪髻雙丫玉雪可念齋堂散晚挾書歸揖
呼爺嬭聲啞啞給與少許梨栗給之占對對成
半雜通塞亦見童子天機飯後上燈習所授書
從床上聽姝清圓朗亮教以小詩數首復畧能
上口貧家父母心得此大可安善
砌屋雖不大不可不留隙地種竹栽三四根一
二年後子孫長養其黃老者删去飽受月聲雨
色何異萬壑千山
齋中無它事日作詩文幾首皆三家村板橋節

屋風致無應覊苦惱之字自讀亦覺情趣可得者適平日講論契合師友齋飲對酌深夜一燈狂呼散髮數日而去

久陰初霽望前村溪山如醒汀花亂香禽鳥雜呼二三友各出齋飯葷素不等令童子竹杖擔去無主無客亦飽亦醉盡日而歸且訂異日之遊

經旬閉齋塞爐雨聲雜風淒楚之色縱橫帷幄獨立百思忽聞扣柴門開戶得童子延某友者

讀其札云偶有蔬肉一二梳白酒七八瓢索我
間話不待着衣冠斯樂何如若一東卜其日則
不但掃興敗情且添愁憎惡
買得山中人子弟年十五六力如虎我屋傍有
園小小令之種灌彼揮鋤播種件件得時灌水
花耘凡草井井有法朝斯夕斯日供菜箸數束
生脆清香草花數本無日不開是膽鉼與主人
俱受福矣
春新秋殘村屋山齋絲雨驟至幽寒上人手足

老妻滌潔衫襪送至夜來加授一層讀書無窮安穩

小屋欹斜廳事猶能井井低門窄狹陋巷亦自閒閒故不必深山閉戶即是只日給一日原無甚產業當差免悍役徵租酷吏責稅已覺爽然有致

秀水奇山擬遊即果青鞋裹飯竹杖探泉葉笠草蹊穿雲而去隨住地歌咏每得美言天時皆霽朗無擔遲之苦復有不能從之客以供笑謔

糧盡有乞食處興罷乃歸

巨細筆黄熟香涇牋白扇齋頭不竭書畫友來面索之或題新作或畫眼前山水書屋時在目中手裏如晤故人

率意看書倦則亂堆几案稚子仍持臥架上序一二三四宅日取看又復如是懶而不荒亂而有理樂真可稱南面百城矣

米友堂雜著

候官許友有介　著

三頻吃

神農氏大導師也百穀百草經其手口使後世無病者食飯有病者食藥以續命至今予則竊謂人之無病者即飯是藥人之有病者即藥是飯葢自養自救其道不殊故以暇日舉予嘗所餐服者列其品劑書之屏几以自養救兼欲使人之無病者就

予食飯去有病者就予食藥去各奉此以爲十萬二千頓之用諒無不可者如是又何妨吾不憚煩之許予向人作神農言

毋強不善飲者醉

量之大小有差總有未及處正好處太過處則均譬善飲者百杯而正好出此則太過矣不善飲者十杯而正好出此則太過矣百杯者自取快樂至百杯而止聽十杯者亦如其量而自爲之必強之與我同倘有一不者亦強我與彼同

我何以處之乎不飲者聽之多留一二友伴席未始不可苛責過甚則臥者病者至矣寂寞徒自苦也淳于髡當買絲繡之

毋長夜飲

厭厭申旦既失前夜之全閑齋補眠復去次日之半此即弗論但我方埋頭酣飲孌婢雜夣綝供役壺童恐寒凍伺酒心能安乎亭午而集纒黃爲期薄暝登筵二漏而罷足矣足矣

毋怨尤

先輩嘗勸人養喜神怨尤者焚和之薪也方寸幾許地能容人積薪自焚遭遇之乖接待之簡諸如此類隨人俱有太上忘之其次忍之若絮絮喃喃是老婆娘憨婦女態戴鬚負肩者不當有此

毋面折人過

面折人過有二種一恨不得人有媿心之事即爲己快心之談此薄之甚者一作人峭直不能爲人匿瑕然原有教訓之意第非善道耳不知

人有不好事做出或有慚赧亦肯遮攔我背後示之彼亦自知感激庶能悔悟尚有可期倘人衆之中説破彼人豈不抱恨至于死冤竟有不顧名義而率性做去者

毋識當道官面

破樹歪亭花村竹野讀書散步多少快樂何故結願挾衣帶冠求見當道縱名公才子一行作吏自有不同綾文刺六葉窗課藁一冊名士銜也生平尚昧恩巳稱沐裙襦初撇生即加門此

面皮亦厚之甚矣且荆條栅枑之間已先有一
二酸措大面俗門皂面供吾賞識如之柰何喜
爲斯事者定當另有阿鼻

毋嘗至娼妓家

娼妓之所居大凡異類者皆集焉飲酒之餘佳
辰良夜偶友結伴同一間至亦是韻事若恣意
往來非大老官紈袴兒則幇閒狎客矣語言市
褻尤在市井之下

毋難不救

古人許多救難事皆行于忽有所見而惻然者凡遇人有難能救他一分是一分救他十分是十分分分量所至不遺餘力

毋主意佞佛祈福

放生禮懺友僧坐禪本是文人韻事使有一種持定天堂地獄不知真癡乎假憨乎依期放生隨僧頂禮僧有何可禮生焉得按期而放若藉此而祈福請祥則滿腹貪求一心僥倖早已孽重如山矣

母諂婿

諂婿者歡笑顏面細語溫言惟恐不樂其人之意不知世間惟戴紗帽人愈逢迎愈做腔調蓋受人奉迎者多矣不足異工絕巧手段賣弄不來幸則分權借爨妻子榮施子孫受庇不幸則富者連自己田宅典賣陪辦施設貧者終爲門下斥逐其狼狽至如此何苦以全副精神一生行徑但求此數張大字拜帖幾頓酒肉便飯金字牌下曳裾買笑耶

毋賭博奕棋

賭則天地間六凶之一也市井奴隸之所知教弟子而不與之爲者也奕亦賭之别名文于賭奕之所以相宜者抑鬱無聊兩人鎮日冊居或山齋對雨則需此消遣長日令一師坐鎮羣人鬭金至傍觀出一言者瞠目罵詈斯非古之所爲奕也即朋友雅集不必設枰開局好溪山好亭榭好風日不談詩論酒埋頭爭着勝則欣然敗則欲死亦不佳之甚至于杜陵杜夫子答費

日之識曰精其理者足以大裨聖教去此遠矣

毋行苛令

飲酒樂事行令則如波浪激趣柰何底面設官左右分糾一令未終四筵飛罰不歇則滿座之精神全注酒官酒官之耳目暈眩滿座甚至苛罰不堪爭拳罵酒若一個酷烈有司官審冤重獄何趣之有追人嘔吐而已

毋濫觴

今日飲明日飲不得醉之樂復無醒之趣廢時

失事釀病勞神可畏哉茗酊而止散步凉天則佳矣

母劇勞童僕

小人原無才稍稍質朴供得呼喚則已矣彼所賴我者飽食煖衣此外無他求便算得末世一個好蒼頭但須御之有法固不可使之逸亦不可使之勞若劇勞則一事而數行未歇而復起無風寒暑雨之分無歲時伏臘之別間有不如意事又從而箠楚之詈駡之令彼心灰意懶厎

米友堂雜著　六

解氷消矣或爲盜賊害我或餙詭詐欺我釀禍非淺鮮也陶靖節云彼亦人子也幸善視之深有味于斯言

毋流買鬟婢

女而爲婢真窮民之無告者也男子不值錢出處郡易去留亦快女子則誰家肯爲婚配且伺女主猶百様艱難稍不嬉惰即當留配良奴若家旣有僕媳及笄之時亦當婚配而去雖聘禮不償所直何妨少得數金成彼一生夫婦買而

賣賣復買則不知流落多少入手也止知厚利甚至買爲娼妓者皆有戒之哉戒之哉

毋呼前輩名字

前輩前吾輩與父兄同輩者也子弟呼父兄字名邪不呼父兄名字則與吾父兄同輩者列之敬長上正自知禮也

毋談人閨門

與朋友會集欲拈話頭信手皆是何必苦死攙及別人家帳薄裏談之既久未免造捏未免支

亂有道者不爲稍失口則舌當受錐

毋長齋

凡事偶爾爲之有趣適無鷄豬魚蒜間入村舍山庵或一兩餐原無不可使作意爲之限年限月説佛號講功德癡矣食菜酷於食肉

毋羅列宴客

末世人福少德薄步步宜惜至于宴客最善虛縻尤當裁省使堆疊滿前是以口腹待人以厨傳自處敗雅道矣傷物力矣吾寧從其簡者非

鄙嗇也爲可繼也爲安全也

毋與朋友狎戲

元次山戲亦有規悔戲于童子况朋友乎古人千百機鋒髡舌朔卩耴一時之尖爽可笑而已狎則傷傷則幾幾則無忍無忍則絶交何苦何苦

毋多蓄妾

大凡婢妾輩盎能瑣屑詛罵盎能奪寵爭強一室之內吳越秦楚刺刺不休及生男養女之後

聲氣愈差性情益別異日占產業分門第則諸毋固已傷殘而兄弟終相悖戾身後聲名復何可聞

米友堂雜著

候官許友有介著

願學詩

嗚呼事變至今每念昔人教走之語愴然懷中尚能爲開行緩步于邯鄲故道耶書劍無成矣去而作萬人之敵予媿未能也無已則求爲一了百訖之計向天公乞假㢘逸我以死乎予媿未能也無已則給以半死之身盲之聾之啞之

雖日不死而猶幾于死者之所爲乎予媿未能也無已則憑此現在未死之身置我朝市則奴可乞可詈我村野則掏糞可織屨可旣不得死尚自努力可乎予皆媿未能也無已則惟有曼聲哀唱作田氏門人身雖未死而豫辦死時齋糧以消此欲哭不能欲泣不可之歲月可也然予終媿未能也

學死

死即人之大寐寐即人之小死假寐即人之試死而又莬我還者人世笑啼總是一口悲喜怕歸兩眉生而樂者亦一死矣況我生不樂者乎向子平讀易至損益卦喟然有所會心爲子婚娶畢勅家事斷去云當如我已死遂作長遊終其身不知所之

置我空山中破茅一間止兩扇苦竹籬風吹牢欹倚隔溪啼古猿虎饑舌自䑛老狐戴粉髏又

手習拜起月暗窺我門嘻笑露其齒腥寒漸逼人吹燈彈窗紙此際身兀然由我心先死學死先死心未死死同理

學盲

目即吾人之損友也凡我一身皆喜逸而此君獨好勞心情受其愚弄百勾百攝頓起頓生犍爲任永逢信公孫述徵命二人詐盲而潛動止恰如無所見及述伏誅拭目告人曰世適清吾目適明

悟道與養生眞訣在閉目眠爲導淫具垂絲釣百慾苟能捲雙扃紛紛莫投足達人悟此理在衆猶處獨泯然不計輸與贏吾自着吾純黑局

學聾

耳門兩扇有開無塞是非之鄙懊惱之孽身有幾許大容此一官耶栁玄達每出迓家人詢所聞曰無縱聞亦不解

素厭朝市談抱頭入深竹呼取桑苧翁夜村就之宿抵足話羲農夢聽松謖謖近來里語更譊

譊掩耳疾走猶相逐欲避醉聽二鄉中兼恐酒醒眠不熟何如永斷此聞根省得欲笑又欲哭

學啞

吃飯飲酒上下唇無恙讀書罵人不如舌根禿齒根斷仲長子光悄室盧絕妻子守令求見先生以瘖疾辭不交一語有請道者劍尾畫莊老二字于地示之鐘鼓不能默只自招撞聲人生獨何爲亦復離斯戚區區蘇先生猶自懷慯慯言吐則衝人茹

之又自逆較量茹吐間常若臨大敵何如兩不
事守吾一味寂但恐當衆喧時或漏聲息須邀
瘖子光結廬同向壁奉此無言師共溯寥天一

學爲奴

無涵養少學術其欲爲奴也難矣骨頭
極不識好惡放逸一步益覺生病作疾
以憂苦我我當計較之勿使一日便宜
甚至爲亂世乞身亦能潛晦以自全季
布嘗戹高祖高祖得天下購之急布髡

鉼自賣爲朱家奴朱告于高祖赦而用
之
骨相非王侯賤役敢無執安養恐負天庥以勞
自習試疏小條例課此閒指十屋頂舊茅亂防
秋須務葺敗竹猶帶箕縛帚日可給荒園三畝
寬腹飯足當入耘佃百藥苗乳之以水汁甕綆
常在抱日日不停汲廵行視圃畦土花鬆且濕
兼有細碎工忙縫亦收拾匏蔓牽作棚麥藁編
爲笠以受日月凉以避風雨惡三頓能如是許

𪏭盤中粒天翁贅主人笞朴不我及

學乞食

食可以乞得者何所爲而不惡爲之也隨餐可給終世不餓豈歉總滿一盂數聲招來醉飽襄陽羅宅仁好學嗜酒每行乞于營署爐肆不以爲羞𥘉温責之日何以不就身求逌如此羅傲然日就公乞食今乃可得明日巳復無㝡名士風流佯狂玩世者也

儈子善隨緣托鉢資法施浪跡雜人天大地供遊戲下士常苦拘殊自名爲儒空腸但貯饑途窮不敢呼我躭酒肉樂無便從人索或麾予使退予輙應曰諾所恨淵明見先予作好詩歸然黃鶴樓何旹槌碎之

學擔糞

世間惟擔糞是不朽事業是絕大伎倆有力不勞一味死煞游戲何異犬豕吾將溺衣冠學擔糞歲月之餘長歌大嘯

作窮村古民林和靖云吾生平第不會擔糞與彈棊孤山結廬得非樂窮農躬耒耜者乎重其事願學而未能耳

天地生兩肩閒閒竟何用牽車服鋤犂牛馬能負重馬德與牛功執筆皆可頌人力遜牛馬念之得無痛最下若疲驢溲渤長齋送我欲傚所爲四體習勤動寄言潔先生莫笑非清供當思海畔人逐臭尚猶衆

學織屨

跣則冈形屨乃農制朱屨赤舄非予骨相弗敢願也經草緯麻不待截趾以適宮中自取且無踊貴之憂朱桃椎浮沈人間披裘帶索織芒屩罝路傍見者知朱處士屩貿米罝屩處易之以去兩人終不相見是則便已適人皆古隱者之心也

野性愛山行出入煩二丈在下爲芒屩在上爲藤杖濟予于險中功高而不賞報之以躬親不

汚俗指掌選竹自製節編麻自刺紡扶予若至老着子當幾量會從蘇雲卿問之乞遺樣

學挽歌

挽歌哀死人也人死矣何足哀凡人生時可哀之事常多死之日則當將吊更賀故吾唱于未死之先自哀而自笑也若待人挽予于既死之後是勞宅人口舌仍塞我鼻耳袁山松出遊喜令左右唱挽歌時人謂袁乃道上行殯者

人既死矣寧有開薤歌蒿曲徒紛紛亂茅束縛
亦須去挽郎十百空爲羣我試開堂酒坐側夜
深燭短月微黑殷勤唱作渭城聲誰人不帶別
離色嗚呼寒食重九時滿城絲雨風開之閉門
身似坐墟墓長歌當哭知未知

米友堂雜著

候官許友有介 著

青鬟怨

吾友魏里夏雩子嘗作青樓怨詩自謂宫閨二怨古多文客操鉛而青樓之怨未有及者特爲一一譜出欲得如小小盼盼其人低眉而讀嗚呼天下釵裠流落傷心豈獨青樓夫不有投身媚主擁髻凄涼即鄭家慧解稱詩尚且辱于泥

內不宅智能辨客猶然守在厠間況下
此而傖父狂奴其爲鎖燕因鶯何可勝
道予冬心寥落枯坐匡床聊以半面笑
啼代諸女鬟歌嘯因憶昌符婢僕行卷
一時誦傳徒以觸口刺譏皆中其病夫
零香碎玉不解慰存但取尖舌利牙深
文巧詆李公如在吾將短其盛德故余
詩內諸凡米鹽細碎事近鄙猥者一皆
畧而不述非有所遺意在爲諸鬟愛醜

焉爾閩越附訊時有詩筒余欲手錄一通寄吾雪子使之剪燈並讀試看兩家青衫之淚誰爲較多也甲申臘殘坐箬蒻中識

大地雛鴉共一籠倩誰脩表訴天公零香飄墜偏塵溷浪主人間廿四風

其二

官人屢約抱裯衾禁忌旁人負到今今夜偶然無胥束叉逢鳥道有霞侵

其三

購方浪說費千金不見荛花結片陰何事于奴
祗草草半胥褭帶巳洸洸

其四

阿娘爲愛髮如鴉遣往東街賣髢家惹得狂奴
忘論價故將閒話漫交加

其五

如何孟浪赴歡娛只博于今育子劬娩得雄來
人抱去却教奴去嘯宅雛

其六

是誰輕薄少年徒創説人間清婢無巷遇便將環珥櫛惟來白日見金夫

其七

郎君夜飲未歸來濾水燒茶火幾煨正欲垂惟偷睡睡敲門忽報醉中回

其八

爲看鼇山傍姐娘脩來衫袖逐釵行無端貪踏三橋月弄得燈殘兩足忙

其九

自笑從來好事無命偏推我不宜夫昨宵花燭青鬟者記得前年已許奴

其十

偶然隨嫁入鴛幃燈夢花情事事非寄語雙鬟諸妹妹從今好莫伴于歸

其十一

美士檀娘錦帳前新聲碎語細如烟雖然未得分明聽總惹恓惶不肯眠

其十二

閨院春陰杏子天訂將偷去弄鞦韆突來老媼多生事喚入簾櫳捧繡纏

其十三

一搦尖鞋一剪腰自憐也道美難描少年輕薄爭朝戲奪去胸前一尺綃

其十四

半月香梳掠鬢旁步來絲穗亂衣裳鄰翁醜婦何因妬道是花妖院裏粧

其十五

女娘意氣亦相依結拜原期兩不違無故閒言傷姊妹致令踪跡往來稀

其十六

阿孃聽穩冷銀釭約赴懽期月上窗輕步乍移人影靜不期花外吠厖雙

其十七

有客于思半白蒼徑來宅上看偏房私心恨不嫌奴去饞眼何勞上下忙

其十八

好笑而公老不脩，強爲解事學風流。呑來秘藥全無効，猶自歪纏未肯休。

其十九

靠晚書堂掌上燈，苦遭善泥腐先生。都忘主母催儂惡，酸話蟬聯不放行。

其二十

中酒呼儂快作羹，銀刀雪白切魚生。主翁病渴嘗無味，錯惟奴奴製欠精。

其廿一

奴自前行後擁趨成羣牙鵶逐青蚨天街得得
低頭去似背龍眠兕母圖

其廿二

初來舉止自生疎家法知如舊主無落得羣丫
矜老鍊壁邊耳語笑奴奴

其廿三

深深墻弄暗無風郎卜歡場向此中突出見人
心自怯負虛無那面通紅

其廿四

壁車時過老尼庵曲巷城隈䠞未諳趄趣輿夫雙鬟亂沿途墮却小珠簪

其廿五

因伊勾引動芳春日換相思刻刻新長夜綺窗簾外宿最驚夢裏喚同人

其廿六

娘限工夫織水羅郎偏何意借奴梭無心遞與輕輕看使道妖鬟賣弄多

其廿七

小郎十五性乖聰挑弄也來學迺翁已囑口頭
休薄倖如何齋內又聞風

其廿八

入門暫喚新來者猶待官人乞與名自笑年年
名屢換小蠻樊素又流鶯

其廿九

春宵貪卧正驚遲忽聽閨中喚畫眉十詣遠山
描未慣淡嬿清瘦潤嫌肥

其三十

請客何爲不擇人埋頭絮飲吐汚茵酣徒鄙管
連宵倦月落猶聞與酒頻

其三十一

女客閒招會果茶微聞談及小奴家雙腮湧起
姚花笑近日丰神似破瓜

其三十二

爨前司籥老碆頭禿鬢粗眉又結喉阿母竟將
奴許與合房還說耶今秋

其三十三

使公風雅效陶家詩渴思煎雪水茶半夜紙窗
聞淅瀝起來承取冷敲牙

其三十四

無雙原是郿郎妻孟浪旁人祇自迷昨日堂前
觀演劇采蘋末段使人啼

其三十五

素足新纏學小蠻恐堪楚痛步來艱簾前正點
奴名字令傍花輿聽往還

其三十六

憶曾承得主家恩淺碧褭新月一痕今日後來應上處退爲房老更何言

其三十七

賣珠還去月微陰膽怯常虞暴客侵濫醉欹巾狂妄漢攔街唱揖故深深

其三十八

郎君才似馬相如內史命爲女展書賦藁詩箋都管領時驚篋有蝕文魚

其三十九

東門春月女如雲爆竹迎牛楮鏹焚若箇笑乘
人側塞暗中勾破茜羅裳

其四十

命薄還期嫁好夫無端流落到西吳伴將客子
江舟夜抱得琵琶唱鷓鴣

其四十一

兒身分作檻中麑更有何心傍母啼昨日偶然
來探望惹人厭賤不堪提

其四十二

偷閒暫去看儂娘自是兒家子職常道遇小鬟歸弄舌胡猜别事費隄防

其四十三

爹們准備贖娥眉消息傳來有幾時想爲虛花金又盡不然何事竟愆期

其四十四

情郎香帕啃中捘半幅雙行墨跡留字法向來慚未熟欲從人問却還羞

其四十五

家中小妹整香奩擬繡雙鴛送與添癡長自憐猶滯貨開箱取線又慵拈

其四十六

花間客至問壺觴竹外奴司瀹茗湯底事更闌爭說鬼坑人月黑怯歸房

其四十七

風雪滂天尚恐寒出門偏愛着衣单滿身銀粟從它起只畏癡肥不好看

其四十八

半臂新裁襯薄衫摺來袖口露摻摻天風抵死吹浮漲夾路人言似放帆

其四十九

小雨春來潤一街街中泥爛半埋鞵女童入學徒頑戲枉累朝朝背到齋

其五十

擬逐春風過短垣意中人肯作崑崙呵誰漏與東君道管束加嚴不敢奔

其五十一

春色煎人思有加烘烘兩頰潑朝霞病中渴說難湯水猶令窒瓶汲井花

其五十二

昨失定風金小猫主人心性又咆哮同袍細覓誰憐我脫珥潛過拜六爻

其五十三

郎腰化作女家砧十指懸椎搗夜深雙臂爲伊酸墮甚最勞人處是天陰

其五十四

早起摽花飯鷓鴣，驚飛爪鈌汝窐爐。多蒙翁老無言說，自覺粧村敗典奴。

其五十五

紫蠏微生半帶糟，擘來紅膩漲庄膏。霜深揹冷裝盤飣，只向筵間饜老饕。

其五十六

郎裁衫子是吳綾，壓疊空箱第幾層。倉卒堂前需索急，道奴近日手親承。

其五十七

貪涼睡去戶忘扃倦壓纏眠未得醒夢覺自驚絃索緩不知誰解護花鈴

其五十八

長街踏去怕歸遲屐係無情故故離逐步低頭忙縮結想應笑殺跡傷兒

其六十

四月陰陰梅雨微薰籠香氣煖周圍無因鑪內多添炭烘破儂郎半幅衣

其六十一

低斜竹徑僅容身命蹇偏偏遇惡賓笑笑挨肩仰覓手強來捉臂冷侵人

其六十二

雀與窗開卵色天下床隨步入廚前自慚不及閨中柳纔得春深月幾眠

其六十三

娘行勤儉學當家夜半猶教弄紡車絣縴未傳龜手藥指尖欲墮袖難叉

其六十四

琵琶唱命老盲婆經訣諧成一曲歌暗把流年憑點算紅鸞欲動計星磨

其六十五

後園樹底小青梅摘下含酸啖數枚誰道少年牙齒毒笑奴花信已蓓蕾

其六十六

艸艸鞋成綠𨜟紏雖無精巧亦云嘉不知若箇丫鬟姤偷折㛮鴛半向花

其六十七

儂家執役已多年今旦勞勞稍息肩理合慨然還質劑盤餐猶自細論錢

其六十八

春晴㧙艸過林亭滿架紅花笑鬢青折取一枝關底事喃喃叨絮老園丁

其六十九

婦姑詬誶亦尋常洩忿何須小娌當晴忖株連將及我果然移禍向枯桑

其七十

藏歲無非索厚貲可憐儂負及春時正因善價須年少念二一還教鬢覆肩

其七十一

胷前兩聳不因伊聞道纍纍自有期但恨春初纔荳蔻忽然墳起使人疑

其七十二

小娃弄巧學修容染爪摽花故取濃纖指傷來緣底事鳳仙昨夜月中春

其七十三

頂禮修持大士齋仗將佛力報親懷閒人不解區區意猜道佳期乞早諧

八閩文庫

八閩文庫
文獻集成
369

福建文獻集成

吴格 主編

續編 集部 四五

海峽出版發行集團
THE STRAITS PUBLISHING & DISTRIBUTING GROUP
福建人民出版社

本册目次

甌離子集四卷

［明］莆田林向哲撰

福建師範大學圖書館藏民國間抄本

甌離子集四卷，明林向哲撰。向哲字君十，號十叟，莆田人。明季諸生。貧而蚤孤，賴母教其成立。少負異才，博極群書，性脱略，爲時輩所推讓。不喜八股時文，好與同宗林嵋、林友王、林佳璣、林賓王、林鳳儀等人相切劘，其詩文頗得黄道周推許。甲申後，恒鬱抑離憂，既而出遊歷吴越、齊衞、燕趙，多所感懷。退而纂修郡邑文獻，成續修莆陽文獻，惜已不存。

是集存文集四卷，收録序、書、傳、記、題跋、啓、表、銘、策、雜記、行狀、誌銘、賦、騷等百餘篇。以心折杜甫，頗得精神，時見傷時懷民之感慨、憂愁寄托之意旨，騷賦紛引錯出，詠物感懷兼具。故林友王序其集稱：「斯集出則濫觴者宜止，離畔者宜返，剽竊模倣者宜自失。而樹公安、竟陵之幟，操濟南、北地之戈者，亦無容置喙矣。」集中與高雲客兆作者頗多，高氏春靄亭雜録載與十叟云：「向承詩序，即送史公，今附上。其中賞心數句，回環讀之，已不復存，豈復數易稿邪？」所言「詩序」者，蓋指集中高石門先生詩敘，可略窺林氏結撰之不苟。他若閩問、澗東雜記諸篇，簡穆有逸致。

林氏於所作詩文多不自檢，賴同族林翼王獻十掇拾手録。歿後，族侄林楨小幹捐貲刻其遺集，是爲甌離子集，刻本今已亡佚。林揚祖莆田縣志稿典籍著録林向哲著甌離子集十二卷，當即刻本全帙。此民國三十六年（一九四七）翁炳燊抄本，係存世之孤本，版心印「莆陽先賢叢書稿紙」，卷端題「莆田林向哲十叟父著」。卷首有康熙十七年（一六七八）二月林友王甌離子集序。卷末署「民國丁亥翁炳燊星樓鈔」。惜僅存四卷，有文無詩。檢清涂慶瀾莆陽文輯有林向哲與侯官高雲客論詩書，不在此四卷之中。雷夢水古書經眼録著録甌離子集二卷（文集），題「清莆田林向哲十叟選，底稿本，卷首有林友王序」，今亦未見。（湯志波）

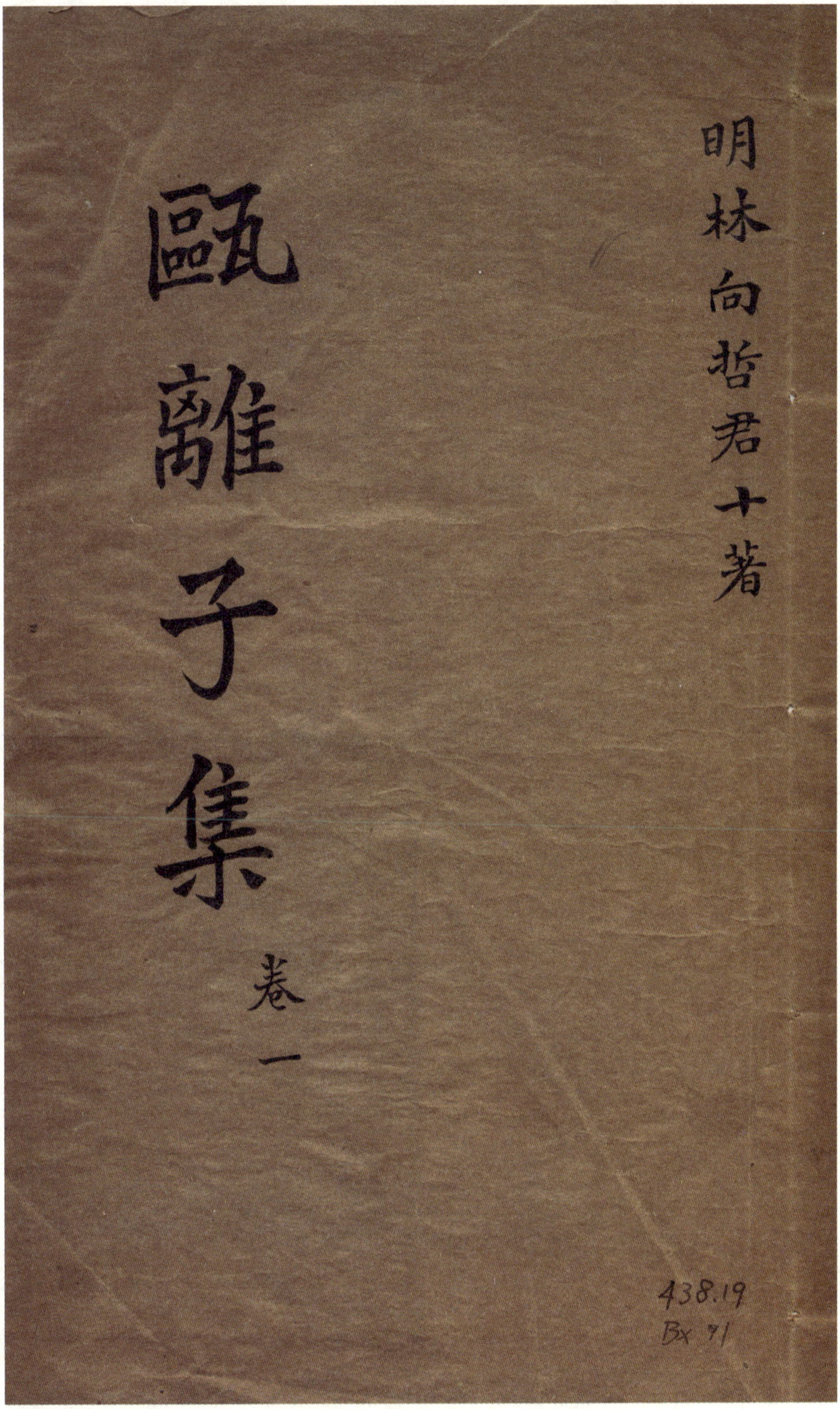

明林向哲君十著

甌離子集

卷一

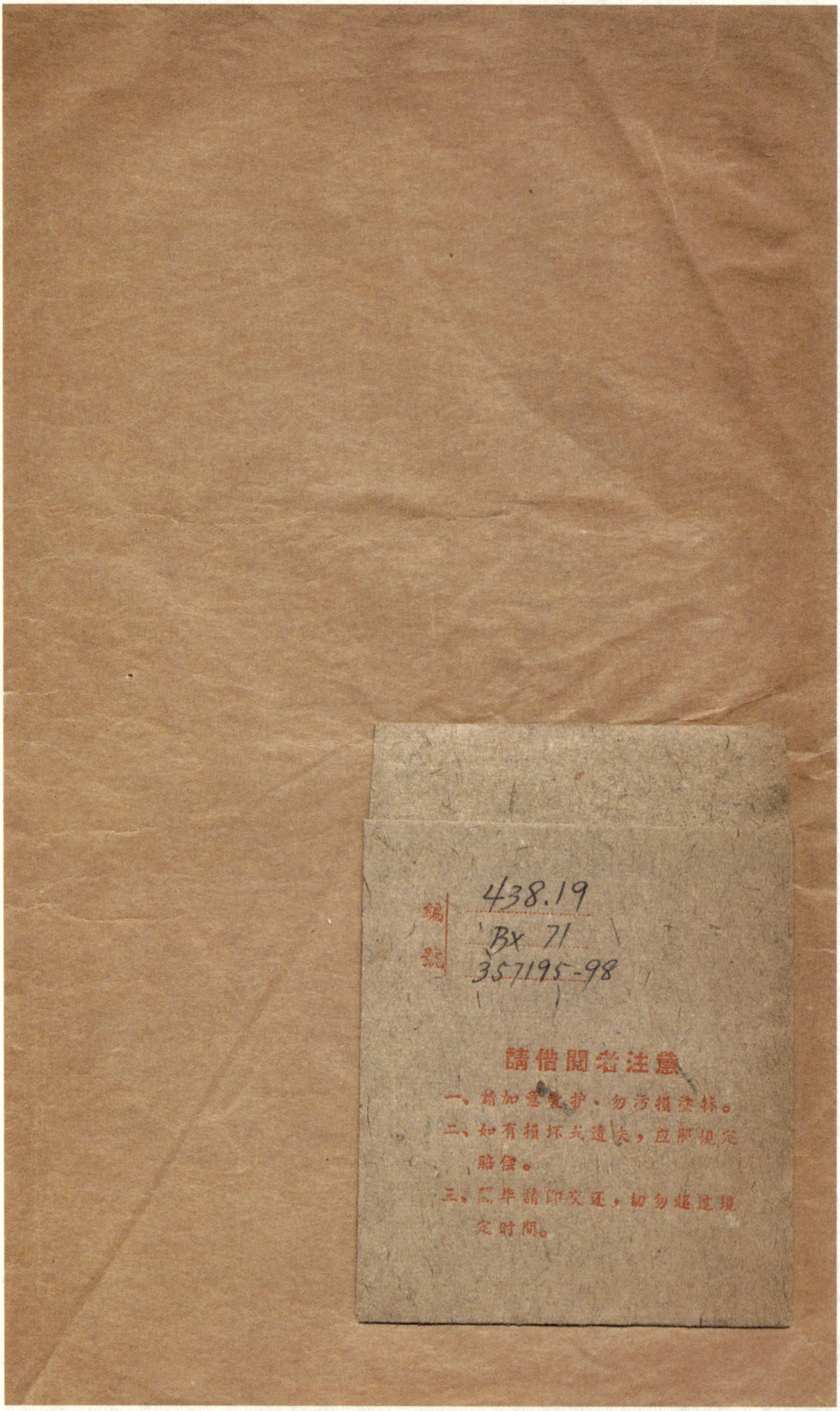
編號
438.19
BX 71
357195-98
請借閱者注意
一、請加意爱护·勿污損塗抹。
二、如有損坏或遺失，应照規定賠償。
三、閱毕請即交还，切勿超过規定时間。

甌離子集序

甌離子集者吾君十之所著詩與文也君十少負異才能强記自其先廷評槐庭公逮司馬省吾公司李石樓公太守榕門公累葉以來多著述代有藏書甚富君十貧而蚤孤母周太君賢且節和丸畫荻教其成立君十能刻厲攻苦於遺書靡不讀雖為諸生不沾沾八股業同宗中與余及衡者仲氏穆之遊最篤蓋未嘗三日不聚未嘗一日不以詩歌古文詞相劘切也衡者嘗持數十萬言入清漳謁黃石齋先生君十亦繕百餘編附之就正先生既奇衡者而尤心折君十謂衡者曰若歸與斯人遊必更進君十聞之則益奮發其所為學此三十年前事也自後喪亂頻仍舉目河山君十恒悒悒不自得鬱抑離憂有邦國憔瘁哲人云亡之感益無意經生家言間嘗一遊京國歷吳越齊衛燕趙之邦歸寄傲於故里

之東山木蘭南谿石室諸名勝其所過遺址舊墟未嘗不為之流連焉所遇故老殘黎未嘗不就而詢逸事焉所見曩代之一物一玩未嘗不撫而長嘆息焉所敦者君親師友家國人物之大所留意者雖微蟲小鳥寸草纖花不遺焉故退而修一郡文獻以維世道人心于不滅至發為詩文日益多而所交遊請益者日益衆若吾鄉之黃聘侯晉安之陳昌箕高雲客卞興書家麗帙霍童之崔五竺輩皆久聯心氣郡守許公堯文折節延見令子若孫皆執贄門下居恒尤喜予季獻十族侄小幹二人之篤志善學其追隨倡和為最密憶自衡者早逝余謬入仕途旋遭廢黜潦倒顛躓奔走風塵後三十年中不能與君十朝夕切礪及登山涉水一游一咏共唱酬如昔時狀意者老就丘園可相聚無間迨歸而君十已先二年與穆之同修文地下矣其貧也予無以資之其死也予不及見

之其喪殯諸事悉出小幹之力其平日詩文多散置不自檢獻君十時時掇拾之手錄而藏之至是小幹復捐重貲而付之梓梓成屬序于余余嘗觀君十之所以論古人之作者而得之其於李杜曰學士家徒求之體制格調聲響以為若也飄逸若也沉鬱不知少陵得風人忠厚不忘君父之旨太白從王風蔓草之日思起大雅二公所以獨高千古則君十之自為詩可知矣其於司馬長卿諸人曰紛引錯出繁見雜陳如絲組五彩織為文章皆由積纍而成然後服杼軸者之心手為不可及且於宏麗之中獨見其憂愁寄托風諭之意則君十之自為騷賦可知矣其於韓歐曰昌黎廬陵主於明道無畔六經之旨而於周秦以下能文之人皆竭思網羅鼓鑄鑪錘鎔冶而出之又譬之欲興宫室當求良工經營用其規矩準繩取材于山運甓于陶自能興建章爭雄麗良工者大家

也經營者匠心也規矩準繩者法度也竹木瓦甓者經史百家也則君十之自為文可知矣故知君十之所以論詩賦古文詞則知君十不為李杜韓歐司馬長卿以下之人知君十之不在李杜韓歐司馬長卿諸人以下則知天下後世之所為詩賦古文詞者皆當如是也斯集出則濫觴者宜止離畔者宜剽竊摹倣者宜自失而樹公竟陵之幟操濟南北地之戈者亦無容置喙矣獨惜其負逸群之才讀先代之遺書受賢母之慈訓感鉅公之知己而為交游風雅之所宗竟不獲一遇于時至于感時濺淚一往情深平生蕭瑟意致蒼涼卒齎志以沒何其不幸也雖然使其詩與文亦散馬無收湮沒而不傳海内士君子無由觀其著述知其為人不亦重可傷乎乃小斡既資其生前身後且刻其遺集若干卷此其誼有大過人者而亦吾君十之尚有厚幸焉春雨沉綿挑燈丙夜予

為之序以問世。且欲焚一道以告于冥冥之中。君十其或鑒焉。康

熙戊午花朝兄容菴友王題。

甌離子集卷一

莆田林向哲十叟父著

明六大家集選總序

原道者自唐虞孔孟而下求性命精微之學必以關閩濂洛為指歸矣使有人焉舍關閩濂洛以求性命之學欲直承于唐虞孔孟是必非道矣是必非吾唐虞孔孟之道矣道之顯者為文莫偹於載道之文六經自周秦而下工文者或于道有合有不合要自左丘明莊周荀況董仲舒司馬遷相如班固劉向逮至六朝之錚錚者精工離奇窮極天地物象之妙雖聖人有取焉唐韓愈宋歐陽修氏出其文主於明道無畔六經之旨而於周秦以下能文之人皆竭思網羅鼓鑄爐錘鎔冶陶範而出之成其為大家之文若柳宗元李翱曾鞏蘇軾諸人其羽翼也詩為六經之一自三百篇而下漢魏以

降蘇武枚乘曹植王粲謝眺陶潛無慮數十家至唐杜甫出而大倫焉由其不失風人忠愛之旨而於漢魏以來能詩之人皆網羅鼓鑄入于鎔冶陶範之中成其為大家之詩若李白陳子昂王維高適岑參孟浩然其羽翼也後之欲原詩與文而求其指歸者必舍此莫適矣今有人焉舍李杜諸家以求所謂古詩舍韓歐諸家以求所謂古文是猶舍關閩濂洛以求所謂道矣其道先與唐虞孔孟悖其詩與文有不與周秦諸家之人先自悖乎夫後人欲窮才力心思以求勝于古人不知古人文章數變而其法已悉才大思敏之人譬之盛世有餘欲興宮室但當求良工之經營用其規矩準繩取材木于山運瓦甓于陶自能與建章九成爭雄麗之觀于千古乃欲舍規矩準繩思憑虛為空中樓閣必幻而不可信矣雖信之其可居乎故夫良工者大家也經營者匠心也規矩準繩

者法度也竹木瓦甓者經史百家也予嘗以此衡有明一代之文或慕其人而不錄其詩文才有所不及也或錄其詩而不取其文其詩則合而其文則離也惟於宋公濂方公孝孺而下得王公守仁慎中歸公有光唐公順之六家好而不厭久之益用自信焉夫數公之道德勳業與立身之有本末亦足見於天下矣乃其身後之文天下崇尚之者寥寥則嘉隆負文名者之為也少年多負才使氣見當時互相揚詡高自位置稍拂鬱失志輒為憤懣不平之語往往喜之而數公集中處富貴貧賤患難之際皆不失聖賢進退夷愉之節宜其有所不能知也尤怪其為文取左國秦漢成語並官爵名位規規而襲之自號為古文不知楊雄王通嘗效易春秋魯論而為焉後之人亦信其為易春秋魯論乎然則後之人亦求無畔於經而模倣之則不可也嘉隆以後之文沿而流為詭譎

不可解者寔當時成之也夫爲文者將以明經衛道耳理勝于詞則可傳若詞勝于理雖有傳者終非有識之所尚已易曰修詞立誠今讀六家之文文質相宜誠之既立而詞有不修乎於是益自信異時論文者斷以數公爲指歸矣而別取茅坤羅玘諸家爲羽翼焉況陽明先生固嘗闡性命之學而入闗閩濂洛之奧即諸公之明經衛道皆同堂不愧者至于詩有全明之詩選在先見其旨于此云

宋潛溪集序

自昔以文人登景運佐命之朝與開創而得宿學詞章之士君臣相遇三代而下惟明太祖於二三儒臣爲然兩漢唐宋之興皆不及也若宋景濂之遇太祖首進仁義之說受聖主特知左右日月居清華禁近之地鉅製鴻裁多出其手至于海外蠻邦遣陪臣以

金幣表請其文其遺時致身之際可謂至矣而公之忠慎事主始終匪懈攀附鱗翼進無寵榮之幸退無怨尤之望載在國史垂休名於無窮者宜哉雖然人知公之功在開國之絲綸密勿者大而不知公之功在一代之廓清文章者尤大人知公之長佐劉誠意陶姑孰之訏謨碩畫者多而不知公之長繼韓昌黎歐陽盧陵之起衰扶正者尤多蓋公之文晦於有明詞華大盛之日而非特方遜志云後生小子群起而議公之時也余嘗反覆公之遺集而感其軼事可傳者有二公幼即嗜學家貧從人借書手自筆錄計日以還天大寒研水堅手指不可屈伸弗之怠趨百里外從鄉先生執經叩問先達德隆望尊門人弟子填其室未嘗稍降辭色公立侍左右援疑質理俯身傾耳以請或遇其叱咤色愈恭禮愈至俟其忻悅則又請焉當其從師身自負篋曳屣行深山巨谷中窮冬

烈風大雪深數尺足膚破裂而不知至舍四支僵勁不能動持湯沃灌以衾擁覆久而乃和其自述讀書求師之艱勤如此當為文之時澄慮運思窮上下庶彙有形有色一一攝之不得離其範圍及意暢氣足與神合機岳盪河翻雷椎電驅其離合出入奇正變化不窮之處雖身執台樞腰懸金魚羞態蹯而居璇題入則麗姝吹竹彈絲出則戎士負弩曳旂亦不足以踰其適其自述為文得意之樂如此嗚乎此其所以為先生之文乎先生既感於讀書師友之艱故樂善不倦以成就人才為意既樂于文章之事而益進求于六經故其文之體裁峻潔而轉掉淡婉跌宕悠揚風神有餘之致人自不可及也吾於是益笑群起議公之徒今安在哉斯文豈可得而晦焉取為有明一朝之冠兩漢唐宋佐命之臣有其遇未必有其文也

方正學集序

余覽希直先生集鈔選成帙不覺嘆曰此固文皇帝之所不能禁而當時奉行諸臣之所不能毀也方其遭萬乘之怒號令峻切操誅夷族滅之權震慴天下以求逞于戮臣使其身後文章摧滅不傳果何施不得而至今篇章具在垂於三百年之後者如一日豈造化默有以護持之與抑其人之精神自不可掩與噫亦足異矣當燕師靖難之起以文皇英姿智勇對宿將遇數萬精兵未嘗爲意及取金陵入太内召公草詔縗絰慟哭而前帝不覺自屈霽顔溫慰其曰效周公輔成王又曰此朕家事先生毋自勞苦蓋文皇至是懔懔無所容無所自解於君臣大義之正其情畢見矣斯誠王魏之不能得於太宗者而公悲憤不勝慷慨益奮視宗族鄉里戚屬之戮于前恬然不顧當時豈復知有亂息之存否與遺集之

流傳哉蓋先生以發明聖賢仁義之學忠孝浩然之氣出爲文章自當與日星並行其暫蝕晦者亦如日星之遇陰霾人以爲憂不知光明之流于天下者無時不存故未幾而殺青盛行筆墨所留一言一咏有不與玉步俱改者何其烈也今舊内已墟寢園莫問獨殿前漬血如新編氓婦孺過而見之談當日情事唏嘘流涕不啻如目見者而況於讀公之文乎公文師宋景濂執弟子誼甚謹淵源有法其渟蓄雋永一唱三嘆之致不及宋而根極道理動必稱聖灝邁一往奔赴百折不回之氣似爲過之嗚乎此正學之所以傳而不可掩雖聖天子不得而禁之乃當時在廷之臣猶挾私以藏公之集上聞者獨何爲耶

王文成集序

自三代而下儒者與文人遂劃然爲二由文質之過爲輕重而材

量之不能無厚薄也自儒者鮮信用于世而勳業無所著施遂有以性命為迂踈無用之學與東晋清談同譏焉而建功立業之人往往詞章寥寥不能遠被于異代之後蓋古今兼才之難如此自吾文成公出而明聖學建殊功文章高于一時於是服公之得天者厚而足為儒者文人吐氣于百世者矣明制公卿文臣非有武功不得列五等食封邑如前代故自劉誠意外惟靖遠威寧與公耳靖遠威寧猶席權柄勤遠畧不免于窮黷之議惟公平濠功在社稷者為足稱焉然當時嫉公功者公之身亦頻危矣至功績已明猶以偽學攻之嗚乎公之學其可訾乎公之文一出于學詩歌亦清越至于芟削浮華而詞名益起炳蔚彌章有欲為韜光斂采而不能者雖文移諭示咸斐然可觀足以感人也宋太史有言孟氏既殁世不復有文賈長沙董江都太史遷得其皮膚韓吏部歐

陽少師得其骨骼春陵河南橫渠考亭五夫子得其心髓今吾文成以一入出而兼之若公者非三代以下之人其文亦豈三代以下之文乎吁至矣

唐荊川集序

毘陵唐應德舉進士高第入中秘於天人律呂陰陽輿地戰陣之學無不窺於風角勾股象緯術數之傳無不習讀書浩博獨能領會其要所集錄左右文稗諸編綱舉條貫可謂述家之善者矣所著作見於前後集觀其每奏一篇必溯源窮委而出之皆求不背乎理道又奧博淹洽之儒易涉膠滯艱詞傷於詰屈或不可句讀先生之文簡易疏達而自有紆折渟泳之致殊可尚也當時有輕議而少之者則未爲知文也予往得此集於先舅周尭陶公架上從而求之綴緝蠹壞披閱展誦復蒐采其所未備始成選鈔亦以

見一代之人不易生一人之才不易成得之者當何如其愛惜也獨念先生當嘉靖倭寇閩浙間欲奮立功名自見朝廷亦以先生詞臣喜談兵事遂授中丞建牙開府江上卒無所建白不能與胡少保相頡頏而先生生平談古文與予鄉王道思往来相切劘今遺集流傳卒與道思並垂海内然則士之所重在此而不在彼固可知矣後之文臣有輕言軍旅之任冀幸立功至僨蹶人國家事者則又應德之所羞道也

王遵巖文集序

明興至孝武肅穆之際海内人才稱極盛吾閩士大夫以道德勳業氣節表著者同時相望于朝而文學侍從之臣後先輝映者晉安鄭少谷以詩顯晉江王遵巖以文顯鄭公之詩有憫時憂國之思沉欝頓挫之致於少陵為近先生之文醇厚沉閼法度整密而有

宕折疏越之氣於大家中最似南豐鄭蹭蹬郎署不及下壽僅見
於著集中先生謝政既早家居優游晚年肆力益深遂於書無所
不窺每奏一篇其所援引旁証洞徹原委務不失聖賢之意而無
文人襍詭矜奇炫采之習昔晦翁謂諸家中惟南豐不失儒者風
度自宋至今於先生僅再見矣先生文名日盛四方走幣請者戶
屨常滿按部使者逮監司守令皆因介以求先生各隨其人以應
不為諛詞曲學或寓箴規于篇章之中而得者亦不為忤迂可以
見一時風俗之厚矣余錄先生文既感為先生鄉里後進不獲侍
側竊聞其微言緒論且慨慕于吾閩當時人才之盛與諸公之遺
際為幸也

歸震川集序

明之文若歸熙甫其難學哉非學熙甫之文之難也而知熙甫之

文之難也凡天下之工於文者行以氣宣以音精于鎔局巧于取勢其蒐材徵事也博而核連引而切當蓋兼而擅者謂之能焉吾嘗以是求先生而不得而況於世之人乎先生之氣非奔軼縱橫之尚浩浩焉周衆於中而出之渾漠莫窺也不知者將以虛憍為勝木雞之養矣其音非繁哇囂嗃之響朱弦疏越雅調希聲察焉如引人於太古而置身清廟彝鼎之側也不知者將聽而恐卧矣動於機而局與勢生焉明於道而材與事無所用於博徵廣蒐也不知者將訾其平淡而議其寂寥矣夫天下之知者常少而不知者常多宜乎今之好熙甫文者不數數見也使有良馬服駕安閑千里瞬息而至無驚危蹶失之虞世之人尚欲求之馳騁以觀其能其可謂之知乎蓋先生於有明之文最不滿李獻吉而當時之號為鉅匠互相推許能以文章傾動一時者先生皆不屑與之親

焉泊然著書恬淡内足其精思特識不爲時趨俗尚所移韓吏部之自謂勿病無聞病其睥睥豈先生其人與故其材大根深膏日以沃而澤日以光文字之著猶柯條枝葉之發生暢達自遂老幹蒼格遠敷廣庇于歲月之久而不見其節目磥砢盤錯之異彼天下之工于文者譬之羅珍羞上尊于前不待飫焉望之而知爲甘旨也至天漿露液泠泠然醇香清爽之悅於内輕涼適於四體非親嘗者不得而知雖以告人固不信也嗚乎世之讀先生文者其亦知之哉倘信余言而求之則熙甫之文未爲難學也

茅鹿門集序

唐韓退之掃五代繁儷衰靡之習倡爲古文後人推其有起衰明道之功至今信之無異詞然當宋天聖間退之之文猶未顯也穆叅軍伯長始爲表揚之而蘇子美兄弟歐陽永叔從而和之自是

始漸有傳者蓋作者刻意為文鏤精殫思而不厭者使四海之內百世之下或有振吾之學明吾之用心者庶幾可以無憾矣然則後之能鑒別表章以廣其傳者其有功於前之作者豈不鉅哉自唐以來文人多矣而吾順甫先生獨取退之子厚永叔子固介甫明允父子選評為八大家集行于世發明其立文大意並提挈段落起伏脫銜承應之法無不抉而出之覺古人信筆未必如是自先生言之遂斷斷如是者更能開數公之精神生面勃勃欲動將其結構經營刻意精思揮灑之狀如在目前可謂至矣且使異時者知有大家古文之道是先生有功於前與後之著作之人其力固猶偉也故先生之文最得力於諸家鎔局取材譬挽強引滿而出之無不命中其雄健猶能龍變虎躍不可廹視雖然先生雅不欲以文人自命尤負經濟方畧思一見所長會倭寇亂閩浙閔先

生出籌畫佐胡總督總督奇之亦不以屬僚視先生冠平總督坐言者得罪先生不平數上書當事白胡公功奇賞薄國家不宜用微嫌細故繩削太過異日有事誰為朝廷出力悲惋忼慨淋漓動人雖司馬遷報任少卿無以過也先生亦緣是解組歸時時著書意殊不自得先生精神在文章意氣在感知今讀其集凡與人論文及陳胡公事者輙如欲奮談猶可見也余錄先生文若干篇亦自託於永叔伯長之于退之先生之于退之永叔諸公千載賞音之後非敢列於表揚之功云

艾千子集序

予少時好閱時賢襟著而得千子所為郭蝶公五先稿序驚喜終日如漢父老見司隸官屬至於涕泣蓋是時不覩唐宋大家之文久矣及觀天傭子集並其所選制藝然後益信其為違時特立而

嘆扶衰起正之功如此其難也明神廟間承平日久士大夫之負聲望者好為炫奇驚博之學以欺世後生小子從而效之風雅不絕如綫而古文一道割裂支離軌怪之風浸淫尤甚晦於榛蕪詖邪之說者將百年千子以一人出而芟夷廓清之欲返之使正宜其難也千子之選制藝采輯有明一朝分為文定待寔欲以古文移易天下每于評隲商摧之中屢致意焉其不合者雖負時名不少假于時天下交遊聲氣務相游揚詡長掩短千子獨不然過雲間陳卧子出其悄心賦相質談論不合輒厲氣奮爭嗣復與彝仲書反覆千餘言必伸已說辨析甚苦於是與時賢益相牴牾蓋千子不徇時好孤立不撓而能行其復古之志亦可見矣千子困躓公車者二十餘年晚與海内交遊多不合而著書立說文日益老予嘗入豫章聽其談古文諸家得力淵源變化之法必有相發明

者而千子歿矣每從先達與千子遊者問其為人多稱其傲忽難近嗟夫以千子之為文持論如此欲其與時俯仰浮湛世俗誠難矣因錄其文若干篇且欲以詩詞左雲間而以扶正大家之功歸臨川為定論云

續修莆陽文獻序

文獻郡邑之書也而天下之信史係焉或攷其人之出處知國家所以盛衰觀其文之繁簡識氣運所以升降蓋文獻之係於天下如此而取信於郡邑載筆之人其修之者可不亟且慎乎吾郡自梁陳間至明武宗則鄭山齋公始修焉又歷四紀為肅穆兩朝則柯希齋公繼修焉千餘年間諸君子之道德文章炳然相望於前後使讀者一披卷如親接其高風緒論則二公章往開來之功可謂至矣自神宗改元後又歷七十餘年先達言行缺焉未修而適

當改物易姓之運明之一代於斯已盡吾邑亦喪亂相仍不獨廬井蕭條圖書盡失為可憂而人心風俗因之日異蓋正人讜論之習不聞久矣予戊子城破後返舍先人遺集無一存者已得鄭公文獻復購柯公續本反覆披尋以求二公之用心久之乃得其是非去取不謬於聖人者於是寢興不忘以思繼盛事焉竊念二公立重熙累洽之朝身有道德勳業氣節文章之望鄭公所考訂商搉者皆一時鉅碩又得宋公立齋人物志及先正遺文六冊為據柯公所立傳者奧學睟容皆得之親炙而朋友及門之士各出其聞見相助而鄭公猶以眇焉淺陋大懼弗任為慮柯公猶以不能網羅漏逸發揮幽潛為媿況愚且賤如予而又當耆舊淪喪之後尠聞寡助其焉敢以此自任乎抑又聞方希直之言矣希直嘗修其邑里遺事猶自謂以卓偉可傳之蹟付之無聞之人恐其卒歸

十

于泯滅希直在當時年方盛已為州党所推其言猶如此若予者
齒已逾强直所謂無聞之人也其又安能以不文之詞取信於天
下後世乎以故每一念至輒嘆息趦趄垂成而幾廢也既又思自
古以布衣成書可傳者何限所恨者立身進業不能如古人耳且
今日同志好古之士問以前輩之姓名或不能知之或知之而不
詳其實至於異時湮晦可勝道哉予其欲終自諉得乎是以聞一
遺書獲一軼事雖深山窮谷之中烈日冷風之候不憚繭足以蒐
求而纂述編次常得之干戈衰病鶉衣塵甑之餘雖家人饑寒有
所不恤其用心與力之苦常為親戚之所嗤憐亦當為先賢之所
共鑒況於此書寧闕疑毋妄信不為愛徇不為勢撓亦惟是二公
之是非去取兢兢焉然則予雖無二公之德之位不可謂不得二
公之志者也於是始編輯成書以貽于天下後世之君子其冀有

攷焉而信之者哉

林氏端州大宗族譜序

嗚乎宗法立而關於世之治化也豈不信哉吾蓋於修譜而知其必然矣吾端州與江陵邵州孝子三房自唐德憲二帝時傳至今日垂千年至今有大慶吊三家之裔未嘗不預或不相識會於他席詢姓名則立以尊卑坐次相遜遇於途長幼秩然雖賢且貴者不敢加於愚賤而妝州邵州諸祖溯親則均支裔有不能盡然者豈非由于譜之修不修哉蓋世系分明後人視前人所行遵之而不失故歷千年猶如此況端州為吾之所自出春秋歲時讌會于祠祀中者乎端州之譜修之自大理卿翠庭公公以名卿重望享耄耋之壽其立譜斷自本支自端州九傳至監簿司户貢元始分又十二傳而至于公昭穆承次世系支派一閱之瞭然如指諸

掌簡而易知，舉而不遺，辨而不紊，稱最善矣。自公之後，欲增其所未及而續成者，皆有志未逮也。公之玄孫定于公經營攷緝者十餘年，上自朝廷制誥，下自列朝名公酬贈往來，子姓生平行事，著撰詩文，婚娶氏族，生卒墳墓，皆在所錄，釐為若干卷。是時翁年已九十矣，寒霜烈炎，小楷細註于晝牖夕檠之中，何其勤也！而克繩太卿公之志，眉壽繼述，亦吾家盛事也。書成，命向晳使序，至再，因復于翁曰：譜者，家乘也。家之有乘，猶國之有史也。詳載則篇帙浩繁，畧之則事蹟遺佚。要之史非信不足以傳後也。本宗入明來仕於朝者，鼎甲者二人，公孤上卿者六人，天子優詔存問者二人，甲科明經釋褐，朱輪熊軾，駟駕專城者百有餘人，恩綸封蔭，太學從事者又數十人，皆父子祖孫，兄弟伯叔，繼踵相暎，前後不絕。而又多豎猷經濟，忠諫建言，清風勁節，表著于所歷中外之地，可謂幸矣在下多能文之士孝威之門惠連之巷自為酬倡而又皆操躬自潔故足嘉也然至于後間有不然者矣故不宜專為揄揚而主寓勸懲焉其仕蹟有益于朝廷者則詳載之否則寧闕而不書也詩文有益于世教者則詳載之否則寧闕而不書也世系前若侍講絅齋公之後遷于廣東今若可均兄之令於淮安以官為家公兆叔叔丹弟之客遊卜室者則詳注之否則雖自言為某公之後久之不能徵者寧闕而不書也凡此皆所以求信於後也夫林之重於世者非在於接武顯融而在於象賢有禮不然宋之若希若自豈不登巍科躋侍從有文章赫赫之名而後至羞稱焉明布衣若頤晦之高潔龍江之有道曉江之詞藻至今猶令人津津慕之不置何耶可以思矣嗚乎吾家以上世神明之胤播遷於蠻荒嶺嶠海澨之區獨用詩書自奮策名上國遂成風俗至于天下之賢

十二

士大夫嘗題其譜牒若以得觀為幸者無他重其代有賢者為能秉先世之訓者也後之人其無佚于富貴而貧賤自懈哉哲復于序是譜而有感焉天下之亂于今極矣而閩越為甚夫人有日習為長幼遜讓之儀必無悖逆犯上之事自一家而推之邦國可化也吾端州大宗也其將以是譜而觀宗法於宗法而望世之治化者尔歳在閼逢攝提格端州二十八代孫向哲拜題

雲陽林氏族譜序

林氏自中州徙於閩由閩而居於莆之北螺村至唐太子詹事玟則公始盛子九人皆用擢第同時為州刺史諸孫攢復以孝聞于朝賜闕表里居天下稱為九牧十德之門是也厥後族益蕃派益衍由北村而始移於澄渚於前埭則固吾邑也由吾邑而散處於晉安温陵丹霞及其隸邑則猶鄰郡也其後或由吾邑由鄰郡分

入於粵東四明豫章青齊燕薊之區所至族必蕃派必衍詢之則往往為北螺詹事公所自出及詢其系為何牧去詹事公為幾世則往往有所不知者何也夫人初播遷爰止非必景岡相陰陽而擇處于茲也當其宦遊去國逆旅他邦或因兵亂或因困乏阻滯不能自歸謀為室家之計亦欲及身逮一二傳冀返里閭耳豈遂恝然為永離宗族墳墓之圖哉其始顧影單孑無所用譜乘至于枝葉蕃大欲返本溯源而無所攷據蓋宗人文獻之失久矣雖欲起而修之宜其難也然詹事公之後在遠者無論其在北螺村之郡邑者自吾大宗端州外惟江陵邵州孝子後為詳焉予於是每見譜乘之修者未嘗不深賢之或喪亂之餘而未能修者與修之而不及詳者又未嘗不重念之也今春客漳州維藩君自金陵至相見于郡齋譪然甚深授以譜使序焉予謹受而按之則與予同

出太子詹事公而系邵州後者也自韶州公傳至芳公宦於丹陽始家焉生百一百二公分為城市松卜董菴橋林家巷者猶端州之有監簿司户貢元邵州之有聯桂材行下井河邊諸房是也歷宋元明以來始修於天啓癸亥繼修於康熙壬子又何其久也追溯於少師賜姓以來又何其遥也乃能力自纂修雖宗人文獻無所攷據而尚咨謀於異姓淹通之士又何其篤也予於是嘆雲陽後之賢為不可及而未嘗不重念之且有慨焉夫長林支派之衍於北螺則譬九河也溯於得姓三仁之少師則崑崙也又窮於厥初五臣之司徒則宿海也司徒敷教以來其源遠者其流長其德深者其澤厚神明之胤其麗不億以播遷一隅而枝葉蕃大盤欝相映於東西南北之間亢宗之賢所在多有夫非敷教之力不及此吾於雲陽之譜而知雲陽之後其必興乎其譜先教條而後世

系吾聞古之君子未有不愛其親愛其親未有不敦其族豈君子之天性盡然哉亦未有不本於教與學者也教與學其字從子從孝荀長者教之而幼者能學焉則敦族其未艾矣雲陽之譜是殆溯河而得崑崙宿海之源者耶維藩君少嘗仕易代後當得官謝不為於是譜則任考正之職者別予而歸且曰吾歸將倡立義塾延師以訓族蒙之不能具束修執弟子禮者予垂老矣聞善言未嘗不再拜維藩此語其易得乎昔吾族國清四年公建蒲弄一區延宗人艾軒公主紅泉書院當是時閩南之學者數百里皆至始得正學之宗艾軒公晚而仕出處屹然為宋室之重同年公子弟遂以儒顯至今不替都講林學可諸君遞主師席其有功斯道豈但一鄉一家已哉維藩歸其語吾雲陽之伯叔兄弟幸力為之豈特閩正學被於江東凡吾族姓之在中州及於四方者駸駸然知

修明其譜而力於學以從父師之教即雲陽之譜不為無功矣吾宗寔日望焉癸丑朱夏端州二十八代孫向哲頓首拜序

吳氏世系序

予讀吳氏世系而于吾里遜國靖難之際忠臣志士若陳繼之彥回二公外又始得一人曰吳志道先生先生字良士號宏庵建文中嘗舉貢士靖難詔至閩於齋室中立大行皇帝於上伏地晝夜哭極哀時漳州教授陳思賢偕諸生伍惟原陳應宗林珏鄒君默曾廷瑞呂賢六人於明倫堂哭舊主為有司逮捕檻車赴京道經吾郡族人慮禍且及勸先生無以虛名沽寔禍先生曰何謂虛名萬古綱常在此一舉即有寔禍其暇恤乎族人憂之遂絕往來先生亦戒子孫勿與通蓋吳自屯田員外郎叅公傳志道先生十六代矣厥後與宗族隔絕家乘支派遂不及詳予于是益嘆君臣之

義無所逃于天地之間人情孰不念其祖宗懷其族姓先生未嘗一日仕於朝至奮不顧家一出于忍礉決絕之舉欲併其水木本源而忘之其身之所涉最危心之所用亦最苦矣然非讀是譜終不得而知之則當時若河西傭補鍋匠之倫隱晦不傳者亦復何限而建文帝之得人心又若是而益見也雖然先生之與族衆絕者先生之遇也先生之志豈得已哉二百餘年裔孫翼釆起而修輯之使絕者復通跡者復覩畧者復詳則猶先生之志也翼釆其可不謂善繼乎予又聞翼釆尊人能弼先生繼母性嚴肅每有不悅必長跪請罪服事四十餘年未嘗有懈容蓋吳氏多篤行君子忠孝之性往往出于懇摯故足慕也夫豈在於代之有顯者也覽是譜者與吳之子孫其知所重輕則得矣

鄭壺陽波若二公遺集序

十五

吾友鄭牧仲先生以其祖觀察壺陽公父都尉波若公遺集授哲使序辭不獲迺受而卒讀之嘆曰嗚乎天下之以事業文章表見於一代者非超然特立不徇時俗有志自命之士不能為也夫必有志而後有廉恥有廉恥而後有氣節有氣節而後有事業文章吾夫子言士而先有恥孟子言士而先無待皆取其志也自庸懦成風既不能建事業於一時而所謂文章亦相與附和為阿世之學如河下茅靡不可返振則有志之士常少而非盡關於氣運也若二公之事業見於服官文章見於身後無他志不同也志欲自樹立于後世耻不能有所表見又耻有所依附不惟耻同于庸衆汎汎碌碌之儔又耻待同于賢者而後以成名故其為事業為文章皆卓犖可傳無疑也方壺陽公承父官獨策勵自奮年纔二十餘舉進士為海鹽令下車未旬日倭猝薄城下戰守之具無不備

倭見而退公度其必來益治具已果復至開門發兵親立矢石間大破之城賴以全當是時吳越閩廣中倭患最甚天子廑南顧聞海鹽捷則大喜立錫金幣召拜兵垣公至則上疏糾邊督冒邊功命出巡勘覈柄臣左右之不為動旋長戶垣出總中州憲為按察未三月報罷則猶以柄臣之故也蓋是時昇平日久邊事日非邊帥與柄臣相為表裏往往大臣子弟竄名冒功明卒以此敗而郡志僅稱公在省時疏皆練達國體不知尒時國家所係無有大於此者家居優游益精著述既歿波若公方幼即讀書自勵若成人文日進省試數奇輒請纓自効公早負詞名而吾邑三百年處右文之世無有以韜鈐顯者公獨慕班超宗慤之風先達惜與疑者半逮都城戒嚴傳檄天下內外百工鮮能為朝廷出力疆圉之臣或罹重禍公兩率兵數千里勤王入衛天子識其名遷至路將歿

于官其生平之志至是亦可以少慰矣盖公父子所監事業雖未盡酬其志然關於國家者甚鉅不可不知也至發見於詞章著為詩文者特其餘耳而不幸又當兵燹之後遺集散佚藏書之家鮮有存者殘珪斷壁委於人間誰復辨為清廟明堂之珍以牧仲仁孝之思蒐於累年感動同志哲輩皆為之四方博葺僅成是編其可不相為護惜流傳乎近時人識多卑謭不知國家之所以治亂存亡又不知詩文之所以高下邪正先輩之賢宜有所不及知也其不知者由讀書先不能辨志故也則曷不請即二公之集而觀之哉二公之超然特立確然自命非特服官之日也壺陽公當王季號召之時不入青雲白雪之派波若公與譚友夏相見定交務伸已論不肯少屈以相下今日雖多有矯竟陵者獨公不徇於舉世所爭趨之時可謂難矣總憲集近體詞存隱秀氣主宏昌罷官

諸咏義命恬然歌行最健如送郭叔中使代原委廢興與當時徒為壯麗之語者逈遠矣都尉集尤格清律細力振纖弱至於親藩鉅卿讌會授簡絶無詭隨亢激之語進退容止皆可儀型故其詩文雖多散佚猶十存一二于喪亂煨燼之餘如金石之不能終致銷毀者豈特子孫之有象賢哉亦其志之自為不可泯故也然則讀二公之詩者其亦知求二公之志哉波若公與哲先大父締姻好公之仲子則大父館甥也故哲於二公事業知之特詳牧仲偕其弟奚仲遯深山堅苦之節浩邁之志不媿昔賢故事業無由自見而所著文詞能恢張祖父之基緒嗚乎鄭氏之賢一家為烈矣

昌持伯衡者合集序

予於故友中與昌持伯衡者交最深二子變聞余倉皇至其家索其詩稿然後及其後事乃欲為二子作序輒慘然執筆不能下然

十七

予知二子既深顧世亦無復能知二子者于是叙其交遊始終死生離合之際而文章數變其天質之高與夫用心之精勤亦可見矣衡者於予為從兄弟年齒復參差童稚時喜作小詞予贈之以詩遂答予一首衡者才大而思敏下筆疾如風雨自後遂成數十萬言入漳持謁黄石齋先生先生曰子年少不宜多作多作則多悔衡者更出予附所作百餘篇求教廼辱加奬識且謂衡者曰是子之從昆耶子歸當與斯人切磋耳衡者氣岸然甚盛先生故抑之而愛其才復為詩以贈其行予時自愧淺陋不知先生何以過許誘進之如此也衡者歸頗不自得一夕在山寺有悟盡焚其所著業以書抵予謂夫子最知兄兄不可不感知己弟平日倔強今不敢以雁行進當北面於兄矣予悚謝不敢然亦盡棄其舊作與衡者講求古人相倡和衡者既不復師心權衡體裁而出之成東

山集六卷。是時與衡者最善。群從則少威二史。揆生攸之亨生。異姓則昌持伯康君平兄弟。持伯性悚（疎）曠而有遠神。其為詩亦相似。工小楷行草。而不能諧俗。傲慢一切。制舉業亦清刻可傳。卒不遇窮以死。持伯既歿。諸人亦寥落星散。予與衡者稍疎。既而悔之。將遊吳越。詣予告別。信宿。與握手訣于郊亭。遊踰載始歸。歸未踰載。值閨急奔三山。歿于客中。予乃并其東山橫塘吳越之作。與昌持伯薇泉近稿。校正選定。繕緝合編。亦成二子素志也。憶予（與）揆生持伯衡者為竹幄之游。芳晨佳夕。輒攜以從。嘗夜半登東山石上。席地而談。河漢已低。明星熒然。垂松際清露流葉間。淅淅有聲。聽北村唳鶴為候。又嘗偕入南溪宿文簡公別業。觀梅花霏霏濺瀑中。相亂賦詩。酬倡於彭司馬柳塘西園。玩月芙蓉池。竟數畝荷香襲巾履。皆徧鷺鷥棲蓮葉下。咸可數。朗咏得意。偶拍橋闌。鷺鷥驚飛

十八

憂憂鳴空半起而復下者數四諸人大為笑樂每一思之如昨日耳今東山樹木童然無遺城外名園如南谿柳塘蕩為荒榛蔓草之地昔日樓閣迴廊不可復識而二子雖化為異物其詩文遺篇佳者尚當留於天地不可得而澌滅者雖然以二子之才思心力假之以年充其變化當有不能限其所至者而竟止是尤足悲夫此余向者之所以遲遲執筆慘然而不能下者也世之人安足以知哉

曾長脩兄弟遺集序

自明興以來士大夫以文章經術起家咸世其業若燕粵人之鑄函習其技而不能名其良可謂彬彬然盛矣惟皇甫子純兄弟琅琊王元美伯仲最著諸君子産于吳中悉登仕于朝或躋至列卿值天下一姓之際太平無事文獻足徵而又有舟車宦蹟交遊四

方聞見之助以茲得一意從容著作勒成一家之業垂于後世當時覽之亦徒慕其家庭之樂以為籍鴻材鉅筆潤色經國之業使後世因以見一代人才之盛是諸君子之力也不知世之未嘗乏才而諸君子遭遇之時為不可得也乃今讀曾氏遺集而悲之矣曾氏集者長脩與其弟叔祁季節所著也長脩兄弟為文昭先生子先生性恬淡無競自入中秘為少宰為大宗伯不異布素為近世士大夫所少未老而致政予歸遺榮入道而忌者慮其復起猶攻之不置遂坐落籍先生處之怡如無幾微見于顏色顧日從諸子集里中士課文角藝歡甚一日無疾逝尤足異云是時叔祁方在三山聞之幾不欲生叔祁既痛其身之不得與于飯唅遂以白于朝請易名之事自任會金陵立主叔祁忼慨請行歿于旅邸甲申之變長修欲破家建義旅以襄勤王之艱既不果適東越沈入

十九

孫更姓名易服亡入閩中長脩與季節爭舍之是時季節年幼其見義敢為與孔文舉兄弟納張儉事何異戊子城陷頗賴以全復緣是為仇家所中廬舍盡毀家人倉皇四散長脩以身遁季節晝夜行二百餘里蒙霧露絓荆棘踪跡物色之于濵海荒屋之間兄弟相持大慟季節歸抵室而卒其弱弟痛之亦卒長脩在海上聞之為詩以哭復繼卒悲夫長脩困志公車名益重叔祁聲籍籍起諸生間季節年最少折節於予予未嘗不憚之其論述著作皆甚富及流離播竄家毀身殁之後小脩力為蒐輯遺落編次成集流涕告予曰昂兄弟六人今惟昂在耳二兄稱蚤逝而季又夭其所著僅此耳人不可以無年誠慮其不傳也子其為我叙之余謂不然古今文之成不成不必盡由年歲其人之傳不傳亦似有數故于論文與人皆當表其大者長脩叔祁長於我其持論間有同異

至於起下國欲成一集為國家軼唐宋追兩漢之盛其志氣之壯則未嘗不與余同也文章之道世有知者予安敢為欺今遺詩雖大遠于時輩然以較皇甫琅琊二家似未能爭馳驅于先後者何與蓋方其遭天下之盛也如草木之遇陽春雖桃李之慕繁華卒獲美實焉何其幸也及其衰也如霜雪之摧折雖蕙蘭之在幽谷非時不芳而至與蕭艾無辨焉則又足痛也由此觀之文章人才之盛衰與國家氣運相為終始豈不信哉即如東漢之季才氣如孔文舉聰明如楊德祖今其詞章寥寂無論不能與膠西長沙班馬鄒枚之徒絜長比短即求建安諸子之風雅斐然恐未能或之先也然二公之挺然不屈至今有餘烈焉亦非應徐輩所及也今長脩諸昆篤于君父兄弟師友臨患難死生而不苟世之讀其文悲其事者可以得其為人矣安在其不傳哉

二十

新倩國寶二編序

余於明叢書中每愛徐呂穀新倩顧華玉國寶二編徐所載則同里之彥顧所載則四方之士其辭咸瑰瑋可希魏晉至於交遊存没之誼留連睠慕若甚幸其獲與同時而又得締縞帶之好者何其厚也予因之益有感矣有明一代人材以孝武兩朝為盛迺一時文章特起之雄見於篇内者咸寥寥可指數然多鬱抑不遇或遇矣而遭時罔挂吏議卒不得大用何生才之難而成就尤不易耶豈詞章之學人多欽詡鮮裨寔用世亦以此擯棄之歟則又可嘆也若二子之朋好摯篤雖意主推奬而多寓規箴之旨亦異于後之互相標榜幾以詩文為門户者予故尤有取焉

高石門先生詩叙

吾友高雲客以其世王父霞居集授予為序曰此先高士石門先

生之詩也。遺稿落于里中，購之久而始得之。今將廣其傳也，吾子其幸無辭焉。予受之，既卒編，嘆曰：吾今而知隱者非忘世之人也。夫士之甘處隱約而不樂榮膴者，豈其情獨殊哉？亦正以其拔出塵坱埃壒之外，將使世之患失營得之夫聞之知返，思以振起頹風者，原未嘗須臾忘也。故其詩峻而不刻，清而不矯，孤高自好，務歸于忠厚和平之遺。以視夫出語亢激與徒躭情于泉石雲林蟲鳥之詞，固不同也。吾今讀霞居詩而知之矣。先生生當武宗世廟之時，所友善者，同里則鄭吏部少谷、丁戊山人傳木虛，吾郡則先少保見素、馬侍御師山。蓋當是時，吾郡與晉安人材稱最盛，士大夫之負德望風節才猷者滿中外。布衣則先生、木虛及先生之叔孝子思庵公，吾郡則孝子劉子賢、王美璞，吾家頤晦處士最著。當時士大夫不但慕結社風流，且表薦于朝，而當道自藩省二千石皆屏騶從行造廬表里封墓之典太平盛事甚可尚也餘風所被至于神曆熹啓之際猶有存者而今不復見矣悲夫然士亦顧其立言之旨何如耳豈以非大人不能成名乎今世之游大人者未必能成其名而先為有識者所嗤笑無已則將取世之布衣高士大雅之詩而返之矣予嘗欲取閩中高士遺民自周朴江為逮至宋元有明之代為布衣雅選然以先生之賢名而今始得盡見其詩則予之不及聞者多而雲客之貽我者厚矣蓋先生以德掩其言兼擅能事絕人又以藝見掩不知先生之詩其色則堅朴如古鼎彝而隱然見斑駁陸離之采其聲則如孤松千仞而謖謖皆天際之鳴歌行近質而跌宕之氣自在近體出少陵與少谷故相伯仲雖不事葩藻而風致溢韻溢于篇什之外尤足貴也故其詩埋没于百年之後一旦復出于人間而不可掩者亦立意精神之正

誠有以自致之歟蓋今之士風靡矣詩之靡亦莫盛於此時天之欲傳其詩也殆為此世之故而況於子姓之象賢者乎予故為序先生所以立言之意使讀者知是詩之有益于世教非是則昌貴于傳哉

郭仲倩詩序

以殁家益落仲倩幼孤徒步入南粵踰嶺外謁其故人父執而故人父執無恤之者歸不自振与黃瑩公曾長倩家傳公諸人游相与晨夕未幾復卒于鄉

余早慕古文詞為詩賦是時天下人才甚盛蓋自弘治嘉隆之後為再見也余以未能一日從海內先生長者遊為恨而鄉里有志之士幸得稱交好焉自二京失守天下哲人殄瘁殆盡而鄉里諸子亦凋謝過半往往有不幸罹鋒鏑辱幽囚顛沛以終者是可嘆也若夫資高而好學不屑屑時名以文詞自見如吾仲倩者則又可惜也夫仲倩尊甫舉于鄉一時同人咸願識郭子乃仲倩益不自足更交余輩焉仲倩為人輕易無威儀與人交不甚擇余不以

揭陽先賢叢書編紙

為然後于先達坐上有小人好為從諛仲倩義形于色呵讓之詞甚厲余乃服其方正不隨也東山社中仲倩詩後成人人自失家小眉少威曰君一涉筆遂至此乎余謂此君善晦以示奇耳仲倩己卯薦孝廉時朝廷方有新令急武事謁謝畢主司引諸生至廣場較射仲倩美容止步騎上下每發輒命中人人屬目此豈不習決拾而能之乎仲倩笑謝如余言仲倩有至性落落慷慨好急人之困談時事輒發憤悒欝竟以是卒戊子夏嘗于途中遇余親自囊米拉至其家留連彌日出其雜文與詩今集中皆不存則其遺落者多也瑩公與諸故人撫其孤且緝其詩以行諺曰種棘得棘種稷得稷益可以觀仲倩矣瑩公見余以仲倩雅慕君君宜為序而余一不復闡其文詞之工區區論其生平遺事蓋以見一時之賢人君子難得易失如此然則其軼稿殘編有存者固當共為珍

惜流傳矣且以感夫諸人不得生弘治嘉隆之世云

蟛蜞集序

嗚乎此吾亡叔小眉之詩也小眉存日一時諸公多為序其詩終無有當其意者以故集中皆不存獨屢謂予曰子當為文以序我予逡巡謝不敏及就逮上車時又謂予曰非子無以名吾詩其序之毋辭予悲不能仰視然已心許之矣至是詩校梓已成一日夜寒呼燈讀之至終卷乃嘆曰嗚乎小眉之知我至矣自古文人知己倡和孰有如吾兩人者哉蓋自先叔棄官來十年之中長榻短檠一吟一詠兩人必商榷評騭而後出今其詩具在其作者之隱衷託意及肆力淵源刻苦擬議之處淋漓得意之態當時詩成相示予所抉出而擊節者小眉每嘆服不能自匿相對仰天大笑復唏噓不能自禁皆宛然如見又安忍不一名之哉憶小眉中蜚語

為忌者挾置城樓方危疑不測戈戟鋋梃森列左右敵聲一撼城
中屋瓦皆動予冒險就視之小眉方手此集點竄數處與余談笑
酬咏無異於歌妃侍側卷軸在旁之日防守弁卒皆愕貽竊嘆以
為異人而忌者反不知也蓋小眉平日曠達絕人視其身若飄梗
斷蓬偶然處造化人世之中方且為風車為野馬蜉蝣旦夕百年
而不自戀故人望之似傲慢其於詩則才高而就速氣大而就斂
數變始成若蟬之不飲食以思蛻也其於漢魏迄唐明諸家手慕
心追若仙道之鍊鉛汞蠙蚌之采方諸融結靈液得其神明而遺
棄于一切方藥塵苴之具非若世人之貌襲膚取也夫小眉之輕
視其身也如此而忌者必欲殺之其重視此詩也方將若驪之於
珠嬰之於潼而忌者反不之知也嗚乎段簡之殺陳子昂也猶知
惡其詩彼殺小眉者豈知小眉之詩哉然使忌之亦不能沒也夫

斯文之在天地，真如寶劍金玉之珍，雖泥掩沙蝕之，其光氣顧可掩乎哉。當小眉取司馬長卿逸事以名其詩，是詩也，小眉固已自名之矣。方長卿未遇，其文章已自發為精怪，以入於故人寤寐，而相遇逆旅郵亭之中。故在己則為楊雄之夢鳳凰，在人則為王吉之夢蟛蜞，皆文章之力所自為也。生死夢覺耳，世之人安足以知之，而予又安能名之。

南行詩序

吾友徐器之早負異才，從其父與公先生游四方，所至鉅公名卿爭折節延之，為詩酬贈，與定交。及器之再入丹霞，去當時纔十餘年耳，所為鉅公名卿者皆歿不復見。於是器之賦南行九哀詩，其詩悽惻深婉，凡詠其人，述其事，皆無溢行飾詞，至敦篤古道，藹然猶覺出於筆墨之外，可謂得子美之意者矣。既而緘以貽余與家

二四

昆且命序之予足未嘗涉四方不及見當時人物之盛生平感遇如銅山夫子尤辱國士之知既無昔人負几杖之勤又不能效大招之誼是余方愧器之而又安足以語此哉顧余竊有感焉器之所詠不過一郡邑耳使器之更歷四方其所感歎不見而發為詞章者不知當何如也即與公先生伯仲與曹能始諸公唱和振閩南能始殉國難諸公咸溘然委蜕而曹氏書倉徐氏宛羽樓亦為健兒弓帳豈不傷哉江山故宅求一代偉人風流吟詠之地而不可得亦何必待後世好事者始知其悲耶雖然士大夫遭異代以期頤致議如褚彥回者抑多矣嘉運不逢哲人淪喪則又重哀世道之不幸而嘆諸公之幸也讀南行詩者其知之與

輯瑞莆中二集序

吾郡使君愚谷王公以輯瑞莆中二集示哲且命綴數言于簡端

哲既受而讀之未有以報也逡巡數月集剞劂成適使君有左遷之命命哲終序之嗚乎哲其曷敢辭哉哲老于逢掖方自放于深山蕭剎之間使君折簡相召累日始至使君不以為慢至則商榷詩藝諮詢文獻不及他詞而退退則非承折簡之召不敢至也使君不以為疎哲之仰承知遇如此其寔安足以窺使君詩哉使君之詩沉着隱秀寄寓深渾力謝綺縟一主于朴厚故嶔崎跌宕而矩度詳穩得唐室大家之遺以觀莆陽之治化敦厚温柔其殆以詩為教而詩之調固宜其克符耶然哲因是詩而有感矣夫輯瑞盛典也郡牧古之侯伯也古者卿大夫歷聘諸國猶有治道脂轄具餼設燎之倫而介圭入覲則有簟茀錯衡玄衮赤舄之錫今讀北新關解衣行諸什又何其大異於古所云耶夫以郡佐代二千石入覲雨雪載途大夫身無羔裘之御而里巷小人得困星軺於

關津重地豈但居室有北門之嗟行役有北山之念者哉雖敝郡褊瘠吾父老子弟不能具舟車供幣帛為使君壯行色抑使君寧繚乃身而重恤吾百姓其若先生之優渥朝聘遠臣何使君既覲旋見東郊春日士女嬉遊喜殘黎今日始有起色為迎春詠十章且言八壺雖他狂且咫尺不敢近使君之愛吾風土如此惜哉其不當太平無事之時優游卧治稱方外司馬也乃心勞政拙鐫秩以行則豈非因吾郡褊瘠之故乎吾父老子弟雖深念使君不能具舟車供幣帛如故使君垂橐至無以載書籍歸不以為恨謂吾將訪釣磯于鴛湖之上所愧于莆陽者左道未能除還詆未盡復耳父老子弟聞之有甘棠之歌賢士大夫亦有楊柳之賦嗚乎古今去官上下之情有如此乎使君雖行亦可以無憾矣況朝廷終知使君量移他郡非若莆陽之褊瘠使君方有以自見又何慮焉

雖然詩淵源三百而達之政者也守土著春陵之行入告歌于蒍之曲讀是集者亦可以知使君之合於古人哲固非私其所好者矣

希庵詩史叙

人亦知史之所為作乎知史之所為作則知詩之所為作矣史之足以信天下後世而于維持匡正世道人心幾希絶續之交莫吾夫子春秋若也春秋之作為詩亡而作也然則作詩者其亦知必得于先聖人作史之意而後可乎一代之所以治亂廢興於是乎攷一時之所以是非得失於是乎徵一人之所以約樂亨屯於是乎見所謂詩史焉柰何後之人不然也後之人惟杜子美為最得之古今詩史之名所由歸也抑歸之非杜公自謂也吾友方八公能詩於辛丑之後數年有作焉以詩史自名其集君子不以為過

又多從而稱道之表揚之至於咨嗟嘆息之且八公之詩不過述其瓊山家室流離播遷之餘屢發於寤寐寢興之際又當天寒風雪送酒無人催租有吏之事君子不以為私曰是殆有關于史及八公緘詩屬序于予予不以諸君子之言為過為私而稱揚之嘆息咨嗟之亦若終不及者何也蓋以夫子所刪定之詩原之且以詩史之少陵原之也詩不嘗述靡有室家風雨漂搖乎何悲也于似續妣祖築室百堵則有笑語之懽于尒牲則具以新以蒸則有牧人之慶情宜樂則樂也于邦族不復則至尤黃鳥于樂郊莫適則至懟碩鼠情宜怨則怨也其發于夢寐或維魚旐旟而兆為豐庶或熊羆蛇虺而兆為男女或召彼故老而訊之不知烏之雌雄亦情之所發殊也少陵之詩蓋無一日不思于邦國家室其寄處之四松五桃且不忘焉于亂雲急雪之時瓢棄而樽仍綠鑪存而

晉陽先賢叢書謝氏

火佀紅亭得自適乎其所見處處躑躅子割慈忍愛以還祖庸之事雨急楓暮日落夢牽之際亭有佳寐乎夫詩近于性情情宜樂而樂宜哀而哀所謂正也非謂一己之私也而所處之時可知矣八公之詩君子蓋悲其時也當八公少日天下方昇平家入席豐其伯仲以文章朋友為樂𤩽山之亭館供張舟車絡繹蓋嘗傾一郡焉及其困也宗祠里社鞠為茂草雨雪瀌瀌欲求一尊自勞而不得鬢毛斑然無日不出咨有司稅賦之徵夜深始歸歸則卧床上而發為故邨樓臺花樹之夢其情亦足悲矣維桑與梓必恭敬止八公之不忘如此君子是以悲之又重與之也近者邪說行後生小子嘗學為詩淫放鄙褻蕩而忘返不知先聖人立詩之教以為經且作史之訓以為詩奈何至詞曲視之裨官等之則不忍道矣故余於希菴集不以其自名為過不以其述己之失意為私稱之

二七

揚之以為得性情之正以為知史之所以為詩即不悖乎少陵之所以為詩史也而咨嗟嘆惜之不置者以其去樂亨而就約屯將時之為是非得失代之為治亂廢興亦從而可知矣且重慨于今日之為詩者與其畔而工也寧拙而合是序之意也夫

賦草序

余少好古人之賦及窮假歲月反覆披尋其所心折而手不置者自屈宋以下數家而已始知諸人之賦雖紛引錯出繁見雜陳如絲組五采織為文章但見其明錦斑爛若不知其由絲縷之成然後服杼軸之心手為不可及也及每讀其篇章循覽未終未嘗不竊嘆諸人之詞華足以輝映一代衣被後來而當身不免寥落又何其不遇也諸人中惟長卿為最遇天子讀其文恨不同時復飄然有凌雲之志中宮至奉金以求卒以慢世不容謝病家居陳思

雖位為烈藩而憂危有不如寒素之肆志者餘若屈宋張衡禰衡王粲庾信江淹之徒皆以不世之才遭時不幸詞旨悲婉有足哀焉至于二京兩都鋪張當代得展其壯麗之才為千秋盛事而登樓諸作語竆意愴哀江南尤為抑鬱不平豈才之不及哉則又文章中之遭遇有幸不幸也然觀孟堅之言曰賦者古詩之流也又曰不歌而誦謂之賦謂周衰詩廢賢人君子往往棄在布衣而失志之賦始作以大儒荀卿屈原諸賦咸有惻隱古詩之意又以宋玉唐勒枚乘司馬相如楊雄竆極閎麗猶未盡諷諭之義不如高唐長門譬之國風好色上林長楊雖屬夸耀要於表揚國家之盛寓以箴規亦出於雅頌之遺其為風諭何如哉但以諸君子既不遇而又不忍自沒其才華遂或文過於質諷不勝勸開後世濫觴之漸而有所不顧焉夫文章雖因時代有升降然自江庾以下斷

二八

不可學也予蚤學古詩而不幸所遇又窮於古人既復師慕其賦時有著撰不知於所謂宏麗者何如至於憂愁寄托風諭之旨蓋庶幾矣因錄賦二十五篇為三卷騷為一卷而自序以傳嗚乎世之有屈宋長卿諸人者出倘亦見其文而悲其遇者乎

木蘭雅集序

吾邑於山水為奧區於人文為淵藪雖僻處海隅不得若吳越上國多四方舟車交遊之會而此邦人士詞藻不乏當太平無事之際興會所至勝賞流連窮山水朋友之樂者宜無虛日以余所聞元至正間有壺山文會諸君子明嘉靖初有東山逸老諸公數百年相繼何寥寥也豈吾里多潛修閉戶之儒而風雅之事有所不及且不暇耶又何不然也壺山文會皆布衣則方履道用晦楊元吉陳本初郭維真諸君二十二人方外若釋清源與焉當時與三

吳楊廉夫倪元鎮顧阿瑛一社並稱東山逸老則家翠庭鄭山齋與先祖省吾諸公九人而吾家頤晦以處士與焉當時以爲洛社耆英邵康節司馬君實後再見嗟夫東山逸老處熙代著勳名若壺山諸君以布衣避處海隅而聲施何以至是耶余嘗攷二會遺事知交遊一道非至性懇惻者不能又知先輩雖出處異致其敦篤於朋友性命之誼則一也今觀其相愛惜真如一身之手足即一字一句有如植本之紫芝瓊樹飛走之鸞鶴麒麟其一時聚會懽忭猶可挹于遺文筆墨之外噫前輩於朋友之道何其至也東山規約司會者從八座九列之後深惜物力以真率簡約爲主雅歌終日有類于樵蘇不爨周党嚴子之交亦足尚矣而壺山會約每繼文好必天朗風恬紆迴由田間取道溪橋入平林陟峻嶺或尋鍾磬之聲拉主僧偕遊遊必極山巔望諸峰踴躍奔驟海外風

濤出沒劇飲為樂嘗一夕登蓮峰紫雲岩分韻賦詩山空籟靜淡月微明朱原太鼓樵歌水雲數曲泠然鏘然若聞廣樂於鈞天吳源善圖於壁上方時舉為記猶以人生百年間亂離風雨憂患十居八九嘉會不能屢得為嘆其風流雅韻有餘之致可想見矣余又聞諸君以垂老際興朝弓旌幣帛朱紱相望賁於草廬余不知文好之繼尚能如曩時否嗚乎盛衰出處顯晦不齊之數聽于世道交遊文章之事豈得以時代遭遇之故而有所異同耶今朋友道喪久矣余幸得與諸君生同時居同里學同師交同好縱不敢比東山諸公勳望德業而壺山文會之雅趣尚可以髣髴追企也於是三月三日修禊于康君平之九仙巷齋窗正對蓮花峰望紫雲岩若在几席之上分韻賦詩飲酒樂甚君平起彈修禊一曲黃任者拂袖急濡墨圖預坐人數聘侯揮翰書所成詩余與諸子指

詩中佳者高吟朗咏擊節相賞亦一時佳話也但恐諸君視古人太重且不知造化生才之難吾輩佳會之難於朋友合則喜慰離則悲思違則匡正相愛惜不能如古人耳從茲文好相繼以真率簡約為主庭無褉賓座無雜言窮佳辰勝會詩歌之樂歲以為常使異時溯山水人文之盛者於壺山東山之後知有斯集則庶幾矣

拾殘草序

拾殘草者瑞士所作也瑞士所作詩將四百餘首一旦盡棄之而存者僅三之一且以拾殘名編瑞士其殆有謂乎瑞士尊人非齋公為顯官殉國難是時瑞士走胥江痛哭江濤洶湧風沙怒號與慟聲相助既而家室飄摇流離播徙故其詩多感慨悲愁絕無紈袴膏粱裘馬翩翩少年公子之習已為可喜而又若有不自足之

志能歎然其未至此其至豈可限與今年春忽持以質余且就余别曰吾將遠遊謁通家故人出此爲贄耳非敢言詩也其幸序以教我余因告之曰足下之詩猶斯行矣夫出行者則必具舟車具舟車則必之南者循南之北者循北趨嚮正則道途雖遠可計日而至道途遠則必無彈煩無盡然自限夫然後可計日而至也詩之境地不猶是乎昔徐昌穀見李獻吉後自棄其五集而後乃有廸功之集吾家小眉亦自棄其肅霜諸集與余輩相講求而後乃有蟛蜞之集此二公者皆昭代之名賢也而精勤若彼成就若此由此觀之人但患不學尒學之而患不至吾未之見也瑞士行矣其急求二公之集而讀之凡所過名勝自建溪武夷而上登南昌滕王之閣觀贛州近時用兵之地慨然而嘆所見賢士大夫出以就正則瑞士之詩斯行必有大異者矣驪駒在門竊附於君子贈

人以言之義且以余言為左券俟之矣

新安游草序

近日之為詩者綺靡纖佻之聲多激烈悲壯之氣少吾竊為世道憂之不知其言之流失何所底極也即近日之游詩往往誇奇觀勝蹟身所涉歷為慰何嘗有原本山川極命草木與夫人事變遷之感若是則古人稱游之有助於學者吾未之見也即詞之工亦不知於世曾何所損益也一日得吾友陳程九新安之詩不覺嘆曰詩之果有益於世者何以工為哉程九先祖忠烈公仕建文帝為新安太守遭大母郭夫人戚解職持喪歸百姓詣闕請留建文帝命終任視事時靖難兵起公遂卜塋於此土廬墓祀田洵稱篤孝遜國變聞公死國事百姓憐之因號墳所為太守山鼎革後新安有客子入閩程九詢墓祠無恙客為言里中豪猾近侵沒已更

矣并具言猾者姓名程九聞之投袂而起哭於忠烈公祠明日携弱子涉波濤犯霜雪控於新安之有司逾歲得直慨然登紫陽問政嘯咏而返再拜先祠藉手以告無罪故人相訪皆為感動程九獨取途中往返詩命余為序予受而讀之想其歲暮出門徒手蹣足崎嶇歷落之況及于覊旅經年父子相對蕭然窮困之狀何其疲也意氣堅決卒使遺民過客咸為憤悒不平雖猾者亦泣涕悔罪其百折不回一往務伸之志又何其壯也予於是反覆諷詠益嘆忠臣之必有後直道之必在人與凡有志者必無不可為之事矣程九身不滿六尺膽大心雄是時齒已及艾矣以三千里道路之遥三百年易世之後丙舍墓田頓還舊觀此雖春秋所嘉賢侯復九世之仇烈士哭七日之師何以加焉嚮使為人臣子者各懷程九之志亦何至使陵寢宗廟鞠為丘墟恬然莫問哉程九猶以

未暇修詞為歎予謂君詩固不必求於一字一句之間與世俗綺靡纖佻之徒較長比短然其事固已足傳矣讀之懦以立柔以奮激烈悲壯如商風乍起于谿壑之間何也君之詩蓋有益於世者也

楊煕伯出門吟叙

丹霞楊子煕伯入莆嘗問詩於予予未有以語也一日持所作出門吟示予且屬序之予閲而嘆曰噫楊子則可以語矣夫楊子之出門則誠可念也楊子而何以成吟哉楊子内外祖父皆為顯官産席累數千金及長遭離瘼家貧無以自存乃從事總戎幕府受所得給餼每馳數百里齎歸養太夫人餘為妻子饔飧之需又身單孑既隸記室有責任不得頻乞假晨省以是每見余恒悵然仰而若有矚愴然俯而若有思予方且悲楊子之出門楊子而何以

三二

能成吟哉計其所吟亦不過述喪亂餘生如孤臣去國放子無家多羈旅窮愁落魄失志不平之感乃楊子所吟則取蘇子瞻賞心韻事以名出門焉噫吾今則有以語楊子矣夫詩之格貴大雅高渾命意宜曠遠深潔而一切割裂纖碎及浮誇淺露穠華之調自謂工巧欲取悦求媚于世間耳目者皆予之所痛絶學詩者之所當戒也即茲賞心韻事之作亦近日山人詞客之刻意相高日求纖巧而不覺其離於大雅也楊子宜知之若楊子之命意則得矣蓋子瞻以大才躋列禁近晚遭遷謫慮涉危機嬰禍患常慕于隱逸自放曠遠深潔者之所為而恐不得非徒類泉石膏肓者楊子而有取于此則依人從事必不以窮困而喪其所守可知矣若楊子則可以語矣予故嘉其命意而復進以詩之所當戒者為之序以歸之

春草篇序

余往讀何仲默明月篇，深嘉其詞旨流麗，綿緻反覆，悲惻而未嘗不惜其持論之失也。仲默是篇規倣唐初四子，序中謂四子雖工富麗，去古遠甚，至其音節往往可歌，是則然矣。迺謂子美詞固沉着，而調失流轉，雖成一家語，寔則詩歌之變體。又以子美之詩博涉世故，出於夫婦者常少，致兼雅頌，而風人之義或缺，此其調反在四子之下。噫，斯言過矣。夫自三百篇、漢魏以下，沿變至于陳隋初唐之時，流靡已極，倘非陳伯玉障狂瀾於前，子美、太白力振之後，其所謂音幾何而不為濮上靡靡之音者哉？是此數公者，寔詩歌之正宗，乃謂之變體可乎？若子美者，尤兼衆家之長而為大家，謂之成一家語可乎？至於音節，以沉着者不可歌，則樂府中鼓吹鐃歌、房中、郊祀、氣出唱、獨漉等篇，沉着者反不如大堤、江南弄、長于諸艷曲之為可歌乎杜公之詩凡君父家庭兒女之間敦篤懇摯往往見于篇什余謂詩之性情千載下惟杜公最得其正也若必出于夫婦纏綿綺靡之語而後可則建安公幹仲宣文舉諸人之咏盡不如繁欽定情之作乎是又不然矣仲默生平諸詩多宗老杜是言豈登枝而捐其本乎抑昔賢所謂一時興至之言冀後人不昧乎自仲默為是言惑其說者垂百餘年雖賢者不免異時選獻吉楊花而不錄石將軍戰場之歌選仲默斯篇而不錄元明宮之作皆此言中之也又愚者謂杜公沉鬱頓挫之氣此調或尺有所短則又不然昔鮑彥誇孔子豐淮南之作子豐效其體且謂之曰吾能作數十曲以無益於世故不為耳觀杜公集中舟前落花戲為新句風調可想見也其於此等亦有所不為耳余非謂有杜公遂可以盡廢四子然使無杜公而陳隋初唐之響至今孤行

天下將所謂詩之大義微言者安在而先生立教又安用詩為哉杜公每不薄今人而愛古人要之吾輩持衡論不可以不慎也余嘗欲正何論而未暇會吾友余全人南歸雅集屬咏春草聊成是篇因藉以發明斯旨附告于世非欲以此詡長也冀後之論詩者不昧于仲默之說可也

范太虛詩序

關中范太虛之游吾郡也滯三載無所遇幾困顧未嘗有幾微憂沮之色日問邑之名山蕭剎登臨忘返賦詩以紀屢以詩折節枉詢于余一揖之外不修主賓佳晨良夕叩門相遇幾以此地為并州余亦忘太虛為關中人也一日忽辭我謂詰朝將從楚中遍覽三湘七澤之勝然後歸且命序其詩予於是知太虛今不為吾郡人矣不特匆匆言别摻袂之情未盡即太虛三載之中以詩道相

詢者予與太虛言之猶未盡也今太虛行矣予其可無一言乎夫游客多滑稽自喜太虛樸誠溫厚語若不出口游客之干當事者多與其士人往來甚密太虛則落落從邑中賢豪長者游此太虛之游所以窮而詩所以富也游客之詩多借達官貴人為重太虛則山水名勝與此中二三往來外鮮有及者此太虛之詩又所以異于游客之能詩者也然太虛外雖類樸而性特磊落忼慨與致尤豪有常道士者踪跡甚異自言淮徐人與太虛遇于席上主人行酒屬題壁上所挂士女圖道士能飲至一石不醉飲數大觥輒成一詩太虛不能飲亦隨韵輒和咸斐然可觀又于濱海望見蜃樓屢狂喜賦詩甚奇警太虛之詩如此豈但有異於游客之能詩者哉太虛行矣子之卿（鄉）有李屺瞻叔則者其人皆有得於詩之正宗訪而詢之必有進焉他日郵箱示予與予言之未盡者庶乎其

少尉馬遂書以歸太虛且以為别

永懷圖序

予甲辰歲暮歸自北山有少年躍馬而過者見予停鞭屬目者久之戎裝急服挾弓伏劍而文人之氣自見眉宇行數里始憶曰此豈吾從弟森若耶急追與語已失矣未幾有叩門投緘者則森若造訪並出遊橐相質復嘆而言曰予先世以儒術起家多馴至孤卿九列或為藩省二千石郎官皆以勳望著聲而森若尊人師垣先生以布衣長者稱里中年七十六始舉森若森若幼負雋才識者方以食報期先生顧森若早孤值兵亂窮不自振謝舉業遠遊于秦隴豫章之間斷音訊者十載最後乃受知于大中丞蘇使君授以幕室之記與使君之子小眉永公二君訂縞帶交盖使君叅知閩省駐節吾郡郡人士輒經識拔森若已外遊至是復為使君

五五

物色於是聞者無不多蘇公之能得士而慰森若之受知于蘇公也然予不慰森若見知于蘇公而慰森若有以致蘇公之知也森若有至性年十五時寇迫城下軍興對壘方峻切用事忽令浚城壕築女墻刻期立就畚鍤如雨人惴惴不敢息森若孱然弱質雜傭工中向主帥指母墳摶額請命帥動以危詞不改流涕長跽請益堅帥憐其誠懇一時墳塚賴以全者甚衆詩所謂孝子不匱永錫爾類非與森若哀樂過人豪於酒酒後悲歌激揚曼聲按拍遇所觸發輒忼慨泣下王武子好驢鳴楊用脩滇中傅粉穿婦人衣以兩妓自隨殊不異人意今不見森若十年耳顧盼之際時流豪爽而風度恬退悒然自下出其詩歌音韵旬暢錢劉不能相過森若雖浪遊乎而性情學問精進乃爾是則森若果有以致蘇公之知而蘇公父子果能相與以有成也森若行矣復演其所繪大父

母父母像以無忘孝思之意予語森若願足下加意學問京都名公鉅卿多有愛惜人才如蘇公父子者行推揚用人無方之典則吾家勳望儒術之業為不墜而師垣公之食報于布衣長者固不爽矣孝思之大豈但尺幅丹青間耶遂書其言于後並以為別

三六

甌離子集卷一終

民國丁亥翁炳樂星樓鈔

明林向哲君十著

甌離子集

卷二

甌離子集卷二

莆田林向哲十叟父著

送黃聘侯入楚序

治城百里之内有衰年敝衣偶行如形影連臂踏歌于岳湖錢陂之上望之無不知為予與黃子聘侯云故人見予輒詢聘侯見聘侯輒詢予蓋自余束髮與里中之士定交久而益親淡而益審者莫如黃子至兩人之所以悠忽土木其形骸堅忍金石其志氣可自喻而未嘗不為有識所信者有如此然十餘年之中予三為歌詩送聘侯矣乙未聘侯受郡太守張公分憲瓊海之請則送之辛丑為汗漫之遊則送之癸卯受粵中盧總督之請則送之蓋貧賤之易於驅人至是而吾党之久於處困遭遇無聊之況亦可見矣今歲春太守張公從瓊海已歷遷至楚左藩聘侯訪之東裝行有

日矣或謂予曰子將何以送聘侯聘侯能文之士也楚中山川之勝聞於天下產於其地流寓於其鄉者又皆古能文之士也是行也其有得於文章之助乎或又謂予曰張公吾郡之賢太守也聘侯在張公記室三年無所干公習知其賢也是行也公必有以振其困乎是二說者未為得之聘侯詩源子美文深得宋曾子固明王道思之傳古能文之士復起必稱為升堂入室縱使盡三湘七澤之勝豈能有加助於聘侯哉至於聘侯之遊則固孟夫子窮不失義達不離道之遊也聘侯內重而外輕視世間冠蓋赫奕車馬麗都與年少之當面輸心翻手作雲者方如野馬浮塵之過於吾前恬不為動而況於干謁造請如近日遊士之所為乎聘侯惟以張公為賢太守賢主人故不憚徒步往訪至兩賢相遇振其困在張公固不在聘侯也予將何以送之哉予所念者往所為歌詩相

送雖留連悲惋居多而忼慨激楚之豪自在至今日則惓惓斯須反黯然有離別之色其年力意氣之盛衰則又可感也若吾長聘侯二歲耳吾精耗色瘁如此聘侯十餘年之中南渡大海北涉長江馳驅于波濤遠島之鄉則又安能不深念之哉夫人當衰暮失意之時有家人不可告語親戚不可得聞惟朋友為能發舒其悒鬱匡救其濫觴耳甚矣知己之不容長遠也予老矣惄然多憂頹焉自放不特著書為文聘侯能指示其神解獨得之處至於切劘過失抒洩不平方聘侯是賴聘侯其亦念之毋使獨行踽踽曳杖吊影于岳湖錢陂之上雖出門歌聲如出金石其孰為聽之哉聘侯念之

送黃聘侯遊豫章序

吾友聘侯之入楚也予嘗為文送其行以道其惓惓惜別之意矣

今茲之入豫章也將戒途矣予兩人相對若不知其明發有數千里之行二三載之别者夫豈曠達之解進于前恬適之致自見於外與然相對之頃計其精神惝恍思慮若遺之故較之摻袂停騎惓惓惜别之況固有倍深者則又何為也夫聘侯之茲行也赴觀察李公幕府之招也陸則騎乘水則方舟旌仗所過有司郊迎供帳無敢後所為風霜道途僕馬蕭條之事皆不必為聘侯念也予故人有刺史滇中者嘗為予言校士畢宴屬寮是日郎君捷書至酬酢無異日者見公於行部接士無情容詢故舊甚篤以吾所聞見與聘侯汪洋和藹之性相近是賓主相遇當益懽吾又可為聘侯得主人幸也然則吾何為其然哉所念者吾兩人晚年稍有所窺方欲深山結茅共處以泥水自閉朝夕切劘著書垂後竟以貧賤妻子之累而不可得行者既慕于居之逸居者亦不免于行之

勞是使吾兩人終其身為東西南北之身如蓬轉萍流無所飄泊棲宿而後止豈不深可念哉雖然有道於此精神之惝怳思慮之若遺暫猶不可而況於久乎則必務葆養之休息之勿滑勿勞以俟夫有深山共處之一日尚未可知聘侯數千里之外二三載之間忽忘斯言固無異於今日相對矣吾又聞豫章寧都之深山有易堂焉諸君子皆高尚明志著書樂道敦朋友長幼之序或行或居皆得遂其意者聘侯其為我訪之

銷夏賦杜雅集序

賦杜者何予與諸子銷夏雅集之所為作也諸子者何黃聘侯許五階家獻十小幹康于王戴學可許福初賦杜之所為作也銷夏雅集而必賦杜者何以余輩生今日與杜公遭亂之時適相似且以公處所遇之時為可學也予嘗讀公在乾元二年自東都回華

州夏日夏夜之嘆又觀大曆元年夔州賦熱諸什窮怪寒暑遞更歲功始成四時之不能去夏也必矣公迺憂永日之不得暮希以其身化為冷孤水玉而後可何其不耐炎歊之甚耶不觀于其詩曰渺然貞觀初難與數子偕又嘗曰想見陰宮雪風門颯沓開夫處赫熱而思陰宮之雪宜矣而思及于貞觀之初何也予以為使獲生貞觀而偕數子雖伏守環堵猶不異于涼颸颯沓之適體焉蓋公是時當羣盜豺虎之中舉目蒿萊竟夕刁斗之日疇昔交遊如鄭虔蘇源明李白高適之徒至是無一存者山鬼蝮蛇蛟龍魑魅爭喜斯人之過平生杯酒欲髣髴一遇而不可得悲夫處高秋則極蕭瑟之傷處炎伏則極欝蒸之苦所遇無一可所感自難平而謂患獨在夏豈足與言詩哉況當其盛也宮中聖人奏雲門天下朋友皆膠漆其衰也後生小子遂有翻手背面之譏迴思此數

公者真如芝草琅玕之在人世偶一現焉而不可常遇使得遇之相為愛惜鄭重調護者又當何如而不幸處爍金流石之時能久存乎此公嘆夏賦熱之所為作也予輩在今日當邑里蕭條重困之後道途如燬之際熱客褦襶諭訛蹲踏之繁有徒所見又皆垂老無家之别所聞又皆彭衙新安之事海内交遊二三昆從阻隔散處而晤對破悶猶賴茲數君聘侯三十年石交也獻十則二十餘年久而益親予每見獻十輙有佳句以惠連稱之獻十顧嚴事予不欲僅以康樂相期于玉學可小幹十餘年朝夕從遊於斯道所獲有深入之功許五階婁江佳士以侍養至杜門潛修沈堪好學予故與定交其弟福初具雋才亦兩年執經於門是數君者淵源既同興會不異撫時觸景偶有合於草堂佳句揞隨拈之一唱群和不啻若親侍浣溪叟之几杖在萬里橋西百花潭水之晨永

夜角聲半扉[illegible]炬之夕此予與諸子銷夏之所爲作也預集者八人賦詩十有二得五言近體九十六首編成予爲序之亦以見吾輩處流離憂患之餘而師友相將能以風雅自淑其躬相礪于學如此至于詩之力絕時趨獨扶古調識者必有以辯之矣

賦杜和杜詩序

獻十嘗念予詩之多散佚也爲蒐緝編次之十有二年矣近復與小幹重加編輯又於五言近體之中先取其賦杜和杜之作裒爲一卷以授剞劂二子亦以嘗所賦與和者繼焉刻成語予且使序焉予謂賦杜之意已於銷夏唱和之序詳之矣即賦而不必復及和而不必賦意豈有外焉而奚以序爲二子固請謂先生之意必有進於此者善哉二子之知予言也夫吾之學杜豈規規焉徒取其句而賦之取其韻而和之而後爲善學者哉天下之不知詩莫

甚於斯時而杜公之詩亦莫晦於斯時自虞山錢氏好播為詖邪若為尊杜其攻宋豫章諸公之學杜攻明弘正諸公之學杜者幾無餘力天下聾瞽其說幾欲避學杜之名而一二妄庸謬選近人之詩頗襲其語於簡端予竊笑且痛焉夫杜公之詩天地之元氣先王之正風也吾夫子論詩之正獨見於斯人雖詖淫妄庸之輩當時已若蚍蜉之撼大樹而況於今日已與日月江河並流於世者哉至以為攻學杜者寔以尊杜非也夫宋豫章明弘正諸公不可謂不得杜之傳也雖未能得其精微不謂升其堂奧不可也論詩者不以其詩之意義格力得其傳為能而繩其排奡生梗不可也猶論學者不以其學之性命窮貫得其傳為功而議其支離訓詁不可也是說也關於世道人心天下之事不入正則入於邪一息一著所必然也元稹所謂梁陳淫艷刻飾佻巧小碎之咏孫僅所

三

謂爭柔鬬葩聯組擅繡萬鈞之重鑠為錙銖真粹之氣殆將澌滅昔為杜公所務祛者今復見矣而世道人心亂果隨之嗚乎予之痛至此又豈忍言哉雖然善學者固不宜輕訾前人亦不可不矯其敝而釐其偏思所以全之也敝者在於寢食既久字句浸淫出於不覺遂有剽襲之譏偏者在於刻畫取肖境遇不同一味髣髴遂有硬拙之誚然在學杜公者必如何而後可哉夫杜公之詩所為集百代之大成非特三唐也即三唐之高岑王孟逮於錢劉溫李之徒皆所兼優畢具且鋪陳終始排比聲韻非特翻數千百言而後見也即其詠一物指一事亦皆上下八荒之中千載之內治亂所感觸緒成吟始一攄焉非徒為吟寫性靈流連光景之什也學者不能知古今所以興廢成敗之故又無世道人心存亡之憂雖欲學杜公其可得乎故善學杜公者不徒學杜公必淵源於三

百編出入於三唐上溯於漢魏六朝下沿於宋元有明諸家之勝而以之悉歸於杜公然後爲善學杜公然後學杜之敝與偏庶幾寡矣予才謭學疎然其學杜公之意則出於是非徒取杜之句賦之取杜之韻和之而後見其爲學杜也至若二子所學獻十歲月之久小幹晝夜之勤其詩具在世豈無能知之者哉

詩話序

予爲童子日家雖貧然藉先人遺書頗得窺一代之秘是時承平已久兩京鐘簴無恙分省舟車相通欲以所聞證之所見未暇也逮年已涉壯思一遊四方以所覩聞抒爲歌頌擬二京之賦觀列國之風不使表揚著作之盛獨擅于前而明一代之詩與國家存亡矣予亦重遭亂離向之圖書典籍無復存者然操筆爲文尚資記憶之力至今茲垂衰記力漸銷先輩之遺言佚事往往如夢中

六

佳境髣髴不真豈不深可念哉客歲獨往山中永日無事因記明諸家集及叢書中可備前人詩話所未及者隨憶漫錄不復銓次曰識小編雖寥寥多遺缺其於詩家之風流高韻與關于一代盛衰正變之際每感慨寓焉後之君子覽者可以知之矣

康于玉閩中竹枝詞序

閩中年少之士學詩於予如康子于玉者蓋未易得也于玉思慧才敏家貧蚤孤幼弟傭食豫章寒燈孑影饔飧恒不給好學苦吟見人吶吶色阻至秋高風起輒攜酒登山飲後大哭如阮籍謝翺于玉之為人如是予以是益愧力不能振其困而德之不足以陶其所未能于玉亦何所資於予哉然其學詩也蓋嘗語之曰詩之為道先王以之淑一世而後人至不能淑其身乃徒日佔俾放襲陳言欲借以自文夫身之不淑而可以文為哉抑彼蓋不知詩之

有原而爭於其委故勞而迄無所成若夫為詩者毋先加之深造以尋其原而後有自得逢原之樂風雅頌詩之原也降而為離騷騷非詩也國風好色而不淫小雅怨誹而不亂離騷得之則騷寔原于詩也騷之後為漢魏六朝至于唐宋有明莫不有詩其所謂正始大家者必先得于詩之原而後可否則雖有一二篇章聞於世與勞而迄無所成者等耳于玉受而退其後同輩有為閩風者國中屬而和者數十人康子獨不為一日作竹枝詞百餘首呈余適與友人高雲客同遊丹霞因屬雲客為閱雲客亟賞而汰其三之二蓋雲客好善長而持論又不苟余無以易也雲客曰吾曩怪康子之不為閩風也康子其知詩乎詩之善道其風俗習尚人情最近於風者莫如竹枝其義質其情婉其旨隱其詞淺而托趣深其事微而寄諷鉅康子之詩多有合也其可與歌風乎予謂竹枝

之體唐絕也其沿于風則詩之原也然離騷之芳草荃蘅以喻賢人君子皆惓惓於宗國不忘之意于玉詞多自託于伉儷離別歡儂怨思纏綿之緒是知竹枝之原於風又知騷之原於詩而通其意可與言詩矣雲客因加評隲謀為梓之謂予君不可無一言以告世之知詩者予謂世之有知詩者固不待告也其不知詩者雖告之猶不知也然則吾之一言不當以告世而當還告于玉矣夫于玉之與其慕阮籍謝翺也毋寧進為原憲憲扶履捉襟所居環堵上漏下濕經旬霖雨出户而歌商頌聲如金石先艾軒亦欲以商頌弔靈均蓋詩之足以淑其身莫風雅頌備也士固有自處高亢而不失和平忠厚之旨者得於詩教多矣于玉由是進究于雅頌之原以淑其身將豈僅為閩中之士乎哉

學詩庭初稿序

從姪小幹之學詩也自舊歲始小幹內行醇謹然豪邁不羈好賓客登臨遭掠始困悴無聊又郭外多竊發不得窮汗漫之興遂一意苦吟晝夜不輟嘗秋夕從余立於庭問作詩之法予曰子欲學詩乎亦求之于是庭而已矣昔我皇祖廷評贈少司馬槐庭公嘗吟于是庭有槐庭之集所傳柴門流水靜啼鳥落花深及家貧祇愛讀書聲者是庭也逮司馬省吾公解兩粵節歸題于扉曰林下三朝迂叟門前十畝清陰者是庭也於是有省吾之集公仲子司李石樓公詩最著則有贛州之集嗣有鶴山集則主事懋南公爾之自出也龍江集多發明吾儒與二氏之語而論詩則有浪談之集是為懋勛公世所稱子谷子也懋揚公有曉江之集而蒐緝吾郡風雅則有壺華毓秀之集懋岩公官高州則有高州之集吾祖皖守懋忠公著述尤多盛行海內於詩則有伯子之集世所稱榕

八

門先生也皆公孫也於曾玄則太學能佛公郡丞肩吾公集最著
予覩諸早孤而貧又多疾無所見聞賴先世之藏書發而讀之業
是以不墜七葉有集聯吟接武或仕或隱無忝是庭詩是吾家事
吾子勉之哉又謂之曰爾亦知先人之所為詩乎先人之學見之
於詩非但為銷愁遣興而已吾聞學不殖則將落而他非所計也
昔司馬公筮仕時忤璫瑾詔獄禍且不測既出入詔下郡符罰粟
至千鍾廷評公困甚飲酒不繼吟益豪司馬公之在獄也從陽明
先生授易及忤柄臣即謝病歸年纔逾強怡然自適晚入東山逸
老之社蓋公父子不以窮達患難之變其守失其度也如此豈但
家學然哉蓋亦由於尊師取友之功尔廷評公之嚴事陳白沙也
於江門一絶見其胸次悠然於斯道有惓惓關切之念省吾公於
陽明先生授易相倡和其開府鄖陽則出自先生之薦總督二粵

晉陽先賢叢書稿紙

則先生舉以自代亦足見其相信之篤矣至邑里之中則彭惠安鄭山齋為之砥礪宗族則翠庭見素寒谷頤晦為之切劘石樓公於羅念菴亦有水乳之投是以或以德業或以勳猷未嘗為專家詞章之學而學問淵源求之於詩猶可見也見素公生平不妄以前賢擬人數稱槐庭為陶靖節海内詞家以為知言今之子孫不能知其父祖之有集邑里不能知其先達之有是人況其他乎蓋人之不好學久矣非盡不學也學而求之於綺襮藻繢之餘亦不可謂之學也予上之不能振先世之德業勳猷而遺訓餘緒兢兢焉惟隕越是虞故予之詩雖多悲慨鬱悒之什未嘗以家之窮窶齒之遲暮為悲慨鬱悒也自國家覆亡於前鄉里喪亂於後寧無憂乎故予之詩少嘗辱為銅山先生所知故不敢苟且以為先生羞而鄉國之交相砥切者則高雲客黄聘侯卞興書家獻十諸君

九

子其人也吾之淵源於家庭取資于邑里者如是而已子曰不學詩無以言又曰君子居其室出其言善則千里之外應之夫不能善其言則無以致良友不學詩則先無以言子學詩乎遡于庭以就正于世之賢者則諸君其可也未幾持一帙則皆評而序之夫出其言之善不善觀之應與違而可見矣諸君子既幸應之子其勉哉嗚呼自鄉國而至於天下皆自居室始言之出可不慎乎然則學詩庭之名所從來遠矣吾無以序子為述其前所語者吾子勉之哉歲旃蒙單閼仲春甌離子向哲題於汐香園

子卿宮詞詩序

詩之體雖不同其原于三百篇則一也夫三百篇之詩聖人著為經以立教垂益于天下後世延後之為詩者與經之旨先悖雖窮其葩藻格調之工亦何益哉予所以論詩必先求其與經之旨合

不合然後及其文詞之工與未工也即以宮詞論詞家往往祖昌齡而禰王建儒者或薄宮體纖麗不足為為者皆未溯于詩之淵源辨其流失之過也盖三百篇首列關雎葛覃卷耳樛木螽斯數章皆周之宮詞也召南之鵲巢采蘩采蘋亦皆宮詞也列國之綠衣碩人終風則宮怨之所托始也大約述其性情哀樂之發而廢興得失之故自見稱其盛自琴瑟鐘鼓細至于一卉一蟲之微咸足以傳幽閑貞一之致稱其衰雖極其象服山河之觀而微詞已寓此則宮詞之淵源可考者也若夫詞家之所慕人臣得陪宴與妃嬪唱和評隲度曲被管絃如陳唐汴宋之朝皆流失之極而不足道者然昔賢論樂府先出而去古詩遠絕句後出而去古詩近故為宮詞絕句貴微婉温厚即稱其流失而不貴深文刺譏庶不悖風人之旨也盖詩道一體其難言猶如此族子子卿暇日取歷

代大内遺事至乘時據有一方之主莫不有咏其詩麗而有則婉而多風能使人知其廢興得失之故予故取其有合風人之旨非但繼昌齡王建之遺響也子卿固可以出而問世矣抑予因之有感矣古今之推為佳人絶世千載堪憐者若耶浣紗之津凄凉已久一覩其青苔碧藻猶且驚心動色況于當時人主乎然使夷光鄭旦與無鹽宿瘤之女爭妍並進不待明者之察然後辨也而國家愛憎用舍之間治亂存亡頓殊如此可不念哉故女以色而蠱人或以色而見奪皆色為之尤也惟班婕妤江妃進退之際國風之所謂終温且惠淑慎其身者也然則士懷才而見嫉必炫其才也炫其才猶之無才況其餘乎是殆未知三百篇温柔敦厚之教者也子卿年方少有用於世當思為奚斯穆如之誦毋徒以伶人女子咏吾詩為極則也子卿勉之

張彙吉詩序

友人張子彙吉以其家西陵時所著詩稿授予點定且使序焉且先之以吾門許福初為達其懇予諾焉而後以授余也受之既閱月而無以復張子福初屢為請予曰張子惟以予之慎立言也將使人因予之言而信其詩也使余言之而無當於張子余先無以自信而況於人乎予不任佞人張子亦不任受佞也一日被酒與二三子遊於城西最高之處見夫雨霽雲生奔驟瀰漫變幻無窮之態倏而斂於太虛無一存焉又見夫江村風花萬點之飛颺於高下迴感而嘆曰吾今則有以復張子矣吾今而知夫文章者天地之真色也（忠孝者又文章之真色也）二三子前請所謂謂尔不見夫凡天地間色之自然榮華妍美不待染績足以娛觀悅覽者在氣則為烟嵐雲霞為海市為蜃樓其滅沒也倏焉在形則為人之佳麗為物之花木其遲

十一

暮零落盛衰之相尋也亦忽焉若瞬耳惟文章之在世愈久而彌新閱千年若旦暮有不可得而澌滅者故曰文章者天地之真色也然而輕薄詖險之倫縱或不乏詞華彰著于後若魏收沈約宋之問之輩至為士君子所羞道惟至性篤行之人稱焉即文藻不及尚與日星岡陵爭炳垂于天地故曰忠孝者又文章之真色也今張子雖不得君而事觀其事親從兄尊師取友之槩則張子固忠孝者徒也況其詩之有足重乎張子詩不學今人綺縟雕繪於古人猶在離合之際才與學非不足以步趨而張子有所不為其志然也在敝邑齋居與余隣適年始與予交余長之不及十年而執禮過於凡事去秋余病篤日往來四五里詢疾況及痊始已予以此愧張子然張子之敦於交可知矣張子於西陵諸君子予所知者鮮有交獨與其兄嗣華師事里中鄔符九先生先生官廣東羅

定副使死於冠嗣華獨入粵持其喪歸既丁酉符九有子以闈事死於法太夫人當坐徙就逮張子兄弟身扶上道入都則草疏言鄔公死國甚烈獨不能庇妻孥從寬貸之典擊登聞鼓席藁闕下守五十日晝夜泣内中遣使廉其狀鄔夫人得免當是時大臣以子弟嚴譴蒙重罪無一釋者張子兄弟以是名動長安其詩中有黄河述懷即上道時作也嗚乎師友之道廢久矣古人一言一行不忘淵源學必溯師承今人學必矜吾自得而以所受教者為諱而况於患難死生之際乎昔王調貫械以救其師李固而王成又能全其子及其後也遂有狄靈慶之叛袁粲吾嘗讀史以為麟鳳之與梟獍豈以世趨故乎迺今於張子信賢人之未嘗以世代少變也張子才貌不逾中人吶吶不出口而見義敢為又何其勇也嗣華既逝橐吉藏其稿每一展玩慘然不勝其遊吾邑將以末修

為慈母甘旨之奉阻于兵不得歸登高北望嗚咽終日故客中所草不下百餘篇而獨出其西陵集為序者倘亦操土音不忘本之意乎嗚乎即以西陵之地觀于吾言其入一徵也西陵往日兩堤六橋花柳遊人艷冶之勝今幾無一餘獨胥江怒濤淜湃矗立震動天地素車白馬之來猶復不爽以此知興廢關于盛衰人力之不可以終駐惟忠孝正氣之生天地灝邁固可以長存也彙吉勉矣其益加功以求進於古人務華實並懋他日終不與烟雲花木榮悴並慨者然後見予之言為可信也

許五階詩序

予嘗思詩之為道溫柔敦厚主于和平以淑人之性情每謂世之能詩者意其內必恬淡淵靜其外之與人接物必冲悒可親而求之於世往往以詩名者多表炫自喜交相矜詡反疑風雅一道適

以長其浮華誕慢之習豈昔之詩教非耶何今之人不盡然也然而有志之士不為時趨所移而泊然寧謐大雅自將與物無所短長輕此以取競者固未嘗乏也特吾之遇而獲交者少尒嘗於同里得二人焉曰黃轍聘侯家翼王獻十廼今於吾郡而遊吾里者得一人曰婁東許五階五階之遊吾里以侍養其尊人使君來予今春授經於郡齋始獲交之晨夕晤對不特絕去豪華貴介之態並文士詞人之氣未嘗露於眉端瓶花香裊筆牀卷軸而外隱几凝然未嘗妄逐交遊酬應文酒每閱一書丹鉛必竟然後更繙他本見人吶吶不出口與之論人物徵成敗援證古今滾滾不竭確持己見若灼照而河傾東注也其八閩紀遊及和予咏物倡酬諸什風致藻麗體格一主正宗斟酌於文質沿變之間斐如也素工制藝早餼學宮入為國子上舍屢幾售而不售無佗傺不偶之嘆

十三

嘗為鉅公名卿所識拔無詡然自足之意其在敝郡當孤城用兵之際人情倉皇無怫鬱憂愁之色讀書晏坐一如平日然則五階蓋恬淡淵靜者也蓋沖悒可親者也其與人接物蓋出於性者也吾於是而知詩教之益果足淑人性情矣其在人之能自得益乎吾先從弟衡者吳游歸每為予稱許九日予齋中得來鶴百一集而閱之若與訂石交焉皆五階從叔也身未入婁東於五階而得許氏之二賢則有志之士固不乏余之所未獲交者固可念也

許福初東山詩草序

婁東許福初之從余遊也授古尚書經傳未嘗及詩也福初才敏志大喜談經濟多求異書而讀之慕終軍宗愨有請纓破浪馳驅四方之思即間及於詩亦未嘗為專門學也一日持舊內小鏡餉余綴以五言近體且呈閩江行一首予受之為賦盤龍小鏡歌尤

取其閩江行謂奇譎變化悲惻迴環擬太白蜀道難之作而得其似然達變識時年少之見事何憂遠而慮蚤也詩言志志有先兆詩其符之乎已而言應自是時時及於詩顧好主骨格而不樂近時豔藻綺縟之調甚與余合余漫興中有云許子論詩獨起余秋深草閣上燈初每談時輩矜文藻風骨稜稜露有餘蓋謂福初也秋空對月賦詩自遣授以樂府題近體涼宵刻燭嘗得三首皆斐疊可觀邊塞諸曲頗盡征人遠戍風斾霜笳之苦充其所至亦近日詞家之錚錚矣合前後作百餘篇名曰東山草求予序焉蓋福初於古人中風流經濟慕謝東山之賢而吾郡適有東山峙城西北雖修樹灌木委於兵燹此山本以石為主勢皆嵯峨層疊峭削怒拔而起有不可屈伏之氣烟雲蒸潤膚寸為澤刻露而不矯左丞右丞之雨所由名也晴空遠眺萬里澄碧俯視海外琉球諸島

十四

一泓數點如在杯中福初每好登之取以名詩此可以見其志矣

和蔡君謨先生梅花詩序

蔡君謨先生梅詩十首舊集未之見也得之石榻（搨）法帖中往曾相國朝崇禎時泰藩吾郡屬諸先達為公蒐輯遺集鋟行於世亦不及載此詩予少與先從叔小眉當梅盛開處携襆被往觀以和前輩梅詩成先後為飲酒角勝時所得最多亦不及和公此詩公跋詩後自識在三衢衙齋樹下作本傳載公嘗守杭三衢豈行部所經禮帷蹔駐時耶予因於讀公之詩有感焉思夫偶詠一物至小也忽溢為篇章不能自止必性之所甚喜而能然不則或借以托寓焉人每疑宋廣平鐵石心腸乃有梅花之賦予竊笑其言彼鐵石為心者不于梅而將誰賦耶公之咏梅至十首也宜矣詩中韻不用沈約老格逸調疎落惟寫己懷未嘗為琱琢形似之語而蒼

亦字疑當作未

蒨四映刻意求工者無以過之予尤愛其第五首云絳萼迎臘小寒前看到春初破未全難進自堅君子節爭先應避艷陽天偶沾宮額原無意獨伴山窗似有緣茅屋玉堂清絕處癯然風韻是神仙其視顯晦一致難進易退之操雖身處顯融若蛻然於軒冕塵埃之外有足多者至云海棠芍藥非吾事對尔吟詩老亦能其嚴氣勁節喜正人直如饑渴之於飲食絕匪類雖傷於苛刻有所不顧予謂公立朝四賢一不肖之詩即可見於此矣然以公之德業位望文章表著於天下如此而詩文猶有遺帙使非翰墨之妙鑱石所留則是詩余終不得而見也世之君子既無公之德位藝事又不能如公之精為人所貴重其詩文湮晦不得自見於世亦將與寒梅僵卧於深壑懸澗之間同一埋没可勝嘆哉雖然氷雪之姿芳馨彌烈豈以無人過而問之遂秘不自發與必無是也世之

君子則又用可自解也予於是感公之詩不覺有和并載公之詩於前以貽同志交好之士使共和焉

送許福初序

吾門許子福初辭往三山戒行有日矣予將告以擇交慎言之道既而臨發復改其名震吉曰維坤其尊甫使君公字之曰元安以告予予曰善哉子之改震爲坤也非以震之所處過厲過亢而思坤之柔順以自處乎且坤地道也臣道也子所處之位當然也然坤之爲文不言西南得朋乎東北喪朋乎則擇交之義也不言含章以貞括囊無咎乎則慎言之義也西南則巽順之謂而非曲徇以相從也括囊則訥與不出之謂而非模稜以爲附也古之交者惟賢是親惟德是資近則齊之遠則念之過則規之難則扶之乏則振之達則引之如是而已上交不諂也今則以諂爲善事上矣

下交不瀆也今則以瀆為能使下矣有要則有覺可宗則可終求與慕異也拂與排異也處盛與處衰異也無事與有事異也在觀其素所行哉非但勢利不可也傾危不可也便佞不可也即徒尚意氣徒習文辭未為可也而又必歡不盡也忠不竭也而後交得全也子其念哉古之言者以思可道以思可傳否則寧勿言好自出也莠自出也善則千里應之不善則一室違之如之何不慎吉人寡躁人多將為多乎將為寡乎危與遜也足與與足容也視乎時為衛之白圭為周之磨甃堅帷口出好興戎訒耶默耶古之慎言人哉是二者予終身學之而未能失焉而旋悔而不得不以語子二者非從處人接物時而後見也非徒以涉世也寔以褆躬也必先乎日有凜然克怨之學而後利有攸往出門而有功也故曰敬以直內義以方外而後謂之大哉坤元而後安貞無不吉也子

十六

其勉哉

為漳郡某司獄建盂蘭盆序

甌離子客於漳漳太守一日以文請且告之曰郡屬有司獄某者將建盂蘭盆於獄之署聞先生通於釋典其序之幸無辭甌離子曰予寔未能通釋典而既知儒矣予惟用儒者之道將踴躍承命之不暇且將使之日日建此會也其又安敢辭太守曰盂蘭盆者釋氏之言也釋氏之言以七月望日為中元先生乃以為儒而始肯惠序之先生既幸序之其又安能使之日日建此會乎甌離子曰釋之道有不與吾儒通者乎王政之窮也其猶得以佛法通之矣自人之不能皆善而惡者或勝焉至於巨奸大憝悖逆不道之徒起焉先王於是制為劓刵黥椓大辟之刑其科條之屬以累千百計而狴犴幽囚之苦有不得盡者矣自刑之不能皆惡而善者

或罹焉至於巨奸大憝悖逆不道之徒反藉以害善類焉於是森羅鐵圍山十八地獄之刑科條浩繁而狴犴幽囚沉淪之苦有以億萬刼計者矣雖然地獄之說不聞於三代之前而聞於漢唐之後何也先王之世諄諄以教化為先而民多興行故也審若是則當時有干先王之法紀者必不容於先王之世為衆論之所共棄所不足欽恤而服念也乃有以幽囚縲絏之罪人至使先王下車旁皇咨嗟涕泣而不能自勝者斯何為也哉蓋惡而至於巨奸大憝者其始不過一念之錯爾況於過失之有可原乎故先王刑期于無刑而地藏菩薩亦有地獄不空誓不成佛之願先王有幹蠱蓋愆之孝必使德教加于百姓而大目犍連以拔親之故亦必使地獄之罪人咸得超脱是其慈祥惻怛之用心無以異也今即以漳論自用兵以來往者周櫟園參藩所收枯骸七十餘萬為萬善

十七

同歸塔以瘞之嗚乎長平四十萬卒之坑至今聞之有餘慘焉乃吾閩一郡之死亡者倍之何其可憫也然尚足見在上者茍存一濟物之念未嘗無益也司獄之官所出入人罪者皆不得而與焉然擅用非刑之禁如押床鐵鐐之類皆特嚴焉畫地刻木之對見獄吏以頭搶地之語抑何傷心而可痛耶今漳民之存者皆死亡之餘也殺越人貨之風尚未盡吏至于催科不完者往往貫械纍纍皆在圜扉中一旦聞鐘聲梵唄之音感動流涕反不得與幽冥之囚望清涼而度脫者其情為何如耶司獄試以斯念推之視其疾病與以湯藥除其垢穢與以洗沐恤其飢寒與以飲食其將使之日日建此會哉太守曰然吾日者亦有施藥劑清獄因之舉矣於是書以為序

前募葬遺骸序

吾邑自丁亥後民之死于鋒鏑餓殍者衆矣至于播遷失所重之水旱不時賦役重煩之苦雖以素封之家而不免于顛轉溝壑之亡者甚可念矣乃千百年未有之變椎埋發掘之風始見于今日郭門之外雖賜塋封墳之固其獲免者十不能四五況于濵界之遠與殯宮淺土者乎又數年來澇浸頻苦茲秋一月之間大水至者再泛濫襄陵隄決橋摧而北邙叢塚之纍纍者又可知矣嗚乎吾里之民生於斯日既不得其生矣而死者猶不得其死至于如是何其慘也從弟某見而悲之謀所以揜藏之方余踴躍涕泣而告之曰吾聞之禮天子仲春行揜骼埋胔之政仲冬審棺槨之厚薄塋丘壠之大小盖先王一歲之中無時不以百姓為念而于里巷送終追遠之事尤詳且周也如此後世之民抑何其不幸也哉昔壬戌城燬之後鬼晝哭於郊吾諸祖子谷子親率役夫收其魄

而埋之作與汝形骸一氣之歌以酬其魂擊鈴鐸鐃鈸為節每一振聲過客皆為揮涕停車以襄其役予于是益信善事之無不可為人心之無不可感也夫鳥獸見同群之死猶且悲號躑躅不能自已況于有生之倫維桑之誼乎余又聞氣運之治亂兆于風俗人心之淳澆而氣運應之人心之淳澆倡于一二人而風俗成之吾里之亂亦云極矣乃近者林君慶徧行郊原為無告之殍者埋焉至以此落其家猶不自已而吾友徐陳諸君復有施木之會今吾子又能發是念先王禮失而求諸野則吾邑其庶幾哉又安知二十餘年之亂其不從此止乎且事不為己而為人不求名而求寔始為有濟以吾子之才或不遠而求此數君為將伯之助又安慮同志之人不我應乎夫生于吾里繼子谷子之行足矣生于人世得合先王之禮可矣又奈何不繼子谷子之事行先王之禮而

甘出悲鳴躑躅之群下哉吾知其必不然也則自今以往廣行而無窮者其深有望焉耳

後募葬遺骸序

人之葬者其合於古之孝子乎當其斷竹續竹力與烏鳶狐狸爭而不得計窮思盡歸為虆梩之掩於是生人之魄始有妥藏矣然古今言孝子必先加以仁人何也蓋當其惻怛迫切懇摯之時一段難釋莫已之情所謂仁也吾聞仁人之於物也野麕尚有白茅之包家畜尚有敝帷之蓋況於吾祖父鄉廬井丘之內此纍纍者又皆有生之倫乎使見此纍纍者其殘髏散骸暴露於烈日慘風涷雨之下飄亂於蓬轉沙卷榛罣之中號訴無聲惟自淒咽於冥漠仁人君子有以為他人之親不惻怛懇摯難釋莫已於懷者吾不信也從姪小幹其事親子嘗許為近之能孝者今冬入楓亭所

十九

過墟村見棺槨多頹朽剝裂目傷心痛欲為葬之捐金若干兩而懼其力之不能繼也謀於予予曰子亦盡子之心而已夫力之過於子均於子與不及於子者雖有不同至於惻怛懇摯此心之難釋莫已者則無不同也人特不見耳試以予所見語之其目傷心痛有異於親見之者乎夫楓亭三十年繁華輻輳一大區落也今之纍纍寄頓於廢垣殯厝於荒草者其人豈盡不能以自存耶當其酒壚妓館車馬塡從絃管酣歌蹋踘六博燈火達旦志滿意雄豈知其一旦銷滅喪亂相仍曾不得三尺灰土一掩其遺膚焉仁人君子尤有可憫者矣詩不云乎凡民有喪者在吾祖父巷廬邑井之內恐不得周身而掩形是以如是其急也今身之既周者卒不得其周形之既掩者卒不得其掩是其人之喪猶未竟也匍匐而救其容緩乎吾知與小幹同心者必不自惜其力矣癸丑立春

序

洋城建三教祠序

吾伯祖龍江先生之教盛于今日吳越燕齊豫章之區號為都講弟子者雖未悉其人然所及接見者未敢謂盡得其傳也今先生之祠徧天下即一郡之内鉅麗巍煥金碧玲瓏璀璨雕甍綉桷數里相望未敢謂得所以祠之者何也祠之者將行其道也先生之道合二氏之教而發明之而歸於尊孔崇儒之道也先生之道其大者發明性命之旨而思以利濟群生却病延年之學猶其後焉蓋先生嘗自言而所以祠先生者可知矣吾不知今之祠先生者設醮之科果何出耶土偶之設果何據耶甚矣後人之學不得其傳也洋城之里慕先生之教者來告曰僕等將於諸祖觀察公舊第闢為祠宇以奉先生有堂有寢翼以旁室為學者講求肄業之

二十

所懼卑隘不足以稱先生之德其幸序之予應之曰諸君之祠吾伯祖先生也非以其道乎如以其道則在於傳之得失不在於祠之大小夫欲其鉅麗巍煥金碧玲瓏璀璨雕甍繡桷將必齊之於文廟琳宮道觀而後慊毋論非制也然與其擬文廟之崇不如明仁義之說倣琳宮之迥不如究折攝之門規道觀之敞不如鍊清淨之修祠之大小豈足語乎諸君行矣庀具飭材召役戒工使足為講求肄業之所本三綱五常以及於九序吾知吳越燕齊豫章之區聞其所行必以此祠為能得其傳者矣

送森若詩序

慨夫河梁錄什見去雁飛之懷春色縈吟桃紅李白之候渭城朝雨輕塵上于旅衣江岸暮雲遠樹迷其客況傷心此日握手何時雖枚乘談遊亦能起疾而江淹賦別便至銷魂如吾同聲之于森

若者也之子早抱郢原之戚長馳季布之名拔劍出門豈顧牽衣之泣驅車隔地屢生織素之愁顧乃言旋未幾于役在即觀其永懷敍水寫遺貌于丹青深惜蘼蕪感為容于膏沐尔多至性誰易忘情黄鳥猶新求友之聲偏切綠楊尚短攀人之絮欲漫行矣重行去兮復去相知正樂久客纔返舊鄉離緒方長故人更從遠道就餞筵而分韻友盡能文選佳句而授録君尤好事歸燕之呢喃如悵飛龍之羽翼當乖僕本恨人身曾作客已不堪于觀別況倍念于睽交爰述短章更叙簡首遂令願崇明德不羨朔風之詩努力加飡何須南浦之句采芙蓉而莫寄贈芍藥於將離莫使徒望刀頭頻飛天上之鏡難詢魚腹不致懷中之書

入滇感懷詩序

昔王粲從軍詩多苦雨之句陳琳對壘檄草巳風之詞何則刀斗

森寒雖能生其壯懷笳鼓悲瑟亦易動其淒懷是以磨盾作書倚馬露布揮觴而奏鐃歌勒石而銘異績從來文士以為雅談至於嘶騎嚴霜直下健兒之泪角吹霏雪頓交俠少之顏隴頭流水之聲關山夜月之關入都出塞音節不同赴戍從征心事則一覽其篇調俱足徵矣吾郡武林使君魯國諸生聲名獨登壯年仗策志氣便殊曩隨重臣出師滇地班孟堅之鉅筆宜在幕中宗少文之雄風每乘域外然而撫時觸緒滯邸興愁不乏綿麗之言尤多悲涼之旨某受知三載授館七旬遂得覩其近篇誦其新製登隣霄之什佳句則王孟升堂咏新柳之音秀彩則錢劉入室偶爾游戲盡合規程獨玆數章未及諷覽日者江城五月草閣入寒風雨中宵繩床客病聞袁伏之咏史如劉琨之吹篪喉韵鏗然肝脾淒絕則使君得諸舊篋起而朗吟者也旦與相示離榻載披自戊戌初

秋滇中述感逮茲仲夏一紀已徂觀其蕭瑟幾人憐庾信之不起悲歌何地弔梁鴻之莫知古木淒烟笑窺魑魅之偃斷垣跡雨冷斷薜蘿之搖真使聽者難堪見者必恨者矣今使君東方千乘南國駟壯行賜侍臣金露輝煌鐘鼓之鳴尚念諸將鐵衣道揚楊柳之曲況復某者蚤孤易傷長貧易感菌落終軍不聞白麟奇木之對遇遲王粲孰遣金馬碧鷄之詞病婦在家雙題頻驚霜信有兄遠宦一雁不到天涯同谷七歌未云酸楚楚湘九辨豈為含辛聊題簡端紲賡鐵應于同響爰攄鄙見河上烏集于相憐云尔

榕城倡和詩序

原夫義篤綢繆河梁工於敘述綿深嬿婉辰宿表其參差良宴將臨盼交綏而色喜別歌未唱談分袂而魂銷況當搖落初秋每有送遠登高之意淒涼屆節如同懷人去國之思念時序之變遷悲

歲華之遲暮前賢撫景咸有瑶篇吾輩相逢能無麗什望單飛之雁莫贈玉環聽雙杵之砧易驚破鏡亦以佳期不再詎兒女之遥憐勝會難常兼友生之足繼斯榕城七夕唱和之詩所爲作也七夕之詩倡於史遂菴先生先生青雲北闕花磚視草之臣紫氣東關柱下藏書之史既而八哀入蜀杜甫起仳離之愁五噫出關梁鴻生偕隱之痛遠來南國乍度秋風古殿流螢疑齊時之層觀長宵絡緯想漢苑之高樓觸物增情處時發嘅誦故人織素上山夢采蘼蕪思伯氏吹壎舊國調哀楊柳是以摛詞則遠符曩製屬和則近致名流經緯報章盡成七襄之錦嚶鳴同響皆諧六律之聲嗟夫絕調希聞善歌必繼曲應天有幔亭之峰頂雲璈饋豈人爲螺浦之江中明月豈非三山留爲韻事七建表爲佳談者哉向哲曾縛柳以送窮長貧恥彈劍鋏屢陳瓜以乞巧拙守何嘗株筌廼

藉候蟲之鳴，深蒙相馬之譽。已慙授簡，重辱引端。所念譜舊縈蘭

車新御。李梅花嶺上，過讀藏碧之碑；桐葉庭前，坐咏流黄之句。尋

高人虞寄之巷，蟬噪斜陽；吊丞相李綱之祠，鵓啼古栢。咏懷每預，

遺興頻偕。是以不謝前驅，聊颺大音。蓋先生與人，則返頹流於古

道；論詩，則振蔓草於王風。即兹一體之中，全帙之内，不淫不蕩，務

叶和平之本；亦麗亦則，要歸大雅之趨。觀其托意既高，用心良厚。

慮異時參商之隔，謂此地牛女之區。白露伊人，將飛鴻之我即；停

雲陰木，嘆陰鶴之時乖。尤冀帝子洞庭，重下鳳凰之瑟；天孫銀漢，

每來烏鵲之槎。不使曲水暮春，獨稱逸少之記；西園雅集，長誇伯

時之圖者矣。

送周彭年太史護軍征西序

江東周郎，吳士推其雅量；高密鄧國，漢史紀其沉謀。以彼仗策從

戎恂恂儒者當筵顧曲翩翩少年及早識絳衣之君論定通侯功冠冦馮之上一出鏖赤壁之敵思深知己辨折酈陸之儔盛績流傳遂垂千載遭逢之際良足多也吾友彭年先生家本江南棲擇閩壤才高軼衆志切匡時著姓符乎前賢韶齒孅乎往哲幅巾奮袖太學驚談辭之雲視草揮毫禁林羨花磚之日以今溯昔何代無人僕未及通名偶從列席不輕原憲之服急重然明之言雞黍堂前杵臼之要已定椒花座上縞帶之好爰申相知方新睽離遽告雙龍羽翼識其當乘萬馬嘶鳴聞者俱壯于時整旅薄伐護軍征西寔畏簡書豈問載塗雨雪方聽鐃吹遑折官亭柳條雖綣于朋友之情惟裁以君國之誼交遊數子唱和同聲不敢惜別于臨歧立成驪歌于餞會或鄭重安危之寄或注望尊俎之謀或憂百姓之蕭條或恤三軍之苦樂要皆懷出諄懇旨歸正純努力景光

不外令德修崇之句匪躬運會總在開誠節制之談因導俚詞竊明古義嗚乎于公畀露布之傳當時流涕班孟堅勒銘之播後代快心在於此行期君必勉將使春江花月明鑒操袂之吟贛水文章染成磨盾之檄

復鄭牧仲論詩書

哲稽首復牧仲先生足下不孝僕未死之身耳於文章之道不得與聞又安能疊疊譚之乎近辱賜長篇述斯文雅頌逮漢魏有唐以曹劉李杜之事相屬過於奬許寔感且慨復承與從叔論詩令弁質之君子有為我開迷之説僕益用惶愧牧仲肆力深遠非僕所望且於姻婭之戚則伯叔行矣齒長於僕於古人有兄事之禮以是退縮不敢啓既而重聞德音反覆辯論至千餘言末復謂與君子虚已以相察僕始不敢不一陳固陋僕非輕於執己見者也

未嘗存偏曲之衷而有所異同特以風雅之道出於性情而轉移氣運係於今後之世者甚鉅誠非昧昧為之而昧論之也僕束髮操觚尤喜為聲詩便欲究尋正始之音當時海内方盛行竟陵之教李何之論淪于荆棘出而大張其集以語人漫無省者里閈同志寥寥可知矣即從叔解官歸與之論詩格格多不合未幾而所論與作乃無不悉合者其非輕為倡與附明矣試為足下論之夫樂則生於詩者也豈有二道哉古今之詩不同故古今之樂不同而其至者無不合於宫商則一今牧仲論音聲為疑不知三百篇固周之樂府也郊祀宴饗之什出自朝廷者無論至於女子小民一時興咏豈必合音而後發哉是皆太師采之而瞽工相與叶播之也三百篇未立之前有虞之命樂也曰詩言志歌永言聲依永律和聲八音克諧無相奪倫神人以和矣向在棠陂對牧仲引此謂

寔論樂府淵源而可尋者也大哉高廟之示熊鼎曰樂以人聲為主人聲和則八音諧矣煌煌乎聖人制作不刊之言果非諸儒生所及也是知詩者樂之本其義得則音必叶宫商角徵羽音也君臣民物事義也其義悖則被之器者雖成聲而識者皆知咎屬之所在微乎微乎然音樂之學本朝明之者若李文利之元聲韓苑洛之志可謂至矣僕之從昆有其書能通其說則亦非絶學而難求也收仲以古樂府清商瑟調等曲謂可被之管絃不知古詩十九首及建安諸作皆可施而奏之子建怨歌之類是也唐王之渙高適諸人絶句伶優伎女皆能歌之李賀樂府數十首雲韶樂工皆能歌之是豈作者之失乎自漢武立樂府之名音總趙代氣尚齊楚曲靡而非典汲黯譏之是也正音不御而三百篇之樂始廢故鄭漁仲之論得其末不若朱晦翁之論為得其本也廼漁仲不

云乎樂以詩為本詩以聲為用八音六律為之羽翼耳抑牧仲論詩而非耑論樂孔子曰興於詩成於樂又曰鐘鼓云乎哉則知樂者詩之音也詩者樂之義也豈不論其義而以被之金石管絃為上乎若言詩則自雅頌變為騷章漢魏流為陳隋中間風氣之異與作者互有得失不可誣也至陳伯玉始有扶衰起弊之功而大振於李杜由是復降而日下明興至李獻吉出而始返之何徐及吾閩鄭善夫應之蓋衰敝最久而芟除恢廓之功最大矣然開元大曆之風未備也王李繼之斌斌然盛矣今牧仲既服膺李杜則不得嫌有明立李何諸家之名既推尊獻吉則亦不得以王李為病此數公者皆極天下之聰明才智又千鎚百鍊以成就于格法之中故其精神意氣嘗溢于格法之外豈區區小慧者所敢望哉僕嘗言曹劉李杜與今李何諸家皆國風雅頌相沿之正統亦有

開創中興守成之異夫守文令主固無害也至畔而別之則為失統矣數十年來李氏藏書行而是非倒置鍾氏詩歸行而比興乖離雖其說間有可喜而悞人寔深而不可變牧仲奈何欲左之乎即牧仲賜詩與紀異之作亦未嘗專用其言也而柰何以此誨人乎牧仲之論于鱗唐選似矣而寔非也即元美于是詩亦有微詞不知爛絢已極勢必將轉之而衰于鱗因為是選繩格過嚴蓋有微意焉大家中惟元美晚年寔開濫觴之漸亦不可掩也總之僕輩所奉者昭昭乎若揭日月其視下也亦爝火與宵行耳至作樂府與詩也窮聲調哀樂之所由生清濁高下之所由起風氣盛衰之所由變聖人復起無以易也不審音而能之乎若正變雲擾剽襲雷同之徒亦皆所不取焉至於才力有限寧以格調不失者為當豈過論哉牧仲之言以為皮膚者土木之飾貌此語未為過當

二六

然亦後來學諸公者之過若諸公之本色自在千載之下猶想見其神氣儼然何可議也即模倣之徒有能具叔彌之衣冠存中郎之典型猶差強人意不愈於離畔正宗之徒乎古人見優孟抵掌虎賁狀貌為其近似猶愛之未聞以猱玃之鬚眉為尊牛蛇之鬼神為正也今柰何欲使後生離畔之輩以此為藉口哉昔湯海若有言李何之後間者文士好以神明自擅忽其貌而不修馳趨險仄驅使稗襍以是為可傳視其中所謂反置而臆屬者多有之亂而靡幅盡而寡蘊則以之視李何其所傳者何如也海若知為是言豈得與袁中郎同科哉嗚乎邦國殄瘁以來哲人淪謝無論鄉里海內如牧仲者有幾前奉贈一章聊見傾念之私僕豈有競心而逞其肆辨哉竊謂詩主於風風之轉移人心甚微其為效亦至速今氣運澆頹極矣僕不揣有挽頹返澆之意賴二三同志豈能

無望於牧仲者哉願牧仲效大舜舍己之弘念大易同心之利不孝僕將事牧仲何競之與有若有所拂忤是以神聽和平之事為堅白水火終不相下豈僕之過也夫不文不次希足下少加察焉

復王愚谷郡丞書

哲頓首愚谷使君先生往者郭外之送上下依依不敢云敝邑風俗之厚亦見三代之直道猶存迺兩辱賜書重承贈什且獎許及兒翺寔感且愧然反覆自思既恐負先生之汲引至意又恐没先生既去之後惓惓不忘吾郡志書之心因明哲所以不能將承德教之故惟先生垂教焉夫先生之愛哲詩亦豈能加於哲之自愛其詩乎先生之愛我詩也亟為謀之虞其散佚異時不傳謂使其人有能資而傳之者當無惜一往也然哲亦自念哲之於詩矣詩每有所感或興至不能自遏一日可得數百千餘言而性復疎慵

不自錄藏存者僅三之一亦以為今世安能有知我之人故也夫古詩之傳不傳者似有命焉若日持其詩以求於未必知我之人則先失其性矣晳之性既不欲自遺而遭時偃蹇多忤之命亦復自知早孤長貧僦居曲巷繩樞塵甑病妻弱子應門無三尺之童客之不棄顧我者至不能具賓主之歡又讀書好寓山寺鮮在城廛即先生每折簡相招三四日始能一赴若行之於他在上之人鮮不以為罪矣以故詩文之庋於破篋者三十餘年尚未能編輯而繕錄之況以為贄謁之具乎且晳以為人之欲傳其詩必先自愛其詩愛其詩必先自愛其人故寧置之於散漫塵埃扃鐍之中遺失於鼠殘蠹蛀之餘不敢獻於先達大人與郵寄于海內之時流選家若不自愛惜其藏秘珍重護持百倍之苦心未易為先生言之亦不得不為先生言之也先生之告我曰今　子之邦者且

浹歲矣其人謙和下士嘗典他郡為郡之某生者刻其詩且熟識子之名吾行矣以告子子其亟往謁焉尔時雖慨然應命然至今尚未能一往也蓋始之惡為單父之魚繼之恥為遼東之豕終之更恐為葉公之龍夫扱(投)綸錯餌迎之輒(就)使子賤驅車疾而不顧者陽橋也下士之所羞也邇者士習愈卑並以風雅為奔競閭閻闤闠之子不通一經未辨四韻輙懷一帙愽(博)二千石之一茶一揖而退者踵相接也所謂遼東之豕頭盡白也吾不敢謂古今之所好盡葉公也但生平論此一事不以責葉公而責真龍龍靈物也乘風雨上下之神負鱗鬣角爪(介)之異不識其人之所好非真垂首而下於不相知之庭使其驚怖顛躓而走則龍之為龍亦可知矣哲之所以不敢往也至於以郡志相屬謂哲嘗為莆陽文獻一書當任此鉅典及先生於此中歲時風俗勝蹟嘗有吟咏命之采入

先生之意不可忘大作亦當蒐取但其事不可為也哲之不敢為此書者非以為志也以為史也亦以為詩也昔聖賢嘗原詩之所以亡矣詩亡然後春秋作春秋者魯國之史也今之郡志是也既為孔孟之徒則是非筆削自當以夫子之是非為筆削文獻一書善善彰而惡惡隱若郡志則是非善惡昭然所以垂勸懲安得徇焉而又安能任之哉先生一為別駕再為郡丞且嘗權府主矣曾以是延哲詢于郡齋哲以為此時斷然難行當開局如史館故事請鄉先生之有德望者主之因舉明三百年一修於周翠渠黃未軒二公繼修於康礪峰諸公再修於家文簡公當時操筆尚以為不能無歉於中況今日乎蓋昔之是非易見今且飾非為是有自擬為文山自擬為淵明者人亦從而稱之使文山黃冠得請已非文山況服元之服坐乘張蓋於廬陵之邦謂之文山可乎淵明即

不求仕使日從柴桑守令飲酒譽其五男兒之好紙筆謂之淵明可乎凡此皆志之不容輕許者世俗相蒙以隱惡為長厚不知是非之明所關于人心者甚大也即如先生雖有志為民然當丞郡署郡之時志之不得行者亦多矣異日自為政拙心勞先生安之使列之龔黃先生斷不任其譽也先生稱敝郡為鄒魯雖古亦有是言然其盛也秉禮義如之其衰也風俗之忠厚變為委靡亦如之夫季氏富而顏子貧非魯人之咎也至享爰居以鐘鼓擊麒麟以犁鋤魯人之是非茫然矣夫子春秋之所為作也非夫子而作之僭妄之罪其可辭乎以先生見待之厚雖隔千里不敢欺先生而不以陳焉先生之鄉有朱蔡石水部李斯年高念祖諸君倘詢及哲近所為詩願以是書告之

與余賡之先生書

哲頓首日者造訪值台駕歸視耐菴先生疾聞之深以為憂耐菴好學好善惓惓款篤生平如一日亦近似君子後生榜樣也逾稀之年精血衰耗加以藥餌所需此時物力事事俱艱奈何亟欲趨候恐增病中煩念遂不果耳昨入北平山適聞全人自黃石回過詢耐菴病狀語次述先生見哲木蘭雅集序文深謂不然因作駁序文一篇命以貽哲哲聞之欣慰私幸以為此真古人之用心先生其必有以教我也亟請大文讀之則全人云適忘攜來詢其大意則具述文中體段悉佳但諸人方事進取一時唱和只宜以竹林七賢自況不當慕嘉遯之節引壺山文會諸君子既引壺山文會不當引東山逸老諸公稱擬失倫恐為海内所嗤全人所述如此先生之書則猶未之見也先生負天下宿望哲以同里晚學獲承教誨收而列于聲氣之末者幾二十年屢辱贈章謬加獎許今

肯指摘規繩宜踴躍力改之不暇廼退而不忍自默者豈於獎許之言則欣然受之而於譏訶之言則譊然辯之若世俗汙下者之所為耶然哲之不忍自默者正以為先生知我故不敢不明其意也哲之引壺山東山二會亦取其志趣同其品格同其風韻同其形迹則不必同形迹則爵位年齒之謂尔篇中反覆於古人出處顯晦雖不齊其重於朋友文章之道則一此數語鄙意本自明白豈先生未之詳耶且壺山亦非肥遯自居也後來存者皆應弓旌之招陳廷賓不為叅政耶即東山亦非盡列仕籍也頤晦翁不終身布衣耶比之吴中楊顧詩社則前賢雅有斯論比之洛中耆英則諸老結社本意哲之所引未為過也夫顯晦雖有二途原無二道亦無二人時而晦則為晦之人時而顯則為顯之人顯者無異乎晦之人晦者亦無慕乎顯之人道之所在也至於判然為兩豈

盛世事哉故壺山東山二會之人最合顯晦之道者也士君子切
磋雅集不比之儀型將儀型何人乎不比之稱引將稱引何人乎
況人材寔難哲所　　　中諸人未嘗不以古人待之賢即諸君皆
用世之才使其掇巍科登膴仕亦欲其則傚山齋諸　　　黃
已登謝制業留心風雅黃畫篆皆精分其餘藝足了數人使其曳
裾公侯亦可以圖富貴迺忘愁樂道垂老彌堅躋之壺山一席似
可無愧至不肖如哲年已逾強所著詩文未嘗為一時名譽之計
於末俗扳援奔競之事若將浼焉使之得見當日諸公亦當在嘉
與造就之列士固有志曾西豈易擬管仲猶艴然不為竹林慳鄙
若王戎者亦哲之所不為也噫自古具道德文章而身為帝王將
相者何可勝數儒者所稱引專有出乎其外哉亦觀其所稱引者
在於帝王將相乎將在於道德文章乎顏淵曰舜何人也予何人

也顏子雖大賢歿纔三十身為布衣未聞以哲頓首日之聖帝為非也公明儀曰文王我師周公豈欺我哉公明儀雖賢亦布衣耳未聞以自擬為文

為罪也況哲所稱引者非其邦國先賢也則其家風淵源也又何不倫之有抑先儒有言志伊尹之所志學顏子之所學使拘于形迹而論則志伊尹之所志者不當學顏子之所學而學顏子之所學者又不當志伊尹之所志矣孟子曰禹稷顏子易地則皆然言其道同其人斯同也先生知我者不覺縷陳若是願幸而卒教焉

答友人借張公亮集書

昨曾於肆中得是集隨已燬之方欲聲其罪適足下來詢借覽因以告足下往聞其人長於賦故於肆中得之甚慰歸覽殊不稱意賦稍有意思尚不及陳海士況江庾乎又況江庾以上之作者乎

然人之才地學力各有短長僕生平棄短而取長不輕訾人其中豈無一得可采亦何至并其集不欲藏棄之也其燬之亟惡之深且必聲其罪而後已者以其為沈崑銅月容題詞而罪之也夫月容者醫家之所謂婦人天癸也醫家不得已而載於方劑者為人之性命死生而着之也若崑銅者何所取而咏之耶公亮又何所取而為之詞耶將以為胸中之一段才華不忍自沒耶手腕之一段艷藻無所攄洩耶吾不責人盡為國家維世教之文也亦不望人盡為繼古來作者之詩也即果具慧思雋才凡小詞雜劇無不可以自見亦何至為此得罪名教貽羞風雅之文字耶若以為宋之陶穀嘗為之穀小人也奉使無狀士恥談之有何足慕不踵於蕩平如砥之周道而徃步於棄屍之澤積鮑之肆愚亦甚矣且古之名子不以日月不以山川今其詞上敢擬於雲霞之色下敢譬

於江河之　窮覆載所有雕心刻腎盡工極巧以狀寫婦人之褻私若將不及而更此唱彼和互相揚　海內後巳豈知其不特得罪於名教貽羞於風雅且不得列於群生有形之類矣

目口鼻為之形必有冠履衣裳為之儀所以別於禽獸也禽獸之不能揜其穢者形為　無冠履衣裳為之襲也使人去其衣裳冠履白日躶而行於國則儼然禽獸矣然躶而行於國者必癲癇風狂喪心之人也其躶而行者父兄子弟必追之蒙之反走之訪療之行道之人遇於康莊坦逵避之唾之見其濵河傍崖而趍亦必挽之呵之今二子皆有文名傑然自好公亮又登甲第蒞民人之上非癲狂喪心襲冠履衣裳無故而雕繪不潔於文章以行於白日大國之中而　之朋友者多一時賢士踈者等於行道客者比於戚鄰而無為讜言匡正任其殺青流　非

特二子之罪也為之朋友者與有過焉必或言之而不聽則二子之罪有專歸而不得　後之以聖賢為戲坊間之著淫書小說棄字紙於道路人咸知其不可而於斯未聞有　罪之者豈其人自以為有才固自不妨而人亦多從而恕之乎嗚呼此一言也尤天地鬼神之所怒發於己禍未有不烈中於人亂未有不深矣足下征車方遠行幸以僕是篇告夫後生小子亦先王具訓蒙士之意想必有同心焉

復崔五竺書

某頓首五竺先生足下頃接瑶函如遊文室數行之内便傾推懷今聲氣寥落文章阻喪無論近而吳越遠而豫秦即如閩川廣之憚影于鴻雁昌箕困志于首蓿雲客倦遊于彈鋏足下見侮于含沙亡生未明于泣血許子長廢于窮荒器之戢首于蕭巷牧仲遁

跡于東村此數君者或推宿碩之望或斐詞章之譽而遭遇不偶
坎坷沉鬱以視曩賢淪落於時殆入甚焉至如僕者道上漢書挂
徒憐于牛角山中梵典鮮自笑于魚筌燕墳纔成搏梟見攫鶉衣
百結腐鼠相驕席門應客內無跛奚塵甑待炊家有病婦真所謂
上慚蒼天下愧黃口者也惟是自懷半生頗負微志家傳謙之之
學里遺漁仲之書用披荆棘續先朝之文獻兼振蔓草集同輩之
詩章足下迺見而愛之推獎過分殷勤寄書嗟乎足下豈有私於
僕哉入林野鹿時得食而呼群栖樹文禽每悅情而求友人而不
如亦足愧矣亡叔十年鷫鸘文園善病一朝犴狴圜土長歸蘭蕙
鎌腰僕既抱竹林之痛鸚鵡筆腕君尤起芳草之思是用齋上左
右仰慰夙衷雅集續刻未就俟弁全本便覓郵筒嗟乎曩時燕會
俱為青顏客歲晤談已成白首所望藍溪尺鯉頻通相憶之箋西

岳片雲每　之草春風珍重不盡依依

涂仲吉傳

涂仲吉字德公漳鎮海衛人其先由吾邑徙入父一榛萬曆甲辰進士歷官至通政使為人鯁正侃侃敢言遇事無所避不為權勢所撓嘗為考功大計群吏以法去奸黨殆盡當是時宣滅四明之黨遞相援引如蛇蟠狐附側目於公指為東林渠魁幾罹瑠禍賴烈皇帝嗣位始免方嚮用而公遽病卒惜矣子五人仲吉尤負氣忼慨有異姿讀書警敏為文操筆立就古今治亂瞭若指掌遂以天下事自任膂健異常聞四方多故有馳驅自效之志然性不能容人過失好飲酒酒酣又好論時事得失於君子小人進退係國家消長存亡之機援據前代談娓娓不休或至痛哭坐中有異議者輒發憤嫚罵人亦以此憚之隸博士弟子員已入為太學生嘗

避仇遊金陵士大夫方重聲氣聞仲吉才名又知為故納言公子爭延客之一日在某公席上傳邸報黄公道周詔獄上怒且不測仲吉慨然停觴離席起曰黄公者天下之正人師表也主上又英明天子也豈可以殺直臣名仲吉當不惜一身上書極言其事在席者皆知仲吉敢為咸惜其行謂天子疑黄公植朋黨論救者已得罪君一布衣蕭然羈旅誰為達至尊前即言之徒重滋禍無益耳答曰仲吉聞父師訓讀書識義理事無大於此者今日為諸君盡此觴明日入京師上疏不成當累葬於長安門外不得奉顏色矣復飲一觴而別至京師草疏垂千言明道周清勤忠孝至謂殺道周以激奮樞輔而樞輔未必奮殺道周以緘閉諫臣而舉朝久已卷舌皇上必欲誅結黨敗類之臣則道周非其人皇上必欲誅獨立孤介之臣則道周當死尤激烈無隱諱從通政司投進通政

三四

使施邦曜閱其疏大驚施公嘗守漳州以危言惕之不動復以温言諭遣之仲吉復上疏語侵施公公笑曰君年少見義敢為乃爾老夫且為君獲罪矣疏上有旨於長安門右杖一百下錦衣衛嚴究何人指使并切責通政司鞫之日錦衣喬可用盛陳刑具厲詞謂若知錦衣為何衙門耶其速承仲吉嫚罵曰汝錦衣者故為逆璫殺忠義之衙門也仲吉七尺丈夫纍纍五刑遂足相怖耶仲吉死則從諸公於地下不死則糾論行及汝矣可用怒拶其指盡折選列校更番杖四十仲吉挺然絕無痛楚狀至獄獄卒桎梏不少假兩臂盡腫神昏憒仲吉自念血毒凝不出行且死顧見破甕展轉以臂向甕尖自割血直噴丈餘漬園土且偏遂爽然卧蘆席上時臘月燕地天寒仲吉委頓風雪中浩氣蒸蒸勃發鼾聲如雷獄卒嘆以為未見也既天子感悟仲吉與黄公俱論戍仲吉出則上

列喬可用罪狀可用遂得罪下刑部獄人以為快未幾復黃公原官仲吉亦赦還里甲申逆闖陷京師留都立弘光帝起黃公為吏部侍郎復用侍郎解學龍薦以仲吉為翰林院待詔給事中陳子龍聞而歎曰山有猛獸藜藿不采季梁讜謀而强隣憚汲黯正論而叛藩阻今悍將驕橫大敵入境仲吉勁直敢言為衆所服不居之言官要任使指陳得失猶循資格處以清署散員豈此時翰墨之司為之人耶遂上疏請廣忠益謂當黃道周觸忌權倖構陷至深先帝震怒禍將不測群工百官相戒結舌獨涂仲吉以孤童擔橐走萬里外上書北闕予杖下獄獄吏希迎拷掠荼酷至死不屈以明道周之冤此雖王調貫械以訟李固杜仲殺身以救李雲亦不過是幸先帝聖明得以俱免憲臣劉宗周昔以廷諍去國孝廉祝淵毅然請留先帝已輕議罰追後奸已挑激復徵檻車雖與仲

吉得禍輕重有殊，然為國惜賢，舍生取義，其揆一也。當仲吉遣戍之時，祝淵被逮之日，臣皆得與接對。仲吉凝靜深遠，絕不以立名自喜；祝淵謙抑溫恭，惟以出位引咎，間有投贈，錙銖不納。若置之臺諫之班，必有以上補袞職，下剔奸邪。疏上，不報。隆武帝立，廣西巡撫方震孺薦仲吉自代。震孺先朝忤璫不死，宿望久著，不輕許人，特改仲吉御史。未行而清大師已入閩矣。仲吉不食十餘日卒。未死前自題銘旌云：明監生涂仲吉憤悒不得志而死。不書官者，蓋自傷大事已去，一官空名，固不若國子上舍時得言事天子前也。黄公亦先以樞輔出師，敗被執，死于舊都洪武街。

甌離子曰：吾友有俞爾賡者，每為余言鎮海籍多莆産，其先人正郎公與銅山相國、何司農、涂納言先世皆莆人也。爾賡長仲吉六歲，又以尊人與納言公之好，與仲吉交最早而密。仲吉之避仇金陵也則以陳法贍故法贍者大尹翼飛公子也大尹公博淹敏妙逈絶近代識銅山公于試童子時延以教法贍法贍才頗似其父大尹公顧不喜又工法書學擊劍舞槊彎弓至五百斤能左右射銅山公不謂善也未幾謝去法贍忻跪顧聞祠部顔公戎獻有道人也因執贄及門顔公嘗為言閩越十年後必大亂亂必延其應在某人乎今方嚮用顧異日必叛朝廷兆已成矣奈何法贍聞之遂潛謀殺其人以紓亂從顔公習奇門遁形之術日夜伏劍披髮散金結游俠謀頗洩張孝廉燮知之因洩語其人懼乘傳上變撫按事聞詞連顔公少宰王志道以闔門保之得不坐法贍亡命道遇其家客為所害張孝廉燮者有盛名嘗嚴事大尹公公歿以小嫌故至破其家仲吉聞之大不直孝廉也一日被酒直至其第排十重扃皆啟擒孝廉數其過毆之幾斃乃去孝廉祖父伯叔皆仕

三六

顯家僮數十人憚涂公子勇皆慴伏散走無敢近者孝廉訟于有司漳郡鉅公為置酒令仲吉詣謝卒不往其軼事多類此以余觀仲吉卓犖負奇忘身許國方之古人其在陳同甫辛幼安之流乎乃仲吉知世將亂恐不得苟全慕龍門棲隱遂字德公嗚呼以仲吉之惡惡如鷹鸇逐鳥雀欲為鴻鵠之高飛遠遁豈可得哉豈可得哉爾賡字虞卿與仲吉之兄孝廉伯寀同字少負才豪宕自喜今窮且老矣長齋叅内典如老衲與余談仲吉及其郡諸公死節其激發溢于詞氣鬚眉俱奮猶未能銷折焉

楊履園傳

楊履園字玄玉漳郡人貴州按察使聯芳季子也早負才名家固席豐然不樂與貴介相徵逐落落寡合與同里杜若士洪樵陳常夏蔡承集叔父祥園從子喬嶽相友善留心經濟冀壹當緩急用

稍建立自見崇禎甲申後時事日非履園年方逾弱冠已有蹶蹶遲暮之悲既屢舉不第不得有為無所發舒志氣迺輯其所著書曰萊民集亦自稱曰萊民丙戌八月大師長驅入閩履園聞之携妻子避兵郭外野服負杖行歌自放于窮髮之野其歌曰彼昴之芒兮先日月而已荒眎五月之霜兮忽九野之玄黄守埕而以美自臧兮吹琯以候夫衆陽名山無方兮志士不忘自是日必遊遊必窮足力所至至必取酒引巨觥獨酌輒頹然醉醉後輒歌歌已輒大哭里中人知之相戒莫敢近是時江南有宋姓者應隆武鄉薦大師至避地丹霞聞履園所為心計此奇貨可居遂往拜焉見則謬為憂憤以微語挑之履園方索居激懣欲得同志吐洩其胸中過於饑渴一見若平生談及時事忼慨不自惜宋故以為對語無左證歸寓復草札貽履園履園被酒跌宕答書大言吾有友人

某生某生者皆當世豪人士達履園挾為歸計履園笑不應宋遂上
天下不足平也等語宋得之私喜遂頻相過取酒共酌歡益密因得宋稿所貽札使人
變當事告履園旦夕且叛發甲騎圍捕履園方大醉箕踞歌前詞甲騎趨縛之大呼曰無以縛為也楊履園閩南男子今日方畢吾事豈肯竄以累諸君着博衣冠上馬過里門下馬拜其尊人復上馬趣讞是日監司鎮將郡邑屬僚及郡之士大夫皆在焉履園至則一少年才士咸惜其死詢其患癲與否或摘其潦草當屬醉時謬書欲為出履園履園屹立不跽大言吾固不病癲爾時亦不醉遂就刑顏色甚怡無所恨挺然受刃既誅屍移時乃仆行刑者相顧愕咤有竊罵宋姓者宋因得告變重購東裝歸里道為僕所殺竊其貲逃而按察公及諸子以席豐故大傾其產乃免聞郡有明遺紳乃乘難毀其家以自益不欲載其人吁至是哉

甌離子曰予每閱萊民集未嘗不廢書而嘆深服其才重愧其志

也書駢儷奇奧似學吾銅山夫子早年語至所許一代學問氣節卓然不可及者亦必稱石齋然卒未嘗北面執弟子以當時郡士非其人而苟附者衆寧逡巡自遠其獨立不同哉篇凡數萬言率如大海深宵潮生風怒鯨立鵬飛光怪百出又如易水初寒壯士未去送客皆白衣冠掩面失聲上天為之變動豈非絶人之能耶以彼畢命之時方二十有二使假以年蓄益深材益充著成一篇當更有進於是者乃萊民自叙以壽考為今日所綴稽康鼓琴靈運施須為避生就娱夫叔夜不為司馬逃於鍛康樂慕子房魯連之行放於江海則知履園之所志其不以彼易此也固已久矣履園没後三十年家益落從子煇遊莆聞余為其舅涂仲吉立傳則訪予泣謝復流涕述其世父死時甚烈以請余心許焉一夜方手萊民集與煇之父祥園所作哭弟雖渠吟徘徊起行漏殘始就寢

夢履園投予狀甚迫翼晨倦未起聞叩門者為俞爾賡延而以所見形詢之良然相對驚惋者久爾賡又為予言履園報殺當事者更按書論捕而書中稱同遊某生某生失其名獨首列有蔡承集遂考訊承集將以次逮捕承集幾不免承集字仲脩履園妻兄也才不可一世知天下方亂棄諸生上武彝山結茆栖遁遇回道人授以導引之術丙戌秋忽懷南歸欲盡室以往回道人復見之曰子歸身且不保家何有焉不聽至是慘掠無完膚折其兩足終不承反狀及告某生某生為誰久之獄得解行步迅疾如常削髮為僧入武彝中不復出矣

李澧傳

李澧者惠安縣諸生也父正麗有文名澧家居濱海年方少耑精文藝不解他營父歿旋被徙入內地失其故產無以為生然性絕

耿介不肯干人時邑令垂憫遷民有不能自存者賑以粟先期榜于衢置灃名于首灃時不舉火已數日矣閉户偃卧鄰人聞之亟叩户以告灃時已困聞之怫然怒蹶然興而復仆倚伏方能步至衢貿貿然令人指其名所在以杖毁其名復杖而行猶不勝彳亍乃克歸閉户重楗有叩者不復啟竟死

甌離子曰嗟可去謝可食賜不受周則受此非吾先師孔孟之遺訓耶方令君之賑以粟也固周之周而受之於義固無損也乃李灃至矯激以死豈非傷廉之過哉然今世之士務苟得而不知恥有不啻白晝攫金于市而昏夜歸驕其家人者若灃者其亦類鮑焦立而槁死申徒狄負石蹈河而不悔與予故亟表之以冀于聞灃之風而倘有感者矣

晉江蔡烈女傳

蔡氏女者晋江人同邑諸生林栻妻也栻未娶而亡蔡氏年十五聞訃即號踊奔喪晝夜凴棺哭不絶聲以斷七日為死期太守沈翺楚聞之至期下教設臺致祭蔡女登臺受祭從容畢命太守為拜於臺下時方六月天氣忽陰慘空中飛霜見者莫不感動流涕官復為卜葬於清源山上瘞日山左右俱聞叫號石盡裂太守復親臨為題墓柱曰自從一許不二心城北三山石裂人到九泉方識面江南六月霜飛命石工鐫焉奏於朝有旨旌表

甌離子曰予往聞庶女叫天而霜飛寡婦行哭而城壕為之崩以為虚語耳及觀蔡女裂石飛霜之事貞烈之誠上通于天天人感召之機捷于呼吸抑何驗之前聞若符節耶至觀沈大夫之治郡表章節烈方亟亟焉恐不及其為政也亦庶無愧古之賢守與

甌離子集卷之二終

民國丁亥翁炳燊星樓鈔

明林向哲君十著

甌離子集

卷三

明貞孝太史李亮先傳

明烈皇帝時冠起西秦蔓延豫楚閒天子宵旰毅然用兵行推轂故事一時文學侍從之臣以兵事自見者往往輟簪筆起居叅贊行間而吾鄉太史李亮先未第時嘗兩平海冠有經濟才是時獨亟疏乞歸養母于漳江霞嶼之濱有詔數起堅卧不出既晉蜀盡陷于冠冠由晉直陷（犯）京師不數日失守天子殉社稷用兵者迄無聞一二稍能為天子分憂國家養士深可惜也先生是時獨奉太孺人入山中晷刻不離膝下優游承色笑太孺人垂百歲以天年終先生朝夕孺子泣營葬訖即不食以卒遠近聞之以為先生能見事幾先又能審決遠引故得謝其咎潔其身而終不為時所羈紲者難尔又以為先生純孝人也早孤事太孺人自童稚以孝稱逾艾不倦及其終也慮地下白首倚閭即悲傷不食求為黃泉板輿

[illegible]陽先賢叢書[illegible]氏

之御而後慨其志世之孝者寧有加乎莆陽林向哲聞之曰二者之論近矣而猶未能窺先生之志也後二十餘年先生遺孤基益才而有至性與向哲友善泣授以行畧屬作傳向哲於是私謚先生為貞孝而為立傳曰先生諱世奇字亮先漳浦人徙海澄九歲而孤能讀書自奮事母石太孺人以孝聞鄉里閩舉萬曆戊午鄉薦天啟七年海寇至先生挺身諭之即解去邑令劉斯崍曰李孝子一言賢於勝兵十萬矣逾年寇復至先生請於邑令余應桂率鄉壯臨溪破走之令曰李孝子仁者之勇也崇禎辛未成進士選翰林庶吉士以齒長自重館中肅然無復向時詩酒淆罵之習館閣諸先達異之因延詢時務莫不改容稱善爭為播譽先生顧亟請終養以歸二十年部催供職先生具揭以辭有云前既念七十九歲之老母以歸今安能捨八十九歲之老母以出復特旨召用再

疏陳情云母伏危在床而臣割襟就道母離臣則命何依臣離母則心何忍得請仍加左春坊左庶子勅有司月給餐為母膳蓋異數也太孺人病瀕危醫相視莫為計先生夜禱於庭立愈逾九十益康彊清師入閩先生奉之入山中謝屏人事惟親將甘旨為務元旦嘗賦詩示基益云羲馭愁翻朔雪催菊荒梅冷恨難裁頭童幸巳髮先盡母老歡無樧到來殘野輕陰驚晝暮遥山乍白想天開一番春又人間閙莫上王官谷口苔其微意可見矣明年太孺人終既葬即悲慟不食而卒卒之日鄉人皆為流涕先生於親戚里黨特篤觀人文字論其壽夭窮通百不失一所成就後進為多至築堤障海捐粟救荒不獨捍冦一事故得人心如此先是明孝宗皇帝時莆陽河南道御史陳公戩烈疏歸養詔起就職陳公辭懇切天子允其請復念其貧苦勅有司月給米為母養及太孺人

終公哀慟卒於苫次事聞朝特贈太常少卿予祭葬賜謚恭清論
者以為二百年間數百里之內卿大夫孝行著聞後先相映為閩
南盛事惜乎先生遺際異時不得邀身後易名䘏典為憾耳哲獨
以為非遭異時先生之不死未可知也吾聞先生在館中嘗疏白
時事草已就筮得豫之六二繇曰豫利建侯行師至爻之六二上
下皆溺於豫矣非忠正自守介如石之堅靜安能不俟終日而見
凡事之幾免於戾而獲貞吉乎吾將奚所聘遂焚草翼日即乞歸
故至是更字豫石云基益又述先生家居聞賊破省直邸報輒悲
惋慷慨不能自止吾聞海寇當熹宗末年時跳梁甚銳先生輕身
率徒衆禦之豈急於鄉里而緩國家哉特以邑令守其封疆子弟
保其鄉曲事易為耳今用兵於外掣肘者多非若一令之專也募
隸者衆非訓練久得其心若子弟之為室家墳墓也師出必無功

故寧忍引身早退，且以太孺人在堂故也。今太孺人既躋大年，服褕翟而弄含飴，生盡愛敬，死盡哀戚，可謂至矣。先生猶必用哀毀滅性，亦何為哉？鄉使一姓未改，半壁猶存，先生至是，必出，出必有所建白，即事無所成，亦必不肯獨存以勵于世之事人之君、食人之祿者。然則先生之不食以卒，豈僅為悲慟太孺人已哉？吾曩者疑當時之稱先生，謂未能窺先生之志，而私謚先生為貞孝太史者，有以夫！有以夫！

崔徵仲先生傳

吾友有寧德崔從者，工於詩，其淵源家學，蓋自尊人徵仲先生云。先生起家邑令，歷浙鹺副，轉連州刺史，所至不以官閥稱，而以詩名。蓋先生嘗不為閹賦詩，羅重禍，故天下益重先生詩云。先生諱世名，字徵仲，西叟其晚年别字也。母龔宜人夢玉樹而孕，生而質如玉五歲就塾是夕夢紫衣使者勒聰明麒麟四韻于掌晨起琅琅誦不遺贈公允先先生心異之七歲為賦雪獅柳花詩自是崔童子詩震閩越閒九歲就邑試冠童子科贈公憐其弱抑弗過江就州試州大夫以為悵惋十四隸諸生十七饒于公省試數蹶名益起與海內詞人屠緯真阮堅之謝在杭曹能始諸人結瑶草詩社萬曆己酉始舉鄉薦四上公車復不第是時龔宜人與贈公後先已逝為熹宗即位之五年閹賢用事毒士大夫中外忠節剛直之臣盆死者數十人天下以觸閹為戒先生心憤其非無復上進意欲徼一命榮二尊人于地下遂就選江西崇仁令下車未浹載百廢俱興時撫按方以上聞適詗閹者欲索先生詩為重先生叱之去閹黨揚言必螫若毋及禍乃悔先生不為動已而漕閹果藉漕事中先生中旨削籍逮捕緹騎至擲鋃鐺于地鏜然左右皆伏

泣不敢仰視先生恬然受縶如常時已渡江逾彭蠡吊五老感慨悲壯風忽旋舟上怒浪矗起千丈掀歘拍空舟欲覆者數篙師相顧失色獰卒噤而啼先生益朗咏吟聲與颶風上下詩成風霽抵淮陰囚服見中使會熹宗晏駕閹賢伏辜漕閣聞之宵遁先生訴於總漕破械歸里崇禎改元羅閹禍諸臣贈䘏賜環咸有加臺省多為先生言者有詔還原秩主選者為閹餘黨先生觸其諱抑不得調久之補柳州桂東邑小在萬山間為盜藪號難治治聲如常仁移廬陽遷浙江鹽運副榷稅雲間身處膏脂不肯自潤與吳越詞人為湖山文酒之遊唱酬無虛日部解運餉八萬餘金至京過清濟觸石舟幾沉先生禱于神舟忽起餉賴以全神亦知先生哉擢連州刺史至則訪州之弊政釐剔興墮既成粵當事方次第治狀先生遂掛冠歸與同志往來唱咏于霍童太姥間歸三年卒先

生性耽詩在廬陽修濂溪祠為文以誄在浙江修湖心放鶴亭以祠白蘇君復諸公在連州修燕喜振鷺亭以祠昌黎曼叟諸公每遊必賦詩慨慕流連若與前賢酬酢于異代之上獨在崇仁不賦一詩而詩益重世之人顧以詩為干謁逢迎之具者可以返矣當時有吾閩高鐘陵先生者諱拱京貢入太學為郡佐觸閹幾不免歸以詩酒自娛則吾友兆之父也蓋是時士之困於下僚懷忠而不得聞於世者固亦多矣

甌離子曰徵仲先生真詩人也詩人必忠君愛國亦未有不自愛其詩過於功名性命也世之人識地卑謗論古人事亦多類是或以罹閹禍必上章糾閹禍最慘者為難能不知崔先生所爭非細故也其獲免亦天也方逆祠之興自京師至於省直土木輪奐金碧璀璨郡邑相屬宗伯為之題覆天子為之賜額臺諫莫敢攻其

非至有請立祠於太學夫子之側當時人心如此闔亦安往而不得逞其志哉獨遠方一令強項屬詞欲求其一字之重而不可得至於身罹重禍而不悔亦足以銷折逆萌而為世道人心之防微砥柱不少矣惜乎直聲上聞而竟不得大用也吾聞先生在崇仁修城墉在醝運活鹽丁數千命在連州以州人平傜寇鄕使先生得用其設施必有可觀而竟以詩名者非先生志也然則先生固不僅詩人也

明別駕黃次尾先生傳

予於姻婭中多有稱次尾先生行誼者及與長君洞仁偕遊燕山自閩抵燕七千里舟車之暇談述二人未嘗不相泣也洞仁請予為傳予愚賤無似不足為先生傳固謝不獲遂為傳云先生諱箕字次尾初名宸照字丹伯幼有異姿為從祖來安令光所知嘗語

人曰此吾家千里駒也光負海内重名有人倫鑒不輕許可特物色先生自是同里先達爭推重云先生兄弟四人先生居仲父一新公以食齒漸繁命先生理家務先生時年纔十二其所營理輙當一新公意稍有餘晷即取史漢諸書讀之恒不釋卷為人文弱不勝衣至談忠義節烈之事輙鬚髯奮張忼慨淚欲下叔父一樂公尤愛之臨歿指謂一新公云兄必以仲為我後諾則我得以瞑目矣一新公泣而許之先生雖為一樂公後而所嗣田產輙與兄弟均分或有以為言先生笑曰兄弟吾一體也豈有一體而猶分彼此乎入以告溫孺人并謂長君曰而輩當勿忘吾斯言先生既以經營家務又耑精力學遂成篤疾凡所奉湯藥及供賓客悉溫孺人捐簪珥為之未嘗貽先生知其善體先生志如此已刲股以療先生始得愈先生既愈遂遠遊吳楚肆與山水凡前代勝蹟悉

登眺焉復以貢入南雍試部列別駕職銜值鼎革不得歸未幾唐藩正號閩中遣建谿李君大轂為陵寢使朝孝陵見先生班荆道故遂與偕行事已告竣而李君被覺因并逮先生先生念二親在堂諸子方在幼稚誰為吾終養者忽夢叔父一樂公曰兒無慮尋當歸矣未幾果得怒而李君赴義殊炕慨題衣之前襟云浩氣充天地丹心照古今又題於後裾云氣節不迴奇男子忠膽無慚烈丈夫與二僕俱就刑先生歸以狀聞於朝時隆武丙戌夏月也奉旨黃某歷涉艱辛守節復命着與優擢部議以原職叙用於八月二十五日拜選二十一日清師入關矣初先生於先世家傳慕老圃壺陰二公會時事日非遂更今名以見志至是退居自適修祖祠建里社遇貧乏者常賑恤之然談時事輒唏噓不自勝未幾卒先生既殁温孺人亦相繼逝先生舉丈夫子二俱温孺人出長君

名庭，字洞人；次君名康，字寧人；長君為予伯父婿。讀書淹博，諸史如先生；而於次君及親從兄弟，訓以禮義，撫之以恩。於是知者益服先生之教云。

林子曰：黃先生恂恂里黨間，處家庭友于特至。人咸稱為謙抑君子，不知其天性激出，乃耳。予又聞先生有友人甚窮，先生勸其遠求館穀，以家貧母老為答。先生為代奉菽水三年，友人始歸。嗚呼！此事豈可求之今日哉？吾鄉人好稱次尾先生行誼，有以哉。

許節母黃孺人傳

向哲嘗受友人許侃之請，為其母作傳也。為再屬草而不成，每執筆則涕隨簌簌下，蓋重傷許子，許子之志也，蓋自傷已之幼孤事母所遇與許子無不同也。至是乃為傳曰：孺人，吾邑黃太學璽公女也。姊娣中最能得太學公意，以故太學公尤憐愛之。十八歸同里許君而絜歸四十日而許君病殁孺人決以身殉多方覓死為家人所持防守者密不得遂然每一號慟絶而復甦者亦數矣一日防稍懈潛以手扼吭聲汩溘出戶外比入視則奄然氣盡太學公親灌以湯少頃乃甦太學公坐前為百端寬譬孺人哽噎不能出一語良久大哭謂太學公曰兒最承翁愛今非翁膝下比自分一死不能復事翁矣願翁毋奪兒志言畢復哭時却水漿者已數日太學公重違其志惟以俟終喪為言而許太守繼室陳恭人而絜君之大母也寡而有節操亦勸以竢終喪孺人泣曰今日所欲決一死者豈以不即死而守節為難哉顧太恭人為太守公身後撫兒孫吾何所係重輕而緩歲月死哉然不竢終喪是吾以守節為難且而孫未有後執喪無人吾姑竢焉於是乃得不死而猶不肯食日進一匕著悲傷嗚咽旋復棄之如是者又數十日乃知有娠稍

稍飲食及期舉男子即侃孺人悲喜以撫孤自勵挈依太學公公
逝復依其仲兄侃早慧出就外傅輒能成誦孺人以慈代嚴課不
少假每有過失輒恚憤不食侃長跪謝愆改乃已及期受室適陳
恭人舉八十觴恭人以其觴觴孺人曰賢哉婦也吾諸孫莫如仲
氏孝宜有後然非婦安有今日願受此觴孺人辭曰曩者未忘人
不惜捐生從而孫也賴太恭人一語而孫得有後子許未亡人亦
得藉手以待藐諸之成立皆太恭人賜也未亡人其又敢以為功
言畢泣下太恭人亦泣因罷酒未幾城破倉皇避亂太恭人老病
不能行孺人命侃負之出城身時左右相掖已而太恭人竟不起
孺人哭之哀曰吾自入許門苦節一生可與言者獨太恭人耳是
年侃舉長男孺人含飴弄孫始少慰侃既隸邑弟子員文名日益
起同輩與角藝者無不推服相慕侃顧恂恂操躬日益謹每對其

人如玉之堅栗縝密復温然可親君子以是知孺人之善教也邑中先達長者爭欲延之塾席為子弟模楷侃亦自念家貧藉脩脯為孺人供甘旨孺人聞之顧不樂曰汝自襁褓至今母子煢煢相依今以吾故出授徒是吾以口腹累若矣自是遂茹素孺人晚年多病手足不能自運侃每遇歲時率妻子扶孺人起坐具餚簌持杯酒以進迄不肯御卒時年六十一孺人之嬪于許僅四十日稱未亡人至四十有三年計其寒燈孑影之中不知幾飲茶丸膽而成遺孤遂為世賢士是殆易之所謂苦節亨者矣許子向予述之憂重若未釋然也嗚呼當孺人之多方求死也其竢終喪亦聊以慰其尊人太嫜耳豈知其有娠娠必男男而能必其成立而又能力學修己有聞於世以不墜前人之緒若許子孺人之志亦大愜矣尹焞之母曰吾願兒以善養不願以祿養孺人賢母也使許子

賢不如古人而徒博科第苟得富貴如今人將用是為足事吾孺人吾知其必不尔也許子之憂何以竟不釋哉許子之言曰吾家素貧蔬食常不飽即不茹素等耳吾不能昷養即歲時隻雞巵酒情不能伸見吾母堂上坐衣敝形憔吾罪何如哉嗚乎此其言絕痛吾賢固不逮許子然遇抑何同也吾七歲而孤常依外祖母家家與許太守第相對幼時外祖母為言其家有節婦不知即為吾友母也吾母課予嚴在時亦未嘗赴塾席遠出吾母歿年僅五十三齒已脫髮鬖鬖然盡白望之如稀年以上人蓋用吾貧故也吾至今無以釋其憂因許子而重吾憂又何能令許子勿憂哉子路曰傷哉貧乎生無以為養歿無以為祭蓋貧不足以傷賢士至無以事親雖聖賢之傷不可釋也而又何以釋予與許子之憂乎

林節母方孺人傳

甌離子纂吾邑節烈為合傳既成以示其姪小幹小幹曰先生揚邑里之善闡幽壼之貞兢兢焉慮其或遺而光之琬琰使之不泯誠古聖賢之志也楨嗣母方孺人苦節垂四十年今六十矣楨無似不能邀大官之食為老親養惟是摭行實乞言于四方之君子以侑一觴固先生平昔之志且所詳也敢請甌離子曰唯唯微吾子請之其敢忘諸蓋予將為傳而先有憶夫先母周太君之言矣昔吾先君早見背家貧孱弱善病鮮就外傳先母嘗取古節義事及大家内則以授吾兄妹且言曰婦人結縭與丈夫委質其誼一也不幸遭國家之變以一死謝先身之辱此固賢於媮存苟免者流其必事人之親撫人之孤保有家世以延其宗祀者為難耳又言曰而家自大司馬傳至而輩盖五世矣吾所見冡介宗姬不幸稱未亡人能不愧斯語者其惟孫與婦乎孫與盖從兄向升字婦

九

即吾嫂方孺人也於是始為孺人傳孺人故電白令語公孫女年十七歸吾兄孫輿每以不逮事姑為憾威儀莊重進止整如翁司夏公深喜得佳婦司夏公精制舉家言試有司數居前顧數蹶以故課孫輿兄特嚴兄亦肯自耑精力學受室後負笈山中或在家則篝燈熒熒孺人在旁取茗果佐讀吟聲達旦為常未幾竟齋志以卒孺人年纔二十餘哀慟不欲生念方娠生男耶當延林氏祀遂不敢過自擗踊至期果舉男人咸為孺人私慰竟四歲而殤孺人哀泣如昔歲已復念翁年高恐慟毀致瘁則又為翁多方寬譬更請曰仲伯孫詹舉丈夫子二次殿楨禮宜為後翁盍告於司馬宗祊而立之翁諾焉殿楨既嗣孺人絕愛之然紡聲燈影課讀不輙每舉若翁齋志蚤逝成名善繼無如讀書小幹時年尚幼能領畧自奮及司夏公以天年終小幹遵孺人命喪祭卜兆一遵家禮

人謂司夏公有後哉小幹名殿楨今隸諸生工文詞精大小篆事孺人以孝稱族黨間人謂孺人宜有是子哉初司夏公以孫與兄子而體羸多置側室孺人處庶姑及庶姑之女以善下自持及司夏公喪後迎遜詹嫂鄭孺人共居二十年友睦無間言接姻戚以禮待臧獲以恩他事皆類是予雖悉其詳而不書者非略之也獨念孺人當哀擗不欲生之際計豈須臾忘相從九原而卒忍視息以待者蓋欲為夫事其親撫其後保有家世以延其宗祀故也今嗣子既已成立翁與夫子既已安厝松楸之蒼然者出於墳墓香烟之縷然者出於祠寢孺人亦皤然鬂髮含飴弄孫嫣然於堂階之上與昔之煢然隻影絣縡獨弔相去為何如哉若孺人者可謂能為其難者矣吾先母周太君可謂知人矣予故為孺人傳而特詳其大者蓋遵吾母周太君之教也

留都故宮卷記

吾友高雲客生于金陵官邸其大人鐘陵先生常爲先達諸公所重多見聞舊事於是益習大内遺紀嘗作啟禎宮詞絶句一百首益雲客於故國舊朝惓惓不忘之意見矣至是屬廖引公作留都故宮卷蓋引公亦吾邑而生長於金陵者卷中自都衢望宸居遠于寢閣之内所爲雙闕九重千門萬户之制度宏壯皆不可觀朱垣黄屋罘罳倉琅崩頹損塌委于寒烟落日荒苔蔓草之中極目蕭索槎枒古木飄零薜荔無復有柳垂青瑣花迎劍珮之意至于鍾山佳氣一朝黯然孝陵樹木鮮有存者翠華子夜執玉上謁松楸無聲僅于壞道哀湍之瀉彷彿鈞天樂奏饗群賓而已凡宮中所存者惟有鐘簴在懸若與銅駝對語金人揮涕令人想當時此鐘一鳴天子坐朝萬國衣冠拜舞之盛悲夫昔高皇帝建都始立

此宮無建章未央之麗臨春綺閣之侈臨御垂四十餘年恭儉圖治上親于内中耕籍田后親自浴蠶建文帝坐大内看書每召講官入直文皇移都北平經十三宗玉座雖空金殿如故豈知夫甲申乙酉之間爰立福藩遂為丘墟一至此哉予嘗過金陵望舊内賦詩云行人長駐馬廢苑祇啼鶯及觀太倉吳梅村秣陵口號易餅市傍玉殿瓦換魚江上孝陵柴無端射取原頭鹿收得長生苑内牌益增悲感今日入閲引公此圖何異誦子美玉華之作微之連昌之詞不待觀蒼鼠之竄狐貍之升而凄索滿眼矣猶得于卷中按其殘基遺址思當日創業規模然志士冬青之傷不能勝狡童離黍之恨嗚乎迹于盛衰廢興之故可以思矣後之披此圖者其必合啟楨宮詞而觀之庶不失命圖之意者矣

遊鐘潭記

余將遊鯉湖道豐山望山隖飛瀑瀉流心異之問之人曰地為鐘潭豐山之附庸九鯉之分身也於是以遊豐山次日往先命人剪荊棘披蒙茸通小徑步入蓬蒿中至第六潭上瞰焉水趨下若決渠微烟濺衣襟寂然良久上至第五潭為曲水流觴之形石窟陷者若灶若缸若甑奇怪不可狀潭深稍曲而長從者以籐數仞繫石墜之藤盡于底又上至第四潭恍如人家池館寬數畝墻環圍其外緣墻而上至第三潭汀瀅澄徹上流注焉若霏雪亂絮與鯉湖珠簾爭勝又過一潭選石之平者安榼置餚酒興勃勃與湖光相發有石象虎踞崖上欲撲人而鐘潭隱隱然來耳邊相去幾十步可蹴而至沮於險竟紆道入暑近潭側望不能數瞬其形圓如鐘因以鐘名相傳有神龍潛其中遇亢旱鄉人禱其處烟起即雨蓋其異云最上有石室可列席坐其中絕幽特而予至此已膽怖

力疲遂不復上其間景象觸目者無一不與九鯉同小大微判猶子母也而九鯉人咸稱之鐘潭少有知者倘所謂地以仙名非耶是固有幸有不幸焉九鯉之遊由首而至腹鐘潭之遊由腹而至首九鯉之遊由上趨下鐘潭之遊自下踰上或藉杖或藉人其不能窮者各半焉造物者固不欲使其一往無餘也則亦何必窮也姑闕以俟來者

遊智泉記

歲在乙酉重九後予與郭子居仁視佳璣于南山越再宿復偕為智泉之遊智泉在郡西南萬曆間廣陵何公南金來宰吾邑下車之後即放志崖壑搜涉遠近最後獲此地為絶勝因築亭于其旁昔賢所謂邑有觀游君子游息之物高明之地也每長眺高吟散髮箕踞當時士民輒相隨而觀迨何公歿于吾土而亭旋復為蔓

榛荒壞矣三十餘年士人遊者復絶余二三子履其處昔年漆闌雕礎無一存者石屏屹立先生所鐫文已爲苔蘚剝蝕不可辨讀因解衣脱履命童子守之削壁千尋青天如斷得一小洞而入循援壁磴疊接而躋中間有石稍平可容足圓潭澄緑寒瀑百丈注淙發聲如巨鐘焉更聳引而上棠荆棘阻危峻萬折而始窮懸沫噴玉二崖焉爲潭凡六處大約石廹而峭則潭狭石寛而險則潭平流之迅緩亦爲相因間得一勝則前後之勝各不能望見蓋何公常有詩曰巴峡門三折扶桑海一杯可謂盡矣從别徑而歸設飲取衣大呼澆奠今昔之慨生于其情矣先何公爲守者有岳公正風流治政深有樂天子瞻之風後何公令者有吴公彦芳其寄趣不乏然馳承上命邑内觀游周章不暇矣獨何公以神明之資值中平之世倘徉山水優游以終智泉之外又得所爲九鯉八瀨

肩字當是扇字之誤

者日勞舟車何其幸哉今四海横流哲與二三子雖皆有登臨之興之才放志搜涉求游息高明之地如斯游者望而不得亦多矣又況皆棲遲布衣不能以泥水自蔽野寺荒雞益思琨逖之語其于邦國雲物烟樹讌集歌吟之人眷顧不去其重有感也夫其重有感也夫

放榜圖畫扇記

放榜圖者廖子引公為固齋高氏作於摺扇也扇不過十二摺摺之上方七分殺而下不能逾三分於扇之右空其四之一空者先跡之凡畫之高者無不然也於扇之左中徑五分之一則榜張焉在行省門之右架木為層縱之横之榜所承也編竹為席擁之翼之榜所立也遵故事也以重觀者之精神皆在於此也榜之下紛沓矣雲集而塵坌矣平而看之如荼矣側而窺之如錯矣有父兄

十三

攜其嬰孺者有塾師挈其童蒙者有黃冠緇衲各挾其侶者有婦人乘暖輿而微搴其幙以矙者有官人騎從者執盖纖於後前導不能呵者有爭道而鬨者有望而相識欲就之語不得者有為騎所蹴而蹶旁皆若驚者有弄猢猻置而蹲於肩上猢猻亦延睇直射有大賈擁繝緂而駐顧者有賣菜傭磨鏡叟皆停擔而竊問者有覩其親戚已錄欲趨賀而不得出者有得意而人爭笑迎者欲亟歸而人附耳囁嚅者有失意而一二不情之語相慰者有數人立於榜後若指點成敗以論其生平者有數空騎盛鞍韉隨扁亭對旗以往者有持鼓樂而未奏以馳者皆有家人領之有於稠人中錄賢書姓名者凡此皆為看榜而來也赴之必欲其疾也視之必欲其徹也足所不及而目先及之目所不及而耳先及之車不得旋人不得顧有矬者有馳者有躄者有聾者皆所不宜也矬者

之趾反高也馳者之驅及驟也行之權如浪之戲後者主之躄者無待于步也聲之傳如鴉之囂前者主之聱者無待於觀也廖子之畫技而神矣計畫之內左徑五之一右空四之一摺之得拖者亦無幾矣凡人之數得一千六十有奇自三教九流百工技藝無不倫馬物之數為駿騎為短衛為黄耳為猢猻為雞為鵝鴨什具之數為輿為織為筐為畚為袱為藏匣至赴宴之所需者皆不及載焉其點染衣冠鬚眉刻畫分明至愉戚得失之容無不逼肖而迸現焉嗚乎此一圖也豈非士之所謂榮辱貴賤判于一時也哉士固自有其榮辱貴賤而不係於此者獨念斯一時也得失頓殊憂喜立異不特文戰之士為然而親戚故人皆有之又不獨士之親戚故人也至於方外之輩籧篨戚施之類抑何為也哉當其得志之時侮者改容嫉者相親至於行道不相識之倫驚心動色與

十四

從生騎亦有揚揚驕嘶之意雖李文饒之分位孟東野之才名猶不能無介介於念求若羅念庵之袖米講學鄒汝愚之驢上吟詩又豈可得哉固齋既圖之而又命予為之記何也夫固齋先生為中丞許公上賓丙午中丞將鎖院而固齋引嫌自退今歲將入試踐鼓山上人寫經之請視余之為弟子員也皆與之為匏繫與之為蓬轉枯樹之見芳菲也殆兀然而忘之者矣後之觀者一以為昭華之管一以為黃梁之枕其庶得固齋之意云爾

金陵燈市圖記

金陵燈市卷中所畫六街燈火鰲山及兒童所携燈凡千有奇燈之中有魚龍星球琉璃珠纖絲繪料絲八角盤綴流蘇四垂屏懸幔障五色璀燦方圓大小之狀各不同看燈者人三千有奇有貴賤男女孝幼妍媸百工方技黃冠緇徒侏儒戚施之屬各不同至

于有群嬉笑語者，有失其伴侶憂怖者，其為田顧仰觀側窺俯注之態各不同。廊下有列書畫圖籍金玉古玩具儩中，道旁所畜籠禽馴獸孔雀麋鹿白鶴山雉之類各不同，所備飲食服御車馬導從之具各不同，所陳交撲鮑老跳舞之戲各不同，其皆有事於燈市則同也。至摹寫精緻，點染生動，布置疎密之妙，予嘗見元人上河清明圖殆不能過也。建康為六朝都會，又陪京寢廟宮殿所繫，九卿勳戚百執事留守内臣之司皆在焉。卷中所繪内監坐於肆，及上卿呵從肩輿而來，辟道者駐觀遠立，人物麗都，冠蓋繁華之象，皆明時留京升平故事，而今不可見矣。引公爾時方五六歲，髣髴如夢中光景，何以刻畫精工，描寫曲折，能事至此哉。嗚呼，唐長安上元，宋汴梁燈夕之後，千載之下，述其遺事，尚為艷魄驚心。未幾而有安史、金人之變，都市蕭條，不可復問。蓋風俗之奢儉與世

十五

運相為盛衰所由來矣金陵俗尚侈麗此圖在今日亦如說開元靖康舊事觀者當知所以為移易風化之鑒不獨在能事也

雞泰山堂畫卷記

從烏石山望山下人家樓臺亭館無宏麗華飾之觀其林園池塘籬樊之内雖一花一樹一石一器具位置次第自然如圖畫中者則吾友許有介先生別業也先生風流豪曠性好客而門無雜賓為詩文自簡貴至翰墨所流傾動海内今于一區十笏之間猶可想見其風度也先生殁其賢子不棄不入世其家聲而于別業尤經營葺構焉余客臘赴不棄之招時歲已迫除闤闠喧闐稚子候門肅客則灌木修竹流水泓然若行荊溪山路予詩中所謂林泉藏曲巷愛爾讀書堂是也循右而進有編籬可窺小庭明淨襍植名葩殊卉内有小閣供七俱胝像一室置大乘函本者歇龕也由

臥龕龍度小池而入者紫藤花庵也有介嘗得烈皇帝紫藤花御書
懸于東壁因于其地種此花以示不忘當二三月間叢英盛開飄
拂于宸章之上若諸天散花而龍象悲泣矣折而入者雞黍山堂
也堂之内罽㲲鬲卣欽法物也縹緗象帙重圖籍也單條方幅先
賢迹也繩床竹榻佳客過也客之過者于法物能辨之于圖籍能
舉之于舊迹能鑒之則宿之食之雞黍山堂所由名也堂之外不
深而軒敞坐于中如罨畫如冪翠其蒼蒨之容芳馨之氣真欲與
餅香尊色交映相迎背啟雙小廊者陶屏也有介嘗消夏于此其
室中所蓄自周秦以來作者所著之書皆為丹鉛手閱藏本焉堂
之下循左有廻廊甚修有介題草堂落成之咏筆墨尚鮮予詩中
所謂畫壁題詩在風流跡未遐是也廊盡處有水閣二間明窗淨
几蒲團對坐沉水爇于博山波影浮于殘瓣予詩中所謂爐烟流

[illegible]陽先賢叢書稿紙

十六

卷軸花片動鴛鴦是也從水閣折而渡有小阜石磴登之望鳥石山宮觀樓閣行人歷歷如在綠屋周垣之內不知身在畫中矣主人因出畫卷請為記予以為堂之地衡不能過三尋縱之倍三之望之若可徑達而周折紆回久之乃得披帷者蓋修樹叢篁為之阻藤棚花架為之蔽芭蕉芙蓉為之間廻廊之外即為曲水由小池而通於方池池之渡為浮槎為石梁為卧柳為木橋無一偶焉藥欄窗牖無雕飾焉几案羅列無近玩焉故此堂之勝直而見曲也疎而見密也樸而見雅也有介先生之風度可見矣此圖出廖引公手經營葺構廖子與有力焉卷中果樹為扶荔為安石榴花卉為菡萏為蜀葵為蕙為秋海棠為雞冠為護為雁來紅皆殷紅相照而他雜植不計焉朱魚文鳥之唼喋浮泳於塘沼海燕蛺蝶之翩飛於樹陰花際刻畫點綴其為維夏之時可知也即一夏而

四時之景又可知矣然命圖而屬於夏者吾友體豐而性不耐暑當五六月時其苦褦襶也甚於病暍嘗箕踞散坐於陶屏或移繩床於外卧看海雲一片山雨驟來雨過涼生命侍兒瀹佳茗飲後朗咏馬蹄秋水之篇以是號甌香居士云嗚乎觀於此圖益以善不棄兄弟於歲時居處之未嘗忘其親也遂為記

雪色春暉圖記

予姪小幹居湫巷中頗崇塵外之志厭世俗棼擾百態橫出每出遊遇深壑長溪盤礴終日欣然樂之曰吾將卜宅於松林梅塢間而未能者以二母年老耳爰搆一弓之地於先廬之側謂此時(特)畏人成小築因名草閣閣之中有堂則小幹藏書處也吾郡戍(戊)子後藏書家無一存者小幹購經史五千餘卷因名擁書堂堂坐容五

六人而四壁圖書卷軸牙籤縹緗成列淨几瓶花之外則皆有事於茶者也小幹辯茶理自吾閩及遠方之佳者不憚高值求之所致無慮數十品而茶具精妙稱之堂之外有庭庭種竹數十竿竹外列奇石數十盆而名萬石者以一峯之中迴岡曲阜懸崖峭壁層叠隱見故名且舉先世孝謹以勗後來也小幹雖厭塵勢然喜良朋草閣之中客無日不至輒烹佳茗或繼以藏醞客興盡乃罷徐爇沉水出藏本爐香茶灶烟火濤聲繚繞於石竹布簾之際亦無異松林梅塢間也吾友黄聘侯有詩贈之曰過從往往偕君十得意歌呼總不疑又曰鳴璫細細論文後列石亭亭對語時蓋謂此也庚戌秋天子有詔徵郡邑博士弟子入太學友人多為小幹勸駕者小幹亦以為上舍積分升次可邀升斗之祿及親而養入告二二母曰吾聞尹和靖之母謂和靖曰吾願兒以善養不願以

祿養也小幹喜而出以復友人新春大署對句於户曰但願雙萱娛雪色長將寸草報春暉復屬能事者圖爲雪色春暉卷卷之中上爲松林下爲梅塢週遭灌木鳴泉有堂翼然書架文床明窗湘簾二母出於堂一年垂八十以杖指前來者顧肩行者而哂則鄭太君也一母年可六十肩鄭太君而從亦注視下而有笑容則嗣母方太君也一人頎而長循迴廊別徑而上繞廊皆怪石疎竹後有童子攜茶鐺素甆從之視攀欄籠禽而嬉前者顧而若速之者則小幹也堂之翼然者則擁書堂也迴廊別徑有怪石疎竹者則萬石草庭也松林梅塢者則小幹素志也蓋小幹外交良師友内迎二母同堂共養與伯氏友于無間視寢膳餘每得名花異果及注佳茗輒以上高堂聘侯有詩曰爲愛慈闈勤孝養今余撫景念春暉蓋謂此也今之事親合於禮者蓋亦鮮矣然則此圖不但可

十八

以見小幹之志其亦足以裨世教矣為圖則友人郭無疆也圖成於是甌離子為之記

題先師文明伯黃公畧揭後

崇禎癸未春予年方少聞銅山黃石齋先生之賢以詩為贄附從弟衡者致書于先生先生過加奬許寄語予至草堂相見甚諄切予以早孤依先母左右不敢遠遊遂不果應命乙酉先生以少宰赴留都車過敝邑自有司至鄉之大夫鄉士郊迎勞問皆有加予執弟子禮通刺追見於郊亭拜送而退殊匆匆也未幾先生出師就執殉節金陵之西華門外絕命四章天下徧傳衣帶之銘而梁木哲人予尤痛焉復撫心自恨始之無趙壹上謁之誠繼之無謝翱潔身之決視息天壤平日放平陵之歌大招之賦顧何益哉然自是見先生翰墨遺落人間者如見几杖衣冠必誠必敬然後敢

觀不敢僅同前人卷軸賞鑒品題而已又以貧故不能購一本為世守每獲展觀流連竟日益增浩嘆此卷乃先生出關時客搨副本與閣中諸老者言人心雖多思漢事勢已不可為慷慨致命與諸葛二表寔相先後不但筆蹟似鍾太傅而已哉言用兵非諸葛所長先生殆似之吾亦不能無疑今觀搨中所稱金聲桓徐當反正抑何先見之明耶然則先生之不為虞允文而為文天祥也先生歿而閩亦不守矣吾鄉朱公立望在閣中踉蹌歸尚携此帖公旋亦舉義殉節于福州之土街家没而帖幸存從弟衡者與其諸子遊為所得持以示余衡者歿復于里中他姓見之因題於後盖國家存亡之幾師友死生之誼于此俱有感焉不特翰墨之為貴焉耳

書所作荔枝咏後

詩三百篇多識於鳥獸草木之名其一時比興而盛衰治亂之理倫矣豈不足懼哉其言多君父朋友于借托援類之際或有正有違此亦可以見其世而得其人者也甌離子曰昔人生于是邦頌其所見為賦若詩必依于物產方志而寔不盡然蓋非益於教者無取焉予少長南荒南之嘉樹復有美實者莫著于荔而荔子吾色又最著當纍纍就實時曩常往樹下詢佳本剖而服之輒意盡而返返作詩殆百章會翻巾箱得而汰之錄以示客客謂予才信博而體物麗以工予惕然懼子獨不見夫荔之為德乎荔受命不遷乃閩粵去中國萬里層山急湍翳瘴毒霧大海潮汐之所阻雖有良材美寔無所効于世懷潔己君子之行外多文章比于瓊玖以僻服故不為當士大夫所知即有知者或稱擬不倫雖譽無當又朱顏易凋應卒有霜露之變不得及身與遠方諸賢發明內蘊

以是悲之為作此詩焉若夫體工述博昔蔡公襄譜之曾公鞏狀之既詳于前矣予小子豈蕩然有侈思矣且漢武元鼎中破南越置上林苑若離支名果之屬移植幾數百本至枯不復茂尚為誅苑吏諸人當是時方盛徵文學賢良之徒南荒諸郡卒未聞有得通上國者豈侏離之習未變與以是言之悲殆有甚焉況遭時多難予煢煢不造今復有涉屺之憂昌獨之嗜鼠思泣血焉用文之誇侈之懼又烏可以已矣夫近絕雖與古殊然亦三百之源流也倘不以為無益世教而作之則此詩遠當竊附楚之橘頌近則吾師之榕頌非槩所謂極命草本者矣客聞而寤謂以子之遇斯世其稱述正其托旨微豈易言哉豈易言哉吾今始得其人矣於是甌離子退為書

題遺安草堂卷

余嘗於邑里先達得見王摩詰輞川李伯時山庄二卷每一展觀為之留連欣賞者彌日如身遊其中二公以風流曠達之況據有湖山亭館之勝而又能事絕人自寫其身所藏修息遊之地宜無不廹肖而畢呈也至今垂千百年雖故址久湮猶可於筆墨所留挹其高風逸韻并想見當時賓客酬咏之人若一一在目真足傳也吾友高雲客風流曠達人也不能畫有遺安草堂廖引公為圖之凡草堂之內花樹桐竹之參差映帶池塘之澄渟清碧塘內之朱鱗文鳥唼喋荇藻交嬉並宿齋室之分闢連廡疎簾明窓又從窓簾洞開見其圖書鼎彝法帖卷軸細至筆硯床几危鐺灶臼次第位置廹肖畢呈薜垣繚繞人事都絕其一種蒼蒨韶潤秀逸之致溢于卷上曾遊草堂者按此卷如扣柴扉而入循曲徑廻廊倚欄閑坐石磴望花竹魚鳥皆如舊識欲直披帷呼主人出而與之

坐談商榷也引公亦可謂能事矣雖然雲客不能圖而引公為圖之引公圖之所不能盡者則予請為補之計雲客之堂不過一畝之宮環堵之室耳即稍列花竹在城市曲巷中非有前人湖山之勝亭榭之侈也計雲客之圖毋亦曰庶幾無忘吾先人遺我以安之意也吾為之述前人之輞川山庄不幾立言之近夸乎抑有說夫少陵之茅屋不能與平原綠野爭勝童子辯之及天下之人或不聞平原綠野無不聞少陵茅屋者以少陵之詩故也少陵之詩以不憂秋風之破重茅而思庇天下寒士歡顏之為亟也然則此卷之足傳者正以一畝之宮環堵之室故也夫遺安草堂豈特雲客之堂也頃者喪亂以來天下有志之士道經吾閩與坎壈失職之困游者視遺安草堂如其家焉雲客貧無以娛客客淹留竟日出脫粟市尊酒無倦色相與坐堂中論古今治亂之由百家九流

之歸商匡救文章風雅邪說害正之事則是此堂方上下數十年談括數萬里以為大豈特據有湖山之勝已哉異時展觀此卷有不欣賞流連挹其高風逸韻者吾不信也至有博雅之士能指述當日賓客酬和之人則吾又借此圖以傳矣於是益見遺安草堂非特高子之堂也

題安蔬草堂畫卷

晉安高氏明時自南康公而下四世多用經術策名為文學侍從之臣忝列臺省輒有鯁直之譽或當盛世不樂仕進則石門公慕肥遯之風思庵公廬墓有白鶴紫芝之異二人以高節純孝聞天下雖隱顯不同往往擅名詞翰居巷接連文床筆金几席相對以詩歌書畫為事吟聲墨瀋繚繞淋漓沾灑於花竹之間家風逸韻有足多焉至吾友雲客尊人鐘陵先生則仕而兼隱者也先生仕於

熹廟時值璫焰方熾俯首郡僚偃蹇遷謫竟拂衣而歸歸則葺一齋於舊廬之側取襄陽龐公語顏曰遺安草堂以課雲客又築精舍於烏山之麓取眉山蘇氏語顏曰安疏草堂結搆殊勝往來識會者幾無虛日逮予與雲客定交過其遺安草堂是時先生已歿矣不及拜于牀下循行編籬涉徑踈梧文石雜以修篁曲檻方塘時來異鳥狹不逾尋丈客凴倚坐立皆如畫中猶可從當年經營位置想見先生之胸次也亟詢所謂安蔬山房者將登之雲客愀然徐起出此卷謂予曰兆貧無以襄葬事往為先君措佳城斥於他姓矣今宿草已青復慮百歲之後魂魄猶登此山交遊能事至者多為我作此圖以誌不忘吾子幸閱而序焉予閱之運筆各異而軒堂露豁江天萬里風帆出入之快凭窗可呼雲樹烟村遠近踈密點綴之妙俱宛然在目并先生與諸公遺承平無事衣冠杖

履一觴一咏，煥若神明，皆可於卷中追憶。雲客可以無憂哉！然滄桑何嘗之有？雲客謂不能保有此居，其將謂千百年能長守此卷耶？吾慮夫雲客之憂未釋也。請為雲客再引眉山之説：子瞻嘗送畫板於寺，尚欲以先君守之，冀動于天下之為人子者。今雲客以一片瞻陟無窮之思，追摹先人丘壑高寄之景，其畫足所未盡者，又致四方之能詩者為形容歌咏之，斯其用心誠孝之懇噫，亦足風矣。高氏之子孫永宜奉為世寶，即四海千秋有不見而珍重護之、什襲珍之者乎？雖然，昔人以洛陽亭館之廢興，今三山前輩風流勝迹皆非其舊，不特一安蔬山房也。觀者可以撫時而慨，而安蔬山房獨著者，亦足以見高氏之世多賢矣。

題先師文明伯黄公夫人蔡母孝經卷後

壬子，予偕高子入臨漳，詢先師浩然講堂，已為榛莽矣。夫人蔡母移居山中離蒲邑四十里與人隔遠聞當道贄幣求書者輒以昏眊辭并先生之遺書藏本亦不可見蓋漳郡兵亂相尋故家鮮有存者太息久之一日果菴使君出蔡母楷書孝經一卷相示卷首書天人出治四大字作漢隸體絕似先師真跡十八章内一字不苟惟清勁而瘦頗小異耳觀者驚嘆以為伉儷之有兼才者古今如趙承旨管道昇後僅見予謂不可以相方也先生學問誠正忠孝大節兼有淵博之文章漢以後可擬其人者蓋絕少而蔡夫人深識遠慮貞屯保家大家女宗中亦罕有其倫凡詞翰一點一畫皆造化正氣所留况孝經為天經地義自天子至于庶人之所不能外者乎獨念烈皇帝時先生以召對觸天子怒禍且不測處圜土桎梏中忘其創苦書孝經若贊若誦一百卷蓋先生生平資親以事君經不云乎事親則天明地察天地明察通于神明卒之天

子感悟惓念不忘非若他經之所謂應感也先生既盡節而蔡夫人復于干戈盜賊巢覆卵毀之後弱孕僅存流離播徙猶書此經以行于世可謂成先生之志造次顛沛不失者矣先生所遺者一見於王忠端家再見於榕城書坊夫人書者見則自今日始高子欲於所見贊頌錄一通以傳然卒不能多覯則又何其難也抑先生有詩云極南極北通忠緯天雨天風識孝經則此卷上當與星辰並垂下亦為風雨呵護所不敢侵蝕者使君其善珍之哉

題馬和之豳風卷後

宋馬侍郎和之繪事精絶為南渡第一嘗承高宗命圖十五國風進入大内宸鑒流連藏之秘府宋亡後散落人間有力者爭購得之以為珍玩遂鮮有全者吾叔小眉此卷乃豳風中十篇耳其人物宫室樹木旌旗車服經營位置之巧刻畫精緻之工着色濃麗

之妙皆有典型風韻行乎其間故可貴也予因念詩為諷規勸戒而設古人左圖右史則纘續之重其亦此意歟宋朝家法有禮宮闈之間無失德不至如衛風所譏獨惜孑孑干旄素絲兩馬不以來天下之賢士至于宗李日疎汪秦相繼臨安宮殿侈觀雄搆擬于汴梁則帝之過也噫升高望遠父兄穹廬之幽何嘗身棲會稽之痛而主不聞卧薪臣不聞采葛遂令樓臺燈火六橋花柳管絃之盛被于今日孰遺之哉向使高宗觀此詩若圖慨然感衛國之難于椅桐梓漆常凄若禾黍荊棘之在目挾江淮楚蜀之資無三户一旅之奮者吾不信也而卒莫之省者可悲也夫觀此為之浩嘆

題李廷及小照卷

吾友李君廷及擅詞藻意氣倜儻好遠遊四方車騎所至輒傾其

賢豪長者蓋李君家世閩中卓犖奮勁敢為之資出于天性而生長金陵被服都雅交遊藝苑登臨文酒之事興致不乏亦風會使然也此卷遊吾閩遇謝君爾方為傳神廖君引公補景趙叟雪余綴贊高子雲客作歌歌嶔嵜拓落曲折得其生平至卷中所繪不特雄姿傑出據床左顧右盼大是太原公子之後自僕從圉人各有所司思從騁逐一鷹在臂睥睨空際思上攫異禽下擒狡兔馬未施鞍勒屹立神駿側聽風生颯颯然欲一校平原雪盡草枯之候描寫精工情態逈盡觀其用意點染之處人坐而未起鷹架而未縱馬縶而未策皆以見主人用世之才尚未及施展故也今廷及別我去矣北行謁選以贊理藩省起家足以自見揮手叱從方展其搏擊九霄驍騰萬里之具亦當於此卷想像之矣

題陳有五梅花詩後

陳山人岳者字有五性嗜酒鮮藏否人物疎懶任真畫亦相似先叔小眉愛之余每與先叔唱酬刻燭分吟至于達旦執役童子疲鼾睡有五在旁燒酒煮茗佐之吟不及有五有五不以為忤詩成相視拍案朗咏星寒月墜意興愈豪有五亦在旁讚嘆嘗梅花盛開時與先叔相約名園蕭刹山巔水涯無不賞玩流連題咏至數十篇余詩中所云寒山倚玉二三客隔澗懸冰大小湫二三客即指余兩人與有五也顧有五當時亦不及吟先叔既殁有五窮而為金陵浙水之遊遊亦愈窮一日有戶外急呼傳緘者則有五和梅花詩帙廻簷索笑如見其人廻思當日同雲極目滿地飛花之作覺先叔微吟有五相賞之事如昨夢耳有五返舍時當為予作寒山倚玉圖取先叔小照折花置酒日坐其旁以當泉臺驛使耳書此以誌

題高雲客省墓圖

廬墓之事不見於三代之聖賢而始見於兩漢之世予以為三代之聖賢必有取焉防墓崩夫子聞之泫然流涕而不修雖載在檀弓予以為此必非夫子之言也何以斷其非也蓋即以夫子之言知之夫子之言曰事死如事生事亡如事存又曰生盡愛敬歿盡哀戚此誠夫子之言也且以夫子之言合於先王之禮而知之凡人子朝夕定省冬夏溫凊至於卜兆安厝之禮無不煩先王之經營晝定非以為儀也蓋以人子之用心宜然者一有陳薦必求其將享歆格僾然如見愾然如聞不以親之既終遂遠而忘之也蓋如此自後世守祭於寢祠不祭於墓之說祖父遺魄之所藏隴阡十里之外有終年不得望子孫之一至者矣此蓋檀弓之載誤之也夫桮棬書卷以為親之手澤所存悲慕尚爾況於遺魄之所藏

與栝樓書卷孰重乎亦知史傳紀載有雷電晦冥雨雪嚴寒扳戀
哀號於空山松楸麋鹿猛獸之間者彼獨非人子也哉吾友高雲
客仁孝人也予以文章慕高子及與定交始悉其實然後知人未
有不仁孝而能文章者也一日命郭無疆肖已貌為先隴覲省圖
着古衣冠望島嶼佳人[城]而來緩步於豐碑細草之内不特神形逼
肖並其一段誠孝之思溢于絹上郭生可謂不愧與雲客習遊者
矣容藹然甚和莊然甚肅若嚴君立于堂前將趨而承訓也若慈
母倚閭將近門巷而急前以慰歡顔也至草色茸茸一片嫩碧于
東風平楚若有不能報答春暉之意善哉其為圖也然高子之心
於是益無窮矣高子之為尊甫先生卜塋也定斥其安蔬草堂于
他姓始得襄事嚮使高子更有餘力于近塚置墓田丙舍一區吾
知其必廬于此扳戀哀號而不肯歸豈特歲時覲省而已哉然吾

二六

之信高子仁孝者亦豈於此圖見焉高子事其庶母如所生溫清必視出入必告遇執友于途必辟道左歲時有餽遺所謂在觀其志歿觀其行為不可能也予事親甚愧高子特藉此圖以明吾說因推高子之志以告世之事親者且以見兩人之定交非徒以文章也

畫竹記贈高斯億

林子去冬在西山丙舍客有持畫竹見示者林子異之曰是吾友高雲客之子斯億所作也予與雲客定交相視如兄弟雲客之子亦何異吾庭堦物憶余初識斯億時方七八歲髫秀侍席如綠琅玕初生一節之萌便欲干霄嗣後數年一見如解籜抽枝怒而直上益奮然有不可阻遏之勢近聞其耑讀書文字精進不知其以餘力工能事遂至於此為之私喜者彌日今歲暮春之初抵三山

訪雲客草堂見其東齋慰子之作知斯億試童子科被放為恝然戚至觀其援引天運家風物理之間反覆寬譬真有類於柴桑浣谿之叟若誚若讓油油至性不能自已則又轉為之喜不特見雲客之詩廹古人而深歎其學問之静正也使斯億三復諷誦之又當何如哉數日見斯億容仍若加損詢之告予以不懌之故乃進而教之曰子亦知夫竹乎竹於植物中大不能與楩柟松栢豫章爭千仞百圍之巨而當春吐花復不能與桃李百卉爭及時爛熳妍媚之姿乃筆簧箭栝古今帝王所為備一代大禮大樂之用者則惟竹是求雖然使竹亦自慚其不如桃李思取悅於春風而飽霜雪凌霄漢無楩柟松栢豫章之苦操堅志則亦安能中律呂之材叶軍嘉之需有若是者哉夫繪竹之家吾不知幾何人而擅名者若宋之蘇子瞻文與可元之吳仲圭明之夏仲昭不過數家而

二七

已其人皆踈落勁節風致洒然迥拔塵壒之外與竹之性情有相近者是以傳也豈以升沉出處為憂乎吾子其亦進而求之可矣吾聞士之求仕抑抑皇皇鬱悒不得志者不過以年壯學成為行道計耳又或以家貧親老欲干祿養耳今子年十九固未及壯家貧未及屢空壁立親又方強有聞於時未及老諸生之淹抑者何限即隸諸生豈遂能干祿養是數者皆未足以鬱悒萬一鬱悒而致病向之欲以悅親者適足為親憂其將忍之乎古聖賢之道內而明性命外而蘊經濟之道也吾子少年有志其所學者抑帖括制舉之學乎或亦進求於斯道乎夫斯道固難成即先正帖括之學豈易成乎且吾向見畫竹而喜者果以子兼優繪事而喜之乎高氏自給諫公以忠節顯石門公以高隱著鍾陵公為郡佐能抗逆璫之焰而不為阻雲客有聞於時而不肯俯同世俗之行然則

竹於草木中有君子之名譬之高氏則世所謂淇澳之濱篔簹之谷也斯億幸托根挺生於此其亦飽霜雪凌霄漢吟則騰為龍鳳之翔宴則結為鳳皇之食於笙簧則諧陰陽於箭括則加鍛礪豈特嶰谷之截柯亭之賞聞於前代凡有帝王禮樂之求吾知其必不能舍此而他適矣遂書以勉之且屬其畫竹以贈予

吾門許雲襄其父五階命名曰錫屬予為字字之曰公純而為說以貽之

父母之於子孰不欲其致豐亨之福於躬哉為子者亦孰不欲自致之哉然而有天司焉天可致乎曰可也魯頌之閟宮曰天錫公純嘏周頌之載見曰俾緝熙于純嘏然則純嘏者天所錫也其必俾緝熙而後得哉能緝熙者莫如文王文之德之純且與於穆為一矣命其有不致乎無貳之謂純不已之謂純如錦焉不欲襍如

玉焉不欲瑕以此而飭身而存慮有駁焉則祛之罅焉則補之息焉則續之夫如是為聖賢所嘉嘆為神明所廸吉災之遠也祿之綏也害之杜也祉之受也如日焉熾而昌矣如川焉碩而長矣帝所臨也皇所建也雖曰錫之寔人之自為錫也無忘純哉

續脩莆陽文獻並緝莆陽雅選徵啓

竊惟閩為道學之藪紀筆寔關乎四方莆開儒雅之先采風難缺於一代故論俗則比鄒魯而地不大遭滕厚嚮則繼李唐而材尤過趙宋自孝武當時諸君子勳德多掎祠名且神光之後數十年言行尚煩纂述一郡兩邑之載未全觀乎人文四始六義之流久沿失於宗派虎賁中郎之嘆其不免矣蔓草李子之嗟有由來焉向哲生長是邦爰不自揣猥取鄭柯二公之文獻續成四朝並輯洪永以來之詩歌編選一部重思先達皆負異姿身有方正之譽

蚤仕昇平之世師友考訂舟車見聞歷幾星霜始克成集况哲人
微德薄才短學疏兼值郡城被兵圖書俱失紅泉鍾鼓盡委荊榛
夾漈煙霞徒披蘿薜采夔子之椽栗僅全餘生出昆明之燼灰每
詢殘帙欲使百年人物敚于一時大雅王風振于下國豈不難哉
且衰白漸侵殺青莫竟常恐一旦溘生朝露何從異日得悒流芳
即今峻業告垂倍憂遺帙知我罪我大諸聖賢無私啓予相予告
於山川共鑒所賴文人相念諒肯同心詞客有靈應憐此意邦珍
國寶各秉梓桑之恭祖德家風誰忘水木之痛凡有藏本希賁惠
觀道既在人文未終喪珠玉之輝不可掩蘭桂之藝乃益馨漆簡
壁中定聞絲竹之韻鐵函井內更作光芒之騰或接唐瓢閒搜劉
塚巍然存者魯殿亦冀與于王孫至於避地異鄉著書他邑遠如
虞集推陳旅于生前近若鍾惺揚陳昂于死後曾窺豹蔚勿失魚

譜揚先賢叢書稿紙

傳則鉅製鴻裁為章雲漢吉光片羽悉炳日星矣謹啟

徵刻莆陽節烈合傳啟

原夫伉儷人倫攸肇惟從一乃合恒經生死世教所關非成仁莫全大義觀乎造次顛沛之間兼有慷慨從容之烈性命輕而綱常為重雖鴻毛不啻太山丁辰蹇而婦道益亨藉一絲以維九鼎然而蘭枯幽谷香漸遠而致遺玉碎人間貞久埋而致晦熾行弗錄君子悼焉昔者莊姜栢舟詩見存于宣聖葉杞善哭事見取于子輿沿而漢室更生哀成一傳列朝搜編國史郡邑羅入志書良以委贄他家鬚眉之夫未免不事二姓冠緌之士已難闕而不收何以示勸是知怒摧金石慟裂城壕陰雨嶺頭長洗貞孃之血殷雷道上立褫逆冠之魂聖賢之用心若斯天地之感念若彼表章之急固可知也後世末儒好談才藻頃者喪亂益務偷存抱琵琶而

過別船不尤長樂之老陪宴席而識亡國目為昔時之賢往事已非早曾喚江郎夢覺今日蒙寵未必含餅師淚眸嗚呼聽一十八拍之彈堪惜名女解四十萬人之甲誰是男兒至於玄機道冠猶酬詩帙易安暮景且獎填詞遂令一片青苔徒問浣紗之石千秋碧魄莫邪磨笄之山世運人心良可嘆矣僕竊謂紅拂之識英雄何如綠珠之殉故主是以見女貞之木比於楷模聆巴鳥之鳴等於鸞鳳欲着青蘘而蒐宮壼先持彤管而輯梓桑自崇禎逮于今時合里中得若而媛深慮見聞未廣耳目有遺況如仙谿為吾鄰邑猶以僅諳數姓未敢彙登所望有道仁人大雅同志謂芳蹤下國採風無太史之車堅操幽閨挾雪鮮鉅公之筆誠重憫其一念實有裨于兩儀以彼塚宿鴛鴦結志何辭小吏臺飛烏鵲有情不樂宋王或視白及而若怡或沉綠波而含笑練繯三尺何異羅衣

枯井千尋未殊翠幄可謂梅花之香不絕所居鄉號江妃木蘭之水長流所飲波名錢女者矣伏希佐之殺青以光茲集畀之藏記以續來編庶幾抒聲軋軋肯借貧娥之輝鬢影毵毵稍忘漆室之戚莫使碑文幼婦空見上虞之江圖畫禮宗獨垂皇甫之里謹啟

為十八公主謝賚荔支啟越王有女十八好噉此品因以得名

猥以微嗜特蒙珍品香連翠葉知出天家光動雕盤初離芳樹紅花白雪猶憶頳面驕憐靈液晶丸更承濡唇罷惠黃山玉果虛有其名昌城瓊蕊未見其實至如膏欺夕露色映晨霞丹水浮來赤蚌剖出從解珮于神女應餐脂而上仙雖復弄玉秦樓徒誇彩鳳魯元漢室空買明珠足使江萍失甘澧蘭奪馥

為唐六宮謝表天寶中正月十五夜上於常春殿撒閩江紅錦荔支令宮人拾之

魚鑰不開鳳輦歡遊小部音聲新聆側生之曲中山孺子未覩蒲

桃之裁乃有勾文製成異果巧鏤鴛綺之彩錦奪鶴頂之鮮疑木雞之纔圓同夜舒之初結妾等深謝迴文之詩空頌洞簫之賦慙吳宮之絲絕愧魏室之針神月滿火城丹雀啣來帶露星迴銀漢扶桑襯出流霞繡縧合歡錦段莫報絳綃猶濕金支欲燃玉女峰前一騎之塵馱過螺妃江上八蚕之濯長舒當令粉黛助妍豈但色香不變翦綵作葉笑彼徒煩鑿金為蓮方兹未艷

謝贈羅衣啟

某一旬曳履聊為出户長歌五月披裘豈有行道相問夫子既受飧而適館兼推食而解衣念夫節轉龍昌人尚鷫結不徒易之絺綌頓使加之綺紈鮫女冰綃曾驚五銖之薄天孫霧縠難報七襄之章所當佩同德言服之無斁謹謝

延青軒銘有序

今天子念閩粤多虞遠荒鮮謐乃簡崇藩分鎮茲土十年之中百姓樂業一隅稍得休息者蓋聖主重臣之澤甚渥也嗣王以朝廷懿戚之尊獲遂覲省儲府弘建敞軒斯闢慕西周吐握之風敦東京樂善之誠虛懷下士招集詞英追陪遊眺即席屬詠欣賞留連彌日忘倦行將勒諸屏幛庶幾睿覽不窮斯誠足媲景訓為近日希覯之事者也諸君子應教摛文斐然盛絕顧體謙挹蒐羅之旨褒采一介徵取微長命以充數伏承賢君好士之優兼見同人遺遇之雅踴躍激奮不能自已竊念自古帝王几戸牖槃盂几杖服御之物莫不有銘銘者非祇表揚勲名亦懷匡裨盛德是用罔辭譾陋竭其鄙衷聊備一體昔陸倕闕漏答撰梁主嘉而賜帛張載劍閣揮詞漢帝聞而鐫石致諸彙製播為佹談哲之此銘良非遠附正以蒭菲不遺爰效芻蕘上獻欲使仰宣至德下惠斯民嘉號

被于當時休烈彰于遐壤不但兎園授簡虛矜鄒枚之才鄴中公讌爭誇應徐之藝其詞曰

濬哲惟皇眷顧南荒靡有寧處宵旰弗遑屢勤大旅朝匽夕揚重藩爰擇綏奠我疆樹屏分陝畫應周長王既就國民用作息太保家君帝之懿戚令望休隆岳崇淵塞定省啟陳允修子職入辭闕廷出履邦域趨覲親闈色養以怡溫凊之暇循覽越畿惟此越畿神禹不遺隨刊所屆黍稷芸菑候融地澤俗順風熙賢君惠若爰始經度因高為臺因敞為閣維營厥基庶民丕作民之不勞君何以樂非君之來曷安耕鑿輿堵既成形勝恢閎左旗右鼓巍峩莫並闢門設榻乃召嘉賓吹笙羞旨燕樂其心不同瓦缶可佐韶韺昔魯元公建社于東則倣古昔訪道崆峒攸示厥隱橋梓承共檀欒灌木峭蒨菁葱清華湛湛務建睿衷般般之獸樂我君囿得食

呦呦麋鹿，相穀雖有。虞人曰仁，惟后繫懷。者嬰繄安，者耇覆之。育之君子，眉壽爰有。嶌鳴相求，嚶嚶遲遲。春日載好，其音非時。之嘉孰暢，微情非棲。之戕孰悅，友聲卷阿。自南君子，用賡爰有。池沼於牣，旋遶在藻。為依相得，非泖天淵。澄涵溯源，窮鄉用鑒。清襟辨物，嚮曉德之。視民適於，植表惟天。保命惟人，希聖服御。起居言以，出政大寶。獻箴千秋，獻鏡后王。君公羽儀，式正蕩蕩。有心曷敢不敬。

筆筒銘

文林辨圃，著作所取。體虛而圓，色光以黝。擒藻之英，散遺不偶。爾其羅玲，如趨淵藪。羣處靡爭，寔資涵受。用鋒善韜，寔資藏守。惟爾之德，弗矜弗狃。斯中書君，悉為爾有。我志千秋，爰稱益友。銘以無忘，夙夜左右。

方筆斗銘為新安朱震甫友人銘

闇而章象穹蒼道而方體域疆利見大人文字祥宜尔子孫慎珍藏

竹筆筒銘友人高子有竹不圓而匾光潤適異以受選矢哲為之銘

虛類褊容乃見勁能澤資始獲接物行已取諸此

端硯銘為武林使君作

中坑石色純碧類洮瓊等圭璧獲而寶之慎無射左右君子光典冊

宋硯銘為高斯億作

質既純製復完歷宋元以永存傳高君有淵源善立言思可尊

扇匣銘

翰墨之精朋友之好左之右之宜無不可出入懷袖仁風遠播永以為存惟爾之保

三三

筆匣銘

鋒之良，於焉藏。善其用，爲册府光。

鶴膝竹杖銘

龍之種，鶴之膝。將遠遊，庶無失。

閩問有序

昔楊雄、張衡、左思諸君，産于岷崍、西鄂、臨淄之陽，身爲里巷之士，乃精思歲月，假客主問答，騁其博贍閎麗之才，以揚扢風土。後世慕其文，而並其山川形勝、氣候物産、習尚之詳，若躬歷而目覩焉，其爲是邦之所繫重亦可知矣。唐柳宗元本其旨，倣七發之體，作晉問；明袁袠作七稱，以表吳；陳子龍因之作吳問。夫河東、金陵，皆帝王都會，唐堯居晉陽治天下，明高帝受命都建康，彼能以博贍閎麗抒之，宜足以動人也。閩

序應一律低二格

僻處海服其通中國猶在句吳之後況敢望三河乎然猶賴楊李朱蔡羅真諸君子振性命道德之學于天下為古今帝王有國家者之所籍以維持也甚大使得有能文之士以表揚之閩封雖小未為後也予之學不足以窺先儒而瑰琦淹雅之才又不及曩賢至於揚扢風土則猶作者之意也雖然所貴為諸君子薰陶教化之邦潛修樂道宜最先於天下矣乃近者衣冠之儒相對所談皆功利詐力之事歆之若不及恬然習之而不為愧豈天下之風尚盡然耶抑兵戈喪亂之餘不暇為仁義耶詩不云乎凡百君子各敬爾身胡不相畏不畏于天蓋周室當傾危之際哀痛深矣猶以敬畏相戒聖賢心學守而勿失今柰何盡失其意哉然則余之不敢忘揚扢者豈欲以博贍閎麗與前人較長比短哉志固有在也客歲入京都公卿延見問多詢及山川風俗人物之勝因竊倣前

人之詞而歸于發明性命道德之儒蓋重憫越民之凋殘產之良
者適以困之惟是與吾邦人士勉習于先賢庶幾以風動于天下
者是予之志也夫庚子至日序
燕大夫問於甌離子曰閩隸職方最後乃自唐以來雖蕞爾一隅
而人才之盛至與中原埒焉先生生於其地願聞之可乎曰可閩
之為地雖岐海之荒裔寔奧區之費系楗扶桑閩八桂肘豫章襟
江淛負天都包嶺滋其上游之津瀧湍瀨迅灘激隘洞洑潰灑又
有怪石為之或夾或承如爭如鬬懦者覩之以奮矜者過之以戒
其下郡則環海之隩澤土大陸亙浸波濤之所歸日月經星之所
宿淼淼漫漫瀜瀜灑灑奕奕昱昱洶洶矗矗澄清莫施滔滔罔曲
觀者亦足為偉踔矣其幽邃則洞壑蔽虧峰巘層剕阻登涉拒攀
躋化人之所休憩仙靈之所悅棲其宏壯則恢廓開敞田疇是利

中可以容萬家上可以設百雉先生之都置焉至于地勢阨要秦關漢徼梅嶺白沙窮極危突岑陽分水仙霞之崔巍杉關飛猿揭鴻之後峭信乎一夫控關而萬衆却趄者矣若是者何如大夫曰嵯峨阨塞所謂天府百二之國多矣豈閩獨利請置此而言其他

甌離子曰歐冶子之鑄劍也赤堇之山洩為精鐵若耶之谿涸而出銅雨師灑掃擊橐豐隆天帝裝炭太乙下觀歐冶乃因天之精神悉其技巧造為小刑二大刑三雜金錫融實液撫其鋋爛若列星之行揚其華捽如夫容之出望其光浮若塘水之溢觀其斷巖巖如瑣石觀其才煥煥如冰釋小試於敵士卒迷惑登城一麾三軍之頭畢白當薛燭善相風胡能賞謂雖使珠玉竭河傾城金量以酬其直猶尚為枉至今千秋之後鑄劍之地發怪騰輝五色陸離其物又知去時代之失德恍神靈之莫追化而終返于延津又

孰識其合與離若是者何如大夫曰昔軒轅之時以石為兵黄帝之時以玉為兵而天下大治豈石與玉之力蓋聖主使然也歐冶之劍雖神吳楚得之未聞以此而受命代興今先生乃以此為稱得無過乎請舍此而言其他

甌離子曰海為百谷之宗天地之元氣彼潮汐之盈虛寔司啓閉以橐籥陰陽造化於是乎不匱故陸之所生海悉備焉凡夫人物男女飛走動植萬有殊形延及蔬蒔區别繁分各肖其類應龍神龜之為祥射蜮鉤鱷之為祟鹿犀駭而犇馳蛟螭騰而傳翅鳴極靈鼉力窮贔屭神貌醜而善驚女姿妍而多淚珊瑚瑇瑁之珍明珠大貝之異鱨鯉魴鱮之登於俎璅蛣螺蚌之充於市彼齊諧猶不得而詳曷易言于多識至若徽鯨修鯢巨鼇之儔其延袤也周數十里而不可以計籌鼓鬣則窈窕建天子之翠旂舉首則岌業

聳雄鎮之崇丘雖天地為之失色日月為之晦瞀而游泳于洪波
大浪之中與儵鰍相忘于沉浮不知其大小若是之不侔至若風
靜濤寧空溟接青蜃氣噓吐結為樓城巍煥變幻不可狀名傑俿
離還璀璨繽紛遂有大堤俠道士女駢觀洛水上巳上河清明香
車寶馬無一不形方其遠航望而投艤飛禽疲而戾止須臾之間
髣髴改視漸收倏沒宮殿成毀亦何異乎臨春結綺若是者何如
大夫曰深(琛)怪神奇之說聖人所不取雖有其事亦存而不論海市
蜃樓世主望三神山以為可至者其類是與請舍此而言其他
甌離子曰閩中之形地鮮衍平駉(駉)牧匪宜僂(騕)褭不生廻磴折岅爰
設郵程方軌隻輪不得騁行故馬政弗出于疇而車制未覩于州
土之往來可省人力者惟舟為艖為舸汎汎瀰瀰艅艅舴艋艨艟
鶻鰍其名號既繁而巨細迥不眸(侔)若夫北灘南瀧旋波瀠潯其上

也岞崿嶙峋瞥過也若燕子之掠津輕駛若脫手之僚丸又若梭之組紃其下也陡流萬仞承以嚙斷後者視前若已沉淪忽見其奮迅而出若翡翠之倒身啄而上翻僄疾若騰山之鷂追而躡之業已移晷而逾晨蓋船之脆類側理觀者恍惚杳冥墜魄驚魂而櫂師操楫有若鬼神至若大海洋洋茫無津涯取材窮山徵資殊宇千尋之木始縱斤斧是削是繩虛縻天府桅檣既具復修樓櫓驟颶從濤挂帆莫禦望之若回中之複道而建章之門戶通貢屆于外邦冊使奉于共主折支葛蘭三齊五輿莫不賝艘御艫錦航連艕奇寶委輸明珠翠羽戰艦則牙旗戈矛電殷雷怒層列神礮旁施强弩奇正游行千夫成旅僅覿于今罕聞于古若是者何如大夫曰舟楫之乘將以利濟天下彼操奇贏而越王章者何取焉若夫仁義之不施忠信之不立恃波濤之險水犀之衆抑不聞舟

中之人皆藏國也請舍此而言他

甌離子曰東越之陲氣候異宜寒燠之性上下分歧百卉群葩敷榮葳蕤紛名異字別色殊姿競秀遞發相續四時至于深山大澤層崖峭壁梗柟豫章椅桐梓漆用適明堂中需琴瑟與夫芳芷蘅蕪紫芝靈藥佩之盈懷囊承則隨劇文石水晶陸離照爍莫不在谷而抱輝在澗而含煜深巒坳崗異物所叢魍魎嘯雨木客吟風走獸則有犀象之巨虎豹之雄犛貐麋麂熊羆猱玃之屬相與犇觸跳躑於山中者不可勝窮飛禽則有鸞鸛之羽儀鴻鵠之翔翥非鸚鵡而能語異鴛鴦而相思春和晴景百鳥悅嬉喈喈若慕噰噰若怡容與可愛族類誰知果則荔支夏生應乎朱明文章外炳素質內凝櫞柑橄欖香回餘咲使人忘餐徒為覬覽茶茗之馨味希而憺惟名重乎過江性不遷而可感林於君遷繁族共支榕為

三七

最奇輪囷離披根互盤石須墜成枝周亘數里為村為埸同樛櫟之不材免伐結伽楠而老發芳馡此皆他州之罕覯有未異于庶幾矣若是者何如大夫曰竹箭琅玕之材珍禽異獸之物聖世以為無益而不寶矣昔閩越之君獻黑鷴白雉文帝卻之彼賢主且然方物之貢君子懼其啓上心又何處焉請舍此而言其他

甌離子曰閩中之土濱山者多陂濱海者多鹵管子之遺焚波是煮日麗磧膆霜堆場廡閭閻所需轉運所貯國計民脂于焉是取淋涑肌膚不輟寒暑則壤之仄沃弗勝瘠耕耨先時爰防蟊蠹桔槔水車爰資雨澤穜稑麥菽播種是亟胼手胝足勤動鮮息至于石砠縣嶂之質不可陌阡隔絕溝洫菑畬火耘以藝黍稷嗟我民之艱難真鳥耡而象耤至於地不宜蠶桑枲絺纖纊此邦于良紵紡緝莚經緯文章蕉葛升越逴代未詳吉貝白氎侏誇殊方射流

紈而氷薄暎素肌而月光鮫人之綃千尺天孫之錦七襄春餘夏始少女越江搴玉腕而輕濯舒寒練而内傷將以遺子公子唱白学而飛霜又若終歲卒瘏蜡報為娛東隣釀會西社合餔土音操作其樂只且治童則旋舞燕燕巴覡則踏歌烏烏又以其耕織之宿漁畋為樂川人勇俊處乎閩濮網巨魚于魚淵膾脩鱗于回洑天子之囿駐獵猶存合圍角逐蘿莽烈燔獸不得逸鳥不得翻劏炙行酒其快鮮倫亦足稱蒐狩之遺而備驅騁之觀者矣若是者何如大夫曰農事女紅敦本力作是固然矣抑閩地干戈之未靖水旱之不時師旅之往來戶減于昔賦倍于前有司不能體至意民之困於三征者無寧日矣其奈何誇昇平之樂乎請舍此而言其他

甌離子曰我先人自中州竄於閩越之澨惟是披荊棘殖稌黍與

蚍蜉虎豹爭此土也變乎文身之遺不受縵纓之譏益用奮厲乃入帝畿偕友生挾昆季以策名乎當時文苑忠孝列傳所垂載在國史啓我南陲至於今日家握和璧而户挾靈虵詞藻繽璘著作罕倫淹貫千秋之乘博通六藝之門若絲緒之就治而不病其煩若綱領之就絜而不知其紛若經緯之組為錦若宮商之合於壎至於左右股肱則匡扶帷幄宣力四方則弘濟彌艱奉使殊邦則巾靈不辱至夫餘風所被雖窮巷之遺黎深閣之未字大誼所臨不貳其志田畊販夫出詞有異往往徽音未希而芳躅可嗣者矣蓋先質而後文其文必輝昔賢有言京師當中國異維閩越當艮維常以閩越之興塞為人文之盛衰若是者何如大夫曰先生之言則善矣夫嵎陽之桐敷榮而材可用者以托根也章貢之水淪漪而波成紋者以有源也以吾所聞閩之人才非春華之茂抑亦

秋寔之獲請進而畢其說

甌離子曰元運之於世有隆有替獨斯道之在人心不可一日而或廢蓋數有必然不能自主於天地故治亂之遞更猶寒暑之於歲君子不憂之而所憂者在於人心之蔽人心之蔽始於棄仁而重利棄仁重利則骨肉相殘尊卑易位者皆由此之致亂而幾不可復治於是始生聖人於叔季聖生於極季猶陽伏於極陰生聖人而不過者天之數不得不生者天之心聖人出而斯道始有所憑然則三綱五常者斯道之著四子六經者又綱常之箴也淳漓之際世道益晦而斯道益明昭昭乎若排霾霧揚日月而行闡繹六經四子之書發明性命道德之學散而就貫通而就約易頤而旨使不幽書奧面義使無伏詩範而思使益肅文不煩于威儀斷歸嚴于筆削羅千聖于一堂若同時而可作疏晰條解若闇之炬

[illegible]陽先賢叢書稿紙

三九

灼若衣之有幅若車之有輻使人遵之若規矩之繩度繼春秋而著綱目使人避之若莠秕之別嘉穫蓋自延平崇安諸君子始之三山莆陽諸君子續之斯道之統方有專屬辟河漢之有五星辟大海之有淮瀆辟人身之有司瞳辟名山之有岱岳祖唐虞而宗鄒魯振關中而滙濂洛故春秋成而麒麟至注書畢而龍馬牧聖人之卜也若是者何如大夫曰儒者之道二儀因之以行四時因之以定山川因之以流峙國家因之以安和不有諸君子孔孟之道息矣豈惟東越是賴於今得聞子之教矣

甌離子集選卷三終

民國丁亥翁炳藥星樓鈔

明林向哲君十著

甌離子集

卷四

策荔支九錫文

策符命也一錫車馬再錫衣服三錫虎賁四錫樂器五錫納陛
六錫朱戶七錫弓矢八錫鈇鉞九錫秬鬯謂之九錫
制詔使持節上公領閩中牧扶南君朕以藐躬嗣守前人丕基懼
不克荷宗廟之祀用是求賢若渴思得瑰姿異材以薦祖考答靈
祇實津津焉昔五帝之胄咸賓王家往者炎皇失守厥嗣播遷江
淮之間雖雕飾自奮變更不常承祧忽諸朕甚悼焉以天之靈誕
英降精克自培植修明祝融之德保有南荒令望彌茂敷庇茲土
神明之衛實我天室朕寔賴之今將授君典禮其敬聽朕命昔秦
為無道建共之客辱于丘壠泰岱之君降列大夫君則辟服自立
不受汙命此君之擇主委効也近者交趾通貢時懷異心瀘戎修
賦不逮舊典君獨遣質子入衛雖風波之險不避秋陽之暴益昭

此又君之功也君處海徼無金革之震固其根本族類蕃盛而能使南方士民飽飫德澤貴賤咸濡此又君之功也西夏新羅日本流球大食諸夷不憚道里遣使修重幣明珠充于內庭火浣陳于外庫求君締好互市君謝使弗通卻幣不納此又君之功也晉文從者皆列卿之才高帝遊者皆封侯之相君之僕御旁挺由余咸禆益蒸民自致通顯無碩果之怨此又君之功也萬石之門稍損謙讓隴西之李亦墜家聲君之子弟被丹組乘朱輪連枝累葉其麗不億皆以膚敏之才助祼將之職此又君之功也君之少女選徵蜨好居扶離之宮過自抑損雖葛覃之施荇菜之流無以逾焉君以椒房之親兼崇藩之重屏翰一方使朕無南顧之憂此又君之功也邇來青齊之士妄希朝廷或誇安期之貽張王母之賜淮南安以帝室之尊事涉嫌迫君有導引之術靜約自處懷忠効忱遠

致劑方仙掌玉杯之露未足以云此又君之功也單于來朝前使者圖君狀貌出以示之上方下鋭正色稜稜單于震駭稽首輸誠此又君之功也君有非常之勳重以含滋芬溢謚采垂榮烈日瀰見盛冬不凋嶶譽嘉寔輝映海表至於别裔所傳餘膏所成皆明堂榱柱之材清廟盤彛之器雖傳說之作鹽梅召伯之愛甘棠安能度越也朕聞先生崇德賈賞列土分民異其寵章殊其禮物所謂功及萬人澤流百世也其在周室曾侯于東錫山川土田公車千乘朱英緑騰公徒三萬貝冑朱綅爰及文侯之命彤弓盧矢文馬四乘至韓侯入覲錫以簟茀錯衡玄衮赤舄鈎膺鏤錫韓是以用先祖受命因時百變今君雖在炎荒稱德丕顯顒顒卬卬寔化圭璋蒸徒增增遍于遐邇功高賞薄朕内恧焉今以閩中郡邑之地盡以屬君冊君為閩越王使使持節綘侯世子授君印綬

册書金虎符第一至第八竹使符第一至第十錫君赤土苴以青茅卜協筮從用建家社肅將朕命尹茲東夏其上故傳扶南君印綬今又加君九錫其敬聽後命以君操履純素核質端凝威儀外著永貞不遷是用錫君朱輅二乘騂牡二駟君内睟外瑩歛華就寔文質既宣炳若日星是用錫君衮冕之服赤舃副焉君職司朱明南風無慍煦惠及人愉怢以達是用錫君軒懸之樂六佾之舞君聽政時行不憚霜露遠方慕赴瞻視宜尊是用錫君朱戶以居君崇拱溥被人所仰止有嘉不遺聞善必采是用錫君納陛以登君蓄蘊精白表示威棱出明而治擁衛惟周是用錫君虎賁之士三百人君乘震乘離四征不庭微盧刑揚糾虔是亟是用錫君彤弓十彤矢千雕弓一雕矢百君以醇懿為修粹穆為容馨香明德無遠弗屆是用錫君秬鬯一卣珪瓚副焉閩國置丞相以下羣

卿百僚皆如漢初諸王之制其有表箋上聞許十里一置五里一堠往欽哉益修乃幹為國之禎用對揚我高皇之耿烈

澗東雜記

天下山水秀麗惟山陰與吾郡耳吾郡西山尤勝出郭三里望綬溪一帶人家煙灌村樹渡橋歷歷可指風日澄霽海水桅帆直窮所覽自九華天馬九鯉麥斜諸山皆綿亘迴抱若斷若續層巒疊巘連岡互阜嶺折徑迂澗東左縈馬鯉湖岐山之水會而過為八瀨達泗華陂紺碧奪眸目不暇接大王父搆一堂於澗東楓葉塘上又據西山之勝公出守安慶未幾忽挂冠歸棲遯是中自為文以記之生平山水文章之興不減謝永嘉而記中感念盛衰生死之變亦似逸少獨余不能作詩述明德不惟慚昔人兼負此山矣流水通橋竹籬茆屋種一二時花點綴便有遠致因思紫桑竹徑

輞川辛夷塢諸公是何等胸次風雅遺事尚可於詩文間想見當日也今闤闠家稍有餘貲黃菊滿園梅樹成行妄希高韻政如骨董市肆法書名畫彝鼎罇鑪無不備具便堪擬雲林清閟閣耶勝景佳會索清言相賞人亦自不易山中最爲幽蔚灌木鳴泉幾不知身所從入窓几筆硯間皆有蒼蒨之色吾友聘侯從叔祖烈皆能言韻士也異時置之列席賞以清言作此山佳話未審於晉賢孰優耳

山居日久不惟不見枯寂覺人間繁華無以相過每雨霽雲生十峰競靚如佳人出沐翠黛初修亂鬟未整各極妍冶山內翠羽馴禽至不辨名畫眉鳴喚間以黃鸝晨晚清蟬徐引不殊管絃此亦窮士之金谷西園臨春結綺觀也

閏秋望夜同家昆諸親串出楓葉塘過山寺聽禪僧梵唄步漁滄

橋觀月萬籟俱寂鏡披練淨澄輝徐流樹影若定已而木葉作下波明谷應誦子美魚龍迴夜水星月動秋山之句益服古今造句之妙覺此公未死尚遊人間也

空山無漏聲余夜從山寺歸更深露下松葉一一如針綴珠入徑稍迤狹修樹蒙密月輝映之復如料絲屏上行兒輩皆已就寢月色益勝余獨步中庭望山中田疇溪旁沙磧皆分明可數朗吟遊仙諸詠空中忽有唳鶴覺爾時骨節已輕列真可下飄然有遠遊之志直欲從之高峰矣

正月晦日入鼓山禮諸佛竟拜興聖國師及覺老人塔是晚西堂靜公留喫茶凡六宿經行隨喜各寮次第從石鼓遊千佛菴葉藏室達摩洞舍利窟白雲洞平楚諸勝獨天鏡不曾遊時自去臘廹除至正月將盡連陰積雨守客舍少出到茲數日皆晴霽天氣適

人開爽融暢雖岡巒泉石草樹若倍有和靄光潤之色相迎衣袖間信可喜也其登臨題咏並投贈諸師凡得詩為五七言體若干首二月四日手錄於唱水巖上並記

三月初六日積雨初晴春山紺碧烟雲蒸上嘉卉柔荑欣欣翠濕如沐起作拭羣鳥爭弄好音水田始聞潺聲老幼往來西疇上不絕野夫焚香淨几手名花汲雨水入小瓶中誦紫桑停雲諸什亂中佳況何可多得

書付獻十云姓同字同秉拂繼席大雅一綫非可膚襲屏去陳言古人出入得手之後用功更急退如崩崖進如循級至道不聞終同綴拾先聖論學恐失不及其慎所交就燥流濕吾言到斯亦自於邑六月二十二日夜漏三鼓殘月如晝燭花未炧戲筆書成上床展轉卒不得寐

汪司馬嘗為人題鬬葉子自一錢至百十萬皆援據史傳永其事以寔之先輩之淹慱風流雖小物不苟於游戲筆墨間可想見也陳章侯嘗作此圖着景寫形雖百世之遠其豪奢驕侈之情與夫蕭然高寄傲物之態自異時觀之以為必當如是也吾黨子玉獨取杜公留得一錢看之圖倣于扇頭屬余題數句于上今年米價同土一夫饔飧所費不過數錢子玉甑塵已累日尚作畫志趣超脫其賢哉

予聞古德云凡夫無過賢者有過聖人多過甚哉覺非之難也從弟齋頭更新蒼和尚為安名曰覺非從弟歡喜持以詢予予答曰吾子之懽喜其將勇猛精進如昔人之聞過乎如是則超凡務底於聖賢果位而後止然試思非者何人覺非者又何人二六時中回光返照惺惺存存非念旋生非念旋滅並此覺念生滅滅已何

謝揚先發樓書局紙

非可覺是名覺非其為我再白和尚以為何如
答鈍首座云吾師深明宗眼有所吟咏必高於世日者忽奉瑤翰
兼承大誨杜公曰聞法看詩妄僕方欲入山問法而師反以此事
下詢得無俱妄耶且嚴羽卿儒者也方引禪家大小乘之論以明
詩法皎然脫白而詩式為詞家所宗僕縱於斯道有知其何能有
益吾師哉雖然以明宗眼之徹者古今詩家無論初盛中晚皆可
用工總是正人說邪法邪法皆正邪人說正法正法皆邪何以故
彩雲影裡仙人現手把紅羅扇遮面急須着眼看仙人莫看仙人
手中扇此真是看詩第一悟頭第一客諦也格律誰能離却但須
有元氣正聲周中貫外乃得之如筏喻者法尚應捨何況非法吾
師得毋以為何如語耶
吾閩黃元鎮以詩為有聲畫高廷禮以畫為無聲詩二公異代快

論若符予里儒雅相承前賢風度絕人既擅詞章兼精繪事家待詔時詹以畫掩其詩魏邑丞竹溪以詩掩其畫先少保見素祖司馬省吾又以勳名氣節掩其詩畫往在桐巷見人家所藏吾祖山水小幅於族從處見素翁風雨歸舟真當作彝鼎觀也陳伯獻按察寺壁達摩與落花之咏並傳家布衣了白詩寒苦似孟東野畫馬得趙子昂宋比玉詞翰與韻語相稱惟吳舍人文中山水人物奇絕一代每觀其畫如讀子美蜀中詩家孝廉兆清之竹石山人程六無之蘭蕉趙十五之偃松翎毛曾波臣之傳神寫照柯無瑕之水墨花卉劉元弼之松齋竹屋又皆兼能山水此數公者有聲之畫今散佚不可復尋予力為搜采寥寥不無多憾惟遇無聲之詩須從其點染不俗生動淋漓之態想其逸韻也他日有志之士纂邑里高風者慎無忽諸

己酉六月訪晉安友人徐器之器之示以宋雅元雅諸集得吾鄉洪希文事希文逸其家仙遊人宋咸淳丁卯貢士德章之仲子德章名巖虎嘗挈仲子坐萬山中唱和朝晡盂飯燒芋咬菜人或不知無慍色也父名其集曰軒渠子名曰續軒渠亦一奇者按希文集內丁酉自壽有年過絳縣重重老日伴青州往往歌庚子生孫有鶴髮滿簪留老眼龍鍾扶杖看孫枝之句計其年當生于至元庚辰卒于乙巳寔與元相終始興與化郡誌遺希文父子之名亦一怪事南昌喻季布抄寄曹能始先生一經先生選定可以傳矣不特傳其詩俾後來可補志乘之缺想地下有知亦應色喜

右一為悉怛哆鉢呾囉一為曩謨阿彌陀佛廼大西天國僧為予書也其僧為予言自本國至中國十三年始達其國不食襍葷六畜惟豢牛種田餘俱隨地禽獸散山澤間盖無所用也經三國不

信佛法。三月惟宿道旁，掘草根食之，飲泉而已。同行兩人宿蓮山崇福院兩日。惟打坐持咒，飲食起居一依叢林。入中朝四大菩薩道場，惟普陀山不得至。今將禮曹谿，循廣西返國耳。予遇西天國人凡三，亦有聞一二在中國遂飲酒御肉者。此則何殊桔之化枳，鷹之化鳩，無言再世輪迴矣。

林三二者，吾邑山中人也。世為農，兼習黃冠之學。三二獨慕參禪，棄不為家，以此困。親戚多勸之強為人修醮事，為設酒肉不御，竟食脫粟。去山中望衡相對輒數里，三二獨歸，每遇虎，謂曰：「若豈索宿負耶？」屹立不動，虎俛首弭耳他適。三二歸亦不語家人，後有遇者始知之。時獨上屋後石洞坐，或累日始歸。見人不語寒溫，人久習亦不怪之。戊申九月九日，忽謂其妻急煮芋，吾將飽以長往耳，吾以明日午時歸。攜杖着屐而往。其妻至三日後不歸，集諸親知

呂之因共尋至屋後石洞外雙屐已脱杖亦委在石壁旁而洞内
虛無人更攀躋而上則見跏趺儼然一手倚膝一手竪四指而脱
已久矣三二未逝時叅一口氣不來畢竟向什麽處去書于几上
予有從叔見之云

明賜進士出身大夫禮部員外郎特簡吏科給事中從叔溪

道先生行狀

吾叔溪道先生殁之七年冢君中子以行狀屬予予受至三閱月
不能下一詞蓋悲之至也然予知先生最深又誼不得謝因勉為
狀云先生諱嵋字小眉别字蕋齋著書稱溪道先生先世由中州
徙閩閩中工文詞舉科第自唐先刺史兄弟始而江陵郡州列忠
義文苑傳入明舉進士為澹州守文範公九傳至先生皆仕於朝
冠蓋蟬聯而先生高祖南崧公官至都轉運曾祖師南公官至觀

幕以軍功晉三品服俸仕尤顯父諸有公以貢為鎮江衛參軍先生產於金陵幼從父宦遊三吳中崇禎朝三吳方盛修文社聲氣最盛先生與兄子山以文贄諸公諸公皆倒屣迎之子山年十六先生年十二大動江以南爭相謂曰一時頓有兩王人今再見矣而金沙張公亮尤傾倒之每謂人曰小眉晉名士也歸鄉所交盡閩中知名咸遜謝不及以文上銅山夫子以詩謁黃東崖相國二公皆盛稱之會孝感楊竇長來為莆令東崖門下士也楊公亦自知先生舉童子科及錄莆士俱置冠軍壬午粵中郭正夫來督學閩中閱先生文大驚賞之是年入闈舉禮經第二人癸未成進士房師為太史汪公長源時銅山夫子以讜去東崖入公二相亦請告歸籍九卿如倪鴻寶凌柯茗諸公皆先生舊識方為當國所目遂不得預館選甲申之變登仕籍者一時俱陷賊庭先生倉卒微

晉陽先賢叢書曾氏

服變姓名得逸出關道中聞倪凌汪公諸人皆死難當國者或降或因因感慨賦詩所謂二十四忠半生平也至舊京以書上史道隣督師而馬阮諸人爭物色之先生疏請改職不許會余賡之先生司銓部知吳道才授吳江令吳江號劇繁先生少年精吏事如神明宿猾大胥皆憚之踰半載棄官歸時唐藩即位閩中改工部主事未幾轉禮部員外復改吏科給事中清師入先生潔身島上太公春秋高方在城中迫先生歸先生志大才敏少有操修既登第方欲得一自見會時事已非乃浮沉里巷豪誕任達頹然自放惟大肆力於詩與予輩楗戶分賦當道諸公車騎到門謝不見去亦無報謁卒以此得罪先生雖才過人至論詩乃折節下交於余十年之中所著一字必以相商于論三百篇漢魏至有唐昭代諸家亦以余言為定異同者十不能一二耳嘗語余曰近代詩人當

以君方北地予其在何徐間乎其高自位置如此予愧不能及然後世能知先生詩者猶以為過之先生既不得志於時時著詩多悲憤語至於語及國亡主死之際流涕哽咽輒失聲海內聞先生名傳其詩以不得一見顏色為恨乙未郡城圍急有妄男子蜚語當事者修舊隙遂中先生及余公賡之坐二人送獄獄具先生詞色不屈讞者惜先生才方為白之先生竟憤悒病草絕命詞三章一夕慷慨搏膺嘔血數升卒省中林孔碩徐存永諸君為襄後事先是先生語予夢邵康節以宗子集相授謂子大數盡於六六因嘆謂予曰吾明年三十六其不免乎然待詩成必逝逝當不在妻子床寢間于是出入編次蠻蜞集凡一年餘集成而禍作至是果驗亦足異矣歿時年三十七時方盛暑及就斂顏色不變闔觀者數百人咸為泣下先生眉目疎秀體羸而風神玉立望之為神

仙中人所著衣冠人爭倣之家貧壁立怡然自得棄官後客至不能具酒脯恒貰隣酤又好法書名畫不能得者寢食俱廢圍城時饔飧不給列玉斗卷軸古鼎彝于旁喜見顔色得千金一日揮之立盡性傲物亦復坦夷為人所賣不問亦不為怪所作制舉業天下傳誦殆遍老師宿儒始笑而終服之或因以取科第而俗人嫉之如仇爭欲殺之乃其少時立異非名流不交而古文詩賦為之禍階也先生以詩文殉君父以性命殉詩文他日文苑忠義傳中當不得遺斯人矣中子名人中郡博士弟子為五七言近體得家學

顯考彥士季穎公府君妣孺人慈節周氏暨冢媳方氏誌名

嗚呼不孝何以誌吾父母哉府君齎志而歿棄不孝早所蘊抱未及一施以表現當代而苦節撫孤在吾母又以為婦人從一所宜

且先聖有言立身行道揚名於後世以顯父母不孝不善立身道之不行名之不揚繼述之又何以顯吾父母哉謹披淚陳其梗槩以藏名山云府君諱聚賢字司占號季頴系唐端州二十七代高祖明少司馬省吾公曾祖封主事聞省公祖太守榕門公父博士敬榕公敬榕公舉丈夫子四府君其季也府君資質最敏遭敬榕公變伯父師榕楚榕公相繼歿府君益發憤下帷盡出大王父遺書讀之焚膏繼晷恒達旦所著制科文字及手抄錄古文丹鉛註釋盈箱篋貌如王立性孝友與今封文林郎伯父存省公悌愛尤至同里先達負人倫鑒者皆以遠器期府君旦夕悲鳴丙寅秋忽得疾數日篤握吾母手惟以惓惓不能終養祖母陳孺人為憾府君歿之日族從及里中老穉聞之皆為淚下諸先達知府君者悼惜累日不孝猶憶幼歲在母舅偓啓公家值中丞柯和山先生相

訪見不孝詢府君為垂涕相勉語甚切嗚乎此可以知吾府君矣母孺人世為清江周家曾祖知縣瀾祖吉府典儀官父太學生戊弘公奇府君才因以孺人歸焉府君歿孺人絶而復甦者數回自是病逾年始起然每哭必幾絶每不欲生以不孝兄妹故始就醫不孝習經書半孺人口授每篝燈夜讀孺人恒從旁坐起取茶菓啖不孝談先君及家世中落哽咽涕纍纍然下孺人辛勤當戶年未五十髮鬖鬖然如雪齒盡落如七十許人孺人雖衰寢必丙夜雞鳴輒起癸巳元旦起忽見有旌旛相迎者遂奄然如瞑不孝禱于庭久之盥洗飲食受家人拜如常三月朔又病語不孝曰此行必不起矣汝不省元旦之言乎初八日訣別內外親戚不孝跽床前受教曰切記不怨天不尤人二語家人念佛號合掌而逝初辛卯春按部使者命采郡邑節孝里人欲以孺人上聞孺人知之亟

語不孝曰婦人從一以終宜也但能使遺孤成名者方未亡人之所難耳汝其辭之嗚乎府君三十九年在淺土不孝至今不能成名愴古人傷哉貧之言不孝猶得視息人間哉府君生於萬曆辛丑年十月初九日卯時卒於天啓丙寅年八月二十四日寅時孺人生於萬曆辛丑年正月初三日丑時卒於順治癸巳年三月初九日丑時男即不孝向哲邑諸生娶方氏廬江知縣演公長男承祖公女繼娶歐氏女三長適中所正千户高鳴陽次適楊振明三適郡諸生鄭益孫三長翔方氏出娶王氏次悌三寬歐氏出俱幼未聘墓在石門山坐坤向艮卜以十一月二十一日辰時下葬以冢婦方氏附焉方氏歸不孝十年逮事吾母無過失庚辰歲刲股療吾母以哭殤男成瘵疾其殁也在戊子城破之時周身之具缺焉累日始克就殮予所為賦樂府變婦病行也事吾母善知其善

事吾父故祔焉生於萬曆庚申年正月二十五日寅時卒于順治戊子年四月二十六日午時銘曰

殯多載維兒罪兆休嘉靈有待德之崇石門嵬德之深西淙濉日星明雲雨靉兒來時親斯在億萬年終不改

離支賦

昔者漢武帝游於上林之囿司馬相如侍因為上林賦以獻天子天子大說曰閎矣麗矣無遺美矣盛矣備矣難為擬矣若所稱離支則具其名而未工其似也相如因前請所謂天子曰朕下南越建扶荔之宮自交趾移至京師入內庭所度川陸疲人民糜金錢罪守吏曾南方之果有類於此者乎相如曰以臣聞之嚴助則閩越之產尤為過之助嘗使彼中徼國威靈戎車告弭輶軒不驚周覽風土辯物詢名是時炎曦當御言駕皐陵迺覩荔支照爛幽林

其乍睎也耀兮若綠波之舒蓉華其少觀也燦兮若碧溪之對列星晨夕異覽炫目奪精及其手接口嘗又復過於睇經天子曰若此至矣試為朕賦之相如曰唯唯惟嘉樹之挺生兮鍾南州之炎德欝葳蕤于濕壤兮播神奧之華域亮芳烈而含章兮豈筐篚之充飾且其崇山巃嵸帯阜嶔嵜瑶磵嶄崒銅陵嶡巇複巘曾崖婉儃透（逶）迤津瀧源瀨溢浦瀲灘赴乎隘峽灌溉注披楗乎扶桑之東廓乎八桂之憑烟液之所積溟海之所蒸習風疏其條清露浥其莖玄雲晻曖布其上文鷴孔翠棲其顛琥珀丹青珊瑚琅玕出乎其下木蘭芬蕙江離葯芷被乎其旁於是青柑秋茂緑葉冬榮當春花吐徂夏寔凝含陰陽之醇淑廼閱時而始成攢柯垂帷繁葩覆蓋合猗同歡交枝還會繙纚斐英繽紛附蔕揚朱秀排紫房悅燕臺之崇霞燕昭臺名曳旋娟之袿裳與秦樓之朝日照羅縠之明璫

十二

燁燁熒熒不可殫形火齊翠羽相錯其間暉麗炳煥赤霞班璘衆芳鬱盛亂於五風窈窕無度靈變靡窮皎質内抱丹色外呈倏如幼艾見客發頩薄怒自持正容拒人至于服離離而倍好芬郁郁而遠承月方盈而蠙潤雨忽止而蜺鮮旖旎緋廹低垂情殷豐艷絶世姣若無雙動姿顧盼非笑似嫣迴睞百萬價重時年於是剖絳苞琢白璧和天漿駐靈液飫後微酡凉颸輕腋累榭層軒殼堆核積玓瓅紛陳劚繒狼藉固無異於隊墜翹亦堪憐於遺舄海童為之緋細鮫人為之掩泣於時甌姬長舞越女短謌揄衣揚袂調謳發哦歌曰越女兮不可求越水兮不可方懷馨香兮盈袖嗟途遠兮媒不通辭已畢而若返音不絶而猶唫盖能盈君之壽光君之顔廅遲莫之不及徒琬琰以為心於是天子渙然色動若有慕芒然而思徐若有悟曰嗟呼連城徑尺其可盡與明珠照乘其可竟

與方將貽子孫息百姓又何必竭情肆欲非所以敬天之命也於是鳴玉鑾御回中張別館宴離宮賜相如黄金百斤瓊璧一雙

寒食賦

若夫青陽二月景物麗繁並游洛水相遇長干雜沓駢闐贈謔笑歡芍藥分手蕣華艷顔笙調脣而自煖風吹面而不寒忽而天積慘兮恒陰雲重結兮弗解悽黯憯其中人如別離兮遠邁二十四番之信將周一百五日之期已屆驚人事之變遷訝盛衰之奄迫或處高堂深閨但聞丘墓蕭索無不淒其真堪於邑孟嘗聽琴而悲通德擁髻而泣矧乃孤子喪親逋臣去邑訣媚亂瘼失友窮厄一逢此時惆悵何極爾其兼旬禁火半月掩扉歌霖雨之調引寒煙之思失穴龍蛇兮不自訴當關虎豹兮孰陳辭披綿上之怨與否何國中之愁若斯青青盈枝殷殷徧地躑躅留望帝之名筠篁

染湘君之淚鳥翻堦而貽書蝸緣壁而成字遂使夜半神仙千秋
才鬼下故鄉而物非依舊壤而蒐是談玄壠榛詠詩江涘于時霧
鎖山鬟波颭水面鶯啣廢宫之香燕帶貞女之綫飄棠梨之霏霏
墜杏英之片片一聽猿啼都疑蜀國遍聆雅噪詎止白門乞飧公
子寄食王孫燈揺榆柳之色簾上莓苔之痕孑身飄泊孰為感恩
况乃一杯之麥飯空澆六陵之冬青自掃黄竹不歸兮年年白楊
漫飛兮皓皓新蒲之秋青楓之道逢河上之丈人與江頭之野老
莫不飲恨填膺呑聲荒草更乃髑髏灰而内擢覽列楸而精散誰
非人子我獨罹瘖秦家之烏兮歸哺情艱憑宵之爵兮成墳力短
悼高闈之苫廬咽石門之殯館（石門山先子淺土所在也）既嘗詬而難澣亦負
尤而莫筭加之荆似故釵塵生寶盌念媍死兮腹悲感亡嬰兮在
眼白鵠之西北屢迴孔雀之東南不返天道無言人生若限自然

思折欲銷襟露忽滿又若暮春舊都西華門外百花之朝猶新四海之節增嘅石齋先生殉節於西華門外又遺詩有云可憐委佩者晏晏生花朝平陵之曲出門人燕市之銘傳近代神化星辰骨就埃壒哀菁蔓兮已章稽芳馨兮誰酹又若平生知已能文之士蟛蜞無夢兮何游家小眉以蟛蜞名其作鵬鳥為妖兮旋止握手郊亭遽入蒿里素紼未期黃泉不起與夫酬唱茲辰越吟變徵撫心無家之客迴首孤城之裏東越沈又蓀在小華山寄予有寒食無家客戊子呂持伯和子有孤城寒食似當年之句酸風忽來白日已矣至乃鴛鴦之塚工花飛鸚鵡之洲邊草綠西陵蘇小松栢之丘吳趨唐寅桃樹之屋辭未吐兮勝蘭貌忽凋兮埋玉車過此地人盡欲愁遂皆唏噓紅粉嘆息風流嗟夫春秋遞更不覺甚異滿目芳華一時憔悴雖五侯七貴亦復撫時序而動容知光景之難恃況夫終天抱憂盛年失志人間有恨於斯為至所以近清明而含辛遇寒食而長愴

不待落木之悲益深素絲之涕者與

白川茶賦

猗歟茲種迥矣不同性著皎潔候際春融慧心含而叠積瑩貌琢而玲瓏產自瑶妃之地來經玉女之峰訝霓衣之忽過驚縞袂之相逢一時漠漠此夕濛濛尋輕姿而莫辨望素影而若空迎笑晴日之內宜嗔細雨之中形恍懸於楓瑗色似假於鉛華甘后之氷膚絕世蜀主之玉人堪誇轉鐙倍槃覆帳難遮歟漢宮之珠樹混揚州之瓊華明月歸昭君之夜東風護白帝之家至若籠霧煙凌雪霰露洗新粧天垂匹練三枝兩枝自憐千朶萬朶欲眩看倚樹之棲鷴疑飄梨之穿燕團扇流連銀笙宛轉亂舞手之齊垂聽歌喉之一弗思子兮未來恨君兮不見又若玉壘粉凝峨嵋皓積色既傾城價亦連璧平子之盤一雙阿母之環徑尺掩映兮壚頭鸕

鶒之衆彩兮卜肆支機之石入綺疏而可通照簾櫳而不隔雖堪悦兮妍容諒高標兮風格宜錦城之重繁華兮茲獨竊慕于楊雄之尚白

紅川茶賦

託靈根於西蜀移令質於南閩既無彫於霜雪亦有斐於陽春何懷貞而可近復炫采而易親至若結蕋經歲敷英彌旬檀心欲吐絳貌自陳秉正色而難奪抱黄中而見純傾青柯而葉對挺翠莖而葩攢葉長榮而不瘁葩雖落而愈丹亮凡植而鮮匹縱佳卉而莫班慕文章之通德含窈窕之遺顔故其翕赩如怒煥散如歡莊麗如整葳蕤如閉正者如立背者如看點綴兮不見少爛熳兮不覺繁復有同椅並蒂尤為動魄殊觀類才子之聯赤襄疑佳人之共朱闌杜宇來耶逢故鄉而相訊馬嵬去兮吊遺跡而尤殷紅綃

擁兮層層錦瓣圍兮簇簇雙椀方燃百枝初燭射新暉於扶桑爭赫光於若木豈知金谷之家未數洛陽之族況乃山頭乍見江上斜窺神女之行雲長艷文君之濯錦正披舒露臉之光彩耀霞裾之陸離豈有好於茲壤踰越水而來歸

芍藥賦

芍藥閩地所少予始得一本諸同人咸來就觀請余作賦遂於座上援筆以娛嘉賓

遵西岡以涉覽兮獲北地之異葩覩夭姿之不定亮信美而非誇擁荒莖而自護抽嫩葉而若遮等佳人之難得歸命載于後車尔乃覆以幽幕疏以涼陰緣霞迴照白日徐臨窈窕連枝猗那其房似欣憐于悅己盡極態而舒英若乃維揚擅名條谷見稱山海經云條谷之草芍藥多拂東風於山路晞晨露於園林荳蔻含烈芙蓉宿醒爇沉

水而香重汎藏蘭而馥輕故其三分已盡首夏猶如美女生鄭深閨名娥盛遊嬉之羣出臨溱洧之微波相逢相謔怨少歡多見人卻立徐摘此花映朱唇而笑發照紅裳而艷加又若送別遠渚欲折垂楊念柔枝之結贈不若此之信芳乃為歌曰歲月兮飄忽山川兮悠長顧紅顏兮堪惜願君懷兮不忘（韓詩傳云芍藥離草也董子云芍藥一名可離）將別贈之故況乃但詢佳名便知綽約味重天家根和百藥（古有芍藥之醬合之於蘭桂五味以助諸食七發云芍藥之醬子虛賦云芍藥之和具而後御之）適丹砂之通靈入神仙之飡服（安期生服錬法云芍藥有二種金者色白多脂木者色紫多脉）遂高舉兮遠遊弄輝輝之雲蔓固翻文士之庭階（謝詩云紅葉當堦翻）更列上真之卯壓

紫燕花賦

異哉茲卉乃竊禽名玄鳥初返含葩發榮猶同趙后之字豈降瑤光之精墜宮中而斂化映池上而身輕傍桃李之樹畔似含泥而

十六

未成恍懸飛而將下好低立于叢莖對葉間而偶吐怪呪喃之無聲尒乃低頭似恨弱影堪憐開玉京之塚側植盼盼之樓前既照日而灼灼亦吹風而翩翩歌曰緣抽兮芳菲紫敷兮葳蕤花開兮疑燕至燕去兮訝花飛嗟三春兮已暮悵君子兮不歸

江上聞笛賦

倦遊南還兮弭棹江干笛音有異兮佇聽以端何憭亮以達衷兮獨潄楚而懷酸憐舟聞而嘆絕兮遥曼聲而應節隔彼此之不通兮乃抑揚而齊絜引宮商而宣抗兮襍流徵而悲切于時朱夏司騶融和夷猶清唱一徹天宇澄收檣烏棲而數起潛鱗奮而轉浮朱樓扃而復啟兮有美人兮含愁況江上之芰荷兮風露濯而更悠及乎曲終餘響日停不流水波忽振葉下若秋於是信至音之感人兮凡有情兮凄辛懷故交而不見兮遂解纜兮徂征

感舊賦有叙

崇禎初天下無事士大夫喜爲交遊予時方束髮依慈親操鉛槧不出里巷海内知名之士間不鄙遺至於真賞瀰連居止接近惟我二仲雖仲容之於嗣宗惠連之於康樂無以加也及余居憂之後頓值荒亂無復人理而從叔幸叅通籍顧遭異時至於横殞余蹔遊西山懇田舍瞑色尚叅步修梁俯通澗隆冬水淺浮儵上下游泳可數瀺瀺灂灂有聲因念濠魚之樂忽而自悲追惟莊生知己之言益懷向秀思舊之賦悽然而感作爲斯篇

惟芳歲之將晏耶聊遠適而獨迋豈風土之洵嘉兮何戀懷于舊壤互連岡而相暎兮益寒楓而殊狀遂徙倚而日暮兮知予心之惆悵感山川之生人兮念良朋之新喪憑谿橋之危修兮俯清澗之流澌覩游鱗之相樂兮誠予處之足悲濠梁有其遺言兮忽涕

十七

下其如絲彼莊生之善達兮迺慟悼於惠施嗟狂言之誰發兮信
真好之不欺秀經逝於舊廬兮聞鄰笛而增辛謂絲竹之入微兮
宜感召于哀音茲余躬其不然兮悽忽動於無情慮至憂之易傷
兮退憩宿于山庭仰列星而太息兮更屏營而至明

露賦

建安中魏太子游河曲遣騎迎吳質發朝歌離沬邑讌飲彌旬方
舟連蹕塤簫激喧參從靜謐耀靈西邁望舒東出涼風乍興白露
已溢太子顧而言曰斯樂難常令辰易替徐陳應劉一時俱逝元
瑜之南皮莫偕仲宣之玄室復閉足下各在一方書問致滯發言
孰為晤賞知音要於冥契儔詩惆悵於不歸鄴曲傍徨於寡繼幸
逮芳景張佳期綴藻翰敘悲思足下其無辭焉質曰唯唯臣聞清
夷相合露液始成陰陽之盛或散或凝文武之應為布為沉既委

形于碧漢復繫質于青冥天乳垂潼軒轅降精膏以揭雩標美泉
以三危著稱外壤則丹絳獨殊虛域則玄黃不一伊人遡洄于
蒹葭貞女徘徊于猷邑訝天酒兮宜斟謂神漿兮可挹當春被兮
悅懌方秋下兮慘悽固渾元兮所秉又安得而側窺于時九達迴
漏員闕低繩鷺棲平葦鳥起高城倏濛霏而輕清繼濃敷而雾并
木蘭之朝容未墜菡萏之夜氣初盈明珠徧結叢桂紛蒸其為狀
也曖曖薄薄皛皛霮霮作聯娟而多態疑搖翮而靡定雖葳蕤而
泥縈終抱潔而玄映乘太清以善化游元氣以通微澤萬類而不
覺德沉潛而能施緣象著素及物咸滋花滑欲泫月濯逾輝若乃
星稀宵壇颸輕夕館寶氣正寒瑤瑟誰暖登衡山兮九疑黛繁望
零陵兮二姬淚潛又若仙掌盤空集靈臺霽王盡已非金莖莫致
聆青鳥兮不來君誰須兮雲際刬乃塗網戶潤綺疏飄飛閣灑瑤

除憂紈扇而却御覲流螢而紆徐遂嘆息而久立忘履綦之霑濡於是蔓草始流木葉將殞阜螽警而先鳴玄蟬感而急引似遊子兮不寧違夫君兮鬱陶羞沆瀣兮弗盡念積勞兮如何懷忉怛其靡懟援清軫而揚歌歌曰零露兮瀼瀼渥蓼蕭兮以長寫我心兮笑語君壽豈兮福攸同歌卒太子乃沉唫稱善神怡目眷答歌曰湛露兮未晞降桐椅兮離離見君子兮令儀庶厭厭兮不醉無歸乃命徒御進觴無數咸稱千齡歡調達曙

樗賦有序

仲昆少威少明星象習風角奇門諸書會時事日非慨然有馳驅之志多通異人劍客從輕俠少年游既而悔之曰殆哉吾幾不得與子至道矣彼明哲保身遯世無悶者非君子乎迺感莊生不材之說以樗名齋哲因為賦以通其志且并用自省焉其辭曰

衢陽先賢叢書稿紙

有木於此，不擇高崕，材不適用，本獨離披，地盤紆而陗峻，樹疊欝而欗陰，上連蜷以蓊薆，下茷散以翳沉，條蚴蟉其相繚，根屈糾其若攖。若乃櫄栲既同，杞櫟爰似，北人以山椿為稱，江東以虎目見侈。婆娑洛邑，建都是繩（河洛記云：洛陽北嶺有古欏婆娑，周迴四五畝，在伊闕正南，相當建都日據此樹以為南北定準）。敝芾南山，昏姻就止（見小雅南山章）。且其風亂之成音，雲繒之為纈，覽樛流於飛光，炫爍晱於列缺。鶡鶡翔鳴焉，來棲熊羆，慕類焉援擊。磵磳石攢，文理波蹙，輪菌漆黷，擁腫鐵錯，仰望焉等丘陵之駊騀，俯視焉延谿澗之根格。若是者橫亘數里而不可彌度。於時直者先伐，芳者先毀，大中柱楹，小中盤簋。白鹿逸坡，青兕入水，黿語老桑，狸啼文梓，臨春之涤為榛，洞庭之紅化枳，竹不死而空心，桐半生而焦尾，淮南之叢桂已銷，梁園之楊柳盡萎，比水獨無冬無夏，布葉擢枝，匠石不顧，工師見遺，斧斤所棄，繩墨莫施，蒙莊過

十九

之欣若故知遊息其下謂獲我思乃為亂曰登彼峛施嘆穹窿兮
崇修其躬道不同兮美名為畱胡可終兮謙謙君子善處窮兮自
託不材以困為通兮菁菁茂榮庶將往從兮

蟚蜞賦

從叔小眉詩既成取漢司馬長卿遺事以蟚蜞名集命余為序復
為賦以廣其旨焉

漢王吉少與司馬相如友善及官臨邛久不得見勞思疲精發于
寤寐忽覩殊形謂宜水澤何來都亭儔類不一蕃處難悉蟚蠘其
徒蜎蠌其匹大小寔繁驟觀莫詰風沙疾疾窟營家室靡有寧居
旋入旋出紛擾滋騷儕輩易豪四支維倍加以二螯用心急躁形
骸愈勞怫鬱猙獰游戲陶陶並行若背輕進急退浮不用泳沉則
自晦咎着不懲筐斷不悔狼螘博帶相為婚配產自江海薄涉陂

塘豈以拘墟貽笑大方寄託蟫蛇狎翫鱒魴細依蠑蛣怒此螳蜋彼臂奮拒汝眸奮張惡從喜横押闔之宗委形蜕殼異術孰窮連穴共開欲決雌雄執殳擁盾何意相攻既列介族復混鱗蟲毛詩多識曷以見遺戴禮用登曷以見知膏結玳瑁内脆琉璃唇吻不辨播為珠璣般跚自喜厥稱蟛蜞覺而自悲遇易顛顚躭躭逐逐上光以施昔者明王梦者熊羆出遇吕望載之以歸今兹之怪厥兆為誰乃出都亭果獲長卿翩然來征大笑前迎天下文章子當横行

宋玉故宅賦

庾信少仕於梁文章辭令為時所稱及朱雀不利自建業奔于江陵于時羈旅播遷有宋玉之故宅依址構營既嘆而為賦曰是江陵者跨勝襄修西晞巴蜀棧阜東連吴會亭郵阻以重峽環以延

流挾湘潭之横帶扼漢沔之上游昔熊繹受命有荆此地郢都寔彼畿京及其鳩歎澤辨方陵規衍沃度山林隰皐就牧瀦井別町雉墉騈櫛離館貝鱗覇主之後土木是興雲夢之苑囿初啟章華之層臺大營綺麗窮乎周甸冠蓋接乎步輦惟楚有材人文復擅謀猷聞穀之承詞命椒舉之撰析父之誦遺詩左史之通墳典莫不連闥飛甍繡户丹楹洞門方軌累棟重茵鋪堦映日疏牖動星雕梁之生蝃蝀瓊璧之圖仙靈獨悲夫玉之文藻事主於世寡適哀姱節之不容遂微辭而自惜臨江之濵幽遐卜宅案惟屈子之書門多景差之跡漸尚却軼唐勒在席依泉池成憑山閣闢青青千歲之藟殷殷合歡之桔名為列鼎之家不異鳴琴之室豈知夫五百餘年同為平原深箐蒙密莽蒿翳繁芰荷芳杜荃蕙射干木秋樵悴萑葦為群悽風卒起落日將昏班麕錦雉黑鴿玄猿于歸

于伏或宿或飜猯貉晝出狐狸夕紛綣蟀露泣熠燿宵行旅葵覆井荒葛曼庭曲池久以塞高閣久以傾嗟人事之迁異孰惆悵而不生況復旅客未返感物易傷望郢鄢而悽切息椒丘而悲辛樊

（之宮安在息嬀之閣不存壽陵州侯高張宿設之榭子蘭上官徽歌鼓舞之宮皆弘敞）

姬炳煥一旦歇湮若夫東家處子傾代佳人竊窺流眄葉色含光贈辭甚妙俯仰異觀但知絕麗不可殫形及至粉垣頹落零香莫尋媒絕路阻有情俱酸豈易神女之髣髴朝雲之荒唐哉當大夫之佩飾陸離體貌閑麗讒人交興嫉言為庆共就埃塵寧復自計悲夫響沉蹟銷風流雲逝千載若新有如同世者惟是遺文絕藝雖使七澤俱蕪九辯未替操翰知音之士皆以為芳躅莫繼矣於是就宅之壖因王之辭為招曰皋蘭被徑兮路斯漸湛湛江水兮上有楓君歸來兮友故居無他方兮以久淹

泪賦

唾賦

子不能違情恆多率性三爵之後情有所傷潸然莫禁性有所否吐之乃已坐客或不謂然遂於席上賦二者解嘲焉

伊陰陽之頓殊斯哀樂不協樂惟聲而諠呈哀并淚而承睫靚乘馬之班如觀歸燕之下土心既云勞漣何可長若夫精誠之至直通金石王子之着樹皆枯湘君之點竹加澤鮫人機上墜作明珠薛嬪壺中凝成琥珀卞和啼而盡血璧價遽增于連城屈原泣而為禾玉粒漸彌于阡陌斯創見于古今亦鮮聞于開闢況新亭之風景不殊故國之山河已異同胡馬之嘶鳴等南冠之憔悴掩面滂沱向隅涕泣誠不知其從來又安得而收制泪古

惟口出好興戎是過言一出而莫吞咳方聆而為唾雖神仙之當咽諒狷急之難如遽吐防魑魅之變細喣憐魚鱗之濡到地而冰霜有跡隨風而珠玉無媒趙后之石華着衣堪染尚方之色潘姬

之火齊挂樹用建榴環之臺物則尤矣事誠怪哉至若歌老驥而擊壺烈士之壯心不已戳孔雀之在檻童子之艷服為猜念千里而顧惜驚四海而恢詭自乾固知相君之厚德拾餘亦笑小儒之無才唾右

青艸賦

芊芊江上兮青青河邊為樂及春兮重以流連爾乃東風初至百草爭妍芳菲何限向人俱薰平原拂而茸茸成漪白日照而油紬停雲於時護門輒應深閣皆芸披彌逸客之徑掩冉高士之垣余乃出自西郭薄涉東郊衆卉惟夭抽姿弄芭戲蛺蝶之忽至聽黃鳥之輕啁覽易彫之玄髮笑依舊之青袍遥窺青襘先集慘瞻亂懷無端如中惛遂同仲文之嗟不異宣武之感煙靄兮罔秀露晞兮野盈訝奠爽之靈羨歷軼之貞當宵而求明方醉而索醒宵明醒醉

（俱草名）貽漢主而懷夢助穆王而遠遊季札臺傍挂劍猶在康成故
址書帶長留仙人之根不死明妃之葉未秋問艽艽而不解遂愁
愁以内憂若夫才子搴芳艷容鬪異結念新知相逢故婿杜若采
而將遺蘼蕪折而欲寄歡合歡之名憐相憐之字斷腸為誰獨摇
孰謂（合歡相憐斷腸獨揺俱草名）總忻怨之莫知諒暫隨乎人意若乃獨處春
閨永閉別殿吟白頭兮常喚奈何（白頭翁草名亦名奈何）紉青蒲兮未必可
卷荅長已斑花落如霰觀玉堦之久積嘆君子之不見至若嫩成
陌上軟綉大隄暎初柳而光暈接新萍而色齊油車經而駐幰紫
騮戀而驕蹄觸香塵之無數惟縈委于柔美是以碧侵鬟黛翠上
綺羅一唱盤石之曲再咏邂逅之詞魂銷是處思從此勞豈但嗟
中阿之蘭蕙怨隔水之芰荷又若春草無情年年自綠今日野田
當時金屋萋萋游女之塲離離酒家之士佳覩兮六朝娟佩兮三

楚盡入斜暉都迷細雨聞絃動悲牽衣若訴悵王孫之不歸惜美人之善舞況乃送君南埔陟彼北邙傷心一帶不可極望青已徧於天涯人尚遲於遠道念韶榮之終非恐繁華之易槁忽鶗鴂之先鳴兮徒信芳乎余情冀靈根之不化兮感春風而又生

芭蕉賦

若乃新故相隨卷舒自引托園側之植根擬牆東之高隱豈綠衣之婀娜本青城之涼冷蔽空庭之密陰動滿地之縹影尒乃成叢滋茂夏始春餘炎蒸可畏護此幽居碧抽三公之啓翠展懷素之書覆鹿醒後雕蟲蝕初莫不低映苔蘚全上衣裾至若懷人窗外怨頻夢中驚蕭蕭之夜雨愁淅淅之秋風疑露井之寂寞聽清響之疏桐

甌冶池賦

吳越之世閩越之鄉人文未泄天地秘英假於神工之手發為金鐵之精去當日逾千載兮吊遺跡而得名余滯寓於茲壤兮竊忻慕於既往步修堤而沿求兮徒積誠於想像覺朝夕之殊觀兮變陰晴而莫彷尔乃扶桑日出爀灩煜熠蓐收招摇爚爐鎔液若乃漢明霞赩晃蕩洞射斑斕濤紋鯨奮蛟擲又若列宿晶曜疋練離鞘青春迸輝星攢鱗耀又若虹蜺倒照横披互繞怪氣欲浮禽號岓嘯又若風雨慘慄霧慼雲疾蝘蜓愁吟水鳴波溢故數里之方塘比睢渙之文章覩鷿鷉之游泳疑淬膏而發芒對菡萏之吐葉恍出匣而舒光求斯人而不得惟一水之茫茫因躊躇而中動爰太息而悲傷

哀時命賦并序

余以乙未之年祥服未釋復遭亂瘼歷數生平伶俜流離逮于今

日生之不辰可謂至矣迺感而嘆謂非命夫昔子長著疑孝標作辨郭子玄以為由己李蕭遠謂其在天皆一偏之論未究斯旨惟河清難俟海變已非寔志士所共傷尤文人之至痛夫發言則成詞章非人所能當身則任摇落豈我所致是知愛而勞之或者宜然窮而呼焉未為不達故哀音本嚴忌之時命而悲辭視瘐信之江南撫心今日彈指遥年往如賈誼三十作傳長沙馮唐白首優游郎署當時自謂蹉跎後世尚為扼腕至於李膺范滂之同時併命孔融禰衡之次第羅凶而聞者痛悼不復有加良以大運乙極國家淪喪士生其間亦復何言哉近世李陽之摧折堪為偃寋楊慎之從戎尤為顛躓豈知從今日黃帝而上天皆為國士隨少主而入海半是名流平陵之松俱凋華亭之鶴虛唳海內文章於茲盡矣至於哲者幼遭孤苦長逢喪亂三月無君未忍西山之決壯

年失母，更無北郭之依；果逢天地之閉，隱豈可得？一值鮮民之慘，生亦徒然。越鸞向日而興，城烏當夜而起。加之歷歲烽煙，兼旬霖雨，逢野父而援飧，吹簫市上，驅儒服而登埤，聽氣垣頭，不異胥靡之徒，幾同羈桑之客。人間有哀，於斯為至者矣。昔子淵聞完山之禽，忽動子母別離之痛；孟嘗聽雍門之奏，幾同亡國破邑之人。彼皆觸物動懷，猶且忼恨霑襟，不能自禁，況如哲者身寔當之。是以聊即遭遇，稍為敘述，直緣勞者須歌，遂覺詩可以怨。嗚呼！東西南北之身，未知何處；上下古今之事，莫甚此時。倘逢師曠，謂無此最哀哉；但為鍾期，亦何至失聽焉。

我之長林，得姓從有周，而待命比杞宋之列賓，就侯服而無競。其麗多賢，逝矣莫釋。或棄千金而如遺（晉滅虢，林回棄千金之璧而負赤子），嘗逢矢石而不恤（昭十六年林雍炊鼻之戰，哀十一年林不狃稷曲之戰，定十六年林楚蒲圃之戰）。既聞禮於鄹鄉亦授玄於漢室揚雄師林翁孺若負薪於南山又獨貞其隱德春秋時林類及永嘉之播遷棄中州而爰處稱渡江之勳臣裂晉安之胙土見晉史列傳為予入閩始祖也恥纓胡之見譏遂克張於吾祖與上國而爭衡挾諸李而奮武八閩始慕詩書四海分紆纓組名里則北螺衣冠絃誦則紅泉鐘鼓暨我公之入明啟本支而益大笠仕高皇之年受知東楊之慨少司馬執法而忤權閹開府而震東界比有功之生人同定遠之清塞先見素嘆為吭宗王陽明舉以自代大王父出典名藩入擁千卷延之之就郡無難文舉之對客不倦人猶懷其高風世盡讀其述撰豈期至余貌尔早孤身依孟氏之杼口授伏生之書痛陶母之截髮念韓康之製襦因傾里中之士時屈世間之儒惠連則靈運相友孝威則羣從共居出飲蜀郡之美酒歸聽秦家之啼鳴折五鹿之角辨三家之誣擬陸機之赴洛慕賈生之入都

于時太平無事天下一家三百年来習為繁華江左文章之盛陽春桃李之花吴姬越女楚舞趙哇道矜公子之裘馬人識名士之舟車方物通月支之貢奉使窮博望之槎冠盖方依日月第宅一望雲霞新豐則蹋踘陳戲上林則校獵張罝開元宮殿之侈汴梁燈火之奢萬里井灌比户桑麻人才則十五國之風並盛壯麗則東西京之賦堪誇威靈所被極于要遐百姓不識兵甲天子親習菑畬豈知祝融信宿東年在妝三川皆震水閧穀洛天方降災民未怨黷以文景之精勤遭桓靈之亡國自赤眉之弄兵爰事勢之踼蹷時正假乎蚩尤地不利乎涿鹿皇輿已缺于金甌泰階難明于玉燭日貫白虹箭及黃屋霜隕雙鳳之翎颶摇六鼇之足三月鼎湖之事千年無兹慘酷者矣既而弓墜烏號社稷不辱中宮姬嬪捐生相續蒼梧聞帝子之絃黃陵染湘君之竹二十四忠騎箕

尾而不還百餘萬卒散旌頭而就戮尒乃率土共悲普天猶疑過密未止謳歌何之悔靈武之弗去望嵩高之難歸玉山之龍飛無處緱嶺之鶴返何時夏惟一旅楚僅三戶划茲輿圖猶半中土怨校童之維桑故宮之離黍既而瓦解建康氷泮南陽嗟大事之已去豈長江之能防見投柹而不懼恃沉鎖而無妨國容虛具威儀倉皇豈有司隸之官屬徒張更始之軍裝諸王猶競閉鴨都尉見誚爛羊將懟郭李人咎汪黃趙鼎踈而在外宗澤憤而先亡尒乃下王濬之樓船斷伯顏之投鞭長驅直指鐵騎飲川秣陵佳氣一朝黯然神靈哭爵侯之廟草木枯八公之山金人將辭於承露銅駝相見於墟烟無含桃之薦寢唯孤蓬之轉田彼祖宗之艱難乃容易而失之忽焉郿塢則藏金平堞中山則謗書盈篋曲江之野老吞聲新亭之楚囚淚睫小人望晉侯之還君子羞燕卒之笑慷

慨登車而折輪發憤中流而失楫書生無釆石之功將帥無順昌
之捷白鳧舞闌朱鷺聲怯平原之燒鴻毛大風之撼落葉走脱兔
之逡逡羡飛鳶之跕跕塵間出茂陵之盎人家見蘭亭之帖哲人
云亡才子奄訣或以從容成仁忼恨就節亦止水以無他耻見幾
為自潔可識睢陽之顏難湔侍中之血白馬錢唐之魂子規寒食
之節吳江之楓冷波濤楚澤之蘭銷鶗鴂風槩凜然詞筆妙絶猶
在人間遽掩蟻垤王碎珠沉膏焚桂爇一代風流堪為嗚咽海潮
不至宋室已矣正號蜀中猶存漢祀無斷頭之將軍潛遣人而獻
璽六飛呼而不來八駿驚而渡水宰相則自請囪門潔身一死段
匹磾難與同盟文天祥終殉國事瞿義挽曲于門人屈原大招于
弟子尔乃生民遺一念之斷腸皇甫則婦殉夫義北海則巢覆卵
傷公侯竄于荆棘王孫哭于道旁詢耆舊于益部問名園于洛陽

湖

沙明白骨燐亂飛螢饑鳥之下郭北凍雀之集空城況復王嬙琵琶蔡琰胡笳離故鄉而怨異入邊地而慘加一彈再嘆深恨淺嗟被驅軍府見迫狹邪擁佳人而上馬泣花間之塗鵶太液之芙蓉失色臨春之玉樹落葩滿庭芳之詞不屈清風嶺之詩轉佳紅顏聞而憔悴粉泪為之滂沱別有離鄉瞻望起居氊帳庾信生去國之愁李陵絕歸家之夢太武殿之圖欲成通天臺之表虛上太武殿石季龍事通天臺沈烱事縶南冠而淒其對北方而惆悵又若茸母生芽冬青始放于時悲矣于懷愴矣更有明月高樓浮雲宮闕王粲之七哀遲留梁鴻之五噫永訣鮑照行路之難杜甫無家之別河上之鳥相隨洞庭之木盡折追想故國之繁華猶憶當年之閥閱時去勢殊流離羈紲莫不憐流水於隴頭泣關山於雨雪遡颷氣之播煽始相尋於戰爭寔禍端於西秦遂埃塵之四偏嗟不擇於豪賢虜

瑞陽先賢叢書稿紙

二七

何分於貴賤漢自張角之蹂躝唐經黃巢之禍亂亭館充于野狐巢壘失于歸燕墟落煨燼于室廬榛莽蕭條于畿甸昔有疑于傳聞今當身而親見且南荒之一隅猶未悔於事變豈茫茫之九州非神禹之舊奠況復朝逢猛虎之行暮操別鵠之鳴傷心在目痛定始生奉倩之哀亡婦吏甫之悼弱嬰孔雀徘徊于五里峽猿斷絶于三聲彼骨肉之訣別蓋自古而不平矧干戈之永隔亦誰得而忘情況復季路之負米無力潘岳之扳輿無由草欲報而暉不待樹欲靜而風不休南山暗而烈北堂慘而啾啾蘐凋荊棘桑失鳴鳩猶吟臯魚之行索深愧王褒之松楸既抱終天之恨兼無卒歲之謀圖糲飧於并日吹絺服于經秋是知治既久而難亨剝既窮而將復不自我先不自我後天寔為之又何詬焉思夫家世已獨布衣明興身當鼎革時帳中而撫青萍常車前而扣白石影自

相酬，頭猶見責；寄書魴鱮，誰動枯魚之悲。相逢鴟梟，都作腐鼠之嚇；虞翻之骨相終屯，仲統之語默莫測。想汗漫而御風，集鬼神而呵壁。忽望北邙之暮春，因思蘆中之日夕。英雄之失路堪憐，詞客之無年可惜。斯出門迷于東西，視陰忘于今昔。劉楨猶為遭逢，江淹未足太息者矣。因而悄心似惼，憂時顰怨。小雅則正月之六章，離騷則三秋之九辯。擬步兵之猖狂，從伯倫之沉湎。長歌歷亂而無端，中宵數起而輾轉。況復登山兮石岑，涉水兮波滛。正平有類于言鳥，元叔託諷于文禽。感楊絲之易染，念墨突之不黔。道傍見侮，坐上相親。責卞和以相玉，問披裘以遺金。豈知劍埋獄泥，猶干星辰之象；桐遺焦爨，尚中律呂之音。

別友賦

歲既晏兮懷陫，孰華子兮彼美。出郭門兮內有期，望平原兮周千里。

惟漫漫之同雲與盈盈之方水悽黯淡其中人兮百憂沉而並起
於時朝悲苦寒莫憐遊子送君未渉中心如毀殊死生兮梧桐異
江懷兮桔枳託本根兮寔不猶芳顔遷兮非我里拔劍兮遠征韋
衣兮誰止梁鴻之妻偕傭王霸之兒列齒雁何懷兮下域人何惜
兮異國苟有取於稻粱亦深防於繒弋曰從此甚遠逝兮豈誠厭
慕於他邦之明德木槭槭兮離聲風慘慘而淒陰魈魑啼饑而盡
嘯猿狖號類而夜唫與君交甚成故兮愴述離而忽新人有別而
必怨況相驅兮賤貧兼之燧烟日見刁鉦夕鳴侵葛屨兮薄霜形
絡衣兮嚴星自古皆堪恨兮固未若此之悲辛蹇莫留兮君將行
時已非兮謀周章哀蕙華之凋零從雨雪而飄颻戲群鳧兮上下
執我馬兮玄黃彼奮鳴而不及此浮游而頡頏登江介兮悠悠湖
木蘭之湯湯于是載過南里言違舊疆值步兵之無酒復仲容之

居喪相從昆弟皆集河梁情則傷矣歌其昌長歌曰國無人其誰與居兮宜夫君之不曉乎故都捲執子之袪兮無忘我兮瓊琚

茶賦

昔楊子雲曹子建咸為酒賦茶獨缺焉予暇日無事聊為是編惟南方之草木咸重寔而吐華寔異名而著果華別色而敷葩孰若華寔不需葉嫩好兮采之宜少制則老兮水火相資貴有道兮療渴輕身在所保兮至若區產既侈名號又繁則有仙人掌上丹丘崕間蒙山兮碧澗邕湖兮龍磨桐君見錄陸羽著篇蒲桃紫笋之色橫紋含膏之寒衡州半月之製建水小鳳之團嬌女銅鑢之自劇道士石鼎之相難無不視同甘露珍若琅玕（左太沖嬌女詩云心為茶荈劇吹爐銅鑢）對若夫愁緒忽來微吟方倦獨立無聊賴此自遣如聆方外之談似看高人之傳又若芳夜佳晨初晴久雨玉塵乍揮素琴未

撫稽阮稱賔鄒枚爲主論以名泉投以石乳碧影觸簾輕烟出戶亦足供詠思之清佐玄理之苦者尔乃振逸響於圓鐺拂微聲於素甕異弘景之庭兮常作松風之聽閑仲舒之園兮欲將花氣之窺斯固酒國之徒望而自失睡鄉之衆見而思歸者與

十二行賦并序

十二行者南中小鳥也丹翠各異來必十二每一紅者稍棲則群翔則先故亦曰十二紅其音清細悠響合而益工故亦曰樂伶予獨愛其文而不嫉群而不亂而又以纖質娟性不嬰籠檻之苦繒弋之患有足感者焉遂爲此賦

惟大鈞之播物兮齊大小于流形昔肇州之畫野兮體浹歲之周辰何茲鳥之異璞兮數克應乎斯稱故其翠毳丹翎黃襟紺質素喙綠趾碧純加飾五采煥宣相錯若一當夫雁噰噰而呼群燕翩

翩而戀匹嘗噭唳而悲唫訴怨思而不悉視此鳥之依依徒嬉遊
而不知飛必接翼棲必連枝類京洛之少年好結客而炫裝比大
堤之艷冶恒要伴而尋芳且其戾集安停少長不驚群偶無猜振
頸修容被文章而含榮恥凌競而益欣長脫虞人之機時親君子
之庭若其綿蠻睍睆載好其音交交悅響關關善鳴叶律呂之調
諧兮必六二而始成故別色而同聲兮為羽族之樂伶異執籥而
秉翟亦山榛而隰苓或相攜而去魯兮慕嘉遁于海濱更凝碧之
惆悵兮遂合避于幽林若其歌筵將臨舞榭爰宿既效金釵之名
各依雕闌之曲入仙人之樓兮堪參綴于黃鵠止長安之門兮任
從容于鵷鸞鶩七十而羅列歡非有餘翡翠比飛而成行樂豈
不足顧矜羨之俱忘惟徘徊而飲啄忽綉幕之齊飄穿珠簾而不
滯葳蕤葉葉之相當疑花花之相對朝雲暮雨輕點巫山之峰送日

歸風側映天閑之隙諒罥姐之不充并籠樊之所置誠自得而餘妍兼慕群而就類至若鷙楚國之神鷹緤隴坻之慧鳥空蒙君之嘉惠懷故鄉而延眺傷孔雀之陸離與雉子之耿介遭繒罻之相尋豈慎防之不戒似江左之衣冠乃同日而憔悴覩茲禽之纖微獨游閒而粲麗感不紀於余衷聊攄毫而明志

相思鳥賦并序

相思鳥產于閩南形差少黃雀特性馴慧可愛毛羽間有雜采人家得而籠飼之雌雄恒相依每欲放之輒置其一必朝飛暮歸久而開籠出入亦不復他適矣予以為河洲匹鳥耳遂足風于天下獨此鳥生僻遠不得錄于風人以傳于世因為援筆使聞其義者冀有采焉

天下之鸞必對鏡而始舞河中之雁恒向月而單飛不及此鳥兮

厥名相思纖弱堪惜娟慧足怡處雕籠而馴擾得朝夕而忻窺一留兮一放旋出兮旋歸少小相憐兮紫玉結念依人廡下兮孟光齊眉交嬉連理之樹並戲合歡之枝焦卿墓傍之鴛鴦韓憑台前之烏鵲不慕鳳凰安知鴻鵠同心復同形雙棲復雙逐希相思兮無極願長合兮無分良人方遠戍蕩子正從軍深閨少婦一見需裾千秋萬歲會有盡何似此時妾隨君

牡丹賦

牡丹鮮見閩中近吾郡塔山上有淡紅色數十本暮春盛開哲見而嘆曰此花有王者之稱今遠在深山可謂處非其地矣為作此賦

春云暮矣景物維嘉有洛陽之名種始擢莖而吐葩簇若纈錦爛若明霞彼衆芳之不敢競兮又若列辟之覲京華觀夫車馬喧闐

士女駢觀貌殊陳而不一香繽紛而莫殫流連彌月碩賞極歡非
托根于都會安覽此之盛繁至乃空山雨雪獨立誰悅不覩王會
之來徒矜國色之絕雖草木之有心奈君子兮莫折感尼父之行
國操猗蘭而迴轍嘆明王之不作重臨風而哽咽

白燕賦并序

北平之村有白燕焉素衣朱趾飄瞥難詳于時暮春塍堤水畔芳
英競發燕掠飛上下容與益妍予聞斯異亟往求觀駐留累日不
可得遇因為賦以寫其狀

羌當春之遲遲兮感海燕之迴翔覩風質之瑰異兮豈姑射之產
鄉素姿便娟兮霏雪為羽貞性皎潔兮白玉為堂于時盧家少婦
漢殿昭陽棲鬱金而巢冷拂太液而練長至若青冥司駕瓊臺粉
榭柳絮飄颺梨花低亞去兮似來送兮如訝每直往而逾斜好

飛而不下身輕翲其易驚兮疑瑶釵之乍化足殷紅其增妍兮恍絳縷之未卸至若清明佳節葳蕤競發冰壺之壘營成水晶之屏影徹小樓縞袂正怨東風舊巷烏衣偏臨夜月見夫君兮無期憶故交兮久别踏銀鈎兮濛濛穿珠簾兮晰晰遂令相伴呢喃益增悽咽況復春殘莫訴泥香蝶慕關塞寄遲容華難駐帶剪剪兮掠霜尾涎涎兮墜露非社日兮遽歸君從此其孰赴吾聞于有娀之二女兮寘斯禽于玉筐忽發覆而不見迺為燕往飛之章歌曰春日載陽兮其儀有光求之不得兮屏立旁皇想像未遠兮精神或通圭璋或類兮思安可忘

鸜鵒舍利賦 東都有人養鸜鵒以慧施於僧教之能誦經架上不言不動問其故對曰身心俱不動為求無上道及死焚之有舍利載法苑珠林貞元中河東裴氏以鸜鵒名載梵經告以六齋之禁及持佛名號仰首奮翼若承聽狀一日悴尔不懌鳴磬謂曰將西歸乎尔其存念每一擊磬稱彌陀佛泊十擊而十念愉然而絕焚之得舍

利十餘粒載章阜
鷓鴣舍利塔記

惟文章之見珍兮易禍患而相嬰徒娛玩于世人兮亦何異于縶繒喦專一于大道兮與委化而忘形忽大悟而若失兮更有感于斯禽尔乃禰生自喜坐上攺視直意氣而凌人同言語而為毀雖洲名兮依然悲不生兮蘭芷又乃太真幃房茂先閣上倚玉枰而覆棋飛畫閣而陳夢縱蒙君之嘉惠思故山而如悵至乃洞庭亭丘隴西枝頭詢上皇于舊使唱漢武之遺謳縱嬉戲兮上下猶不免于長愁孰若依主人于瞿曇處雕籠若梵庵圓辨不礙大慧斯愍疑才子之學道恍古德之寔叅豈餘因與宿習嘗悟深而涕泣遂示泥洹坐亡化立依法闍維舍利五色顧視彼架上之集猶鷩紅豆之彈頻戀香稻之粒於是重宣斯義而系以辭曰一切有情惟自命兮明與無明無二性兮業從惑生識為弃兮識從心起心

本淨兮無衆生相孰凡聖兮不言不動晤大乘兮無聲三昧隨鳴磬兮去來自在出入定兮現舍利光度無竟兮又聞鸜鴿與此併化紫蓮花何奇夐兮大事明明胡自懵兮宋天台黃岩寺有鸜鴿隨僧課念一日立化籠中葬之生紫蓮花穿土而出大智律師為誦云籠中立死渾閒事化紫蓮花也大奇

鸜鴿賦

鸜鴿之名載于三百篇中其為風人之所取有自来矣往庾信徐陵皆以一世詞人為之作賦咸斐然瀏暢足垂異代予以莫春之初来客三山友人方塘之內蓄有斯禽累月相對得其性情于時落英繽紛新柳垂映觀其唼喋交嬉于花樹綠陰春波秋堤之際幽閑靜好悅愉自得摯別有儀德足嘉矣始知前賢所製徒矜羽毛之麗慕追隨之歡猶未悉其性情之正也於是命筆摛文亦以補多識稗雅之所不及使後之覽者有取焉

不特以其詞也賦曰

夫何羽類之實繁兮獨式重于天倫征長江兮並遊棲淺渚兮俱翻似鳧鷖之泛泊兮有毛釆之斒斕同翟雉之陸離兮去耿介而終溫比唱隨之大誼錫鴦名以從鴛爾乃翔翺高搏集擇畀託城門之化何時湖水之名如昨謂樓字兮鳳凰曰臺稱兮鳥鵲美玉之凋乍成美人之綉初落浴必太液之波遊多臨水之閣傍並蒂之芙蓉飧連莖之杜若朝過大人之華堂暮鳴小吏之墳木既態度之安徐亦丰姿之綽約又乃看交飛之燕燕差池兮識尾涎聞比翼之鶼鶼懷貞兮嗟難見惟斯禽之堪親復守一而弗變雄炳著其文章雌黯然其靡絢乘無非而無儀肯修容而自衒尒乃七十兮羅列成行獨處不求匹雙視鴻雁之悅耦兮多單孑而悽愴擅嘉合之美德非一緘之可彰群而不亂獨而不傷摯而有別

暱而相莊若餉饁之冀缺恒恭敬而弗忘類伊人于廡下美舉案之孟光望朱夏而脫羽疑避炎而就涼其為性之特徵寔紀載之未詳至若離畢羅之憂悄依主人之文沼彼五湖兮不為寬此方塘兮不為小黃雀分其粮而不驚朱鱗浮其側而不擾置鐙蠋于罔閒諒弗俘于閉鳥予竊感浮俗之積習兮鮮匹耦之篤敦或嬖而過褻與嚴礉而寡恩違琴瑟之靜好失型範之化原將東飛而反顧念左戢而屢嘆爰揮毫而攄思兮庶河洲之風存

瑪瑙觥賦

瑪瑙之名稗家謂出于月底然紀乘所載已見黃虞之代則知聖賢服御其来尚矣武林使君嘗于公讌出是觥遍觴嘉賓坐上傳翫稱異命哲作賦哲起而嘆曰諸君徒知斯器之為異而不知異物非寶不貪者始獲足貴也今隸職方輿志稱是物產于雲南使

君筮仕守滇黔未嘗留意蓄購及還泰岱典漳南廼得諸僚友遠
貺夫兕觥必躋于公堂伯雅必歸于君子今亦宜然惟希世之珍
來自無心尤可傳也遂援筆應教為賦以獻其辭曰
之異西京有瑤瑛之杯焉江南之珍東晉有琉璃之觶焉及
夫水晶之屏瑩徹樹鞨之鎮編爛魂揺琥珀之枕神眩火齊之環
固皆出傳聞于載記猶未獲于諦觀之也詳攷于斯觥之所出毓
于滇黔靈奇會謚淺為精英況復矞雲覆其土澧泉湧其鄰嘉木
披拂于其外名禽翔飛于其岑刋真之所棲態泰曜之所歸程宜
不侔于他產遠超方于文瓊嗟夫人有時而抱璞物一出而連城
造化不令其終蘊至美有遇而始成誠可樂也亦足欽焉於是班
倕竭思離朱殫索既鏤錯以磨礲加鏤琢而琱刻爰鏤會于芳華
儀葳蕤之美色夫其為姿也譬丹的之畧加施素質之無瑕何其

表正孔嘉也其取象也若踈星之綴明月及朱霞之覆積雪何其
鮮明比潔也其命義也則白華之絳趺蒨雖涅而不渝何其塌誠
忘助也且其制器所宜特倣古卮娩象尊畫雲雷將以盛玉液駐
容儀成嘉禮達積思非他觥之可比諒昔后之禺彝承沆瀣于中
庭兮等常淋之嘉名燭光明于夜象兮錫照世之微稱常淋照世古杯名
爾乃遠貽美人進御君子詢其族名辨其居址點蒼蓄精固宜有
此莫不疑鬼神之血凝目騂騮之頂髓豈知其外著文章之容內
秉道德之氣理有玲瓏之足觀性懷堅貞之難毀有如斯哉於是
南郡使君暫駐幨帷慕建安之公讌張木蘭之水嬉禮應劉于上
客徵徐陳之藻辭是日明月當秋浮雲四散乃召秦青餚鄭旦啟
朱脣舉皓腕朱脣啟兮觥之黜與同殷皓腕舉兮觥之白與相亂
復行者酒授以清歌歌中節酒且和使歌以送嘉賓歌曰瑪瑙甕

兮來自丹丘歷黃虞兮君王是求上衡山兮湛露悠悠與君交兮要結千秋客亦賡而送主人歌曰修彼文兕躋公堂兮匪兕之好歡不忘耶兮今日何日藉此觥兮愷悌君子壽無疆兮於是賓主遞酬為樂無極顧視斯觥顏若有懌銀釭藝輝寶炬暎射側睇迴觀精采橫溢

騷

越九歌

九歌者哲效屈原而作也原所作凡十有一章而稱九歌者謂數窮于九殆不可過知宗國之將覆故陳諸鬼神者不出其邦且多怨托憂危之旨非若後人所云沅湘之間其俗好巫見祭祀噭曲之陋為文之以導其意者焉雖然原之遺際屯否宜其辭至憂而有冀于或誘其衷庶幾主

之一悟兮二京既淪故君代立秩告玖壇寔在我閩越之邦未幾而播遷忽諸其於群神又烏無憾哉於是仍歌之什籲此邦之望神以讓之其音加悲惻焉以見越人之思如此耳

闢天閶地兮明堂君當御兮離陽炎若怒兮以出驅服從兮上襄裴褱兮將下翼相迎兮彷徉荔子丹兮桂花芳陳嘉薦兮君不忘越歌兮甌舞進退兮抑揚音促兮善怨袂舉兮皆長四時紛兮麗榮美容與兮浩倡君悅康兮幸少留褱一去兮安可防

炎皇

涉海兮層波思君兮逾勞君之出兮從陽侯導巨鼇兮驂蛟登碣石兮騁望志不可兮惆悵矗如山兮忽來奔若雲兮瀰湯月沒兮日生固莫知兮其所象采珊瑚兮水中遺明珠兮水上鯨四顧兮

三六

以哉君之門兮孰過心逾勞兮思長徒怨極兮無窮

海若

君朝下兮帝所夕與期兮大埜使巴童兮齊歌令越女兮合舞荷綢兮蕙旌帶之兮杜蘅酌椒漿兮桂酒芬並列兮盈庭夫君兮自有佳期折芳馨兮誰貽形既隔兮視有望進若還兮止若往謂啓寔司我居兮心獨悅兮樂無量要不信兮意未申恩疎兮媒莫為通欲陳言兮未得忽駝駕兮焉翔

越君

荷屋兮　極秋蘭兮羅生荔離離兮寔佳蕙盈盈兮氣芳桂寒兮葩敷四時龔兮菲菲紛寔庭兮杜若靈不御兮誰托須夫君兮遲遲筌簫吹兮並作揖余珥兮水中淩余靡兮水裔龍何為兮就食蛟何為兮遠逝須夫君兮不來憺忘歸兮顧懷時不再兮已非杳

冥冥兮獨悲

越小君

蹇余求兮多方涉長津兮慉駕陸離兮　導帝下兮雲中群后朝兮趨玉珮兮蹌蹌昔蝘蜓兮二蟲事君兮固各有終盛陳兮徒芳靈受饗兮何忘來而迎兮去不追風慘慘兮波若悲津無時兮不波羌靡日兮不思思君兮從此遠逝涕浪浪兮無辭

津丈人

君儃迴兮來旋道故兮陳新援北斗兮為漿使玉女兮行尊一別兮千載相望兮不可親不可親兮愈疑美人兮忽　以蘄固壽命兮有期安離合兮可常樂莫樂兮天上哀莫哀兮人間君之樂兮不得同誠我哀兮曷來歸　兮歡笑搴袂兮何時山之空兮雲瀰瀰心內悲兮以思

武夷君

揄袂兮修修揚波兮以愁窈窕兮姣服美姱態兮宜修翳重淵兮不見閉螺房兮隱幽具蘭棹兮桂舟涉予求兮芳洲子含睇兮忽不顧善笑兮又宜顰貝宮兮鱗鱗波滔滔兮下若迎來何為兮倏而逝終自恨兮何言

宮神女

思夫君兮安從蹇樂趣兮山中華衣兮雕佩授予眄兮悅余容驂白霓兮乘赤鯉（九子各乘鯉魚上昇故云）從若及兮莫至波瀺瀺兮石齒齒涉不可兮遂止雷闐闐兮長以雨裳深箐兮朝與暮召予魄兮先告終不寤兮誰訴思夫君兮未來蓀雖芳兮危殆羌愈思兮不改徒愁苦兮徘徊

九子

舍乘兮涉舟僮吾道兮悠悠兮戒中流目錦水兮先秋設瑤席兮椒醑靈一去兮誰羞山周兮以高水深兮以波波之決兮志不及蓀自惜兮奈何予處重淵兮不自訴抱悒悒兮終古凌予靡兮水濱日冥冥兮將暮志不成兮生無期功不就兮蒙予以詬尤夫人兮自有好仇要宓妃兮從游女不行兮懷百憂羌何以兮釋愁

蘭妃

候還兮域殊靈獨宜兮此都嘉卉兮丹樹夏蒨兮冬敷惟南荒兮有此舍美人兮安居靈之盛兮若霞降殷殷兮群俱搴臯兮蓀蕙涉水兮芙蕖壁蒼珮兮振振從文螭兮躩躩靈受饗兮不辭志樂佚兮色愉紛來旋兮莫吾儵以逝兮須臾

揚靈

鼓鏜鏜兮聲絶，草殷殷兮膏竭。狐望兮以嗥，烏下兮以高。戞長戈兮短兵，首既離兮心不懲。長慘颯兮疾風，轉不定兮熒燐。春雨兮秋霜，魂魄厲兮就疆場。

甌離子集選卷四終

民國丁亥翁炳樂星樓鈔

嘯菴蘭花詠一卷

［清］閩縣鄧會撰

日本内閣文庫藏江户間抄本

嘯菴蘭花詠一卷，清鄧會撰。會字嘯菴，號無心道人，閩縣人。明季貢生，隆武二年（一六四六）舉天興鄉試。永曆四年（一六五〇）任鄭成功參軍，十年任思明知州兼户部主事，勸學取士。治州持和恕之心，善觀時審勢，有政聲。鄭軍北伐，以承宣司監督糧餉。永曆十五年（一六六一）後歸順清廷，康熙間任潮州海防同知、濟源知縣、太原知府等。著有嘯菴蘭花詠（又名蘭花百詠）一卷、嘯菴詩集六卷傳世。

卷首有蘭花詠自敘，署「歲庚子冬至後三日無心道人嘯菴鄧會題於如是堂」，蓋成書於永曆十四年。以素喜蘭花天真逸致、淡雅灑脱之態，少時遊名山勝圃，凡遇蘭花，輒留連不置，索酒敲詩，取紙筆潑墨摹寫。此書即選録其二十餘年間所作，凡七絶百首，多淺白明快，在日本流傳甚廣。

此書除日本内閣文庫、日本東北大學圖書館藏抄本外，另有日本東京大學、京都大學、山口大學、新潟縣立圖書館等處，藏有元禄七年（一六九四）京都古川氏翻刻之蘭花百詠，卷端題「古閩鄧會嘯菴著」，版心鐫「嘯菴蘭花詠」，内封題「鄧嘯菴先生蘭花百詠雒汭書肆石梁齋繡梓」，末葉署「元禄七年五月吉辰，洛陽書肆古川氏新刻」。已印入和刻本漢詩集成、和刻本中國古逸書叢刊。較之抄本，卷首自敘後增鄧會繪蘭花圖六幅，卷末多六言詩、雙寶塔詩各一首，或據明刻本翻刻，則知抄本前後當有殘闕。

是書卷首及卷末皆鈐「昌平坂學問所」朱文印，卷首又鈐「日本政府圖書」、「淺草文庫」朱文印，卷末有「文政戊子」楷書入藏木戳，可知是書舊藏江户時代德川幕府官學昌平黌，明治初還藏於淺草文庫，隨後轉入内閣文庫。（湯志波）

嘯菴蘭花詠

全

蘭花詠自敘

蘭花與諸花不同一段天眞逸致飄〻然出人意表自夫隋園金谷奇花怪草鬭紫爭紅非不昭〻人耳目不轉眼而凋零狼

藉月冷煙空祗畱為遊子恨非如蘭花淡〻洒脫令人心賞不盡一挹幽格如對維摩詰話無生致理曠爾玄絕文如入羅浮太華最深處飲石脂玉漿開拓

無限心胸蘭花眞與諸花不同
者也余少時每遊名山勝圃凢
遇蘭花輒留連不置索酒敲詩
取紙筆潑墨摹寫如是者久之
覺心眼津〻乎有味如是者又

久之曰無不遊遊無不盡其趣日無不畫〻無不盡其致彷彷兮彿〻兮不知我是蘭花蘭花是我也且不知蘭花是畫〻是蘭花也且不知我與蘭花同在

大地中且又不知造化許多無窮微義又都不出我輿蘭花中也人從傍觀者莫不謂痴謂狂謂顛而余吟嘯自若亦不之顧也噫今二十餘年矣蘭花依然

在我依然在崎嶇磊落感慨欷
歔此時不向天地外覷破人群
做一了事丈夫日眈眈視人休
戚作生涯我唉蘭花蘭花亦當
唉我也夫蘭花之玅玅不與繁

花爭麗又尠不爲繁花所奪又
尠其芳馨而不自誇其芳馨不
艷不冷無榮無辱今人競尚虛
文獻棄澄寂果能與蘭花號稱
知己者古今未有幾人耶古今

未有幾人耶蘭花眞與諸花不同者也嗟〻世間喧嘩易盡一味簡淡光景令人心賞不盡者又豈獨一蘭花也耶而蘭花之深林幽谷淸香自韵又豈在世

人之知與不知也耶彙集百味
請質同志歲庚子冬至後三日
無心道人嘯菴鄧會題于如是
堂

嘯菴蘭花詠

古閩鄧 會嘯菴著

蘭花詠一百首

一

蘭花深谷四時叢點綴幽閒造化工最愛蕭疎
經雨後仙顔盡日喚春風

二

月熖芳心 玉色融香生世界碧天中遥觀雅淡

垂青帶勝過山花滿樹紅

三

懶散飛香繞翠巒深根屈曲老龍盤蘭花花是神仙也踈影輕風月色寒

四

露洗風翻竹石陪天然香噴滿山隈孤芳冉々誰相問唉盡遊蜂欲作媒

五

山色溶々不染塵一生冷骨出幽眞幾回月下
靜中賞疑是天台得道人

六

百草山中第一香蒙茸石上自含芳雨花朶々
高低影消却人生冷熱腸

七

遠々玲瓏透月涼堦前輕影色蒼々自無枝節
風生齊豈與瓊葩鬬野塘

八

不占繁華翠壁垂平生幽格畏人知繇来色相都空盡恰似高僧不語時

九

巖谷深々隱姓名折来袖裏暗香清曉風片々隨雲去不落人間價重輕

十

種々天香玉骨幽任煙任雨趣悠々隋園艷冶

今何在豈向御溝逐水流

十一

樵夫刀斧不相加静看清芬逸興賒因憶當年
騷子恨滿身霜雪臥蘭花

十二

淡々蘭花賽石花新晴漸々籠烟紗風流雅態
眞難比種得千株勝帝家

十三

映月仙容帶曉霜丹砂未點也芬芳紛々綠葉
隨風舞冷蕊窓前别有香

十四

石壁班々月焰時耐寒紫頴向風欹斂溪流水
深千尺綠葉也堪作鈎絲

十五

山深不閉綺羅春洞口飄々匝路新白晝風來
翻翠浪而今誰是佩香人

十六

喜見天香處々栽芳姿映水獨徘徊踈々月影
無拘束也與群花作伴開

十七

結實不貪色々空孤衷未許問東風何時得獻
玉鑾闕分與瑶池植幾叢

十八

苒々巖前斂夕暉誰人清賞悟禪機自知不是

蝶蜂侶豈向高唐作緑衣

十九

葉滿空山花滿林國香秋佩泠沉々不粧紅粉入時眼一譜絲桐彈至今

二十

幽々挹露碧雲堆千嶂月明老鶴陪寄語樵人莫採去香痕擢穎碧霄開

二十一

參差月影有無中天外蒼煙罩碧叢葉々清香
菩薩面新姿露冷喚迎風

二十二

翠羽交加拂石牀生來在々水雲鄉雖然冷淡
臞仙骨曾重王家姓字香

二十三

一片孤心不可更枝々幽韵鳥聲清風搖綠影
欄杆外也做葵花向日傾

二十四

九畹悠遊自在閑，千巖萬草獨爲魁。芳香不異蟾宮桂，清骨何殊嶺上梅。

二十五

一片芳心格外崇，懸瓠有兆夢先通。風来嘗作童兒舞，碧幹堪爲壯士弓。

二十六

輕影疎疎映日暉，幽香仙骨世間希。雖無桃李

天嬌態也唉沾泥柳絮飛

二十七

凝煙帶露擅清奇古澗芳菲獨秀時野鶴白雲
應是伴空林月冷映仙姿

二十八

萋々醉態似相扶鮮色空山半有無朗月清風
誰共語願隨隱叟結茅廬

二十九

輕香幻影透衣襟月下幽閒映水深不盡芳馨
公子慨餘風開謝總無心

三十

寒煙月下色盈盈一段迂蹤不世情我愛蘭花
花愛我閒風綠影碧天清

三十一

映日寒英款々新白雲流水湊相親幽香不以
無人減堪笑桃花去避秦

三十二

幾年杖屨徧名山索酒敲詩水石間每見蘭花
似鶴瘦悠々自與白雲閒

三十三

烟浮芝室吐蕾香翠影依々露冷裳不學真妃
含淚態豈將湯餅試何郎

三十四

離々茂影碧天賒露白輕芬幾倍加石上題詩

山月曉不知是我是蘭花

三十五

漠々濃陰倚石根日移秋影淡無痕而今不用
金鈴護剪々風翻雲水村

三十六

草々楚畹月明時綠野風生碧澗垂寂々不生
人我相何勞黃鳥怨空枝

三十七

半窗月上色如銀嶺外烟飛只々新花骨比秋骨更淡殷勤雅概律詩人

三十八

緑葉尖々露紫芽一簾翠色雨中賒清香素面雲深處也勝河陽滿縣花

三十九

淡白輕黄野徑迤年々香惹牧童蓑瀟疏彷彿龍蛇影驟雨狂風柰汝何

四十

鶴髮飄々映玉容婆娑淡影白雲封王孫相見不相問且向空山作卧龍

四十一

幽葩冶色團團開那肯隨風去不回一葉自能藏世界靜觀蝴蝶出墻來

四十二

隱々寒山鳥自呼清馨嫩蘂老龍鬚顛風舞日

娟々色何羨秦封五大夫

四十三

素質籠烟淡欲流一塵不染韻悠悠幽香定處混無跡風打空花侶點頭

四十四

緑波春色罩陰菲默々無言琬琰輝莫道芳姿人不識歆姬爭插鬢邊歸

四十五

高崖月出幾枝横繞々菁葱水石聲雲外餘香
玉輿潔而今何羨錦宮城

四十六

幽妍㲀々塵外身風揺緑鬋畫難真蘭亭曲水
寒陰蔭只見尋枝摘葉人

四十七

湫々寒風葉上浮幾叢競秀意幽々忘機清影
閑中趣嘯傲高山雪滿頭

四十八

古壁巖巖月上枝曉花幽致任風款孤懷冷骨
落天外也侶東山高臥時

四十九

皓月清風四面凉一庭咲語冷凝霜清香自有
仙人槪何必耽々擬六郎

五十

歲々山崖與水津白雲為友石為隣花々相對

如相語淡質清肌不媚人

五十一

峯頭緑影四時華露葉飛香伴落霞泉石相忘天地濶幽閒何處不爲家

五十二

清〻飄蕩拂峯巒雙眼盈盈静處觀每對春風時自舞何煩公子倚欄干

五十三

緑陰醮水遠天平月到蘭花透骨清白露鍾聲
啼鳥換山中閲盡幾枯榮

五十四

踈影清姿無是非春山杳〻静相依閒花翠色
諒風笑也駡黄鶯織玉衣

五十五

漠〻烟雲古澗隈禪機花色鏡中臺飄紅綿緑
悦人眼我勸蘭花酒一杯

五十六

輕風擬々和秋聲月下香飄落夏清嶺外烟霞堪作侶也嗤紅紫愛空名

五十七

月冷風搖韻更長清光素色四時香五侯家裏誰堪比自牡號為百草王

五十八

遠樹颸々月滿樓淡然幽韻孰堪傳明皇擊鼓

休相問惟有清風伴我遊

五十九

自與空山水石盟閒香玉砌出天成素容藹々淡人意我伴寒花對月明

六十

旹色芳葩點露鮮綠風織雨住山緣從今不作洛城夢那管淒々泣杜鵑

六十一

巖前婉〻弄飛泉松竹清光影共聯喉口一開
憑世看儼然華髮滿山巔

六十二

蒼閒冷質夕陽邊鮮妍依微入聖篇綠葉天孫
機上織花開花落不知年

六十三

淡蕩寒花雪後天夜深風韵興悠然金刀剪落
誰堪贈喜與鶴猿同窟眠

六十四

秀葉誰云不可攀遠峰簇〻豈容刪秋雲弄影
絕人夢湛露青山相對閒

六十五

溫柔幽態意難窮穩〻與吟萬壑空月下聞香
肌骨爽低頭無語笑東風

六十六

介色孤姿天外來低昂山上幾徘徊不愁風雨

香飄袖靡〻花饒玉露開

六十七

春風殘雨點苔班任女矜誇妬玉顏每笑桃花
貪結子蕭騷澗曲出塵寰

六十八

花可餐兮葉可衣幽香浥露映寒暉何須粧點
迎人意巖壑風輕散夕霏

六十九

地濶天清眼界寬孤標風雪自安安層岑白氣
三更雨鮮翠空山不怕寒

七十

蕭條綠影露千莖瘦臉新々分外清丹壑溟濛
風月冷遊人問我不知名

七十一

不隨群草襯香車清質長天茂歲華若使陶君
生此日且將詩酒話蘭花

七十二

遥々澄藹送春歸日影飾金山正肥不向畫堂親貴客洩香陰色透斜暉

七十三

夜窓飛舞點青空碧水凉雲冷淡中不費胭脂韵更遠含星葉拂海天風

七十四

風摇幽色欲沉山野徑尋芳去復還藹〻雲端

隨顛晦淒清長伴白猿閒

七十五

耿〻生平志未移白雲何處不相隨素華岩外俗緣斷風雨無情任倒吹

七十六

幽格任從雀燕猜絕機自笑侶嬰孩澄潭裊嫋懸秋月踈蘸輕盈次第開

七十七

飄搖芳徑影怡怡醉倒春風各自持螢度風行香散漫月窺輕色露中滋

七十八

輕落曉烟却自然寒花冷露出窓前蟲鳴暮色葉生白送盡寒風雪夜天

七十九

艷麗山中幾變更峰頭靜靜懶逢迎悠然早却紅塵想烟鎖叢前熠眼清

八十

冷〻雲霞世外心滿山紅白孰知音谷寒瀉露
透初日一榻風清影漏金

八十一

萬條輕翠亞山籬浮動寒空性不羈清麝撲衣
如有意淡雲踈雨拂青絲

八十二

霏微古澗寂無譁江外閒雲隱〻遮玉面輕吹

月吐白寒香融雪落人家

八十三

滿地香痕不計叢翠茵勝景伴閒翁曛烟斂、

鐘聲細薄暮葉搖萬里風

八十四

山深露白鴈來遲相對淒、拙侶凝清楚涵虛

雲影薄巢蹤心事許誰知

八十五

遠岸含烟鳥自來初晴幽態更恢〻當年按斂
屬凢眼翡翠新顏不喜開

八十六

夕陽影裏晚鍾鳴山色浪紋石上生秉燭不辭
連夜賞綠陰花下萬條輕

八十七

萬里遥天白露秋葳蕤山外與雲遊牧人自笑
朦朧眼錯認閒花去放牛

八十八

競華鬬妍幾時休葉送清秋自去留可笑紅顔
難久住幽姿輝映碧光浮

八十九

葉底春容水石涼倚風閒度影蒼茫今朝莫却
花前飲客子何心賦海棠

九十

懸〻曉月籟聲清踈放香生四野晴識得幽花

奇絕處春風枉費馬蹄輕

九十一

月明輕露轉清凄烟外長天一樣齊不向人間逞異色寒花葉裏鷓鴣啼

九十二

緜垂曉色出秋華萬頃烟波眺望賒寧使當時人見棄難将淑態委泥沙

九十三

月色春光舞一場風行遠近自然涼綠條露冷雖微力清致難同竊逌香

九十四

風寒月冷掃陰霾秀骨暮烟倚斷厓馥郁裁成韻色好飄搖石徑遠空排

九十五

瀝露花開不尚妝虛巖翠影石雲傍悠揚冷致非輕薄坐覺淡香興最長

九十六

含情微蘂野雲堆掩映鮮明細〻開香骨幽懷

人欲去曉風烟色任敲推

九十七

迥浮淡抹影茏〻消息蓬萊有路通濡露風吹

無限意濃陰香拂酒杯中

九十八

芳譽踈陰別有天淡根洒落伴風烟石家瓊帳

三更憂且與蘭花共醉眠

九十九

淡月清風入座来寒烟帶露浥花腮微光輕拂千献景豈用移根上苑栽

一百

苒〻空山卧白雲飄然幽影自芳芬吟成百首眞堪咲千載知心我與君

天海山人詩鈔一卷

〔清〕侯官許珌撰

北京大學圖書館藏清抄本

天海山人詩鈔一卷，清許珌撰。珌（一六一四—一六七二），字天玉、星庭，號鐵堂，別號天海山人，侯官人。明崇禎十二年（一六三九）舉人。明亡後，遊歷四方，與王士禎、陳維崧等交遊。清康熙四年（一六六五），知鞏昌府安定縣，清廉自守。六年，安定大旱，以上書乞免歲賦革職，客死隴右。撰有鐵堂詩草二卷。

此書前有原序、閆介年天海山人詩序各一，書末有吴鎮跋。原序作者已佚，序後有題記云：「此序失遺姓名，且多錯誤字句，姑存之以俟識者。洮水後學吴鎮録於松花庵中，時乾隆甲戌五月廿七日也。」據原序，「迨後宦遊三山，余與天玉尤歡，相得無間」，「邇者天玉車轔馬騁，復遇於關山隴水之間……出其鐵堂詩若干卷見示」云云，知爲歷官閩中、曾入隴右者，鐵堂詩草則題爲周亮工作，然不見於賴古堂集，蓋亮工往來南北，交遊極廣，所作亦多未刻入集者。檢尺牘新鈔卷十一有珌之從兄友致亮工書十餘通，故知往來頗密。閆氏詩序署「蔚州後學閆介年書於酒泉署中」，鐵堂詩草之閆氏序則署乾隆十八年癸酉（一七五三）十月。詩序云：「（吴鎮）手一編眎予，紙腐敗不可申展，行間點竄塗乙，多不可辨，曰此鐵堂老人詩草之半也。予受而讀之，參補其缺剥者，正其僞訛者，得詩自八卷至二十卷，又爲後集一卷，録而序藏之。」書末吴氏跋文署乾隆十九年甲戌六月廿八日，云：「予從一老宿家借鈔得後集十二卷，皆王漁洋感舊集中所未載者。此外不無遺珠，然已足以見鐵堂矣。」全書以墨筆鈔成，原序、正文、跋文字跡一致，詩序、正文中墨筆批校字跡相似。蓋許珌生前已將所作詩詞結集，曾請友人品評、作序。罷官後流寓隴右，直至客死異鄉，所作詩文亦多所散佚。乾隆十八年，吴鎮訪得遺集，與閆介年董而理之，至次年五月底蕆事。原序、正文、跋文當即此時由吴鎮抄成。又據序跋，吴鎮訪得之遺書至少十二卷，此本僅一卷，而餘者已不可考。

此本原序、正文訛字較多。天頭及行間有墨筆、朱筆批校。墨批以訂正訛文爲主，偶見點斷及評語，如臨清尋謝茂秦故址「六朝春草才人淚，七子寒碑處士魂」句，旁批「生湊」；掛劍臺「天界翔衆禽，仙彩亦既駕」，上批「説鵲橋耳，不成話」；江上觀兵處吊曹子桓，上注「松花評此首兼李杜之長」。朱批以圈點爲主，偶有正訛及評注，如當暑篇之三「讀書愧盈天」，「天」以朱筆描作「尺」；于墳、岳墳二首上，批「于、岳二詩暨萬歲山作，疑係許淝水孫荃詩，洮士悮入鐵堂集中。然筆力酷似鐵堂，姑並存之」。又如閆氏詩序謂「聞其客死隴右，有遺子系在禮縣，往求之不可得，問諸故老，則無有能道其邱壠所在者」，朱批注：「鐵堂墓在安定東門外。」

以此本與乾隆五十五年（一七九〇）蘭山書院刻鐵堂詩草相較，篇目頗有出入。如臨清尋謝茂秦故址，詩草未收，僅摘「岱下妻孥黄犢隱，淮南賓客黑貂尊」句，録於書後。重出之詩亦有删改，如黄河中秋龍衣舟上看月，此本收十首，有序；詩草收六首，無序。詩草已影印入清代詩文集彙編，故讀鐵堂詩者，當合觀二本，方能睹其全貌也。（祖胤蛟）

舊抄稿本 天海山人詩集
閩中許天玉
先生

215258

811.175
0813

原序

往予遊雲間獲交夏瑗公先生歡相得也先生負濟世重望忠誠孝友肺腑洞達文章名節炳耀丹青迄今劫火灰沉萇弘碧冷酒闌夢覺追憶緒言不禁泪下嗣是燕山卸居見先生作令閩時所首拔候官許子天玉、士也其奇藻天發鵬騫海怒神標挺持波瀾灝瀁又手擊鉢千人自廢因嘆先生知人能得士又如此乎門墻風義儼有存者思先生而不見見天玉如見先生焉迨後臂儲三山余與天玉尤歡相得無間矣

玉每怱怱别去余未嘗不以思先生者思天玉

適者天玉車轔馬驟復遇於關山隴水之間潦

倒宦途欲歸無計出其鐵堂詩若干卷見示取

而讀之判年爲集無體不備并沉慼憤可涕可

歌變而不窮放而愈細侘傺雍土馳驅邊塞之

作莫不窮覽山川熟視形勝指兩河於掌上㧞

六郡於目中皐蘭高闕想衛霍之遺勲同谷原

亭繼杜陵之遺響閱歷之奇境盡而詞章之能

事亦盡矣余每見世之貴游膴仕其烜赫不可

嚮邇轉瞬之間聲隨影歇而憔悴苦吟出風入

雅者偏卓然自命於數十百年之後嗟乎以天
玉之才之奇而宦不達不誠可慨耶然數百年
之後之人必目天玉之才之奇如此又必目天
玉之才之奇而不遇如此不無傍徨感歎倍致
愛慕而鐵堂之詩將與璦公先生文章名節並
垂天壤今日者即名卿虛左一歲九遷以予觀
之揆其得失斷不以此而易彼也矧自今以往
天玉歸老於九曲三山之巔擘荔支拈春酒引
年服食學道采真夫且才華催盡而與至人仙
客共吐納于清虛縹渺之境又何弁況感慨之

足蒙其念慮手予將相從而賦遊仙之什矣
此序失遺姓名且多錯悞字句姑存之以俟
識者洮水後學吳鎮録於松花菴中時乾隆
甲戌五月廿七日也

平涼朱正誼号墨庭工画

隴西王孚晙名全壽工書

鐵堂墓在安
定東門外

天海山人詩序

予友泌陽吳子信辰能詩如古手一編貽予紙腐蝕不可申展行間点竄塗乙多不可辨曰此鐵堂老人詩草之半也予受而讀之參補其缺刪其正其偽詠其得詩自八卷至十二卷又為後集錄一卷錄而序藏之曰少讀漁洋山人渡松詩即知閩中有詩人許鐵堂其比官南安見其述懷之作並其思閩其客死漳右有遺子系在孔縣往求之不可得問諸故老則云有鐵堂遺貝卯職薪在北思夫鐵堂以海南貢士論交四海與尉犁獻替英偶醉

風雅争日下名當時如新城伯仲之間乃新
城轂華满天下垂十年後學共奉為宗匠其詩
號千家絃户誦而鐵圭獨窮死于窮邊山縣之
中竭生平心与力之勤所爲文章亦与身名俱
滅至于埋没糞土委諸糊壁于村夫嫠婦之間
豈有人過而問此豈不惜哉鐵圭之詩沉雄富
麗組織雕繢一歸于老成于閩中詩派稍為濬
通不甚規橅唐人而骨格堅凝精光迴露要
足以流傳不朽惜其獨窮死于此也以窮觀古来
詩人所在多窮困往往自泊青雲之士其人文

亦益報施後世如有明前後七子徐昌穀謝茂秦諸人是矣鐵崖與漁洋往來最久而同時詩人如鐵崖者殊多若有人焉取拾其散遺以新城為崆峒滄溟牽連諸公以俱傳亦所以文獻之光也予老矣還以問之信辰

蔚州後學周介年書于涵泉署中

天海山人詩鈔

閬中許玭天玉著

礪松詩有序

慈仁寺古松十二非人間物予游燕則嘯咏於斯輒未能成詩昔人有云作名山水詩要配其山水之神奇高妙所以爲難松不當如是也耶乙未春復至燕而王子雨若方子玉如已有吊松詩謂夫不生清泉白石間而溷淳雜闤儂傖傖處殊溷出塵面目也鄧子孝威已有賀

松詩謂夫尖霜黑月驚沙繁火之餘巋然獨存不與夏社同墟也吳子玉隨已有慰松詩謂夫高風謖謖大都通里之側猶為佛仙之所棲息帝王之所拱護名卿雅士之所瞻詠也韓子聖秋吳子岱觀丁子野鶴已有對松詩謂夫亭亭不為傴折鱗鱗不為傀垂冥冥不為侏儒真韓陵一片石難與俗人言也嗟乎諸子各出其性情以與松遇蓋亦盛矣三月之望與陳子玄公義扶黃子鄉先

映紫彭子旦兮張子雪蕣旭源王子穀
子懷人亦世山長白虹朱子周望稚子
淑子吳子錦雯施子愚山劉子小石杜
集其下倚松而哦許子曰是青青者保
爾貞姿與爾嚴性亦可以無媿於時矣
於是乎賦礪松十章

不知何代植高倚接穹窿老節擎明月寒心立
大風橡枯依絳闕輿廢閱丹宮萬古幽州地山
陵霜露中

深院松花起無人觸寶幢神龍天上六化鶴日

中雙山意青歸寺濤聲綠遶江殷勤謝封秩不
爲帝秦降
豈不凌霄漢鶯花春自知人情空薄弱天步轉
高危吹物無涼燠居山有歲時何年餐玉茯乘
蓋上峨嵋
英特群情伏高清衆慮無未遑狥玉隊還許障
金鋪荒院眠黃犢頹宮起白鳥毘盧千里目縹
緲嶽形孤
蛟龍吟絕磵花雨下虛壇夭矯朝天近廻旋接
地寬野夫來坐臥衆美逼高寒神武門前物今

看亦已殘

乾清銅馬裀蒴伐護仙根雉尾黄雲亂蠅頭白

日昏近開市其下入門如好友流水即空村酒歇秋

槐落難招眢井魂

元氣扠恒嶠清虛鎮大千齋居宜繡佛修影故

横天寒動湘江竹晴摇華岳蓮石壇明月在曾

照烈皇年

平臨珠綱出傳說自金臺萬歲花争媚三春柳

暗凋天風時入梵山月夜聞樵過此逢宫監合

悽話聖朝

徙倚參寥夕鐘聲出上陽歛槳凝曙露譚塵拂
秋霜鳳粒餐金母龍鱗捧玉皇故知元化厚封
殖在慈坊
菁葱如羽葆老氣欝精藍四角深埋照千章靜
化嵐飛香迎石鼓結子落金丞不作冬青樹枝
枝盡向南

讀過石公尊堂節孝傳賦得惠水清

春風吹動蛟龍蟄過君成名年五十黒頭緇滯
承明廬背人淚滴宮袍濕紅綾賜餅多屺思鞠
字艱難氷蘗姿映月好成賢媛傳張燈高讀孝

娥碑昔毋手持緑玉斧搗藥和熊織暮雨劬勞
爲父兼爲師白水應知毋心苦九龍之鄉錫山
泉金鰲背冷浪花穿挈餅拂磴取寒冽素質豈
作波濤遷棲神停影貯霜雪不供鹵歊貞以潔
娟娟行地無濁聲一洗天海長暍熱此泉何其
清且仁吹潤萬物多酸辛既感彭修之令子復
鑒陸羽之通臣嗚呼君不見菩薩泉臙脂井香
乳不來哀斷綆六代鉛華烟草冷止泠泠泠發
深省
送同年李中悦歸富平。

執手爲君唱渭城玉河春柳禁門鶯雨沉石馬三山杳天遶金蛇八水明白璧獨遺聊捧腹黑裘同敝揔関情茂陵帝子風流在肯使游梁賤長卿

河上秋興二首

大漠蒼烟九點多橫流天塹賦詩過三年作客皆經嶽萬里依人亦渡河上代陵園蹲石鼓中原貔虎動琱戈扁舟一帶惟秋色欲贈瓊瑤柰晚何

瓠子中流白浪多蘆花飛槳老漁過玉鯨曉霧

吹高壘鐵騎秋風下大河温室羣公還賜席牙門諸將漫投戈行吟我自悲搖落少壯悠悠能幾何

臨清尋謝茂秦故址。

不是布衣稱作者。安能風雅滿中原。六朝春草才人淚、七子寒、碑、處士龕、岱、下、妻孥黄犢穩、淮南賓客黑、貂、尊、四溟自有滄洲宅、野日殘烟何處村、

武城七夕寄内

瑟風吹碧練。瑶露團朱林。采采武城下。門巷聞

説鵲橋耳不成詠

鳴琴征夫葛衣薄江漢芳久臨流光胡飈忽天
街翔衆禽仙彩亦既駕何必悲辰參銀查度杳
杳翠旗垂沉沉星期動閨闥脉脉陳華鐩神靈
巻瓜果鑒兹良夜恍佳人閉繡户纏綿萬里心
金刀裁霜素玉腕停秋碪無衣怯行旅言念關
塞深明河遥相望契濶淚橫襟

挂劍臺

乘軺税修坂驅馬登高臺覽曦當西隍徐公安
在哉延陵遜國彦忼慨事八垓肝膽照古鐵斥
詔貴匪回秋墳停霜素行子多悲哀我有昆吾

産十載乘塵埃中原無壯士神彩鬱不開藤花
曳荒驪風義空徘徊

登岱四首

天門一丹碧插嶺屹翠色東來彩筆千高盖流雲
團古時大羅飛雨濺秋盤珠泉組練中峯燦瓊
島襟裾上關寒起視賢君七十二清虛何處更
乘鸞

震旦光華野日紅含靈羣有胥浮空聖人屹屹
崇明德大國泱泱表古風青海玉圭誰狎霸黄
陵金爵獨標雄到來萬里滄溟客回首吳閶足

練中

黃帝經遊亘大荒齊州點點入秋蒼雲霞壯出

峰蓮小日月精垂鄗黍香望遠蘼蕪覘白馬昇

高遐迹跨青羊上書慎勿言封禪元昂君臣秪

小康

芙蓉員頂巒紆盤幾得凌虛刷羽翰種藥雲中

金掌秀賜書天上玉毫團旌旗海蜃迷秦輦盧

盧山龜竄漢壇縹緲六飛今不見蒼梧黃竹未

回鑾

過于鱗李公墓下作

中原莽蕩氣雄哉大雅淪亡蔓草哀寒棗霜紅譚子苑秋瓜月白伏生臺前靈自埶麒麟塚後哲誰題鸚鵡材手討荊榛無斤碣諸陵風雨忽西來

黄河中秋龍衣舟上看月十首有序

余遣放棄出都夏六月十三日附某新貴賃龍衣舟南還扺館閔貴人告余先行時困頓委瑣不得捨舟他適日對黄頭諸郎自覺面孔無賴啞然一笑及出黄河則秋八月初九日也由董家口入

通濟閘僅一百八十里無風一日可達
舟移風作汩汩相遭石尤震天排蕩山
嶽辰興申息似有鬼神制其枪牙者迨
夜則水月瑩晶金碧一色陸離萬象森
淼乎河漢之無極雖起玄虛景純莫能
紀其詭奇窮其形類何况窅人登樓舒
嘯余視之不過顏唐老態耳自初九夜
至十八夜月事將畢迺始檥榜予南方
之鄙人也何以得此賦詩十章厥游侈
哉

海嶠黑烟開楼船下瀨才金鈿歸燕戀玉珥伏
龍猜弓影連星幰刀光拂露桅平蕪鄉思起莫
照楚王臺
河水鬱蕘岧神鐙照寂寥擢郎寒擁肴牖女夜
吹簫珠樹黃龍障銀纜白馬潮回看沈壁處流
影罥秋杓
脉脉坐星槎泠泠采石華饑蛟崩積霧浴鷺點
圍沙白廟金燈杳黃陵玉盌斜獨憐垂釣者縹
緲在蘆花
曼衍火珠熒光芒切太青回飆疑曙日進榜換

秋星馬躍衡沙瞋龍游狎浪腥馮夷何處吊虛
晃赤圖經
寒笛對桃源長空赤電奔江華明鷺渚秋色老
龍門草沒石人塚天開玉女盆危途多與會杯
酒與誰論
桂魄望將盈清光為獨行鵜鶘流夕景蟋蟀變
秋聲漁網甘羅廟津旗項羽城中原餘吊古慷
慨足平生
蟾彩夾支機中天度六飛玉溝疏貢筏石闕晃
垂衣皋鶴乘秋唳潭龍帶雨歸持竿得雙鯉不

美武昌肥
落日氷逾黄牙檣秋勢張霜戈陳海表露晃接
天闇岸濶魚梁穩沙明鴈字長芙蓉時未老彼
美在何鄉
桅室一憑陵千年感廢興閔梁迴獵騎驛樹覆
漁燈玉蕪秋同度金鯨夜獨乘桃花靜如練歎
乃下金陵
有客倚離戈清秋瓠子歌銅池飛鏡小瑤海弄
珠多星佩凌朱鳳雲槎攬巨鼇百年幾良夜明
月渡黄河

雨花台下讀銅山夫子詩

煇煇赤城霞磷磷青磵石峨峨楚客冠皎皎趙臣璧七尺方枯楊迥在鍾陵側黿鼉代爲水滔滔流不息新人易歡娛舊人難棄擲紫氣散秦淮重陰變烈日片碣留長千行路空酸鼻寧同夷齊饑空山采薇食上有萬古墳悲風吹松栢

鍾山詩次杜濬五首

孝陵陵上草凄凄日落江南杜宇啼金尾久經麋鹿窺玉環空鎖鳳凰棲青氣大地歸斜斗紫氣中天散鼓鼙一自尊靈茲永蟄才非曹植敢

重題

石人十二舊戎裝繡柱參差咽夕陽朱雀埠前無木桁烏龍洲上有沙場暮烽傾海邊笳急秋燒彌山寶物荒玉隊依然松栢虎銅駝零落淚雙行

御宿逶迤霜露寒人間玉椀惜凋殘新朝常護龍虎騎高廟空勞獬豸冠過闕謝翱揮涕淚吟詩杜甫奉心肝堆名金粟尚無恙漫説當年勢翥盤順治十一年駕幸西山詔修先朝陵墓而鍾山一帶皆設戎兵

崩湍壞道鬱清秋七孔橋前水不流剩有黃花

圜石槨絶無青鳥戀珠丘經年置户園丁散垂老司香宫監愁祇見長生荒苑鹿月明猶自帶俾遊芙蓉縈邏壓盤螺九月場原薤露歌聖祖寶衣今已化文孫翠輦昔曾過蝦鬚畫閑寒罘罳龍爪秋來畏斧柯龍爪松名惟有羨門猶不改分行老蟻上藤蘿

金陵放歌留別倪闇公馮訥生

君不見江南庾信望鄉哀我今登高縱酒憑吊不可一世之奇才城頭鐵笛秋聲起鍾山鬱鬱

阮亭云四語有無窮感慨

紫邏開名士徜徉鸚鵡賦美人縹緲鳳凰臺中原亂離走杜甫天寶琵琶盲婦苦老大恥作請謁詩嚴武諸公亦有數長千兩舊遺六朝花落繽紛問佛祖大夫但生高皇時絳灌平平羞與伍君不見十廟之旁功臣甲第連如雲英雄氣盡半醖藉我今青衫白袷歸閩中勞勞亭畔多悲風同時握手有二子行吟金石凌崆峒揚子江頭與君揖雍門豈是尋常泣玉塞寒霜鴻雁稀金陵野菊牛羊濕吁嗟乎小人之役爲有毋肝膽贈持赤虹吐生不將相與神仙安能於悒

守鄉土此去滄溟萬里間鯨鯢縱橫天狼煙七尺東還寸心在世人欲殺君獨憐思君日上武夷巔猖狂散髮歸高天男兒富貴貧賤各有遭何時與君重話鷄壇年

長至大雪同年吳兹受中丞招飲園林觀劇

高齋梧竹盡修名静几罇罍見古情白紵忽增吳下色紅鹽都變楚中聲歌成鸜鵒春喉細舞入蛟螭夜角清一自五湖身退後隱囊紗帽足生平吳舊撫湖廣

筆致欲騫騰矣

歌行寄魯分 此人疑宋荔裳然荔裳早宦此則潦倒之士

吁嗟乎宋子適在徂徠之南瑯琊之北吾聞相去七千里有如蘋李各異國河梁一別幾寒暄共負布囊爲衣食閱徼修阻不停跡忽於盧龍之塞桑乾之河倣袁會合無顏色英雄鬱鬱志未得窮愁萬事填胸臆既不能青蚨白鏹致身乘風雲又不能長鎗大箭負氣行邊域既不能屠狗鬬鷄翦高任俠追賢豪又不能攻鉛執戟揚馬文章頌功德連狀痛哭大雪時東去姑尤杳消息憶昔與君同爲鶴占客水鏡山房播翰

墨由拳唱和有餘子未幾承明盡通籍獨不見
沈君詔令美光彩休丈進講殿中直謂繹堂李君
豪華峻門宇元禮南支行整飭謂素心又不見顧
君心胷嶔崎而磊落司空治水桃花職謂見山施
君意氣忼慨而卓越八使澄清豺虎匿謂硯山更
兼王君與賀君編錯神州奏莪績謂王佑紫翔俛仰
尚有田髩淵與余上林更彈弋弁沉雲泥鳥足
論思君恨不此時生羽翼君今科頭五松際不
日不月泰山側上窮蒼天之咫尺下瞰黃海之
無極吁嗟乎來子老者不可測大夫那得遇高

二詩乃見
風格

此何可抹

光鬚看早使蛟龍識

送吳見末恤部二首

萬里星槎入閩風潟上閩山都啼嶺日水怯匿
溪雲負弩雄南部揚帆壯北界好生還更切圖
畫報明君
旌棨臨蓬華光輝破寂寥故人攀去轄春水照
行鑣敝宥多秦獄平反有漢條風流美車騎歸
日憶題橋

高雲客索題小姬影影傳後

東阿詞賦本風流珉琄空梁落月愁夜半洛神
方入夢鏡臺塵動玉搔頭

沙棠雙檝莫愁家金粉啼痕褪木瓜陪侍雲翹
春不管閑門寒食祭梨花

留春日示舍弟文玉同玉

鶯花猶未歇辛苦爲三春破麗君恩厚寒機毋
意真才名羞入洛田舍薄居閩負米歲荒儉何
由救六親

送林元之遊學西兼東魏啟寰薛文最二
大令

龍泉烽火徹鐔州有客翩翩湖上流逾嶺遙看
一馬徃、采真多過五羊遊珠崖日近黎王穴銅

柱天高揭帝楼總是饑驅輕道里風波灝漱且
孤舟

吳門哭申惟九

早達無矜氣君家文定風匣龍翔漢失梁燕落
泥空行路來孫楚登堂哭孔融此時修短理未
敢信高穹

詠春西堂寄闗大修齡二首

見說茲堂好題詩倡牧翁河山餘舊業天地有
諸公五世衣冠外二陵風雨中昔年過孫默云
汝最英雄

草堂面淮水、名與晏花齊客至拖裾履人留盡
阮稽墓田三晉內、風月五湖雨油素曾經過、倥
偬惜解攜、

高漸離故居

野雀啄黍稷山鹿竄阡陌客行無近遠蓁莽嗟
蕪墟此地多俠士相傳屠狗居變徵聲已哀督
亢圖無餘夫人堂上筑彼偏乃欷歔矐目良亦
苦懷鉛將焉如燕趙聞悲歌日暮巾柴車欲沽
市上酒爲汝立踟躕

黃金臺

昭王能下士慷慨復齊仇築臺易水上郭隗爲之謀駿骨已堪買龍媒遂見收長驅出薊北甲肴饋營丘爰下七十城一洗萬乘羞惜哉斯人往高址空千秋春草平原緑蹀躞思驊騮三載每相過憑吊淩滄洲

北平懷古

古塞壟平蕪落日大旗紫憶昔北平守先世起成紀六郡選良家結髮事邊鄙從獵格猛獸天顏亦頻喜萬户何足道惜哉時所使屏居藍田山醉尉呵故李願一當絕域虜幾報天子大小

七十戰功成若逝水諸將均胙茅苟得安足齒
封侯非骨相數奇類如此一死謝長平哀聲徹
營壘寂寞桃李蹊何處哀國士當年飲羽石边
今蹲虎兕不見猿臂人行歌入燕市

劉諫議祠

司户故不群伉俠負奇氣對策繼天人痛哭陳
至計宮中多指鹿閹勢方昂沸風漢廷見詞娥
眉生妬忌睍桂碎玉虹血灑陵陽淚散地置荒
州高材沉下吏童子覓封侯斯人禦魑魅謫者
多群兒比衛盡掌制科第亦具文公卿敢充位

俄頃國事非至尊日傾頽凍雀遶紈千銅駝蒙
薈蔚甘露事多違濁流亦崩墜祠廟留千秋豐
碑遺贔屭雖作窮達观遂使興亡繫行道多心
傷憑軒皆揮涕

訪貽上於慈仁寺雙松下仝作歌

騎馬横過五都市獨数中原問王子才於闈獻自
泰山來置身都在雙松裏入門挨地搖穹蒼老
樹盤根渾四旁白日蔽虧鬱蕭森樛枝拂拂棲
鳳凰世間靈物忌孤美此松殊有相連理青銅
降粒神仙家黑鐵修鱗帝王里銀欄繡砌徒岧

尭六月高寒氣弗驕科頭其下吾與爾摩崖索
碑尋前朝羽葆清陰閱今古虚壇忽聽生雷雨
月石風泉迥絶塵如入靈源不知處因之雅欲
遊山東齊州九點摩秦封爾歸岱側吾閩海明
年野夫來看松

都門竹枝詞

破寺頹廊坐古碑光頭宮監捋髭無人流漾
松陰下賣去先皇白石龜
𠠝賔西象出餵𩣡教浴河邊曼衍嬉寶馬香車
紛絡繹阮亭名士倡題詩

題方爾止姬人抱鴛圖

傾城遺娬事多同縱殺紅顏策未工留得抱鴛人不死風流爭似畫圖中

香雲一斤踏西陵才子哀蟬淚莫勝吟到梅花墳上黑金剛諸咒石楼燈

汪苕文鄒訏士李屺瞻王貽上枉過寺寓論詩

匿影香林間松槐樹交密閉門忘坎坷書卷躭洗疾好鳥送清音徵風響亂帙何來金閨彥駕言問圭蓽圜陋失篝帚簡畧忘沐櫛四君天廟

材斌雅儷文質譚詩追正始宮商協壁瑟今時
推總持靡曼那足述綺語刪紅鹽雄辯移白日
齊秦大國聲吳下機雲匹僕本蓬蒿人京華幸
促膝媿無鳳麟辭明將返衡泌誦讀泥章句詎
敢闘經術羨爾江海藻扈從珥溫室應念濩落
生空山拾橡栗

洗象行

番官罽衣朝打鼓獷騎油車塞城路二十四象
行天街蠻奴作勢善財舞張疑交逵掣錦麾响
水關前習水嬉銅蹄鋙蔵猩猙惡此獸却有滌

濯期憶昔馳道七輪扇翠華龍馬珊瑚茜火浣
繡襴徑寸珠七寶莊嚴上皇殿來賓毛羽何離
離比日長安復見之方貢詎無新與故產出夜
郎或羅施斯物要非窮大比左右鞭鉤若拊字
摶力豈屑虎豹雄讅性寧甘狗兔媚須臾側身
射洪波河潰白浪山嵯峨迴旋盤薄老蛟恐水
犀晝戰浮黿鼉昆明旌旗花門變天吳午鳴團
組練盤金障泥銀麒麟銜尾騰嘯捲秋電只今
皇帝日當陽不貴猛獸窮淫荒官家隊伏聊復
爾御綃紅粟扃苑墻南海老生真好事肆上之

鄒应龍林潤

觀側肩臂平頭奴子叱道來人獸撐擠何處避

武部謁楊公椒山祠三首

哲后垂衣日孤臣欲劍年當時真激烈隔代更流傳祠廟三臺裏衣冠雙闕邊老生京雒暇下馬謁前賢

諫書千古事祀典九重心遺像兵戎肅荒陵風雨深深死生關將相籩豆配鄒林不謂朝廷改瞻依猶在今

夫子非沽直君王為表忠局成開黨禍釁起論邊功憑弔乾坤外鬚眉松柏中巖巖有生氣薄

沈周字石田

潚音叔，水波也

二畫臨米董

暮響悲風

沈雨公贈畫山水歌

春衣縫結維摩室時節多霾白日匿門坳幽黑謝貴人欲擬三都笑禿筆抱被雲物壁上觀夢尋嶽瀆生羽翰忽爾剝啄聲向我褚稜拂拂真琅玕先是弘正重畫理居家故有石田子渴硯倒呵風雨飛天下豈有奇山水雨公蕭騷能繼之縱橫揮霍如更奇眼光措撐尋墨妙嶙峋浩潚無盡姿簡點輕囊出雙幅吳機蜀錦粉花潚南宮復生趙雪江北苑再來蘗榮木余曾草裕

葉欣趙澄

關仝荊浩董源巨然四大家　倪瓚字元鎮號雲林　王蒙字叔明號黃鶴山樵　吳鎮字仲圭號梅花道人　黃公望字子久號大癡道人　元明畫苑四大家也　王係趙松雪甥

過孝陵長干握手欣與澄葉君時挈千金盞趙君時對萬年燈秋風催散白門隊貽身什襲以爲佩門函四壁生烟雲環射參此合三昧兩公善畫尤善詩含毫新體稱雅師關荊倪王何須數虎頭當年亦老痴

送同年唐次仲歸上海歌

君不見秦時傳有王次仲手畫偃波神鬼惆掉頭不肯事祖龍毛羽上天白日動爾以字行慕其人長卿學藺無乃真形軀八尺丹唇美欬唾珠玉疑有神前皇策士金華殿驊騮仰鳴同被

薦危時未得誇身榮延秋烽火眼中見二十年來萬事非野褐相逢陂翠微黄龍浦口尋張翰白馬峯頭弔陸機君不見昔年楊舲泖西渡老蛟盤旋嘯風雨與君賦詩排狂濤酒杯蠏螯不知數霽來浮屠卓秋空層雲夾腸凌高穹慈恩危棺鳥足擬謝眺驚人帝座通彼時眷背塈如鐵火婦含情待明月曾期避亂居墻東何心抱璞遺人刖凰鳳欲止無深林長安市上誰知音時同酒鑪聊一醉萬古剎高何處尋

吳錦雯赴蘋州郡李二首

行軫曙將駕戒言勑中厨攬涕陳肴漿各當天一隅芳時發皇邑高驄循具區河梁弗停囑平反慎其餘二三京社子恩愛與我俱璠璵難改結贈君明月珠春風澤南國毖劼示扃儲夕飈吹別袂幸爲立斯須讞論懷古人毋迺時絅拘膏沃非所貴矜哀仲吾儒

光輝湫天末盻睞良在茲滯淫同抱子結連亦何時滔塵謝銅馬行將歸東菑辛苦各殊分相勗無媿辭瓜蔓走道周川原起凉颸雅步已僉顧顇波方亙持旦誓一以秉佩蘐安可期此意

寧復忘爲君鳴朱絃自茲清慎名上達非淹遲
令我雍門傳叉側聊咄嗟

纇次王壺公大令署中見唐顏太師真卿
手勒碑上書晉夏侯散騎諶所譔漢東
方常侍朔墓表賦呈壺公

南征倦客白鬚裘督速來訪平原侯訟庭古槐
木葉下擁被揮絃坐上頭入門琴聲猶未息老
壁精靈雷雨黑硃硃蝸竇蠹大唐鉤地劃天穿神
鬼匿是鄉萬古鍾星元灝氣盤空金馬門不信
仙杲葬黃土纍塚纍纍露花也兩京才子走譙

伍若沉

不律筆名也

國接茵連駟埒潘岳知人豈亞大伍高表墓寧
失中郎確待詔音徽今尚存妙蹟流傳顔平原
玉劃金勾印沙屑神鬼走藏龍蛇奔惟時羯鼓
震北河二十四郡同陷賊我公單臂枕京師猶
自風流播輪墨腕肆奇正如鐵兵六軍揮掃花
門戒自言不復計工拙霜摧露剥苕文清褚麻
臨搨鋼鋟失萬歲千秋銀不律山東戎馬魯靈
灰黑質彊弓覆寒日余年十五學公書中道棄
去徒欷歔猶知酷愛爭坐位行槖維楊歎子虛
大令先人雅州守奉公茲刻珍希有黄緒宣紙

蔡帖名

好收藏賢子神明繼公後貼身摹索事亦奇搜
括寧惜千金資城南靈風閃靈蠹松栢蕭森丞
相祠我來拜謁感幽閟上馬高吟出歎次予右
悲登孫臏臺傷時畏挾禰衡刺此中名勝更盤
桓竹香藤粉玉琅玕裝成斥碣且歸去文采輕
塵墢繡鞍

濟南李氏家藏十二古琴歌

中丞李公愛琴理繐帷留挂多綠綺嘉樹之堂
好收藏我來請自操正始入門砉然風雨鳴黑
質黔黝眼光駛其氣無乃如鐵兵開囊不數玄

元李最先元時三世雷鴻音琴名背上隆文苔蝨
渴嵌空篆雷珐斲就籧鍾月丹雘材蚴螺烏龍
琴名吐黑霧漆花晃日雹母猜雷霄物在失威耳
琴名不亞大小青龍胎吾聞雙龍魯藩蓄尉氏家
琴稱曷足國破音乘龍已飛尉也猶堪響空谷
蚌珠十三雜闇黃欵識剝落繡蛇腹斯語傳之
周雲窩那得淒清和石竹繼而再見斲弗斲年
代遐萬點輕痕貼黃玉反令斲木生枯華此琴
明皇改元作不是平盧野琵琶座右蕉葉琴名亦
天寶古色玲瓏通絳紗倏爾虛窓聆虎嘯琴名淳

熙草隸官局料御氣拂拂太清樓繭絲牛毛宛
相肖錫然併入木雷琴名聲手敏心閑必高妙天
水故印歷雅師梅叟嚴翁總絕識主人復洗秋
澗泉琴名截肪白璧形蜿蜒或謂嶧陽孤桐質寡
鵠離鸞慘不宣蛟龍夜吼海波立豈有聽者非
成連模索莫定何代物幾欲深更抱汝眠丁字
簾前罥紅雪琴名厥狀珊瑚故殊別施硃細膩膚
理旬戲銀詰曲光芒綴小雅琴名嘉名協笙簧螺
鈿霏微着騷屑薰風甘露明堂姿從旁起粟轉
寒冽季札洋洋應止觀皴紋坼軫團螭鸞盦罌

几席失顏色頓使行人涕淚看白頭老璫鬻都市官家内物江山殘盡歸于闐雙綠玉韞裹琳瑯不忍彈太上一器名翔鳳（琴名）紫霞絳綃毛羽動迴旋盤舞悅至尊廣運璽光交螮蝀憲宗宸翰操南薰思陵進覽時供奉揚靈直擬翠華遊拭淚還分黃竹痛況兼孅美有蒼龍蝸粉蝕字餘天風田家妃子貴難得弄簫聲徹永和宮彈碁黙素更第一金床玉几蛾眉工特進昭儀早捐棄不與馬嵬遺襪同殿後含情見秋月（琴名）形彷師曠桐作骨徽卿好古龍帑珍罷廢忽入中

山閥定國功高冠列侯六代鉛華歌舞歇鄂公
羽箭衛公刀流落民間歎殘笏此時憂憂遶盡
梁不數錢衡與惠祥無絃嗜好那可學一琴一
音成宮商屹如巖崖之巀嶪瀏如河漢之汪洋
肅如林木之震盪堅如刀劍之奮揚憶昔長安
有坐客隼額虬鬚云姓易淚落檀槽口自言曾
侍前皇理絃索玉熙清讌召龜年誰道君王寵
秦虢萬歲山前賊騎稠鐵鳳銅龍灰霹靂可憐
天子霓裳愁樂伶無復拜長秋雲門失職湘靈
没叚師淪落賣笙簇斯人知音靡易遇岐王席

上空悠悠開元遺譜多入曲今夜月明何處搨

登華不注

表餘將凜冬行鑣夾城暎晨瞰浮朱湖放覽衆
靈展遥峯樘我前盤拏帶平竹劃天神斧遺接
地仙經撰四寓無回遷寥廓得所遣飛嵐若暈
垗丑父事亦典嶕水蓄其旁益致烟雲闌翠栝
翳筏械璃梁敞旒晃黑質五圖陰雷文雜洞蘚
巖脊蟠金鰲磴道暢叢藹老屋巢枯蛛垂綠蒼
耳捲道宇隔數弓重門弱蘿鍵忽迷丹霞栖石
寶珠花涌茸衣上高臺環青屹然辨孤賞忘巑

晴字重

岏危情生娩娩幽翠互蔽虧勢欠還復轉頫瞰
風鳥翔仰譯星崕篆躱此區中奇全嶽具一竅
大荒無窮期攬結清輝淺抱影凌蒼冥娛心對
芳睍

貽上招游趵突泉四首

王謝風流接錦韉同時珥筆頌甘泉三秋冷吐
金梁桂萬歲晴開玉井蓮魚眼射波浮曉日龍
牙吹島散晴煙高樓盼斷雲中鴈畫挂齊州九
點邊時訪愚山石齋俱出巡外郡
仙人橋上鶴來無行挈方平白玉壺王方平有十二玉壺

缺金都作溫
諸印蒙泉
亦大言不慚矣

身落星濤浮筏壯，手捫雲壁嚼蘇枯。霸陵石馬依荒戍，玉屋金烏起凍湖。我欲騎鯨問明月，碧簫吹徹嶽形孤。次趙公松雪韻

靈水琅玕飲竹光，會波樓上看鴛鴦。浮來漢辟朝河伯，捧去秦珠貢海王。鼇背三天星樹燦，牛頭千佛雨花涼。檐端靄堅澄如練，褭岫亭亭畫夕陽。

叔獻燈謎不知謂何

曲檻芳塘靜浴禽，誰流金粟養廉心。偶經兜苑黃星小，繞到龍門白雪深。東地煙花迷故國，上方鐘鼓出華林。兕纓自向明湖濯，仙掌真源此

目尋

白雲楼仝貽上

齊名嘉萬當年事白雲尊前我兩人巾舄忽來凌嶽瀆楼臺便欲接星辰泱泱大國看無際漠漠中原會有神秋色平分華不注天涯知己若爲鄰

秋柳和貽上四首

秋色行人易愴魂垂楊垂柳黯江門烟含駘蕩宮中影風弄靈和殿上痕曉留暮帘還出郭青楓黃菊自成村闌情最是長干路攀折殘條那

可論
竹西橋畔月如霜顧影依稀覆畫塘帝舸久無
扳錦纜娼樓空自問金箱傷心搖落南陵庾行
部風流東郡王却憶烏綠推小玉凋零勝業舊
時坊
曲江花片點春衣三月思波事已非金苑女砧
承露曙玉河官騎戴星稀書沉京闕枝俱折烽
起邊庭絮更飛樹色高樓聊騁望十年夫婿亦
多違
琅琊戰伐見還憐大道斜陽欲作煙一自青郊

搖維珮、逐令紅淚濕吳綿、柴門竹里尋高士、池
草園花憶盛年、愛爾数株籬落静西風魚稻老
江邉、
秋日客泲南遍游華不注諸名勝仝貽上
限用清波杈潦日華林鳴籟初韵十首
東宗生馬色華不獨孤清屼屼斜照水碌碌細
通營蒼烟平九點花蕚眼中明緬惟謫仙人曾
騎青龍行
招招小鹿子刺撥弄廻波銀塘采藕枝素鮪穿
殘荷逍遥白氈巾閒吟三綿歎此時紅杜華映

我微醺酡
玉屋娟娟細名泉落晚秋染藍倬如練大小真
珠流錦鱗閒文鵞唼啄浮黛扠仲宣吾素侶憶
上會波樓
層林蘸曲池筍屐試臨眺琅玕生積玉坦迤凝
四照洄沿生濼奇蕭莽見岱峭何當水田衣聊
學南皮釣
硃塘縠微波錦鳥浴寒日中流有佳人端坐理
瑶瑟北渚清且漣題名空絲筆即此倚青藤汗
漫五嶽畢

鳳翼亦有嵴虎牙亦有華峩眉夾明水冪壓成
綺紈若不載酒遊辜負東田花邊李已黄土行
吟徒咄嗟
七橋如畫裏澄鏡入冊林矰網無巧施花時印
魚禽據圖思往喆歆羨多所歔蕭晨來東海遂
忘久滯淫
金溝鳴咽水秋禊紉香蘅不識天孫杼誰謂帝
女笙小院銀河寂時聞孔翠鳴當年承輦處細
草却愁生
嶙峋行叉壘雲日半含黛企彼升天詩清真激

林巒千佛吐芙蓉河山繡圖繪抵掌誇雄風齊
魯青猶在
晴川若丙穴吾羨水丙漁文橈臨秋圃单椒點
素書日日不梳沐三至名士居湘藤聊自適坐
卧看金輿

萬歲山

後宰須彌霄漢間白雲黄霧散燕闕三峯隕石
龍方逝萬樹啼花鶴未還每到春深凝碧血常
從昏黑現愁顔翠華已向人間寂寃鬼多應戀
此山

孫恩盧循
两水賊也

己亥歲除日述事作歌

蛟宮倒翻逸鰉鮪，擊浪衝腥冒龍子。黑風吹入玄武湖，截流掣鎖瓜洲始。江南江北鐵兵鳴，將見魚蝦涸津市。烟波杳冥憂至尊，十萬樓船從此起。黄頭龍舸舟師成，蟻羽夾飛大請兵。天子明堂落空紙，禁林銀璫畫戟行。特簡親臣出門出，好似穆王八駿輕。宿衛齊驅豈常役，供給惟閭宮府驚。闐地風物瘠吳浙，況以孫盧長窟穴。出没多因恃水柔，征討奚庸滋火烈。度支先期而旁皇，府帖四出如滾雪。此時民力已弗堪，斬

新奉行免鳴咽土田湫隘費誅求夜騎雷馳大
户愁秋粮徵那追呼急米豆充入俘山丘剜肉
剔骨無時息胥卒乾没官除頭倉鼠廪雀耗揚
簸香蕩不用飽驊騮丁男逋逃苦刑梏閨閣撐
持馬料粟可憐賣髮并賣珠侍兒不回何處贖
兼之親串多流亡攬户包荒横錢毒恨生弗早
填㳄泥直待此身類鳩鵠眎夜軍書江上來四
郊吹角營雲開盤空殺氣到鷄狗黎元差使營
行臺大將金蟒轆轤玉貢獻方物鋪苺苔城内
符牒下鄉里點火撥夫哄殷雷寡婦垂頭巷門

哭有子負攜遺鞭朴家貧莫辨倩身錢日日官
差難果腹黄楮小旗書上供得此纔可全皮肉
有時多泒拘禁之無衣無食露中宿南人好事
重絨前夾城金鼓喧震天誰知不見庭邊苦却
因此際望無年見女走藏爆聲死百貨攙奪空
流泉道上纍纍被驅遣無罪木鐵牽相連咄咄
今茲孰最樂新安健卒屠門嚼腰間大笥衣裘
鮮馬上得意長伸脚更有常平斗級家忽雕宫
粒巧造作粲粲兩人信有時饕餮光彩形態惡
公門胥隸競奢豪瑣袱短甲紅罽袍梨園傳頭

十番鼓昆雞學謅吳儂騷街坊巨儈善烹割金錢喝釆椒盤高醉後胡盧結隊出善財戲舞獅子毛摩肩奴輩盡若此閱閥大家門如水東坳望春土保寒曩昔繁華無復爾花棚空待俳優娼柳陌畏遣徭役吏衹緣嫚罵輕詩書何心礼数混鹿家古人逢年勝力田即今身世两茫然行向虞羅哀雊雉又從戰壘瞻烏鳶感時涕泣掩蓬篳来日飢凍且竟眠但願昇平長無事將家魚麥老江邊

廣陵劉生行贈峻度

吾聞西京劉生慷慨天下無虬髯虎氣礌礌落落真丈夫三十專征掌節符結交遨遊咸陽都五陵七貴時囁嚅平頭大賈真庸奴然諾不苟心膽麤腰間繡血光糢糊手唉齷齪生頭顱長安市上酒家鑪有時醉後攘臂執金吾何止布帽陸博工梟盧如此高風千載難畫摹征人馬上鼓角雜笙竽劉生一曲吹之邊月孤迴今相逢廣陵城南隅自言家世本是關中儒少年顏色雪照膚黑貂纏頭大秦珠鮑裘窄袖紅[illegible]逾立談懸河顧盼殊風流文采樂只且我行將上

騄駬户旦
醽醁

書握手交路衢控我紫騮駒挽我白貉緇黄河
氷合雪載塗風搖縞帶日西徂何不停軌稅駕
緩斯須門前枯楊棲老烏阿房重階石爲樞飛
甍曲池穿轆轤到来稚子皆歡呼坐君鴛鴦之
綺疏酌君騄駬之華醴憑君琅玕射日之珊瑚
拂君芙蓉出水之錕鋙座間十五青童姝鏍林
鬱金帶流蘇學爲楚舞歌吳歈光彩肆映金僕
姑上堂行酒炙鷓鴣丁丁漏水注玉壺爲君中
夜起長吁人生及時當自娛咄咄許子生平輿
越國過都湖爲而來手萬里坎壈悲窮途日暮

何處巾柴車吾將寄夫仙人之所居高樓四顧
空踟躕感君欲繡平原圖寧獨報之以賤軀劉
生劉生真我徒

廣陵歲寒行酬貽上
南方有客疲車騎雅好揚州古歌吹天寒風急
大江來手脚凍僵矜襆被難將花柳起隋煬忽
使江山恨吳濞子雲已老猶上書萬里修塗闕
餱耩霜雪滿眼關塞長行道遲遲心內傷憑軾
已接南陵杜（謂湄郎）倒履猶趨東郡王王子球琅
天廟器十年詞賦籍長揚射陂湖上仙人沼丈

選樓前驄馬昂建禮承華且廑左咎繇平反無
不可蒙衡去歲犯金陵江南江北闃秋燦聞風
將吏多囁嚅平頭大賈間同坐讞牘纍纍若丘
山佛子心腸對枷鎖使君文彩絶代殊歊水賦
詩滿吳都一時賓客盡廚顧鄙人亦自當座隅
高槐縶我紫騮鞚明燭照我青驄糯酒才八斗
詩狂菐句贈歌見李夔珠凌晨公車將北指幽
門莅莅向誰是使君清名世所無條脫雙遺寶
光紫蝨鬚鳥翼嵌鳥緑戲漆施鉛圖百子此物
自是內閨珍廉吏傾槖至叙珥夫人中丞之女

舙 音滑 小船名

孫名閎詠雪稱賢媛視墉發𥳑佐君子使君乃
得追平原憶昔鄒平憲百度雲間考功在及門
當年絳帳分燈火尚書太學如弟昆考功居常
述世系華東老人重高第鏡具難酬太尉知此
後淵源慎勿替何期閨閣有祖風肯散香奩助
交際感激悠悠岐路人被佩豈是尋常惠歲晏
聊為偪側吟世間意氣非黃金銜恩自欲依揚
寶急義還看壓華歆淮水瀰瀰北風發使君異
之同淺深要知舙子揚帆處須識王孫一飯心

落第假寓天壇寧德崔四拔以貢士來京

師仝住南廊因獲謁神樂觀太和殿爲
今 皇帝郊祀奉常演樂處有六古松
二白色夭矯離奇三百年異物也中有
一松最奇詢之道士云爲明成廟手植
摩挲瞻仰之際崔作歌以紀之余亦敬
和焉

北極真人龍鸞姿手定乾坤纘丕基圜丘方澤
隆郊禘玉蓋金莖森翠墀桂觀蘭房傍神樂道
宇沉沉肅百司句闌老松並屈曲青銅異質垂
芬蕤氣若西嶽吐蓮苛光如東序呈球奚含桃

秬黍失昧奥上清修樹何高危盤肇豈爲塵間
物中有一株稱絶奇傳云文祖祭時植帝壺神
犧鷟追蟲靈根煒煒映圖牒甘露冷冷凝髓脂
彤塔率彝精氣達蚴蟉無廼成蛟螭外此亭亭
雙白玉于闐琢就紛迷離或是仙家五華草肌
理嶺瑩氷雪皮夭矯非同温室樹菁葱不數甘
泉芝昔年成廟崇大饗白雲汾水神人綏作宅
金元安寶昺妖魃不祥罔敢窺齋沐曉開龍德
殿宴遊夕罷昆明池屏翳六飛臨宿衞帝子天
人現赤髭尭枷舜梧棠勿謝萬歲千秋以爲期

亡何屬玉宮中火風條雨葉夏社移灌木陰陰
尚如故見之禾黍心内悲蘭旌桂舟去莫返裴
徊容與而嘆噫天子扶桑日初出期門長護萬
年枝報祀維新清警蹕燐燎先自集熊羆獸圈
禽館不復駕齋房九莖靈所依今歲上書仍獲
落開牕後倚觀條支自分踈狂三禮賦那堪陪
扈七言詩平明避暑行殿角薰風微微來罘罳
古貌清鬚閱人代相對卑無兩淥洏太和伶工
樂間作簫箾髣髴鳳凰儀鈞天切奏神魚下至
哉觀止繼者誰日馭上賓愁再覩龍軍虎士空

追隨物靣歲寒臣已老紅蘭皂筴還蘿蓰盧壇有時生雷雨揚靈要耿廻雲旗諸陵豐尋頓焉盡得此差可歷盛衰坎壈風霜鬼神力上帝謂汝欽護持

送陳靖之任清遠暫旋三山

四月櫻桃紅復飯仙郎馬首出燕關橋梁折柳行三輔驛路看花到百蠻逾嶺尚遲鳬舄下迎親且倦鹿車還他年朋舊來京洛待尒龍頭青瑣班

朱僊鎮廟

河流滉瀁逼靈宮遺像盤龍錦戰韜十道金牌

啼暮雨四時玉碣撼秋風漢亡不得留闕羽晋削何須怨賈充每到松杉好月色虛聞神下教猿公

鐵塔寺作七歌骨肉睽違道途委頓感事述懷聊抒憤悒云爾子美猷吉則余豈敢

我今行年過四十咄咄天壤饑乞食衣裾偪仄曳何門金錢結交伏誰力憶昔生身在顯皇恨弗早死遭兵革徃來上書闕塞杳前有猛獸後毒域行道遲遲心莫違中原欲歸歸不得嗚呼

一歌兮歌始非丈夫意氣空崚嶒
慈父見背歲改元真龍上天羣龍奔弘隆之間
家難作手營淺土號攀援負沙抱石亦人子何
至狐兔竄枯原刑方休咎理或有報親安得泥
斯言日月交黑霧間出遶床狂走摧心魂嗚呼

二歌兮歌莫懟歷歷南山色蒼翠
小人有母在南紀昨日書來教勿仕減食莫上
諸孫啼垂老如何闕嘉旨男兒卿相亦奚時出
門牽犬入牧豕刀箭滿眼天茫茫浮雲四塞望
誰是微軀未敢以許人歸去親前學色喜嗚呼

三歌兮歌欲哀秋風吹客上高臺有弟有弟承明姿大弟清顏小弟奇翔冠龍鳳謬相許致身青雲愁無資同學少年俱通籍安能長日美刀錐士不成名隱亦得世路風波君豈知負米到家六親散救之毋使毋心悲嗚呼四歌兮歌以泣鶺鴒寒原征衫濕

有妹有妹慧韻雪毋愛獨女逾美抉良人縣正未殺人貪吏橫嗔坐縲紲黃狼晝瞠鳥夜號蓬首圜扉理枷鐵每欲救之囊無錢安得天海洗暍熱鬥力伶仃藐孤孱我空與爾同肉血嗚呼

五歌兮歌弗堪悤宜稽首皈瞿曇
憶昔有孀稱賢媛十五箕帚持家門惟時祖母
病不測進食割肝為糜饘姑嫜以之延壽紀厯
體嗣是乡封燔行孝既畢上天去表閭不得報
母恩膝侍連歲聞生女何獨使母無子孫嗚呼
六歌兮歌最烈叔父抱女豈終缺
射書城頭古鐵塔瓠子東流河水納金龍玉鳳
一齋飛四壁網蠡垂破衲鐵堂老人居其中闘
鷄角鷹五都雜失路悲風萬里來夜起開門呼
閭闔眼穿不見魯先生英雄到此氣空悒嗚呼

七歌兮歌思長光嶽楼前非故鄉

七夕寄内二首

不圖行塞日又值渡河時門巷停秋織楼臺起
暮思寧邀青母駕莫賽紫姑祠天上還離別人
間那得悲

挽車偕隱處惆悵失前期跡類游秦塞名驚入
維衰河深烏鵲過秋苦女牛知機上千行淚飛
梁欲落時

七夕九日登光嶽楼四首

淡雲踈雨思悠悠閩客飄然獨上楼高倚八荒

迎魏闕閶從九點辨齊州廻旋玉鵠當空落彈
壓金鮀入海流勿謂東行愛棲息憑闌天上瞰
清秋
樓光萬里接滄溟郭外諸峰若几屏危坐星文
開大國濮曹風色似西泠夕陽鴻雁九河白秋
草牛羊六郡青元氣蒼茫連鉅鹿莫愁宮闕隔
玄冥次愚山韻
聊攝金風動遊波樓頭秋色一人多驚心上界
還錙轄矯首中原欲放歌流覽乍逢新斗宿戟
爭空憶舊山河白雲不盡慈親望猶向清虛禮

大羅

丹霞如畫亘天橫縹緲仙人十二城軋軋踉槎

雲際浅輝輝珠網日傍明客心南去臨窓迥嶽

色東來拂檻清六國憑陵秦自帝高風還仰魯

先生

王望如司李白雲屋圖歌

君不見漢時諸儒重氣節遇事敢言遭縲絏尚

書講論歷更冬枯楊吹火照枷鐵那知天意自

生還寧使經術歎殘缺王君底事相勵連夏黃

得罪均一轍憶公驄馬來吾閩刺桐花下不勝

春讞條豈盡同文獄直道何曾怨黨人出入鉗
網者誰子恥爲毒蜮爲祥麟緹騎纍纍宵向爾
慷慨就逮難及晨天王聖明怒不測上意要非
臣下識銀鐺木桁一齊加聲聞至尊愈疑惑抵
死猶稱前案寃羈縻俱是田橫客中有平反佛
子心破壁垂頭註周易先是蝦蟆並見汝釜沸
波翻無時休塵泱提挈七千里玅也奉訊新滄
州被刖南行君此去班荊嗚咽淚交流証局不
須愁部亮危途猶自愧王修善爲禍機福亦伏
皇帝大漸好生録飛黃斤紙落九重請室空虛

罷三木歸來每飯憶君恩圖畫白雲讀書屋行將再出爲刑官請勿讀書且讀律

再送孫無言歸黄山歌

朝馳青絲轡暮操白棠檠故人在燕城明月破蕭齋訪君登君堂飲君坐君榥南酒方數行中夜發深愴自言家在黄山陽欲歸未歸竟塵鞅向平婚嫁無時無掉頭那得超世網逡巡再拜如有求愛我詩聲多慨慷停杯離席爲爾歌久已臥遊意欣往吾聞軒轅之山何其高且雄去天接地八千丈崔嵬彈壓勢莫當峰峰六六宛

相向楚頭吳腹如鉤連突兀雖奇信殊狀上蟠
虎豹跛扈之藪宅下瞰蛟龍廻旋之奧藏吐納
元氣包鴻濛南紀星纏百神仰傳云三天子之
故鄣在焉没汨嵐光失回鸞黄帝六飛何處尋
容成浮丘夾行伏衣冠雖自葬橋陵萬古烏號
動哀輿兼傳煉藥此山中豈有雲螭寄虗晃丹
泓爲泉金銀臺美箙良菁垂露掌日輪月轡揺
精魄天海延袤色同蒼昴湖已涸爰居哀林谷
風凄嘯山魈黄熊青兕白晝啼向人玉虺珠壇
鷙板蕩自是君身具烟霞攀藤躡葛或存想孫

子稽手曰否否出黄入黄固非强行將視息學巢居不用齎粮宿旌䰂問黄何所衣黄亦無所衣箬斡蓬皮烏子鷩問黄何所食黄亦無所食石芝金杞但公橡問黄何所處黄亦無所處丹谿翠巖巨靈障問黄何所游黄亦無所游陵陽洪崖與夫逍遥之虚上嗚呼此山何獨超忽而多材宜氣生物理豈安學仙安得爲荒唐且與九垓同震盪我今送君歸去兮他年五嶽遥相望騎鶴來看道人詩矯首滄桑其惆悵

鑾江看花曲

楊柳高樓刺繡閒，玉塘如黛綠烟鬟，分明萬樹
桃花裡，逗出江南數點山。
帝子溝流西更東，隋家玉樹本菁葱，鑾江一夜
花含笑，無復君王問守宮。
艷陽盡是惜花才，日落江城畫角催，芳樹無人
春寂寂，忽聞紅裏踏歌來。
何來女隊燦紅霞，窄袖弓鞋學内家，盡日含愁
情脉脉，一齊上馬别桃花。

揚子江曉望寄王十一貽上

揚子春流下銀濤，白勝霜東南去不歇，泌水天

松菴評此首兼
李杜之長

邱

同蒼曉氣分吳楚岷峨來何長烟消見海日登
覽如我鄉慷慨懷故人拄頰卧淮陽烝烝將離
發欲寄聊相望

江上觀兵處吊曹子桓
曹氏事割據睥睨臨金湯大兒龍蛇姿黍竊伴
高光觀兵望四海其氣亦飛揚戈矛浹林閘壁
壘連梯航秋風慘莫驕戰士精且良慶臺跨江
東誅討非周商遂令文鬒坻不得效壺漿天心
在典午鄴京亦旋亡故兵何崒嵂波濤隔朱方
當年婁憑眺罔敢馳懌康英雄空復盡裵徊行

傑疑譌

路。傷。盡跡

銅山掘黃精次鮑照韻

土脂闕元經玉實森靈策丹餌摭修齡寶生衛
綿曆矧抱上清林復履中黃迹行囊三彭身往
佩五華石韀廟霜傑垂銅池露肪滴燁燁帝壺金
澄澄神嵒壁乳竇春泉鳴晶盤秋藥積風磴連
野青星幘出林白勿蹈矰繳悲豈慕軒冕客高
誓與天游物酉則何惜

當暑篇 有引 用古韻

當暑者余罪當死也 先母李太孺人

於四月六日棄余不孝兄弟等六月九日余自北歸至吳門接家人鄭七賫來之訃始蹌踉奔喪嗚呼不孝之罪尚可言哉作當暑篇十九首

人生常遠行，不如長別離。堂有白頭親，胡乃在天涯。相隔一萬里，旦暮呼莫知。游魚廻深波，飛鳥旋高枝。兒去日以遠，親思日以緩。落日倚柴荆，河梁幾時返。眞愁道路長，祗恐歲月晚。顧言告遊子，近喜加餐飯。

萋萋螺谿草，瑟瑟龍臺柳。高樓傍釣磯，織杼鳴

愧傭行者寒時衣縁縁出母手既拊機下孫兼
慰機中婦蕩子恒出門貧賤聊自守
矯矯山中栢磷磷江上石人生貴高隱豈必軒
冕客三復吾母言力田良不薄如何慕禄榮行
行入京雒猶憶十五時披星還帶索少弁聖賢
堂壯游帝王宅親在而無成讀書愧盈天寸草
三春暉勿使桑榆逼迫
締交慕王貢式好思雷陳辭母學出游忠信要
鬼神世路多險巇數數嫌吾真徐庶復歸曹方
寸竟莫申士有不得志四十老風塵衣馬同袍

子往往據要津願爲蔡藿仲負米忘苦辛
去歲有聊攝光嶽浮雲齊傍有古鐵塔珠網金
銀階登高賦七歌賦畢心益悲附寄閨中人莫
作蒸梨妻音書以當歸清夜行徘徊誰知萬里
身竟抱臯魚哀哀哉吾母年恰恰躋古稀聞之
欲相從奮翅胡能飛
悠悠行路人感恩尚結草柰何罔極親棄我在
中道啼上姑蘇臺江水白浩浩切勿生大兒大兒
莫送老
衡門不蔽席哀蛩吟破壁縫衣寄遠人關山何

歷歷上書庚子春寒暑已再易諸孫遶膝歡幾
得均甘適三男持門鍵竟莫豐毛翮中傷泣下
心屢寒游秦迹涉虚舟無枕服遠車無軛棄擲
勿復道思之亦何益
慈父久見背藁葬山之阿生者無完栖茅堂補
牽蘿毋性愛高潔澹泊頗相宜瞻望在何許參
差隔砦陂不願白髮衰但覺紅日遲傷哉北堂
萱倏忽況光輝眂供飛中花勿怪成黄萎少弟
幸在傍丹青想能爲
灼灼瓊樹枝垂庭露華滋芬芳不改柯令子生

景思我來關塞春路遠少見之歎息莫出門出門動經時

縲絏枉良人長顰惜嬌女五載不得出軋軋停機杼呼兒請救章緘封淚如雨官府清且仁赦宥頗見許荏苒待莫歸咄唶誰共語

瀚海尚征戰兵馬紛來道比戶馱官粮性命若菅草六親多逋亡憂能催人老四月薦櫻桃歸來何不早昇平雖有期焉得獨壽考斂袵囑後人令名庶爲寶

關塞高且長吳楚毗相屬行子出門去三見春

草綠會聚一何遲光陰一何速蟋蟈鳴嘈嘈絡
緯聲促促有子懶折腰此事真拘束膝下男女
孫白皙美如玉殷勤前致辭顔中毋欵曲奠得
毋歡笑乃爲二豎促疾加緣小愈聞之心躑躅
上天胡不造風雨接我屋
艤舟破楚門望見前王墓青槐夾白楊石獸列
廣路歌舞已成塵百年即長暮人生天地間蜉
蝣今始寤高親七十強忽忽成薤露神仙雖久
長身無金石固龍鍾而惜逝何忍改此度賢者
達服食豈爲藥所悮反覆寄來書漣洏滴瑤素

生者將日疎死者將日親先安何纍纍誰爲萬古墳有子弗營葬頁荷艱析薪三月楊花飛飄零感陳人逝者不及追欲訴而無因

我生何坎壈展轉多煩憂消息自南來賤子正倦游七尺先人軀隕墜良在茲丈夫事浮名祇爲智者嗤朝秦與暮楚富貴安可顯期

群鳥翔我前啞啞鳴最悲武丘六月寒北風吹蔴衣報恩未分明慈母復見違江上數青峯一一慘容輝躑躅水草間急遽忘中緩願得緩斯須生死可同歸仰覲惟白雲何處是親闈亮無

千里翼目送駕鵞飛天涯恨獨行四顧多眄睇
朱方日入遅蒼茫戀荊扉
朱明炎氣候肌髮忽慘慄星辰會水際縈嫛黯
不刻晀夜渡江來正擬有廚缺家人衣縞素含
啼出短札驚愕未開函心知是長別余罪誠當
誅曷不自殞臧可憐行路情皇天肯識察
慈儉母之訓豈慕紈與綺荼承內則篇至老心
尚爾憶晀色笑前兄弟合歡被塤篪高自吹天
性良不解千秋萬歲期荼毒那堪此
江月出半規照我舊羅幃悲來真萬端攬涕起

徘徊屈指牛女時薄言余旋歸閶闔吁無門氣
氣當告誰如何未及秋白露沾裳衣

重九後日登靈霄臺

琅玕新綠筍初長界柳分花已過墻別院無人
春寂寂滿庭踈影學瀟湘 竹

六時藏飯護巢鵶板屋安閒即是家今日他鄉
寒食好幸無風雨送梨花 寒食

題硃竹

紺條絳葉舞江皐丹日迎霞映赭袍但得斜竿
陽壓俗不須更問武陵桃

将還皋橋舍姪寓次賦别吳賓門

楓落吳天雪欲殘，洞庭暫别罷情歡。只爲守歲思南阮，豈敢傷時吊伯鸞。作客再逢江橘熟，懷人不見隴梅寒。將來剪燭金昌下，竹木蕭蕭憶夜闌。

金山

珠宫銀闕壓黿鼉，直下龍門濺逆波。秀削芙蓉孤掌露，盤旋蘿薜象靈呵。吳頭楚尾江流合，水磬山鐘佛梵和。我亦南來滄海客，當年玉帶鎮如何。

滕王閣

賢王高閣倚崔嵬吐納江湖亦壯哉萬井朝霞連日出八窓春水接天開神仙旆向西山見賈客帆從南浦來一自風流歌舞歇千秋獨有子安才

西江新月懷熊二子布

鄱陽夜色動行舲蒼戍逶迤客自醒傷寂徹菸笛獨玦破寒蕭索念空艞汲街鳧雁流痕沒浪狎魚龍戰氣腥一帶湖田桑苧熟美人只是隔秋屏

于岳二詩豎著藏山作疑係許沘水孫荃詩沘士偶入鐵堂集中然筆力酷似鐵堂姑並存之

滸端甫述其新喪內人綽有婦德

閨中女師失遺挂有珈褕古井汲修綆春廚待賣珠莊周毋廼謔荀粲未爲迂他日鹿門會何人治酒餔

于墳

女蘿猶自護松衣日月精靈哭落暉主戰山河臣骨在排遷天地客魂歸荒塋秋草牛羊踐破廡寒烟鳥雀飛五國翠華原不返當年廟議是耶非

岳墳

當亭伏羗古地名

鄂王陵墓對湖陂松栢蕭森夕照悲野上緑烟

神籃籃山中紅葉鬼旌旗銅人枉鑄奸臣像鐵

馬驕嘶大將碑一子渡江天意定靖康遺恨豈

班師

賓莊

一行作令來閩隴及過當亭便黯然到日神仙

王氏鳥歸時書畫米家船政成公論久方定官

罷新詩近更傳薄謫遠歸應自遣艱難衰謝總

相憐

同年王亦世登第屢過寺寓惠問

京洛諸兄弟凌雲爾賦成心知寒范叔膽許老荆卿小几廵蟲迹閒廊受馬聲荒荒塵海裏尚見貴人情

跋

鐵堂許天玉先生以閩海貢士牽緣天水罷官後僑寓臨洮故其遺詩頗多予從一老宿家借鈔得後集十二卷皆王漁祥感舊集中所未載者此外不無遺珠然已足以見鐵堂矣嗟乎予生後鐵堂約百年使並時相見而親爲之結襪撰杖詎不快哉鈔是詩竟復歎鐵堂老人之不

及見我也

乾隆甲戌六月廿八日洮水後學吴鎮書於松花菴中

遺安草堂詩一卷乙巳夏詩一卷觀石録一卷鼓山看梅詩一卷

[清]侯官高兆撰

日本内閣文庫藏清刻本

遺安草堂詩一卷乙巳夏詩一卷觀石録一卷鼓山看梅詩一卷，清高兆撰。兆字雲客，號固齋，侯官人。崇禎間諸生。恬淡有大度，與人論議，和平之氣飫人。海寧陸嘉淑、西陵汪渢、仁和沈昀、錢塘應撝謙等推爲當世士。有詩名，在里與彭善長、陳日浴、許綸、卞鰲、曾燦垣、林偉等稱「國初七子」。嘗著撰六經圖考，淵博精覈，足羽翼箋疏。所輯續高士傳，鑒别精嚴，論者謂其才識不讓士安。又有觀石録、荔社紀事、啓禎宫詞、春靄亭雜録等。

遺安草堂詩僅一首，係弟子許孝超官直隸霸昌道時，高兆往視，嘉美弟子之作。詩中間有自注。前有襄平耿昭忠引，後附徐乾學、朱彝尊、吴源起、顧貞觀、丘象隨、馬耀曾、周在浚、梁佩蘭、方中德、陳治、孫致彌、梅庚十二家跋，於高兆之生平、交遊事尤可稽考。

乙巳夏詩康熙四年（一六六五）作，僅古詩爲翁登墀妻作一首，係擬樂府詠福清烈女高氏，前有陳日浴序。孫鋐皇清詩選卷四録此詩，謂「綽有晉魏之風。」

觀石録係高兆爲友人伐采芙蓉峰壽山石所作品録者，以人爲繫，並論石品、攻石鑒賞之法，石之聚散完毁等。據康熙十八年己未（一六七九）後跋，作於康熙七年戊申。

鼓山看梅詩首卞鰲二濟序，次鼓山看梅記一篇，次鼓山看梅詩六首。記作於康熙十九年庚申，末有卞二濟評語，詩行間有圈點、側批，第三首湧泉寺首夏看牡丹今復萌茁獻惟靜禪師末復有雙行評語，卷末亦有卞二濟評語，則側批似亦出卞氏之手。是書序、鼓山看梅詩首題均頂格，且鼓山看梅詩次行署「渤海高兆雲客藁」，而鼓山看梅記首題反低兩格，雖全書版心無題名且無尾題，仍當以鼓山看梅詩爲正題名，鼓山看梅記乃詩前之記而已。通行著録或欠妥。

高氏著作四種，當爲單行刊版者之合裝，蓋四書字體、行款不一，遺安草堂詩扁方字，遺安草堂（乙巳夏詩）軟體寫刻，觀石録、鼓山看梅詩則爲長方字。後二種版心上魚尾下留墨釘未鐫字，似初爲單刻而後又彙印之本，當皆屬高氏自刻。四書除觀石録另有叢書刻本外，其餘三書僅見日本内閣文庫藏本。書中鈐有「佐伯侯毛利高標字培松藏書畫之印」、「昌平坂學問所」、「淺草文庫」、「日本政府圖書」等印記，知原爲日本九州豐後佐伯藩第八代藩主毛利高標藏書，一八二八年由其孫出雲守毛利高翰進獻於江户幕府，遂藏諸昌平坂學問所。一八七四年昌平坂學問所藏書遷於淺草，稱淺草文庫。淺草文庫藏書於一八八一年歸入内閣文庫。（沈 暢）

遺安草堂詩

全

引

高子固齋非一世士也曾爲許中丞延處西席予昔省

先王父於三山嗣復有事於茲土皆得長揖而飫親之因讀所著古詩文辭固已窺見胸中之一二及再讀手較六經圖杜律虞注續高士傳諸書益嘆其有心斯道欲獎後進于無窮也自是分携六祇燕閩懸絕徒抱遐思一日忽報高子來遊詢其行邁乃知爲門人許使君思慕深篤禮延戾止高子固循師範之常使君益謹子弟之節窮達一轍

遺安草堂詩 一

久而愈彰高子樂之形諸歌詠劉青田所謂言生于心而發爲聲者非耶余更推高子作詩之意豈但美之以居榮蓋將揚之以風世也高子洵非一世士哉襄平耿聄忠題

遺安草堂詩

渤海　高　兆

門人許孝超官覇昌僉事予自閩來視其

爲政孝超執弟子禮甚恭詩以美之

世衰輕儒術綱維日陵替分薄最友生視師若僘

屣亦由斗筲徒逢迎失其勢我昔忝授經不敢負

委質步趨軌聖賢孝弟力磨礪以故邀有成賔主

無闕墜尚記秦郵時扁舟初分袂中丞握予手獨

下臨岐淚六經相委託考圖重剞劂謂當矢䆠報

繾綣發長喟廿載遭喪亂存亡變人事子起振家

聲弱冠官中秘螭頭伏視州　國書瀾翻識南粤
討不廷
簡命監軍帥救民兵刃中循循行仁義既擢中樞幕
重攬滇南轡匡濟憑指揮懷柔賴資治殘黎急拯
援劻理奏大吏持節撫臨元秉憲九爇地小心求
民情一一致懷惠輶軒覲
闕庭清譽動卿寺畿輔重股肱關榷通邊裔借子領
監司軍都專所寄下車建義學自任捐修贄童子
儼彬彬絃誦接鄰比（孝超於宻雲諸縣捐俸立義學延師儒訓課）釆風
作斯文庠序交鼓厲約躬慕名賢政事勤講肄老

大人家居意緒日憔悴聞予爲政賢孝毋逾童稚孝超事王太夫人晨昏起居食必躬視事必關白禮逾所生不辭行路難結駕遠看視予乃念本源禮我能備至百里馳饋食殷勤戒命使使者先旬朔戒輿賷飲食候迎予於通州起居連道塗予將抵清河連發舊館童二人至鬚髮詢僕隸通州使者歸報詳問予精神鬚鬢齋館盛供帳郊迎屏車騎乘騎迎予於沙河望見輿下騎步行趨謁候予升乃乘觀者如堵墻嘖嘖目驚異升堂再拜下長跪述瑣細嗜好不遺忘能記予持殺戒訓課舉追記赫蹏亦珍藏完好未蝕敝授經時有小册注記史鑑事今十九年如未觸手終日侍隅坐敬恭如怖悸告太夫人云兒今對師猶心驚吁嗟漢儒後師道

徒疣贅子獨修廢禮敦本儉身貴誠能推此心凡百敬終始愼勤保黎民友愛庇昆弟去矜戒滿盈斯爲不負背我非侈光榮摛辭聊欣慰庶幾表古道與感人間世

昔漢申公以治詩訓弟子時之受業者孔安國周霸夏寛之徒多至太守內史其治官民皆有廉節稱其好學司馬遷修言之以著夫授受有原不可誣也許君僉事畿輔赫然有聲自其幼時尊人先中丞公命學於雲客高先生今許君既貴先生居閑食貧不憚數千里迎致之尊禮

其師如疇昔執經時不懈益恭於是人人推本其所以知許君能舉所學以爲治不殊于安國覇寬等而高先生經明行飭爲世大師蓋可謂今日之申公也雖然世學之薄也欲抗顏爲師不免於召鬧取怒求如許君之賢可多得哉宜先生作爲詠歌以美之反覆感歎不能自已一日偶至都下出以示余許君故亦嘗問業於余者激賞之餘爲題數語質諸世見許君於先生亦猶行古之道也崑山徐乾學題

荀卿有言弟子通利則思師若孝超觀察之禮

高子固齋可謂盡弟子之職者也固齋嘗與觀察尊人中丞公訂正六經圖雕刻未竟觀察將繼其志焉昔文中子門人或受禮或受樂或受元經而程元薛收則備聞六經之義觀察其高子之程薛乎誦古風一章匪獨徵高子之能傳喻觀察之治術乃於此在矣秀水同學弟朱彝尊識

世習澆漓師恩友誼置若弁髦識者有江河日下之慨如孝超使君之于固齋高子致敬盡禮貴而愈下誠人倫砥柱也余素稔使君爲政之

賢讀此詩益想見其古道照人可以興頑革薄心焉向往之至于詩之沉鬱頓挫摹寫曲至自當共賞知音不容復贅一詞秀水弟吳源起謹

跋

予嘗讀昌黎師說輒慨師道不立不自今日而始所謂位卑則足羞官盛則近諛上下胥失往往如是覇昌觀察許孝超使君于吾友固齋先生夙有師友之誼固齋貧老走數千里相視使君出郭郊迎身爲之御延居署中置醴侍坐猶然昔日師弟子禮雖固齋平日能自豎立而使

君之賢愈著矣以視夫耻名其師者賢不肖何如耶兩美必合相得益彰斯篇出讀之者其各有敦崇古道之思也夫溫陵同硯弟黃虞稷題

詩須有關世道人心月露盈箱雖工奚益此作將兩君子生平至誼至情曲曲寫出令人知忠孝一體仕學一源此高子之以詩教也至于作法之妙如山脈之自然起結原泉之故爲伏現詞旨深厚直與韓杜爭長弟顧貞觀識

嘗讀昌黎師說柳州答韋中立書竊太息人之顧以觀於洛閩相繼振絕學一時楊謝黃蔡之

徒皆足千古及有明王文成門多賢者夫何遂
粤蜀之怪吠乎世風既下道尊無其人乃羞儒
術師視弟子家若傳舍弟子視其師亦幾敝屣
于是巫醫樂師百工之人皆上士大夫孝超許
使君猶行古之道也使君總角時師事固齋高
先生既辭歸距今宦覇昌垂二十餘年先生貧
且老使君不遠七千里迎以至盛供帳屏車騎
伏謁于郊再拜于庭以逮洗爵侍食莫不循循
如總角時先生喜爲詩美之且勉以推心百行
敬終如始焉受教不衰嘻孝超之賢誠非今人

所及而固齋能令其七千里外之弟子於二十餘年後方節鎮一路禮敬顧如此謂非有道能爾耶俱可傳也已乙丑立夏日山陽同學弟丘象隨識

八閩夙稱才藪往先兄宦遊其地嘗向余言固齋高先生爲此鄉厨俊不獨詩古文詞卓然名家而器識淵邃汪汪千頃亦今之叔度也其時閩中丞許公延至西席孝超憲使實厠執經之列沐教澤最深而中丞公因先兄吏治諳練相契極厚于是得交于先生近年吾鄉前輩曹秋

岳先生攝閩方伯事尤與先生有針芥之投嘖嘖稱讚不置獨余心竊嚮往未遂識荆爲憾客歲爲先兄名宦特過幔亭得邀杵臼之歡今春以中丞公往日所屬考訂六經圖剞劂之事來晤憲使出贈言古詩一章示余歷叙與憲使訓課切劘及尊師之隆執禮之恭覺古道照人於今不墜其爲絳帳康成奚疑蓋不獨先生之詩沉鬱頓挫直追少陵已也當湖弟馬耀曾跋

與雲客世兄別十九年矣乙丑初夏再晤長安語及先人淚隨言落兩人相對欷歔者久之已

而出贈許公長詩一章相示因念師弟之禮至今日不講久矣獨許公嚴師重道若是非雲客爲師有大過人者烏能若是耶抑雲客于先人既歿之後尤惓惓不忘篤摯于師友之誼異于今人宜其感召宜爾耶然維風振俗于兩公斯舉寔見之故有感而爲題其後若此梨莊世弟

周在浚題

固齋文章聲氣壇坫海內垂三十年尤留心經學所刻六經圖率補漢宋諸儒箋疏所不及如此詩述當日授經與許爾昌至今尊崇之意可

謂彼此各得其道楊子曰師者人之模範又曰希驥之馬亦驥之乘希顔之徒亦顔之倫㕘惟固齋能以聖賢之道身立模範故能令覇昌希爲聖賢棄末俗而敦古處自受業歷貴顯終久如一日也吾道盛衰關係教化讀此詩者可以風矣南海同學弟梁佩蘭跋

余與高子固齋別十九年一見問無恙外亟出其美許觀察詩見示流連三復爲之擊節嘆賞不能已夫師道之不古若也亦已久矣觀察許公篤問字之舊執禮甚恭儼如築宫擁篲於今

再見固齋坦然比東莞之受拜師弟相得益彰不猶行古之道也歟一時長安公卿文士嘖嘖稱美之莫不曰高子以道自處固不始于今日藉非觀察敦重師資風高一世曷克使人景三山爲河汾乎余因是嘆許公爲不可及而高子之以楷模見重皐比北面之間交流譽於吾鄙不衰已桐山弟方中德跋

固齋先生性純孝敦氣義有聲教八閩間精詩古文辭其所著六經圖考最傳典詳奥昔中丞許公愛而刻之惜解組未竟然膾炙海内久矣

與予爲古處交稱甚善憶與紀伯紫白仲調同
龔芝麓先生一時高會流連詞翰忽忽三十載
矣風流雲散道義淪亡時深撫今追昔之感乙
丑春先生赴孝超許僉憲之招來都下握手言
歡驚喜交至僉憲爲先生及門迎師數千里之
外謀補六經一書其諄諄至性欲續父志以敦
師教直可振頹風以勵世俗先生之道德文章
得僉憲而不窮矣僉憲之純孝氣義洵乎有本
之學矣讀其詩可不敬以識之華亭同學弟陳
治識

丙午夏侍先君子游三山始識固齋先生是時
先生方爲中丞許公延致署齋訓其子僉憲兄
弟余因得脩聞中丞賢而嗜學僉憲及諸弟皆
親師敬業不愧其家聲公又以六經圖屬先生
考訂行世余讀其草稿歎其淵博精覈眞足羽
翼聖經津逮後學惜鏤版未竟而公遽騎箕尾
也今先生不遠數千里訪僉憲謀竟其業僉憲
逆之三百里外及至執弟子禮唯謹如函丈請
業時先生作詩美之出以示余余惟學術不明
在三之誼不可問久矣今僉憲既貴顯而禮其

師葢恭此足以見其得于先生之陶鑄者深而
中丞公之家學爲可尚也於其事師而推之于
君親亦若是而已矣其治行卓然冠於畿輔豈
偶然哉漫識數言以志向往嘉定孫致彌跋
昔人云經師易得人師難求豈非以言教者不
若以身範哉予聞固齋生平師友之誼最篤故
于數十年後能使其弟子僉憲許公猶嚴其師
若此師道之立于兩公見之矣予嘗觀固齋所
爲六經圖釆摭先儒折衷古義誠通經學古要
書士未有不通經學古而能隆師重道者僉憲

公方將繼中丞公之志續爲梓行使學者得由是以淑其身心固齋且爲天下人師矣因喜而題其詩後雪坪弟梅庚耦長氏

序

同學陳日浴譔

福清高烈女殉節之日郡中往弔之者皆有詩云客亦率余往弔紛爲詩旣詩成示余余讀輟筆嘆曰人莫不訾然而爲詩也豈期於傳哉蓋舒寫情性之言可略而叙述節義之辭難詳也客有聞余言者謂余曰詩論工拙耳豈在詳略余曰固然昔古人作焦仲卿妻詩則灑灑千言作秋胡麗烈婦

秦女休諸詩則又不過數十言而止此詳略之皆
工者也然略者至今有繼作詳者雖古少並美也
此余之所謂難也觀雲客之詩其知之矣夫以高
烈女之奇節得雲客之才被之歌詩以傳誦于州
里之間誠足以風厲時俗而發其英靈也夫余往
者閩萬安之間女子多節烈信矣嘗欲採搜以廣
爲之傳久之莫能得也屬友人林君應光以其所
睹記撰次爲傳略數十篇示余使爲序爲余言吾

邑數更兵革患矣曩者如海口鎮東之禍女子懷貞白之操爲強暴所畧不詘節而自殺者難以一二數皆湮滅無傳寧獨是哉今余讀高烈女之詩將欲以林君是篇授雲客雲客抱著述之志嘗恐没人之善吾知其必能爲之傳也

遺安草堂乙巳夏詩

候官高兆著

古詩爲翁登墀妻作

福清士人翁登墀八歲聘高氏女後十年墀卒女幼養於叔家聞變將死之以父母在遠未命不可死越四年父母來歸于翁請死於墓墀之父母以未立孤不許死又三年孫立乃於墀之卒日時縊死予哀其從容爲詩云

爾

哀哀天上鴈孤飛何太慼棲棲黃鵠雌故雄空在

臆州南有嬌女五歲學紡織六歲誦孝經七歲通

內則端坐父母傍大都成人質母愛同明珠父憐

如初日相語笑此兒儀態朱華色守禮比羅敷不

知何家得東家遣媒人自叙世婚姻郎君正八歲

美璧為精神恭聞考功女遣媒通年庚考功聞斯

語入室謂孺人媒來結大義東家有寧馨便可相

和許阿女許終身孺人引媒坐此是大姻緣吾家
盈盈女窈窕若大賢小名爲細宋六歲習書篇七
歲尚未滿訓詁薄通淹媒人東家去爛熳口中宣
孺人呼阿女汝今非比前阿耶與阿母字汝翁家
兒翁家翁姥喜視曆選良時黃金鑿寶釧秦珠結
花綫肥羊十二牽各各披錦衣道旁見者羨兒女
心各知翁家結褵後日月如駒馳細宋初十二翁
郎十三來紅巾大點兵沙中樹龍旗人民不可保

二

兩家同流離兩家挈兒女來住城南下翁郎多令才翩翩動城府考功有介弟愛女勝自舉數年骨肉依一朝思故土姥謂女長大遣嫁只年許翁言叔愛女留女與叔撫女聞耶娘言掩巾淚如雨生小從母旁母忍置嬌女阿母含淚答翁姑將娶汝我與阿耶旋爲汝作嫁奩車馬甸甸去阿女掩帷幨叔母笑女戇禮節太過嚴桃李各花花春風當及年叔家本耶家鞦韆粧樓邊婀娜纖纖步不解

到堂前阿叔自外来賀女得門楣翁郎好紙筆天
曉復月移使君大取士指日駿馬嘶詎知山與河
信宿有崩夷媒人門外造登堦顔色悲叔母屏後
出小鬟當户窺竟道翁郎死巳時舟見之阿叔拍
案哭哭聲達中閨中閨阿嬌女髣髴自聞伊罷織
立床前撚帶向户壁今日爲初二陶陶孟夏月叔
母褰簾喚阿叔言咄咄細宋拜阿叔送女翁家宅
往謂身自逝不及耶娘訣阿叔答嬌女不圖忘書

三

籍禮曰女子行父母命乃獲汝耶與汝母遠非吳越絕會當來見汝遣汝從結髮阿女大明白回身告叔母兒身固是女非同人家婦伏惟早寄書慎莫緩見誘考功見訃来愛弟書隨後上言讀書子齋志死戶牖下言兄嫂知細宋言不狃孺人哭放聲嬌女何迫促考功語孺人大孝女所篤忍痛遲不乏此意持告叔可憐嬌小女日日穿雙目耶娘杳不来夫壻日只速四年一日同皎皎泉下矚垂

暮老考功小兒如蘭王悽愴兩連殤思女忘其夙
孺人念嬌女歲遠或可告兩兩渡橫江弟家問骨
肉阿女聞耶来從容出繡屋四拜復長跪仰看耶
娘哭癸罷啟朱唇耶娘幸見聽日者羈漂死願得
耶娘命今可便辭去下與黃泉認考功大悲摧歎
令孺人進阿女心鐵石亦是家大慶卿可爲裝束
義在情當恐窻下縫衣裳窻前造奩箱大帛三百
疋鎬鎬白日光箱奩五六十白繒如雪霜香車皆

衣素阿女坐中央流蘇素練結四角垂飄揚行人止道上兒女窺門廂相馳看細宋盈路言芬芳阿女入翁門懷悲登高堂斂衽謁祠廟低頭拜姑章拜起數左顧委身木主旁姑撫新婦泣孤墳在北邙日中大會祭宗親十百行墓門暗萬草松栢如人長浮雲低欲合相視人旁皇新婦下車來麻衣曳地橫黃泉對咫尺舉手澆酒漿謖謖松栢下上告于阿姑婦請從地下不得更躊躅姑前抱婦泣

兒亡倚婦餔翁扶黃髮父龍鍾泣孫雛仰聽新婦
言顧視宗老吁新婦一死易孫亡重立孤宗老謂
新婦老人言嗚嗚叔姒會免身新婦待須臾生男
則主後生女惟婦圖新婦啓宗老大節難久須勉
承尊章命立孤往報渠顛姑從新婦小閣匿中廬
苫塊作寢處齊衰仍襟裾四時與八節廢禮恕發
孀斬衰三年罷孤當能母呼此時不可緩與婦歸
黃壚翁姑與宗老拱手咸曰俞新婦辭墓返下車

適小閣蓬首日紡績歡粥強杯杓漸看孤扶床屈
指墓門約重戶寒風微墻頭青芷葯姑來視新婦
牽孫淚珠落感嘆未亡人不知新年樂姑去婦太
息復過正月朔漸見十五來死期定宿諾開曙當
慂牖燃香告冥漠天地郎共聞妾死當在昔初無
毋命行更受立孤責奄忽至七載不得相隨歿今
茲大義盡越春夏四月初二日當已七載前郎卒
天地郎共聞其日妾殉節纖纖齧手指渫渫指中

血纍纍七百字字字盡觧瞱舅姑堂中悲新婦不
可奪孺人與考功在家愁春末六親及九族夾道
車輪接新婦閤中坐刀尺陳前窓探揣箱中帛堆
積盈空床絲絲皆手織幅幅自裁量大布縫上襦
麻枲成下裳袿襹及袙複一一紉箴詳纖細于屐
襪垂帷刺銀釭来者盡涕洟相陪坐四旁慰解言
百進傷嗟情莫當新婦了不答轉眄微顧將漸迫
三十日毋来大辛酸撫摩遍頂踵端相慟玉顏誰

六

知嬌女心磐石固不還敘案奉進毋毋舉不下咽
女意大平常那見中輟餐考功告姻婭弱息志彌
堅生存使不樂不如與死懽舅姑憐無色後事豫
百端東市擇文木南市買縣丹名匠運斧斤丁丁
為婦棺婦謹白舅姑數事請死後婦尸女兒軀勿
付男子手區區大小斂束縛為大醜屬纊與含視
須令婢左右宗老聞期來坐立滿圭竇昔有烈婦
死生祭用牲牡祭婦禮是徵議論歷卯酉婦聞傳

語謝大人意誠厚烈婦婦已成婦女何得受其日

巳初二雞鳴稍稍起沐浴既盥漱襻滯安綦履結

束衣與裳開鏡拭塵滓雙鬟畢嚴粧玉指拂緇纚

機杼妝窗中硯匣置方底迴身抱嗣孤彈淚付阿

姒徐步下小閣頻拂小姑涕自嘆忽三載未到堂

前地堂前辭姑嫜依依別小弟耶娘訣堂外傷心

綴天屬宗老男女列門内展拜肅内外舉袂泣婦

抱木主出几筵跪致詞妾尸今就木堂上繐帷張

七

帷中秉明燭新婦語阿姑此是前死時冉冉便即去上閣復開扉塵埃飄風暗鳴鴉向屋飛新婦持疋練高結梁中垂峯身上自掛魂去如蜕遺哭聲當閤起小姑環嫂啼亭亭覆繡被杳杳端顔儀闔棺置高堂白日照地輝弔者皆大悅奔馳塞路岐北邙開同穴南陌立豐碑碑陰松栢合墓上鴛鴦飛千載行人過立馬下念退從容死大難男兒慎勿疑

觀石錄

固齋高　兆記

出北門六十里、芙蓉峰下有山焉、連亘秀拔、溪環其足、志云、山產石如珉、又云、五花石坑、去壽山十里、長老云、宋時故有坑、官取造器、居民苦之、輦致巨石塞其坑、乃罷貢、至今春雨時、溪澗中數有流出、或得之于田父手中、磨作印、石溫純深潤、謝在杭布政常稱之、品艾綠第一、卒歎其未見也、謝歿五十年、吾友陳越山、齎糧采石山中、得其神品、始大著、去秋予江左歸、好事家伐石于山者、凡三月矣。日數十夫，穴山穿澗，摧岸爲谷，逵路之間，列肆罫（罣）僧，耕夫牧兒，咸有貿貿之色。于是名流學士，懷瑾握瑜，窮日達旦，講論辨識，錦囊玉案，横陳齋館，接文釆則增榮，共欣賞則無倦。予也負痾慕悦，莫致往往命駕，周覽故人之家，心目既蕩，嗜好爲移，詎比烟雲過眼之喻，廼憶所見，錄爲一卷，聊以自娱，且慨兹山焉。

陳越山二十餘枚，美玉莫競，貴則荆山之璞，藍田之種，潔則梁園之雪，雁蕩之雲，温柔則飛燕之膚，玉環之體，入手使人心蕩，

林道儀耳黄無瑕者數枚、或妍如萱草、或倩比春柑、
白者皆濯濯氷雪、澄澈人心腑、
彭木厓凡五十有一枚、淸秋雲日俱淨、空山天色者
一、一橫二寸、高半寸、望之如郊原春色、桃李葱蘢
一、如出青之藍、蔚蔚有光、一黄如烝栗、伏頂有丹
沙茜然沁骨、徑半寸方者一、如硯池點積墨瀋、明
潤欲吐、一枚長寸有五、廣八分、兩峰積雪、樹色冥
濛、飛鷺明滅、神品、一如凍雨欲垂者、方寸、夏日蒸
雲、夕陽拖水者、各一、如墨雲鱗鱗起者一、一半寸
薄方、有北苑小山、皴染蒼然、氷華見青蓮色者一、

逸品、一長方、如美人肌肉、方寸、中含落花落霞者
二、一二寸方者、通體如黄雲中、曈曈日影、葡萄、太
玄、犀花、艾葉緑、鹿文、苔點、各一、俱妙品、白如玉者
二、甘黄玉者三、
陳爲山一枚、膚理瑩然、暎燭側、影若玻璨、無有障礙
方二寸、高三寸、重九兩、
林陟廬如棕文者一、一徑寸方者、精華爛熳、如數百
年前琥珀瑩透、栗囊色者一、玄玉者一、瓜穰紅白
者一、小方柱一枚、如蔚藍天、對之有酒旗歌板之
思、一渾脱高貴若象牙、不辨爲石、二寸而方者一、

紅絲縈胷，麗同嫣膚，一半寸方柱，溫純深潤，太液之藕，大谷之梨，未足方擬，

王君寵十八枚，漢玉色，楊燾作狐鈕，項上微紫，神品，如赭黄羅方柱二，一枚微紅散若晚霞，時稱晚霞紅，霜姿玉色徑寸者二，血浸甘黄者二，

楊去聲，霞紅雲青相雜者二，一黄如枇杷，血浸半面，重可五兩，妙品，

唐湛一一方，潤勝漢玉，正面遠山如黛，數株春樹，雲氣蒼蒼，神品，

李某徑寸一方，如秋空無雲，天色獨垂，鵞兒黄者一，

三

一修寸半，徑二分，置掌上，盈盈瑶光爲水，光含春蠟色湛氷綃者，各數枚，一枚皎然如梨花薄初日，楊壽作鈕者八九，鞲馬，戴牛，包虎，出匣森森向人，槃礴盡致，出色繪事，

二勝道人，一枚色如雲，握之其中水，洎洎然動，長慶定公方寸一枚，碧若春草，遍體艾葉小花，神品，友人齋館肆中雜見，黄柑噀手，秀色通理者，一白如肌膚者，一何郎傅粉，遜其本色，一新黄如秋葵，亭亭日下，一如雲海浴日，微吐其暈，龍鱗過雨者，一晶瑩玉色，如莫愁湖中新藕，沉香色，一海天晚

照一、神品水墨玄精各一、玉無瑕者一、一半寸引首、殷紅若棠梨花片、一如文犀、中有粉蝶半翅、藍纏絲瑪瑙一、黄羅纈紋一、雨過雲月一、風雨射空、寒氣廻薄、孤峰沉冥一、一枚方寸白玉、膚理微有粟起、大似趙妃雪夜待人時、一如春雨初足水田明滅、小米積墨點蒼一、共十九枚、

石有絡有水痕有沙隅、解石先相其理、次測其絡、于是避水痕、鑿沙隅以解之、石質厥潤、鋸行其間則熱、行久熱迫而燥、則裂、解法、水解爲上、鋸行時、一人提小壺徐傾灌之、

石理不一，相石爲難，膚黄中白，膚白中白，膚蒼中黄，

中玄黄，膚黝然不可以皮相，

石有水坑、山坑，水坑懸綆下鑿，質潤姿溫，山坑發之

山蹊，姿闇然，質微堅，往往有沙隱膚裏，手摩挲則

見，水坑上品，明澤如脂，衣纓拂之有痕，

潘子和、謝奕硯工高手，攻石能得理，好事家獲石既

夥，二人益自矜，以禮延致，不可卒至，或造廬焉，暎

門一諾，童子負器先驅矣，

每解一石，摩肩圍繞，心目共注，幸得妙品，傳觀闔閭，

交手喜妬，

石初剖、須琉球礪石磋之、既磋、磨以金閶官顆、磨竟以水浸櫚葉、縱横揩拭、無有遺恨、然後取麤鞹、平置几案、運石鞹上、徐發其光、

湛一詣陟廬竹堂看石、方開篋、趣令收却、予訝之、笑曰、不敢久視、恐相思耳、

下二濟壽山石記云、壽山在重巒複澗中、距福州府治六十餘里、有坑名五花、志云、所產石類珉、志語未詳、嘗竊訪之舊聞、宋時采取病民、有司言上請得以巨石塞坑路、由是取之者少、即得之亦不甚示寶於人、邇來三四年間、射利之徒、盡手足之能、

鑿山博取，而石之精者出焉，間有類玉者、珀者、玻瓈、玳瑁、硃砂、瑪瑙、犀若象焉者，其爲色不同，五色之中，深淺殊姿，別有緗者、縹者、綺者、縹者、葱者、艾者、黝者、黛者，如蜜、如醬、如鞠塵焉者，如鷹褐、如蝶粉、如魚鱗、如鷓鴣斑焉者，舊傳艾綠爲上，今種種皆珍矣。其峰巒波浪、穀紋膩理，隆隆隱隱，千態萬狀，可彷彿者，或雪中疊嶂，或雨後遥岡，或月澹無聲，湘江一色，或風強助勢，楊子層濤，或葡萄初熟，顆顆霜前，或蕉葉方肥，幡幡日下，或吴羅颭彩，或蜀錦繢文，又或如米芾之淡描，雲烟一抹，又或如徐熙之墨筆、丹粉兼施、言夫奇幻、有不勝形容、亦異矣、夫土出之寶、無勝於玉、按王逸曰、赤如雞冠、黄如蒸栗、白如截肪、黑如純漆、而茲石之美、何必不然、又滇志、點蒼之石、白質青章、具山水草木之狀、今施諸屏風几榻、祇一色耳、其精瑩滑潤不如也、由是觀之、玄眞備其采色、而不能得其波巒點蒼有其波巒、而不能如其采色、疑若帝遣鬼工、挾南海蚌淚之屬、深入礱砢、雕鏤點染、而後然者甚矣、造物化工、其不可思議、至於如此也、或曰、量其大小輕重、而數倍其直、豈價欲比玉耶、予曰、玉所以貴者、堅而不脆、叩之輒鳴、使茲石亦堅而有聲、何必曰珷玞、何必曰琨珉也、且玉之至美者不貲、茲爲價僅數倍、近世士大夫、取青田爲圖章、甚且計兩而二三其緡、顧孰與茲石、尤陸離滿目也、或曰、丹砂雲母空青之屬、利用於人、茲用、果奚利、予曰、充玩好也、獨不曰、玉卮無當、有萬鎰時乎、昔者靈璧之石、米元章尚乃袖而愛之、使其當此、殉之性命、且何如矣、夫天下四洲、華藏莊嚴海、微塵所不能盡、但求之

今皇帝版圖、度出石、鮮如此者、予友陳越山林道儀、

彭木厓、石鐘、林陟廬兄弟、率購藏之、每爲予陳於几案、儼遊山陰道、千岩競秀、萬壑爭流、使人應接不暇、予貧不能購、聊記一則、以當藏石、庶天下知閩之奇如此、

予戊申作此錄、錄中吾友六人、客三人、方外二人、共十一人、今亾其四、雜見之友人、亦亾其五、嵩山陟廬越山之石、以貧散、湛一一石歸予、爲十叟奪去、十叟亦亾、今不知處、木厓石最多、亾後不能守、季其晩爲石賈、頗得錢、君寵越人去聲與雜見者、皆不可問矣、予最後有七枚、今秋

燬于火、火後黃者玄、堅如玉、白多崩碎、可證物虛實之理、丁巳後、大開山、日役民一二百人、環山二十里、丘隴畝畞、皆變易處、石舁至、大者鑿鞍轡、小者爲鞞珌、較之宋坑造器、民勞百之、按伐石之始、自陳公某、某之石、人不得見、既沒、家無一枚、自戊申迄今一紀、伐鑿之禍未息、近五行石妖云、或曰、山壽名、十年中、郡人恒夭折不壽、理或然歟、己未臘夜跋

序

梅之華業既以高寒據百蘤之上良貴矣然亦關於位置得其所賞而詠之風雅哉若人也石鼓峰環山皆松也種梅獨少自廨院南圍外或兩三樹或四五樹或七八樹或獨樹焉至多不過五六十樹較諸松方數千僅一二云幸而位置之不羣於寄林益以形其勝宜固齋賞且鑒焉而詩若記之彬彬也宋廣平云相彼百華莫敢爭先又云獨步早春自全其天論者以公生平似之而予尤取其棲迹隱澗寓形幽絕恥鄰市廛甘逃巖穴數語而末云諒不移於本性方

可儼乎君子之節此何似石鼓峰之梅正固齋得借以形其君子者而乃悲籬下之局促悼風飇之摧折寓感天人極剪伐糾紛之困梅哉人哉人哉梅哉古今人何必不相及第彼此之時之各不同爲可慨也古詩六首意寄遐深似不啻詠梅然風嶶辭妙雖謝宣城鮑明遠無過於是予旣愛其記作蘭亭桃花源讀復喜其詩以顏鮑三謝之又出吾世也良貴之物惟人益重不然乎哉

同郡友弟卞　鏊譔

鼓山看梅記

城東二十里鼓山之麓爲湧泉禪院院南園傍麓皆梅樹花正放兩徑多新枝僧抑屈之編籬護果皆卷如令不得伸於偃伏傴僂中發一二花越山麓松林左右五樹楚楚引人嶺半茶亭石磴旁兩樹并圃中中得八九樹更衣亭道南寺門右各一樹孤迥泠然如老衲出松下也入寺望數株在庖廩側晴雪霏微與烟火相通寺後神晏國師塔下三樹最勝此地罕人迹故益清閟將至華藏室斑竹一林林外一樹無諍居衆樹中數樹皆蕭寂澄澈爲坐臥久之然掩靄

一

山谷離立盡致則舍利窟云地去寺三里從松中左
轉下嶺南望石關盤陀石上一樹便婆娑不羣過石
關。窟之精舍見焉高木合陰雙檉暎碧十步外塲圃
西展層岡三折凡五六十樹老幹杈枒苔蘚繡翳麗
者頹者支離者中枯而旁挺者卽蹇躄摧朽而幽馥
迷漫元氣苞孕問之云頻歲烈風撼拔如此惟時凍
羽無聲寒飇不起濛濛四表但庋芬芳遊始癸未迄
丙戌四日來過百遍眺江門之數峯望天路之孤日
眷白雲之伊阻悵故人之未俱倚杖遶樹樂而增感
噫嘻籬下局促苟全其生旣不得於人風飇摧折動

搖其本復不遇於天仰藉陽春任運窮谷又恒有剪伐之虞糾紛之擾不能自遂其性則兹山之梅也不亦可悲哉予徘徊累日臭味同憐雖落漠於吟賞或有合於物情後之來遊者流連花樹其太息於歲寒也夫同遊者東粵譚子天水、山中僧宜登玄印、小史顧銘侍康熙庚申十一月二十八日

卞二濟曰前半叙次曲折似桃花源後半感慨似蘭亭唐宋諸家不逮也

鼓山看梅詩

渤海高　兆雲客稾

出迎春門至白雲廨院遊南園

徘徊日延佇，歲晏當如何。出門無所適，策杖東山阿。
晨霜繡平野，（鮑謝佳境）宿霧帶層坡。山園爲我啓，籬徑木葉多。
高樹黃獨實，（黃而獨實，即易碩果義）寒花白叢柯。乍聞度清氣，想見回陽和。
開芳自茲始，對嶺慰蹉跎。

舍輿步從松嶺憇茶亭

南海有君子，心期同寂寞。遊覽無俗情，攀躋足棲託。
偶語轉松杉，（如畫）緩步振林籜。香雪定橫枝，碧陰淨重壑。（畫手）

三

嗒爾忘身世，泠然聞鐘鐸。道逢下山人，何事入城郭。（語有機鋒，似祖庭中口角。）

湧泉寺首夏看牡丹，今復萌茁，獻惟靜禪師

始夏宿上方，今來玄冬盡。感彼綠葉枝，復此華滋挺。（着牡丹處止淡抹一筆，呆手。）時序倏代更，榮落動深省。山中存禮樂，世外殊朝暝。（斜纏便成惡道。）欵曲至人側，泛覽招提境。皎皎歲寒葩，芳馨放清泠。

山中二語大學識大文章。上語猶陽明所曾道，下語尤覺義味無窮。蓋山中之與市朝，心眼自異，原於朝昏辨之。解之者所以有山靜如太古，日長似小年也。

舍利窟

山谷吹薄霧，雨氣射斜曦。飛策尋空谷，行歌越陰崖。

石門見林丘，精廬在芳菲。（語新而樸。）漠漠隱青松，鱗鱗點緇衣。

啁啾翠羽過方圓綠錢滋横斜明荒圃杈枒霽隆坻

眞有靜者意可充道人飢戀賞不肯厭徙倚何當歸（妙）

自華藏室經永禪師塔尋無諍居登盤石

聞香動淸心引勝肆遊目猗猗修竹林謖謖長松谷（勝少陵心清聞妙香句）

窣堵二十載撫化如隔宿經行蹊每新幽棲迹成夙（似謝康樂）

看種隴首花開齊山岡木感舊坐磐石遠矚收平陸

烟雲易變幻不及浮生速

三宿白雲堂晨起再至舍利窟緜卓錫峯歸

三宿廣殿陰悠哉澄萬慮微鐘落夢魂寒香滿衾絮（微鐘一聯實爲宿增房）

起飯園中蔬還看巖前樹泉聲鳴孤亭江流平小渚（妙語）（五字抵右丞一幅畫然右）

四

八閩文庫

福建文獻集成

續編 集部 四六

吴格 主編

文獻集成 370

海峽出版發行集團
THE STRAITS PUBLISHING & DISTRIBUTING GROUP
福建人民出版社

本册目次

南窗草存六卷

〔清〕福清薛鎔撰

福建省圖書館藏清康熙間刻本

南窗草存六卷，清薛鎔撰。鎔字子燮，一字依南，福清人。明崇禎間貢生。明清之交，天下大亂，鎔以重名屢卻徵辟。入清後抱道守節，以課徒自給，雅志著述。南窗草存之外，復有草又存十卷、存存草十卷、草腴二卷，另有筠陽詩集二卷、籦書十卷、禮記微解十卷、先儒語録鈔十卷等。

此書卷首冠毛升芳、葉鳴鸞、林雲銘、葉矯然、吴之穎諸人序及自序，自序署康熙二十年辛酉（一六八一），毛序署康熙二十一年，此殆其書刻印之年。全書録文八十篇，分書、序、引、跋、壽言、述、墓誌銘、記、乞言、行狀及雜著十一類。觀其書、序、引、跋之作，類能自出機杼，獨抒己見。壽言雖多應酬之作，然如運長牛公壽言之述閩鹺之病，羅太湖壽言之述兵燹之荒，皆於治史者不無裨益。其述、銘之類，明清之際人物事件，多有賴此而獨存者。若石公吴公述一篇，記其鄉二名士於鼎革後不仕新朝，或歸隱鄉野，或遁入空門，於笑罵之間，秉性之外，具見閩士不忘故國之情。其瞿公張公述一篇，記瞿式耜、張同敞當桂林城破之時，被俘遇難，僧性因及義士楊碩父冒死爲二人料理後事，表彰氣節之餘，亦足以補史乘之未備。若集中述瞿處士明巖一篇，虚實之間，表裏相應。史稱鎔喜述忠孝節義舊聞而善敘事，信然。若鄉節烈女，亦多見撰述，據葉鳴鸞序，知原有南窗草存彤管編，皆表彰貞烈之作，今未見其書，其文則散見集中述、行狀類中。

鎔自序稱於所作中删存十之二三以成此集，置客囊自娱，或好事欲觀則公所是否者，攻其過可也。今觀集中文末大多附有時人評語，評者友人外，乃至後輩門生、兄弟子侄，若林損齋雲銘、龔岱生嶸、毛稚黄先舒、謝青門杲、毛會侯際可、洪圖光暉吉、黄處庵晉良、許有介友、許天玉琡等，略可見其交遊，其中尤以林損齋雲銘爲多。諸所批評，或片言隻語，或數行百字，非贊賞謀篇之妙，即稱揚立義之高，皆非所謂攻過者也。

鎔文嘉慶間王大經採入東冶國朝文編，録張公胡公述、石公吴公述、葉公述、杜母述、勅封林母蔡孺人述五篇，後謝章鋌又補録與樊逸少書、百苦唱和詩後序、錢先生墓記三篇附後，立言之要，結體之妙，皆卓卓可稱者。（季忠平）

林西仲先生評訂

閩福唐薛依南先生著

南窗草存

西湖湯伯倫梓

序

僕少困童子試再黜於學使者迄亦碌碌於有司之庭年垂二十無所知名於人摧挫極矣康

熙丁未
上御極之六年以策論
衡天下士僕與家君同
受知於閩中金陵三先
生獎勵備至期以大用

且語之曰以子之才乃淹抑至今耶朕騰達有日期不遠矣勉旃自愛迄今幾二十年逆藩鴟張東南徧罹兵燹所謂

陵谷滄桑磼肰改觀不卽凡幾而斯言若持左劵噫嘻又不意燕郢晤言執手淚下悲從中來而金先生於形影相吊

也猶時一二孤寒披情愫於風雨凄涼之下也夫先生愛才如命含明若鑑其所謂受知於門下奉教於指顧者猶知

自愛而見所引重以爲
諸世兒之楷模者乎是
必其爲純儒爲名宿爲
有道之士爲清剛不屈
爵耿命世之才不又可

遙夫而預知乎及讀依
南薛子南窻草存而不
禁喟然於文章聲氣固
無一不本於性情因又
以知性情之合於文章

聲氣者信有其緣與機焉而不偶肰也夫僕之與金先生其感恩知己固肰獨惟夫薛子抱其大有爲之才未嘗大得

用於世乃其憤懣鬱塞
以自寓於騷賦詩篇感
慨歷落激昂雄肆而迅
發其不平之氣卽不肰
亦當退與山林之人訪

泉石課風月以自抒其
情於高山流水之間而
類夫遺世獨立放廢自
甘者之所爲而薛子不
肰也否則浮沉利欲俛

御公卿爲誄墓之章飾增美之頌以自獻於王公貴人之前因以竊名譽而遂其私而辥子又不肰也其爲文清以幽

其命意深以厚而其本原寄托則大要不出於忠孝節廉之數者一切風雲雕繪之詞婉麗深情之作盡掃毫端而留

其勁氣肰則薛子之所得爲何如而顧效世之沾沾者以一字一句自矜資梨棗而取譽目前爲也此固僕之預知薛

子者也況乎開械發讀
其所爲鄭重而代致焉
者又有我世兄金子若
千爲介紹其間耶則僕
雖與薛子未嘗一謀面

薛子雖深知僕之不文
而僕又安能已於言也
昔
康熙二十一年歲次壬
戌季夏下浣年家眷
序八

弟毛丹芳允大氏拜

題於蒼山之居俟居

南窗草存彤管編序

三山燕龍葉鳴鸞

今世之論者率進陽而退陰尊男而卑女是固然已乃天地之正氣有時陰分得多而陽分反少女子覺易而男子反覺難論世者亦安可略之哉吾嘗讀司馬龍門史怪其上下二千六百年間女節林立不爲綜紀僅于貨殖載一寡婦清使淸非以貲

雄顯亦湮沒無傳已耳至相如以琴心挑寡卓氏夜奔此鮮耻所爲則津津樂道致後世淺識之子豔稱之以爲越禮韻事風教大傷是誰作之俑乎迨漢武帝時劉子政感趙后姊妹爲作烈女傳以諷[illegible]深哉其即夫子刪詩以關雎鵲巢首正始以兩栢舟首變風雖變而不可失其正之意也且夫子非特刪詩然也其贊易也曰利

牝馬之貞于蒙三之見金夫曰行不順也于恒五之婦貞吉曰從一而終也于家人曰女正位乎內每篇三致意焉居可知矣嗣是班扶風而下始代有立傳者夌遲及于五季朝梁唐暮漢周置主如奕肰而長樂老方且詡詡以累朝榮寵誇人歐陽廬陵每論輒以嗚呼發之獨於斷臂之王凝妻褒之不置口卓哉廬陵其識越龍門遠

矣抑吾又有慨焉宋祖之取蜀也以蜀花
蕊歸問其所以亡國花蕊以十四萬人解
甲無一男兒對悲夫十四萬人盡如花蕊
其無男兒審已豈知磨笄山乃有代夫人
相思樹乃有韓內子耶男兒未見能過女
子也今日之福唐僻在海隅不過彈丸之
地其義不辱身視死如歸之女婦肩背相
望而起于世之可嗚呼者何如豈非吾所

謂天地正氣有時多於陰而易於女者乎
吾友福唐薛依南氏出如椽之筆闡潛德
之光所著南囪草存可以並駕龍門而識
則越之如盧陵是大有關風教者其中序
述女婦多係福唐間以他方之苦節艱貞
益之無異劉子政所傳以待扶風輩修國
史者之采入吾讀之歎惜服膺不能已已
請急出是集以公天下否則先出其約而

易就者如女婦序述等篇梓之因取別爲一編名曰彤管嗟哉編中人遇之窮也幸哉編中人名之芳也彼徒讀書之男子旣不可同日語卽使諸葛公得見其事豈肯以巾幗遺仲達哉遂不禁爲之序言

南囱艸存序

晉安損齋林雲銘

柳柳州惜韓吏部不肯自任作史孫樵謂文章如面史才最難則有其才而復能自任者尤未易得也國家正史而外諸省郡邑莫不有誌所以傳先型振風扶俗其立言叙事總一史法吾里郡邑誌自故明嘉隆後迄今百數十年未經

纂修余生也晚每歎前此遺老已盡旣無考據而三四十年以來其間忠孝節義在人耳目者當綜覈成書以俟將來採擇奈屈於才之不逮且以東西南北之身聞知弗周罔克伸其志朕耿耿於懷者二十餘稔矣福唐薛依南先生一代史才也抱道高隱凡吾里三四十年

聞忠孝節義軼事有所聞知輒爲傳述即其他所作序記及交遊往來書牘亦往往摭拾其所聞知反覆揚搉誠有味其言之也其用意不可謂不勤矣夫以傳先型振風扶俗之書闕略至百數十年在位者不遑謀則吾黨之事也前此者不能詳則後人之責也浸假依南氏

以所聞知孜孜不怠取而志之或吾里中又得如依南氏者數人各以所聞知孜孜不怠取而志之因各追記其先世所嘗道者或有傳聞異詞彼此互質勘成一書庶幾有所傳信而吾里郡誌不致以闕略浸成廢棄且可藉此附入國史垂諸無窮此余之志即依南氏自任

之心也若夫理解之精持論之正取材之博摛辭之工則韓吏部之流亞卓然自成一家言讀其文而其人可知矣

南窗艸存序　　三山思菴葉矯然

古今治亂如循環而亂極開治亘古如斯者則全恃乎剛凝激烈之氣爲足以撐持運會扶正人心歷千百刦而不致澌滅肰其間顛或傳或不傳者曷故哉請明其說葢時構陽九衆志淪斯一二鉅公名德過涉求仁捐生取義國史特

書風謡憑吊凡二足横目之倫咸指而
稱之固無不可傳者獨至艸莽蟣蝨之
効忠與夫匹夫匹婦之矢志明無人非
幽無鬼責其百折孤行之氣之死靡它
若出乎其性者而廼令之湮厥無聞草
朽木腐是可嘆也吾友依南氏規言矩
行莊莊乎士其文章一粹乎仁義之澤

其交遊自鄉國及天下皆讀書有道之君子乃跡其所見有如吾所云剛激孤行出乎其性者一與之遇則雖委巷之夫巾幗之流浮屠之子亦必爲之咨嗟敘述亹亹留連使之顯當時而名後世吾觀韓退之之於南八不以人微而與之比肩睢陽柳州之於段太尉恐其事

軼而馳書以畀史館他如王凝之妻可以羞長樂之老盧山之緇可以林靈寶之邪遠者盧陵禾叔近若虞山錢氏皆嘖嘖稱之不啻口出今之南囪艸存蓋此志也記曰言之無文行之不遠言文而行遠將有不斷傳而傳者又況乎剛激孤行之性不甘湮蝕於寒烟蔓艸將

有精光發越變現於南匈之簡端者豈其微哉或者曰依南氏之爲此言也蓋以抒其憂思抑鬱殆有不釋肰於衷者抑或者曰依南氏固非戔戔者德充乎內而辭溢乎外自肰之理也之二說者吾亦惡乎知之則還以諗之依南其必有當焉已矣是爲序

南囱草存序

同邑穡菴吳之頡

有可已於言者有不可已於言者月露風雲之感點攄翻駁之能暨乎鑿空撰說艷綺揄揚皆言之可已者也若夫切物情開至性發幽光之潛德豫禮教於未肰以爲翼化扶俗之資則言之不可已者也予友薛子依南當童時與予同事竹嶼鄧夫子近十載遂以明經自委於書塾硯田間安

貧守道塞默若愚固非有意於立言也然四十年來磅礴鬱積之懷頗寓意於見聞睹記之間若孝義節烈若高風隱德有可以翼化扶俗者亦不禁乎其言之書序記述篇目非一攷實比類綜舉不煩其思雋以細其聲峭以涼大抵原六經四史之辭義挽而爲近今可淑之旨在漢魏後當自爲一書者也予與别十載偶集西湖取而

讀之不復知厭謂薛子曰是豈可已於言者哉夫積厚者英流氣蘊留者響必極此皆天地之不欲藏鬼神之必洩者也毋論孝義節烈高風隱德著而人方托薛子以言其亮志精魂已熊熊乎騰踏紙上有秘之不得者卽從薛子言之白銀奎斗紫玉龍蛇與夫筆陣墨花直如瑤光劍氣見山川而不可掩薛子之不已於言也薛子尚

得而秘之哉予於是請壽諸梓薛子固辭會與二三友人愈益請乃梓其什一二焉予笑謂薛子曰吾恐武彝之曲尋津者猶憾其九謝康樂於永嘉山水至鑿險伐幽必求其盡也而後乃今知薛子之言之果不可已也已

南囱艸存自序

日星川嶽萬化棼殊莫容繪也古人是非吾道出入雷同聚訟夥矣多置一辭亦如無有惟是

聖德神功爛肰可紀乃分居愚賤又何敢贊颺若夫閭巷見聞身家細節可以怡性情備風教者亦堪采識所慮繫人毀譽則存中沈氏戒焉曰雖善不書非惟不言人過而已若是卽欲采識亦無幾矣迨壯歲筆耕雖有譽無毀要期核情

自序

得像相副以誠苟習浮夸欺臺中人橫索錢米亦素不爲龔聖予畫馬風駿霧鬣持以易金王梅屋作梅不減楊補之乃堪易米計非工且肖必不市也予之文不敢望二公所畫顧已市之願亦如是肰所聞傳聞各異其辭信筆隨書不能盡闕或因人任已過誤未除或得意一時無禪行遠皆所宐刪則文可存更無幾矣於是命兒種茂盡出篋艸以無當者予火十存二三焉

一

置客囊自娛或好事欲觀則公所所是否者攻吾過可也雖肰王士源稱孟浩肰哲蹤未祿於代史不必書因述嘉聞錄次其集以傳於後陳同甫感龍伯康輩際亂無稽亦欲纂建炎紹興異聞以補所缺是與善表微古今同志寻實寡淺掇拾無能筆短意長徒滋歎企則向所存殆於無足存已乎時

康熙辛酉春三月古閩福唐薛鎔依南氏書於

西湖舟次

南窗草存總目

同學損齋林雲銘訂定

三山同學思菴葉矯然　選

受業岱生龔　嶸彙評

卷六

南臯草存 總目 二

南囪草存卷之一 目錄

南窗草存卷之一

福唐依南薛　鎔著　閩清鄭　郯官五較

三山燕龍葉鳴鸞參　男　種茂方孟編次

與樊逸少書

某行時承面教謂舊稾已燒待某三年歸當別出新書相示竊歎服足下學日躋而不窮也古今文士之態一字句愜當即神厲九霄凌千載足下顧憣然若悔直燒之弗恤也此非有大覺異勇入堂奥而外陼行者耶新書有作當不復人意矣某近渡江北過桐

城其旁近郡邑率茅居零落獨桐市肆稠烟樹葱鬱廬舍皆瓦晚宿問故有老人進曰此邑主張公利民賜也當流賊數蹂躪官民逃散千里屋盡燒公獨誓死募民拒守以全茲邑故瓦椽無恙幸不為茅居千里築於既灰後者有公也其曰是吾鄉前輩固也然而亦聞公之居鄉乎齋心埜處若村愚戊巳來四方擾亂公扃門不出亂者迫為倡公叱之去當事益重公數推轂至危語要公匕又弗動顏然二十載一苦行僧以殁此則公之居鄉也老人曰然當公治桐時

禮士勤民雍容尚退讓狀不勝衣及寇至鎖宅門令
守者列炬以待曰賊入先焚吾眷宅然後與民同死
募兵鼓勇懸賞設晝編伍分戰守程度精嚴雖老將
不逮也民奮氣滋百倍且戰且守斬獲甚多賊攻旬
餘不克去一城獨完公臨敵又能出沉勇以濟如是
言訖揖而去問之則其鄉文學也因歎公腸胄繞萬
象而精神驅五兵皆平昔畜德藏用所致老人誠知
言哉某交公晚未及詳桐事及是詳而公歿矣足下
喜道人善方且有新書在吾鄉前輩事幸勿遺也謹

寄此以爲足下之助

王以南曰前幅略敘守桐功至後更寫沉勇有濟
與居鄉堅操不動意關合末乃數語束之步伍
森肰氣力百倍

陳昌素曰傳記之文却從寄書寫出遒勁簡老當
是古文范遺編

林損齋曰有心人語居官居鄉曲曲寫絶田中先
生得此可以不死

與李卜生書

其童時與令弟齊生君同采芹因得從盧蕢仲所接足下暉光徒羨曰隹公子耳不謂足下遺俗力道竟揭家走千里入武夷種茶煉藥借詩畫自老歷四十餘年所得不既奢矣乎心溯心溯往在戊申己酉嘗與袁州袁勝之先生讌繼梓者同寓浙中言及尊大人（袁州同知閩縣孝廉讌時典）官袁州時布疏約巳夙夜奉公及天兵將入袁有方面紿同出請援至萍鄉縣覺之遂自縊以殉越三日後神色如生時足下昆季在家

左右僕役散避他所袁公獨先至具棺服備禮爲殮卒袁人朝夕哭奠至今得述其詳袁公嘗入山學道素正直尚義所行傳頌非一而此時甫爲明經於尊大人無干請之私徒激慕節烈皇皇爲袁民報德如是其後近二十年袁公登兩榜又十數年以赴選卒京師邇奉　朝議修誌開史局尊大人節烈於誌若史例俱得書袁公急義在誌亦得附載顧邑里履歷條目不具操管者何由得詳足下亟速備尊大人狀就郡縣投致現奉徵書檄純節卓行悉得上聞尊大

人有光青史必不至闕遺夫人有善猶將稱道以勸
矧在吾親乎茲舉也慰人子心爲風化助莫大乎是
往曾屬黃仲代致此言今再附鴻便惟足下留意某
奉慕高隱欲藉此以增盛德勿謂贅也
吴穡菴曰殉烈急義益以高隱恰好一合傳勿僅
作尺牘觀
張永南曰蒼健約達自是記事老手順宗實錄最
爲近之

答兄楚玉書

乙巳過侍後又幾年矣益聞兄三指活人歷數郡如河沙假以兄制舉舊技得官一郡邑未必及他郡卽他郡亦不過一計再計而遷未必洎數十年之久是兄以既隱之身爲儒行補所不足道力廣大儒之爲光多矣而兄顧浩如穆如若無有肰至手教反謂弟有文可傳也夫文末耳奚所恃以傳卽傳亦奚裨于世兄何處巳于無窮而張弟以褊小哉雖肰弟非無志于文也前此無可觀繼此則巳老匕態集而力衰

矣其焉能文曰耳曰目曰足三者皆不任職而耳尤甚甚者猶可安而未甚者危也五官物感耳先而易入雷霆琴瑟風觸鳥號與夫笑啼啞罵有情無情各形悲歡怨怒而心爲聲主或不能自定其悲歡怨怒因聲之入者爲悲歡怨怒則心移矣不如掩耳勿聽彼徒形其悲歡怨怒而吾天不以之擾則耳職雖廢直借之爲老僧不聞逸人洗耳猶可爲告子之不動心故曰可安也目未甚昏及視則已昏足未甚跛及蹈則已跛葢以爲未甚也而因任之且求多焉壽斯

中之矣故夫物莫危于其未甚也五色眩而神亂矣
跪趨走之節煩而志爲氣役少壯且然何況於老將
欲訪奇人搜異書以求肆於文固已無具必且亟簾
理目跌坐理足則又養吾生之不給其奚暇於文故
常自揣不能詁經義取盛名又不能托詩歌標清韻
語沉博絶而則乏才與辨論古今則鮮識惟是出曩
年睹記誇示蒙愚襲里社講章勸諭鄉曲蹴匕若小
史代耕借他山水生涯亦時或鈔掇成方作家常食
物本草以是爲文固不待勤手足窮耳目而得之也

弟則何敢辭肰必曰可傳又惡乎傳之哉近見兄與
寓中叔一書眞不讓貞白手資計兄可傳者多抑又
不輙傳也而以張弟將奈何吾閩近有復還遷民之
議此舉直活百萬命吾族其甦矣夫便此附聞

謝爾將曰純是一片神氣流行無些子筆墨痕迹
程焦山曰會得劉子山書藴子易解便會得此文
林損齋曰皆不經人道語

讀史詩序

方外老人不宏與人間事黃石僕匕把上橋蓋公儼肰坐齊相正堂麗公以臥龍目孔明拜不令起陳圖南山中來鑿匕言治傳易四公者無乃多事意得人而與可以藏用乎毋其以不用為用也老子有言三十輻共一轂當其無有車之用四公深遠哉詩以歎之

年少如好女沙中發其英老父賫神秘無令白帝驚驅除傷眞主却為報佗行功成歸天授黃石遯

難名　諸儒言各殊所師尚獨出賓吏欲有言醇
醪醉竟月阿兒諫巳笞天子讓弗恤大哉葢公指
虚受啓寧一　德操詣龐公徑入呼供庖元直亦
云然堂下羅妻子胡爲卧龍至獨拜不令止毋乃
管樂姿錯磨大器竟採藥出關心授經若尹喜
唐室老書生赴召在典國歷歳百有餘五代看瞬
息援易穆伯長論政延英側乾坤一大儒漫作神
仙識

龔伴生日簡要在道德陰符間

姪功懋曰百字中渟涵汪蓄萬頃在中

楚騷越絕書合訂序

大泌山人謂吳楚越皆大國也採風不及焉故有騷以補楚之鈌有越絕以補吳越之鈌余謂離騷古詩之始變也長言以引諷廣喻以類情雖一人一事所傳肰其國之風俗見焉越絕雜說耳大者已列于左氏司馬氏之書其他又迂疎而不足信也故謂騷以補風則可謂越絕以補風則不可雖肰屈子憂愁作離騷託天神窮荒遠其說至不經肰有日月争光之譽後之人感憤不聊者無不于是乎取哀其志也哀

其初無所呼訢庶幾類我而恍與之遇也越絕記勾踐夫差子胥大夫種范蠡諸人不有深侊必有隱禍爲痴爲醒如坐鍼銼或經焉或傳焉或內外篇焉汎稱覆解不專一辭肰卒隱其姓名于卒章以謂吾生于五百年後再逢吳越之亂託類以自明者也其所與著書者則又曰伏竄以自容嗚呼賢者生亂世負其深侊隱禍以苟活一時無已而著書至不敢明繫其姓名則志亦可哀也已予既悲屈平之才之忠而又悲作越絕者之有待于來世也故取其書而合訂

之若曰之三人者五百載比肩者也不有得于前必有得于後不有合于今必有合于古丈夫不得志庶幾類我者而遇之乎其亦可以覽矣

葉思菴曰古今著書人皆有一段說不出處不在語言文字之中然亦不能出語言文字之外以慧絶合騷前人未發之論文之如怨如慕則寻固已如之矣

徐氏族譜序

偃王國于徐爲徐氏當周穆王代多功德于民其後子孫蕃衍世顯達至今稱巨族必推徐氏徐氏在漢晉閒避難南遷者率居吳越而姑蔑爲盛自姑蔑分居旁近郡有入閩者則浦城政和與壽寧數邑爲盛壽寧政和徐氏出浦城徐尾文公後浦城出姑蔑姑蔑始遷元洎公爲漢秘書監江夏太守則實出偃王次子寶宗公後載譜系甚悉故至今徐氏皆祖偃王余觀金衢温處等郡誌徐氏賢達弗絶籍弟子員者

庠十二三或至過半在吾閩上遊邑或居五鄉則族屬相望彬彬質有其文武者指不勝屈也蓋徐氏派在閩越其盛已至于此昌黎所謂名公巨人繼跡史書爲偃王施仁之報信哉然吾竊觀古今興衰之跡上諸祖宗亦覌其孫子孫子賢則大厥宗始惟克紹後則爲開祥孫復爲祖以傳之無窮譬樹木然祖滋其根子若孫務護其枝葉苟此滋而彼琢焉即奐叢茂理必無之今譜所載徐氏後起名公巨人如前繼跡居官寬仁布衣隱德皆于理有昌後之應則自元

洎公以下支祖若別遷支祖所由滋根而蕃枝葉者不少知徐氏之盛又不徒一偃王施仁所致如昌黎云云而已嗚呼爲子孫者尚克紹于身爲開祥祖哥徒賴前哲哉今其君爲壽寧徐氏裔肫肫敬宗收族而以譜序屬予予感慕徐氏之盛而其君之克紹也爲之序言如此

葉燕龍曰溯源窮流語帶箴規是大作手

何書臣曰從偃王徐氏推到姑蔑從姑蔑近郡推到閩地至壽寧更自壽寧徐氏逆推歸到偃王然後稱閩越徐氏之盛以見偃王施仁之報因葉吉徐氏支祖分派之繁而以克紹開祥爲其子孫勉顏訓韓碑合而有此

桐林林氏族譜序

太史公撰史記自譜其家後世望宗巨姓率作譜以系其族之所自出至宋元明爲尤盛然其間非有賢子孫篤誼嗜楮墨者亦往往闕然吾融同里桐林林氏多賢豪如譜所列諱某某者以同胞稱一時才望爲士大夫所敬畏能念其先世系屬同里某某君因舊譜而彙修之既成編以序屬余余謂文章一道傳記獨難故凡國史郡邑志必正直擅史才者而後任之非其人不可輕屬而獨于家譜則不然葢家譜亦

傳記文惟本其仁率親義率祖之意爲敬宗收族之方支分派别垂示後人道其質焉耳非必褒譏益損如龍門扶風之筆苟誠信而能文章者皆可任故爲事易而所關甚鉅以故有賢子孫篤誼嗜楮墨者莫不修譜且夫吾里之族之譜尚忍言于今哉自戊巳來兵寇交侵竄避無常所至壬寅奉　内徙火海濱廬墟之聽民自裹糧揭男女老羸惟所之而止既不若賈讓所言出數年治河之費以業所徙之民又不若元封時徙東越閩越處以江淮之地業與地兩無

所資蹤躋死亡之餘散依遠近鄉若外郡邑及楚豫吳越有相去千里而遥者譜牒既不可問而林與陳王張鄭姓最繁居滿閩中地一姓而爲族且十百又非若周秦以前之姓可以國土官謚稽也比流散骨肉不相識即更數傳尚能因其姓氏自辨爲何族之出乎此吾里族譜之修在今女勤且切也余嘗欲與寒宗老商所以修譜旁及吾里誌略爲在徙者後世符朕猶未遑而桐林諸君已先我是舉誠所謂篤誼嗜楮墨者豈非賢哉豈非賢哉桐林距予家岐陽未

十里且世婣戚而數君又皆予善故序言如此非徒以內徙爲廢興聚散之感已也

葉思菴曰旣不若賈讓言出治河之費又不若元封時處江淮之地則亦惟有骨肉鳥獸散而已從此勘入修譜關切豈同泛泛下筆者哀此維桑淚涔涔下矣

攝張右生贈行序

吾友張右生以方盛之年遺世務閉戶精思以求事心之要蓋寂然如木雞矣順治已亥會有開洋之議以母命將爲扶桑之役而請贈言於余余曰右生亦執此以往而已乎右生閉戶事心時雖現前色香味觸法了不着於胸中何有乎既已得其所以然即卵胎濕化咸歸度內矧圓顱方趾之倫哉扶桑本徐市秦法之遺嚴肅而近華俗其民漸亦習儒書通二氏教誠以子所能示以聖賢之旨事心之法使

安其居以廣其教誠吾學之責而道之幸也右生行矣執此以往而已矣抑聞徐市止王其地時嘗盡載典籍及百物與俱意必有古文字爲秦火所焚燒者今尚有存乎其索之以歸

張子昳曰設想大奇

于子晉曰如得古文字以歸亦千古快事

原書缺

原書缺

甲社會規序

甲社吾里諸子相與會其文者也會文今所同也諸子之會其文則固有異相示以文章相勉以問學相期以功名而必于文章問學功名中交相勗以德誼其爲規約曰先器識崇遠大挽風氣敦禮尚直以及靜坐澄心棄浮入妙種々規戒罔弗諄嚴而諸子益復祗々畏々求如約而後巳若皆爲今之士所倦聞焉者故曰異也曾子曰君子以文會友以友輔仁非德誼也奚以輔仁哉儒行曰懷忠信以待舉力行以

待取此以德諠自立者也合志同方營道同術其行本方立義此以德諠命交者也使自立與命交者徒騖流葩擷藻之細記誦辨說之煩雖聲位顯著而德諠無聞安所取爲古之儒哉惟不肰古人所以爲德諠之歸而諸子之異于今乃不異乎古可敬也且夫德諠之爲文章問學功名者曷量哉滋其根茂其葉沃其膏煥其光燦如星辰列如河嶽散之於倫物圖史彝器旂常誠化成之大者墳典謨誥拱揖帝王鄒泗河洛晤言聖哲與稽與居雖書肆說鈴淆雜無端

於焉折衷自我斯非無本矣若夫功見名立視其所出爲誠僞王霸之所由分三立俱以垂不朽與功利之末孰多哉文章問學功名惟德誼是居允矣古之人乎今諸子文學空海內方樹幟聯鑣於功名若掇之者猶喆誠如是其勤於德誼視古人不遠矣異於今不異於古猶且爲之況乎其兼得之耶吾願今之課文者毋徒求於文章問學功名而必以德誼爲歸胥天下若諸子之所以課文者以庶幾於古之人將學術風教之大同自是倡之不異於古者亦安在其

異於今哉吾於斯乎且厚望之矣

陳昌異曰實々証據語不煩而能沉酣滿志

林承六曰是大家局陣中幅以德誼貫入三事醇朴穩重駸々乎漢人矣

毛稚黄曰清蒼雅淡文如其人

林損齋曰醇儒之論可以羽翼經傳

百苦唱和詩後序

臣子事君父賓客報知己義一也事濟否與身存亡則有天焉瀋陽范公被　命督閩〻藩異志久公至未幾變起而公死錫山嵇子留山會稽王子幼譽華亭沈子天成與三山林子遂菴爲范公識于百人中禮遇于幕范公死嵇子王子沈子與俱死〻以臣子以賓客不同無愧于君父若知己一而已遂菴幾死以年老又閩人不爲所忌且念九旬母在因詭言賂得免計公家與在幕五十餘人無脫者獨脫一遂菴

此則天也當公之被錮也守卒百人遂菴諸子之被錮也守卒六十人各隔絶莫通乃卒中一人獨周旋公側及往來諸子間于是嵇子作百苦吟寫禁中狀及其憤鬱欲飛之情而遂菴與王子沈子和藉卒以達公公亦和示四子共五百篇孤誠壯志聲中鳥匕儼爾血光對眼出肝胆規畫丁一圈若交慰勉待有爲朕者既三載公與諸子死遂菴出是詩及公所著嵩谷自序嵇子所著續離騷雙報應嘻笑怒駡諸劇一時傳誦至泣下如親見公及嵇子音容者是公與

諸子雖死不死也誰實爲之歟且夫公之未濟是事
也人異其議矣廼吾嘗覩公治浙愛民若保抱應務
若神明及涖閩兩月馭將治兵輯吏奠民紀要頓張
歡聲雷震設當在浙　命下時即疾赴閩逆謀未集
權勢可收挈兩協練綠旗劄其芻糧器械杜山寇之
萌絕奸宄之路彼知無援計莫可施即不調回　京
師亦儲心拱手俯伏而不敢動至往返　闕下數月
到閩彼既集我乃方鮮西逆蠱煽民志驚搖一發遂
裂嗟乎豈天靳公以全閩之功抑閩當塗炭必故擢

之而後定耶此則天之不可解者也迨大師入閩南方貼服　天子念公忠　特旨拾公蜕莫知者越數旬有自言知蜕所在問爲誰則曰我前守卒許冉是也常左右公問來何遲曰我從大師南征方歸故遲耳因以證遂菴遂菴熟視曰誠肰百苦吟所由與公唱和者賴是也于是拾公蜕某所報　命許冉同赴京受千金賞以歸嗟乎假非許冉則公蜕何收非遂菴則百苦吟何得惟不肰此公所以蒙難一時而償千古不偶也豈非天哉豈非天哉吾願爲臣子者務

殫力以報君父利害生死則聽之已矣不盡人事徒委天自解免毋乃誣與推之客報知己亦奚弗肰百苦唱和詩俱在反覆而深繹之哉初公來閩時介于蔡僉憲以書幣屬王君龍泉徵予匕方讀書江右雖赴命未及知己之感不忘也因與遂菴同寓禹航詳其事敬臚數言于諸公之後

龔岱生曰此文分八節起以天字作冒次叙死與不死應之三寫詩所由唱和正發題面四重說公與嵇子帶說林子闡明大意五說事未濟仍縮天字六從題外扯出許與又從許與林子歸到天字作一束七從臣子賓客繳百苦詩作大收束末知己之感作餘波方圓俱備神情益出

古今有數大文
兒符臣曰孤誠壯志肝膽規畫是詩人本領嵇子林子許嵒是做詩傳詩緣由從此着眼則文中精神骨脉處〻活動
吳同甫曰如此方見詩以人重不肰世上做詩者豈少哉
林損齋曰有此一序而范公及諸子之忠節分外生動至論生死利害雖本於天而臣子事君父賓客報知已則不可以天自解關係名教之説雖聖人復起不能易也

涑水集序 代

余雖城居喜郊行尋僧寂坐觀心出入有所闘必取其心與行之所得而出之誠然者識之即探幽索幻漫言無當亦非好也故二十年來自三四老衲外無與共晨夕者即有亦若罔見聞已矣徐子仲光以甲辰訪余自夏徂冬共刹居者畧强半嘗自喜謂三四老衲外乃有徐子也既出詩文相訂又交相戒勉焉余曰口頭禪無關大乘則其法可廢也徐子曰章句儒無裨大業其書亦可燒余曰入山耳不靈無寧群

居徐子曰出山乎不大何如獨處語已則相視而笑象陸翟公遠來叩余問余與徐子言又相視笑也異哉三四老衲與徐子外乃復有公七出其涑水集見示若徐子肰余讀之心清氣和而金石出者詩也體立用行而變化周者文也因而考之自秦而楚而江右而吾閩實學實政初終如一者則公之心與其行也異哉余與徐子曩者相戒勉如是公其先得之者與夫古之文章盛矣何以代不數人人不數篇而董江都陸宣公范希文王文成諸公獨巍肰稱絶哉葢

其爲文也書其心與行之所得而出之以誠肰故表裏一而華實兼使見其爲文者卽以見其爲人非誠肰而漫出之雖諦禪者頓漸各祖語儒者朱陸競師語詩文者漢魏八家北地毘陵專門聚訟均無當也公之心與行如是而詩文如是〻集在彼安脫肰息矣徐子序公生平頗詳余不道〻余與徐子及公所以相得者猶前志也卽使三四老衲聞之當復相視笑矣

金海門曰機趣從靜中溢出

方具棠曰我自寫其所得若不知是爲人作序正

使有心爲人作序者未必能貼切如此

林損齋曰通篇握定心與行兩字穿插生發照應變動融成一片筆端具有化工

印譜漢燈序 代僧

某所某居士棄弟子員若傲屣肰〻猶未免爲篆傭也貧故也傭則無擇篆〻宐弗存〻其所嘗問業及受知若詩文交者之姓名誌不忘也若干年于此彙爲譜名之以漢燈示志也夫三代金石玉璽刻圖勒文傳秦未久漢用其遺制度損益歸本六義古朴典雅流傳獨盛魏晋因之亦無大失六朝始朱文唐加盤曲越宋暨元支離纖巧去漢愈甚至明顧從德初集古印爲譜好事之家始推漢制肰集譜繁興考擇

弗詳東襲西掇馬帝魚魯大誤見聞居士采摭諸家較核字義六書八體務悉源流而筆畫欵制古朴端嚴誠漢人之鉛槧也昔歐陽公屬書集古錄序于蔡公謂字畫之工有助金石之傳僕于君謨揮毫閒將託以不朽今集所存諸公姓名率端人偉士芝蘭同譜固一時盛事肰漢篆一燈方垂不朽諸公且託以並傳居士其君謨哉夫屈左不作班馬迭典劉揚賈陸肩摩輩起稱漢文章坑灰方息經術旋修記傳疏詁爲古今儒宗黃老之學崇于漢初帝后將相類祖

道家而我教入中國在列藏者六千餘卷迦厥所傳自漢明始覩茲一字一畫藐乎細哉肰黃虞不起望古遥悲卽小喻大志漢燈者夫豈徒肰居士固文人晚尤厲行漢文章經術仙佛俱在其將曷歸

兄楚玉曰印以漢篆爲正文亦是秦漢間物非晋魏後欵識

葉燕龍曰自安步七領漢字纂組錯落是極巧文心

林損齋曰綜覈處運之以筆力遂成絶構

遯尋草序

今天下之自附于遯者衆矣一二年而志變三四年而業遷不十數年而天下之遯者烏有矣彼不識其所爲遯而托之則亦不得其所爲遯而求之苟然與慕亦苟然棄去

既無從見其所以然亟乎驟嘗而急去之也新安何子自謂嘗學易久乃用之以遯操其道歷國都能知人之賢否而無所凝滯徐而察其意浩乎似有得者若將終身焉何子曰吾非能必吾之終身

乎此也吾有所用吾心焉雖終身于此可也讀其所爲詩曰遯尋草藁于遯之中若有所尋焉有若喜有若悲有若嘻笑怒駡其志嘐嘐其聲翏翏流覽乎人物之中而出入乎人物之外詩如是心應如是也且夫尋之云者得不得未可知之辭得則吝焉謙焉不得則悵焉望焉兩者相乘以行于春秋晝夜日月風雨之中時動時息一龍一蠖雖木石之與居妖魅之與語此心固已不繫于世矣然則何子之有所尋以爲心也何子之所挾以遯也孔子曰用之則行舍之

則藏惟我與爾有是夫言有所挾也東坡居士曰士中有所挾雖小技不輕出也況至人乎是故箕子述洪範伯夷求得仁千古之善遯者必以是爲歸

林損齋曰有所挾三字是論語中有是夫妙解不但代何子說法也

情曆序

余至青溪一見而交龔子龔子當世之騷人也旣已棄諸生托詩畫中視天下士狐熱鼠嚷眞不足供酒杯前一唾肰讀其所爲懷許較書情曆幽思渺緒一醒一痴又怪龔子胸中久無天下士何獨有一女子豈托焉以匿耶龔子與余言較書事甚悉其初本良家子際亂淪落至青溪貴遊子弟肩摩過門而獨以筆墨交龔子兩人外一無所係意其母若兄惡之謀間龔子將携以逃適龔子病而隣人死或言龔子死

情曆序

余至青溪一見而交龔子龔子嘗世之騷人也旣巳棄諸生托詩書中視天下士狐熱鼠壤眞不足供酒杯前一唾肰讀其所爲懷許較書情曆幽思渺緒一醒一痴又怪龔子胸中久無天下士何獨有一女子豈托焉以匿耶龔子與余言較書事甚悉其初本良家子際亂淪落至青溪貴遊子弟肩摩過門而獨以筆墨交龔子兩人外一無所係意其母若兄惡之謀間龔子將携以逃適龔子病而隣人死或言龔子死

夕寢處風雨簷歌而以爲詩則情曆之作謂龔子胸中獨有一女子可也肰古者思治好賢諸什往往托美人以見意離騷憤書耳媒絕路遠則擘涕而竚貽古之人豈皆登徒子哉文長氏曰艷者不妨于騷予亦曰騷者不妨于艷也龔子固騷人豈亦有擘涕竚貽者乎情曆之作非夫人之善托不及此

葉燕龍曰將龔子說得如許牢騷將枝書說得如許具眼便不是丈夫氣短兒女情長此爲有關係文字不可作小品讀也

林損齋曰小小題中發出許多大議論眞所謂嘻笑怒罵皆成文字彼以閒情一賦爲白璧微瑕者未曾在情字着想耳

筠陽學詩自序

系學詩筠陽誌地也誌初學也學詩初于此乎曰前此矣歲之辛卯予年三十有三再至雲間哭夏緩公先生時伯氏符臣以行窓詩艸命序而沈子貞居以梅源十咏索和余于此乃學詩與老僧扈芷及同學諸子頗唱和自端陽止七夕凡六十餘日得詩數十首粗叶聲律耳未成詩也會致書名世王子于雲間東鄙叙濶別問其新詩王子復書寒暄外僅言與兄躬耕之樂絕不及作詩事而伯氏楚玉亦自禾寓書

責予曰汝奈何作詩予即夕焚其藁遂不竟學自是二十餘年或居或行率爲人疲神力于章句及應酬文易囊粟片修以餔固無暇學詩一日晤貞居長君濤思于弁洲園濤思請寫近詩予曰吾閩有蹇菴僧于永陽萬山中得奇瀑惟石作誌一帙索詩及序余僅一偈荅之曰山靈不訾山僧錯蝌蚪横縱鬼斧落瀑濤截斷鑿石平莫向人間寫寘寞若還索我作商量八角磨盤螻蟻忙雷霆霹靂僧無語烟迷晝黑白毫光因書此以示濤思濤思曰先生果不作詩矣余

笑而别二十餘年中所所歷京國名山川與當世名卿
先生騷壇方外勝遊隹夕閒肰莫一酬和詩料百斛
覿面失之亦未以爲意今年夏筠陽別駕容溪龔公
招予讀書友人胡月湖以廬山行見贈末云招呼風
雪弔淵明認取廬山眞面目予悚肰曰薛生眞面目
安在豈二十餘年筆墨皆新我耶因思詩視章句及
應酬文予性情爲近兢此還索故吾庶幾不遠况今
文無苛禁筠陽又仙佛區好友相值引興實多于是
龔公咏菊予與學博羅公及岱生諸龔子賦和共成

菊帖起重九迄冬至乃竟學詩得若干篇名曰筠陽學詩言昔未始學詩今此乃竟學詩故曰初學也嘻予年且逾五十矣學詩云乎哉揚子雲不云乎童子雕鏤篆刻俄而曰壯夫不爲也余既老猶且爲之余其童之心哉伯氏楚玉殆又將責我矣

龔容溪曰文情如畫在集中又別出手筆

程焦山曰篇中學詩作詩與否凡二十餘見文情愈眞文境愈幻

林損齋曰從學詩轉到不作詩從不作詩又轉到初學詩末仍以不當學詩作不盡語純以神行非尋常筆墨也

南窗草存卷之二目錄

序

引

福唐依南薛　鎔著

三山以南王化純叅

男種茂方孟父編次

熊太史福建典試榮旋序代

歲在癸卯　天子厭天下文習陋襲舊閭無當于治詔試士首策對次論表判廢經書義自明年始重實用也時公旣奉命以舊制較閩關矣關中矢公慎排贅迂詞崇簡要令可見施行者所收皆通今洽古練達之儒與詔書旨適合于是通國士大夫咸謂公能

得人稱　天子意也屬余言以序余惟國家之典視人材人材之盛在乎責實書曰敷奏以言明試以功言功者下所由以實效上所由以實求者也故書升之日必先考言服官之後繼以稽功稽功者君相之事考言者主司之職也自孝弟力田辟召之典廢歲賓興者盡在文章故夫律令牋奏詩賦策論經學書義莫不獻所能而資所用短長雜陳眞僞互競不得其實則由文章而行詭由行詭而治術以書升不慎而弊且中服官故責實之道又必自主司始周官司

徒職貢士唐宋以來又考功若朝官主判之至近代始屬翰學臣非謂主司慎重必品望識鑒文學三者備而後勝任哉公詞藻富科第高物望重明天人之際識治亂之交其所矢慎與所得士皆異曩時應朝廷維新之典肇人材方盛之機是真主司也微論責實于考言爲書升光郎令諸士出其文章而劵其行誼治術當一日名京師矣曰是歐陽所得士也服官明試又煩深求乎今　聖治伊始典制維新內外臣方洗滌以會建立如公所上而輒報可焉豈曰叔孫

先生希高帝意哉知時變稱漢儒宗非虛譽矣往歲
公伯氏青翁得士于京闈今又有公焉取水于河取
火于燧雖使相　天子進退天下士亦猶是矣豈特
京闈與閩而已

張屺雲曰莊而核

姪子永日言非泛設事骨亦異

林損齋曰立言有體又能洗盡跱蹊應酬中最稱
難得

施介平稿序

文章其惟神乎藏也神居之見也神發之運於穎墨之中浮於穎墨之外珠光玉氣一睹丰華天下共珍貴焉皆神之為也非其神惡乎文非其神惡乎論文哉馬之為驪黃也牝牡也皮也竹批耳駿風入蹄輕有神焉雖驪而黃牝而牡自若也寶劍鋏也而精神見故相者曰如登高山臨深淵巍巍翼翼如流水之波皆言神也劍非神不寶矣文奚弗然吾里施子介平之文殆以神勝乎其肌冰其骨玉其朗如列星焉

其動如轉轆焉汎肰以清也翩肰以逸也惟清惟逸神乃以出罔弗在尋常頡墨中罔弗在尋常頡墨外也葢本家學而抒夙慧今未弱冠由童子聽鹿鳴若掇之焉以形用者其用拙以神用者其用捷介平之文豈不信哉夫馬之神不以皮劍之神不以鋏非獨劍與馬也相劍馬猶是也一顧再顧而後千金重下階深惟簡衣坐望而後若有得焉神與神遇也同是尋常頡墨中俄而曰吾得其神矣拔之棘闈若童子非相士之能哉夫淮陰徒步也登壇而一軍驚

雒陽年最少對詔令諸老先生不能及神與形異用也介平挾所長行撻南宮讀書秘府文之神且燭霄漢吾惡乎測之哉矧其敢曰相士也

張一衡曰此文亦有駿神實氣在皮鑛之外

林損齋曰論文正諦非得文中三昧不能道隻字

行窻詩序

同祖兄符臣與予少同業長乃異師予父與叔父又時〻操繩墨儼持不少借予兄弟亦務率繩墨蹴〻無敢以越然予質鈍且浮兄則沉而敏于書成誦輒不忘獨處無妄交尚退讓爲廉謹余讀書至十百遍不能記姓名或閉戶盈月索居寡和無所與辨論則心馳內熱口與趾並癢也以故余泛交又多口過時有所可否面折至失所交歡兄則私切責曰彼齪〻者何有于我也余兄弟固所質異哉然時檠一燈飲

膝坐語念家世守詩書余二人曾無尺寸立間及人及人
情轉遷冷𧨏又未嘗不相對泣下也丙戌之杪余旣余旣
不敢自附于古明經之列余兄亦視弟子員若縣贅縣疣
獨走數千里過越適吳浮江入楚訪古人行迹所在所在
哦咏身雜傭販間與相浮沉不令一輩知也辛卯夏卯夏
再過雲間余亦適至則出其所爲行窓詩藁示余杏余杏
情高致幽馥襲人余亦自誦一兩語質兄兄顧謂余謂余
壯懷孤峭汝亦有所長哉然余自視嗒呼奔潰率不率不
能自馴竊欲效兄所爲屏氣探情莫能什一嗚呼此呼此

固余不學使肰抑亦質之不可强同如是肰余嘗侖天下事與爲强同無寧爲異々者爲狂爲狷爲愚爲魯爲喭辟雖不必盡得于道要不失其質之故肰强同者斷鳶肩截鶴膝影附響承賤儒鄉愿巨盜大奸恒必由之詩三百篇至廣也或頌功揚德寫怨導憂或相慕樂或相勸戒各因其時與地與人而不相附和下而屈宋馬楊陶謝元白李杜以及賀仝郊島諸公皆自致一家言使數千百年猶能得其質而遇之若乃循聲竊句無所專屬紅顏而悲白髮彩夏而寫

青山此何異鴟鴞鳳鳴娼優褻哭也舍我性情毀彼糟魄亦惡有能詩者哉余兄弟于詩未敢自謂何如肰務吟其所得不以蹈襲自掩卽兄弟不相借何論其他也斯集也余兄之質在是矣與爲强同無寧爲異天下後世因是集以知予兄而又以知予謂予兄弟何如人哉

黎駁遠曰磊落而英多人與文兩見之矣

林損齋曰叙事處跌宕可喜發議處精刻不磨而其文情浩瀚綿邈一氣卷舒又如飄風驟龍不可方物眞大家手筆

建祠雜稿序

道山半嶺始建祠祀考亭先生首其事者予友蔣子克平也自鳩募創庀以及告成虔祀諸儀罔不由其議定至詳且當也久乃出所爲建祠雜稿索序予惟考亭先生集諸儒之成以闡孔孟之道後之知有孔孟者無不知有先生自天子以至庶人中國以及蠻貊血氣之倫咸服習而敬禮之可謂甚盛顧其生也登第五十年仕于外九考立朝僅四十日當時不叱爲僞卽笑爲迂不曰性剛難合卽曰道學爲黨因歎

直道莫容及身知遇者之難其人也肰道不行于時而行于後不獲于奸邪側媚之口而取償于絃誦俎豆之長適以見先生學大而能久非藝文章句冠服小儒之所敢託矣今聖廡配祀遍天下所嘗講學遊仕之地亦率專祀而克平猶謂先生于三山數至止後儒踵起于斯亦不可無祠以祀奮肰而爲是舉焉在先生不必以是祠重而人競重先生歷五百年不衰也亦適以先生重矣後之讀是稿者思是祠所由建因思克平所以重先生與其以先生重者必將求

先生于羹墻几席心身意知之間不徒以藝文章句冠服集祠下瞻拜已也則人人以先生重而是稿愈益傳矣

林承六曰紫陽當時學術事蹟無庸贅述只言後世人人推崇歸到建祠瞻拜以一句結出通章大意最有體裁

林損齋曰醇儒根本之談

列子莊餘引

莊子之書汪洋浩瀚無不有也無不忘也所謂神行者也列子之書有欲忘之者矣然似未能忘者彼以神行此以力效者也故讀南華經恍然如見其人讀冲虚經則率然而盡矣夫世人固並稱莊列莊列生近時學近道而書之相去遠甚豈冲虚者後世之僞篇與然間亦有頗可采若莊氏所未言者亦漢代之雄才也于是較其與莊書同者弗錄其他竊以意棄取之名之曰莊餘

鄭瞻亭曰列子書極奇陗然不得不爲漆園所屈始信文家如牛毛未經登峯造極莫浪誇也依南發我哉

升菴集補讀小引

依南生曰楊升菴先生著書計一百二十九種逸于外者不在此數其孫宗吾亦以散失爲恨況其他者乎焦弱侯先生爲之廣採編訂分所著詩文爲正集選輯批評爲雜集考証辨論爲外集余昔得李卓吾讀升菴集喜之嘗恨不見其全庚寅端午寓雲間從某子客囊中見外集焉因采寫名曰升菴集補讀從卓吾所讀而補之也明稱著書者推升菴稱讀書者推卓吾肰著書亦病過繁授後人指摘之柄讀書亦

病過刻沒前人著作之心故升菴集過繁讀升菴集過刻余于外集删繁就簡廣刻爲寬取吾意所及而止未知于二先生何如也至于正集雜集尚有所待而兵火以來書多散失使余得見全書亦庶有幸焉者乎

黎駁遠曰升菴考証精核由其多窺中秘非經生所及肰有率意錯誤爲後來口實耳依翁經營于繁簡寬刻之間使楊李兩先生可無餘憾

吳氏世系引

吳君某言其先世爲遼東吳氏當遼亂尊君方幼歷患難自登州撫於他姓母某氏生某遷居江右徙兩粤由樵川入閩遂居三山因復言其尊君寬大善謀嘗以裨將屢有功竟卒於樵川且曰先君每言幼時流散嘗憶墳墓室廬所在未嘗不涕下也用是推尊君指作吳氏系而請書焉愚聞之古之人際時而展其鴻功懋德則國史必書郡邑乘若譜誌罔不傳其在更革播越困抑沉没而無聞者亦多蓋或屈不用

用不大匕不終如陳同甫所歎建炎紹興之才未四十年有不能道其姓字者賢豪之得聞於後與否其幸不幸類如此君先世播越尊君未殫厥施誠不謂幸肰尊君不忘先世君不忘尊君至於涕下又吳氏之幸也夫當吾世人或可稱事或可紀載筆如同甫猶感歎而欲爲遺傳以傳矧賢子孫忍没前徽與邑里世系氏族之詳乎此君早夜誓臆必爲是譜焉以傳也且夫君亦奚播越自憫爲哉古之建豎者豈必故鄉雖千百里外能大厥家迨其後功在史册類無

不得其爵邑所從來氏族所從出而君負才望跋涉所至有功方盡出其有以報　朝廷爲載筆者書尚能表其世系而莫之紀耶君之幸吳氏之幸不誣矣顯揚先祖而長集令名又豈惟茲系之光

林宗藻曰一族譜耳便寫出載筆人許多盛心此龍門所由多惜哉之嘆也

王以南曰從幸不幸分發曲折而下無一停筆

林損齋曰敘事詳核又不費辭其頓挫處眞得史遷神髓

聖蹟君範賢妃后三圖跋

寫聖人如寫天然天不可以筆墨做也工者特於人物山水間略傳其四時早晚風雪陰晴之景而已寫聖人亦如是于事蹟衣冠之末傳聖人丰采即寫天手也是卷幾乎見聖人矣化工筆也

帝王霸爲吉不同其善政可師則一史以記事圖以寫形爲技不同其刻劃摹擬以示後世則亦一是圖也正如尚書左馬點畫肖神令人左顧右披叅玩不盡

繪女婦以貌繪賢妃后以德匕於何繪亦在容貌間耳肰有神焉非妙手不傳也

林孔春曰跋亦如画須想出善画人運思於着筆

道德經跋

道德經大易後一書也陰陽變化剛柔屈伸死生奇正治亂存亡之理無不備其言約其旨該其道博大難名分取之無盡乚取之無盡蓋百家衆技所爲源流也其大者修身道性以伯以王小者爲刑名養生符咒淸談兵家之秘計學士之文章分源别流千條萬緒莫可究極其仰而取給也若萬物之取於天地而莫知所狀自百家紛出而與儒爲難儒乃峻辭而拒之謂彼皆原於道德之意遂并取老氏之書而斥

之此何異跖之徒竊吾道以爲盜而論者遂倂斥先聖之道亦可謂不知道者也老氏之書爲百家用者十二三耳爲吾儒用十乃八九其靜以待動也虛以應物也廉儉以持躬寬厚以養德也隨事從時先期制亂此皆儒者所必需其謂有異者絕仁棄義絕聖棄智以期於無爲耳此又不可不辨也夫天下豈有舍仁義聖智而能無爲者哉老氏則既言之矣曰三寶一曰慈者非仁乎曰不貴難得之貨非義乎曰聖人爲腹不爲目非聖乎曰用其光復其明非智乎彼

見夫小仁小義小聖小智之足以誤天下故究而言之必絶仁棄義絶聖棄智而後可以治天下去仁義聖智之名而用仁義聖智之實此所謂大仁大義大聖大智而歸之無名之樸者也然儒者之書爲中人設法故云爲多而神化少老氏之書爲賢智者加鞭故云爲少而神化多要之修身達變盡人合天歸一而已矣然則老氏吾祖也亦百家共祖也吾祖之百家共祖之既不可曰大共之祖非吾祖況彼祖者少而吾祖者多又何可曰彼祖也非吾祖而反斥之此

眞下士之聞道其不可語道亦久矣余生也狂多言而好勝多病而好勞故取其書而錄之拜誦之餘偶陳所見非敢曰知道也夫子言之矣曰老子其猶龍乎惟龍也吾不知吾又何知乎哉

程焦山曰敘老氏之闢與擯儒家之藩籬可與昌黎原道文相參

龔徵子曰老子法天正已動以時而舉合宏明太祖御製論也此跋正甚注疏

重刊元祐黨籍碑跋

舊本黨籍碑爲蔡氏筆此本則沈氏重刊之也往見蔡氏臨晉唐帖可與蘇黃米蔡竝名後世薄其人弗之道即以此碑論其於元祐諸君子甚矣哉彼負其技書以勒石謂可得志也迨公論既定反爲所勒名之沈千珍藏以遺子孫其孫暲重勒之石是君子得謗爲幸而毒人者自毒也技雖工奚益乎後之君子而審此也亦焉擇哉

杜子捷曰簡嚴

鄭官五曰看破小人伎倆可與倪鴻寶作竝傳

鋤倦草跋

倦而後鋤鋤而後詩酒靖節生平固惟倦處得力故其詩曰雖有荷鋤倦濁酒聊自適肰猶未倦于詩酒何哉管幼安一牀數十年不聞詩酒沈存中稱杜五郎雖所喜書亦棄不觀毋論詩酒矣之二子者其爲倦有進焉者乎肰有靖節之倦而後可以詩酒有靖節之詩酒而後可以管杜之不詩不酒也則施子君閒之爲是草也非有靖節之倦不及此

鄭遜之曰別有風趣

鄭書帶曰短製峭絕有狹巷兵接聞不聞聲之妙

正使人驚聽忘倦

林損齋曰要知此倦不是懶便得倦中趣

沈邑尊壽册跋

此所以壽沈公者也公爲建安得其民而去民攀號經時月不已吾閩諸公競爲詩畫以傳其意是詩也畫也民之心也公之德也肰以壽公者何公嘗自爲詩矣曰濟棲保薄身怡養之壽也曰慼泣道旁心口碑之壽也曰殘黎已見骨寧忍厭清貧仁人之壽也有是三者而詩之畫之公德也民心也皆公之壽也詩畫云乎哉

熊漁濵曰尺幅耳有萬丈之勢

陳天亮曰卓肰百二十餘言掃盡德政頌禱恒蹊

俺可垂世

太守蔣公壽言 代

天祚國家成康文景聖神相繼光纘大業其平格大臣亦必篤生賢嗣克世厥德以相助爲理俾仁恩久暢遐海同敷斯民心永固而國勢攸長今 天子功冠古今道兼創述日昃聽治念所以撫循斯民者惟牧守最親簡拔良二千石分治天下撤監司理刑以專其任如漢太守故事而閩遠在南服榕則爲會府丁戊蕩平之初民志方定大師雲集役費繁多更百倍他郡民苦凋敝殆不可狀言誠非尋常簿書與喜

事紛更者所能治也　天子用親藩議特授公茲職至則廣招徠殫綏輯絜已奉公課士勸俗自兵食大務暨獄若市胥清淨理之以與民無擾一時驚疑之衆出水火樂就袵席安乎僻遠士民悉心歸命繫我公依也昔曹參爲齊相値漢初與民甫離兵革期與休息使吏不得白事及入相亦如治齊史氏美之夫寬嚴繁簡之法治各因時閩于此時非如漢初乎公何以能神其意也公尊大人爲師相公位統揆奮册耀勛名稱古來良輔而公又以簡重治閩世濟其美

仁恩所由久暢而遐海民心于斯乎永固矣夫三代至今世閥大臣代不乏書惟伊有莘姬有禽與范氏忠宣特推世德而公繩繩克紹勛業表著不讓數公天之所以篤生豈無故哉秋七月之吉公六射辰士受知于公者圖所以壽公馳乞言于予予惟公治閩期以無擾是躋閩民于仁壽者也　天子方卓異用公必將與伊周曹范數公等是又以壽閩者壽天下矣然公治事以簡簡非偶然也惟敬斯簡惟簡斯靜靜則壽壽固公之素者歟川嶽長爲甫爲申信哉

篤生皆天意也斯與國勢共悠長矣請以是言爲公壽

龔容溪曰動關國勢治體眞有用之言

運長牛公壽言代

運長牛君來視鹺之三日則六射辰也通國士大夫商若民喜君來請一言以壽余惟君之來自長蘆也績素著矣先是所任多近民而有善政如古召杜者乎取遺黎而衽且席之則於廣陵尤異以其所爲廣陵若郡邑者爲閫以其所爲長蘆劇運者之才而爲簡且易之閫鹺安其談笑治而衆且喜也肰在今之望君則尤有急者海國遍用兵矣弓茅芻秣之需取農十七而取商十三徵發不時則責課益促商旣罷

命又戰艦傷瀉滷居戶逃亡產地率半荒卽產又阻運舍舟而肩則費數倍而商益貧以益貧之商任益促之課攫利者乘之權子母率歲倍償久益不支則有嫁占窩以償債者夫是之謂商病商病則課病而軍國亦病然則閩鹺之在今日尚云簡易哉毋亦猶是長蘆之藉拮据也寧兵燹之可矜不如廣陵乎夫爲粥者時饑援手者時溺君之來乃其時矣商若民曰君必生我以無爲課憂士大夫亦曰君必生爾以無爲軍國憂是則君之所以處今必不後其所以處

長蘆也況長蘆副而今則長興剔惟自裁無爲分制也申法禁起衰敝寅畏知依敬終如始君不優爲之乎書曰多歷年所而罔自暇逸則壽君自爲郡邑以至於茲數十年如一日壽其自取矣今度支方急如古所謂不益賦而用饒者實誰君方自是而用之天下又今日之所側席而求者也余復何言

施雨三曰全以規勉作頌祝

陳天堯曰古色如商彝周鼎

林損齋曰古奥陸離遍真晁賈

西巖集　卷二

二二

羅太湖壽言

歲在乙巳爲首章羅子令太湖之三年共同學友薛鎔以是冬過湖訪羅子所以治湖者羅子曰湖鄙在吳北山澤錯交饒物産爲沃繁區顧當楚豫雒之衝比有事則挫以傷故自獻寇作難兵燹頻仍三十年來培息爲難邇歭始生聚田廬獄市差得無擾吾忝治茲邑如遇鷗鳥護嬰兒相與安之耳鎔曰朕既數日出郊原覽名勝風物揖父老而請焉則咸曰吾昔苦寇盜今夜戸不扃吾昔苦征役今追呼無擾吾昔

苦獄訟今笞責不聞而囹圄幾空至若丘墟成閭芻牧滿埜囷倉岡阜菽粟泥沙皆我羅公賜也鎔歸爲羅子誦之羅子顧蹴然曰此奇荒可危耳稻石直錢百卽十石得錢千盡田粒供稅且不贍民將奚堪鎔起舉手曰是湖民福矣使有民者悉易其矯厲擊斷之習而與爲安易其遷就苟且之心以爲可危卽天下不足平寧一邑哉于是仲冬十有九日則羅子五十初度辰也時　朝廷先已下綸音嘉錄邑父老若賓客相與詣庭賀且以爲壽因謂鎔曰子盍言鎔乃

執觴上曰羅子出所學以煦育斯湖湖之民若坐春風和氣中怡高年長子孫不覺也此羅子與湖民共爲壽者也若羅子之所自爲壽則有之矣夫寂坐而守中所以用安也繫繩而觀井所以用危也危與安俱則形神全而壽命以固羅子誠用其所以治湖者養生安之以息於前危之以持於後雖安期東方豈足復云此又羅子之自爲壽也若固有之矣

龔岱生曰養生家吏治家俱宜寢食此篇

鄭官五曰以安危二字作骨平叙中自有波瀾

毛公壽言　代

天下之至靜而不爲外役者皆有大力焉非必其避險阻却紛紜扃戸守子而矯以鎭之也氣定而神完雖山移谷震聲囂邑烱於耳目之前亦脫然若歸於無有　京師固華艶區爲厚實顯名之所自出珍異輿馬熙攘輻輳無休時其得之順指氣使影附響承若不可向邇其未得之焦思屏息睫不交而肩相摩也若夫崇臺通市闤山古蹟詩酒感傷弔古人以自發舒者又往往而有非神完氣定負大力焉鮮不爲

之外撼而中靡矣公余同年友也在廷廉得其品望才學欲托以方面之重徵來　京師已兩年所其言若不出其行若不勝其視聲利紛華與夫可喜可懼舉不足動其中者靜之至也蓋惟靜故能待天下之動惟氣定神完負大力者故能止於靜而不遷且夫公之靜而有大力焉非獨至此見也當其跋山川冒水火歷千萬里如几案兀坐息機閱歲時如一日卽區區焉如是以無動何足以云乎則從茲以往出而有爲以報　新朝殊特之遇德與齒俱且莫可量數

也雖大年小年不堪徒祝矣

姪孫仲經曰文品寂高

林天友曰世態萬狀從静人一睇真如泡幻周當

發人深省然得之壽言奇哉

林損齋曰見道之言

林公九十壽言 代

往予少時先大父奉政公語余以紫台林先生之賢曰吾執友也甫象勺即見器於邑尊蔡公暨吳航林中憲公中憲公嘗試以姿鬟弗動也既樹幟于庠以孝友文誼稱人師與所謂返遺金不跡公庭事甚悉余蓋心識之而先生時已六十餘矣越在丁酉其仲孫巽甫君與余弟大生偕舉於鄉來訪予京師得復聞先生益讀書課孫曹每食必薦於先暇則探易象若離家合一之旨不倦也蓋至是去先大父語時又

近三十年至今歲則先生年九十當莫春初度之辰諸先輩後學咸圖所以稱觴者而徵爲言竊惟在昔人物號大年者率得天厚氣與數值而生則壽維洪範五福一曰壽其四曰攸好德則壽又以德爲福而氣數弗論矣故君子語壽必兼德務覩其所由不朽者而壽乃與衆異往嘗雜窺誌乘如所稱顔思遠李元爽張元始之倫皆百有餘歲而行業不聞無補於道論者或比之頑仙若乃武公抑戒李耳留書竇公事魏文至漢傳樂譙定百三十歲授易不輟之數老

者既享歲月又肩名教以此視彼不朽孰多今先生齒高神王修業進德愈益不衰其於數老豈後之哉且夫賢達之家難在克紹太丘之諸郎陵也子若孫將車執杖應門行酒與夫著膝侍案數百里相聚至動星占先生南極投懷固已夢徵誕時而有子積學七十斑衣卽二方八龍對此能無心羨也至若孫曾楚楚或擅三略或秉六經既壯且強咸見有成其視長文文若幼未樹立時抑繫二祖心矣今日者銳意用賢微論異甫輩會奮其功名而耀厥宗卽史局弘

開亦方求舊獻以稽闕遺行且蒲車徵問或則命博
士就家口授先生非其人耶則先生固自有其不朽
者子若孫又克紹如是德與壽非凡所見矣余辱在
世誼屬諸孫之列又從史氏後不可以黙敢致數言
答瑤命豈曰能文哉亦猶不忘先大父之訓云爾

王翁壽言　代

予曩聞臺江有王子其行已在儒俠間喜急困引掖後學移居永陽遇亂輒出所畫衛其鄉里縛大盜活被難者甚衆邑長吏若郡使者至罔不勤禮問貧以爲治以故論者皆以才畧推王子而王子顧山居若亡意於世者而論者則又疑其老一日其子曰此吾至戚也今年甫五十有五耳神力旺如壯歲論者乃益慕王子會孟夏六日爲王子誕士大夫以詩祝且賀因請予言予惟莊生稱大櫟以散材全天年自是

養生家率餐吸山阿塊肰同土壤不可爲人間衣食此固以無用爲壽者也雖千百齡何益若古偉略者智之士天特老其材以有爲微獨降古爲肰也即如竇公譙定黃園綺甪圖南輩率皆歷年所閱治亂以待太平及一出而傳樂授易定皇儲進治道莫不爲功天下貽教後世此則以有用爲壽者也王子積學多謀負當世望既不自置於無用以服官指使之年會展其勛名而廣所學如前屈指以期王子其爲有用安窮也夫有用而壽〻爲而愈益用視無用而壽

者孰勝天且篤王子以幾數公未艾矣材老而堅智老而多德老而劭論者安得以老疑王子安得以老自廢哉王子諸行誼若韻事不盡述謹因壽言而舉其可以有爲者如此

何君耳日讀此知吾儒尊生養壽皆具實學與石隱自別斯不得僅以壽言目之

謝青門曰只重有用意一經發揮便覺亹亹不窮

家弟謏文七衮壽言

世俗誕日率借顯者言爲祝嘏槩不必親且舊而躬上觥也遥系以名若銜資文人筆出溢詞鳴得意已爾乃又不必其盡切於情是故賢達老人至有進子孫以壽言爲戒吾弟謏文先生每當誕必辭壽言未有能知其意者是歲修禊辰年七衮賓客以壽言請又辭其仲子振孫走三山問予予曰爾父恭謙長者也將爲上壽言毋託顯者名毋或溢一辭則受之矣吾今試爲爾僭言之可乎憶吾少時與爾父同塾吾

稍嘻吾父必摩爾父頂曰我特愛爾循謹以示諭吾遷三山爾祖榮宇伯父遠歸過問試吾藝喜曰佳哉此子賚筆墨雜香箋盈攬吾父使吾謝謂爾祖曰苟得如爾子循謹則佳矣既長於治所業吾遊學吳越間再三吾父必令附爾父舟若即省指導如干年蓋爾祖於吾父爲同堂兄性相同望子孫勵行亦同以故交愛護如同懷而吾雖以儒喜俠不敢敗士節爾父不儒名而以儒行爲良賈一惟拳拳然先人教爲歸吾兩人以是交愛護亦益有加及爾父遷上溪

吾數遊任迈過爾家時爾兄弟漸長矣吾視爾輩動
履及課文語爾父曰是皆不踰吾先人教足慶也吾
嘗讀顔氏訓謂不學人如坐雲霧又謂文人果進傷
操至舉季長佞媚伯喈同惡爲誡夫旣篤不學又虞
以文傷操非謂學在制行苟焉如俗學足患耶爾與
爾兄弟學皆成固不徒免譏雲霧爾父頗若蘄焉獨
任一爾弟任舉業爾二人亦退讓不遑也毋亦果進
傷操是虞哉爾曹所志誠無懟爾祖與吾父之心矣
夫賢達老人惟是了務行誼在懷而弗計其他爾兄

弟善將爾父志如前云云諸孫皆有法時着膝侍案歌誦爲老人歡爾父之心卽爾祖之心也怡情養壽之符有過於此乎爾弟善時文爾兄與爾善古文詞喜書畫同壇名彥必有從爾兄弟輩更以詩畫侑觥者切於情而無濫詞爾父當亦受之矣振孟曰諾於是使次石吉進之以爲壽序

黄處庵曰振孟時文朗暢古文簡悄皆足徵其尊人家訓所致此序振勢鋪機朴欿渾素當亦想其尊人篤行刻劃而出之確是寫生妙手萬石君傳不得專美於前矣

南窗草存卷之三目錄

壽言

南窗草存卷之三

福唐依南薛　鎔著

男種茂方孟父編次

候官承六林豸冠參

閩督學陸公壽言　代

舊典學使者兩較士自始任積三載而遷淮陽寄菴陸公視閩學之明年得　旨三載一較士使者滿秩期歲大比始越歲大比乃遷公秩在癸卯大比前者弗論吾閩以是沐公教且四年爲乙巳仲夏公六射辰門下士圖所以祝公者屬余言余惟在昔命官瓜

學愼重倍他官必品望文章政治參咨之而後得璽書以行自非才練學優躬修堪羽儀者卒不足稱人師其在武功方盛文教初敷則尤資其識量乘會而力操之務以護國家元氣閑先聖道術而止故勝其任者于時彌難公品望文章政治在天下及來吾閩規條科指風厲肅肰海邦雨化多士風從固已久矣乃閩方多事戎馬頻典介胄帥卒莫以師儒爲意而郡邑有司又不悉朝廷所以厚責士之故或過爲怒責而鞭笞之不甚惜公旣力論又嚴飭焉使無以故

辱士士亦愈益自重斷無負于公者至　功令以實
用搜材試之初場改經義爲策論公則無日不出經
綸以訓也肰必先語以興衰治亂之源使漸歸六經
服五教以爲歷稽諸古漢宋謀臣先收圖籍尊崇半
部劉誠意尚理數歸于經術明祖則稱其數以孔子
之言導予彼數公者皆巍肰策勛猶且讀書服古以
濟大業矧兹㢠馬始駒志馳千里脫肰弛其銜檕其
將能乎故　朝廷以實用策士將以資士也公語士
歸于六經五教所以爲實用資也　朝廷之厚責士

重視士也重視士以重道也公明餙焉毋使故辱士
者重道以重　朝廷也　朝廷重故元氣滋實用資
故道術正公四載于茲所爲以難自效者如此往公
奏吏治于裕州稱平允于西曹今又以是號名臣焉
大器難名固惟所用之矣昔公家大中大夫之使南
越也南越王魋結箕踞大夫以禮服之及詩書歸說
以新語名篇節義經術遂開數百年之運然後一劍
五男車馬遨遊歷四朝以老公誠以視閩者歸報爲
聖天子畫順守之規補馬上之治將道術四訖元氣流

行計公之所以爲壽于天下後世者何窮寧惟茲閩
士致祝已哉卽余言又不能盡矣

謝星源曰專舉禁辱士重經教二事分叙總發極
其疎暢

張屺雲曰二事在當時最難措手篇中洒〻直書
能體出當事苦心而曲達之末引喻尤切

趙公壽言 代

釋道於吾儒教若月與星助陽光所不逮故自古儒治之大未嘗廢二氏而道家祖黃老尤切尊生論者謂是導引內視之學悉岫巖幽士怡養天年者之所爲非官方經制之安此實不然夫道家尚清靜說至深遠即獨取尊生言使天下依吾教盡矯其輕身走險之習以求所謂怡養天年者亦何憂不治故道教之足爲吾儒用恒與釋氏等而從古名臣哲士大有爲者無不自道學始公涵宗道德擷秘黃庭有年矣

其襟懷若青天白日模範則子臣弟友也其經營幹練歷滇黔楚蜀豫廣吳越也而屈伸變現則山雲埜鶴蟄蠖鳴鳳也噫非學道之驗耶余與謁選　京師嘗欲師事之莫窺其蘊正言之莫窮其緒也秋孟爲六射辰乃從諸公後敬進一言曰公可以壽矣自未學以虛文敗桓赳大勛定莫以道術爲意肰武功方盛休養爲難有曹參汲黯輩以黃老卧治之一方獄市乃幸無擾公今且膺方嶽任又適値乎休養之時誠使出所學以與彼方民休息卽曹參汲黯豈足復

云雖古所稱舉世於仁壽之域者實在於是寧曰怡養一身已也公可以壽矣

林郎山曰皆切實理不涉半語浮夸

陳白水曰二氏爲吾儒用理勢必然平情之論知溺與拒者皆偏矣

鄉飲賓林翁七袠壽言代

鄉飲酒之禮三歲以賓賢能鄉大夫以飲國中賢者州長黨正蜡若射罔弗用之尚德貴老致其尊讓絜敬示不爭慢也化民厲俗典莫重焉故鄉飲酒之禮與鄉舉里選並行于古而鄉飲酒至今不廢頗是二者未有不欲得其人者也舉選得其人則可用鄉飲酒得其人則可風邇閩邑長舉鄉飲而以翁賓焉翁福唐望姓素厚德孝友慈睦廣施而好禮其言訥其色愉葢備福而有道者也每賓筵設鄉之人必推翁

翁必固讓至是而後履焉夫以翁積行于鄉而履斯筵邑長貳若師儒三揖三終四坐百拜以交致其尊讓絜敬鄉之人咸耳目之曰是向者所稱孝友慈睦廣施而好禮者也邑長貳若師儒交致其尊讓絜敬如此是尚德貴老示民不爭慢也吾儕安何從則斯舉也邑長貳若師儒勤于典得翁以爲勸是誠可風矣記曰吾觀于鄉而知王道易易也非得人如翁奚言易哉且夫積行之家厥後必大翁丈夫子五而孫再倍之教導各盡其材誦詩書者懕肰負公輔之望

也不則掀策列庠號干城也不則仗義遠遊聲溧楚也翁積行而賢子孫又克大之爲翁榮將顯身膺命不遠矣夫積行者以子孫榮其身猶之以身榮也褒封之典補舉選所不及國人稱願焉曰是向者孝友慈睦廣施而好禮者也其可風不有大焉者乎翁今飲于鄉而壽方七袠行益積賢子孫日益起以集福于翁馴致之至期頤且由鄉而國數匕達朝廷矣寧獨爲邑長賀得賢已哉是時會翁誕客奉觴者請予言以壽余忝翁家姻屬固樂翁之盛事而爲序言

謝爾將日得人可用得人可風褒封補選舉皆有識之論

嶽降圖壽言

古之隱金馬門幾人乎率危巖汪壑𨳡耳肰而網罟設而藏不深妻孥牽而遊却步不者地隂陽非宜不則鬼高明獨瞰故危巖汪壑亦久懸作圖畫焉看之善隱者莫如卽身所處而不必危巖汪壑者托以終身使覿面莫識何人於是士農卜釣下僚叅幕以及工傭掾史歷古隱人往〻寓之而掾史之在今日則又難京邑會城賦繁政涵至以一字關人軍國身命之大利害德怨所歸擾滋多而奚言隱惟掾史於州

邑而不必其繁溷者落〻肰寧淡以居之庶幾無所攖而後可以自托某君素積學以文無害爲寉城掾非好也旣已爲之又未能决去惟是居以寧淡隨身所處而善自托予曰是卽君隱乎此者也寉城地僻政簡君奉公事如公接私事無私其有可爲德則排解而無取也西山飛鸞之勝峯巖瀑布懸崻俯瞰海瀏環繞如練君暇出憇談詩記勝若遊方之外者人咸忘其掾而君顧亦不自知也落〻肰適吾素而已斯非所謂善隱於掾史者歟以其日誕辰邑士某子

某子作嶽降圖爲壽而命予侑言予曰君善隱者也既不必出入金馬門亦不必終老於危巖汪壑雖簿書寄足若有若無襟懷廓落盡在崔城古勝間是圖也視岡阜歟巒林鬱葱示君志歟且夫高山廣澤蛟龍居焉旁礴蓄積偉人出焉其在詩曰維嶽降神生甫及申不於其身則於其後蕃以君之善隱卜君也君豈湯爲隱者哉

何鄒生曰善隱者卽身所處使覿面莫識何人是作者本旨

誥封家太恭人壽言　代

曩在戊戌小子某嘗從夫子拜太母黃太夫人于京師今秋既被　命典閩闈復得拜太母于三山堂下越冬月之孟則太母懸帨辰也士大夫問所以稱觴者小子某不敢辭緬維夫子以經師人師繇官僚太史出爲一方重臣所至沛膏澤輯吏民報　天子休命以無辱太母教也天下士大夫咸爲太母賀有子矣夫子語某年十六時太母稱未亡人手一編課夫子及文公甚嚴至壯且仕也猶儼持不少借以有

今日則小子某又爲夫子賀有母矣太母家世清白
吏父孝廉公介肰務踐其祖父風者賢父也及歸贈
參藩公參藩公以名太學爲祠部公佳公子祠部公
素端重與贈參藩公砥言行嶄無忝于家若國者斷
斷也則翁與丈夫罔弗賢也爲賢父翁與夫之子婦
若室較尋常之子婦若室者孰難太母祗〻肅〻褐
視錦藿視肉執玉奉盈視家範也父孝廉公而孝廉
公曰吾誠有子翁祠部公夫贈參藩公而祠部公贈
參藩公曰吾誠有婦誠有室也微論世俗重顯榮名

族女婦時以世閥相推艷即幸其家貴且賢亦適然所遭苟且無敗聲以襲福耳孰是門益高德益盛節益固教戒相先行誼相致也在孝廉公家無以異祠部公家贈衆藩公時無以異夫子與次公時是則小子某又不徒以有母爲夫子賀也今太母六十有四矣二十年賢父之子二十餘年賢翁夫之婦與室又二十餘年賢子孫之母之祖母是六十有四之年皆兢兢乎爲子婦與室與母與祖母之年也　聖天子春秋盛矣海內無擾方當虛一席以待爕理如夫子

子者而次公若公孫輩又皆以奇器備後勁異日者將母如張師亮相國母老八十餘晉封入謁賜詩存問絡繹裁則從玆以往之年又皆爲　聖天子寵錫之年計所以壽太母者未艾矣

林愼之曰挈綱在手出以打裁井井繩繩遂成絕構

姪孫仲器曰似本李滄溟而神獨槩

葉節母李太君六袠壽言 代

今天子執極之十四年爲列國貢士之期余奉命典楚闈既竣事吾閩試錄亦馳至壽寧葉君貞孚實登是選而余弟大生與焉貞孚才名震天下當其未售論者謂壽寧號天荒數百年不得一科第爲貞孚難而貞孚竟得雋吾閩以是爲主者賀得人余弟何幸與齒也憶貞孚弱冠時負笈至三山三山能文者多與遊而于于依南叔交最厚依南叔每論天下士未嘗不稱貞孚也其爲人胸懷磊落不可一世嘗貰數

笏地篝燈下惟泌泫肰曰吾寡母茹荼撫二孤以至于今即不學何爲其所爲文賞於同學同學或戲曰執是可以破天荒乎貞孚必誦劉復愚語云二百年來自是人㢘一千里外豈曰天荒且曰吾寡母望小子孤殊不謂此異事也余以是知貞孚因知貞孚之有節母也已二十年矣方母之稱未亡人也年二十有六至貞孚遊三山時母已四十而孝謹如初內事一禀于姑外事聽諸叔氏繩繩如也益今二十年且六十亦惟日以二孤成立是念而貞孚果不負母志

也從前爲茹荼之年庶今其爲薺者乎夫貞孚以母節益自勵而竟雋胥與慶貞孚之有母不虛矣今寓內寧一窮巖薄海罔弗敦修貞孚旣以文行爲多士唱而母負節皦肰方當爲有司採之以旌豈特以一貞孚爲主者賀耶余不佞奉簡書無狀二十年來惟是寡母訓以有今日玆役也其以楚士報簡書更以貞孚之有母爲余寡母告也是爲序

兄符臣曰開闔穿插力轉千鈞

金海門曰古峭

貞節族母王孺人六袠壽言

族母王孺人當未儷守貞旣九年以婦禮歸洒涕其夫景初公墓返盡孝養立子嗣及孫肅壺內政歷三十餘年如始貞時入今甲辰春三月爲母六十之年不肖其從宗老後拜起奉觴言曰母貞且賢古未有也女于王而婦吾家誠吾家光雖肰母之生非獨以吾家也天之篤大賢與尋常異尋常者飭一行一節止于其身若家而大賢者必純德卓識大示之以垂範久遠故一行一節之在委巷深閨或顯或晦如落

月稀星一任有無而純德卓詖既賢且久將以感人心而弘教誨其象則風肰以拂以披具鼓舞變化之力天實藉之以爲用者也毋質金石操氷霜日月並而鬼神通一時贈詩文者既盈卷軸史乘載之郡國傳之天其意者以爲風乎夫風有以名者有以身者名風者聞受之夷惠風百世是也身風者見受之姒氏風南國是也毋以名風也則於其貞也天下而既聞也以身風也則于其既貞且賢之久也天下殆將見之也昔者北宮女撤環瑱以養也齊民老衛節婦

截耳誓也鳥不雙飛至若宣文君之授生徒鄭母媄之教流三世此皆風之考見者朕未嘗不濡之歲月至老且久焉而愈動今天竟以母風乎使天下聞且見之乎將母更濡以歲月至老且久而後已乎則益壽者乎不肖某 歲匕奉觴矣宗老曰善乃退次其言以序

弟于屏已未儷而來歸守貞贈文已成卷軸此若再詳便贅只以起數語了三十年前事下專說上壽最得詳略之法

葉思菴曰身風見受名風聞受二義奇確

翁母壽言 代

丈夫行務適于時〻方其可與爲於陵子仲魯兩生矜獨行君子之德毋寧若四君鄭莊孔北海輩致賓客滿座爲翩〻豪舉葢士惟無當于緩急雖斤〻繩墨尺度中何爲婦人則不肰始終靜一而已不得以軼蕩稱才慧解也尋官兹巴蜀葢嘗訪女懷清臺址云淸窮鄉寡婦至抗禮萬乘爲築臺名懷清豈不甚異肰卒用自衛以貞婦聞亦歸于正而已則翁母某孺人可述也孺人有子某君任俠好施結客〻覩其

君諸若干金咸謂有乃翁風翁固布衣聲騰梁楚間孺人以忠懿裔來歸率侍婢椎髻操作未嘗以艷服巧飾顯也長者車至翁揖客談笑達梱中孺人斂氣絜觴斝未嘗以釜戞罍耻告也及稱未亡人子其君已成立孺人以氷霜操教戒指畫未嘗不以負荷丹雘勉也客集其君所如翁所孺人敬其君客無以異翁客其君爲茅季偉孺人未嘗以艸蔬餉客其君爲陶士行孺人又未嘗不截髮剉薦留客也肰孺人始爲王孫女繼爲豪家婦若毋有女與媳矣必令賢有

孫矣必令大厥家僕婢環列耳目四應似已煩瘁顧獨日齋心持佛名號無攸斁所謂始終靜一者非耶

今歲小春壽六十矣客稱觥者以予爲中表屬走一介問予〻曰某君與翁相繼起意氣間使得勢當爲四君輩無難顧四君輩未嘗有賢子孫克紹者則某君似爲過之也寡婦清不毀節而得名固亦稱賢誠使其家有好兒如某君者亦何至身自客于天子哉惟孺人不自逸以啟某君故某君能爲四君輩嗣聲惟孺人始終靜一故雖不難爲寡婦清而猶不屑以

懷淸名臺也書不云乎罔自暇逸則壽又曰仁者靜靜則壽內靜一而外罔逸皆壽徵矣計吾與客所以壽孺人者奚以易此

黃赤石曰文似縱而古甚嚴可爲獻頌者法式

林母曾孺人六袠壽言代

孺人有子某某君才學高以母老不欲遠遊仕受記室祿以養遠近賓客恒爲孺人賀矣今甲辰春孺人壽六袠廼徵佐觴言於小子某謂某先祖姑實室於某翁而孺人爲貳孺人視小子某於外家若孫行能言其故云某翁爲朱儒拙齋先生後嘗以碣石衛幕署永安令事孺人從間關佐理稱廉平有惠政奉父母及三兄以孝友聞至五世同居爨人額其堂曰鄂韡而孺人事翁姑如某翁事妯娌如翁姑甚謹各得

其歡心亦惟先祖姑意先祖姑初艱於嗣及得孺人舉某某君而嗣遂廣愈益喜與家大人輩恒燕語未嘗不賢孺人也則小子某所習聞也逮某翁與先祖姑前後損館舍孺人勵氷霜操日惟課子孫以有成立是望視先祖姑所舉三女若內外孫同堂子婦等無間然其或與人言舉先祖姑在時與翁在時云云又未嘗不涕下也則小子某所習見也往嘗讀易至家人父父子子兄兄弟弟夫夫必婦婦而後家道正若九世同居者則又以婦言爲戒蓋婦技姆儀自古

難之孺人處父子兄弟夫婦間加之以嫡庶視尋常者尤難林氏稱孝友集諸福祥且三四世於今如前所聞孺人所以效于翁與先祖姑者二十年如後所見孺人所以啟子若孫者又二十年則是四十年與笄以前爲孺人六十之年皆林氏三四世孝友福祥之年也在昔裴刺史潛廉吏也二子茂秀與孫頠皆名臣今某翁及子若孫豈不逮哉秀母也賢益大裴氏名頠以不能得諸其嫡爲憾始信先祖姑與孺人交勸於德爲不可及而林氏多福祥也孺人可以壽

矣

隱元禪師壽言 代

獨耀上人當世之高賢也自越徂閩涉嶮阻訪哲人意岸肰不屑者幾年所俄焉髡以緇入黄蘗山望隱師而拜服焉前此者若某某後此者若某某皆天下士乎願得而爲師者師皆得而弟子之豈必其激焉以來抑有所大慕而不欲厺也夫師以一棒覺群生所爲書滿天下天下之僧若俗以不得一謁師爲憾非釋氏之獨絶者與肰吾聞舊臘之八日師開壇宣疏辭有洪武年建戒壇萬曆年賜衣錫事師則俯伏

更形爲悲悼此又臣子至情釋氏所嘗略者而師乃獨兼之夫士擁萬卷講人倫及身青紫逢軍國利病至不能踐一言半字一旦去故即新迎笑語若旅主人而艸埜有心感物唏泣乃反在萬念不役之老衲翁此獨擢輩所爲甘心萬拜而不辭者也獨擢則曰師年六十有三矣子何以壽吾師子曰寻惡乎壽子之師夫師則旣空壽者相矣遐齡眉壽之說無可以當師意也將必曰此身變滅後有未始變滅者存此又佛子之常談亦安所取吾雷同者爲無以則即獨

曜若其々之所以從師者壽師無以則又即師之
以致獨曜若其々者壽師曰師毋蘄道二三子毋變
初將使天下之爲獨曜若其々者日以來而名節定
將使天下之爲迎笑語如旅主人者日以悔而廉耻
深又將使天下之爲獨曜若其々者日以出而不必
其來爲迎笑語如旅主人者日以亡而不必其悔此
則吾道在天下而師愈益無窮者也北山愚公曰子
生孫々生子孫々子々則山移矣維師亦曰師及弟
弟及師弟々師々則道久矣此廼余之壽師矣

陳昌泗曰海市蜃樓駕空而起只借空疏伏滯一
端幻出如許大文

葉燕龍曰如生龍活虎不可摸捉神矣化矣

余元黎曰命格措詞不傷古不狥今自是一家獨
出文字

林損齋曰和尚眞品却在此處看出纔是具眼和
尚壽文却在此處做出方是大篇末更深一層
尤妙

僉憲方公述

石帆方公諱某字聲木閩三山人也祖慕巖公諱某令上蔡有惠聲父封承德郎廣巖公諱某以文行名諸生間博稽佛老及雜家理數之書而衷之孔孟公守家學以邑庠弟子員舉戊子麟經第一壬辰成進士授行人司行人陞戶部四川清吏司主事山西清吏司員外郎貴州清吏司郎中歷視河西鈔關崇文門稅務分典京倉右翼皆稱職大司農杜公每稱公廉謹俾署四司印務丙午陞江南按察司僉事分

廵鳳陽道時鳳民久凋敝有司呼益急率散亡且走險公下車息訟減刑行所屬毋擾其有罪聞于督撫臺督撫臺或不少借公爲請緩不獲則以去就爭數月散民歸而鳳治明年廣巖公訃至公去任鳳父老攀轅別咸泣下先是公始仕廣巖公誡曰吾與爾母雖老尚康強爾往勤于官毋以吾兩人爲念家雖貧布衣疏食足給不屑爾在官一錢至公之任悉除陋規絶遺問近二十年無所取比歸惟古書數篋而已公既悼廣巖公殁不得視衾椁益推廣巖公意講儒

禪合一旨大施舍賻死助葬無虛日卒年六十三有
子日涇甫九歲能執喪盡禮衆共目爲大器云論曰
鄙諺有言何知仁義已嚮其利爲有德久矣夫貪者
擅能而廉已迂也公寧爲迂乎減刑息訟以相率爲
撫循取散亡民而衽席之何其惠也夫絜己多平恕
專利必少恩所從來矣方氏世稱積行不虛哉

瞿處士述

明巖瞿處士某華亭人孝諱其天性也父小田嘗爲華亭椽性簡傲忽其同列同列惡之會有侵糧者因誣坐小田論戍繫金陵當此時也長子明峰以憂死所餘產悉輸官家貧無援而明巖年始十六哭别其母周褁糧晝夜行至則嗚父寃不可卒白獄疫死者過半度父疫篤非酒不起顧時嚴酒禁乃持壺走公庭號泣願受笞求弛禁于是小田得酒乃稍匕愈頃之以母喪奔歸貧益甚小田移繫吳郡明巖徧揭撫

按分臬暨郡邑長所至哀呼嗚咽動左右及巡方某按雲間舟衛戒嚴明巖冒雪逐舟行且呼且哭至夜力竭嘔血仆雪中幾死聞鷄聲驚起復追呼如故竟白其父無罪得釋自明巖年十六時小田繫獄至是十年而明巖二十有五矣同事繫者數人皆先後死獄中獨小田得脫蓋微明巖而小田幾殆先是城居至罹禍乃居天馬山三十始娶蔣及家稍饒甘旨浸備事小田愈益恭有事必禀出入或不懌必溫言勸慰或長跽請否則攜幼子摩弄嘻笑小田亦輙以此

解曰吾可以已矣吾跼蹐獄中蔣豈復望此哉故自小田出獄後至歿又三十年明巖亦漸老且抱孫矣依膝下如嬰兒故至今以孝聞明巖爲人篤厚喜急人困所施德未嘗告人稱貸不責償焚其劵有貿易或誤投百金去立追還之歲饑華亭令爲粥與餓者明巖董事得平多全活給獎不受青浦令舉鄉飲又辭益謝世事呼楚衲泛舟吳越山水間年七十有一卒匕之日遠近皆悲有撫棺慟哭去者子孫不識爲誰及葢或率婦子以助問之曰吾某也不忘公德其

孫嘗從泖上歸阻風絕食遇老人曰此非明巖公後乎留至家具鷄黍禮意甚殷問故曰明巖公于吾主人有大恩今公死吾主人亦死獨三尺孤在耳無以報德因泣下蓋人之思公如此子某々孫肰醒肰恭肰某肰某而肰恭名諸生間所藏書至數千卷家無少長必廉潔退讓質直不妄交凡四世而孝謹不衰

周成子曰一往矯健仍具反復正側諸法

翦禹草曰孝德之揚爲側陋第一華亭天馬幾與歷山並峙漁澤同流

百歲翁徵仕郎朱公述

徵仕郎朱公諱其字子珍號念奇閩榕城人也自始遷祖以古田令偕弟入閩其後散居榕莆間在榕者九盛至邑文學集五公生贈驃騎將軍奇峰公奇峰公生公九歲而奇峰公卒事母車太孺人竭孝養娶某孺人益力學習經世務補司椽行德積勞得上考授西蜀高縣尉高本夜郎地邇獠芒烏撒諸部蠻習難猝化公尚寬大徐示禮法使漸就繩束間弗率多所誡諭至改行乃已嘗頌邵康節孝弟歌於高之民

有罪能習誦者免鍰民樂從益勸孝弟諸所行政多
此類高習一變而高以治署滎縣事政復如高聲達
諸蠻部悉嘆服無何以母老辭歸明年太孺人卒公
時六十餘矣哀毀如嬰兒齊三年集梵薦之手編廣
孝錄成與感應篇孝弟歌溺女圖戒牛篇及監察成
公猛省篇前後梓行遠近傳習廣公喜嘆曰蠻方可
化矧文教之邦乎丈夫子五及孫曾近百人長子某
仕粵著異蹟具別傳與次子四子先公卒三子某少
子某皆端厚孫曹多異慧有擅名於庠者當是時諸

子婦若孫各分宅公獨與少子居每漫曰陸大夫携寶劍歷諸子家爲樂事吾豈循婦人愛少子哉何乃獨溷此兒言已而笑葢少子長於才勤禮好施篤親故恤孤寡或不貲必曲折如公意故公心獨喜非謂能備甘旨而已晚益康强每晨起焚香拜天蝇字書日所見聞與孫曹述古因果事當事慕之有就問者及舉鄉飲大賓通國皆來觀歎曰舉廉察孝養老之典盡廢矣鄉飲一席猶近古而晚世反以爲市先制尚忍言哉兹筵也舉與受胥云無愧投贈詩文甚衆

至年百歲無病卒

何臣節日筆近漢人旨趣每溢題外

林翁述

文若林翁諱其文，學丹章君父也。其先籍福唐，至翁大父守岐公自福唐遷三山，與翁父宇弘公咸篤行。而宇弘公稱素封，晚乃貲授翁，翁商賈楚間，率厚予而薄收，若不欲爭逐者，貲乃益息。翁性醇厚，事父及繼母孝，雖出遊，輒致縉貂耆昔吉，歸問如依膝下。有兄早逝，撫其孤視已子。與人交退讓，不摘人過，聞得人善事則有味乎其言之也。自奉蔬布耳，至有所施舍，若緩急無告者，掩骼恤棺，修橋道梵剎，動出金不

以量數嘗語丹章君曰汝聞儒與商並受詬病乎詬
儒者不曰儒冠誤身則曰豎儒敗事詬商者不曰守
錢虜則曰富賈人是皆不肰夫古今名教大儒持之
儒安可輕訕也若商與士均列四民而富亦稱五福
苟行德富乃益彰卽否耶儒名而賈行何爲汝愼毋
貝儒名誤也以故丹章君爲諸生益勵行一日郊行
見暴骨傷之歸立出數百金募收瘞躬緇服草屨與
僧傭輩手拾裒閱月日無怠遠近聞者愈益稱翁教
云翁齋心奉佛誦金剛楞嚴般若諸經能曉大旨至

年六十無病卒

論曰儒與釋亦爭詬病也要不得爲定論夫釋教之精者其徒不能知而不釋者或知之儒教之粗者在儒有不能全而不儒者或全之亦視其行何如耳奚可爭之有文若翁以商起孝友力仁通內典竟脫肽以終豈嘗儒冠與髡哉何兩無憾也跡其所與丹章君言又大發予覆矣

張一衡曰題表取意趣義悠長

唐天中曰儒者存誠釋氏談空虛實懸殊儒者喻義而商特趨利貴賤又迥異林氏掩骼等事固務實而自貴矣文亦卓絕不羣

南窗草存卷之四　目錄

[redacted]

南窗草存卷之四

福唐依南薛　鎔著

男種茂方孟父編次

同邑穡菴吳之頡參

沈公述

華亭沈公泓字霖秋幼孤母宋氏持苦節親教導之未嘗就外傅年十三應童子試鄉父老怪之故慢曰孺子從師學幾年迨今乃始一試耶已而三試三居首鄉父老則大驚曰吾鄉者易視之矣其母固節婦習經書知大義者也然公性至孝承志觀色惟母是

師其有所取古人行事若忠孝大節可采者公晝夜誦不輟不以煩督責力以故公爲名諸生舉明經而母節益著聞于朝予旌額母卒後舉孝廉癸未進士未仕家居明年京師陷又明年大帥克南都且入松公呼家人與訣曰吾生喪父寡母課書取一第祿乜于道無所聞上無以報朝廷下無以見吾父與吾母吾誓從此去不復歸矣遂削髮之徑山爲灌園僧與衆同力作或日一粥時則獨仰思咏歌兀坐衆莫得而知也越三年巳丑念離家久忽獨歸至門又幡然

悔曰吾始發誓言若何望家祀四拜已即返走家人覺之追勿及也明日至嘉善心動入古刹浴已焚香端坐而化依南生曰公豈夙慧者與抑母教使然余觀其母節甚奇三吳士君子多傳誌之乎不詳然大率至性人也公至性如其母人倫之際性爲大母以之爲婦公以之爲臣爲子且以爲僧僧于臣子其盡性一也或云釋氏滅性情忘君父豈篤論哉公有子曰孝威孝平居于泖湖之渚

瞿欽我曰簡而有神

許小許曰是儒是釋從手中描出只見一片性靈

不滅不復覺有篇章字跡

林損齋曰始終一片至性便登大覺故知佛亦不過一片至性而已俗以棄人倫爲佛病蓋未理會維摩居士說法耳

石公吳公述

石公鏡字可日福淸人也幼孤且貧寡母徐紡授書食餼候邑舉明經廷試稱旨授翰林院庶吉士服色無何假歸而闔不守遂隱于家〻在江陰島中久之學使者檄致知名廢棄士所親謂公才望高宜往公笑謝一時士大夫若後學子弟亦謂先生太自苦百口招公〻笑不答遂自稱蜀道人道人性澗達喜山水其叔某爲築別館于虎巖山側種桃數百株日題咏至論古今事蹟間可悲泣者既已形諸色復大笑

習莊老言與幻來老僧白漁子爲方外交疽發腰病凡六年罷甚矣又益貧未嘗廢詩酒山巔水涯杖或輿必偕焉甲午病篤嘆曰吾何不可捐徒有老母語於邑已而命誦南華經笑而卒

閩縣吳公楷字子方性朴直惡苛禮不容人過輒慢罵始爲郡諸生積餼至丙戌當爲歲貢生聞閩將不守遂不試去自榕城移鼓山爲終隱計是冬關果撤乃祝髮稱冐僧明年督學以歲貢徵不就于是有僧石田者擁萬人鼓山號義師恣剽掠冐僧怒且罵曰

必如是則何謂義矣石田縛致堂下刃脇之復大罵石田益怒會得解逸去及石田敗走冒僧歸鼓山鼓山固名勝距郭三十里逸人韻士載酒遊則訪冒僧冒僧與語極歡間有所錯愕必唾罵乃已或貴人至則謝不與通永和尚者開堂鼓山禪院爲天下僧俗敬禮時接見護法諸貴人冒僧不悅罵永和尚永和尚亦輒謝戒其徒毋犯冒僧云冒僧嗜賭或曰僧賭則去不復賭家弗備饔飧恥干人其友王藺仙爲置田十餘畝冒僧與子同耕作婦爲釀賣以自給至乙

未卒凡九年不跡城市依南生曰蜀道人冒僧皆一時名士其素非友善者然余至冒僧所冒僧必問蜀道人病起不而蜀道人亦時念冒僧不置口也蜀道人善笑而冒僧善罵二公歿無復有能笑罵人者矣

林儀存曰吳麻石七狀貌宛然

林損齋曰要知笑處是哭罵處是讚方可稱善笑善罵二公歿無復有能笑罵人然皆笑罵由人笑罵者也可勝慨然

夢覺道人述

夢覺道人會稽人也隱于杭之湖墅畝宮盆卉磊小石作詩畫自娛謝于謁不問時事混迹田埜間有識者曰此蔣將軍禹培翁蘊奇也當獻闖之亂道人擢山東都閫率所部討平薄城巨寇奪其所擄子女以歸陞河南參戎攝副總事力勦禦戢士卒撫集逃亡先後歷官八年仁威大著初道人工舉業博學多才遊京師爲順天諸生以當事者辟從戎旣數有功頗自喜謂從此可廓清中原會病免遂終隱不出與道

士張天因講修煉術著羽翁隨筆十二卷卒年七十有九論曰人不學道毋易言隱也托山阿縱詩酒徒發舒其感憤不聊之氣斯云淺矣道人棄諸生立功名俄焉息心于湖墅此豈無所得者哉姚平仲數破賊忽走青城入大面山石穴得道年八十餘始出爲人作字道人非其倫歟動若烈風靜若止水胥不得而測之矣道人之仲子曰漢紀

見楚玉曰先說末年高隱次說中年武功次方說初年文學得史家道敘體一贊廹追龍門

林損齋曰息心便是學道所難者此耳姚平仲是個確証

張公胡公述

懷遠將軍張公其猷字維壯其先河南人始祖某洪武初以武功授福州右衛指揮使世襲至公父守貴歷官粤東瓊厓參將以征黎病歿先是病亟謂左右曰吾家有老母不能終養今我死必以衰服斂我左右從其言以齊衰飯含旣乃易冠服納衰服柩中時公方九歲未及侍父所櫬回哀毁如禮十八應襲赴京歸補閩撫賛畫從撫軍南公居益平紅夷以功擢總鎮府坐營汛守澥東所轄沙埕萬安海壇諸遊寨

一時寇盜俱息公美容止善詩近署爲福廬瑞巖諸名勝暇輒遊咏嘗宿桃花洞月光如洗公吟步久忽念睢陽聞篴詩和其韻甚悲壯陞鄖陽都閫獻賊方張公與戰多所斬獲廹賊壘益奮力追掩殺數百人賊轉戰忽陰霾軍迷入谷中矢雨下公度不免北顧躍馬大呼曰臣負國矣遂自刎死年二十有九同鄉人儲日煥亦俱死時崇禎壬申冬也楚撫軍懼失援罪烈廟不測秘其狀以輕敵聞旌卹不及焉

鎮國將軍胡公上琛字席公山後人也始祖其佐高

皇帝有功世襲福州右衛指揮使至公大父朝卿官惠潮參戎父大順早卒母田氏守節課公儒書年十六能詩以襲蔭道易水詠曰一死酬知己丈夫豈所難至今過易水猶恨誤燕丹宗伯曹公學佺賞之刻石倉詩選初任本衛操捕事尋檄沿海繕城堡覈船器皆區畫有法舊制勛衛得與試武科丙子中式甲申闖變公倡義勤王御史陸公清源疏請大用不果乙酉典禁軍授御營都督爲鎮國將軍未幾關兵撤公自延平步歸福州寄老母及妻子吳航獨與妾劉

慧娘留曰城破我殉國慧娘曰公死妾亦殉公於是豫求毒草畜之及大師入城公易朝服北向拜次拜其先人次拜老母像唏噓泣題其下曰孝既存宗忠維盡節欲求死所於斯爲得乃設案危坐匕慧娘於側供具如常飲既酣索所畜草根擣入酒各飲巨觴毒未發公起步數巡復坐咲曰藥豈不靈乎又嚼其葉吞之須臾終慧娘亦終俱端坐不動葢丙戌九月十有九日公年三十有一師方入閩公死觀者甚衆有拜且泣者是日也宗伯曹公亦北面再拜自縊於

鼓山寺初胡公延平歸謁母々曰汝家九世受國恩
天子何在忍生還耶公跪泣曰兒志決矣敢辱母訓
及卒母吳航反撫棺一哭曰吾兒得死所遂不復哭
嗚呼明初報功駕軼前代世爵祿者安樂爲死肰張
父以孝著胡母以節聞而媵與俱殉何其盛也非常
之德曠世無聞而篤生者如各以類應斯又其性肰
矣余友凡僧曰高將軍天爵者亦世弁御營督也與
胡公從延平歸胡公求藥時謀於將軍將軍使其僕
某掘毒艸根以應僕因請于將軍曰主翁亦須此不

將軍有慚色胡公死將軍亦遁去數年歸竟爲僧云

胡丹五曰爲二公寫生兼及諸節烈錯落敘次逼眞子長

許子卜曰每有不着意點綴處皆關風教大義

鄭官五曰予每謂人之死所原不易得得者反不知胡公之詩曰欲求死所於斯爲得其母亦曰吾兒得死所何其明且決也篇中描寫處皆凜凜有生氣必斯文方可傳斯人

瞿公張公述略

浙閩既下兩粤未通常熟稼軒瞿公式耜時在端州以吏兵二部尚書中極殿大學士輔政五月留守桂林府加太保封桂林伯越四年庚寅冬大師廹桂林援不至在城勛衛將卒盡去公誓死獨留兵部侍郎兼翰林院學士總督別山張公同敞從江東泗江直入請與同命公辭曰城亡與亡此留守事子可無死張公堅執不去是夜對坐中堂待旦師入危坐不動遂俱執見定南王不拜師駐靖江王府靖江王亦與

其子守國不去并執之時定南王温色慰諭二公二公請速死久乃加刑遂俱死茅坪僧性因上書定南王曰故督師大學士瞿公總督學士張公皆山僧友也敵國之人勢不並存忠臣義士殺之而後成名兩公豈有遺憾于王即山僧亦豈有痛惜于兩公哉然聞遺骸未殯心竊惑之古之成大業者表揚忠節如出天性殺其身而敬且愛其人若唐高祖之於堯君素周世祖之於劉仁贍是也明太祖下金陵於元御史大夫福壽旣瘞之矣復立祠祀之又曲法以赦其

子盛德美名于今爲烈至如元世祖祭文天祥伯顔卹汪立信之家豈非與聖人禮教共植彝倫者耶山僧間嘗論之衰國之忠臣與開國之功臣皆受命于天同分砥柱乾坤之任天下無功臣則世道不平無忠臣則人心不正兩公一死之重豈輕於百戰之勛哉王既已殺之則忠臣之忠見功臣之功亦見請具衣冠爲兩公殮瞿公幼子尤宜存恤張公無嗣益可哀矜並當擇付親知歸喪故里如其不爾亦當許山僧領屍隨緣槀葬豈可視忠義之士如盜賊寇讎肰

必滅其家狠藉其肢體而後快耶山僧梧水罪人承乏掖垣奉職無狀繫錦衣獄幾死杖下今夏編戍清浪以道梗養痾招提皈命三寶凡四閱月車騎至桂咫尺階前而不欲通葢以罪人自處亦以廢人自棄又以世外人自恕也茲以生死交情不忍嘿嘿亦以我佛寬親平等之心王者澤及枯骨之政聖人維護綱常之教一舉而三善備敢遣侍者以書獻敬候斧鉞惟王圖之書上未報義士楊碩父踊哭收其屍拾二公囚中與性因唱和詩授瞿公孫昌文還屬性因

序且跋之曰浩氣吟跋曰文山當日燕京樓上無別山其人同聲相應即盲龍跛象中或如性因者抗喉躡節恐以迮時滅跡不復能傳矣我猶得與兩公詩筒纔綣一月餘日不可謂無緣兩公歿後性因亦誓於佛前不復作詩緣盡矣居士痛念其祖使龍池清凝上人造石幢索書漫識數語作桂林遺事依南生曰予讀浩氣吟葢得其略初皆不能詳云張公才氣超凡慷慨求死瞿公執義猶不敢自以爲忠賦詩云死豈求名地吾當立命觀歆肰虛懷歸無所得過人

遠哉楊碩父收屍歸哭性因上書序且跋其爲詩甚矣奇節之多也張公江陵人故輔文忠公居正曾孫性因一名今釋或曰庚辰制科也嘗知臨清州多異政云後不知其所終往予嘗考明初立福壽廟又薄危素履聲曰守余闕廟去及錄遜國臣後則曰使諸臣在猶將用之况其子孫乎此有明三百年忠節所以不絕也故曰前事不忘後事之師若數公者眞後世人臣師哉其曷可以無述

葉思菴曰此篇可與朱瑒求埜王琳一書並讀何人月日明季遺聞所載至瞿公而止此可補其所未備

葉公述

貞孚葉公有挺建之壽寧人幼孤嗜學以邑諸生舉丁酉鄉試成庚戌進士癸丑冬遊南昌明年閩變道不通又明年念離寡母久從間道歸省時僞檄四出廹受官士大夫家無脫者貞孚託病數月僞檄廹益甚貞孚泣辭其母曰兒今死不得終事母矣家人急前解曰願勉出毋死也毋死以終事母貞孚曰出亦死不出亦死何如先死以無辱吾母乎竟不食終年五十有九初貞孚念壽寧爲明初始設邑山陬人文

號天荒益強學屬其弟事寡母已獨走千里至三山
師事竹嶼鄧先生三年得所學以歸居恒尚氣節喜
大言或諷貞孚以破天荒則笑曰人生大節三區匕
取科第曷足云及舉於鄉竹嶼先生已歿矣貞孚赴
宴謁廟已即趨拜先生主復以日會同學奠哭先生
墓注齒錄曰業師鄧先生某荅未學所未見及是以
節終論者謂貞孚果行所志云鄧先生諱景卿字叔
表三山竹嶼人學者稱爲竹嶼先生家世以禮經顯
先生博學文古奧獨不售性孝友至年六十餘若孺

孩喜靜坐與人處或竟日不交談教弟子令誦五經若左國班馬書必校百遍乃已課文出機杼或引時熟語輒揮去尤尚行軼者切責至不令相見以故從學百人中科第一十四人舉明經八人至今猶有名於庠者而長才峻行若高明經士侶輩卓卓可指數者非一故後學論人師以不及見先生爲憾而鎔幸得左右供洒掃至九年不少離云陳公丹赤者三山人也以辛卯舉人由司李歷兵刑二部轉温處道僉事當閩亂守温州死之聞於　朝已得　贈廕不詳

述

吳希周曰因流溯源嚴師好友歷匕在望猶想見當年執經時

鄭官五曰予童時幸一見葉公讀是文益深感慕

須江嫂姑雙烈述

沈氏諱琇者須江陶軒先生志偉女也甫十歲坐小牕縫刺竟日祖母憐而撫之曰兒幼久坐恐傷骨盍起步卽勉起步少間復肰性端静不苟言笑歸同里陸君官治

陸女諱蟾者官治女弟文學明彦女也方未字與嫂沈相愛護如同氣就習女紅共朝夕者累年獻賊破旁近城嫂姑共步至書舍指舍旁井曰卽有變此其死所矣壬午賊襲湏江城衆惶遽逃嫂沈時有子芝

甫周歲徐乳哺之以屬嫁曰善持去見命在汝姑蟾至遂携手就書舍各縫衣履已以紅巾相繫手赴井死賊退七日家人出二屍當炎暑顏色如生過井上者日夕常有見如二鷺翔舞云越數歲井瞀乃滅依南老生曰余自皖遊太湖嘗得交陶軒沈先生先生隱于湖之寒竈者六載矣古君子人也其有女固安姑蟾一弱質與嫂相師友及難從容竟與同死何其勇也夫古之稱烈者有矣身歸止水氣動白虹率男子事二烈釵鈿誓志以殁而形見猶生覘奇丈夫

豈讓哉世多不察至以婦人相訾詬曰竟無一箇是男兒曰南宋諸君盡婦人者共以爲羞辱嗚呼二烈在毋易言婦人矣

袁勝之曰古骨嶙峋幽香馥郁

田子敏曰簡潔蒼勁史才之雄贊末一段大爲千古婦人生色

林烈婦述

烈婦翁女也年十九歸林雲禧善事翁姑雲禧以嗜學病危烈籲天割股糜之以進病遽愈久之復作死烈哭絶而甦引䰟帛經柩側以婢救免乃取雲禧絲絲繫腰際婢告姑〻屬烈母伺甚密烈謬謂姑曰兒今不死矣屬婢滌房帷茹素焚修示無死意月餘晚沐浴蚤起盥櫛紿其母出後檻衣縞密縫結扃戶自經婢急推戶則氣絶矣顏色不變先是雲禧與烈訣烈許以死其翁曰我兩老人方哭子不能再哭婦也

姑與家人俱以翁意勸烈曰固也吾曩者以死許之矣且吾姊未婚而殉夫吾婚兩載猶偷生不愧吾姊哉竟死有遺詩四章烈姊名茂宋所殉未婚夫林輝祖雲禧宗也烈名永宋與茂宋皆明經翁輔女雲禧父某母某七世祖高行公諱揚永樂間以布衣抗疏籲閩浙粵遷民虛稅名聞天下翁林皆福清大姓世婚也林居洞後翁居琵江

論曰古之烈而死者率丈夫也婦人無刑書南史之懟軍國仇讎之忿何見而必引決之爲快與夫存亡

持而不奪卽斷臂截耳猶弗爲也烈生二十有一乃
殺朕持一縷四詩見夫地下豈白雲黃土中有鴻案
鹿門耶死猶不死矣茂宋之烈以永宋言故並述朕
莫得其詳云

鄧君旦日綜四史之奇而出以己裁唐宋以來罕
有其伍

鄭官五日因姨而及其姊且及其夫之先人可想
闡幽苦心願讀是集者持此意以例其餘思過
半矣文之警嚴高貴所不待言

玉嶼四烈婦述

予嘗閲李崆峒集有一邨幾年婦節烈者四先生異而爲之傳予邑福清自洪武迄今婦節無筭女婦烈者至二百人如玉嶼邑西南一丸海港中耳南村江陰里北村臨江半里于吾邑里三十有六特二十而一自順治癸巳秋至甲午冬未兩載見烈四以是例嶼中前後此之烈不勝紀更以是例邑中三十有六里前後此之烈尤不勝紀矣使崆峒見此當如何異之而傳之耶予友高子虞卿嘗傳玉嶼四烈予采其

畧述之葢以例吾邑中女婦烈之多因誌邇年烈者寥寥皆見于予文而頗多所遺也是則吾憾已

烈婦王者福清玉嶼嚴麒室同鄉王氏女也十七歸麒七父海曰邑諸生貧甚命麒賈沽麒客死訃歸婦哭欲殉念娠五月視生男女爲裁及娩乃女旋不育哭曰夫今已矣遂定死期拜舅姑于堂姑曰待麒棺婦曰夫貧死他鄉棺焉得歸翁力能爲歸則歸即否婦今死或有念婦死而爲夫歸者婦不死夫棺終不得歸言訖投繯死時順治癸巳秋七月也

烈婦高者玉嶼陳鳴珂室同鄉明經高拱女也年十八歸鳴珂舉子于奎甫三歲鳴珂死烈撫于奎長娶婦莊氏癸巳冬于奎疹死沙陽舁尸歸烈號慟曰我二十年不殉夫者爲孤今孤死我安得生雖肰如先世血食何哉既殯詣給諫嚴公爲僉議埜其先柩祀先主家祠畢遂與媳莊氏投繯死

烈婦莊者陳于奎室同鄉明經莊重女也于奎死姑高以婦年少心難之婦聞收淚進曰婦分卽死不忍以子婦速喪重姑戚今聞言婦請先高曰能如是與

子偕死遂同刻期投繯棺旁各拜其夫已莊拜姑又代夫拜姑已就繯莊繯斷仆地理髮再登呼姑少待死時甲午正月也高遺命以死之七日與夫合塟濤山以子及婦祔焉給諫嚴公通爲之銘

烈婦林者玉嶼高楚登室嶺前林女也幼喪父母十四歸楚登甲午冬楚登客古田婦減飱茹素爲祝楚登以十旬山旅冒重霧卒斷髮裂襟函以遺婦火骸歸而襟髮先至婦在杼昏仆頃之復起織如常同居不聞哭聲皆曰婦必烈矣及數行機盡乃告姑曰婦

待夫骸至卽從地下遂叩宗老爲夫理遺債匕浮難償宗老欲縮債備棺衾婦曰夫千里火骸婦死必火其焉用棺宗老陰具之遂定期死去陳氏二烈僅十月餘善哉高子推論之也曰天下未有不重其生而當于死者高氏不死撫孤以立究與媳俱殉王則娩而死林理債待夫骸而後死彼豈眞欲死以成名哉君子觀四烈事尚知所以處死矣不肰輕生之與惜死一也其亦奚當之有依南生曰倫常大故當此者方患惜死高子乃患其輕生非爲邑風多烈慮哉夫

先王之制禮也不肖者跂而及賢者則俯而就賢女婦苟明于俯而就之之義生死之際其必有道矣乎

高子玉嶼人

莊世聲曰俯仰抑揚動關聖教非獨爲四烈飈頌而已

林楨齋曰福唐閨訓之肅在吾閩爲最故節烈獨多玉嶼又福唐中一村前後之烈如此亦可以覘風俗矣筆致簡嚴深得史法

鄭官五曰折衷至理立論不刋吾閩節烈多矣安得盡如此文以傳之

福清烈女述

何貴宋福清龍田何其著女何氏有嫁于韓而寡無子者于女爲從姑守節依何居女幼師女紅事韓如母稍長許配同里王三長三長父曰大輔蚤世嫡母生母與庶母皆嫠守三長力學病亟猶攤書枕上卒訃至女慟告父母曰兒命如姑今赴王喪請以死學姑父曰固也吾知汝性母曰吾不强汝不往汝往將母不必死如姑之守韓者易汝死乎庶無傷吾心者乎女泣曰兒不終事父母兒不孝雖然兒女也非男

兒之爲父母後者比今安歸以死匕乃以了兒生母以兒死爲傷母曰汝不爲吾傷計獨不爲王計乎翁早世王郎夭三嫠姑獨守襁褓中一叔氏今汝復以死傷三姑心豈王郎之所以望汝者乎女不應哭絶復甦父母知不可留乃語王共計緩之令以吉往父母送登堂廟見拜諸姑以降易衣拜靈伏哭不起諸姑扶而哀請曰吾等未亡人亦視若耳新婦孝必死以許吾兒何如共守以安其母即不肰爲亡兒服三年喪以俟叔氏稍長寧視予目前孤苦忍不少緩須

史以旦夕講婦姑也兒死新婦又死吾三娶亦曷生爲環泣而守之女數日不食諸姑哭王郎倍哀無晝夜女亦不忍重傷諸姑意也乃收淚起曰叔氏且長姑母以亡兒自傷婦今忍死以見叔氏稍長請爲郎終服服除之夕是婦死辰也爲姑故遲許郎以死有如此服矣拜已哭諸姑亦哭遂閉一室爲位朝夕哭履不越中堂父母喜謂庶幾可如其姑之守韓也即三姑喜且泣以爲得孝婦可與偕老未幾服闋矣立遣婢昇其母及韓姑與訣父母驚語曰叔氏且長異

日得以所出爲王郎後且久與諸姑處忍一旦復言此女笑曰向不卽死者俟叔氏稍長寬三姑心今服闋死寧再計乎與三姑訣曰姑不聽婦死目前之愛也婦志必死終身之事也與韓訣曰兒今得以死學姑姑知兒者勸二老人勿傷心兒死不恨餓八日縊爲諸姑所解防者益嚴乃勉食理髮起坐教諸姑習女事防稍怠卽閉戶縊而終時順治庚寅冬十月去服闋十四日年十有八初女將誕白衣見夢曰錫爾男而貴因名曰貴至是予友王孝廉負爲之狀歎曰

天下有男焉如此者哉知天之所貴在此不在彼也悲夫

魏儀使福清楊林魏其女也家寓尤溪受尤溪黃金理聘理卒女年十六聞訃服縞別父母抵黃撫夫棺擗踊袖出祭文奠其夫一慟而絕復甦至夜掩扉引夫旌帛結頸懸檽上傍榻拱手端肰以殁順治庚子得　題旌

吳淑官者福清石塘文學吳夢熊季女龍田文學施實駒仲子延哲未婚室也延哲異慧嘗自負謫仙初

訂婚期以病不果女于夕夢所對鏡破自知不祥遂約餐淡粧日玩孝節諸書窓前茉莉盛開家人共采貫之女弗顧也或以遺則置焉藏小刀衣裾間丁酉仲冬延哲訃聞女哀請奔喪父母難之卽出刀自决母急挽止與家人共守越旦女起執爨膳父母旣徹辭宗祊趣裝父母力禁卽徒步出乃爲輿入施門父母送之拜祖及舅姑時延哲巳𦵏矣易衣吊墓歸對靈哭不止里中寡婦聞之皆不食掩泣及昏自經夜蒙被復經皆爲母姑所解明夜經于牀繩斷經梁繩

節斷如有陰劃之者女覩繩罵曰吾姑吾母不能解豈鬼得而阻哉于是父母與姑知不可奪遂曲成之矣凡可致死諸毒悉服不驗吞金葉憯復甦歎曰此豈死藥哉特延我耳當是時也水漿不入口者十有三日百毒盈腹腸寸剸無呻吟聲至誦經日猶禮佛再拜靈夜覽延哲詩忽閉睫有引領叩頷而去者覺白母曰施郎招我矣端肰含笑而逝當女之求死也面黃目四周黛至是儼如生衆共睹而羅拜焉時順治丁酉十有一月也與延指年俱二十廵方成公性

彔　題以旌先是女叔姊靜歸陳文學民望民望兵難靜懼辱自刃死七日顏如生女父姪開娶施公起元女開早逝施氏以烈殉其同堂若歸夏若歸楊皆以婦烈聞而女烈尤難云

張丙宋者福清平北里張鵬秩女受龍江劉鳴和聘因海警兩家俱遷三山女年十七聞夫死父適外拜辭其母奔殉母送至劉拜翁姑伏屍慟沉昏絕粒數日僅一息姑日泣阻之女日婦死分也今姑傷如此是貽夫以不瞑而重不孝罪也遂强起奉姑匕箸病

侍湯藥不親調不進服闕翁得嗣續女喜謂姑曰翁
姑今有托兒得息肩矣翁將歸其夫之瘞于福清爲
女治素輿從女曰輿已具毋煩更置惟多備舁人耳
衆莫覺遂自治湯取所畜毒與金合吞之乃拜翁姑
曰非不欲扶櫬恐道遠雜戎馬間未敢以寡女露顔
面今兩柩行魂相依婦事畢矣遂歿年二十以順治
庚子得　題旌
高細宋者福清平北里高嵩女許配翁有灼之子登
墀兩家濱海俱避亂三山戊戌登墀以瘵病卒時女

父母歸里女與叔父母留三山聞訃欲奔殉待父母命乃行父母知其志以他辭緩之又連喪二弟父母迭病臥凡四載奉　內調乃至三山女抱父母泣曰兒早當死待父母久不至今見父母死不恨選良日歸翁廟見拜祖舅姑舅姑若吉婦禮越三日易衣哭登墀墓即欲殉祖姑姑哭持之會祭者更勸曰叔姒已娠男也當爲主後女飲泣止追服斬衰齊誦經朝夕及姒生男喜曰夫有後矣乙巳正月望刺指血疏天定死日凡七百餘言至期晨浴更衣屣拜天祖讀告

文觀者如堵女入寢至時旣已謂姑曰是戊戌夫死時也投繯而絶先旬日出其針黹所售者市布帛爲衣衾自縫紉女婦來訣者言色自若父老請生莫如夏烈禮女謝曰女非婦比也不可傳語翁曰婦死幸毋請旌爲名累自登墀死女守貞于室四年歸翁服喪三年以康熙乙巳夏四月二日終年二十有四

陳璦使者福清永賔里陳蕙卿女早喪母善事繼母十婚南上隅王名世嘗夢鏡破又夢馳刺者以十九日訃至名世果以七月是日卒訃于陳女哀號告父

請殉于王辭家人畢登輿送者皆涖女無戚容至門吉服拜祖及翁姑告成婦乃易服就文呼數語匕不哀匕亦不淚人謂新人媚于禮者不髽髻不哭踊何也女曰固也頃刻泉下人懼毀容無以相見尋入名世寢易服就小樓兩板繫繩一經而絕時康熙戊申七月二十一日也年十有九

林玠宋福清北二隅諸生林兆機女五歲失母事繼母孝許西陳諸生陳傑男歲可歲可苦讀卒女聞訃大慟欲奔殉母弗許女日見心已死三月矣母知計

决命輿詣陳吉服拜宗祊翁姑已更素服就喪次晨
衾撫視呼而吊者三問夫寢室入曰吾得死所矣出
繯于袖自經死時康熙己酉六月六日年二十有二
何福卿者福清龍田何得亹女也許配同里王鹿苹
之仲子元塏康熙甲寅元塏卒女欲奔喪會閩亂父
遠商未歸不果棄粉墨持齋以死誓素稱針神至是
悉弗事或問之曰作此何爲祖母耄繼母庶母皆年
少弗覺也丙辰閩亂已闢始通女意父且歸日與姑
妹處陰以血書所爲詩三十餘首留別祖母匕及親

屬越明年丁巳父未歸媒者以富人子來言立繼母被之女泣曰兒早定死顧不即死者以待父命今爲媒迫不及見吾父矣因蒙被臥家人環守之夜半縊喉終時秋九月也年十有九發其笥得所留血書詩率意成章刺々關大義非兒女態乃以狀聞之王々憐其志以明年戊午春迎烈柩與元塏合葬焉烈貴宋族妹元塏亦三長族也自順治庚寅至康熙丁巳二十有八年矣福清之女而烈于夫者八人焉海口之役有女執騎上至湖橋躍水死而并溺其執己者

明年巡方邏卒逆縛一人將殺之其女赴巡方館驛泣辯其父非賊不宜殺以木磨酷死其父之旁二女皆正命肰方亂莫識其姓名三山有其女者閩縣楊繼嚴未婚室也繼嚴死女嫁喪殉之至康熙辛酉得

旨以旌凡吾郡女烈之在列邑者多有肰非福清及福清女烈在　皇清前者悉弗述蓋亦不勝述云

依南老生曰女許嫁未婚猶士許國而未仕也可以死可以無死可死可無死而死則不可生而生者無以自容矣之數女者傷勇也乃適可風也嗟夫天下

不有男焉如此者哉長洲有諸生曰許琰也者當甲申闖賊之變而縊也家人救而不死也縊于觀道士救而不死也赴江爲藩卒救而不死也則餓也爲詩曰半生磨礪竟成空國破君亡値眼中一箇書生難殺賊願爲厲鬼効微忠俄焉而嘔血匕竭而喉腫而舌出也十有八日乃絶之男也傷勇也乃適可風也嗟夫天下不更有男焉如此者哉必有能述之者矣

龔御臣曰諸烈各出性情述亦各極刻肖不着一筆雷同

吳雁市曰屠長卿云駡李林甫者最多做李林甫

者不少愚謂人做秀才時但學開口罵李林甫爾其實按之秀才而林甫者先已不少謬種流傳遂至後世先生傳出諸貞爲秀才鞭策多矣從首至尾箇箇出奇

林損齋曰寫諸烈各具一色相如春蠶作繭因物肖形所謂遇方成圭遇圓成璧妙手諸烈得此至今未常死也

鄭官五曰未字而死曰吾將以媿夫已嫁而失行者砥柱狂瀾大裨風教誰謂諸烈可以無死耶篇中敘事議論有聲有色其感人最爲易入臆先生之功鉅矣

勅封林母蔡孺人述

福唐薛鎔依甫

勅封孺人蔡氏閩縣西仲林先生雲銘元配也先生以順治戊戌成進士授江南徽州府推官明年海寇犯江南僞諜四逼至徽營兵叛先生與刺史蔺矢登陴死守慮爲家累屬孺人歸閩孺人指劍誓曰苟不測從君伏此劍耳惡乎累越數日僞諜擒叛兵亦逃去先生潔治行嘗額其署曰焚香告天處當夜焚拜孺人從先生曰此吾職汝何爲者孺人曰吾亦有祝願與君生入仙霞關灌園爲食不願久作吏也丁未

先生奉　裁員歸居建寧耿逆變起宦室拷餉無脫者先生繫籍家就戮者三巳復獄與子沅皆殆孺人灼香禱左臂爛寸餘弗恤也及　王師入閩先生始出獄計在繫十有八月矣孺人憂懼久吐紫血多且斃女瑛佩刲臂肉劑而食之乃甦瑛佩者閩清諸生鄭鄉室初孺人年十六歸先生孕輒女欲得男爲先生嗣續計時時勸納媵自孺人年二十有五至卒年四十有八凡納媵七而世俗婦妒者徵閨妾即悍張不則故遲留日請少緩不則仇敵犬馬畜之妒而黠

者盜爲夫置妾名至則張機羅使自斃毒較甚於悍孺人素孝謹善容下所納媵必開誠撫遇恩視姊妹分與妯娌均先生或督過諸媵孺人必多方解至釋乃已以故諸媵亦恭順無間言每當夕皆惟孺人命及媵生丈夫子孺人保抱提携同卧起踰巳出丈夫子至慧年十三能言孺人行略者沅是也所親有婦巽妒而五十無子者孺人延至家使視巳治家狀三日請歸爲夫置妾舉二子於是諸所親婦或忤其夫共指孺人以勸皆愧悔曰勿使孺人知云及遷武林

越壬戌冬十月孺人卒所親聞每流涕而諸媵聚而
哭之哀有嘔血瀕死者
依南老生曰甚哉妒之禍烈也隋獨孤后妒使文帝
不得有異生子且妒其太子勇寵妾雲昭訓阿雲專
寵有如許豚犬遂啓賊廣篡奪而文帝亦不得其死
曰獨孤誤我竟覆宗生靈塗炭當在開皇末天下戶
八百九十餘萬殘滅後加以唐興生息三十餘年永
徽初始及三百八十餘萬戶視開皇時減戶至五六
百萬皆獨孤之妒爲之也周后妃不妒子孫繩振卜

年八百化被乎天下周南歌再三焉歷千萬世以爲風始今孺人多置媵撫遇始終一於誠其得嗣續使人興感有以哉媵嘔血一慟猶夫詩歌載之矣引劒祝香皆關風教女惟母是師寧忍惜此臂肉乎是可傳也已

林鹿菴曰簡練中饒有波瀾末復引古痛發打破古今婦人多少醋甕

毛會侯曰孺人不妒之風爲閨壼僅見贊中推言妒害論古之識殊不易及深服深服

洪暉吉曰人奇事奇傳之者無不奇非是母不能有是女非是母并不能有是媵自覺千古後有血皆熱有肉皆香皆焚香爛臂時有以激動之也至妒婦一段以德化人可與大丈夫共維風

教若非西仲先生又不能有是母矣人以爲至奇者余以爲正氣也故可以傳是作妙在一一叙述而絶不刻露其意眞正高手

田子敏曰議論精確波瀾老成龍門得意筆也太母芳徽可傳非一而才識過人尤有丈夫之風先生獨詳其㝡著者巳足以增光名教矣

南窗草存卷之五目錄

述

墓誌銘

南囱草存卷之五

福唐依南薛　鎔著

長樂昌素陳覲曾參

男種茂方孟父編次

誥封鄭太君述

太君三山瑞崑陳公女封君若谷鄭公室太史公肇修開極母也幼喪母林事繼母李孝瑞崑公卒太君齋三年薦之爲父母資冥福十六歸封公封公父含章公母葉太孺人治家嚴太君職中饋罔勿當舅姑指姑瘠善病太君侍唾涕嘗藥籲天請代刲左肱爲

劑以進而姑病起覺之撫太君手曰吾無以視婦卽
婦得婦如婦畢吾願矣後數年封公患病劇太君禱
且泣刲右肱進如姑病頓已封公致客滿座太君絜
觴斝殽胾繼進惟封公意無怠封公禮先生于塾課
伯子某及仲子太史公太君親供具不令別代十五
年以爲常塾先生有子幼失恃同學太君手撫之七
載視二子及伯子爲諸生太史公魁南宮進翰學臣
太君愈益恭顧謂二子曰毋謂爾曹能爾家自文靖
公入閩以儒起歷世相承至爾祖若父益積行有今

日爾曹盍終自勉年未三十卽爲封公置媵育子女如已出從昆弟子姪女婦數十輩皆予撫之及卒無不環聚而哭失聲者初葉太孺人病封君嘗劑其股進之而愈至是太君病篤有女德順者歸侍曰吾奈何不學吾父母療吾母乎亦劑其股食太君弗效竟以甲辰月日卒年四十有五

論曰人子于親婦于姑若夫一也事之以誠而已當在死生呼吸時爲子若婦者呼天搶地籲鬼神雖藐萬死救之若弗及刲肢體毀傷足較耶太君亦致其

誠肰已矣或曰惟德動天至誠而不動者未有太君與封君誠而效胡德順則不效豈亦天不可憑哉夫純孝至行耳不習聞乃十餘年閒四見于一門此豈尋常者以旦夕論報施也效不效皆淺之乎求天矣曩封公已爲當事者旌余于太君事亦欲書之以勸其卒也又有德順焉故爲傳而并及之

王賡露曰詳序附載皆得史氏體裁

樊逸少曰入俗手便將太史公鋪揚不置矣讀此方知傳記家提挈要領

吳穡菴曰肇脩君早歲從予遊予知太君事特稔時予餬口於外不及述肰卽述亦不能約達警細如此也太君藉以不朽矣

杜母述

孺人李姓三山杜先生之英室也年十四母鄭卒父孺環擇配先生年二十歸焉始見翁姑匕太母曾方病孺人退而涕下曰吾十四喪母今爲新婦姑又病何賴焉先生素孝是時巳授書於塾孺人左右養必盡得太母志如先生志太母卒太翁起滇公耋矣孺人養益虔誠小婢時起居温凊服侍至夜待鼾睡乃出膳必陳有餘得再飯則喜凡五年太翁卒初先生有兄三諸嫂更爲養及孺人至則身獨任太翁母加

愛憐曰婦何獨勞孺人曰婦最少宓肰諸夫嫂亦固
辭更謂孺人曰孰非人婦何獨任勞孺人固進曰婦
最少宓肰匕太翁母惟孺人養是安孺人愈益恭終
太翁母世二十餘年無怠歲丁酉　王師駐三山徙
城東民舍以居先生家在徙中居城南遇火遷岐江
貧甚孺人褐藿不具無燥容先生授書城中節序乃
間歸祀先置酒與諸兒話家務孺人略不介意至言
雙嵗淺土中則曰此爲大恨先生泣下孺人復亂以
他語慰先生心及營葬聞有阻之者孺人蚤夜禱天

自冬徂秋克塟乃已壬子病革男子二女三跪請所言孺人曰兒男學爾父孝女順夫子孝於而家足矣卒年四十有九先生哭之哀與人言必流涕曰是能養吾父母者吾何忍亡乃以傳屬依南老生依南老生曰余交先生家且三世矣嘗爲兒擇婦熟思之無若先生女者求婚焉以孺人卜也先生授經數百人率醇謹矩步望而知爲先生弟子者教先於家而孺人盡孝稱先生匹宜哉侍養以誠徹始終爲末閨勸孺人亦人師云

林損齋曰生養死葬克盡無憾便可傳法婦德原不待有奇節抑不願有奇節也若擇婦以毋爲卜尤見卓識

貞節林母述

母三山陳公泗水女年十八以繼室歸培生林公々系出拙齋先生自宋至今二十餘傳多聞人公尤賢以嗜學病瘵卒時母年十九甫舉孤九閱月號慟幾絕而甦日是誠不可以死乃畢喪攜孤及前母所舉幼孤與女各一依泗水公撫教備諸艱縫刺以給事泗水公尤謹泗水公卒年七十遺一孤甫六月以屬母々撫教如孤長為置婦視如婦初培生公奇貧卒僅留書一篋母時發篋示二孤曰爾父素勤苦于此

雖死不欲墮大賢後名爾曹能學爾祖即不毋貽爾父羞語已聲淚俱下以爲常今若臣君篤行挾書劍時出遊交天下士者九月孤也前母女適名門前母孤某先母卒婦某舉一女或諷婦女固有姑在婦何自苦婦泣言婦爲死者育女以事姑亦欲學姑耳舍姑與女奚之竟不奪而泗水公所屬六月孤某與婦某朝夕執子婦禮左右養甚恭曰吾姊乎哉吾母也母性端厚靜一奉佛戒殺教諸孤令先擇交或有所見聞孤寡事必多方周恤乃已女兄弟五及內外子

婦若婢僕咸恩施中禮四十五年無笑容亦不見愠怒色卒年六十有三

論曰詩書之教及人遠矣拙齋之多克紹也固然〻母陳女婦于林守氷霜操全四孤以報其夫若父則誠天性哉余讀陳氏譜母曾祖某叔父某皆孝廉為循良吏忠靖節孝亦家學致然與廼婦之節以姑弟之恭以姊何賢之多也聞風且興而況親炙吾于母乎益信

金海門曰精神奕〻紙上皆有聲光

蘆古良曰此傳似龍門固也然神骨實得之公穀

長篇

鄭節母述

母蕭尾玉福清化北里鄭氏適同里鄭翁道祿翁本翁系也其先世贅於鄭而冒其姓娶母三載翁卒母年十九遺孤旭十閱月母哀慟以必死殉家人指孤爲解乃感泣曰固也此一塊肉在吾何易死翁肖岩公次子出嗣敬岩公母撫孤紡績事嗣翁姑得歡心嗣翁姑殁孤旭幼母喪塟盡禮內外屬悉嘆曰有婦而治翁姑喪如是哉矧孀而爲人後者孤就外傅母夜火事女紅令孤就讀時語孤謂汝孤且多難非他

兒比汝不有立負吾匕負汝父課益嚴無何海濵亂
母挈孤徙連邑又從連邑徙三山龍臺當是時比歲
荒所在兵寇視經書若贅疣執卷者率不得衣食至
展轉徙去母謂孤汝讀書毋治生治生毋廢學墜汝
家風孤乃截書史出爲廉賈平取予得饒以養益博
稽古今爲經世之學補弟子員稱士望母之教也母
性端一甘淡泊自始孀布衣茹蔬至孤有室抱孫且
老猶卻稱壽觴居恒無笑容間悉往事未嘗不涕卒
年六十有七得旌恤焉

論曰許魯齋稱學者治生爲急予始非之久乃信其權乎時者也觀毋語孤治生治生得無廢學非其驗哉亦權乎此時而已矣夫賢者誠重其死使毋當寡時不爲全孤計徒一决以殉寧必孤有立而毋節益光如是死易耳立孤難葢自古誌之矣

謝子承曰歷落古致節操音容如在紙上

林損齋曰許魯齋之說王陽明謂其誤人其實治生原與貨殖不同鄭毋語孤正不欲其廢學也不意此解得之巾幗口中令人快絕

何門姑媳節烈述

何門姑媳節烈者姑薛氏福唐化南里贍陽何公履垓室同里先叔四章公女也年十九歸履垓履垓父嗣父皆早卒事二寡姑得歡心逮履垓復早卒寡且貧携幼子鎭昌鍹昌鎦昌就外家庄居環堵中持苦節日湔浣撚蔴紡且織易米時輟炊不出戶外每誡子曰汝父早世汝貧務益力禮義寧貧毋隳行以辱汝父語已泣諸子皆泣無何子以次長讀且耕家乃稍給歲辛丑奉　徙遷閩邑臺江各娶婦而鎦昌娶

婦陳氏陳氏三山陳公克女都閫先生其孫女也年十七歸館昌善事姑匕篤愛之乙卯館昌卒婦時二十有一哀慟欲俱死姑遽止之曰婦腹孤何易言死婦覺從姑命越兩月孤逄沂生善撫育視家益儉勤或問之曰吾忍死以有此孤非儉勤何賴吾學吾姑耳愈益孝養三歲孤疾殂婦哀慟如夫乃拜姑辭曰婦始以夫有孤生今孤亡當死不得終事姑以學姑矣姑泣慰之曰婦毋死吾不忍婦死也天下寡無孤者豈必盡死顧自守何如耳吾族以烈旌者固多以

節旌者亦不少節豈遜于烈也且爾夫之祖同胞五四皆早逝祖姑薛嗣祖姑楊與伯祖姑林叔祖姑翁或撫孤或否俱以守節稱家乘婦無孤苟能守惟所學亦何必死婦曰固也守節難死一夬易耳婦不及見祖姑輩猶得事吾姑吾姑歷百艱辛至今四十年無挫惟姑能爲其難婦無孤義當就易固請死于是婦父母與家人環伺之兩月至錧昌大祥婦奠哭盡禮巳動止如常伺稍弛明日早起整衣餙鑰戶投繯死時歲丁巳秋九月十有七日年二十有三先是鄉

女婦烈者歲或三四見率以日期所親所親具綵吹酒饌餞祭死來觀者羅拜投詩文爲常烈之父以是言欲以緩其死烈辭曰兒殉夫分耳敢以爲名竟不日聞者歎服曰賢哉婦加于烈一等矣歲戊午士大夫議以姑媳節烈事請旌姑曰吾痛兒孫及婦未已奈何因婦烈攘此名以重吾戚使長子鎭昌辭曰婦烈安旌幸毋以浮詞塗老身也衆議益力固辭不可竟以請邑長郡大夫邑長郡大夫上督學撫憲旌表仍候 題請姑年六十有五陳衞公先生兆藩者烈

叔祖也既爲烈狀而姑節未詳屬鎔述其事鎔曰何門節姑于鎔爲姊當姊庄居時三甥皆幼而錧昌方在抱數椽風雨凄如也鎔居相去數武且二十年未得一面姊及徙後姊年五十餘矣鎔始得以歲時覲問其動以禮如此三甥恂恂儒行甲乙變起有稱縣令爲難者兄弟相救護爭以身赴至婦烈時鎮昌客未歸鎧昌及其婦與長婦若子女輩從母痛哭若其母哭姑善教婦安家胥見矣豈獨節烈哉誠不可無述也何與陳皆大姓于予薛世姻聯科第清節孝烈

備郡邑誌不俱述

何鄒生曰一堂四節從節姑口中說出姑苦節又從烈婦口中摹寫段段發揮皆有生氣

原書缺

原書缺

贈通議大夫紹覺張公偕元配　贈淑人林氏

合葬墓誌銘　代

贈通議大夫紹覺張公偕元配　贈淑人林氏將塟前一月其子通議大夫琮屬余誌其墓且銘余於琮嘗以詩文相切劘而余先大父奉直公父贈中憲公於公尤交厚習其故不敢辭於是再拜而誌曰贈通議公諱應召號紹覺其先固始人也有祖賢者來仕閩遊仙茅石竹諸勝羡焉遂居福清十數傳至嵩山公福以孝友聞與子繼山公塤前後餼於庠塤以所

業授其弟文學公岳孝廉公榮與子覺軒公九德俱名一時覺軒公爲靖江王府審理以孫貴贈光祿大夫[redacted]子四伯和衷公應升由太學任鄞佐仲若華公應亮由恩選任寧都令以子可立乙未進士令萊陽再贈文林郎叔養中公應才由太學任鄖陽都司叅軍超擢廣西按察司僉事季卽贈通議公也公由恩選令房山値 皇清定鼎赴部言事得上考調繁涇陽涇陽在三輔間稱盤錯公抑豪強除官買賑貧助婚催科聽斷咸有程度躬倡役疏白公三渠溉田

數萬畝隣邑高陵並食利西域人踞洪樂塔褒且擾前令數十年懾不敢問公立驅之竟去姜驤之寇於晋也與秦寇王用强爲援用强出嵯峨山陷州邑幾輔震驚壁壘連涇界公屹不爲動撤居民入保坐城樓晝夜禦三閱月西安各邑竟賴以安四年涇大治以蜚語解職士民頌功德立祠崇報碑陰與賈島答相望云公天性孝友侍親疾不解衣在官聞伯兄訃淚繼以血姊適翁與女姪適周者寡皆築室迎歸成其志至今三世猶同居故吾鄉稱孝友必推張氏贈

淑人林氏者贈通議公元配也視公意事舅姑匕病冡婦倦勤兩介婦各從夫於官而公亦在京師淑人獨侍湮滌籲天願減筭益姑匕執手與訣感慰備至姑殁公姊適翁而寡迎歸者淑人視如姑曰吾姑女猶姑也贈通議公喜施嘗助運官完糧千百金甲申收京師積屍塚之而助其能歸葬者萬六千餘骸而淑人奉佛行德無不與公等公之在涇陽也子琮方奉　命出征公時緘方略以授或危言數至公與淑人無懼色曰此有天何害已而果然公生萬曆丙申

月日贈淑人生萬曆庚子月日公於順治甲午五月
日贈淑人於是年十月日俱以疾卒於京邸官舍子
一郎琮娶婦贈淑人曾氏繼娶婦封淑人李氏琮官
大都督以佐命　皇清宣力疆場累階通議大夫世
職伯達喇部勒哈番鑲黃旗佐領加一級遇　覃恩
贈公如其官階母爲淑人女一適林其坦官副總兵
孫男一雲官幼未聘孫女一㨗官適本旗禮部理事
官王登甲子承襲二等阿達哈哈番王承恩先是康
熙二年琮請於朝返葬公於吾閩建寧梨山之南其

山得俞命以康熙三年四月日塋焉墳坐某向某

銘曰 占瑞氣建山陽雙鶴翔賈島谷梨山祠並繫思德隆〻兮貽子孫傳永〻兮覘川原

兄符臣曰分合搗練一言千百家世勛德巳如刷

君

吳稽菴曰節〻從住筆處着力令人三復不厭

贈奉議大夫用我金公偕元配　贈宜人王氏

合葬墓誌銘　代

按狀　贈奉議大夫金公諱城號用我閩縣人也始遷祖爲試百戶數傳以儒起至祖鐸郡廪生父石邑庠生公聰頴多才嘗著四書崇正麟旨精抄及諸論列盈篋笥爲時推服性端亮孝謹以躬行爲人師不僅詁句讀故所就甚衆然數奇嘗九試督學無售貧日甚益介無取至困厄語以他筆墨可得利悉弗顧凍臘着輕綃緩步端拱泰如也卒年六十有三元配

贈安人王氏介戎公四女也介戎公女五擇五經配而春秋得公爲厚奩以安人歸公始至解服餙爲養盡佐以女紅徹晝夜益困事姑黃及祖姑鄭益恭姑黃病足臥母獨侍側奉湯藥至卒十餘年無怠性端順卹大節安貧坐斗室風雨中無愠容或隣媪來言笑自若雖不爨久里黨莫知者四十年其賢如此卒年六十有七初公試不售課子黎藩君嚴黎藩君方幼書從公於塾夜令攤書母膝上誦甫學文即課以開先聖之道題曰汝初學務志其大黎藩君泮謁聖

歸以麟旨授曰祖父至吾三世守此經困寒燈且百
年以屬汝〻得志無忘今日察藩君泣跪受曰不敢
忘公與宓人歿至順治卯辰察藩君以春秋成進士
康熙丁未督學 命下察藩君指日矢曰所不若先
大夫教有如日當是時 聖天子親大政急眞才念
士久屈抑 特勅察藩君以拔孤寒搜眞士爲諭察
藩君奉至浙私來請者皆謝曰有 天子命及先大
夫之教在於是兩浙孤寒拔幾盡所得士無不稱大
器者一時人士謂前此未有相率立石誌咏積卷軸

咸曰　天子神聖學使者廉明而歸德於公是知涕泣受書時不偶而公教爲遠且大也子二長即參藩君某以壬辰進士授行人司行人歷陞戸刑二部主事員外郎中浙江按察使提督學政僉事陞布政司參議娶婦　贈宜人郭氏早卒次某未娶卒女一先卒孫男女共若干人婚娶皆名門公生萬曆巳卯月日卒崇禎辛巳月日　贈文林郎加贈奉議大夫俱如其子官宜人生萬曆癸未月日卒順治戊子月日贈孺人加　贈宜人以康熙庚戌十二月十有九日

合塟於齊安之山墳坐乙向辛銘曰

多文爲富家奚啬有子傳經教安極不惟其名惟其

實山月皎兮祥雲翊江水長兮海潮卽以熾以昌以

千以億曰惟君子之域

鄭帯邁日前幅刻劃後幅鼓舞

文林郎山東新城尹聞仙趙公墓誌銘

賜進士第文林郎山東濟南府知新城縣事趙公諱沂字其乂别號聞仙閩縣人也其先趙宋後從端宗入閩代有達者至公父積學弗售公㓜能文爲督學鍾公拔童子第一舉辛卯鄉試成己亥進士所受知皆一代鉅公〻由是名益重肰淡於仕進　殿試歸惟日詩酒康熙丁未以　功令勉赴選得新城令新城濟劇邑也民貧莫輸糧豪黠者間相率逋負公始至歎曰邑逋糧令無以稱職即日鞭笞急操之以倖

無罰是父母民而佻之弗忍也因焦思痰發辭歸題其居曰豈厭尚平婚嫁早却嫌陶令去官遲葢示所志云公性慈厚坦白與人交洞表裏素急困乏鄉人無老少皆愛重公丁亥寇薄城焚城外居有從寇中呼曰毋邇趙長者家去數武焚殆盡公比屋數百間得免隣人稱謝及避寇東山下東山人免寇難又擁道謝公曰先生庇也時共傳有老人指公若相公者東山賴以免云公所施德莫悉述而人多德公類如此嗚呼使公重棄其官少緩焉以處鄉者勤民將爲

德何限肰公去誠不忍以民市而囹其官以自尚所
志非仁而聞道者耶其歸也與二三老友嘯咏尋山
水豁肰若終其身至病革不亂起浴更衣端坐卒年
六十有六公始仕遇　恩贈父振陽公文林郎母林
孺人封公文林郎元配程孺人公生萬曆癸卯月日
卒康熙庚戌月日子男二爾芬郡庠生爾[redacted]邑廩生
孫男四孫女四曾孫男一康熙十年秋八月塟公於
閩縣孝義里濟布坑之陽銘曰
官若傳舍孰與德長寧以身退忍以民戕以和以祥

以安厥藏濟布之陽允兆其昌

林承六日先生余父執也先生懿行甚多此獨詳其丁亥遇寇一節士當危難時倍顯耳抑予尤信南國之爲實錄也

國子先生徐公墓誌銘

先生諱英字升伯別號鴻庄姓徐氏建昌老山人也既卒之明年爲歲甲辰其弟銓部君芳來遊閩出先生狀謂將日焉塟先生于鄉之螺螄坑意惟求所爲當先生意者屬之銘曰必子也底者予既謝不獲乃按狀先生十歲盡讀語孟大易及左國秦漢唐宋大家書覆卷誦徹首尾無謬十五五縣收試第一補郡弟子員試輒冠軍與弟銓部君芳名並震稱二徐銓部君庚辰進士先生數蹶于闈乙酉偕來閩居綏城

入三山以積餼舉明經廷試授國學典籍而闇解矣戊子以父喪返老山高平故人督儲者攝學政强委署司訓謝去久之欲以癸卯夏遊五嶽四月卒年四十有七先生系出濮孺子至唐末判王增節度建武軍因家焉再傳臨汝仲子釗之長子福者始遷老山又三十餘傳至曾祖棠棠生棊棊生德耀先生父也以銓部君封奉政大夫母全氏贈太宜人娶陳孺人副室章氏男三女五先生事父母孝與人交無町畦亦不苟合至辨義利達死生即偶有魂礨而趣常恬

曰此身如槁葉遊雲任風吹送隨所落泊耳戚戚何
爲故自入山後視天下事及身家盡同蜓水點綴爲
古文辭宕逸詩類少陵詩餘學秦淮海朕脫腕後任
散去亦不甚惜今所存者濺花吟寒香亭集數卷而
已卒時銓部君問有欲言乎曰無法可說兒曹環侍
泣目之而已無怏色嗚呼士生世晚毋論緇白寡分
徒溷跡光塵莫繇擅以立卽氣盛張矯矯爲名高至
鈇且汙安在其近性哉先生夷肰灑肰璞以完而天
不擾非所謂聞道者與誠予所欲銘也銘曰

始有所行繼有所止見其表見其裏出何所憑居何所以見其首不見其尾嗚呼先生寓蛻于此

林函齋曰有道人辭氣動合自然

林宗藻曰一結一絡具千巖萬壑之致

太學陳公偕配葉孺人合葬墓誌銘

公諱某字某號若生姓陳氏閩長樂人其先以科第世其家後徙三山曾祖工部尚書文峰公瑞祖宮保兵部尚書培所公長祚父封君惺玄公某母黄宜人兄弟十有一公序居三與弟某某皆庶楊孺人出公幼慧嗜學文多奇思宮保公月試諸孫輒稱善於是學益勤至嘔血不輟與嫡兄冏卿雲生公弟嫡弟中翰岵懷公翔課諸弟學㠯使者較士宮保公不以一字爲子孫請惟高下以觀其能公自列弟子員歷歲

科考皆前矛及舉明經入太學再試不售遂手編前所纂四書毛詩傳說禹貢解更四五藁及選定歷代迄明諸大家旁及星數學凡百餘卷曰吾生非時宜謝舉子業以俟後人遂不復試公性孝早歲本生母楊卒嫡母在堂故事嫡在不得爲其母盡喪服公援成祖孝慈錄哀請父嫡母前許得哭盡禮至定省嫡母色如常父嫡母以是愛有加宮保公殁命公董喪塟事及嫡母黄孺人喪塟益命公手治曰必屬此兒其他承志多此類先是甲申告變公與兄弟奉封公

避吳航及歸三山兄弟仕否存亡非一公恐傷父心

日慰釋屬親故同笑語以解至歿時公率諸弟營喪

事當禮居恒輕財利不喜見貴人疏飯布衣恬如遇

者不知爲宫保文孫年若干無病卒元配葉孺人浙

江鹽運使司吳航葉公諱某仲女多學能文嘗課兒

誦書解説爲塾師所不及年若干卒時已分居宫保

公造問必手摩諸曾孫項曰汝母最賢側室葉年若

干卒與側室胡皆能以禮事公不失葉孺人指男子

六覲曾耀芝俱歲貢生元配葉孺人出某某某俱庠

生側室葉孺人出某側室胡孺人出女七孫某匕等曾孫某匕等俱婚聘公生萬曆某年月日卒順治某年月日元配葉孺人生萬曆某年月日卒崇禎某年月日側室葉孺人生某年月日卒某年月日以康熙十八年臘月日三棺合葬于洪塘山之陽壙四其右旁壙爲胡孺人壽域墳坐某向某銘曰

學與文可以揚孝與德可以示周行恂匕抑匕韜其光山高兮水長公于茲乎寢堂

莊世聲曰端緒甚多乃能醇粲如許

陳世承曰稱善最賢愛有加屬此見等語妙從祖

父口中見賢便不消分外擡高

文學何公偕配李孺人厚穆阡南墳誌銘

百一何公師亮字以寅福清龍田人也自始祖朱朝
請大夫一之公以下至累贈中憲大夫恭齋公恭齋
公八子次中憲大夫福廬公玉成三靜宇公其其即
公父也公性峻潔博學多才娶李孺人俱事父母稱
孝謹萬曆庚申補弟子員以文雄其同列同列悉大
期公而公亦自謂必售雖數蹶益肆于文迨明季閩
中建立遠近士取青紫如芥冠蓋相望公竟棄諸生
去及閩入版圖已復大擾公謂人曰非智氏之臣田

横之客此攘匕自豪者何爲徒貟滋亂耳遂緇髡與孺人徙居祖父墓側墓卽厚穆阡自稱無菴居士以詩酒遊雙髻五嶼間曰吾如是以報古聖賢足矣既平終隱不出嗚呼難言哉出處也漢魏之際賢如孔文舉猶不脫于難而管幼安獨避遼左以免及公孫方亂未兆先歸辟召再三又不甘爲華邴而以艸莽臣終無菴居士其幼安哉初中憲公始爲厚穆阡中墳葬贈中憲公贈恭人薛氏預以巳及配諸恭人附又爲南北二墳分遺諸弟姪及子孫北墳去中墳數武

南墳去中墳近三百武各爲壙八靜宇公偕配薛氏已葬南墳其餘壙及北墳諸公母亦有葬者今以康熙丙辰月日葬公孺人南墳中左前後二壙公生萬曆丙申年月日卒順治甲午年月日享年五十有九孺人生萬曆甲午年月日卒康熙癸卯年月日享年七十子二源滙娶婦林源滙娶婦方孫六芹其最長者順治丙午舉于鄉銘曰

陶氏東籬袁氏土屋高風謖謖采藥同行賃舂短服偕隱奚恧積厚而光根蕃其木惟德是卜王槐竇桂

元凱之族億萬椒祝以系于厚穆

姪于承日得斑馬之精陳范所不能望

張承南曰出處之際極力描寫其人見作者之心

亦見

阿平鄒公墓誌銘

阿平鄒公正衡者閩永福人德都先生正畿弟也德都有弟正垂正棊正薊與阿平四阿平與正薊皆邑諸生而阿平善詩古文與德都並名丙戌後正棊正垂及德都先後以節終阿平悲悼作三愚合傳辛卯以積餼當爲歲貢生阿平不就督學檄試急阿平往受題不作文假寐至午書卷首曰青史不可問忠孝本無心學則知之不學則不知也遂起納卷督學憐而謝之出髡爲蹇菴僧更名止行止行于萬山中得

瀑布怪石里許築屋徙居曰小白渡作小白渡誌載景十二各命名寄意焉終其身種藥教授著詩文若干卷年若干卒室某氏早卒止行義不娶無子而德都有子三長某生先德都卒次珠生次某生某生嗣止行止行生某年月日卒某年月日其徒曰林某者儀存先生勉長子也與某君某皆尚義多才學爲歛錢卜地于永陽某山之陽塋焉墓坐　向

銘曰　屢繩筆鐵氷雪藏日月揭千萬年視此穴

吳穡菴曰確是柳州手筆

黃赤石曰歷辟人得此相酬足矣

南𥦗草存卷之六目錄

記

烏石山重建剛顯廟記

環峰亭記

福清航下橋記

錢先生墓記

乞言

爲方門林烈婦乞言

行狀

課徒問

南窗草存卷之六

福唐依南薛　鎔著
三山子右王　巽叅
男穜茂方孟父編次

烏石山重建剛顯廟記

按傳周公朴字太朴在唐季自吳興避安溪之周塘後居福州烏石山寺凡晨粥卯食施供乞錢俱厠僧中僧亦弗厭也常苦吟未成篇卽播人口有月鍜季鍊之譽肰自喜其詩益甚人亦目爲詩人巳矣巴州刺史河東薛公逢嘗官福州知之與公及僧靈觀友

善雙峰寺僧法主大潙寺僧懶安時與公往來爲禪悦交黃巢至閩求得公曰能從我乎公曰我不臣天子焉能從賊遂遇殺湧白膏尺餘懶安聞巢至坐蛻入塔發而砍之湧白膏三尺巢自言我至閩殺一人半是也又按三山志郡人祀公與靈觀薛長官逢于烏石躋霄臺曰三賢祠雙峰寺亦祀公與法主李中丞瓚曰三賢堂紹興初張丞相浚謫福州將遊雙峰夢僧與金紫白衣來訪及登堂三像宛肰異之後爲帥謁烏石祠歎曰公死三百年廟額猶缺何以示激

厲乃奏請賜號剛顯郡人鄭昂記而序之曰東漢之衰陳蕃李固孔融之徒以節義名世雖曹瞞陰賊終身覘漢室不敢取唐末名節埽地以朱温斗筲穿窬之才談笑攘神器士大夫拱手授之莫敢正議使公得志亦肯以國與人乎鎔竊惟唐室方傾紀綱廉耻蕩如矣雖使白馬驛諸臣俱在無救于亡謂公得志隻手能留當不肰也肰黄巢叛逆歷半天下公獨布衣死節不必爲唐祚争去留固已立大坊于千萬世鄭公感歎云肰豈爲過哉方公托興詩人潛踪釋氏也豈

不亦意在隱身全形成道迨義憤所激至截項溺膏而不恤是浩氣長存即千歲跨鶴不屑也非天下至剛孰能與于此乎唐外史載顏彛公得刀圭碧霞之術亦學道者也罵賊而死事與公同其後彛公現羅浮公顯閩嶠皆正氣所鍾與天地同其無盡此非龍虎鉛汞之所能生也又豈盧杞李希烈黃巢之所能死哉谿少時訪雙峰舊蹟不可得崇禎甲戌見小祠于隣霄臺東百餘步廟額無稽像十餘皆二尺許巫祝指一像曰此周舍人也越數年祠毀于風惟址在

焉越數年址亦無存隣霄東北别築一祠像額不具

俄焉亦廢所謂剛顯無從迹矣歲康熙甲寅予友鄭

君元琳高弟曰某君者病中恍與三公語因復建小

祠于隣霄東南巖下雖棟楹粗設香火事新剛顯精

靈儼然如在是公示赫濯于變亂之年而某君奮然

獨舉與四十年來廢祀荅七百餘載貞魂爲可敬已

辭曰共說仙臺仙子曾來孰知烏石仙翁是客一醒

一痴亦詩亦釋逃名匕彰潛德匕剛不受帝網何畏

賊鋩懐玉而烈湧膏匪血浩氣在天明神不滅薛老

靈公識高志同三賢並祀道山與崇請額賜璽相浚
肇始見夢示儀礪頑激恥七八百年滄桑幾遷靈爽
不替香火復肰莽今何處殺人幾許活惟竄身死不
償詛睇瞻公祠公節公詩一時仙隱百世人師嗟彼
巢厲空張目駴爲問噎霾曾傷光霽凡我後人齊潔
問泮一志俟命松心竹筠

楊汝臨日長生千歲有時而盡貞魂浩氣終古不
滅看破此義方知吾儒倫教久大

龔岱生日太朴詩及詩話可采尚多記中獨取駡
賊一事又別引多人以暢其義崩有把握縱横
傲睨旁若無人

環峰亭記代○亭成圯于風不果立石

越王山之半得舊址焉考諸志曰環峰亭或曰創于唐刺史裴次元次元所建毬場在閩會城中將軍山下而越山于唐時尚拒城外至錢氏兼有閩土屬趙宋始拓城跨越山巔而兼納烏石九仙二山三山自是始得名則亭之建當在兹山入城後其不始于唐無疑也亭額傳爲宋光宗御書旁則丞相浚絶學寮今與亭皆不存肰立其址囬顧蓮峰東接白雲洞至喝水西揭旗山旋南擁方几至峽連廻數百里繞會

城如屋外垣則亭雖廢所謂環峯未嘗變也因與好事諸公復亭其址政治之暇者輒與登焉又相與指顧咏歌而感歎焉曰甚哉山川風物之盛衰豈不以人哉閩自無諸至五代在唐始偏安三百年其餘或叛或臣不得爲郡國數至宋錢氏納土于今計八百年四更姓三際兵戎而市肆不擾惟嘉靖間倭薄城殺掠近郊戚將軍一鼓而定之承平既久民安物阜名公大儒接踵比鄰譽雖荒巖幽岫履跡罕經往往哦咏題勒其間可謂甚盛迨今十年來重疆數震聯

艦東入達西山下圍阜壁壘闉城中不可爬梳一困而穀食盡再困而盧舍燒環山以內數萬家今復幾存乎夫孰非八百年生息者其誰令致此微論文武大臣方當如戚將軍埽蕩無難即亂者悔禍援錢氏事來歸以母擾吾民三山巨丽豈復煩踐秣如此哉錢氏之德在民自今對環峰益信矣余奉 使無狀至三山以海警方有事剪除致緩 璽書於此所賴諸公力廓清俾藉以報 命斯所深願故因是亭思往盛時以歸德錢氏又以明亭之所由託始也是爲

記記曰亭復興于順治巳亥年月日越月而成亭而
遊于此者某官某𠃊也其先廢興之年月不詳亦不
書

葉思菴曰筆老神旺法力俱到之文
葉燕龍曰考覈叙次中盡感慨淋漓之致因文以
觀世運非特詞藻見長
何書臣曰世傳宗子相平倭文爲閩誌中第一文
字讀此文當有積薪之歎

原書缺

原書缺

錢先生墓記

先生姓錢諱肅樂字希聲寧波人崇禎丙子爲吳先生鍾巒所得士舉于鄉丁丑進士乙酉入閩丙戌授閩撫未任閩關撤遂從省會挈家避福清閉門寂坐與家人長齋持佛號閒咏詩論文而已貧至不炊或有來餽者米蔬外悉弗受歲餘或言浮海乎笑曰吾非彖仲豈從田横哉若將終隱于閩者已有稱藩命以百人刼先生行至長樂數日盜夜擊殺熊公汝霖益憂鬱嘔血越月終年四十有四棺厝長樂某剎吾

友內翰葉君正晟者文忠曾孫也爲昇棺壄福清黄
蘗山陽元配某氏及其兩弟皆先後殁莫知其處云
薛鎔曰鎔年十八九時讀先生制義竊謂先生學得
程朱能不拾宋人唾格追王唐瞿鄧自具清出遠神
苟此道未改居肰不祧及來避望若處子弼匕肰無
能也頗介性一行久益堅雖千萬夫莫奪眞醇儒哉
其嘗從朝夕得先生教誨多不敢忘敬爲記于其壄
之明年庶幾仰高風者曰寻登某山其上薔有先生
塚云者于兹覽焉幸甚時順治庚寅臘月朔

姪山遯曰不假多言其人如見錢公不死矣

爲方門林烈婦乞言　代林從弘

不肖某有女弟曰端淑，適同邑方君某，年二十有四而寡，蘊茹荼以撫藐孤者十年所矣。孤某孝且慧，某自定省外則下帷誦也，嘗刲股以療母病。女弟曰：嘻！吾所爲偷一息以有此泉下人遺孤也，恃吾又奚死。俄爲而孤也殞，女弟曰：嘻！吾所爲偷一息以有此泉下人遺孤也，死吾又奚生？則于某日若時焉而縊，竟死矣。死以孤耶？其不死于十數年之前也，以夫之孤耶？以夫之孤而不死，毋其以夫之不有孤而死耶？等

死耶其猶多此茹荼于十數年之前耶則有請于先生一言

許有介曰古而絜得公穀考工之遺

黎馭遠曰俊峭絶倫

許天玉曰直是周秦遺書

家大叅行狀 代姪孫毓棟

先府君諱澐字子大號弱園先世爲河南固始薛氏至唐入閩之福清後有澄公者居澤岐再傳爲文正公徙岐陽代有達者歷九傳爲高祖贈奉政大夫南熏公曾大父進士奉政大夫禮部郎中恒簡公大父太學生贈大中大夫又可公萬曆間大父從曾大父徙三山而府君生年十四補候官諸生二十七以順治戊子舉于鄉壬辰成進士選庶吉士甲午授内翰林國史院檢討　誥勅撰文　世祖章皇帝時臨幸

閒中秘書及所撰著皆稱　旨丁酉陞左春坊左贊善兼內翰林弘文院檢討典楚試府君餝諸同考矢公較閱所得皆知名士今未十年先後登第且半而在前列者幾盡楚人謂開科以來得人獨盛云故事同試官閱闈牘筆用靛中式者三場點匝首尾主試則加墨或及首場或二三場隨意涉筆而止不匝首尾府君細點閱達旦墨筆雜靛筆無句遺者目爲之病時　功令急眞才勅部嚴勘諸省牘詿誤者輙罪衆聞惴惴恐府君顧怡然曰吾自反無愧何憂及勘

楚牘府君筆畫遒皆歎服曰此真主司矣既報
朝廷以翰苑臣備大用宜知吏事補外者一十五人
府君授整飭右江兵備分巡道廣西按察司副使駐
賓州右江固獞方狠獞雜處民習佩刀劍或殺官吏
不可制又其地殘毁郡邑城多傾府君開誠誠諭令
民解刀就業割俸倡所屬修城垣及學宮立市肆集
民貿易先是備兵使者至有司檄民間供張甚盛驛
傳糜役及民丁府君悉革去行有司著爲令日用所
需皆平市有陸龍者詐須索立懲示之諸擾遂絶士

官屬右江者三十有六司素狡得相仇殺爲常以時節謁見及報生男給劄世襲必窮診列貯見使者冀逞所欲府君却不受更申法約束擒其黠者自是皆帖服當荒旱捐貲賑設通糴法飭哨堡防盜便轉運禱雨匕立應生全者無筭焉民固健訟一詞至數控或兄弟子姪相搆難府君諭以大義感悟有泣下去者因約所屬郡邑收詞毋濫行罰毋苛毋擬贖鍰爲官肥遇大寒暑則躬清獄囹圄幾空蓋歲餘右江大治及遷士民擁馬首遮道送行有走數百里呼曰使

君只飲賔州一口水胡爲棄我去乎土官某德公馳
愧驢再三叱不去至遞遣之乃歸府君廉潔得人心
如此至家發篋惟賔紙硯石數具笑示家人曰此以
贈親故備文事差亦免俗庚子　覃恩誥封陞授分
巡登萊整飭海防兵備道山東布政使司參政兼按
察司副使駐登州會于七反棲霞去城百里近勢張
甚府君甫至任登陴備防守已遂從征露處數閱月
禁旅大集日需糧數十萬石府君催措皆立辦又日
巡喂馬地禁客兵之爲民擾者冦平窮搜傍近縣頗

遝蔓府君白當事釋無辜者以千計北旅旋縶前所俘去府君馳騎截道上解五百餘人以歸其有濫坐寇事疑未讞者從登逮赴省約千人府君度衛送者非倍不可無以滿十一乃盡釋牒發慰之曰爾無罪即自詣當得白矣皆感激行無一人逸者及覆驗多得釋　部敘平寇功　勅加一級凡治登萊持廉率屬除吏弊息訟勸學如右江至憫登民遭亂塗炭窮晝夜加意撫循視病藥焦勞倍之至冊報月全活者如干人而府君則既瘁矣值　裁冗員府君任在裁

中遂以癸卯秋歸候補未幾嗽疾發越甲辰夏疾甚

至冬竟卒嗚呼痛哉府君年十六時曾大父大父相

繼殁叔祖請秉鐮叔父諱湞皆幼祖母黄太淑人居

貧守節持家棣府君先意承色雖壯且仕依膝下猶

如嬰兒方病篤厭飲食太淑人在前故强飯勉言笑

若病間肰者不欲以戚太淑人及太淑人退則語叔

父曰吾積勞必不起矣惟勉事老母語已不及其他

嗚呼痛哉府君性端方不苟言笑雖獨居必以禮方

幼時閣部晋江蔣公一見歎異曰公輔器也及在庶

常大學士聊城傅公教習尤重府君語府君曰古人三立俱廼稱不朽子殆其人楚試竣府君集諸士勵以行誼曰愼勿以敗檢負　朝廷一時士大夫稱爲閩中先生云自奉澹約衣不敝不更終身不置姬妾會族子弟若戚屬諄諄以儉勤退讓勉至賙喪急難卹孤寡雖歷歲月不倦也御下嚴而不苛事無大小必親理案牘非子夜不息目覽手批頃刻千百言歷十餘年未嘗一字矜假于書無不讀在官未嘗釋卷所爲文沉博弘麗擬兩漢詩擬晉魏存稿共八卷府

君生天啟壬戌七月二十九日亥時卒康熙甲辰十月二十四日寅時享年僅四十有三元配母陳淑人廉憲諱奎公曾孫女文學諱須餚公女舉子男一郎不孝毓棟聘原任嶺東道廣東布政使司參議施公諱起元女女一袚官許配現任鳳陽縣知縣林公諱方颺次子奎嗚呼不孝毓棟何以狀府君哉不孝毓棟雖無知常從府君京師再至登署及家庭間粗得府君行一二而府君蒞官所建樹迺絶口不以語人不孝毓棟欲爲狀懼不具也又請諸所嘗見聞者爲

言詳加參質窮想像而後得之嗚呼不孝毓棟忍無
以狀府君哉謹述大畧不詞不次惟　先生長者錫
以鴻章俾府君藉是以傳則不孝毓棟且世世有光

王子右曰沛而達詳贍而有體盧陵得意之文

林損齋曰弱園余同年友也恭儉廉謹爲吾郡之
冠余素服其爲人今讀是篇無一字溢美想下
筆時[illegible][illegible]色者

何門游氏殉烈狀 代

烈游姓乾宋其名也吾融化北里羽可游公仲女公諱儀候庠諸生能文尚節槩爲朋輩推服卒時烈方九歲哀慟出至性歲十有五歸族兄天定長子繼響侍公姑備孝養天定家素嚴烈冢婦躬勞瘁閨闥間敬如賓今年夏六月繼響客建寧病聞烈禱以身代及卒櫬歸撫棺欲絕已而强起食奠哭盡哀既終七早起拜公姑辭曰事公姑有諸婦在婦命薄請以是日從地下公姑固慰諭不可遂與親屬辭禮備乃就

經徐以金簪揷梁上卒蓋七月十有八日也先是烈
爲繼嚮置媵生子某至是或語烈曰盍忍死撫孤烈
謝曰撫孤實難吾寧死因指孤以屬媵曰女勉爲之
卒年二十有四往在萬曆壬子某族有嫂魏氏殉兄
於豐葉文忠公爲傳貞閨得旌表至順治庚寅有姊
貴宋以貞女守其夫王君三長三年喪畢以身殉王
辰嫂林氏殉兄廷夫乙未嫂鄭氏殉兄以極庚寅迄
乙未凡六年見烈三竊惟某等材智下莫能稍闡揚
以慰幽明爲憾今康熙壬子距順治乙未十餘年又

有是烈因畧述其狀以及前諸殉烈者恭質當世名

公卿槩先生長者伏唯俯加採擇錫以椽筆俾得達

之

大廷而垂來世某何氏一門大有光矣謹狀

秋史次韻復言

林子儀存始與予及陳子蓼庵讀書榕城北山覗天下事無當意也則一時日爲三狂云及予與儀存就福唐舊居陳子亦徙唐山賦詩三十首秋史所以名也儀存用是韻哭其兄及他咏亦積若干首名曰秋史次韻蓋亦寄懷陳子之意也云爾越歲已丑儀存頹廢之餘不欲棄是草輯之索序予曰儀存爾豈謂林子之詩會表章乎無亦悶悶然留爲來世弔也非然而一閧之市將以鳴清高乎夫文章豈旦夕之事

也惟姑置焉而聽之不可知則已苟斯文未墜奇書畢出豈無能文之家各相標示安在林子之能詩也然則是編也奚序之爲儀存曰不然夫物之發以實文之發以質諸臣媚子豈無春華哉妍笑因人其氣則靡矣若夫積厚而光言如列星喬嶽之不可終泯苟斯文未墜卽不妄意表章亦何至碌碌爭名乎且詩之不可驟語於傳無惑也朝市之衆豈少知音巖居川觀無同志乎著書得意與知已和鳴雖天下之大不與易矣毋曰事之不徵空言無裨也天親君友

男女之道晦能文者得而信之偶一咏歌寄興而風
旨攸屬雖天親君友男女之道於是乎在寧聲律細
故徒俟之來世不可知之知已也而悶悶者自昔亦
烱光矣則以是編呑吾兄以暨陳子亦奚不可依南
乎嗟來爾能無以半言慰儀存與陳子哉蓋亦胥是
戁矣予未有以應良久曰儀存則眞狂士哉因書之
以復

書雙義祠記後

待詔文先生記雙義祠略云嘉靖二十有六年丁未十月會稽雙義祠成祀宋義士唐公珏林公德陽也元人於宋諸陵之在會稽者悉發之以剪王氣奸僧楊璉眞伽實唱其事二公陰易以他骨瘞之植冬青爲志賦詩激烈未幾璉眞遺骸雜枯骼築爲鎭南浮圖謂宋陵摧滅已盡而不知雅非玉蜕矣二公舉事百艱阻而卒於成正史不傳其事雜出於元儒之書言不同而

皆有徵要不誣也夫廢興有時開國之君往往以封植陵墓爲首事而元君臣乃發諸陵事厭勝有以知元祚之不永也然稽前史漢唐易世之後陵寢亦多被發不知當時有高義之士掩之如二公乎有其人而不見紀載則二公之義雖謂前無古人可也斯又以知宋養士之厚獲報爲無已矣縣故有祠在名宦祠左歲久且敝知縣事張君鑑考志得二公事復於陵旁立祠歲時有事六陵以次及公祠與陵相終始庶幾

二公之志也於是以詩屬予序而論次之如此

二公事具於鄭元祐陶宗儀者不暇詳也

按此唐林二公稱雙義有年矣及觀徐文長二義士辨主謝皐羽冬青引別唐玉潛詩知君種年星在尾句謂掩埋獨出唐手星在尾者戊寅也以爲唐舉事符契而不及林且謂皐羽朋友交贈寓言非若後人想事風际者比此述其師季先生說也又言以其所觀唐公奇節每爲悲酸至如林公結知皆謝翺鄭樸翁憐長楸悲故主之倫荷白骨而封抔土固其夙懷

可立辨者所以不爲意其時必有事機不暇及此今亦不能曲爲之說依南生曰果若所言則冬青報祀至嘉靖巳百餘年豈前人紀載皆屬傳譌文先生不既其誣哉懇嘗讀林公白石樵唱集有酬謝皐父見寄詩云夜夢繞勾越落日冬青枝是鳥知皐父不以星尾句并寄林公也其冬青花詩曰冬青花花時一日腸九折隔江風雨青影空五月深山護微雪石根雲氣龍所藏尋常螻蟻不敢穴移來此種非人間曾識萬年觴底月蜀魂飛繞百鳥臣夜半一聲山竹裂

此則稱唐公冬青花韻又二律如所云親拾寒瓊一抔自築雙匣竺經及蘭亭真帖天驕捧香諸語皆寫事慨切題曰夢中作註云輟耕錄誤載唐玨作也此數詩與唐冬青行冬青花二詩蓋二公胸腑非旁人可代者觀朋友交贈如謝詩抑又有進則林與唐久稱雙義文先生所記不可易已至於林集書遺事云宋禮部架閣林先生當戊寅歲元世祖十五年西僧楊璉真珈發蕭山趙氏諸陵棄草莽間先生盡貨家具爲酒食召少年收陵骨守者戒嚴先生托采藥背

竹籠手竹筴遇識挾入籠鑄銀牌兩許數十枚繫腰間賄僧徒役得不察遂收高宗孝宗兩陵又理宗顱骨爲北軍投湖中購漁者一網而得乃斲木匣裹黃絹貯以兩函署某陵某陵歸葬越山東嘉或曰蘭亭後移宋故宮常朝殿植冬青其上偕事者唐公珏及先生同舍鄭君宗仁也其詳於書如此嗚呼六合怪事曉龍挂莽楊髠横熾方將雜獸骼而築之以厭勝天人神鬼率土怒冲無不欲掣髠魄以護玉函而竟莫致旁覘二公藐儒出萬死克濟斯役同志恊謀儼

如兩手謂唐自掩葬林以事機不暇去之理必無是嗚呼冬〻青今四百餘年矣所記事赫然猶昨雖赴召少年應募漁父尚恨忘其姓名豈雙義歷世流傳忍遺其一哉即如鄭公宗仁林詩亦多賦贈曰煉藥伏丹精曰年來著易成以知其學誠不云淺即從祀冬青斯可共信顧廟祀不及或者一時尚多同義而莫盡考祀事特舉其尤著者與然賢達際此行吾志耳計所自視直如落月晨星可隱可現任人間知見祀之與否有道者何容心焉林公諱德陽集載德陽字

晞髮集載霽山詩文十卷曰白石樵唱因故廬也集藏平陽學宮世遂罕傳予得見之同里施氏仕其地者

吳海源曰一面鋪揚高義一面醜駡奸僧一面搜掇遺文一面收取善類凡集中所作蓋義多命意遠大幸如是

潘弘緒曰一路感慨悲歌末歸有道人自視曠懷浩落脫然無着始悟遺世逃名成仙作祖一輩盡是血性男子所爲莫草草讀過

林損齋曰文長之辯想當年未讀林公白石樵唱耳先生博極羣書故引証確有所據亦義士在天忠魂不容泯没乎讀此知論古者當以輕於翻駁爲戒

乙酉普度疏

蓋世儒時時排棄釋家言也曰吾方乎活天下命何乃事虛誕不稽者爲釋家言亦時時復之曰夫烏知五蘊皆空可度脫一切苦厄乎余少時習二說竊嘗左儒也脫而疑今深耻之矣自近世儒術大行異道屏跡高居而制民命者儒也强者持虛文分門扃戶懦者工依違偷安養禍否則湛身黷貨敲骨焚脂刑兵繼起饑疫交侵百萬生靈回歸於盡儒效幾何耶夫釋氏卽尚虛不居功亦罔聞罪儒者時時言活人

卒乃至於殺人此亦所以大駭也邇者天不厭亂大儒摧根小儒披葉雜出之儒運斤縱牧悍不復顧干戈慘血自北而南而吾郡而吾邑儒卒莫之何也釋子其憫然念之以是月會師徒禮經咒曰吾其度脫一切死亡苦厄哉果爾則釋氏之功且自吾邑而吾郡而南而北也否亦自北而南而吾郡而吾邑未聞釋氏之禍也然百萬生靈儒者殺之於生而釋氏且將度之於死卽不言功大願過儒矣儒能無耻乎哉

是爲序

黎馭遠曰釋之後半歸於規矩之中儒之後率越於名教之外此有心者爲世道悲也深文老筆能無令托身爲儒者愧欲死耶

[illegible]曰憤世嫉俗之談借佛以發之文陣之雄師也

功過格或問

或問功過格于鎔鎔曰功過格其人之大衡儒道釋之通津乎諸先輩之所示訓其禮樂後之刑書子夜之庭燎乎何以始于宋其季世乎世彌晚心彌漓罪彌重思歸彌亟其窮而返本乎葢有機焉其禍福之說乎禍福惟命一乎二乎厚薄有分數相什伯其命于生初乎則像之者是乎或豐而歉或窮而通或速而小或遲而大加諸膝焉墜諸淵焉若命官者更黜進焉其命于生後乎則自求者是乎微乎微乎生初

生後互權衡乎則罕言者是乎俟之而已乎自求之而已乎功過格其俟以求之之事乎福本大而事加焉錦上花乎禍本小而事加焉雨後泉乎宿罪深而事加焉醜善梳貧埽地乎凡百君子務自究乎其格十有一其條無算不厭煩乎我則與觀于事物之場以返于無思慮之始有條不紊綱在綱乎

吳汝言曰行文似管子

林孟釆曰微言而顯出之最易移人

林損齋曰古與離奇此閼彝秦篆非後代法物也

傭篇自嘲

身將隱矣焉用文爲依南生既隱猶不免于文者隱于文者也隱于文矣則人將傭之文傭之而文焉依南生奚辭哉昔者嘗有隱矣列禦寇餇豕爨竈下三年不使人知肰冲虚上下不自禁也莊周爲泥之龜夢之蝶而荒唐曼衍聊以盡年夫獨非文哉顧于時無以文傭者嘗共呼牛應牛呼馬應馬即文傭焉奚辭哉依南生之以文隱而傭焉無惑矣夫傭則從人隱則匿已寧爲毋進稱善之陸大夫毋若小怪大怪

之韓吏部寧爲無所臧否每輙言隹之司馬德操毋若嬉笑怒駡皆成文章之藴子瞻憶天下苟終以我爲文人而傭之之文焉我且喙三尺矣彙其文得如干首

葉燕龍曰遊戲三昧不妨爾爾中引莊列要從見道來非曰以諛取金也劉乂何得持昌黎公數斤而去

何書臣曰柳下油油與偕其介則三公不易東方滑稽金馬古今諷諫尚焉文與人各有體用方圓異勢豈淺學所窺

林損齋曰傭即是隱蓋其言不能由中出也優孟啼笑何嘗有眞哀樂在胸中哉肰文到類俳也位雖不傭亦傭皆可嘲也

課徒問一

問堯舜禹湯文武之爲君稷契皋尹周召之爲臣孔孟之爲師皆儒也自道術既分始不得已有儒之名後世不察遂以諷誦孔孟者爲儒而他不與焉則夫明君賢相尊經篤行與道致治者比比反不得謂之儒然與否與吾道之在天下如天地日月人在其中而不覺雖明晦有時而行生不息然而數千百年來猶有漢儒宋儒之目豈眞儒難覯自漢宋諸儒外率如稷下之所集暴秦之所坑儒言儒服無可指數者

歟抑躬行不必有其名而士亦務踐其實耶則在
上之開導何方歟盍暢言儒教之關於歷古以後者

王子右曰設疑問難務求至當有心世道之言

金海門曰歷古致治不脫儒教所辨者名與實耳惟躬行實踐乃不累於儒名亦惟躬行實踐即有得於儒實讀此知儒教之嚴更知儒教之大

林損齋曰夫子 子夏把儒字分出君子小人則儒亦非定名乃虛位也後世有鄙儒豎儒章句儒腐儒皆小人儒詎腳耳不求其實徒務其名宜其以儒相詬病也是篇勘得最透

玉笥堂詩集三卷

[清] 閩縣蔣玢撰

武平馮氏望山小舍藏清康熙間刻本

玉筍堂詩集三卷，清蔣玢撰。玢字絢臣，一字用弢、用韜，閩縣人。明崇禎間諸生，入清不仕。志學宏博，富藏書，窮萬卷之藏，校勘不倦，尤能辨古書畫名物之真贋，侯官鄭杰謂其「不愧通生之譽」。汪楫有送蔣絢臣歸閩中詩云：「蔣生天下士，不信有途窮。緩步奔車裏，高吟野店中。驚心蜥蜴雨，撲面鯉魚風。好勸王孫去，深山守桂叢。」可概見其人。撰有玉筍堂詩集等。

是集前冠有序跋十篇，即康熙三十七年（一六九八）戊寅嘉月高裔、康熙四十六年楊篤生、林豫吉三家序，康熙三十七年孟夏王項齡、季麒光、林儀、范大經、薛青五家題跋，以及康熙三十八年其孙蔣晟景李跋、後跋各一篇。檢序跋各文，高裔、林豫吉序，王項齡、季麒光、林儀、范大經、薛青諸跋及蔣晟後跋係爲蔣玢子蔣夢蘭約齋蓮徑集所作，楊篤生序係爲蔣玢孫蔣晟九山堂集而作，僅蔣晟跋一篇爲玉筍堂詩集原有，蓋蔣晟刻先人遺集及己作，傳數世已成斷簡叢殘，後世拾掇之餘，輯成一册。

據蔣晟跋，玉筍堂詩舊有刊本，康熙十三年（一六七四）甲寅，因清廷平定三藩，閩中遭受兵燹，雕版不存，僅留一帙，保藏家中數十年。後蔣晟官湖南醴陵知縣，乃蓄志重爲梓行，即此本也。今詩集合游吴草、紀游續草、歸閩草三種爲一册，收蔣氏康熙初年北遊及南歸所作詩。蔣玢北遊山左，乃專訪周亮工。蓋周氏嘗官閩中，蔣氏師事之，並協助其編尺牘新鈔、藏弃集等。尺牘新鈔録蔣玢與減齋語曰：「時人選詩雖惡，然亦有足採者，臭泥中生蓮花，但採蓮花，勿取臭泥可也。」周氏評曰：「但恐盡是臭泥，無蓮花在。」語涉談謔，清人王晫選入今世説卷八「輕詆」。

蔣玢山左之行，初秋自福州洪塘啓程，先船後車，入浙至杭州度歲，以上詩見游吴草。次年春經嘉興、蘇州、鎮江、金陵、滁州、鳳陽、臨淮，終抵山東青州，面謁周亮工於海防道官署。周氏有喜蔣用弢至自閩南詩六首誌喜，玉笥堂詩集中有和周櫟園先生見贈六韻，即酬答之作也。春夏之間，經淮陰、高郵、揚州、鎮江、蘇州，南下杭州度夏，以上詩見紀游續草。夏秋之間，離杭州，舟行經桐廬、胥口、浮塘、建州返閩，以上詩見歸閩草。行程前後將近一年，沿途所見山水風物，有感而發，形諸詩詠；或訪尋師友，酬酢唱和，亦皆載入。

蔣玢集頗罕見，鄭杰全閩詩録選録玢詩八首，郭柏蒼全閩明詩傳從中選四首，蓋鄭或見及原書，郭不及見矣。此馮氏望山小舍藏康熙間刻本玉笥堂詩集，未見公藏著録，當爲海内孤本。（李　軍）

序

詩何自始之自三百篇三百篇何以獨絶千古曰惟其真而已真則山川風景

草木昆蟲亦各以其真而
應吾真趣時而樂也憂也
山川因之而榮瘁風景因
之以慘舒艸木昆蟲因之

以暢鬱閉蟄凡以其心之
所思所慕所憤所愁無不
於其耳之所聞目之所見
而出之此三百篇之所以

爲真焉者也甲子歲內史
劉余之門人也奉
命典試閩邦歸謁余於都
中喜而告之曰拔薦子於

闈中年甫冠其爲文務渟

滀雅摯去旁蔓恬而詢之

同人曰其淵源於　約齋

先生者也先生質瑰異踧

躞塲中方強仕即棄而自肆於山水間蒔花種竹日哦其下予聞所聞而嘆之曰此真所謂羲皇上人者

矣後數年蔣子亦困於公
車余惜者久之歲丁丑抵
燕例製爲醴邑宰臨行出
其帙曰此先人遺稿也仗

予以爲序余讀其詩祇見
風雨之離迷崒嵂之變態
華騑飛走之爭奇抑若爲
先生之憂爲先生之樂者

而先生不自知其憂其憂
樂其樂也此先生之真焉
者也述先生之學問辭章
不難躋清廟陟明堂以歌

咏盛世之功德然使先生而即躋明堂陟清廟亦豈有加於是而或者其真不出也夫先生不藉詩以

傳而先生之傳其真者惟於詩甚矣傳人之貴其真也爰是而爲序以備輶軒之採云已

康熙戊寅嘉月年通家眷

弟燕山高裔頓首拜

撰

跋

閩中自高待詔林膳部以詩代鳴相沿至曹能始風雅弗替閱今未及百載詞流葩藻往〻踵前武而加麗焉約齋蔣君其最拔出者也茲卷所錄詩惟近體數十首而唐音宛如可奄

有前明三子令嗣景李藏弆篋衍寶
球璧而凜栖捲孝思寓於是家學具
於是矣余昔識景李於闈中决其遠
到惜不看花上苑而試宰醴陵皃烏
將飛出此卷以請予評跋因爲識而
歸之且語景李匪惟珍於家固當耀

於世庶幾近追三君且上攀歐陽四
門於不朽云
康熙戊寅孟夏華亭王頊齡題於燕
山邸舍

二

甲子之役余識蔣子景李也以文章繼因景李得交其尊人約齋先生清標鶴立藹惠溫涵則識約齋也以道行今讀玉筍堂遺詩卷典重沉宏浚堅俊渾則又識約齋也以風雅夫道行之積發爲文章宜景李年弱冠卽脫穎而出以光啓其前緒而風雅可作又足以追儲孟而薄錢劉約齋不獨以德重才與學復淹洽若是石倉玉筍當先後伯仲也景李裒其詩裝演成卷與琹幞相攜持晨昏風雨如接音容孝思不匱景李有焉而約齋亦自此不朽矣

戊寅夏日梁谿李麒光敬題

約齋韶年與余同硯席其時已擅驚才凡所謦欬皆成珠玉如與姬士遊鼓山諸作早已膾炙人口但隨吟輒棄而不登諸集中茲卷所錄特其吉光片羽然已老氣無敵使不即赴玉樓之召則所積必多其爲紙貴洛陽又當何若也惜哉

雪蒔林儀謹跋

人生之所以戀戀而不忍離者惟志耳志在富貴者離則非我所有故畏死志在詩文者身死而名益彰雖離而不離故不畏死余寓三山之西園亭得晤孝廉景李蔣子出其

尊公約齋先生古風五七言律諸體讀之不忍釋手倦臥卷落不覺金聲之擲地也蓋其絕不泥乎晉唐而又無弗出乎晉唐非僅僅得其色相而直能運用其精神者也故不禁口繡心錦而手堪修月矣又奚怪夫玉京之徵作天史乎老杜曰語不驚人死不休

由此觀之語既驚人亦何妨乎吾謂
約齋先生亦然彼志在富貴者果何如哉
鑑水范大經跋

老病江湖已絶返故園之念近客長沙喜有三焉一
喜醴陵庚之政聲清才軼衆遐邇歌謡詢其家世知
爲
蔣約齋先生長公也一喜趨叩之日幕中羣英皆余
宿昔好友之後賢即使予得歸故里亦不過爲此數
家續綣耳何一旦天涯聚首快訢晨夕也一喜讀
約齋先生遺艸也見先生之儀型丰彩而不可得見
先生之篇什咏歌性情似昔風雅猶前儼然晤對於
榕城剪燭時也古人有喜必誌二喜耶作跋耶若夫

先生之詩七言得工部三昧五言古風奪陶潛數席
猶待名公點次流光天壤非予所能贊一詞也謹跋
年家眷會弟薛青淇竹甫拜題

跋

先王父不欲以詩名有詩聊以抒其幽憤晟歲時伏臘想其性情而不得見大約見之于詩甲寅兵燹板不復存僅留一帙雖遠行必偕丁丑北遷置篋中每舟間風雨馬上晴曛輒披閱吟咏蓋先王父性情非名山大川濃烟曉月不足以彷彿胸臆故携詩而見性情對山川風雨讀詩而見其眞性情矣戊寅夏晟蒞醴當豫粤之

交先王父執友多過從述其氣概擊唾壺想慕欲歌欲泣因付棃棗嗣後老成人有不忘先王父者晟出一帙以共見其性情諒諸公亦爲一快也敬跋

己卯仲夏孫晟百拜識

後跋

晟方總角習舉子業先大人即多所著述輒從旁竊視先大人曰爾無早學此學此尚有日益欲晟攻帖括以進取也先大人年方富即淡於塲屋雅與古人遊先王父時好購書〻充棟先大人晝夜不息以故出語多拔詞壇幟甲子晟徼桂籍先大人曰老父嘗肆力於山水耳其後益多所吟咏稿盈笥辛未病將劇呼晟曰取吾詩來焚之瘞於左廂書室後封小冢手酹之曰黃壤有知勿怪我唐突明月清風也晟移

笥時同諸弟亂抽什一今之壽梨者蓋焚餘也嗚呼
先大人往矣晟亦不再攻帖括矣簿書之暇援筆欲
賦苦不成韵思起先大人而指蒙之已杳不可得也
因讀遂抆淚而謹跋之
己卯孟夏不肖男晟百拜識

序

往余試宰中湘適候官蔣鶴汀先生亦剖符醴泉鄰封密邇惠政時聞寅恭之雅中懷結契者久矣先生於簿書少間輒陶情

詩律以發抒性靈驚人佳句滿
貯錦囊竊心艷之迨余謬荷書
徵車驅北上未幾先生亦報最
內擢以需次尚遲暫回珂里燕
山閩嶺天各一方停雲之什又

不知時就幾章也歲丙戌余復
恭膺
簡命視學八閩軺車周歷迄無餘
晷未及與先生扢揚風雅秋來
歲試後竣少息榕城先生出九

山堂近刻見示其於服官涖政之暇山川涉歷之餘弔古興懷賓朋酬酢無不濡毫有賦聲采爛然雖古人五字長城七言鼊鑑蔑以過之眞堪與三唐作者

後先相輝映也夫協陰比陽命律中呂聲詩之道由來尚矣然或治倅阜魯而騷雅無聞或才擅徐庾而迂踈罔效文學政事兼之者幾人哉先生以顧厨儁

望著循卓之風徽而且種潘花於蕭縣植萊栢于中庭筆蘸春雲韻垂秋露生平著述固有不盡于斯者而即此一編已足見先生游刃緒餘其與世之紛綸

案牘憔悴繭絲者相去何如也
行將翺翔
禁闥喜起賡歌以鳴
國家之盛則他日文章事業銘
鐘呂而炳旂常者不更以是爲

清廟明堂之選哉故既讀其詩

爲述其今昔聚散之由而書諸

簡時

康熙四十六年歲次丁亥重陽

前三日舊寅年家弟中州楊篤

生拜手譔

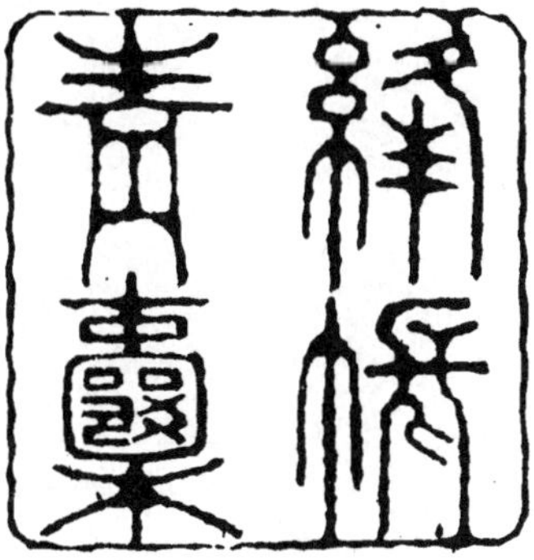

序

蔣氏鳳雛邑先生三世登孫始依息涵濡於性情者素而家乎日又以豫書甲辰郡乙未校覽甸以陞歷仕籍掾辟垣遂通顯三世宣

亦以和氣靜所發也敦厚之壽世予
習見士大夫為詩生時只着用以聲律
自負發雅情一第後歷史館甚極括
蒼龕視此道為迂礙故事若不更
出樸着極頸躬夕傷徨傳鈔者

乞語及文詞詩雖瓢捲了厭吟咏
亦悛々亦疑回學諸生時所因見去如為
識人及以為重在功德而立言非其事
此務勸隨誘紛僭呂白文了三唐詩人
自昭扣口了丞去椽吏尉曹亦已至

以西傳誦而布衣山林方外之士亦
十中僅一二焉安在立言一道為已
位在所歎也先生之宰醴陵年余
便道就信孫已共話張季佩璐
五十日覽畫觀我以題先生必賞

勇先就爲匠鼓未足以役汲諉鈔家心粘壞壁偏至內藏覺隙無何邦政吏不以呂此題事集条於戊歷已亡二郡郎李子蔽山邑世洋蔽山嗜詩之癖特攜攜先生

爲等榜懺手遠無恨先生爲我
收不獲親炙推鼓竊艷余言爲
李弟亦意當時與會得蒙爛
隱頗值前後豪致不張甚力
識了未發瓏窺之內擢先生占

需次楚匡呈一積世所作紛綸秀
郁夏倩古齋鳴設俗吏之所厭也
即閒而不遑坐先生顧津津乎味
之若此此矣少壯之年猶篤以詑
書而老治戎福采勤愜以卷

阿乙保柔乙揮毫性情洵可
謂張之女家世叔功德言不甘
以一瀼人出集述治房本末々
祖父播遷歷盡遺編家鮮
所有畫僧書與人洪釋圖後

鶉隱寒宰歟、然五十之年追
攬生平之詩而稱意其老而窮
窮而工原非詩已先生又何恥乎
余詩讀曰是也言高如張也邑乎
之史亭序先生而已蘅先生以

侍從又分先生三不朽之一也先生以為何如且侍嘗搜山家將蘊藁以弁工部之集首

同年弟松記林豫吉拜

遊吳艸

晉江林嗣環鐵厓訂

晉安蔣　玢絢臣稿

洪江別陳龍季趙訏公高雲客王子羲諸

同人次雲客韻

為有看山興。霜嚴江上行。林疎沙際闊。天朗水連淸。離恨生岐路。悲歌出冶城。紅亭一杯酒。執手倍傷情。

其一

浪跡原難定。聊隨隙影過。慚無書可著。祇是病偏多。三疊征人曲。一帆漁父歌。溪迴山緬緲。迢遞竟如何。

舟次延津

盡日惟高卧。時驚潑浪聲。片帆人漸遠。兩岸月初生。有夢家鄉近。無心雲樹平。明朝過黯淡。愁聽棹歌行。

過建州

碧水潺潺又一方。闌山入眼轉荒涼。斷橋湍激鯤鯨浪。古塔灰殘舍利光。林際草深人跡少。郵間夕照鳥歸忙。風高莫訝扁舟急。雲樹千重去路長。

逢馭鹿叔重過柘浦得九日見懷之作

方向仙霞去。重過梨嶺來。離懷殊未久。對面却相猜。漫擬三秋句。如闕九日杯。高才猶落拓。郭

玉筍堂詩集　二

傀定燕臺。

仙霞嶺

詰曲躋高嶺，霞生何處閒，神仙空作幻，催盡鬢毛斑。

宿江山縣

曉發江郎道，征帆復此間。一溪斜遶郭，百雉轉依山。岸畔人聲靜，舟中客思閒，夢回殘柝後，只聽水潺湲。

原書缺

原書缺

高閣遥看湖上浮。縈洄萬頃砥中流。兩峰聳峙冲霄漢。百雉延袤輦帝州。黄葉紛飛堤畔路。紅粧嬌倚水邊樓。雨奇晴好笙歌夜。不數當年汗漫遊。

吴山看雪　拈得三字

蠟屐吴山上。霏霏萬象含。烟浮迷遠樹。泉響覺深潭。滿地飛滕六。何天覓葛三。玉龍高戰罷。薄飲見微酣。

情

同何駌仲吳伯憩楊君可湖干訪應姬不

遇

尋春特過苧蘿鄉不見桃花掩畫堂樓上巢空飛燕子瓦中霜重冷鴛鴦遠山遥蹙雙眉恨曲水還飄粉面香三竺兩峰雲雨地更于何處覓襄王

旅中坐月懷陳爾成之豫章

共作他鄉客人分西與東一天山水斷兩地雪

霜同我媿裘將敝君懷刺已通恨無飛鳥翮細論月明中

第一峰遠眺 限韻

結伴衝寒倚杖遊羣峰翠繞片雲收烟籠丹火神仙閣響卜金錢少婦樓滄海雙山天際望長江匹練客邊愁遥看萬井千林樹湫湫蘭舟湖上浮

西湖逢閔宮用寄呈周櫟園大司農

浮蹤落〻笑支離獨有山光戶外窺偶賦停雲來好友每當立雪憶吾師青齊路杳三千里白社心搖十二時瀕海至今歌赤舄烏山戈劍繫人思公丙申秋于烏石山上振甲破敵閩省賴以安全

席上聽袁素如絃索

氤氳寶鴨燃紅燭玳瑁筵開漾醽醁龍香初撥奏新聲遏雲宛轉陽阿曲銀甲纖〻百媚生蛾眉蟬鬢囀流鶯檀板輕敲月欲落頻添獸炭度

寒更醉倒玉山浮大白桃花笑靨秋波碧歌闋

猶問爛熳懽不禁衣濕江州客

寄鄭羽人宜今昆季

朔風寒旅日悠悠驛使渾無到隴頭一自黃花違對榻幾于白雪獨登樓雲高南國迷鄉樹月滿西湖載客舟却恨言歸歸未得酒家尚典鷫鸘裘

楊景菴先生誕晨鐵厓大黎拈得紅字郎

席賦和

選勝來湖上今宵喜宴同彈箏推趙女顧曲聳伶工綺席梅花白華鐙蠟炬紅留髡深漏轉猶聽唱迴風

題繆霜崖吏部半舫齋

何須湖海寄遨遊結得高齋地更幽漫擬臨流時洗耳聊將清咏日科頭居閒却憶歐公舫身退如乘范蠡舟落落風稜人似玉縱垂漁釣不

鷺鷗

歲暮雜感

寒梅尚未發斗柄欲移年老我風塵裏懷人雲
漢邊看山曾得句枕石且高眠身外浮沉事凄
其莫問天

其二

詩酒消清晝天涯有弟兄忘形同放浪豪飲獨
含醒誰處依劉好偏逢說項輕家家撾臘鼓到

處怕聞聲

其三

寂寞湖間舫雲迷水上峰遨遊逢卒歲荏苒過幾冬檢篋餘編簡開厨僅釜鍾高歌忘漏永霜重咽銅龍

其四

兀坐渾無事翻令萬念馳道窮生計拙風異世途危物外留青眼花間惜翠眉秋來春漸至歸

計杳難期

其五

陰雲天黯黯細雨日霏霏去住他鄉感音書故
國稀雁看還北塞人不向南歸尚望濠梁道千
峰斷翠微時予將發鳳陽

春王八日同何畹仲家馭鹿叔克平兄宴
集官雪滑署中

榖日晴偏好筵開午放衙冰壺傾竹葉丹筆映

椒花千里蘭交合半輪月照斜銅龍初下漏何遜獨思家晥仲有遇遠歸

送何晥仲謁選

連床旅邸經三月驪唱催人又北征驛路梅開迎馬首都門柳暗聽鶯鳴雙舄看繞汴陽郭一鶴携來東海城仙吏風流横玉尺應知天下待澄清

燈夕前二日宴集沈大庄前輩宅分得十

四盬

先生高節著形幨宅傍青山砌草纖彭澤琴鐏披玉笈平泉花木護牙籤沉沉街鼓猶投轄習習春風動入簾尚約明宵燈事好將予重進水晶盬

林鐵厓大參有侍史鄧厓石以絜鐵事聞于世予久高其義竟未遂贈一言也兹來湖上復與鐵厓晨夕厓不特出題册

相示適匆〻北行率和櫟園周夫子嚴
韻兩律書歸厓石若干似不能無言耳

古道留厮養。義高海不深。熱腸無冷鐵。爍口得
鑄金。數載霜爲骨。斯人石作心。于今羞好友。誰
敢說知音。

其二

賴汝存知巳。乾坤有此人。西湖依舊主。北闕念
孤臣。左右拮据手。艱危錯節身。寧爲忠槩激。肺

腑獨相親用戴胄事

送田廣仲南歸兼懷趙訏公陳津城子近

林孔昂孔標昆季

愁予槎泛昔先至今日何堪送爾回稠疊青山迷故國霏微春雨灑離杯良朋身向仙霞遠游子神傷畵鷁開寂寞天涯雲對裏依依鄉夢若相催

天

紀游續艸

婁東王揆芝厘訂

晉安蔣玢絢臣稿

過石門

苦雨經旬此日晴扁舟已過石門城連拳白鳥隨江轉一片紅霞浸水明帝女桑多農事少王孫艸長馬蹄輕漫言到處風光好誰解飄零去路情

十一

煙雨樓

鴛鴦湖上泛蘭舟獨眺離〻芳草洲寶塔雲移
天半斷石橋影落水中流登樓有客懷王粲看
竹無人識子猷興盡莫嫌歸去晚千山林木暮
煙收

虎丘閒步

高丘盤寶刹入路轉山塘古澗空歸鶴虚亭有
衆香試泉懷陸羽灑酒弔眞娘欲叩生公法寥

寥點佸傷。

五人墓

陰〻松栢塜纍〻。激烈當時土一堆。義士豊碑瞻異代。貂璫何處覔蒿萊。

吳門別家贖生進士

譜牒分南宋。侯封屬舊宗。畬曾敦大父。前己序司空。（司空大祖曾聯宗前朝茲臥雲從祖又序都中）昭穆甲惟我。光昌藉有公。相逢容易別。離恨滿孤篷。

曉發京口

魚龍陣列檣干艦東湧紅輪散曉煙平楚蒼茫
雲氣合衝波澹蕩水光連洲邊蘆葦飛鸂鶒嶺
上梅花泣杜鵑亟欲乘風搖桂楫中泠何處汲
名泉

白下有懷陳龍季林艸臣陳星彥高雲客
彭爾仁陳天聞諸同學郤寄

金城新柳綠勝賞故人違秋菊離亭酒春衫送

客衣風霜驚鬢改歲月逐塵飛坐聽鶯聲好心
傷胡不歸

雨花臺

說法神僧西度年亂山飛雨靜諸天不知法界
經塵刼惟有荒臺鎖暮煙

泛秦淮懷紀伯紫都中

片舫秦淮水伊人水一方榔煙濃鎖岸月影淡
浮觴玉笛匡牀弄梅花點額粧何如司馬席檀

板舞霓裳。

木末亭遠眺

江山入望半模糊。安藏黃金氣有無。萬竈雲含藏古堞。千峯雨過淨浮屠。橫斜枝繞亭前鶴。濃淡煙籠樹上烏。一幅無聲詩句好。米顛墨潑秣陵圖。

金陵訪黃瞿園太守不遇逢陳綠崖僉憲

囙睽叔度思相訪。門列高牙却是君。笑口頓開忘別恨。賞心深慰吐奇芬。六朝淑景樽前酒。四海交青天際雲。相對依依看梁燕。主人何處接殷勤。

金陵懷古

石頭城上雲漠漠。後庭曲終臨春閣。華林園內草木湮。芳樂苑中暗塵錀。燕子呢喃王謝家。宣瀆潺湲王氣鑿。誰向湖邊問莫愁。獻花巖頭桃灼灼。翩翩鈎月舞金蓮。紅顏難駐白兎藥。樵人誰識晉諸陵。江總門前久羅雀。古寺還傳有尾棺。舊碑封蘚半殘落。

濠梁道上口占

棲棲驢背出烏衣。烏衣地名 刮地黃沙撲面飛。如使天風眞可御。不妨吹落故園歸。

其二

亂石崎嶇古道傍。遲人征路過羊腸。行行蚤發鷄鳴後。到得關山又夕陽。

過滁州見隔牆梅花同陳孔熙賦

誰寫横斜半枝影。他家苦把東風引。西園盡道隔鄰華。北鄰恨殺分春信。老幹總前猶帶雪。高梢牆外先籠月。詩客騎驢見短柯。叩門覓南枝發。

方石帆招同陳伯宗高紫虹黄仲丹方以湘宴集署中

同酌金罍宴碧池。占星應見聚鍾離。迷雲鄉國

山千疊傍水都亭花數枝南北風塵親串合東西霜鬢與弟兄知頻年魚雁無消息此日相將慰所思

鳳陽署中寄池陽太守郭昆冶

時作懷人賦齊山望隼旟諸侯五馬貴故舊八行疎懶性偏成拙愁腸不易除吳江曾問渡棠邑又驅車客路梅花發王莊柳眼舒相思天湫湫几上見雙魚

鳳陽得冨雲麓學士書郤寄

曾期驛使到春前望斷吳山碧艸芊何意馳驅先一日（公次武林予適發濠梁一月）徙勞契闊憶三年花驄蹀躞金臺霧紫袖頻攜玉殿煙遥見北廳磚影動平章相慶五雲邊

龍興寺

謾道潛龍日山書第一碑布金傳帝力卓錫選僧持獅吼禪心靜鳥流刼運移滄桑原有數塵

界總難知

送方石帆僉憲齋捧入都

美爾初賡天保章。琱戈玉節擁乘黃。千絲驛栁搖仙旆。五色巖花護錦囊。星感如虹勞獻頌。魚依在藻舊含香。相逢不得同清嘯。且盡離筵醉羽觴。到署五日公郎星發

嘆息行

黃土一堆莖雷雨鬱葱松栢麒麟伍寢殿巍峩

金碧空麥飯盂羹灑無主宮官置衛〻何處蛟龍穴上牛羊踞萬歲千秋晴塵鎖秪有翁仲相對語蓬萊水淺天風酸鬼火吹出青林端君不見明年全盛三百載法禁昭垂永不改御題燦爛豐碑高芻薪誰敢私樵採於今抔土已灰燼滿目荆榛夜月寒年〻春色來天地獨使行人嘆息看

林秋巖大令署中觀劇同懷趙五許公得

州宇

朱絃玉管遏齊謳雪腕霓裳舞未休鶴傍清樽開北海鶯啼碧樹坐南州名花笑看增傾國佳句懷深得倚樓用趙嘏事腸斷氍毹人散後雕梁月轉五更頭

過臨淮

壞僻人行寂牛羊穩放眠長風蓬底燈細雨濕蒲藕歷落數郵屋蒼茫萬井田觀魚撥舊跡清

興埜雲邊

寒食行

野曠烏啼白楊綠荒煙亂艸眠黄犢丘壟纍纍
塵土封紙錢飛動誰家哭死生離別最傷情愁
按征鞍掩淚行冥漠重泉倚流恨英雄一夢何
能平

郯城道中偶感

莫辨何其夜匆匆逐曉征山邊蟾影淡沙際浪

玉筍堂詩集　十八

花明少累黃金盡多愁白髮生泥塗眞可畏休訝鷓鴣聲

送高康僧之大梁

夏木陰陰未聽鶯他鄉送別最關情尊前匹馬愚公谷陌上千愁博浪城封緣應知郵路近山青逢接客程明還將謝眺驚人句願托飛鴻慰友生

和周櫟園先生見贈六韻

十年閩海湛公恩碑建旗山滿淚痕還憶春風
開絳帳南來桃李半程門

其二

珍重時開萬里書相期相勗大吾廬一經執待
無人問講論何年到石渠

其三

畏人何事戒門高齊俗於今亦賣刀定國能知
容駟馬庭前况有鳳凰毛

其四

破敵曾傳露布文。艸成紅日正朝曛。凌霄臺上銘功石。贔屭巍肰護紫雲。

其五

我公偉績向無前。到處埋輪只飲泉。留得威名知海外。使來應見問裴年。

其六

牙籤插架豈愁貧。滬水還如酒入唇。曾聽重來

歌召伯甘棠萬𡔷拱全閭

范公泉 青州城西

詰曲城西路虛亭響轆轤清泠見越巵皎潔徹冰壺湧起從溪側傳來近海隅千秋文正澤甘醴異還珠

春詞

合懽花發向蘭房鴛鴦鸂鶒睡銀塘雙雙蛺蝶逐飛忙美人睡起梳鬟粧無言嬌倚象牙牀偷

拭腮邊淚兩行○

青齊署中與吳冠五話舊

浮世若春艸。淩霜無不稿。別君方八年。萬變不堪道。物華盡零落。千畝迭旱潦。征調苦未休。鯨浪猶遠島。舊家門第非。明哲堅自保。編戶愴流離。少年蒼髮縞。去去一征塵。憂心日如擣。安得似舊時。尚見春光好。風雅在艮朋。詩酒恣傾倒。披雲各一方。我覺垂垂老。郤喜來雲門。復得訴

懷抱意氣存千秋大業窺鴻寶花月重開樽高
歌筆陣掃

送春

西湖苦雨辜春至飄泊青齊又送春春眼見春來
春又去天涯尚有未歸人

其二

九十春光愁裏過愁心還見勝春多一年春色
今朝盡獨有愁來不去何

示芝兒謙甥

每作驚心夢三春斷雁書飽非無字煮賦不爲貧除我冷人難熱時違道自迂彼蒼如可問何意亦生余

舊府看芍藥

瓊臺茂苑漸成空獨有池頭官錦紅爲愛贈人思國色郤逢艷友盡天工玉盤盂灑旃檀雨金帶圍生留殿風誰似魏公能好客開樽邀賞廣

存

陵中

雲門逢陶季深

聚散渾難定行藏有異蹤洪江容易別鎮海忽相逢世亂羞爲客時危未學農傷心驚雪鬓好女薄春容敝篋留孤劍征衫曳短笻何時驅白馬寶應湖名尙爾憶烏龍閩中江名驢背詩千首瓊筵酒數鍾鄭虔空講席李廣不侯封謾說家鄉夢誰澆磊魂胸臆肰吾欲去惆悵不相從

青齋署中酬別吳介茲

昔依林類眞相得每望清塵白鷺洲謾擬尋師過魯國恰如求友到葵丘連牀款曲經旬話岐路銷魂頃刻留麥浪層層吹隴上迢迢離恨對西疇

出穆陵關寄謝周櫟園先生

回首雲門負意亭不禁零淚泣青萍無才媿我衣猶白具眼如公山更青索醉每求從事酒忘

餐還飽五侯鯖千峰一路逢相送未審何年再執經

沂水阻雨

黑雲瀰四望旅坐獨徘徊歸思靜偏急愁懷黯不開馬嘶簷溜濕僕困竈煙灰正作家鄉夢驚回乍起雷

過淮陰呈陳階六大參

路近龍門逐隊過催人征騎殆如何久慚病懶

音書少反覺參商別恨多閩嶠黎知思借寇掖
垣補闕憶鳴珂千金亭畔重回首望斷樓中白
雪歌

高郵州

去馬邗溝路清和日正長樹濃連埜綠水淡接
河黃帆趁參差影鷗飛上下翔湖陰莘老宅誰
處見珠光

瓊花觀

揚州舊說瓊花好。獨禮空壇訪上清。臺古歲惟青艸長。樓高時有白雲生。壺中耐可消棋局。（時有道士對奕）靜裏何須問藥鐺。歷盡刼塵渾不染。夜深還聽步虛聲。

歸次廣陵訪葉燕龍不遇

我作倦遊客。知君亦遠征。門幽清響寂。階没碧苔平。獨立消春思。空歸悵晚行。浮踪誰處問。移棹過蕪城。

望金山

五十八

一峰突兀起江心。影揷雲中聳百尋。濤撼何妨僧入定。數敲清磬出禪林。

其二

五十九

遥看象外有瀛洲。萬頃波光削玉浮。那得偉人乘巨浪。碧潭深處遡風流。

過毘陵懷賴挼從祖

六十

每懷陶徑好。一棹悵難通。梵塔雲偏覆。（梵塔蘭 理名）

陵酒不空山中傳著述眼底任雌雄猶憶烏山夜酣歌曲未終

端午舟中偶感

日泛滄波裏孤帆喜趁風人方歸海角節忽屆天中五綵絲能續千秋道豈窮汨羅空載恨誰與弔鮫宮

松陵吳小修同聞偉大阮家馭鹿叔過訪傳園留飲分得橫字

小庭岸幘葛衣輕。客至跫肰一笑迎。風遡籍咸
眞浩蕩。詩期庚鮑更縱橫。看雲共覩蒼龍起。倚
對閒聽伯趙鳴。無數榴花紅照眼。隔牆誰度晉
絃敲。

病中翁勉庵司李見訊

夢破雀頻噪支牀不敢眠檢經看肘後過刺到
堂前勿藥眞爲喜觀空竟類禪園庭蕭瑟甚猶
有故交憐

寄楊君暢林羽倩

幾作經年客。東西老此身。思鄉雙眼淚。去國獨行人。按劍苔花澁。啣杯竹葉新。故園知已在。誰念馬卿貧。

西湖竹枝詞六首

錦帶橋西日暮時。郎舟如箭妾舟遲。煙水茫茫渾不見。郎心曾識妾心悲。

其二

謝豹無情日夜啼紛紛紅雨作芳泥遊人莫怨
東風甚尚有春光在馬蹄

其三

墜馬粧成一倍嬌玉肌輕襯水紅綃梧枝舞罷
舟中悶楊柳如何比夌腰

其四

亂峰如黛夕陽斜百道金虹射晚霞三笠一箬人
不解事浪傳天女散桃花

其五

十里長條拂地垂，盈盈嫋嫋碧於絲，橫塘二月多遊女，盡折柔枝學畫眉。

其六

長松九里亂山隈，風捲秋濤日夜哀，不信錢王強弩歇，海門萬里自東來。

簡林鐵崖大參

屢爽幽隱夜話期，月明獨自舉清卮，聞君花發

南枝好。日護狂風零落吹

其二

雲外家鄉夢亦逢。羈心寒旅嘆蕭〻。春殘莫訝鶯聲老。坐聽潺陰郤也嬌。

斷橋觀荷和呂錫馨儀部

千頃湖光澹。飛虹跨。碧紋。紅衣香陣〻。翠蓋濕紛〻。溽暑消殘雨。清歌響遏雲。兩峰看倒影客半醉斜曛。

放魚歌爲羅鏡庵司馬賦

夏日樂清泛仙舟躍尺鱗召來疑謝允放去逐波臣未作逢秋憶如垂釣渭綸知公無限與嬌首出風塵

吕錫馨招同吳小修王芝塵吳聞瑋李秋孫王古直家馭鹿叔錦塘步月首拈錦塘二字分賦

錦塘坐看碧空清萬籟深沉玉鏡明何處登樓

人獨嘯聽來郤是棹歌聲

其二

錦塘如畫水光浮誰擲金丸漾碧流此夜長安騎馬客曾思少婦倚樓頭

同鄭宜兮葉燕龍楊昭卿放鶴亭讀諸公題咏得梅字

半灣湖水碧碑碣掩蒼苔處士清風節詞人黃絹才亭空誰放鶴山冷幾栽梅好句同吟賞歸

舟落照催。

吳小修王芝壓呂錫馨吳聞瑋李秋孫王
古直同集寓樓小飲聽袁素如度曲步
芝壓原倡

懽洽還期十日留。莫教華髮嘆先秋。不堪回首
蓬蒿徑。郤畏登臨翡翠樓。交扇每生涼氣爽。舉
杯乍見月光浮。座中誰憶荔枝好。休唱驪歌動
我愁。

送顥先上人歸雲間

人天無住相。飛錫卓秦山。說法聞金磬。裁詩閉竹關。火雲歸鉢冷。花雨落衣閒。船子宗風在。鳴蟬送棹還。

武林重逢陳伯宗兼懷曾二改司李

正拖濠梁分手恨。不期吳越又相逢。依劉難話寒涼況。御李懽親孔德容。滚滚征塵同欲倦。遑遑觸熱更何從。龍舒君過探公亮。冰蘗聞傳驄馬風。

送李若金孝廉歸維揚

廿年滄海望清芬。萍梗臨安始晤君。一氣不無恩沆瀣（予爲尊大人首拔士）三秋曾見賦凌雲。清談客邸消徂暑。分袂征亭悵夕曛。何日平山堂上宴。重逢載月醉紅裙。

毛文山歸過錢塘未及一晤悵然賦寄

金臺三載别。咫尺竟參商。離緒雲千縷。高情雪

蒲腸鰣魚江上好茉莉岸邊香不得維君艇翻生萬恨長

採蓮曲

綠雲委墮壓芙蓉嬌春入翠雙眉濃輕風吹珮作碎響蓮步欲舉纖腰慵湖邊初上木蘭檝水草跳珠圓點頻秋羅輕拭紅玉光轉櫂迴橈拗荷葉藕絲數尺牽柔情花鬚紅粉飄盈盈橫塘急雨鴛鴦亂皺波搖蕩拋還驚偶觸郎君媚眼

送停聲紫管江南弄雲毋屏空歸去寒一夜纏綿作香夢

清平山訪頊魯傳家豊有叔讀書處

絶徑披雲上山光玉几橫林深惟鳥語寺靜有書聲曲澗飛泉咽幽亭修竹清渾忘三伏裏高論覺風生

顛澹菴明府招集別館納凉得竹字

曲巷草堂幽軒楹蔭林木奇峯見幻雲火龍鞭

初伏好客有陳遵開筵坐深竹簾垂彩燕飛庭
曠蕙蘭馥絃索動清音玉盤楊梅熟炎日談笑
消青山在遥目酩酊醉碧筒狂歌相擊筑闌啄
歸去來莫鴻適遵陸

歸閩草

武林沈　捷大臣訂
晉安蔣　玢絢臣稿

出臨安留別官雪渻

黯黯千山色蕭蕭一騎回涼風初振葉零雨獨銜杯古樹寒蟬噪征亭過雁哀離心轉惆悵岐路幾徘徊我豈虞翻骨君歌蘇軾才漫言分兩地時亦望三台

六和塔

雀嵬寶塔碧雲齊直上層層萬象低布地還傳錢氏藏豐碑猶記宋朝題潮聲撼落魚龍現王氣銷沉雉堞迷祇有江流長不斷獨浮倒影夕陽西

發錢塘江

青齊吳越經年客此日方思返故丘檢篋空餘書數卷看山惹得雪盈頭乍過岸潤潮初落遥

見天低樹欲浮貧賤交情知我少素風澹月送孤舟

夜泊桐廬

望入蒼茫裏烟霞蕭碧空暮山幾峯紫秋葉數林紅七里桐江月一行鬬塞鴻高檣浮綠岸宛在水晶宮

過胥口

桑麻鷄犬水邊村曾有當年古渡存夜靜水聲

溯湃處猶爲伍子誦繁寃

望方干故居

水綠縈如帶桐溪日夜喧詩人老巖谷遊子認丘園一第身爲恨千秋名獨存荒郊埋亂草何處叩衡門

舟次香頭懷林鐵崖

竹蓬短棹任淒風烟雨霏霏水接空恍得閒身如野鶩離將離緒寄征鴻家園夢到人猶隔村

舍聲聞路不通。樽酒獨斟南北望。湖洄直到兩峯中。

秋夜曲

珠露金風寒色冽。瓊樓蟾影圓又缺。銅龍銀箭不肯歇。嫦娥欒難駐玄鬓。巫山夢破啼螿泣紅粉。淚痕蘭帕濕。鴛鴦尾冷透牙床。綠綺莫操鳳求凰。

潋水驛寄王古直項魯傳成汝澈

四維環列嶂古驛傍江濆瀫水漾奇繡香山斷
駭雲飄零嗟獨客耐久惜離羣特下雙魚釣相
思托報君

重泊湖鎮

水平溪淺浪穿沙村舍依微認酒家今夕霜繁
沈綠醑去時木落見黄花九日曾在鎮中看菊幾行飛鳥
投林近一葉欹舟枕樹斜堪笑棲遲空匝歲獨
饒兩度繫浮槎

過鷄鳴山

沉〻玉露夜帶月又孤征眞作半生夢何爲萬里行水光搖塔影山色現鷄鳴欲起劉琨舞愁添白數莖

栢林村

風波盡日雨霏微惟見來鴻陣〻飛一棹優游時獨卧依〻遠樹送將歸

其二

溪雲初起失山村莫辨誰家語笑喧滿目疎林
松栢樹天連秋水日黄昏

到浮塘望衢州城

碧水日縈洄無山不環列短棹驚浮鷗睥睨倏
明滅埜莊古渡橫深林秋蟬咽樵子斧柯爛層
雲埋閥閱橋影截流波落霞飛姑蔑

清湖得林鐵崖吳小修呂錫馨諸前輩立
秋日七夕社集限秋字作寄和

錢塘江畔木蘭舟忽起商風去棹倏數縷暮烟凝翠嶽半輪落日映丹丘銀河此夕雙星渡金井方飄一葉秋莫訝歸雄章勝事陽春佳句却難酬

其二

歸計難爲素景留短篷高枕大江浮伊人頓起蒹葭思遊子偏增蕭瑟愁碧漢火流牛女夜青林木落雁臣秋烟雲湫〻闊山亂誰是家鄉乞

卷十二

卷十三

巧樓

題江郎店

道傍數間屋。四壁墨淋漓。月照石三片。雲含樹幾枝客來常下榻我過愧題詩難兢驚人句。頻乂歌五噫。

仙霞關

去年秋杪經過此倏忽逢秋始得還坐愛楓林霞蒲路行迷翠壑霧横關千峯闔越雙眸在百

里江山一掌間龍火西頹珠露落紅塵白日攺
芳顔

大竿嶺

日日依山轉仙霞又大竿僕夫痺絶磴客子嘯
崇巒露冷秋容淡商飈潦水寒猿啼何處谷迴
首夕陽殘

九牧逢郭去問寄訊周雪客

疎籬野店當周道欲解征鞍恰遇君正嘆勞人

辜獨徃何期老友復離羣徑中松菊曾無恙嶺上烟霞已半分如到白門過公壠爲言去客日披雲

登漁梁山寄沈大臣關蕉菴繆霜崖諸前輩

獨陟高峯宇宙寛紫雲層疊堃臨安斗間光燄人文焰海內狂廻大雅瀾奕代芳風同解組清時幽興著吟壇蒼二蔭露羣公遠名勝何緣得

其二

眞西山故址

荒原蔓草地文物宋賢鄉百代高儒行兩朝重諫章淵源接洙泗祠宇没滄桑試問高車客誰持一瓣香

拓浦吊翁壽如

我來猶審君無恙歸路尋君君已亾遺恨難瞑穉子日交情獨斷故人腸堪憐家破身猶寄誰

解途窮處不遑君家破屠城飄泊無定聞說陳蕃思執紼欲移八戶向山陽陳階六大參爲撫其孤

江上雜興

蒲江秋水照山青倒影參差列畫屏無數寒鴉櫺外去東方方白夢初醒

其二

白蘋紅蓼繞征橈溪曲峯迴去路迢瞥見酒帘飄入霧數家茅屋掛山腰

其三

嫋嫋凉風白鷺飛，寒林疎柳達依稀。漁歌隔浦遥疑近，對對蜻蜓送客歸。

其四

扁舟逐浪撼灘聲，瞬息能過百里程。何處春雲喧野碓，山頭落影半輪明。

其五

推篷四望片雲低，烟雨茫茫處處迷。忽聽午鷄

問舟子行來十里到樵溪

其六

依山終日轉寒江水色含情欲上窓人影偶隨波裏動驚飛鸂鶒浴雙雙

其七

紆廻村逕掩蒼苔古寺荒蕪傍水隈埜艇衛波天際没翠巒深處一僧來

建州訪周衣文明府

莫愛丹山好高風薄折腰畏人君避地求友我停橈巷僻車聲寂堂高燕語嬌怪來音問少無亦厭塵囂

得家書

未見燈花綴何期有雁來怕深交讁語只得背人開

其二

空動鄉書喜開緘愁轉添渾無一隹況徒惹寸

心懸

其三

出門誠草〻多事總傷貧海内說知己黃金無

故人

其四

猜生因緒亂親至倍關情縱得到家易還須三

日程 時聞卧雲從祖病篤

夜宿鄭羽人齋頭月明如畫戲作行見月

志感

行見月。幾見如弦又如璧。游子見月思故園。閨人見月悲離坼。故園不必思。離坼不必悲。但願千金買駿骨。歸來種秫學吟詩。詩可陶情酒可飲。便是聚首相樂時。不然頭顱老如許。馳逐風塵何日已。客裏長歌行路難。庭前空種相思子。春光荏苒春華發。轉眼羣芳逐秋歇。昔時明月照紅顏。今夜明月催白鬢。如弦如璧疾如箭。紅

五十七

顔白髮一時變瑤箏銀燭樂未央漏徹星殘散華宴行見月行見月拭劍嘆流年誰人駐得嫦娥影高掛長天夜夜圓

黯淡灘

淼淼含愁態奔流滅怒濤鶩翔鷗鳥遯落影雁鴻嗷石噴浪千疊舟隨竹一篙汪瀾任蕩漾無雨濕羅袍

劍浦訪陳昌箕博士不遇

泮水澹涼烟空階霜草連春風開絳帳清露濕
寒氊豹隱何山霧龍飛此處淵所思不得見空
載酒歸船

漳湖坂

亂石驅流急。村烟出樹林。牛羊歸日夕。紆徑薜
蘿深。

其二

爽籟悲摇落。平疇晚稻香。水澄如展鏡。何處沒

鴛鴦有鴛鴦雛

過水口

兩峯相對峙江關一道潺流月半彎林際頂黃
斜景樹天邊腰白晚烟山蒼蒼遠水連艘集溥
薄寒霜片棹還却喜家鄉明日到思來難謂世
途艱

敬恕堂

緑綺堂暘谷集詩集十五卷存十四卷文集五卷別集六卷（詩集卷一至詩集卷三）

〔清〕南安傅爲霖撰

中國國家圖書館藏清康熙間刻本

綠綺堂暘谷集詩集十五卷存十四卷文集五卷別集六卷，清傅爲霖撰。爲霖字世揚，號石漪，又號晦三，南安人。康熙初任松江府通判。有詩名，趙炎蓴閣詩藏選其詩若干首。傳見乾隆泉州府志卷五五國朝文苑，略云：「爲霖能文工詩。初抵通判任，即攜其祖夏器錦泉集與雲間周茂源、張若羲、董俞等校梓之，諸公皆爲之序。於廳事之西葺屋數楹，顔曰綠綺堂，延名俊觴酒賦詩。其詩秀骨逸氣，饒于藻而沉于思。所著有暘谷詩集、文集、別集。」

是書前有康熙九年庚戌（一六七〇）中秋前十日吴偉業序，謂「石漪原本家學，好與郡之先達者游。其爲詩也，於體制風格既講求，漸漬之有素，又能標舉蕴籍，翦刻深至，以自探性情之所獨得當」，「後以職事來雲間。雲間者，湖山之奥區，騷人雅士所奉爲壇坫者也。君至，而日與薦紳大夫流連於觴酒文詠。治郡齋以延名俊，出俸錢以資宴遊，四方無不傾慕其風流而推挹其雅尚」云云。吴序首葉殘缺，全文見梅村家藏藁卷二七，該卷又有傅錦泉文集序，乃應爲霖之邀爲其所刻叔祖夏器之錦泉先生文集而作。次周廷鑨、張若羲、徐與喬、董含、董俞、鄒漪暘谷集詩序，次自序，次魏憲暘谷集新編序，次暘谷集總目。

全書凡詩集十五卷，卷一四言古詩，卷二古樂府，卷三五言古詩，卷四七言古詩，卷五至六五言律詩，卷七至九七言律詩，卷十六言律詩，卷十一五言排律，卷十二七言排律，卷十三五言絶句，卷十四六言絶句，卷十五七言絶句；文集五卷，卷一序，卷二記，卷三書，卷四啓，卷五墓志銘。別集六卷，卷一至四讞略，卷五詳文，卷六文告。三集合計凡二十六卷，現存二十五卷，所闕者詩集卷十一。然文集似非終定之稿，其疑有三：一詩集、別集各卷皆有單獨目録，文集無；二文集卷端及版心標卷處皆爲墨釘；三文集卷一前數葉版心有「重修二」、「重刻一」、「刻一」標記，當是尚未校定之印本。

書中別集之讞略、詳文、文告等，即傅氏任職時辦理地方事務之文牘，涉及撫院、督院、鹽院、按察司、布政司、蘇松道、督糧道、提督、府、縣、廳等諸多事項，如貪吏庇寇、駕叛抄屠、活殺父命、嚴禁打行、豪横鯨吞、歲科條約等，多關乎地方社會治理之方略。由其中案由報告、上級批復、公文告示等，俱可見清初地方辦理諸事項之一斑。（向　輝）

胥也南安傅公暘谷以副車千石泚泚雲間爲政之餘揚扢風雅既搜葺其先集俾余敘之矣再手裒所著詩若干首屬其友趙雙白瑰瑰惟度請余言弁簡端

夫青安溫陵屬縣也傅氏爲其
邑望姓自其祖錦泉先生舉禮
部第一著書名家百餘年來子
孫之發聞者以十數賜谷原本
家學好與郡之先達酋遊其爲

詩也於體製風格既講求漸漬
之有素又能標舉蘊藉剪刻深
至以自探性情之所獨得當其
自閩而出也過吳會涉大江縱
觀乎泰岱黃河之大京闕宮觀

之盛其紀行也有作其述志也有感而後以職事來雲間雲間者湖山之奧區騷人雅士所奉爲壇墠者也君至而日與薦紳大夫流連於觴酒文詠治郡齋

以延名儁出俸錢以資宴遊四方無不傾慕其風流而推挹其雅尚所稱綠綺堂集者是已君廳事之西為屋數楹每退食有暇彈琴讀書於其中而顏之曰

綠綺夫琴者取其導堙宣鬱致化理於和平此循吏所以阜民庶而詩家所以叶神人也君之撫絃動指至於文王箕子之操得無有愾焉太息如見其人者

乎當溫陵全盛之時兩相同日
拜命東崖之晚年失志感時悲
咤寄之於詩歌者爲多吾師吏
部公近者道出吳門追話四十
年停驂問政之所師弟登高憑

弔未嘗不汎瀾流涕也雙白惟度過我草堂屈指雲間一二君子異時仕宦閩浙江山吟眺賓從聲華今已不可復問矣君之增奇踵勝亟亟於是編之成庶

幾流風餘韻綿延而不絕也噫
嘻豈不重哉
康熙九年歲次庚戌中秋前十
日通家治弟吳偉業頓首拜
撰

暘谷集詩序

同里周廷鑨樸園譔

傅君石漪梓其詩問世而以紀遊名篇周子讀之卒業而歎曰余乃今知遊之重也夫人世無非遊也而托趣各異或遊方之內或遊方之外或陸沉金馬爲朝市之遊或鴟夷扁舟爲江湖之遊至若宗少文之畫圖四壁遊而拘阮嗣宗之雪涕途窮遊而放謝靈運伐木開山見駭郡守遊而危韓退之登華山戰慄不能下至作書與家人訣遊而憊

矣之數者於傅君奚取乎夫惟善遊者不言遊擇勝無方會心自遠初若無意於遊而能真得遊趣故足紀耳傅君方且釋蹻牽絲觀光

帝里豈遽慕夫逸人逋客之所尚而以竹杖芒鞵爲事哉惟其無意於遊而善遊者莫能過焉勿論今日鵠首驢背並貯勝情疊巘層波咸供逸韻即轉盼致身青雲駟車行馬赫奕通都傅君視之亦直遊焉耳噫嘻如傅君者始可與語遊矣乃余讀其詩霞想紛披淵情泂洑冷若御風之行快如弄

九之舞卽不言遊而予已知其善遊然君之詩雖
不藉遊以名而君之遊不能不因詩以重則其係
以紀遊也亦宜余又憶先輩有言願讀盡天下奇
書友盡天下賢士遊盡天下佳山水解之者曰盡
則安能但到處勿放過耳傅君春秋方盛其游與
詩如晨旭初征春葩始吐異時讀天下書友天下
士遊日益壯詩日益豪余安能量其所至抑或乘
雲氣挾飛龍以遊無極之野意者如雲將之遇鴻
蒙乎僕雖老朽尚能爵躍以竢

暘谷集 序

雲間張若羲帶三譔

石漪傅使君刻錦泉先生集余僭弁數言茲復出綠綺堂集示余集凡三種一紀遊一役草一瘦吟紀遊有初集已紙貴一時茲其二也役以馳驅不廢觀覽偶焉寓目情與之會動中有閒靜復生感年華俄易眼見落花久令人瘦使君自敘已盡集中勝槩大凡詩岐廊廟山林爲二今安得山林哉巖居穴處之士一涉應酬卽靡靡曼音效應制體耳新聲迭作古韻淪亡鄭衛登而大雅墜矣卽擬

古諸什亦必各隨其人之分量不差尺寸徒取其膚澤句櫛而字比之其爲優孟也奚啻星淵古詩十九首杜子美秋興陶靖節田園詩不問其爲何人儼然踞作者之堂言過其量無當於實詩之濫詩之亡也三百篇皆偶焉寄託或得之燕閒或得之勞瘁或得之感懷其爲遊與役且有合於瘦者何限人生天地間無處非遊不必九州廣而一室臨也亦無處非役不必跋涉勞而安居逸也又無時不可以瘦不必秋冬零而春夏滋也山水在人

意中不在山水覔然而高悠然而深有時摶虛空爲塊壘有時破塊壘爲虛空造化役我形不能役我神世眼見瘦道眼見榮則三者可合而變化從此生浩浩焉落落焉大塊之噫氣發而爲聲人籟安能勝天籟哉石瀨先生咏落花予且爲之賦枯樹

玉峯徐興喬退山譔

綠綺堂集者集吾松郡賜谷先生治松時之所爲詩也先生才天授而英敏絕於人其家學自錦泉

先生以來泓涵淵渟以昌大其源於先生先生詩
格高而韻遠氣渾而浚於法其篇章自數年來多
所散軼而顧時時有所著述今其在松郡也雖當
官而不輟登諷案牘之餘卷軸盈積余以北山周
子評次古今文之請流寓白下有友人捧綠綺堂
集至者受而讀之若秋言三十章若紀遊草若潘
山八詠若役草若後紀遊若菊啄若瘦吟各體靡
弗臻妙洋洋乎漢魏晉三唐之遺音也余將輯宋
元明以來迄於今名家詩一編以問世將於先生

集　序

推冠集焉而特爲之序序曰余觀古詩文盛衰絕續之會天必生英敏雄駿奇逸之才以振起其墜緒而乘權倡導於將來昔者漢之興承秦火之後騷雅廢絕而大風柏梁之歌作於上於時則有楊雄司馬相如摛文掞藻以開詞賦之先而蘇李枚叔傅仲繼之及乎末流猶有曹劉應徐崢嶸蔚起導流續燄唐之興當六代靡漫之餘而宸極好文賡歌自上於時則有燕許沈宋開風創極而李杜儲王錢劉岑孟諸家竝故茹新因時極變卽其衰

晚温李諸子猶矜風靡詩之盛維唐稱最焉明興
承宋元之後唐音響絕漢骨風靡於時則有青田
景濂鈞陶元化酌雅秉經而其後何李邊徐王李
諸子遞相唱和皆能結體以會妙極態以流妍論
者謂明有劉宋而後有何李邊徐唐有燕許沈宋
而後有李杜漢有蘇李而後有曹劉蓋感有自開
而絕有由續天意不偶然也明之季公安竟陵伐
毛洗髓膚澤而氣盡而明之國運隨之天祚
皇清總持運會騷壇之感之在南者婁東若梅村先

生盧江若芝麓先生而起於八閩乘權倡導於雲
間者則爲暘谷先生先生之治屬退山徐生曰今
天下亦詩文盛衰絶續之關也而天之所授以紹
往而開來者其權將特重於先生夫使明之初而
無青田景濂則何李邊徐之徒何以興唐之初而
無燕許沈宋則李杜儲王岑孟諸家何以嗣漢之
初而無楊馬蘇李則曹劉應徐亦絶響於後矣我
國家乘敝易變武功定而文事興於時乃有先生
與梅村芝麓諸君子導揚風雅以鳴

聖治右文之盛不可謂非天之有意於其間也而余嘗怪昌黎韓子謂愁苦之言易工歡愉之詞難巧而歐陽子亦云詩非能窮人殆窮者而後工心竊疑之以爲巖阿泉石之間探山飲河之輩非無蟲魚草木榮落萬變之悽其心抑揚抗墜悲凉激楚之越其音而古之以詩傳世飈流餘發者大抵皆達而在上者也其故何哉登高而呼響應必疾勢使然也天相之矣今先生以黼黻太平之才蒞機雲接踵之地建標樹幟騰英吐華而余同年閬石

蒼水諸君子雲合霞會風馳電擊是先生在今日爲漢之楊馬唐之燕許明之劉宋而其爲曹劉李杜何李之接軫而同軌者安可意量也是

國家初盛再盛之緒實自先生開之於此知天意之不偶然而先生之大有造於時也且吾聞詩文與政事相表裏昔白太傅之治餘杭也賦詩飲酒時與民歌詠太平韋刺史之治姑蘇也焚香宴坐詩篇之外無多事焉夫省事則寧人神閒則政簡二公之詩即二公之治績也今先生之澁雲閒也

閒斂而多暇日故其詩篇日益富蓋其治郡與韋之治蘇白之治杭等而詩骨之閒靜高逸亦與二公頡頏讀先生之詩可以知先生之政事矣而余尤有感者天旣篤生先生以開

聖代詩文之盛卽何不使先生遂如漢之相如唐之燕許明之青田景濂在帝左右以大著其秉權倡導之力而顧綰符外郡有待將來旣而又念昔之相如燕許始未嘗不稍待而後乃大顯也且少陵爲唐一代詩人之冠而當其時不以詩遇而後以

詩傳今日者巖阿泉石之間採山飲河之輩其詩可傳而不必其達而在上而達而在上者又不必如先生之心閒神斂當官而吟諷不輟而獨以天授之才登高倡導之事讓先生獨步於茲日也夫乎其人哉此余之所爲喟然歎與於盛衰絕續之間也

雲間董　含閬石譔

七閩稱人才藪其山川蜿蜒海波浩淼秀傑之氣結爲文章故扼掔而談藝者代不乏人自林膳部

首擅風雅與王高二典籍及其徒黃周之屬倡爲
唐音流播海內彬彬乎盛矣乃識者謂其柔音曼
節雖盛實衰摹倣形似不能無咎葢以詩之爲道
原本性情而氣運繫之故一代有一代之詩一人
有一人之詩唐之不能爲六朝猶六朝之不能爲
漢魏也卽以唐論而晚不必學盛盛不必學初極
其所至皆臻最上乃必曰如是之爲唐如是之爲
漢與魏此唱彼和互相掩襲得其形狀而畧其性
情詩道之所以不振也丁未夏石漪傳使君來佐

我郡不三年政成襦袴之謡徧於遠邇蓋庶幾卓魯之遺風焉顧獨喜爲詩退衙之暇彈琴詠歌閒邀二三名士酌酒論文酒酣拈韻落筆如春蠶聲已而且嘯且唫至丙夜不倦未幾綠綺堂集告成余取而讀之見其役使煙雲酬酢衆象質而不直婉而多風中宮商徵金石初不屑屑於古人而無之非古也亦未嘗規規三唐而無往非三唐也是殆不止於形似而性情所托固有一往而滚浩浩乎其獨得者與昔謝康樂爲永嘉守時命駕出游

探奇領異趣窮山水韋蘇州毎公餘賦詩焚香凝塵滿几見者幾忘其爲長吏二君惟澹聲勢嗇嗜欲故意象愈簡擬議愈工今以使君之才而曠懷高寄如此千秋之業行將鼎峙予或從倡酬之末竊附不朽未可知也故樂得而爲之序

雲間董　俞蒼水譔

風人述感毎於行役之時遠客懷歸多在靡盬之日故陸機赴洛觸物纏綿庾信思家操觚惆悵鮑叅軍有春覊之什何水部有曉發之吟歷披名作

多在宦遊蓋奉簡書則歲月必長閲山川而登眺自遠瑟瑟秋風欲灑蘭臺之涕范范江水能生洗馬之愁緬彼征人情可知矣別駕石濟傅公溫陵名閥藝苑奇才辭章雄麗羣誇七啓三都譽望清華不數大邢小魏趣裴荔子之鄉攬鱸魚之谷三載簿書經年漕輓溯黃河之浩渺陟泰岱之崔嵬孔里衣冠興懷於景行神京宮闕動色於鴻猷幾烟尋郭隗之臺落日弔望諸之墓雖載馳載驅每勞心於䟦涉而一觴一咏恒寄興於登臨況夫

驛路春深雛鶯囀柳京華歲暮殘雪飄花青山萬里同旅鴈而言旋白雲幾重望故鄉而不見詩言志也可以興乎於是和墨凝思拂箋掞藻詞或短而味長景若近而意遠以爲役而役不妨遊以爲遊而遊即在役可謂忘勞臣之慘澹而縱客棹之夔猶矣偶值公餘出其雅製如朗月之入懷似高山之在耳固知五馬風流不乏玄暉異藻豈曰七閩遊子僅爲莊舄悲吟而已哉

梁溪鄒　漪流綺撰

壬午癸未間家大人以戸部郎出守温陵時當全盛衣冠文物甲海內予雖未嘗至其地稔知其山川明麗才人異士往往出焉越二十餘年南安傅石漪先生來佐松郡南安固泉屬邑也庚戌歲杪予從風雪中過訪先生相與揚扢風雅徵求掌故先生示予全集予讀之而喟然歎曰嗚呼是眞無媿於名家者乎昔孔子以誦詩不達於政爲學者之病以其無適於用也若爲政而不通於詩雖勛績爛然一俗吏耳況其不逮者與甚矣文章政事

之難兼也若傅氏爲泉望族自其祖錦泉公舉禮部第一以理學文章開家先生原本家學其於四始六義涵濡有素故其自閩而出浮大海渡黄河歷山川之壯麗瞻宫闕之巍峩莫不一一發其幽懷攄其逸興一旦涖官以彈琴咏歌之致臥而理之裕如也吾觀先生之詩高響可以激雲霄幽光可以耀金石而别有希微寥泬之音悠然意言之外能令閱者心曠神怡此在他人所劌心鏤肝而不能道隻字者先生以澹蕩冲和得之非其天分

過人能如是乎雲閣爲詩文淵藪先生退食之暇或載酒分韻或焚香宴坐而政和化洽百廢具舉識者謂韋白風流於今再覩是則先生之詩境即先生之宦境也予少從漳浦夫子游大滌雲煙山陰巖壑追隨杖屨窮日分夜至癸酉鄉舉家大人受知於晉江相國而內父王忠愍先生又先後兩守三山是予與閩士大夫固有通家之誼也今日者先生招予清尊讌集追思往事能不汍瀾流涕增今昔之感乎

暘谷集自序

傳學輩後出一旹興會所觸不能自已以作也至唱酬諸章及題詞評騭諸同人嚴氣以孚揄揚以雅余又屬敢東諸高閣先刻綠綺堂集是也庚戌秋魏子惟度來粵間爲訂詩持三集不揣綿力分俸佐剞劂貲亦告竣魏子拮据成以卒業以日魏子復取余諸集彙而訂以合爲一編分體付梓上成客有告余曰聞先輩云不行萬里途不讀萬卷書不能讀杜詩明頗詘以不易見作詩以難也今

日之詩一何盛盛閩海內宗五代不乏人名公稱
彥騷壇詞苑及論已坐幽人墨客去靡屠沽卽及
方外羽流無不唫哦成章連篇累牘雪脅呫嗶少
年足跡限于門闕見聞囿于鄉曲手一編誦誦風
雅從林閱其詩皆顯名當世相與酬唱坐不恆見
之名幽勝水異卉奇花外國山川人物風俗土產
一一人題詠未知其果行萬里途讀萬卷書歷歷
爲之否也夫不讀詩而好爲詩不能詩而竊爲詩
今日比比然已吾子得無蹈斯弊乎余曰唯唯否

上余固未嘗行萬里讀萬卷誠如所云而要所爲詩皆至某地交某人游某山水爲某詩或吕某事與某人酬答聚集爲某詩或陰晴弗定得失彼關身先榮悴興廢感慨係以而爲某詩未始非身經以境肝膈以言也請得而道以余生三十有七年矣曩二十以前困舉子業間一登覽又無師資如并州土人莫辨己醜二十以後坐三十置身波濤戎守中了無佳思逸興良辰勝槩不能旬已時放狂歌聊以解嘲既累成篇不圖放失戊戌魏言三

十首獲旹吾多蘇譜建餘稾一存矣三十日後宗
辰之亡北南奔馳燕邸唱酬得五七近體若干首
口前紀遊丙午春有潘出八詠雙畫人龍途亦得
雜體詩若干首曰後紀游秋殘抵京丁未昇練扁
舟南下人雲間經年無一詠冬病假盧門味菊苔
詩十一首而已戊申部遣肯程庭滿經李文藕一
詠南回冬闋度歲豈能後時發吟定已酉寓抵署
復有燕行半載役役車塵馬足稍有餘暑一寄于
詩得若干首曰役州又和落學詩三十日瘦唫康

戊寅邑簿書鞅掌閒嘗操觚得若干首曰閒閒草
中秋釋篆一棹蕩漾玉峰虎阜間溝興躍然得若
干首曰舫吟辛亥聞訃信弍意放吟抵里繼得詩
至二百餘首曰述哀前後計得詘卯百餘首唱咏
諸什輒集已載不復贅合而梓以青分體無分名
總十五卷曰暘谷集魏子雕庵所訂也自念六七
年間感塺潦倒落落寡合不能効設施之用而碩
沾沾于斯何異蝦蟇蟈螻呌囂孔穴中款過而聽
以失古人之詘坐嘔心斷鬚卧竊以亦期著名乎

時得傳于後也陳子昂讀其詩無有起之者卒
琴兮而是欲詘之傳也亟矣然詩之或傳或不傳
固自有在君子能爲可傳不能爲必傳顧余猷沾
沾于斯必有起而嘆之者而余初不欲其傳也不
至加三十㠯前諸詘放失幸矣有斯㠯往余將飄
然湖龍門人瀨峽作萬里游然後閉戶讀萬卷肆
力兮詘及傳不傳姑俟以不及計也客俛眥而起
聊援筆書以如此
康熙十年辛亥重易後十日

南安傅崑霖書于九峰山房

同里魏　憲維度撰

南安傅暘谷別駕舊錄其詩余既預參較之末茲有新篇之謀適同寓胥江中秋步月快讀而敘之曰嗚呼詩之重也詎不以性情哉大易云修辭立其誠誠者性情之始也辭其體要焉耳古聖賢以性情發而爲辭而詩名焉故尚書之教胄子也以樂合詩進而可以和神人吾夫子刪詩斷自商周於風也疏達於雅也莊肅於頌也奧質極辭之變而性情見焉非是則無辭漢魏六朝作者林立然

綺靡成習軌於正則者鮮矣至唐以李杜鳴然李以氣韻雄杜以研淡勝揆之中和之旨猶有議之者及明北地信陽太倉歷下諸公非不金谷瑤臺居然天府也然優孟衣冠不免薄俗之議況蓊然閭巷歌謠而可與子晉之笙成連之琴並聞天際者哉此暘谷之詩所以脫然不滓純乎性情爲絕學倡也余嘗與同人論次其詩如夏澇海塘禱雨等篇有關吏治甚切民瘼者敻乎尚矣至其旅懷春感于役諸作敷詞和雅用意淡厚得涉世持躬

之要可擬白香山觀其通守雲間政治之餘登峯
泛泖日與郡縉紳酬唱及今被謫絶無悲天憫人
之意介介於胸優遊山水嘯歌晨夕亦惟香山可
相彷彿是性情也進於道矣而僅以詩稱乎余且
與之學易矣與之論樂矣

暘谷集總目

七言古

卷之五

五言律

卷之六

五言律

卷之七

七言律

卷之八

七言律

五言絕句

卷十四

六言絕句

卷十五

七言絕句

文集

卷之一

序

卷之二

卷之六

文告

暘谷集總目終

綠綺堂暘谷集目録

卷第一

四言古

綠綺堂暘谷集卷第一

温陵傅爲霖石漪著
雲間田茂遇髴淵
董俞蒼水
同里陳寶鑰綠厓
魏憲惟度訂

四言古詩

瑞麥 四章章六句

時維季春皇乃祈實昊天孔昭鑒於有德維此下

土勤其稼穡

其二

聖人貴禾書必及麥雨露芃芃岐秀且實何以致之敬慎不忒

其三

王道無頗民歌帝力九穗一莖登此瑞麥匪惟地沃實從天錫

其四

載薦載登惟社惟稷荷天之佑百穀滋殖爰戒臣

工益殫厥職

白鴉（康熙庚戌五月江南六合縣得白鴉一對總督貢于京師）

三五曆云天地之始有三白烏生衆烏故鴉白反乎祖也孝經援神契曰德至鳥獸則白烏下春秋運斗樞曰白烏者宗廟肅敬則至故齊范雲以爲敬祖之應況有反哺之義則爲孝感無疑也今

廟既告

陵欲祭白烏適至感應之道何其神也爰

作白鵶頌六章章六句

氤氳之初萬象未剖三烏于飛翼翼雪耦衆烏孳生貽乎厥後

其二

厥後有烏赤白其羽赤則興王白爲敬祖穆穆我
皇德被九宇

其三

九宇熙熙邁于三古上有聖人而萬物睹告廟登
陵來此反哺

其四

反哺烏烏集于江濱匪蒼與黑如玉之純雌兮雄兮雙雙來賓

其五

來賓雙雙爲國之禎何以致之蠲租省刑孝思無疆格于清寧

其六

清寧之氣應于我后晈月祥雲爲天子壽歌斯咏斯天長地久

謁孔宅先聖衣冠墓詩八章一章之五章章八句六章之八章章十句有引

按雲間郡誌孔宅在海隅鄉府北六十里距青浦縣之北十里許舊圖經云孔子未嘗適吳考闕里譜系厥後僑寓宦遊於吳此或其葬先聖衣冠之地廟貌墓址尚歸然也今春余攝郡篆青邑訓沈君率諸生呈稱鄉人從泥水中得一石碑可丈許鐫聖像爲唐吳道子欵恐爲鄉人所褻欲安

諸孔宅余偉具請邑士大夫諏吉迎入燕
居堂夫像所由來莫可考而不終沉没于
荒郊泥濘中豈非靈之不爽耶余幸斯像
之靈著又嘉士大夫之盛舉拜瞻之下敬
須以志喜云時庚戌中秋前五日也

莫悠匪天有象可識莫遠匪地有理可測維道幽
深莫可意億匪有聖人終古如塞

其二

泰山峻兮其巔可陟黄河曲兮其源可得維道精

微莫能究極賴有聖人于今不熄

其三

巍巍尼山聳于魯國鬱鬱英華萃于孔宅亶生聖人乾篤坤殖維彼洙泗其流不息

其四

赫赫文章巍巍道德維古與今是效是則維帝與王是儀是式生民以來紀綱扶植

其五

維精與神洋洋溢溢日月照臨何分疆域美哉子

原書缺

原書缺

湮没識者悲之至明萬曆間郡紳焦弱侯
先生請於李文節葉文忠二相國遂屬葛
屺瞻先生擇地南郊重建普德寺後山祠
成增祀十三人合前共五十四位時代姓
氏詳在祠紀中當青溪之始建也有閩士
陳宗上言蘇東坡嘗往來金陵山水間宜
入祀時雖未允而普德之建則蘇文忠預
焉是陳生之議旣行亦以見祀典之日以
周也曾幾何時祠宇剝蝕於緇流幾不可

問巳酉秋適閩士魏憲過長干故老話其遺蹟隨聞之叅藩綠厓陳公公力爲廓清諏吉闢祠迎主復其故位噫斯舉也不特先賢五十四人重開生面即馬制使李葉二相國焦葛諸君子建祠從祀之苦心盛典不致久而弗彰伊誰之力也夫始建之時閩人議之及乎中衰閩人興之今祠之再闢又出乎閩人是閩于先賢大有造也叅藩解縛篇有云閩亦何負于天下後世

哉豈其然乎

悠悠古今有數名賢出處或殊媲美後先弗表而彰孰其知焉

其二

惟昔制使愛此先賢相彼青溪創祠其前爰立祀典爰置膏田

其三

維春與秋俎豆不愆世遠代移此祀遂湮剎斯復斯豈不有天

其四

後之君子顧而惻然白之相國祠額重鮮再堂再搆飭其豆籩

其五

爰稽舊典配以先賢泰伯以下位東西偏卓哉盛舉宜百千年

其六

維祠有松鬱鬱高騫曾幾何時棲烏與鳶緇而蝕之不絕如綫

暘谷集目錄

卷第二

聊名集二

隴西行

自君之出矣

原書缺

原書缺

指動朱絃一鼓兩三行清韻入寥天客拜殷勤起
遥送洞扉前相贈一丸藥意戀多綿綿仙家姝塵
境無令俗慮牽縈華徒自惜憂樂苦相煎

自君之出矣

自君之出矣霜葉滿庭幃思君秋夜裏枕簟凉生
威

其二

自君之出矣鴈向衡陽飛思君如鴻鳥萬里一時
歸

其三

自君之出矣砧杵怯秋威思君去時日衣帶瘦與肥

其四

自君之出矣見說勒燕然思君已白髮何在玉關前

其五

自君之出矣床幃寡歡笑思君如月明兩地夜相照

其六

自君之出矣憂生雨中草思君未見歸一日三秋老

暘谷集目錄

卷第三

五言古

擬陶己酉歲九月九日用原韻

縛虎篇

舟夜

重陽前四日田髴淵董蒼水張研銘三孝

廉招集西郊別業分得葉字

重陽前三日招徐松之盧文子張研銘田

髴淵董蒼水吳星若沈彥徹魏惟度趙

雙白集綠綺堂以採菊東籬下悠然見

南山爲韻拈得然字

原書缺

原書缺

暘谷集卷第三

五言古詩

建溪舟中逐蒼蠅

建水清且漣建山蔥而媚一帆山水中四望生幽致喜甚無紛埃蒼蠅胡以至誰或招之來麾焉時愈熾夜隱仍朝翔聚族相謀議兩耳嚶嚶聲如雷灌不啻豈附千里飛輕舟等騏驥灘灘碎客心此更掠人意多見其營營詩歌故托刺

登小武當 有小引

浦邑十里有小武當傳與武當相肖故名丙午夏舟程信宿驟雨初晴乘輿而登塔影烟浮灘聲谷應四顧蒼茫俯視惕然最巔巖宇隱現雲樹間山色微濛凜乎不能上歸舟就睡五夜揚帆驚寤已失其處

長嘯水天光南薰吹短棹悠然山氣佳遊興正縹緲斯山足樹奇何以猶稱小名勝滿寰區獨憐登者少此地泊輕舟如何不一眺況復風雨霽烟嵐分外曉石砌繞雲根樓臺懸樹杪深谷響灘聲中

心忽焉悄夕陽已在山四顧惟歸鳥夜殘月滿川舟移山已杳

七夕次清湖遲同行諸子 是夜立秋

閩浙又分地萍蹤輕似鷗一望湖山白長橋鎖虛舟招招須我友湖外水空流仰見一彎月惆然起別愁他鄉逢七夕羅衣生片秋夏從今宵盡人仍此地悠樓上穿針女相將看女牛還疑鵲橋斷雙星得度不身世合成拙況巧不可求碧梧一葉落炎氣還未收坐待涼風至江天盡雲浮

過邵伯

將曉出維揚亭午經邵伯秋風吹葉紅江烏掠波白兩岸水浮山千家船入宅年來頻過此僕僕孤舟客

露筋祠

廟貌獨巍然何人崇厥祀名盛於寰區競稱奇女子當昔出門時偕行有嫂氏忽值白日昏皇皇無棲止四望蒼莽間中立獨不倚聚蚊已成雷此身任所虵非不愛吾生恐爲人所鄙昆蟲具性靈胡

以亂相哆筋露骨尤香苦節甘如旨年年秋月明
夜靜照溪水

君子行己酉

君子卓古今居心何寥廓出處或有姝大道相與
託冥冥仰鴻鵠啾啾窺燕雀東山有流言尼父遭
伐削所貴安其常窮通恒足樂精義更入神蕩蕩
無適莫猶存戒懼思臨深而履薄

擬陶己酉歲九月九日用原韻

忽忽秋將盡木葉霜露交東籬菊盈把歎彼松後

淍閒中領靜謐瑟瑟爽氣高仰首聊一望孤鶴唳
青霄萬物處區宇役役何其勞衰榮靡有定中懷
常欲焦何如一樽酒醉醒得自陶悠悠身與世言
笑以終朝

縛虎篇 庚戌

猛莫虎若縛何容易古云縛虎不可不緊
因作縛虎篇

客自山中來偶話山中事近日南山中白額鬚如
刺晝晦常怒號咆哮全無忌風生十里寒殺人牙

瓜利荒郊斷人行餘威驚莫避時或作人言猛不如酷吏猛或人敢攖苛恐類無遺一日落平原剛爲柔所躓失勢猶負嵎到頭悔孽積搖搖尾乞憐孰無慈憫意出之陷阱中羅網始脫離詎料放歸山揚揚而得志屢動殺人機獰惡日愈熾忽遇慈憫人感恩都不記幾欲反噬之眈眈恣所視因思殺虎人周處何其摯縛之固其難放焉尤不易縛虎不可寬古有言如旨寄語縛虎人愼莫若兒戲

舟夜

秋舫一何輕難把閑愁載舟師努力壺橋低水半礙須臾夕陽殘幾聲村犬吠溪山若解人十日笑余再

重陽前四日田鶉淵董蒼水張研銘三孝廉招集西郊別業分得葉字

爲愛九峰秋空山吹紅葉況復近重陽閒興擬登躡却喜素心人湖海聲相接昨夜折簡招之子情更協桄榔與荔枝聊取以供饁潦倒忘更深細商今古業朝聞剝啄聲故人齋酒帖日夕出西郊餘

暉照城堞巷曲了無塵張華書盈篋階前水一泓
萬象幽中涉淡艷有籬花開樽映我頰主人何殷
殷最羨田生俠一斗吐豪歌意氣風霜挾下帷著
天人董子何其捷文章有餘光清貧總不厭寒江
鱸漸肥毋勞歌彈鋏四座有高人剪燈話灰劫疊
疊聽玄談不覺清兩脅醇飲遲言歸參橫露浥浥
方入酣睡鄉都忘栩栩蝶陡然一醒來又報吏抱
牒

重陽前三日招徐松之盧文子張研銘田鼒

淵董蒼水吳星若沈彥徵魏惟度趙雙白集綠綺堂以採菊東籬下悠然見南山爲韻拈得然字

西風何淅淅披拂又今年籬花黃數朶乃在重陽前郡齋多閒日聊自理七絃況有盃中物不勞買十千招邀素心侶相話薄暮天爲愛徐孺子一榻嘗高懸松之少陵詩有史玉川手自箋文子審音推季札星若博物有茂先研銘當世重經術名家系姓田著書與身等縱橫如蜿蜒風操十五國大雅不墜焉

原書缺

原書缺

嗟彼雲間鳥無端入樊籠豈不思寥廓毛羽奮未通啾啾數燕雀飲啄郊原中且勿悲同異各自有遭逢

其四

從事三五載于心每忡忡綆短汲深井飛絮豈經風當茲計功日罪且集其躬悠悠人世事所遭復不同慚爲儒者命俯仰一何窮

明妃篇

惟昔漢天子異域事戰攻白登雖奇計權在閼氏

中天子知其爾策乃用和戎妾本良家女今爲嬪
御充嬙凝望恩幸默默對銀釭天子不得見只令
見畫工黃金失顏色自歎薄命紅孤影羞秋月畫
簾鎖春風一日承恩詔粉黛達宸聽呼韓立前殿
行色巳匆匆吞聲泣無用琵琶曲融融陰山苦寒
冷猶喜寵耑宮沙漠供毳帳差勝漢院空使無丹
青誤焉能擅廬穹使在昭陽裏亦與美人同中宵
念知巳恨枉殺毛公笑彼蘇屬國幽窖托雁鴻何
如王氏女單于號令通終身受約束邊塞罷刀弓

能結兩歡好巾幗有英雄可憐麟閣裏不錄婦人功

六君詠

古之忠謫信疑遇窮才抑何可勝述每一展卷徒泼浩歎偶讀離騷鵩鳥賦史記自序諸篇及李杜坡仙全集益悲其志想見其爲人因各綴數言以志慨云

屈大夫原

瞻彼湘澤間有人如蘭芷棄捐在荒郊中懷難自

已鬱結發狂吟忠貞而執履悠悠天聽高勿復世人理悄悄心愈憂清濁辨一死所以厭身輕抱石沉於水哀哉屈大夫汨羅湥無底

賈太傅誼

相彼洛陽區鬱鬱產佳士上書數萬言乃一少年耳學術凌公卿痛哭動天子人生貴相知知屈者不知已夜來席屢前但問鬼神理悒悒入長沙悲鳴鵩鳥至哀哉賈太傅弔湘情何已

司馬太史遷

乾坤多奇氣激注龍門水乃復鍾其人精華更無比文章闢古今天人明奥旨忽遭縲紲中發憤羞輕夗紹述一家言垂成千古史哀哉太史公吞聲蠶室裏

李供奉白

氣豪欲問天但把一盃酥吐口若懸河詩歌破拘束天地廓其懷古今空所矚以兹翩翩才真堪驚世俗具眼識汾陽永王寧失足一朝流夜郎蠻烟不堪觸方知行路難英雄多躑躅哀哉李供奉明

月那可捉

杜工部甫

維昔天寶間四郊多營壘杜陵一書生間關戎馬裏頻陷寇盜中挺節能不委護惜宰相才上書批天耳妻孥常苦饑奔逐瞿塘水身傷浣花溪詩中號有史舉念不忘君悲歌兼美刺白首一爲郎齎志而沒齒哀哉杜工部竟以流離死

蘇學士軾

嘆息古多才每爲人世忌生物無全功不解青天

意倉山有弟兄大蘇尤出類五嶽吞吐間龍蛇筆
遊戲朋黨加渓辭白日爭魑魅放逐楚江濵瓊海
苦安置哀哉蘇學士聰明適足累

舟行

晨興發姑蘇午出錫山道十里五里橋舟過桅眠
倒迅利一溪風百里倐焉到四野火雲飛嗟爾苗
欲燥努力水田車何如天雨膏行行樹落暉但聞
歸烏噪須臾月更明開襟氣浩浩江空駛不停鄰
舟向前導忽忽至毘陵恰巳三更好貪風人得閙

相呼泊城隩篙師睡正酣村雞又曉報

仲冬朱雪田招同魏惟度趙雙白吳星若董蒼水殳山夫吳六益集稻孫樓觀書畫得灰字

木葉脫已盡几席淨無埃兀坐寒暑裏故人折簡來二三素心侶言笑相追陪極目九峯外攜手登高臺樓可眺九峯盡傾笈中秘四壁畫圖開川岳供筆端龍蛇吐墨胎所存先世誥草聖尚書才君先世誥勅皆董文敏公筆曠觀爽心寬萬慮爲之灰冬暉艮苦短燒

燭更呼盃如坐米家舫如入寶山隈文彩光萬丈照座每徘徊因知造物靈賞識匪易哉况君有幽致松筠手自栽七發兼三絶何讓顧與枚尺幅走千嶂烟雲抹崔嵬此技無古人餘子漫相猜歌嘯洽主賓城角嗚嗚催都忘飲醇久小騎不知回

旅菴和尚追臘有詩見貽未及賦答錫山舟次偶憶來韵柬之

春風吹客棹春雪噴江空展轉念高人覺此心沖沖憶自走燕回話我冷齋中鋒機全不露頓以悟

達窮慙媿勞勞者問訊久未通忽當殘臘夜貽我素書筒開緘意良好兼之句能工因知愁潤情彼此能相同偶來錫山道馳焉懷遠公何時心境靜煮茗傾幽衷翹首谷水陽雲外幾聲鴻

▲初夏同尊客過九峯訪旅菴和尚留宿時孫執升昆季朱璞菴何松菴同集次日諸勿菴陸靜持亦至邀酌用杜工部宿贊公室韻二首

役役塵勞間夢繞九峯路喜茲風日佳野航兩人

渡山脚遇雲蹤開襟傾積素况有吳越人良會欣
同趣繙經時掩關茂林寄閒步坐久薦茗蔬遥岑
供四顧蒼茫泖水央禪唄樵歌互歸鳥背夕陽孤
墟抹深樹及夏日初長幽情恣薄暮忽忽月東升
芒鞋濕花露

其二

高人愛地偏道妙領諸静山暝息羣囂天虛散澹
影之子展素懷都忘蓮漏永荒祠見遺哲燈幾碑
井井因知俎豆心今昔同所秉鬱氣接晴湖下方

原書缺

原書缺

明谷集三十五

八閩文庫

福建文獻集成

續編 集部 四七

吴格 主编

文獻集成 371

海峽出版發行集團
THE STRAITS PUBLISHING & DISTRIBUTING GROUP
福建人民出版社

本册目次

緑綺堂暘谷集詩集十五卷存十四卷文集五卷别集六卷（詩集卷四至别集卷六）

[清] 南安傅爲霖撰

中國國家圖書館藏清康熙間刻本

暘谷集目錄

卷第四

七言古

端午行

暘谷集卷第四

七言古詩

晚泛虎丘 丙午

水碧橋橫天半矚篙師努力棹歌聞行行一望吳王墳吳王墳上起暮雲暮雲乍捲疎鐘起引入虎丘最深處千人石畔聽龍吟夕陽在山催客去

宿遷晚眺

北來蹇跡印紅沙遥望南雲何處家城外河澌瀉暮霞落暉山上樹喧鴉偶來高處閒徙倚此地舊

爲項王里項王宮畔草離離天短英雄氣自悲風雲叱咤萬人敵別有柔情泣愛姬憑眺江村秋色裏幾囘惆悵夕陽時

過管公市（有管鮑分金處石碑）

江南三月雪霏霏嗟余行役仍未止舍棹維揚買蹇驢數程忽過管公市許多覇略盡銷沉斯地尚因管鮑紀巋然道口一青碑字鐫分金在於是人生所貴在相知阿堵區區寧足齒果使分金一節奇管鮑毋乃丈夫鄙射鈎已足慰幽魂隱忍成仁

生猶欹匡合競稱天下才當日惟飽號知已飽非多與管非貪事出尋常亦偶爾笑彼范須兩男兒空說戀戀無終始

搗衣篇　己酉

颯颯邊城寒飈起迢迢遠戍三秋裏衡陽鴈過無音書孤月照人冷欲欹枕衾涼薄念君寒金刀試把衣裳理江楓幾葉紅於血愁髮數莖白如絲閨中砧杵風凄切纖纖素手力難支試聽夜深聲斷續瘦怯但願君莫知殷勤寄與行人便傳語何日

是歸期歸期未卜長歎息縱染胭脂無顏色巾袖
斑斑漬淚痕十二時中苦相憶

　細林山盤桓竟日因過陸蘭階園亭

乾坤精氣注三吳處處山明而水劉此間名勝固
云多何事區區傳只九我來欲問第二峰聞道平
原今莫有斯山圓秀號稱神直與佘峰相左右細
林舊蹟辰位居復稱辰兮山亦受乘間放艇探其
巔上有僊人煉眞守窈深丹井鑿天成竹石樓臺
雲入牖翠色平鋪四望中幾欲問天空搔首遙看

原書缺

原書缺

斗射奪帥不可奪匹夫鬼神能泣貫金石毅然一往不顧身甘向夜臺灑血碧雕粱畫棟瓦輝煌偉哉稱功頌德宅詎知炎陽倒冰山化爲丘隴安魂魄後人拆其功德祠爲五人葬地只今江上水盈盈五壘森森松與柏我來此地特拜君碑畔低徊聲欲噎但留正氣歸乾坤剩有芳名垂竹帛果使五人盡恤軀命至今存亦何益君不見古來貪生之鄙夫當前不齒死後斥又不見多少全軀牖下人輕於鴻毛誰嘖嘖秋風悲兮秋月白要離墳上火燐燐夜夜飛

來相照赤

海塘行 有序

塘在華亭之東柘林堡長數十里築以捍海亦如北人席堤以禦黄河也毎秋潮泛決歲爲松患先海勢尚遠外築小城防汛迨屢崩屢築棄土讓流城遂沉没遺堞隱現潮汐中沿塘田畝盡稅波臣且侵及内地演武場之半矣庚戌夏風雨飄漲兼秋來海嘯洶濤拍天塘堤處處告潰城居田

苗多浸狂瀾今雖潮落不大加修舉恐日
泛日蝕安有許多餘地委以塡海也余代
庵水利觀海而作斯行
大江以北患在河歲動金錢築無已築成堤岸滚
滚來千村多浸黃流底豈惟河患海亦然所貴預
防在善始相傳地勢傾東南吳淞直與大海咫潮
汐迴環飛天濤柘林一帶塘作砥山色蒼茫烟靄
中可似蜃樓幻海市故老攜杖向前言山路城堞
陸相邇年來洶湧斷山根百千田畝没于水吞聲

不敢訴波臣賦額空懸苦徵比惟有當年計綢繆禦瀾得策石高壘卽今安堵澤無窮永逸原從一勞爾先年郡侯禹修方公築石塘數里今猶安然民甚德之頻年畚插木千株浮土交加聊塞耳餘塘築以木樁故易于潰幾夜狂風戰怒潮百丈長堤難一抵況值連天雨滛滛內外飄摇易傾圯江城洋溢盡泛鹹稻種豆花都淹敚小民入縣哭切膚堪笑吏胥視故紙從容集議派徭夫朝朝下令欲修理可憐修理全無期吏人持牒遍郊里始知防患貴防微若至瀰漫功倍蓰我來奉

檝相其形匹馬孤帆簡役使披星沿岸走西東權衡繩尺躬自履審勢當先順其流正如矢曲而新徙此塘視之作屏翰大費經營宜急庀于今正及農隙時剋乎三冬水涸矣君不見古來盡道海成田何意桑田翻海裏金山縹緲海中央歷劫千年長作峙魚龍走險窟溪波朝昏吞吐風雲起蘆葦參差没水鷗饑溺懷切抱憂杞

閲海塘自金山柘林馳至青村日云夕矣隨次高橋小菴窗外籬花數種舉酒酌之不

覺忘疲

吹殘紅葉冷江鄉閒鷗征鴈秋幾行我來問訊到海疆數山隱現在波浪萬里碧天水湯湯有時海嘯漲高岡維昔綢繆卜築防植堤萬丈比金湯今年風雨旋不常激怒波臣氣猖狂其勢洶洶堵莫當江城瀰漫欲滄桑泛溢鹹潮損稻秧有秋無粒失所望苦飢又苦逋官糧欲剜無肉徒呼搶蛟宮魚國斷片航近聞弛禁網鱖魴朝來攬轡走沿塘安瀾無術歎望洋烽墩斷岸白日荒渺渺烟村又

夕陽征夫告瘁我倉皇忽過高橋宿僧房沽來濁酒盡一觴煮熟蟹螯潦倒嘗得醉拋却事茫茫慚愧窗前幾朶黃三徑羡君晚節香悠然相對立籬傍花如解語笑我忙秋風凉秋月光欹枕蕭踈秋漏長起步中庭自徜徉

塞外曲

投筆從軍萬里征十夫長豈勝書生幾回破陣天山去何日能遂玉關情玉門關外風色異六月枕戈多寒意邊城一夜起悲笳羸得征人千行淚千

行淚灑已心灰塵頭忽見羽書來號令萬夫齊捲甲銜威酣戰聲如雷如雷戰罷唱凱歌馳驛捷音走如梭功成營壘明月夜照見沙場白骨多

虎丘清明行 辛亥

虎丘烟樹翠如沐況值中丞初禁肅江春艷媚放清明金閶人滿山之麓油壁簾開墜馬鬟肩挨紅袖蹴新蓼一江簫鼓畫船來水面錦帆相摩逐齊上天門燕語喧千人石畔絲與竹蘇州太守復行春喝導荒壇禳厲族塘西更有塚纍纍風吹紙錢

原書缺

原書缺

出瞿塘冬水平鷃鴟洲航去若駛扁舟日暇好著書峨嵋天半看晴翠君不見化蜀古來說文翁更有相如建節使只今獨有飄零人別緒臨風欲沾巾捧腹自知逢時拙何用尊前悲沉淪第一峯頭送君去鷁首歌吹入灩澦出爲郡守入公卿前席他日看借箸

夜泊對月理琴

風清露冷孤月白螢火飛飛浸波碧空江不放輕舟行高橋横鎖浮木柵長嘯一聲欲薄天天上銀

河落咫尺鄰船琵琶與箏簫嘈雜聒耳神不懌須臾四字悄無人幽然未甘就枕席起坐獨把素琴張金徽玉軫氷絃拍悠揚清響咽晴川萬壑千濤指下割當年有客號能彈過我清齋鼓餘夔千載賞音稱子期廣陵絕調追中散良宵爲鼓一再行好如孤鶴唳碧漢有時忽操流水音鳴泉百道瀉珠璣換羽移宮入高山懸崖峭壁插天半更轉別調聲入神我聽移情長三歎指上匣中理難明我亦安絃學操縵有音無字太古存去我龐心調柔

颸祇今鹿鹿走風塵舊時吟揉聲中斷茲宵恰喜月當頭一葉飄飆維溪岸爐香未歇燈未殘閒拂焦桐舊譜按一彈再彈曲未終掠舟失聽叫驚鴻可憐關山滿明月烏鵲南飛唧唧蟲七絃聲罷鄉愁起羈客斷腸淚夜裏金風拂拂吹我衣參橫月落且栖止

秋夜鄉思

天風西拂報噓秋碧波丹樹白雲浮河山兩地望明月不見鄉關使人愁候雁驚寒南飛去樑燕整

羽歸故丘昨朝鄉書天外至問我何爲尚淹畱城
角鳴鳴五更裏羈人夢斷雙淚流歸去來辭翻讀
罷江天日暮畏登樓

其二

生憎世路久多艱交情無那雨雲翻山川草木多
零落可憐遊子未知還荔支有夢辛六載鄉情夜
落黯澹灘嗟我飄零無栖止吳江雲水隔閩關相
思相望積晨夕添我顦顇損我顏我顏顦顇非所
惜離愁惟恐會合難安得南飛雙鴻鳥隨風爲我

寄素翰

其三

火雲西逝匿無威，孤月皎潔照牀帷。中庭獨步攬衣起，感嘆年華去若飛。飄飄白露濯衆草，羅衫窄袖西風吹。悄焉引領望天末，千重雲樹蔽鄉闈。歸期憶訂蛩聲裏，東籬又報黃花肥。不羨蓴羹鱸魚膾，願隨明月照親幃。含情欲訴不可得，中心愴焉欲歔欷。欷亦聽人言，佩萱草百憂轉集願已違。

其四

客歲招邀吳江行孤舟蟋蟀枕邊鳴風物依稀忽成昨鹿鹿都忘歲月更日來姑蘇頻放櫂八月江天氣正清候蟲知時宵唧唧斷續彷彿去年聲轉動愁思千萬斛又催遊子故園情浮蹤無着安所適何時南畝學躬耕衰親稱子牽念切地北天南隔弟兄數載鄉關變蕭瑟中夜起坐如懸旌

壬子春陪祭宋鄭一拂先生先生上流民圖祠在清涼山先生讀書處

清涼高壓石城裏中有孤祠依然歸問誰祀者鄭

介公云於斯地舊讀史憶昔臨川秉軸時一見先生欣然喜先生若肯稍委蛇身名寧直監門爾四郊新法與一朝流離起民饑民寒叫九閽大臣小臣空唯唯先生見之獨驚心急繪成圖擅投匭可憐抗疏竟留中果信忠言能逆耳直道難容古今悲空餘一拂供行李異代猶存俎豆心蘋蘩肅薦春秋簋階前穆穆駿奔人余也不才忝同里盥衣澆酒拜先生落落無成羞後死先生監門之小吏丹青寫濺着生淚祇今災祲苦頻仍安得先生上

封事

小赤壁得壁字

閒情常愛結烟霞時多逸興親杖錫招攜勝侶九峯巔晴翠諸峯光欲滴橫雲山畔石嵯峨幾度登臨恣遊歷谽谺嵂崒中玲瓏疑爲神劖而鬼擘嶭合藤封不記年隙泉竇乳鳴淅瀝忽渡小橋坐危樓爽氣盈襟塵胸滌遥問茲丘得何名主人云爲小赤壁我聞當年在武昌賦詩豪氣真莫敵鞞鼓連雲驚鴉飛一夜周郎燒戰艦復聞蘇子最風流

泛艇歌呼客吹笛只今不改舊山川日夜空餘水石激楚江自昔擅大名此豈小哉聲寂寂因知五岳乾坤中誰爲大小强分晰

端午行

余丁未四月履雲間有稱五日龍潭極盛竊欣然適充試役入澄江不及觀焉戊申部運值河決滯淮安五日巳酉燕囘五日次宿遷庚戌暮春泊姑蘇清理積逋五月下旬方歸辛亥脫然夏初入金陵聞京口

龍舟盛甲三吳買棹過之數載鹿鹿竟不及過龍潭觀所稱五日之盛者壬子五月三月孟緣思別駕招同高君擎司馬泛舟龍潭至期大將軍王公出遊泖口龍舟百戲畢集傾城出觀士民雜沓放舟而九峯薄暮興盡噫所稱盛若此故作斯行

薰風五月吹南牖庭槐綠泛一卮酒千家画綵艾盈門續命色絲纏在手白龍潭外水空流年年此地競龍舟珠簾半捲飄紅袖娖妹相呼上小樓翠

鈿畫舫濤波裏急管繁絃天際起蛟兒螭孫噴雲霧何數姑蘇與楊子憶昔我來四月初烟景依稀半不如旁人猶道風光好澄江一棹隅旬餘多才從昔推吳地百戰場中爭拔幟五月君山吐筆花自是文章供樂事歸來已値炎伏天不見笙歌雜酒船空對芙蓉青九點芳時虛度最堪憐隅年輸輓貢天倉輕航重五滯淮揚雨雨風風堤岸裂黃河倒瀉撼千鄉千鄉萬戶盡飄溺吳江翻變楚羅汨但聞號哭滿蛟宮那見人間有龍艦勞勞兩度

經燕市烟雲歲月夢中馳歸心畏聽採蓮歌此時還在項王里宦海風波飄一葉忽復無端攖郡牒積逋剔理如亂絲況罹巨浸失民業席不遑煖五馬堂湖山那肯放蒲觴聲聲鼉鼓報端陽可憐此日泊金閶年來博得此身閒孤舟載月問鍾山客途又近天中節鐵甕城邊獨往還聞道京江風物麗千緡萬緡猶不計裝成鱗甲點睛飛巧奪天工驚異製錦纜華筵遍水濱是中亦有飄摇人金焦兩點浮江上鐃吹聲中倍愴神興廢榮枯安可期

眼中之樂眼中悲千秋歌舞歸何處那得繁華似
昔時落落仍依三泖畔鱸肥蓴美鄉思亂五斗何
如三徑幽江樓幾度羈王粲紫燕喃喃旅舍中愁
無雙翮趂歸鴻數年有負荔支約又見榴花應節
紅佳辰無計遣愁開忽報使君酒檄來隔岸紛紛
喧畫槳風流司馬喜追陪將軍大纛臨江館西郊
人擁方塘滿數聲畫角走魚龍騰翻百戲波聲斷
龍舸風幟鼓淵淵建瓴倒酒如飛泉無數紅粧喚
小嬪容賞嬌花服賞霓前隊臂鷹觀獵罷遊人歸

盡暮雲低吁嗟乎年年虛度此端午今日推篷沿
江滸月靜歌殘彩鷁空誰能繪此繁華譜吁嗟乎
十千浪費買歡娛官吏催租索舊逋

暘谷集目錄

卷第五

五言律

王家營阻凍

至寶應買舟夜行

雨泊露筋祠

十六日舟至揚州

山東道上雜咏六首

不寐

晚泛虎丘

秋泛

夜泛

秋日同趙雙白郭在菴泛棹横雲山二首
閲趙雙白郭在菴和詩再疊前韻二首
舟夜聞蟋蟀
又次趙雙白韻
拉趙雙白郭在菴泛吳門
亂中懷卓尚如
尚如有母兄之痛却寄
送李元星歸泗州
又次趙雙白韻

中秋前二日同趙雙白郭在菴過姑蘇將

泛虎丘阻雨

諸子雅集龍潭陪旅菴和尚齋余不能赴

雙白拈心字索詠因賦二律柬之

徐松之客一覽樓九日索咏分得東字

十四夜泛黃浦將視海塘

舟夜

夜坐聞鐘

偶興

五

原書缺

原書缺

宿常思嶺下僧獨脫攜茗聽琴

此日兼程至，夕陽照遠岑。茶香僧餉客，夜靜月窺琴。獨脫塵中事，常思嶺外心。秋聲多在樹，爽氣簟邊侵。

十五夜宿南臺市中

三山城外宿，不覺是中秋。樓小思偏遠，市囂夜始休。閒情方咄咄，世事盡悠悠。惟有當頭月，照人無限愁。

三山懷蘇道建

不能刪底事敢勿聽君歸期子來容易奈余望入微江聲翻葉冷秋色趁花肥時憶艮朋至雲邊數鴈飛

舟發南臺

萬里從斯別征帆縱所如溪邊沙印鴈水底鳥晰魚行客三秋外前灘百丈餘舟中無别事袖手讀稗書

晚泊去水口里許值晚遂停

通津聞水口夕照不兼馳奈此灘頭急其如舟子

遲看花初倚岸泊艇共開卮野渡黃昏外何妨寄石涯

舟行即事

碧川秋色好欸乃落殘烟鎮日蹲身坐終宵屈足眠舟懸人背上石破水聲邊百折高灘險前溪遠接天

其二

山氣能明水逆流一棹遲朝行聲戒寂晚泊纜相維每數灘高下皆從石險奇漁人閒擊楫溪影沒

鷗鷺

其三

連日沿溪岸孤舟爽氣凉琴聲怡月碧水性識茶
香欲晩山猶翠溪秋鴈正翔客帆千里外烟樹自
蒼蒼

其四

溪中秋一片昏曉冷加穠影共雲離合聲隨灘有
無貫舟穿石險問渡隔川紆覽勝頻停棹招招我
友須

原書缺

原書缺

其三

弱栁風披拂御河垂綠絲寺僧豪不俗家僕老猶癡睡每因春熟坐偏向外馳將何銷旅恨聊取一樽怡

其四

頻起故園興踟躕欲賦歸鶯雛穿柳動燕子逐風飛客苦他鄉異春驚此月違於今無一是誰覺昨來非

其五

纔拂春光好欲殘愁莫刪吟能銷白日花可照紅顔鳥語朝昏際鐘聲斷續間歸樵應有意回首隔千山

其六

不歷雲山外何知爲客難向僧誰問訊讀古毋嗟歎性拙非關嬾日閒未服官且攜柑共酒春墅𦐂堪餐

其七

一寺幽無極撚鬚學苦吟客衣縫舊綻春樹發新

心取醉酒欺量繙書字隱蟫他鄉知已少旅色問
床金

其八

布穀高低唱催人南畝耕踏花香在屐按譜指傳
聲春換渾如瞬心懸果似旌京塵行染袖偏惹旅
魂驚

初秋和道建韻

半片秋方着高桐葉落初理絃多雨後得句覓詩
餘畏聽欲歸鴈善忘纔讀書每因中夜月時憶故

鄉廬

秋晴和道建韻

三秋皆雨積不意久能停天氣忽然白山容分外青捲蓬初曝史迎日乍開檽鳥亦欣晴霽枝頭語可聽

九日發棹張家灣步蘇道建韻

客久言旋喜黯然別亦傷孤舟琴一友兩歲客重陽未盡秋容好欲歸鴻影翔晩天開擊楫鈎月照人涼

舟次和劉伯啓贈別韻

秋盡冬暉冷前川色欲班每憐人北望聊趁鴈南還情急舟偏滯宦遲歸較閒六時聲在水假夢入關山

臨清待閘

計程催解纜不意竟停斯流始截高下城緣濬遷迤鄉思同水急舟子奈關遲待匪朝伊夕頻撥放閘時

過安山閘霧甚

河干漸短夢放閘恰晨征霧忽連天蔽舟還逆水行岸人稀辨色雲鴈但聞聲向午日光拂山顏入棹晴

舟次阻風雪

似此舟程滯不禁歸思濃河迴頻曲棹水溜反停颷忽見舟中雪方知客裏冬如何終日泊淒鴈數聞嗺

舟塞

快行分水後無奈亂帆壅天載孤舟雪人經半月

冬相㫁難寸進一望隔千重問渡淸波外前川鬧

又封

十月十五夜達濟寧是日小雪河已氷矣

隨地津皆閉歸遲氣欲蒸今朝方小雪入夜已多

氷人凍牽舟怯更殘泛月澄壢中聞達濟遙聽岸

鷄膺

舟過南陽夜行

皆云歸棹快翻覺滯多旬夾岸河分地孤舟月浸

人連朝辭北渚乘夜過南津是處多殘雪光寒白

似銀

舟停清江浦適張弢熈曾冑鉉陳孫在南旋相遇遂買舟同行

有似萍同泛相逢豈偶然惟余方惜別諸子亦言旋水折征帆滯津遲待客還剪燈樽酒話却喜覔歸船

過韓矦釣臺

惟矦眞國士舉足判亡存淮水蒼天碧釣臺白日昏空遺千古恨誰洗一時寃長信宮中草萋紅帶

淚痕

過漂母祠

秋波雙俠眼別具識王孫進食偶然事酬金豈曰恩重來經此地過棹揖其門二母知興廢當時並足論

經高郵湖去年是日過此念之惘然用舊韻

去載同今日於湖匯偶然村城多傷水峙塔半凌烟兩度孤舟客皆殘十月天宛如滄海外掀浪白無邊

過金山

欲尋泉第一舟子共招招山勢全浮水鐘聲半混潮好遊同夢幻斷梗逐風飄隔岸人烟樹登樓入望遥

江郎石

突然峰勢削勢直欲天參時見石離合皆從人北南崚嶒誰與伍奇幻自成三兩度看晴翠徘徊興不堪

曉度仙霞嶺

高日未開曙霜痕印客蹤懸崖垂古木激水舞輪春百折通雲路數聲度嶺鐘山黏天一氣最上又重重

建溪舟霧

冬晴霜拂纜霧復塞溪濤不辨江山色但聞水石音停舟續曉夢待日掃天陰霽矣風催棹灘灘破客心

清湖待舟江山邑矦見贈走筆謝之丙午

待渡清湖上征心繫不留穿雲聞過鳥隔岸問來

舟爲藉片帆力才凌兩日秋採風碑有口五載邑中侯

騾輿

舍棹程伊始河流逶曲渠曉天催放轡騾背策肩輿轉徑疑旋屋迎風恍御車不勞鞭在手略得臥披書

次沂州

遥見東山翠村烟半渺茫乍晴秋野濕向晚水天凉城近馬蹄疾日低人影長不堪樽酒盡醒後是

他鄉

人日雨雪宿紅花埠次道建韻 己酉

驛路逢人日，輕輿策八蹄。客心歸似箭，春雪踏成泥。東國山川盡，南天雲樹低。紅花埠爲東南分界 敵寒燒榾柮，呼酒且相攜。

王家營阻凍

何意春寒甚，陰晴事不勻。但飛南去鴈，未渡北來人。氷雪膠河口，風烟冷水濱。荒村聊再宿，暫以息勞辛。

至寶應買舟夜行

陡覺江南異河冰漸次融欽辭驢背日喜借棹頭風夢穩五更後舟行兩岸中秦郵賒斗酒雙頰映燈紅

雨泊露筋祠

不敢貪程去湖昏泊正宜踏泥探勝蹟秉燭讀殘碑細雨疏鐘後孤舟殘夜時遥思千古事多少屬蛾眉

十六日舟至揚州

維此繁華地頻年到已曾偶遲今日棹有負昨宵燈逢世思皆拙買書讀未能驅馳舟子穩坐久亦生憎

山東道上雜咏六首

謾說風塵慣頻驚客路行郵雞催起早籬犬認來經草故當春緑山尤帶雨青主人能不俗有子讀書聲

其二

渺茫雲樹裏復見一孤城馬瘠猶支站路岐數問

程梨花浮月白麥浪漾春青相識故鄉去爲言又
入京

其三

擾擾飛塵起如從積霧行土風隨冷煖天意每陰
晴設鑰關常早懸鐘警未萌北地城門多閉數里置鐘殷勤村
店子猶寄後來聲

其四

千里關河隔鄉書寄莫便已曾嘗魯酒初學酌閩
烟春雨方晴後岱雲欲暮天古來封禪地繹絡稅

原書缺

原書缺

秋苔濕千人坐泉傾一劍流山雲封渡合塔影望悠悠

諸子雅集龍潭陪旅菴和尚齋余不能赴雙白拈心字索詠因賦二律柬之

二陸讀書處今爲獅子林小崑山即第九峰名山空瘞玉長者復鋪金鶴認貧官影雲知聖主心萬松何日種分我半峰陰

其二

憶在先皇日玄風起上林百城烟水滿三殿雨

花溪黑髮還山臥青溪刺艇吟孤雲原自在來往亦無心

徐松之客一覽樓九日索咏分得東字

尋秋逢九日看菊過籬東砧杵千村裏江山一覽中閒情憐落葉鄉夢趁歸鴻孺子有高致登樓句自工

十四夜泛黃浦將巡視海塘

料理安瀾事慼余術未工掛帆秋夜裏欹枕櫓聲中一片金山月三更黃浦風滄波誰砥柱何日報

成功

舟夜

江空舟泛泛風景又初冬世事驚雙鳥生涯寄九峰喜看今夜月遥聽隔村鐘半枕頻翻夢寒燈獨翦慵

夜坐聞鐘

孤舟收夜氣鐘動更情閒響處穿雲冷聲來雜水潺已知經遠刹不覺撼空山蛩咽寒郊月徘徊興莫删

偶興

可似凌風棹飄搖未有涯夢寬仍塞馬心緒半杯蛇病懶腰難折牢愁手自叉不堪樽酒後幾樹夕陽鴉

遊虎丘次韻

聊爾尋春至招邀過此丘山痕青在寺水色綠環洲歌舞銷千載乾坤放兩眸歸帆銜夕照泛泛逐輕鷗

過辰山 是日山上賽會

細林山最勝不愧九峯名竹石渾無恙煙霞倍有情人叢喧鳥語村鼓亂鐘聲半榻茶蔬後輕風拂棹晴

今古

今古多如此生涯正渺茫祇應安義命何敢嘆炎涼難忍英雄淚易牽兒女腸水雲隨去任却戀荔枝鄉

緑綺堂暘谷集卷五　五言律詩

暘谷集目錄

卷第六

五言律

六月廿四日集荷花蕩

郭在菴回矣又至

寄訊趙雙白病

歸舟過崑山

崑山崘

青溪晚泊

過干山

立秋日趙雙白同岑青嵒過訪即席拈秋字二首

送杜于皇

人日之姑蘇二首

舟雨

將至毘陵阻風雪

懷趙二火

舟雪二首

泊常州

敲冰達雲陽

東蔡宗綖二首

暘谷集卷第六

五言律

辛亥春懷三十韻

一東

身世今何似飄飄類轉蓬波瀾生陸地成敗失英雄天意渺茫裏人情變幻中窮愁原有命未必著書工

二冬

如我眞成拙都敎百事慵風塵銷壯志出處信浮

蹤畏路終難涉愁城未易攻瀟瀟春雨後夢斷數聲鐘

三江

退衙常自恰歸與正滄江只合耕南畝差能臥北窗側身天地一橫眼古今雙幾度將騷反牢愁總未降

四支

春事闌珊去那堪聽子規無才翻見妬有罪豈求疵風雅開新社兵戈老故知好尋魚鳥伴去住不

相欺

五微

久負荔支約寧貪鱸膾肥歲荒民命賤官罷故人稀身世浮萍泛春風乳燕飛幾回鄉夢後翻訝未成歸

六魚

連朝風雨惡高枕獨踟躕愁極嫌身世道窮任毀譽方添離別恨相慰弟兄書時方遣眷得介如弟補同州信料理數間屋將尋舊釣居

七虞

近得故鄉信方知三徑蕪侏儒多飽飫陶令亦饑驅談笑猶兵甲乾坤只轆轤九重宵旰切猶繪太平圖 時賑淮揚

八齊

値此驚心際春鵑不佳啼療愁寧有藥得句又無題親串多湖海鄉關尚鼓鼙縱能盃在手未易醉如泥

九佳

大破誰能補終難信女媧囊空羞結客尊滿強開懷世事全無着吾生未有涯倘容歸夢穩山水恣芒鞵

十灰

熱腸雖百煉今已半成灰天故吝清福世應棄不才孤琴山水調尺素雁鴻廻彭澤休官後東籬菊自栽

十一眞

最喜梁間燕猶依失意人月同千里望家結九峯

鄰濁酒難銷塊青山不賣貧淚更燒短燭各自話艱辛

十二文

猶作殊方客眞令氣欲焚百年渾短夢千態等浮雲鳥沒殘陽下帆歸隔水分玆然身外事涕淚不堪聞

十三元

有客憐同病談淚欲斷黿頻年多負罪此日敢稱冤聲氣惟吾道山川只故園滄州長歎息孤雁叫

黃昏

十四寒

乍脫塵中網悠然天地寬上書憐賈誼彈鋏笑馮驩冷煖成千古浮沉信一官那堪惆悵後花落鳥啼殘

十五刪

已無鬬剝啄何事掩柴關魚鳥容人狎風波放吏閑故知成白首歸計賴靑山最羨輕雲影無心任往還

一先

慚無逢世術骨相苦迍邅奕陣千行變詩城五字堅春殘芳草地鴉亂夕陽天細數英雄事由來不受憐

二蕭

邇來應閉戸況復客無聊黃鳥綠楊亂蒼蠅白日驕天高寧可問寃斷不堪招欲把閒愁遣重重似剝蕉

三肴

原書缺

原書缺

已知天地大何處可登臨頻讀去來賦偶彈山水音鄉關生涕淚蹤跡任浮沉歎息千秋事二毛已漸侵

十三覃

怴逐成何事可知懶弗堪馬羣憐冀北鱸膾憶江南有癖將爲累無才豈濟貪惟憑來去雁好寄故鄉函

十四鹽

入世如孤棹江風已倍嚴事常難得意吏不可爲

廉酒熟頻搔首吟殘數斷穎清宵閒獨立又見月痕添

十五咸

翹首雲山外空江待挂帆人烟新薜荔蓬徑老松杉骨傲腰難折時艱口倍緘忍將貧宦別江燕故喃喃

張南村雪中過訪

相過風雪裏不異剡溪時署冷逢人熱盃殘識字奇六朝推大雅三泖慰新知頻剪寒宵燭讀君懷

古詩南村刻有唐風懷

望家信

二親頭盡白，遊子未言歸。已悞毛公檄，正慚萊老衣。年衰良苦瘦，病減半甘肥。願得加餐信，雲淡望入微。

遣眷歸籍

五年峯泖客，歸計正蕭蕭。兒識別離苦，我慚定省遥。夢翻閩嶺月，淚迸浙江潮。余送至錢塘絮絮言難盡，頻將短燭燒。

其二

江上欲爲別依依倍愴神勛名灰譴吏風雨黯離人帆影山低越雁聲夜近閩叮嚀朝夕裏善慰白頭親

送璟卿叔回閩次留別韻

可知歸計好二夏故轔轔離別情何似艱難語倍眞還家先入夢作客暫依人如問泖峯信名根道已陳

其二

丹霞聊寄跡去住不相嫌叔僑寓漳州官舍蕭蕭冷離愁絮絮添鄉邦猶帶甲風雨半吹簾偶作依劉計多情兩淚兼叔舘華丞劉子玉處

送郭在菴回里前韻

旋家先有約夌暑獨轔轔共歷風波慣始知情性眞短長臨別語悲喜欲歸人如我宦遊事稓君細細陳

其二

多情惟有道冷落不相嫌作客湖山濶登樓詞賦

添江風吹短櫂夜月倒疎簾欲趁荔支約歸程好
幷兼

青浦舟中次璟卿叔韻四首

年來頻過此殘邑夕陽中牛挽雙輪水（時苦旱多用牛車水）山移一櫂風蚊聲欺夜黑螢火亂江空今古滄桑事何須歎轉蓬

其二

此身同不繫况復在舟中雲壓孤城樹人欹半枕風歲荒良政拙征緩奈民窮一話清溪上明朝又

掛篷青浦水荒後凋殘難繪邑令王幼扶過談甚苦

其三

細數年來事，飄搖幾夕朝。雲根封㙮影，吳語雜鄉謠。小縣惟愁賦，大江又落潮。孤舟城外泊，夜柝鎖溪橋。

其四

蕭瑟今如此，夢殘記昨朝。銜盃緐楚賦，問渡解吳謠。山暝縣樓閉，雁歸鄉國遥。數聲鐘到枕，偏動客無聊。

聞蟬璟卿叔索和

六月胥江寺幽棲借一枝聞蟬催客句令我屬詩思葉底依稀濕風前斷續吹寒林蕭瑟後默默爾何爲

聞鳩次韻

陰晴頻喚喚天意最難分毛羽猶長歎滄桑那可云叫殘三夏雨飛亂半山雲寥寂如相慰嘵嘵慎所聞

其二

掩門深處坐鳩語正凄凄紫燕低飛水綠楊斜拂隄寬清山雨後聲歇夕陽西已覺天難問晴陰故不齊

又宿天妃宮

半載三過此周旋不厭頻寺留風雅客魏惟度留此刻詩僧數去來人雨挾江聲亂鐘催夜色匀堪憐清夢後猶未息勞辛

同吳星若家璟卿叔過虎丘遇雨次叔韻

虎阜蒼茫裏雲深一徑遙香寬烟漠漠霸業雨瀟

卷六　五言律詩

瀟雁濕天昏寺蓬歛水礙橋莫嫌遊興阻爽氣望中饒

同吳星若過顧云美墖影園次星若韻

結廬幽近寺犬護舊籬門聊買虎丘櫂相過墖影園（園近虎丘墖常倒影）逢人皆白首聽雨欲黃昏偶訊生涯事平安報竹孫

雨夜坐天妃宮

渺渺吳江水飄飖忽數年向僧頻借榻愧我未歸田燈冷三尊佛雨寒六月天蚊聲何刺刺中夜不

成眠

聞蟬再用璟卿叔韻

頻泛吳江櫂孤蟬隱樹枝數聲驚物候兩耳慰人思吸露憑高响乘風任遠吹知君相警意勞碌我何爲

其二

空山雲落影蟬噪綠楊枝最愛依稀韻能生縹緲思風塵高樹寄天地一聲吹今昔淸人世寥寥羨爾爲

螢火用杜韻

趯炎羞白日故爾傷宵飛焰冷伏天氣光添舊草衣迎人三徑曲着影五更微點點來相照飄搖客夢歸

其二

豈甘終泯泯翻自暗飛飛隔紙能窺字穿簾巧觸衣乾坤同影幻星月借光微千里閩關夜照人猶未歸

訊林青渭任江都先爲蘭谿丞

繁華非昔日腰折飲水人蘭水風烟舊江都雨露新訟庭留鶴影花縣結詩鄰廿四橋邊月相思入夢頻

舟夜

鄉愁刪不去何日慰相逢層墻孤城隱板橋斷岸通雁歸鐘定後大吠月明中夜短偏難寐搔頭問太空

雲陽

雲陽頻放棹祛暑數推篷混跡水雲外羈身天地

中盃殘雙眼白夢斷一燈紅相對弟兄話所遭歎不同

無錫晚泊

頻過二泉地扁舟夕照停城根涵水氣墻尾倒溪形酒每沽三白峯猶望九青納涼人露坐撲扇亂飛螢

西施

沼吳當日事休盡怨裙釵生聚關天意戰爭適亂階鴟皮浮霸業烟水嫁名娃歌舞銷沉後難教姓

字埋

虞美人

空詑萬人敵虞兮泣數行關中灰霸氣垓下起歌聲不解英雄輩還淚粉黛情至今芳草裏猶博美人名

昭君

難得乾坤意鍾成一美娃君王原愛惜畫匠故安排長使金鑾鎖空敎玉貌埋千秋青塚畔夜月照裙釵

綠珠

季倫豪舉甚十斛買名姬金谷香殘後玉顏冤斷時財多身爲累情重夙相期早識君侯誤墮樓悔巳遲

大眞

烟鎖馬嵬驛傷心冤未歸洗兒方買笑征騎巳塵飛七夕人間語六軍閫外威可憐天子貴無計解楊妃

六月廿四日吳人畢集荷花蕩余招魏惟度

原書缺

原書缺

茂建堂曰栖鸞後陛扆亦建亭曰公餘風
月遺址尚可考也　本朝簿衙燬於兵缺
又奉裁廨署遂不可問順治九年協運乏
人復設主簿來者皆僦民居即今縣宇傾
圯廊舍頽壞官蒞事於風雨日星之下吏
抱牘於草萊瓦礫之旁竟未有起而脩之
者良以賦稅繁重考成嚴迫官斯土者汲
汲乎不能瓦全之慮故傳舍相仍苟可而
安之也夫縣令爲天子牧民爲軍國治賦

至不能蔽風雨則自縣以下而丞而簿而尉益難乎其爲居矣余觀四郡縣治今日皆然不特華亭一邑已也吾鄉黃辛子少年明經得李銜不任改廣文將大成其志屈於側陞華簿受事以來亦栖止民居職雖兼水利然爲協運而設所重惟在白粮每歲收東春辦則在倉銜尾揚帆則在舟盤壩交倉則在京邸其在署也年不數月月不數日葢亦忘乎其爲官署爲民舍矣

庚戌冬辛子運竣南旋慨然曰一官鹿鹿視同傳舍奈何并傳舍而無之豈非余之責耶於是請之縣令郡矦鄉士大夫庀材鳩工因舊址而重搆之不三月而成仍顔其堂曰栖鸞庶幾復簿廳之舊也古者官必有署不雜於民重案牘慎關防專職守也兵燹以後毋論創建維艱即官舍中欹楹破壁置一椽舉一瓦以時補葺亦幾幾乎難之今辛子官於斯九有餘載四運奏

績較俸已踰瓜期考最應有異數縱賢勞
借冦亦不能長畱峯泖間而顧不計旦夕
而計久遠毅然力爲之使數十年廢址頓
復舊觀賢於世之苟安傳舍者遠矣鄭陸
二簿豈得專美於前哉昔崔斯立爲藍田
縣丞盡去牙角一躡故蹟破崖岸而爲之
對樹二松日哦其間韓昌黎爲記其壁余
何人斯而記華亭簿署也因郡人士詩歌
以落其成攷揚言之如此至工費楹數與

建年月辛子自有記

次張豫章韻

疇昔棲鸞地於今復煥如天津清輓棹谷水碧環居采菊新開徑種松暇著書幾廻風雨夜遮莫損氷餘

其二

新築多捐俸買山曾費錢臣心誠似水王事獨勞贒鶴影窺琴靜花陰覆石偏江湖波正濶萬頃待横舘

次盧文子韻

數載民燗熟今來闢徑幽官忙千畝粒署冷九峯秋白苧城中樹黃河天際流退衙書簿簡淸與白悠悠

其二

已識侁香意一枝聊借棲北南官鴈燕山水客航梯粉壁雲烟起華堂吏士躋知君師柳下臥理夕陽西

其三

寄傲堪容膝悠然時放吟雀羅張粉署秋月徹氷
心叔度波千頃嗣宗竹一林豈同傳舍者於世任
浮沉

其四

鳥雀欣堂構翛然逸興生風流爭短簿詞賦壓長
卿酌月杯常滿干霄劍自鳴數間新結就前後共
垂名

其五

安席几時拂彝琴張爲政傍花縣尋詩結草

筆文心勞鬢白山冬夜鷄黄如我真成拙眠高懶不妨

其六

相識宦途者今時不賤儒天人徧董策山水愛倪迂衙鼓催銀漏輿聲起玉壺考功應奏績黄霸股肱需

其七

靈運風流甚開山恣屐遊眼空知阮傲腰折累陶幽署闢兵戈後名爭鄭陸酉官廚需玉粒天意轉

成秋

其八

公餘風月址灰埸此重開輸輓千倉滿驅馳九載

催客豪頻下榻官暇每登臺喚鶴皐亭外新齋清

夢廻

重陽前過尊盧趙雙白留飲

身閒多病後乘興問西疇書幌潮通几烟村稻熟

秋花黃將照眼雲碧毋隨鷗又報重陽近相看半

其二

柴門幽在野一言故人留酒熟肴添蟹詩成客和秋青嵒在座出見懷詩因用其韵夕陽蟲語亂城堞角聲愁先訂登高約九峯碧似油

次青嵒見懷韻

白苧逢君日時招郭外舟休官宜采菊作客共悲秋盡室雲間住少年洛下遊江山供筆健杯底散滄洲

過金山次璟卿叔韻

棹中流泛頻年過此間大江吞鐵甕幾疊嶺金山千里諸長塹六朝舊重關塔尖餘夕照小島踏雲還

揚州賦送璟卿叔之同州

偶放金焦棹翻然事遠征一鞭敲蹇跡五夜怯雞聲臘雪探西岳春風度太行叔將往汾州那堪分手後雲樹壓蕪城

賦送杜于皇

聞名年過廿載[illegible]永同萍跡九峯外文心八代

五言律

中秋愁殘 江風湘澤參詞賦杜陵老

益工

壬子人日之姑蘇

故園歸未得卒歲嘆勞薪春動風辭臘桃懸節屆人琴樽操虎阜煙樹出龍津白龍潭放舟如我飄搖甚乾沖愧此身初六日立春

其二

浮泛生涯事姑蘇望棹頻江山猶作客歲月知人隔影牽秦楚世朋弟在同州夢魂遲越閩擬詩[illegible]約

原書缺

原書缺

次韻

停揚州次道建韻

有懷黃述之少叅

遊牛首山同道建用壁間韻

到署二日復有燕行感賦

表叔留穆夫將南回省親余適北行同至
京口而別賦送

送蘇道建歸里

卷第七目録終

暘谷集卷第七

七言律

夜泊焦溪理琴垂釣 甲辰

空山萬籟寂初更碧水聲中一棹橫客欲破寥琴作友舟因停夜釣爲情居然谷響兼魚聽況復人閒對月明坐覺溪涼秋氣肅松風入夢旅魂清

九日建溪舟中

木葉蕭蕭爽氣涼溪風溪水曙重陽黃花放岸爭秋色白鳥橫空掠客航無那浪遊依短鋏可堪拏

楫在他鄉灘聲半落疎鐘外遠送漁歌過耳傍

舟達浦城

曲曲溪流逆上灘孤舟乍喜出危灘向城頻問風何似到岸方知秋未殘刺眼有花呼酒酌怡情無事理琴彈一天霜白千山外水落橋邊南浦寒

雨度仙霞

迢迢嶺道已漫漫況近黃昏雨又漫頻拂琴書驚帶溼重添衣襆怯生寒峰聯樹隙千層靄水落山根百丈湍曲折高懸天路近數聲鴈過欲秋殘

江郎石

峰勢崚嶒自削然睛看入眼定奇緣相傳三片爲仙跡從少一人陟石巔終古青霄長作柱只今碧漢每生烟到來翠色光欲滴遥望藤蘿不記年

次清湖遲蘇道建不至

剛度閩南又浙西幽人猶自隔山溪遥期攬轡秋將盡何事征途望轉迷湖碧舟遲須友至雲深鴻渺畏詩題無端觸目添羈恨不特寒鴉晩亂啼

夜過嚴州釣臺

四望秋高天水明夕陽何處揖先生幽操自足尤千古大姓今猶滿一城深澤着裘空物色孤臺垂釣只聞名山鷄野渡月殘後遥挹清風無限情

蘇道建同訂北遊至三山復歸余次武林喜其追及

豈是驚秋趁鴈回相逢恰喜正冬〻纔自從分手三山去特溯孤舟千里來行色無多琴作伴溪聲兼有客相陪遨遊壯志原同許西子湖邊好放盃

同蘇道建過武林酒肆隨登吳山

凜凜風高日又冬共消旅緒且相從雖然偶集惟三酌却好同登第一峰我既曾遊君始到山如有約客重逢雲深不盡探奇興殘照歸來覺步慵

再和蘇道建韻

爲愛吳峰屢去留當年立馬已神遊羈情暫逐江濤去勝地空教烟草浮伍相祠邊千葉落錢王宮外一湖幽莫將樽酒評殘局興廢由來不記秋

西湖諸勝僅作一日遊漫成志恨

半日名山半日湖湖山應自笑人愚僧纔逐處窮

幽槩客忽兼程促泛桴佳事每從忙裏錯好遊多
爲旅中幸歸來不極登臨典覽勝緣深恨却無

仝道建謁岳王墳得寒字

一抔英雄事可歎層煙荒樹夕陽殘河山半壁悲
雲冷父子孤忠泣歲寒莫恨書生能料勝祇關天
意欲偏安至今墳上離離草長灑幽魂淚未乾

揚州訪僧友能員不遇步道建韻

曾托笠衣滄海外遨遊名勝已多年數秋雪月供
僧況隨地琴詩破俗緣我自關心來問訊君今何

處去安禪孤鴻飛向霜天遠翹望雲深一水連

余騾輿中讀史道建策蹇以詩相問次韻答

之

輕裝亦自載書行侵曉山鷄促客鳴冷眼興窗攤

勝史寒蹄沙岸策兼程古今無限殘棋事興廢寧

堪逆旅情有客傾欹騾背上還將綠字細商評

道中冬至

經月風塵滿四疆忽傳佳節值他鄉行人策蹇霜

邊度歸鴈驚寒雲外翔遙見河澌氷正合應知日

至影初長山城寂寞休添恨晚向荒郵覓醉鄉

停宿遷縣遇鄉僧因過極樂菴訪之同道建

賦

停裝野店逢雲衲指點前郵欲雪花緩步脚猶鞍

上險同鄉情向客中加遙探萍跡關山遠長計雲

程京國賒自此遙分南北路蒲團安處度年華

項王廟

有赫聲威秦漢中至今遺像見重瞳可憐一戰成

天意空詫萬人葢世功廟草含霜斜日冷英魂入

夜數燈紅當年泣別虞姬曲也擬高皇唱大風

過長城鋪孟姜女祠次道建韻

許多事蹟盡荒埋猶剩聲名在女釵遺像於今留正氣貞魂從昔動幽懷秦城自侈爲長策楚炬方知適亂階無數祠邊霜葉落還如當日泣天涯

仲冬念有五日爲余三十初度次都門常新店少叅蔡奕菴治酒酌焉蘇道建賦贈二律依韻奉和幷謝

三十年華憐此日悠悠驛路共微醺生身何似慙

樽酒馬齒寧堪説冀羣極目鄉闈初作客多情韻事慣輸君停鞭喜却長安近一望天高立五雲

其二

拂面霜風幾夕朝帝城返照解征軺已忘甲子虛年度敢藉親朋命酒澆南北一天看鴈遠高溪兩地望雲遥他方倍覺鄉思切剪燭樽前話半宵

寓聖安寺同道建賦

拂拭紅塵入帝京棲棲遊跡托禪盟非貪佛地稀迎送欲扣僧扉見性情半榻鐘聲清夢醒中宵月

意透窗明經霜庭樹寒枝瘦待拂春風葉葉榮

寒甚訪客歸坐僧窗同道建用壁間韻

免俗未能聊揖客鬢眉都已帶塵歸霜嚴且闖僧窗坐旅寂難堪馬足飛望入穿雲憐鴈冷移來傍火任花非一樽時可消閒興滿樹鴉聲噪落暉

臘月十九立春漫興仝道建和劉伯啓韻

遨遊自笑逐繁華儱住僧家似出家客恨未銷仝借酒江春乍渡自然花因驚物候愁千緒每望關山天一涯寄語東風吹積雪寒梅影瘦不堪斜

其二

搔首風塵祇自嘲身名何必問著爻舊年忽譜新春曆勝友同傾殘臘匏瘵寂琴書依古剎刺情花鳥綴寒郊都忘客意僧窗靜慚愧删餘兩鬢髾

獨坐

閒闔禪扉與正闌蕭蕭四望客長安頗知耐寂因成懶每欲出門故覺難草乍經春痕未綠梅將盡臘骨猶寒橫琴在膝頻呵手靜對棲鴉隨意彈

客夜同道建和李伊湄韻

暮鐘聲盡掩柴扉欺冷西風刺薄衣永夜寧堪爲客過孤燈每憶與家違含青柳眼霜邊睡結白梅心月底肥漸欲氷流春水富賖將閒典問漁磯

邸中同蘇道建邀劉伯啓李伊湄守歲

光風又換一番新入暮囂聲滿四鄰偶集無蔬談亦快辭年有酒客同醇夕須除盡方成歲春自歸來已過旬聚首天涯深夜語燈花雙剪照征人

元旦寺中卽事同道建賦 得新字 乙巳

千門淑氣入年新帝里初頒朔建寅纔覺昨宵戌

隔歲聊將辛酒慰遊人寒花放眼辭殘臘弱柳舒
眉拂早春閒坐禪房寬禮數免教衣袖染飛塵

人日同道建用劉伯啓來韻

客路纔經隔歲春未歸人又節逢人搔頭每索三
盃滿閱世浪抛七日新花事辭寒將茁茁鳥聲窺
靜故頻頻東風乍捲輕雲去遥望西山翠色勻

謝亶芳蘇道建同過燕姬歌處

尋香偶爾逐花間笑語燈前帶酒顏此夜離愁都
不盡明朝別恨恐難删迷煙疏柳貪春睡入管清

音奏月間旅寂那堪歌舞地好將朋好共情關

連日得家信同道建喜賦

雲水悠悠難計程蕭蕭旅館聽鴻鳴連將天外數行至已悉家中兩字平隔地有期愆遠信尺書無恙慰懸情關山入夢苛相憶羸却今宵客夢清

花朝客懷同道建和劉伯啓作

東風未雨瘦新花山寺鐘鳴欲暮鴉春到今朝桃李放情深故國水雲賒夢迴半醒身猶客醉後全抛事似麻遥眺上林開曙色流鶯百囀弄飛霞

劉伯啓花朝後四日誕晨賦賀

春濃日永復風薰鳥弄新聲花亦芬禪次得朋隣有德樽前分韻醉論文欣逢令節同華度恰好佛星映景雲（是日俗爲大士誕日）可似高飛天外鶴養成六羽自離羣

邸中苦寂李伊湄以即事詩相示同道建次韻酬之

不特驚繁寂亦瘥琴樽聊向客中過空銷閒日春將晚浪逐微名夢更多時事關心頻悵望鶯花在

原書缺

原書缺

莫破爭機奕陣角時多遠山落照溪秋翠積雨乍消滿地波四壁併聞蛩唧唧宛如互荅起淸歌

其二

帝城曙色向秋開極目天南何處臺園菊正肥霜未至隄楊漸瘦鴈初冠雲溪故國經年別月照征心永夜來自是牢騷刪未去那堪風送角聲哀

其三

一望晴川綴晚霞憑欄時數亂飛鴉彈山水調移情至讀去來辭歸與加添恨笛聲頻到耳驚寒鴈

影遠辭家無端兩載天涯客負却東籬籬下花

其四

暑氣全消滿枕涼客身落落滯殊方衣催砧杵鄉思重夢入關河秋漏長抱拙寧堪塵世巧放豪時付酒盃狂蕭疎風景悠然別向晚歸鴉亂夕陽

歸舟望西山

神情頻寄翠微邊西望層巒興杳然共訂探奇爲雨阻擬將乘興值歸遄雲生遠岫青雙眼水漾長天碧滿船寄語煙波垂釣者重來端不負斯緣

舟次阻風雪

日歸無那苦風酸水急偏愁放棹難征鴈數聲橫浦冷羈人子夜畏舟寒客中鄉夢雲千里雪裏波光月一般酒向孤邨賒不得掬來玉屑品茶餐

蘇道建十月廿四初度憶客歲同余進都是日正次揚州今年假歸舟停清江浦兩載俱從忪中錯過因賦一律慰之

去歲維揚記誕朝今同歸棹復無聊少傾斗酒稱眉壽時拂尺琴問雪調舟渡黃河辭北去雲溪清

浦望南遥自慚怍逐成何事風雨相將破寂寥

至後十日次清湖初度感賦　客冬次都門

拂衣猶自帶京塵湖水光寒照客身憶值燕雲戊隔歲可堪遊子說生辰冬經旬至暉微永地向南來望漸親歸趁征鴻應不遠東園梅信待行人

冬夜宿保安橋村店

暮雲漠漠罩層嶔野店蕭疎已夜侵戶僅編籬茅作瓦人多席地草爲衾欲賒無酒寒威重獨剪殘燈旅夢沉不寐頻聽鷄倦叫水澌橋外亂歸心

建溪舟霧

擊楫舟師怯曉寒半因天塞滯河干水炊烟氣迷津口棹鎖霧痕繫石欄蕩漾灘聲長短聽蒼茫山色有無看幾多漁艇同依渚待拂晴光曬釣竿

建溪夜泛

驚寒掠棹鳥聲嚨風送江城何處鐘行極北南兼陸水客同鴈燕兩秋冬孤舟快下關山近溪夜併程歸興濃最喜多情頭上月相隨相照影重重

潘山八詠 有引

孺雲鄭先生潘山別業在郡城西新築告成扁曰須我堂溪山之勝園亭之美與夫花石竹木位致天然之妙詳在自記中泛舟八詠屬同志者和焉丙午三春余方北回先生復招同遊敬次原韻

有數名園初報成西疇乘興泛春晴人依水石聊同醉棹拂煙花每自横曲徑陰暉全在樹長橋潮汐半環城灌田車轉滄溪外風送歌聲襍管聲

其二

坐領春風此日閒花邊對酒暫舒顔扁舟人度溪聲外四壁天開圖畫間數見皛羣能涸渚翛然水氣欲浮山憑欄極眺蒼茫裡樹遶千村曲曲灣

其三

東風輕漾晚虹垂空翠侵波日曙遲十畝田間時種秫三春郭外可聞鸝行雲乍捲山青面載酒初逢人白眉自是輞川詩有畫一帆溪色恰相宜

其四

誅茅掃石闢天荒籬落悠然須我堂從溯江流鷗

並泛纔經花徑展生香掠雲紫燕偏高下依岸綠
條故短長觴政擬同金谷數夕霞倒載月窺床

其五

含青梅實出牆東積翠山川一望中放艇清波筌
曉日横牛綠野笛春風溪廻百折通潮信嶂疊千
層間樹叢還似當年修禊事不妨朋好咏觴同

其六

畫舫清樽憩綠陰横飛逸興聽龍吟鶯花待客惟
三徑風雨懷人共一琴野色全將春色遠鐘聲半

落水聲溪偶然坐挹前溪月涼氣侵裾白滿襟

其七

高榭曲亭花氣薰晴川綠泛碧天雲樽前且自傾
風雅世外相將略禮文地爲人遊能共勝席于客
至欲平分春光滿眼同酣眺笑問溪山迴不羣

其八

三月春歸似隔年驚心原不獨花然文章信可傳
佳地風景偏多欲暮天白石磯頭涵遠水青山塔
影籠疎煙欣同謝傳探遊事滿酌松醪時放船

泊常州邀許含之晩集

片葉乘風忽夕陽高城塔影自蒼蒼津頭宵靜螢明水旅次人閒魚鷰觴此夜同傾三白酒於君且試六黃湯（時許病汗服此）更闌勿問星河異恐說他鄉憶故鄉

重遊金山寺次蔡典百韻

南北平分此際流江心寺裡復招遊波深岸濶山迎棹天遠雲清人上樓猶喜衲僧能識面再登層塔獨搔頭低徊瓜步秋光好烟景微將返照收

再次許舍之韻

共到金山復叩關蒼茫雲樹隱焦山隔江鐘度人烟外倚岸潮回籬落間喜客能詩兼地勝時初讀許子詩甚工問禪出世羨僧閒上方坐覺飛塵淨宛在中央未擬還

洪子闢蔡典百同行閱月因余舟滯淮上買騾先發賦此遣懷

一秋行色喜相連何事征衣又不然淮水盈盈舟度後燕雲渺渺馬驅先燈前人遠懸孤影埜外宵

長理七絃四壁蟲吟搖客夢那堪白鳥出霜天

同許舍之策蹇

千里關河仗一騾北天極目杳平坡喜君鞍馬能初學勞我雲山笑再過滿袖紅塵勤拂拭孤郵白酒共婆娑渾忘客裡秋深淺忽數丹楓落葉多

雨宿紅花鋪次許舍之韻

涼風披拂滌煩襟何事濛濛雨又陰陸地生瀾沉馬跡茅簷懸滴亂征心頻年爲客情無限此夜經秋夢不禁信宿問程東魯外地爲山東界明朝凌溼畏

泥深

蔡輿百洪子闢先行數日至陶庄相遇喜賦

聊向陶庄借晚廬欣逢二妙傍村居君雖慣策泥中蹇我亦兼馳背上輿泰嶽雲深秋色裏青齊樹隱日光餘尊前重喜敲奇字還擬明朝並轡徐

望泰山

天門咫尺正氤氳翠色遥看欲布雲千古許多封禪蹕九州皆小岱宗羣蒼涵紫氣通燕霱縹緲晴嵐落海壖七十二朝尋勝事青苔碧蘚斷碑文

中秋次長城鋪

長城雲影暮悠悠烈女祠邊落葉愁南北一天人近遠昔今多故事沉浮但將身世盃停手況復江天月在頭千里好憑斜字鴈爲傳客子度中秋

德州曉發

聊計征期已數旬趁涼攬轡獨凌晨五更星影城頭角四壁鷄聲夢裏人早月依依隨去路秋霜點點濕征塵傾欹騾背續殘睡乍覺蒼茫曙色匀

過關張村有桃園結義處石碑

低徊何處問升沉綠字青碑足討尋淡淡烟雲難極目茫茫天地獨傷心英雄未許論成敗豎子偏能著古今遥憶孫曹當日事一回馬首一情深

同許舍之晚次常新店

幾度風吹騾背斜夕陽埜店且停車天遥客路馳偏快人近帝城望轉遐詩不能工頻索和酒非常勝每呼賖秋晴喜得清雙眼落翠西山映晚霞

丁未秋日奉和梁太保菊花詩原韻十一首

幕府閒開三徑芳蕭疎綠葉影蒼蒼籬邊對酒同

人醉雨裏尋花恕客狂名種參差秋色富幽姿綽約曉風揚翩然裊帶成豪舉陽雪歌聲拭劍霜

大紅菊

青蘂西風沁露香枝頭絳面放新章乍疑赤幟開鈴閣時與晴霞映戟堂火候煉成丹客相胭脂染就美人粧祇因當日同陶醉故有朱顏帶酒長

黃菊

堂前朶朶拂烟光爲與秋加分外黃數見疎枝初和蜜居然正色乍經霜風吹落瓣搖金屑蕋映深

盃泛酒香楚客詞摘英入句情闌讀罷夜方央

白菊

羞將艷冶逐菲芳輕抹疎烟淡淡粧怯語風前冰立女修容塵外粉敷郎半憐素色爭梅潔獨許淸姿並雪凉采向月陰誰辨影戟門秋靜好流觴

美人容

或恐生前是太眞凌秋幻作數枝新腰纖每怯全無語口角微傳一點嚬金谷雲溪脂粉夜珠簾月淡綺羅春幽人若問誰相似洛水風流差比鄰

玉芙蓉

芙蓉江畔有誰香如此籬花色更揚種出瑤池新浴水身披鶴羽欲凌霜冷風秋信吹溪徑疎影月痕擁上廊爲愛輕塵能不染移來玉品映金堂

月下西施

晴秋月魄映花肌舊是浣紗溪上姬歌罷蘇臺聲未寂舞迴吳苑影偏遲自憐響屧誇孤艷寧許效顰笑衆媸一夜西風嬌莫語渾如宮裏捧心時

紫玲瓏

莨蒼露白冷羅裳潦倒花前酒浸腸自是薇垣分
別種故多紫氣着微霜姿摇環珮偏生媚色點秋
顔不但香月透玲瓏移碎影深更沉睡倚籬傍

金孔雀

綷羽軒軒入榭臺禽花相幻影低徊豈同塞北驚
秋至原自滇南貢翠來冶色成金休鼎鑄滿籬生
艷若屏開風前解舞渾難畫各有高懷放緑醅

國色天香

逸興飛觴酒政頻採芳徑外喜無塵色能傾國迎

霜媚香已浮天浸月新粉黛六宮羞作伴清芬五梛合爲鄰莫言僅綴秋光好一種離奇也獻春閩中有獻歲菊正月方開

二喬

喬家風韻落軒墀毎爲幽人寄所思大小難分誰國色昔今惟共詫天姿雙嬌掩映月同艷二美生成秋正宜空鎖當年應有恨英雄多不免情癡

次阮疇生送余歸雲間韻

如萍身世任悠悠行色天涯笑浪遊一自黃河遲

北棹又從白雪下南州時緣河淺底滯臘盡方歸湖山雖闊夢魂合聲氣無多我輩求張翰思歸緣底事非關魚菜憶三秋

次泰安州同蘇道建守歲次韻

投馬山城訊酒聲恰當殘臘正熒熒一年風雨今宵盡千里琴書此地停世外劇談驚髮白樽前雙影照燈青明朝擬有登臨興泰嶽鐘沉睡未寧

己酉元旦次道建韻停泰安州

迫臘都從馬首馳因過勝地賦歸遲人欣得歲風

光好花漸舒春日影移彈詠久疎終是懶風塵略
慣也相宜年華新度慚雙鬢無限情深逆旅時

登岱次道建韻

維嶽稱尊亘古然三門紫氣直浮天上有三天門雲開
滄海明珠出水繞長河碧玉懸萬象全歸深壑裏
羣峯盡俯大觀前頻年有負山靈約特地停車覓
勝緣

山東道上即事次道建韻

幾經霜雪渾如醒倏忽燕雲又魯程不解鄉音喧

語語初諳鞍馬策行行風塵始趁名山約余數過泰山今方一遊烟樹徒增逆旅情茅店幾間聊寄宿同傾濁酒話平生

余輓糈言旋道建遂同南歸見贈以詩次韻奉酬

匝歲河舟驢背輿水雲隨處是官居每因殘夢驚爲客似此虛名愧讀書有約歸期三載後道建都門遲余巳三年矣無端底事五更餘世情閲熟都如許疎拙惟君或照予

七言律詩

途中雙女打鞦韆步道建韻

春閨閒力戲推擠風作長繩雲作梯騰地聯翩懸架上旋空泛影出牆低紅裙縹緲軒霞舉青鬢鬅鬙鴛鶴齊恰似趙家雙姊妹同時飛舞漢宮西

露筋或云露涇或云鹿飲露筋所稱不一但旣巋然祠矣有關世道卽爲貞女事可也

再同道建次壁間韻

休問當年事有無但能風世足稱孤相傳一夜筋皆露猶見千秋骨未枯甘向宵臺凝碧血豈隨春

草委青蒲黃昏祠外移歸艇烟雨黏天水墨圖

元夕將至廣陵阻雪與蘇道建寂坐舟中次韻

咫尺雲溪鎖廣陵愁人風雨意相矜繁華今夕三分減牢落孤舟十倍增簫鼓浮空聲帶溼江天浸雪影偏澄消沉廿四橋邊月慰寂燈前賴友朋

停揚州次道建韻

維揚城外夜朦朦索和詩成拈一東人畏春寒舟復凍花添情熱火休烘道建宿妓甚歡自憐浪跡關山外

恰喜萍逢雲水中抵足尊前連夜話數聲旅鴈忽
凌空洪河章將過淮在此相遇留連數日而別

有懷黃述之少恭用述之九日韻

四海文章聲豈徒青山驛路看休租羡君紙價初
騰洛述之方移家鄧州遲我鱸腮又入吳梅怯春寒花未
放客宜署冷酒難遒殷勤北望翩躚鶴顧影羣中
迥不臞

遊牛首山同道建用壁間韻

秣陵擬作幾迴遊勝地難逢漫去留山特削成雙

角聳塔能垂照一尖浮不辭風雨憑高壑還見簑
犁出遠疇往事悲涼寧可問六朝烟樹已悠悠

到署二日復有燕行感賦

乍歸又作遠行人征袖何曾一拂塵熟路畏看山
水影孤舟同泛梗萍身未酬感遇徒生恨有愧親
知但自嗔約束空囊書數卷廻環寧敢說艱辛

表叔留穆夫將南回省親余適北行同至京
口占別賦送

客中送客倍依依一向南歸一北馳如我蕭條難

自語藉君詳細話相知最憐兒姪傷心後（表叔時有子姪之痛）善慰慈親何望時江水春風添別緒莫嫌署冷訂秋期

送蘇道建歸里

遊跡天涯忽數春雖云鶴瘦却無塵疎狂涉世偏多偶奇癖躭書耻說貧臘雪共憐千里客春風遠送一歸人期君慰我今秋信踵武傳經世習麟（道建先世皆以麟經發己酉年）

晹谷集卷第七終

原書缺

原書缺

次閱菊詠韻

鄧齋書事

次許舍之韻送卓尚如歸里

次卓尚如留別韻

用卓尚如留別韻東蘇道建

送旅菴和尚入都

招田髴淵董蒼水魏惟度趙雙白集綠綺
堂次惟度韻

東李元星次韻

魏惟度移寓福菴次韻奉酬

送岳丈蔡元貢回閩

送林雅甫歸里

姑蘇訪宋旣庭賦贈

訪吳梅村先生賦贈

吳梅村先生留讌賦贈

遊余山歸過王印周别業

中秋次韻

次吳星若閱余綠綺堂集韻

原書缺

原書缺

暘谷集卷第八

七言律

己酉春余方南回旋卽北行皆宿陶庄旅舍因用壁間韻

極望天南水渺茫，問程又過魯東疆。沽來濁酒傾三酌，讀罷新詩悵一方。壁上爲江上曹娥眉詩 隔歲音書遲鴈字，滿山風雨夢羊腸。主人笑我緣何事，只管春前馬足忙。

過羊流店 爲羊叔子故里

風流叔子繫人思生長孤郵畔所知古樹夕陽烟
漠漠荒原遺址草離離英雄歎息平吳後田野謳
歌控楚畤司馬王孫今已矣千年但說峴山碑

余再至都門次阮疇生韻

昨夜征軺過白溝幾廻驚却汗漫遊南歸北去人
同鴈我話君聽月浸樓花到春殘容易落棋當漏
盡卒難休（阮躭棋達夜不倦）相期不負採蓴約九點峰前
待泛舟

落花詩次韻三十首（有序）

余客春北行舟程底滯無聊賴中讀馮元成先生全集有序落花詩曰人間盛美事孰不同花落余小子三復斯言未嘗不歎其言之至而意之深也每當搖落之時輒欲拈韻寄懷竟以事冗置之臘盡言旋極目塵霜斷烟枯樹不勝飄零之感俄而東風披拂百卉向榮駸乎三春紅綠爛熳曾幾何時香消粉謝皆從車塵馬足中睇焉過之益歎榮枯之數爲靡常也匆匆出都

適阮子疇生以詩抄示余曰此次沈石田落花詩三十韻也途間寂寥其爲我和之余匝歲奔涉風塵憔悴恨無逸致韻語且沈唐諸什已成絶唱後人捉筆不幾續貂之笑耶乃夕陽古道驢背餘閒時取阮子詩讀之不覺索枯效顰葢亦有慨于花落之語于無聊賴中藉以遣懷云爾因憶徐靈聊之句云吟有好懷忘瘦苦余于斯咏亦然爰題曰瘦吟

最喜年年爛熳春東風披拂未爲貧褪殘桃艷空
成子瘦盡梅英别有仁數見芳非恒惹恨那堪寂
寞倍傷神山花開落尋常事不解何端撩亂人

二

閒探花事興悠悠九十春光又過頭爲愛紅顔驚
薄命誰題緑字付東流香銷錦院雲深鎖影寂幽
閨月半鈎吹盡東風應莫恨有情癡處解忘愁

三

片片呼僮掃作堆應知春盡漸衰頹陰晴不定頻

搔首冷豔隨他莫放盃豈有穠華甘自落祇緣物候苦相催孤芳偏愛東籬菊獨耐風霜向晚開

四

飄泊如萍逐水流一番風雨一番愁欲迎新翠初開徑纔掃嫣紅懶上樓縱使容顏能不減恐經節序也難留子規枝上聲聲喚偏令羈人憶故丘

五

爲惜芳時偶出遊風光欲換每生愁翻憐紅藥開將遍畏聽春鵑啼不休白酒尊前頻取醉綠萱草

畔學忘憂石家金谷渾如夢魂斷當年人倚樓

六

風飄紅艷出牆西片片皆隨芳草迷畫閣簾前雛燕語綠楊枝外暮鶯啼戲穿蹴踘追豪客舞罷鞦韆散小娭記得年年春色裏花邊引滿一樽攜

七

百年底事盡須臾荏苒韶光過眼無霜雪漸催雙鬢白胭脂空染半脣朱步生蓮瓣初離國淚洗芙蓉乍憶夫文君臉際若芙蓉惟見年來花落地春風依舊

拂枝枯

八

醉坐花茵如錦時管絃一曲譜紅兒已知漸次星霜異轉憶從前雨露私數拍笳聲悲蔡女五湖烟艇老西施最憐蛺蝶空留戀未斷情根若藕絲

九

幾朶花開小院中雕闌偏畏五更風月邊拾翠徒憐色雨後摧殘誰惜紅莫歎春光容易過從來粉黛總成空只今數片飄飄下半逐溪流水向東

十

浮生如幻亦如眞風雨相催更損神乍似英雄初失意豈關造化不長春及時十倍香兼色到此三分灰和塵願得繁華頻入眼頻教入眼也愁人

十一

毎因花信憶蛾眉無奈芳菲零落時難駐楊妃春睡色易吟卓女白頭詩燕含泥帶殘紅瓣鶯囀聲傳垂綠絲休問榮枯成底事頻年慣見綴新枝

十二

牆頭纔放一枝新轉眼驚看半作塵來歲依然今歲蕊看花未必種花人西風筆冷五更夢細雨錦殘三月春但見繽紛都在地誰能遣此不生嗔

十三

疎枝掩映影斜橫乍見飛花落地輕欄畔且來傾濁酒人間空復惜浮名容華羞說能傾國風雨無端又滿城偶到莫愁湖上望簫聲寂寂水盈盈

十四

小院蕭蕭獨閉門數枝芳艷出林園東風一夜飄

垂地微雨三春漲滿郵盡向開時貪麗色誰從殘後惜香魂閒愁百種難消却頻到芳郊訊酒簾

十五

無那春光陰又晴況因花事倍情生偶從湖上蘭舟坐不見堤邊遊女行聽雨蕉心誰夢鹿攜樽野意恰聞鶯山中細數花開落消息渾同月晦明

十六

難禁節序去怱怱欲把清樽問太空落翠方添三徑雨輕蘋又起一宵風遙看芳草連天碧更見飛

花綴栁紅杜宇春深應血盡啼聲不住曉昏中

十七

送春春去泪雙痕猶剩枝頭數瓣存花徑歸來香在帚筠陰垂處綠當軒自憐殘蕊難留色莫恨東君忒寡恩歲歲每遭零落後不堪惆悵賦招魂

十八

春雨春風飛滿城那堪芳草鳥啼聲將殘並蒂空成喜未斷聯絲半着驚莫向樽前傷冷艷頻於月下數虧盈年華容易催人老漸漸如霜兩鬢羸

十九

名花如錦正堪誇每值春晴到酒家轉恨芳菲翻易謝故知穠艷總虛華因風落絮隨波泛沾露殘枝趁日斜試問池塘誰姓氏許多青草產鳴蛙

二十

花時鶯候正歡陪鶯歇花飛腸幾迴渺渺百年駒影過悠悠五夜漏聲催香銷青草墳中去夢斷華胥國裏來不但關情春寂寞驚心往事數嘀盃

二十一

淺綠深紅色不全春歸辜負看花緣紛紜落地翻成夢狼籍殘枝壓倒眠北海空教樽引滿平原乍散客三千東風總弗辭恩怨湖上年年泛酒船

二十二

花事紛紛不特春偏於春盡倍生嗔從來每數傾城女畢竟多成薄命人桃葉渡邊誰泛艇杏花邨外復沾巾傷心無限繁華處委地空憐綴草茵

二十三

春深每歲鎖空臺堪歎分香人散哉自是榮枯原

莫定由來歡怨總相摧頻傾潦倒匏樽去畏聽悲
啼杜宇來愛却殘紅收拾起一雙展齒印蒼苔

二十四

花到枯時便有榮任他開落也休爭且看滿地春
狼籍共覆溪盃月倒傾蝴蝶偏能成短夢蜉蝣容
易度餘生頻年有約看花去脈脈鍾來無限情

二十五

羈愁無那正如惔春去偏教旅緒添殢雨許多堆
曲砌隨風容易入疎簾含來乳燕香難捨惹得遊

蜂意不恬爲惜衰紅寥落後無題懶向句中拈

二十六

花有杜鵑鳥子規萎紅啼血每同時預愁多日開常早寧怪十分落得遲有限清明三月盡無情風雨一枝垂自從桃洞人歸後欲向津頭更問誰

二十七

乍開乍落已春闌風捲檀心結作團滿架垂陰雲漠漠隔溪飛絮水漫漫紅塵遶砌都成恨明月當盃且盡歡却喜年年花信好奚僮又報竹平安

二十八

香粉看來過已空可知落與未開同馬嵬腸斷千行泪巫峽魂歸一夜風色艷翻成今日淡粧殘乍改昔時紅尋花莫問春深淺二十四番轉瞬中

二十九

委地何如插鬢邊那堪零落在當前丹青御被黃金誤歌舞空教白骨憐花事參差方昨日春光迅速又明年酒闌人散中宵後忽聽鐘聲破夢緣

三十

雨打連宵風又吹紛披香色已無遺喜從瓶裏安
新蕊嬾向琴中譜舊詞縱使開成如錦日也愁踏
作似泥時即今多少榮枯事一任乾坤總不知

神山訪諸乾一不遇越日惠敎以詩次韻奉
酬

青溪隔歲別芝容特溯伊人第四峰綠字酒香烟
泛艇碧雲琹靜鶴聞鐘相將羽士同看竹更道先
生欲種松餉我新詩勞遠訊得閒乘興擬登龍

董蒼水聞余燕回過維揚仝趙雙白賦懷因

次來韻

但媿年來行役事燕雲吳水不勝情九峰烟霽歸帆影一署琴幽冷竹聲憔悴關河人未至殷勤風雨句先成披帷饒有天人秘載酒相過白苧城

酬趙雙白

僕馬南歸還北去艱難話盡故人情山川兩度原無恙風雨連床却有聲舊事關心驚未定新詩逕客喜初成年來峰泖供吟興四壁蕁居卜近城

和董榕菴來韻

多君琬琰雅相貽江左風流似昔時當代先推題柱手無年不下讀書帷弟兄遠軼機雲筆山水能兼鮑庾詩鹿鹿天涯嶄薄宦幾廻負却採蓴期

酬張兩吉孝廉韻

常愛茂先能博物蒹葭入夢倍牽情泖峰秋冷偏生色文酒夜闌每著聲已信人靈從地出可知句好自天成只今六翮垂雲外祇待春風振帝城

酬田鬅淵二首 并小引

余仰田鬅淵有日矣三載鹿鹿時多室邇

人遐之恨已酉秋冷齋無事接對如舊聲
氣之孚信不偶也示我名篇莊誦不啻金
石聲值有十五國風之選余搜篋中得我
閩諸家就其品題時風雨滿城一樽從事
聊效白衣之意云爾因次來韻

泖澱秋光漾水文相逢今已慰聲聞神交恰有三
年積風雨偏愁九日殷傾倒樽前人似玉縱橫筆
底氣如雲田生經術推當代閩海還將一席分

其二

水西夜夜映星文間氣鍾來自昔聞正羨著書多日暇寧言送酒寄情殷文章已貴貧由命身世能拋淡若雲冷我一官還拓落與君秋色好平分

旅菴和尚駐錫九峰過郡城見訪因邀諸同人集綠綺堂陪齋得城字

九峰雲外好尋盟策杖乘閒到郡城鳳闕談經鋒倍利龍潭得句水同清（郡西有白龍潭時師掛錫於此）一天細雨茶蔬淡四座高人意氣傾媿我勞勞塵世裏還期捧喝與鐘聲

其二

常愛支公放鶴鳴，欣逢飛錫出山行。禪風已徹黃金座，衲影閒過白苧城。五七詩豪兼字聖，去來心斷覺塵清。忘言共聆菩提偈，齋罷茶烟雨未晴。

重陽後三日邀諸同人泛舟張掞原載酒共遊竟夜泊九峰時將訪旅菴和尚

尋秋有約出城東，江上攜樽勞鉅公。紫蟹筵開張翰酒，黃花人想惠休風。當頭月碧溪聲裡，對面峰青棹影中。漫道錯過重九日，好遊偏覺興無窮。

越日泛泖

臨風無那思悠悠湖海人多意氣投塔影微茫初泛泖秋光蕩漾復登樓半帆不減乘槎興此日還同載酒遊天遠雲開時極目晴湖一帶碧如油

南郊訪菊分韻得開字

乘閑屐齒踏秋來遥訊芳叢開未開正喜東籬花在眼還同北海酒盈盃論文我媿無奇字選勝人多作賦才寄語餐英江上客留將餘興待鱸顋

次同寅范繩斯登虎丘韻

草草吴江問虎丘晴峰入眼塔當頭天猶放暖冬〻
如夏人亦乘閒去復留泉石可能傳地勝聲歌徧
覺累山幽只今莫管浮沉事烟景攜將落扁舟

其二

無數畫船維此丘應知山亦悔名留一泓劒氣通
泉冷百道茶烟遶徑幽波漾布帆生浩蕩天容我
輩恣遨遊低回石畔渾無賴樹杪殘陽尚未收

讀同寅朱冰在和章再依原韻 范爲楚人 朱山陰人

乾坤許大數兹丘祇爲當年踞虎頭日冷江楓紅

葉盡僧歸山寺白雲留人間獨有登臨好世外無如水石幽吳越事皆成短夢烟波縹緲五湖舟

其二

紆遲短棹過前丘領略光風半日留雙眼蒼茫天地渺一樽潦倒古今幽曲知郢雪驚難和人恰山陰喜共遊薄暮帆歸江上去數峰隱約望中收

雪吟次范繩斯韻

子夜飄飄一夢回起看如絮砌成堆可知冷欲添寒署全覺艷將鬬臘梅玉樹乍驚鴉立破冰壺莫

原書缺

原書缺

結社自慚薄宦強裁詩白門烟樹逢君日黃浦蓴鱸過我時峰泖新添秋雨興連床得句正相師星若有秋雨堂集與魏惟度同商選政

次趙雙白泊虎丘韻

我徒天地最情關屐齒頻年到此間樹杪白雲埋古塔鐘邊紅葉露眞山寒江棹入秋光好野寺僧歸夕照閒霸業全銷餘俠骨青燐夜點半塘灣半塘有五人墓

泗州道上清明

馬首渾忘歲序更今朝見說又清明東風獵獵吹
殘雪弱燕飛飛認舊營堪笑爲官南北路竟同作
客去來程桃花紅間梨花白剛度浮橋是泗城

剡城阻雨

數余行跡忽三年又向剡城晩掛鞭憶昔停車風
雪夜經今零雨夕陽天泥深四野琴書潤雲暗孤
村梨棗鮮遙聽漏聲鷄未唱轉教客夢不成眠

次河間郭外聞砧

晴天渺渺數鴻飛停馬山城樹落暉載道驅馳勞

客夢誰家砧杵怯寒威風前未許蛩聲亂耳畔偏憐物候非試問盈盈閨外女猶言無力搗秋衣

壽王農山侍御六十初度

帝里行驄佩玉璐承歡萊子動 天容江山筆健爭黃鶴家國身閒寄赤松繞膝三珠皆照乘立門八俊盡登龍重新甲子稱觴日菊美蓴清占泖峰

賦送同寅趙朗雯督運入都

錦帆千里度黃河羨爾賢勞三載過聲氣于今推趙勝輓輸自昔重蕭何雲山縹緲縈幽夢烟水蒼

茲寄浩歌若到京華人問訊爲言峰泖欲張羅

祝耿堂翁太母韓夫人初度

婺星隨處現慈光五馬承歡歲月長賢似河間爲小阮清如渤海是嘉郎母風永入千秋史香閣新凝九口霜巳忝同舟才愧拙稱觴此際喜登堂

金潛五過訪小集綠綺堂次來韻奉贈

雨花猶記去年日未及相逢媿此遊磊落文心堪百戰光茲劍氣自千秋正欣鶴羽凌霜至遙訊鱸鰓放榻留極望鍾山烟樹冷知君看世有青眸

賦送金濳五歸金陵拈得聲字

少年江左已聞聲峰泖行來不媿名亂後雅風還六代樽前傾倒欲三更多情作客腸應瘦得意裁詩氣自橫翻訝片帆容易別霜寒雲暗石頭城

送魏惟度由金陵入都次留別韻

閒來百種舊愁新况復臨風送故人數載荔枝家有夢一肩詩卷客無塵江南烟水遲舟子冀北雲山托鴈臣漫道泖峰春色好鄉思幾度過延津

其二

春風隔歲渡江濆此日離情草色新今古有誰能
不朽文章到處豈長貧征帆雪壓六朝樹客夢鐘
殘三泖蓴別後雲深南北路相思相訊莫辭頻

次句陽

未到城西舊酒樓當前山色黛如浮停鞭夕照句
陽道待渡春風桃葉舟乍穩輕鴻千里夢又添新
月一痕愁是日得家信蒼蒼煙樹頻回首翻憶今來異
昔遊

至金陵

原書缺

原書缺

暘谷集目錄

卷第九

七言律

暘谷集卷第九

七言律詩

辛亥春懷三十韻

一東

浪跡年來泖水東荒殘四邑夕陽中浮名誰惜今仍誤薄宦從知久未工喜得荔奴償客夢嬾將艫膾待秋風開尊且醉當頭月莫向旁人話塞翁

二冬

拂鏡驚看異昔容匣琴倦理亦塵封故園芳草殘

三徑去歲滄波徧五茸不待吹毛終易索況因破綻總難縫鶴聲嘹喨中宵後夢斷仙霞嶺外松

三江

碌碌寰中愧鬢雙風烟非復舊松江每拋塵事終難遣欲破愁城未易降搔首天能容我輩折腰人已畏名邦年來消息今何似那得羲皇倚北窗

四支

似此周旋懶弗支扱閒差與拙相宜英雄得失雙行淚天地蒼茫一釣絲白簡可能容散吏青山只

合檢殘詩夜闌讀罷離騷句生恨當年屈子悲

五微

自憐疎拙與時違一曲焦琴早掩扉難測乾坤顛倒意謾勞湖海甲兵機買山少價堪招隱採菊多情可樂饑細數年來成底事都無是處豈知非

六魚

吾道浮雲任卷舒何勞彈鋏歎無魚才如屈賈難衡命名在山川好著書鬚髮偏驚雙鳥外琴尊聊伴一身餘始知陶令當年意曾爲籬花返舊廬

七虞

無端逐隊濫吹竽如此身名愧我徒黑白局中分敵國青黄野外治官逋有人欲殺方知已在世生憐不丈夫聞道故鄉輕米價莫愁生事計全迂

八齊

春風春雨草萋萋慚愧江山嬾覔題伎倆翻成魑魅幻利名誰破古今迷眼空一世偏憐阮嚮絶千年但憶稽杜宇那堪愁裏聽啼聲不住夕陽西

九佳

巧偏成拙任安排動歎時多與世乖物候已知終

有變吾生未信竟無涯驚心薏苡風波事回首蓴

羹澤國懷快讀莊騷頻酌酒溪山曾許姓名埋

十灰

嬾將屐齒上高臺自是乾坤放不才無可奈何愁

萬斛誰能遣此酒三盃風塵蓬鬢將侵雪髀肉旌

心半着灰買駿由來寧市骨肯容櫪下伏駑駘

十一眞

年來莫慰白頭親半世飄搖愧此身未必愁能憑

藥理豈真詩故累官貧馬牛久已任呼我冷煖由
來敢怪人捧腹那知天可問一尊在手莫辭頻

十二文

新鶯郭外正堪聞徙倚東郊岫出雲歲月閒拋憐
馬齒身名空詫混雞羣鐘聲畏聽五更後雁影遙
從兩地分世事悠悠何足問山花流水送斜曛

十三元

有何利器解盤根況此東南號最煩從信古風存
直道誰言今世少公論職無足稱居官地罪不淺

加識主恩幾樹栖鴉喧日暮夜闌支枕任乾坤

十四寒

輕衫短袖怯春寒涉世應歌行路難四海烽烟悲杜宇五更風雨夢邯鄲聊將往事看雙劒却悔當年誤一官蓬華不須傷冷落從今努力但加餐

十五删

頻年生恨總難删待到春光畧解顏無恙故人新白髮有情殘夢舊青山都忘禮法官常外莫道炎涼世態閒攖網罣如垂翅鳥乘風飛倦未知還

一先

生事無涯祇自憐虛名浪着悔從前風波乍起難開眼松菊未荒空種田脫粟幾能供鶴料典書莫抵買山錢亂鴉不解傷心事只管嗚嗚夕照邊

二蕭

幾度驚心覓欲銷寬愁惟放酒盃澆肎容今世能强項方羨古人不折腰三月鶯花終有恨五陵車馬總無聊祇今莫管浮沉事好把琴書破寂寥

三肴

浮雲身世已全拋却怪楊雄[illegible]作解嘲放浪湖山終
有日錯綜蓍策得何爻賖來濁酒堪邀月網得細
鱗可薦肴歲序閒消應閉戶奇書快讀借新鈔

四豪

頻喚奈何首自搔殘鐘斷夢歎勞勞飄零四海杜
陵句悲憤千秋屈子騷自是生涯驚失足由來世
路畏吹毛删餘短鬢三盃後臥對青山擁敝袍

五歌

行行浪跡歎蹉跎入眼烟花祇自瘥縱使熱腸能

似水那堪冷署可張羅交情翻覆眞慚愧世路艱難只浩歌鄉夢鷓鴣啼夜月好將十畝托藤蘿

六麻

徘徊往事莫吝嗟且遣閒愁度歲華兄弟有懷頻入夢江山無恙即爲家枉拋身世隨流水全把風塵付落霞獨喜春來雙燕子依稀猶認舊官衙

七陽

百種牢騷對夕陽無才未許謾稱狂乾坤不放名根斷魚菜難教宦債償却羨米顛石作丈翻憐畢

卓酒爲鄉冥鴻已謝弋人慕寥廓高飛厭稻粱

八庚

落落無端感慨生高歌短酌不勝情英雄徒作欺人語今古多成豎子名閒放烟波雙釣艇曠觀天地一棋枰年來巇險多如此寄語莫從畏路行

九青

入世波瀾閱未經飄飄半似逐風萍人當失意憐同病我豈餔糟敢獨醒詞賦可能爭洛價琴書差擬寄玄亭近來擬有移家計欲傍湖峯九點青

十蒸

人情爭道薄春氷涉世迂疎苦未能弱羽受風憐紫燕嚚聲過耳惱蒼蠅荒蕪三徑歸田畝飄泊十年愧友朋不但感懷頻托醉開尊猶記昔時曾

十一尤

身世都如泛泛舟陰晴未定事悠悠四年氷雪經心冷一郡荆榛蒿目愁自是不才應見棄得安微譴更何尤祇今羸得清宵夢料理漁樵問故丘

十二侵

原書缺

原書缺

次宋旣庭來韻奉酬

宋玉爭傳第一流相逢江左迥無儔翻憐謫吏思鱸膾每夢高人到虎丘涉世無風終可畏聞鸝有酒且忘愁洞庭烟水遲帆影還擬飄然萬里遊

七夕後三日壽同寅高君擎

我愧無才紬寂寥多君意氣有同調宦聲濟美推遼海漕政澄清並泖潮喜展畫圖開五老欣逢牛女度三朝雲間亦有翩躚鶴此日南飛响碧霄

其二

黑頭佐郡振吳鈎異績先成第一流前任舉卓異訟案閱翻雙鶴影印牀新占九峯秋壽兼民國身能健人切雨暘已倍憂時正禱雨最喜年來天聽近千村輸輓借前籌

壽周釜山太守

僕射風流宦已成當年歸典托尊羹七閩山色皇華路二浙棠陰漢史名西郭看雲新爽氣南樓嘯月故鄉情近來醇飲身加健定有徵書出鳳城

中秋日自武林囘至胥江

孤蹤徙倚百花洲湖上無端復去留有約看山逢細雨不期放櫂值中秋南歸鴻雁驚殘夢北望關河憶舊遊搖落尊前傷短鬢且從虎阜破牢愁

偶興

懶於江上采芙蓉脈脈秋思結幾重風定不禁紅葉墜墻欹每倩白雲封嗣宗橫眼偏成傲元亮折腰總爲慵倘得湖山消息好擬將身世泛孤舠

壽張洮矦

冠裳久矣混樵漁性得經旬髮不梳谷水尊絲張

掾里峯花牛角漢朝書千秋道在蓬蒿裏五岳身閒婚嫁餘簿領驅馳誠可愧拂衣爲問子雲廬

徙倚

徙倚茸城感慨多西風落日照金戈酖人不信牟開府顧盼堪憐馬伏波忽聽三秋新鼓角空餘百戰舊關河中原聞道銷兵氣江左軍容近若何

重陽前三日盧文子貽詩有憶去年是日諸子集綠綺堂分韻次酬

樹外喧鴉背夕陽江鱸縱美不堪嘗頻年潦倒黃

花酒此會蕭條綠綺堂同會諸子皆出遊矣作客三秋寧有
賦看山九日又他方盧仝相訊今何似好把杜陵
句細商

其二

呼樽燭底憶前期吾道滄洲信不岐如我能貧兼
善病多君佳節每郵詩夢牽南嶺猿聲斷葉落西
風雁影遲九九明朝花未放軍城画角故頻吹

賦得滿城風雨近重陽

滿城風雨近重陽愁緒多隨秋漏長三徑黄花鷩

作客五年白苧愧爲郎漉巾縣令歸偏好吹帽參軍興倍狂我欲埋憂竟無地寒蛩唧唧入繩床

其二

憭慄偏驚歲月長滿城風雨近重陽儒冠誤矣非今日蓬鬢悲哉是異鄉白眼看人開未得黃金結客盡何妨滄江徙倚頻搔首欲採芙蓉幾斷腸

其三

寄傲東窗秋氣射那堪多病增蕭索滿城風雨近重陽大泖尊鱸留獨客露冷木樨繞檻香汀寒鷗

島浮波碧閑來敢擬四愁詩翻訝側身天地窄

其四

江天又欲老秋光短鬢蕭疎且徜徉盈野稻秔催急稅滿城風雨近重陽霜前水浸蟹螯紫圃外寒添菜甲黃每欲看山消旅緒恐登高處又他鄉

其五

蒼茫一望烟波裏獨立高樓頻徙倚博得身閒已掛冠每逢客到常開几滿城風雨近重陽十畝田園荒故里葉落山山慘澹中羣鴉孤鶩驚飛起

其六

世路無從數短長古今萬事盡茫茫誰憐詞賦相如病獨羨滑稽方朔狂數載弟兄分兩地滿城風雨近重陽悲秋况是天涯客砧杵聲中雁幾行

其七

自分迂疎甘棄置敢云人世動相忌茱萸欲挿可能閑濁酒未傾先已醉慣見年年黄菊開驚看葉

其八

葉丹楓墜滿城風雨近重陽千里霞關生涕淚

天高鴻鳥任翱翔厭向人間事稻粱吾道誰容爭直枉濤時原不怪疎狂耽杯傲吏休彭澤豪句謫仙入夜郎雲物都隨秋候轉滿城風雨近重陽

重陽坐雨同璟卿叔限韻即席四首

悔逐風塵願已徒尋詩興又憫催租孤城雉堞新鐃鼓此地江山舊越吳送酒何人花獨醉登峯有約雨偏遒近來寥泬兼多病况復驚秋那不癯

其二

身閒天地一爲徒旅舍粗安貧減租風雨瀟瀟逢

九日鄉關漠漠蔽三吳世情翻覆驚難涉井稅蕭
條苦易逋滿目關山成慘澹花黃照眼使人癯

其三

何似江東一釣徒鸕鷀供稅課魚租重陽冷落非
關雨薄宦飄飖尚滯吳白髮新添人欲老青山難
買價還逋莫言霜葉秋花瘦杯底相看我更癯

其四

誰念江村四壁徒去年猶減水餘租怪逢佳節風
兼雨驚斷夢魂鬭與吳弗定陰晴天莫問無多詩

酒債難逋潑秋我自傷搖落雙鬢非關病後癯

再用前韻走筆柬趙雙白

乾坤久已任吾徒節裏名山不用租偏是滿城今日雨那堪高枕客身吳詩多傳板囊猶澁（時雙白方刻詩）藏貧獨買書價未逋淅瀝西郊憐趙嘏支離骨相爲誰癯

過金山次璟卿叔韻

終古大江流自東行行人度一舟風波潑石破魚龍窟天遠雲清日月宮樹擁南徐山見塔城連北

固鴈橫空許多往事餘潮汐徒灑英雄兩淚紅

揚州次叔韻

觀濤無與偶停車搔首相逢舊酒家錦纜空傳千女曳瓊花幾見一枝斜蕪城門外驚嗷雁瓜步洲前捲落霞時方賑飢數載飄零難極目鄉關渺渺正天涯

別戴耻菴七載矣壬子春金陵相遇有詠

次答

滄海相將夜細論今能脫俗獨稱尊逃禪公已誇

蘇晉展足余眞媿土元戰伐關河餘敝衲蒼莖天
地入空門雲蹤一鉢渾無定却羨凌風有後昆

其二

浮沉世事不須論最喜飄然禮佛尊衲已曾開傳
慧遠巧終難乞託宗元雲山有夢過烏石風雨多
情對白門此會驚看同作客他時還數弟和昆

次酬黃俞邰

此日相逢慰所思聞聲已在十年時荔支久結烏
衣夢俞邰久住金陵桃葉爭傳黃絹詩展破苔痕花徑掃

書翻蠹影竹簾垂（君家多藏書）春晴擬有探梅約爲問陵西放幾枝（有探梅之約）

其二

春來始識故人顔叔度能教鄙吝删亂後文章驚白髮客中風雨負青山古今半已成蕉夢身世全將付竹關最羡凌雲雙翮健好遲秋信逐飛鵬

集玉山草堂得林字

時名久矣任升沉身占諸峯家細林花徑杯添金谷滿草堂人對玉山深尊鱸未許分清夢丘壑相

將足素心自昔雄才推葛相栽桑郭外已成陰

奉酬諸乾一見懷韻

八世偏躭日月閒名心冷已付潺湲蒼生望久人高臥白帢酣餘興未刪豈羡愚溪兼退谷恰宜狷水與狂山夌雲何似餐霞好却笑孤飛鳥倦還

十六

暘谷集卷第十

六言八句

棠谿感舊 己酉

浮沉千古何極醉醒一盃自怡大雅於今未隊風流如昔堪追前川漠漠雲斷遺址萋萋草離同首棠谿往事夕陽正繫人思

暘谷集目錄

卷第十二

七言排律

暘谷集卷第十二

七言排律

擬大蒐應制 己酉

九重鐘曉出丹墀警蹕傳呼雜鼓吹紫氣已冲星斗劍金風纔拂龍蛇旗偶來較獵因農暇乃見敷文亦武資鞍畔琱弓驚落鴈塵頭羽箭没飛貍黄旛影裡千圍合畫角聲中萬馬馳自是三驅彰大勇還將一面普皇慈遥瞻攬轡高原頂忽聽鳴鐙薄暮時日冷長空雲漠漠草枯平野月遲遲颺言

慚獻上林賦拜手願賡無逸辭

壽侍御王農山六十初度

清秋萬里接平蕪鬱鬱喬松晚正敷最羨根深盤地軸却看影翠漾天衢蒼顔隔水笙簧奏瘦甲旋空風雨呼偃蓋常棲千載鶴絳囊已繫重陽萸山川共識九峰勝人物還歸三泖模江左風流推昔矣雲間姓氏自今乎瑯琊世濟弟昆美京兆聲蜚前後趨中有凌霄丹桂客年來閉戶赤松區黃金臺畔看花遍白苧城中載酒俱詞賦可能稱武庫

才華端不讓書厨軺車赫赫將其命驄馬行行避所驅鐃有風生臺閣峻能敎國貯廩倉腴祇緣萊子承甘旨差擬步兵問蒓鱸鵬息南溟欣薦鶚鳳鳴北苑待呼雛瑶堦卓爾三株樹紫陌昂然千里駒如此門聲誇兩晉應知世德壓勾吳荔衣嘯傲崑岡頂彩筆縱横谷水隅乍見卿雲浮綠野初週花甲映蓬壺蒼生久矣東山望吾道猗歟北海徒歲月婆娑尼父耳雪霜點染錢籛鬢正歡弧矢逢君旦竚望弓旌出 帝都吏散烟村人事靜蠹飛

海國鼠牙無籬莢爛熳催觴政潦倒燈前洛社圖

暘谷集目錄

卷第十三

五言絶句

燕

再過天妃宫四首

聞鐘

原書缺

原書缺

頗篤溪山輿扁舟夢不成可知城外寺夜半有鐘聲

虎丘竹枝詞

渺渺涉吳江丹楓吹幾葉要離一死後肎放令人俠

其二

塔尖墜白雲水店秋花傍孤欒一溪風山藏前後徑

其三

夕陽幽在寺，秋水復盈盈。不解眞娘墓，無端浪得名。

其四

妾似蓮心苦，翻思郎意甘。春風與秋水，夢不舍江南。

其五

江上采菱歌，忽聽刺心曲。今年可中亭，不放佳人辱。

其六

昨日採芙蓉今朝採蘭芷蘭芷與芙蓉比儂看孰美

其七

君自渡江去叮嚀葉落歸鏡塵拂瘦影無力擣秋衣

其八

不放秋光來應知天意妒漁船衝出雲箇箇鸕鷀雨

其九

放棹百花洲閒情寄綠綺蘇臺與寒山皆入夕陽裏

其十

灑酒要離墳立馬專諸巷劒術惜荆卿空使貫白虹

燕

飛到江南好江南又落花明年春色裏仔細認儂家

再過天妃宮同里所構在胥門對岸爲余居停處

五月棹胥江一天風雨夜尋秋人復來水痕落僧舍

其二

入門看老僧去禮故鄉佛秋色近如何鐘聲猶髣髴

其三

半龕薦茗香話我夕陽下一犬吠白雲鴉啼花未謝

其四

聞漲江城寺僧猶報竹安莫言秋葉冷葉冷豈如
官

聞鐘

突然鐘出溪山黑响雲破細細聽何來舟移聲已
過

暘谷集目錄

卷第十四

六言絶句

暘谷集卷之第十四

六言絶句

雨夜丙午

亂滴堦簷細雨半昏野店殘燈明朝晴靄休問此夜凄凉不勝

山寺

秋殘幾行鴈影夜靜一龕禪燈細聽疎鐘何處白雲山外孤僧

晩望

兩岸石橋客路幾村烟樹人家山青半露紅點鴈影水中字斜

四時香詞

春

人在天涯一方今年辜負春光聲聲杜宇腸斷坐臥花間不香

夏

採蓮泛艇池塘午夢停針日長暑氣蒸人自醉何須用雀腦香

秋

西風月浸花黃砧杵聲中恨長千里相逢夢裏醒來衣被魂香

冬

霜天永夜徬徨無奈人單枕涼月掛梅梢雪冷溫存細想情香

客中除夕

千里雲山斷夢一年身世飄蓬羈愁此夜難盡歲事明朝不同

原書缺

原書缺

觀妓

一派笙歌趁月明無端唱出斷腸聲秋波兩眼桃花面偸恨東風忒薄情

借榻

芰草安簷竹插籬兩間琴畫最堪怡更饒烟景供詩事聊向山房借一枝

覽勝

山水天容我輩多好將雙屐恣婆娑故知名勝難遊盡到處登臨莫放過

行吟

澤畔巖邊時放歌溪山得句索人和行吟自不關詩瘦難得烟光領略多

晏城鋪壁間三絕句題曰吳門薄命女張琬如余讀而哀之因次其韻

其一

紅顏自古命多捐今日傷心泣舞筵隻鴈南歸難繫帛寄聲哀怯入幽燕

其二

嬌皮弱質在南中生世飄飄類轉蓬若問妾身何所似離羣天外一驚鴻

其三

懶畫蛾眉髮任飛西風馬首不勝衣當年壁上裁詩處猶見殷紅淚染扉

雨停新泰縣二首

攬轡東山喜乍晴無端滴瀝起秋聲主人有酒能留客且醉江村雨滿城

其二 迴文

幽夜鳴蟲凄雨天夢殘驚起柝聲邊浮雲盡鎖青
山遠秋葉落紅摇樹烟

昭君故里

猶說明妃此故邨那堪塞外怨黄昏不須更恨丹
青手長鎖深宮也斷魂

聞曉角

年少從軍萬里征秋風容易起邊城五更夢裡關
山路畫角無端又一聲

虎丘雜興 庚戌

野店全收一棹橫寒鐘暗動闔閭城要離俠骨埋

衰草灑酒西風無限情

其二

千年鼓吹雜歌聲不斷畫船遊女行一自山靈容

祇寘千人石畔冷茶鐺

其三

吳王當日氣縱橫歌舞寧知鴂甲兵漫道五湖烟

不好只今夕照但鴉聲

其四

遠帆雲擁塔低迎山在寺中難成話到生公疑
信半石頑幾見點頭麑

其五

雲鎖空山何處塋那知當日誤行成可憐江水浮
鴟去猶向黃池事戰爭

次趙雙白虎丘雜興韻

何處佳人古墓門烟銷粉黛未銷魂只今試問秋
山月曾解當年怨與恩 眞娘墓

其二

天[illegible]我輩獨鍾情山放僧閒雲外耕歌舞都歸荒
墓地江流不改舊時聲 吳王墳

其三

要離墳側乞埋身夜月秋風對白蘋羨爾齊眉有
佳話五噫聲斷却愁人 梁鴻墓

曉過石門 先賢子路宿此有碑在焉

殘月山鷄報曙上西風立蹇昔賢碑當年負米知
何處徒記石門一宿時

典衣買書

乾坤已着腐儒身，架上奇書不[illegible]負。聊把傲裘克[illegible]庫，羸將後漢與先秦。

其二

[illegible]人誰道剩糟餘，快讀未能飽蠹魚。差勝當年蘇[illegible]了，黑貂裘敝萬言書。

沽酒

[illegible]卻青衫付酒罏，十千博得一朝酤。馬周曾醉新[illegible][illegible]，有英雄識丈夫。

一斗才能吐百篇醉𢌿雙眼傲青天歸來問我衣何在笑指長安作酒錢

立秋前一日喜涼用璟卿叔韻

蒸人煩暑未曾删喜得涼生一枕閑可是明朝秋信至夕陽爽氣欲浮山

其二

幾度傷炎夢乍回送涼秋意欲相催閑門抛却驚心事失笑都忘口角鬪

千古快 馬君常先生有千古快二千古憐諸絶句冷齋無事擬效顰焉

西施

傾城自古說蛾眉霸氣全銷歌舞時縱使承恩歸越後爭如烟水泛香脂

其二

舞罷歌殘嬾畫眉君王偏喜捧心時若論吳越當年事功罪終歸一粉脂

文君

遠山如黛掃雙眉挑動琴、當時只恐文園消渴[illegible]須更賦白頭詩

二

夜半孀閨正斷魂憐才却待月黃昏風流偏在當

鑪日何事王孫更杜門

紅拂

明眼雙懸胆倍兼蛾眉先已勝虬顙英雄到處成

知已粉氣能教劍氣添

其二

中原逐逐走鬚眉物識終輸一侍兒異日功成麟

閣裏劍花先[illegible][illegible][illegible]脂

紅綫

潞州節使一蛾眉羸却三千宅外兒嬌手憑將金合取歸來城角五更時

其二

前身本厭綺羅衣誤惹風塵猶未歸夜夜魏城兵甲裏也教枕上夢魂飛

紅綃

繡戶銀缸玉漏遲鍾情無頼欲成癡崔郎若解三三謎 只今宵月滿時

明[illegible]

千古憐

虞美人

臣妾無能解楚亡鴻門悔不勸君王至今芳草猶

遺恨日落西風欲斷腸

其二

此身終始[illegible][illegible]一[illegible]人[illegible]誰使英雄傷

氣短空教粉黛　知作長

其三

常隨叱咤破強秦垓下歌殘百戰身濺血不多傷

命短他年人彘倍傷神

明妃

一出昭陽入可汗浮雲片片蔽長安君王若肯憐

臣妾莫把當年圖畫看

其二

合多艱不信　安寒

嗚咽長辭出漢 龍涙潸潸此時若使丹
青繪難將膽非不 队

文姫

中郎有女號文姫家國飄零付涕洟最是傷心笳
裏曲風凄月冷不勝悲

其二

拍拍歌之腸斷斷手 曾 風沙冷含身

歸去兒女終教苦別離

綠珠

石家昔已擅風流羸得當年人墮樓自分妾身何足惜傷心惟恨累君侯

其二

豪舉競[illegible]獨倚正消魂誰憐薄命知

多少[illegible]

暘谷文集卷第

温陵傅爲霖晦三著
黄岡杜　濬于皇
太倉周　肇子俶　訂

序

重修青浦縣志序

今夫山川之險易也城池之高濬也戸口之多寡賦役之輕重也與夫人物之盛衰風俗之淳惡也忠孝節烈文學武備之同異也苟非有以志之自

古迄今湮没可勝道哉昔之天下定爲九州設爲郡縣合之天下有天下之志分之郡縣有郡縣之志其間沿革之宜得失之故按而稽之無不彰彰在目蓋志之重也如此自兵燹以後或多遺失闕焉不修遂使數千百年之典故泯泯無聞良可慨巳夫郡而以守稱縣而以令名凡庶務之興革皆於是乎賴之不特爲催科設也邇年以來官以催科爲急務秉銓者亦於斯別賢否宜乎捧檄而至者不暇取典故而問之即有問者未有不以爲迂

而鮮攷者矣余承乏雲間取郡志讀之知修郡志者郡守郭公也屬邑獨上海有志華婁青闕焉華初分爲婁婁爲新建志未修也固有待青浦何以無志詢其故咼華之初燬於兵慨然久之余聞松江舊亦一縣耳元以賦多陞爲府屬邑僅華亭也後乃分設上海明嘉靖中復分華上而置青浦建而又癈萬曆初始復焉迄於今幾百年矣立縣之後庶務漸興獨縣志尚闕我閩卓君鈿令於兹始與玉洪洲先生輯而成之其後未有續之者嗚呼

卓君至今又七十餘年矣代且更易其間得無山川城池之變遷乎戸口賦役之增減乎人物風俗之遞異乎忠孝文武之踵起乎使無有人焉出而修之變遷者將不可考增減者愈不可問遞異踵起者又孰得而知之是皆守土者之責所當急講者也定鼎以來二十有餘載更十餘令從無修志之人良以地窪民貧旱澇頻仍新稅舊逋考成攸係官於斯者坐席未煖罷謫之文隨至甚或降革之例已在未服官之日如此而欲求留心典故之

人又奚可得也丁未冬我閩魏君鳴玉携琴斯邑下車之始慨然以修志爲已任搜尋故册延請士大夫與張掞原諸乾一二先生相爲輯訂雖徵輸之檄雨下而商確不輟魏君爲政不務赫赫名民頌之不去口未幾以他事詿誤解組之日猶以邑志爲兢兢期成之而後已以視世之事催科邀考成究無以自全者其得失爲何如耶卒業之日余取而讀之凡境内之山川城池户口賦役人物風俗忠孝文武七十餘年間諸事蹟洞若觀火其用

意精詳眞與卓君竝垂不朽諸張二公亦與王鳳洲先生前後具有同心異日纂修國史將取天下郡縣之志而採擇焉則斯志之成也又豈迂而寡効者哉

重刻叔祖錦泉先生文集後序

有明南宮第一嘉萬之間我泉得四人爲李文節先生許鐘斗先生莊羹若先生而叔祖錦泉先生居其首焉正如唐歐陽詹以進士開風氣之先者也叔祖作文不沾沾細響從事於韓歐諸大家先輩評之曰渾金璞玉其爲世所推重槩可知矣惟其質直性成不曲折以求合當世林居既久弗事聞達而其浩然一往之氣時見於篇章故於忠臣義士節婦烈女上自卿相大夫下及倉驛末流毋

序　一

多致意於其間小子爲霖既生也晚不獲躬承謦欬時從諸伯叔後話當日事得悉其模範指其樹曰某樹吾錦泉先生之所種也所傳錦荔者此也某地吾錦泉先生讀書處也李文節先生嘗肄業焉所傳一館兩會元者此也生平著述經兵燹多遺失每讀殘篇剩簡不勝慨然曰安可使全集泯泯不少槩見於天下哉丙午之夏家大人畢力搜索得其存者梓爲五卷葢當放失之後惟恐其弗得得矣又恐其弗全隨所獲而錄之率然成編初

不暇分晰次序一仍當日草稿之舊而已若夫揚
扢而表章之庶幾須之異日就大方而正焉越丁
未余小子承乏雲間地固文藪也多賢士大夫簿
書旣簡得時時接對張昊東先生前司李吾泉多
政蹟有舊治之雅焉退處郭外不與世務余造訪
其廬披帷蕭然道寒暄外問錦泉先生流風奚似
因出斯集貽之展讀欣然曰學殖之醞釀神氣之
沉篤皆從事韓歐諸大家誠非時輩可望其涯涘
也復與周宿來先生田鼒淵董蒼水二孝廉字櫛

句比時加品題遂使無幽不闡無美不揚向之文采湮然今且昭昭耳目間於以見揚扢表章之舉賢士大夫有同心也余懼斯集久而弗彰又慼諸先生至意先就論定者分爲四卷梓而問世餘竊有志二集之刻庶不至終於泯泯而先德之不朽者其在是乎

刻傅氏家乘序

爰稽三代享國惟周卜年八百最爲綿久其間封建同姓分符列國世代長遠而親親不替者恃有玉牒藏之故府可考而知也有國如此則凡有家者欲使昭穆弗亂支派攸分歷久而無失者譜顧不重與吾武榮傅氏自始祖銀青光祿大夫威武節度招討使檢校尚書左僕射兼御史大夫上柱國唐光啟間由光州固始入閩鎮于泉有子八人分居於晉江安海陽山南安周井石湖以及長泰

仙遊連江建昌歷今八百餘年苟非圖譜具在世系昭晰則今日諸派安知出自僕射一人哉然則譜固重修譜又安可少耶吾宗譜系前人論之詳矣小子某奚容再述猶憶髫年時大人呼某而命曰此吾宗家乘也吾祖叔朋溪公所修者一藏南安一與宗明宗義二叔蓋不知費幾許搜輯苦心而後克成二叔授我我珍襲之數十年來兵燹薦更保殘守缺弗敢斁也今以付汝汝其念之某拜受唯唯滄桑後日在兵戈波濤中賴有天幸猶懼

意外遺落乃依原譜重錄副本縮爲小卷以便携持壬寅錄成已有小記越癸卯遭變原譜踉蹌軼去噫數百年之家乘頓放失於一旦罪奚能逭比抵郡詢諸伯叔郊向所藏南安者亦已無存不勝感愴所喜舊錄副本在焉甲辰泉大水諸物淹盡此譜水落中拾起葢又有天幸也夫得失物之常苟不壽諸梨棗以廣其傳恐久後再失無復存矣某竊用兢兢大人當鼎建祖宇之後即議修譜顧有待未遑也廹某出佐松郡每諄諄見諭已酉冬

然夫祖叔及爾暉爾鳳二叔公車過雲間因以大人意商之極稱善期來年得第可共襄其事竟各有志而未逮也霖先捐俸重梓錦泉公文集矣因取家乘中傳記譜系序例誥敕官牒梓之遂初志也凡我族人時時披閱俾知祖宗相傳八百餘年之久支派昭穆不爽如此亦庶幾無遺失之患也異日諸叔侄成諸子孫蟬聯鵲起將修全譜茲刻未必無小補焉小子不文聊述刻譜之意云爾

燕征草序

大易云同聲相應同氣相求又云二人同心是聲氣之感人心之孚蓋甚貴乎同也今有人焉生同時處同鄉出又同官官同地其孚感又何如哉余與趙子朗雯同閩人年相近也銜相若也又同譜丙午夏余方入都待銓朗雯適自燕回相遇三山握手歡甚且曰吾兩人得同事一方豈不甚快迨予佐雲間值水利以河事罣誤余私計曰得遂吾兩人之願乎未可知也越數日果得報喜幸久之

時李官新裁監兌之員余理華篆又有部運之責朗雯履任遂兼膺漕務夫漕政之繁重旗丁之桀鶩李官素鈐制尤幾幾乎難之人咸爲朗雯慮郎余亦過爲緦緦乃朗雯以新發之硎理之裕如方歎向之知趙子者淺也四府督漕抵通每歲例別駕輪值其年正當松郡朗雯遂有銷筭之行余亦部運渡黃河入天津舟航顚頓所遭之境吾兩人又未始不同也越年方歸坐席未煖予再入都而朗雯復任銷筭不當行而使之行朗雯亦不得不

行所稱我獨賢勞者非耶余觀古之行役每發詞思如北山諸篇是已今朗雯於風雨晦冥鷄首驢背時寄吟咏以抒牢騷之致有北山遺意焉予與朗雯同事數年少見其談詩亦復稀見拈韻茲忽成帙相示益歎向之知趙子猶淺也梓之高言集中田髯淵謂其聲調俊爽詞旨靜穆如赤城建標嵋嶺積雪董蒼水亦稱其如登玉山光華肆映如遊鈞天笙璈協奏不雕不靡亦澹亦老二孝廉知詩者也余奚能贅一詞哉善乎吳臥山太史曰余

讀高言集至趙公之詩大抵皆行役拂鬱風塵勞頓之語不必觀其姓氏暗中摸索而已知其爲趙作也公餘之暇擬携尊鱸遊峰泖與趙子刻燭分韻以快同心乃予羈郡篆而朗雯又行轉糈有懷落落竟莫能遂余稽漕法三運告竣例得優擢朗雯運既再再而三計吏者縱不能循例修薦舉之典以慰勞臣亦應久任收駕熟之効而顧左遷其官余甚爲朗雯不解也夫以余匪才理劇郡不能稍委蛇其間獲譴固宜賢勞如朗雯南北途人皆

能識其顏面呼姓字而憐之獨不能安其位不大可惜哉䀨雯嘻然笑曰使今日吾兩人而不同時偕去也又安見吾兩人聲氣之通同心之雅乎余亦爲之浮一大白是爲序

松癡剩語序

天之氣噓爲風雲地之氣鍾爲山水人之氣發爲性情激爲詩歌風雲之變幻山水之高深與性情詩歌之幽壯要皆無奇弗傳也顧若浩浩焉落落焉如孤雲野鶴飄然宇宙間卒焉而感勃焉而動時寄牢騷獨抒靈明一往之氣斯其人亦已奇矣夫奇則必傳已同里趙雙白性情浩落詩歌不沾人籬戶殆所稱奇人非耶間嘗與余刻燭分題見其露幘崖岸掀髯叫呼每謂人生濁世無清思勝

韻徒具肉骨是濁人也紅塵滿兩間非風月出而揚之是濁大塊也以故所至尋名巒栖幽剎拈韻作推敲勢出語驚人直與風雲披拂山水酬酢余奇趙子之詩歌常探武夷君爲余談彼中名勝山外曲水水外層峰曠與奇秀真仙人都非復恒世眼界山上茗爲天下冠當新雷既過衆蟄初晴戴笠持筐陟巔探露芽焙製攜歸毎至詩脾約結掬水烹泡素濤翻湧豪興蒸蒸然起復動遊興弔嚴瀨渡錢塘泛西子湖過峰泖訪余擬攜所著詩編

探湘澤上灝峽遍尋泰岱華嶽之勝余又奇趙子之性情夫如是不謂之奇人不可也奇則必傳已近刻其詩爲松癡剩語余讀而卒業曰凡人不免於癡則不免於感因鬱而有詩顧大塊勞我以生安有剩時人而剩已難剩於唫咏抑又難趙子先刻九日山非非夢夢諸草膾炙人口笥中近體古調甚富錯綜陸離如風雲之變幻山水之高深奥梅村先生稱其警扳森秀出於自然力不能多删節榟其語曰剩抑抑末竟之詞也趙子請余言閲

簡端雲間董蒼水孝廉序之矣趙子奇人也自足
傳其詩烏用余言酷暑中鱗舟淮次讀其詩作清
涼劑氷盤想故言之如此

學益堂詩序

讀三百篇歎中州之詩爲盛也古者列國上自君后卿相下及閭巷婦孺皆有聲歌以導其性雖貞淫不一要皆情蓄于中詞見于外自成一國之音夫子採風必合列國之詩而存之何删定者僅十五國豈十五國以外皆無詩抑有詩皆不足取耶十五國之内邶鄘衛王鄭陳檜居其七攷之皆中州地也至瞻洛車攻抑之諸篇復見二雅商頌五篇乃正考父得于周太師歸祀其先者中州之詩

見於風雅頌如此何其盛也迨後阮籍謝朓庾信潘岳江淹諸公蔚起六朝岑參賈至韋應物元稹韓愈諸人掩映於唐近代詩多稱七子何大復顗頎其間是中州之詩代不乏人其盛也有由來矣嗚呼使阮岑諸人得生列國之時安見其所爲詩歌不與邶鄘七國諸風並爲夫子所取其亦不幸不生列國之時不見錄于夫子而爲六朝三唐七子之詩也南邑伯啓劉使君中州人也生世胄之家年少擬科將爲　國家鳴休盛之氣不詹詹小

言已也甲辰冬予待銓邸次同寓蕭寺風朝雪夕靡不過從如是者幾經年不以予爲不知音與蘇子道建時居唱和之列因得讀其未刻諸詩其取才也博其立格也嚴數爲三百篇之後繼阮岑諸人而起者復有其人也比各宦一方不謀面者六七年于茲矣毋論欲如昔時蕭寺唱和之樂不可得即欲讀公之詩而無從也憶予出都公贈言有爲登九日山之句今大才屈例鳴琴敝邑九日山即桃縣治公簿書之暇登履其上得非詩讖耶公

精吏治風雅絶倫余從郵筒中多以詩政令夏公謬以余前後詩評選一編見貽弁學益堂詩文所選杜詩最古詩鈔及其尊人淸河公全集相示慨然歎公表彰盛舉也閉戶取其詩讀之贈答登臨諸篇有類乎風謌鹿鳴而後詩宏肆整練有類乎雅其在金馬門也體宜頌而公詩無不相類至省侍苦次時寄孝思何異四牡蓼莪諸篇讀公詩益歎中州之詩之盛也惜採風之令不行于今日倘舉而行之又安知不與邶鄘諸風並列乎抑予又

有慨於今之爲令者脂韋匍伏以事大吏趑趄囁嚅伺要人顔色隨時俯仰無所短長以敲朴逢迎爲能事燔林竭澤朘民膏以自潤日不暇給安有餘力及風雅事即有爲之莫不羣咲爲不合時宜甚或爲吹求之端比比然也余在雲間吏事之暇時與同人酬唱有笑余迂圖且咎風雅累人者不恤也今公爲政五年庶務克舉馳騁於翰墨梨棗之間匪僅詩之足傳也以覘世之爲俗令者何如哉嗟乎日來余偃蹇賦歸以詩篇作歸裝將攜公

驚人句登九日山搔首問青天與蘇子道建重尋
唱和之樂公共許我否耶

紀遊序

才不能詩遇佳山水輒寄情學韻自故園滄桑書卷詩筒失去不復拈咏間一爲之亦率不成編甲辰秋約侶燕遊江山爽氣入我襟袖不禁雅興珊珊買舟建津穿石溯流而至浦沿溪觸目欣心凡得數詠迨水窮山高度閩關陟仙霞履巉步磴又亘兩百里而遙當斯際也閩疆盡浙水清秋殘至武林溪航睛碧種種足供吟嘯蘇子道建後至相與灑酒吳山泛艇西湖柳岸桑陰橋橫水綠雅興

更爾勃勃因出途次所咏相較歡甚自姑蘇出南
徐一望溯洴與海天吞吐所稱南北天塹者非耶
由斯而勝益奇趣益豪或彈或咏或茗或觴無非
唱余和女矣冬冷水凝舍舟而陸攖風雪歷齊魯
川平野曠極覽無涯與蘇子攬轡後先毋騾背上
作推敲勢三閱旬達燕都假舘僧窗臘梅綻蘂適
與中州劉子伯啓李子伊湄毘宇由春徂夏披襟
晤言未嘗不酬唱相投大率時抒其旅次牢騷之
致余亦藉此遣日俄秋雨浸淫羈緒縈懷轉動歸

思遂與蘇子刺舟南下沿河名勝起人憑弔過汶泗達淮揚舟程底滯臘幾盡纔憇足清紫間夫然則是遊也既極地北天南之殊又備梯山航水之勝向之珊珊而勃勃者且積有成編矣因名曰紀遊草

聯名文集

後紀遊序

余操觚時學拈韻聞之先輩曰詩豈易言哉必博涉風雅之林浸淫歲月之久歷覽山川之變鬱而爲奇思激而爲豪氣含英咀華然後能造乎獨詣出之自然如蘇東坡海外文益奇杜子美入蜀詩益壯後生小子跬步不越戶庭騷賦漢魏六朝三唐茫然不省爲何物何易言詩耶余用是置騷雅事及酢對同儕登眺名勝輒聞驚人句又不覺欣然動念率爾胸臆隨情境寫所欲言葢詩因境境

因情情境會而成聲勢固然也向紀遊一草因需次入都往返經年騾背鷄首蘇子道建發金石聲索和余時酬其二三丙午秋余復與洪子子闢蔡子輿百偕行謁補到處吟咏間步其後塵累成篇帙仍命曰紀遊從初志也雖然紀遊亦難言矣彼轍跡不到耳目未經者毋論已即我閩武彝曲曲多峰山水最奇過此而富春釣臺胥濤西子湖及虎丘惠水金焦諸山固吳越大名勝也渡江瓜步維揚多古蹟上而黃河之淜湃蓬萊之蒸變泰岱

危峩黨青天而細九州極天下奇觀至京師宮殿舘閣崔然巍煥西山層峭晴陰落翠又盡百二廣大形勢凡此皆必盡遊也盡紀也然後可而乃不盡然者蓋予偶然遊耳偶然紀耳視情境何如耳境或遇而情約結情或至而境差池則不能以遊不能以紀昔人有言遊盡天下佳山水解之曰盡則安能但到處莫放過耳噫莫放過已難況盡遊而盡紀哉余咄咄無奇思豪氣惟觸情會境率相酬唱緣胸臆所欲言而已其如先輩不屑嗤何

役草序

凡遊與役異遊則遇山水名勝時寄其嘯歌憑吊之懷若役則慮在畏簡書而監王事惟職守之兢兢而已余戊申有部糈之役夏初解纜不旬餘抵淮陰數年經過之地江山熟識風帆迅利欣然以遊蓋忘乎其爲役也到淮後霪雨連旬淮黃決口人烟一望爲沼運河駸乎成陸諸艘鱗集深秋未渡黃河需次過臨濟入直沽冬々冷水凝矣夫自夏徂冬々歷時已久由南而北計程亦遙且山水名勝

沿河政復不少而皆掉臂去之不暇以詠以遊者譬如肩未釋荷顛仆是虞縱有呻吟終不成聲余又倦於筆墨寡酬唱和雖經月積歲不拈一韻緣隻詞蓋性使然又不特于役爲兢兢也運事稍竣迫臘假歸蘇子道建同出都門霜鬢塵面歷幽燕齊魯之區歲殘至泰安顧予曰此小天下處也頻年錯過山川益笑人忪遂留三日登岱極頂俯視九區錯落凡案間物一握去天恨不攜謝眺驚人句來也道建逸致飈發豪於詩馬首餘閒輒拈詠

余與會時至間取其韻酬之而已元夕後過維揚復有金陵遊想拉道建從丹陽紆入擬探蟠踞諸勝作卜日遊風雨滿城遊屐閉跡停半月僅一至牛首乃知佳遊難得良不偶也以事促歸復有燕行道建同至京口而别輕裝就道黯然魂消僕僕風塵迄無寧處兢兢乎惟恐不職而監事又奚暇嘯歌憑弔以役爲遊者哉若曰我從事獨賢則余何敢

述懷序

僕晉陵散人雲間傲吏飄飄三泖恍似不繫之舟躑躅五年殊慚最下之乘聽華亭之鶴唳每雜過耳之鴻聲夢故國之荔支差比當秋之蓴菜黃河遙輸玉粒敢云獨勞白苧兩度金臺庶幾靡鹽乃四邑之水澇欲借箸以何籌抑一郡之荊榛愧代庖而無狀捫心獨苦顧影生慚當茲計功之年分應過督及乎得罪之日反不潑加自維骨似翻屯兼之命猶唐賤縱銜盃而強笑敢擬畢公況失路

而沾巾竟同阮子白楊滿岸縈幽緒以千絲綠水盈江載愁舫之萬斛睇鶯花於春月瞻雲樹於鄉邦眞覺感憤難平欷嘘欲絕者也嗟嗟鍾期失聽絃撫未修魏武有歌壺敲欲缺山鬼舒嘯徒傷睇笑之詞鵩鳥爰飛彌增倚伏之感歎古人之不偶惜今時之多違所念紅欒堪歌白雲在望則開蔣生之徑豈復移情於蒿萊而還陶令之門正堪賞心於松菊爰有懷也何以遣之乃藉楮卿爰憑墨客烟迷黄浦容與書畫之船月照白潭低徊魚龍

之壂或呼勝友或寄孤吟率成五七之言適拈三十之韻敢云江山大地盡供嘯歌亦以風雨三春聊消塊壘云爾

外祖伍公九十壽序

聞之壽有得於天者有得於人者上古世風淳厚人生其間少疾病夭扎之虞故多期頤此得於天者也迨後元氣日漓傷生之事日多於是有修真養性以求長生善其術而用之亦有鶴髮童顏之効此得於人者也雖然得於天者固不可期得於人者亦匪易事近世以來無論期頤者少間有至於七十者已稱古稀之年夫七十已稀則自斯而至九十抑又稀矣我外祖伍公前萬曆壬午十一

月望後一日生距今康熙辛亥蓋甲子一週後又三十年矣以數紀之歸然九十前此歲在辛卯祖壽登七十辛丑壽登八十余小子皆隨諸表稱觴奉祝比落落雲間二親誕辰不及舞綵階前則於祖今日之壽欲如昔時呼慶奚可得也因致候二親之便再拜附以蕪詞夫以吾外祖生平嘉模良範彰彰閭里固不待余小子言也特取足爲壽徵者言之嘗記余小子少侍外祖顧而語曰幼年挐舟入海天風海濤他人不敢仰視履若平地蓋由

秉厚而氣不懾也性不善飲酒無崖岸終日融融然鄉曲咸重其忠樸外祖母去世時祖年已七十餘猶津津旁侍抵今不衰人咸爲咲談生平少疾病八十時偶血痢醫謂年衰急投補劑絶口不服啜瓜菓而愈好觀劇聞鼓聲數里必往稠人廣衆之中竟日夜立視弗懈諸年少不能及古禮有杖於家杖於鄉杖於朝爲尊齒敬老設也今祖九十未嘗扶杖不藉修眞養性之術豈無所得而然耶嘗觀今人未中年血衰氣耗動止不如常至老手

足不仁視聽不分雖存氣息頹然一疲癃叟耳求至九十步履耳目無恙如吾外祖者豈多得哉抑聞之九陽數也十一月陽始生也祖之年正當陽數又居始生之月始而亨而利貞而知祖之壽未艾也抑又聞之漢世重高年九十者尤隆禮祖若生其時當必蒙安車几杖之賜與庶老殊等其在今日朝廷脩敬老之典良有司舉而應之必吾祖也祝之以爲左券

舫唫序

庚戌春余有郡務之役拜篆以來吏事紛雜求片晌幽靜不可得徂秋始脫肩適有姑蘇之行一琴卷書攜客開樽過橫山出青溪巖僧共話蟋蟀幾聲幽興冷然恍置身冰壺中時晴空蕩漾水天一碧俄風帆迅駛烟雨濛濛輕舠容與之間備極陰晴變幻態向之鬱鬱莫舒者不覺淵然動而倏然生也偶憶舊題時拈新韻與趙雙白郭在菴相酬倡勿使山光水色徒笑人怭回棹過婁東訪吳梅

村先生接見甚歡招遊園亭之勝相與玕衡古今
討論風雅之林繾綣情殷笙歌佐酒歸舟月沉西
岸鐘聲隱隱楓樹間呼童篝燈取連日倡和詩彙
而成帙適趙雙白和韻有官閒一舫秋之句實獲
我心因名曰舫吟

辛亥草序

傳予非能詩者也年來鹿鹿風塵形疲神頳又烏能爲詩哉惟奔走餘閒情境所遇觸而成聲譬如時屆候轉蟲鳴鳥語不期然而然者要皆率胸臆所欲言非敲金戛玉之雅也先彙成帙梓之聊代繕寫以寄親知敢云問世謬荷婁東雲間諸先生玄晏揄揚嗟乎僕非能詩庶幾藉序詩者以傳乎今春　計天下吏僕不才削籍閤門候代晴陰變幻輒起鄉思拈韻三十成五七言憑一時之興會

寫一已之性情業述數言簡端矣竊意濩落之餘得休假自適閉戶肆力學爲詩文菽水承歡課兒曹暇攜節買舟招素心遊佳山水歸臥北窗視鹿鹿風塵爲何如也雖然豈易得哉自投閒以來篆務攖纏惡鬱鬱居峯泖間回環石頭毘陵姑蘇武林自春徂夏栖皇靡定烟波蕩漾風雨飄零望故鄉而不見欲遠託而無從孤蹤寡侶腸斷寬消一段欲歌欲泣積諸胸臆不可告人惟有狂呼破塊壘而已矧金風拂衣草蛬亂耳人豈漠然誰能遣

此中秋西湖回櫂胥江假僧寮魏子惟度同寓魏
子方續詩持補石倉因出近咏正之總不離時鳥
候蟲啾唧聲耳烏足言詩魏子其明以教我

勞菴集序

余嘗曠覽古今自漢魏而後至於唐以詩名者無過李杜以文名者無過韓柳然李杜非無文也而世之所以稱李杜者不在文而在詩韓柳非無詩也而世之所以稱韓柳者不在詩而在文夫以李杜韓柳之才宜乎無所不能而顧弗兼而爲之非工乎此而拙乎彼也蓋古人之所以傳者正以不兼亦不必兼耳近世之人往往欲合古人之詩與文而兼之卒之爲詩不能兼乎文爲文不能兼乎

詩甚矣詩與文相兼之難也沛中劉儀九掌教華亭今春接見知爲淹博士顧余鹿鹿峯泖間未暇把臂細論中秋吾鄉黃辛子爲余言劉君博洽羣書著述甚富因邀過談懽甚出所爲詩文若干卷曰勞菴集見貽余讀而卒業喟然曰古稱不經十年之鍊者不能爲詩人不經十年之養者不能爲文人詩文之難自昔然矣今劉君之文如未彫之璞未纚之木淵然穆然其氣渾以噩其神完以固不效世之沾沾細響其所以爲文者卽其所以爲

詩寧復有工拙之分耶古人所不能兼者劉君兼之而無難盍知其淹博無疑也余聞豐沛古名區也山川靈異多產奇人昔劉向校書天祿太乙策藜吹火與談開闢前事且曰卯金之子好學故下觀焉卒成大儒劉禹錫標名藝苑白傅稱其探龍得珠劉知几作史通內外傳爲世所稱劉氏代不乏人君豈其苗裔耶華亭素稱才藪邇年文物非復昔時之盛今劉君以淹博之才朝夕講課多士將雲蒸霞變頌作人之雅又豈僅以詩文稱乎哉

枕江堂新編序

金陵名區也常思一至其地歷覽山川人物之勝鹿鹿數載未遑造而問焉客春于役北旋紆人春雨霏霏僅過朱雀長干雨花牛首稍晴擬縱遊屐又以事迫歸竊愧寶山空回也偶過緣厓參藩陳公署中見几上新刻顏曰詩持取而讀之上自卿相大夫下迨隱逸耆宿七九州之內著聲風雅者無不畢登其選知屬名下士但未識何許人也參藩公謂予曰此同里三山魏子惟度所選也僑處

一拂祠中吾子欲識其人乎余方理歸裝意謂未得歷覽此方之山川人物或見惟度得悉彼中諸勝則如遊其地如晤其人焉冒雨凌泥叩戶幽然吳星若出接云往吉祥探梅乘輿到彼則千年冰榦香含宿雨寂無人跡掃興而歸翌日惟度携詩過訪余適步書坊竟未及促膝傾談其見貽近詩携歸雲間田子鬅淵梓之高言集中謂其詩色采若朝霞冠日丰姿若初柳縈烟惟未覩其全集爲憾耳今秋惟度過泖峰續詩持三選晤對藹然出

枕江堂詩古文詞及傳奇諸種展讀數四方歎魏子之才無所不可近復出其未刻稿諸體畢備悉公之海內俾知魏子源深力宏有如此竊謂從來選家畱心風雅固不乏人其間有藉爲援引之資者有因爲獵利之具者當代名公巨卿宏流碩俊未曾覿面反詫爲平昔親知之雅者甚或剽竊糟粕改易頭面連篇累牘竟風議王李信口薄鍾譚詡詡于人曰余欲選詩風雅一途幾成濫惡可勝歎哉夫人欲選詩必自己之詩先立于可選而後

序 枕二

可以選人詩也選詩豈易言耶今惟度之詩已自
入選宜其所選詩持紙貴海内也余從公餘之暇
携斗酒出西郊相與採蕣三泖煮鱸九峰商確九
州風雅之林又豈特金陵之山川人物已哉

趙尊客詩序

詩非一道貴乎性情苟徒事炫華則爲絢采爲靡曼有浮而鮮實之譏或取徑谿刻則爲詰曲爲支離又流於詭僻此皆未得詩之正者也夫惟有眞性情而後有眞詩余持此論而有得於趙子雙白雙白余同里人也少負嶔崎歷落之槩一寄之於詩葢二十有餘年矣丁未秋携家雲間旅舍寥寂吟興不少輟縱觀九峰之勝瀏連三泖之奇士大夫愛其詩多與之遊凡清讌雅集刻燭分韻必屈

雙白一指焉余公暇招邀過從每得一題雙白撚鬚嘔肝惟恐一語寄人籬下以故詩多峻峭奇奥傑出不羣而一段幽然之光鏗然之韻皆肖其性情而出有孟郊賈島之餘音近彙其詩問世謂余曰我雖窮於遇不窮於詩固弗敢他請惟分俸傳句爲他日留一佳話以此累故人可乎余誼不容辭卒業之日屬余序嗟乎雙白自足傳其詩烏用余言余不文又何能序雙白之詩因憶吾鄉有陳白雲先生流離兵火之際飄零楚蜀之區織屨賣

卜衣食不能自給酷好杜工部浸淫不倦故其爲詩結搆蒼渾直窺少陵之奥惟考其時無有知其詩者身沒以後鍾伯敬先生始出而表彰之夫以白雲所遇之窮如此又莫有人知如此宜其泯泯無聞何闡幽揚微反出於不同時不同地之人哉噫使無伯敬先生從斷編殘卷中表而出之則天下後世又何能知有陳白雲其人者白雲之詩之傳雖曰有天豈不頼有人耶今雙白所遇不至如白雲之窮而飄泊異鄉刻意吟咏則與白雲相似

然白雲傳其詩於身後雙白當其身而巳傳視白
雲又何如哉間嘗取其集讀之沉雄悲壯皆性情
之眞詩也知子雲之玄者定不以余爲阿所好

蔡宗紉州佐哀詞并序

康熙七年七月州佐宗紉蔡君卒於京師年三十有二余忝姻戚垂髫同筆硯未敢以不文次君行畧悲君不得志而死故作詞哀之君諱孫蘭字宗紉少叅禮菴蔡公冢子余弟世朋內兄也君生警異獨誦性不甚斂有稗官野史僻同肆業時君年十二余謬長二歲共晨夕數載意相善時值風鶴君有詩曰誤聽松聲作馬聲靈妙多類此後棄舉子業余甚惜其爲學之不終也遷界同浮海日過

從孟相音君不能酒嗜茶尤鍾武夷茗貯架上層

層若列肆時汲清洌烹炰怒芽競茁香色薄人余

嘗與茗戰遲畱不能去君孝友尤善世法少參公

多專房之寵尊堂淑人雅不妬然各執一見不相

洽君費調護每向余道不能得二親相歡爲憾少

參公素稱精慎君能曲折中意稱承順云癸卯君

與余俱得一官甲辰秋少參公入都待銓余竊附

驥君畱理家政行之日親朋餞道左賀曰君家喬

梓皆得恩命宜進一觴全天倫樂事再進三觴君

稱謝弗遑抵都每家報至君家事巨細悉詳咸可少叅公意洵千里如面談也方少叅公之在京師也君遣一鬟奉侍少叅公展然色笑曰吾兒差解人意先思所以慰少叅公者無不殫心力爲之越年邸中少叅公弄璋余賀曰候官得子長安道上添一段佳話已少叅公守候數載無内顧憂者君之力也丁未余履任雲間君絜弟宗綖君將遊國學京口相遇畱連而别燕囘過雲間作十日談未幾君再入燕取道雲間風雪載途握手江上對余

唏嘘曰此行匆匆殊難爲情屬候轉輾當爲北地
主人嗚呼詎至都而君其死矣語云爭名於朝君
未強仕正涵養其才爲後來設施今不憚跋涉而
至京師豈爭名哉蓋念少叅公數年遠隔朝夕無
定省之人居心皇皇將以承歡千里外也少叅公
積薪之困亦藉以解顧矣若君者可謂夙興夜寐
有懷二人者歟未得位而賫志以没悲夫詞曰
天道靡常兮有善匪福人生若夢兮頹然不覺壽
夭弗齊兮古今同顧維我宗緜兮忠惠名族孕精

歛華兮式金式玉惟孝與友兮喆宇嶽嶽父子聯翩兮如日方旭乃困積薪兮驥未展足父在京華兮子難地縮寒溫有懷兮風雪僕僕在親之側兮朝夕足樂竭慰孝思兮匪爲干祿方期承歡兮痾沉京國終賈之年兮駒馳而倏余忝葭莩兮少托伊嗟同硯而居兮連床剪燭謂年必長兮何意斯逝川長逝兮山寥廓雲蒼蓯兮風飄蕭龜梟斷兮莫續今而後兮歸里域嗚呼哀哉兮慟然一哭

宋爾臣詩序

古稱山水鬱爲人文雲間固才藪也余履其地於山有九峯於水有三泖其鍾然人也陸氏兄弟翩翩濟美宣公著名於唐其後英才輩出彬彬然盛也自明制科諸名家蟬聯鵲起指不勝屈正統間有宋璪者成進士天順中宋瑛宋詡同時登第自是宋氏代不乏人　本朝宋轅文先生爲科第先聲督學我閩號能得士故今日雲間人文必推宋氏云宋子[illegible]與之爲宋璪[illegible]孫年少家貧余所拔寘

序

亭首士也當余奉檄考杭四邑暨江獲蕚亭
數多余往雲間爲江南名邦華亭又屬首邑且當
新復八股之後學使以八股課童子實自今日始
愼重其事加意搜索兢兢乎有遺珠之憾焉夜分
篝燈澄心翻閱忽得一卷七義並成擊節者久拆
號觀之卽宋子與之卷也再覆三覆皆然取冠華
亭軍同時方子勲沈子爔姚子紹裘及婁邑焦子
時來董子亭上海劉子禺王子業金山沈子也儁
皆俊名士獨青浦郭子閒恩乃再覆所拔之首

原書缺

原書缺

暘谷文集卷第

記

重建傅氏祠堂記

古之有國者凡一姓之興必推其所自始立廟置祀典所以崇德而報功也易曰王假有廟致孝享也禮云立宮室以宗廟爲先凡有家者視此無二理也吾傅氏祠始祖僕射公于武榮由來舊矣按家乘公光州固始人也唐光啓間入閩歷授威武軍節度建州都押衙檢校尚書左僕射鎮于泉時

海內分裂民生日蹙于鋒鏑公握麾坐鎮秉義輸忠息干戈于境內識者比于錢氏撫吳越以待宋其功德豈淺鮮哉時有異人黃玅應者精地理指公所居曰若以爲寺郡中干戈可永息公欣然曰苟有利于民生何惜焉隨捐爲院并畀貲產充僧糧護一郡而安全之因名曰護安院在郡東郭外東禪寺側故老相傳能述其事云世之捨宅爲寺者吾聞其說矣不過欲資冥福爲孫子祈利益此惑果報之言也又或恐廣厦大宅爲後世有力者

所取歸之佛門以絕貪奪之端此杜外侮之見也
又或謂創業維艱後人未必能世守寄之浮屠氏
綿香火于勿替此爲久遠之計也若是者皆一身
一家之謀豈如公爲闔郡民生起見哉惟其如是
故于今食公之德誦公之功不衰當公之捨宅也
黃紗應以其禪宇易公居且曰處吾室衣冠不絕
即今祠堂是也數百年來稽諸譜牒有宋登仕籍
者六十餘人聯于元明登進士者我泉十有一人
舉貢及他郡不與焉雖衣冠之語不爽亦公當日

安全一郡之功德貽之也公有子八人分居遠近而稱祖者必曰僕射公故以是爲大宗祠由唐迄明歸然魯靈光順治丁亥春遭兵燹閱十九年至康熙丙午吾父始舉而復之工資規製與建年月已勒石王望如司李亦記之矣某小子何敢以不文執筆因思祠堂之蹟所由來其興也有年其燬也有日至是始復舊觀則不能無慨也葢天下事患不能爲尤患不爲不能爲屈于力不爲阻于心世之能爲而不爲者豈少哉祖祠燬時余年幼見

我族人謀曰盍復諸俱曰唯再一年又謀曰盍復
諸俱曰唯唯或曰匪無心實無力或曰公事也匪
一人或曰興廢由天匪人所能爲也夫不得其人
而爲之雖有力焉未免于築舍苟得之雖無餘力
而見義之勇不難起旣廢而興之豈十九年之內
竟未嘗有其人而皆屈于力歟抑豈阻于心而諉
之天人顧莫可如何歟抑又豈盛美之事須之久
待其人而後成歟不然何遲至十九年後如文公
久歷于外而始復國也先是饗公于小宗祠成之

日迎祀于新堂樑棟磚石階壁堊圬几筵咸飭牲牷粢盛修潔鼓吹迭奏有爵者主祭族以内肅肅焉穆穆焉遠邇咸觀禮成族衆賀余父曰柳子厚云賢莫大于成功今茲告成子之力也夫父再拜對曰某上藉我祖累功積德在天之靈下承伯叔兄弟之命勉而爲之何力之有焉小子樂觀厥成退而爲誌

藏琴記

莊子曰木以不才得終其天年斯何謂哉說者以樗櫟之生爲才也拙爲用也少得自遂其榮枯之性故能久也若拱把桐梓爲人之所才大者爲樑棟小者爲器用反多斵伐之患審如是也物何貴有才哉不然也卽以琴論伏羲時嬰硜貢梓帝命栢皇斵而爲琴漢有燒桐以爨者蔡中郎聞其爆聲曰此良才也削爲焦尾余思夫桐梓亦山中一木耳未遇伏羲蔡中郎時頎然與衆木等舉而爲

薪人何從而異之知其爲有才也製琴以後數千百年舉天下之人咸稱爲太古遺響欲見而不可得謂非木之才能若是乎然則才如桐梓信有賴於知遇之人也且深山大澤其爲桐梓何限或不經人耳目泠落于風霜或遇審音辨才之人斷絕於灰刼而皆無傳焉其或有取而爲樑削而爲琴孤高韻响歷兵燹而巋然者不可謂非物之有幸有不幸也余不知音學琴蓄數琴皆非近時物讀書之暇手揮目送爽然移情癸卯傾家凡物盡遺

失獨一琴獲存甲辰大水漂餘無恙有天幸焉周旋十有餘年鑒家賞其古不辨何代物辛亥冬攜過姑蘇時風嚴月冷山黯水落靜夜一鼓音厲節哀若孤鶴唳空响可遏雲惜多崩裂難柱指中一蛀孔幾透琴面重按之漆鱗鱗起乃謀諸吳門名手修之剖開全體爛穴若蜂房然囓蝕之餘有字迹可識曰材得宋紹興元年泉州開元寺桐樑嘉靖丁亥冬製計琴閱百四十餘年材歷宋而元而明迄今五百餘載自材始生而長而爲樑又不知

經幾歲月矣噫數千百年以來凡雅濁之物同歸於盡者何可勝道而此木以爲櫟爲琴獲存信乎有天幸也要非木之才不及此嗟乎世有抱才之士終其身伏處而莫之知知而用之或加摧折不能盡其才何以異夫深山大澤之桐梓泠落斷絕而終于泯泯者此余所以致慨且信莊子之說也琴修于康熙壬子春王舊曰戞玉今更名秋泉取白樂天秋泉落指寒句也一曰化魚得古署中郴以成者故名一無底琴曰蕉葉因其製而稱之云

雲間金德翁家藏者歸于余并誌之以俟世之知音者

六

一

靈谷看梅記

巳酉春二月余從燕囘入金陵其間名山水不能至至雨花牛首招靈谷看梅阻雨吉祥寺有梅一株傳數百年物高丈許勢若蟠龍每花熟笙歌茗酒集其下余冐雨探之幽寂若冰仙也辛亥二月過金陵數日囘環弃雨花牛首吉祥不能至壬子恰又二月到金陵假舘僧舍杜子蒼略顧而語曰余不知梅信且三十年矣梅路在鍾山之原盍修看梅之約乎余唯唯時二月初旬多雨余又病旣

望病愈天晴早起招杜子魏子吳子由舊内出正陽達鍾山見牛羊樵採其上男女雜然于陵間低徊久之南去數里爲靈谷寺寶誌公塔在焉山僧薦午齋乃之梅花塢塢在寺南數十武開襟散步望梅樹或疎或密或參差或橫斜隨人遠近與地升降橫亘不可丈尺或指爲梅海爲梅山爲梅浪爲梅郊爲梅島莫非梅也者有攜樽者徒步者策蹇乘輿者有紅裙羽士臂鷹執弓矢馳馬者莫非看梅也者余與諸子後至見箕踞梅下簫鼓雜陳

杯盤狼藉坐而起起而行者皆在梅花塢中也塢廣數十畝內外前後梅約千株夭矯參天盤蠖俯地耦立孤標交錯若畫若蚓結若劍削不可名狀客有臥梅上者曰梅床毯者曰梅枕撫者坐者曰梅几梅席扶而立者曰梅杖花盛開純然一碧山風吹漾香氣撲鼻沁脾飄飄然不知花耶人耶置身在何等相顧而樂曰茲遊也始不虛金陵之行也未知杜子三十年前之遊其有樂乎此耶後此尚能續茲遊否耶杜子喟然曰吾觀三十年間兵

燹滄桑變遷何限向之鍾山欝乎蒼蒼吾猶及見今不可復睹矣梅在鍾山之旁錯錯焉落落焉自榮自枯于山川風塵之外依然無恙今日者衰老窮賤之身與二三知巳徘徊梅下恍如隔世事不可謂非幸也巳遊囘杜子爲志魏子維度吳子星若皆有詩余亦然

重建華亭簿衙記

考郡志今華亭縣治古簿廳也余不解當年簿事繁簡若何第廨舍可爲縣治則簿之主於縣也亦重矣哉宋乾道間主簿鄭茂建堂曰栖鸞後陞屋亦建亭曰公餘風月遺址尚可考也　本朝簿衙燬於兵缺又奉裁廨署遂不可問順治九年協運乏人復設主簿來者皆僦民居即今縣宇傾圮廊舍頹壞官蒞事於風雨日星之下吏抱牘於草萊瓦礫之旁竟未有起而脩之者㝡以賦稅繁重考

成嚴迫官斯土者汲汲乎不能厇全之慮故傳舍相仍苟可而安之也夫縣令爲天子牧民爲軍國治賦至不能蔽風雨則自縣以下而丞而簿而尉盖難乎其爲居矣余觀四郡縣治今日皆然不特華亭一邑已也吾鄉黄辛子少年明經得李衙不任改廣文將大成其志屈於例陞華簿受事以來亦栖止民居職雖兼水利然爲協運而設所重惟在白糧每歲收束舂辦則在倉衙尾揚帆則在舟盤覇交倉則在京邸其在署也年不數月月不數

日益亦忘乎其為官署為民舍矣庚戌冬辛子運竣南旋慨然曰一官鹿鹿視同傳舍奈何并傳舍而無之豈非余之責耶於是請之縣令郡侯鄉士大夫庀材鳩工因舊址而重構之不三月而成仍顏其堂曰棲鸞庶幾復簿廳之舊也古者官必有署不雜於民重案牘慎關防專職守也兵燹以後毋論創建維艱即官舍中欹楹破壁置一椽舉一瓦以時補葺亦幾幾乎難之今辛子官於斯九有餘載四運奏績較俸已踰瓜期考最應有異數縱

贒勞借寇亦不能長留峯泖間而顧不計旦夕而
計久遠毅然力爲之使數十年廢址頓復舊觀贒
於世之苟安傳舍者遠矣鄭陸二簿豈得專美於
前哉昔崔斯立爲藍田縣丞盡去牙角一躡故蹟
破崖岸而爲之對樹二松日哦其間韓昌黎爲記
其壁余何人斯而記華亭簿署也因郡人士詩歌
以落其成故揚言之如此至工貲楹數與建年月
辛子自有記

書始祖僕射公家傳後

家有傳猶國有史郡縣有志也然有詳畧之分爲天下之內爲郡縣且千百矣郡縣之中爲家不啻千萬矣郡縣之事不能一一而登諸國史者勢也故史畧而志詳家傳則傳一人一家之事也其姓氏出處勳業官爵巨細纖悉視郡縣之志尤加詳古之忠臣孝子名公巨卿行事有見于家傳而不見諸郡縣之志者有見于郡縣之志而不見于國史者何能勝數要不可以志史所未及詳遂謂家

傳所載者俱不足信盖有詳畧之分不可不察也吾傅氏所由來遠莫可考以僕射公爲始祖近而有據也考家傳公爲光州固始人唐光啓間入閩天復二年授威武節度建州都押衙尚書左僕射鎮于泉當雲擾之時休兵息民秉義輸忠敕書褒嘉班班可考又載捨宅爲護安院子八人分居各郡官爵葬娶俱詳悉無遺又載公弟諱成讀書延福寺汲井注硯有龍躍出世傳傅氏釣龍井事甚奇今其蹟猶在乃稽史志公事畧官爵姓氏皆無

載何耶護安院府志存其名不詳興建之由何耶
宋與公子姓科名踵起雖見于志史又不詳爲公
後人何耶釣龍井郡志爲唐進士傳荀事豈荀與
成音相訛歟抑前後皆有龍躍出歟何事同而名
異也哉粤稽公當日正王氏入閩之時乾寧三年
冬始改福建觀察爲威武軍拜王潮爲節度使豈
公與王氏共事而不及特書大書歟每讀家傳竊
疑之迨讀歐陽公王彥章畫記有云得公之孫所
錄家傳載用笏畫山川二子仝死諸事皆舊史所

無夫王公歿忠二子歿孝赫赫粱唐間當日志史宜何如詳悉而反多闕詞使不載于公之家傳則公一門忠孝諸事千百世後孰從而知之嗚呼天下後世之有顯于此而泯泯無傳者可勝道哉歐陽公于王公傳未嘗不感憤歎惜乎舊史殘畧不能備公之事余小子于僕射公傳亦云故書于其後

溺僧記

人苟能捐頂踵空死生毅然無所戀於世奮一已之身而爲不可知之事事雖不終亦足成名而垂後古忠孝節烈之人所以往往輕身而不顧也若夫浮屠氏寂滅爲教割截燔燒不惜父毋遺體視其身若無與於已此其生死不足重輕吾儒所不取也釋明願未詳何許人先爲健兒暴戾恣睢人畏而惡之忽一日有所夢翻然改轍薙辮茹素棄金甲證菩提妻子不繫念肩杵搖鈴募脩刹塑空

王風朝雩夕數載不少間竟未有應之者辛亥夏不雨上司檄郡縣脩禱明願誓曰願仗西方力乞甘霖沛衆生天心七日來復以是爲期不雨繼以死人顧而疑之七月六日登壇拜跪朝暮匍叩弗懈如是者七日夜足露骨額破肉血與汗迸淋淋下也人又見而憐之立秋經旬秔稻方秀炎陽煽熇火雲日燒松故近泖浦通大海百千田頃候潮灌溉每潮漲之時衆車齊舉不能遠引支河南畝如焚秋成可慮明願出對衆曰噫天眞不雨可以

死矣人又哀而勸之願合掌曰募修無緣祈雨不應生也徒然耳遂溺跨塘橋以死時七月十有二日也傅子聞而歎曰天之旱也於人何尤明願死奚爲哉古有七年之旱自責而雨降是聖如湯不能無旱且至七年之久況後世乎獨怪七年之前湯何不以六事自責而故遲之又久耶抑格天之誠必七年而始應耶數旬不雨民已皇皇七年之內民更何如耶抑史故文其事明天變不足畏耶夫以湯之聖欲挽天心必需七年明願一空門耳

既無過人格天之學又無呼風喚雨之技七日號天卒至輕生而不顧何其愚也孔子曰朝聞道夕死可矣惟其聞道故可以夕死而無憾明願豈聞道者耶不過溺異敎効割截燔燒所爲烏足輕重哉嗟乎向使明願披堅執銳之時爲國家出力奮不顧身而死於疆埸抑推是念而爲忠孝節烈之事雖與日月爭光可也惜其未聞道而爲溝瀆之行也悲夫雖然無所爲而死猶愈夫有所爲而不死若明願者又曷可少哉

署篆東同社書

雲間固名邦也尤屬僻郡歲科之期學使從不臨履其地檄吊生童與蘇常鎮三郡並赴澄江彙校四郡府正又不能親董試役皆各廳代行此近時通例也僕夏初履任正值考期遂膺斯任自維俗吏得預文章樂事慙愧慙愧比因運河一疏松屬四令俱在譴中致有華篆之詳夫用人者當相其可以用之人與夫可以用之地未有人地不宜而猝然試之也弟以初試櫟才勉辭不可強爲視事

別處求署而難得此地脫署而不能其故請詳言之天下財賦半出江南蘇松居多華亭爲松首邑賦役繁重從事各官毋論尫全爲難即倖免脫身亦少擦厥所由總爲考成二字夫國有正供民有恒產豈堪逋負之多祇緣積年瘠地鞠爲茂草曰版荒近年拋逃化爲石田曰新荒賦額難蠲民力有限初年只欠一分次年又不止一分矣以今年之正賦補去歲之欠額新官之徵足償舊令之未完年復一年愈欠愈墊終無完結之欵官復一官

相仍相諉迄無交代之期奸胥頑戶乘新舊更易之隙串通舞弊以致無從稽察是逋欠雖多侵漁不少未必專在孑遺之窮黎也間有理劇之手欲起而振刷之無奈舊稅既急新餉疊至只此一副之精神又屈有定之期限頭緒方清叅罰已至五日京兆格手灰心徒置於莫可誰何之天年來印署屢更官廨如傳舍職此故也膺斯地之民社不大可寒心耶弟今在局中惶惶莫措一身六時坐臥羽檄間歷年之積欠責一日之署官雖十倍丕

才亦有所不能況鈍拙如弟僨覆可立見矣勉力
做去未知何所稅駕願新令早早下車釋兹肩荷
爲萬幸也形神俱瘁不覺言長不莊之戾統在心
照

復周櫟園先生書

憶髫齡時從師授先正制義展誦卯辰鴻裁想見其人迨後屏藩閩中駐節桐城爾時淸源人士咸沾化雨而某遲徊武陵之棹致違龍門之登其爲悵鈌何可言喻年來猥以鄙才承乏雲間得藉帡幪之下謂去天尺五覲光有期乃緣職守無從過蟜蜛名都一唐突仙槎雖切企向之情未遂瞻依之願豈非所謂相須殷而相遇疏者耶伏惟老先生祖臺文章巨匠理學名公小子後生倘得一遇

嗣宗便可自了臧否而御李無緣何能覓此介介昨金潛五之行未敢瑣瀆台前附半刺代叩并致家集拙草亦冀通名閬苑之曹方不虛江東末吏耳何期謙光賜以寵褒捧誦緘墨便當奉爲朋寶豈惟領佩一時而已大刻數種跌宕貞宰自是漢魏宗工尊公太老先生吉祥相永佩爲寶鑑尺牘文選諸書海內紙貴已久雪夜讀之幾擊破唾壺是展對之情雖邈而飫教之旨已深又非所謂未見逾於既見者耶張僧特所選唐風心手追異久

矣佩服今得一晤良慰生平但匆匆握别未获磬

傾慕之情而蕭蕭冷囊又不能稍盡繾綣之意有

虛光顧且負遠嘘之雅愈增歉仄耳因便肅覆

與陳椒峯書

大江以南稱人文焉僕素寡交又緣匏繫未獲過而親炙每用耿耿客歲芻子流綺徵詩文過雲間風雪中圍爐傾談歷指當世之上曰某也能詩某也能文某也能詩兼能文上下議論深歎作家之難也獨於毘陵陳椒峯先生嘖嘖弗置芻子爲余言曰椒峯世家子也弱冠負盛名下筆數千言如風摧葉得第後閉戶讀書復彙今文選而綂之紙貴四海至其所爲古文詞浸淫史漢唐宋諸大家

而出之聲歌直餘事耳嗟乎僕固未識椒峯之面而聞鄒子之言則椒峯在吾意中矣僕濩落以來放唫峰泖笠澤間回環毘陵之棹落落寡緣未由一覯芝宇益增惆悵中秋自武林回棹胥江魏子惟虔同寓僧寮偶出椒峰文集相示僕酌酒步月快取而讀之不覺叫絶始知昌黎眉山之外江南復有其人蓋心細手柔篇法格調極乎自然而然之妙純乎以古文作今文故能以今文作古文方信鄒子之言不我誣也伏念前代如李翔之於退

之山谷之於東坡皆以文章相知遂爾千古弟今竊欣慕焉盈盈一水企予望之復讀高集中至尊家節愍公祠記及何王二家譜序俱極淋漓生動節愍公赫赫天壤何王二譜亦堪傳後然非藉大筆光諸集中又曷能使人讀之而知節愍公之忠節也如此王何二公之留心於譜也如此乎弟始祖僕射公唐末奠安我泉祠宇流傳至今八百餘載冐華後遭兵燹家君捐俸新構王望如公祖序之未有繼者蓋皇乎有待也近弟又脩刻寒宗族

譜前代吳太史寬錢相公溥俱有序言老先生雲漢之章一代作手故敢布諸左右倘賜琬琰則敝宗祖祠族譜得與節愍公祠記何王二譜序並垂不朽榮藉寧有旣哉昔范文正公作嚴先生祠堂記至今後爲盛事由此觀之嚴公之祠堂重乎范公之文章重乎先生必能察之者弟不揣竊有厚望焉惟先生留意幸甚

上吳梅村祭酒求叔祖錦泉文集序啓

名壓詞林金石作鏗鏘之響才翻學海波瀾通星宿之源賦已就乎三都爭傳玄晏文起衰乎八代共仰昌黎撫殘簡而興思待巨椽而題品庶幾傳後差可揚先恭惟老先生台臺南國文宗東山道長校書藜火瓊瑤騰奎壁之光輝毓秀滄溟雲漢麗文章之氣色春蘭玉圃奇書發於嫏嬛碧月金巒仙秘採於圓嶠聖言弘藴闡濂洛之精微大雅流徽跨曹劉之温麗香飄雞樹采奪鳳池前則玉

局老人千秋掩映後而弇山詞客同里頡頏綠野神仙遐邇欽其謦望香山逸老詩篇想見風流固間氣之異人實熙朝之碩果某風塵下吏樗櫟庸才素切龍門之思幸隣虎阜之望瞻韓有日御李未緣茲有叔祖錦泉先生學淹子史業在山川廿載公車克重南宮之價一科制義堪懸北闕之門氣節稜稜足跡不羅於相府才華綽綽身名甫歷乎天官杜門惟樂著書素志不求聞達積有歲月富於篇章雖子雲之玄自可流傳身後而向秀之

義竊恐零落人間前此遺編已半軼乎兵火今玆
餘緒欲重新乎棗梨敢乞珠璣用資弁首慕文舉
通家之誼求仲司隸之門冀子瞻兩世之知仰藉
廬陵之鑑況屬元家一泒諒有聲氣相孚能敎勝
國片長不致姓名久泯千金市骨逢伯樂以增榮
雙劍埋塵遇茂先而耀景審音于爨下羨中郎之
逸才織錦于機中資天孫之妙手君山一字賚過
百朋皇甫數行光施十世倘荷嶽毫掞藻寧特增
下里之華且令藝苑嗣徽無不佩高賢之錫敬陳

尺素稍展冊誠中心藏之願效玉環之報惠而好
我敢忘瓊琚之投臨啓云云

爲同寅吳鈞韻求資扶櫬啓　鎮江別駕

仕宦而同一方自昔敦協恭之誼死生無有岐視於茲兄交好之情吳水閩山路悠悠而云阻素車白馬神渺渺以何依爰隅冥途空賦招魂之句難歸旅櫬正需載麥之舟僣勸羽言用昭雲誼同寅吳某者延陵名裔漳浦逸才啓事銓曹服官京口職初膺乎三府任甫歷乎二年方佩呂虔之刀期展士元之驥一輪秋月氷心並照金山兩袖春風和氣先噓鐵甕督千村之輸輓漕艘早已航江戢

四野之豪奸闞夜無須擊柝吳公第一佇看奏政於清時國士無雙暫爾分猷於大郡詎積勞已久洵食少而事繁致伏枕日深乃形銷而骨立藥而勿喜嗟參术之無靈疾而不瘳信膏肓之莫効時當九月序值三秋墮一路之福星涕淚灑南徐之竹埋九泉之玉樹歌思切北固之雲生前署可張羅金不來于暮夜歿後身難含殯驂誰脫于館人既寡期功之親隻身出仕竟得銘旌之耗七尺安歸孑處孀妻哭躍而誰告失怙孤子襁褓而纔離

家步擔石之資但見啼饑而呼東人無縮地之術
眞同岐路而傷心望斷狐丘靈輿孰返於故土黿
銷蝶夢瞑目莫醒於夜臺官衙非可久居難作傳
舍繐帳必宜速發豈能置郵目擊神悲思欲助其
扶櫬心長力短實仰藉乎傾囊待舉三喪誰是曼
卿之故友贈營五世將逢元振于今畤范張之誼
非遐羊左之風可作若斯盛舉實著佳聲無蕲錙
銖用供芻束凡相逢乎陌路猶有弔恤之情豈共
事於隣封可無贈賻之事乞分清俸共惜匪躬王

臣得妥幽冤差同周急君子責在我鄭既列登朝執贄之班義起同官況多齊譜聯簪之侶毋使掩骼之澤專美前時庶乎執紼之情復見今日倘得靈輀不覊于客路是在良朋推愛于屋烏擲子敬之琴友聲佳話掛徐公之劍古道爭光誼切同袍芳名且標乎一世報應結草明德豈忘于九原悲哉一夜而騎箕痛矣千年而化鶴凡我同輩共成合塔之尖藐爾諸孤當銘捐金之德毋辭倡首敬告同心

弟世其傅君壙誌銘

世其弟辛丑冬權厝同安嘉禾島古雷山癸卯踉蹌入郡欲遷葬內地以得土爲安弗果乙巳春有事臺灣舟師艤集樵採多及丘塚世其墳亦與焉隨擇吉丙午之冬改葬南安大葵之麓地名雙路蔡塘坑葬之日余在京邸不及知但念吾弟安可以無誌顧余安能爲吾弟誌然惟余知吾弟何可不爲吾弟誌弟諱得琛字世其我王父爲始祖節度招討使銀青公長子居中公二十三世孫號陽

山泒世居南安四十三都石井有子四大人居次舉余兄弟六人世其第五崇禎辛巳五月五日生因蓮爲乳名幼聰敏與余讀書論性過余作時義斐然可觀年十六輟業習計然操贏縮數若左劵大人覘其能經營出入悉委之舉止彬彬晨昏將順得二人歡心友愛諸弟姪無不周至凡余言無不聽即余意所之未形言色輒能曲折如余意焉弟靈敏多類此好施與尤周人急親朋族戚無間言豪邁不羈喜聲色客至不醉不休善琵琶病中

不去手余毎爲言弟曰琵琶一曲聊當參苓劑樂
此不爲疲也辛丑夏染嗽初謂少年偶恙耳經秋
見血諸醫罔効篤之日弟婦抱子商後事問所欲
言曰二人在堂有兄與弟復何言哉顧余泣曰噫
弟不起也命矣夫二人痛念善慰之毋以不孝過
戚也隨卒時順治辛丑十月三日享年二十有一
子一方周歲未幾沒於痘吾弟不可無後也以世
朋次子嗣焉念我兄弟六人長伯昌兄其次其三
皆天四爲余五卽世其六世朋方兩兄之天也余

幼不能識其痛若伯兄之病病而故嘗藥視殮皆親經之痛寧可言耶兄沒時年亦二十有一一子歲未周毎聽呱聲不禁腸斷然私念兄不幸猶存一綫見兄子如見兄也常撫此寬慰二人嫂氏前方期成立詎意竟十二歲殞耶時大人稱祖十二年忽不見孫余與世其雖成人猶未舉子因姪念兄寧不悲哉越年世其先得男庶幾抱孫弄飴稍慰二人詎意世其弟復溘然逝無何世其之子又以痘亡嗟嗟向哭兄繼哭兄之子又繼而哭弟與

弟之子十數年來豈堪此痛獨怪兄歿年二十有一遺一子世其弟亦然子又同夭抑何事之相符天其可問否耶每一念及涕泗漣漣不覺情切而言絮也因爲誌之長兄諱奕祖伯昌其字生於天啓丙寅閏六月初十卒於順治丁亥正月十三余次子鍪爲嗣焉祔祖飛吾公壙右生卒年月未有誌故并及之銘曰

維昔佳城兮鷺水之央日月幾何兮忽而滄桑維今改築兮葵山之陽庶永安於窀穸兮松楸鬱乎

蒼蒼嗚呼悲莫悲兮弟志未竟弟年不長又悲夫

與兄皆二十一歲而云亡

側室陳氏墓誌

陳氏名定晉江安平鎮人也余年二十五舉女男弗育太夫人命置副巳亥秋遂委篚納爲側室陳性恬厚事太夫人甚謹皆得歡心室人引與鈞禮相率太夫人前請飪趾問寒暑若妯娌行陳居別室婢從筒器自專政井井然善女工太夫人益喜之視同諸婦庚子陳生女辛丑生子奎余年二十七初舉男親朋多余賀二人展然色喜壬寅陳生子堅親朋賀似前室人子之若腹也室人初

生女是年同孕陳常祝室人生男冬果生子望甲辰又同孕室人先生男亦祝陳如陳祝已者秋陳生子鏊太夫人憐愛孫曹男女皆置乳媼陳數多常不自安室人絕猜嫌不異視諸媼顧復諸子竟忘其非已出陳不以子德色亦不自謂已出即諸子笑啼臥起二毋間亦不分其爲孰出余念伯兄無血胤以陳所生次子嗣焉無難色其見大如此乙巳臘余自燕囘見陳質瘦聽弗聰兢業毋異平時丙午室人與陳同孕余再入都報室人生子瑩

丁未履任雲間知陳亦生子壓大人手諭曰陳産後淹纏參苓弗効於五月初七日不幸念生四男一女有造吾家不能享兒女福陳之命也惜夫余捧讀愴然葬之日大人已立石志之婦人輕重視乎子余恐諸兒幼不及知想其生平詳告之如此陳氏崇禎戊寅二月廿二日生康熙丁未五月初七日卒得年三十女一許別駕臨公周君次郎男四長壑聘左都督洪公長君冢女次鋆聘黃君女爲伯兄嗣三鏊聘貴州叅議道綠崖陳公弟國學

大聲君長女四歲未聘　乙未七月吉日葬晋江南山與祖侍姬王氏同穴

暘谷别集

暘谷别集目錄

卷第一

讞畧

駕叛抄屠事

活殺父命事

横弁刼閨事

揮捺父命事

三必控憲事

血號眞命事

假旗屠占事

虎弁飛殃事

眞命事

嚴禁打行等事

活殺父命事

暘谷別集卷一

溫陵傅爲霖晦三存稿

長洲陸壽名芝庭　仝訂

湖上李　漁笠翁

讞畧一

撫院一件貪吏庇冦殺夫事

審得趙式甫乃極惡大憝也性兇謀險盜竊姦搶販私菅命逋糧抗捕靡孽不爲遇　赦倖漏愈肆鴟張閭里畏之如虎官差談之色變作惡爲害已

非一日矣甲職委署清理查甫之寃案纍纍旋奉
憲臺准發吳氏狀控趙式甫慘殺夫命一詞到府
刻限差拿犄據王瑞首稱嫡兄王賜黨惡式甫助
虐慘殺朱卿處貽族禍窩首前來職恐聞風潛匿
存案添差捕員拘拿嵎負無到遴役計取始得獲
解已將行賄情由詳憲於是赴愬者接踵而至所
可恨者王賜一犯逞身佐惡之徒先揑官宦鑲蠹
危詞扯害多人砌入吳氏控命案內誑准憲臺批
臬司查審併吊命案犯卷赴省一則爲式甫借題

脫離罪海一則以婦氏不堪遠涉便可漏網又經
詳憲　勑行臬司發犯卷到職併審蕭綠黨犯氷
山已泮畏罪遠遁一時未得即獲恐致愈稽今就
現到吳氏命案人犯質訊其挾仇謀殺滅屍眞情
職當一一詳言之如式甫一犯潑野朱卿先許萬
惡窮兇之仇頓起殺機去臘二十五日卿適在富
定家有張橫簾者原爲甫鷹犬甫令其誘卿家人
徐三蕎三木匠也與三裝門爲由實則勒其要主
綁之在船是夜飛艇操戈見獲之徐留張橫簾張

二與在逃之吳徽州即吳明之奚滿葉兎祖麻子野黃三等八人到富定家破門搜擒朱卿比時吳明之用鉞斧奚滿用扒打壞朱卿頭額扛捉下船停奚滿家葉兎奚滿吳明之下手初八日卿死初九日將屍首燒化各犯口供鑿鑿初審甫狡稱身不在家再四窮研實供朱卿二十五日拿着是小的差去安放在黃渡地方葉兎家是葉兎奚滿吳明之下手打他小的叫他們打死的把身屍燒化在梁三車棚內三面無人家野塘頭俱是小的曉

得叫他們去的燒的如今認了徐畱供去年臘月廿五夜趙式甫在家來叫小的去擒拿朱卿八人姓名一一照合造謀加功殺人滅屍情罪最確均應如律究擬至下手兇徒甫惟供吐脫逃棄兎奚滿吳明之三犯現與祖麻子野黃三等並勒比捕獲日定擬而甫之元謀一斬罪當無辭若徐畱以家僕當先張二於事後出首雖無下手之供然與張横簾公行助虐按以不加功之條投荒爲倖詞犯于大原係積賊此案供未有行然與式甫張二

棄兎等同在萬惡窮兇盜刦姦淫案內事犯俟獲
到兎等再訊定罪如王賜實爲甫黨設謀陷告盈
庭鑲蠹一案究招另結再如徐三實被誘縛逃歸
報聞吳氏此主僕恒情妄供報甫仇口奚憑朱卿
因在富定家擒去致吳氏攻其指使不過欲其証
甫拿去今已確供似無他故王二屬富定鄰人與
之無涉總之一夫作孽遺害繁多被其搶詐覇踞
田產詈紮子女草菅人命等事泣愬盈庭罪難勝
數一部律文所載大辟俱爲式甫一人占盡職雖

代署之員以地方起見仰藉憲威破桎成擒國人皆日可殺合請憲臺批奪其行賄圖漏情事另文詳奪

撫院馬批據詳趙式甫等命案既已得情仰即嚴提助兇人犯確審妥招報奪

前事

看得趙式甫爲松郡劇惡孽卷纍纍惟於謀殺朱卿命案情真事慘圖緩行賄單職密將原銀一百二十兩傳華縣王令貯庫聲息無聞始得就獲當

卽報憲吊審甫俛首無辭但銀數多寡游移其說不過欲藉此爲波累計耳再四推敲惟所貯之數爲確甫欲圖寬而反入彀中益見天網之難漏也迄今孽甫已服冥誅貯庫之銀合併詳奪統候憲裁

奉批　趙式甫圖脫行賄據稱止有此數姑免深求貯庫贓銀候取糴穀賑濟本犯雖服天刑餘孽速審招報繳

撫院一件捕抄事

叅看得趙權卽趙式甫控李德等捕抄一案也康

熈七年七月間張知府赴青浦縣查比錢糧縣報式甫拖欠各年錢糧甚多抗捕選快羅元具白晝殺刦等事該前府審取供詞具文申詳本部院批蘇捕廳提犯發松旋據抱呈趙膳冒稱蘇民具梟捕白晝横刼等事將李德等項呈本部院又奉批蘇捕廳移松府原案併審經年熌爍至八年六月內始奉本部院督發該廳各案批詳到松而甫正以朱卿控案批提嚴切抗拒不出致難結案職自委署以來多方設法始得獲解甫經別案監故其

未到被害人等應遵　恩赦免其拖累至於式甫欠賦勒比逋抗如故續奉批追仍無完報據該縣造送實欠數册前來計康熙元年至六年止積欠至五百餘金内除元二三年　赦免外尚懸欠三百餘兩迄今　功令何等森嚴式甫不過一土豪耳乃逋課如許即此一端罪在罔　赦且前府因逋賦而拘追式甫因追攝而拒捕告訐申詳殆無虛日甫雖冥誅何可聽其終逋應於册造各家屬名下勒令追清以信　國法者也擬合敘由及照

造縣送欠冊一併申達統候電裁　奉批　未到
被害人等如詳援　赦免其拖累故犯趙式甫名
下逋欠錢糧仰府速行該縣嚴比各家屬限一月
內追完速報

撫院一件萬惡窮兇事

審得萬惡窮兇一案始禍在康熙七年九月十五
夜朱卿被盜控趙式甫及王壬奚滿等於前撫憲
之詞也查有捕官所審于大口供批提嚴切甫爲
戎首多方烱爍而殺卿之謀熾矣命案情罪除另

招詳外今就現在犯証質訊據卿妻吳氏供被式甫等打刼金蓮葉兎等有四十餘人明火執仗將小婦人綁縛強姦刼去東西并將婆婆吊打壞的干大張二張君升狡口互辨並不分賍打刼等情卷查干大原案有盜刼姦淫之供惟是當日朱卿何無呈報被盜經前府關廳行青浦縣查覆並無報盜之文又無該地方隣甲呈報而日期與盜數互異今據吳氏供住在嘉定故無報文則本案現獲與在逃各犯皆雞鳴狗盜之徒羣相結聚藉式

有威熖其於抄搶姦淫之事不能爲之解也卽吳氏别案審供俱有强姦之語使無其情豈甘自汚其身乎今兩造寃對咸登鬼籙式甫命案另結幸逢 恩詔肆赦擬合詳請查銷伏候憲裁 奉批

趙式甫挾佻夥搶又殺死朱卿既有定案今首犯雖服天刑仰府速緝餘兇務獲一并確審妥招報奪

撫院一件漏盜刼殺事

叅看得一人作孽流害無窮如陳大等所控劉小

弟等漏盜刼殺一案奉前撫憲批詳蘇捕廳提審
查劉小弟等先有詞告松防廳移文關提比以朱
卿控趙式甫一案在松因而牽制上年九月內該
捕廳詳奉前憲批督松府併審前府嚴提而式甫
負嵎致難結案卑職近始獲甫迅提犯証陳大劉
大何二等咸供從與陳月甫無仇不曾告狀劉小
弟供一面不識陳大亦不認得每事式甫不出頭
攬人出名控告使費通是式甫等語則此言得之
矣迄今朱卿被殺式甫冥誅所控指盜誣抄沓無

的據恭逢　恩詔渙頒應請憲臺查銷以清積牘者也　奉批　如詳援　赦銷案繳

撫院一件官宦鑲蠹事

審得王賜狡險刁徒也如趙式甫之著名大惡賜則擅附鷹犬吳氏以夫命慘死具詞控甫及賜等於憲發職究審甫乃嗾賜揑危詞控憲奉批臬司圖移吳氏命案赴省爲烱爍之計賜等亦狡矣哉至式甫成擒奉憲勅王賜吳氏二案並發職審除命案另行究招外今訊據王賜供詞其黨惡助虐

誠目中所不經見者也夫吳下刁風莫甚今日稍有睚眦輒譸張其詞倖圖一准藉爲憲司原告揚揚得意莫敢誰何初不計及審虛反坐之條也如王賜所告官宦經手銀兩何等有據迫一研訊毫無影響即王賜自供亦爲遁詞賜惟知奮身佐惡罔顧王章稱七年甫喚出銀宦僕亦不認得銀不經知惟誘慫聽式甫之語誰其信之再如詞稱十二月初九蠹等執府硃单駕吳氏告命捉弃判銀奏獻等語查前府張知府解任在去臘二十二日

氏夫朱卿被擒在是月二十五夜安有預知其必殺而於初九日先控耶以此推之盡屬子虛坐賜誣律其又何辭狡惡之倖者查犯在　新恩詔赦之前合併詳明　奉批　王賜黨惡捏詞遣戍不枉事在　赦前厚幸如詳宥免發落繳

附撫院馬告示

爲再申嚴禁訟師事照得江南刁訟成風捏詞妄控本院每放告期所收呈狀不下千餘閱其情詞急迫勢若湯火及至批發審理悉屬子虛

雖奸民逞刁好訟然皆一班訟師慣恃刀筆發
縱指示只圖騙准得財不論是非曲直直至兩
敗俱傷而爲訟師者反脫然事外本院痛悉此
弊屢經出示嚴禁不意此風竟不少息每閱各
屬招詳批發枷示反坐原告者殆無虛日又如
昨據署松江府傅通判招詳王賜一案原詞何
等重大過付何等鑿鑿及署府庭鞫悉屬風影
據賜供稱狀詞是蘇州人王舜貞寫的在都老
爺衙門首住的等語如此刁棍代做謊詞揑官

扭宦牽累多人本欲即提嚴處念事已往　赦

前姑與本犯一體免罪外合再示禁敢有仍不悛改故違示禁者察出定當立拏印記代書姓名重究枷示不貸

撫院一件篤叛抄屠事

審得尤裕卿乃經承叛案之府胥王物二等則拘攝之差役也夫法之重者莫過於叛逆奉行者思欲婪財陷良眞愍不畏法者矣如徐宗父子本鄉殷之家絕無詭秘之跡康熙五年八月內王物二

等藹以叛案擒宗爻子鎖縣差張侯家有王貞等往縣根尋着落於是置酒保家汪溪家中懇求裕卿擔承過付供執甚堅直至里儎王巖等八人公結前府宗爻子始得審釋此駕叛抄屠之詞上控也奉發嚴審訊據裕卿供稱為縣解逆犯周文生供出徐聖宫出票拘宗等語何所為憑狡詐甚矣嚴鞫婪贓止供得送銀共二十兩餘外至再根究堅供不認若王物二身親拘提訊供止認得布二疋又供甘認銀八錢再鞫堅供不承職查衙役犯

贓之例甚嚴計物二供銀與布變價通筭應與裕
卿並擬　新例百口何辭至張侯包升皆屬正役
供係戸丁張茂石王物二同去身不到鄉即茂石
物二亦供二役不去但侯爲鎖宗父子居停升則
事主供詞不捨未免咆哮姑與承票之茂石均擬
杖懲實爲厚倖銀布追變入官餘無干省釋　奉
批　徐宗以五年舊事揑詞控告有違　赦欵姑
念被詐是眞從寛免覓尤裕卿王物二犯贓俱在
六年　恩赦以前該府竟不援引殊屬舛錯仰免

罪發落仍取庫收繳

撫院一件活殺父命事

審得李來之控父命也其致死情事所當備陳憲聽者也夫李來已死之父李切宇與高榮已死之弟高華居同里閈各以地覇自雄非一日矣康熙七年除夕切宇與高華寃對相逢李來擁究切宇將華狠毆華以踽踽之身傷囘畢命此李來父子先毆死高華之情事也八年歲朝榮等憤其弟死候切宇於途痛心而擊宇亦負傷斃命於初四此

又榮等毆死均宇之情事也華妻張氏與榮正月初二日將李均宇等毆死高華情由報縣初四宇妻陸氏亦將高榮等毆死均宇情由呈縣各轉申本府於是李來翻作屍親矣俱委相驗華與均宇二屍各報有傷此兩造當日訐告之情事也夫愚民性暴一朝之忿奮不顧身兩雄格鬬敗而俱斃誠國法所難容亦天理之不爽也迨後兩造屍親悔孽由已作不忍檢驗嗚嗚求息前府聽之盖亦憫兩家各斃一命出爾反爾事雖可恨情亦可矜

解搆難無已之仇讐耳於二月初八日兩造各願領屍棺燒化訖此上年已結命案之情事也今李來以活殺父命控憲批職提究據各口供吊集成案叅查致死根因願息結案情詞一一如昨職詰其復控之由謂高華之死雖由於毆而其父之死較情爲痡噫愚哉之人也此雖人子追恨之情然痡華者又誰爲之相償耶反覆切諭來亦俛首無說再訊之今詞何以首攻汪祿基等謂基本緻人曾質典取贖啓釁借命蔓延葢無良矣夫獄貴初

情安可挾私怨爲拖累之計耶本應究擬念新奉
恩　赦姑請寬仁結案統候憲裁　奉批　李來
將　赦前自願處息已結舊案復行妄控又株連
事外之汪祿基刁誣已極仰府枷號半月滿日重
責二十板以儆刁頑繳

撫院一件横弁刼閨事

審得楊文乃無賴赤棍也有女能姐甫八齡貧無
聊賴康熙四年間浼衛福居中繼與城守營兵吳
定爲女五載於茲去年五月文欲邀女歸家吳定

難之遂爭論控於前府未結復妄以横弁埏閨之詞上瀆職遵提訊供吐鑿鑿即文女能姐不能爲父少諱夫始也不能顧其女繼與人而甘心今見女漸長大頓起嗚嗚之情不思五年之內撫成此女者誰乎使非吳定收而養之恐爲餓殍中人楊文尚能有此女否也甘棄置於幼少之年欲索還於長大之日豈眞飢則依人飽則飛去養女如養鷹乎再訊詞開提標城守營千總即吳定也又王將爺即兵丁胥盛也張五等鄰居也何有打鬨擄

訐之事危詞聳聽惡棍蹈誣何辭涉累餘人供明免議查所犯事在　赦前伏候憲裁　奉批　楊文捏詞營弁刼女遠戍當辜據審事在　赦前如詳免罪發落繳

撫院一件揮捺爻命事

審得孫孟之控揮捺爻命一案也閱詞則慘切可憫迨至查覆審則遵　赦久結之事也始禍在康熙三年八月十二日監斃斬犯閔奇與寘誅閔觀閔來及擬戍奉　赦閔三沈二等共毆死孫吉一命

情憐事眞歷經松刑蘇府叠審院道嚴駁詳盡無遺卷查閱觀閔未死於家而閔奇一犯於康熙四年十月內擬罪斃獄至閔三沈二等犯奉前撫憲批閔三沈二等附和故犯閔奇憐斃孫吉之命奇以元兇庾斃無庸再議而三二之執械加功証佐甚確按律均應遠戍但事犯　赦前倖邀祝網仰道將閔三沈二各重責三十板與閔酉等一併免罪釋放結案多年此移到蘇府卷案彰彰可考也何至如孫孟所稱以先監斃閔奇虛擬斬抵閔三

等從輕擬戍混詳詿赦之事耶查律文開有凡謀
共毆下手擬絞人犯果於未結之前遇有原謀助
毆重傷之人監斃在獄者准抵閔奇擬斬斃獄與
律文相符故前道有首犯已與閔觀閔未相繼告
斃可瞑死者之目等語今孟尚刺刺不休者有詞
稱十人殺死一人十人償命果爾是必盡化獄燐
爲快耳不經甚矣至三等井擬絞之犯遣戍倖免
奉自　詔赦寬仁死者固自可矜而生命亦當慎
重若謂前審有所失出則今之持平者又何可失

入哉總之此案情有可憫法無可加應請憲慈裁
奪 奉批 孫孟將已結舊事復行妄控本應坐
罪但念其父被閔奇等毆死情憐姑免究註銷繳

撫院一件三必控事

審得楊之昇訐楊元運等一案也誼屬兄弟家隷
金陵康熙元年十二月二十五夜昇父楊士恭被
盜刼打死越五十日將運僕王世本晳告波及於
運兩相告訐業奉督撫兩憲批臬司刑廳審昇誣
確歷讞以徒改杖結案多年兄弟之間可以式好

無相尤矣今春昇復以三必控之詞籲憲奉發職查及拘犯証一無在松始知冒籍揆其意不過以倖准之後運必遠涉方遂索詐之謀飽其慾則飄然遠去可無對簿之人不滿其願亦踪跡靡定終成未了之局昇之計亦巧矣哉迨詳憲批臬司押到犯卷查審訊據之昇與証人之口不費推敲宛然如昨至籍本金陵冒以松江事在元年易以七年本犯亦知翻案之非狡而愚矣蹈誣又何惜哉查所犯在新・赦之前應否援引伏候憲奪　奉

批　楊之昇誣人刼殺巳有成案又另籍刁控奸
惡極矣仰重責四十枷發落繳

撫院一件血號眞命事

審得周福之控孫斗也奉憲批前府提審未結後
奉　恩詔詳奉不准援　赦復駁行提職檄上海
縣就近檢審據縣審以月日尚且不符實爲病死
非屬毆傷詳解到府訊詞証劉二顧君瑞等咸供
上年四月十五日周貴與孫斗各挑米爭論並不
見打斗供並不與貴相爭病死在十月初九等情

而周福堅稱兒子實被打死求檢刺刺不已夫命之眞假只憑檢驗然必爭毆情眞致傷確據始可吊檢今查縣審有醫生李修之口供職審又有劉二等並不見打之詞是爭毆既屬子虛致傷亦屬烏有況病死於家半載之後而誣人以命乎周福欲割裂其子之屍忍哉父也告不以實法應反坐姑念　恩赦荐頒請乞憲臺寬仁銷案以廣　皇恩者也　奉批　據審周貴果因病死如詳援赦銷案繳

撫院一件假旗屠占事

審得凌亮一刁徒也先年有米典於洪明卿之族弟洪桃銀九十三兩餘歷逋未楚桃係領明卿貲本僱李魁爲夥計不善經營致虧貲本是誠李代桃僵矣迨卿向桃清理僅餘紙上之空欠凌亮亦在欠中康熙六年經前府審詳前院批允究追在卷秪緣凌亮窮窶之夫負債兎脫雖經勒比拖欠仍故向以久假而不歸今則還鄉而有覬懼償主之索其後與先事制人藉訟爲抵逋計耳據稱明

卿[illegible][illegible]旗部　[illegible][illegible]無[illegible][illegible][illegible][illegible]炎銀九十二兩郎

係所遞之[illegible][illegible][illegible]遞未決猶可言也若以[illegible][illegible][illegible]

迎索則當[illegible]年審追之時宜爲展辦何延至今[illegible]

始與詞也至吳氏乃顧上遴使女拚質洪辛仁設

受其撥與亮無涉亦扯爲屠佔意謂訟題不大則

憲[illegible]不准憲聽不准則洪二卿不畏從前之欠賬

終[illegible][illegible]　筆抹殺故揑詞上控惟恐其蜃樓煙消

[illegible]仗譎[illegible]刁耳麥亮洵刁潑之尤者冒旗屠佔此

何等事[illegible]訊屬子虛亮[illegible][illegible]　杖哉所欠之數仍照

人勒追餘免擬　奉批　凌亮負欠不還反揑詞誣營活拆刁惡已極仰縣枷號十日責三十板發落罪贖免追餘如斷取[illegible][illegible]繳

撫院一件虎弁飛殃事

審得蔡仁之訐虎弁飛殃一案也葢緣康熙七年十月間小沙營兵宋挺砟草於龔家浜地方將供芻秣有鄉民龔學寅者以草從地生將爲糞田卒歲力耕糊口之[illegible]非如他處之草無使滋蔓蔓難圖也兵民爭[illegible][illegible]不相下鬨然間宋挺倏而云亡

原書缺

原書缺

看得惡俗無過於吳下刁風莫甚於今日如奉憲臺飭禁打行蓋欲化鬬狠之民爲柔善之邦意甚渥也今刁民小有睚眦藉以妄控如顧培與顧飈仲叔姪行也捕魚相爭朝鬩而暮和此小人常態豈乘有禁令培輙以叔飈仲與平昔小嫌之徐蘭生顧三麻子危詞控華縣縣不審實通申卑職當即提訊衆供皆云賣魚角口祗爲錙銖之利頓忘叔姪之情小故雀牙原非有實犯打行之令也至顧三麻子訊屬浙人居松有年賣膏藥爲業相爭

之時又不在場而亦砌入則培之才惡蔑分藉詞妄控罪難輕逭杖懲尚有剩辜顧三麻子雖於此案不相涉而繡髩賣藥終非土著蹤跡涉疑着取鄰甲保結備查緣非真正打行甲職未便轉申今奉批查合由敘詳候奪再照事在 赦前應併詳明

撫院一件活殺父命事

審得張彥等父子乃硜執釀禍之人也與沈祥父子本無仇隙因彥之房屋爲祥贖回今春三月初

乜彼遷此移同在一日祥父沈同雲欲取石槽水架此村家翁恒情彦執不與父子從而爭角於時解勸者有顧喜等諸人至十二早雲死祥於是日以活殺父命控彦於縣十六日彦亦以陷命抄搶訐抵委勘屍傷與搬搶情由覆縣詳憲嚴批到職訊祥堅供父無病被彦子張一等打傷致死彦等父子堅供不與相爭實爲病死又供祥搶物毀屋彼此紛呶不已職今細勘有醫人曾下藥之供卽曰祥父老邁有痰疾病與時會猝然而死未必無

因光驗有青黑之傷乎彥駕抄搶訊供無據得非作僞心勞日拙者耶憲詰精詳應爲檢覆但研審得情或再檢有致傷按律屬之鬬毆亦在 新恩赦欵之內職憫兩造拖累多人而青邑又被災最重故敢請憲慈寬仁若張一之少不更事彥惟慳吝爲能致召禍端均擬杖懲至同雲之死爭毆有因報傷有據應於彥名下量斷追銀六兩給祥領埋餘人均從寬政恭逢 詔赦以示寧出無入之意擬合詳請統候憲裁

暘谷別集目錄

卷第二

讞署

呈解船鹽事

冐捕婪屠事

國患事

捉獲船鹽事

現獲船鹽事

按察司項下

特叅違例縣令等事

假報煽惑等事

拷詐驚天事

督糧道項下

蠹侵飛害等事

權蠹殃民事

截刼誤漕事

打死運丁事

提督項下

指營陷詐事

違禁夜行事

暘谷别集卷二

讞畧二

總督項下一件寧死難休事

看得鄭祚遠與鄭來聘等皆華亭舊令鄭國翰族姪也鄭令五年冬履任正值漕糈孔亟年逼桑榆無理繁之才可稱老練未數月奉叅解任時漕尾未清司漕者惟以經手是問比因鄭令囘籍不於其身必於其子若姪也行准常州府押祚遠到松禁比祚遠亦甘承認不辨其尚有的屬來聘其人

也羈越兩載雖經追清審釋而困苦已不堪言矣今乃追恨當日禁比之冤而謂其族叔鄭令餙五年分漕三千石累伊禁比現有伊子來聘匿住鎮江等語上控職經關提人犯檄縣確查據現任王令稱俱追清無欠但祚遠既非鄭令的屬此時何不辨明而甘承認致受羈比之累及今審釋展轉瀆告事後之鳴何爲乎且審來聘同爲國翰族姪並非其子何可因是再爲蔓累耶應請憲臺俯念糧務既清亟與寬仁銷案伏候憲裁 奉批 鄭

祚遠先因鄭國翰糧務提訊既經審釋原詞准銷

案繳

督撫二院一件咨行嚴查事

審得張三等人船獲自周塘浜前府歷讞以沙河船非駕海之舟欲往崇明亦屬意想之事故從寬詳請致歷憲詰職經研訊張三姚袁堅供止說到七丫去並不曾到崇明去訊之陳五袁應貞供吐相同至張三與張雲尚訊供委是嫡親甥舅而於被獲解審之際畏懼悞供家人等語誠如憲臺詳

愼遺漏互異之處也夫奸民涉禁法當立正其辜第查所獲人船既在疆界之內又無挾帶餘物而且偷渡行藏未有實犯終為莫須有之事若以此而加罪恐河干舴艋往來如織汛兵皆得藉口生事矣況此輩之厚倖者初奉　恩詔瀕頒應否俯與維新出自憲臺寬仁非下吏所敢專擅也　奉

督院麻批　既經歷審獲船之地界口尚遥姑念在題定疆界之前又遇　恩赦准如詳省釋仍詳

撫院候示繳　奉撫院馬批　此案既經總督部

院批允發落仰照行繳

　鹽院一件蠹挾官權舊事翻新等事

審得陶艮等共訐蔣廷禎詞籲迫切迨至查訊乃久經歸結疊奉　詔赦之事也奉自憲批甲職仰遵審理夫廷禎原充府吏似非狷介之儔艮亦素非好靜憲訪坐罪追贓查始事在康熙二年艮等被訪時會謀商于禎未免無所染指繼則痛定思痛怨而訐之此案情事之始末也然艮等已於康熙三年二月控府五月控前憲顧七月內又控前

撫憲韓俱奉發審遇　赦註銷而良等不已四年
九月復控蘇常道發蘇刑官究審結訖五年二月
良等更分控前憲雷及前撫憲韓俱奉發松刑官
審問比以事在　赦前免擬給主改作入官共斷
追廷禎銀一百兩監追比足業奉前憲檄吊及解
前撫憲結案訖事經三載可以已矣上年九月良

等死灰復燃不遵　詔旨冐籍翻謊應照凡有
赦前之事告訐者卽以其罪罪之之例庶當其辜
首事陶良一杖厚倖伏候憲裁　奉批　陶良等

舊事翻新駕詞疊控固屬刁徒但蔣廷禎指訪詐
贓尤爲不法念在　赦前姑將廷禎重責三十板
餘依擬發落繳

鹽院一件呈解船鹽事

審得馮啓乃汛防千呂巷王把總於康熙八年三
月内在白涇地方追獲之鹽犯也追亟衆犯撇鹽
棄船登陸逃去止截獲鹽船二隻與在船刀鎗弓
箭等械撈鹽入包同犯呈解提督梁批發總巡廳
會同武叅將查審錄取供詞詳覆移會憲臺檄行

會查審緣原供各犯有任宜與狠山有住白涇嘉善浙界地方四散脫逃節據回稱朱二等遍緝無拘又值前府謝事未經詳結卑職接署清釐查原獲私鹽巡廳已發商收器械亦經收貯鹽船二隻提督留營充餉止有馮啓一犯繫獄經年今逢詔赦業經援請奉有仰將現獲馮啓究招餘犯姑准案緝之批除逸犯案緝外職監提本犯訊供並不賣鹽因唱曲經過叫喚上船他們脫逃身被擒仵等情置辯職謂既非同爲販鹽之人何以知其

船鹽之數明是獲口卻罪遽難深信況船鹽軍器並獲加等應流恐不能爲本犯寬也但查事在

恩詔以前應否援宥出自憲裁　奉批　馮啓執械興販流遣不枉姑念　赦前仰責三十板免配發落繳

鹽院項下一件冒捕婪屠事

審得張福沈伯華皆役貧無賴者也瞷米行唐泉殷懦居奇伯華乘侵漕無補藉張福指使遽開泉欠糧五十石身即閃避當日司徵者惟所開現在

是問以求足數寧復計泉之屬妄陷哉彼得計而遠颺此無干而冤賠禁比刑追計共代完銀二十一兩夫小民歲供漕糧自巳完納尚恐不能足額況堪代人扯累泉能嘿嘿巳乎職按詞推訊情事如繪至福之妄報匿稅與夫賺包戶役皆泉之痛心往事難以深究者也況伯華吞漕卸累張福朋比爲奸均難輕縱念經認還唐泉代賠銀兩巳在伯華名下追給外姑並擬杖伏候憲奪

鹽院項下一件國患事

審得王雲王八乃市井刁徒也蘇籍姜建營居松郡長子姜華在下塘貿易次子姜文另店在上塘也四月初六夜下塘遭回祿之變華與雲等店房俱被延燒曲突徙薪之不早此不測之災爲王雲者正宜省禍豔姜文貿業得藉資身遂無聊而起無良首倡賠償之說何其妄也煽局外王八於十三日突往文店借天災而駕人禍閧聲洶洶經前任張通判登拏王八比雲雖不在場而八實其指使又分頭妄告此姜建有國患之控也奉批職查

遵行細訊據原詞所控搜劫貨物質之伊証周初費和皆云因火索償爭毆旋至毀物碎器如出一口異哉雲也失火無賠償之條況又蔓及各居之弟且延燒非止一家獨雲恃刁潑訟討圖責償貞屬無賴之徒本應重創姑念燎燼之後合請憲慈寬恤之仁姑與附和咆哮之王八均從杖擬以戢刁風餘免深究伏候憲裁

鹽院一件捉獲船鹽事

審得郁二郎張永與孫二郭八張七張辛皆鹽徒

也嗜利如飴公行興販八月十八早在金滙塘口天遣敗露被巡役潘奉卿獲住鹽船二隻內有私鹽大小六十包及獲水手張元餘俱逸去稟報到職卽吊船鹽發商秤收報憲批究就經提犯研鞫訊供永等姓名先後獲到反覆推敲永有三十八包之多餘犯雖多寡不同總屬有鹽之犯各有親供在案如陳三身爲黃浦司兵以偵巡之役公然駕船販私目中寍有法紀哉應與永等五犯並擬城旦庶當其辜至張元王酉審屬操舟亦係匪類

一杖允宜再如所販之鹽供在永父張彥貞家裝載入船嚴訊堅供獲鹽時身不在家係是兒子做的事極口置辯弟今子已服辜家無二犯姑開一面若陳三等供有王韃子係是隋巡檢親戚再四嚴着駁提節據該司申辯所當着落追求者也庶不網漏餘如轉輾扳扯之人審無確據應請寬釋以免滋蔓以廣憲仁者也船鹽發商變價充課恭候憲裁

鹽院項下一件現獲船鹽事

審得徐釆生積販鹽梟也見利忘害玩法營私非一日矣八月初三日駕船在七保石臼舖地方被鹽快捉獲內裝私鹽三十八包并軍器六件釆生逸去爲鹽快所識認卽經禀報次初四晚原捕又遇釆生駕小船於松隱追近本犯又逃去獲船有鹽四包刀箭等件再報前來除船鹽等件發商收詳報外旋據挨獲本犯解職供出人犯姓名逐細研鞫而釆生亦供認不諱惟是據獲刀箭等械律應加等但查原報稱本犯係在小船一語似非拒

捕者比使果有心拒捕則前此追及之時必以器
仗相加勝負正未可知何肯望風而遯卽後此相
遇度不能免亦必如窮奔之寇反而相向以圖死
中求生之路何肯高飛遠引如鳥獸散也采生愚
鹵之夫利令知昏不過藉以壯膽護身原未有敢
於拒捕者也應照私鹽律擬如盛三一犯鹽數雖
不多終爲有鹽之犯究罪如律其陸九據供僱去
水手然販私何事乃甘心應募應與船主沈黑二
並杖允宜餘審無私鹽之實免科非縱綐候憲裁

按察司一件特叅違例縣令等事

畨得趙心鏡墮欠漕項錢糧名列彈章歷經前府勘覆其情罪已無枉縱而魏令先經革職毋庸再贅惟是憲駁謂原叅何與招數不符照出較之叅後續完查欠又多互異甲職按理未完按册按欵一一釐正再照各年未完漕項册有民欠抵補今元二三年奉 恩詔應候奏 請蠲免難以復追其四五六七年分原有民欠追徵並無官役烹侵該縣見具印結職經核覆似無情弊至於解銀

批收遵即勒限提取申奉督院吊查合候發回解驗卑職另造簡明清册同印結送查趙心鏡身任經承雖無侵那之弊不應怠玩於前而承造數目乃復舛錯於後致屢壓憲詰罪固難逭姑念事在赦前應與分承之沈文煥等仍照原擬以結積案者也總候憲裁

前事

叅審得趙心鏡等一案原叅漕項錢糧多有互異前詳已晰茲奉憲詰必剴切聲說卑職復行核明

改正與招詳冊結總撒相符又如各年灰石一項原係多開之數前道盧雖爲專司衙門無有訛錯查囙仍從本色爲則以五米十銀總計於內報憲查係致有透出之額在屬縣徵收祗遵會計分毫不敢多派於民卽造冊亦照編定欵項並無揑飾何敢輕聽照轉今職取到各年會計出单及查正欠數印結另繕覆查登答清冊同府結並送憲查統候裁奪

前事

覆看得趙心鏡等一案卑職查按欵額與原參數
目核正明晰矣今奉憲臺簽駁者葢謂 題參於
八年正月十五日而該縣完解又在七年八月十
一十二等日也弟查彼時魏令雖完解在七年因
未挐批送驗是以前道盧無憑稽核仍以欠數報
參故縣有參後續完之說總之錢糧各有總額先
後完解日期數目可攷卑職安敢任其虛揑朦飾
自蹈扶同之咎至於漕項錢糧奉憲駁例無 赦
免但凡屬元二三年民欠一奉 恩詔渙頒民間

無不歡頌皆謂一應拖欠在民者盡行蠲免況此
各欵漕項原在地丁之内編徵而縣司曷敢分別
復追自蹈違悖之愆其灰石項下漕贈五米十銀
兑漕之時原爲濟給運丁之資隨漕徵給不列會
計不入考成前任盧糧道未及細查一槩列叅以
致數目參差與額徵項欵逈不相符卑職禀遵憲
詰屢經嚴詢並非胥役侵餙是又未可以司漕衙
門册報之數爲足據而該年報部計册之數反不
足憑也除遵照簽駁査明登答外伏祈憲臺核明

轉覆庶　欽件得速結也

按察司一件假報煽惑等事

看得謝膚思揑造報條一案業經張知府訊供驗膚思親造单欵及孫勝傳抄報稿本犯罪已昭彰茲蒙憲詰再四推求訊據膚思供因窮苦故造此報與別人不干復驗其親寫筆跡較之前字無異則一語而伏厥辜無庸展辨也明矣至孫勝之抄傳妄報於莫春元者誅心則妄眉於贋按法則似難爲寬莫春元業經處分接報喜得開復亦恒情

耳然猶在疑信之間趨詢值報高拱宿宿因無此
報卽行首明報憲提究如何九完雖膚思之親而
畱報在舘孰知出自僞手祁爾珪卽膚思外父許
詐既啓珪亦何從知之敗露之後未免情出决絶
遂懷恨而扳及之杜履吉別號杜古槑與供扳之
杜虎疇名字詭異對質又稱素不相識狡口復扯
杜仍九拘到又云不相識乃稱有生員杜晉吉迅
拘對鞫吉惟極口呼寃刑訊不認無可如何再將
膚思刑訊實供與杜生員無與方始招承有不害

衆人之供在卷且報欵之单洞如觀火雖狡口游移終不能爲之少諱也但虜思之捏造不過聳人聽聞圖騙一時之局耳孰知旋爲敗露難逭假造之條自作之孽於人何尤若孫勝者亦難辭妄傳之罪惟是未有實行又未誆財一錢可邀職亦未敢擅議應候憲裁

前事

覆審得謝虜思捏造假報叠爲窮苦計生遥度七刀必有　詔頒遂起妄想冀圖騙財豈知法網難

漏旋行而旋敗乎訊供已確與孫勝傳報無容展辨矣但睿思自認後狡扯杜晋吉對質又供無涉茲奉駁訊再將晋吉刑研瀕死不承而睿思雖狡口游移究竟良心難昧招認不諱且有親立供单在卷則知前此之妄扳實出必死之口以滋倖生之竇耳聽斷至此不能於甘認之外別尋枝葉矣睿思從重擬辟按律非苛念其因窮捍法尚未得財情有可矜姑引詐爲制書未及施行之條孫勝照傳寫失錯減擬似蔽其辜查所犯事在　赦前

應否邀恩是在憲裁

按察司一件拷詐驚天事

審得俞春揚乃王世勳之嫁母兄弟而世勳與王永恩之父心宇爲同父而異母者也宇於康熙五年三月間病故永恩與母朱氏祔葬祖墳鄰里週知杯土之安何有遺議哉祇因宇在日承有紫陽字號開染布坊募許從之等掌作乘宇物故遂與俞春揚等共萌垂涎之念串世勳攘臂謀奪陰爲之助煽無情之訟獨不思子承父業情事最正且

字之子永恩與妻朱氏妾張氏煢寡相依賴此店爲度活計何勳妄想兄終弟及圖爲囊中之潤耶更以狂詞污蔑波陷於同鄉之王文宇韓邦魁何其惡也復藉憲控爲護身符糾春揚等到家嚇詐宜乎邦魁等有拷詐驚天之鳴也迫至研訊勳乃畏罪遠遁質對無從審據証人張益之供實付銀十兩與勳等爲盤費今在逃照提追結至從之春揚二犯朋謀釀釁並杖尚未蔽辜事在　赦前應否免議伏候憲裁

按察司一件號抵父命事

審得郁巳與吳君祿比屋而居本無仇隙祗因兩家之子俱在吳寅田中取栗起釁爭嚷爲父者皆向奔護其子初無相害之心也憤鬨之時大家亂扯君祿以衰邁之軀適値衝突隨爾跌仆次早云亡致吳大有索命之控迨後大旣不願檢償已亦甘鬻子助塟求息領埋前府查律無脗合之條擬以不應重杖斷給燒埋欲爲兩造早結案之請奉憲詰以牽强不合再加確議職訊供巳無遺情惟

是欲求與律例相符者止查有過失一條載有凡初無害人之意而偶致殺傷人者皆准鬬毆殺傷人罪依律收贖追銀與被殺之家營葬則與入無出之意庶與此案情事有當矧今遇　赦宥罪追銀是亦理法之平也　奉批　據詳吳君祿雖是老邁然死未必不由於郁巳之鬬毆所致也總是邀　赦而所擬未洽仰再確覆報奪

前事

審得郁巳於君祿致死情事推敲殆盡雖無必死

之心恰合致傷之例憲駁以鬬毆誠協矣敬遵改擬仍追銀營葬釋此久繫窮囚以廣　皇仁者也

奉批　據詳前後供詞明係郁巳與吳寅爭毆而誤傷其兄君祿也七十老人因而殞命擬巳以絞允當其辜但屍子既不願檢且又適逢　恩赦應遵　新例滿杖追銀四十兩給付死者家屬令該府所引律條是否允協仰再妥擬詳報繳

再覆

叅看得郁巳致死君祿一案奉前憲駁以牽強不

合職遵駁改擬招詳實緣本犯貧窮難照律文原
情酌法量追一半覆招請奪又歷憲詰以應遵
新例滿杖追銀四十兩仰再妥擬職查郁已久繫
窮囚甘鬻子助葬是以量力追給今不特本犯僅
存一息即前奉駁提時屍親亦有已奉審明不堪
拖累之籲且本犯既非真命可抵即前擬過失復
奉改擬鬬毆與今駁引誤傷等條罪名總邀 恩
赦惟是擬追銀數多寡不同未嘗批允蓋使本犯
稍有家貲屍親比鄰無有不知何難求索乃始訟

之時見其鬻子甘與求息此貧難之實萬無疑矣不然職又何惜此犯而爲之申請量追耶今欲擬追四十兩　新例滿杖切恐獄燐可待銀必無完徒費追求反成遇　赦不結之案此職之所以鰓鰓籲請者也請乞俯從前憲駁照改擬鬬毆及貧難照例量追給銀即爲批定使本犯不沉獄底則憲慈與　皇恩並沛矣恭候憲裁　奉批　因苦告減者情也本司所執者法也不便批允郁已准援　赦免罪仍照原議取四十兩領狀報查繳

按察司轉奉撫院一件冒憲刧孀等事

審得俞定乃狡惡潑棍也七年正月初七夜糾黨強搶孀婦徐氏姦宿情事逼真而前無憲所駁祗重在成姦與否乎以尺組定巳無辭不容少留疑竇者矣迨狡詞愈詰而真情愈遁且[illegible][illegible]兩見逋逃幾爲網漏貽累多人況平日擎鷹放犬投旗顛制尚可稱爲善類乎獄貴初情應從重正典爲快第今遇有　恩詔奉自臬憲俯從前府所擬助惡沈寅等亦照原招徐氏斷令離異聽其自便緣奉

檄發叙招解審伏候憲裁　奉批　仰將俞定刼孀一案引明正律並遵　赦欵另擬切實妥招詳奪

前事

審得俞定刼搶孀婦徐氏姦宿一案歷讞情事纖無疑義防廳初審則徐氏有是夜搶時俞定拖手將繩繫頸小婦人不肯動身持刀要殺之供前府覆審時本婦又有初七搶去的時節就姦的等語一綢定案以遵前撫憲之批何費推敲迨後愈駁

而狡犯改口眞情愈遁不得早正其辜爲憾職淸
理滯獄奉自前臬憲允議發招故卽照議請奪茲
奉憲詰畢職又經提訊據總甲唐俊供有俞定搶
徐氏萬目昭彰强姦是的徐氏又有供擡到顧侍
明家一箇多月卽定狡口有會央關說恐張閎不
肯故搶有肩輿擡去勸宿願從等語噫狡哉定也
夫果有成說在先何難明娶於後豈有不由情願
明火執仗强搶登輿藏窩隔籍是以强盜之行而
結婚媾之局徐氏卽不願從亦奈之何哉夥搶姦

宿定之色膽包天矣及奉拘攝投旗抗提臨解兩
見逋逃更滋擾累是目中寧有國法者乎應如初
擬強姦之條庶當其辜助惡沈寅等仍從原擬其
徐氏斷令離異聽其自便第查犯在　赦前應遵
赦欵分別減宥又如俞定懼罪逋逃事在　赦後
律應加等統候憲奪　奉批仰候轉詳繳

按察司一件逆弑毋命事

審得薛五鹵莽之夫也今春二月初七黃昏與姪
薛正爭奪牙行相毆正毋姚氏趨護其子五乃不

顧嫂氏尊行以扁擔打氏倒地隣甲丁觀陳三薛
卯等確証初八早氏即斃命慘矣哉正控縣委捕
官相驗屍傷鑿鑿縣不審結正哀愬母寃控府迅
即提究據該縣解到現犯職經研鞫兇犯薛五妄
稱嫂子年老撞石受傷及誤推倒跌死夫人命當
問其打與不打使打其子而不及其母抑及其母
而未至於死猶可展辨今既鬨然打打而死即曰
撞石誤跌豈能爲打者貸五雖狡口其誰信之研
審至再始供用扁擔打的實情其被打斃命時候

與夫啓釁情由衆供如一五之自陷重辟其又何
辭若薛喜五幼男也龔觀五妻父也龔氏五妻也
據正執稱同揪毋髮打死是甚之詞也旣無確証
五又自供一巳打的安可因薛五之兇而株其妻
子外黨耶五以鹵莽之夫惟知爭業謀生孰意爲
速死之階今正祗應認眞兇犯而求抵母命以慰
重泉不可因此而滋蔓也事干大獄職未便久稽
合先備敘詳奪恭候憲裁

按察司一件申報地方事

審得吳金袁惠陞二李元皆不知法律村氓也因蔡慶素行不良各有怨尤聚商洩恨閏二月三十夜更深人靜適慶在新塘地方金遂糾袁惠陞二李元追逐至田所肆毆金首用鐵鉗將慶狠擊腦後負傷倒地惠用丫鎗助毆金又以蔴繩將慶綁頸項手足惠亦幇助而二以鋤頭元以棒槌先後追打金又將槐樹一枝揷入其耳遂畢慶命乘昏夜將屍沉水底恐露人目欲葬魚腹可謂機密而計狡矣越數日屍浮水面爲地方物色豈天未厭

蔡慶之惡蹟故不漏金等之罪網聊訊供直吐縣審得情且兇器俱經追貯無費推敲金等四犯絞抵戍杖均無枉縱仍從縣擬轉請定奪

前事

審得吳金等毆死蔡慶一案也蓋慶充司兵販私行竊爲里中厭惡者久矣金與袁惠陞二李元皆鹵莽村夫以睚眦之嫌閏二月三十夜斃慶命於田所檢驗有傷兇器追貯吳金首認毆死應抵惠以飲酒於家擬之元謀至陞二李元行有先後不

同餘人並杖詳奉憲駁再審今不特惠置辯並無歃飲等事即各犯咸供並無同謀等情但蔡慶行果無良雖國人皆曰可殺必實按其罪鳴之官而置之法方可箝其口而瞑其目未有以怨尤之故處於死地果爾則　朝廷設士師爲閒曹矣蔡慶有可死之理金等非擅殺之人今奉憲詰應以謀殺而非毆殺似應仰遵然慶一無家之人行藏靡定殞命暮夜即親族亦惡其行而樂其死也首犯絞抵餘犯分別戍杖足償其一命矣憲引律文竊

恐多命所關畢職未敢草率干失出之愆也仍從原議惟候憲裁

按察司一件捕劫强姦事

審得姦淫之事世固有之未有色膽包天奇聞罕見若海邑窮兇顧亡等强姦王氏之甚者氏夫楊亭鳳陽人充水師營兵後奉裁汰因氏屬上海土著遂居焉亡爲里中惡少見氏姿艾圖姦搆捕周二徐祥借查逐汰兵上年五月初八將亭擒去欲圖合歡之被先援眼前之釘次夜亡糾夥胡二等

憑哉夫强姦定有律例如此奇姦恨作律者未經見其事不早開載明條爲衆凶立一罪案也今新恩渙頒小人得幸之時應否援　赦出自憲裁非職府所敢擅便也

布政司項下一件殺占事

審得朱璋與周陞科互訐一案璋兄朱廷物故所遺田畝向在嫂氏收租贍寡遞年錢糧係氏表弟劉季料理迨後夜泣之嫠婦不能矢栢舟之義氏醮於周陞科其夫遺業歸於朱璋兄終弟及情理

之正璋既管業則錢糧完欠璋應出而任之夫何
葸然不理及追比廹身反問於嫁嫂彼此過激語
言相傷而不知張氏不爲陛科也妻則猶得爲璋
也嫂張氏既不爲璋也嫂則已爲陛科也妻朱家
之產與周門之婦風馬不相涉矣陛科故以刼亂
控道璋以陛科爲憲役亦以殺兄占嫂控司行蘇
捕廳究報奉駁到職遵卽提訊衆供如繪今田歸
本主稅隨田納兩造睚眦之憾已相忘氷釋之天
但陛科以細故而聳道璋不候審而控司此發彼

敝均非好靜之徒姑念各悔罪籲息仰憲臺無訟之化各擬一杖示儆陞科查於松地並無生端一并詳明候奪

蘇松道一件官縱兵抄事

審得僧天衢之控巡司章尚惠也緣司署久廢暫僦僧房焚修之地久假而不歸衢不無鵲巢鳩居之憾惠現宰官身而處遼佛塲又未必能作祇園善事雜住經年兩生嫌釁所由來矣適有俞奉首衢姦拐於尚惠惠據以報縣行司提解雖云奉法

獨不念居停之誼毋乃寡情乎衢長齋繡佛自應四大俱空靜候斷理何遽具詞聳憲洵屬緇流之刁訟者前任張通判已經審報蒙批另敘詳奪單職恐蹈附說再行細鞫該地方干証俱供無抄搶之事則天衢上控不過欲借憲件以制縣詞耳查嫂拐一案前審時原呈俞奉金無到官茲據縣申稱涉鄒令欽案中未同呈首者既未出指則天衢之罪似難懸擬或空王慈悲不令遽露其踪爲之漏網天衢有厚倖矣但誣縱誣抄有玷佛法難逃

原書缺

原書缺

乎彬以刼漕控詞綦重矣訊之稱其欠租質蔣二又歷完無異又指欠稅銀二已完納官照可據彬儼然弁也二蚩蚩細民寧敢佃其田而負其租與稅乎彬之嘵嘵何爲耶査係衛弁應請憲奪以甦耕作愚民

糧道奉漕院一件打死運丁事

審得楊式乃江寧右衛旗丁也居松已久七年六月初二有男楊雲患癆身死式以人命控王恩謂恩子與其子曾於三月間同放風箏相毆發難夫

頑惡細事或與雀角亦村童常態當時若有毆傷爲之父者奚能嘿嘿豈至三月之後病死於家翻恨于疇昔同放風箏之人是何異捕風而捉影乎奉前憲檄行究審前府訊據衆供與醫人確供病死而式畏罪挽衆具息刁告坐誣擬戍招詳今復奉再審覆訊無異遵　敕詳結以廣　皇仁爾

提督一件指營陷詐等事

審得倪武海隅兇徒也因事生波非一日矣片板不許下海禁令何等森嚴毋論民間凞攘不敢萌

偷渡之心而汛防碁錯豈容有漏舟之事今夏風雨連旬塘堤衝決一望汪洋幾於水接長天矣施元有農具小舟飄泊塘外武爲奇貨可居也報之南滙營營差兵陶三田佛拘查吊打備至索詐無厭雖經該營審釋而施元費累已不堪言矣武見元爲可擾之家一波未平一波復與再報川沙營而并扯其弟一綢打盡使其應接不暇鬻身賣兒以供狠腹嗟嗟小民海角無天爲害可勝道哉元之傾貲武實首禍應照費追武給還重杖未足蔽

辜至陶三田佛所得銀布仍照前審追給主原屬
營兵未敢越俎而問應候裁奪

提督一件違禁夜行事

審得管二村農也居水鄉捕魚聊生供課前月初
六晚在張錢港臨淵羨魚拏舟舉網非緣木而求
我所欲也遇汛兵蘇有義等巡夜所獲當搜無別
物在舟以有犯夜禁解該汛蘇把總訊供遇水災
田荒撈魚度命二有兄管君甫次早亦自投到轉
解王中軍訊供呈憲奉發會勘經同研訊供吐前

情無異又據里甲公籲保結則二等均爲蚩蚩愚民無有他行可知矣松地小港通舟之處皆有稅額名曰魚課貧民採捕藉以度生完賦比比然也二等趁夜捉魚亦屬災黎饑不擇時非尋常犯夜者可同日語應請發落以甦窮民者也其該總原留農船二隻並應給發二等收領恭候裁奪

名別集二十九

一

暘谷别集目錄

卷第三

盜砍滅塚事

立殺女命事

貫盈天獲事

姦占販拆事

匿報人命事

盜逃反害事

拐寡殺孤事

酷詐慘寃事

活殺人命事

署縣項下

盜露投繯事

強買殺擄事

逆奴坑叛事

玷陷抄屠事

姦橫延燒事

黑夜夥刼大亂事

暘谷別集卷三

讞畧三

署府一件金靈法死事

審得楊四乃狂鹵釀禍之夫也陸慶成衣爲生與四非有仇隙因少衣工八年六月十三慶向四索算蓄積針線之勞冀獲錙銖之利祗差分厘誶然相嚷四怒其辱詈遂至爭毆適族人楊招在旁忌於被髮纓冠之救而以尸枕擊慶孫承之鄉鄰也雖閉戶可也乃助而毆之慶奔遁招等追逐扭結

擠河慶無馮河之勇遂作中流之砥柱傷哉慶也以分釐之數致殞七尺之軀何其慘也首禍助毆諸兇自應按律究擬乃前府以其母姚氏不願慘檢憑議發處而持議者方藉命爲生涯安肯向煢煢之婦爲生安死瞑之念乎遷延不結接署清獄訊供如繪四難辭一抵各犯厚倖者適逢 恩渙母氏又願領銀葬埋姑原情遵 赦以廣 皇仁然楊四等三犯暴戾構禍[illegible]律倖免生法難輕揵之垂斃稍慰幽寃

署府一件刼閨逼妾事

審得李奉之女秀姐原配徐三之子徐大爲媳未及過門而大夭逝閨秀頗有姿容致企張禎之慕于飛偶失圖艷益堅爲女父者惟利儇佻之金頓來突如之釁此新正十六徐三擁衆搶秀藏室翻謂幼子徐鳳元聘噫大可異矣夫以黃口之雛偕標梅之偶已屬不倫況叔嫂之誼風化律例所嚴三之此舉豈兄終弟及之事耶李奉女經徐聘義屬徐門之婦即不能遵制欲續張禎之絃禮當同

媒妁明告翁家何至曖昧搆難共聳刼聞之控不亦靦顏乎在鳳固非所宜而張禎非禮圖合均非其配斷秀歸還父母靜以待聘聘至應聞之於翁庶得倫理之正若李奉之與詞以非婿而爲婿徐三欲強合雖貞媳而非媳皆愚而不知禮法者也分別杖治永斬葛藤倘禎色念未熄李奉蔑斷婪財及徐三背禮鹵莽皆許親鄰里甲人等鳴鼓而攻之

署府一件坑弒斬倫事

叅看得楊學謙乃楊文含嫡弟也含故無子田業
貽室顧氏承祧未定遺業日消爲氏者誠無告之
民矣夫欲爲安寡必先定嗣論理當以謙子爲正
而顧氏愀然以隱衷陳愬謂遵夫命不願立其子
而願立其次楊遜之子遜以序非當立固辭噫應
立而氏不願願立而遜不肯在遜固爲明禮在謙
不能盡倫可知矣今春氏營葬其夫謙欲立巳子
而承兄業窀穸之費當共經理旣分寡嫂之力又
安死兄之厝庶爲情禮兼盡何有煩言致嫂氏匍

匐公庭也提訊間據族親楊介祉等覆議文含遺下田租除聽寡贍田外又議令學譙補償殯費同族公議叔嫂允服俯順至情呈請前來公議既協爲寡氏者亦可安心矣惟是承祧立嫡制禮當遵族衆須亟定議以延厥祀

署府一件賴婚活拆事

審得張俊乃刁險搆難之徒也陛芳有女康熙三年憑媒金泉許配顧奉之子爲媳尚未過門六年奉子夭逝兒女之緣已斷周親同越人矣今年奉

挽俊出頭謂芳女又屬奉再繼巳姪張明之子爲媳以桃接李強欲婚娶芳能甘乎奉先控於捕衙俊以賴婚攻後及至庭訊而芳女益未允許旣無藕絲之聯妄希蔦蘿之托尤可恨者俊供有金佐在周氏家逼姦媳婦情極故告等語果爾則此婦爲中冓之羞去之惟恐不速何苦必欲移枝接葉而側控圖詐也無端汚衊誠刁險者矣姑與金泉分別杖治陞芳原受奉茶禮婿旣云亡銀應還奉以斬葛藤涉累女流槩行省釋

署府一件挾蠱吞寡事

審得沈四惡棍也寡婦鄔氏有養婢玉梅年已及笄乃家人胡甫所生今春甫父胡溪賺女久頓於家氏控縣始送歸溪即圖爲擇配之舉四有族人沈駿同溪來氏家共議茶禮四亦在焉兌銀十九兩尚未定着四倏搶銀飛遁駿不向偕來沈四要銀橫在氏家索婢非局計而何斯時寡氏煢煢莫告捨婢不忍點金無術飲泣央親鄰將米湊銀寃賠氏正控理駿乃先詞告縣氏鳴府庭鞫之下四

原書缺

原書缺

審得王賜王瑞同胞弟兄也兄爲盜蹠弟爲展禽同氣之中賢否分焉自古然矣何疑於今之世王瑞雖庸衆者流未可稱爲悌弟而賜之爲兄擅附式甫靡孽不作視其弟若仇讐其心險機深爲害鄉曲居然盜蹠之行矣據供共置田房自家兄弟儘可剖明何至如外人齟齬操戈相向伯也無良厥賜之咎矣交不擇善作爲皆非愼矣哉孽案正繁另擬若王大周九身蹈惡轍懲以儆之

署府一件姦占販拆事

番得鍾鳴之媳儒姐配其子鍾祥兩家口許未有
實受其聘也姐父物故家食計絀售姐於姚虞臣
鳴即控前防廳斷備原售之價抵受聘之金向臣
贖姐回家完聚在鳴自應遵斷亟爲完配之舉乃
置緩局而臣以被訟知女有配急欲拔去眼前之
釘轉售之張天璧璧再轉於王遴之桃梗漂漂不
能如土偶之依然矣復致訐告姚一誤璧再誤王
而三矣雖有授受均爲不應今儒姐已非未破之
瓜鍾祥必欲續旣斷之藕仍應措銀由姚而張而

王推原贖囘此情理之正也女既有夫均不得攸抗

署府一件匿報人命事

審得沈侍泉有舅周白貧邁老獨依甥家度食今六月廿二忽自縊死或侍泉之不能安舅氏抑周白之苦於無告怨命輕生均未可知惟是一命暴亡即云無故應聞之親屬鄰甲乃計不及此遽以焚化不幾欲掩而愈彰乎致葉聖斐等羣起而攻之訊白親弟周六供兄實因邁貧怨命自盡委無

別情同胞如此豈爲親者諱耶夫人命重情親者旣安然爲之何他人之不可以已乎泉供葉聖斐等因命索詐不遂故告聖斐等旣稱子矜何所見而云然耶

署府一件盜逃反害事

審得葉志能乃葉華林死後所立嗣子陛氏爲葉華林生前所娶繼室而周楚恒則氏前夫子也隨嫁葉家更姓名曰葉志良林身故無子氏憑族衆置楚恒而立族子葉志能爲嗣蓋不以呂易嬴以

牛混馬得禮之正矣林所遺江寧店貲家業公同
親族分與志能及林前室諸壻並贍寡氏而恒無
與焉議单炳炳祇以志能不克承家安寡能也無
能致氏於康熙四年遷居來松楚恒歸宗良也不
良兩地而處五六載於兹矣葢氏立能承祧滿有
屬望旣不能菽水承歡以全毋子之誼而且阻水
一方久失定省之情爲氏者又安得不依於楚恒
也忽今以盜逃反害之詞控恒夫繼子而承父業
後妻而得夫貲當日剖分已定何有煩言果以氏

爲溺愛而坑資當陸氏遷居之時奚爲其嘿嘿且自松至省計程不遠何六年之後而始嘵嘵耶訊研所坑何資非曰某人所欠者皆氏取去則曰某處所藏者亦氏攜來滿口妄扯一無確據至詞詎葉君榮以吳三頂之顧亮之婿也顧翌舜冒焉尤可異者陸氏母也恒妻亦嫂行也能皆砌入詞天下豈有告母告嫂之人而可云孝子悌弟乎應懲爲不倫之戒姑朴責免擬冀翻然改圖以全天親餘無干省釋

署府一件拐寡殺孤事

審得都滿淫棍也依兄中甫度活賃陸甫之屋而居焉陸甫年逾古稀寡媳徐氏有二子頗不安室野花有情雄狐無行因連楹接壤遂作穿房入戶彼此情濃密訂長久之計先促中甫搬去預爲兎脫之謀於春二月初四夜竊負衣飾等物氏與俱遁雖蹤跡詭秘而臭聲終莫能掩狡窟未獲嚴搜獲順男都五跟緝淫婦姦夫始得雙雙獲至滿極口狡辨氏亦覥顏聲和其如通姦情節與拐逃時

候事眞難假庭審之下二子牽衣涕泣謂公婆年老弟兄幼小要毋同去撫養嗚嗚籲請不知氏動心否耶誠可羞矣氏惟圖枕上之歡忍剖腹中之愛滿既恣淫姦之行復蹈拐盜之條均應如律究擬厚倖者適逢　恩赦姑重懲以維風化都滿原竊物件照单追還勒氏歸於翁家今而後滌爾淫心撫二子事公姑若死灰復燃斷絲猶繫法難再倖

署府一件酷詐慘冤事

審得袁愷之父袁子明去臘與倪辛等藉米角口
至春正三十日病死愷以人命控辛等於婁捕官
斯時告命者其勢洶洶受詞者其欲逐逐旋有里
甲葉聖瑞等爲之解紛又不能如魯仲連之辭金
而不受報者辛以村民頗殷費累勢所不免也夫
命案必控印官爲政不告縣而告衙愷亦恃此爲
操縱計耳見辛可啗命案騰衂致有斯控研訊愷
父於歲內雖有鼠牙並無爭毆則命之假也不待
問而知矣且葉聖斐供有袁愷忍耐不過又與倪

辛爭論則詞控擒身縛頸之語確有其情矣人命居奇㘬應追究姑開一面首事袁愷杖懲以戒餘從寬免議

署府一件活殺人命事

審得顧英乃唐岳胤妻弟也英曾貸於胤嚮其不應乘胤家人趙二身死英以活殺人命首胤夫有無相逼胤縱失周急之誼而親不失親英何至下石之擠且人命何事可輕以誣人乎拘訊不待胤辯其非而趙二之父趙辰稱男實以病死而非打

死大可異矣子命父不求償而英代索豈父爲子
隱何英之不憚煩也今姑開一面薄懲以全周親
其唆聳之唐封畏罪在逃照提另結

署府一件弑逆大變事

審得顧亭與張福張藕甥舅行也亭度活姊家杯
酒失歡遂興弑逆之詞酒之爲害一至於斯禹之
惡旨酒而疏儀狄厥有由哉福藕之母顧氏恨其
弟之過舉亦有撫亭忘恩之愬研訊並無他情在
福藕名分所關薄責以申舅氏之義亭致氏匍匐

公庭亦應稍懲以謝邁姊之愆今而後各敦周親之誼可耳

署府一件佔墳殺寡事

審得唐氏陳氏之控吳君奇也氏夫馮異玉在日信形家言不惜資費卜吉牛眠預造山壙爲百年發祥地也詎意家計日消資身無策奚顧後人將壙轉售於君奇玉生前徒費其力死後不安其魄豈福地擇人而居耶二寡頻向索加雖爲價廉亦邁而無聊之計爲君奇者念二寡之無告以錙銖

濟之心地即爲陰地便成佳壤矣何靳微力恐使二邁婦匍匐公庭亦甚矣哉雖經處明懇息一杖爲得業不善調停者之戒

署府一件姦妻佈命事

審得王二淫徒也隣人胡元有妻吳氏年過四旬已非閨中少婦矣雖曰色衰而淫心正熾二年少佻達素有偷香竊玉之癖兩相通焉老婦得其士夫求乎大欲固忘乎其爲可醜也五月廿九夜元適他出此實天假奇緣不待踰墻鑽穴而抱衾與

裀遂魚水之歡寧復有顧忌哉元施施從外來正
巫山雲雨時觸目喊拿二跟蹌逸去遺鞋可據豈
瓜田之下避嫌納履抑棄敝屣而竊逃耶二雖倖
脫蹸甲過知其何解於昏夜入人家之條也元正
求伸二圖先發制人搆氏弟吳蘭生控元於婁縣
生縣役也藉衙門熟竄圖壓鄉愚之計耳狡哉二
也不啻色膽包天者矣致元有姦妻佈命之鳴鄰
里不平公籲研訊姦夫淫婦俛首無辭律文具在
豈容輕縱吳氏胡元以醜玷願離聽其自便縣詞

吊銷

署府一件滅門抄勦事

審得汪如與楊天齊同習岐黄之術於其師某兩人固醫業之弟兄也有屋毗嗹三間一爲如居其二則天齊之弟楊萬憲所住雖非仁里已稱德隣矣彼此連楹相安已久上年萬憲虧糧胥逋催科者豈容懸宕勢必追呼其親屬天齊爲之兄其能免徵比之累乎弟既兎脱僅餘四壁稟縣將房居卸賣嗟嗟拆屋完糧何異剜肉而醫瘡此固國課

攸關官法所迫出於無可奈何天齊豈願爲此舉哉乃知以萬憲之屋既卸則唇亡齒寒獨居可慮遂爾怨尤爭角聳其母師齟齬於齊具抄滅之詞拖累多人庭審全誣雖經懇息一杖爲罔訟者戒

署府一件糾賭虐民事

審得賭博之禁甚嚴而愚民不知儆戒反嗜之如飴至忘餐廢寢破家蕩產終其身而莫悔者葢賭至盜相因之勢攝篆之始不啻三令五申誠恐蚩蚩執迷而不悟詎有遊手好閒恬不知改而有朱

三其人者以樗蒲爲生涯妄侈一擲百萬之豪與公然開局誘良家子弟眞愍不畏法者矣某月糾楊順於家呼盧擲色視青蚨若糞土漫云逢場作戲被順父楊春捉獲控府訊供自認不諱可謂勇於受過者矣應照賭法治之念其悔禍迫籲誓不敢向局中再作生活姑開一面仍重朴以儆自新之路不悛二罪並發律例具在倖難再邀

署府一件毒殺男命事

審得醫乃濟生之道擇之不精是以人命爲試故

術不可不慎也王叙習幼科固劾扁鵲之爲小人醫者周賜有子出痘延敘調視不辨險逆之症而投瞑眩之劑遂以云亡其妻不謂其子之命短而歸咎醫術之不精啼哭之聲與怨詈之語絮絮不休此固婦人舐犢之情毋足怪也爲王敘者醫既無效悟恐爲上控縣欲何爲耶薄杖爲庸醫好訟者戒

詳府一件叩天刻救事

審得徐以嚴之控王元燦也嚴爲昔年馬販變價

經手比有死逃無追之欠請豁不免部額難虧奉
前憲行府廳縣捐解上宗秏年之欽遞下免各官
之考成此無無可奈何之舉也乃婁令以俸皆罰盡
原無可捐雖日設處終係那移之別名借庫藏二
百兩填補絲毫皆屬正項將見彼盈而此絀矣銀
雖捐足仍勒以嚴具借庫領今責令被劾嚴謂奉
憲捐補在官而不在役蓋在官尚可議捐在役實
難剋補也官在則畏威而立空領官去則慮領而
抵實數將來必有追索之患故控王元燦謂取領

係其經手也夫旣曰官捐之何可索償於役研審

據供燦巳取領還嚴葛藤旣斬可無後累矣免擬

存案

署府一件眞情實控事

審得俞璠刁險無賴也璠弟俞遜有房售曹益宇

價巳交足而房向爲璠住所謂鵲巢而鳩居矣廹

遜没故宇求還不得取租無還未免齟齬璠反控

縣復揑鹽務陷之於府質訊詞窮璠之刁險畢露

房着原中追交一杖何辭

署縣一件盜露投繯等事

審得朱君尚之子朱玉無良而輕生者也前月十八日有李天生者肩負被囊棉花路經袁家橋因橋危板窄艱於負戴遂置棉橋北携囊先往及至復回取棉則已爲從旁覬覦之朱玉竊負而逃矣夫遺金偶失尚思返取況身遭攫取於白日目送豪客於通衢有不追及其踪而故物是索者乎喊投地方張捨得以原棉索還而天生復指以攫金四兩夫金之有無莫得而辯即使無之而致攫金

之疑者亦玉身多蹠行而自取之也其父不甘耻辱訶譴迫切玉郎於當夜投繯始而自敗其行既而自輕其生夫誰惜之當經沈典史相驗并地方供吐鑿鑿爲之父者亦可以已矣乃尚不悔子自作之孽而以人命控天生豈有盜死於家而令失主抵償其命者乎斯亦律理所無者應坐反誣但念老邁之夫一子暴亡舐犢之愛人情不免既甘自行領埋外姑寬其律

署縣一件強買殺擄事

審得浣奉邵升皆市儈也升業屠無庖丁之技而以羊易之蓋爲庖廚之供非存告朔之餼也奉之食指動向其賒買豈僅染指於鼎而嘗之將以肥甘足於口也升以逐羶覓利不肯空賣遂致爭角得無以在昔之羊子爲政今日之事我爲政乎訟端所由來矣夫解黿不與馴至殺身之慘羊羹不及卒有喪師之禍口腹之爲累自古然矣今之庸衆又何責乎免擬逐出

署縣一件逆奴乞减事

審得徐有餘幼養於程懷洲家教其成衣手藝雖忘主僕之分已有師弟之情矣迨後餘一藝隨身自立門戶洲亦殁故其男程如不能工之子也恒爲工四壁蕭然餘見其不紹箕裘寧復有故人之子在其目中哉如以餘受其父幼養之恩何遽膜視同秦越逐逐不休餘經愿出銀十二兩爲如毋送終之具議单可據乃餘恐其無饜也猶未全給致有斯控今斷餘既受其父卵翼自應周恤其子如亦不得因其稍可資生而愈肆涎想訊供先給

過銀五兩伺湊足前數以酬平昔教養之誼庶有餘爲不忘報之人而程如亦宜勉爲成家之子此後相忘於不較之天可也免擬立案

署縣一件玷陷抄屠事

審得任氏孀居有年撫兒女事老姑情可憫也乃鄰棍徐某等覬其孱寡吞佔是圖計於水中撈一腐孩妄指爲任氏孕產造謗招搖以遂族鱷張藕借端遣嫁之謀夫氏果孀閨有玷則腐孩不產於空桑設果有所私之人胡不明指其姓氏况受孕

以及臨蓐之期積有時日腹必芃然而起藕與同居胡不於孕懷之時摘其破綻而乃以溺水之後陷厥隱私其以娶婦爲贅瘤腐孩爲奇貨不鞫可知巳羣奸心險而計毒貞堪髮指懲杖未足蔽辜

署縣一件姦橫延燒事

審得謝三即謝君臺之姪初時同爨其姪與姪婦溫氏向無睚眦迨沈明誘之他徙則異戚情濃而周親陌路矣三竄而有妻明復鰥而與之共處兩雄雜一未能保其瓜李別嫌而節義共矢亦難矣

哉乃專 於中尋姪及婦復歸故土與寡婦嚴
氏共居斯亦情理之至當不意祝融爲祟房舍忽
災此曲突徙薪之不蚤所謂偶然之事而必謂姦
夫淫婦有意爲之故欲焚毀其巢以爲散而復聚
之計則惑矣夫姦情乃容或有之事而放火則莫
須有之情君量以莫須有之情而暴其容或有之
事是張之適以益之矣然謝二沈明實難辭咎均
以赤貧免擬

署郡一　黑夜夥劫又亂事

番得楊孺爲之鱷也族弟楊亭雲發其[illegible]嗣
其妻姚氏煢守憑族衆立楊思承祧生安死瞑寧
復有繁言哉乃震利其遺貲久蓄垂涎無隙可乘
因震舊僕吳聖先賣於亭雲聖有女阿秀髮方齊
眉在姚氏之側爲貼身之婢震乃藉勒婢還故主
爲名夤夜率男楊戍黨兜馮丑等突如其來掠阿
秀并席捲其資而去夫阿秀雖吳聖之女聖旣別
賣已爲姚氏之婢震不得有其父又安得而有其
女也縱如廡還亦無昏夜搶索之理誠爲同室之

操戈作□□林之行剽那本應法擬念經處還洮氏且爲氏之夫兄姑懲其子楊戎與馮丑等並杖猶有餘辜

碧螺謙畧

暘谷別集目錄

卷第四

讖畧

本府項下

奇變驚天事

搆擄殺逐事

一女兩嫁事

借題串詐事

謟叛弑屠事

謟命刼課事

拆占淫販事

拐販窩露事

姦妻扛占事

陷盜搶屠事

暘谷別集卷四

讞署四

本府一件移屍搶刼事

審得俞華尹升盛初等皆市井兇徒也流寓陳忠宇有使婢年十二黄昏洗鍋失足墮河撈起氣絶四隣目擊何物尹升等非隣非甲揑人命報官復串俞華冐爲屍親索命旣經縣着收殮華碎棺移屍糾尹升盛初等打搶總甲潘俊稟縣在卷此眞從來未有之横徒也夫婢女墮河於主人無與必

欲窮其致死之由問諸水濱可也且訊姆母唐氏供不識華爲何人益可怪矣總之忠宇孤異居爲奇貨華非親而爲親串尹升盛初藉命生波一班如鬼如蜮眞爲白日魍魎宜照圖賴搶人庶當厥辜

本府一件蠹棍搆居等事

審得孫玉游棍也認王捨爲中表挿身同居捨後妻有女定姐年笄未字時玉或萌偷竊之思姐有外祖沈洪避嫌瓜李將姐配於朱聖玉忿伊人之

室修怨於聖乃與較取舊賬似亦愛色之心不勝其愛金之念乎并及於夙隙之姚海復聳駕營兵陷詐銀四十八兩質陳泉証人之口供稱無有再訊扯營何爲謂相鬭在於潘都司門首故爾借題真可爲奸惡者矣除臨審懼遁緝結外雖據懇息玉寶狙詐之奸杖奚能逭

本府一件羣虎扛孀事

審得衛氏淫奔之婦也夫陳某身故不能爲未亡人再醮於李四氏前夫兄陳三王婚媾之局者也

氏性同楊花逐水飄蕩不安其室與四反目背逃於楊華甫之家潛匿二載非親非戚久作居停不問而知爲淫姦之窟矣後甫攜氏别居二橋地方被陳君選物色不平之鳴恒出路人攻其背夫之短甫懼情露送氏歸於四解鈴之人即爲繫鈴之人不須掩耳而盜之也氏放豕逐邪未灰淫念又從而之訟師葉三臺家琵琶抱過别舟圖報君選之隙弁髦李四之口海市之中架起無邊雲霧以李四爲搶孀君選爲邪教拘訊隊証四爲後夫選

茹長素何有别情夫淫心變爲毒心固潑婦之常三台假刀筆之利幻空中之樓閣尤爲可恨耳甫難逃姦拐之罪台應加訟師之條氏歸李四離合聽其自便

本府一件陷殺求伸事

審得許芬與沈瞻皆兒女姻也瞻之子沈盛爲芬之壻薄貲營生芬以丈人行屢行索借盛難酬其繼雖失半子之情而芬愛金念重忿而唆其壻手縛並聲其爲盜司兵張方口証夫盜何事可輕以

誣人乎許芬一指東床佳壻翻作樑上君子盛幾蒙不白之寃矣贍痛其子受誣故有斯控庭審司兵張方稱無其事捕盜者既不敢指之則無盜行者又奚愧乎沈盛之蒙玷亦可以表白矣芬難追指良爲盜之科然翁壻之情終無决絶既各悔心求息似應全其式好之誼姑寛免議庶親者不失其爲親耳

本府一件占姦滅倫事

審得施義之女餘娜配與王氏之子林文義年雖

未及笄已歸林家之門矣文義父歿王氏攜義別適朱二義旣隨母嫁父餘娜均屬舅姑之視施義亦有葭莩之親乃王氏再醮之婦別琵異調婦姑間時生反脣將餘娜逐歸父家親誼旦成陌路矣朱二復以舊浦藉宦勢譁然向較則親既不能兩全情尤甚於本絶義憤懣愈深遂架姦搶之詞夫婁豬艾豭世亦未必無籧篨之夫但姦必有所據況強姦乎今閱所扯隣里稱從無見聞義因僥米細故誣其翁聽昧之事中冓之醜瑨不言而爲父

言之是自汚也義之刁誣與朱二藉勢均失爲親之道並杖不枉

本府一件奇變驚天事

審得楊二之控張五邵心宇也因捕魚細故致起釁端夫水畔澤藪舉網得魚人皆得而共之二獨以爲魚我所欲也攘爲一罟之利與五等譁然相毆遑擊之下張五頭破負傷二懼理屈遂自焚車棚夫城門失火殃及池魚吾聞其語矣若因魚而致失火今則又見其人矣借薇天之炎灼駭遠近

之見聞報司報弁報　縣控府案牘纍纍不幾爲地方奇變哉提訊衆供祇因爭魚毆傷藉火爲一時抵塞計耳不然五等與二俱屬鄉愚豈有肆行燒刼於光天化日之下耶二應坐誣查在　赦前免議厚倖

本府一件搆擄殺逐事

審得徐元爲周華之甥華年老無依借元屋栖身甥舅之間無有遺議因周華有布遺失從草塲中搜出疑元所爲豈慢藏之誨搠出同舍之人耶致

興雀角夫遺金偶失同舍郎償之不失爲君子周華貧邁之夫不知幾經銖積而有此布一旦失於甥家有不居停是問乎徐元縱不願鵲巢而鳩居亦應委曲以處何得桀然肆逞與妻父施君厚逐周華出門爲甥者固當若是乎雖懼罪求息何能辭一杖哉

本府一件一女兩嫁事

審得祝實異籍窮徒也先年流寓李安之家實有女大姐年十四未字因居停之雅結婚媾之誼安

雖六禮未備已訂兩姓之好矣實貧病交加女又患足疾糊口醫療無資欲取給於安安不應反嗾其出房聽其別適半子之情已絕百年之愛亦斷矣實流落無依窮窶日甚挽陞二等爲媒將姐嫁與李二已三有餘載生男週歲在安謂實雖別居逆其不敢他許而實爲告則不得嫁也況有別適之言乎兩嫁之詞所由來矣研審實雖失信安亦寡情且實與安相距止二里之遥嫁已三年之久安豈不聞知而至今忽鼓求凰之操耶不爭於完

壁之時而爭於破鏡之後亦晚矣哉安失之於始人未成婚二陷於不知亦既生子權之情法量斷二出銀四兩助安別娶庶未婚者可以有室已嫁者不至易夫是亦覆水難收從一而終之意乎祝實難追再許之條陸二念不知情並杖以儆

本府一件借題串許事

審得吳佩青之控鄭天鏻也鏻與弟宮侶有僕女阿子父欽毋醮憑媒孫二得茶禮配與沈祥之子三載於玆爲沈祥也婦不爲鄭家也人矣今五月

祥以子幼未婚又值水荒願將婦別售此囷田舍翁不能多收十斛麥鬻媳糊口無聊之計也原媒作保賣與吳青爲婢得價十六兩青微人也又爲銀匠事端所由來矣宫侶見而生心曰吾家之婢也况有夫之婦乎不以祥爲賣媳而以青爲買姦控於婁邑青憑私議再出銀十二兩與宫侶不當予而予也不當予而予之是自開其隙而爲人可乘之端矣鏻果以青爲奇貨欲効其弟故知以拆販控府此青不甘而爲借題串詐之鳴也移審沈

祥以寔人賣媳認爲已罪不堪涉累之供甚爲直截宫一之爲甚鏻其可再乎阿子翁既願賣得價宫又立契一婢兩價幾如田土之重加靑誠得業者輸應聽領回縣詞吊銷

本府一件陷叛弒屠事

審得馮學半乃悖倫之夫也父早世遺業弟兄妹氏均分明白兄求之撫之長成婚娶手足之情亦云盡矣詎半不爲亢宗之子而入匪類之流爲族衆所不齒夫五倫之中父不能得之子況兄能得

之於弟乎求之之教既先而學半之卒不譴父業蕩盡將及其妹氏之田嗔求之聲阻頓揑危詞必欲傾其兄而甘心是眞兄弟中之中山狼也庭訊之下族衆憤而攻之半亦俛首無辭枷責爲誣兄者戒

本府一件陷命刼課事

審得趙仲趙奉海隅宄徒也仲男酉郎去冬被瘈犬咬傷而死初不知爲誰氏之犬也仲乃駕空圖害以劉祥爲狗　上縱而殺人控命武弁告縣告廳

不一而足冀得索詐致祥籲府移鞫趙奉與證人陸甫之口不能少諱夫狂犬嚙人原無人抵之例即屬祥犬於主無涉況非其犬者乎且人畜何尤必欲藉此爲訟端則吠堯之犬亦可爲桀分罪矣仲始禍奉扛幇均應重創念親鄰懇息免杖之

本府一件折占淫販事

審得陸釆狂奴也先爲宋卿之僕卿因役費將釆并其妻吳氏賣與張武纘奴用錢買釆之夫婦轉爲武纘家人矣釆不安厮養之分素有呼盧之癖

賭債追迫甚於催租黠金無術又懼奕約甘賣氏於纘以償誠棄結髮若敝屣也夫以賭故至賣身而及其妻賭之爲害可勝言哉纘收其妻爲妾采亦他往事隔多年氏經生男育女矣上年纘因欠糧催租之迫又甚於賭債將氏賣與曹二爲妻以生子之小星完難虧之正賦亦無可奈何之舉也采忽賦歸藉以興詞查訊衆口如一氏亦直供其情惟恨前夫之無良不咎家主之棄置飲泣吞聲亦足悲矣采既賣義絕之婦又爲叛主之奴更與

無情之訟若不痛懲何以示儆至纘以僕婦而爲妾經生子而別售不能慎於終始亦屬不應杖亦無辭曹二授受有據斷氏仍歸之餘無干免擬

本府一件拐販窩露事

審得周酉贅於王玄家生一子矣妻王氏有醜聲酉欲挈回爲避慚計妻父王玄不聽夫女生而願之有家則當以從夫爲正玄之留戀何爲乎抑有曖昧之事而不可解乎酉不甘爲啞聾之人而有絕義之舉亦丈夫中之錚錚者親立離書得茶禮

於康熙七年冬將妻嫁與錢繼酉之族子衿周某同酉主婚非掩耳盜鈴之事也氏雖繼隅二載又生育矣酉不及別娶銀已花銷依然無家之人因爲事後之鳴不思欲離欲合酉旣自爲之已雖未有妻氏已實有夫矣比翼分飛夢難重合赤繩折斷足豈再繫始以醜聲棄之誠義舉也今忽欲圖破鏡再圓豈情根未斷抑思婪其財耶刁誣應創但查氏帶去大郎今已六歲氏旣不爲酉妻則大郎亦非氏子酉念念於此應斷領去庶爲子從父

之理也再查退婚之期與交銀之數較少二兩繼旣受室何靳此而致興訟應令找足若玄之不善治家致女再醮倫常之變杖以儆之

本府一件姦妻拆占事

審得王永固淫佻之夫吳酉亦鮮耻之徒也酉妻張氏水性飄飖永久結巫山之夢朝酬暮樂不啻雙栖鳥而比目魚假姻緣勝眞夫妻矣酉惟利暮夜之金故[illegible]啞聾家風恣其往來久矣置而不問臥榻之側容他人鼾睡誠乎豁達大度之丈夫哉

酉積逋甚多永姦宿情濃甘心蕩費代償帑花債海誓山盟幾作天長地久氏非色衰愛弛永乃床頭金盡致酉有姦拆之控明是財盡情疎研訊永稱酉將氏賣與繊無隻字片紙之憑又安可信其狡口而爲風流解嘲也一班狐綏何異痴人說夢應照縱妻通姦之律本夫姦夫淫婦並擬爲當也氏發酉領回餘人免議

本府一件獸惡姦拐丈毋等事

審得李蘭卽李俊乃無行淫棍也身爲衙役癖孽

不作通姦陳寅之妻袁氏欺寅愚昧欲作久聚之場誘寅贖回女大姐爲室女前幼有手疾稱氏丈毋名爲坦腹實爲聚麀宣淫無所顧忌也嫌姐醜小圖爲脫卸之計賺寅至朱家角地方俊變名爲蘭於寅爲父子之稱而姐爲兄妹之行二月內將姐賣與蘇氏姚宏爲婢賣姐之後俊拐袁氏遁於七寶更以丈毋而爲妻矣朝夕歡樂自爲得計孰意天不宥淫爲里鄰喊破俊乃逃匿似此設心非人類矣俊猶不悛更與詞叠控廳縣夫姦占人妻

又從而誣告其夫陌路之人已爲不甘況名爲翁壻乎宜乎寅有姦拐之控也准送提查衆口交攻宛然如昨俊亦俛首無辭天下有占丈母告丈人之快壻如此哉枷責未足蔽辜大姐經弁售爲婢欲贖則還原銀姚宏不得措勒

本府一件逼盜陷盜事

審得王鳳山奸險之徒也今年六月十一夜風潮之候有船一隻飄至華縣地方該地甲長具報前令比有嚴瑞禀稱係巳之船失風飄來是的本月

二十日山稱瑞爲姪郎與作保賣與恂爻陶洪宇得銀二兩賣葬炳然宇將船在廠修艌山乃陰呈失盜於縣存案七月内有太倉州捕謝昌賫文赴華縣查失盜之船山視宇等可擾率來捕赴廠尋覓稱宇所買者爲盜船指盜陷窩擒宇打詐銀布又詐船匠計君彩等銀兩俱有証見恂能堪若輩之陷詐乎茲准移審鞫勘甚詳查該州來文稱失主王文于四月初六日失盜失船陶洪宇所買之船在六月二十日計所失與飄來之期爲日既遥

安有兩月餘之久尚蕩漾中流耶况瑞認領王奉山當官保領又得銀作保更作報頭失主串捕索詐皆山一手爲之險惡甚矣州捕謝昌挽劉泉冒爲船戶蔓詐不捨隅屬料纏是松府良民之脂膏爲他州虎捕之魚肉更可恨矣王鳳山狡惡始禍杖未足蔽辜其船既係嚴瑞當官領賣陶恂受授明白仍歸恂收管謝昌隅屬捕役將審過詐害情由知照該州縣究治嚴瑞畏罪不出照提另結

本府一件大盜刼妻事

審得吳茂不知法律惡少也前年茂毋李氏憑媒聘四姐爲媳後姐兄寒盟復嫁方淸茂具活拆情詞控前府究審發華婁二縣公勘審姐已經婢結謂巹已破矣不能拆現配之夫妻而歸未婚之吳茂斷淸出茶禮銀十六兩給茂別配從權於情法之外詳允發落茂具領存卷結案今年七月廿一日方淸戴氏歸毋家從茂門首經過茂痴心頓起慾心搶氏於家惡姻緣重結鴛鴦夢矣致淸有刼妻之控移審茂尙以此爲天作之合不世奇緣㕧

吸強辯夫淸娶有夫之婦陷於不知又經官斷則氏與茂已情絶矣卽爲萍水之逢當别瓜李之嫌胡爲乎怪其過門而不入室寘爲覆水之收乎應以強奪良家妻女姦占之條第查前審有破甑難收等語亦是莫可如何之辭豈氏有夙孽未了抑不以禮始者亦不以禮終出爾反爾之道耶斷氏給淸領回外吳茂痛懲未足盡辜仍枷示爲淫獠違斷之戒餘姑寬政

本廳一件叩天電情提審事

審得陳二朱五皆販賣蘆草以舟爲生活者也二倨李星爲篙師前月二從金山載草回至後港星執篙船頭偶値風狂而朱五之舟亦裝蘆柴而至卒然相撞如迅雷不及掩耳無所用其力失足墮河夫蘆草皆招風之物竹篙無着水之地招招舟子豈能砥柱於中流不幸云亡星之命也于人何尤星母倚門忽賦招魂二爲同舟翻疑敵國故有斯控訊供無有別情煢煢母氏僅有此子二既傭其生當憐其死五雖不溺其子宜恤其母各斷出

銀六兩給氏爲安生厝死之資此蓋委曲哀矜之情而非準科條之法也

本廳一件欺異姦佔事

審得醫生顧林名有恒而實無行者也與汪七毗屋七承値青邑傾銷之役所謂官銀匠者有妻李氏初無淫行頗有冶容因七虧銀宵遁追索者跟究其家爲補苴之計七毋陸氏無可奈何林乃頻向温存實艷李氏圖同夢也望聞問切之術翻作偷香竊玉之技越年居然擁以爲妾毋氏當官逋

迫索之時不能保其子奚能有其媳林欲得其婦亦知慮其夫呈縣批照令其母王婚不思等彼小星誰任充斧以鵲橋之暗度指爲雁幣之明將宜乎七之族衆出而喋喋公舉也旋七亦歸家結髮之妻忽爲抱衾之妾其能甘心乎七出門之時有子出痘云亡係請林醫律以庸醫之條誠不能辭若加以殺子之名恐莫須有林明知有夫之婦乘危作妾何能追姦占之科乎李氏斷歸汪七離合聽其自便林邀　恩赦免罪厚倖

本廳一件搆叛盜窩等事

審得范佛爲殷氏世僕殷氏子晉文孱伶拓落佛力田自立雖尾大不掉而主僕之分昭然也殷氏之田爲佛墳地其父其叔得安坏土翳誰賜哉晉文向佛索價佛靳不與致有斯控訊供佛有葬奉爲金科玉律文視同贋書故紙衡於情理范佛之父叔生既服役死又厝其地豈宜恝然合斷佛出銀十兩以售地價且伸生者之氣安歿者之䰟餘無干免擬

本廳一件陷窩抄勦事

嵴得新涇司汛兵王茂以汛役爲護身之符藉緝盜爲登壠之計本年正月内有盜犯高魁脫逃王茂至今七月初八日申捕王立到梅寡婦家嚇拷其子王貞致氏有陷窩抄勦之控提訊問哀呼具控接踵而至蚩蚩小民被詐吞聲是盜之爲害有限而陷盜之流毒無窮不識該司所司何事一任汛卒沿啚擾害莁無聞知應候申憲定奪若王茂一日不除一日爲鄉村之禍所當先行重創革役

以靖地方者也未到王立照提另結

本廳一件豪橫鯨呑事

審得陳宗遠空門敗類也順治十一年間遠有已故師祖克役逋糧不耕而食之人反虧維正之供宰官豈能聽其現身說法以黃金布地作祇園善事置國課於不問乎押追無措即以經典質於汪一言完官抃券可憑此如流俗之子積書而不能讀毋足怪也迨後一言需迫同其師將經轉售別僧訖事隔多年遠於今年四月間同糧差向言索

加言憑衆又出銀二兩付遠既售之經不同於故紙遠亦可以巳矣未幾遠又控一言並及於張高提查高亦緇流愬稱曾被遠開欠於縣今復扭扯等情明是藉欠糧爲索詐之局如此刁健眞可人犁舌之孽禿矣本應重創姑念僧侶薄懲示戒

本廳一件暴毋弑舅事

審得生事死葬事親之道爲人後者皆當服膺孔教安計其嫡庶哉若唐岳胤者家本素封身膺名教毋死巳久何至遺棺淺土至數十年豈不封不

樹爲東西南北人耶誠乎汝安則爲之也呂日章以渭陽之誼侃侃大義聲之辭近乎正然訊供咸曰前後毋屬楊顧二姓何有呂氏大可怪矣爲日章者得非奇貨可居抑聞厥祖不韋之風而起者乎胃戚好訟既非美事不葬其毋尤非孝子胤何儉其親致有繁言誠爲名教中之罪人也于心獨無恔乎

本廳一件陷盜搶屠事

看得潘囘朱二王正甫皆狡險惡棍也艶孫槐與

男孫寶孫元匠作耕織家堪過活遂搆陷害之謀先以張惠出名具盜露事報孫槐父子今月初八夜盜捲失王潘回朱二家銀布衣被等贓于張經歷差遻怏何太拘拿驗衙禀正月十五日事也而太與子何小大等執票居奇即於是夜同潘回朱二王正甫等洶洶之衆至槐家中罄掃殆盡拿槐父子揚帆來郡鎖穽私家吊拷勒招此眞天日爲昏捕勝于盜者矣十九日槐妻沈氏以冒盜真控提查該衙是日始報到廳所可異者潘回等皆青

浦居民被竊果眞應呈該縣印捕何以遠報該衙該員既非捕務何得遽受其報而差選快致槐父子公私刑楚蕩產家傾更可訝者張惠報盜該衙勘訊時何不到官文中亦不呈明本廳窮研據潘回朱二等諉爲正甫所報而正甫反稱張惠卽是自巳訊之里隣公呈人等供稱張惠是有其人不是正甫搬載東西是有的等情以此推勘一班如鬼如蜮目中寧有三尺哉夫禁令何等森嚴本廳中飭至再令太等乃身甘捍法本廳發覺拘究太

乃畏罪刎於其家豈誣盜未足將以命案賴人乎
傷未至死着令自行醫理搶賍搜追查給原主外
緣關違憲害民不得不查訊牒明者也

暘谷别集目録

卷第五

比例陳情事

督學道項下

照舊徵餉事

布政司項下

鉅任難堪事

牒文

漕糧利弊

暘谷別集卷五

詳文

署府一件清查錢糧事

看得天下之財賦多取給於東南而賦額之殷繁尤莫甚於蘇松其間頭緒衆多款目紛紜小民完新不能完舊瞻前不能顧後官斯土者往往爲考成詿誤揆厥所由皆緣賦役繁重民受追呼之苦新舊交迫官受撮借之累積欠難清滋弊日甚非一朝一夕之故矣今蒙憲臺徹底清釐正錢糧澄

清之日賦稅聿新之時卑職雖署事之官敢不據實造出仰冀憲鑒題請分别追豁除將造完華婁上青四縣康熙元年起至八年止撮借透冒起存完欠各册陸續呈送外今查華亭縣康熙元年起至八年止未完起存各欵銀二十一萬三千一百六兩三錢四分五厘零內應追康熙元二三年原未完民欠銀一萬二千五百六十二兩七錢四分四厘零康熙四五六七八年原未完民欠銀一十萬五千五百三十六兩六錢九分三厘零存庫銀四百三十六兩六錢二分四厘零官役透冒項下銀七千四百五十七兩六錢二分三厘零內前院原叅銀四百四十六兩一錢五分今續查出銀七千一十一兩四錢七分

二厘零撮借項下銀八萬八千五百九十二兩八錢一分一厘零內前院原參銀六萬八千八百八十三兩七錢六分八厘零今續查出銀一萬九千七百九兩四分二厘零以上透冒撮借共銀九萬六千五十兩四錢三分四厘內原因官役透冒備解應抵除撮借銀一千四百八十兩一錢五分零實該透冒撮借銀九萬四千五百七十兩二錢八分四厘零應追墊解順治十八年以前民欠銀一千七百二十三兩二錢五分二厘零墊解康熙元二三年民欠銀五萬八千九百六十一兩六錢三分一厘零墊解康熙四五等年民欠銀二萬六千四百二十七兩七錢七分七厘零官役透冒銀七千四百五十七兩六錢二分三厘零

婁縣康熙元年起至八年止未完起存各款銀一十八萬八千二百九十五兩二錢六分一厘零內應追康熙元二三年原未完民欠銀二萬一千九十六兩二錢

五厘零康熙四五六七八年原未完民欠銀六萬六千一百七十兩三錢五分九厘零存庫銀六百四兩二錢四分四厘零官役透冒項下銀一萬六千八百七十一兩二錢一分五厘零內前院原叅銀八百三十八兩六錢三分八厘今續查出銀一萬六千三十二兩五錢七分七厘零撮借項下銀八萬四千二百八十二兩八錢六分八厘零內前院原叅銀六萬二千二百九十六兩六錢八分三厘零今續查出銀二萬一千九百八十六兩一錢八分五厘零以上透冒撮借共銀一十萬一千一百五十四兩八分四厘零內原因官役透冒借解抵除撮借銀七百二十九兩六錢三分三厘實該透冒撮借銀一十萬四百二十四兩四錢五分一厘零內應追墊解順治十八年以前民欠銀四千五百五十一兩七錢四分七厘零墊解康熙元二三年民欠銀四萬七千五百八十兩四錢七分六厘零墊解康熙四五等年銀三萬一千四百二十一兩一分一厘零官役透冒銀一萬六千八百七

十一兩二錢一分五厘零上海縣康熙元年起至八年止共未
完起存各欵銀二十五萬三百七十一兩一錢七
分三厘零內應追康熙元二三年原未完民欠銀八千五百二十九兩九錢三分二厘
零康熙四五六七八年原未完民欠銀九萬二千
五百六十五兩四錢六分五厘零存庫銀一千七
百二十七兩五錢七厘零官役透冒項下銀四萬
二千三十三兩五錢四分六厘零內前院各案原
叅銀三萬三千一百六十七兩二錢五分四厘零
今續查出銀八千八百六十六兩二錢九分一厘
零撮借項下銀一十二萬三千一百一十四兩九
錢八分一厘零內前院各案原叅銀一十萬八千
二百一兩三錢三分零今續查出銀一萬四千九
百一十三兩六錢五分一厘零以上透冒撮借共
銀一十六萬五千一百四十八兩五錢二分七厘
零內原因官役透冒借解應抵除撮借銀一萬七

千六百兩二錢五分九釐零實該透冒撮借銀一十四萬七千五百四十八兩二錢六分七釐零內應追墊解順治十八年以前民欠銀九千八百三十四兩九錢八分七釐零墊解康熙元二三年民欠銀六萬二千四百五十二兩七錢九分四釐零墊解康熙四五等年民欠銀三萬三千二百二十六兩九錢三分九釐零又縣令交代不明等事案內督院題豁官役透冒銀一萬四千七百一十九兩二錢九分官役透冒銀二萬七千三百一十四兩二錢五分六釐零　青浦縣康熙元年起至八年止未完起存各款銀二十一萬七百一十四兩七錢五分八釐零內應追康熙元二三年民欠銀三萬三千三百八十九兩二錢六分七釐零康熙四五六七八年原未完民欠銀一十一萬一十九兩七錢六分三釐零存庫銀一百五十九兩九錢六分九釐零官役透冒項下銀三千一百一兩零內

前院原叅銀一千九百二十兩一錢零今續查出銀一千一百八十兩九錢零撮借項下銀六萬四千三百二十兩七錢七分四厘零内前院原叅銀六萬四千二百九十七兩四錢八分九厘零今續查出銀二十三兩二錢八分五厘以上透冒撮借共銀六萬七千四百二十一兩七錢七分五厘零内原因官役透冒借解應抵除撮借銀二百七十六兩一分七厘零實該透冒撮借銀六萬七千一百四十五兩七錢五分七厘零内應追墊解康熙元二三年民欠銀四萬七千二百三十九兩一錢一分三厘零墊解康熙五六等年民欠銀一萬六千八百五兩六錢四分三厘零官役透冒銀三千一百一兩零

計松屬華婁上青四縣自康熙元年起至八年止共未完起存各欵銀八十六萬二千四百八十七兩五錢三分九厘零内應追康熙元二三年原未完民欠銀

七萬五千五百七十八兩一錢五分零康熙四五六七八年原未完民欠銀三十七萬四千二百九十二兩二錢八分一厘零存庫銀二千九百二十八兩三錢四分五厘零官役透冒項下銀六萬九千四百六十三兩三錢八分六厘零內前院各案原參銀三萬六千三百七十二兩一錢四分三厘零今續查出銀三萬三千九十一兩二錢四分二厘零撮借項下銀三十六萬三百一十一兩四錢三分五厘零內前院各案原參銀三十萬三千六百七十九兩二錢七分一厘零今續查出銀五萬六千六百三十二兩一錢六分四厘零以上透冒撮借共銀四十二萬九千七百七十四兩八錢二分二厘零內原因官役透冒借解應抵除撮借銀二萬八十六兩六分零實該透冒撮借銀四十萬九千六百八十八兩七錢六分一厘零應追墊解順治十八年以前民欠銀一萬六千一百九兩九錢八分六厘零墊解康熙元二三年民欠銀三十一萬六千二百三十四兩一分六厘零墊解康熙

四五等年民欠銀一十萬七千八百八十一兩三錢七分一厘零又縣令交代不明案內督院題豁上海縣官役透冒銀一萬四千七百一十九兩二錢九分官役透冒銀五萬四千七百四十四兩九分六厘零此各縣未完各年起存及撮借透冒之數班班可考但撮借透冒之銀按冊稽查經放有官經借有役而解給各有項款自當照數追抵無奈其中有因順治十八等年分民欠追徵不前而借出者原俟徵比完日抵還康熙元二三年借項詎期此零星舊欠追呼愈急而輸將愈緩卽日事敲朴終苦宿逋難完繼奉康熙四年三月初五日　恩

詔將順治十八年以前民欠盡行蠲免歡呼載道蔀屋窮簷靡不以手加額時雖奉部覆臺議清察借解等事一疏内開康熙元二等年有已徵錢糧借解順治十八等年分者仍應追解之文不知窮民拖欠既奉 恩詔無論該縣官役不敢悖 旨復徵即小民焉肯以已經 赦免之錢糧復爲上納縱凛遵部議嚴行敲追究歸無完況今又奉有康熙八年十一月廿五日 恩詔將康熙元二三年錢糧如果拖欠在民者察明豁免是此十八年

以前民欠難以再　議追徵者矣至應補康熙四五
六七八等年錢糧　應將元二三年民欠追抵者亦
緣松屬田畝低者　皆爲水窟高者竟成石田小民
終歲勤動所入不敷所出往往棄業逃亡血比難
完以致遞相那墊虛懸莫補今奉有康熙八年十
一月廿五日　恩詔大赦遵　旨停徵普天同慶
難以復事催科此康熙元二三年之民欠又屬無
可追抵者也更有因官役之侵欺轉借者如上海
縣縣令交代不明等事案內故犯趙天際等侵欺

康熙元年分銀一萬四千七百一十九兩二錢九分内應追抵遞借康熙六七等年銀三千二十兩而前案銀兩已奉前總督部院郎援例具題奉
旨豁免其餘應追各項法應究追但若輩侵賍纍纍久成逝波雖日事桁楊毫無完補此侵欺之無可追抵者也至於四邑各年各役透冒銀兩按欵推求雖非正支正放然或因修造沙船或因置買公署或因雇募兵船或因修理城池或因供應巡察巡海或因支辦官軍口糧或因起解　上供物

料種種支用均係地方公務實出於萬不得已豈知額外放給總屬透支無款開銷總爲冒破今欲問之官而降革物故者不一而足欲問之役而逃亡死絶者又不知凡幾即存一二殘喘悉皆奄奄待斃之徒安能賠補盈千纍百之金錢此透冒之無可追抵者也是以華邑借解各年銀兩除將康熙四五六七年分現徵地丁白折漕糧南白等項民欠銀二萬六千四百二十七兩七錢七分七厘零現行該縣嚴徵還項外 通計奉 赦無抵銀六

萬六百八十四兩八錢八分四厘零婁縣借解各
年銀兩除將康熙四五六七八年現徵地丁白折
漕糧南白揚倉義米等項民欠銀三萬一千四百
二十一兩一分一厘零現行該縣嚴徵還項外計
奉　赦無抵銀五萬二千一百三十二兩二錢二
分四厘零上海縣借解各年銀兩除將康熙四五
六七年現徵地丁漕米蘆課等項民欠銀三萬三
千二百二十六兩九錢三分九厘零現行該縣嚴
追還項外遍計奉　赦無抵銀七萬二千二百八

十七兩七錢八分二厘零靑浦縣借解各年銀兩
除將康熙四五六七年分現徵地丁白折漕糧等
項民欠銀一萬六千八百五兩六錢四分三厘零
現行該縣嚴追還項外通計奉　赦無抵銀四萬
七千二百三十九兩一錢一分三厘零以上奉
赦無抵銀兩業經遵　旨蠲免於民現造民欠細
冊呈送應候達部遵　旨蠲豁以免懸項至華婁
上靑四縣歷年官役透冒共銀六萬九千四百六
十三兩三錢八分六厘零內奉總督部院題　請

豁免上海縣官役透冒銀一萬四千七百一十九兩二錢九分仍應追銀五萬四千七百四十四兩九分六厘零雖現在責令各該縣嚴行追比設法估變而無如無法可設無產可變以致各項急餉徒懸欠欵莫能應解如再因循舊習勢必又以今日之新徵補昔年之壓欠而今年之未完又貽將來之借賣年復一年誠恐將來無所底止也惟有仰冀　洪慈俯念那新應舊原爲剜肉醫瘡之計借解獲批雖年分各别而緩急悉欠在民新舊總

原書缺

原書缺

轉移間百姓得有殘喘之延三軍不至脫巾之慮
其有造於兵民非淺鮮矣
署府一件息訟安民事
爲請肅刁訟以安民生事竊維民生之弊日深而
息訟爲要刁健之風難破而反坐宜嚴邇來俗尚
澆漓人習險詐兇下皆然松屬爲甚卑職受事四
載雖稔悉民隱稟其職守不敢越俎上告比蒙憲
臺委署郡篆不揣畚負黽勉受事仰遵　功令凡
在康熙八年十一月廿五日昧爽以前案非十惡

不赦者盡行銷釋并不許以赦前事糾纏竊意
恩詔渙頒之後正嘉與維新之時可相安於無事
矣詎　禁令愈嚴而機巧愈甚職奉自憲批各詞
隨到隨審逐件申詳悉屬子虛咸奉批責枷示奸
刁之徒稍知反坐之條伏思雷照之下何等嚴明
而若輩尚敢變幻如此下自府邑諸務叢雜益得
逞其奸矣他如纖有小忿便與大詞明為遠年產
業誣作近日債逋基址圖尺寸之方圓樹黨逞朝
夕之威勢樗盧聚飲花柳圖歡打行鬬勇跐霸爭

雄且有侵糧而開害親朋非屬姦淫亦牽砌婦女
良民揑爲窩盜鄉懦指作鹽梟更有風之惡者假
命情似乎眞惟期索詐索騙終圖得利得財且至
仇之大者命眞反似乎假初則告檢告償繼則求
免求息本是松人裝頭別籍名屬他貫謊稱土著
移　赦前之年月於近始舊事騰新翻結後之事
情而別控定案再搖呼天搶地似爲迫切按詞研
審盡屬誣罔架起空中樓閣揮成紙上烟雲只圖
倖准不計審虛一經涉累歷歲蔓延迨至剖白而

東提西禁先已傾家蕩產甚或殞命喪生興言及此眦髮為裂大關民害莫此為甚矧今歲異常水災饑溺切身正賦艱難奚堪奸民肆擾且近又遇詔赦凡康熙九年五月初六日以前情事俱行查銷正可邀恩於 浩蕩遵即通行曉諭外但恐積習難破仍蹈故轍移隱日月欺朦告害職雖代署之員敢不仰體憲臺愛民德意據實詳請嚴禁務令下吏遵奉力行俾民生有賴奸宄知儆造福地方無窮矣再照凡關盜刼命案例由詳報臬司方

成信獄惟是松城到省程途甚遥時有解省人犯
泣以冤抑未伸先行拖累口食不給餓病他鄉故
每每籲求免解甚有中途兎脫致稽限期但奉自
憲行何敢有違徒存矜憐之意而已合無請乞憲
臺除欽部事件外其餘奉准詞訟批發就近職員
審理則事犯免跋涉之累稍為近便或覆審未嘗
憲允然後發司如此一轉移間將來邀恩無既是
在憲慈應否俯從伏候裁奪　奉批　據詳松俗
刁民誣告諸害眞可痛恨仰府出示嚴禁加再敢

犯審出真情加等治罪餘如詳候酌奪行繳

署府一件舉首行賄事

看得趙式甫乃積年梗化漏網巨憝也性稟凶頑心同虺蜴靡惡不爲孽卷纍纍 朝廷國課乃敢歷欠盈千前府差攝抗捕備申各憲嚴提閃爍猖狂愈甚康熙八年十二月廿五日銜朱卿控刦夙恨密謀殺死致卿妻吳氏具殺夫慘寃情詞上控憲臺詞中所稱斷頭支足剖腹燎原之慘實切駭聞蒙批卑職查究嚴限差提狡遁匿跡乃嗾黨王

暘以別案牽連吊吳氏命案犯卷赴省業經申明
憲臺督批臬司併審轉批北捕移職行提本犯終
抗不出乃密諭差役多方搆索式甫將銀一百二
十兩行賄圖緩卽發恐其獸匿密傳華亭縣印官
王協將銀貯庫聲息無聞天厭其惡踪跡漸疎至
四月十四日始得獲解合郡忭欣此一梟也前府
緝獲三載前院韓木籤八次差提二次票催十八
次並難獲到今一旦就擒非仰藉憲威計不及此
除將本犯責鎖押監外弟奸孽黨羽實繁誠恐遠

解疏虞合無請乞憲臺查將前批臬司吳氏一詞仍批吊下府以便就近審解詳候憲奪　奉

撫院馬批　據詳趙式甫窮兇極惡殺人逋逃又行賄圖漏今始就獲大干法紀仰府卽將原案及吳氏所告情由嚴審確招解奪

前事

爲比例陳情籲請電察具　題以昭曠典事竊惟潔己爲政固臣子之職分破格鼓勵實　聖世之鴻仁卑職接閱邸抄有濟寧州知州廖有恒因失

察逃人部議革職奉有舉首餽銀可嘉仍議革職
可憫再議已奉有降級留任之　俞旨卑職節次
捧讀仰見　朝廷鼓勵臣工恩至渥也竊照卑職
於康熙九年正月廿七日蒙各憲委署府篆隨於
二月十七日奉撫憲馬批發告婦吳氏狀爲貪吏
庇寇殺夫松江第一慘冤事一詞稱氏夫朱卿被
趙式甫慘殺等情仰府查報卑職稔知趙式甫著
名巨憝多方緝誘式甫奸圖緩提行賄銀一百二
十兩即發恐其深匿乃密傳華亭前令王協將銀

貯庫捐貲賞捕至四月內得獲式甫到官當將行賄情由詳明撫憲奉批據詳趙式甫窮兇極惡殺人逋逃又行賄圖漏今始就獲大干法紀仰府即將原案及吳氏所告情由嚴審確招解奪是時被害泣愬盈庭一審再審謀殺朱卿情事招認無諱具詳間式甫身伏冥誅詳奉批開趙式甫挾仇夥搶殺死朱卿質審既有定案今首犯雖服天刑仰府速緝餘黨務獲一併確審妥招報奪又奉憲行仰將趙式甫當日行賄貯庫銀一百二十兩解交

揚府奏發賑濟遵經行令華亭縣於十二月十五日批差王㽞昌解交本院蒙發蘇州府收訖掣批外其續獲事犯本府耿知府見審詳結至於式甫孽卷纍纍備載原詳茲不復贅惟是卑職署府任内客貯行賄銀一百二十兩較與廖有恒舉首餽銀五十兩事實相同而廖有恒已邀　浩蕩之俞旨今卑職不揣比例備陳伏祈憲臺俯乞察例相符亟賜具　題冀得邀優恩於格外不特卑職仰藉憲臺造就之功亦可鼓勵下吏於將來矣擬合

詳請伏乞照詳施行　奉
總督部院麻批　據詳行賄銀兩係撫院批行事
件仰詳撫院批示繳
署府一件照舊徵餉事
看得催科之政歸於縣令訓厲之方責在學官此
乃普天同例非特松之婁縣一邑已也先婁邑學
田一項徵收原在於縣迨後縣以餘租既屬學開
銷則徵收自應在學未有縣代其勞而學享其利
所以議統歸於學之為便也揆厥所由總因田係

顧氏義助多屬荒瘠所入之租難供正賦近又撥入餉欵非緩項可比反有賠累之苦故彼此相持推諉今思在學既係寒氊固難承任在縣又重考成焉肯代累然則惟正之供任其延諉而終於懸宕乎職思凡關學校事理必由憲臺爲政茲據前詳合請裁奪將瘠田難支重餉情由轉詳撫院酌爲輕減庶事可經久在縣在學均可仰承而無弊矣　奉批　仰候轉院批示繳

辭華亭印務事

爲鉅任難堪懇賜別委以專職守事竊照某以樗櫟庸才濫叨糧捕之任凜遵職守毋多隕越之虞履任未幾一切地方民情尚未周悉乃荷憲慈以甲職爲頗堪鞭策詳委署理董漕同知事務蒙取接管日期已於七月初一視事今復奉委華亭印務繁簡惟命何敢抗辭以蹈規避之咎但思一官未便兩委一身難兼兩役職無十倍肆應之才而受兩廳一縣之事能保無墮悞之愆乎毋論華亭賦役爲東南之冠而伀郡漕白尤稱吳會最繁職

司糧務已屬重荷迄今　功令倍嚴往昔惴惴乎不克勝任是懼若再行篆縣勢必顧此失彼均致遲悞矣與其僨事於後孰若哀籲於前況鄭令病痊猶可勉力支持雖爲河工降調而新令已經部選赴任有期安民莫如省事省事莫若省官一行兼攝則必淸筭各年解放磨對各項册籍竊恐前官未淸後官又至徒費郵筒之往來反滋交盤之轇葛耽延愈久而躉誤愈甚矣合無請乞憲臺仍撤鄭令照舊管事或賜別委庶縣事不至久懸而

糧務得以專理矣

　儹運糧儲事

照得漕糈之令日嚴而弊日甚且以陋規積習已居極重難還之勢誠非一朝一夕所可剔理也益以轉瞬之冬期而責收兌數十萬之糧米司漕者竭蹶不遑固有參罰降革之憂在百姓又有剜肉醫瘡之痛至旗丁亦有筋疲力盡之嗟是有司與軍民無不交困也陽奉陰違實難仍舊補偏救弊乃宜更新今本廳監兌各屬漕務現行剔理茲准

牒詢利弊謹抒管見伏候採擇施行

一何弊當革何利當興查得法立弊生凡事皆然惟漕爲甚收兌繁難弊多而利少與其興一利何如除一弊也今盡漕諸弊禁革無遺惟在實實奉行勿視爲故套無窮之利莫大於此矣

一何法可使折乾捏報等弊不革自除查得折乾之弊歷奉憲禁奚敢仍蹈前轍無奈完糧者每苦搬運守候之繁收糧者亦貪婪肥私腹之便積年倉蠹因而彼此甜誘遂墮其術中而不覺夫欲禁

納戶之折乾易欲禁收糧之折乾難揆厥所由皆因收糧者以爲耗米粒積必有羨餘若不折乾羨米歸於何處或假手收役折乾便於入槖又因旗丁以五米係屬漕贈非比交倉正項不要米而要銀非折乾無以遂其意故雖愈禁愈嚴而愈難除也今宜責成印糧官毋勒耗驗米出串先取印糧官不拆乾甘結一有覺察官叅蠹處仍詳請各憲嚴餝弁丁恪遵五米十銀之

旨庶可杜折乾之弊也至於揑報之弊祗因納戶奸良不一又有勢

豪營買輕糧挨延觀望不遵歲內全完之令至各
憲催取全完印結只得報完今宜於漕白輕耗等
糧飭縣一體均泒以杜若輩之觀望實實嚴比歲
內徵完貯足官倉造册送查以憑臨倉逐廒抽盤
如有虛數卽着買補仍將印糧官揭叅不惟無揑
報之弊且弁丁無所藉口漕限亦無遲悞矣
一何法可使倉場侵蝕需索等蠹不驅自遁查得
漕糧官收官兊印糧官自應躬親督理不許假手
胥役設或不能兼顧務宜擇誠慎者分任仍時時

稽察自無侵餌之端至於需索等蠹宜飭印糧官不許額外多勒源潔而流清此輩自無所藉口如有積蠹不改舊習許印糧官報府廳拏究庶可不驅而自除矣

一收漕何法永絕衙役勒索之弊交糧何法免小民守候之艱查得納戶運米到倉務須圓潔乾淨印糧官驗明米色隨到隨斛衙役何敢勒索如有此輩藉端留難許受累納戶指名赴禀印糧官不能檢察一經發覺該役處死印糧官仍以狗庇揭

絫至交糧守候因隨潮而來前米未斛後米踵至米愈多而收愈遲今宜飭印糧官於額設斛數外每廒量增一二斛較準用烙分頭攢收自免守候之苦矣

一臨兌得無旗軍爭執開幫可使以速挽遲查得臨兌或有爭執葢因臨兌米少以及五米十銀隨漕行月蓆木等項不能隨兌給足弁丁嗷嗷愆期每起爭執之端今須飭各縣將前項應給銀米逐一如數徵完早給使其無所藉端并詳憲嚴飭衛

旗不許率領綱司混入擁擠自無爭執至開幇輓遲雖叠奉憲飭祇因剝梗不同或有運弁領单之後不往迎船直至歲暮空身到次以應歲内開兑虛名回空丁船又遲至開春始抵水次修艙償兑不能如期開幇仰副淮限矣今當詳請各憲嚴行各弁親督旗丁回空漕艘務於歲内齊到隨到隨兑隨兑隨開如敢多攤延挨該弁揭叅旗丁究處庶可速開幇而赴淮限也受兑之時先須立速兑之法向例各衛漕船到次該縣即派米移兑無奈

奸頑巧立名色多方撕揹或日中或過午方始至
倉或甫兌數石即去者或稱修船未固而竟日不
兌者如此挨延惟圖撕揹以致遲悞今應詳憲飭
行各弁嚴督各丁每日必要辰時入倉兌至川暮
回船并着各弁立循環簿二本送廳印發逐日稽
查如能遵照早入晚出者或該縣或糧官用印於
旗丁名下三日一次送查以憑嚴提違玩及兌少
旗丁分別究懲庶該旗知儆可挽遲爲速矣

二十二

暘谷別集目錄

卷第六

文告

署府項下

暘谷別集卷六

文告六

署郡條約

爲曉諭事照得本廳蒞松數載冰業素持于物力民隱周悉已久今奉各憲委署府篆當茲劇任尤切凛惕所有裨於國計民生地方利弊願與各屬共相遵守無負上臺委任之意倘不相體視爲套語本廳雖代庖之官任事一日務盡一日之責斷不少爲寬假也摘示數條于後

一禁火耗錢糧不許撈索火耗照依司法徵收納戶自封投櫃省一分之雜費完一分之正供法誠善矣第恐日久法弛陽奉陰違今當署篆之始正値開徵之期首先嚴飭本廳不時臨折如有奸胥借名加征擾民者立寘重典官聽揭參

一禁差擾松屬自均田均役甦息民困永無啚蠹賣脫之弊更絕奸豪詭避之端以本名之田完本名之糧　國課不比易竣有欠查串立拘洵爲良法乃近有奸惡胥差巧立名色不日比啚頭則日

摘欠甲或有已經分戶者故爲併之或甲內無名者又混着之顛倒是非變幻百出希欲搖成案而肆侵漁可恨殊甚今九年新糧悉照上年彙啚甲戶分定板串聽民挨月輸將違限不完挨串查比斷不許擅差一人及縱經承混併違者立提重處一清完欠各年錢糧除各屬已前徵完解放外其未完者務須徹底清釐在民逋負者設法徵比在官那移者挨年追補其在役侵漁者逐名清追必使分毫俱有着落抵解正供仍禁積奸借端開欠

經差串同滋擾違者并究

一禁那移錢糧原有欵項奚容那墊無奈松地賦重民欠難清撮新解舊相沿成風上官欲顧考成下吏代受慘累實爲剜肉醫瘡終歸水落石出前車已覆現奉清查今九年開徵伊始務宜照欵項收解不得仍前那移逐月收過某項若干解過某項若干悉照頒發循環二簿填明報查敢有那解揭參不貸

一禁冒破遞來軍需殷繁正額不敷一應雜項皆

撥急餉除額編之外無一分可以冒銷矣乃一種奸胥巧立名色混行借支一落婪腹遂同逝波挨延歲月希倖　赦免是欠在民者憑開紙上之虛名侵在役者視爲囊中之故物此時何等物力堪此漏巵乎不行覺察印官是問

一禁各屬不許濫准詞訟夫訟非美事好訟非良民且近奉詔　赦以前不許告訐亦不得與准理不特民間免無妄之災且省有盡之費若果有人命事情縣正躬親檢視不得妄委衙官輾轉滋擾

其有眞正盜情據實報明月日贓仗是强是竊并
得隱諱及任捕巡員役唆扳害民至于戶婚田土
鼠牙雀角俱宜一筆勾罷省許多閑工夫爲正經
事務何苦以百姓之身家爲衙役作生意也各宜
稟遵違者法不輕貸至各衙官巡司并不許擅受
民詞夫小民脂膏有限虎狼心手無厭今後務宜
洗滌腸肺更與維新敢有不悛或經訪聞或經告
發官役一并重究

一儆玩愒各屬奉行各上司及　欽部事件各有

定限務要依期完結以免憲提部查于斯分勤惰
即于是定官評如延挨遲悞責有所歸
一禁賭博賭者爲盜之源敗家之本設禁甚嚴然
終有犯之者以法尚輕縱也今後有犯審確窩賭
之家與聚賭之輩並行依律究治首告得實者賞
挾仇妄舉者罪須示通知里甲互結縱容同坐

歲科併考條約

照得　功令新復制義學憲已定試期正爾多士
雀躍之時以待鹿鳴之典雖進取之階基于縣而

升于道然府錄實爲承上接下關頭最爲喫緊祗緣郡篆久懸限期已過接署之日除改擇檄令各屬知照外今催據各屬報竣合行示期擇本月廿五日就東察院爲文塲欲羅真才先嚴弊竇爲

國家儲公輔之器非私門樹桃李之恩所有事規亟先曉諭諸童子各宜凛遵勿等具文泛視也

一嚴關防童子三年一試此日雖發軔也終身功名事業係之矣較士者豈可潦草從事耶蓋事之重慮之不得不周待之厚防之不得不慎今於試

院周圍墻垣及各班房堵塞完密不令通風既絕鑽穴以通題亦杜抛磚而傳遞仍令該縣遴委捕官督率員役巡視如有前項弊端立行解究

一驅冒籍松郡上連吳門下接浙壤彼來此往最易混冒雖楚用晉才原無疆界之限而今已非其時秦下逐客已別異同之區在古先有其令況考期甚遠非如昔時三年之内分科分歲額數又窄不若往日一縣之中盈十盈百多一冒籍便少一土著諸童盍泣向隅矣本廳只認文章奚辨籍貫

唱點之時雖詢聽聲音然不能一一而別之也除
嚴飭各屬查逐外爾童生若能查出的實者許臨
考時禀明扶出不令預試已在孫山若提捐逼衢
集黨兇毆大非雅道查出并究
一嚴代考三年然後一試平日揣摩不可謂不熟
矣才思優長者固數篇立就而學問荒唐者恐半
字亦無其在窗下或抄習時藝倩代朋友一種不
肖業師只圖束修一竅不通之生徒詫為七步成
章之才子瞽目父兄憑其密圈細點而不能察一

遇考棧東央西托賄人耳目更有莫知其子之惡
者公然父代子兄代弟而不爲怪至生員代考黜
生改名復試畇干　功令有能查舉者童生准錄
員役獎賞犯之人申究
一挨次序凡府試之時父兄送其子弟僮僕護其
家主親戚朋友遞相迎送鄉紳勢宦之家僕從擁
集尤甚以致孤寒弱幼之人摩肩接踵而不能前
甚或挨傷跌壞有性命之憂今于試前一日各屬
禮房先將童生名次挨牌編定華裵從東栅進上

青從西柵進試早一牌一燈各童照牌熟認魚貫而進縣官於大門點名分票至公座前領卷不許閑人闖入如有挨擠者拏究不貸

一禁請托一日知遇只憑文章若狥情面何稱聲氣雖廣羅不失愛士之名而公薦亦出緇衣之好然暗中摸索自投針芥格外摩挲豈遺葑菲正不必恃竿牘以求通也近見考校之時宦于遠方者書粘縮地而至素不謀面者詞語春溫而來眞以殷浩作置書郵也一切書扎不許遁進

一禁裱匠江南試卷多係裱匠串通衙役任索高價苦累特甚本廳前送考澄江各匠高擡卷値已行嚴禁恐蹈故習以舌耕筆鑿之微貲供奸匠蠹胥之谿壑從前陋規合行革除稍省涘涓聊供螢火敢有生端勒索禀究不貸

前事

照得童子科至今日亦難矣哉人多數少進取之階甚艱月積年深考校之期又遠若徇情面不顧文章紈絝之子雖云揚眉孤寒之姿豈能吐氣册

論望道試若登天之難即列府案亦有遺珠之憾本廳同念童子試赫赫若昨每觀衡文者難掃陋習致遺眞才心嘗病之茲叨篆府之日即齊較士之任豈敢以昔所病人者復爲人所病耶雲間素稱文物之邦自奏銷以後落落晨星良爲慨然培士氣而闡文風竊有志焉故于奉文之日即飭屬縣無定格無拘額務使邑無遺良焉校試以來漕白叢雜庶事殷繁然退衙清夜未嘗不親燈展卷窮盡目力期無負都人士一日之苦心也今閱卷

内有文心經營而字面舛錯首篇精采而末路疎畧姓名互異而文字雷同非冒替抄襲之弊端乎本廳不憚再覆三覆總使单寒無淹滯之嗟而貴介絶夤引之竇矣公矢愼天日可表各童安心肄業靜候取覆若徒熱中冀張空拳而曰戰恐難僥倖於萬一也或無本領專恃請託饒爾假書帖難掩眞文章與其貽怨尤之悔何如加淬厲之功其孰籌之毋忽特示

嚴禁越告事

照得坐誣有條越告有禁民間果有寃抑毋論情事大小必先控縣縣審未明控府府不代伸方憲告自下而上從來一定之例未有置府縣而肆然越控如今日松俗之甚者也葢俗敝民刁睚眦小隙搶地呼天倖准之後藉憲司原告爲莫敢誰何豈知新令甚嚴越行罔訟坐罪匪輕爾民寧不知之耶抑爲訟師鼓惑而罔覺耶上司准詞原無親審之理勢必批發審駁往返差提動經年月那時欲止不能雖悔無及本廳稔知此弊署事之日諄

諄告戒雖不能使民無訟亦期力挽刁風於萬一耳乃近見無良之輩刁詞越告不一而足是以府縣爲不能聽訟之官也　朝廷何用設此有司爲哉若不亟加嚴禁恐不教而殺將來靡所底止矣合行申飭爲此示仰府屬人等知悉凡戸婚田土細事不赴縣理及將謊詞溷瀆與未經府縣審斷越告上司定行申請按律治罪斷不輕縱爾等務須安生守靜享無事之福毋孤本廳諄諄告誡之意可也

禁混瀆事

照得放告之舉所以伸寃枉剪豪奸非欲爾民競角雀之習爭睚眦之忿也苟非萬分難已直當一筆勾却今時設立告訴二式斷不孟浪混收一詞有情重事大寃抑甚真及地棍城狐豪奸莫問者許爾百姓恪遵狀式據事直書照依示期呈告本府不難力翻覆盆立窮三窟至一切婚土細故各有司存毋得越控冐干自取罪戾

禁刁訟請托事

照得本廳才雖不敏性惟好靜佐郡以來荏苒四載部運經年强半在途於地方職掌之外從無妄行一事濫准一詞久在爾民耳目中今蒙憲委府篆勉辭不得業於廿七日視事自維才疎識短値此殷煩之郡豈能勝任而愉快夙夜氷兢惟恐有悞日今惟錢糧一項最爲急着此外一切諸事非惟不暇爲亦不願爲但松俗好訟成性聳詞不根甚或輾轉請托以求必勝殊不知理直者雖無請托本廳亦必據理而問理曲台從有請托本廳斷

不敢背理而行各宜滌心守分惟以完糧急公爲務若恃一朝之忿馴成自作之孽興詞請托自羅清網大非爾民剏益之事也本廳署理維始凡興華庶務次第舉行先此飭知合行曉諭爲此

申嚴保甲

照得十家之首曰甲長十甲之首曰保長無事則相爲防閑有事則互爲救援所以弭盜于未萌詰奸于既發安民之務莫先乎此也今松地兵民雜處江浙接壤又連泖浦最易叢奸巡鹽爲販鹽之

階捕盜爲養盜之柄賭博乃穿窬之漸酗酒即爲
牙之端窩逃有連坐之例關析爲暴客之設本廳
職司捕務蒞任之後日申月飭無如閭巷蚩蚩視
爲具文日奉憲行均編之令新分區啚更立甲保
法禁善也第恐仍前泄視無有曲徙之方馴至焦
爛之日悔無及矣故欲嚴稽察之法莫如申明保
甲之爲亟也爲此示仰闔屬地方軍民人等知悉
各宜遵照編定保甲逐一稽查如有前項匪類即
時拏解若知情容留察覺連坐至于尋釁等

酒飯店尤爲奸盜藏身之處務加嚴察照前定更之後不許擅放出入違者一并拏究本廳執法如山斷不輕貸

申嚴緝捕

照得松郡濱海環浦襟溯帶湖支流百出江浙相連每爲奸盜出沒之區况當民窮財盡之秋不少游手好閒之輩思患預防誠非可一日緩也第恐積久生玩或奸反以養奸捕盜勝于劇盜查經制有府捕有縣捕各巡司原供緝捕之役保無不肖

雲間摘存稿自序

服官患不文尤患深文不文則疎陋有俗吏之誚深文刻而入于苛又蹈法吏之流子産曰學而後入政未聞以政入學夫所謂學者豈章句之謂哉必盱衡古今之得失推求民生之利病習曉官常之法守審察情事之曲直古者引經斷事議事制政學術既深而後治術出于其間也苟于學術鮮所考究一旦入宦途領簿牘憒然如操刀不能割幾何而不速害旁也制科取士兼試策判蓋律法

生以治術覘學術焉東坡云讀書萬卷不讀律致君堯舜終無術雖有爲乎言之也君子于是占世變矣余少困章句經濟律法諸書少寓目比承乏雲間得失利病法守曲直情然也雖不敢如仲氏所云有民人焉有社稷焉何必讀書然後爲學然兢兢乎以政入學也夫事莫煩郡縣江南尤甚雲間江南劇郡華亭又雲間劇邑逋額幾百萬余不才一拜縣篆一拜郡篆歷年積欠責一日之署官吏有暇力及他事耶無奈民困日甚[illegible]

風不息如命案盜情爲不得已之鳴乃雀牙片齒殆無虛日循良既邈不能使其無訟也聽訟又奚能猶人乎按其事之大小審其理之虛實以意準于律間有原情曲法不盡合于律雖不文乎從不敢徇喜怒任意見深文出入藉賑荒問贖鍰四五年如一日也案牘成帙束諸高閣意謂工乎此者僅爲法家之言非儒者之言況不能工乎奉職數載愧無實効而顧沾沾于斯不愈重不文之誚耶謝事後　爰輯余年來所判行者千有餘帙余取

而閱之恍恍如昨乃删存十之一二雖詞語或與原稿稍有異同究不爽當日情事而已歐陽公云貧笈談之一噱也亦因以誇彼田夫埜老而已余不文何足以云彙讞畧四卷文告二卷總曰别集附詩集文集之後作歸裝耳

辛亥孟夏晦三傅爲霖書于武林舟中

圖書在版編目（CIP）數據

福建文獻集成續編. 集部. 第五輯：10册/吴格主編. --福州：福建人民出版社，2024.12. --（八閩文庫）. --ISBN978-7-211-09692-3

Ⅰ. K295.7

中國國家版本館CIP數據核字第2025DT2132號

福建文獻集成續編·集部（第五輯）

主　　編：吴　格
責任編輯：莫清洋
裝幀設計：張志偉
美術編輯：陳培亮
出版發行：福建人民出版社
電　　話：0591–87533169（發行部）
網　　址：http://www.fjpph.com
電子郵箱：fjpph7221@126.com
地　　址：福建省福州市東水路76號
郵政編碼：350001
經　　銷：福建新華發行（集團）有限責任公司
印刷裝訂：雅昌文化（集團）有限公司
地　　址：深圳市南山區深雲路19號
開　　本：787毫米×1092毫米　1/16
印　　張：357
版　　次：2024年12月第1版第1次印刷
書　　號：ISBN978-7-211-09692-3
定　　價：5000.00元（全10册）